江西省
福建省
大余
信丰
南雄市
仁化
始兴
韶关市
安远
寻乌
龙南
全南
定南
武平
上杭
龙岩市
漳平市
华安
永定
长泰
南靖
漳州市
龙海市
平和
漳浦
云霄
诏安
东山
东山岛
蕉岭
平远
和平
连平
翁源
大埔
梅县
梅州市
兴宁市
龙川
新丰
英德市
佛冈
五华
丰顺
东源
河源市
龙门
紫金
潮州市
饶平
揭东
揭阳市
潮安
南澳
南澳岛
从化市
揭西
汕头市
陆河
普宁市
南澎列岛
增城市
博罗
惠州市
东莞市
海丰
陆丰市
惠来
惠东
汕尾市
深圳市
中山市
珠海市
澳门
香港
万山群岛
北卫滩
南卫滩
东沙群岛
东沙岛
东沙礁
海
图例
省级行政中心
地级行政中心
县级行政中心
5A级景区（点）
4A级景区（点）
3A级景区（点）
2A级景区（点）
省级行政区界
特别行政区界
地级行政区界
铁路
高速公路
国道
在建
注：本图界线不作为权属争议的依据

2550000

广东旅游年鉴编纂委员会

广东旅游年鉴编辑部

目　　录
Contents

编辑说明
Editing description
广东旅游年鉴编纂委员会
Guangdong tourism yearbook compilation committee
广东旅游年鉴编辑部
Guangdong edition department of tourism yearbook
广东旅游数字·2010
Guangdong tourist number in 2010

图片专辑
Photo Album

2010 年广东旅游活动重要图片

文献·特辑
Documents · Special issue

■ 文献
Documents
※ 在 2011 年全省旅游工作会议上的讲话
广东省副省长　刘昆 …… 2
※ 在广东省旅游局调研时的讲话
广东省副省长　招玉芳 …… 6
※ 在 2011 年全省旅游工作会议上的讲话
广东省旅游局党组书记、局长　杨荣森 …… 10
■ 特辑
Special issue
贯彻落实《国务院关于加快发展旅游业的意见》…… 14
- 简述
- 认真贯彻落实国发 41 号文
- 以国发 41 号文为指针统领全省旅游工作

韶关丹霞山列入《世界遗产名录》…… 16
- 简述
- 中国丹霞申遗历程
- 广东丹霞山申遗工作
- 广东丹霞山动植物本底调查
- 丹霞山环境整治
- 丹霞山遗产地保护
- 申遗成功助推旅游发展

广东旅游助力 2010 年广州亚运会和亚残运会 …… 18
- 简述
- 旅游业助力亚运会和亚残运会
- 开展的主要活动

全面完成“十一五”广东旅游规划目标…… 19
- 简述
- 旅游经济综合实力显著增强
- 旅游业地位和作用更加凸显
- 创新体制机制形成大旅游发展格局
- 旅游成为建设幸福广东的重要载体
- 旅游产业竞争力提升、体系优化
- 旅游宣传和品牌建设力度加大
- 行业管理和市场监督力度全面提升
- 旅游人才素质明显优化
- 成功举办 5 届广东国际旅游文化节

附图：
“十一五”期间广东省旅游主要经济指标对比
附表：
“十一五”期间广东省各市旅游业收入情况
“十一五”期间广东省各市接待过夜旅游者情况
“十一五”期间广东省与全国部分省市接待入境游客情况
“十一五”期间广东省与全国部分省市接待国内旅客情况
“十一五”期间广东省与全国部分省市旅游外汇收入情况

"十一五"期间广东省与全国部分省市国内旅游收入情况
"十一五"期间广东省与全国部分省市旅游总收入情况

广东旅游大事记
Guangdong Tourism Memorabilia

2010 年广东旅游大事记 …… 32

广东旅游业概况
Introduction to Guangdong Tourism

■ 总述

广东概况 …… 44
- 地理
- 人口和民族
- 行政区划
- 交通
- 历史文化
- 经济和社会发展
- 广东旅游产业规模

2010 年广东旅游经济 …… 45
- 总体情况
- 国际旅游
- 国内旅游接待与收入
- 假日旅游接待与收入

领导关怀　心系旅游 …… 46
- 汪洋到江门专题调研
- 汪洋考察华南植物园
- 汪洋率广东省党政代表团考察海南
- 黄华华为办好广东国际旅游文化节作指示
- 黄华华强调广东旅游大品牌战略
- 王志发寄望广东旅游业
- 祝善忠率队检查黄金周旅游安全
- 肖志恒盛赞导游人员职业技能大赛
- 万庆良到广东省旅游局调研
- 刘昆到广东省旅游局调研
- 刘昆到韶关调研旅游工作

旅游重大活动 …… 51
- 全省旅游工作会议
- 全省旅游局长座谈会
- 杨荣森到开平调研
- 广东省滨海旅游启动仪式
- 广东建设首个国家旅游产业集聚（实验）区
- 国内作家品鉴旅游文化

■ 旅游行业管理

Tourism management

广东省旅行社业 …… 54
- 总体情况
- 旅行社经营规模和效益
- 入境旅游业务
- 国内旅游业务
- 出境旅游业务
- 旅行社结构分布状况

附表：

2010 年广东省许可经营国内旅游业务和入境旅游业务外资旅行社名单
2010 年广东省许可经营赴台湾旅游业务旅行社名单

广东旅游企业进入全国排优排强榜 …… 56

附表：

2010 年度广东省进入全国百强旅行社名单
2010 年度广东省进入全国国内游十强旅行社名单
2010 年度广东省进入全国入境游十强旅行社名单
2010 年度广东省进入全国出境游十强旅行社名单
2010 年度广东省进入全国利税十强旅行社名单

附件：

2010 年度全国旅行社统计调查排优排强方法

广东省旅游饭店业 …… 59
- 星级饭店概况
- 星级饭店复核
- 旅游饭店服务技能大赛
- 广东获 2010 年全国旅游饭店服务技能大赛团体赛冠军
- 推动饭店节能减排

附表：

2010 年度广东省星级饭店评定情况

2010年度广东省进入全国五星级饭店综合指标前100名饭店名单
旅游安全管理 …… 65
●总体情况
●学习贯彻安全法规
●加强制度建设
●加强安全检查
●事故应急处置
旅游创优与创强工作 …… 67
●总体情况
●广东旅游创优创强
旅游标准化建设 …… 68
●总体情况
●颁布旅游地方标准
●创建全国旅游标准化试点企业
旅游质量监督管理工作 …… 70
●总体情况
●旅游市场监管与投诉
●宣传引导旅游消费
●12301旅游服务热线
●2010年全省旅游投诉情况
附表：
2010年广东旅游投诉受理结案情况
2010年广东三大旅游市场投诉情况
2010年广东被投诉对象情况
2010年广东旅游投拆问题分类情况
■ 旅游资源与市场开发
Tourism resource and market development
旅游宣传促销 …… 73
●国内旅游客源市场营销
●国际旅游市场开拓
●“春游粤港 ‘三八’同乐”活动
●上海世博会“广东活动周”
●台湾·广东周
●第五届海峡两岸台北旅展
●与网易签订战略合作协议
●参加首届丝路明珠——喀什噶尔国际旅游文化节
●第五届惠州国际（高尔夫）旅游节
●旅游宣传推介
附表：“2010广东旅游好新闻”奖项
报纸网络类·中央及省级媒体（含港澳媒体）
广播影视类·中央及地方媒体
报纸网络类·地市级媒体
广播影视类·地市级媒体
旅游规划与资源管理 …… 79
●概述
●A级景区创建工作
●旅游规划单位资质管理
附件：
广东省旅游规划资质单位名录
●旅游产业集聚发展
●广东中旅南海西岸旅游产业园
●旅游规划编制
●旅游投资和重大项目建设
●绿道旅游
区域旅游合作 …… 81
●粤港澳旅游合作
●签署泛珠三角区域红色旅游合作发展协议
●粤赣签署旅游合作协议
●粤闽签署旅游合作协议
●澳洲华侨及媒体考察团访问广东
附件：2010年度签订的部分旅游合作协议
●广深、武广高铁沿线旅游城市合作《丹霞山宣言》
●深圳市人民政府 中国港中旅集团公司关于开展全面战略合作的框架协议书
●粤湘桂赣四县六市区域旅游经济合作框架协议
●关于共同推广两广十市区域旅游精品旅游线路和推广发行《两广十市旅游一本通》协议书
●广东东莞 广西河池旅游合作框架协议
●阳江市与广州市旅游交流合作协议书
●阳江市与中山市旅游交流合作协议书
●茂名市、长沙市旅游交流与合作协议书
■ 旅游扶贫与城乡游
Pro-poor tourism and urban and rural tour
2010年广东省旅游扶贫工作概述 …… 88
●总体情况
●旅游扶贫大型重点项目
●旅游扶贫星级农家乐项目
●旅游扶贫一般重点项目
●旅游扶贫效应
附件：
广东省旅游扶贫专项资金促进农家乐休闲旅游发展暂行办法
广东省星级农家乐休闲旅游项目评审标准

- 推广从化市和大埔县旅游发展经验
- 扶贫开发“规划到户，责任到人”

2010年广东省旅游扶贫项目名录 …… 93

■ 人事与旅游教育培训
Human resource · tourism education training

旅游人力资源开发工作 …… 96
- 广东旅游教育培训概况
- 全国导游人员资格考试
- 红色旅游高管人员培训班
- 全省导游人员职业技能大赛

附表：
2010年广东省导游人员职业技能大赛获奖情况
- 旅游产业升级与创新专题研讨班
- 旅游扶贫工作管理人员培训班
- 粤港澳旅游人才合作
- 中、高级导游员研讨会
- 旅游业推动产业和劳动力“双转移”
- 全国第八批导游援藏
- 酒店职业英语等级考试
- 2010年中国旅游教育展
- 中级导游员等级考核评定
- 全省旅游教育培训工作会议
- 旅游院校建设

附件：
广东旅游院系简介（续）
- 中山市旅游学校
- 佛山科学技术学院
- 广东女子职业技术学院
- 广东江门艺华旅游职业学院
- 肇庆学院旅游学院
- 广东农工商职业技术学院
- 广州番禺职业技术学院
- 广东省旅游职业技术学校

■ 旅游行业协会
Travel industry association

广东省旅游协会 …… 102
- 总体情况
- 贯彻落实国发41号文
- 发挥行业优势，完成庆典活动
- 承担政府委托工作
- 开展旅游交流合作
- 联合宣传广东旅游品牌
- 加强行业自律　开展旅游扶贫
- 领导机构组成

广东酒店行业协会 …… 103
- 承担政府委托工作
- 广东酒店行业协会年会

广东旅行社行业协会 …… 104
- 品质服务年
- 旅行社行业协会工作
- 领导机构组成

广东温泉行业协会 …… 105
- 第五届广东国际温泉旅游节
- 世界温泉及气候养生联合会第63届年会
- 中国温泉旅游发展论坛
- 评选温泉旅游示范基地
- 召开第二次会员代表大会
- 领导机构组成

广东省自驾旅游协会 …… 106
- 总体情况
- 举办系列活动
- 领导机构组成

■ 旅游精神文明建设与机关工作
Tourism spiritual civilization development and government work

2010年主题教育实践活动 …… 107
- 创先争优活动
- 抓落实促发展活动

旅游行风·旅游行业精神文明建设 …… 107
- 纪律教育学习月活动
- 旅游扶贫大项目评审贯穿廉政
- 爱心父母牵手困境儿童大联盟

2010年广东旅游信息化建设工作 …… 108
- 概述
- 全省旅游信息化建设情况调研
- 建设旅游综合数据中心
- 12301旅游服务热线平台建设

广东国际旅游文化节
Guangdong International Tourism and Culture Festival

联合国秘书长潘基文2010世界旅游日致辞 …… 110

※ 2010世界旅游日全球主会场庆典暨中国广东国际旅游文化节开幕式欢迎辞
广东省省长、组委会主任 黄华华 ………………… 111
※ 在2010世界旅游日全球主会场庆典暨中国广东国际旅游文化节开幕式上的致辞
国家旅游局局长、组委会主任 邵琪伟 ………… 112
※ 在2010世界旅游日全球主会场庆典暨中国广东国际旅游文化节开幕式上的致辞
世界旅游组织秘书长 塔勒布·瑞法依 ………… 113
※ 印发2010世界旅游日全球主会场庆典暨中国广东国际旅游文化节总体工作方案的通知 ………………… 114
※ 2010世界旅游日全球主会场庆典暨中国广东国际旅游文化节总体工作方案 ……………………………… 114
组委会及办公室人员组成和工作职责 …………… 116
※ 2010世界旅游日全球主会场庆典暨中国广东国际旅游文化节主要活动项目 ……………………………… 121
- 省有关部门索头组织的活动
- 广州主会场
- 深圳分会场
- 珠海分会场
- 汕头分会场
- 佛山分会场
- 韶关分会场
- 河源分会场
- 梅州分会场
- 惠州分会场
- 汕尾分会场
- 东莞分会场
- 中山分会场
- 江门分会场
- 阳江分会场
- 湛江分会场
- 茂名分会场
- 肇庆分会场
- 清远分会场
- 潮州分会场
- 揭阳分会场
- 云浮分会场

※ 2010世界旅游日全球主会场庆典暨中国广东国际旅游文化节总结报告 ……………………………… 137

国民旅游休闲计划
Pilot Plan for Domestic Tourism and Leisure

2010年广东省试行国民旅游休闲计划综述 ………… 140
- 总体情况
- 国民旅游休闲示范市、县（市、区）
- 宣传国民旅游休闲计划
- 策划丰富多彩旅游休闲活动
- 推行国民旅游休闲卡

■ 专项旅游产品
Special tourism product

关于评选广东省红色旅游示范基地的通知 ………… 142
附件：
广东省红色旅游示范基地评选标准（试行）
关于“广东省红色旅游示范基地”评选结果的通报 …
……………………………………………………… 143
附件：
广东省红色旅游示范基地名单（26家）
关于公布首批“广东省文化旅游示范单位”的决定 …
……………………………………………………… 145
附件：
首批“广东省文化旅游示范单位”名单（39家）
关于征集广东省工业旅游示范单位的通知 ………… 146
附件：
广东省工业旅游示范单位标准（参考）
关于认定首批广东省工业旅游示范单位的通知 …… 148
附件：
首批广东省工业旅游示范单位（45家）
※ 关于开展2010年广东省森林生态旅游示范基地申报工作的通知 ……………………………………… 149
※ 关于公布2010年广东省森林生态旅游示范基地名单的通知 ……………………………………………… 150
附件：
2010年广东省森林生态旅游示范基地名单(27家)
关于创建广东省乡村旅游示范基地的通知 ………… 151
附件：
广东省乡村旅游示范基地评定标准
※ 关于印发《广东省温泉旅游示范基地评定标准（试行）》的通知 ……………………………………… 154
附件：
广东省温泉旅游示范基地评定标准（试行）

广东省温泉旅游工作领导小组
※ 关于公布“广东省温泉旅游示范基地”名单的通知 …… 158
附件：
广东省温泉旅游示范基地名单（40家）
※ 关于印发《广东省中医药文化养生旅游示范基地评定标准（试行）》的通知 …… 159
附件：
广东省中医药文化养生旅游示范基地评定标准（试行）
广东省中医药文化养生旅游工作领导小组
关于下发《广东省体育旅游示范基地认定办法》的通知 …… 163
附件：
广东省体育旅游示范基地认定办法

各市旅游业
Tourist Industry of All Cities

■ 广州市 …… 166
Guangzhou
综述 …… 166
- 总体情况
- 旅游行业规模
- 重大旅游决策
- “十一五”旅游业发展情况
- 2010年广州国际旅游展览会
- 国民旅游休闲计划
- 2010中国世博旅游年
- 广州旅游助力年广州亚运会和亚残运会

旅游接待与收入 …… 168
- 入境旅游
- 国内旅游
- 出境旅游
- 假日旅游

旅游宣传促销与节庆活动 …… 168
- 启动新广州游
- 国内旅游客源市场营销
- 国际旅游客源市场营销
- 2010广东国际旅游文化节广州主会场
- 旅游节庆活动
- 区域旅游合作

旅游资源开发和景区（点）建设 …… 169
- 旅游规划
- 旅游投资
- 旅游景区（点）与基础设施建设
- 广州塔
- 新荔枝湾涌
- 孙中山大元帅府旧址
- 花城广场
- 十香园纪念馆
- 陈家祠广场
- 绿道旅游
- 红色旅游
- 乡村旅游
- 旅游创强工作
- 旅游转型与产业升级

旅游行业监督管理 …… 171
- 旅游市场监督
- 旅游安全管理
- 旅行社管理
- 导游员管理
- 旅游饭店管理
- 旅游商品管理
- 旅游标准化
- 信息化建设
- 广州地区旅行社行业协会
- 广州地区旅游景区协会
- 广州地区酒店行业协会

旅游教育培训与精神文明建设 …… 173
- 旅游行业精神文明建设
- 旅游教育培训
- 旅游行风与机关作风建设
- 机构改革

纪事 …… 174

■ 深圳市 …… 175
Shenzhen
综述 …… 175
- 总体情况
- 旅游行业规模
- “十一五”旅游业发展情况
- 全市旅游工作会议

• 全市旅游统计工作会议
• 签署合作框架协议
• 试行国民旅游休闲计划
• 2010 中国世博旅游年
旅游接待与收入 …… 176
• 入境旅游
• 国内旅游
• 出境旅游
• 假日旅游
旅游宣传促销与节庆活动 …… 177
• 旅游宣传促销
• 年度旅游主题宣传
• 2010 广东国际旅游文化节（深圳）分会场
• 旅游产品推介
• “关爱在鹏城，旅游进厂区”活动
• 区域旅游合作
• 深圳制作新版旅游宣传片广告片
旅游资源开发和景区（点）建设 …… 178
• 旅游投资
• 旅游区（点）建设
• 旅游转型与产业升级
旅游行业监督管理 …… 179
• 旅游市场监督
• 旅游安全管理
• 旅行社管理
• 旅游饭店管理
• 导游员管理
• 旅游信息化建设
旅游教育培育与精神文明建设 …… 180
• 旅游教育培训
• 旅游课题调研
纪事 …… 180

■ 珠海市 …… 181
Zhuhai
综述 …… 181
• 总体情况
• 旅游行业规模
• 重大旅游决策
• 重大旅游活动
旅游接待与收入 …… 181
• 入境旅游
• 国内旅游
• 出境旅游
• 假日旅游
旅游宣传促销与节庆活动 …… 182
• 概述
• 旅游宣传促销
• 旅游节庆活动
• 2010 广东国际旅游文化节（珠海）分会场
旅游资源开发和景区（点）建设 …… 182
• 概述
• 旅游规划
• 旅游项目建设
• 绿道旅游
• 乡村旅游·红色旅游
旅游行业监督管理 …… 183
• 旅游市场监督
• 旅游安全管理
• 导游员管理
• 旅行社管理
• 旅游饭店管理
• 旅游标准化建设
旅游教育培训和精神文明建设 …… 184
• 旅游教育培训
• 旅游行业精神文明建设
• 旅游行风与机关作风建设
纪事 …… 184

■ 汕头市 …… 186
Shantou
综述 …… 186
• 总体情况
• 旅游行业规模
• 重大旅游决策
• “十一五”旅游业发展情况
• 重大旅游活动
• 试行国民旅游休闲计划
• 首届上海潮汕美食文化节
旅游接待与收入 …… 187
• 入境旅游
• 国内旅游
• 出境旅游
• 假日旅游

旅游宣传促销与节庆活动 …………………………… 188
●旅游宣传促销
●2010 广东国际旅游文化节（汕头）分会场
●旅游节庆活动
●第十六届潮汕美食节
●区域旅游合作
旅游资源开发和景区（点）建设 ………………… 189
●旅游投资
●旅游景区（点）与基础设施建设
●方特欢乐世界·蓝水星主题公园
●开埠文化陈列馆
●红色旅游
●旅游扶贫及乡村旅游
●绿道旅游
旅游行业监督管理 ……………………………………… 191
●旅游市场监督
●旅游安全管理
●旅游社管理
●导游员管理
●旅游饭店管理
●信息化建设
●旅游行业协会
旅游教育培训与精神文明建设 ………………… 193
●旅游行业精神文明建设
●旅游行风与机关作风建设
●旅游教育培训
●“双转移”工作
●机构改革
纪事 ………………………………………………………… 193

■ 佛山市 …………………………………………………… 194
Foshan
综述 ………………………………………………………… 194
●总体情况
●旅游行业规模
●出台旅游政策
●2010 佛山秋色欢乐节
●重大旅游活动
●绿道旅游
●2010 世博旅游年
旅游接待与收入 ……………………………………… 195
●入境旅游
●国内旅游
●出境旅游
●假日旅游
旅游宣传促销与节庆活动 …………………………… 196
●旅游宣传促销
●广佛肇旅游一体化
●信息化建设
旅游资源开发和景区（点）建设 ………………… 196
●概述
●旅游区（点）与基础设施建设
●三水“南山雨林”南丹山
●广东中旅南海西岸旅游产业园
●岭南天地旅游区
●旅游交通
●乡村旅游
旅游行业监督管理 ……………………………………… 197
●概述
●旅游市场监督
●旅游安全管理
●旅行社管理
●导游员管理
●旅游饭店管理
●旅游行业协会
旅游教育培训与精神文明建设 ………………… 198
●旅游行风与机关作风建设
●旅游教育培训
纪事 ………………………………………………………… 198

■ 韶关市 …………………………………………………… 199
Shaoguan
综述 ………………………………………………………… 199
●总体情况
●旅游行业规模
●重大旅游决策
●“十一五”旅游业发展情况
●全市旅游工作会议
●韶关旅游发展委员会成员会议
●试行国民旅游休闲计划
旅游接待与收入 ……………………………………… 200
●入境旅游
●国内旅游
●出境旅游

• 黄金周假日旅游
旅游宣传促销与节庆活动 …… 200
• 旅游宣传促销
• 2010 广东国际旅游文化节（韶关）分会场
• 旅游节庆活动
• 首届广深武广高铁沿线城市旅游发展高峰论坛
• 区域旅游合作
旅游资源开发和景区（点）建设 …… 202
• 旅游规划
• 旅游投资
• 旅游资源开发和景区（点）建设
• 新开发、新建设景区（点）
• 旅游扶贫
• 旅游扶贫“双到”工作
• 旅游创强工作
旅游行业监督管理 …… 204
• 旅游市场监督
• 旅游安全管理
• 旅行社管理
• 导游员管理
• 旅游饭店管理
• 旅游商品管理
• 旅游行业协会
旅游教育培训与精神文明建设 …… 205
• 旅游行业精神文明建设
• 旅游行风建设与机关作风建设
• 旅游教育培训
• “双转移”工作
纪事 …… 206

■ 河源市 …… 207
Heyuan
综述 …… 207
• 总体情况
• 旅游行业规模
• “十一五”旅游业发展情况
• 全市旅游产业发展大会
• 试行国民旅游休闲计划
• 2010 中国世博旅游年
旅游接待收入 208
• 入境旅游
• 国内旅游
• 出境旅游
• 假日旅游
旅游宣传促销与节庆活动 …… 208
• 旅游宣传促销
• 2010 广东国际旅游文化节（河源）分会场
• 第七届河源客家文化节
• 首届漂流节
• 区域旅游合作
旅游资源开发和景区（点）建设 …… 209
• 旅游规划
• 旅游投资
• 旅游区（点）与基础设施建设
• 东江 · 巴登城
• 绿道旅游
• 红色旅游
• 旅游扶贫
• 旅游转型与产业升级
旅游行业监督管理 …… 211
• 旅游市场监督
• 旅游安全管理
• 旅行社管理
• 导游员管理
• 旅游饭店管理
• 旅游行业协会
旅游教育培训与精神文明建设 …… 211
• 旅游行业精神文明建设
• 旅游行风与机关作风建设
• 旅游教育培训
• “双转移”工作
• 机构改革
纪事 …… 212

■ 梅州市 …… 213
Meizhou
综述 …… 213
• 总体情况
• 旅游行业规模
• 全市旅游工作会议
• 梅州市党政“一把手”拜会省旅游局领导
• “十一五”旅游业发展情况
• 2010 中国世博旅游年
• 自驾旅游日、周系列活动

●梅台旅游交流合作
旅游接待与收入 …… 215
●入境旅游
●国内旅游
●出境旅游
旅游宣传促销与节庆活动 …… 215
●宣传促销
●梅州客家美食文化节
●中国（梅州）国际客家山歌文化节
旅游行业管理 …… 216
●旅游市场监督
●旅游安全管理
●旅行社管理
●导游员管理
●旅游饭店管理
●行业协会
旅游资源开发和景区（点）建设 …… 217
●旅游规划
●景区（点）建设
●旅游扶贫
●客天下旅游产业园
●乡村旅游
●红色旅游
旅游教育培训和精神文明建设 …… 218
●旅游教育培训
●旅游行业精神文明建设
●旅游行风建设
纪事 …… 219

■ 惠州市 …… 220
Huizhou
综述 …… 220
●总体情况
●旅游行业规模
●“十一五”旅游业发展情况
●重要旅游活动
●全市旅游工作会议
●市政协关心旅游
旅游接待与收入 …… 221
●入境旅游
●国内旅游
●出境旅游
●假日旅游
旅游宣传促销与节庆活动 …… 221
●旅游宣传促销
●2010广东国际旅游文化节（惠州）分会场
●第五届惠州国际（高尔夫）旅游节
●惠州产品（昆明、西安、沈阳）展销会暨旅游推介会
●相约大亚湾旅游文化节
●葛洪道教文化旅游论坛
●2010广东道教文化节
旅游资源开发和景区（点）建设 …… 223
●旅游规划与投资
●A级旅游景区
●金海湾（巽寮）国际滨海旅游区
●平安生态旅游风景区
●绿道旅游
●红色旅游
●旅游扶贫
●旅游创强
●2010年旅游扶贫大型重点项目介绍
旅游行业监督管理 …… 224
●旅游市场监督
●旅游安全管理
●旅行社管理
●导游员管理
●旅游饭店管理
●旅游标准化
●信息化建设
●旅游行业协会
旅游教育培训与精神文明建设 …… 226
●旅游行业精神文明建设
●旅游行风与机关作风建设
●旅游教育培训
纪事 …… 227

■ 汕尾市 …… 228
Shanwei
综述 …… 228
●总体情况
●旅游行业规模
●重大旅游决策
●领导关心汕尾旅游

- “十一五”旅游业发展情况
- 全市旅游工作会议
- 国民旅游休闲计划
- 2010 年中国世博旅游年

旅游接待与收入 …… 230
- 入境旅游
- 国内旅游
- 出境旅游
- 假日旅游

旅游宣传促销与节庆活动 …… 230
- 旅游宣传促销
- 旅游节庆活动
- 2010 广东国际旅游文化节（汕尾）分会场
- 区域旅游合作

旅游资源开发和景区（点）建设 …… 231
- 旅游投资
- 旅游景区（点）与基础设施建设
- 红色旅游
- 旅游扶贫

旅游行业监督管理 …… 231
- 旅游市场监督
- 旅游安全管理
- 旅行社管理
- 导游员管理
- 旅游饭店管理
- 旅游标准化
- 信息化建设

旅游教育培训与精神文明建设 …… 232
- 旅游行业精神文明建设
- 旅游行风与机关作风建设
- 旅游教育培训

纪事 …… 233

■ 东莞市 …… 234
Dongguan

综述 …… 234
- 总体情况
- 旅游行业规模
- “十一五”旅游业发展情况
- 全市旅游工作会议
- 试行国民旅游休闲计划

旅游接待与收入 …… 235
- 入境旅游
- 国内旅游
- 出境旅游
- 假日旅游

旅游宣传促销与节庆活动 …… 235
- 旅游宣传促销
- 2010 广东国际旅游文化节（东莞）分会场
- 旅游节庆活动
- 华人华侨畅游东莞
- 区域旅游合作

旅游资源开发和景区（点）建设 …… 236
- 旅游规划
- A 级景区建设
- 龙凤山庄影视度假村
- 同沙生态公园

旅游行业监督管理 …… 237
- 旅游市场监督
- 旅游安全管理
- 旅行社管理
- 导游员管理
- 旅游饭店管理
- 信息化建设
- 旅游行业协会

旅游教育培训与精神文明建设 …… 238
- 旅游行业精神文明建设
- 旅游教育培训

纪事 …… 238

■ 中山市 …… 239
Zhongshan

综述 …… 239
- 概况
- 旅游行业规模
- “十一五”旅游业发展情况
- 试行国民旅游休闲计划
- 参加上海世界博览会

旅游接待与收入 …… 239
- 入境旅游
- 国内旅游
- 出境旅游
- 假日旅游

旅游宣传促销与节庆活动 …… 240

- 概况
- 国庆彩车巡展中山站
- 百万妇女游中山
- 共享亚运欢乐　畅游伟人故里
- 中山市旅游文化节
- 岭南水乡旅游文化节
- 东升脆肉鲩文化美食节
- 区域旅游合作

旅游资源开发和景区（点）建设 …………………… 241
- 概况
- 中山市旅游集团有限公司成立
- 工业旅游
- 伟人故里旅游线路
- 长江水世界开业
- 仙踪龙园开业
- 旅游商品发展

旅游行业监督管理 ………………………………… 242
- 概况
- 旅游安全管理
- 旅行社管理
- 旅游饭店管理
- 饭店业技能大赛

旅游教育培训与精神文明建设 …………………… 243
- 旅游教育培训
- 旅游行业精神文明建设

纪事 ……………………………………………………… 243

■ 江门市 ……………………………………………… 245
Jiangmen

综述 ……………………………………………………… 245
- 总体情况
- 旅游行业规模
- 重大旅游决策
- “十一五”旅游业发展情况
- 江门市旅游工作会议
- 试行国民旅游休闲计划
- 中国世博旅游年

旅游接待与收入 …………………………………… 246
- 入境旅游
- 国内旅游
- 出境旅游
- 假日旅游

旅游宣传促销与节庆活动 ………………………… 246
- 旅游宣传促销
- 2010 广东国际旅游文化节（江门）分会场
- 旅游节庆活动
- 区域旅游合作

旅游资源开发和景区（点）建设 …………………… 247
- 旅游规划
- 旅游投资
- 旅游景区（点）与基础设施建设
- 恩平市泉林度假乐园
- 星光公园
- 江门五邑华侨华人博物馆
- 绿道旅游
- 红色旅游
- 旅游扶贫·村落保护
- 赤坎古镇
- 旅游创强工作

旅游行业监督管理 ………………………………… 249
- 旅游市场监督
- 旅游安全管理
- 旅行社管理
- 导游员管理
- 旅游饭店管理
- 2010 年江门市职业技能大赛
- 评选“旅游百佳”
- 旅游信息化建设
- 旅游行业协会

旅游教育培训与精神文明建设 …………………… 250
- 旅游行业精神文明建设
- 机关作风建设
- 旅游教育培训

纪事 ……………………………………………………… 250

■ 阳江市 ……………………………………………… 251
Yangjiang

综述 ……………………………………………………… 251
- 概述
- 旅游行业规模
- 阳江市旅游工作会议
- 2010 年阳江旅游文化美食节
- 广州亚运阳江站起跑仪式
- 组团参加北京国际旅游博览会

旅游接待与收入 …… 251
• 入境旅游
• 国内旅游
• 出境旅游
• 假日旅游
旅游宣传促销与节庆活动 …… 252
• 概述
• 旅游宣传促销
• 第八届南海（阳江）开渔节
• 广东放生节
• 2010 年阳江旅游文化美食节
• 2010 广东国际旅游文化节（阳江）分会场
• 区域旅游合作
旅游资源开发和景区（点）建设 …… 253
• 概述
• 旅游规划
• 旅游区（点）与基础设施建设
• 旅游扶贫
• 特色美食和旅游商品
旅游行业监督管理 …… 254
• 旅游市场监督
• 旅游安全管理
• 旅行社管理
• 导游员管理
• 星级饭店管理
• 旅游行业协会
纪事 …… 255

■ 湛江市 …… 256
Zhanjiang
综述 …… 256
• 总体情况
• 旅游行业规模
• 重大旅游决策
• “十一五”旅游业发展情况
• 粤西地区旅游工作现场办公会
• 试行国民旅游休闲计划
• 广东省滨海旅游启动仪式
旅游接待与收入 …… 258
• 国际旅游
• 国内旅游
• 假日旅游
旅游宣传促销与节庆活动 …… 258
• 旅游宣传促销
• 2010 广东国际旅游文化节（湛江）分会场
• 湛江海鲜美食旅游年主题活动
• 2010 第 37 届世界旅游小姐（广东·湛江）全球总决赛
• 区域旅游合作
旅游资源开发和景区（点）建设 …… 259
• 旅游规划
• 旅游投资
• 旅游景区（点）与基础设施建设
• 新开发、新建设景区（点）
• 湛江美食休闲广场
• 旅游交通
• 绿道旅游
• 红色旅游
• 乡村旅游和旅游扶贫
• 旅游创强工作
• 旅游转型与产业升级
旅游行业监督管理 …… 261
• 旅游市场监督
• 旅游安全管理
• 旅行社管理
• 导游员管理
• 旅游饭店管理
• 旅游商品管理
• 旅游标准化
• 信息化建设
• 旅游行业协会
旅游教育培训和精神文明建设 …… 263
• 旅游行业精神文明建设
• 旅游行风与机关作风建设
• 旅游教育培训
纪事 …… 263

■ 茂名市 …… 265
Maoming
综述 …… 265
• 总体情况
• 旅游行业规模
• 重大旅游决策
• “十一五”旅游业发展情况

• 导游人员职业技能竞赛
• 旅游服务质量提升年
• “两广十市”区域旅游合作（北海）联席会议
• 全市旅游工作会议
• 试行国民旅游休闲计划
• 2010 中国世博旅游年
旅游接待与收入 …… 266
• 入境旅游
• 国内旅游
• 出境旅游
• 假日旅游
旅游宣传促销与节庆活动 …… 267
• 概述
• 旅游宣传促销
• 2010 广东国际旅游文化节（茂名）分会场
旅游资源开发和景区（点）建设 …… 267
• 概述
• 旅游规划
• 旅游区（点）与基础设施建设
• 新开发、新建设景区（点）介绍
• 电白龙头山浪漫海岸
• 绿道旅游
• 红色旅游
• 乡村旅游
• 旅游扶贫
• 旅游创强工作
• 全国工农业示范点建设
旅游行业监督管理 …… 269
• 旅游市场监督
• 旅游安全
• 旅行社管理
• 导游员管理
• 旅游饭店管理
• 旅游标准化
• 旅游信息化建设
旅游教育培训和精神文明建设 …… 270
• 旅游行风与机关作风建设
• 旅游教育培训活动
纪事 …… 271

■ 肇庆市 …… 272
Zhaoqing
综述 …… 272
• 总体情况
• 旅游行业规模
• 全市旅游工作会议
• “十一五”旅游业发展情况
• 领导关注肇庆旅游
• 试行国民旅游休闲计划
旅游接待与收入 …… 273
• 总体情况
• 入境旅游
• 国内旅游
• 出境旅游
• 假日旅游
旅游宣传促销与节庆活动 …… 273
• 国内旅游宣传促销
• 国际旅游宣传促销
• 2010 广东国际旅游文化节（肇庆）分会场
• 区域旅游合作
旅游资源开发和景区（点）建设 …… 274
• 旅游规划·旅游投资
• 绿道旅游
• 旅游景区（点）与基础设施建设
• 旅游扶贫
旅游行业监督管理 …… 275
• 旅游市场监督
• 旅游安全管理
• 旅行社管理
• 导游员管理
• 旅游饭店管理
• 旅游标准化
旅游教育培训与精神文明建设 …… 276
• 旅游行业精神文明建设
• 旅游行风与机关作风建设
• 旅游教育培训
纪事 …… 276

■ 清远市 …… 277
Qingyuan
综述 …… 277
• 总体情况
• 旅游行业规模
• “十一五”旅游业发展情况

• 全市旅游工作会议
旅游接待与收入 …………………………………… 277
• 入境旅游
• 国内旅游
• 出境旅游
旅游宣传促销与节庆活动 ……………………………… 278
• 旅游宣传促销
• 旅游节庆活动
• 区域旅游合作
旅游资源开发和景区（点）建设 ……………………… 279
• 旅游景区（点）建设
• 旅游品牌建设
• 旅游扶贫
旅游行业监督管理 …………………………………… 279
• 旅游市场监督
• 旅游安全管理
• 旅行社管理
• 导游员管理
• 旅游饭店管理
• 旅游标准化
• 旅游行业协会
旅游教育培训与精神文明建设 ………………………… 280
• 旅游行风与机关作风建设
• 旅游教育培训
纪事 ………………………………………………… 281

■ 潮州市 ……………………………………………… 282
Chaozhou
综述 ………………………………………………… 282
• 总体情况
• 旅游行业规模
• 领导重视旅游工作
• “十一五”旅游业发展情况
• 潮州“新八景”
• 推出旅游“优惠套票”
• 试行国民旅游休闲计划
旅游接待与收入 ……………………………………… 283
• 入境旅游
• 国内旅游
• 出境旅游
• 假日旅游
旅游宣传促销与节庆活动 ……………………………… 283
• 旅游宣传促销
• 2010 广东国际旅游文化节（潮州）分会场
• 潮州市第二届导游大赛
• 2010 年青少儿美术摄影大赛
• “金秋潮州行”旅游推介活动
• 区域旅游交流与合作
旅游资源开发和景区（点）建设 ……………………… 284
• 海外潮人博物馆工程建设
• 旅游景区（点）与基础设施建设
• 旅游资源保护与开发
• A 级景区建设
• 创建广东旅游强县
• 全国农业示范点建设
• 旅游扶贫
旅游行业监督管理 …………………………………… 286
• 潮州市文化旅游产业发展管理委员会成立
• 旅游市场监督管理
• 旅游安全管理
• 旅行社管理
• 导游员管理
• 旅游饭店管理
旅游教育培训和精神文明建设 ………………………… 286
• 旅游行业精神文明建设
• 旅游教育培训
• 机构改革

■ 揭阳市 ……………………………………………… 288
Jieyang
综述 ………………………………………………… 288
• 总体情况
• 旅游行业规模
• 全市发展乡村旅游工作会议
• 全市旅游工作会议
旅游接待与收入 ……………………………………… 288
• 入境旅游
• 国内旅游
• 出境旅游
• 假日旅游
旅游宣传促销与节庆活动 ……………………………… 289
• 旅游宣传促销
• 首届荔枝龙眼旅游文化节

• 三山国王祖庙寻根之旅（台北）旅游推介会
• 2010 广东国际旅游文化节（揭阳）分会场
• 第九届中国（揭阳）国际玉器节
• 赴澳门参加潮汕美食嘉年华活动
旅游行业监督管理 …………………………… 290
• 旅游市场监督
• 旅游安全管理
• 旅行社管理
• 旅游饭店管理
旅游资源开发和景区（点）建设 ………………… 291
• 概述
• 旅游规划及开发建设
• 揭东万竹园旅游景区
• 普宁德安里旅游景区
• 旅游扶贫
旅游教育培训和精神文明建设 ………………… 292
• 旅游教育培训
• 旅游行业精神文明建设

■ 云浮市 ………………………………………… 293
Yunfu
综述 ………………………………………… 293
• 总体情况
• 旅游行业规模
• 重大旅游决策
• “十一五”旅游业发展情况
• 杨荣森到云浮调研旅游
• 全市旅游工作会议
• 万人游云浮绿道远足行系列活动
• 重大旅游活动
• 2010 年中国世博旅游年
旅游接待与收入 …………………………… 295
• 入境旅游
• 国内旅游
• 出境旅游
• 假日旅游
旅游宣传促销与节庆活动 ………………… 295
• 旅游宣传促销
• 2010 广东国际旅游文化节（云浮）分会场
• 第三届云浮旅游文化美食节
• “禅宗文化神州行”大型易地联合采访行动
旅游资源开发和景区（点）建设 ………………… 296
• 概述
• 旅游投资
• 旅游景区（点）与基础设施建设
• 绿道旅游
• 出台发展乡村旅游政策
• 旅游扶贫
• 六祖故里旅游度假区
• 金水台温泉
• 郁南同乐大山原生态景区
• 飞天蚕生态茶园
旅游行业监督管理 …………………………… 297
• 旅游市场监督
• 旅游安全管理
• 旅行社管理
• 旅游饭店管理
• 2010 年云浮市旅游行业职业技能大赛
旅游教育培训与精神文明建设 ………………… 298
• 旅游行业精神文明建设
• 旅游教育培训
纪事 ………………………………………… 298

■ 顺德区 ………………………………………… 299
Shunde district
综述 ………………………………………… 299
• 总体情况
• 旅游行业规模
• “十一五”旅游业发展情况
• 第五届中国岭南美食文化节
• 创建中国美食名城　美食之都
• 2010 李小龙文化节
旅游接待与收入 …………………………… 300
• 入境旅游
• 国内旅游
• 出境旅游
• 假日旅游
旅游宣传促销与节庆活动 ………………… 300
• 旅游宣传促销
• 南番顺旅游（武汉）系列推介活动
旅游资源开发和景区（点）建设 ………………… 301
• 旅游景区（点）与基础设施建设
• 万辉珠宝城

- 绿道旅游

旅游行业监督管理 …… 301

- 旅游市场监督·安全管理
- 旅行社管理
- 导游员管理
- 旅游饭店管理
- 旅游行业协会

旅游教育培训与精神文明建设 …… 302

- 旅游行业精神文明建设
- 旅游教育培训

纪事 …… 302

政策法规·标准规范
Policy, Laws and Regulations · Standard Codes

■ 省政府规范性文件
Provincial government regulatory documents

贯彻国务院关于加快发展旅游业意见的若干意见 … 304

■ 地方旅游法规
Local tourism laws and regulations

※ 汕头市第十二届人民代表大会常务委员会公告（第 19 号） …… 306

■ 地方规范性文件
Local regulatory documents

※ 关于印发《珠海市旅游产业发展专项资金管理暂行办法》的通知 …… 308

※ 佛山市人民政府办公室
转发市旅游局关于大力发展“农家乐”休闲旅游业指导意见的通知 …… 311

※ 韶关市人民政府
印发《关于推动我市旅游业率先跨越发展实施意见》的通知 …… 314

※ 汕尾市人民政府
关于印发《汕尾市旅游宣传促销方案》的通知 …… 318

※ 中共中山市委　中山市人民政府
关于加快旅游重点项目建设推动旅游业跨越发展的实施意见 …… 320

※ 阳江市人民政府办公室
印发关于加快阳江市温泉资源开发利用的工作方案的通知 …… 322

※ 阳江市人民政府办公室
印发《阳江市鼓励投资五星级及以上饭店的优惠及奖励暂行办法》的通知 …… 324

※ 茂名市人民政府
关于建设浮山生态旅游风景区的指导意见 …… 328

※ 中共茂名市委　茂名市人民政府
关于提升旅游业核心竞争力建设旅游强市的实施意见 …… 330

※ 中共云浮市委　云浮市人民政府
关于加快全市乡村旅游发展的意见 …… 333

■ 旅游标准与规范·2010（备注：见多媒体光盘）
Tourism standards and norms

旅游发展规划
Tourism Development Planning

粤西区域旅游发展规划（2010－2020） …… 336

广佛肇旅游发展专项规划（摘要） …… 356

东莞国际旅游营销规划（2010－2014）（摘要） … 364

揭阳市旅游发展总体规划（2010－2030）（摘要） …… 377

旅游调查与研究
Tourism Survey and Research

江苏、浙江、福建和台湾乡村旅游考察报告 …… 384

2010 年度广东旅游研究部份论文摘要 …… 386

全省旅游业统计资料
Statistical Data of Provincial Tourist Industry

2010 年广东省接待国内游客抽样调查综合分析报告 …… 396

- 总体情况
- 客源构成

● 性别年龄职业构成
● 户籍属性构成
● 出游目的
● 出游方式
● 住宿游客去景点游览的比重
● 在粤平均游览城市数量及比例构成
● 人均停留时间
● 游客人均天花费
● 对住宿设施的选择
● 调查数据对比分析
2010 年广东省各市旅游业收入情况 …………………… 407
2010 年广东省国际旅游（外汇）收入构成 ………… 408
2010 年广东省各市国际旅游（外汇）收入 ………… 409
2000－2010 年广东省旅游入境人数 …………………… 410
2000－2010 年广东省旅游入境人数分析表 ………… 410
2010 年广东省接待过夜旅游者人数 …………………… 411
2000－2010 年广东省接待过夜旅游者人数 ………… 411
2010 年广东省接待过夜主要国家旅游者人数 ……… 412
2010 年广东省各市接待过夜旅游者人数 …………… 413
2000－2010 年广东省旅行社接待人数 ………………… 414
2010 年广东省旅行社组团接待旅游者人数 ………… 414
2010 年广东省各市旅行社组团国内旅游人数 ……… 415
2010 年广东省各市旅行社组团出境游人数 ………… 416
2010 年黄金周广东省旅游接待人数和收入统计 …… 417
2010 年广东省各市旅行社构成 ………………………… 418
2010 年广东省旅游住宿设施分布情况 ………………… 419
2010 年广东省各市旅游住宿设施床位分布情况 …… 420
2010 年广东省旅游景区（点）构成情况 …………… 421
2010 年广东省各市景点分布 …………………………… 422

各级旅游管理机构

Travel management authorities at all levels

广东省旅游局 ……………………………………………… 424
● 领导班子成员
● 局机关、直属事业单位负责人
各市、县（市、区）旅游局 ………………………… 425
● 广州市
● 深圳市
● 珠海市
● 汕头市
● 佛山市
● 韶关市
● 河源市
● 梅州市
● 惠州市
● 汕尾市
● 东莞市
● 中山市
● 江门市
● 阳江市
● 湛江市
● 茂名市
● 肇庆市
● 清远市
● 潮州市
● 揭阳市
● 云浮市
● 顺德区

名　　录

Directory

广东省国家 A 级旅游景区（点）质量等级评定名录 ……………………………………………………………… 440
2010 年度广东省旅行社名录 …………………………… 444
2010 年度广东省三星级以上饭店名录 ……………… 483
2010 年度广东省旅游院校（系・专业）名录 ……… 521

图片专辑目录

Picture category

■ 广东旅游数字·2010

Guangdong tourist number in 2010

■ 图片专辑

Photo Album

■ 旅游风采

tourist sceneries in cities

广州市

汕头市

河源市

梅州市

东莞市

江门市

湛江市

茂名市

清远市

潮州市

云浮市

顺德区

■ 旅游企业展示

Tourism enterprise exhibition

广东南湖国际旅行社有限责任公司

广东省广晟酒店集团有限公司

广东旅游集团有限公司

广州岭南企业集团有限公司

乳源瑶族自治县联创实业有限公司·天景山仙人桥

梅县雁南飞茶田有限公司

东莞市嘉华酒店有限公司

东莞市塘厦三正半山酒店有限公司

广东开平碉楼旅游发展有限公司

湛江市中鑫有限公司·湛江特呈岛

新兴县六祖故里旅游度假区

多媒体光盘目录

Multimedia CD Catalog

视频

Video

- 广东省省长黄华华在2010世界旅游日全球主会场庆典暨中国广东国际旅游文化节官方网站上致辞·视频
- 国家旅游局局长邵琪伟2010世界旅游日全球主会场庆典暨中国广东国际旅游文化节官方网站上致辞·视频
- 世界旅游组织秘书长塔纳布·瑞法依在2010世界旅游日全球主会场庆典暨中国广东国际旅游文化节开幕式上的致辞·视频
- 20 10世界旅游日全球主会场庆典暨中国广东国际旅游文化节开幕式及晚会·视频片断
- 活力广东　幸福旅游（视频）
- 音乐风光片·活力广东（视频片断）
- 广东旅游绿道（视频）

多媒体光盘添加内容
Refer to Multimedia CD for additional text

标准规范·2010

- 旅游安全管理　旅游（星级）饭店

  广东省旅游局、广东省标准化研究院等单位起草，广东省质量技术监督局发布。
- 旅游安全管理　海滨旅游

  广东省标准化研究院、广东省旅游局等单位起草，广东省质量技术监督局发布。
- 旅游安全管理　旅行社

  广东省旅游局、广东省标准化研究院等单位起草，广东省质量技术监督局发布。
- 旅游安全管理　旅游景区（点）

  肇庆高要市质量技术监督局、广东省标准化研究院等单位起草，广东省质量技术监督局发布。
- 旅游景区（点）服务质量

附件：

《旅游景区服务质量》广州市地方技术规范编制说明

广州市从化质量技术监督检测所、广州地区旅游景区协会、广州市番禺质量技术监督检测所起草，广州市质量技术监督局发布。

- 生态旅游区管理规范

附件：

《广州市生态旅游区管理规范》评分细则

增城市旅游局、广州地理研究所、广州市增城质量技术监督局起草，广州市质量技术监督局发布。

- 温泉旅游度假区服务管理

附件：

《温泉旅游度假区管理规范》广州市地方技术规范编制说明

广州市从化质量技术监督检测所、广州地区旅游景区协会、广州市番禺质量技术监督检测所起草，广州市质量技术监督局发布。

- 乡村旅游住宿服务规范与评定

  广州市旅游局、广州地区酒店行业协会起草，广州市质量技术监督局发布。
- 佛山市人民政府关于市政府直属部门行政处罚自由裁量权细化标准（第一批）的公告

附件：

佛山市旅游局行政处罚自由裁量权细化标准（试行）

名录

- 广东林业系统国家级、省级自然保护区名录
- 广东省国家级、省级森林公园名录
- 广东省全国重点文物保护单位名录
- 广东省文物保护单位名录

旅游歌曲·背景音乐
Travel song · Background music

- 西关小姐（广州市）
- 白水仙瀑（广州增城市）
- 碧水湾情歌（广州从化市）
- 金斗湾（中山市）
- 碉楼旁边是我家（江门开平市）
- 多彩万绿湖（河源市东源县）
- 锦绣中华我的家（深圳市）
- 家乡好梅州（梅州市）
- 美丽清远（清远市）
- 绿道，真好（珠海市）

图片专辑

Photo Album

丹霞山

广东 | 旅游数字·2010

Guangdong tourist number in 2010

旅游总收入3809.44亿元

其中：旅游外汇收入124.32亿美元

国内旅游收入2964.59亿元

接待过夜旅游者总人数2.13亿人次

入境旅游者3145.90万人次

其中：外国人723.25万人次

港澳同胞2106.78万人次

台湾同胞317.72万人次

国内过夜旅游人数1.82亿人次

全省旅行社组团接待旅游者人数：

入境旅游者448.74万人次

其中：外国人129.01万人次

港澳同胞283.80万人次

台湾同胞35.93万人次

国内组团旅游者2040.50万人次

出境旅游者438.01万人次

其中：香港游194.61万人次

澳门游84.08万人次

台湾游16.14万人次

出国游143.18万人次

中国优秀旅游城市21个（含3个县级市）

广东省旅游强县（市）18个

其中：中国旅游强县（市）2个

旅游度假区25个

其中：国家级1个、省级24个

风景名胜区

其中：国家级8处、省级18处

自然保护区

其中：国家级11个、省级66个

森林公园

其中：国家级25处、省级67处

全国重点文物保护单位

其中：国家级66处、省级408处

海滨度假区33个

温泉80多处

星级饭店1204家

其中：白金五星级1家

五星级93家

四星级191家

三星级659家

客房数18.29万间

床位数29.45张

旅游饭店直接从业人员52.25万人

国家 A 级旅游景区（点）139家

其中：5A级旅游景区2家

4A级旅游景区88家

3A级旅游景区38家

景区（点）直接从业人员12.94万人

旅行社1292家

其中：出境游组团社151家

外资旅行社12家

旅行社直接从业人员3.78万人

持证导游人员46013名

其中：初级导游44532人

中级导游1436人

高级导游45人

旅游院校（系）136所

其中：高等院校66所

中等职业学校70所

旅游院校在校学生94635人

其中：旅游高等院校37011人

旅游中等职业学校57624人

旅游专业教师3651人

湛江特呈岛

2010年3月31日，中共中央政治局委员、广东省委书记汪洋（前排右一）考察世界文化遗产、国家4A级旅游景区——开平碉楼与村落。图为汪洋与游客亲切交谈。（周华东 摄）

2010年12月27～30日，中共中央政治局委员、广东省委书记汪洋（中），省长黄华华（左十）率领广东省党政代表团赴海南省考察国际旅游岛建设等情况。图为广东海南两省合作交流座谈会暨战略合作框架协议签署仪式。（罗文清 摄）

■ 2010年9月27日，广东省省长黄华华（前排左二）、国家旅游局局长邵琪伟（前排左一）、广东省副省长刘昆（后排左二）等出席2010世界旅游日全球主会场庆典暨中国广东国际旅游文化节系列活动"我心中的美好家园——万名儿童绘画及作文比赛"颁奖典礼。图为出席活动的领导和嘉宾在广东省旅游局局长杨荣森（前排左三）陪同下欣赏获奖作品。

■ 2010年9月27日，第二十四届广州（国际）美食节暨2010增城国际旅游美食节在增城隆重开幕。图为国家旅游局局长邵琪伟（左二）与广州市市长万庆良（右二）、广东省旅游局局长杨荣森（左一）一起饮广东功夫茶。

■ 2010年9月26日，广东省省长黄华华(右)在广州会见出席2010世界旅游日全球主会场庆典暨中国广东国际旅游文化节活动的国家旅游局局长邵琪伟(左)。

■ 2010年9月27日晚，广东省省长黄华华在2010世界旅游日全球主会场庆典暨中国广东国际旅游文化节开幕式上致欢迎词。

■ 2010年9月27日晚，国家旅游局局长邵琪伟在2010世界旅游日全球主会场庆典暨中国广东国际旅游文化节开幕式上致辞。

■ 2010年9月27日晚，世界旅游组织秘书长塔勒布·瑞法依在2010世界旅游日全球主会场庆典暨中国广东国际旅游文化节开幕式上致辞。

■ 2010年8月30日，全国首个“国家旅游产业集聚（实验）区”——广东中旅南海西岸旅游产业园奠基仪式在南海西樵山举行。图为国家旅游局副局长王志发（左六）、广东省副省长刘昆（左五）、省政协副主席汤炳权（右六）等领导为旅游产业园奠基。（汝百乐　摄）

■ 2010年8月29日，广东省旅游局与网易战略合作协议签署仪式暨“绿动全球”网络游戏启动仪式在广州举行。图为国家旅游局副局长王志发（左二），广东省副省长刘昆（右二），广东省旅游局局长杨荣森（右一），网易副总裁、总编辑李甬（左一）共同启动网络游戏。

■ 2010年2月3日，广东省人民政府在广州召开全省旅游工作会议。图为国家旅游局副局长王志发（前排左一）、广东省副省长万庆良（前排右一）为获得“国民旅游休闲示范市”的广州、深圳、梅州、惠州、中山和肇庆市颁发牌匾。（张国辉 摄）

■ 2010年12月16～17日，国家旅游局在珠海海泉湾度假区召开全国休闲工作会议。国家旅游局副局长祝善忠（中）出席会议并讲话。（张国辉 摄）

2010年7月21日，由广东省人民政府主办的2010年广东省职业技能大赛“广东中旅杯”导游人员职业技能大赛半决赛在广州举行。中共广东省委常委、副省长肖志恒(前排中)率领省有关部门负责人亲临比赛现场观摩，并与部分参赛选手合影留念。

2010年9月27日，由广东省人民政府主办的2010世界旅游日全球主会场庆典暨广东国际旅游文化节泛珠三角旅游招商会在广州举行。

■ 2010年3月30～31日，广东省人民政府在湛江召开粤西地区旅游工作现场办公会。大会为13家荣获“2010年广东省国民旅游休闲计划首批滨海旅游示范景区”的单位颁匾。图为广东省副省长万庆良（左四）、省旅游局局长杨荣森（左五）、省海洋与渔业局局长郑伟仪（左三）以及湛江、茂名、阳江、云浮市市长等领导共同推杆启动广东省滨海旅游。

（陈乐 摄）

■ 2010年12月2日，广东省副省长刘昆（前排中）率省政府办公厅、省旅游局等部门领导到汕尾市调研，就该市旅游产业转型升级、发展红色旅游和滨海旅游等问题开展座谈。图为刘昆考察玄武山旅游景区。（王贵 摄）

■ 2010年9月25日，由广东省旅游局、中国南方航空股份有限公司主办的2010“广东旅游天使”颁奖盛典在广州举行。广东省副省长刘昆（前排左七），省旅游局局长杨荣森（前排左八）、副局长王志红（前排右六）和中国南方航空股份有限公司书记张子芳（前排左六）等领导出席颁奖盛典。

■ 2010年9月26日，2010世界旅游日迎亚运花车嘉年华启动仪式在广州流花展馆南广场举行。图为出席活动的领导和嘉宾共同推杆启动花车嘉年华。

■ 2010年2月5日，广东省旅游局局长杨荣森（右）在广州会见日本富山县观光、地域振兴局局长卢高秀史（左）。
（涂继文 摄）

■ 2010年，广东旅游系统大力开展岗位练兵活动，广东代表队分别在全国旅游饭店服务技能大赛中取得总分第一名、全国导游职业大赛中获多个单项第一名的好成绩。图为12月4日，省旅游局局长杨荣森（前排中）、副局长梅其洁（前排左二）与部分载誉归来的比赛选手合影。

■ 2010年1月27日，广东省旅游局局长杨荣森(右)在广州会见香港亚视行政总裁胡竞英(左)。 (涂继文 摄)

■ 2010年4月1日，广东省旅游局巡视员曾维炳(右二)在茂名市副市长林日娣(右一)陪同下考察茂名放鸡岛景区。
(茂名市旅游局供稿)

■ 2010年12月25日，广东省旅游局副局长周开生(左一)、梅州市市长朱泽君(中)等领导共同启动“第四届广东自驾旅游日暨梅州金柚飘香自驾旅游周系列活动”。 (梅州市旅游局供稿)

■ 2010年12月28日，第五届广东(从化)国际温泉旅游节暨世界珍稀温泉养生论坛在广州从化市举行。图为世界温泉及气候养生联合会副主席乔瓦尼(左一)为广东从化温泉颁发“世界珍稀温泉”牌匾。 (广州市旅游局供稿)

■ 2010年7月1日，广东省旅游系统组成“旅游扶贫车队”赴省旅游局扶贫开发“双到”工作帮扶点——乳源瑶族自治县洛阳镇板长村举行“广东省旅游系统扶贫济困日·党日活动暨板长村村道开工仪式”活动。图为省旅游局副局长张振林（第三排左五）与参加活动的旅游企业代表和受助学生合影。（涂继文 摄）

■ 2010年7月13日，由深圳华强文化科技集团与广东锦峰集团联合投资10亿元建成的汕头方特欢乐世界·蓝水星公园正式开园。（汕头市旅游局供稿）

2010年7月10日，“游中国禅都、品六祖佛荔”暨云浮（新兴）华人华侨旅游年启动仪式在新兴县国恩寺举行。

（云浮市旅游局供稿）

2010年11月23～25日，第十二届“两广十市”区域旅游合作联席会议在广西北海召开。图为与会代表签订《两广十市区域精品旅游线路和旅游一本通协议》后牵手祝贺。

（茂名市旅游局供稿）

■ 2010年11月6日，肇庆市人民政府举办首届环星湖绿道自行车骑游大会暨肇庆第二届国际市民徒步大会。

（肇庆市旅游局供稿）

■ 2010年11月3日，广东省旅游局副局长王志红（前排左一）率领“爱心父母”代表赴局扶贫开发“双到”工作帮扶点——乳源瑶族自治县洛阳镇板长村开展爱心捐赠活动。

（涂继文 摄）

■ 2010年11～16日，由全国红色旅游工作协调小组办公室主办的泛珠三角区域红色旅游合作发展协议签约仪式暨高级管理人员培训班在中山举行。
（中山市旅游局供稿）

■ 2010年10月19日，韶关市人民政府在东莞举行韶关（东莞）旅游产业推介会，签订合作意向投资项目总额达50亿元 。 （东莞市旅游局供稿）

■ 2010年10月21日，广东省旅游局副局长梅其洁（左三）出席云浮市在英东体育馆举办的第三届旅游文化美食节，并与出席活动的领导一起品尝美食。（云浮市旅游局供稿）

■ 2010年12月18日，深圳、东莞、惠州三地同时启动"万车互游深莞惠"活动。图为深圳市文体旅游局举行首发团仪式。（深圳市文体旅游局供稿）

■ 2010年4月30日，由广东省政府侨务办公室、省旅游局、中山市人民政府共同主办的“广东省华人华侨旅游年中山启动仪式暨中山市旅游文化节开幕式”在中山隆重举行。（中山市旅游局供稿）

■ 2010年6月17日，东莞市启动2010华人华侨畅游东莞系列活动。（东莞市旅游局供稿）

■ 2010年8月16日，广东省纪委派驻省旅游局纪检组长、监察专员黎增丰(右二)率广东旅游慰问团出席在喀什举办的“首届丝路明珠——喀什噶尔国际旅游文化节”。（李康 摄）

■ 2010年6月12日，广东省旅游局副巡视员林上福(左三)出席在清远连州市举办的首届“魅力清远 · 奇情溶洞”2010广东清远奇情溶洞旅游文化节。（清远市旅游局供稿）

■ 2010年6月19日，2010阳江市旅游文化美食节开幕式在阳江体育馆举行。（梁宗华 摄）

■ 2010年8月6日，广东省旅游局、省财政厅在广州联合举办2010年广东省旅游扶贫大型重点项目评审会。经过要件审核、公开演讲、现场答辩等环节角逐，韶关市丹霞山世界自然遗产工程等6个项目竞得省旅游扶贫大型重点项目。（涂继文 摄）

■ 2010年11月9日，全省爱国主义教育基地暨红色旅游示范基地建设工作会议在广州召开。会议公布广州起义烈士陵园等26家单位为“广东省红色旅游示范基地”。（张国辉 摄）

■ 2010年11月4～10日，由汕头市人民政府主办的中国（汕头 · 澄海）国际兰花旅游文化节暨第二届海峡两岸国兰精品博览会在澄海区莲花镇举行。（汕头市旅游局供稿）

■ 2010世界旅游日全球主会场庆典暨中国广东国际旅游文化节会徽。

■ 2010年9月25日，2010世界旅游日全球主会场庆典暨中国广东国际旅游文化节开幕式在广州增城市举行。

■ 2011年9月26日至10月1日，以“欢乐欢歌旅游日”、“花车花城迎亚运”为主题的2010世界旅游日迎亚运花车嘉年华在广州隆重举行。来自亚组委、国际友城、香港、澳门特别行政区，新疆、西藏、云南、海南、福建等省区，全省21个地级以上市40多辆花车齐聚广州展览和巡游。

■ 2010年10月16日凌晨，广州荔湾湖的湖水被引入河涌。广州新荔枝湾涌景区游人如织。　（广州市旅游局供稿）

■ 2010年1月23日，茂名市被国际休闲产业协会评为“2009年度国际最佳休闲城市”。图为中国第一滩旅游度假区。　（茂名市旅游局供稿）

■ 2010年8月2日，在第34届世界遗产大会上，丹霞山成功列入世界自然遗产项目，成为中国第40处世界遗产、第8处世界自然遗产，为广东省首个世界自然遗产。图为丹霞山西部群峰。　（刘加青 摄）

（以上图片除署名外，均由相关单位及广州国际摄影协会 供稿）

文献·特辑

Documents · Special issue

（第 1－30 页）

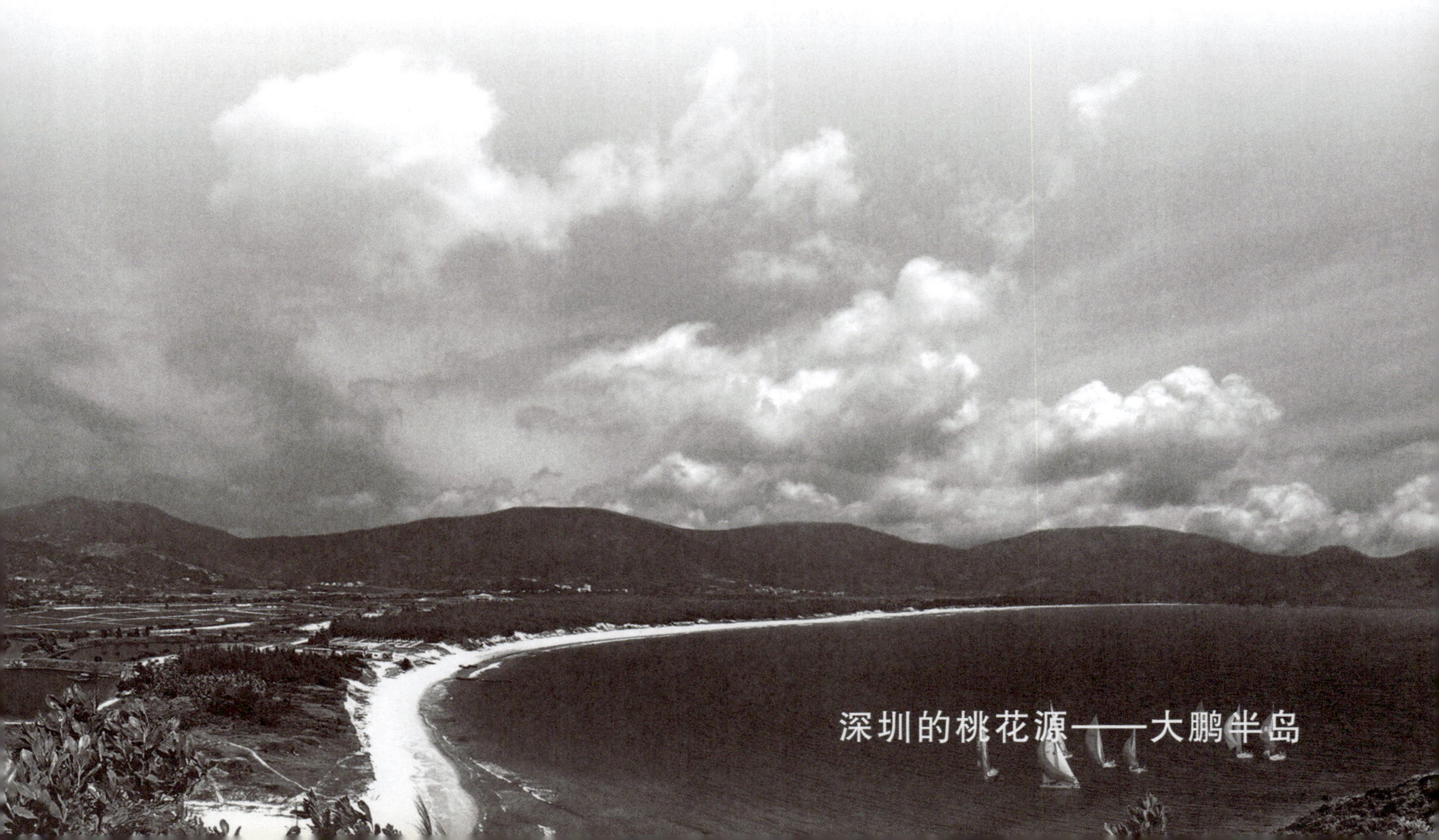

深圳的桃花源——大鹏半岛

文献

在2011年全省旅游工作会议上的讲话

广东省副省长　刘昆

（2011年1月21日）

同志们：

在省“两会”召开期间，我们在这里召开全省旅游工作会议，认真学习贯彻全国旅游工作会议和省委十届八次全会及省“两会”精神，总结“十一五”时期我省旅游工作，研究部署“十二五”及2011年的工作任务，对于进一步提升旅游工作水平，更好地服务全省科学发展具有重要意义。刚才，荣森同志代表省旅游局作了一个全面的工作报告，几位代表结合各自实际介绍了发展旅游业的经验做法，讲得都很好。希望全省各地各有关部门认真学习贯彻这次会议精神，进一步开拓创新，真抓实干，努力开创我省旅游工作新局面。下面，我讲两点意见。

一、“十一五”时期广东旅游业发展迅速、成绩显著

刚刚过去的“十一五”时期，是广东发展史上极不平凡的五年，也是我省旅游业改革与发展取得新的重大成绩的五年。五年来，面对国际金融危机严重冲击等错综复杂的国际国内形势，全省旅游系统在省委、省政府的坚强领导和国家旅游局的支持指导下，深入贯彻落实科学发展观，深化旅游综合改革创新，大力开拓国内外旅游市场，努力提升旅游服务质量，推动全省旅游业保持平稳较快发展，呈现出规模与质量双提升、改革与发展新突破、品牌和影响力显著提升的良好势头，实现了跨越式发展。主要体现在以下八个方面：

（一）旅游经济综合实力显著增强。2010年全省共接待入境过夜旅游人数3140.93万人次，五年年均增长11.87%，约占全国的4/5；国内过夜旅游人数1.82亿人次，年均增长13.2%。实现旅游总收入3804.1亿元，年均增长15.1%，约占全国的1/4；旅游外汇收入123.83亿美元，年均增长13.4%，约占全国1/5，均保持全国前列地位。我省旅游业各项指标全面实现“十一五”目标，旅游经济综合实力进一步增强。

（二）旅游新业态发展迅猛，旅游产业体系不断完善。会展旅游、自驾车旅游、高尔夫旅游、游艇旅游等高端旅游成为新的旅游热点，乡村旅游、科技旅游、文化旅游、森林生态旅游、中医药文化养生旅游、温泉康体旅游、绿道旅游等专项旅游产品日益丰富，旅游房地产、旅游制造业、网络商旅等迅猛发展，旅游产业体系规模不断发展壮大，至2010年底全省共有旅行社1262家、星级酒店1271家、大型旅游景区景点300多家，旅游要素体系、产品体系、目的地体系、公共服务体系进一步完善。

（三）旅游综合改革和国民旅游休闲计划深入推进，全国旅游综合改革示范区建设取得新成果。围绕全国旅游综合改革示范区建设，制定出台《关于加快我省旅游业改革与发展建设旅游强省的决定》、《关于试行广东省国民旅游休闲计划的若干意见》、《广东省贯彻<国务院关于加快发展旅游业意见>的实施意见》等政策文件，统筹推进全省旅游业综合改革。在全国率先试行国民旅游休闲计划，推动落实带薪休假制度，组织开展形式多样的国民旅游休闲活动，全省免费开放游览参观点557个，每年免费金额达8亿元；发行《粤游粤精彩——广东旅游门票明信片》32万册，惠民金额达9亿元；创建国民旅游休闲示范单位1215家，探索发行国民旅游休闲卡超过200万张，签约商户近万家。至2010年底，国民旅游休闲卡刷卡消费总额超过50亿元，极大地激发和调动了全省群众旅游消费的热情。

（四）旅游宣传和品牌建设力度加大，旅游市场拓展取得新进展。创新旅游宣传促销方法，加强与央视、凤凰卫视、旅游卫视、亚洲电视、《中国旅游报》、网易、携程、芒果等各类媒体以及我驻外使领馆、国家旅游局驻外办事处的合作，加强与国内主要旅游目的地的交流推介，组织参加260场大型旅游展销活动，借助2010上海世博会和广州亚运会的契机推介广东旅游资源和旅游产品，多渠道加

大广东旅游宣传力度。完善粤港澳旅游业定期联络协调机制，深入推进粤台旅游业界产品互推、客源互动等合作，五年累计接待港澳台过夜旅游人数9745万人次，经广东口岸赴台旅游超60万人次。签署《“泛珠三角”区域红色旅游合作发展协议》、《泛珠三角各省区旅游合作福州宣言》等协议，共同打造泛珠“无障碍旅游区”。建立与东盟各国旅游管理部门的协调联络机制，设立广东驻曼谷旅游办事处。经过努力，“活力商都”、“岭南文化”、“黄金海岸”和“美食天堂”四大旅游品牌唱响全国，“活力广东”的总体旅游形象深入人心，珠三角都市休闲旅游、粤北生态休闲旅游、粤东特色文化旅游、粤西滨海生态旅游四大区域旅游品牌影响力进一步增强，以华侨城、长隆、广东中旅等为龙头的大型旅游企业品牌不断打响擦亮，广东旅游的吸引力进一步增强。

（五）行业管理和市场监督力度加大，旅游服务品质得到新提升。大力实施广东旅游服务质量提升计划，制定实施《旅游安全管理标准》、《广东省餐饮服务质量评定标准》、《温泉旅游服务规范》等，以旅游标准化建设促进旅游服务品质提升。抓好12301旅游服务热线建设，推广诚信旅游和品质旅游，建立健全旅游诚信体系。定期组织开展全省旅游安全检查，加强旅游市场监督执法和旅游投诉处理，共查处非法经营旅游业务300多宗、检查导游4万多名，处理旅游投诉3500多宗，为游客争取理赔金430多万元，推动了全省旅游业的规范有序发展。

（六）旅游人才队伍建设稳步推进，人才素质明显优化。加强旅游人才开发培养和培训，年均培训旅游行业各类人员近30万人次，五年共有53759人取得导游人员资格证书，7550人取得饭店中高层管理人员岗位培训证书，4813人取得旅行社经理资格证书。成立广东省旅游服务中心职业技能鉴定所，五年完成约1万名酒店职业英语、景点导游、农家菜烹饪等旅游一线人员的技能鉴定工作。创新旅游人才培养机制，整合校企资源，推动筹建广东旅游学校（院）实训中心，着力培养优秀优质、适销对路的旅游人才。

（七）旅游扶贫工作深入推进，有力促进了全省城乡区域协调发展。全面实施旅游扶贫工程，五年共投入扶贫资金1.9亿元，扶持4批270个重点项目，覆盖全省86个县（市、区），有力促进了欠发达地区旅游业发展和群众脱贫致富。配合“双转移”战略实施，加大欠发达地区旅游专业技能人才培训力度，共培训4062名劳动力、转移就业3373人。“十一五”期间，全省旅游业直接创造税收320亿元，直接吸纳就业人数130万人，间接吸纳就业人数约650万人，有力促进了城乡区域协调发展。

（八）成功举办5届广东国际旅游文化节，品牌知名度和影响力不断扩大。从2006年起，坚持每年举办广东国际旅游文化节，办节机制不断完善，活动内容不断丰富，国际化、市场化水平不断提高，成功打造开幕式晚会、旅游招商会、友城之夜、花车巡游等经典活动，2010年首次与世界旅游日全球主会场庆典联合举办，节庆品牌不断擦亮。五届旅游文化节共吸引海内外游客6000万人次，引进外资项目669个、合同外资金额约110亿美元，成为我省扩大对外开放、加强招商引资、推动现代服务业发展的重要平台。

我省旅游业发展取得的成绩，离不开省委、省政府和国家旅游局的正确领导，离不开全省各地、各有关部门的大力支持，更离不开全省旅游系统同志们的辛勤努力。五年来，面对国际金融危机严重冲击、国内外自然灾害频发、国内兄弟省区市旅游激烈竞争等一系列严峻挑战，全省旅游系统在省旅游局近两届领导班子尤其是以杨荣森局长为班长的领导班子带领下，解放思想、改革创新，锐意进取、真抓实干，推动我省旅游业克服了各种困难和挑战，始终保持旅游业的快速健康发展，为全省实现“十一五”规划目标、保持经济社会又好又快发展作出了重要贡献。借此机会，我代表省政府向你们并通过你们向全省旅游系统广大干部职工表示衷心的感谢和诚挚的问候！

二、抓住机遇，开拓创新，努力推动我省旅游业发展实现新跨越

“十二五”时期，是我省加快经济发展方式转变、探索科学发展新路的关键时期，也是加快旅游业结构调整和发展方式转变、推进旅游强省建设的关键时期。综观国内外形势，我省旅游业发展既面临全球经济复苏动力不足、国际国内旅游业激烈竞争、我省旅游业新增长点发展缓慢等新挑战，也面临世界旅游业国内旅游消费热情日益高涨、我国我省加快经济发展方式转变等新机遇，总体来看仍然处于大有可为的重要战略机遇期。

党中央、国务院高度重视旅游业发展，明确提出要将旅游业培育成为国民经济的战略性支柱产业和人民群众更加满意的现代服务业。省委、省政府对旅游业发展寄予厚望、全力支持，省委十届八次全会明确提出了加快转型升级、建设幸福广东的目标和实施扩大内需、自主创新、人才强省、区域协调发展、绿色发展、和谐共享等六大战略；今年的省《政府工作报告》强调要全面实施国民旅游休闲计划，推进旅游重大项目开发，加快全国旅游综合改革示范区和旅游强省建设。这些，都为我们加快旅游强省建设指明了前进方向、注入了新的内涵、提出了新的要求。“十二五”时期推进我省旅游业发展，必须深入贯彻落实科学发展观，以科学发展为主题，以转变经济发展方式为主线，抓住加快转型升级、建设幸福广东这个核心，加快旅游综合改革、优化旅游产业结构、提升旅游整体形象，力争“十二五”时期全省接待过夜旅游人数年均增长7.3%、旅游业总收入年均增长10%、旅游业增加值占全省现代服务

业增加值的比重达到13%，旅游业转变发展方式取得实质性进展，旅游产业总体规模、服务质量、综合效益领先全国，旅游业成为我省国民经济的战略性支柱产业和人民群众更加满意的现代服务业，加快打造成全国旅游综合改革示范区和旅游强省。

要实现上述目标，全省各地、各有关部门特别是旅游系统的同志们必须紧紧围绕和服务全省加快转型升级、建设幸福广东的大局，抢抓机遇、开拓创新，努力推动我省旅游业发展实现新跨越，在全省经济社会发展大局中发挥更大作用。一是围绕服务加快转型升级，着力推进旅游现代产业体系建设。大力发展旅游制造业，提升发展餐饮、住宿、交通、旅游购物等传统旅游业，加快培育旅游新业态和新增长点，推动旅游产品升级，延伸旅游产业链条，完善旅游产业体系，做大旅游产业，增强旅游产业核心竞争力。二是围绕服务幸福广东建设，着力推动旅游惠民。深入推进国民旅游休闲计划，落实带薪休假制度，优化旅游消费环境，提升旅游服务质量，推出更多便民利民的旅游优惠措施，做优旅游大家乐，全面提升国民的旅游福祉，让人民群众更大范围、更高程度分享旅游业发展成果。三是围绕服务扩大内需，着力增强旅游市场动员力。完善旅游基础设施，强化旅游宣传推介，创新旅游营销方式方法，发掘广东旅游新亮点，形成更多旅游消费热点，加快塑造和提升广东整体旅游形象，不断增强我省旅游市场的影响力吸引力动员力，吸引更多境内外游客到我省旅游，做旺广东旅游市场。四是围绕服务区域协调发展，着力推动城乡区域旅游业均衡发展。完善全省旅游发展规划，着力推动珠三角地区旅游一体化发展，不断增强国际旅游吸引力和竞争力。发挥东西北地区资源和劳动力优势，提升旅游扶贫开发水平，加快推动东西北地区旅游业跨越发展，更好地促进农村富余劳动力就地就近就业，带动欠发达地区脱贫致富，以旅游业的协调发展促进全省城乡区域协调发展。五是围绕服务绿色发展，着力推动旅游业可持续发展。坚持绿色发展、低碳发展，在生态保护中搞旅游开发、在旅游开发中进一步保护生态，重点开发森林度假、农业观光、生态休闲等绿色生态旅游产品，着力推动绿道网建设与旅游业的有机结合，积极探索生态旅游、绿色旅游发展之路。

2011是我省实施“十二五”规划的开局之年。关于今年的旅游工作安排，刚才杨荣森同志已经作了全面部署，希望大家认真抓好落实。下面，我围绕今年的重点工作，再强调几点意见：

（一）抓先行先试，进一步深化广东旅游综合改革。围绕建设全国旅游综合改革示范区的目标，加大先行先试力度，选择若干重点领域，争取率先取得突破性进展。一是完善有利于旅游业改革发展的政策体系。认真学习借鉴海南建设国际旅游岛的经验做法，结合我省实际，深入研究和制定促进我省旅游业发展的总体战略，认真研究细化旅游综合改革示范区的内涵、内容和要求，提出更多有针对性、实操性的政策意见，推动形成有利于旅游业改革发展的一揽子政策体系。二是抓好广东省旅游集聚区示范点建设。今年重点推进梅州客家生态旅游区、河源生态旅游区、韶关大南岭生态旅游区和肇庆高要生态旅游区等的建设发展，在省财政高端旅游产业资金中给予每个集聚区补助1000万元，专项支持旅游基础设施建设。省旅游局要会同有关部门加强工作指导和督促检查，确保各项工作顺利推进。三是加大对旅游资源开发的统筹协调力度。结合主体功能区规划实施，加大力度统筹区域旅游业发展，科学合理促进跨行政区域的旅游资源整合，促进区域旅游集聚发展。创建一批全省旅游综合改革示范市、示范县（市、区）和旅游名镇，以点带面推动全省旅游综合改革。鼓励综合改革示范试点市、县（市）政府、旅游强县探索建立旅游资源一体化管理体制，加大旅游与相关行业的资源整合力度，更好地激发旅游发展活力，增强对相关产业的带动能力。

（二）抓规划先导，进一步优化我省旅游业发展布局。创新规划编制思路，完善规划内容，充分发挥规划在推动全省旅游业发展中的基础性和引领性作用。一是加快编制全省旅游发展总体规划。结合我省旅游发展实际和主体功能区建设的要求，科学编制好《广东省旅游发展总体规划》和旅游业发展“十二五”规划，突出岭南旅游特色，理清发展目标思路，科学指导全省旅游业发展。二是打造“六区一带”旅游发展格局。推进区域旅游互动和产品整合，明确各区域的发展定位、产业特色，促进形成风格各异、特色鲜明的旅游集聚发展区域。珠三角都市旅游区以都会旅游为重点，充分展现岭南文化；粤东客家旅游区以客家文化为纽带，大力发展客家文化旅游；粤东潮汕旅游区以潮汕文化为特色，注重“潮汕＋滨海＋名人”的产品组合；粤西滨海旅游区以海岸为主线，推动滨海旅游品牌建设；粤西西江旅游区以西江为纽带，加快乡村旅游开发；粤北生态旅游区以名山名寺为依托，充分发挥丹霞山成功申遗的效应，发展壮大旅游产业；沿海旅游产业带以滨海旅游为重点，着力打造“黄金海岸”品。三是加强区域旅游合作。加快制定《粤港澳区域旅游发展规划》，统筹三地旅游产业定位、产品建设、市场开发、行业品质监管、信息交流和旅游环境提升，共同建设世界知名的国际旅游区和旅游目的地。进一步密切与台湾、泛珠、东盟等地区的旅游合作，增强广东旅游吸引力。

（三）抓项目带动，进一步推动旅游产业集聚发展。旅游大项目、大企业是促进旅游产业集聚发展的重要途径。一要大力推动旅游产业园建设。重点是加快珠海长隆海洋世界、深圳太子港国际邮轮母港、深圳欢乐海岸等重大项目建设，推进佛山南海西岸、梅州客天下、湛江东海岛等旅游产业园建设，培育和打造我省旅游发展的新高地，带动提升全省旅游整体发展水平。二是大力培育旅游新业态和新产品。积极倡导低碳旅游，创建一批具有示范作用的低碳旅游城市、低碳景区、绿色酒店等。提升发展都市旅游特别是会展旅游，着力延伸会展旅游产业链，带动美食、购物等产业加快发展。大力发展绿道旅游，加强绿道与旅游景区的结合，建设一批特色景观旅游村镇、旅游休闲小城镇、环城游憩带。鼓励主题公园品牌输出，引导主题公园朝参与型、游乐型、体验型方向发展。加快邮轮游艇、旅游房车、旅游装备制造、旅游电子商务、旅游保健等旅游产品开发，引领旅游业向高端化发展。三是狠抓龙头企业培育。重点推动10家旅游企业向集团化、规模化、品牌化发展，推动1~2家旅游企业上市融资，支持1~2家龙头旅游企业向外扩张，进行品牌、管理和资本输出，促进龙头旅游企业率先走集聚发展之路，打造我省旅游业的“航空母舰”。

（四）抓创意营销，进一步提升广东旅游的知名度和吸引力。进一步创新旅游促销手段，引入国际专业创意团队，策划有新意、有特色、令人耳目一新、给人深刻印象的广东旅游形象宣传片。充分发挥网络、手机等新兴媒体的作用，密切与中国移动、中国联通、中国电信、南方航空、网易等相关部门以及国内外知名影视传播公司的合作，利用多种平台与载体，扩大广东旅游宣传。支持创办旅游杂志、旅游电视频道及其他旅游媒介，创建中国旅游传媒产业基地，抢占旅游行业的舆论制高点。整合全省旅游营销力量，按产品类型、区域位置、目标旅游市场等推动省市联合、区域联合、企业联合促销，增强影响力和营销实效。加强与港澳、国际友好省州旅游部门的合作，联合开展旅游促销，提升宣传促销的针对性和实效性。

（五）抓优化服务，进一步完善旅游发展的软硬环境。以完善旅游管理和提升服务为重点，大力优化广东旅游发展环境，打造“广东服务”品牌。一是推动旅游标准化建设。进一步完善旅行社、旅游景区（点）、星级旅游酒店的服务标准化体系，以标准化提升服务质量。完善旅游从业人员、旅行社、旅游购物店等信用等级评定制度和信息系统，并向社会公开，通过市场“优胜劣汰”的倒逼压力，推动提升服务水平。二是加强旅游人才培训。完善旅游人力资源支撑体系，强化对一线旅游服务人员的培训，倡导旅游职业道德，推动服务的规范化和精细化。积极推进旅游行业资格认证制度，重点抓好旅游行政管理人才队伍、旅游企业经营管理人才队伍、旅游专业技术人才队伍、旅游企业一线技能服务人员、乡村旅游实用人才队伍等5支人才队伍建设，更好地适应现代旅游业发展的需要。三是完善旅游公共服务体系平台。加快旅游信息综合服务平台建设，进一步完善旅游交通、住宿、餐饮、娱乐等基础设施，更好地满足社会公众多样化的旅游服务需求。

（六）抓旅游惠民，进一步共享旅游发展成果。围绕幸福广东建设，大力推动旅游便民、旅游惠民，保障国民旅游权益，让人民群众充分享受旅游的乐趣。一是深入推进国民旅游休闲计划。落实带薪休假制度，鼓励与法定节假日相连接形成较长假期，推动公众有充裕时间参与旅游休闲。进一步丰富旅游休闲产品体系，大力推广乡村旅游等专项旅游，提升国民旅游休闲示范单位服务质量，拓展国民旅游休闲卡商圈，推出更多优惠措施和配套服务。以举办深圳大运会为契机，大力推进体育旅游，深度开发配套旅游产品，使旅游休闲真正成为提升城乡居民生活质量和幸福指数的重要生活方式。二是深化旅游扶贫。积极探索利用绩效评估和竞争性分配方式，创新旅游扶贫项目模式，加大对欠发达地区重大旅游开发项目的扶持力度，力求做到扶持一个、成功一个、带动一片。加强对贫困地区农村劳动力的旅游职业技能培训，既为欠发达地区旅游业发展提供人才支撑，又带动脱贫致富。三是着力解决群众反映强烈的旅游问题。充分发挥12301旅游服务热线的作用，深入开展全省旅游安全检查，加强旅游市场监督执法，着力解决好旅游投诉问题，切实维护游客的合法权益。四是狠抓旅游节能减排。完善旅游资源开发监测体系，督促指导宾馆饭店、景区景点做好节能节水减排等任务，倡导低碳、节约型旅游消费模式。结合生态旅游、森林旅游发展，大力推进旅游生态建设，不断优化旅游生态环境。

今年还有一项重头戏，就是办好2011广东国际旅游文化节。今年的旅游文化节开幕式将在韶关市举办，创新了办节的形式，丰富了旅游文化节的内涵，但同时也增加了工作难度，必须及早谋划。一要加强省市沟通，进一步完善总体工作方案。省旅游局要加强对韶关市的指导支持，韶关市要以办节为契机，推动全市旅游业和经济社会发展，进一步提升城市知名度。二要认真论证筛选开幕式晚会方案和承办单位，集中力量打造一台有国际水准、广东特色、韶关元素的开幕式。三要创新办节机制。采取省财政专项补贴、韶关市财政投入和市场化运作相结合的方式，进一步提升市场化运作水平，解决好办节经费问题。四要筹办好首届中国（广东）国际旅游博览会。创新办展机制，探索办展经验，努力培育和打造旅游业界的“广交会”。

同志们，做好我省旅游工作，前景广阔、任务艰巨。希望大家在省委、省政府的正确领导下，解放思想，开拓创新，真抓实干，努力推动我省旅游业发展再上新水平，为全省加快转变经济发展方式，当好推动科学发展、促进社会和谐的排头兵作出新的贡献！

在广东省旅游局调研时的讲话

广东省副省长　招玉芳

（2011 年 2 月 18 日）

同志们：

一年之计在于春。兔年新春佳节刚过，我第一站就到省旅游局来调研，主要目的有三个：一是来向大家学习。在座很多同志都是老旅游工作者，有很多好的旅游工作经验。我作为新加入的成员，对我省旅游业发展情况和特点还不熟悉，今天是向大家学习来了。二是来看望大家。三是来与大家共同谋划如何更好地推动落实今年我省旅游业的各项重点工作。省委、省政府主要领导一直非常关注旅游业发展，来之前，汪洋书记专门找我谈了一次话，主要就是就如何抓好旅游工作提出要求。我也专门学习了汪洋书记和黄华华省长对旅游工作的有关指示精神，汪洋书记提出要以世界眼光、战略思维谋划广东旅游业新一轮大发展，努力把旅游业培育成为广东经济发展的新亮点，大力推进旅游强省建设；黄华华省长要求全省旅游系统继续解放思想，大胆开拓创新，树立大品牌，提升旅游整体质量、水平和档次，做强广东旅游业，全面推动我省旅游业新一轮大发展。我有个非常强烈的感受，就是省委、省政府对旅游工作高度重视，一直把旅游作为广东经济工作的新增长点来抓，可谓"高看一眼、厚爱三分"，大大激发了我们更好地做好旅游工作的热情和动力。

刚才，杨局长对我省旅游工作的基本情况作了简明扼要的介绍，我觉得成绩显著、思路清晰、措施得力、重点突出，讲得很好，我听了很受启发。1 月份省政府已经召开了全省旅游工作会议，刘昆副省长已对今年及"十二五"时期的工作作了总体部署。杨局长刚才也汇报了今年的十项重点工作。可以说，当前及今后一段时期旅游工作的大政方针已定、目标任务已定，现在的关键是抓好落实。下面，我就如何抓好落实，做好旅游工作谈三点意见，与大家共同探讨。

一、我省旅游工作成绩显著，为推动全省经济社会平稳较快发展作出了重要贡献

过去的五年，面对国家外经贸政策调整、国际原油价格大幅波动、人民币升值、劳动力结构性短缺等一系列新情况新问题，特别是国际金融危机的冲击，全省旅游系统坚持以科学发展观为统领，坚定信心、奋发进取、危中求进，千方百计保市场、保企业、保稳定，全力以赴促调整、促转型、促创新，我省旅游业呈现出规模与质量双提升、改革与发展新突破、品牌和影响力显著提升的良好势头。2010 年全省共接待入境过夜旅游人数约 3145.90 万人次，约占全国的 4/5；国内过夜旅游人数 1.82 亿人次。实现旅游总收入和旅游外汇收入 3809.44 亿元、124.32 亿美元，分别约占全国的 1/4 和 1/5，均保持全国前列地位，我省旅游业各项指标全面实现"十一五"目标，旅游经济综合实力进一步增强。主要体现在以下四个方面：

（一）推进旅游综合改革行动快、措施实。

制定出台《关于加快我省旅游业改革与发展建设旅游强省的决定》、《关于试行广东省国民旅游休闲计划的若干意见》等政策文件，率先在全国试行国民旅游休闲计划，推动落实带薪休假制度，组织开展形式多样的国民旅游休闲活动，统筹推进全省旅游业综合改革。特别是国民旅游休闲计划活动成效显著，目前全省免费开放游览参观点 557 个，每年免费金额达 8 亿元；创建国民旅游休闲示范单位 1215 家，探索发行国民旅游休闲卡超过 200 万张，签约商户近万家。至 2010 年底，国民旅游休闲卡刷卡消费总额超过 50 亿元，极大地激发和调动了全省群众旅游消费的热情。

（二）建设旅游产业体系思路新、力度大。

积极培育发展旅游新业态，着力做大做强旅游产业。目前，会展旅游、自驾车旅游、高尔夫旅游、游艇旅游等高端旅游成为新的旅游热点，乡村旅游、科技旅游、文化旅游、温泉康体旅游、绿道旅游等专项旅游产品日益丰富，旅游房地产、旅游制造业、网络商旅等迅猛发展，旅游产业体系规模不断发展壮大，旅游要素体系、产品体系、目的地体系、公共服务体系进一步完善，至 2010 年底全省共有旅行社 1303 家、星级酒店 1185 家、国家 A 级旅游景区景点 146 家，旅游产业的整体实力显著提升。

（三）开展旅游宣传推介手段多、影响大。

创新旅游宣传促销方法，加强与央视、凤凰卫视、旅游卫视等各类媒体以及我驻外使领馆、国家旅游局驻外办事处的合作，开展与国内主要旅游目的地的交流推介，积极组织大型旅游展销活动，并借助2010上海世博会和广州亚运会的契机推介广东旅游资源和旅游产品，使“活力商都”、“岭南文化”、“黄金海岸”和“美食天堂”四大旅游品牌唱响全国，“活力广东”的总体旅游形象深入人心。与此同时，从2005年起坚持每年举办广东国际旅游文化节，共吸引海内外游客6000万人次，引进外资项目669个、合同外资金额约110亿美元，成功打造开幕式晚会、旅游招商会、花车巡游等经典活动，特别是2010年首次与世界旅游日全球主会场庆典联合举办，节庆品牌不断擦亮，成为我省扩大对外开放、加强招商引资、推动现代服务业发展的重要平台。

（四）提升旅游服务水平方式活、效果好。

大力实施广东旅游服务质量提升计划，抓好旅游服务标准化建设，加强旅游市场监督执法和旅游投诉处理，共查处非法经营旅游业务300多宗，处理旅游投诉3500多宗，为游客争取理赔金430多万元，全省旅游业规范有序健康发展。加强旅游人才开发培养和培训，旅游人才的规模数量、能力素质均显著提高，年均培训旅游行业各类人员近30万人次，五年共有53759人取得导游人员资格证书，7550人取得饭店中高层管理人员岗位培训证书，4813人取得旅行社经理资格证书。与此同时，大力推进旅游扶贫工程，有力地促进了城乡区域协调发展。

我省旅游工作能克服种种困难取得显著成绩，有力地推动了全省经济社会的平稳较快发展，非常难能可贵。这是在省委、省政府的正确领导下，以杨荣森同志为班长的省旅游局领导班子，带领全省旅游系统广大干部职工开拓创新、锐意进取、真抓实干、努力拼搏的结果。在此，我代表省政府向你们和全省旅游系统的广大干部职工表示衷心的感谢和诚挚的问候！希望大家凝心聚力、振奋精神，共同开创广东旅游业更好美好的明天。

二、加快推动我省旅游业转型升级，再创旅游业发展新辉煌

旅游业是一个关联度高、综合性强、带动面广的产业。加快旅游业转型升级，提升旅游业核心竞争力，建设旅游强省，对我省加快转型升级、促进经济发展方式加快转变、建设幸福广东具有重要的战略意义。大家要清醒认识到，国务院明确定位旅游业已从第三产业的发展重点上升到国民经济的战略性支柱产业，旅游业进入到了一个全新的历史发展阶段。省委、省政府高度肯定旅游业的重要性，汪洋书记和黄华华省长对旅游业发展寄予厚望，今年的省《政府工作报告》强调要全面实施国民旅游休闲计划，推进旅游重大项目开发，加快全国旅游综合改革示范区和旅游强省建设，更好地服务加快转型升级、建设幸福广东。旅游业已被推进到一个新的历史起点。希望省旅游局的全体干部职工切实把思想和行动统一到省委、省政府的决策部署上来，进一步增强做好旅游工作的责任感、使命感、紧迫感。要坚持以科学发展为主题，以转变发展方式为主线，围绕加快转型升级、建设幸福广东这个核心，深化旅游综合改革，大力推动旅游产业转型升级，做旺旅游市场，做大旅游产业，做响旅游品牌，做优旅游服务，做实旅游惠民，加快把旅游业培育成广东国民经济战略性支柱产业和人民群众更加满意的现代服务业，加快实现旅游强省的建设目标。对当前和今后一段时期的旅游工作，1月21日省政府召开的全省旅游工作会议已经作了总体部署，我完全赞成，希望认真抓好落实。在这里，我就今年的工作再重点强调几点：

（一）着力推动全国旅游综合改革示范区建设。

自2008年汪洋书记、华华省长亲自拜访国家旅游局争取到“全国旅游综合改革示范区”牌匾、国务院批复的《珠江三角洲地区改革发展规划纲要》明确提出广东要建设全国旅游综合改革示范区以来，省委省政府出台了《关于进一步加快我省旅游业改革与发展建设旅游强省的决定》，提出了推动旅游业发展的总体思路、目标任务和政策保障，为我省建设全国旅游综合改革示范区和旅游强省指明了方向、明确了要求；省政府出台了《关于试行广东省国民旅游休闲计划的若干意见》，率先在全国试行国民旅游休闲计划，为国家出台《国民旅游休闲纲要》探索了有益经验；省旅游局联合暨南大学起草了《广东旅游综合改革规划纲要（2010－2020年）》，联合省发展研究中心开展了建设全国旅游综合改革示范区的政策研究，在全省甄选了一批旅游综合改革示范市、示范县（市、区），以点带面，推动全国旅游综合改革示范区建设，全省旅游综合改革与发展取得初步成效。

下一步，要进一步推动全国旅游综合改革示范区建设，必须加大先行先试力度，选择若干重点领域，争取率先取得突破，为全国旅游业发展积累经验、提供示范。一要完善有利于旅游业改革发展的政策体系。认真学习借鉴海南建设国际旅游岛的经验做法，结合我省实际，深入研究和制定促进我省旅游业发展的总体战略，认真研究细化旅游综合改革示范区的内涵、内容和要求，提出更多有针对性、实操性的政策意见，推动形成有利于旅游业改革发展的一揽子政策体系。二要加快推动旅游管理体制机制改革。建立广东省旅游产业发展联席会议制度，加强旅游业相关部门之间的沟通联系与协作配合，及时协调解决旅游产业发展中出现的重大问题。三要深入推进国民旅游休闲计划。

大力宣传旅游休闲理念，进一步增强国民旅游休闲意识；推广福利旅游、奖励旅游、修学旅游等专项旅游产品，进一步丰富旅游休闲产品体系；拓展国民旅游休闲卡商圈，推出更多优惠措施和配套服务，提升国民旅游休闲示范单位服务质量。四要探索旅游资源一体化管理体制，加大对旅游资源开发的统筹协调力度，科学合理促进跨行政区域的旅游资源整合，促进旅游资源优势向产业优势转化。加大旅游与相关行业的资源整合力度，更好地激发旅游发展活力，增强对相关产业的带动能力。五要开展旅游综合改革和专项改革试点，着力推动全省旅游综合改革示范市、示范县（市、区）和旅游名镇建设，以点带面推动全省旅游综合改革。探索旅游产业园聚集发展模式，抓好旅游产业集聚发展示范区建设，促进旅游要素集聚发展和旅游产业转型升级。六要优化旅游便利环境。推动“144 小时便利签证”政策在全省实施，积极向公安部争取试行 2 人成团或单人成团，允许国际游客在我省不同口岸出入境。争取国际在粤经停航班外国人“72 小时落地免签”政策。积极争取海关总署等国家部委加大对我省口岸游客通关便利化和邮轮、游艇等高端旅游产业发展予以政策支持。

（二）着力提升旅游产业核心竞争力。

当前，虽然我省旅游产业规模不断扩大，旅游产业体系也不断完善，但缺乏综合带动力强的大型旅游企业，旅游企业核心竞争力不强。刚才荣森同志提到，全省仅有深圳华侨城 1 家资产超过 10 亿元的旅游类上市公司，与北京、上海等地存在较大差距。在国家 5A 级旅游景区方面，江苏有 9 家，浙江有 7 家，广东仅有 4 家。这就要求我们要加大旅游大项目的招商引资和扶持力度，推动旅游企业创新和转型升级，做大做强旅游企业。

提升全省旅游核心竞争力，企业是主体，创新是动力，因此必须立足自主创新，做大做强旅游企业。一要大力支持旅游企业创新和技术进步。鼓励旅行社、酒店、景区等运用信息技术，加快网络建设，延长产业链，开发旅游新业态和高端旅游产品；鼓励旅游企业通过设备更新、引进新技术，进行新产品、新线路开发、设计；鼓励旅游企业创新交易和服务平台，增强品牌营销能力，寻找更多利润增长点。二要着力打造龙头企业。鼓励旅游企业创新和转型升级，支持一批龙头旅游企业进行资源整合、资产重组，在全省重点扶持 10 家旅游企业做大做强，推动 1 ~ 2 家旅游企业上市，推动 1 ~ 2 家旅游企业品牌输出。三要加快旅游重大项目和产业园区建设。要积极研究，争取制订《关于广东省促进旅游产业集聚发展的若干意见》，为旅游产业集聚发展营造良好的政策环境。同时，要运用好“省高端产业引导资金”，推进梅州、河源、韶关、肇庆高要和佛山南海五个“广东省旅游集聚区示范点”建设工作，重点加快珠海长隆海洋世界、深圳太子港国际邮轮母港、深圳欢乐海岸等重大项目建设，推进佛山南海西岸、梅州客天下、湛江东海岛等旅游产业园建设，培育和打造我省旅游发展新高地，带动提升全省旅游业整体发展水平。四要加大旅游招商力度。建立旅游招商项目库，借助省委省政府领导出访、广东国际旅游文化节和首届中国（广东）国际旅游产业博览会举办的契机，积极引进国内外战略投资者，开发建设一批投资潜力大、带动能力强的省级重点旅游项目。要指导支持优秀旅游景区开展招商引资，积极创建国家 4A、5A 级景区，打造更多的精品品牌景区。

（三）着力加大旅游宣传推广力度。

近年来，我省旅游业虽然在入境游客人数、旅游创汇上仍位居全国首位，但旅游总收入已连续两年低于江苏和浙江，仅居第三，这与我省旅游宣传促销经费相对不足，旅游宣传力度不够大，旅游宣传方式不够灵活有较大关系。

下一阶段，要积极发挥省旅游宣传促销经费作用，加强旅游产品包装，丰富旅游产品内涵，创新宣传促销方式，强化区域旅游合作。一要加大旅游宣传力度。要借助各类平台，利用各种渠道，通过旅游歌曲、旅游文学、影视作品等多种媒介，加大对广东旅游形象、旅游产品和旅游品牌的宣传推介力度，进一步提升“活力广东”总体旅游形象，擦亮“活力商都”、“岭南文化”、“黄金海岸”和“美食天堂”四大旅游品牌。二要大力开拓旅游市场。根据不同区域的旅游市场特点、旅游消费需求特点，结合我省旅游产品特点，进行有针对性的旅游宣传促销和市场开拓。借助 2011 深圳大运会、2011 中华文化游的契机，联合各地、各有关企业赴国内外主要客源市场举办专场旅游推介活动，宣传广东主题旅游线路和产品。三要深化国际、泛珠三角、粤港澳台、省内区域旅游合作，促进品牌共创、产品互推、市场互动。四要办好旅游重大活动。加强与韶关市以及省外经贸厅、外办、侨办的沟通联系，精心筹办好 2011 广东国际旅游文化节，特别要办好开幕式晚会和首届中国（广东）国际旅游产业博览会，确保活动圆满成功。

（四）着力构建旅游产业发展新格局。

近年来，我省旅游业在促进 GDP 和财税增长等方面发挥着积极作用，但基数仍比较小。2010 年全省旅游业增加值占 GDP 的比重约为 3.5%，对财税的贡献率约为 2.5%。同时，我省旅游业体制机制也不健全。大部分县（市、区）旅游局仍为事业编制，还有少部分县（市、区）没有设旅游局。

要把旅游业真正发展成为战略性支柱产业，必须制定科学规划，理顺机制体制，推动资源整合和产业融合，构建旅游产业发展的新格局。一要科学编制旅游规划，推动科学发展。要坚持以世界眼光、战略思维来谋划旅游业发展，根据国家和我省“十二五”规划对旅游业发展的要求，结合主体功能区规划和建设现代产业体系，实施城乡区域协调发展、绿色发展、和谐共享等战略，加强旅游业发展的研究，科学合理编制旅游业发展规划，着力打造珠三角都市旅游区、粤东客家和潮汕旅游区、粤西滨海和西江旅游区、粤北生态旅游区以及沿海旅游产业带“六区一带”旅游发展格局。要加快制定《广东省旅游发展总体规划》、《珠三角旅游产业一体化规划》、《粤港澳区域旅游发展规划》的编制，并着力抓好旅游发展规划的实施。二要理顺机制体制。推动全省各市、区、县成立三级旅游行政管理体制，并从各级财政中拨出旅游专项资金推动旅游业发展。积极发挥旅游战略咨询委员会、旅游规划咨询委员会等的议事协调作用。三要整合旅游资源，积极开发旅游新业态和新产品。联合相关部门大力开发会展旅游、教育修学旅游、乡村旅游、体育旅游、康体旅游等专项旅游产品，构建多类型、多层次、多元化的旅游产品体系。四要加强部门合作，推动产业融合。要积极主动地加强与相关部门的沟通与联系，争取支持与配合。一方面，要进一步整合宣传、文化、宗教、建设、交通、农业、林业、水利等资源，多位一体抓旅游，着力形成党政主导、部门联动、企业主体、全省互动的发展机制，以大旅游发展大产业。要推进和深化省局紧密合作框架协议，争取国家旅游局的更多支持和指导。另一方面，要积极争取发改、国土、财政、外办、编办、口岸等部门对重大旅游建设项目审批手续、用地指标的支持、专项经费的安排、外事交流合作、人员编制、游客出入境管理等方面的政策支持，形成有利于加快旅游产业做大做强的政策环境。

（五）着力完善旅游公共服务体系。

提供良好的旅游公共服务是提高游客满意度、提升百姓幸福指数的重要途径，也是旅游业服务和谐社会、幸福广东建设的具体体现。我省已具备了多元化、多层次的综合接待、服务能力，形成了较为完善的旅游产业体系，星级饭店数量全国第一，4A 以上景区也在全国名列前茅。但我省旅游公共服务体系还存在功能不齐全、服务水平不高、产品供应不足等问题，与北京、上海、江苏、浙江等地区存在较大差距。

因此，必须要加快旅游公共服务体系建设，让广大人民群众共享旅游改革与发展的成果。一要加强旅游基础设施建设。争取发改、财政、交通、国土等部门的支持，推动各级政府加大对旅游基础设施建设引导性投入，用好用活各种倾斜性政策，努力在交通、景区设施、综合配套设施、环境建设设施和接待设施等旅游基础设施建设上取得突破。二要大力推进旅游扶贫。要完善绩效评估和竞争性分配方式，努力提高旅游扶贫实效；着力扶持旅游扶贫重大项目建设，在培育欠发达地区旅游精品上取得突破，增强欠发达地区旅游的吸引力，推进旅游基本公共服务均等化。三要积极开发适宜不同群体的旅游新产品。要根据不同群体的旅游休闲需求开发各种专项旅游产品，特别是利用珠三角已建成的绿道网，大力发展绿道休闲旅游，积极构建多类型、多层次、多元化的旅游产品体系。四要加快旅游信息化建设。大力发展旅游电子商务，鼓励和支持旅游部门和旅游企业开展网络营销、网上预订、网上支付，发展在线旅游业务。加快全省性旅游信息工程建设，打造全国旅游信息建设示范项目。要选择有条件的旅游城市，积极争取成为国家旅游局“智慧旅游城市”试点。

三、强化考核，确保各项目标任务顺利实现

今年及今后一段时期，我省旅游业发展大政方针已经明确，我们的目标任务已经明确，就是要“加快转型升级，提高国际竞争力，将旅游业培育成为我省国民经济的战略支柱性产业和人民群众更加满意的现代服务业”。省旅游局要紧紧围绕这一核心任务和“十二五”目标，进一步细化措施、明确责任，定人头、定任务、定时间、定要求，层层进行分解落实，确保各项工作有序推进。汪洋书记在十届八次全会上提出，各地、各单位要明确 1 ~ 2 个转型升级突破点，年初报方案，年中报进度，年底报结果。接下来，建议局里要抓紧研究制定旅游业转型升级、提升国际竞争力的考核指标体系。

在明确了目标任务之后，要对各地和本局各部门实施情况组织考核评估，重点考核任务和责任分解落实是否到位，重点工作事项是否分解落实到位，目标任务尤其是年度目标任务是否如期完成等等，并强化问责制度，推动考核结果与年度绩效考核挂钩，推动“软约束”向“硬约束”转变。在这个过程中，要一级带着一级干、一级干给一级看，要通过用人的导向来引导干事的导向，切实干出名堂、干出成效、干出业绩。

同志们，做好当前及今后一个时期的旅游工作，任务艰巨、使命光荣、责任重大。我将和大家一起努力，开拓创新、真抓实干，加快推进旅游业转型升级，为我省加快转型升级、建设幸福广东，做出新的贡献！

在2011年全省旅游工作会议上的讲话

广东省旅游局党组书记、局长　杨荣森

（2011年1月21日）

各位领导，同志们：

今天，省政府召开全省旅游工作会议。根据会议安排，我简要传达全国旅游工作会议精神，并作旅游工作报告。稍后，刘昆副省长将作重要讲话，我们全行业一定要认真学习、深刻领会、狠抓落实。

一、2011年全国旅游工作会议精神（略）

二、2010年全省旅游工作回顾

刚刚过去的一年，在省委省政府和国家旅游局的正确领导下，在各级党委政府的全力推进下，在各有关部门的大力支持下，我省旅游系统认真贯彻落实《国务院关于加快发展旅游业的意见》、《珠江三角洲地区改革发展规划纲要（2008-2020年）》和省委省政府《关于加快我省旅游业改革与发展建设旅游强省的决定》等文件精神，团结一致、奋发有为、开拓进取，各项工作取得新成绩，全省旅游业保持平稳较快发展。

（一）大力实施政府主导型发展战略，形成大旅游发展新格局

——省委省政府高度重视。汪洋书记、黄华华省长多次听取旅游工作汇报，亲自率领广东党政代表团赴海南省学习国际旅游岛建设经验，并对旅游产业发展作出了重要的指示，提出殷切希望。刘昆副省长多次深入基层和旅游企业调研，对广东旅游工作进行了全面部署，对产业转型升级、旅游发展总体规划、旅游信息化建设、旅游产业集聚发展等做了一系列指示。省政府将国发41号文各项重点工作按部门职责分解到20多个部门落实，由各部门提出贯彻落实措施，在此基础上出台了《广东省人民政府贯彻国务院关于加快发展旅游业意见的若干意见》（粤府［2010］156号），明确提出“把旅游业建设成为广东国民经济战略性支柱产业和人民群众更加满意的现代服务业”，要求要深化旅游产业改革创新，要丰富旅游产品体系，要加快旅游基础设施建设，要强化支持旅游产业发展政策保障，要优化旅游业发展环境。

——各级党委政府强势推进。全省21个地级以上市均召开了旅游工作会议或旅游产业发展大会，认真贯彻国发41号文，超过三分之二的市党委或政府主要领导同志出席了会议。广州、河源等12个市出台了贯彻落实的实施意见；中山等9个市成立了市级旅游产业发展领导小组，由市政府主要领导担任组长；韶关等7个市设立了旅游产业发展专项资金，扶持旅游重大项目发展。增城、南海、乳源、新兴、南澳等28个县（市、区）将旅游业定位为“支柱产业”、“主导产业”和“先锋产业”，并出台相关配套政策。

——各有关部门大力支持。发改、经信、教育、科技、公安、国土、住建、交通、农业、外经贸、文化、卫生、外办、环保、广电、体育、统计、物价、工商、林业、海洋渔业、质监、安监、港澳办、台办、口岸等部门，进一步加大对旅游业的支持力度。旅游部门积极联合有关部门推出红色旅游、工业旅游、科技旅游、乡村旅游、文化旅游、体育旅游、森林生态旅游、滨海旅游、中医药文化养生旅游、绿道旅游等专项旅游产品，丰富旅游产品体系，促进旅游新业态发展，推动旅游产业与相关产业、行业的融合发展。

——社会各界积极参与。旅游产业发展的软硬环境进一步改善，社会各界对投资旅游业信心倍增，热情高涨。去年全省新增投资超1亿元的旅游项目61个，投资总额达2126亿元，其中14个大型旅游投资项目已进入2010广东省现代产业500强项目名单。长隆集团投资100多亿元的珠海横琴岛海洋世界、香港招商局集团投资90亿元的深圳太子港国际邮轮母港等大型旅游项目相继动工建设。此外，各大新闻媒体对旅游业发展高度关注，对广东旅游给予全面、广泛、深入的宣传报道，营造广东旅游良好的发展氛围。据不完全统计，全年共刊登或播出各类旅游新闻报道超十万篇（次）。

（二）深化旅游业改革创新，推动旅游产业科学发展

——旅游综合改革稳步推进。各地积极探索、稳步推进旅游综合改革，广州、惠州、中山等市在管理体制、资

源整合等方面出台新的举措；潮州、增城等市根据旅游业发展实际，设立综合协调机构，推动旅游产业发展。在联合省发改委与中山大学、暨南大学等部门和院校合作开展全省旅游业综合改革、产业转型升级、旅游产业集聚发展等课题研究的基础上，在全国率先推动旅游产业园区开发建设，目前佛山、梅州、湛江三个旅游产业园项目进展顺利，其中佛山南海西岸旅游产业园被国家旅游局命名授予全国首个"国家旅游产业集聚（实验）区"牌匾。

——国民旅游休闲计划深入实施。加强与媒体合作开展专题宣传，营造旅游休闲氛围，培育居民旅游休闲意识；推动落实带薪休假制度，以重要节假日为节点，组织各种特色鲜明的旅游休闲活动；丰富旅游产品体系，开发专项旅游产品，评定出200多家专项旅游示范基地，推动了旅游与相关行业融合发展；大力推广国民旅游休闲卡，促进旅游消费，累计发行国民旅游休闲卡四个类型10个品种200多万张，省内、香港、湖南等地签约商户超过万家，刷卡消费已超过50亿元，初步实现国民旅游休闲卡与羊城通、粤通卡的融合。广州、深圳、梅州、惠州、中山、肇庆市和增城、从化、南海、龙门、清新县（市、区）11个试行国民旅游休闲计划示范市（县）积极推进，初见成效。去年我省居民人均出游率达1.7次，同比增长16%。

——旅游规划体系逐步完善。完成了《广东省滨海旅游发展规划》、《粤西区域旅游发展规划》、《粤东区域旅游发展规划》和《南岭区域生态旅游发展规划》终期评审，《广东邮轮旅游发展规划》和《珠三角旅游产业一体化规划》中期专家审查，正式启动了《广东省旅游发展总体规划》，加快推进《广东旅游业发展"十二五"规划》、《广东旅游业综合改革规划纲要》编制工作。各地结合实际制定或修编了本地的旅游发展规划，广佛肇、深莞惠还共同编制了区域旅游发展规划。各地区域旅游规划与专项规划相互衔接，初步建立了科学发展的旅游规划体系。

——旅游行业管理更加规范。创新管理模式，以旅游标准化为抓手，会同省质监局颁布实施《旅游安全管理标准（旅行社、旅游星级酒店、滨海旅游）》、《广东省餐饮服务质量评定标准》等标准，促进旅游规范管理，提升服务质量。实施广东旅游服务质量提升计划，推动行业建设标准化、企业管理精细化、旅游产品多样化、旅游服务人性化。贯彻落实《旅行社条例》，推广诚信旅游和品质旅游，开展了"品质旅游、伴你远行"和"文明旅游、理性消费"进社区等活动。联合工商、公安、物价等部门在全省开展打击"黑旅行社"旅游诈骗活动专项行动，规范旅游市场秩序，维护了广大游客的权益。

——旅游人才队伍建设有新成效。全系统进一步加强了党风廉政建设与行风建设，开展"深化作风建设，提高执行力"活动，促进旅游行业行风建设。韶关、梅州、汕尾等市创新用人模式，面向全国招聘旅游专业人才。全省大力开展旅游人才培训，省旅游局组织举办旅游产业转型与创新、红色旅游、旅游扶贫等旅游高层管理人员培训班6期共1934人，培训一线技能人员共24000多人，通过培训将3000多名农村劳动力转移到旅游行业就业。成功组织两次全国导游人员资格考试，有2.1万人参加了考试，其中6928人通过了考试；组织全省各地5.3万导游人员及院校学生参加全省导游人员职业技能大赛；参加2010年全国旅游饭店服务技能比赛并获得了全国总分第一名，以赛促训，提升行业服务素质和水平。

（三）积极开展旅游对外交流合作，大力宣传推介广东

——加强国际交流合作。建立和巩固与19个国家和地区的交流合作关系。截至去年年底，共与21个国家和地区的旅游部门签订了旅游合作协议或备忘录。强化了与新加坡、马来西亚、泰国、越南等东盟国家旅游部门的协调联络机制。精心组织参加了国家旅游局牵头组织的25个国际旅游展览会和海外旅游促销推广活动。

——强化国内交流合作。省市旅游部门联合在湖南、湖北、四川、重庆、上海、吉林、黑龙江、辽宁等15个省（市）开展了20多场旅游促销与推广活动。加强泛珠旅游合作，借助汪洋书记、黄华华省长访问赣闽琼三省契机，加强与当地旅游管理部门的交流合作；与"9+2"各省区旅游管理部门签署《"泛珠三角"区域红色旅游合作发展协议》和《泛珠三角各省区旅游合作福州宣言》，打造泛珠区域"无障碍旅游区"。派出4名业务骨干挂职，认真落实好旅游援藏援疆工作。

——深化两岸四地交流合作。进一步完善与香港、澳门旅游工作磋商机制，认真落实CEPA补充协议，与港澳旅游管理部门先后赴美国、加拿大、英国、法国联合宣传粤港澳"一程多站"旅游线路，共同打造粤港澳国际知名旅游区。扩大与台湾旅游业界的交流合作，组团参加第五届台北旅展，成功举办了"台湾·广东周"旅游系列活动，期间，广东省旅游协会与台湾观光协会、台湾长荣航空公司，广东旅行社行业协会与台湾旅行商业同业公会总会分别签署合作框架协议。全年共接待香港过夜游客1882.5万人次、同比增长13.22%，澳门过夜游客208.31万人次、增长11.53%，台湾过夜游客316.84万人次、增长13.01%。广东赴香港游客1984.5万人次、增长25.91%，赴澳门游客1559.8万人次、增长5.89%，赴台湾游客27.7万人次、增长50.26%。

——加大旅游宣传推介力度。进一步加大对旅游宣传的投入。在凤凰卫视上投放了"活力广东"旅游形象宣传广告，联合各市与旅游卫视、南方卫视、《中国旅游报》等媒体，制作了139期专题旅游节目和专刊旅游报道。结合2010广东华人华侨旅游年活动，与亚洲电视联合制作了13

期《岭南寻根之旅》专题旅游节目；借助广州举办2010广州亚运会及亚残运会的契机，与香港大公报联合制作了10期《活力广东行》系列旅游专版广告，大力宣传亚运旅游。

——成功举办2010世界旅游日全球主会场庆典暨中国广东国际旅游文化节。全省各地共举办各具特色的旅游节庆活动191项，吸引了国内外2000多万游客参与。其中省主会场创新举办了近二十项特色活动：开幕式晚会紧扣主题，气势恢宏、场景盛大、内涵丰富，节目精彩，深受海内外嘉宾和社会各界的高度评价；旅游·生物多样性和可持续发展高峰对话有24个国家和地区的500多名业界领袖和专家学者出席；"我心中的美好家园"万名儿童绘画及作文比赛以"爱地球、爱旅游"和"旅游与生物多样性"为主题，全省共有100多万名小学生参加了活动；"绿动全球"大型公益网络游戏受到183个国家和地区网友的追捧，点击率超过3200万次，创新了旅游营销方式；旅游招商会签订外商投资项目138宗，签约总金额达24.63亿美元；广东国际旅游展览会共设展台1200个，有20个国家和地区近3000名海外买家前来洽谈业务，签订合同金额达18亿元。

2010年广东旅游业实现了平稳较快发展，全省实现旅游总收入3804.1亿元、同比增长23.98%，其中旅游外汇收入123.83亿美元、增长23.48%，国内旅游收入2962.57亿元、增长24.3%；国内旅游总人数3.95亿人次、增长12.53%，入境过夜旅游人数3140.93万人次、增长14.31%。广东旅游业综合竞争力不断提升，全年新增4A级景区10家、3A级景区4家；新增星级酒店58家，其中五星级14家、四星级7家、三星级35家；我省旅行社进入"全国百强旅行社"有8家，"国内旅游全国十强"有2家、"入境游全国十强"有1家、"出境游全国十强"有3家、"全国利税十强"有2家；韶关丹霞山被列入《世界自然遗产名录》。

"十一五"期间，广东旅游业各项指标均超额完成了预期目标。全省国内旅游人数年均增长13.18%，入境过夜旅游人数年均增长11.87%，出境旅游人数年均增长14.4%，旅游总收入年均增长15.11%。2010年底，旅游直接就业人数140万人，间接就业人数700万人，旅游消费对社会消费的贡献率达16%，旅游业对我省经济社会发展的带动作用更加明显。

以上成绩的取得，是省委省政府高度重视、正确领导的结果，是各级党委政府积极主导、全力推动的结果，是省有关部门和社会各界大力支持、积极配合的结果，是全省旅游系统团结拼搏、扎实工作的结果。在此，我代表广东省旅游局对各级党委政府的坚强领导、各部门的全力支持和全省旅游系统同志们的辛勤工作表示衷心的感谢！

三、"十二五"时期广东旅游业预期目标和2011年重点工作安排

"十二五"时期，是加快旅游产业转型升级、建设幸福广东的关键时期，也是广东建设全国旅游综合改革示范区和旅游强省的关键时期。广东旅游业力争到2015年，国内过夜旅游人数达2.58亿人次、年均增长7.2%，入境过夜旅游人数4615万人次、年均增长8%，出境旅游人数5800万人次、年均增长8%，旅游总收入达7600亿元、年均增长15%；每年新增就业10万人，2015年直接就业190万人。

2011年是"十二五"的开局之年，全省旅游工作的总体要求是：以邓小平理论和"三个代表"重要思想为指导，深入贯彻落实科学发展观，紧紧围绕"加快转型升级，建设幸福广东"这一核心，进一步解放思想、改革创新，扩大旅游综合消费，大力推动旅游产业转型升级，提升旅游服务质量，加快把旅游业培育成广东国民经济战略性支柱产业和人民群众更加满意的现代服务业。

2011年全省旅游业发展的预期目标是：国内旅游总人数4.3亿人次、同比增长10%，其中入境过夜旅游人数3450万人次、增长10%；旅游总收入达4642亿元、增长22%，其中国内旅游收入3700亿元、增长25%，旅游外汇收入138亿美元、增长12%。

今年全省旅游工作要继续全力抓好国发41号文的贯彻落实。各级旅游部门要在取得已有成效的基础上，创造性地开展工作，进一步落实《广东省人民政府贯彻国务院关于加快发展旅游业意见的若干意见》（粤府［2010］156号）提出的各项任务和要求，重点抓好以下十方面工作：

（一）深化旅游综合改革，推动旅游产业转型升级。以全省旅游综合改革示范市示范县（市、区）为引领，以点带面，推动全省旅游综合改革。在深入调查研究的基础上，重点推进旅游行政管理、资源管理、导游管理等重点领域的机制体制创新。着力突破旅游行政壁垒和市场壁垒，创新区域旅游合作机制。着力推动高端旅游项目和高尔夫、邮轮、游艇等高端旅游产品开发，加快旅游制造业发展，延伸旅游产业链，增加产品附加值。全力支持南海西岸"国家旅游产业集聚（实验）区"建设，鼓励有条件的地区探索推进旅游产业集聚发展，加快旅游产业转型升级，创建一批旅游名镇、旅游名村。推动各地政府出台鼓励措施，对宾馆饭店、景区景点推行节能节水减排指标约束，促进旅游市场主体探索低碳发展模式、加快转变发展方式。要按照41号文提出的"五年内将星级饭店、A级景区用水用电量降低20%"的目标，分解任务，明确责任，确保旅游节能减排任务如期完成。

（二）深入实施国民旅游休闲计划，提高人民群众的幸福指数。加大媒体宣传力度，宣传旅游休闲理念，进一步

增强国民旅游休闲意识，让旅游休闲成为广大城乡居民生活的重要组成部分。联合相关部门大力开发会展旅游、教育修学旅游、乡村旅游、体育旅游、康体旅游等专项旅游产品，特别是利用珠三角已建成的绿道网，大力发展绿道休闲旅游，积极构建多类型、多层次、多元化的旅游产品体系，满足群众旅游休闲需求。进一步整合资源，优化旅游环境，为居民出游提供便利。联合有关部门推动高速公路、国道、省道旅游厕所建设。进一步推广发行国民旅游休闲卡，提升国民旅游休闲卡功能，拓展受理商圈。编制国民旅游休闲规划纲要，全面指导我省旅游休闲工作开展。

（三）加快广东旅游发展总体规划编制工作，推动旅游产业科学发展。结合全省各地旅游资源禀赋和旅游业发展基础，按照主体功能区规划，遵循因地制宜、统筹布局、错位发展的原则，加快制定《广东省旅游发展总体规划》。加强与港澳旅游部门的合作，共同研究制定《粤港澳区域旅游发展规划》，统筹三地旅游业错位发展、优势互补。做好《珠三角旅游产业一体化规划》编制工作。推动各市加快制定或修编旅游发展规划，并与当地经济社会发展规划及其他专项规划相衔接，科学指导各地旅游业发展。

（四）大力推动重大旅游项目建设发展，提升旅游产业核心竞争力。充分发挥高端旅游项目发展专项资金的导向作用，联合省发改、国土等部门具体落实对重大旅游建设项目审批手续、用地指标的支持政策。完善绩效评估和竞争性分配方式，重点扶持旅游扶贫大型重点项目建设。加大旅游招商引资力度，建立旅游招商项目库，积极引进国内外战略投资者，开发建设一批投资潜力大、带动能力强的省级重点旅游项目。指导支持优秀旅游景区创建国家4A 、5A级景区，打造更多的精品品牌景区。支持一批龙头旅游企业进行资源整合、资产重组，不断做大做强，打造旅游“航母”。

（五）大力开拓旅游市场，扩大旅游综合消费。围绕“中华文化游”主题，推出精品线路和产品，积极开拓国际旅游市场，继续巩固日韩、东南亚、美加、澳新等传统客源市场，积极开拓俄罗斯、印度、北欧、南非等新兴市场，积极参加国家旅游局牵头组织的12个国际旅游展及其他促销活动。重点开拓国内市场，加大对北京、上海、江苏、浙江、河南、山东等省市以及泛珠地区重点旅游市场的宣传推介力度，策划开展文化之旅、温泉之旅、美食之旅、康体养生之旅等专项旅游促销活动。大力繁荣省内旅游市场，继续推动各地“结对子”，鼓励和引导各市开展线路整合、产品互推、游客互动，进一步推动“广东人游广东”，繁荣做旺省内旅游市场，提高人均出游率和人均旅游消费。做好旅游援藏、援疆工作，加强与西藏林芝地区、新疆喀什地区的旅游合作交流。

（六）努力提升旅游服务质量，确保旅游安全。巩固和完善旅游、公安、工商、物价等部门联动机制，重点开展“零负团费”、挂靠承包经营和强迫与变相强迫消费专项整治。按照属地原则，加大旅游市场执法监督力度，提高旅游联合执法水平。继续开展旅游服务质量提升活动，认真处理旅游服务质量投诉，维护广大游客的合法权益。大力推动旅游标准化、法制化建设，规范行业管理。加快建立健全旅游安全保障机制，狠抓旅游安全。

（七）大力推进旅游信息化建设，提升旅游产业的现代化水平。推动旅游业广泛应用现代信息技术，大力发展旅游电子商务，鼓励和支持旅游部门和旅游企业开展网络营销、网上预订、网上支付，发展在线旅游业务。加快推动广东旅游信息综合服务平台建设。在全省选择有条件的旅游城市，积极争取成为国家旅游局“智慧旅游城市”试点。鼓励各类旅游信息化发展模式创新。

（八）深化粤港澳台旅游合作，提升两岸四地旅游的国际影响力。进一步完善粤港澳台旅游交流与合作机制。全面落实CEPA补充协议有关条款，争取推动“144小时便利签证”措施在全省铺开。积极推广两岸四地“一程多站”旅游精品线路，联合赴境内外主要目标旅游市场开展宣传推介活动。联合粤港澳台旅游业界开展“品质旅游”活动，加强与港澳台地区在旅游安全保障方面的沟通协调，建立健全两岸四地旅游安全预警和突发事件应急处置机制，促进赴港澳台旅游市场健康有序发展。

（九）加强旅游人才队伍建设，提升旅游从业人员素质。创新旅游培训手段和机制，加强局校合作、校企合作，培育适销对路的各类旅游人才。研究制定旅游职业经理人标准，开展旅游企业人才开发示范试点工作，鼓励引导旅游企业探索建立科学的引人用人留人机制。继续开展全省旅游行政管理人员、旅游企业中高级管理人员和导游人员轮训工作。继续开办各级各类旅游培训班，做好全国导游考试工作。加强旅游业农村劳动力转移就业培训，完善旅游职业技能鉴定体系。加强全行业党风廉政建设和行风建设，开展以“以人为本、执政为民”为主题的纪律教育学习活动，转变职能转变作风，提高党员干部依法行政、廉洁从政意识，建设清正廉洁、务实高效的服务型机关。

（十）积极筹办2011年广东国际旅游文化节及中国（广东）国际旅游产业博览会。

同志们，加快转型升级、建设幸福广东，旅游业大有可为，我们使命光荣、责无旁贷。我们一定在省委省政府的坚强领导下，团结一心、开拓进取、锐意创新、真抓实干，为建设旅游强省和全国旅游综合改革示范区作出我们应有的贡献，以优异的成绩迎接建党90周年！

备注：为保留原文风格，“文献”中列举的相关统计数据未作修改。

特辑

贯彻落实《国务院关于加快发展旅游业的意见》

【简述】 进入新世纪以来，中国处于工业化、城镇化快速发展时期，日益增长的大众化、多样化消费需求，为旅游业发展提供了新的机遇。为充分发挥旅游业在保增长、扩内需、调结构等方面的积极作用，2009 年 12 月 1 日，《国务院关于加快发展旅游业的意见》（国发［2009］41 号）（以下简称《意见》）正式发布。《意见》按照科学发展观的要求，从有利于人的全面发展的高度，提出了新时期旅游业发展的新战略、新任务、新要求，提出把旅游业培育成国民经济的战略性支柱产业和人民群众更加满意的现代服务业的宏伟目标，并制定出 28 条具体政策措施。

《意见》的颁布实施是新的发展阶段指导中国旅游业科学发展的纲领性文件，是全国旅游系统的行动指南。《意见》下发后，广东各地和旅游全行业立即行动起来，把深入学习、全面贯彻《意见》精神与《珠江三角洲地区改革发展规划纲要（2008～2020 年）》和落实省委省政府《关于加快我省旅游业改革与发展建设旅游强省的决定》等文件精神结合起来，加快转变旅游业发展方式，推动旅游业又好又快发展，形成建设国民经济战略性支柱产业和人民群众更加满意的现代服务业的热潮。

【认真贯彻落实国发 41 号文】

省委省政府高度重视 2010 年，中共中央政治局委员、广东省委书记汪洋，广东省省长黄华华多次听取旅游工作汇报，亲自率领广东党政代表团赴海南省学习国际旅游岛建设经验，并对旅游产业发展作出重要的指示，提出殷切希望。刘昆副省长多次深入基层和旅游企业调研，对广东旅游工作进行全面部署，对产业转型升级、旅游发展总体规划、旅游信息化建设、旅游产业集聚发展等做出一系列指示。省政府将国发 41 号文各项重点工作按部门职责分解到 20 多个部门落实，由各部门提出贯彻落实措施，并在此基础上出台《广东省人民政府贯彻国务院关于加快发展旅游业意见的若干意见》（粤府［2010］156 号），明确提出“把旅游业建设成为广东国民经济战略性支柱产业和人民群众更加满意的现代服务业”，要求全省旅游业进一步深化旅游产业改革创新，丰富旅游产品体系，加快旅游基础设施建设，强化支持旅游产业发展政策保障，优化旅游业发展环境等。

各级党委政府强势推进 全省 21 个地级以上市均召开旅游工作会议或旅游产业发展大会，认真贯彻国发 41 号文，超过 2/3 的市党委或政府主要领导同志出席会议。广州、河源等 12 个市出台贯彻落实的实施意见；中山等 9 个市成立市级旅游产业发展领导小组，由市政府主要领导担任组长；韶关等 7 个市设立旅游产业发展专项资金，扶持旅游重大项目发展。增城、南海、乳源、新兴、南澳等 28 个县（市、区）将旅游业定位为“支柱产业”、“主导产业”或“先锋产业”，并出台相关配套政策。

各有关部门大力支持 省发改、经信、教育、科技、公安、国土、住建、交通、农业、外经贸、文化、卫生、外办、环保、广电、体育、统计、物价、工商、林业、海洋渔业、质监、安监、港澳办、台办、口岸等部门，进一步加大对旅游业的支持力度。旅游部门积极联合有关部门推出红色旅游、工业旅游、科技旅游、乡村旅游、文化旅游、体育旅游、森林生态旅游、滨海旅游、中医药文化养生旅游、绿道旅游等专项旅游产品，丰富旅游产品体系，促进旅游新业态发展，推动旅游产业与相关产业、行业的融合发展。

社会各界积极参与 旅游产业发展的软硬环境进一步改善，社会各界对投资旅游业信心倍增。2010 年全省新增投资超 1 亿元的旅游项目 61 个，投资总额达 2126 亿元，其中 14 个大型旅游投资项目已进入 2010 年广东省现代产业 500 强项目名单。长隆集团投资 100 多亿元的珠海横琴岛海洋世界、香港招商局集团投资 90 亿元的深圳太子港国际邮轮母港等大型旅游项目相继动工建设。

【以国发 41 号文为指针统领全省旅游工作】 深化旅游综合改革，推动旅游产业转型升级。以全省旅游综合改革示范市示范县（市、区）为引领，以点带面，推动全省旅游综合改革。在深入调查研究的基础上，重点推进旅游行政管理、资源管理、导游管理等重点领域的机制体制创新。着力突破旅游行政壁垒和市场壁垒，创新区域旅游合作机制。着力推动高端旅游项目和高尔夫、邮轮、游艇等高端旅游产品开发，加快旅游制造业发展，延伸旅游产业链，增加产品附加值。全力支持南海西岸“国家旅游产业集聚（实验）区”建设，鼓励有条件的地区探索推进旅游产业集聚发展，推动各地政府出台鼓励措施，对宾馆饭店、景区景点推行节能节水减排指标约束，促进旅游市场主体探索低碳发展模式、加快转变发展方式。按照41号文提出的“五年内将星级饭店、A级景区用水用电量降低20%”的目标，分解任务，明确责任，确保旅游节能减排任务如期完成。

深入实施国民旅游休闲计划，提高人民群众的幸福指数。加大媒体宣传力度，宣传旅游休闲理念，进一步增强国民旅游休闲意识。联合相关部门大力开发会展旅游、教育修学旅游、乡村旅游、体育旅游、康体旅游等专项旅游产品。利用珠三角已建成的绿道网，大力发展绿道休闲旅游，构建多类型、多层次、多元化的旅游产品体系。进一步整合资源，优化旅游环境，为居民出游提供便利。联合有关部门推动高速公路、国道、省道旅游厕所建设。推广发行国民旅游休闲卡，提升国民旅游休闲卡功能，拓展受理商圈。编制国民旅游休闲规划纲要，指导全省旅游休闲工作开展。

加快广东旅游发展总体规划编制工作，推动旅游产业科学发展。结合全省各地旅游资源禀赋和旅游业发展基础，按照主体功能区规划，遵循因地制宜、统筹布局、错位发展的原则，加快制定《广东省旅游发展总体规划》。加强与港澳旅游部门的合作，推进制定《粤港澳区域旅游发展规划》，统筹三地旅游业错位发展、优势互补。做好《珠三角旅游产业一体化规划》编制工作。推动各市加快制定或修编旅游发展规划，并与当地经济社会发展规划及其他专项规划相衔接，科学指导各地旅游业发展。

大力推动重大旅游项目建设发展，提升旅游产业核心竞争力。充分发挥高端旅游项目发展专项资金的导向作用，联合省发改、国土等部门具体落实对重大旅游建设项目审批手续、用地指标的支持政策。完善绩效评估和竞争性分配方式，重点扶持旅游扶贫大型重点项目建设。加大旅游招商引资力度，建立旅游招商项目库，引进国内外战略投资者，开发建设一批投资潜力大、带动能力强的省级重点旅游项目。指导支持优秀旅游景区创建国家4A、5A级景区，打造精品品牌景区。支持一批龙头旅游企业进行资源整合、资产重组，不断做大做强，打造旅游“航母”。

大力开拓旅游市场，扩大旅游综合消费。围绕“中华文化游”主题，推出精品线路和产品，积极开拓国际旅游市场，继续巩固日韩、东南亚、美加、澳新等传统客源市场，积极开拓俄罗斯、印度、北欧、南非等新兴市场，积极参加国家旅游局牵头组织的12个国际旅游展及其他促销活动。重点开拓国内市场，加大对北京、上海、江苏、浙江、河南、山东等省市以及泛珠地区重点旅游市场的宣传推介力度，策划开展文化之旅、温泉之旅、美食之旅、康体养生之旅等专项旅游促销活动。大力繁荣省内旅游市场，继续推动各地“结对子”，鼓励和引导各市开展线路整合、产品互推、游客互动，进一步推动“广东人游广东”，繁荣做旺省内旅游市场，提高人均出游率和人均旅游消费。做好旅游援藏、援疆工作，加强与西藏林芝地区、新疆喀什地区的旅游合作交流。

提升旅游服务质量，确保旅游安全。巩固和完善旅游、公安、工商、物价等部门联动机制，重点开展“零负团费”、挂靠承包经营和强迫与变相强迫消费专项整治。按照属地原则，加大旅游市场执法监督力度，提高旅游联合执法水平。继续开展旅游服务质量提升活动，认真处理旅游服务质量投诉，维护广大游客的合法权益。推动旅游标准化、法制化建设，规范行业管理。建立健全旅游安全保障机制，狠抓旅游安全。

大力推进旅游信息化建设，提升旅游产业的现代化水平。推动旅游业广泛应用现代信息技术，大力发展旅游电子商务，鼓励和支持旅游部门和旅游企业开展网络营销、网上预订、网上支付，发展在线旅游业务。加快推动广东旅游信息综合服务平台建设。在全省选择有条件的旅游城市，申报国家旅游局“智慧旅游城市”试点。鼓励各类旅游信息化发展模式创新。

深化粤港澳台旅游合作，提升两岸四地旅游的国际影响力。进一步完善粤港澳台旅游交流与合作机制。全面落实CEPA补充协议有关条款，争取144小时便利签措施在全省铺开。推广两岸四地“一程多站”旅游精品线路，联合赴境内外主要目标旅游市场开展宣传推介活动。联合粤港澳台旅游业界开展“品质旅游”活动，加强与港澳台地区在旅游安全保障方面的沟通协调，建立健全两岸四地旅游安全预警和突发事件应急处置机制，促进赴港澳台旅游市场健康有序发展。

加强旅游人才队伍建设，提升旅游从业人员素质。创新旅游培训手段和机制，加强校企合作，培育适销对路的各类旅游人才。研究制定旅游职业经理人标准，开展旅游企业人才开发示范试点工作，鼓励引导旅游企业探索建立科学的引人用人留人机制。继续开展全省旅游行政管理人员、旅游企业中高级管理人员和导游人员轮训工作。继续开办各级各类旅游培训班，做好全国导游考试工作。加强旅游业农村劳动力转移就业培训，完善旅游职业技能鉴定体系。加强全行业党风廉政建设和行风建设，开展以“以人为本、执政为民”为主题的纪律教育学习活动，转变职能转变作风，提高党员干部依法行政、廉洁从政意识，建设清正廉洁、务实高效的服务型机关。

韶关丹霞山列入《世界遗产名录》

【简述】 丹霞山位于广东省韶关市东北郊，总面积292平方公里，是国家级风景名胜区、国家级自然保护区、国家4A级旅游景区和国家地质公园，2004年2月13日，经联合国教科文组织批准成为世界地质公园。2010年8月2日，"中国丹霞"申报世界自然遗产项目获得第34届世界遗产大会批准，成为世界自然遗产。"中国丹霞"是一个系列遗产的总名称，由中国南方最具有代表性的6个丹霞地貌点组成：广东丹霞山、湖南崀山、福建泰宁、江西龙虎山、贵州赤水、浙江江郎山。

世界遗产是联合国教科文组织批准具有突出的普遍价值的自然与文化遗产，具有全球最高级别的资源品位和品牌价值，是国家软实力的象征。丹霞山在景观资源、生态系统、生物多样性、以及保护方面凸显其价值。丹霞山成为世界遗产，使"国粹"丹霞地貌被世界认可，在景区级别和品牌上得以大大提升，填补广东没有世界自然遗产的空白，充分展示经济发达的广东拥有自然条件十分优越的区域，有力提升广东在国内外的影响力和知名度。

【中国丹霞申遗历程】 1993年11月27日，在第一届全国旅游地貌学术讨论会上，中山大学教授彭华提交"关于丹霞山申报世界自然遗产的建议"被作为大会文件通过。2003年11月联合国教科文组织地学部主任沃尔夫冈·伊德（W·Eder）博士在考察丹霞山期间，提出丹霞山有条件申报世界遗产。2006年12月12日，由国家建设部主持，中国教科文组织全国委员会、湖南省人大、湖南省人民政府在长沙联合举办"'中华五岳'申办世界遗产工作会议和'中国丹霞地貌'联合申报世界自然遗产研讨会"，并成立领导小组和专家组，彭华担任中国丹霞申遗专家组长，中国丹霞申遗正式启动。2007年4月，国家建设部与申遗办根据申报主体的条件确定第一批审议单位，各地开始基础研究和编制分报告。2008年3月6日，国家建设部城建司正式向中国联合国教科文组织全国委员会秘书处提交《关于报送中国丹霞地貌、泰山扩展四岳申请列入世界遗产预备清单的函》。2009年1月24日，中国丹霞全部资料送出，28日送达世界遗产中心总部巴黎。2009年9月19～30日，世界遗产中心确定委托委派格里姆·沃博伊斯博士和禹卿植教授到中国丹霞各个提名地进行实地考察评估。2010年3月，国际自然保护联盟正式向世界遗产中心推荐"中国丹霞"申报世界自然遗产。2010年6月2日，正式收到世界遗产中心的评估报告，其中对丹霞山等3处提名地遗产价值进行充分肯定。2010年8月2日，在巴西召开的第34届世界遗产大会上，"中国丹霞"申遗项目成功列入《世界遗产名录》，成为中国第40处世界遗产、第8处世界自然遗产，丹霞山成为广东省首个世界自然遗产。

2009年5月25日，韶关市召开丹霞山申遗动员大会。

【广东丹霞山申遗工作】 2007年5月27日，成立韶关市中国丹霞地貌—广东丹霞山申报世界自然遗产工作领导小组。2008年3月31日，韶关市人民政府出台《丹霞山申报世界遗产总体工作方案》。2008年6月4日，成立广东省中国丹霞地貌—广东丹霞山申报世界自然遗产领导小组，由副省长林木声任组长，省政府副秘书罗欧、省住建厅厅长房庆方、韶关市市长郑振涛为副组长，领导小组办公室设在省住建厅。出台《广东省丹霞山申报世界自然遗产工作方案》。2009年5月26～28日，韶关市举办首届丹霞地貌国际学术讨论会，邀请到国际地质科学联合会秘书长、国际地貌学家协会副主席、世界自然保护联盟（IUCN）核心小组专家、联合国教科文组织地学部前主任，以及中科院地质、地理学界的2名院士等，共有14个国家154位知名专家学者参会。大会通过《丹霞山宣言》，肯定"中国丹霞"的遗产价值。

【广东丹霞山动植物本底调查】 2007年12月，委托中山大学开展为期一年的丹霞山景区动物植物本底调查。初步了解到，丹霞山全部维管植物共216科、891属、2096种。其中各类珍稀濒危保护动物23种，隶属于13科19属：有动物资源共50目，281科，1429种。其中已知昆虫16目176科783属1023种，鱼类100种或亚种，隶属6目20科69属，哺乳动物88种，隶属7目24科58属，两栖纲动物1目6科21种，爬行纲动物3目11科41种，鸟纲17目44科156种。基本掌握该区域动植物多样性、生态系统多样性等特点，进而对该区域的自然保护、生态评价、旅游管理规划等提供参考和依据。

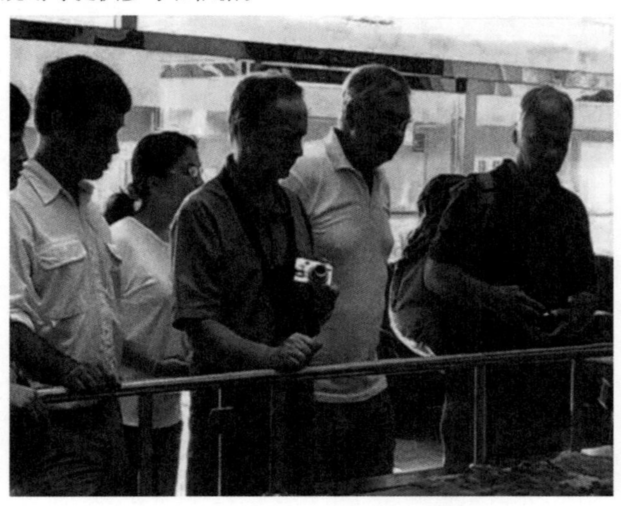

2008年7月，联合国有关专家考察丹霞山。

【丹霞山环境整治】 2009年，依据《丹霞山风景名胜区总体规划（2007－2025年）》、《中国丹霞世界自然遗产系列提名地广东·丹霞山保护与管理规划》，编制《丹霞山申遗环境整治方案》。

2009年4月开始，丹霞山景区全面开展申遗环境整治工程，共计投入整治资金1.1亿元，先后完成丹霞山景区核心内长老峰码头区域、锦江沿岸、瑶塘村、断石村4个区域有碍景观建筑物的环境整治工程，总计改造面积3万多平方米，清理建筑垃圾3万多立方米。恢复拆迁区域绿化面积达1.6万平方米，新填草皮8000平方米，完成景区内3处村庄130户民居“穿衣戴帽”改造工程，整治景区商铺150间，更换或增设分类垃圾桶200个，引导标识牌80个，更换道路指示牌和安全警示牌及植物中英文介绍说明牌约500块，完成丹霞山景区核心区道路沿线通信、电力、有线电视三线下地改造工程，实现“拆障、显山、露水”村容村貌与景区景观的和谐统一。

【丹霞山遗产地保护】 根据《世界遗产保护公约》的要求，2009年6月1日省政府正式颁布施行《广东省丹霞山保护管理规定》。2009年8月，韶关市政府制定颁发《韶关市实施（广东省丹霞山保护管理规定）办法》。

2010年丹霞山实施“一三五”遗产保护项目建设，即：“一”是搞好丹霞博物馆布馆工程，建设成为一流的展示中心、监控中心和游人服务中心。“三”是抓好三条旅游通道建设。“五”是与科研机构、专业组织合作，筹备建设科技旅游、森林旅游、自驾车旅游、户外运动和文化休闲旅游等五大基地。至2010年底，建成景区防火主通道瑶山至芙茈坝4公里公路路基工程，外山门至阳元桥头1.4公里人行步道，福音峡至翔龙湖、通泰桥区域2.5公里旅游步道。

【申遗成功助推旅游发展】 2010年8月2日，“中国丹霞”成为世界自然遗产后，带动遗产地韶关市旅游业大发展，全年接待旅游人数1581.98万人次，旅游总收入106.82亿元，分别比上年增长29.03%和49.10%。入境旅游者21.48万人次，比上年增长265.39%；丹霞山景区游客接待数量和旅游收入大幅度增长，仅8月至9月，接待游客人数和旅游总收入同比分别增长148%和163%。“十一”黄金周接待游客31万人次，同比增长58%，旅游收入8100万元，同比增长72%。全年接待游客285万人次，比上年增长40%，旅游总收入5.8亿元，比上增长50%。其中，接待旅游散客增长27%，旅游团队增长95%，港澳台游客10万人次，同比增长328%，北京、湖南、湖北等省外游客增长150%，珠海、中山、江门等珠三角地区游客增长50%。

7月20日，由韶关市人民政府、广东省旅游局、南方报业传媒集团、广州铁路（集团）公司主办的首届“广深、武广高铁沿线城市旅游发展高峰论坛”在韶关举行，来自广深、武广高铁沿线城市旅游局长、国内知名旅游策划专家、旅游企业等方面代表200多人共商区域旅游合作，打造南中国旅游新干线。武广高速铁路自2009年12月26日建成通车，高铁带动沿线城市旅游的发展，成为连接珠江三角洲地区城市聚集区与长沙、武汉为中心城市群的“纽带”。与会专家学者认为，要推动旅游业在高铁时代获得更大的发展，沿线相关城市应加强旅游交流与合作，打造成高铁旅游品牌。广州铁路（集团）公司、武汉市旅游局、广州市旅游局、深圳市文体旅游局、长沙市旅游局、郴州市旅游外事侨务局、赣州市旅游局、东莞市旅游局、佛山市旅游局、清远市旅游局共同签署广深、武广高铁沿线旅游城市合作《丹霞山宣言》。

（韶关市史志办公室、韶关市旅游局、丹霞山管委会供稿）

广东旅游助力2010年广州亚运会和亚残运会

【简述】 2010年11月12～27日，第二十六届亚运会在广州成功举办。广州亚运会以“激情盛会、和谐亚洲”为主题，以“迎接亚运会，创造新生活”为目标。在此过程中，广东旅游为广州亚运会和亚残运会的成功、精彩、圆满、难忘作出重要贡献。据统计：11月12～27日期间广州市各景区和旅行社接待游客比往年大幅增长，城市接待总人数866万人次，同比增长42.10%；过夜人数386.19万人次，同比增长32.22%；接待海外旅游者85.45万人次，同比增长83.80%；接待一日游人数480.62万人次，同比增长51.46%。旅游总收入70.47亿元，同比增长50.13%。抽样50家主要宾馆酒店接待17.57万人次，同比增长57.19%，其中海外旅游者9.61万人次，同比增长156.27%。20家主要旅行社接待游客49.36万人次，同比增长16.28%。

【旅游业助力亚运会和亚残运会】

全面提升旅游服务质量 广州市旅游局分别举办旅游景区和星级饭店迎亚运专题培训班，组织开展“旅游景区迎亚运接待英语100句培训班”、景区安全管理培训班，举办酒店行业外语、服务规范、外事礼仪、宗教服务、亚运赛事知识、酒店英语、岗位职责及安全工作等10多项“迎亚运 提升行业素质”专题培训讲座，做好清真厨房和餐厅改造等。广州市代表队在全国旅游饭店服务技能大赛广东赛区迎亚运“广州杯”选拔赛四个比赛项目中，获得3个项目第一名，并夺得全国大赛团体第一名。全年共新增三星级以上饭店26家，其中五星级5家、四星级3家。完成全市64家旅游景区10035个标识牌的标准化改造工程。

大力开发整合旅游资源 推出集水上会展、演艺、饮食文化和旅游观光为一体的豪华游船，提升珠江游产品的档次。开辟日游航线，形成水陆相结合的珠江日游新产品；开发并整治荔枝湾涌、东濠涌、冲口涌。包装整合以广州新轴线为主，包括广州塔、西塔、博物馆、歌剧院、海心沙广场、市民广场在内的新落成建筑，精心打造并推出广州一日游、二日游、三日游等66条“360度叹广州”新广州游品牌线路，包括金品游、专题游和区域游等。利用市政府新建成的1000多公里的绿道网资源整合推出多条绿道游线路。

开展亚运旅游惠民项目 广州市在亚运会前后实行收费景点门票优惠、免费广州一日游、免费亚运场馆游、免费参观广州新电视塔、免费参观广州万名建筑工人游览白云山等旅游惠民项目，让广大市民享受到亚运带来的实惠。

加大亚运旅游宣传力度 围绕亚运主题，省旅游局制定有关旅游宣传促销计划，充分发挥网络、手机等新兴媒体的作用，密切与中国移动、中国联通、中国电信、南方航空、网易等相关部门以及国内外知名影视传播公司的合作，利用多种平台与载体，扩大对广州亚运旅游的宣传。广州市组织旅游企业共参加22项有影响力的境内外旅游展及联合推广活动，发挥广深珠和广佛肇旅游合作平台，组织三地旅游企业分赴郑州、西安以及武广高铁沿线城市开展联合促销，举办“全国百城（广东）世博旅游宣传周—逛炫亮世博，看精彩亚运”、“迎亚运 促旅游 惠民生—广州旅游惠民共享日”等大型旅游宣传促销活动。

旅游服务保障工作 由广州市旅游局局长朱力领衔的亚组委住宿餐饮服务中心团队克服困难，多方协调，圆满完成亚运会和亚残运会住宿餐饮服务保障工作。亚运期间，全市各相关场馆（亚运城除外）累计供餐101.3万余份，茶点12.3万余份，饮料40.1万多箱，为亚运注册人员提供各类客房42320间夜（亚运城除外）。

【开展的主要活动】 2010年9月3日，“迎亚运、新广州、新生活·360度叹广州”——“新广州游”启动仪式及首发团系列活动在广州中山纪念堂举行。广州市委常委、宣传部部长王晓玲，副市长曹鉴燎以及广州旅游管理委员会成员单位负责人及外省市驻穗办领导出席仪式。11月1日，该系列活动之“亚运惠民·免费广州一日游”活动在广州以太广场启动，副市长曹鉴燎以及首发团游客近700人参加启动仪式，活动为期2个月，由市旅游局指导相关旅行社组织15万市民浏览4条广州一日游金品线路。

（根据广州市旅游局报送文件资料整理）

全面完成“十一五”广东旅游规划目标

【简述】 “十一五”期间，广东旅游业既迎来2008年北京奥运会，2010年上海世博会，2010年广州亚运会，广深、武广高铁开通等盛事，也遭遇国际金融危机、甲型H1N1流感等错综复杂国际国内形势与自然灾害冲击。在众多利好与危机挑战的交织中，全省旅游系统深入贯彻落实科学发展观，深化旅游综合改革创新，大力开拓国内外旅游市场，全面提升旅游服务质量，表现出很强的产业适应能力和危机应对能力，全省旅游业实现跨越式快速发展。全省旅游总收入及过夜入境旅游者等主要数据均提前一年完成“十一五”旅游发展规划目标。

【旅游经济综合实力显著增强】 2010年广东接待过夜旅游者21319.72万人次，比“十五”期末的2005年11566.61万人次同比增长84.32%，五年年均增长13.58%。其中接待过夜入境旅游者3145.90万人次，五年年均增长11.87%，约占全国的4/5；国内过夜旅游人数1.82亿人次，年均增长8.63%。实现旅游总收入3809.44亿元，比“十五”期末的2005年1882.61亿元同比增长102.35%，年均增长15.10%，约占全国的1/4。其中旅游外汇收入124.32亿美元，年均增长14.0%，约占全国1/5，均保持全国前列地位。

【旅游业地位和作用更加凸显】 “十一五”期间，随着旅游产业功能的释放，对全省国民经济的整体拉动以及大众旅游消费需求增加，广东省委、省政府和市县（区）党委政府及社会各界更加关注支持旅游业的发展。2008年11月25日，《广东省委、省政府关于加快我省旅游业改革与发展建设旅游强省的决定》（粤发［2008］20号）正式出台，提出“加快旅游业改革与发展，建设全国旅游综合改革示范区”和“用世界眼光谋划我省大旅游发展新格局，推动旅游事业实现新的跨越，把我省建成旅游强省”的目标要求。同年5月12日，中共中央政治局委员、广东省委书记汪洋，省委副书记、省长黄华华，副省长万庆良率省政府办公厅、省旅游局主要负责人专程赴北京拜访国家旅游局及局长邵琪伟，争取国家旅游局对广东旅游业的支持。同年11月27日，国家旅游局和广东省人民政府在广州签署《关于建立局省紧密合作机制备忘录》。2009年2月21日，省政府出台《关于试行广东省国民旅游休闲计划的若干意见》（粤府［2009］19号），建立试行国民旅游休闲计划联席会议制度，在全国率先试行国民旅游休闲计划。2010年2月21日，省政府出台《贯彻国务院关于加快发展旅游业意见的若干意见》（粤府［2010］156号），首次提出“把旅游业发展成为我省国民经济战略性支柱产业和人民群众更加满意的现代服务业”。同年12月27～30日，中共中央政治局委员、广东省委书记汪洋，省委副书记、省长黄华华率广东党政代表团赴海南省学习考察海南建设国际旅游岛的经验，结合广东实际大力发展滨海旅游已摆上省委省政府的议事日程。

2008年11月27日，中共中央政治局委员、广东省委书记汪洋等领导出席国家旅游局与广东省人民政府建立局省紧密合作机制备忘录签字仪式。

“十一五”时期的五年间，为适应新形势的变化和产业转型的需要，全省各地为旅游立法、出台加快旅游业发展的政策与规范性文件逐年增多。2008年7月31日，《广州市旅游条例》由广东省第十一届人民代表大会常务委员会第四次会议批准。同年5月29日，《珠海市旅游条例》由广东省第十一届人民代表大会常务委员会第二次会议批准。2010年12月15日，《汕头市旅游资源保护和开发条例》由汕头市人民代表大会常务委员会批准；2007年，珠海市人民政府出台《关于进一步加快珠海市旅游业发展的实施意见》（珠府［2007］72号），韶关市委、市政府出台《关于进一步加快旅游业发展的若干意见》（韶市联［2007］13号），河源市委、市政府出台《关于加快旅游业发展　建设旅游强市的意见》（河委发［2007］18号），阳江市委、市政府出台《关于进一步加快旅游业发展的决定》（阳发［2007］10号），清远市委、市政府出台《关于进一步加快旅游业发展的若干规定》（清发［2007］12号）；2008年，河源市委、市政府出台《关于建设广东生态旅游示范区 加快旅游业转型升级的决定》（河委发［2008］20号），东莞市政府出台《关于进一步加快旅游业发展的决定》（东府［2008］74号），中山市人民政府出台《关于进一步加快旅游业发展的意见》（中府［2008］1号），清远市委、市政府出台《关于大力推进城镇特色化的若干规定（试行）》（清发［2008］22号）；2009年，广州市委、市政府出台《关于加快我市旅游业发展　建设旅游强市的意见》（穗字［2009］15号），深圳市委、市政府出台《关于加快我市旅游业发展　建设国际旅游滨海城市的意见》（深发［2009］10号），阳江市委、市政府出台《关于加快旅游业改革与发展的实施意见》（阳发［2009］12号），梅州市政府出台《关于加快全市乡村旅游发展的指导意见》（梅市府办［2009］77号），以及惠州、肇庆市委市政府贯彻落实（粤发［2008］20号）文的实施办法等。2010年，韶关市政府，中山市委、市政府，茂名市委、市政府，云浮市委、市政府分别就旅游业跨越式发展、提升旅游业核心竞争力、加快乡村旅游业发展等内容出台政策文件。全省中山等9个市成立市级旅游产业发展领导小组，由市政府主要领导担任组长；韶关等7个市设立旅游产业发展专项资金，扶持旅游重大项目发展。增城、南海、乳源、新兴、南澳等28个县（市、区）将旅游业定位为“支柱产业”、“主导产业”或“先锋产业”，并出台相关配套政策。

【创新体制机制形成大旅游发展格局】　“十一五”期间，广东旅游业已形成“政府主导、部门联动、条块结合、分类指导”的大产业综合推进的发展格局，“做强大产业、做好大品牌、做优大家乐”已成为业界的共识。

通过体制机制创新促进大旅游的融合。2009年8月，广东省旅游局启动新一轮机构改革，在职责、内设机构及人员编制上都予以调整。深圳、珠海、阳江和潮州等地级以上市在机构设置上，加强与文化、体育、外事侨务、文物等部门的整合力度。

旅游部门的横向、纵向合作力度进一步强化。各级旅游主管部门积极主动加强与经贸、文化、教育、商业、工业、体育、环保、科技、农业、林业、海洋、文物、工商和金融等部门的横向联系，联合推出乡村旅游、文化旅游、红色旅游、海洋旅游、工业旅游、农业旅游、森林生态旅游、科普旅游、温泉旅游、邮轮旅游等专项旅游。与金融、邮政、网络、保险、电视台等部门签署战略合作协议。省市联动，统筹全省旅游业的发展布局，省旅游局与梅州、河源、韶关、汕头等市签署合作协议。

区域旅游合作方兴未艾。广东率先在全国创立跨省区（广西）无障碍旅游区，并成为全国旅游业发展的重要模式。广东与北京、新疆、西藏、泛珠三角区域等全国大部分省（区）签署合作协议，“两广十市”每年定期召开会议。广佛肇、珠中江、深莞惠等区域旅游一体化的“同城效应”已成为全省其他地区合作的样板。《罗浮山宣言》、《丹霞山宣言》以及《广佛肇旅游合作专项规划》的签署标志着区域合作进一步深化。

【旅游成为建设幸福广东的重要载体】　“十一五”期间，广东在全国率先试行国民旅游休闲计划，推动落实带薪休假制度，组织开展形式多样的国民旅游休闲活动，全省免费开放游览参观点557个，每年免费金额达8亿元；发行《粤游粤精彩－广东旅游门票明信片》32万册，惠民金额达9亿元；创建国民旅游休闲示范单位1215家，探索发行国民旅游休闲卡超过200万张，签约商户近万家。至2010年底，国民旅游休闲卡刷卡消费总额超过50亿元。五年来，广东共投入旅游扶贫资金1.9亿元，扶持4批270个重点项目，覆盖全省86个县（市、区）。

【旅游产业竞争力提升、体系优化】　“十一五”期间，广东旅游产品进一步转型升级，呈现由观光旅游为主体逐步迈入观光、度假休闲和专项旅游良性协调发展态势。会展旅游、自驾车旅游、高尔夫旅游、旅游演艺、游船游艇旅游等高端旅游成为新的旅游热点，乡村旅游、科技旅游、文化旅游、森林生态旅游、中医药文化养生旅游、温泉康体旅游、绿道旅游等专项旅游产品日益丰富，旅游房地产、旅游制造业、网络商旅等迅猛发展，旅游产业体系规模不断发展壮大。截至2010年，全省共有旅行社1292家、星级饭店1204家、国家A级旅游景区（点）139家，全省共有高、中等旅游院校（包括开设系或专业的院校）136所，旅游院校在校生为94635人，旅游专业教师3651人。旅游市场化程度显著提高，一大批具有竞争力的大型旅游集团和旅游知名企业脱颖而出，如：广东中旅、广州长隆、深圳华侨城、广晟集团、广州岭南、深圳信游天下等。国有企业、民营企业及多种所有制结构旅游企业竞相发展，旅游市场主体更具活力。旅游投融资体系不断完善，境内外上市已成为新兴旅游企业的重要融资渠道和发展平台，社会资金以更大力度注入旅游业发展。总之，广东旅游要素体系、产品体系、目的地体系、公共服务体系在市场化进程中进一步完善。

2009 年 2 月 23 日，国家旅游局与广东省人民政府在广州共同启动广东省试行国民旅游休闲计划。

【旅游宣传和品牌建设力度加大】 “十一五”期间，广东创新旅游宣传促销方法，加强与央视、凤凰卫视、旅游卫视、亚洲电视、《中国旅游报》、网易、携程、芒果等各类媒体以及驻外使领馆、国家旅游局驻外办事处合作，加强与国内主要旅游目的地的交流推介，组织参加 260 场大型旅游展销活动，借助 2010 上海世博会和广州亚运会的契机推介广东旅游资源和旅游产品，多渠道加大广东旅游宣传力度。完善粤港澳旅游业定期联络协调机制，深入推进粤台旅游业界产品互推、客源互动等合作，五年累计接待港澳台过夜旅游人数 9745 万人次，经广东口岸赴台旅游超 60 万人次。签署《“泛珠三角”区域红色旅游合作发展协议》、《泛珠三角各省区旅游合作福州宣言》等协议，共同打造泛珠“无障碍旅游区”。建立与东盟各国旅游管理部门的协调联络机制，设立广东驻曼谷旅游办事处。擦亮“活力商都”、“岭南文化”、“黄金海岸”和“美食天堂”四大旅游品牌，“活力广东”总体旅游形象突出，珠三角都市休闲旅游、粤北生态休闲旅游、粤东特色文化旅游、粤西滨海生态旅游四大区域旅游品牌影响力增强，打造如深圳华侨城、广州长隆、广东中旅等一批大型旅游企业。

【行业管理和市场监督力度全面提升】 “十一五”期间，广东旅游标准化管理已成为旅游行业自我约束、自我管理的重要手段，已从旅游产业要素扩展到旅游安全、质量、秩序等公共服务领域。全省制定实施《广东省餐饮服务质量评定标准》、《广东省旅行社资质等级标准》、《广东省绿色饭店评定标准》、《温泉旅游服务规范》、《旅游安全管理 · 旅游星级饭店》、《旅游安全管理 · 滨海旅游》、《旅游安全管理 · 旅行社》、《旅游安全管理 · 旅游景区（点）》等 14 项地方标准；各市及众多大型旅游企业也结合实际制定旅游标准，如广州市制定的《特色旅游购物街区服务规范》、《特色乡村旅游区（点）服务规范》，深圳市制定的《深圳市绿色旅游景区标准》，广之旅制定的《门市部服务管理规范》、白云山景区制定的《游客投诉管理规范》、华侨城集团制定的《华侨城主题公园标准体系》等，旅游标准化建设全面促进旅游服务品质提升。抓好 12301 旅游服务热线建设，推广诚信旅游和品质旅游，建立健全旅游诚信体系。共查处非法经营旅游业务 300 多宗、检查导游 4 万多名，处理旅游投诉 3500 多宗，为游客争取理赔金 430 多万元。

【旅游人才素质明显优化】 “十一五”期间，广东年均培训旅游行业各类人员近 30 万人次。其中有 53759 人取得导游人员资格证书，7550 人取得饭店中高层管理人员岗位培训证书，4813 人取得旅行社经理资格证书。成立“广东省旅游服务中心职业技能鉴定所”，完成约 1 万名酒店职业英语、景点导游、农家菜烹饪等旅游一线人员的技能鉴定工作。创新旅游人才培养机制，整合校企资源，筹建广东旅游学校（院）实训中心。配合“双转移”战略实施，加大欠发达地区旅游专业技能人才培训力度，共培训 4062 名劳动力、转移就业 3373 人。5 年来，全省旅游业直接创造税收 320 亿元。截至 2010 年底，全省直接吸纳就业人数 160 万人，间接吸纳就业人数约 700 万人。

【成功举办 5 届广东国际旅游文化节】 2005 年 11 月 25 日至 12 月 11 日，广东省成功举办首届广东国际旅游文化节。这是改革开放以来广东首次举办的规模盛大的旅游节庆活动，由国家旅游局和广东省人民政府主办，广东省旅游局、文化厅、外经贸厅、外办、侨办等部门以及全省地级以上市人民政府承办的一次旅游产业盛会。整个旅游文化节以岭南文化为主线，以世界旅游文化发展潮流为背景，以国内外市场为着眼点，谱写了改革开放、幸福广东的新篇章。

此后，广东坚持每年举办广东国际旅游文化节。办节机制不断完善，活动内容不断丰富，国际化、市场化水平不断提高，成功打造开幕式晚会、广东国际旅游展览会、旅游招商会、友城之夜、花车巡游、岭南民间艺术汇演等经典活动，2010 年首次与世界旅游日全球主会场庆典联合举办，节庆品牌不断擦亮。六届旅游文化节共吸引海内外游客 6000 万人次，引进外资项目 669 个、合同外资金额约 110 亿美元，成为广东扩大对外开放、加强招商引资、推动现代服务业发展的重要平台。

（涂继文　整理）

『十一五』期间广东省旅游主要经济指标对比

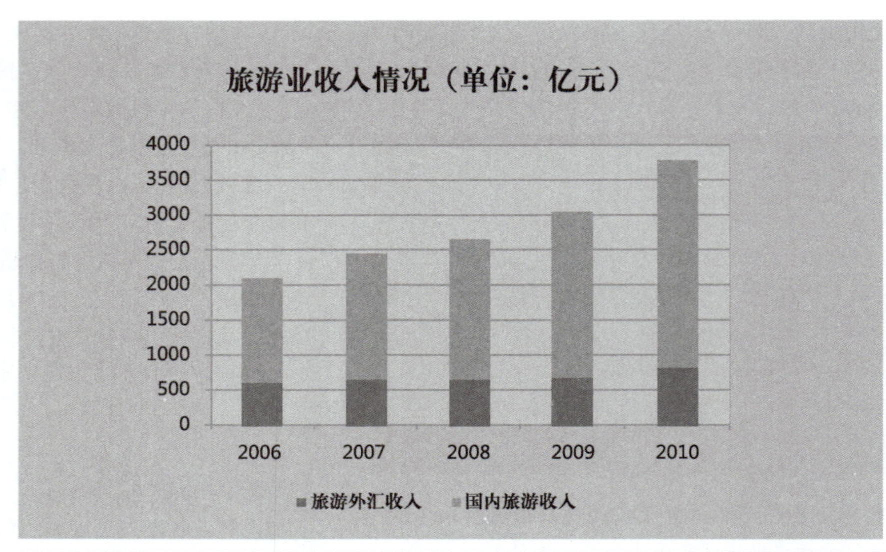

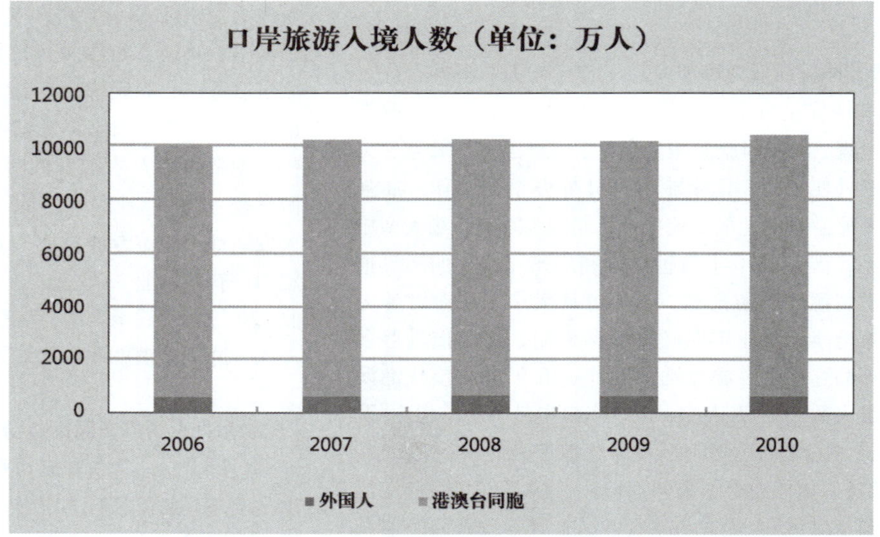

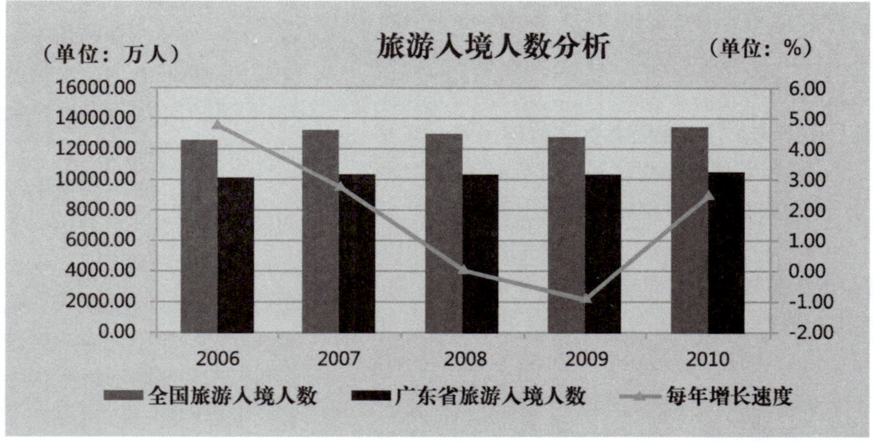

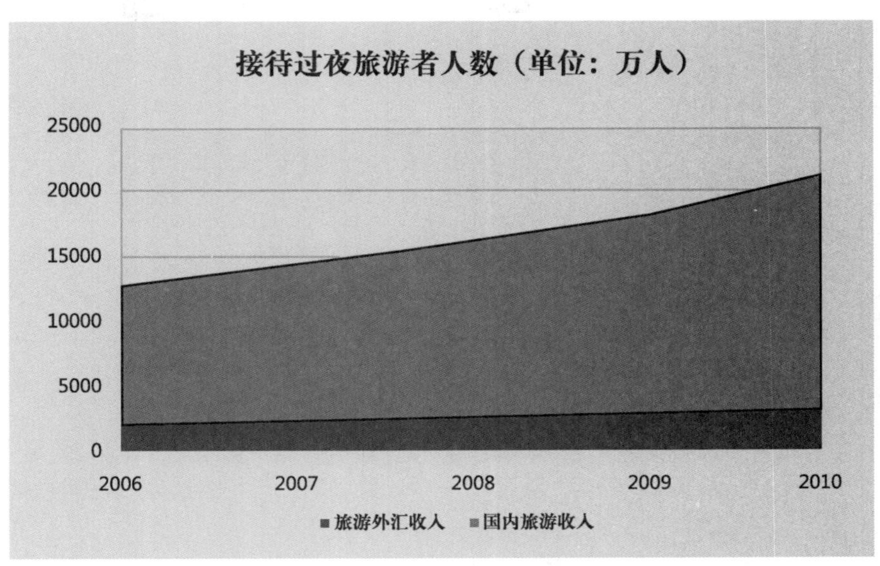
接待过夜旅游者人数（单位：万人）
25000
20000
15000
10000
5000
0
2006
2007
2008
2009
2010
旅游外汇收入
国内旅游收入

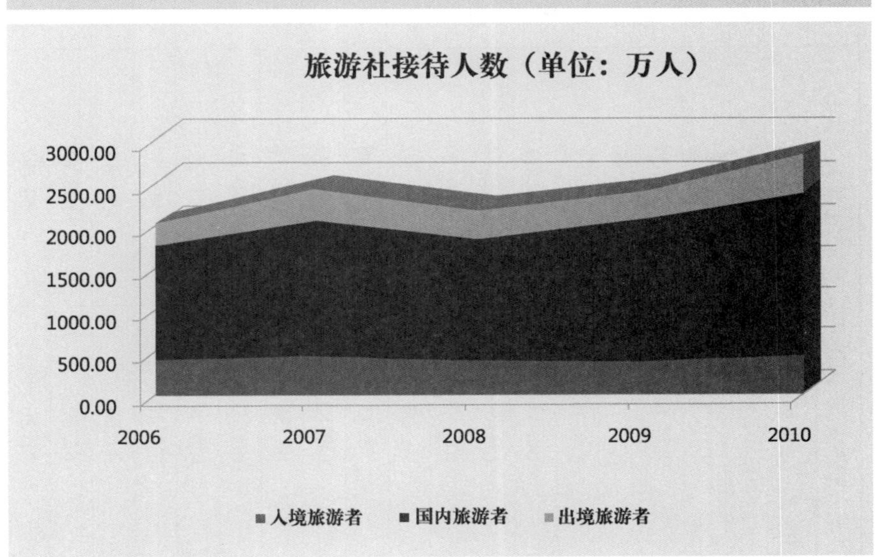
旅游社接待人数（单位：万人）
3000.00
2500.00
2000.00
1500.00
1000.00
500.00
0.00
2006
2007
2008
2009
2010
入境旅游者
国内旅游者
出境旅游者

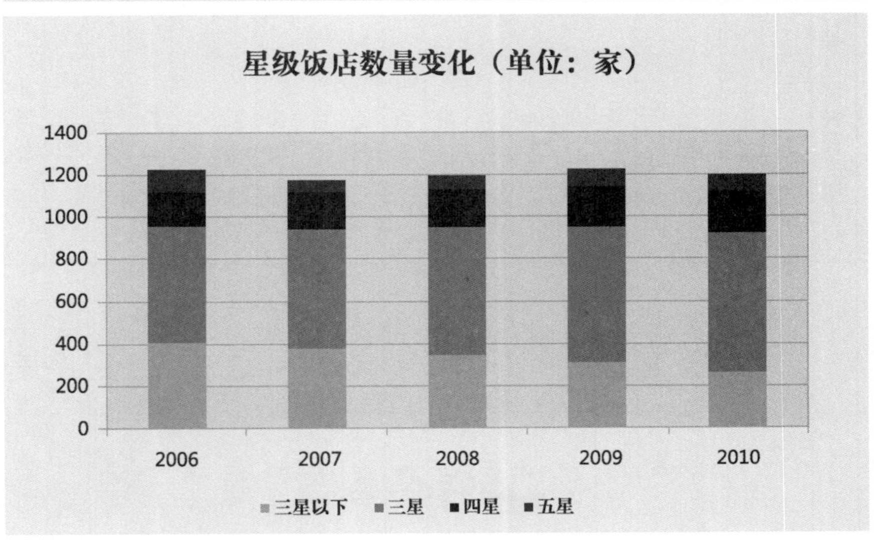
星级饭店数量变化（单位：家）
1400
1200
1000
800
600
400
200
0
2006
2007
2008
2009
2010
三星以下
三星
四星
五星

"十一五"期间广东省各市旅游业收入情况

Revenue Reaped From Tourist Industry in cities during Eleventh Five Year Plan

单位：亿元人民币　　　　Unit：RMB 100 million Yuan

		"十五"期末 2005 年	"十一五"期末 2010 年	同比增长（%）	年均增长（%）	2010 年比上年增（%）
		The Tenth Five Period End 2005	The Eleventh Five Period End 2010	Period on Period Growth（%）	Average Annual Growth（%）	2009-2010 Growth（%）
全省合计	Total	1882. 61	3089. 44	102. 35	15. 14	24. 15
广 州	Guangzhou	626. 16	1254. 61	100. 37	14. 91	26. 21
深 圳	Shenzhen	421. 00	628. 77	49. 35	8. 35	15. 53
珠海	Zhuhai	115. 95	219. 34	89. 17	13. 60	29. 91
汕头	Shantou	49. 26	88. 48	79. 60	12. 42	19. 10
佛山	Foshan	108. 67	231. 30	112. 84	16. 31	13. 01
韶关	Shaoguan	21. 35	106. 82	400. 29	37. 99	49. 65
河源	Heyuan	18. 28	46. 07	151. 97	20. 30	29. 10
梅州	Meizhou	20. 88	72. 83	248. 88	28. 39	44. 78
惠州	Huizhou	49. 94	140. 82	181. 97	23. 04	22. 32
汕尾	Shanwei	13. 57	42. 36	212. 18	25. 57	65. 96
东莞	Dongguan	90. 72	191. 32	110. 89	16. 09	26. 29
中山	Zhongshan	65. 45	125. 17	91. 25	13. 85	13. 53
江门	Jiangmen	49. 73	120. 10	141. 52	19. 29	15. 46
阳江	Yangjiang	21. 40	42. 68	99. 44	14. 81	21. 60
湛江	Zhanjiang	32. 20	65. 32	102. 84	15. 19	22. 85
茂名	Maoming	47. 48	71. 86	51. 34	8. 64	15. 18
肇庆	Zhaoqing	41. 27	102. 78	149. 01	20. 02	29. 35
清远	Qingyuan	34. 33	108. 43	215. 87	25. 86	44. 41
潮州	Chaozhou	23. 83	54. 19	127. 36	17. 85	16. 86
揭阳	Jieyang	15. 07	47. 52	215. 33	25. 82	68. 08
云浮	Yunfu	16. 06	48. 67	203. 14	24. 83	25. 89

“十一五”期间广东省各市接待过夜旅游者情况

NUMBER OF TOURISTS STAYING OVERNIGHT RECEIVED BY LOCAL CITY DURING ELEVENTH FIVE YEAR PLAN

单位：万人次 Unit：Million Persons

		“十五”期末 2005 年	“十一五”期末 2010 年	同比增长（%）	年均增长（%）	2010 年比上年增（%）
		The Tenth Five Period End 2005	The Eleventh Five Period End 2010	Period on Period Growth（%）	Average Annual Growth（%）	2009-2010 Growth（%）
全省合计	Total	11491. 54	21319. 72	85. 53	13. 16	17. 18
广州	Guangzhou	2850. 56	4506. 38	58. 09	9. 59	13. 35
深圳	Shenzhen	2142. 83	3285. 31	53. 32	8. 92	15. 67
珠海	Zhuhai	640. 19	1380. 53	115. 64	16. 61	14. 21
汕头	Shantou	444. 09	782. 20	76. 14	11. 99	15. 01
佛山	Foshan	571. 21	866. 55	51. 70	8. 69	3. 67
韶关	Shaoguan	358. 38	864. 15	141. 13	19. 25	27. 76
河源	Heyuan	211. 69	439. 54	107. 63	15. 73	19. 87
梅州	Meizhou	225. 23	522. 02	131. 77	18. 31	29. 10
惠州	Huizhou	459. 86	1073. 56	133. 45	18. 48	13. 83
汕尾	Shanwei	151. 00	330. 57	118. 93	16. 97	36. 81
东莞	Dongguan	735. 33	1550. 84	110. 91	16. 10	9. 44
中山	Zhongshan	470. 40	587. 87	24. 97	4. 56	6. 52
江门	Jiangmen	575. 25	990. 99	72. 27	11. 49	14. 97
阳江	Yangjiang	243. 21	310. 18	27. 53	4. 98	11. 89
湛江	Zhanjiang	139. 07	612. 59	340. 50	34. 52	31. 08
茂名	Maoming	140. 96	306. 47	117. 42	16. 81	51. 77
肇庆	Zhaoqing	512. 45	1055. 69	106. 01	15. 55	25. 60
清远	Qingyuan	191. 09	672. 64	251. 99	28. 62	28. 25
潮州	Chaozhou	164. 30	357. 72	117. 72	16. 84	16. 25
揭阳	Jieyang	120. 49	368. 08	205. 49	25. 03	81. 69
云浮	Yunfu	143. 95	455. 83	216. 66	25. 93	23. 80

“十一五”期间广东省与全国部分省市接待入境游客情况

Tourists (Foreign) Received by Guangdong Province and Some Other Provinces and Cities during Eleventh Five Year Plan

省市	Provinces and Cities	2005 年 In 2005		2006 年 In 2006		2007 年 In 2007		2008 年 In 2008		2009 年 In 2009		2010 年 In 2010		2006-2010 年均增幅
		(万人次) (Ten Thousand People)	增幅% Growth %	(万人次) (Ten Thousand People)	增幅% Growth %	(万人次) (Ten Thousand People)	增幅% Growth %	(万人次) (Ten Thousand People)	增幅% Growth %	(万人次) (Ten Thousand People)	增幅% Growth %	(万人次) (Ten Thousand People)	增幅% Growth %	Annual Growth between 2006-2010
全国	The Whole Nation	5325. 80	21. 2	6139. 6	15. 3	7311. 38	19. 1	7476. 00	2. 3	8039. 19	7. 5	9519. 80	18. 4	12. 3
北京	Beijing	362. 92	15. 0	390. 3	7. 5	435. 48	11. 6	379. 00	-13. 0	412. 51	8. 8	490. 10	18. 8	6. 2
上海	Shanghai	444. 54	15. 3	464. 6	4. 5	520. 10	11. 9	526. 00	1. 1	533. 39	1. 4	733. 70	37. 6	10. 5
江苏	Jiangsu	378. 30	23. 4	445. 2	17. 7	512. 55	15. 1	544. 00	6. 1	556. 83	2. 4	653. 60	17. 4	11. 6
浙江	Zhejiang	348. 05	25. 8	426. 8	22. 6	511. 18	19. 8	540. 00	5. 6	570. 64	5. 7	684. 70	20. 0	14. 5
山东	Shangdong	155. 11	30. 0	193. 1	24. 5	249. 64	29. 3	254. 00	1. 7	310. 04	22. 1	366. 80	18. 3	18. 8
广东	Guangdong	1792. 98	16. 4	2021. 90	12. 8	2330. 32	15. 3	2595. 63	11. 4	2738. 01	5. 5	3145. 90	14. 90	11. 9

注：2006 - 2010 年均增幅以 2005 年为基期。全国数采用各省合计数，便于比较。

NOTE: Annual growth rate from 2006 to 2010 is based on 2005. National information applies total numbers of each province for comparison.

“十一五”期间广东省与全国部分省市接待国内游客情况

Tourists (Domestic) Received by Guangdong Province and Some Other Provinces and Cities during Eleventh Five Year Plan

省市	Provinces and Cities	2005 年 In 2005		2006 年 In 2006		2007 年 In 2007		2008 年 In 2008		2009 年 In 2009		2010 年 In 2010		2006-2010 年均增幅
		(万人次)	增幅%	(万人次)	增幅%	(万人次)	增幅%	(万人次)	增幅%	(万人次)	增幅%	(万人次)	增幅%	
		(Ten Thousand People)	Growth %	(Ten Thousand People)	Growth %	(Ten Thousand People)	Growth %	(Ten Thousand People)	Growth %	(Ten Thousand People)	Growth %	(Ten Thousand People)	Growth %	Annual Growth between 2006-2010
全国	The Whole Nation	213280	16.5	252906	18.6	298986	18.2	333360	11.5	402700	20.8	459000	14.0	16.6
北京	Beijing	12500	4.6	13200	5.6	14280	8.2	14200	-0.6	16300	14.8	18000	10.4	7.6
上海	Shanghai	9012	6.0	9684	7.5	10210	5.4	11000	7.7	12400	12.7	22000	77.4	19.5
江苏	Jiangsu	17234	17.5	19936	15.7	23199	16.4	26100	12.5	29400	12.6	36000	22.4	15.9
浙江	Zhejiang	12758	20.4	16149	26.6	19100	18.3	20900	9.4	24400	16.7	30000	23.0	18.6
山东	Shangdong	14908	26.9	16775	12.5	20343	21.3	24000	18.0	28900	20.4	35000	21.1	18.6
广东	Guangdong	22111	17.5	24976	13.0	30170	20.8	30900	2.4	35100	13.6	39000	11.1	12.0

注：2006－2010 年均增幅以 2005 年为基期。全国数采用各省合计数，便于比较。

NOTE: Annual growth rate from 2006 to 2010 is based on 2005. National information applies total numbers of each province for comparison.

“十一五”期间广东省与全国部分省市旅游外汇收入情况

Foreign Exchange Revenue Reaped From Tourist Industry by Guangdong Province and Some Other Provinces and Cities during Eleventh Five Year Plan

省市	Provinces and Cities	2005 年 In 2005		2006 年 In 2006		2007 年 In 2007		2008 年 In 2008		2009 年 In 2009		2010 年 In 2010		2006-2010 年均增幅
		(亿美元)	增幅%	(亿美元)	增幅%	(亿美元)	增幅%	(亿美元)	增幅%	(亿美元)	增幅%	(亿美元)	增幅%	
		(A hundred million USD)	Growth %	(A hundred million USD)	Growth %	(A hundred million USD)	Growth %	(A hundred million USD)	Growth %	(A hundred million USD)	Growth %	(A hundred million USD)	Growth %	Annual Growth between 2006-2010
全国	The Whole Nation	256. 10	21. 8	302. 40	18. 1	372. 33	23. 1	397. 72	6. 8	424. 17	6. 6	516. 90	21. 9	15. 1
北京	Beijing	36. 19	14. 0	40. 26	11. 3	45. 80	13. 7	44. 59	-2. 6	43. 57	-2. 3	50. 40	15. 7	6. 8
上海	Shanghai	35. 56	16. 9	39. 04	9. 8	46. 73	19. 7	49. 72	6. 4	47. 44	-4. 6	63. 40	33. 6	12. 3
江苏	Jiangsu	22. 60	28. 1	27. 87	23. 3	34. 69	24. 5	38. 80	11. 9	40. 16	3. 5	47. 80	19. 0	16. 2
浙江	Zhejiang	17. 16	32. 0	21. 33	24. 3	27. 08	27. 0	30. 24	11. 7	32. 24	6. 6	39. 30	21. 9	18. 0
山东	Shangdong	7. 80	37. 7	10. 14	30. 0	13. 52	33. 3	13. 91	2. 9	17. 65	26. 9	21. 60	22. 4	22. 6
广东	Guangdong	64. 57	20. 1	75. 33	16. 7	87. 06	15. 6	91. 75	5. 4	100. 28	9. 3	124. 32	24. 0	14. 0

注：2006－2010 年均增幅以 2005 年为基期。全国数采用各省合计数，便于比较。

NOTE：Annual growth rate from 2006 to 2010 is based on 2005. National information applies total numbers of each province for comparison.

“十一五”期间广东省与全国部分省市国内旅游收入情况

Revenue Reaped From Tourist Industry (Domestic) by Guangdong Province and Some Other Provinces and Cities during Eleventh Five Year Plan

省市	Provinces and Cities	2005 年 In 2005		2006 年 In 2006		2007 年 In 2007		2008 年 In 2008		2009 年 In 2009		2010 年 In 2010		2006-2010 年均增幅
		(亿元)	增幅%	(亿元)	增幅%	(亿元)	增幅%	(亿元)	增幅%	(亿元)	增幅%	(亿元)	增幅%	
		(A hundred million yuan)	Growth %	(A hundred million yuan)	Growth %	(A hundred million yuan)	Growth %	(A hundred million yuan)	Growth %	(A hundred million yuan)	Growth %	(A hundred million yuan)	Growth %	Annual Growth between 2006-2010
全国	The Whole Nation	15701	22. 6	19162	22. 0	23595	23. 1	27160	15. 1	33026	21. 6	39293	19. 0	20. 1
北京	Beijing	1300	13. 5	1483	14. 1	1754	18. 3	1907	8. 7	2145	12. 5	2425	13. 1	13. 3
上海	Shanghai	1308	7. 6	1420	8. 6	1611	13. 5	1612	0. 0	1914	18. 7	2523	31. 8	14. 0
江苏	Jiangsu	1626	26. 0	2012	23. 7	2508	24. 7	2933	16. 9	3450	17. 6	4288	24. 3	21. 4
浙江	Zhejiang	1240	37. 3	1520	22. 5	1820	19. 8	2040	12. 1	2424	18. 8	3046	25. 7	19. 7
山东	Shangdong	975	27. 0	1215	24. 6	1551	27. 7	1909	23. 1	2332	22. 1	2916	25. 1	24. 5
广东	Guangdong	1355	12. 4	1520	12. 2	1792	17. 9	2030	13. 3	2384	17. 4	2965	24. 4	17. 0

注：2006－2010 年均增幅以 2005 年为基期。全国数采用各省合计数，便于比较。

NOTE: Annual growth rate from 2006 to 2010 is based on 2005. National information applies total numbers of each province for comparison.

“十一五”期间广东省与全国部分省市旅游总收入情况

Total Revenue Reaped From Tourist Industry by Guangdong Province and Some Other Provinces and Cities during Eleventh Five Year Plan

省市	Provinces and Cities	2005 年 In 2005		2006 年 In 2006		2007 年 In 2007		2008 年 In 2008		2009 年 In 2009		2010 年 In 2010		2006-2010 年均增幅
		(亿元)	增幅%	(亿元)	增幅%	(亿元)	增幅%	(亿元)	增幅%	(亿元)	增幅%	(亿元)	增幅%	
		(A hundred million yuan)	Growth %	(A hundred million yuan)	Growth %	(A hundred million yuan)	Growth %	(A hundred million yuan)	Growth %	(A hundred million yuan)	Growth %	(A hundred million yuan)	Growth %	Annual Growth between 2006-2010
全国	The Whole Nation	17798	22. 4	21572	21. 2	26425	22. 5	29926	13. 2	36108	20. 7	45153	25. 0	20. 5
北京	Beijing	1596	13. 4	1804	13. 0	2102	16. 5	2217	5. 5	2442	10. 2	2762	13. 1	11. 6
上海	Shanghai	1599	9. 0	1731	8. 2	1966	13. 6	1958	-0. 4	2344	19. 7	2946	25. 7	13. 0
江苏	Jiangsu	1811	26. 1	2234	23. 4	2772	24. 1	3203	15. 6	3796	18. 5	4685	23. 4	20. 9
浙江	Zhejiang	1381	36. 6	1690	22. 4	2026	19. 9	2250	11. 1	2644	17. 5	3313	25. 3	19. 1
山东	Shangdong	1039	27. 5	1296	24. 7	1654	27. 7	2005	21. 2	2452	22. 3	3059	24. 7	24. 1
广东	Guangdong	1883	13. 1	2120	12. 6	2455	15. 8	2668	8. 7	3068	15. 0	3809	24. 1	15. 1

注：2006-2010 年均增幅以 2005 年为基期。全国数采用各省合计数，便于比较。

NOTE: Annual growth rate from 2006 to 2010 is based on 2005. National information applies total numbers of each province for comparison.

（叶志青　费永红）

广东旅游大事记

Guangdong Tourism Memorabilia

（第 31 ~ 42 页）

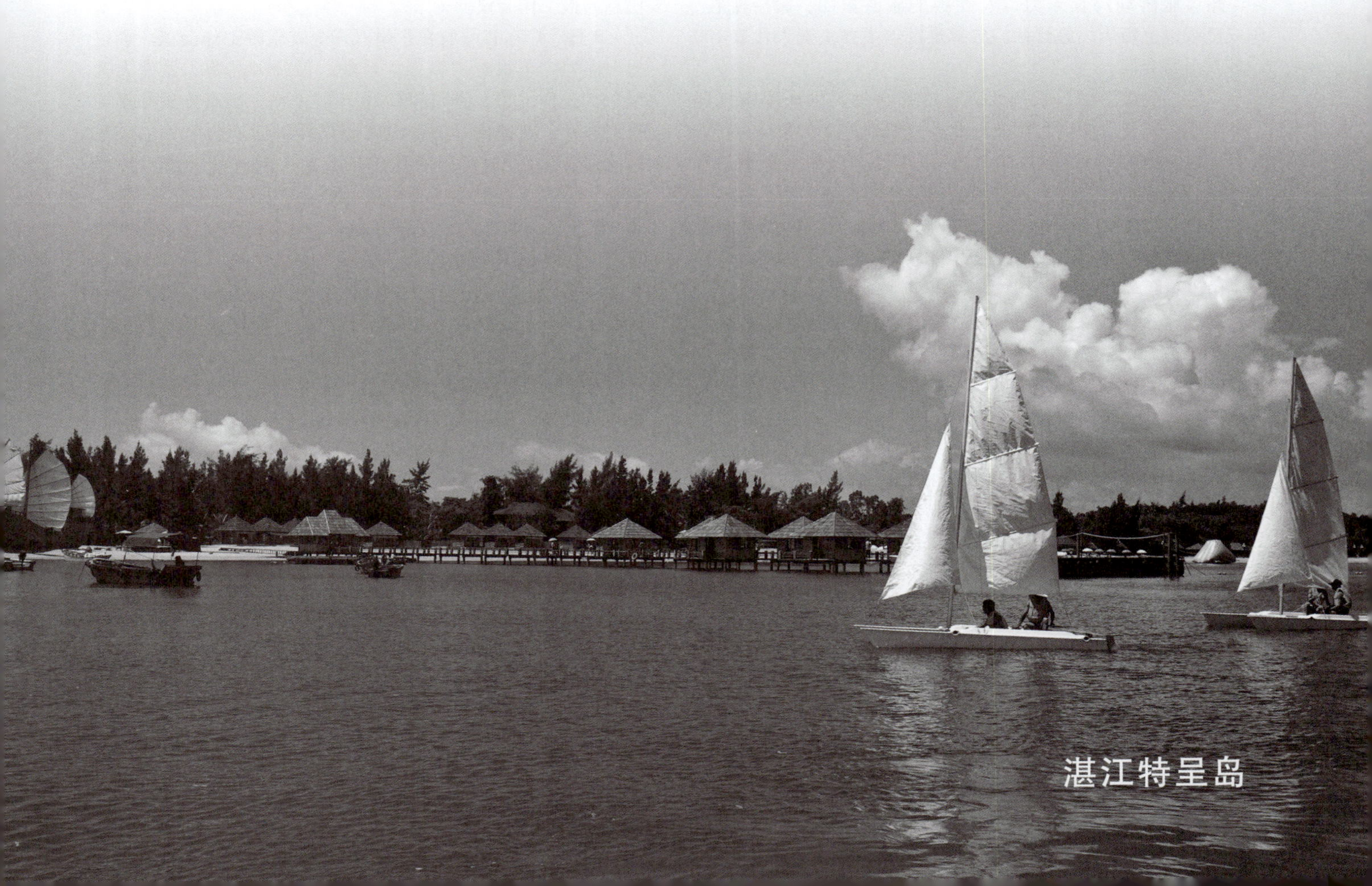

湛江特呈岛

2010 年广东旅游大事记

1 月

4 日　省旅游局局长杨荣森在广州会见新加坡旅游局副局长林雨强。

□　全省旅游信息工作座谈会在广州长隆酒店举行。

5～6 日　全省星评员培训班在广州开班，省旅游局副局长周开生参加开班仪式。

7 日　美国皇家加勒比游船公司千人入境游大团搭乘"探索号"豪华邮轮于清晨抵达黄埔港，成为亚运年伊始首个千人访华旅游团。省旅游局副局长张振林出席欢迎仪式。

□　广东省旅游强县（市）评定委员会考评组通过对广州从化市、增城市创建"广东省旅游强县（市）"工作的考核验收。

8 日　2010 全国旅游服务质量提升年启动仪式暨电视电话会议在广州召开。省旅游局局长杨荣森，副局长周开生，广州市旅游局局长朱力以及在穗的旅游集团，旅游院校，三星级以上饭店、旅行社、旅游景区等主要负责人代表 100 多人出席会议。

□　省旅游局局长杨荣森在广州会见美国通用电气环球主题公园及度假区集团亚洲业务发展副总裁黄家裕一行。

11～14 日　省旅游局副局长王志红到广州从化市、清远市、深圳市、肇庆市调研国民旅游休闲计划工作。

11～17 日　由中山市人民政府和广东省旅游局共同主办的"领潮争先，龙腾南粤"国庆彩车全省百日大巡展在中山举行。

□　"广深珠"合作体第 24 次联席会议在珠海召开。

15 日　省旅游局副局长周开生到东莞市开展星级饭店节能减排工作的调研。

□　广佛肇旅游推介代表团分别赴长沙和武汉举办广佛肇旅游专场推介会。

20 日　省旅游局巡视员曾维炳在广州会见日本登别市友好代表团。

22 日　省旅游局局长杨荣森在广州会见美国通用电气首席执行官杰弗里—伊梅尔特（Jeffrey Immelt）。

23 日　茂名市被国际休闲产业协会评为"2009 年度国际最佳休闲城市"。

25 日　泛珠三角区域旅游合作工作会议在广州举行。泛珠合作各方旅游局相关负责人共同探讨如何开展区域内旅游合作等话题，并签署市场管理合作、旅游宣传推介合作、旅游信息合作 3 个具体专责小组工作方案。省旅游局巡视员曾维炳出席会议。

27 日　省旅游局局长杨荣森在广州会见亚洲电视行政总裁胡競英和澳门旅游局局长安栋梁一行。

27～28 日　省旅游局副局长张振林到局扶贫开发"规划到户，责任到人"（下称"双到"）帮扶单位韶关市乳源瑶族自治县板长村开展调研慰问活动。

28 日　梅州市客天下旅游产业园开发的首期旅游景区项目正式开业。

30 日　省旅游局副局长梅其洁出席广州从化市 2010 中国休闲悠优奖百万车主大型评选活动启动仪式。

2 月

1 日　粤澳两地旅游界在广州召开 2010 年春节黄金周信息通报工作会议。

3 日　广东省政府在广州召开全省旅游工作会议。会议提出谋划广东旅游"做强大产业、做好大品牌、做优大家乐"的工作思路，研究部署 2010 年工作。国家旅游局副局长王志发，副省长万庆良出席会议并讲话。会上为"广东旅游强县"、"国民旅游休闲示范市、示范县（市、区）"颁牌。

4 日　深圳市人民政府与中国港中旅集团公司在深圳签署全面战略合作框架协议。

5 日　省旅游局局长杨荣森在广州分别会见世界旅游组织亚太区主任徐京及日本富山县观光、地域振兴局局长饭田久范。

7 日　广东省副省长万庆良在香港拜会世界旅游组织秘书长塔勒布·瑞法依。省旅游局局长杨荣森参加会见。

8 日　2010 年广东国际旅游文化节开幕式晚会专家评审会在广州召开。

□　省旅游局副局长周开生率安全检查组赴佛山、广州市开展春节黄金周安全检查。

8～11 日　广东省副省长万庆良赴梅州市开展送温暖慰问活动。省旅游局局长杨荣森在梅州市慰问梅州雁南飞茶田旅游度假区等旅游企业职工。9 日，副局长张振林陪同万庆良到蕉岭县慰问旅游企业员工。副局长王志红赴惠州罗浮山、河源万绿湖景区慰问旅游企业员工，副局长梅其洁赴韶关丹霞山景区慰问旅游企业员工。10 日，副局长周开生赴深圳、中山市，副局长张振林赴汕头市慰问旅游企业员工。

□ 梅州市被国家住房和城乡建设部命名为“国家园林城市”。

9 日 省旅游局副局长梅其洁赴扶贫开发“双到”点—韶关市乳源县洛阳镇板长村慰问贫困户。

9 ~ 10 日 省旅游局局长杨荣森专程到北京向国家旅游局领导汇报广东旅游改革与发展工作情况。

21 日 省旅游局局长杨荣森率领局领导班子成员到省政府汇报工作。省长黄华华对省旅游局工作给予充分肯定，提出树立旅游大品牌，做强做大广东旅游业的要求。

22 日 广东省副省长万庆良一行到省旅游局调研，并召开副处以上干部参加座谈会。省政府副秘书长刘晓捷等陪同调研。

23 ~ 24 日 首届粤西（茂名）民俗风情旅游节在茂名市举行。

27 日 广东妇女“春游粤港·三八同乐”首发团近千名妇女从广州、深圳、珠海等地出发前往香港旅游，欢庆国际劳动妇女节 100 周年。广东省副省长万庆良，广东省政协副主席、广东省妇女联合会主席温兰子及省旅游局局长杨荣森、巡视员曾维炳、副局长王志红等参加首发仪式。香港旅游发展局主席田北俊出席香港举办的欢迎仪式。此次活动持续 1 个月。

3 月

1 日 广东省发展和改革委员会组织省直有关部门召开会议，研究全省贯彻落实《国务院关于加快发展旅游业的意见》（国发【2009】41 号）的配套政策措施。会议由省发展改革委党组成员、副巡视员张力军主持，省旅游局、经济和信息化委、教育厅、科技厅、公安厅、财政厅、人力资源和社会保障厅等 31 个省直部门参加会议。

2 ~ 3 日 全国旅游行风建设工作调研座谈会在阳江市召开。国家旅游局党组成员、纪检组长刘金平及全国各省（区）旅游局有关领导 60 多人参加。与会代表参观考察开平立园和自力村碉楼群。

3 日 由广东省妇联、增城市委市政府、广州市妇联、广东省总工会女工委、省直机关妇工委联合主办的“庆三八·迎亚运 万名妇女绿道欢乐游”活动首发式在增城举行。

□ 省旅游局局长杨荣森在广州分别会见希腊驻穗总领事和印度驻穗总领事。

4 日 省旅游局局长杨荣森在广州会见美国通用电气环球主题公园及度假区集团亚洲业务发展副总裁黄家裕一行。

10 日 省旅游局局长杨荣森率省旅游局有关处室负责人到江门开平市开展旅游调研。

□ 省旅游局巡视员曾维炳在广州会见日本千叶县观光宣传中国访问团。

□ 住房和城乡建设部和国家旅游局公布全国特色景观旅游名镇（村）示范名单（第一批），广东省惠东县巽寮镇、珠海市金湾区平沙镇、中山市三乡镇和东莞市虎门镇榜上有名。

11 ~ 16 日 由全国红色旅游工作协调小组办公室主办，广东省旅游局、中山市人民政府承办的泛珠三角区域红色旅游合作发展协议签约仪式暨高级管理人员培训班在中山市举行。全国红办常务副主任罗迪辉，中国旅游出版社社长、中国旅游报社社长陈志学，省旅游局局长杨荣森、副局长张振林，中山市人民政府副市长谭培安等出席签约仪式。

12 日 广州地区酒店业行业年会在广州香格里拉大酒店召开。

13 日 河源市在东源县桂山风景区举行“深圳地区河源一日游”旅游直通车首发团欢迎仪式。

13 ~ 21 日 省旅游局副局长张振林率团赴美国参加 2010 年美国迈阿密邮轮博览会。

15 日 经汕头市第十二届 43 次市政府常务会议讨论通过，市委常委会议审议同意，《汕头市旅游发展总体规划（调整）2008—2025》正式实施。

16 日 省旅游局巡视员曾维炳在广州会见日本大阪府民文化部都市魅力创造局中国统括本部长一行。

17 日 由佛山市旅游局、佛山日报社联合广东各城市旅游局、珠三角主流报业以及省内 80 多家景区、70 多家旅行社举办的“‘融合·发展’——2010 广东（佛山）高峰旅游论坛”在佛山市召开。省旅游局副局长王志红出席论坛并讲话。

20 ~ 21 日 省旅游局局长杨荣森、副局长王志红出席在海南举行的首届博鳌国际旅游论坛。

21 日 省旅游局机关党委印发《关于开展“抓落实促发展”主题实践活动方案的通知》。此活动持续至年底。

22 日 中共中央政治局委员、广东省委书记汪洋先后到广州南沙、番禺视察绿道建设情况。省旅游局局长杨荣森等陪同视察。

23 日 亚太城市旅游振兴机构（简称 TPO）第 16 次执委会会议在广州召开。

□ 原省旅游局副局长崔振青遗体告别仪式在广州殡仪馆举行。

24 日 省旅游局副局长周开生在广州参加湖南省株洲市旅游推介会。副局长王志红在广州会见俄罗斯联邦旅游署国际合作局局长卡罗夫金·瓦列里一行。

□ 中山、珠海市和澳门特别行政区旅游局在中山召开 2010 年中珠澳旅游区域合作联盟工作会议暨轮值城市交接仪式。

25日 由广东省旅游局和广州市旅游局指导，汉诺威米兰展览有限公司主办的2010年广州国际旅游展览会在广州锦汉展览中心举行。省、市有关领导和海内外嘉宾300人出席开幕式。本届展会为期3天，有41个国家和地区的506家参展商参展。

□ 借武广高铁开通之机，湖北省旅游局携手广东省旅游局、湖南省旅游局在广州联合召开“湖广游·一家亲”旅游推介会，并签署合作协议联手构建鄂湘粤旅游黄金通道。省旅游局局长杨荣森分别与湖南省旅游局局长杨光荣、湖北省旅游局局长张达华商讨有关旅游交流与合作事宜。

26日 省旅游局局长杨荣森在中山市博览中心参加中山现代服务业招商推介会。

□ 省旅游局副局长王志红在广州出席中国二十世纪“三大伟人”（孙中山、毛泽东、邓小平）故里行旅游推介会。

29日 湛江湖光岩世界地质公园与深圳大鹏半岛国家地质公园签订合作协议，正式结为“姊妹公园”。

30～31日 省政府在湛江召开粤西地区旅游工作现场办公会。组织36家省直、中直有关部门、粤西各市政府与旅游企业代表面对面交流情况、分析问题、研究对策。副省长万庆良出席会议并发表讲话。现场会由省政府副秘书长刘晓捷主持。会上，举行广东省滨海旅游启动仪式，并为13家滨海旅游示范景区颁牌。

广东省政府召开粤西地区旅游工作现场办公会。

31日 中共中央政治局委员、广东省委书记汪洋专程到江门开平市就碉楼与村落保护工作开展专题调研。汪洋指出：“开平碉楼与村落是开平华侨留给我们的宝贵的遗产，现在已经申遗成功，应该说也成为全世界重要的文化遗产，广东有责任把这样一个宝贵的遗产保护好！”省人大常委会主任欧广源，省委常委、秘书长徐少华，副省长雷于蓝，省直有关单位和江门市有关负责人等陪同调研考察。

□ 由广州市旅游局、市对口援建威州前线工作组、汶川县政府共同主办的“大爱之旅·重走西部”活动正式启动。

4月

1日 中共中央政治局委员、广东省委书记汪洋到中国科学院华南植物园考察，先后参观姜园、竹园、木兰园和珍稀濒危植物繁育中心等，详细了解植物园规划建设、资源保护和科研开发情况。省委常委、秘书长徐少华，省旅游局局长杨荣森、省科技厅厅长李兴华等陪同。杨荣森与中科院华南植物园研究所负责人就全力打造华南植物园创建国家5A级旅游景区提出建设性意见。

3日 由国家旅游局主办、广东省旅游局承办、广州市旅游局协办的“全国百城（广东）世博旅游宣传推广周”活动广州主会场开幕启动仪式在广州举行。省旅游局局长杨荣森、巡视员曾维炳、广州市政府副市长曹鉴燎、广东省贸促会副巡视员陈长汉等出席。深圳、珠海、佛山、东莞、中山等市分会场也同时启动宣传周推广活动。

7～8日 广东省旅游教育培训工作会议在广州召开。会上，深圳市文体旅游局、珠海市文体旅游局、韶关市旅游局和惠州市旅游局被省旅游局评为“2009年度广东省旅游教育培训工作先进单位”。

8～11日 由广东省世博办、汕头市人民政府、上海潮汕联谊会共同主办的首届上海潮汕美食文化节在上海举行。

10日 由国家旅游局主办，佛山市旅游局承办的“全国百城（佛山）世博旅游宣传推广周”活动在佛山禅城区1506创意城举行。

12～15日 省旅游局局长杨荣森随同中共中央政治局委员、广东省委书记汪洋赴新疆喀什地区考察。

13日 广东省人民政府召开绿道建设及亚运旅游工作汇报会。广东省副省长万庆良出席会议。

□ 省旅游局到局长张振林出席第八批援藏导游欢送仪式。广东南湖国际旅行社有限公司导游李菲、韶关市旅游协会导游黄寿辉于4月至10月进藏工作。

16日 汕头市人民政府和香港机场管理局在香港举行“汕头机场对外籍飞机开放暨香港航空有限公司汕头航线开通”签约仪式。

19～23日 借助中共中央政治局委员、广东省委书记汪洋和省长黄华华率广东党政代表团赴江西学习考察之机，省旅游局组织旅游分团在江西开展系列旅游交流活动。19日，省旅游局在南昌举行专场旅游合作交流会。省旅游局局长杨荣森与江西省旅游局局长王晓峰签署旅游合作与交流协议。广东国旅等7家旅行社与江西有关旅行社分别签署业务合作协议。21日，在福州市举行专场旅游合作交流会。省旅游局局长杨荣森、福建省旅游局局长郭恒明签署两省旅游合作与交流协议。广东中旅、广东国旅、广之旅等旅游企业与福建旅游企业签署业务合作协议。

21日 深圳文体旅游局与澳门特区政府旅游局在澳门

签署“优质诚信澳门游”合作备忘录。

23～25 日 省旅游局巡视员曾维炳率广东旅游代表团参加在重庆举办的 2010 中国国内旅游交易会。

23 至 5 月 2 日 粤港两地旅游界联合在美国、加拿大开展旅游促销活动。省旅游局副局长王志红率广东旅游代表团参加。

23 日 河源市旅游局、河源市体育局、东源县政府联合主办的首届河源漂流节在万绿谷景区举行。

24 日 “亚运会在广州·世客会游河源”大型旅游宣传推广活动启动暨广州（佛山）——河源旅游直通车开通仪式在河源举行。

26 日 举办国际（中国）佛冈健康新养生旅游示范基地专题研讨会。省旅游局周开生、清远市副市长王得坤出席会议。

28 日 省旅游局副局长周开生到珠海市参加珠海歌剧院、博物馆、规划展览馆、文化馆动工奠基仪式。

□ 广东旅游年鉴工作座谈会在江门市召开。副局长梅其洁出席会议并讲话。省旅游局机关、直属各单位以及各地级以上市旅游局特约编辑共 30 多人参加会议。

29 日 省旅游局局长杨荣森在广州会见 JTB（中国）旅游集团吉村久夫董事长一行。

29 日至 5 月 3 日 由广东省人民政府侨务办公室、广东省旅游局、中山市人民政府共同主办的中山市旅游文化节开幕式暨广东省华人华侨旅游年中山启动仪式在中山举行。

30 日 广东省华人华侨旅游年中山启动仪式暨中山市旅游文化节开幕式在中山市沙溪镇举行。省旅游局副局长梅其洁出席开幕仪式。

5 月

1 日 广东省旅游协会、广东省邮政公司联合发行“粤游粤精彩旅游门票明信片”第二辑，共 12 万册。

3～4 日 省旅游局巡视员曾维炳率团参加在杭州市举办的 2010 中国旅游商品博览会和中国旅游产业节预备会。

9 日 由江门市旅游局、澳门中旅联合开展的“澳门同胞万人游江门”活动在五邑华侨广场举行首发仪式。

10 日 广东省省长黄华华在广州会见来访的日本富山县知事石井隆一一行。省政协副主席徐尚武、省外经贸厅厅长梁耀文、省旅游局局长杨荣森、省外办副主任王世彤陪同会见。杨荣森与富山县观光地域振兴局局长户高秀史签署《中华人民共和国广东省与日本富山县旅游合作与交流协议》。

□ 省旅游局局长杨荣森、副局长周开生在广州出席 2010 年全国旅游饭店服务技能大赛广东赛区迎亚运“广州杯”选拔赛开幕式。

11 日 省旅游局副局长张振林在广州会见日本全日空输株式会社广州支店阿部浩之一行。

13 日 国家旅游局副局长祝善忠一行到广东开展旅游调研。

13～14 日 省旅游局局长杨荣森、副局长王志红赴北京向国家旅游局领导汇报 2010 世界旅游日全球主会场庆典暨中国广东国际旅游文化节活动筹备工作情况。

15 日 集国际旅游信息展示、国际旅游信息推广、国际旅游信息交流、国际旅游产品销售为一体的新景界国际旅游展示中心在深圳开业。

18 日 由澳门特别行政区旅游局、江门市旅游局、香港珠江客运有限公司、江门市港澳客运联营有限公司共同主办的“感受澳门”旅游推介会在江门举行。

19～20 日 省旅游局巡视员曾维炳到局扶贫开发“规划到户、责任到人”帮扶点——韶关市乳源瑶族自治县洛阳镇板长村开展帮扶调研并看望贫困户。

□ 省旅游局副局长周开生到澳门特别行政区调研考察。

20 日 省旅游局局长杨荣森率局领导班子到省政府向万庆良副省长汇报 2010 世界旅游日全球主会场庆典暨中国广东国际旅游文化节工作筹备情况。

20～23 日 省旅游局副局长王志红率领全省旅游业界到四川省汶川县出席汶川地震两周年纪念活动。

22 日 由广东酒店行业协会、广东省自驾旅游协会、广东温泉行业协会和广东旅行社行业协会联合开展献爱心慈善自驾游活动。来自广州、深圳、顺德等地自驾车友 52 人驱车前往局扶贫点韶关市乳源瑶族自治县洛阳镇板长村访贫问苦。

23～30 日 省旅游局巡视员曾维炳率团参加在德国开展的德国法兰克福会奖旅游展。

24 日 联合国特呈岛湿地保护示范项目正式启动。联合国开发计划署和全球环境基金赠款 60 万元用于保护、宣传、开发特呈岛滨海红树林湿地。

27 日 省旅游局局长杨荣森在广州与网易首席执行官丁磊商讨双方合作事项。

28 日 省旅游局局长杨荣森在广州会见环球影视集团亚洲业务发展副总裁黄嘉裕一行。

31 日 省旅游局在广州、武汉两地举办全省旅游扶贫高层管理人员培训班。全省 14 个地级市、64 个县（市、区）的 170 多名旅游及财政管理部门负责人参加。

□ 2010 首届粤东（潮安·文祠）杨梅文化节暨少年儿童环保模特大赛爱心活动开幕式在潮安县举行。省旅游局副巡视员林上福出席活动。

□ 2010 年粤澳合作联席会议在澳门特别行政区政府总部举行，广东省省长黄华华、澳门特别行政区行政长官崔世安分别率领两地代表团出席会议并作主题讲话。双方就《粤澳合作框架协议》的起草工作、推进横琴开发建设以及粤澳旅游合作等议题，展开磋商并达成广泛共识。

6 月

1～3 日 全省旅游扶贫工作管理人员培训班在广州开班。全省 14 地级市，64 个县（区）的旅游部门和财政部门管理人员集中参加培训。

2～3 日 省旅游局局长杨荣森在广州会见澳门特别行政区旅游局副局长白文浩一行。3 日，副局长周开生陪同白文浩到肇庆市德庆县考察。

2～5 日 省旅游局巡视员曾维炳随同广东省省长黄华华赴新疆喀什地区考察调研。

7～9 日 省旅游局副巡视员林上福赴湖北省随州市参加第二届世界华人炎帝故里寻根节文化旅游产品推介会。

8 日 省旅游局在各基层党组织和党员中开展“创先争优”活动。

□ 中医药养生文化旅游工作会议在广州召开。

9 日 省旅游局局长杨荣森、副局长王志红赴澳门出席粤港澳高层旅游合作会议。

10 日 省旅游局局长杨荣森在广州会见马来西亚旅游部部长黄燕燕一行。

□ 省旅游局副巡视员林上福在广州出席喀什经济区暨第六届喀什中亚南亚商品交易会推介会。

11 日 由粤、赣、皖、鄂、豫等“五省八市”（广东云浮、韶关市，江西九江、宜春市，安徽安庆市，湖北黄冈市，河南郑州市、洛阳市）主流媒体共同参与的“禅宗文化神州行”大型易地联合采访启动仪式在新兴县六祖故里旅游度假区举行。

12 日 省旅游局副巡视员林上福出席在清远市连州地下河景区举办的“魅力清远·奇情溶洞——首届广东清远奇情溶洞旅游文化节开幕式”。

13 日 粤、湘、桂、赣旅游区域合作专题研讨会在连州市举行。

16 日 由国家体育总局社会体育指导中心、中国龙舟协会、广东省体育局和湛江市人民政府主办的 2010 年全国龙舟月第四届中国湛江海上国际龙舟邀请赛在湛江举行。

17 日 省旅游局局长杨荣森在广州会见瑞士库尼旅游集团董事局成员一行。

22～23 日 揭阳市大南山侨区首届荔枝文化节在八国旅游风情度假区举行开幕式。省旅游局副局长张振林出席开幕仪式并讲话。

23 日 牡丹国民旅游休闲灵通卡与预付芯片卡首发仪式在广州举行。省旅游局副巡视员林上福出席活动。

□ 省旅游局组织开展第三届“读书、思考、进步”专题读书活动。

23～27 日 省旅游局副局长王志红率团参加在浙江省举办 2010 中国国际旅游商品博览会。

25～27 日 广州市旅游局、佛山市旅游局、肇庆市旅游发展局联合参加在北京举办的“2010 北京国际旅游博览会暨北方旅游交易会”。

27 日 深圳市文体旅游局与深圳市委宣传部等单位联合开展的“关爱在鹏城，旅游进厂区”活动在富士康科技集团厂区启动。

28 日 由省委组织部主办、省旅游局协办、中山大学承办的“广东省领导干部旅游产业升级与创新专题研讨班”在广州召开。省旅游局局长杨荣森、副局长梅其洁出席开班仪式。

□ 2010 内地香港邮轮旅游培训班在广州市富力君悦大酒店开班。

29 日 河源市委、市政府召开全市旅游产业发展大会，河源市委书记陈建华、市长刘小华等领导出席会议。省旅游局副局长王志红到会祝贺并讲话。

□ 省旅游局副局长张振林赴江门市参加江门希尔顿逸林酒店（项目）签约仪式。副局长梅其洁在广州会见 CNBC 亚洲财经电视台有关负责人。

□ 澳门外港码头—广州南沙港新航线首航。新航线行程约 80 分钟，形成新的澳穗城际交通网络。

□ 深圳东部华侨城太空迷航娱乐项目发生死亡 6 人，伤 10 人的重大安全事故。

30 日 省旅游局局长杨荣森、副局长张振林参加在广州中山纪念堂举行的“广东扶贫济困日”启动仪式。省旅游局会同广东国旅、广东中旅和广之旅 3 家大型旅游企业组成“旅游扶贫车队”90 多人到板长村举行“广东省旅游系统扶贫济困日·党日活动暨板长村村道开工仪式”活动。共募集款项 15 万多元。

□ 省旅游局副局长周开生在广州组织召开省属旅行社服务质量监督管理工作会议。

7 月

6 日 广东省旅游职业技术学校学生谢蓉宣担任第 16 届亚运会火炬手，并参加汕头站火炬传递活动。

7 日 广东省文化厅、广东省旅游局联合开展创建“广东省文化旅游示范单位”评选活动。命名广东省博物馆、广东美术馆、广州起义纪念馆等 39 家单位为首批“广东省文化旅游示范单位”。

8 日 珠海市文体旅游局和珠海市财政局联合印发《珠海市旅游产业发展专项资金管理暂行办法》。

7～8 日 由广东省旅游局主办，中山市旅游局、江门市旅游局共同承办的以“活力广东，粤游粤精彩，中山、江门—珠江口西岸旅游休闲胜地”为主题的旅游推介会分别在武汉市和长沙市举行。

7～9 日 省旅游局副局长王志红赴湖南郴州参加由国家旅游局、湖南省人民政府联合举办的 2010 年中国（湖南）红色旅游文化节暨“红色湘鄂粤、高铁一线牵”大型主题活动。

9 日 省旅游局局长杨荣森在广州会见香港工联会旅游业联业委员会郑耀棠会长一行。

9～10 日 省旅游局副局长张振林出席在云浮市新兴县举办的“游中国禅都 品六祖佛荔——广东华人华侨旅游年新兴启动仪式”。

13 日 由深圳华强文化科技集团与广东锦峰集团联合投资愈 10 亿元兴建、占地 24 万平方米的汕头市“方特欢乐世界・蓝水星”主题公园开园庆典仪式在汕头举行。

□ 广东酒店行业协会年会暨颁奖典礼在惠州市召开，中国旅游研究院院长戴斌、省旅游局副局长周开生出度大会。

12～15 日 省旅游局局长杨荣森赴新加坡参加新加坡—广东合作理事会第二次会议。

13～15 日 国家旅游局在浙江宁波市举行全国旅游饭店服务技能大赛，广东旅游系统派出的代表队在全国 32 支代表队比赛中脱颖而出，夺得团体赛总分第一名。

15 日 中共中山市委、市人民政府印发《关于加快旅游重点项目建设，推动旅游业跨越发展的意见》（中委［2010］5 号）。

19～20 日 由韶关市人民政府、广东省旅游局、南方报业传媒集团、广州铁路（集团）公司主办的首届“广深、武广高铁沿线城市旅游发展高峰论坛”在韶关市举行。来自广深、武广高铁沿线城市旅游局长、国内知名旅游策划专家、旅游企业等方面代表 200 多人参加。

20～22 日 2010 年广东省职业技能大赛“广东中旅杯”导游人员职业技能大赛半决赛在广州举行。来自全省 21 个地级以上市、省人力资源和社会保障厅及省教育厅的 23 支代表队、218 名选手参加角逐。21 日，省委常委、副省长肖志恒率领省委组织部、省政府办公厅、省人力资源和社会保障厅等部门领导亲临比赛现场观摩。

21～25 日 省旅游局副局长张振林率领广东部分大型旅游企业随同省领导考察四川省阿坝州旅游线路。

23 日 省旅游局副局长梅其洁在广州市大学城出席千名华裔青少年广东寻根之旅启动仪式暨联欢晚会。

23～24 日 省旅游局局长杨荣森、副局长王志红赴北京向国家旅游局汇报 2010 世界旅游日全球主会场庆典暨中国广东国际旅游文化节筹备工作情况。

□ 由中共广东省委、省政府主办的世博会“广东活动周”在上海世博园区举行。省旅游局派出 250 多人组成的旅游分团参加启动仪式。

28 日 在世博园举办的中国 2010 年上海世博会广东活动周开幕式结束后，汪洋书记来到江门市展位参观，详细询问茅龙笔的制作技艺，收下新会展区赠送的旅游工艺品新会葵扇。黄华华省长、雷于蓝副省长等省领导一同参观江门市展位。

□ 广州市组织旅游企业、游客参加上海世博（宝钢）大舞台“广东周”启动仪式和“广州特别日”南京路世纪广场宣传亚运“亚运吉祥物乐羊羊雕塑落户上海南京路”等系列活动。

30 日 省旅游局召开纪律教育月动员大会。

31 日 广东省全国导游人员资格考试口试考评员培训班开班仪式在广州召开。省旅游局副局长梅其洁出席会议并讲话。

8 月

1 日 在第三十四届巴西世界遗产大会上，广东丹霞山以中国丹霞列入世界自然遗产名录。至此，丹霞山集世界自然遗产、世界地质公园和丹霞地貌命名地三顶国际桂冠于一身。

2 日 广东省副省长刘昆率省政府办公厅、省财政厅有关领导到省旅游局调研。

2～6 日 广州市旅游局、深圳市文体旅游局和珠海市文体旅游局联合组织三地旅游部门和 20 多家大型旅游企业，在高铁沿线的湖南长沙、湖北武汉、河南郑州、陕西西安 4 个省会城市举办“精彩广深珠”推介会。

10～22 日 省旅游局组团参加第五届海峡两岸台北旅展。省旅游协会组织 3000 人旅游观光团赴台参加由省政府举办的“台湾・广东周”活动，并与台相关行业工会签署多项合作协议。

12 日 深圳、东莞、惠州市首次旅游合作联席会议在深圳东部华侨城召开。

16 日 广东省省长黄华华带队赴台湾举行“台湾・广东周”活动，当日举行“万人游台湾”首团启动仪式。活动主题为“合作之旅、乡情之旅”，内容包括经贸合作、商品采购、旅游合作、农业合作、文化交流、宣传亚运等。

□ 由揭阳市人民政府、省旅游局联合主办的广东揭阳三山国王祖庙寻根之旅（台北）大型旅游推介会在台北市举行。

19～26 日 中国旅游代表团赴加拿大开展旅游宣传促销活动。广东组织由旅游企业共 80 人参加的旅游首发团正式启动。

26 日 《汕头市旅游资源保护和开发条例》经由汕头市第十二届人民代表大会常务委员会第 29 次会议通过。同年 12 月 1 日，广东省第十一届人民代表大会常务委员会第 22 次会议批准公布，该条例自 2011 年 2 月 1 日起施行。同日，韶关市人民政府印发《关于推动我市旅游业率先跨越发展的实施意见》。

19 日 省旅游局副局长梅其洁在广州会见希腊旅游部秘书长乔治·普赛奥斯一行。

8～20 日 由广东省纪委、省监察厅派驻省旅游局纪检组长、监察专员黎增丰率领的广东旅游代表团随广东省党政代表团分别赴西藏、新疆考察对口支援工作。其间，参加喀什首届丝路明珠－喀什噶尔国际旅游文化节暨第五届新疆旅游商品大赛与展销活动。

21～24 日 省旅游局副局长张振林赴浙江省参加第五届中日韩旅游部长会议。

24 日 中共广东省委宣传部、广东省发展和改革委员会、广东省旅游局联合开展创建“广东省红色旅游示范基地”评选活动。授予广州起义烈士陵园、孙中山故居纪念馆、叶剑英纪念园等 26 家单位为首批“广东省红色旅游示范基地”称号。

□ 国家旅游局在广东省中旅（集团）有限公司南海西岸旅游产业园举行专题研讨会。省旅游局副局长张振林出席研讨会。

28 日 省旅游局副局长王志红出席 2010 东莞旅游文化节暨寮步首届香市旅游文化节开幕式。

28～29 日 国家旅游局副局长王志发一行到广东调研。

29 日 广东省旅游局与网易战略合作协议签署仪式暨“绿动全球”网络游戏启动仪式在广州举行。国家旅游局副局长王志发，广东省副省长刘昆，广东省旅游局局长杨荣森，网易副总裁、总编辑李甬等出席。

□ 2010 年泛珠三角区域（“9＋2”）合作行政首长联席会议在福州市召开。会议签署《“泛珠三角”区域红色合作发展协议》。会议达成“加强旅游合作”等 6 点共识。省旅游局局长杨荣森出席有关会议。

30 日 总投资逾 60 亿元的广东中旅南海西岸旅游产业园奠基动工。国家旅游局授予该园为全国首个“国家旅游产业集聚（实验）区”。国家旅游局副局长王志发，广东省副省长刘昆，全国政协民宗委副主任杨同祥，广东省政协副主席汤炳权，省政府副秘书长刘晓捷，佛山市市长李贻伟，省旅游局局长杨荣森，广东中旅集团董事长王万年等出席奠基典礼。

□ 珠海市绿道主题曲《绿道真好》出版并在广东绿道网开通仪式上展唱。

30 日至 9 月 21 日 由广东省旅游局、阳江市人民政府和广东省烹饪协会共同主办的 2010 年阳江市旅游文化美食节在阳江举行。

31 日 宁夏自治区旅游推介团一行到广州开展旅游促销活动。

□ 中共云浮市委、云浮市人民政府印发《关于加快全市乡村旅游业发展的意见》。

9 月

1～2 日 省旅游局副巡视员林上福赴山东省青岛市出席全国旅游标准化工作会议暨全国推进旅游标准化试点工作启动仪式。

2 日 由广东省旅游局、广东省对口支援新疆工作前方指挥部共同策划组织的“‘活力广东号’百万广东人游新疆”专列首发仪式在广州举行。省政府副秘书长李春洪、省旅游局局长杨荣森，以及首团 1200 多名游客参加首发仪式。

3 日 “迎亚运、新广州、新生活·360 度叹广州”—“新广州游”启动仪式及首发团系列活动在广州中山纪念堂举行。11 月 1 日，“亚运惠民·免费广州一日游”活动在广州以太广场启动。

8 日 第六届中国四驱越野车节暨阳山旅游推介新闻发布会在广州举行。省旅游局副局长梅其洁出席粤澳两地“十一”黄金周旅游信息交流会。

9 日 省旅游局局长杨荣森在广州出席 2010 广东禅宗六祖文化节开幕仪式暨佛教音乐晚会。

10 日 2010 年广东省导游人员职业技能大赛决赛在广州中山纪念堂举行。

11 日 省旅游局局长杨荣森、副局长梅其洁在广州出席品鉴岭南—中国著名作家广东行媒体见面会。

13～14 日 广东省副省长刘昆，副秘书长刘晓捷，省旅游局局长杨荣森，省府办公厅、省财政厅、省外经贸厅、省经信委、省府研究室等部门负责人一行到韶关市调研旅游工作。韶关市委书记、市人大常委会主任徐建华，市委副书记、市长郑振涛等陪同调研。

16 日 由广东省旅游局、阳江市人民政府、广东省烹饪协会主办的 2010 年阳江市旅游文化美食节在阳江市举行。省旅游局副巡视员林上福出席活动。

□ 由广东省旅游局、阳江市人民政府和广东省烹饪协会共同主办的 2010 阳江市旅游文化美食节在阳江举行。

20 日 广东省省长黄华华听取 2010 世界旅游日全球主会场庆典暨中国广东国际旅游文化节筹备工作情况。

24 日 省旅游局副局长张振林与西藏林芝旅游代表团座谈，共商两地旅游合作与发展。

25 日 第二届中国粤菜峰会在广州举行。峰会评选出“广东旅游美食之乡”、“中国粤菜名菜”、“中国粤菜名店奖”、“中国粤菜名厨奖”、“组织奖”、“特别贡献奖”6 项大奖。“中国粤菜创新与可持续发展”高峰论坛于 9 月 26 日在广州香格里拉大酒店举行。邀请到世界御厨杨贯一，国际美食家甄文达等专家参加。

□ 第二十四届广州（国际）美食节暨 2010 增城国际旅游美食节开幕式在广州增城市生态美食园举行。

□ 由广东省旅游局、南方航空主办的2010“广东旅游天使”颁奖盛典在广州举行。广东省副省长刘昆、省政府副秘书长刘晓捷、省旅游局局长杨荣森、副局长王志红、中国南方航空股份有限公司书记张子芳出席。包括80名入选“广东旅游天使”的南航空姐代表、50家海内外媒体、嘉宾等300人出席颁奖盛典。

26日 广东省省长黄华华会见国家旅游局局长邵琪伟、副局长祝善忠一行以及世界旅游组织、世界旅游业理事会有关嘉宾。省旅游局局长杨荣森参加会见。

□ 由广东省政府外事办公室、广东省旅游局、省文化厅共同举办的“友城之夜”文艺晚会在广州中山纪念堂开幕。广东省省长黄华华，省人大常委会副主任陈小川，副省长雷于蓝、刘昆，省政协副主席王珣章等领导出席晚会。

□ 2010世界旅游日全球主会场庆典新闻发布会在广州香格里拉大酒店举行。世界旅游组织秘书长塔勒布·瑞法依、世界旅游组织亚太部主任徐京、世界旅游组织新闻部副主任马赛罗·里斯、国家旅游局副司长王燕、广东省旅游局副局长王志红出席新闻发布会。

□ 2010世界旅游日迎亚运花车嘉年华启动仪式在广州举行。广东省政协副主席温兰子，贵州省政协副主席谢晓尧，广东省政府副秘书长刘晓捷，省旅游局局长杨荣森，广州市副市长曹鉴燎等领导。约旦经济特区首席执行官 Mr. Mohammed Saqer，泰国旅游体育部部长顾问 Mr. Korkij Danchaivichit，越南旅游总局局长 Mr. Nguyen Van Tuan 以及马来西亚、加纳、澳大利亚等国的旅游部门负责人也出席启动仪式。41辆花车沿流花路、人民北路、环市路行进。

□ 由广东省旅游局、广东省摄影家协会联合主办的2010世界旅游日广东国际摄影展在广州北京路步行街开幕。展出获奖作品180幅。活动持续4天。省旅游局副巡视员林上福出席。

27日 由世界旅游组织、国家旅游局、广东省人民政府主办的2010世界旅游日全球主会场庆典暨中国广东国际旅游文化节开幕式晚会在广州增城市举行。广东省省长黄华华，国家旅游局局长邵琪伟，世界旅游组织秘书长塔勒布·瑞法依等出席开幕式并分别致辞。开幕式晚会分序《生命之约》，上篇《赠你一座梦幻之城》，下篇《还你一个幸福家园》，尾声《今天，我们去旅游》等部分。来自世界80多个国家和地区逾10000名嘉宾莅粤参会，吸引国内外2000多万游客参与。期间共举办各类活动191项。旅游招商会签订外商投资项目138宗，签约总金额24.63亿美元。

□ “我心中的美好家园”万名儿童绘画及征文比赛颁奖典礼在广东省博物馆隆重举行。广东省省长黄华华、世界旅游组织秘书长塔勒布·瑞法依、国家旅游局局长邵琪伟、国家旅游局副局长祝善忠、广东省副省长刘昆、广东省政府秘书长唐豪、副秘书长刘晓捷，广东省旅游局局长杨荣森，世界旅游组织亚太部主任徐京，广东省旅游局副局长王志红、副巡视员林上福，广东省教育厅副巡视员王玉学等领导和嘉宾出席。全省各地级以上市分管旅游的副市长、旅游局局长、教育局局长，在本次绘画及征文比赛中获得一等奖的儿童及家长600多人参加典礼。

2010世界旅游日全球主会场庆典暨中国广东国际旅游文化节开幕式晚会现场。

□ 由世界旅游组织、国家旅游局和广东省人民政府联合主办，广东省旅游局、中山大学和网易公司联合承办的“旅游、生物多样性和可持续发展高峰对话”在广东省博物馆举行。高峰对话由著名主持人杨澜主持。世界旅游组织（UNWTO）、世界旅游理事会、亚太旅游协会、高层官员和各有关国家旅游部长以及国内外著名旅游专家学者等约500名嘉宾出席。

□ 2010世界旅游日全球主会场庆典暨广东国际旅游文化节泛珠三角旅游招商会在广州香格里拉大酒店举行。省人民政府副省长雷于蓝、世界旅游组织企业委员会副主席吉奥吉欧·德拉克普洛斯出席招商会并致辞。

28日 国家旅游局副局长祝善忠率领检查组一行对广州市“十一”国庆黄金周旅游安全工作开展检查，并实地查看白云山风景区、长隆欢乐世界、香江野生动物园、长隆水上世界等大型景区。广东省政府副秘书长江海燕、省旅游局局长杨荣森、广州市副市长曹鉴燎、广州市旅游局局长朱力，以及广州市公安、安监、质监、消防等部门人员陪同检查。

□ 2010广东国际旅游展览会闭幕。广东省副省长刘昆、世界旅游组织秘书长塔勒布·瑞法依、世界旅游业理事会主席及首席执行官让克洛德·鲍姆加滕和泰国、马来西亚、澳大利亚等国的旅游部部长等领导和贵宾出席展览会总结颁奖大会。获得本次展览会最佳展位奖的有粤港澳联合展台、广州市旅游局、佛山市旅游局、惠州市旅游局、福建省旅游局等14个获奖单位。展览会开幕式于9月25日在广州琶洲保利世贸博物馆召开。

□ 由世界旅游组织秘书长塔勒布·瑞法依及夫人，世界旅游业理事会主席、首席执行官让克洛德·鲍姆加滕，尼加拉瓜旅游部部长 Mario Salinas 以及世界 10 多个国家和地区的旅游组织、政府机构的嘉宾 30 多人组成的考察团到中科院华南植物园考察。省政府副秘书长刘晓捷、省旅游局副巡视员林上福陪同。

29～30 日 省旅游局副局长张振林赴潮州市参加“潮州新八景”颁牌典礼。

30 日 省旅游局副局长梅其洁在深圳出席 2010 深圳国际旅游文化节暨深圳欢乐谷第三届国际魔术节开幕式晚会。

10 月

1～7 日 珠海市文体旅游局主办“2010 珠海国庆音乐欢乐周暨第八届沙滩音乐派对”活动。

11 日 佛山市人民政府办公室发布《转发市旅游局关于大力发展“农家乐”休闲旅游业指导意见的通知》。

12 日 省旅游局副局长王志红在广州会见新加坡旅游局副局长梁雨强一行。

13 日 汕尾市人民政府出台《汕尾市旅游宣传促销方案》（汕府［2010］55 号）。

15 日 由中山市委宣传部、市文广新局主办的《施乃扬中国画作品展（中山站）》在中山美术馆开幕。省旅游局局长杨荣森出席开幕式。

15～25 日 省旅游局副局长王志红赴意大利参加国家旅游局意大利联合促销活动。

16 日 中山、珠海、澳门三地旅游局联合在马来西亚第八届世界中山同乡恳亲大会上举行中珠澳旅游推介会。

17～18 日 由国家体育总局汽车摩托车运动管理中心、中国汽车运动联合会、广东省体育局、广东省旅游局、清远市人民政府、阳山县人民政府联合主办的第六届中国（阳山）四驱越野车节暨 2010 年重点项目签约、奠基、剪彩活动在阳山县举行。省旅游局副巡视员林上福出席活动。

18 日 经湛江市政府核准，由湛江市旅游局、农业局、海洋渔业局联合编制的《湛江市农（渔）家乐旅游星级评定办法（试行）》和《湛江市农（渔）家乐旅游星级评定标准（试行）》印发实施。标志着湛江市率先在全省开展农（渔）家乐星级评定工作。

20 日 2010 广东旅游文化节云浮分会场暨云浮第三届旅游文化美食节在云浮市英东体育馆举行。省旅游局副局长梅其洁出席开幕式并致词。

20～25 日 由云浮市人民政府和广东省旅游局主办，云浮市旅游局承办的 2010 广东国际旅游文化节云浮分会场暨第三届旅游文化美食节在英东体育馆开幕。

21 日 珠海拱北口岸中旅社 19 位游客在台湾发生事故，珠海市派出以副市长金展扬为组长、市政府调研员杨尧、局长刘福祥为副组长的事件处理小组。

22～23 日 由中国旅游报社、广东省旅游局、韶关人民政府主办，丹霞山风景区协办的全国创建 A 级景区培训班在韶关市开班。来自全国 20 多个省、市旅游部门负责人，各旅游景区景点主要负责人共 100 多人参加了培训。

24 日 由广东省旅游局副局长周开生任组长的协调处理“10.21”评莲花会工作小组赴台参与协调处理等的工作。

28 日 由惠州市旅游局举办的 2010 年“相约大亚湾”旅游文化节在大亚湾区小径湾帆板基地举行。省旅游局副局长梅其洁出席活动。

29 日 2010 年广东省旅游市场开发工作会议在广州召开。省旅游局局长杨荣森出席会议并讲话。

11 月

2 日 潮州淡浮院荣膺“国家 4A 级景区”暨评选为“潮州新八景”揭牌仪式在潮州市举行。省旅游局副局长张振林出席活动。

3 日 全长 32. 16 公里的广州至佛山地铁开通。广佛线是国内第一条全地下城际轨道交通线，系珠三角首条城际轨道交通线路，东起广州市沥滘站、西至佛山市魁奇路站。

4 日 由广东省旅游局、汕头市人民政府、中国兰花协会、台湾国兰联合总会主办，澄海区人民政府、汕头市旅游局承办的“中国（汕头·澄海）国际兰花旅游文化节暨第二届海峡两岸国兰精品博览会”在汕头市澄海区莲华镇开幕。省旅游局副局长梅其洁，市长蔡宗泽，台湾桃园县议员、桃园县赴汕经贸文化参观团团长杨朝伟，以及来自港、澳、台、日本、韩国的兰协嘉宾等 1000 余人出席开幕式。

5 日 由梅州市旅游局、梅县人民政府主办的“梅州首届华银雁鸣湖旅游文化节”在雁鸣湖旅游度假村开幕。省旅游局副局长梅其洁出席活动。

5～7 日 由肇庆市人民政府、亚太旅游联合会、世界生态旅游养生大会和国际市民体育联盟共同举办的“2010 世界（中国肇庆）生态旅游养生大会”、“首届环星湖绿道自行车骑游大会”和“第二届环星湖国际市民徒步大会”在肇庆举行。

6 日 省旅游局副局长王志红赴肇庆市参加肇庆旅游嘉年华活动·第二届国际市民徒步大会开幕式。梅其洁副局长赴江门市参加 2010 中国（江门）侨乡华人嘉年华暨侨乡旅游节开幕式。

□ 2010 年中国（江门）侨乡华人嘉年华暨侨乡旅游节在江门市文化广场开幕。香港特别行政区行政长官曾荫权，中国侨联主席林军，广东省人大常委会主任欧广源，广东省委常委、宣传部长林雄，广东省副省长雷于蓝，江门市委书记、市人大常委会主任陈继兴等出席开幕式。

8日 2010广东国际旅游文化节暨世界旅游日全球主会场庆典活动总结大会在惠州市召开，并举办全省旅游局局长座谈会。

2010年11月9日，广东省召开全省爱国主义教育基地暨红色旅游教育基地建设工作会议。

11日 曹鉴燎副市长与钟南山院士在亚运圣火传递仪式上共同点燃火种盆。

17～18日 省旅游局副局长王志红赴上海市参加中国国内旅游交易会。

18日 云浮市委常委、宣传部长、新兴县委书记、县人大主任吴伟鹏、副市长崔逢池率新兴县委、县政府，云浮市旅游局及新兴县旅游、宗教等部门负责人拜会省旅游局领导。

23日 韶关市副市长邹永松一行拜会省旅游局局长杨荣森，就继续办好2011广东国际旅游文化节事宜开展座谈。

□ 由省广电局、省文化厅、省体育局、省旅游局、顺德区政府联合主办的2010李小龙文化节在佛山市顺德区开幕。

23～25日 2010年第十二届“两广十市”区域旅游合作联席会议在广西北海市召开。会议共同签署《关于共同推广两广十市区域旅游精品旅游线路和推广发行〈两广十市旅游一本通〉协议书》。

24日 梅州市市委书记李嘉、市长朱泽君、副市长叶胜坤一行拜访省旅游局局长杨荣森，就进一步落实共建客家文化生态旅游示范区有关事项进行深入商谈。

25～27日 由澳门潮州同乡会主办，汕头、潮州、揭阳3市人民政府协办的“澳门潮汕美食文化嘉年华”在澳门渔人码头举办。省旅游局副局长张振林出席活动。

26日 省旅游局副局长张振林率有关处室负责人到珠海市调研乡村旅游工作。

28日 珠海长隆国际海洋度假区主体工程动工仪式在珠海市横琴岛举行。广东省省长黄华华、常务副省长朱小丹、副省长雷于蓝、副省长刘昆、省旅游局局长杨荣森以及珠海市委书记甘霖、市长钟世坚等领导出席开工仪式。

27至12月2日 由河源市人民政府、广东省旅游局主办的“河源市第七届客家文化旅游节客家美食嘉年华”在老城体育广场举行。省旅游局副局长王志红出席活动。

29日 中山市旅游集团有限公司成立，注册资金5亿元，是中山市国资委属下独资国有企业，业务涵盖酒店、景区、旅行社、旅游咨询、旅游地产等。

30日 省旅游局副局长张振林参加香港旅游署举办的粤港旅游合作座谈会。

12月

2日 广东省副省长刘昆到汕尾市调研。省旅游局局长杨荣森等陪同调研。

2～9日 由省旅游局副局长梅其洁带队的5名参赛选手参加国家旅游局在西安举办的全国导游大赛，获2010年全国导游大赛突出贡献奖和组织奖。

3～7日 由梅州市人民政府主办的“梅州客家美食文化节”在梅城剑英体育馆广场举行。

5日 广之旅国际旅行社股份有限公司（前身广州市旅游公司）成立30周年纪念大会在广州市白云国际会议中心召开。省旅游局局长杨荣森到会祝贺。

□ 由广东省旅游局、梅州市人民政府主办，梅州市旅游局与各县（市、区）人民政府承办的“第四届广东自驾旅游日暨梅州金柚飘香自驾旅游周系列活动”在梅州举行。省旅游局副局长周开生出席各项活动。

5～12日 省旅游局副局长张振林率省直相关厅局负责人赴台湾调研乡村游。

8日 由广东省旅游局和惠州市人民政府联合主办的第五届惠州国际（高尔夫）旅游节在惠州汤泉举行。广东省副省长刘昆、省政府副秘书长刘晓捷、省旅游局局长杨荣森，省住房和城乡建设厅等领导参加开幕式。

9日 广东省旅行社管理工作会议在广州召开。

10～11日 省旅游局副局长梅其洁赴揭阳市参加广东省第三届粤东侨博会暨揭阳市第二届特色文化节。

12～17日 由湛江市人民政府、广东省旅游局、广东省归国华侨联合会和世界旅游小姐协会等单位联合举办“2010第37届世界旅游小姐（广东·湛江）全球总决赛”在湛江举行。来自50多个国家的53名旅游佳丽展开系列竞赛和巡游活动。冰岛选手Jenny获得全球总决赛冠军，并授予湛江市旅游形象大使。

13日 经佛山市人民政府审核确认，《佛山市旅游局行政处罚自由裁量权细化标准（试行）》正式启用。

15 日 深圳市继 2009 年 12 月 15 日实施为深圳市“便利直通车”企业中的非广东户籍居民办理赴香港“个人游”签注工作后，决定再扩大常住深圳的非广东户籍居民在深圳办理赴香港个人游签注人员范围，规定“只要持有深圳长期居住证满一年的深圳的个体工商户以及民营企业员工等，均可在深办理赴港个人游签注。”

15～16 日 省旅游局局长杨荣森率队到云浮市新兴、云安两县开展旅游调研。

16～17 日 全国首次休闲工作会议在珠海市海泉湾度假区召开。国家旅游局副局长祝善忠、省旅游局局长杨荣森、副局长王志红出席会议。珠海市委副书记钱芳莉、副市长金展扬致欢迎辞。

全国首次休闲工作会议现场。

16～17 日 由广东省旅游局、南方报业传媒集团、清远市人民政府、佛冈县人民政府联合主办的国际（中国·佛冈）健康养生旅游论坛在清远佛冈举行。国内外健康养生专家学者、各大旅行社负责人出席研讨。省旅游局副局长周开生、清远市副市长王得坤等出席。

17 日 省旅游局纪检组长、监察专员黎增丰在广州会见澳大利亚国际商会访问团。

18 日 由梅州市委市政府、广东省文化厅、南方报业传媒集团、南方广播影视传媒集团联合主办的“第四届中国（梅州）国际客家山歌文化节”在梅城剑英体育馆隆重开幕。

□ 深圳、东莞、惠州市分别举行“万车互游深莞惠”启动暨首发团线路启动和首发团仪式，三地分 6 条特色自驾游线路，让市民深入体验深莞惠精彩旅游资源。

20 日 国家旅游局副局长杜江一行到广东开展旅游调研活动。

21～22 日 由中国旅游协会、中国旅游研究院主办的“2010 中国旅游发展论坛”在珠海市海泉湾景区召开。论坛以“产业融合与新业态”为主题，国家旅游局领导、国内著名经济学家及投资界重要嘉宾 300 多人出席论坛。省旅游局局长杨荣森到会祝贺。

25～26 日 广东省人民政府在丹霞山举行丹霞山成功申报世界自然遗产总结表彰大会。会议对在申遗过程中做出突出贡献的先进单位和个人进行表彰。其中，给予丹霞山风景名胜区管委会等 5 个单位记集体一等功，给予彭华等 8 人记个人一等功。

27～28 日 第五届广东（从化）国际温泉旅游节在从化碧水湾召开。省旅游局副局长周开生、世界温联副主席乔瓦尼等领导出席。

27～30 日 中共中央政治局委员、广东省委书记汪洋，广东省委副书记、省长黄华华率党政代表考察团赴海南学习考察。考察团一行着重考察海南省推进国际旅游岛建设等情况。省旅游局局长杨荣森参加学习考察。

29 日 国土资源部公布首批“中国温泉之乡（城、都）和地热能开发利用示范单位”。惠州市龙门县获评“中国温泉之乡”。

31 日 首届中国地方鸡（土鸡）美食文化节颁奖盛典暨闭幕式晚会在云浮市新兴县召开。省旅游局副局长王志红出席活动。

（涂继文　翁淑吟）

广东旅游业概况

Introduction to Guangdong Tourism

（第 43 ~ 108 页）

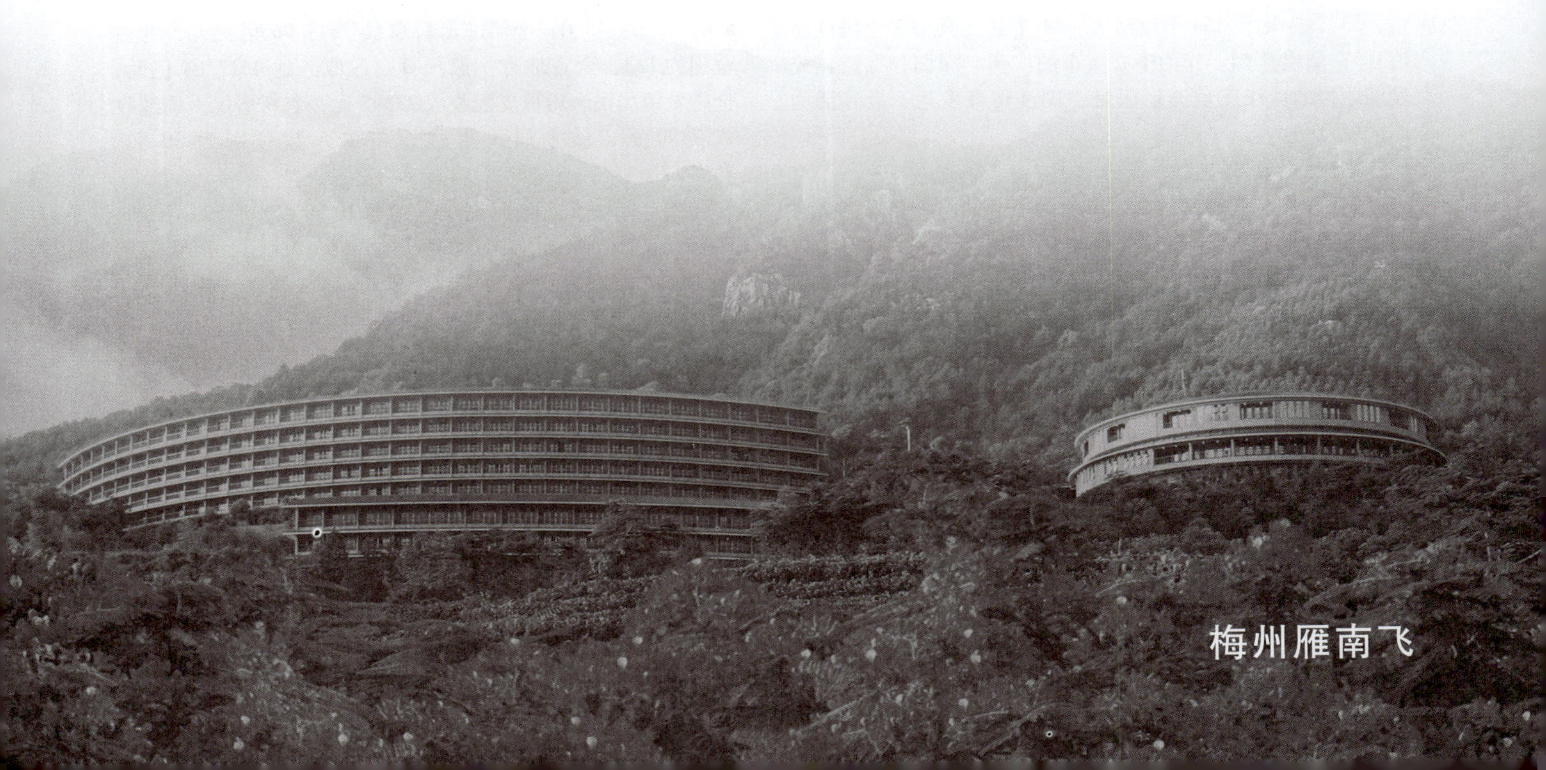

梅州雁南飞

总述

广东概况

【地理】 广东位于中国大陆的最南部，南临南海，毗邻港澳；东接福建，西连广西，北邻江西、湖南；西南与海南岛隔海相望，是中国大陆与港、澳、台地区和世界各国交往的重要门户，素有“中国南大门”之称。

广东陆地面积为17.98万平方公里，大陆海岸线长3368.1公里。岛屿1431个（含东沙群岛），面积约1600平方公里。属低纬热带区域，北回归线从南澳——从化——封开一线横贯广东，气候温暖，雨量充沛，大部分地区平均气温在20℃—23℃之间，年降雨量在1500毫米—2000毫米之间。

【人口和民族】 广东省是我国人口较多且较稠密的省份之一，2010年第六次全国人口普查主要数据公报（第2号）显示，广东成为中国人口第一大省，常住人口达到1.04亿人，占全国总人口的7.79%。居住于本省的人口分属于56个民族，汉族人占总人口的98.16%；少数民族人口占1.84%，主要有壮族、瑶族、畲族、回族、满族等。广东省是全国华侨最多的省份，祖籍广东的华侨、华人遍布世界各地，总人数达2000多万人。

【行政区划】 全省设广州、深圳2个副省级市，19个地级市，23个县级市、54个市辖区、44个县（其中3个民族自治县）。省会广州。作为中心城市的广州、深圳和保持领先发展地位的珠江三角洲地区是中国经济最发达、最具活力的区域之一。

【交通】 广东交通发达，以广州为中心的海、陆、空交通运输网四通八达。广东省境内铁路有京广（双线）、广深（四线）、京九（双线）、广茂（单线）、湛海（单线）、漳龙（单线）、畲汕（单线）、平南（单线）、河茂（单线）、黎湛（双线）诸线。铁路营业里程2726.95公里；公路有105、106、107、205、323、324等10多条国道，全省公路主干线均实现无渡口通车。公路通车总里程19.01万公里，其中高速公路通车里程4839.17公里、一级公路1.01万公里，二级公路1.91万公里，公路密度105.8公里/百万公里。主要海运港口有广州、深圳、湛江、汕头、珠海等；民用机场有广州、深圳、汕头、湛江、梅州、珠海、佛山等7个，是全国机场分布密度最大的省份。广州白云机场是中国三大枢纽机场之一。

【历史文化】 广东简称粤，因古为百越民族的聚居地而得名。广东具有悠久的历史。据考，广东十多万年前已有“曲江马坝人”生息繁衍。秦末汉初，曾一度称南越国；汉代，番禺是全国著名都会；唐代，广州开设“市舶司”，成为著名对外贸易港口。至清代，佛山成为全国手工业中心和四大名镇之一。广东是中国现代工业和民族工业的发源地之一，也是中国近代和现代许多重大历史事件，如鸦片战争、太平天国革命、辛亥革命、国共两党第一次合作、北伐战争、广州起义的发生地和策源地，涌现了洪秀全、康有为、梁启超、廖仲恺、孙中山、彭湃、叶挺、叶剑英等一大批杰出历史人物。

广东久远的历史形成了浓郁而有特色的地方文化。广东汉语方言主要有三种：粤方言（又称广州方言）、客方言和闽方言。地方曲艺主要有：广东音乐、粤剧、潮剧、汉剧、雷剧、山歌剧等。

【经济和社会发展】 广东省经济综合实力居全国前列。2010年广东生产总值46013.06亿元。全省三次产业构成为5.0：50.0：45.0；全年进出口总额7848.96亿美元，约占全国的1/3；全省地方一般预算财政收入达4517.04亿元；全省城镇居民人均可支配收入23897元，农村居民人均纯收入7890元，城乡居民家庭恩格尔系数分别为36.5%和47.7%。

社会各项事业全面进步。到2010年底，广州、深圳、珠海、汕头、佛山、中山、惠州、肇庆、江门、东莞等市被评为“国家卫生城市”，广州、深圳、珠海、中山、汕头、惠州、江门等市被评为“国家环境保护模范城市”，深圳、东莞等市被评为“全国绿化模范城市”，深圳、惠州、东莞、中山等市被评为“全国文明城市”。

【广东旅游产业规模】 广东青山绿水，气候宜人，名胜古迹众多，旅游资源丰富。截至2010年底，全省共有18个地级以上市和3个县级市获“中国优秀旅游城市”称号。拥有8个国家级、18个省级风景名胜区；1个国家级、24个省级旅游度假区；11个国家级、66个省级自然保护区；25个国家级、67个省级森林公园；66处全国重点文物保护单位、408处省重点文物保护单位；80多个高尔夫球场、80多处温泉、33个海滨度假区、139家A级以上旅游景区（其中5A级2家、4A级88家、3A级38家、2A级11家）、1204家旅游星级饭店（白金五星1家、五星级93家、四星级191家、三星级659家、二星级246家、一星级14家）、1292家旅行社（其中出境游组团社151家），旅游直接从业人员160多万人。涌现出广东中旅、广州长隆、深圳华侨城、广晟为代表的一批具有影响力的旅游企业集团。

2010年广东旅游经济

【总体情况】 2010年，广东省旅游业总收入3809.44亿元，比上年增长24.15％；旅游外汇收入124.32亿美元，增长23.97％；国内旅游人数3.95亿人次，增长12.53%；国内旅游收入2964.59亿元，增长24.38%；口岸入境旅游人数10485.80万人次，增长2.48%，其中入境过夜旅游人数3145.90万人次，增长14.90%。旅游业增加值1963.8亿元，相当于全省GDP的4.3%，约占全省服务业增加值的9.7%。

【国际旅游】 2010年，广东省口岸入境旅游人数1.04858亿人次，比上年增长2.48%。其中外国人652.72万人次，增长2.48%；香港同胞7328.39万人次，增长7.32%；澳门同胞2297.81万人次，增长2.06%；台湾同胞206.90万人次，增长2.08%。

是年，广东接待入境旅游者3145.90万人次，比上年增长14.90%。其中外国人723.25万人次，增长18.57%；澳港同胞2106.78万人次，增长14.42%；台湾同胞317.72万人次，增长13.80％。入境旅游者中港澳台游客仍为广东入境旅游接待的主体，约占总数76.80%。旅游外汇收入124.32亿美元，比上年增长23.97%，广东旅游外汇收入继续居于全国首位。

是年，广东接待入境旅游者人数排前5名的城市分别为：深圳市（1020.61万人次，增长13.86%），广州市（814.80万人次、增长18.19%），珠海市（325.14万人次、增长9.16%），东莞市（261.88万人次、增长15.80%），惠州市（160.16万人次、增长11.02%）；入境旅游外汇收入排前5名的旅游城市分别为：广州市（46.89亿美元，比上年增长29.38%）、深圳市（31.81亿美元，增长15.23%）、珠海市（12.23亿美元，增长19.16%）、佛山市（7.29亿美元，增长11.81%）、东莞市（6.76亿美元，增长30.30%）；全省口岸入境旅游前5名客源国依次为：日本（100.18万人次）、美国（65.23万人次）、马来西亚（64.98万人次）、韩国（60.06万人次）、新加坡（46.11万人次）；接待主要国家旅游者前5名依次为：日本（107.73万人次）、美国（64.58万人次）、马来西亚（42.16万人次）、韩国（41.81万人次）、新加坡（28.48万人次）。

是年，广东口岸出境旅游者3958.53万人次，比上年增长20.55%。旅行社组团出境旅游总人数438.01万人次，增长22.77%。其中，香港游194.61万人次，增长10.17％；澳门游84.09万人次，增长38.21％；出国游143.18万人次，增长20.02%；台湾游16.14万人次。

【国内旅游接待与收入】 2010年，广东省接待过夜国内旅游者1.82亿人次，比上年增长17.59%。国内旅游收入2964.59亿元，比上年增长24.38％。全年接待过夜国内旅游者人数前5名的城市依次为广州市（3691.58万人次，比上年增长12.34%）、深圳市（2264.70万人次，增长16.50％）、东莞市（1288.97万人次，增长8.22%）、清远市（1093.77万人次，增长117.95％）、珠海市（1055.39万人次，增长15.86％）；国内旅游收入前5名的城市依次为广州市（935.97万人次，增长25.38%）、深圳市（412.62万人次，增长13.49%）、佛山市（181.76万人次，增长13.49%）、东莞市（145.38万人次，增长25.17%）、珠海市（136.20万人次，增长37.97%）。旅游总收入前5名的城市依次是广州市（1254.61亿元，增长26.21%）、深圳市（628.77亿元，增长15.53%）、佛山市（231.30亿元，增长13.01%）、珠海市（219.34亿元，增长29.91%）、东莞市（191.32亿元，增长26.29%）。5个城市旅游经济总量占全省66.29%。

【假日旅游接待与收入】 2010年，春节黄金周、“十一”黄金周假日，广东省分别接待游客2271.68万人次（同比增长10.44％）、2255.00万人次（同比增长1.42%），其中接待过夜旅游者分别为554.29万人次（同比增长14.51％）、673.00万人次（同比增长0.34%）。一日游游游客分别为1717.39万人次（同比增长9.18％）、1582.00万人次（同比增长1.89％）；分别实现旅游收入109.11亿元（同比增长8.73％）、128.85亿元（同比增长5.65％）。

领导关怀　心系旅游

【汪洋到江门专题调研】　2010年3月31日下午，中共中央政治局委员、广东省委书记汪洋到江门市专题调研。省人大常委会主任欧广源，省委常委、秘书长徐少华，副省长雷于蓝，省直有关单位和江门市有关负责人等陪同。汪洋一行专程到开平就碉楼与村落保护进行调研，听取关于碉楼与村落保护的意见建议。

开平碉楼与村落的保护和开发是历来重视文化建设工作的汪洋书记一直惦记的事情。参观完碉楼，汪洋书记在立园作家楼会议室主持召开座谈会，分别听取副省长雷于蓝、市委书记陈继兴、开平市委书记冯立坚、碉楼基金会负责人杨小村就碉楼保护与开发利用等所作的汇报，以及提出的意见建议。

开平市委书记冯立坚在介绍情况时提到2009年有两座碉楼坍塌，汪洋书记十分关切，他再三提醒，“不要动，坍塌了也是文物。文物是残损的美，倒了也要保护好。”

“开平碉楼与村落是开平华侨留给我们的宝贵的遗产，现在已经申遗成功，应该说也成为全世界重要的文化遗产，广东有责任把这样一个宝贵的遗产保护好！”汪洋书记的语调铿锵有力。

“要保护好，没有钱是不行的，但是，不是有了钱就行。”汪洋书记强调。

他指出，第一是要把开平碉楼与村落保护的思路从宏观方面理得更清楚一些。碉楼作为房子，是一种特殊的文物，我们不能只讲保护，不讲开发，保护必须开发，开发为了保护。首先应该要有一个怎样实行开发与保护的规划，从整体上来设计、规划，把它修得像花园一样。“如果规划好了，园林、田野、荷花、竹子分布得很有序，进去以后就像一个大公园一样，看这些碉楼就会赏心悦目。”其次，保护与开发要实行分类。汪洋建议，“哪些是作为文物来保护，将来搞陈列、展览、参观，这是一类。”“哪些是可以利用这个建筑充实新的文化内涵，这又是一类。”“还有第三种，就是找人来住，能不能认养？”汪洋书记进一步阐述说，“碉楼需要人气，1800多座，既要作为文物来保护，又要充实新的文化内涵进行开发。谁来住，谁装修，前提是结构不能破坏，外立面不能破坏。只有使用权，没有所有权，这样就把资产盘活了，我们不能捧着金饭碗没饭吃。”

第二是动员社会力量，包括动员海外华侨来筹集开发保护的资金。“这个应该有很大潜力。”汪洋指出，“另外，形式上也可以搞得活泼一些，就是怎样让人花了钱有名分，花了钱以后能够体现出来，政府和基金会都可以大力做好这项工作。”

第三是政府大力支持。“我赞成这样的事省政府要支持，省里过去给了支持，今后还要给支持。”汪洋书记表态说。他还当即请雷于蓝副省长和省财政厅、文化厅等部门的负责同志一起商量如何支持开平碉楼与村落的保护与开发、利用工作。

汪洋书记精辟的见解，引起与会同志的共鸣，大家用热烈的掌声予以回应，“这是好办法！这是好办法！”

陈继兴书记则说，“非常感谢汪书记对世界文化遗产的高度重视，这是用多少钱都换不来的。”

（本条目根据《江门日报》第7489期整理）

2010年3月31日，中共中央政治局委员、广东省委书记汪洋（中）到开平碉楼考察。

【汪洋考察华南植物园】　2010年4月1日下午，中共中央政治局委员、广东省委书记汪洋在中国科学院华南植物园考察。汪洋在省委常委、秘书长徐少华，省科技厅厅长李兴华等陪同下，先后参观姜园、竹园、木兰园和珍稀濒危植物繁育中心等，详细了解植物园规划建设、资源保护和科研开发等情况，并和大家一起培土浇水，种下一棵油丹树。随后，汪洋主持召开座谈会听取华南植物园园区概况和“院地共建”设想。汪洋对华南植物园在科研上取得的一系列成果表示祝贺，对华南植物园运用科研成果服务广东经济社会发展所作的贡献表示感谢。

汪洋说，改革开放以来，广东经济发展取得举世瞩目的成就。在未来的区域竞争中，靠的是科技资源和人才资源。华南植物园是我国最重要的植物学与生态研究基地之一，特别是拥有一批顶尖的科学家，这是广东的宝贵财富。广东省将继续加强与中国科学院的合作，推进华南植物园

"省院共建"，进一步理清合作思路，找准合作领域，完善合作方式，推进华南植物园人才资源与广东市场资源的紧密结合，把广东的生物资源优势转化为产业发展优势，促进广东生态环境改善与可持续发展。在谈到院地合作具体计划时，汪洋表示，由广东省科技厅牵头，充分了解华南植物园各科研领域的专家和科技成果，细化实施方案，对相关项目给予支持，推进科技成果尽快转化为市场化的商品。

（资料来源：广东省科技厅）

【汪洋率广东省党政代表团考察海南】 2010年12月27～30日，中共中央政治局委员、广东省委书记汪洋，广东省委副书记、省长黄华华及省领导肖志恒、林雄、陈用志、李容根、刘昆、温兰子，广州市和深圳市领导万庆良、许勤，省委、省政府有关部门和佛山、惠州、东莞、江门、阳江、湛江、茂名市主要负责人赴海南学习考察。考察团一行受到海南省委书记、省人大常委会主任卫留成等海南省委、省政府领导和三亚市委、市政府领导的热烈欢迎。海南省委副书记于迅，省委常委、秘书长许俊，省军区司令员黎仕林，副省长姜斯宪，全国人大华侨委员会委员、原海南省委常委王守初等陪同考察。

黄华华表示，粤琼两省亲如兄弟，两省交流与合作源远流长，乡情浓浓。近年来，海南不断深化改革开放，经济实力显著增强，城乡面貌日新月异，特别是国际旅游岛建设生机勃勃，绿色崛起正在加快推进。海南省推进国际旅游岛建设气势宏大，思路新颖，措施扎实，很值得广东学习借鉴。广东省党政代表团这次来海南学习考察，一是学习海南改革开放的经验特别是建设国际旅游岛的举措；二是推进两省更紧密合作，签订两省战略合作框架协议。

【黄华华为办好广东国际旅游文化节作指示】 2010年9月20日，广东省省长黄华华在省政府专门听取"2010世界旅游日全球主会场庆典暨中国广东国际旅游文化节"（以下简称"旅游文化节"）筹备工作汇报，并作重要指示。副省长刘昆，省政府秘书长、办公厅主任唐豪，副秘书长刘晓捷，广东省旅游局局长杨荣森、省文化厅副厅长景李虎，广州市委常委、增城市委书记徐志彪、副市长曹鉴燎等参加。

在听取组委会办公室主任杨荣森，省公安厅、文化厅，广州及增城市的汇报后，黄华华省长指出，今年的旅游文化节各项筹备工作进展顺利；各地各有关部门高度重视，各项活动组织安排有条不紊；广州及增城市高度重视，为开幕式晚会做了大量的筹备工作，应予充分肯定。对如何进一步做好筹备工作提出了具体要求：

要高度重视 通过旅游文化节来推介宣传广东，是广东及广东旅游进一步提升国际知名度和影响力的重要手段。这次能争取到世界旅游日全球主会场庆典在广州举行，是广东的光荣。160多个国家和地区将同时观看活动盛况，世界3大旅游组织的主要负责人都出席活动，能大大提升广东旅游的知名度。为此，要把活动办好，让世界各国的客人、世界3大旅游组织领导和有关国家旅游部长充分领略到广东旅游文化特色，不断提升广东旅游总体形象。只有在思想上高度重视，才能把每个活动细节处理好，确保各项活动万无一失，借此机会展现广东旅游风采，把广东推向世界，提升广东旅游的国际影响力。

要加强审查 要避免活动中出现政治问题、敏感问题。请省外办、省委宣传部把关，对有关讲话、节目单等材料及活动进行审查。整个开幕式晚会及有关活动，如国际旅展、友城之夜等，不要在政治上出现问题。我们只搞旅游，不要出现政治色彩，这点很重要。一旦出现政治问题会带来很多纠纷，这个问题要注意，这是大原则。

要做好接待工作 本届旅游文化节国内外嘉宾众多，对重要嘉宾要有专人负责，专车接送；要组织好外国旅游社团及海外华人华侨，让他们顺利参加开幕式及各项活动。省旅游局要做好做细组织协调工作，如人手不够，可从其他省直单位抽调人手，请刘昆同志协调。重要嘉宾要由省有关厅局领导负责一对一接待，防止脱节。接待无小事，如果接待不好，活动办得再好，影响和效果也是不好的。

要办好开幕式晚会 开幕式晚会是旅游文化节的重头戏。开幕式晚会节目内容要生动活泼。要精心组织，精心安排，不要出事故，确保安全。要组织群众有序进场退场，增城市对观众进行文明观看的教育，营造热烈活跃的氛围。我们在看表演，外国人也在看我们中国观众文明不文明。不少外国人参加开幕式晚会，这是展示中国软实力，展示中国文明礼仪之邦的好机会。这不是小节，这是大事。至于演员表演和节目编排方面，请省文化厅督促广东电视台做好相关工作。总之，要组织好整个开幕式晚会，确保万无一失。

【黄华华强调广东旅游大品牌战略】 2010年2月21日，广东省旅游局局长杨荣森率领导班子一行到省政府汇报工作。黄华华省长听取杨荣森局长关于2009年广东省旅游业情况和2010年春节黄金周假日旅游情况汇报后，充分肯定广东旅游工作及取得的成绩，并对2010年的工作提出要求和希望。

黄华华省长指出，旅游对于广东来说很重要，既是传统服务业，也是现代产业，发展潜力很大。2009年广东旅游取得不俗的成绩，总收入3000多亿元，增长15%，高于全省GDP的增长，占全国1/5；旅游外汇收入100亿美元，占全国1/4。旅游业为广东经济渡过难关、应对金融危机起到显著的作用，作出很大的贡献。省委省政府十分重视发展旅游业，省政府领导多次出席省旅游局的重大活动，在出国考察访问活动中都大力推介旅游，推动旅游产业越做越大。我省是全国唯一先行先试国民旅游休闲计划的地区，省旅游局要充分用足政策，利用好试验区、示范区的优势，坚持落实带薪休假制度，推动假日旅游的发展。黄华华省长充分肯定省旅游局、省侨办利用上海世博会、广州亚运会的契机，举办广东2010华人华侨旅游年活动，把世界华人华侨吸引到广东的做法，要求做好华人华侨旅游年的各项活动。

黄华华省长强调，广东要加大建设旅游精品线路、重大旅游项目的投入，努力推进旅游景区建设，打造更多更好的旅游品牌和“龙头”产品，吸引更多游客来粤，从而带旺广东整体旅游。像深圳华侨城和广州长隆这样的品牌越多越好。他们经过多年发展，品牌越擦越亮，游客越来越多。尤其是长隆在珠海横琴首期投资100亿元建设世界顶尖的海洋娱乐项目，对整个横琴建设是很大的支撑。届时横琴旅游将与澳门遥相呼应，五光十色、一片兴旺，吸引香港、澳门甚至全世界游客。

黄华华省长指出，武广高铁开通大大方便了群众出游，广东到湖南、湖北旅游人数大幅增加，2010年春节黄金周武汉和长沙成为广东旅游热点，“早上广州饮早茶，中午武汉吃武昌鱼”。所以广东要把握好这一机遇，努力提升旅游景区景点档次，特别是韶关丹霞山、乳源大峡谷等武广高铁沿线重点旅游项目，要把风景游览和旅游度假结合起来，吸引和留住更多外省游客。清远市旅游业发展迅猛，在全省70多个4A级景区中占了8个。省旅游局要对这些重点旅游景点和线路给予指导和支持，引导它们从观光型旅游向休闲型旅游转变。要从全省大局谋划旅游资源的布局，研究旅游发展的模式，统筹全省的旅游建设。

【王志发寄望广东旅游业】 2010年2月3日，广东省旅游工作会议在广东大厦召开，国家旅游局副局长王志发出席会议并讲话。王志发高度评价广东旅游业发展所取得的成绩，并对广东旅游业的未来发展寄予厚望。他认为广东对全国旅游业的发展贡献极大，用四句话来概括：广东是全国旅游业的先行者、排头兵、风向标和示范区。先行者，是指在全国旅游业的发展中，广东旅游起步最早；排头兵，是指广东旅游业发展一直走在全国的最前列；风向标，是指广东旅游对全国旅游业的发展具有导向性、示范性和推动性作用；示范区，是指广东在全国旅游业新一轮又好又快的发展中，担负着探索和试验的作用。因此说，全国旅游业能发展到今天这样的规模，取得这样的成绩，广东的带动作用功不可没。

王志发表示，广东之所以成为吸纳全国劳动力最多的省份之一，主要是因为广东的服务业得到了较好的发展。旅游业这种新兴的产业，可以大量吸纳劳动力就业，这也是国务院决定提升旅游业战略产业的初衷之一。不过，现在旅游业粗放型的发展已经难以为继，旅游业结构转型及产业创新刻不容缓。因此，广东要着力贯彻落实《国务院关于加快发展旅游业的意见》，在四个方面加大力度。

首先，在发展战略上，要再向上提高一步。全省各级政府旅游管理部门要理直气壮地把旅游业当作战略性支柱产业来抓，这是党中央及国务院的要求，在一省、一市、一区、一县的发展战略中，优先发展、重点培育旅游业，把旅游产业放在更加重要的位置。

其次，在工作重心上，要再向下沉一分。市级、区县是全省旅游业生产力形成的层面。而广东目前要着力解决产业布局的问题。谋划重点区域发展战略，各地区要根据自身资源禀赋，建设精品、打造品牌，做好产品结构优化；坚持以市场需求为导向，配置好资源，建设好产品，提升旅游服务。

第三，在发展空间上，要再向乡村倾斜一点。这是统筹城乡发展的大战略，促进城市居民下乡，广大农民进城。旅游业发展的巨大空间和潜力是在乡村，全国约70%的旅游资源是在农村，广东也应该把发展旅游的重心从城市向乡村转移。乡村旅游消费也是旅游消费结构调整的方向。

第四，在发展方式上，要再向“好”字深入一些。经济发展方式要转变，旅游业的发展方式也需要转变。广东旅游业要做到这一点，就必须在产品、服务和质量效益上下功夫，努力提升旅游企业的核心竞争力，在旅游业科学发展上为全国创造好经验。王志发表示，希望广东能适应新形势，立足新起点，抓住新机遇，在新一轮的旅游业发展中能继续领全国之先，为中国旅游业成为战略性支柱产业做出更多贡献。国家旅游局将一如既往，大力支持广东旅游业的发展。

国家旅游局副局长王志发出席2010年广东旅游工作会议并讲话。

【祝善忠率队检查黄金周旅游安全】 2010年9月28日，国家旅游局副局长祝善忠率领检查组一行莅临广东，省政府副秘书长江海燕、广州市副市长曹鉴燎、省旅游局局长杨荣森、广州市旅游局局长朱力，以及广州市公安、安监、质监、消防等部门人员，陪同检查广州地区“十一”黄金周旅游安全工作。

检查组重点对白云山风景区、长隆欢乐世界、香江野生动物园、长隆水上世界等大型景区进行实地检查，听取景区负责人的工作汇报，详细了解游乐设施、上山索道、设备检修、旅客运输、应急预案等方面的情况。在座谈会上，祝善忠副局长听取曹鉴燎副市长关于广州市旅游安全总体情况的介绍，并提出反馈意见。祝善忠强调，“没有安全就没有旅游”。全国假日办高度重视旅游安全，专门召集会议部署全国旅游安全检查工作。据中国旅游研究院预测，2010年“十一”黄金周期间，全国出游人次将达到2亿人次。特别是广州市即将召开第16届亚运会，旅游安全工作责任重大、不容有失。做好“十一”黄金周的旅游安全工作，也是为即将到来的亚运会做演练。从抽查情况看，广州地区的旅游安全工作卓有成效，市政府及有关部门高度重视，认真落实各项防范措施，长隆集团等大型景区从国外引进先进的技术设备和管理人才，加大安全投入，夯实安全基础，保障旅游安全。要倡导每个导游员也是一个安全员的理念，重点做好旅游车船等交通设施的安全检测，排除各种安全隐患，切实保障广大游客旅游人身安全。

【肖志恒盛赞导游人员职业技能大赛】　2010年7月20～22日，2010年广东省“省长杯”职业技能大赛“广东中旅杯”导游人员职业技能大赛半决赛在广州举行。7月21日下午，省委常委、副省长肖志恒率领省委组织部、省政府办公厅、省人力资源和社会保障厅等有关部门领导亲临大赛现场观摩比赛。

肖志恒在观摩部分选手的比赛后表示，大赛很精彩、有水平、上档次，表现形式千姿百态，令人印象深刻。首先是表演很精彩。导游员讲解的内容丰富、内涵深刻，表演的内容生动、活泼、精彩。从“景点讲解赛场”到“才艺表演赛场”，让人感觉精彩纷呈、惊喜不断。其次是选手水平高。选手们无论是学生还是专业导游，都表现出较高水平。参赛的选手有非常渊博的知识，同时还有非常强的幽默感。导游不仅讲解旅游景点，还为游客讲历史、讲典故、讲诗词、讲文学、讲艺术，多种才能融为一体。选手们的语言表达能力也很强，无论是普通话，还是地方方言，都讲得很好。

肖志恒指出，省委、省政府高度重视本次“省长杯”职业技能大赛。中共中央政治局委员、广东省委书记汪洋，省长黄华华多次作出指示、批示。要求精心组织，重视比赛过程、重视挖掘人才、重视基层广大职工的参与。汪洋指示，对于部分工种技能大赛的第一名选手，要采取震撼性的奖励措施。黄华华省长表示，会亲自观摩部分大赛的决赛，给选手加油鼓劲。导游职业技能大赛作为“省长杯”职业技能大赛的重要组成部分，也得到省委、省政府领导的高度重视。这是因为技能人才培养是我省转变经济发展方式，促进经济社会又快又好发展的迫切需要。广东是全国的第一经济大省，连续20多年保持全国领先地位，广东也是全国旅游大省，主要旅游指标位居全国前列。要加快实现从旅游大省到旅游强省的转变，就必须加强旅游人才培养。举办导游人员职业技能大赛，就是加强旅游人才培养、提高从业人员素质的重要手段。他真心期待导游大赛决赛更加精彩、全省旅游业发展更加辉煌，为广东实现经济发展方式转变、实现经济社会又快又好发展做出更大贡献！

【万庆良到广东省旅游局调研】　2010年2月22日，广东省副省长万庆良一行到省旅游局调研。省政府副秘书长刘晓捷，省政府办公厅、研究室领导和省旅游局副处以上干部参加座谈会。

万庆良在听取省旅游局局长杨荣森有关2010年全省旅游业重点工作和思路的汇报后，强调要“突出重点、突出创新、突出宣传”，大力推进广东旅游业又好又快发展。

第一，突出重点，集中力量抓好牵动全局的工作。一是落实好国民旅游休闲计划。2010年每月应有1～2个市安排国民旅游休闲重大活动，确保“月月有活动，处处有精彩”。二是办好国际旅游文化节与世界旅游日各项活动。今年的国际旅游文化节活动与2010年世界旅游日庆祝活动、世界旅游创新与可持续发展论坛工作结合开展，初定在9月下旬举办，省旅游局要抓紧着手筹备，及时将有关情况上报省政府。尽快完成世界旅游日全球主会场由广州市承办的相关手续，并做好2010年世界旅游日工作方案。三是筹备好珠三角和粤东西北地区旅游工作现场办公会。统筹安排好4场现场办公会，时间初定在3月至6月上旬。尽快研究落实会议的参加人员、规模，安排会议时间、地点以及参观考察的景区和酒店，收集、整理各市的实际情况和需要解决的问题，对应由省直有关单位处理的，汇总后报省政府办公厅转省有关单位研究解决，以便在现场办公会上作具体答复。

第二，突出创新，推动旅游业改革发展、转型升级。一是推动旅游产业转型升级。要推动旅游服务标准化，建设完善旅行社、酒店、景区（温泉）等接待服务标准体系。要推动旅游企业国际化。用世界眼光、全球视野发展旅游企业，引导旅游企业学习借鉴国际旅游管理的先进经验和服务水准。重点打造10家旅游龙头企业；积极推动旅游企业上市做大做强，2010年重点推动1～2家旅游企业上市；研究推动旅游高端服务，引导具备条件的旅游企业、景区向高端迈进，填补市场空白。要推动旅游产业园区化，在全省做好战略规划谋篇布局，打造一批旅游产业园区，推动旅游产业集群发展。二是推动建设10个旅游森林公园并配合绿道网建设。尽快与省林业局衔接，研究提出方案，推动相关政策的突破，把建设旅游森林公园作为建设全国旅游综合改革示范区试点之一。与省建设厅联合组织调研，强化珠三角绿道网的旅游功能，力争全省78家4A级旅游景区、2家5A级旅游景区全部建设绿道网。三是争取将广东打造成为“世界旅游可持续发展示范基地”。力争在广州举办世界旅游日、世界旅游创新与可持续发展论坛，争取世界旅游组织为广东颁发“世界旅游可持续发展示范基地”牌子，以推动我省加快建设全国旅游综合改革示范区。

第三，突出宣传，加大广东旅游宣传推介力度。加强与有关部门、媒体的合作，充分利用电视、广播、报纸、网络、户外广告等各种载体，全方位宣传推介广东旅游形象和“岭南文化、活力商都、黄金海岸、美食天堂”四大旅游品牌，集中力量加强在全国、全世界宣传推介广东旅游。

【刘昆到广东省旅游局调研】 2010年8月2日，广东省副省长刘昆率省政府办公厅、省财政厅等有关领导到省旅游局调研。省旅游局局长杨荣森专题汇报近年来广东旅游业发展情况及今后工作思路和举措。刘昆强调，要做好今后的旅游工作，加快建设全国旅游综合改革示范区和旅游强省，全省旅游部门要坚持“六个必须”：

必须结合经济发展方式的转变，创造条件加快发展、做强广东旅游业。我国正在全面推进经济发展方式转变，这是适应我国经济社会发展需求的，是符合客观经济规律的。在经济发展方式转变过程中，第三产业必然会有较大的发展，这正是我省发展旅游业最大、最好的机遇。旅游业作为第三产业的重要组成部分，必须迎接、适应这个转变，并且创造条件提升旅游业发展质量和水平。

必须加快广东旅游业转型升级。要对我省旅游业进行客观分析：虽然我省旅游企业总体较强，但比起北京、上海、江苏、浙江等兄弟省市仍有差距；虽然我们为省外、国外输送了大量的客源，但来粤游客不多，广东旅游在外省和国际上的知名度不够高，省内旅游市场有待做大做旺。在认清我省旅游业发展水平的基础上，要认真研究总结旅游业发展客观规律，着力推动我省传统观光旅游业向休闲度假旅游业发展，从粗放型旅游业向集约型旅游业发展，推动旅游业节能降耗减排，促进低碳旅游经济发展。

必须加强旅游业发展规划。国家要求我们建设全国旅游综合改革示范区，省委省政府要求建设旅游强省。如果我们没有一个完善的规划，那么旅游业的发展将会受到很大的阻滞，无法引导旅游投资开发。要尽快制定完善全国旅游综合改革示范区建设规划；要结合国家和省主体功能区的建设，尽快研究编制较完善的《广东省旅游发展规划》，通过规划指导、规范、推动广东旅游业集聚发展。在规划中，对旅游休闲区及主要旅游设施建设等要有明确界定，并进行功能分区，确保规划高标准、高水平。要适时召开广东省战略专家委员会成立大会，请有关专家为制定广东旅游业发展规划把脉、出谋划策，提出有益的意见和建议。

必须做好广东旅游市场拓展，提升广东旅游在国内外的知名度。要发挥临近港澳的优势，借鉴港澳开拓旅游市场的经验，加强粤港澳旅游合作与交流，将“港澳”品牌作为发展广东旅游业的支点，吸引更多的境外游客特别是到港澳旅游的外国游客到广东旅游。要想好点子、制定好方案，加强广东旅游宣传促销，拓展我省旅游业发展空间。

必须重点发展龙头旅游企业，打造广东旅游企业品牌。要增强本省旅游企业的知名度，加强扶持与引导，把广东旅游企业的品牌打出去，做大做强旅游企业。要加强旅游服务平台建设，研究建设旅游综合服务信息平台，通过电子信息平台，将全省旅游资源链接起来，让全世界的游客和企业通过网络直接获取有关旅游信息和服务。

必须结合广东的实际情况，做好近期的旅游工作。一要加大对广东国际旅游文化节的宣传力度，做好“2010世界旅游日全球主会场庆典暨中国广东国际旅游文化节”有关筹备工作，注重文化与旅游的结合，提升旅游文化节的文化内涵。二要结合丹霞山成功申遗，在韶关市召开粤北地区旅游工作现场办公会，推介粤北地区旅游资源。三要结合主体功能区、绿道网和城市轻轨建设，做好珠三角地区旅游规划与宣传推介，推动旅游经济发展。时机成熟，可在增城市召开现场办公会，总结增城市主体功能区建设和绿道旅游发展经验，并向粤东西北地区推广。

【刘昆到韶关调研旅游工作】 2010年9月13～14日，广东省副省长刘昆，省政府副秘书长刘晓捷，省旅游局局长杨荣森以及省政府办公厅、省财政厅、省外经贸厅、省经信委、省府研究室等有关部门负责人一行到韶关市调研旅游工作。韶关市委书记、市人大常委会主任徐建华，市委副书记、市长郑振涛等陪同调研考察。刘昆一行先后考察南华寺及大南华开发计划、韶关市科艺创意工艺公司、莞韶产业园浈江片、丹霞山旅游景区等，并听取韶关市政府的工作汇报。

刘昆指出，近年来，韶关市认真落实中央和省委、省政府的决策部署，团结带领全市人民锐意进取、开拓创新，充分把握我省率先实施国民旅游休闲计划的机遇，加强景区景点建设，深化区域旅游合作与交流，加大旅游宣传推介力度，组织开展一系列丰富多彩的旅游活动，并推动丹霞山成功申遗，促进了韶关市旅游业实现又好又快发展。韶关是我省的旅游大市，被评为“地球同纬度上保存最为完整的一块绿洲”。韶关市的丹霞山是世界自然遗产，正在创建国家5A级旅游区；南华禅寺是千年古刹，有“禅宗祖庭”的美称；乳源大峡谷、南岭国家森林公园、梅关古道等景区景点都具有较大的知名度。可以说，韶关市旅游资源丰富，文化底蕴深厚，旅游业发展前景广阔而美好。省旅游局与韶关市签署战略合作协议，这种省市共建的模式值得推广，为韶关市旅游业实现新一轮大发展提供了动力和保障。他强调，韶关市委、市政府要发挥优势，抢抓机遇，进一步提升韶关旅游业竞争力。重点要抓好5个方面的工作：

一是要把握我省转变经济发展方式的契机，推动韶关市旅游业转型升级。目前我省正在全面推进转变经济发展方式，旅游业被国家定位为战略性支柱产业，在转变发展方式过程中具有重要作用。转变发展方式一般来说包含两方面的内容：一方面是第二产业向第三产业转移，另一方面是第三产业的转型升级，从低端产业向高端产业发展。旅游业转型升级，就是从低端向中、高端的调整升级，以满足人民群众日益增长的旅游消费需求。韶关市要充分把握当前旅游业大发展的难得机遇，充分挖掘旅游潜力，优化旅游产业结构，提升旅游消费层次，打造旅游精品名牌，促进韶关旅游业从观光型向观光与度假休闲型并重转变，进一步提升酒店、旅行社、景区景点的旅游服务质量，吸引更多的、不同层次的游客到韶关来休闲度假、观光旅游。

二是要加强旅游业发展规划，打造旅游精品与线路。一个产业发展得好不好，首先要看发展规划做得好不好。根据国家和省关于主体功能区划分，韶关市承担我省生态屏障的责任。要围绕生态发展功能区的要求，通过旅游规划，打造系列的旅游精品，提升韶关旅游的吸引力。发展规划要高标准高要求，充分发挥韶关历史悠久、地域辽阔、山川秀美、旅游资源丰富而独特的优势，突出城市特色和区域特色，并对旅游休闲功能区及主要旅游设施建设等有明确界定。在发展过程中，要严把生态关和环保关，坚决防止短期行为，让韶关旅游业随着主体功能区的定位发展得更好，为后人留下青山绿水，促进旅游业可持续发展。

三是要发挥丹霞山成功申遗的效应，借助南华寺和禅宗六祖的影响力，加大旅游宣传推介力度，提升韶关旅游品牌形象。韶关旅游近年来发展迅猛，但是总体知名度仍然有待提升，城市形象还不够鲜明。丹霞山作为我省第一个世界自然遗产，一定要利用丹霞山成功申遗带来的效应，借助丹霞山和世界自然遗产的品牌优势，着重加强丹霞山的宣传推介，带动提升韶关旅游整体层次。要加强对丹霞山宣传推介的研究。同时，要充分利用禅宗六祖文化的影响力，挖掘宣传禅宗文化，促进禅宗文化与旅游的融合发展，吸引更多游客过来旅游。另外，还要结合南岭山脉生态屏障的推广，按照打造“大丹霞、大南华、大南岭”的发展思路，促进韶关旅游业快速发展。省旅游局和省有关部门要积极支持韶关市关于旅游方面的发展和推广。

四是要着力推动旅游重大项目开发建设，争取打造更多的精品旅游项目。旅游重大项目是旅游业的基础，旅游业发展有赖于旅游企业核心竞争力的提升。韶关旅游资源丰富，完全有条件打造出更多的旅游大型精品项目。要着力引进高水平大型战略投资者，加强与国际知名旅游集团、酒店集团的沟通交流，省旅游局和外经贸厅要支持做好牵线搭桥工作，推进高等级酒店和景区、大型购物中心等精品旅游项目的开发建设，探索推进旅游产业园的开发建设，进一步完善旅游产业体系，推动旅游产业集聚发展，提升整体发展水平。

五是要深入实施国民旅游休闲计划，推进“旅游强市”建设。结合2010世界旅游日全球主会场庆典暨中国广东国际旅游文化节、华人华侨旅游年等重大节庆活动，筹划一系列精彩纷呈的活动项目，提高各县（市、区）、各景区（点）、各旅行社参加宣传促销的积极性。继续加强区域旅游合作，开拓港澳台及国内省内旅游市场，打响旅游休闲基地的牌子。

旅游重大活动

【全省旅游工作会议】 2010年2月3日，广东省政府在广州召开全省旅游工作会议。以中共广东省委十届六次全会、省“两会”和全国旅游工作会议精神为指针，谋划广东省“做强大产业、做好大品牌、做优大家乐”的工作思路，研究部署2010年工作。国家旅游局副局长王志发，副省长万庆良出席会议并讲话。

会议指出，近两年来，广东省旅游系统围绕“构建大产业、打造大品牌、推动大家乐”的思路，积极探索，大胆创新，真抓实干，推动广东省旅游业保持快速健康发展。2009年实现旅游总收入3068亿元，增长15%，占全国的1/5，提前一年实现“十一五”规划目标，旅游业整体实力进一步增强。主要有六大亮点：一是旅游大市场蓬勃兴旺；二是旅游大产业建设取得重要进展；三是旅游大改革取得新突破；四是旅游大发展齐头并进；五是旅游大开放有声有色；六是旅游大平台建设成效显著。会议强调，2010年广东省旅游系统要围绕“做强大产业、做好大品牌、做优大家乐”的目标，进一步做大总量、优化结构、提升质量，加快建设全国旅游综合改革示范区和旅游强省。重点要抓好六个方面：一是抓活动，着力增强广东旅游的吸引力。二是抓载体，着力增强广东旅游的竞争力。要狠抓龙头景区景点建设，狠抓旅游产业园建设，狠抓龙头企业培育。

2010年2月3日，2010年全省旅游工作会议在广州召开。

三是抓创新，着力增强广东旅游的影响力。要着力发展旅游新业态，认真学习借鉴国际旅游先进经验，全力推进旅游标准化、规范化建设，创新国际和区域旅游合作。四是抓宣传，着力增强广东旅游的动员力。要进一步明确广东旅游整体形象，把握上海世博会、广州亚运会的机遇加大宣传力度，充分发挥新兴媒体的作用。五是抓改革，着力增强广东旅游发展动力。要着力推进旅游综合改革，着力推动旅游业可持续发展，探索打造粤北生态旅游休闲示范区，深化旅游扶贫资金分配方式改革，改革创新旅游监管机制，改革旅游人才培养机制。六是抓协作，着力增强广东旅游发展合力。要认真落实《国务院关于加快发展旅游业的意见》精神，进一步加强对旅游业发展的组织领导，将旅游基础设施和重点旅游项目建设纳入当期国民经济和社会发展总体规划。

会议为荣获2009年“广东旅游强县（市）”的韶关乐昌市，清远市佛冈县颁授牌牌；为获得广东“国民旅游休闲示范市、县（市、区）”的广州、深圳、梅州、惠州、中山、肇庆六市以及增城、从化、南海、龙门、清新等五县（市、区）颁牌；为获“2010广东旅游好新闻”奖的单位和个人颁奖；省旅游局分别与广东邮政公司、旅游卫视签署合作协议。

【全省旅游局长座谈会】 2010年11月8日，全省旅游局长座谈会在惠州市召开。省旅游局局长杨荣森围绕2010年以来全省旅游工作取得的成绩和亮点以及下一步工作发表讲话；纪检组长、监察专员黎增丰传达党的十七届五中全会重要精神，副局长张振林向大会通报全省旅游工作情况，巡视员曾维炳、副局长王志红和梅其洁通报有关工作。会上，广州、深圳、珠海、惠州等市旅游局局长分别发言。省旅游局副局长周开生主持会议。

杨荣森指出，2010年以来全省旅游系统深入贯彻落实科学发展观，认真落实《国务院关于加快发展旅游业的意见》和《珠江三角洲地区改革发展规划纲要（2008—2010年）》、省委省政府《关于加快我省旅游业改革与发展建设旅游强省的决定》和省政府《关于试行广东省国民旅游休闲计划的若干意见》，深化旅游业综合改革创新，大力开拓旅游市场，努力提升旅游服务质量，着力扩大旅游休闲消费，全省旅游业取得比预期更好的成绩。

杨荣森强调，全省各地积极推动旅游业综合改革与创新，深入实行国民旅游休闲计划，加强旅游形象宣传与旅游市场拓展，深化国际国内及省内区域旅游合作，推动旅游规划和旅游大项目建设，加强旅游人才培训，积极举办2010世界旅游日全球主会场庆典暨中国广东国际旅游文化节系列活动，亮点纷呈，成绩卓著。

杨荣森强调，在看到成绩的同时，全省各级旅游管理部门也要清醒地认识到广东旅游业发展面临的竞争态势十分严峻，江苏、浙江、山东等兄弟省旅游业发展正在赶超广东；全省旅游业增加值增幅低于全省服务业平均增加值增幅；全省旅游业增加值所占第三产业增加值的比重低于批发零售业、金融业等产业；全省旅游业增加值占GDP比重低于全国旅游业增加值占GDP的比重，等等。因此，全省各级旅游部门要进一步认清形势，树立危机意识和竞争意识；进一步抢抓机遇，增强工作使命感和责任感。

杨荣森强调，今后一段时期的工作：一是抓安全，构筑旅游业发展的安全防卫线；二是抓规划，增强旅游业科学发展与可持续发展能力；三是抓项目，促进旅游结构优化与转型升级；四是抓市场，扩内需促消费壮大旅游经济；五是抓统计，确立旅游产业的战略地位。

广东省旅游局局长杨荣森（中）率局党组成员出席全省旅游局长座谈会并发表讲话。

【杨荣森到开平调研】 2010年3月10日，省旅游局局长杨荣森一行到开平市调研。开平市委书记、市人大常委会主任冯立坚，市长黄耀雄出席座谈研讨会。江门市旅游局局长周锦新，开平市委常委、常务副市长谢超武陪同调研。

杨荣森调研主题有三个方面：一是开平碉楼作为广东唯一的世界遗产，如何在保护的基础上精心打造成为广东旅游的一张名片；二是2010年广东旅游的主题是华侨旅游年，开平作为著名侨乡该如何做好这篇文章；三是开平在发展旅游产业方面还有什么困难，需要省旅游局支持解决。他先后考察自力村、立园、风采堂、赤坎古镇、锦江里、马降龙和在园。杨荣森认为，开平旅游资源非常丰富，华侨文化内涵非常深厚，生态环境非常优美，开平旅游大有可为。他赞扬开平市委、市政府党政“一把手”亲自抓碉楼保护，亲自抓旅游工作，保障人力、物力、财力到位，是全省的典型。杨荣森表示，省旅游局将全力支持开平市委、市政府做大做强旅游产业。2010年省旅游局将在凤凰卫视投入1000万元播放旅游广告，其中开平碉楼是主要内容。开平碉楼去省外市场宣传推介，省旅游局补助部分经费。支持开平碉楼景区（含立园）创建国家5A级旅游景区，支持开平创建广东旅游示范市。省旅游局将派出精干力量，精心组织，精心策划，把开平碉楼打造成广东旅游的名片，要让游客觉得不到开平碉楼不算来广东。

【广东省滨海旅游启动仪式】 2010年3月31日，广东省滨海旅游启动仪式在湛江举行。省政府副省长万庆良、副秘书长刘晓捷、广东省旅游局局长杨荣森、省海洋与渔业局局长郑伟仪等领导共同推杆。万庆良副省长宣布滨海旅游启动，并为全省13家滨海旅游示范景区颁牌。出席粤西旅游工作现场会的全体代表参加启动仪式。

评定滨海旅游示范景区，是省海洋与渔业局、省旅游局贯彻落实省委、省政府《关于加快我省旅游业改革与发展建设旅游强省的决定》和《关于试行广东省国民旅游休闲计划的若干意见》，培育我省“黄金海岸”旅游品牌联合推出的重要举措。在各滨海旅游景区自愿申报，各县、市海洋渔业、旅游部门审核的基础上，省海洋与渔业局、省旅游局组织联合考评，将资源保护与开发规范、基础设施完善、管理服务水平好的汕头市南澳国家4A级旅游景区等13个景区（点）评定为“广东省首批滨海旅游示范景区”。

粤西地区旅游工作现场办公会场景。

【广东建设首个国家旅游产业集聚（实验）区】 2010年8月30日，总投资逾60亿元的广东中旅南海西岸旅游产业园正式奠基动工。国家旅游局副局长王志发，广东省副省长刘昆，全国政协民宗委副主任杨同祥，广东省政协副主席汤炳权，省人大原副主任钟启权，省委副秘书长杨桐，省政府副秘书长刘晓捷，佛山市市长李贻伟，省旅游局局长杨荣森，省国资委副主任肖学，广东中旅集团董事长王万年，南海区区长区邦敏等领导出席奠基典礼。南海西岸旅游产业园被国家旅游局授予全国首个“国家旅游产业集聚（实验）区”。

王志发强调，与许多产能过剩的传统产业不同，旅游产业是资源消耗低、带动系数大、就业机会多、综合效益好的新兴产业。《国务院关于加快发展旅游业的意见》明确提出，要把旅游业培育成国民经济的战略性支柱产业和人民群众更加满意的现代服务业。广东是我国的旅游大省，也是改革开放的先行之地。在我国旅游业进入新一轮快速发展的新时期，广东省率先提出旅游产业园的概念，并积极进行实践，这不仅是广东建设旅游强省的新举措、新抓手，也是推动我国旅游产业集群发展、创新发展和转型发展的新模式、新载体，意义重大、经验宝贵。因此，国家旅游局决定授予广东南海西岸旅游产业园为“国家旅游产业集聚（实验）区”，希望广东旅游业以建设产业园区为抓手，在转变旅游发展方式，创新体制机制，提高旅游产业国际化、市场化、产业化水平，促进经济社会发展和生态文明建设等方面取得新成就，创造新经验，继续为全国旅游业科学发展当好排头兵。

刘昆副省长在致辞中指出，建设旅游产业园，是广东提升旅游业发展水平、促进产业结构优化升级、增强旅游业辐射带动能力的大胆尝试和重要依托。南海西岸旅游产业园，是我省现代产业500强、现代服务业100强项目中为数不多的旅游大项目，地理位置优越，自然风景优美，文化底蕴深厚，发展前景无限广阔和美好。刘昆副省长要求，广东中旅集团和佛山市、南海区密切合作，紧紧把握当前旅游业大发展的良机，高水平谋划，高标准建设，大胆探索创新，加快推进南海西岸旅游产业园的各项建设，不断优化旅游服务，提升发展水平，加快做大做强，为我省旅游业发展创造更多新鲜经验；省有关部门要继续大力支持我省旅游产业园区的建设发展，进一步优化对旅游业发展的各项服务；同时，恳请国家旅游局一如既往地关心广东旅游业发展，支持南海西岸旅游产业园的规划建设与发展。

广东中旅集团计划投资128亿元，在珠三角、粤东、粤西地区分别精选建设佛山南海西岸旅游产业园、梅州客天下旅游产业园、湛江东海岛旅游产业园三大旅游产业园项目。其中，南海西岸旅游产业园、梅州客天下旅游产业园已被省政府列入广东现代产业500强、现代服务业发展100强项目。南海西岸旅游产业园位于南海西樵镇西岸，自然生态环境优越，是珠三角腹地极为少见的一块生态之地，也是省内知名的长寿村，产业园将规划为8个功能区，分别是酒店及别墅区、温泉养生区、道家文化区、国际会所区、风情商业区、体育公园区、旅游创意园区、旅游人居区。产业园定位是以道教文化为底蕴、养生文化为特色，可供休闲度假、康体养生、游览观光的国家旅游产业集聚（实验）区、国家级度假区和国家5A级旅游景区。首期项目于2012年开园试业。

【国内作家品鉴旅游文化】 2010年9月11日，由中国作家协会创研部、广东省旅游局主办，香港商报承办的“品鉴岭南”中国著名作家广东行活动启动仪式暨作家见面会在广州市举行。中国作家协会副主席何建明、广东省政府副秘书长刘晓捷、香港商报社总编辑陈锡添出席启动仪式暨作家见面会并分别致辞，省旅游局局长杨荣森主持仪式。中国作协党组原副书记、著名散文家王巨才，中国作家协会创研部主任胡平，吉林省文联主席张笑天，江西省作协主席、文联主席陈世旭，辽宁省作协副主席邓刚，中国著名作家周梅森、王必胜、张懿翎、刘庆邦、吕雷，省旅游局副局长梅其洁等出席启动仪式暨作家见面会。

（涂继文　叶志青　余晓娟）

旅游行业管理

广东省旅行社业

【总体情况】 2010年度，广东省新批准许可设立的旅游行社共210家，其中出境游组团社13家，外资旅行社5家。至年底，全省经许可设立的旅行社1292家（具体见第444页“2010年度广东省旅行社名录”）。其中，许可经营国内旅游业务、入境旅游业务和出境旅游业务（简称“出境游组团社”）共151家，许可经营国内旅游业务和入境旅游业务外资旅行社12家，许可经营赴台湾旅游业务旅行社13家。完成工商注册的旅行社1247家，全省旅行社资产总额87.51亿元，负债总额89.03亿元，实收资本金37.57亿元，直接从业人员3.78万人。

是年，省旅游局以贯彻《旅行社条例》为契机，简化旅行社审批流程，委托各市旅游局履行旅行社审批职能和审核换证业务，推进旅行社经营许可证、保证金、业务年检三大制度改革，着重抓好对各市的业务指导，建立权责明晰、协调有序的行业管理机制。各市深入开展旅游服务质量提升年活动，不断规范运营机制、用人机制和质量保障机制，采取服务、管理、引导相结合的方式，鼓励旅行社业创新经营模式，推动旅行社联合旅游景区、民航和酒店等资源，优势互补，采取“抱团取暖”合作方式，让利给旅游消费者，增强旅游市场信心。大型旅行社通过资本运作，介入上下游资源，参与景区经营，降低门票成本；中小旅行社向专业化方向发展，了解客户需求，改进旅游产品和服务，提高与大型旅行社的配套协作能力，扩大利润空间。

2010 广东旅游形象大使展示。

【旅行社经营规模和效益】 2010年，根据全省1199家旅行社填报的有效统计数据显示，广东省旅行社营业收入总额360.30亿元，比上年增长35.94%；旅游业务收入总额350.20亿元，增长37.42%；利润总额3.91亿元，下降19.12%。其中旅游业务利润总额19.62亿元，为利润总额的5倍；实缴税金总额3亿元，同比下降1.28%，营业利润率1.08%。2010年度广东省进入全国四项十强旅行社和全国百强旅行社名单（见附表）。

【入境旅游业务】 2010年，广东省旅行社入境外联人次297.03万，比上年下降2.74%，其中外国人83.46万人次，增长30.12%。外联人天720.38万，下降1.40%，其中外国人219.27万人天，增长11.97%；入境接待人次405.23万，增长6.73%，其中外国人98.32万人次，增长1.67%。接待人天922.46万，增长9.52%，其中外国人288.21万人天，增长15.84%；入境旅游营业收入29.48亿元，占全省旅游业务收入总量的8.42%，入境旅游业务毛利润额1.92亿元，占旅游业务利润总量的9.79%，入境旅游业务利率6.53%。

【国内旅游业务】 2010年，广东省旅行社国内旅游组织人次为1907.81万，增长7.90%；组织人天41652.60万，增长13.27%。接待人次1628.71万，增长0.84%；接待人天4984.04万，增长83.87%；国内旅游业务收入214.82亿元，占全省旅游收入总量的61.34%；国内旅游业务利润额12.10亿元，占旅游利润总量的61.67%，国内旅游业务利率5.63%。

【出境旅游业务】 2010年，广东省旅行社出国旅游组织人次为433.91万，增长222.16%，组织人天1684.74万，增长160.60%。港澳旅游组织人次269.89万，增长6.31%；出境旅游业务收入105.89亿元，占全省旅游业务收入总量的30.24%，出境旅游业务利润额5.60亿元，占全省旅游业务利润总量的28.54%；出境游业务利润率5.29%。

【旅行社结构分布状况】 2010年，广东省旅行社业中，国有企业占9.92%，集体所有制企业占1%，股份制企业占0.25%，有限公司企业占17.85%，私营企业占70.23%，外资合资、独资企业占0.75%；经对全省22个地级市（区）旅行社经营的旅游业务营业收入、旅游业务毛利润、实缴税金、外汇结汇、入境外联人天、入境接待人天、国内组织人天、国内接待人天等8项指标进行综合排名，前5名地级市依次为：广州、深圳、珠海、佛山、中山市。

2010年广东省许可经营国内旅游业务和入境旅游业务外资旅行社名单

序　号	旅行社名称	许可证编号	备注
1	L－GD－WZ00001	广州康泰国际旅行社有限公司	许可经营港澳旅游业务（仅限广东省居民）
2	L－GD－WZ00002	广东永安国际旅行社有限公司	许可经营港澳旅游业务（仅限广东省居民）
3	L－GD－WZ00003	深圳顺风旅行社有限公司	
4	L－GD－WZ00004	胜景旅游（广东）有限公司	
5	L－GD－WZ00005	康泰国际旅行社（深圳）有限公司	许可经营港澳旅游业务（仅限广东省居民）
6	L－GD－WZ00006	翠明假期（广东）旅行社有限公司	
7	L－GD－WZ00007	佳天美（广州）国际旅行社有限公司	
8	L－GD－WZ00008	捷旅假期（广州）有限公司	
9	L－GD－WZ00009	广州新游力旅行社有限公司	
10	L－GD－WZ00010	美丽华旅行社（广州）有限公司	
11	L－GD－WZ00011	广州安旅旅行社有限公司	
12	L－GD－WZ00012	中南西北旅行社（深圳）有限公司	

2010年广东省许可经营赴台湾旅游业务旅行社名单

序　号	许可证编号	旅行社名称
1	L－GD－CJ00001	广东国旅国际旅行社股份有限公司
2	L－GD－CJ00002	广东省中国旅行社股份有限公司
3	L－GD－CJ00004	广州广之旅国际旅行社股份有限公司
4	L－GD－CJ00005	广东铁青国际旅行社有限责任公司
5	L－GD－CJ00019	广东南湖国际旅行社有限责任公司
6	L－GD－CJ00025	广东风光国际旅行社有限公司
7	L－GD－CJ00039	深圳中国国际旅行社有限公司
8	L－GD－CJ00041	深圳市口岸中国旅行社有限公司
9	L－GD－CJ00047	深圳市九洲国际旅行社有限公司
10	L－GD－CJ00058	深圳市航空国际旅行社有限公司
11	L－GD－CJ00069	广东省拱北口岸中国旅行社有限公司
12	L－GD－CJ00077	汕头市旅游总公司
13	L－GD－CJ00115	中山中国国际旅行社有限公司

广东旅游企业进入全国排优排强榜

2010年度广东省进入全国百强旅行社名单

序 号	许可证编号	旅行社名称	全国名次
1	L－GD－CJ00002	广东省中国旅行社股份有限公司	1
2	L－GD－CJ00004	广州广之旅国际旅行社股份有限公司	7
3	L－GD－CJ00058	深圳市航空国际旅行社有限公司	13
4	L－GD－CJ00115	中山中国国际旅行社有限公司	18
5	L－GD－CJ00019	广东南湖国际旅行社有限责任公司	24
6	L－GD－CJ00001	广东国旅国际旅行社股份有限公司	27
7	L－GD－CJ00041	深圳市口岸中国旅行社有限公司	30
8	L－GD－CJ00083	佛山市南海中旅假日国际旅行社有限公司	47
9	L－GD－CJ00081	佛山市禅之旅国际旅行社有限公司	70
10	L－GD－CJ00003	广东省中国青年旅行社	72
11	L－GD－CJ00069	广东省拱北口岸中国旅行社有限公司	84
12	L－GD－CJ00082	广东顺之旅国际旅行社有限公司	85
13	L－GD－CJ00047	深圳市九洲国际旅行社有限公司	86
14	L－GD－CJ00084	佛山国旅国际旅行社有限公司	87
15	L－GD－CJ00056	深圳市宝中旅行社有限公司	89
16	L－GD－CJ00052	深圳市海外国际旅行社有限公司	99
17	L－GD－CJ00038	深圳市深旅国际旅行社有限公司	100

2010 年度广东省进入全国国内游十强旅行社名单

序　号	许可证编号	旅行社名称	全国名次
1	L－GD－CJ00002	广东省中国旅行社股份有限公司	1
2	L－GD－CJ00004	广州广之旅国际旅行社股份有限公司	2
3	L－GD－CJ00115	中山中国国际旅行社有限公司	6

2010 年度广东省进入全国入境游十强旅行社名单

序　号	许可证编号	旅行社名称	全国名次
1	L－GD－CJ00002	广东省中国旅行社股份有限公司	3

2010 年度广东省进入全国出境游十强旅行社名单

序　号	许可证编号	旅行社名称	全国名次
1	L－GD－CJ00002	广东省中国旅行社股份有限公司	1
2	L－GD－CJ00004	广州广之旅国际旅行社股份有限公司	2
3	L－GD－CJ00039	深圳中国国际旅行社有限公司	3

2010 年度广东省进入全国利税十强旅行社名单

序　号	许可证编号	旅行社名称	全国名次
1	L－GD－CJ00002	广东省中国旅行社股份有限公司	2
2	L－GD－CJ00004	广州广之旅国际旅行社股份有限公司	7

注：1. 2010 年全国百强旅行社排名前 5 位的省（市区）分别为：广东 17 家，山东 12 家，北京 10 家，上海 10 家，福建 7 家；

2. 全国国内游十强旅行社，排名前 3 位的省（市区）分别为；广东 3 家，上海 2 家，江苏 2 家；

3. 全国入境游十强旅行社排名前 2 位的省（市区）分别为：北京 4 家，上海 2 家；

4. 全国出境游十强旅行社排名前 3 位的省（市区）分别为：上海 4 家，广东 3 家，北京 2 家；

5. 全国利税十强旅行社排名前 3 位的省（市区）分别为：北京 4 家，广东 2 家，上海 2 家。

附件：

2010年度全国旅行社统计调查排优排强方法

一、“全国百强旅行社”排序方法

（1）国内旅游组织人天、接待人天，入境旅游外联人天、接待人天等四项指标之和进入全国旅行社前300名。

（2）在以上300家旅行社中，以国内旅游组织人天、接待人天，入境旅游外联人天、接待人天，旅游业务营业收入，旅游业务毛利润，实缴税金，旅游结汇八项指标进行排序，将此八项指标位次之和由小到大选取前100名旅行社。其中，旅游业务毛利润、旅游业务营业收入、实缴税金、旅游结汇四项指标中，任何一项未进入单项排序前300名的旅行社都被排除。

（3）当旅行社名次相同时，以旅游业务营业收入名次为先，决定其最后排序位次。

二、“全国十强旅行社集团”排序方法

（1）集团旅游业务营业收入总额、旅游业务毛利润总额两项指标之和进入旅行社集团的前100名。

（2）在以上100家旅行社集团中，以集团旅行社成员企业数、旅行社子公司（包括子公司的旅行社子公司）数、外联组织人天、接待人天、旅游业务营业收入总额、旅游业务利润总额六项指标进行排序，将此六项指标位次之和由小到大选取前10名旅行社。其中，在集团旅行社成员企业数、旅行社子公司数、外联组织人天、旅游业务营业收入总额等四项指标中，任何一项未进入旅行社集团单项排序前100名的都被排除。

（3）当旅行社名次相同时，以旅游业务收入名次为先，决定其最后排序位次。

三、“全国国内旅游十强旅行社”排序方法

（1）国内旅游组织人天、接待人天两项指标之和进入全国旅行社前100名。

（2）在以上100家旅行社中，以国内旅游的组团人天、接待人天、营业收入、毛利润四项指标进行排序，将此四项指标位次之和由小到大选取前10名旅行社。其中，在国内旅游业务营业收入、国内旅游业务毛利润两项指标中，任何一项未进入单项排序前100名的旅行社都被排除。

（3）当旅行社名次相同时，以国内旅游业务营业收入名次为先，决定其最后排序位次。

四、“全国入境旅游十强旅行社”排序方法

（1）入境旅游外联人天、接待人天两项指标之和进入全国旅行社前100名。

（2）在以上100家旅行社中，以入境旅游的外联人天、接待人天、营业收入、毛利润四项指标进行排序，将此四项指标位次之和由小到大选取前10名旅行社。其中，在入境旅游业务营业收入、入境旅游业务毛利润两项指标中，任何一项未进入单项排序前100名的旅行社都被排除。

（3）当旅行社名次相同时，以入境旅游业务营业收入名次为先，决定其最后排序位次。

五、“全国出境旅游十强旅行社”排序方法

（1）出国旅游组织人天、港澳旅游组织人天两项指标之和进入全国旅行社前100名。

（2）在以上100家旅行社中，以出国旅游组织人天、港澳旅游组织人天、出境旅游业务营业收入、出境旅游业务毛利润四项指标进行排序，将此四项指标位次之和由小到大选取前10名旅行社。其中，在出境旅游业务营业收入，出境旅游业务毛利润两项指标中，任何一项未进入单项排序前100名的旅行社都被排除。

（3）当旅行社名次相同时，以出境旅游业务营业收入名次为先，决定其最后排序位次。

六、“全国利税十强旅行社”排序方法

（1）以利润总额、实缴税金两项指标之和进行排序，取前10名旅行社。

（2）当旅行社名次相同时，以利润总额名次为先，决定其最后排序位次。

（《中国旅游年鉴》编辑部提供资料）

广东省旅游饭店业

【星级饭店概况】 2010年度，广东省新增星级饭店67家，其中五星级14家，四星级9家，三星级42家，二星级2家（具体见附表）。至2010年底，全省星级饭店总数1204家，其中五星级饭店（含1家白金五星级）94家，占星级饭店总数的7.8%，四星级饭店191家，占15.9%，三星级饭店659家，占54.7%，二星级饭店246家，占20.4%，一星级饭店14家，占0.12%。星级饭店客房总数18.29万间，床位数29.45万张，餐位数近75万个，星级饭店直接从业人员52.25万人，星级饭店总数居全国第一位。

全省1204家星级饭店中，中外合资（中外合作或外商独资）饭店为190家，占15.78%；个体所有制饭店397家，占32.77%；有限责任、股份制饭店214家，占17.77%；集体所有制饭店137家，占11.37%；国有饭店266家，占21.82%。全省星级饭店平均住房率约65%，平均房价和经营利润均比上年略有提升。

从星级饭店的布局看：70%的星级饭店分布在珠江三角洲地区；从结构看：以商务型饭店为主，但度假酒店、经济型连锁酒店方兴未艾，世界大型酒店集团，如洲际、雅高、万豪、丽斯卡尔顿和香格里拉等均进入广东市场；从经营看：形成多种所有制并存局面，营业收入占旅游总收入的1/3。

【星级饭店复核】 2010年，广东省旅游饭店星级评定委员会严格按照全国旅游饭店星级评定委员会（简称“星评委”）的要求开展星级饭店复核工作，依照《旅游饭店星级的划分与评定》（GB/T14308－2003）国家标准和《星级饭店访查规范》对星级饭店进行复核检查。全省共有991家星级饭店列入复核范围（其中年度复核717家，评定性复核274家），因改制或翻新改造、停业装修申请延期复核的酒店有21家。实际参加复核的星级饭店共有970家。复核的结果是：被取消星级的酒店有63家，限期整改或警告、暂缓通过复核的酒店有19家，其他星级饭店场达标并通过复核。

通过年度星级饭店复核表明，广东星级饭店呈现主要特点包括：

以市场为导向，以宾客需求为出发点，注重设施设备的翻新改造和配套建设，提高舒适度 随着国际品牌酒店逐步进入，酒店间的竞争越来越激烈，众多星级饭店为抢占市场的制高点，以市场为导向，进行全面改制，并在硬件设施上不断更新改造，对有关产品进行更新换代，在软件管理上加强学习培训，建立健全各种管理制度和服务规范，酒店的服务工作更上一个新台阶，同时根据酒店自身的市场定位和宾客反馈意见，注重适应市场需求，避免盲目性，效果明显。

1. 注重公共区域空间宽和美的结合，特别是大堂的空间和艺术氛围的营造。许多酒店经过5年运作后重新装修改造，大堂和宴会等公共区域更加凸现出酒店主题艺术氛围，面貌焕然一新，客人普遍反映较好。

2. 重视客房的绿色健康和舒适度，以人为本的理念贯串至客房中，在颜色、灯光、材料等方面的搭配更符合客人的现代需求。如广州的花园酒店、白云宾馆、深圳的富苑酒店、汕头的龙湖宾馆、东莞的莲花山庄、江门的丽晶酒店等，在客房装修中，注重绿色环保，并完善商务客人需求的快捷便利的商务设施和服务功能，以适应更多商务客人的需求，以人为本的理念完全溶入其中，给人一种全新的感觉。

3. 注重中餐贵宾厅、宴会厅的豪华度与别具特色的装修风格。如珠海银都酒店富丽堂皇的唐华宫、高贵优雅的上海菜馆、古朴幽静的茶皇殿、充满异国情调的女猎人扒房和展现“清明上河图”的食街等。

4. 重视设施设备的配套建设，以适应市场的需要。如广州东方宾馆改造能容纳3000人宴会的国际会展中心；广州花园酒店采用无柱式设计，呈六角型，可容纳1500个座位并配备国际水准的声控系统和光控系统的国际会议中心，宽阔且富丽堂皇，科技含量较高，是历届广交会、广东国际旅游文化节组委会欢迎宴会等大型活动举办的场所；江门新会龙泉度假酒店投资1.5亿元改建多功能会议厅，配套大型绿化水景广场等等，都深受宾客的好评。

5. 重视消防系统和安全设施设备的维修保养和更新换代，加强锅炉改造和空调余热回收等环保工程建设。

6. 注重饭店的高新技术含量，特别是注重智能化系统的改造，在重新装修时充分考虑客房等区域的综合布线。如深圳的华侨城洲际国际大酒店、江门的丽晶酒店投入巨资进行全面翻新改造，并根据商务客人对酒店服务的实际需求和爱好特点，提供先进完善的商务设施和舒适优雅的洽谈室、休息室，开通客房宽频上网，客人可享受视像会议、视频点播、远程办公、电子商务等宽带高速上网的服务。

争创“绿色旅游饭店”，开源节流，节能减排，提高酒店的经营效益 面对酒店业的激烈竞争，各星级饭店以争

创“绿色旅游饭店”为动力，积极挖潜节能降耗，努力控制成本：（1）加强节约能源和降低维修费用。佛山佳宁娜酒店在燃油系统改造、废水处理设施和节约用电投资105万元，大沥新阳光酒店技术改造投入90多万元安装楼宇自动化系统，根据冷负荷决定冷水机组开启台数能达到最佳节能状态；江门新会龙泉度假酒店采用太阳能热水系统和空气能热泵机组改造原柴油热水锅炉和电热水炉热水制备系统达到节能减排目的。（2）饭店中一次性使用的消耗品陆续由环保产品代替，如卫生间的一次性洗涤用品由多次使用的大包装代替，所有星级饭店餐厅不再使用一次性的餐具用品，高星级饭店在客房安放绿色环保标示牌，安装直饮水系统，设无烟楼层等。（3）加强饭店采购环节的管理，努力控制经营成本，提倡并实施绿色消费。（4）严格控制餐饮成本费用，推行粗料精制，下料上做，做到物尽其用，杜绝浪费现象。（5）加强对翻新改造工程的管理，降低装修费用，有的饭店还自己动手进行各项翻新改造，如湛江海滨宾馆温泉泳池、山景等装饰材料都是酒店员工因地制宜采用装修废料，经过科学制作而成的，此项工程给酒店节约300多万元。

加强培训，不断提高饭店服务质量和管理水平 广东饭店业较早引进国外先进的酒店管理经验，吸纳来自全国各地的酒店管理人才，整体管理水平和服务质量稳步发展。省旅游局组织多期饭店总经理培训班和多期部门经理岗位资格培训班，各星级饭店更把培训作为日常的重要工作来抓，采用多种形式对酒店从业人员进行培训：一是参加省旅游局组织的饭店总经理培训班和部门经理岗位资格培训班；二是选派有潜质的优秀管理人员到中山大学管理学院培训中心、上海等地旅游专科学校学习，有的到国外定期轮训学习；三是酒店内部组织各种技能比赛活动，进行岗位练兵，提高业务水平；四是进行入职前的岗位培训，经培训、考试合格后方能上岗。一些高星级饭店如广州白天鹅宾馆、花园酒店、中国大酒店、汕头金海湾大酒店、东莞喜来登酒店等就通过抓培训形成自己独特的风格，服务质量朝着细微化、个性化方向发展。广州、珠海、东莞等市饭店协会还组织饭店管理人员到国内外酒店业发达地区考察、观摩、学习。

宣贯《星级饭店访查规范》，增强服务意识 全省各市星评委继续推进星级饭店的“诚信旅游”建设，并通过每年的复核工作，认真履行《星级饭店访查规范》，加强饭店对服务质量的管理工作。如汕头金海湾酒店以《访查规范》作为员工培训教材，本着“温馨细微，物有所值”的服务宗旨，为客人提供“满意+惊喜”的服务，让客人来得顺心，住得舒心，走得开心；酒店以“彬彬有礼、尊崇备至、温柔谦恭、真诚质朴”为风范，努力培育饭店亲情氛围，同时提出对客人服务“12快”：开房快－3分钟，结帐快－3分钟，接听电话快－2声铃响，餐厅第一道菜上得快－5分钟，客房保修快－5分钟内处理好小问题，重大问题尽快处理，客房送餐快－10分钟，客房传呼快－2分钟，行李入房快－5分钟，请示反应快－3分钟，投诉处理快－10分钟，回答询问快－立即，部门协调快－2小时内。在对客人服务中，努力搭建“金钥匙理念”的“人文平台”，最大程度地满足客人的需求。

星级复核中饭店存在的主要问题 设施设备老化、陈旧。一些饭店维修保养不到位，设施设备比较陈旧，如外墙旧化、空调管道漏水致使一些天花出现水渍、锅炉、厨房、消防设施、客房地毯等比较陈旧、老化；部分星级饭店因历史原因，与现行消防要求有较大差距，存在消防隐患；星级饭店出租项目如餐厅、商场、歌舞厅、美容美发、康乐等普遍管理不到位，在维修保养、清洁卫生方面需要加大力度；部分星级饭店尤其是三星级以下饭店面对突如其来的电子商务大潮和智能化管理，显得束手无策，未能采取积极的相应措施，这在日趋激烈的市场竞争中将处于不利的地位；一些星级饭店由于人员流动大，员工的服务技巧和外语水平亟需尽快提高；一些星级饭店对星级饭店资料性附录“服务与管理制度评价表”要求有差距，网上统计系统也未能按时按质做好，拖了全省酒店统计填报资料后腿。

【旅游饭店服务技能大赛】 2010年5月10日，广东省旅游局在广州香格里拉酒店举办2010年全国旅游饭店服务技能大赛广东赛区迎亚运“广州杯”选拔赛。全省各地级以上市组成21支代表队80名优秀选手，以及各地旅游饭店前来观摩学习的嘉宾共约1000多人全程参与观看比赛。大赛分中餐宴会摆台、西餐宴会摆台、中式铺床、调酒4个项目以及仪容仪表、英语口语、工装展示等比赛，共产生中餐宴会摆台、西餐宴会摆台、中式铺床、鸡尾酒调制4个单项比赛一、二、三等奖和18个优秀组织团体奖和3个最优秀组织团体奖。本次大赛省旅游局联合《南方日报》、南方卫视等媒体进行了大力宣传报道，规格高、人数多、创意新、影响大、效果好，阐释“团结、和谐、奋进、创新”的深刻内涵。在参加7月份举行的全国总决赛中，广东代表队获得全国总分第一名的优异成绩。

顺德选手参加全国旅游饭店服务技能大赛广东赛区迎亚运“广州杯”选拔赛。

附：2010 年全国旅游饭店服务技能大赛广东赛区迎亚运“广州杯”选拔赛获奖情况

鸡尾酒调制

第一名　罗　刚（广州白天鹅宾馆）
第二名　王碧珊（中山京华世纪酒店）
　　　　江志坚（东莞塘厦三正半山酒店）
　　　　李　亮（汕头金海湾大酒店）
第三名　杨　璐（深圳马可孛罗好日子酒店）
　　　　李　桃（珠海度假村酒店）
　　　　梁金辉（茂名市国际大酒店）
　　　　黎沛峰（佛山名都酒店）
　　　　贺永健（顺德财神酒店）
　　　　李金锐（惠州康帝国际酒店）

西餐宴会摆台

第一名　段志刚（深圳深航国际酒店）
第二名　刘　杰（广州白天鹅宾馆）
　　　　邹静雯（茂名市国际大酒店）
　　　　龙子威（中山古镇国贸大酒店）
第三名　喻仲元（河源万豪国际酒店）
　　　　李大娇（阳江凤凰酒店）
　　　　李国生（佛山枫丹白鹭酒店）
　　　　吴月琴（东莞塘厦三正半山酒店）
　　　　黄　超（珠海西藏大厦酒店）
　　　　刘丽帆（清远花园酒店）

中餐宴会摆台

第一名　刘　宁（广州白天鹅宾馆）
第二名　马　珂（珠海德翰大酒店）
　　　　吴　娜（东莞塘厦三正半山酒店）
　　　　陈远超（韶关北苑宾馆）
第三名　黄　园（茂名国际大酒店）
　　　　王玉金（深圳求水山酒店）
　　　　李名凤（清远海螺大酒店）
　　　　张聪英（阳江凤凰酒店）
　　　　吴丽娜（中山雅居乐长江酒店）
　　　　陈宇婷（湛江中国城酒店）

中式客房铺床

第一名　马燕芬（广州中国大酒店）
第二名　邹淑琴（东莞帝豪花园酒店）
　　　　黄仁慧（湛江中国城酒店）
　　　　徐惠芬（清远聚龙湾温泉）
第三名　黄耀达（深圳奥林宾馆）
　　　　孟　彬（顺德财神酒店）
　　　　李冀东（江门逸豪酒店）
　　　　张桂海（珠海银都酒店）
　　　　王燕华（汕头金海湾大酒店）
　　　　林家溪（韶关丽宫国际度假区）

最优秀组织奖单位：广州市　深圳市　东莞市

优秀组织奖单位：珠海市　汕头市　佛山市　韶关市　河源市　梅州市　惠州市　中山市　江门市　阳江市　湛江市　茂名市　肇庆市　清远市　潮州市　揭阳市　云浮市　顺德市

【广东获 2010 年全国旅游饭店服务技能大赛团体赛冠军】2010 年 7 月 13 ~ 15 日，全国旅游饭店服务技能大赛在浙江宁波市举行。全国各省、自治区、直辖市和新疆生产建设兵团旅游局（委）等 32 支代表队，共 128 名选手参加比赛。广东代表队获团体赛总分第一名。

大赛前夕，省旅游局精心组织全省 21 个地市和顺德区共 1100 多家饭店近 5000 名选手参加的技能大赛选拔赛。广州白天鹅宾馆的刘杰、罗刚、甄作令、刘宁 4 名选手脱颖而出。经过 1 个月封闭式集训，其代表广东省出征全国总决赛。大赛中，广东代表队严格遵守赛场纪律，遵守竞赛规则，服从大会指挥，尊重裁判，做到沉着、冷静、认真，凭借娴熟与扎实的基本功夺得团体赛总分第一名，个人赛西餐宴会摆台和鸡尾酒调制第二名，中式铺床和中餐宴会摆台三等奖；广东队 4 位选手在本次比赛中全部获奖。2010 年 7 月 30，国家旅游局授予广东省刘杰等 4 人“全国旅游行业技术能手”荣誉称号；代表队获得“集体组织奖”。

【推动饭店节能减排】　2010 年，为贯彻国家旅游局《关于进一步推进旅游行业节能减排工作的指导意见》，广东省旅游局深入开展创建绿色饭店活动，全省绿色饭店达 927 家。加强饭店节能减排工作，制定“五年内将星级饭店用水用电量降低 20% 以上”的目标，推动旅游饭店行业制定节能减排工作计划和方案，组织旅游系统实施节电、节气、节水、节油工程，促进旅游行业低碳经济发展。推动全省 1200 多家星级旅游饭店从 4 月 1 日起逐步取消使用一次性用品，并从 10 月 1 日起正式执行。在工作中，省旅游局积极部署各市旅游管理部门协调当地发改委、财政、经贸、环保、城建等相关部门，用好、用足现有政策，为旅游饭店企业争取节能减排专项资金支持；争取宾客对饭店节能节水措施的理解和支持，引导低碳消费行为；从基础管理入手，逐步开展对设施设备的节能改造，优先改造运行中能源使用效率低、使用量大的设备，再逐步深入至其他环节；严肃查处使用国家明令淘汰用能设备或工艺的企业，开展对酒店各配套功能区域空调温度的检查，选取有条件的星级饭店作典型示范。

2010 年度广东省星级饭店评定情况

地区	饭店名称	星级	评定时间	开业时间	星牌编号	饭店地址	客房（间）	床位（张）	餐位（个）	总投资额（亿元）	所有制性质	总经理姓名
广州	白云机场铂尔曼大酒店	五	2010.03.15	2007.09.19	4450083	广州市新白云国际机场内	460	663	1086	5	国有	斐德皓
	星河湾酒店	五	2010.08.27	2008.03.18	4450089	广州市番禺区迎宾路	329	521	966	7	有限责任	梁培当
	富力君悦大酒店	五	2010.08.27	2008.04.20	4450092	广州市天河区珠江西路 12 号	375	424	500	13	股份有限	陈栢桓
	科尔海悦酒店	五	2010.08.27	2006.08.18	4450091	广州市番禺区清河东路 288 号	308	448	915	1.97	私营	廖鸣华
	富力丽思卡尔顿酒店	五	2010.08.27	2008.03.11	4450090	广州市天河区珠江新城兴安路 3 号	350	453	350	11	股份有限	卡璞丽琦
	科学城华厦国际商务酒店	四	2010.08.14	2009.01.21	4440206	广州市萝岗区科学城拔月路 1 号	228	270	868	0.65	国有	张强俊
	东方夏湾拿豪生酒店	四	2010.08.14	2002.07.28	4440207	广州从化市太平镇莲塘村	188	291	380	0.07	有限责任	黄明非
	碧水湾温泉度假村	四	2010.09.08	2002.07.28	4440208	广州从化市良口流溪温泉度假区	203	362	660	0.29	国有	姜忠平
	临海酒店	三	2010.01.08	2008.01.01	4430705	广州市南沙区龙穴大道中	108	202	80		国有	胡嘉金
	增城华侨酒店	三	2010.02.09	1993.10.01	4430709	广州增城市城西园南路 103 号	100	190	130	0.35	有限责任	袁清湘
	广州清音酒店	三	2010.02.11	2004.10.01	4430710	广州从化市温泉西路 38 号	100	202	300	0.068	有限责任	李汗幕
	广州亨利酒店	三	2010.05.06	2007.11.12	4430711	广州市花都区宝华路 26 号	138	208	381	0.25	外商投资	王启豪
	凤凰山宾馆	三	2010.05.06	2004.04.01	4430712	广州市天河区广汕一路 332 号	61	121	100	0.17	国有	黄明东
	广州卓悦商务酒店	三	2010.05.07	2009.04.10	4430713	广州市白云区新市南街 33 号	71	122	30	0.8	私营	王沙更
	天豪酒店	三	2010.05.31	2007.09.08	4430714	广州市天河区科韵北路	75	125	118	0.42	股份合作	胡红春
	嘉信酒店	三	2010.06.03	2008.01.11	4430715	广州市白云区同泰路 98 号	65	103	1300	0.40	私营	梁雄信
	锦延商务酒店	三	2010.06.03	2008.04.06	4430716	从化市街口街新城东路 2 号	65	89	325	0.08	有限责任	李金娥
	君御酒店	三	2010.06.08	2006.04.01	4430717	广州市番禺区泰兴路 133 号	153	203	800	1.23	私营	彭诺科
	天麓骑术俱乐部	三	2010.06.25	2003.06.01	4430719	广州经济开发区黄陂村	58	118	110	0.60	国有	江鹏
	瀛丰商务酒店	三	2010.07.19	2005.09.01	4430720	广州市天河区东圃镇旭景西路	128	232	400	0.09	股份有限	王荣基
	增城市新塘永栩酒店	三	2010.07.22	2002.08.01	4430721	广州增城市新塘镇广深公路	89	150	350	0.10	私营	冯建青
	天逸酒店	三	2010.07.23	2005.09.21	4430723	广州市天河区龙口西路 183 号	52	71	400	0.10	私营	郭晓穗
	裕华大厦	三	2010.07.23	1988.07.01	4430724	广州市越秀区环市东路 320 号	72	132	280	0.20	国有	李勇道
	金瑞峰温泉酒店	三	2010.10.25	2009.05.01	4430732	增城市派潭镇大丰门林场	69	121	400	0.29	有限责任	温黄镇

续表

地区	饭店名称	星级	评定时间	开业时间	星牌编号	饭店地址	客房（间）	床位（张）	餐位（个）	总投资额（亿元）	所有制性质	总经理姓名
广州	高滩温泉酒店	三	2010.10.25	2006.09.01	4430733	广州增城市派谭镇背阳村	90	169	1400	0.02	私营	潘李胜
	石牌酒店	三	2010.11.10	1991.09.01	4430735	天河东路168号	115	187	450	0.47	集体	池隅标
深圳	马可孛罗好日子酒店	五	2010.03.31	2006.09.15	4450085	深圳市福田区民田路168号	391	504	2000	8.50	有限责任	王泰华
	宝利来国际大酒店	五	2010.04.16	2008.02.05	4450086	深圳市宝安区福永街	502	628	2280	8.00	私营	李永康
	求水山酒店	五	2010.05.19	2007.06.24	4450088	深圳市龙岗区南湾街道南岭村	232	380	680	3.00	股份合作	张育凡
	启滕奥林宾馆	三	2010.12.14	2007.08.01	4430738	深圳市龙岗区龙翔大道北	30	50	1200	0.14	私营	戴建明
	东涌酒店	三	2010.12.14	2006.12.30	4430740	龙岗区南澳镇东涌社区	65	115	164	0.058	私营	陈富华
	新地假日海湾酒店	三	2010.12.16	2008.03.28	4430741	深圳市龙岗区	68	124	320	0.085	有限责任	陈汉华
	观悦酒店	三	2010.12.16	2009.11.09	4430739	深圳市宝安区观兰街道	108	144	200	0.30	有限责任	陈家权
珠海	星城大酒店	四	2010.12.22	2006.08.28	4440210	珠海市吉大景山路88号	203	256	272	0.1280（美元）	外商投资	周智寅
	福泉大酒店	三	2010.11.02	2006.12.01	4430736	珠海市平沙三路1068号	96	176	120	0.17	私营	林向木
佛山	君莱酒店	四	2010.01.28	2007.02.05	4440204	佛山市顺德区鉴海南路14号	116	170	460	1.20	有限责任	黄光利
	君豪酒店	四	2010.01.28	2005.09.14	4440203	佛山市顺德区容奇大道中24号	80	406	146	0.60	私营	马智慧
	骏景酒店	四	2010.05.28	2005.09.30	4440205	深圳市均安镇翠湖路2号	143	199	750	0.80	有限责任	宋军
	大金地假日酒店	三	2010.05.26	2008.08.20	4430718	佛山市南海区广佛路29号	83	113	500	0.038	私营	莅海东
	珀丽酒店	三	2010.10.11	2004.07.01	4430734	佛山市文华北路	93	134	600	0.15	私营	刘占祥
	阳光假日酒店	三	2010.11.23	2007.02.18	4430737	佛山市三水区西面街道路16号	110	148	150	0.52	有限责任	曾华锋
韶关	假日山庄	三	2010.09.02	2007.05.01	4430727	韶关市任化县霞兴南路18号	200	388	250	0.50	有限责任	叶勇
	蓝苑宾馆	二	2010.01.29	2005.05.01	4420427	韶关市惠民北路51号	46	99	200	0.03	私营	庞蓉
	兴华宾馆	二	2010.12.08	2009.10.28	4420428	韶关乐昌市人民中路139号	22	42	80	0.025	私营	罗杰
惠州	家路国际大酒店	五	2010.12.01	2006.04.01	4450094	惠州市惠阳区中山四路	168	207	460	3.20	私营	王东旭
	金海湾喜来登度假酒店	五	2010.12.01	2008.09.23	4450095	惠州市金海湾金海路1号	293	428	482	4.00	有限责任	马林
	恒升国际大酒店	四	2010.12.01	2009.10.01	4440211	惠州市惠东县惠东大道526号	206	248	948	2.50	自主管理	黄富贵
	望海楼酒店	三	2010.07.26	2003.12.05	4430722	惠州大亚湾澳头镇龙海街47号	80	127	600	0.03	私营	苏家华
	康之源商务酒店	三	2010.08.04	2008.12.28	4430725	惠州市惠城区下角丰山路3.3号	42	66	600	0.02	私营	陈永穗

续表

地区	饭店名称	星级	评定时间	开业时间	星牌编号	饭店地址	客房（间）	床位（张）	餐位（个）	总投资额（亿元）	所有制性质	总经理姓名
惠州	新富豪酒店	三	2010.10.21	2009.05.01	4430730	惠州市惠阳淡水南门南路68号	71	85	100	0.55	私营	叶桂明
	新丽晶大酒店	三	2010.12.01	1999.10.18	4440212	惠州市惠阳区淡水镇	117	135	738	0.47	自主管理	董安昌
	富壕园大酒店	三	2010.12.24	2009.10.15	4430744	惠州市惠城区乌石一路1号	80	134	600	0.11	股份有限	张淑琴
	金凯酒店	三	2010.12.30	2008.11.26	4430743	惠州市仲粮大道	111	147	400		自主管理	练晓杰
东莞	华尔登国际酒店	五	2010.03.15	2007.12.28	4450085	东莞市桥头镇桥头广场科兴路	400	541	1800	3.5	私营	刘国江
	桥头三正半山酒店	五	2010.05.19	1992.07.05	4450087	东莞市桥头镇湖滨路	212	340	1200	2.6	有限责任	陈巧明
	悦莱花园酒店	五	2010.12.01	2007.07.08	4450096	东莞市寮步镇香市路8号	561	860	1628	3.8	私营	谢俊生
中山	大观园商务酒店	三	2010.02.01	2008.12.22	4430706	中山市小榄镇民安南路66号	110	166	620	0.3	有限责任	伍镇华
	汇泉酒店	三	2010.12.30	2007.06.23	4430742	中山市东区起湾南道3号	276	398	180	1.5	有限责任	胡惠林
江门	天富文化酒店	三	2010.02.08	2004.12.31	4430707	江门台山市台城滨桥明路70号	50	80	540		私营	
湛江	恒逸国际酒店	五	2010.12.01	2007.05.01	4450093	湛江市乐山大道60号	447	638	515	6.68	私营	谭伟杰
茂名	华海酒店	四	2010.12.22	2007.05.07	4440209	茂名市新福二路9号	188	315	1098	1.5	有限责任	陈　恒
	远光大厦	三	2010.02.09	2003.05.30	4430708	茂名市光华南路189号	82	161	400	6	有限责任	吕远光
	玉湖宾馆	三	2010.12.27	1995.08.01	4430748	茂名市高州长坡镇	70	130	300	0.13	国有	江　彪
肇庆	封开杏花宾馆	三	2010.07.20	1985.03.01	4430728	肇庆市封开县江口镇河堤一路28号	83	160	500		私营	刘　献
清远	清新丽晶酒店	三	2010.09.16	2007.01.01	4430729	清远市清新县清新大道21号	100	176	180	0.1	股份合作	何卫强
揭阳	东湖大酒店	三	2010.08.19	2008.07.04	4430726	揭阳市榕城区望江北路	198	351	1500	0.4	有限责任	郑宗华
	东海宾馆	三	2010.08.19	2009.08.01	4430731	揭阳市揭东县	76	133	588	0.25	股份有限	陆松林

注：2010年广东省新评定星级饭店共67家，其中五星级14家，四星级9家，三星级42家，二星级2家。

2010年度广东省进入全国五星级饭店综合指标前100名饭店名单

序　号	星级标牌号	饭店名称	全国排名	城　市
1	4450090	富力君悦大酒店	2	广州
2	4450080	广州天誉威斯汀酒店	12	广州
3	4450074	香格里拉大酒店	13	广州
4	4450021	广州花园酒店	26	广州
5	4450092	富力丽思卡尔顿酒店	41	广州
6	4450077	华侨城洲际大酒店	43	深圳
7	4450008	威尼斯酒店	52	深圳
8	4450020	中国大酒店	56	广州
9	4450056	康帝国际酒店	63	惠州
10	4450019	白天鹅宾馆	64	广州
11	4450076	大梅沙京基喜来登度假酒店	74	深圳
12	4450071	白云宾馆	81	广州
13	4450026	香格里拉大酒店	87	深圳

旅游安全管理

【总体情况】　2010年，广东省旅游局认真贯彻国家旅游局和广东省委、省政府关于旅游安全的决策部署，将旅游安全工作摆在旅游发展的首要位置，作为行业管理的重中之重来抓，坚持“安全第一、预防为主、综合治理”的方针，深入开展旅游安全大检查，推动关口前移、重心下移，保持旅游安全形势良好稳定，在广东省安全生产委员会（以下简称为“省安委会”）的考核中连续4年被评为“优秀”。

是年，省旅游局把旅游安全纳入全省导游资格考试、领队证申领的范围，纳入全省旅游景区评A、旅游饭店评星、复核和旅行社年检的必检项目，推动旅游安全工作与局中心工作一起策划、一起部署、一起实施、一起评估，构建“政府主导、部门监管、企业参与、群众监督”的安全新格局。成立由杨荣森局长任组长，其他副局长任副组长，各处（室、所、中心）主要负责人为成员的全省旅游安全工作领导小组及全省旅游安全应急管理协调委员会。同时还成立省假日旅游安全工作督查组。按照“年初计划有安排、日常时段有检查、季度半年有总结、特殊时期有措施、突发事件有预案”的思路，继续以黄金周、小长假（“五一”、“十一”、春节）和重大旅游节庆活动为重点，部署全省旅游行业开展地毯式的安全大检查，并派督查组赴各市督查，排查治理旅游安全事故隐患，落实安全防范措施。于3月份召开全省旅游行业管理工作会议，就年度的旅游安全工作作出部署，要求各市旅游部门与企业签订责任书。于4月份完成省安委会组织的旅游安全责任考核，落实旅游安全责任制和目标管理机制，推动旅游安全责任横向到边、纵向到底。

是年，省旅游局印发《关于切实做好2010年元旦春节旅游安全生产工作的通知》、《关于开展2010年春节黄金周旅游安全生产专项督查的通知》、《关于报送2010年旅游安全工作计划的通知》、《关于开展2010年五一旅游安全大检查的通知》、《关于开展全省旅游安全督查的通知》、《关于开展暑期旅游安全检查工作的通知》、《关于开展暑期旅游安全检查工作的补充通知》、《关于开展"十一"旅游安全检查和旅游市场检查的通知》、《关于加强旅游安全管理工作的补充通知》、《关于做好"十一"旅游交通安全事故善后工作的通知》、《关于切实抓好旅游团队安全保障工作的紧急通知》、《关于开展亚运会亚残运会旅游安全督查的通知》等，组织各地级以上市旅游局落实各项防范措施，消除旅游安全隐患，抓好企业法人主体责任落实。各市旅游局按照省旅游局的要求，召开旅游安全工作会议，部署安全工作，安全责任意识不断提高，安全生产局面不断好转。

继续以黄金周为重点，部署全省旅游行业开展地毯式、拉网式的安全大检查并组织督查。4月，组织各市旅游部门开展"五一"小长假安全大检查；9月，组织各市旅游部门开展"十一"黄金周安全大检查；10月，组织开展迎亚运旅游安全专项检查。派出督查组赴各市督查，每市抽查3～5家旅行社、星级宾馆（饭店）、A级景区（点）等旅游市场主体。

【学习贯彻安全法规】 2010年，广东省旅游局以全省旅游工作会议、行业管理工作会议为平台，组织各级旅游部门、旅游企业学习安全生产政策法规和各种文件精神。一是认真学习广东省安委会的文件和会议精神，加强"没有安全就没有旅游"的观念，增强工作责任感和使命感。二是组织学习国家关于安全生产的法规，如《国务院关于进一步加强企业安全生产工作的通知》、《中华人民共和国突发事件应对法》等，要求做到"三个绝不、四个到位"，即抓旅游安全绝不含糊、绝不手软、绝不懈怠，做到认识到位、领导到位、责任到位、措施到位。三是围绕工作重点环节和正确履行职责学习，突出抓旅行社用车、酒店消防、景区的游乐设施等环节，加强日常监管，做到"年初计划有安排，日常时段有检查，季度半年有总结，特殊时期有措施，突发事件有预案"，一级抓一级，层层抓落实，不断取得新成效。

【加强制度建设】 2010年，广东省旅游局进一步充实旅游安全工作领导小组、旅游突发事件应急协调小组，由党组书记、局长任组长，其他局领导担任副组长，各处室（所、中心）主要负责人为成员，分工合作、协调联动。旅行社、星级饭店的安全工作由行业管理处负责，旅游景区安全工作由规划统计处负责，广东国际旅游文化节等大型活动项目由主办单位负责，并按照"谁主管、谁负责；谁审批，谁负责；谁发证，谁负责"的原则，实行安全工作属地管理。在实际工作中，省旅游局坚持安全"一票否决"制度，无论旅行社审批、饭店星级评定，还是景区A级评定，或者精神文明创建、先进称号评比等，凡安全责任不落实、工作不到位，未经安监、质监、消防、卫生等部门认可的，一律不予审批或者评定。切实加强旅游安全标准化建设，加强与质监部门协作，制定旅游安全地方标准，于2010年初正式颁布《旅游安全管理 旅行社》、《旅游安全管理 星级饭店》、《旅游安全管理 海滨旅游》、《旅游安全管理 旅游景区》，同时配合国家旅游局修订《旅游饭店星级划分与评定标准》，指引旅游企业以标准化为抓手，明确职责、建章立制，经常开展安全隐患排查，做到整改措施、责任、资金、时限和预案"五到位"。

【加强安全检查】 2010年，广东省旅游局以旅游黄金周为重点，督促各地旅游主管部门依托政府主导、部门联动、行业参与机制，落实旅游安全防范措施，组织开展旅游安全检查。要求旅行社加强旅游团队安全意识，加强导游培训，严格遵守旅游汽车租赁制度，落实责任险，严禁租赁不符合安全资质的车辆接送旅游团队，杜绝旅游交通安全事故的发生。星级饭店要按规定做好消防设施检测，消除消防安全隐患，加强人员培训、严格操作规程、制定应急预案等工作，确保"一畅两会"（"一畅"即社会各单位必须畅通消防安全疏散通道和安全出口；"两会"即社会各单位从业人员会扑救初期火灾、会自救逃生）为主线的消防专项整治行动得到落实。旅游景区配合质监部门抓好大型游乐设施如索道、缆车、过山车等检测工作，严禁不达标的设施投入运营。对部分游客密集景点要加强巡查并采取分流疏导措施，合理控制游客容量，预防拥挤、踩踏事故发生。全年先后开展春节黄金周旅游安全大检查、"五一"旅游安全大检查、暑期旅游安全专项检查、"十一"黄金周旅游安全大检查，亚运旅游安全专项检查及专项督查。共派出督查组30个，出动人员72人次，检查企业260多家，各类旅游安全设施2000多处。通过高强度、地毯式的安全检查，推动安全工作关口前移、重心下移，促进安全防范措施落实。

【事故应急处置】 2010年6月29日，深圳东部华侨城太空迷航项目发生安全事故，致6人死亡、5人重伤；10月18日，港中旅（广东）国际旅行社赴美国旅行团在拉斯维加斯前往大峡谷的高速公路发生车祸，致2人死亡，9人受伤，其中2人重伤。10月21日，珠海拱北口岸中旅1个台湾游旅游团遭遇公路塌方，19人失踪。面对这些突发事故，省旅游局依托安全应急管理体系，迅速启动应急处置，主要领导挂帅，成立由省、市旅游局和相关企业构成的工作小组，召开紧急会议，下发紧急通知，要求各市各类旅游企业切实加强安全防范措施，并积极协调有关部门，加快游客搜救、伤员救治、安抚游客、善后处理等系列工作，维护广大群众的合法权益。如深圳东部华侨城太空迷航项目事故发生后，省旅游局立即启动《广东省旅游安全突发事故应急预案》，第一时间向省政府、国家旅游局报告，迅速研究部署，成立由局主要领导为组长的工作组，派员赶赴现场，了解事故原因，协助有关方面，全力救治受伤游客，妥善做好事故善后工作；召集旅游企业开会，并发出《关于开展旅游安全检查工作的通知》，要求各级旅游管理部门会同有关部门开展旅游安全大检查，排查旅游安全隐患，提高应对突发事件的能力；联合安监、质监等部门召开事故形势分析会，深刻查找原因，总结经验教训，研究部署旅游安全防范措施，共同研究认真做好伤亡者家属的安抚工作，协调有关部门启动保险理赔工作。

旅游创优与创强工作

【总体情况】 中国优秀旅游城市　1995年3月，国家旅游局印发《关于开展创建和评选中国优秀旅游城市活动的通知》，截至2010年底，广东省共6批18个地级市和3个县级市被国家旅游局命名为“中国优秀旅游城市”。具体创建时间为：广州市（1998年）、深圳市（1998年）、珠海市（1998年）、肇庆市（1998年）；中山市（2000年）、佛山市（2000年）、江门市（2000年）、汕头市（2000年）、惠州市（2000年）；韶关市（2001年）、清远市（2001年）、阳江市（2001年）；东莞市（2003年）、潮州市（2003年）、湛江市（2003年）、河源市（2003年）；梅州市（2005年）、茂名市（2005年）和南海市（2000年）、开平市（2003年）、阳春市（2007年）。

1998年12月1日，深圳市创建“中国优秀旅游城市”国家验收末次会议。

旅游强县（市）　2002年，国家旅游局部署创建旅游强县工作，并于2003年颁布《创建旅游强县工作导则》和《创建旅游强县工作指导意见》。广东省于2004年全面启动此项工作，截至2010年底，全省共7批18个县（市）评定为“广东省旅游强县（市）”。具体创建时间为：清远市清新县（2005年）；梅州市梅县（2006年）、河源市东源县（2006年）、清远市阳山县（2006年）、阳江市阳东县（2006年）；清远连州市（2007年）、云浮市新兴县（2007年）、肇庆市德庆县（2007年）、惠州市龙门县（2007年）；清远市英德市（2008年）、韶关市乳源县（2008年）、仁化县（2008年）、汕头市南澳县（2008年）；韶关乐昌市（2009年）、清远市佛岗县（2009年）；广州从化市（2010年）、广州增城市（2010年）、惠州市博罗县（2010年）被评定为“广东省旅游强县（市）”。其中梅州市梅县、清远市清新县于2007年被国家旅游局评定为“中国旅游强县”。

【广东旅游创优创强】 2010年，广东省旅游局加强对惠州博罗县、广州从化市、增城市的“旅游创强”工作指导，督促各县（市）以旅游创强为抓手，依托区位优势、交通优势和生态优势，实施政府主导型旅游发展战略，培育旅游产业特色精品，带动城市建设、生态保护、招商引资、产业结构调整和社会主义新农村建设，成为“广东省旅游强县（市）”。

惠州市博罗县　位于珠三角东部，总面积2858平方公里，是岭南文明古县之一，已有2200年历史。该县旅游资源丰富，以“以人为本、生态优先、文化引领”为目标，着力打造“一江一城两座山”休闲旅游品牌，把旅游业培育成为新的经济增长点，各项经济指标持续快速增长。2010年全县旅游接待人数429万人次，增长41%；旅游综合收入7.6亿元，增长53%。旅游资源开发有序推进，罗浮山景区启动创5A工程，象头山、葫芦岭、雷公峡、秋枫寨等正在升级改造。旅游住宿设施日臻完善，引进世界知名品牌，有100多家社会旅馆。旅游促销广泛宣传，筹集1000万元在公交车、主要街道、社区等悬挂灯箱广告，加强与主流媒体合作，与凤凰卫视联合开展“龙脉仙山、罗浮传奇”宣传活动。农家乐发展迅猛，每年举办如横河枇杷节、石湾韭黄节、福田菜心节等旅游节庆活动。各镇致力开发乡村旅游资源，将农产品转变为旅游商品、将农村转变为旅游景点，并开展“一镇一美食”活动。

广州增城市　地处广州市东部，珠江三角洲东北角，总面积1616.47平方公里。全国闻名的荔枝之乡。该市把旅游业确立为重点扶持、优先发展的支柱产业，推进三大主体功能区规划建设，实施全区域公园化战略和全区域旅游战略，开创增城旅游“大产业、大品牌、大发展”的新局面。2010年，全市接待游客1536.61万人次，同比增长29.13%；旅游总收入33.16亿元，同比增长31.75%。全市共有星级饭店12家，其中五星级饭店1家，四星级饭店3家；旅行社及其门市部37家，较大的旅游景区16个，还有农家乐388家，其中星级农家乐101家。增城大力发展农家乐旅游，鼓励农民在家门口创业，帮助农户办理证照，建设完善各项旅游配套设施，财政拿出200多万元，对农民开办农家乐、家庭旅馆进行补助，小楼、正果、派潭等地涌现出一大批风格独特、价钱公道、服务规范的农家乐项目。

广州从化市　位于广东省中部，广州市东北面，总面积1974.5平方公里。围绕建设“温泉之都，生态从化”的目标，政府投入20多亿元资金，着力打造“双百”工程。即“打造百里观光长廊，点缀百颗旅游明珠”；“三五”牌战略。即打造一批五星级宾馆、五钻级酒家和5A级旅游景区。发展“七大”特色旅游产品。即乡村风情、温泉养生、

2010年全省旅游工作会议为“广东省旅游强县（市）”颁发牌匾

森林度假、运动康体、文化欣赏、国际商务、饮食购物。2010年，全市接待游客突破1000万人次，旅游总收入达到35亿元，同比增长33%和36%。从化市有星级酒店14家，在建五星级酒店7家，包括引进社会资金80多亿元的从都度假村项目，国家4A级景区碧水湾，流溪河国家森林公园和石门国家森林公园等。从化市还积极推行“五道菜”：泥焗走地鸡、黑叶乌鬃鹅、流溪大鱼头、吕田炆大肉、桂峰酿豆腐；“五件礼”：一瓶酒（道上人酒）、一束花（玫瑰花）、一箱荔枝（钱岗糯米滋）、一盒化妆品（雅芳）、一粒钻石（东磷、永钊）；开发建设“生态型”、“运动型”、“怀旧型”、“休闲型”、“农耕型”、“口福型”六大特色乡村游（农家乐）项目，打造“百里农家乐旅游圈”。延长旅游产业链，增加旅游附加值，极大丰富农家乐的内涵。旅游项目直接吸纳1万多名从业人员，带动3万多名农民从事相关行业。

旅游标准化建设

【总体情况】　2010年，广东省旅游局认真学习国家旅游局制定的《全国旅游标准化发展规划（2009－2015）》和省政府颁布的《关于进一步实施技术标准化战略意见》，进一步加强旅游标准化建设，实施旅游标准化引领战略，积极争取政府相关部门支持，完善旅游标准化工作机制，加强组织领导、组建专家队伍，把标准化作为引导企业增强竞争力、提高旅游服务质量、促进旅游市场发展的重要平台来抓，努力构建一个引导、监督、管理旅游企业的标准化系统体系。

【颁布旅游地方标准】　2010年，省质量技术监督局以2010年第一号公告，正式颁布15项地方标准，其中包括广东省旅游局与省标准化研究院等单位联合制定的《旅游安全管理　旅行社》、《旅游安全管理　星级饭店》、《旅游安

全管理　海滨旅游》。至2010年底，全省已公布《温泉旅游服务规范》、《双人皮艇漂流旅游安全规程》、《地下河及溶洞旅游景区安全和服务规范》、《景区游乐安全管理要求》、《渔家乐休闲旅游服务规范》、《旅游安全管理　旅行社》、《旅游安全管理　海滨旅游》、《旅游安全管理　星级饭店》、《旅游安全管理　旅游景区》、《生态农业旅游区生态环境保护规范》、《广东省餐饮服务质量评定标准》、《旅游景区（点）服务质量》、《温泉旅游度假区服务管理》、《住宿业服务质量要求》14项涉旅地方标准。省旅游局加强与省质监局的沟通协调，提高全省各级旅游管理部门对标准化工作的认识，推动标准成为行业监管的重要抓手；组织旅游企业认真执行旅游标准，把标准转变成企业管理、信誉、服务等方面的“软实力”；推动行业协会和企业积极参与旅游标准化工作，把管理成果和实践经验上升为标准，提升企业质量管理水平；推动有关部门齐抓共管，加大广东旅游标准制修订力度，进一步健全旅游标准化管理和运行机制，促使旅游地方标准从传统旅游环节逐步向新兴旅游项目和服务方面发展；研究进一步拓展标准覆盖领域，如推行观光旅游、度假旅游、养生旅游、自驾车游等新兴旅游项目标准，乡村旅游管理规范、旅游公共服务标准、旅游信息分类与交换标准、旅游电子商务发展模式及行业标准、旅游网络运营标准、旅游卫星账户建设和维护标准、旅游产品科技化标准等，不断提高工作水平。

【创建全国旅游标准化试点企业】　2010年，国家旅游局确定11家旅游标准化试点省、市、县（区）和67家试点企业为全国旅游标准化试点单位，发布《旅游标准化试点评估系列标准》，建立旅游标准化试点工作信息交流平台，先后召开多场工作会议，颁布16项国家旅游标准。其中，广州广之旅国际旅行社股份有限公司、深圳华侨城股份有限公司、广州白云山风景区、港中旅（珠海）海洋温泉有限公司被评为“全国首批旅游标准化试点企业”。省旅游局按照国家旅游局的总体要求，制定工作方案，创造性地开展工作。一是加强标准学习贯彻。认真领会《全国旅游标准化工作管理办法》、《全国旅游标准化发展规划》、《全国服务业标准化发展规划》、《关于推进服务标准化试点工作的意见》、《服务业标准化试点实施细则》等文件精神，贯彻国家旅游局颁布的旅游标准，如导游服务规范、旅游业基础术语、旅游景区服务指南、旅游购物场所服务质量要求等。二是加强对试点企业的指导。要求试点企业按照国家旅游局《关于全面推进旅游标准化试点工作的通知》、《全面推进旅游标准化试点工作细则》及《全国旅游标准化试点任务书》的要求，制定试点工作方案，成立主要负责人担纲的领导小组，建立试点信息交流平台，深入推进有关工作。

各有关企业学习借鉴先进经验，完善工作方案，推进相关工作。广之旅率先制定企业国内游全陪、入境游地陪、出境游领队、国内游计调等系列企业标准，如《门市部服务管理规范》、《非法人分社服务管理规范》、《广之旅文明服务承诺》、《计算机使用规则》、《“高品保”产品要求》、《修学旅游产品与服务》、《金品广之旅产品要求》等，并作为首家通过ISO9001质量管理体系认证的旅行社，每年接受并通过认证机构的审核，保证质量管理体系的持续有效运行。珠海海泉湾以标准化管理为手段，推进园区硬件设施改善，完成对园区桥梁、温泉管道、园区主道路、酒店楼梯、客房栏杆、内湖木栈道、主题餐厅、酒吧洗手间、景观绿化等数百个工程项目的改造，有选择的在服务提升、电子商务、试点工作宣传等重要内容方面率先突破，完成《海泉湾管理服务标准体系构建思路》、编写《海泉湾温泉管理实务手册》，推行金钥匙服务，荣获广东省滨海旅游示范景区，珠三角最佳休闲度假目的地、中国休闲创新奖旅游景区创新奖等荣誉。白云山景区认真学习聘请省标准化研究院予以指导，通过ISO9001、ISO14001质量管理环境体系双认证，积极编写《白云猪手》、《特色豆腐》、《24小时服务热线文明礼仪服务规范》、《游客投诉管理规范》、《白云山服务经营管理规范》、《环境卫生保洁工作管理规范》、《白云山风景区高峰期游客安全处置规范》、《索道管理规范》等企业标准。华侨城集团集合下属各企业的智慧，形成一套较为完善的《华侨城主题公园标准体系》，主要由华侨城主题公园通用标准和华侨城主题公园产品标准两大板块构成。通用标准包括《华侨城旅游服务规范》、《华侨城主题公园运营管理标准》和《华侨城主题公园规划设计指引》三大内容，涵盖主题公园从规划建设、到服务规范、运营管理等内容。产品标准形成比较完善的有《欢乐谷连锁经营标准体系》、《东部华侨城茶溪谷企业标准体系》等系列，还制定《旅游标准化工作管理暂行办法》，对旅游标准的制定、审查、发布以及经费、奖励等作了明确规定。

旅游质量监督管理工作

【总体情况】 2010年，广东省旅游质监系统全面贯彻落实《国务院关于加快发展旅游业的意见》和全省旅游工作会议的精神，深入推进《关于加强旅游服务质量和市场秩序监督管理工作的意见》和《旅游服务质量提升纲要（2009—2015）》的实施，紧紧围绕旅游服务质量提升年，着力提高旅游企业和从业人员的法规意识和质量意识，坚持一手抓好旅游市场监管整治，一手抓好旅游服务质量提升，积极推动全省旅游质量监督管理工作发展。全省各级旅游质监所接到各类旅游投诉共618件，正式受理投诉438件、1758人次，比上年减少185件、905人，同比下降29.7%和33.9%。其中结案438件，为旅游者挽回经济损失59.96万元，比上年同期减少7万元。(见附表)

【旅游市场监管与投诉】 2010年，按照《关于开展2010广东省旅游服务质量提升年活动的通知》（粤旅［2010］18号），广东省旅游质监系统严格检查《旅行社条例》及《实施细则》的贯彻落实情况，纠正并查处违法、违规经营行为，全面优化旅游服务环境。按照国家旅游局做好旅游质监工作具体要求，结合广东已设立的旅行社分社和服务网点经营中出现的问题，于4月下旬至5月上旬和9月下旬至10月中旬，在全省范围内先后组织两次旅游市场检查活动。旅行社重点开展对旅游广告、旅游合同、旅游行程、旅游保险、旅游租车合同、安全生产档案等检查；旅游景区重点开展对大型游乐设施、登山道路、水上交通、山林防火、警示标志等检查。星级酒店重点开展对安全生产设施、消防意见书、卫生许可证、安全生产制度、应急预案制定及演练情况等检查。据统计，全省旅游质监系统共开展检查活动394次，出动检查2039人次。联合公安、工商、交通、文化、物价、卫生、质监等部门共开展检查79次。全年累计检查旅游企业2254家，其中旅行社（服务网点）829家，饭店644家，景区（点）518个，旅游车船公司54个，旅游购物点151个，旅游演艺场所19个，其他旅游服务单位70个。在导游IC卡检查方面，共检查带团人员1385人，共下发《责令限期整改通知书》40份，处罚导游从业人员7人，查处违规经营行为9宗，处罚金额达29万元。

是年，全省旅游质监系统以贯彻落实《旅游投诉处理办法》为契机，从单一受理旅行社投诉，逐渐转变到受理旅游者对各类旅游服务企业的投诉。从2010年7月1日起，广州地区原省属旅行社质量投诉工作划归广州市旅游质量监督管理所受理，实行属地管理。为进一步开展2010旅游服务质量提升年活动，加强旅游质监部门信息交流和工作协作，全省旅游质监系统建立全省旅游质监信息联络员工作机制，22个市（区）旅游局推荐一名信息员，负责促进、协调省旅游局部署质监信息的组织工作，开通广东旅游质监系统QQ群。

【宣传引导旅游消费】 2010年，广东省旅游质监系统加强旅游消费宣传引导，各级旅游质监所积极开展旅游消费教育和指导工作，建立旅游消费警示与提示机制，通过主要媒体加大宣传《旅行社条例》、《导游员管理条例》、《旅游投诉处理办法》，让旅游者和旅游经营者熟悉法规和有关知识，认真解答广大游客所关注的旅游热点、难点问题。

是年，省旅游质量监督管理所参加粤港澳“3.15”国际消费者权益日“服务与消费”为主题的宣传咨询活动，现场处理群众投诉，解答群众关注的热点问题，派发《文明旅游·理性消费》品质旅游出行提示，引导游客理性消费、依法维权，让广大游客享受更高品质的旅游服务。珠海、中山、清远等旅游质量监督管理所、丹霞山风景名胜管委会、中山聚龙湾温泉度假村、广东南湖国际旅行社、开平碉楼等相关单位参与此次活动。“3.15”前夕，《中国旅游报》刊登广东《做好旅游服务质量年工作，积极开展“表里如一”市场整顿行动》的专版。

【12301旅游服务热线】 2010年，韶关市为广东省首个开通12301旅游热线地级市，在全国旅游信息会议上受到国家旅游局表扬。省旅游质量监督管理所正加大资源整合力度，力争尽快启动全省12301旅游服务平台，逐步完善12301旅游服务热线的旅游咨询、投诉、救援、提示等功能，打造旅游资讯公益平台

【2010年全省旅游投诉情况】 从2010年广东省20个地级以上市旅游质监机构（深圳市、顺德区未列入统计范围）报送《旅游质监机构处理投诉工作统计报表》汇总分析表明：

三大市场情况

2010年，从全省正式受理的483件旅游投诉情况看，

入境游投诉28件，占投诉受理总数的6.4%，比上年增加26件，同比增长92.9%；国内游投诉346件，占投诉受理总数的78.9%，比上年减少163件，同比下降32.0%；出境游投诉64件，占投诉受理总数的14.6%，比上年减少48件，同比下降42.9%。(见附表)

被投诉对象情况

投诉旅行社264件，占投诉受理总数的60.3%，比上年减少178件，同比下降40.3%；投诉饭店42件，占投诉受理总数的9.6%，比上年增加6件，同比增长14.3%；投诉景点47件，占投诉受理总数的10.7%，比上年减少45件，同比下降48.9%；投诉交通32件，占投诉受理总数的7.3%，比上年增加24件，同比增长75%；投诉购物8件，占投诉受理总数的1.8%，比上年减少21件，同比下降72.4%；投诉餐饮8件，占投诉受理总数的1.8%，比上年增加5件，同比增长62.5%；其他类投诉37件，占投诉受理总数的8.4%，比上年增加24件，同比下降64.9%。(见附表)

投诉的主要问题

投诉旅游行程中降低住宿、交通和餐饮等服务标准114件，占投诉受理总数的26.0%，比上年增加20件，同比增长17.5%；投诉旅行社未经游客同意擅自增减游览项目23件，占投诉受理总数的5.3%，比上年减少57件，同比下降71.3%；投诉导游服务质量问题41件，占投诉受理总数的9.4%，比上年减少19件，同比下降31.7%；投诉因航班等交通工具导致行程延误或变更32件，占投诉受理总数的7.3%，比上年减少26件，同比下降44.8%；其他非旅行社责任问题228件，占投诉受理总数的52.1%，比上年减少103件，同比下降31.1%。(见附表)

投诉主要特点

投诉总量与上年同比下降幅度较大。按照国家旅游局《关于开展旅游服务质量提升年活动的通知》要求，全省各级旅游质监所积极开展旅游服务质量专项治理活动，针对“一日游”、强迫购物和参加自费项目、旅游合同、旅游广告等游客反映比较集中的问题以及赴台旅游、出境旅游等重点市场开展专项检查和集中治理，根据《旅行社条例》等法律法规，强化旅游企业的服务意识，减少旅游服务质量投诉。

旅游行程中降低住宿、交通和餐饮等服务标准类投诉占投诉受理总数的比例较大，比上年略有上升。投诉旅游行程中降低住宿、交通和餐饮等服务标准共114件，占投诉受理总数的26.0%，比上年增加20件，同比增长17.5%。一方面由于旅行社服务意识不强，为降低团费招揽游客或减少经营成本不为团队派全陪或领队，又对地接社接待服务监控不到位或缺乏监控，地接社擅自降低服务等级标准，导致游客权益受损，引发投诉；一方面由于旅行社市场竞争剧烈，低团费收客，致使旅游服务质量下降。

旅行社未经游客同意擅自增减游览项目类投诉下降71.3%。《旅行社条例》及《旅行社条例实施细则》规定旅行社未经游客同意不得擅自增减游览项目，否则将受到严格的处罚。《条例》实施以来，全省各级旅游质监所通过组织旅行社宣贯《旅行社条例》及《旅行社条例实施细则》，加强对旅游合同的检查，对旅行社遵守合同约定，诚信经营等方面起了很好的约束作用。上述投诉问题虽有明显下降，但仍有个别旅行社导游变相胁迫游客参加自费项目或增加购物次数，不仅损害游客合法权益，也损坏旅行社形象，为此旅行社应强化对导游的服务质量管理，对导游带团服务过程进行有效的监控。

景点（区）投诉下降，景区服务人员素质有所提高，游客在景区被迫“烧高香”问题整治效果明显。多数旅游景区已开始注重人才队伍建设，招聘较高学历的旅游服务人员，提高旅游服务人员素质是景区投诉下降的原因之一。近几年，随着宗教旅游的渐趋火热，出现一些问题，诸如部分导游强拉或诱导游客和信教民众花高价“烧高香”，扰乱了宗教旅游场所秩序，侵犯消费者的合法权益。部分宗教旅游场所对燃香活动管理不力，对景区的文化资源和生态环境造成破坏。2010年3月，国家旅游局、工商总局、质检总局、宗教局、文物局、标准委等六部门联合召开规范全国宗教、旅游场所燃香活动电视电话会议，对规范宗教、旅游场所燃香作了明确表态：规范燃香、文明进香。全省部分旅游质监所也联合宗教等相关部门，在宗教旅游景区开展规范燃香活动专项检查，打击强拉游客烧香许愿、骗取钱财等违法违规行为，维护游客合法权益。

旅游企业普遍存在对游客投诉处理不积极，处理态度差等问题。在日常的旅游投诉处理中发现，有的旅游企业工作人员对待游客的投诉态度恶劣，语言粗鲁，不是仔细询问投诉的原因、积极查找解决问题的办法，而是直接回绝游客，结果在很大程度上激怒了游客，使得游客采用其他方式投诉。某旅行社组织游客旅游，游览某景点时导游未带游客上山，游客因不慎在景区摔倒。游客提出赔偿医疗费等请求，但该社接待投诉的人员在接到游客的投诉后，却认为游客的投诉没有证据，不给予赔偿，并放言不惧投诉。最终，游客除了向该省市质监部门投诉外，还向有关领导投诉，使旅行社陷于被动；对游客正当的投诉请求存在“拖”、“躲”的心态。

（符常青）

链接：2010年，国家旅游局与国家工商行政管理总局联合制定《团队出境旅游合同（示范文本）》等三个合同文本。

（下转第95页）

2010年广东旅游投诉受理结案情况

类别 年度	正式受理件数	投诉人次	理赔金额（万元）
2010年	438	1758	59.9
2009年	623	2663	76.9
与2009年同比（%）	-29.7	-33.9	-9.1

2010年广东三大旅游市场投诉情况

类别 项目	受理总数（件）	入境游	国内游	出境游
2010年	438	28	346	64
占受理总数比例（%）		6.4	78.9	14.6
2009年	623	2	509	112
占受理总数比例（%）		0.3	81.7	17.9
与2009年同比（%）	-29.7	+92.9	-32.0	-42.9

2010年广东旅游被投诉对象情况

类别 项目	总件数	旅行社	饭店	景点	交通	购物	餐饮	其他
2010年	总数	264	42	47	32	8	8	37
占总数比例（%）		60.3	9.6	10.7	7.3	1.8	1.8	8.4
2009年	总数	442	36	92	8	29	3	13
占总数比例（%）		70.94	5.77	14.76	1.28	4.65	0.48	2.08
与2009年同比（%）		-40.3	+14.3	-48.9	+75	-72.4	+62.5	-64.9

2010年广东旅游投诉问题分类情况

类别 年度	受理总件数	降低服务标准	擅自增减项目	导游未尽职责	延误变更行程	非旅行社责任
2010年	件数	114	23	41	32	228
所占百分比（%）		26.0	5.3	9.4	7.3	52.1
2009年	件数	94	80	60	58	331
所占百分比（%）		15.1	12.8	9.6	9.3	53.13
与2009年同比（%）		+17.5	-71.3	-31.7	-44.8	-31.1

旅游资源与市场开发

旅游宣传促销

【国内旅游客源市场营销】 *国内旅游展* 2010年，广东省旅游局先后组团参加第十四届中国东西部合作与投资贸易洽谈会旅游交易会、浙江（上海）旅游交易会暨世博旅游主题展、第五届华中旅游博览会、中国国际旅游商品博览会、北京国际旅游博览会暨北方旅游交易会、中国国内旅游交易会、中国国际旅游交易会、首届丝路明珠喀什噶尔国际旅游节、中国桂林国际旅游博览会、第六届海峡旅游博览会等。

旅游促销活动 从3月份开始，省旅游局与相关市旅游局联合赴湖北、湖南、上海等地开展联合宣传推广活动。4月19日，省旅游局组团参加广东产品江西行活动，粤赣两省旅游管理部门及相关旅游企业分别签署旅游合作协议。4月21日，省旅游局组团参加广东产品福建行活动，粤闽两省旅游管理部门及相关旅游企业分别签署旅游合作协议。5月21日，省旅游局联合广东省13个对口援建市组织策划“大爱无疆 旅途有情 走进新汶川”系列活动。5月22日，省旅游局和阿坝州人民政府在汶川联合主办“中国·阿坝州首届国际大樱桃节”。

【国际旅游市场开拓】 *国际旅游展* 2010年，广东省旅游局组团参加国家旅游局组织的西班牙马德里旅游展、印度国际旅游展、美国迈阿密邮轮博览会、韩国首尔国际旅游展、香港国际旅游展、德国法兰克福世界会议与奖励旅游展、第五届海峡两岸台北国际旅游展、澳门世遗旅游博览会、美国芝加哥会议及奖励旅游展、加拿大蒙特利尔国际旅游展、英国伦敦国际旅游展等境外大型旅游展销会。

旅游促销活动 省旅游局组团参加德国柏林国际旅游交易会、意大利“中国文化年”宣传推介活动、东南亚旅游巡回推广活动、“中越友好年 旅游共携手”越南促销活动、亚太旅游协会旅游交易会等旅游宣传促销活动。

2010年4月23日至5月2日，省旅游局与香港旅游发展局联合赴美国和加拿大举行6场旅游推介会，向美加华侨领袖及商会代表、旅游业界和媒体推介粤港“一程多站”旅游线路及主题节庆活动，发布华人华侨旅游年各项优惠和便利措施。共有100多家媒体、超过300家旅行商或航空公司负责人参加系列推介活动。6月底至7月初，省旅游局与香港旅游发展局联合赴英国、法国开展“华人华侨旅游年”促销活动，向英法华侨领袖及商会代表、旅游业界和媒体推介粤港“一程多站”旅游线路及主题节庆活动，发布华人华侨旅游年各项优惠和便利措施。全年接待来自新加坡、泰国、马来西亚、日本、俄罗斯、波兰、西班牙、美国、希腊、印度、韩国、肯尼亚等地的旅游部门或领事馆官员，共洽合作事宜。

【“春游粤港 ‘三八’同乐”活动】 2010年2月至3月，广东省妇女联合会、省旅游局和香港旅游发展局共同举办“春游粤港 三八同乐”活动。2月27日上午，广东省副省长万庆良，省政协副主席、省妇联主席温兰子等出席在广州火车东站举行的“春游粤港 三八同乐”首发团仪式。由省直单位和广州各界妇女近500人组成的首发团在广州乘坐直通车出发前往香港旅游，来自深圳、珠海、佛山、东莞、中山、江门、清远等市的500多名各界妇女也同时分赴香港。千名广东妇女抵达香港后，香港旅游发展局于沙田马场举行欢迎仪式及富有特色的新春千人盆菜宴。此次策划的活动线路有增城绿道游、肇庆丽人游，粤北特色游、伟人故乡中山游、佛山魅力游、浪漫之旅珠海游等。

【上海世博会“广东活动周”】 2010年7月28日至8月1日，由中共广东省委、省政府主办的2010年上海世界博览会（下称“世博会”）“广东活动周”在上海世博园区举行。按照《2010年上海世博会广东活动周总体工作方案》，为配合省世博办、省文化厅搞好世博会“广东周”活动，省旅游局组织250多人的旅游分团参加“广东活动周”相关活动的启动仪式。团长由省旅游局局长杨荣森担任，副局长王志红任副团长，市场开发处负责协调旅游分团的组织工作。

省旅游局确定由各市旅游局分别组织10名相关人员组成广东旅游分团。所有参加活动人员统一着装、佩带证件，严格遵守世博园的各项管理制度。佛山市顺德区政府于7月28日在上海举办第五届中国（顺德）岭南美食文化节之上海顺德美食月活动开幕仪式。活动期间将举办“两地美食同乐会”、“上海名家粤菜同行厨艺比赛”等活动。

【台湾·广东周】 2010年8月16日，由广东省旅游协会、台湾旅行商业同业公会总会联合主办，台北市旅行商业同业公会协办的“万人游台湾”首团欢迎仪式在台北中山纪念馆外广场举行。广东省省长黄华华、台湾观光事务主管部门负责人赖瑟珍、台湾旅行商业同业公会总会理事长姚大光出席首团欢迎仪式并致辞，共同推杆启动“万人游台湾”活动。副省长刘昆、省政协副主席徐尚武、广州市市长万庆良、省旅游局局长杨荣森等领导出席首团启动仪式。2500多名广东首团游客参加欢迎仪式。

黄华华强调，广东是祖国大陆第一经济大省和最大的旅游客源地，台湾有丰富的旅游资源和发达的旅游组织，加上粤台地缘相近、人文相亲，两地旅游产业发展互补性强，合作前景十分广阔。此次广东精心策划的“万人游台湾”活动，在8月份将有省内13家旅行社组织超过1万名广东游客来宝岛观光旅游，这对于增进粤台民众的相互了解和深情厚谊，促进两地旅游经济互惠互利和共同发展，十分有利。希望粤台旅游组织以举办此次活动为契机，进一步完善合作机制，拓展合作领域，推动粤台旅游交流合作不断深入发展。8月19日，省长黄华华在日月潭游览观光时，受到参加“万人游台湾”活动的广东游客热情问候。

8月17日，粤台旅游交流午宴在台北举行。省旅游局局长杨荣森、副局长王志红与台湾旅游业界开展广泛的交流。同日，举行“台湾　广东周”开幕仪式，广东省旅游协会与台湾观光旅游协会、长荣集团，广东旅行社行业协会与台湾旅行商业同业公会总会，长隆集团与台湾中国旅行社分别签署战略合作框架协议。根据协议，粤台旅游业界将在组织客源互动、互相宣传旅游资源与产品、景区开发与管理等方面展开合作。

8月18日，“台湾·广东周”粤台旅游说明会暨广东旅游图片展在台中隆重举行。省旅游局副局长王志红、台湾旅行商业同业公会总会理事长姚大光、台中市旅行商业同业公会理事长黄耀德等嘉宾，以及粤台旅游和媒体业界人士共300多人参加。同日，举行的粤台旅游说明会暨广东旅游图片展，粤台两地旅游业界再次签署多项旅游合作协议，包括：台澳江肇旅游黄金线路推广合作协议，清远市旅游协会与高雄县产业观光发展协会战略合作协议，湛江市湖光岩风景区与台湾南投县日月潭风景区合作协议，广之旅国际旅行社与台湾华府旅行社、南湖国旅与凤凰国际旅行社签订大陆居民赴台旅游组团社与台湾地接社合同。在整个“台湾·广东周”期间，广东省台湾游组团旅行社共组织近万名游客前往台湾旅游，为台湾创造约8000多万元人民币的商机。

【第五届海峡两岸台北旅展】 2010年8月13～16日，由海峡两岸旅游交流协会和台湾观光旅游协会（下称”台旅会”）共同主办的第五届海峡两岸台北旅展在台北市世贸中心展览馆举行。大陆31个省（市、区）184家近1200人参展。广东省旅游局牵头组织省政府办公厅、公安厅、财政厅、物价局等省直部门代表，韶关、河源、江门、东莞、佛山5个地级市和乳源等10个县政府及旅游管理部门代表和广东13家台湾游组团社等主要旅游企业负责人共73人参展。认购展位20个，展区面积198平方米。展台整体特装，以“岭南文化”、“活力商都”、“黄金海岸”、“美食天堂”四大旅游品牌为主要内容，突出展示2010年世界旅游日全球主会场庆典暨中国广东国际旅游文化节活动和世界自然遗产丹霞山、开平碉楼等主要景区（点）。4天的参展共接待咨询游客多达6万多人次；现场派发各类旅游宣传资料约15万份，派送精美纪念品、小礼品2万多份；副局长梅其洁接受台湾行遍天下、旅游界周刊等报纸和电视台等媒体的采访。开幕式当天，国家旅游局局长邵琪伟、副局长杜江及台旅会会长赖瑟珍亲临广东展区。广东布展获海旅会颁发的“最佳组织奖”。

【与网易签订战略合作协议】 2010年8月29日，广东省旅游局与网易战略合作协议签署仪式暨“绿动全球”网络游戏启动仪式在广州举行。国家旅游局副局长王志发，广东省副省长刘昆，省旅游局局长杨荣森，网易副总裁、总编辑李甬，省旅游局巡视员曾维炳，副局长张振林、王志红、梅其洁，副巡视员林上福，网易CEO助理、总裁办总经理周炯，以及国家旅游局、省政府办公厅、省政府新闻办等相关单位，部分市旅游局领导及旅游企业代表出席活动。

王志发赞扬广东省旅游业勇于创新、积极进取的开拓精神，认为广东省旅游局与网易的战略合作具有创造性。广东旅游产业发展创造的经验，引领全国旅游业的发展，在全国都具有示范性的意义。在旅游消费大众化和“三网”一体化新时代到来的背景下，广东省旅游局与网易开展战略性合作具有前瞻性。希望双方战略合作能够取得丰硕的成果，能够为广大游客提供便捷的旅游服务，为旅游业由传统产业向现代服务业发展做出突出贡献。

刘昆表示，广东作为全国旅游综合改革示范区和先行者，在旅游营销方面屡有创新。旅游业作为21世纪的高成长性行业，旅游市场的推广与互联网的结合将越来越紧密。广东省旅游局与国内知名门户网站网易签订战略合作协议，就是要将旅游市场开发与网络营销更好地结合起来，探索一种基于网络的全媒体营销模式，这也是省旅游局贯彻落实《国务院关于加快发展旅游业的意见》和省委省政府《关于加快广东旅游业改革与发展建设旅游强省的决定》的重要创举，必将有力推动旅游业发展创新，加快旅游业转型升级，做强做大旅游产业。同时，“绿动全球”作为国内首个将旅游推广与网络游戏相结合的范例，突破传统旅游营销模式，具有重要的创新意义和实践价值。

杨荣森指出，“绿动全球”是广东省旅游局与网易共同设计研发的一款在线互动游戏，也是国内首个将旅游推广与网络游戏相结合的范例。它突破传统旅游营销模式，第一次通过在线互动游戏，将旅游形象和产品的宣传拓展到更广阔的领域；是旅游宣传推广的一大创新。“绿动全球”游戏以2010年世界旅游日的主题——“旅游与生物多样性”为核心，通过游戏的方式唤起全世界网友对地球、对生命的热爱，从而真正身体力行地去践行环保、低碳的生活，推动绿色旅游经济发展。

梅其洁与网易副总裁、总编辑李甬签订双方战略合作协议，林上福与网易CEO助理、总裁办总经理周炯签署“绿动全球”网络游戏合作协议书。

广东省旅游局与网易签署战略合作协议。

【参加首届丝路明珠——喀什噶尔国际旅游文化节】 2010年8月15～20日，应喀什地区行署和喀什地区旅游局邀请，广东省旅游局纪检组长、监察专员黎增丰率广东旅游代表团赴喀什参加首届丝路明珠——喀什噶尔国际旅游文化节暨第五届新疆旅游商品大赛与展销（以下简称“旅游文化节”）。这是省旅游界首次率团赴喀什考察交流。

其间，广东旅游代表团参加旅游文化节开幕式文艺晚会、第五届新疆旅游商品大赛与展销会、旅游高层论坛、对口援疆省市旅游座谈会、疏附县旅游景点和资源推介会、首届伽师瓜旅游文化节等活动，并现场考察喀什市、疏附县、伽师县、麦盖提县和克州等地旅游接待设施、旅游资源和产品等。

广东省旅游业界重点开展的工作包括：建立健全旅游援疆工作联络协调机制，为双方政府部门及旅游企业搭建合作平台；协助支持“两县一市”编制旅游产业发展规划和专项旅游规划；组织省内旅游企业参加喀什地区举办的旅游投资洽谈会或招商会，引导主要旅行社在喀什设立分支机构，引导有实力的旅游投资商投资喀什地区旅游景区、酒店、旅游产业园等项目；争取具有发展潜力的旅游项目纳入国家或广东省对口援建项目，推动喀什创建国家4A级景区以及特色旅游乡镇；推动广东与新疆旅游市场合作，吸引更多广东游客到新疆旅游。组织省内主要旅游业界、媒体到喀什考察，邀请喀什旅游局来广东举办新闻发布会和旅游推介会，联合南方航空公司和广东主要旅行社共同策划推广喀什航空与旅游连线产品；配合广东对口支援新疆工作前方指挥部策划旅游节庆活动等。

【第五届惠州国际（高尔夫）旅游节】 2010年12月8日，由广东省旅游局和惠州市人民政府联合主办的第五届惠州国际（高尔夫）旅游节在汤泉高尔夫俱乐部举行。中纪委原常委祁培文、广东省副省长刘昆、省人大常委会原副主任李近维、省政府副秘书长刘晓捷、省旅游局局长杨荣森，省住房和城乡建设厅、省体育局、省林业厅等有关部门领导和惠州市四套班子领导，以及省内外知名旅游企业代表和媒体记者参加开幕式。刘昆宣布第五届惠州国际（高尔夫）旅游节开幕。惠州市委书记黄业斌、市长李汝求分别致辞。惠州市副市长杨灿培主持开幕式。

本届旅游节以“休闲高尔夫，魅力新惠州”为主题，旨在充分展示惠州以高球景区为代表的旅游资源，以高球休闲运动引领惠州旅游产业发展新方向。共举办罗浮山“中药养生园”建设启动式、“南昆山生态旅游公园”建设启动式、惠阳客家旅游文化节、惠东“阳光、沙滩、海浪”旅游节、第二届惠阳客家饮食文化节、第十届中国职业模特大赛总决赛、大亚湾“渔家风情”旅游节、首届龙门美食文化节、首届大亚湾自驾游沙滩文化欢乐晚会等活动。

【旅游宣传推介】 2010年，广东省旅游局加大旅游宣传的投入。先后在凤凰卫视上投放“活力广东”旅游形象宣传广告，联合各市与旅游卫视、南方卫视、中国旅游报等媒体，制作139期专题旅游节目和专刊旅游报道；结合2010广东华人华侨旅游年活动，与亚洲电视联合制作13期《岭南寻根之旅》专题旅游节目；借助广州举办2010广州亚运会及亚残运会的契机，与香港大公报联合制作10期《活力广东行》系列旅游专版广告，大力宣传亚运旅游；此外，各大新闻媒体对广东旅游业发展高度关注，对广东旅游给予全面、广泛、深入的宣传报道，全年共刊登或播出各类旅游新闻报道超十万篇（次）。

（白登亮供稿，涂继文整理）

“2010广东旅游好新闻”奖项

报纸网络类·中央及省级媒体（含港澳媒体）

刊播单位	作者	题目	体裁	奖项
南方日报	陈戈等	激情亚运　活力广东	专题	特等奖
新华社广东分社	赖少芬	错峰出游可造“双黄金周” “最折腾假期”有望成为“最吸金假期”	通讯	一等奖
广州日报	陈薇薇等	3.15记者暗访——卧底超低价团	专题	一等奖
人民日报社广东分社	邓圩	武广高铁带来粤湘鄂旅游“大变脸”	通讯	一等奖
南方日报	陈戈	广东：每月制造一个“万人游台湾”	特别报道	一等奖
羊城晚报	黄海云	多处新景点羊城换新貌，广州人爱上广州一日游	消息	一等奖
中新社广东分社	李凌	千年古刹南华寺名校招贤　办英文网站推介禅宗文化	通讯	二等奖
广州日报	王飞等	欧洲游也变“回扣游”	通讯	二等奖
南方新闻网	任洁璐等	畅游广东·亚运旅游精品景区	专题	二等奖
中国旅游报广东记者站	陈熠瑶	广东试行国际旅游休闲计划回顾与展望	专版	二等奖
网易	骆景等	2010世界旅游日主会场庆典	专题	二等奖
南方日报	蔡华锋等	揪心！广东10游客仍无消息	消息	二等奖
南方都市报	陈坚盈等	十项至爱目的地（线路）话你知——广东人最喜爱的旅游目的地（线路）评选结果揭晓	通讯	二等奖
深圳特区报	蔡良焕	星级酒店取消“八小件”不易	通讯	二等奖
羊城晚报	王敏等	沿绿道　珠三角美景一路畅游	专题	二等奖
中新社广东分社	莫非等	经济观察：两年间台湾游经历四大变化	消息	三等奖
广州日报	王飞	退休老人新活法：卖掉房子游世界	通讯	三等奖
深圳特区报广州记者站	李明	逾七成网民选择在线旅游消费	消息	三等奖
人民日报社广东分社	邓圩	亚运火了“新广州游”	消息	三等奖
香港商报广东办事处	李斌等	品鉴岭南将融会创作	消息	三等奖
信息时报	李杉	丹霞列入世界遗产名录	专题	三等奖
广州羊城地铁报	李晓洁等	“亚运礼包”一日游昨启动	消息	三等奖
香港大公报广州办事处	黄宝仪等	岭南瑰宝　百粤冠祠	消息	三等奖
中国旅游报广东记者站	方梅	为了汶川更美好的明天——广东旅游界“旅途有情，大爱无疆，走进新汶川”系列活动纪实	通讯	三等奖
民营经济报	严钰	“最折腾”假期变“最吸金假期”	通讯	三等奖
新快报	陈镟	亚运“粤”玩“粤”精彩	专题	三等奖
南方日报	蔡华锋	零负团费问题根在恶性竞争	消息	三等奖
羊城晚报	程行欢	98元两日游　导游翻脸涨6倍	专题	三等奖

广播影视类·中央及地方媒体

刊播单位	作　者	题　　目	体　裁	奖　项
广东电视台	陈章瑾	2010 世界旅游日暨广东国际旅游文化节开幕	新闻	特等奖
广东电台羊城交通台	冯竞玉等	绿道、让城市更美好	新闻专题	最佳专题奖
南方电视台	黄　刚等	“免费广州一日游”今日开始派送	新闻	一等奖
广东电台	梁春梅	中国旅游经济广东最强劲，旅游总收入占全国的 1/5	消息	一等奖
广东电视台	陈章瑾	丹霞山：充满文化味的自然遗产	新闻	二等奖
南方电视台	李佳佳等	台湾·广东周“万人游台湾”启动　广东今年赴台人数有望超 18 万	消息	二等奖
广州电台	徐　宏	锐意创新，广东旅游局首创生态网游	消息	二等奖
广州电视台	许　峰等	荔枝湾涌擦亮广州游新名片　市长亲体验	长消息	二等奖
广东电视台	吴琳琳	国庆长假　广东各旅游景点游人如织	新闻	三等奖
南方电视台	王　升等	亚运熊猫自带干粮　今晚驾临广州	专题	三等奖
广东电台	梁春梅	省旅游局副局长坦言，在广东从来不敢泡温泉	消息	三等奖
珠江经济台	杨晓红	2010 年广东旅展今天开幕	消息	三等奖
广东电台	赵钊怡	亲民票价，一流感受，广州大剧院参观活动受市民热捧		三等奖
广州电台	钟　慧	新广州一日游启动，亚运一日游吸引市民眼球	消息	三等奖
广州电视台	区　里	《好桥美家游》之“肇庆”（上·下集）	专题	三等奖
广州电视台	许　峰等	岭南文化闪耀广东周 世博会掀起“广东热潮”	消息	三等奖

报纸网络类·地市级媒体

刊播单位	作　者	题　　目	体裁	奖　项
珠海特区报	陈素璧	图解绿道　畅游珠海文化大观园	通讯	一等奖
东莞日报	王红林等	玩转东莞旅游文化节	专题	一等奖
江门日报	庄英业	随着“中国丹霞”申遗成功 韶关江门——两个“世遗”可“双剑合璧”共同促进广东旅游业发展	通讯	一等奖
惠州日报	王子轩	惠州新型农庄引入拓展训练	通讯	二等奖
珠江商报	马志良	名厨技惊巴黎客　美食开出姐妹花	消息	二等奖
韶关日报	李小清	辉煌背后的隐忧	通讯	二等奖
西江日报	高　静	肇庆市千里旅游画廊荣获“全国低碳国土实验区”称号　低碳模式促进高效发展	专题	二等奖
揭阳日报	林宝凤	老家那山那水	通讯	三等奖
湛江日报	卢志民等	湛江打造国家级滨海旅游休闲目的地	通讯	三等奖
东莞时报	唐　聪	透视谢岗老村的前世今生	特稿	三等奖
云浮日报	刘　源	走进六祖故里——新兴	专版	三等奖
河源日报	高芳芳	老八景“梧峰夕照”“十一”前重生	通讯	三等奖
潮州日报	吕晓扬	“潮州新八景”揭开美丽面纱	消息	三等奖
清远日报	曾新友等	清远旅游产品“乘”高铁上湘鄂豫	消息	三等奖
中山日报	梁东麒	孙中山故里面积拟扩大 44 倍	通讯	三等奖
梅州日报	丘黎明	自驾游日周活动带旺旅游经济发展——政府主导 企业参与 市场运作 圆满落幕	专版	三等奖
佛山日报	吴玲玲	体验上流贵胄之尊	通讯	三等奖

广播影视类·地市级媒体

刊播单位	作　者	题　目	体　裁	奖　项
珠海广播电视台	赵一凡等	珠海赴台旅行团遭遇塌方失踪系列报道	系列报道	特等奖
云浮电台	柯爱玲	持续半月行程万里，足迹涉及五省九市——“禅宗文化神州行”探访禅宗文化旅游精品线路	专题	最佳专题奖
中山广播电视台	林　簇	“岐江夜游”——打造立体式旅游，重现母亲河昔日繁华	专题	一等奖
惠州电视台	涂　雯等	广东旅游“一票通”受市民欢迎	消息	一等奖
肇庆电台	陈树佳等	打造“国际化旅游休闲之都”系列报道（7集）	系列报道	一等奖
汕尾电视台	高　波等	汕尾：旅游“热”的“冷”思考	访谈	二等奖
清远广播电视台	巫绍宁等	武广高铁助清远旅游“驶”入快车道	电视消息	二等奖
中山广播电视台	陈卫民	中山以旅游业带动提升农业效益	连续报道	二等奖
韶关广播电视台	赖　松等	“纵横武广线”系列之韶关：“高铁时代”带来旅游发展新热潮	长消息	二等奖
河源广播电视台	陈盛开	投资45亿元的东江·巴登城项目正式落户河源	广播消息	二等奖
河源龙川县广播电视台	邓文武等	龙川明骏旺茂知青度假村举行一场特殊的拍卖会	广播新闻	二等奖
佛山电视台顺德分台	陈　宵等	顺德美食周在联合国教科文组织总部开席	消息	三等奖
中山广播电视台	区球章等	一镇一“品”循着美味游中山	消息	三等奖
阳江广播电视台	史丽萍等	我市借“南海1号”扬帆鼓劲促旅游	消息	三等奖
湛江电台	傅　萱等	擦亮滨海旅游大品牌——粤西地区旅游工作现场办公会在我市召开	消息	三等奖
中山广播电视台	叶常州	（广安启示录1、2）伟人故里旅游如何打造	系列报道	三等奖
韶关广播电台	吴　瑕	丹霞山成功申遗后 对旅游带动效应明显	录音报道	三等奖
云浮电视台	李泽林等	“西江之美”——云梧携手之旅联合采访系列报道	系列报道	三等奖
梅州广播电视台	刘　振等	梅州：突出客家特色，做旺做特旅游先锋产业	电视消息	三等奖
肇庆电台	陈树佳等	“广佛肇旅游一卡通”走进湖南湖北范围更广功能更全旅游交通“无缝对接”	消息	三等奖
肇庆电视台	林　晔等	鼎湖山第五届国际森林旅游登山节成功举行	新闻	三等奖

旅游规划与资源管理

【概述】 2010年，广东省旅游局深入贯彻《广东省人民政府贯彻国务院关于加快发展旅游业意见的若干意见》（粤府［2010］156号），着力深化旅游综合改革，推动旅游产业转型升级。全省21个地级以上市已在建或动工的大型旅游项目投资总额约2126亿元，推动多个旅游重大项目开发建设。是年，广东在全国率先推动旅游产业园区开发建设，推进旅游产业集聚化发展。全省专项旅游规划编制工作取得重要进展，初步建立科学发展的旅游规划体系。

【A级景区创建工作】 2010年，广东省加快A级旅游景区开发建设，重点指导优秀景区创建国家5A级景区，打造更多的精品和品牌景区。省旅游局依据国家旅游局《旅游景区质量等级评定管理办法》和《旅游景区质量等级的划分与评定》规定，对广州长隆旅游度假区、深圳华侨城旅游度假区全国第一批5A级旅游景区的复核以及广州白云山风景名胜区、深圳观澜湖旅游度假区、肇庆星湖风景名胜区、梅州雁南飞茶田旅游度假区、韶关丹霞山风景名胜区、清远连州地下河6家推荐单位创建工作的指导。经国家旅游局明察、暗访、评审会等程序，广州长隆旅游度假区、深圳华侨城旅游度假区已通过5A级旅游景区级旅游景区复核，广州白云山风景名胜区、深圳观澜湖旅游度假区、梅州雁南飞茶田旅游度假区、韶关丹霞山风景名胜区、清远连州地下河已通过5A级旅游景区创建工作景观价值评审环节。

是年，全省获国家旅游局、全国旅游景区等级评定委员会评定通过的A级旅游景区共14家，其中4A级景区10家、3A级景区4家。国家旅游局、全国旅游景区等级评定委员会于2010年5月批准广州市九龙湖旅游区、惠州市金海湾国际滨海旅游区、惠州永记生态园景区、河源市和平温泉之都旅游区为国家4A级旅游景区；于7月批准潮州市绿岛旅游山庄、潮州市淡浮收藏院为国家4A级旅游景区；于12月批准韶关市云门寺佛教文化生态保护区、清远市广东第一峰旅游风景区、清远市奇洞温泉度假区、汕头市莲华乡村旅游区为国家4A级旅游景区；广东省旅游景区等级评定委员会于2010年12月批准揭东万竹园旅游景区、普宁德安里旅游景区、乐昌市三龙谷（龙王潭）生态旅游区、东莞市中国圣心糕点博物馆为国家3A级旅游景区。省旅游局加强对A级景区的管理，按要求开展对景区的复核检查。

全省A级旅游景区，特别是4A、5A级高等级景区，已逐步成为当地旅游品牌，对当地旅游业及相关产业的发展起到明显带动作用。全省许多市继续在现代服务业发展专项资金和城市品牌建设发展资金中对创建A级旅游景区企业给予奖励。省旅游局也在重大项目申报、政策扶持等方面对A级旅游景区倾斜。是年，韶关丹霞山被正式列入《世界遗产名录》，成为广东第一家世界自然遗产地。

【旅游规划单位资质管理】 2010年，广东省旅游规划设计单位资质等级认定委员会按照全国旅游规划资质等级认定委员会的要求，严格按照国家旅游局《旅游规划设计单位资质等级认定管理办法》，继续加强对旅游规划设计单位资质的申报和复核管理。是年，全国旅游规划资质等级认定委员会认定华南师范大学地理科学学院、深圳市美景园园林开发有限公司、广州市常邦旅游规划设计有限公司、广州晨曦旅游规划有限公司和深圳市艾肯弘扬咨询管理有限公司5家单位为“国家乙级规划设计资质单位”；广东省旅游规划设计单位资质等级认定委员会认定深圳市艺水科技有限公司、广东如歌景观设计有限公司2家单位为“国家丙级规划设计资质单位”。

至年底，全省共有“国家甲级规划设计资质单位”5家、“国家乙级规划设计资质单位”18家、“国家丙级规划设计资质单位”11家。

附件：广东省旅游规划资质单位名录

甲级：

1. 广东省旅游发展研究中心（2002）
2. 中山大学旅游发展与规划研究中心（2002）
3. 深圳市麟德旅游规划顾问有限公司（2008）
4. 广东新空间旅游发展有限公司（2008）
5. 深圳市多彩旅游策划顾问有限公司（2009）

乙级：

1. 广州地理研究所（2002）
2. 广州旅游规划中心（2002）
3. 深圳市榜样旅游项目设计有限公司（2003）
4. 深圳市华侨城旅游策划顾问有限公司（2004）
5. 广州市智景旅游策划设计咨询服务有限公司（2004）
6. 广州市城市规划勘探设计研究院（2004）
7. 广州市海森旅游策划设计有限公司（2006）

8. 深圳市汉沙国际工程咨询有限公司（2007）
9. 深圳市美亚丽景旅游景观设计有限公司（2007）
10. 中山市规划设计院（2007）
11. 广州市谊华旅游规划设计有限公司（2007）
12. 暨南大学（2008）
13. 广州山晟旅游发展有限公司（2009）
14. 华南师范大学地理科学学院（2010）
15. 深圳市美景园园林开发有限公司（2010）
16. 广州市常邦旅游规划设计有限公司（2010）
17. 广州晨曦旅游规划有限公司（2010）
18. 深圳市艾肯弘扬咨询管理有限公司（2010）

丙级：
1. 深圳市银光彩旅游商品咨询有限公司（2002）
2. 广州市精旅策划服务有限公司（2002）
3. 广州市常邦景观园艺开发有限公司（2003）
4. 佛山技术学院旅游开发与规划研究中心（2003）
5. 梅州市城市规划设计院（2004）
6. 广州大学中法旅游学院（2006）
7. 广州市新城旅游规划设计有限公司（2009）
8. 汕头市澄海规划设计研究院（2009）
9. 河源市职业技术学院旅游规划与发展研究中心（2009）
10. 深圳市艺水科技有限公司（2010）
11. 广东如歌景观设计有限公司（2010）

【旅游产业集聚发展】 截至2010年底，广东省旅游产业集聚区主要分布在深圳华侨城·东部华侨城、广州长隆旅游度假区、珠江江口西翼温泉产业带（含珠海市海泉湾）、深圳观澜·东莞塘厦高尔夫产业带、梅州雁洋·客天下主题产业带等。广东旅游产业集聚区的发展已走在全国前列，得到国家旅游局的肯定及国务院相关部门的关注。

随着主体功能区的划分和相关产业政策的推动，以项目带动的旅游产业集聚区呈现由中心城市、珠江三角洲向二线城市、环珠三角扩散的趋势。借鉴第二产业发展园区化、集聚化的成功经验，大力发展产业集聚，已成为当前全省重大旅游投资的主要特征之一。是年，全省在开展旅游综合改革示范区建设课题研究的基础上，率先在全国推动旅游产业园区开发建设，佛山、梅州、湛江市的旅游产业园项目进展顺利，其中佛山南海西岸旅游产业园被国家旅游局命授予全国首个“国家旅游产业集聚（实验）区”。

链接：旅游产业集聚区是创新型的旅游产业形态，它以高标准规划、高端化运作、集群式发展、密集型资金投入为特点，构建面向大区域的现代化、品牌化产品，形成主题形象鲜明、文化概念突出、产业服务链完备的综合型旅游产品集群区域。建设发展旅游产业集聚区意义重大，它是广东旅游业转变发展方式、产业转型升级的创新模式，是探索中国旅游业产业集聚发展的开创性工作。

【广东中旅南海西岸旅游产业园】 位于佛山市南海区西樵镇，因处西江口西岸而得名。至2010年底，产业园区规划范围内已有庆云洞景区、银湖风景区和水国迷城3个景区。

该项目由广东中旅集团投资建设，产业园规划用地7540亩，总投资60多亿元，分为水上欢乐世界旅游区、国际养生休闲度假区、道家文化旅游区、森林生态休闲区、高尔夫休闲度假区、培训学校和生态保育区7个区。其发展目标为：以道教文化为底蕴、养生文化为特色，可供休闲度假、康体养生、游览观光的国家5A级旅游区及知名休闲度假目的地。

该项目一期计划总投资为10.15亿元，建设用地658亩。主要建设项目有五星级饭店、主题特色温泉以及改造现有的庆云洞风景区等；二期计划总投资为24.7亿元，建设综合旅游地产开发用地2042亩。主要建设国际养生休闲度假区、旅游管理培训中心、水上欢乐世界旅游区、森林生态休闲区等；三期计划总投资为25.56亿元，建设规划用地约2536亩，主要是建设高尔夫学院和别墅区。

该项目已被省政府列入广东省现代产业500强和现代服务业100强项目。项目一期工程已陆续开工建设，进展良好。

【旅游规划编制】 2010年，广东省旅游局抓紧旅游发展规划的编制，提升旅游产业科学发展的水平，逐步完善旅游规划体系。已完成《粤西区域旅游发展规划》、《粤东区域旅游发展规划》和《南岭区域生态旅游发展规划》，并通过终期评审；《广东邮轮旅游发展规划》和《珠三角旅游产业一体化规划》已通过中期专家论证。

是年，广东旅游发展规划编制工作领导小组已筹备设立，并全面启动编制《广东省旅游发展总体规划》，加快推进《广东旅游业发展“十二五”规划》、《广东旅游综合改革规划纲要》编制工作。各市积极加强旅游规划编制工作，结合实际制定或修编本地的旅游发展规划：广州、佛山、肇庆市共同启动编制《广佛肇经济圈发展规划（2010年—2020年）》工作；深圳、东莞、惠州市编制《深莞惠旅游发展总体规划》，促进区域旅游经济一体化；梅州市编制《梅州客家文化生态旅游示范区总体规划》，加强省市共建生态旅游示范区工作；揭阳市已完成《揭阳市旅游发展规划》的编制并经市政府常务会议审议通过。各地区域旅游规划与专项规划相互衔接，旅游规划体系已初步建立。

【旅游投资和重大项目建设】 2010年，广东省旅游产业发展的软硬环境进一步改善，社会各界增强投资旅游业的信心。据统计：全省新增投资超1亿元的旅游项目61个，投资总额达2126亿元，推动涉及金额550亿元的14个大型旅游投资项目进入“2010广东省现代产业500强”项目名单。

广州长隆集团投资100多亿元的珠海横琴岛海洋世界项目主体工程全面动工；广东中旅集团总投资128亿元在佛山南海西岸、梅州客天下、湛江东海岛开发建设3个旅游产业园，其中佛山南海西岸旅游产业园被国家旅游局授予全国首个“国家旅游产业集聚（实验）区”；招商局集团投资90亿元的太子港国际油轮母港项目已正式动工建设；深圳华侨城集团投资30亿元的欢乐海岸项目建设进展顺利，预计2011年8月开业。韶关市财政安排1000万元设立市旅游产业发展专项资金，重点支持“大丹霞、大南华、大南岭”景区建设，投资36亿元的大南华文化旅游创意产业园项目已签署合作意向书。

【绿道旅游】 2010年，按照《珠江三角洲绿道网总体规划纲要》，珠三角区域累计完成绿道（省立）建设2372公里。其中利用原有路面改建530.5公里，新建1841.5公里，沿线共新增绿化1572公里；18个市与市之间城际交界面的省立绿道全部实现互联互通，服务人口超过2500万人；绿道网全线启用全省统一、简洁鲜明标识系统，建成171个驿站和休息点，初步配建停车场、自行车租赁、餐饮、卫生、安保等服务设施。珠三角区域绿道网包括六条主线，分别命名为省立1－6号绿道，连接广佛肇、深莞惠、珠中江三大都市区，串联200多处森林公园、自然保护区、风景名胜区、郊野公园、滨水公园和历史文化遗迹等节点，实现珠三角城市与城市、城市与市郊、市郊与农村以及山林、滨水等生态资源与历史文化资源的连接。省有关部门制定《广东省省立绿道建设基准技术规定》、《广东省城市绿道规划指引》和《广东省绿道控制区划定与管制工作指引》等技术文件，为全省各地提供指导。省旅游局出台《广东省旅游局推进绿道建设工作方案》，积极推进精品绿道旅游线路的包装、策划、推荐，努力培育“珠三角绿道游”品牌。

链接：绿道建设是民生工程、环境工程、生态工程、经济工程，也是旅游工程。绿道建设是广东建设全国旅游综合改革试验区的重大举措，是推进国民旅游休闲计划的务实行动。绿道建设将整合珠江三角洲旅游资源，提升旅游产品，打造一个对接粤港澳及国际旅游圈的珠三角休闲旅游示范区，是广东旅游做强大产业、做好大品牌、做优大家乐的强大助力。

（李　康）

区域旅游合作

【粤港澳旅游合作】 2010年，粤港、粤澳旅游合作继续围绕CEPA政策落实，繁荣三地经济、共同打造“粤港澳国际旅游区”品牌。

2010粤港澳旅游合作会议 2010年6月9日，2010粤港澳旅游合作会议在澳门举行。省旅游局副局长王志红和香港旅游发展局总干事刘镇汉与澳门特别行政区政府旅游局局长安栋梁及相关部门主管举行会议。三方回顾及总结2009年度的旅游宣传推广工作，听取三地最新旅游情况介绍，共同商讨本年度的粤港澳工作计划，同意今后在多个重点工作继续努力和加强合作。会议讨论落实已签署的粤港及粤澳旅游合作协议及2010年度粤港澳工作计划，内容包括广州亚运会、世界旅游日、旅游产品（主题旅游线路）以及联合开展推广活动等。

安栋梁表示，粤港澳在旅游领域的合作有着长久稳固的基础。澳门特别行政区政府致力推动经济适度多元发展，澳门旅游业也朝着产品及市场多元化方向努力，有需要继续拓展及巩固具有潜质的客源市场。安栋梁指出，澳门一直抱着开放和友好态度与邻近地区合作，推广区域旅游，希望建立“一程多站”旅游产品，以达到资源互补及打造区域旅游国际品牌的目标。省旅游局副局长王志红表示，多年来，粤港澳三地旅游管理部门在联合促销、品牌共推、资源共享、信息共通等方面密切沟通、务实合作，粤港澳国际旅游区品牌知名度和影响力不断提升。她表示，希望三方通过此次会议达成相关共识，更有效、务实地推动下一阶段合作。香港旅游发展局总干事刘镇汉表示，2009年，粤港澳三地在“一程多站”旅游合作方面取得很好的成绩，相信三地旅游局日后能继续保持紧密合作。

【签署泛珠三角区域红色旅游合作发展协议】 2010年3月11～16日，由全国红色旅游工作协调小组办公室主办，广东省旅游局、中山市人民政府承办的泛珠三角区域红色旅游合作发展协议签约仪式暨高级管理人员培训班在中山举行。泛珠三角9省区红色旅游管理部门、经典景区管理人员，以及其他有关单位管理人员90多人参加培训。全国红办常务副主任罗迪辉在签约仪式上讲话。

根据协议，泛珠三角9省区将实施“泛珠人游泛珠”红色旅游计划；共同打造和推介泛珠三角红色旅游精品；加强联合促销，树立区域红色旅游整体形象和统一品牌；推动无障碍旅游，实现区域红色旅游市场一体化，并建立和完善区域红色旅游合作长效保障机制。安徽省和广东省的学员代表分别介绍鄂豫皖、粤赣湘、粤湘川红色旅游合作发展经验。

【粤赣签署旅游合作协议】 2010年4月19日，借助中共中央政治局委员、广东省委书记汪洋和省长黄华华率广东党政代表团赴江西学习考察之机，省旅游局组成旅游分团在江西开展系列旅游交流活动，并在南昌举行专场旅游合作交流会。省旅游局局长杨荣森与江西省旅游局局长王晓峰签署旅游合作与交流协议。省旅游局巡视员曾维炳、江西省旅游局副局长王林云出席交流会并致辞。广东国旅、广东中旅、广之旅与江西南昌亚细亚旅行社、江西天天旅行社、江西九江庐山阳光旅行社分别签署业务合作协议。两省旅游业界和新闻媒体共同见证签约。粤赣60多家旅游企业现场进行深入洽谈。

根据粤赣签署的旅游合作协议，双方将在9个方面深化合作：一是整合旅游资源，共同打造跨省区红色旅游、生态旅游精品线路，实现优势互补、资源共享。二是定期组织旅游业界和媒体考察团互访，交流经验，共同研究、设计和开发适合双方旅游市场需求的特色旅游产品，扩大双方的客源市场。三是积极参加双方举办的旅游展览会、旅游节庆和旅游宣传推广活动等，并为一方在另一方举办旅游宣传活动提供便利和支持。四是选择共同的国内客源市场进行联合促销，联合推广双方的旅游资源和产品。五是广东将江西作为国民旅游休闲计划的目的地予以推广。江西给予广东省游客适当优惠，并采取积极措施，进一步提高服务质量和管理水平。六是推进粤赣无障碍旅游，不断完善自驾车旅游的配套设施和公共服务，促进自驾车旅游全面发展。鼓励本地有实力的旅行社依据相关法规通过参股、并购、直接设立、品牌输出等形式跨省设立具有法人资格的分支机构，参与双方旅游资源的开发利用。七是加大双方旅游项目投资领域的合作，引导和鼓励双方投资者，独资或联合开发对方区域内有市场发展前景的旅游资源、旅游纪念品和旅游项目。八是利用互联网先进技术，加强旅游信息交流，实现双方旅游政府网站的相互链接和信息互动，共享旅游信息资源。九是建立双方旅游管理部门之间的固定联络协调机制，为双方旅游企业合作搭建平台。

【粤闽签署旅游合作协议】 2010年4月21日，借助中共中央政治局委员、广东省委书记汪洋和省长黄华华率广东党政代表团赴福建学习考察之机，省旅游局组织汕头、韶关、河源、梅州、潮州等市旅游行政管理部门、重点旅游企业负责人组成旅游分团，赴福建开展交流活动，在福州市举行专场旅游合作交流会。省旅游局局长杨荣森、福建省旅游局局长郭恒明出席会议并致辞，共同签署两省旅游合作与交流协议。广东中旅、广东国旅、广之旅等旅游企业与福建旅游企业签署业务合作协议。粤闽旅游业界及新闻媒体100多人参加交流会。

杨荣森指出，粤闽旅游合作源远流长、关系紧密、成效显著，已相互成为重要的旅游目的地和旅游客源地。新形势新时期，两省主要领导对加强广东和福建旅游合作提出新要求、寄予新希望。为贯彻落实好两省领导关于加强区域旅游合作的指示精神，两省旅游部门将共同联合，着力建立长效合作机制，共同推动两省旅游交流合作更深入、更全面、更广泛开展。企业是合作发展的主体和推动者，希望企业之间建立类似联谊会或理事会的合作模式，两省的旅游协会或企业定期组织共同交流。省旅游行政管理部门一定全力支持企业加强合作、共同发展、实现双赢。在两省旅游业界、市场主体和新闻媒体的共同努力和推动下，广东、福建的旅游事业一定能开创美好新篇章。

福建省旅游局郭恒明局长在致辞中表示，希望闽粤两省进一步完善旅游合作机制，使两省的旅游合作真正实现市场一体化，推动两地旅游客源互换、资源共享、宣传互动和实现共赢；共同培育区域旅游合作主体，建立更广泛、更紧密的合作关系；两省充分发挥资源优势，联手港澳台打造区域性的旅游中心和我国重要的自然与文化旅游中心。

根据粤闽旅游合作与交流协议，两地旅游管理部门将建立固定的联络协调机制和长期合作关系：一是资源共享。加大双方旅游项目投资领域的合作，引导和鼓励双方投资者，独资或联合开发对方区域内有市场发展前景的旅游资源、旅游纪念品和其他旅游项目。整合旅游资源，共同打造跨省区客家文化、滨海旅游精品线路。二是市场互通。推进粤闽无障碍旅游，完善自驾车旅游的配套设施和公共服务，促进自驾车旅游全面发展。鼓励本地有实力的旅行社依据相关法规通过参股、并购、直接设立、品牌输出等形式跨省设立具有法人资格的分支机构，参与双方旅游资源的开发和利用。三是市场共拓。相互支持开展旅游宣传推广活动；联合推广旅游资源和产品；广东省将福建省作为国民旅游休闲计划的目的地予以推广，福建省给予广东游客适当优惠，并积极提高服务质量和管理水平。四是信息互联。加强旅游信息交流，实现旅游政府网站的相互链接和信息互动，共享旅游信息资源。组织业界和媒体互访，交流经验，开展洽谈合作。

【澳洲华侨及媒体考察团访问广东】 2010年4月12日，澳洲华侨及媒体考察团一行8人访问广东，拜会广东省旅游局，并考察广州亚洲体育中心。省旅游局曾维炳巡视员会见并宴请由澳洲国际总商会常务副主席黄汉元率领的澳洲华侨考察团，曾维炳指出，近年来，广东与澳洲的旅游交往日益频密，2009年，澳洲赴粤游客达到27.2万人次，比2008年增长4.02%，成为广东第七大客源国。2010年是广东华人华侨旅游年，又是广州亚运会举办年，侨乡广东期望借助亚运之机，加快建设中国旅游强省步伐，将广东打造成辐射全国、影响亚太的旅游目的地。澳洲国际总商会常务副主席黄汉元表示：广东作为中国海上贸易和移民出洋最早、最多的省份之一，是中国的重点侨乡，同时，广东经济飞速发展，2010年正值上海世博与广州亚运，祖国盛事连连，极大地牵引着海外华人的心，特别是“广东2010华人华侨旅游年”在海外的宣传勾起众多华人华侨的思乡情。在广州期间，考察团全体成员参观亚运展览馆、亚运会指挥调度中心等，并对广州亚运的各项筹备工作进行全面细致地了解。

附件：2010年度签订的部分旅游合作协议

广深、武广高铁沿线旅游城市合作《丹霞山宣言》

武广高速铁路自2009年12月26日建成通车，成为目前世界上运行速度最快的高速铁路，广深高铁拟于2010年下半年通车。这是一条给高铁沿线城市旅游注入新鲜血液的“大动脉”，也是连接珠三角与长株潭和武汉为中心城市群的“纽带”。为实现粤、港、湘、鄂、的旅游资源共享、联动共赢、跨越发展，推动深圳、东莞、广州、佛山、清远、韶关、郴州、长沙、武汉、赣州等武广高铁和广深高铁沿线城市旅游区域合作，组成沿线旅游城市联盟，特提出六项宣言：

一、积极参与推动高铁沿线城市的旅游合作。在共同发展旅游业方面互通信息、协调立畅、经验共享；在沿线城市之间的旅游多边合作方面，互相创造条件、互相支持和帮助，探索客源互送，旅游景区广告互换，宣传促销资源一体化的合作机制。

二、积极推动高铁沿线各城市旅游资源开发，实现优势互补、客源互济。通过多种渠道将本地区有开发潜力的旅游资源向沿线城市的旅游开发、投资商进行广泛宣传，支持和引导本地企业到沿线其他城市考察旅游资源，为沿线城市旅 游企业在本地的旅游开发及经营活动提供全面的咨询、服务和帮助。以互为目的地的形式开展旅游宣传促销活动，为沿线各城市旅游行政部门及旅游企业在本地的促销推介活动提供帮助。联合开发精品旅游线路，共同开拓国内外客源市场，共同打造“高铁沿线城市游”这一优势的旅游品牌。

三、按照互利、共赢的原则，相互为其他各市旅游业发展中薄弱环节的改善提供帮助；支持本地企业在沿线各城市投资兴业，谋求资源开发和市场需求的协调发展。

四、为了实现旅游与高铁交通的共赢，广州铁路（集团）公司积极争取高铁沿线城市的停靠车次，增加发售票额，为沿线城市游客出行提供便利的交通服务。同时，支持配合沿线城市举办大型活动提供交通保障服务。

五、沿线各城市共同组织和指导旅游企业开展广泛合作，逐步消除旅游壁垒，推进无障碍旅游，支持沿线各城市的旅游企业在本地开展旅游经营活动，并提供必要帮助，在政策允许范围内享受本地旅游企业同等待遇，共同维护旅游企业和游客的合法权益。共同组织、引导本地旅游企业与沿线各城市旅游企业在市场开发和利益分配方面通过协商，形成合理、协调的跨区企业合作机制，鼓励企业间形成互惠互利、形式多样的联合体，放宽沿线各城市旅游企业的准入标准，为沿线各城市旅游企业的经营活动创造条件。

六、原则上每年轮流组织召开一次联合体会议（高峰论坛），修改沿线旅游城市联盟共同宣言，进一步拓展合作项目，丰富合作内容。本宣言于2010年7月20日在广东省韶关市签署。

注：参加本次签字仪式授权代表分别为韶关市旅游局局长陈波、广州铁路（集团）公司副总经理陈敏、广州市旅游局副局长李志新、深圳市文体旅游局调研员邱干、武汉市旅游局副局长张定春、长沙市旅游局党组成员章友发、东莞市旅游局副局长李亚鹏、郴州市旅游外事侨务局副局长刘迅锋、清远市旅游局副局长虞卫旗、佛山市旅游局副局长谢建华和赣州市旅游局副局长钟朝阳。

深圳市人民政府　中国港中旅集团公司
关于开展全面战略合作的框架协议书

深圳作为中国第一个经济特区，在改革开放的大潮中不断奋发进取，经过30年发展，已经成为一座经济发达、环境优良、充满活力的现代化国际化都市。中国港中旅集团公司（以下简称“港中旅”）是一家根植香港、中央直管的大型国有企业，经过八十余年的拼搏努力，已经发展成为中国规模最大、要素最全的旅游龙头企业。深圳特区创建初期，港中旅在深圳市的大力支持下，成功开发建设了华侨城和民俗文化村、锦绣中华、世界之窗系列旅游主题公园，开启了双方合作的历史篇章，取得了令人瞩目的发展成就。

在新的历史发展时期，深圳市与港中旅都站到了新的发展高度和起点上。深圳市将努力建设国际滨海旅游城市，打造“精彩深圳，时尚之都”的城市旅游品牌。港中旅确定了旅游主业中国第一，亚洲前茅，世界一流的战略目标，致力于成为中国经营规模最大、综合实力最强、发展质量最优的旅游企业集团。

深圳市政府与港中旅一致认为，双方应在业已形成高度合作信任与多项合作成果的基础上，进一步密切合作关系，扩大合作领域，深化合作内涵，更好地实现优势互补，合作共赢，为将深圳建设成为国际滨海旅游城市做出新的努力。为此，深圳市政府和港中旅经过充分沟通和深入协商，就进一步开展全面战略合作、共同开发深圳大鹏半岛海滨旅游度假区形成如下合作框架协议：

一、双方开展全面战略合作的总体目标是：坚持优势互补、互惠互利、长期合作、共同发展的原则，以旅游及相关产业为重点，进一步强化战略协同，增进合作互信，加强优势互补，以求真务实的态度，不断巩固、提升双方全方位、多层次的战略合作关系，努力把深圳建设成为在国际上具有较高知名度、在亚太地区具有重要影响力的国际滨海旅游城市，打造“精彩深圳，时尚之都”的城市旅游品牌。使港中旅在开发深圳中进一步发展壮大，实现旅游主业中国第一、亚洲前茅、世界一流的战略目标。

二、港中旅承诺发挥其在旅游行业的优势和品牌效应，继续加大在深投资力度，尤其是旅游目的地产品和旅游高新技术产品的投资力度，保证对确定合作项目的投资资金按计划落实到位。加强生态保护和旅游发展有机结合，充分利用港中旅的品牌、资金、市场、管理及人才优势，积极支持深圳建设国际滨海旅游城市，成为我国重要的旅游目的地、客源地和出入境游集散地。积极利用港中旅海外市场布局，支持深圳市大力开拓国际旅游市场。协助深圳举办各种国际性旅游经济、科技、节庆、会展等活动，为进一步提升深圳作为国际知名滨海旅游城市的形象和地位做出积极努力。

三、深圳市政府承诺，在符合国家现行土地、投融资政策法规的前提下，对港中旅在深圳的投资经营给予积极支持。加大力度扶持港中旅在深圳景区、旅游电子商务、旅游地产、酒店、休闲体育健身等项目的经营和发展；及时向港中旅提供各种合作机会和项目信息；支持港中旅参与深圳市旅游资产、资源的并购重组和投资开发，在旅游业合作开发方面，港中旅在同等条件下享有合作优先权；帮助港中旅解决在深投资经营中的实际问题，为港中旅在深发展创造良好的环境。

四、双方一致同意，双方战略合作以及在战略合作框架协议指导下开展的各项投资、业务合作项目应遵守国家相关法律、法规和政策，应符合深圳市产业发展总体规划和相关政策、法规。在此基础上，积极探讨、落实有利于双方合作有效推进的具体合作项目和合作方式，实现共赢。

五、双方同意在全面战略合作框架协议下，港中旅重点参与深圳市大鹏半岛部分片区的开发，并按照以下目标、原则、方式和步骤积极推进：

（一）开发大鹏半岛海滨旅游休闲度假区，应以打造具有世界一流水平的海滨旅游度假目的地为目标，依据深圳市关于大鹏半岛保护与发展的总体规划和相关规定，按照统一规划、科学布局、分步实施、突出重点的原则，对大鹏半岛实施综合有序开发，将大鹏半岛建设成为具有国际影响力、世界级的旅游休闲度假胜地。

（二）双方同意，在条件具备情况下，首先启动目前条件比较成熟的“下沙”片区作为大鹏半岛整体开发的启动区和示范区，实施综合开发。根据市政配套完善、市场成长、消费需求等情况，逐步对“西冲”片区等区域实施开发。在国家现行土地政策框架内，积极探讨大鹏半岛滨海区土地开发和出让新模式。

（三）双方初步达成意向，合作对大鹏半岛“下沙”片区、“西冲”片区等区域实施逐步开发，统一规划、政府指导、市场运作。具体合作方式及合作条件由双方另行协商确定。

（四）为加快推动合作开发，双方同意立即建立由双方主管领导牵头和相关部门负责人组成的合作开发联合工作机制，加强双方合作的日常沟通、协调和组织领导工作。并按照保护与发展协调、投入与产出并重的原则，共同协商确定有利于合作开发良性发展的项目开发策划方案和建设规划调整方案。

六、为有效推动全面战略合作，双方将建立定期联席会商制度，及时沟通相关信息和意向，协商确定合作领域和合作项目，协商解决双方合作中的重大问题。联席会商轮流在深圳和香港举行，由双方主要领导、分管领导及相关部门负责人出席。

七、本协议一式四份，双方各执两份，具有同等效力。本协议自双方签字之日起生效。

（2010 年 2 月 4 日）

粤湘桂赣四县六市区域旅游经济合作框架协议

为更好地配合开展泛珠三角区域旅游合作，积极推动粤、湘、桂、赣四省六市（即广东省清远市、韶关市，湖南省的永州市、郴州市，广西的贺州市，江西赣州市）旅游经济合作圈的形成，加快粤湘桂赣" 金三角" 地区域旅游业的发展，经各地市相关旅游局协商并征求辖内主要旅游景区（广东连州地下河景区、韶关丹霞山景区，湖南宁远九嶷山景区，广西贺州姑婆山景区，赣州）意见，决定启动四省（区）六市区域旅游合作机制。为推动合作的深入开展，经友好协商、达成以下协议，供各方共同遵守。

一、建立四省六市区无障碍旅游区，实现区域市场一体化。

各方共同商定，共同建立“无障碍旅游区”。具体内容是：

（一）在区域内，允许各方旅行社按经营范围在本市组团后直接到对方城市进行旅游活动，而不需经地接社“中转”和配备地陪。

（二）在区域内，允许旅行社通过参股、并购以及品牌输出等形式，跨市设立旅行社分支机构以及非法人分社。

（三）在四省六市各交通要道及进入市区的路口设置规范的旅游标识（咨询）系统。

（四）为四省六市旅游车辆进入城市和景区给予方便。

（五）建立和完善旅游投诉、突发事件的应急处理机制，建立“黄金周”和重大节假日的旅游预警机制及重大事件通报制度。

二、共同打造四省六市的精品旅游线路。

广东连州市旅游局管辖的连州地下河景区是国家 4A 级景区、中国生态旅游示范区、中国洞河奇观；广西贺州市旅游局管辖的贺州姑婆山景区是国家 4A 级景区、广西十佳旅游景区、华南最大的天然氧吧；湖南九嶷山景区是国家级文物保护单位、湖南省首批爱国主义教育基地、湖南省十大文化遗产之一、湖南省新“潇湘八景”之一、国家 4A 级景区。以上三个景区各具特色，既有喀斯特地貌杰出代表连州地下河景区；也有山清水秀的贺州姑婆山景区；还有极具历史人文内涵宁远九嶷山舜帝陵。它们优势互补，并且三个景区之间点与点的距离均在2小时车程内，形成一个环状的旅游圈，无论从任何一个方向进来，游完三个点后返还时，都无须走回头路。更为重要的是，我们在主推以上三个景区的同时，还可以逐步丰富这一三省区环线游的内涵。如广东连州市内的丰阳古村、湟川三峡、福山、天龙峡等；连南县的千年瑶寨；连山县的鹰扬关。广西贺州的贺州温泉、玉石林、紫云仙境等。湖南宁远的文庙、江永县的女书等等。经过不懈的努力，将这“金三角”旅游区域打造成国内生态、人文旅游的精品线路。

三、加强四省六市联合促销，树立区域旅游整体形象和统一品牌。

四省六市要整合各自的优势资源，突出地方特色，以创立区域旅游品牌为目标，利用媒体、网络、展销等手段，联合促销，共同打造区域旅游品牌，树立区域旅游形象。

（一）联合制作旅游宣传促销资料。如VCD、旅游地图、宣传小册子、旅游纪念品、旅游广告牌、旅游总体形象宣传口号等，突出宣传四省六市的总体旅游形象，打造区域旅游品牌。

（二）定期举办旅游专题推介会。每年至少各举办一次推介活动，东道方要为对方在活动安排、媒体报道、后勤保障等方面给予协助。

（三）不定期组织旅游企业及新闻媒体考察对方旅游业，扩大宣传和影响范围。

（四）积极参加国内国际旅游展览会，以四省六市总体形象出现，全力打造区域旅游品牌。

（五）积极利用国家旅游局金旅雅途网、活力广东网、广东旅游网、湖南旅游网、广西旅游网以及四省六市政府信息网、旅游网等，开展网上促销活动，打造区域旅游形象。

（六）积极支持和参加对方举办的大型旅游节庆活动，增进了解，推动多方的交流和合作。

四、推动四省六市旅游投资领域的合作。

（一）筛选一批有价值的旅游投资项目，建立旅游招商项目库，利用互联网向海内外招商，吸引外来资金到区内开发旅游项目。

（二）每年定期举办旅游投资洽谈会，组织旅游项目及旅游资源考察，开展旅游投资咨询活动，指导和鼓励四省六市投资者，独资或联合开发旅游资源、产品和旅游纪念品。

（三）制订旅游投资优惠政策，吸引外资及民间资金投资九县市区旅游业。

五、加强四省六市的人才培养及交流活动。

（一）通过举办高等教育、职业技术教育、培训等形式，培养大量的旅游急需人才。

（二）借助互联网建立旅游人才交流市场，促进旅游人才在四省六市内合理流动。

六、建立区域旅游合作的保障机制。

（一）建立四省六市区域旅游合作联席会议制度，每半年召开一次，由六市轮值主持（顺序为：清远市、韶关市、永州市、郴州市、贺州市、赣州市），研究和探讨区域旅游合作的重大问题、具体策略和措施。

（二）定期召开旅游资源及旅游产品开发研讨会，共同探讨与解决旅游策划、规划及项目运作、管理中出现的问题，尽量避免出现低水平的雷同产品，努力使旅游开发达到最佳的经济效益与社会效益。（三）建立固定的联络机制，双方指定日常工作的联络处，负责旅游合作交流的日常工作。

七、本协议未尽事宜，由各方协商确定。

（2010年6月12日）

注：此协议由广东清远市旅游局、广东韶关市旅游局、湖南永州市旅游局、湖南郴州市旅游局、广西贺州市旅游局、江西赣州市旅游局共同签署。

关于共同推广两广十市区域旅游精品旅游线路和推广发行《两广十市旅游一本通》协议书

为了把两广十市区域旅游合作推向一个新台阶，进一步增进区域内旅游市场的互动和旅游企业的合作，经两广十市区域旅游（北海）联席会议预备会的讨论，同意就旅游线路推广和旅游宣传合作签署如下合作协议：

一、两广十市一致同意把两广十市的部分精品旅游景区组成两大精品旅游线路，精心打造和包装，作为向区域内外共同推广的精品旅游线路，引导宣传和旅游企业合作营销，树立和打造区域旅游品牌形象。合作的线路具体如下：

（一）北线——“两广十市宗教文化和自然山水风情游”

该线路以浓厚的宗教文化，秀美的自然山水，浓郁的民族风情和诱人的温泉养生文化为主，让人在山水的感悟中，了解自然与历史，放松心情，调节精神，增强对祖国大好河山的热爱，十分轻松与休闲。

线路：

云浮市（六祖故里旅游度假区、蟠龙洞）

玉林市（云天文化城、都峤山）

贵港市（西山风景区、大藤峡）

来宾市（国家森林公园大瑶山风景区、象州温泉）

（二）南线——“两广十市滨海休闲和边关风情游”

该线路优美的海岛风光、迷人的深渊滩，神奇的火山地貌和神秘的边关风情为主，让人与大海进行亲密的接触，增进对海洋这片蓝色国土的了解，享受休闲的乐趣，感受边陲的神秘。

线路：

阳江市（海陵岛大角湾旅游度假区、阳江温泉度假村）

茂名市（放鸡岛——第一滩滨海游、御水古温泉）

湛江市（世界地质公园湖光岩、中国第一长滩东海岛）

北海市（银滩、涠洲岛）

钦州市（三娘湾、八寨沟）

防城港市（西湾城市观光旅游区、京岛风景名胜区）。

二、两广十市一致同意推广发行一批方便游客携带的《两广十市旅游一本通》（包括一本票册和一张国民旅游休闲卡）；推动两广十市的100家核心企业建立“十市百企旅游合作联盟”。以此作为加大对区域内精品旅游线路的推介和推动旅游企业的合作的具体措施，同时也作为本年度两广十市区域旅游合作的重要工作和重要成果。

（2010年11月25日）

广东东莞　广西河池旅游合作框架协议

为加强旅游区域合作，推动东莞、河池两市旅游业科学发展，本着“资源共享、信息共通、市场共拓、优势互补、平等互利、协同发展”的原则，经双方共同协商，达成以下合作框架协议：

一、建立无障碍旅游合作机制

（一）在“十二五”旅游发展规划中，双方互相将对方辖区确定为旅游目的地。

（二）双方要协调当地公安、交通、公路、城管等部门为对方旅游车辆和自驾游车进入辖区及景区提供便利。

（三）双方强化旅游市场管理，建立和完善旅游事件应急处理机制和游客投诉受理机制，及时为对方游客提供应急救助及投诉服务。

二、搭建旅游合作平台

（一）加强旅游合作，建立激励机制，积极引导本地游客到对方辖区旅游、度假。

（二）积极推动两地旅游景区、旅行社、旅游饭店等旅游企业间加强合作，为旅游企业间搭建沟通合作平台。

（三）加强旅游投资合作，积极引导辖区企业、财团参与优势旅游资源开发。

（四）双方相互开放旅游市场，取消各种旅游限制，积极支持对方旅行社通过参股、合资或独资等形式到辖区设立法人资格分支机构，或设立非法人分社。

三、加强旅游宣传促销合作

（一）充分利用两地的电视、报纸、电台、网络等媒体，采取等时置换方式相互宣传对方的旅游资源和旅游产品。

（二）协助对方在辖区的旅游咨询服务点、旅游刊物、宾馆饭店、景区等场所投放旅游宣传资料。

（三）一方需要到对方举办旅游专题推介会，东道方在场地、人员组织、媒体报道、后勤保障等方面给予必要的支持。

（四）两地举办的旅游节庆、重大旅游促销活动应邀请对方参加，并为对方在本地开展旅游宣传促销活动提供必要的帮助。

（五）双方定期或不定期联合举办旅游学术交流活动。

四、建立良好的合作保障机制

（一）加强两市旅游人才培训交流，建立互派优秀旅游干部交流挂职机制。

（二）建立合作协调机制，每年召开一次专题会议，检查合作项目进展情况，协调解决有关问题。

五、其他事宜

（一）以上仅为框架性合作内容，具体合作另行签订协议。

（二）本协议一式四份，双方各执两份。

（2010年11月15日）

阳江市与广州市旅游交流合作协议书

为认真贯彻落实《珠三角改革发展规划纲要》，加强阳江与广州两市旅游交流与合作，实现两地旅游资源、产品、市场和信息共享。以广州亚运为核心，共同研发亚运旅游产品，推动亚运期间及亚运后旅游。促进旅游客源互动，帮扶阳江旅游经济又好又快发展，经双方友好协商达成如下协议：

一、双方本着团结协作，共谋发展，互惠互利的原则，共同对两地之间旅游产业的发展与合作进行探讨与研究，建立联席会议交流制度，共同探讨和解决两地旅游业的发展问题。加强两地旅游规划衔接，发挥各自的资源特色，科学开发和保护旅游资源。

二、积极推动两地旅游客源互动。借助广州“国际大都市”的资源优势，在国内外共同促销和招徕游客，不断拓宽合作领域，通过多种渠道将境外、国内旅游团队引导到对方的城市旅游，实现客源共享。推动双方旅游企业管辖地域内相互免费提供宣传促销广告位置，互相宣传双方旅游服务和产品。

三、共同精心打造旅游精品线路，通过策划包装“南海神庙”、“中国温泉之乡”的阳江温泉度假村、放置宋代古沉船“南海Ⅰ号”的广东海上丝绸之路博物馆三个文化自然旅游元素品牌的产品，进行广泛宣传推广，并共同将该线路申报列入省重点旅游线路。形成阳江与广州以都市旅游为重点的资源互补，建设珠三角美丽的后花园。

四、积极促进旅游企业之间的友好交流与合作，鼓励广州市大型旅游企业、著名旅游管理公司和知名旅游品牌实现跨市经营、连锁经营和品牌输出，并通过控股、参股、兼并、收购等方式参与阳江旅游企业的改革。提升阳江旅游城市旅游产业整体素质，推进产业积聚和产业融合。

五、建立两地城市间共享的旅游招商项目库，提供各自在旅游投资方面的优惠政策，为旅游投资者提供旅游投资的权威信息，引导和鼓励广州投资者独立或联合开发阳江的旅游项目。

六、协调两地新闻媒体，互相宣传两地旅游资源，在两地电视台、电台互播双方城市旅游形象宣传片，在两地报纸、旅游网络和旅游刊物上互相宣传两地旅游资源及相关信息。

七、其他未尽事宜另行商议。

八、本协议一式二份，经双方代表签章后正式生效，双方各执一份。

（2010 年 4 月 30 日）

阳江市与中山市旅游交流合作协议书

为加强阳江与中山两市旅游交流与合作，实现两地旅游资源、产品、市场和信息共享，促进旅游客源互动，推动两地旅游经济又好又快发展，经双方友好协商达成如下协议：

一、双方本着团结协作，共谋发展，互惠互利的原则，共同对两地之间旅游产业的发展与合作进行探讨与研究，建立联席会议交流制度，共同探讨和解决两地旅游业的发展问题。加强两地旅游规划衔接，发挥各自的资源特色，科学开发和保护旅游资源。

二、积极推动两地旅游客源互动。在国内外共同促销和招徕游客，不断拓宽合作领域 ，通过多种渠道将境外、国内旅游团队引导到对方的城市旅游，实现客源共享。推动双方旅游企业管辖地域内相互免费提供宣传促销广告位置，互相宣传双方旅游服务和产品。争取 2010 年在中山组织“万人游阳江”活动。

三、共同精心打造旅游精品线路，通过策划包装“名人故里”中山、“南方喀斯特地貌”的延伸地阳春国家地质公园、放置宋代古沉船“南海Ⅰ号”的广东海上丝绸之路博物馆三个文化自然旅游元素品牌的产品，进行广泛宣传推广，并共同将该线路申报列入省重点旅游线路。

四、积极促进旅游企业之间的友好交流与合作，引导和鼓励两地旅游涉外（星级）饭店建立友好合作关系，开展业务交往，互相学习和交流输出管理和服务，促进服务接待水平和管理水平的提高。引导和鼓励两地旅行社建立业务合作关系，培育和促销旅游热线产品；开放两地旅游市场，鼓励旅行社互设分社。

五、积极引导和鼓励两地的旅游投资者，独资或联合开发两地的旅游资源、产品，促进两地旅游景点景区的建设、完善和提高。继续推动中山青年企业商会来阳江市考察、投资、置业。

六、协调两地新闻媒体，互相宣传两地旅游资源，在两地电视台、电台互播双方城市旅游形象宣传片，在两地报纸、旅游网络和旅游刊物上互相宣传两地旅游资源及相关信息。

七、其他未尽事宜另行商议。

八、本协议一式二份，经双方代表签章后正式生效，双方各执一份。

（2010 年 5 月 28 日）

茂名市、长沙市旅游交流与合作协议书

茂名和长沙两市共为中国优秀旅游城市，旅游资源十分丰富，旅游产业具有共同发展的广阔前景和良好的合作潜力。为进一步促进两市旅游产品的互补和旅游市场的互动，推动双方的交流与合作，经茂名、长沙两市旅游局共同协商，本着资源共享、市场互动、信息互通、实现双赢的原则，双方达成以下旅游交流与合作协议：

一、加强双方在旅游宣传促销方面的合作。双方在各种宣传促销场合，积极宣传对方的旅游线路和产品，并竭力支持对方在己方举办旅游专题推介会，组织旅行商和媒体到对方考察旅游线路，积极为对方在本地开展旅游宣传促销和考察活动提供便利条件。

二、促进双方旅游企业之间的合作。积极鼓励和引导两市旅游企业相互缔结业务合作关系，开展业务往来，建立客源推荐网络，互相学习交流行业管理经验，促进旅游服务水平和管理水平的提高。

三、加强双方旅游信息合作，积极为对方提供最新的旅游信息，并努力实现双方旅游网站的信息资源共享，扩大双方旅游信息交流。

四、建立双方良好的旅游合作保障机制。双方建立固定的会晤互访机制，推动双方旅游管理部门高层之间的往来；建立固定的联络机制，双方指定日常工作的联络部门，负责两市旅游合作交流的日常性工作。

五、其他未尽事宜另案商议。

六、本合作协议一式二份，双方各执一份，经双方代表签字盖章后正式生效。

（2010 年 1 月 20 日）

旅游扶贫与城乡游

2010年广东省旅游扶贫工作概述

【总体情况】 2010年，广东省共扶持6个旅游扶贫大型重点项目、54个旅游扶贫一般重点项目及155个星级农家乐项目，安排旅游扶贫专项资金5265万元。自2002年至2010年实施旅游扶贫战略工程9年来，全省共确定9批、620个旅游扶贫项目（含星级农家乐项目），投入旅游扶贫资金3.63亿元。是年，广东省旅游扶贫资金投向继续以51个山区县为基础、以16个特困县为重点，覆盖粤北山区和东西两翼87个县（市、区）。对贫困山区旅游业的扶持力度进一步加大，专项资金的使用和管理进一步规范化，扶贫效应进一步扩大，有效促进山区旅游业及县域经济的发展。主要开展的工作有：一是确定2010年旅游扶贫一般重点项目；二是继续以竞争性分配方式产生年度旅游扶贫大型重点项目；三是制定《广东省旅游扶贫专项资金促进农家乐休闲旅游发展暂行办法》和《广东省星级农家乐休闲旅游项目评审标准》。首次在粤东西北地区遴选一批以当地农户自主开发的农家乐休闲旅游项目（农家餐馆、旅社等），确定为"全省旅游扶贫星级农家乐项目"；四是完成2008年度旅游扶贫专项资金使用的绩效评估工作。

2010年广东省旅游扶贫大型重点项目评审会现场。

【旅游扶贫大型重点项目】 2010年，从旅游扶贫资金总额中安排1800万元，以竞争性分配方式，由专家现场评审打分，从各有关市推荐的14个大型旅游项目中，遴选出得分靠前的6个项目确定为大型重点项目，每个项目扶持300万元。韶关市丹霞山申报世界自然遗产工程项目、江门市开平赤坎古镇旅游开发项目、梅州市大埔县西岩茶乡度假村、惠州市龙门县南昆山温泉旅游大观园、河源市龙川县赵佗古城旅游区、湛江市徐闻县大汉三墩旅游区6个项目被确定为全省第二批"旅游扶贫大型重点项目"。

【旅游扶贫星级农家乐项目】 2010年，广东省旅游局通过调研，在广泛征求意见的基础上，制定《广东省旅游扶贫专项资金促进农家乐休闲旅游发展暂行办法》和《广东省星级农家乐休闲旅游项目评审标准》（具体见附件1、2）。从旅游扶贫专项资金中安排部分资金，在粤东西北地区遴选一批当地农户自主开发的农家乐休闲旅游项目（农家餐馆、旅社等），确定为全省旅游扶贫星级农家乐项目，每个项目给予5万元资金扶持。全省15个地级以上市共报送旅游扶贫星级农家乐项目198个，其中申报材料齐全，旅游各要素具有比较优势，并符合评审标准的项目达155个，扶持资金775万元。

【旅游扶贫一般重点项目】 2010年，广东省各地共申报旅游扶贫项目101个。省旅游局组成考察小组，对各申报项目进行实地考察、全面评估，与省财政厅共同论证，报送汕头市南澳县自行车旅游基础设施建设等54个旅游扶贫一般项目及各项目的资金分配方案，旅游扶贫一般重点项目共安排扶贫项资金2540万元。

【旅游扶贫效应】 广东省旅游扶贫工程成效显著，突出表现在5个方面：一是有力促进欠发达地区旅游资源开发，推动旅游业迅猛发展。旅游扶贫资金主要投向山区县、特困县、粤北山区以及东西两翼的县（市、区），旅游扶贫项目直接加快各地旅游基础设施建设，解决了项目开发及运营管理中面临的困难和问题，不仅直接带动欠发达地区的旅游开发，而且极大地坚定社会各界参与旅游、投资旅游、开发旅游的信心和决心，促进形成"山区崛起、两翼齐飞"的区域旅游发展新格局。二是有力促进欠发达地区基础设施建设，优化发展环境。各级党委、政府以及发改、财政、经贸、旅游、交通、文化、林业、民族、劳动等部门积极发挥职能作用，整合资源，加强协作，不断完善欠发达地区各项基础设施建设，大力优化发展环境，为欠发达地区旅游发展创造条件。9年来，全省交通部门协助解决旅游扶贫项目所在地旅游交通瓶颈道路370多条、共计6700多公里；通讯、供电、供水等部门为旅游扶贫项目的开发建设给予大力支持和协作，基本实现旅游开发到哪里，基础设施建设配套到哪里，为贫困地区改变落后面貌发挥重要作用。三是有力促进了欠发达地区招商引资，带动地方经济发展。自2002年以来，全省旅游扶贫项目所在地吸引外资、侨资、民资开发旅游项目与合同协议资金共866亿元，涉及景区建设、旅游住宿、餐饮、旅游商品加工生产、旅游道路等多个方面，一大批大中型景区、中高档酒店、度假村在东西北地区迅速崛起，为欠发达地区经济发展增添了新活力。四是有力促进欠发达地区农民就业，带动群众脱贫致富。旅游扶贫是一条投入较少、回收较快、返贫率低、成效高的扶贫之路。旅游扶贫开发为景区及周边的农村劳动力提供新的就业机会，同时为农副产品销售提供大市场。很多旅游扶贫项目所在地群众通过从事餐饮、旅业、娱乐和工艺品、土特产的销售等，人均收入实现倍数式增长，迅速走上脱贫致富的道路。截至2010年8月，旅游扶贫项目已直接解决就业人数12.6万人，间接带动就业30多万人，形成“开发一处、致富一方、带动一片”的良好效应。五是有力促进欠发达地区人才素质提高，推动社会全面进步。欠发达地区的旅游开发带来人流、资金流、信息流，打破贫困地区相对封闭落后的状态，促使农民解放思想、更新观念，提高市场经济意识和文明意识。

附件1：广东省旅游扶贫专项资金促进农家乐休闲旅游发展暂行办法

农家乐休闲旅游（以下简称“农家乐”），是指依托农村自然生态、田园景观、民俗风情、村居民舍等乡村旅游资源，以“吃农家饭、住农家屋、游田园景、品民俗情、享休闲乐”为主要内容，集休闲观光旅游、领略乡村民俗风情、体验农耕文明于一体的旅游新业态，包括以农户家庭经营为主体和以工商业主投资经营为主体的各种类型的休闲旅游点。为创新广东旅游扶贫方式，扩大旅游扶贫成效，特制订本暂行办法。

一、发展目标

以科学发展观为指导，深入贯彻落实国务院《关于加快发展旅游业的意见》（国发［2009］41号）、省委省政府《关于加快我省旅游业改革与发展建设旅游强省的决定》（粤发［2008］20号）、省政府《关于试行国民旅游休闲计划的若干意见》（粤府［2009］19号）等有关文件精神，坚持乡村休闲旅游发展与全省推行国民旅游休闲计划相结合，利用旅游扶贫专项资金，在粤东西北欠发达地区重点扶持一批当地农户自主开发的农家乐休闲旅游项目，以点带面推动我省乡村休闲旅游业发展，努力把乡村休闲旅游培育成为全省旅游业发展的新亮点，推动全省旅游产品特色化、多样化发展。

二、总体原则

（一）坚持因地制宜、可持续发展的原则。充分考虑农村自然和人文资源环境、区位和交通等基础设施条件以及投入能力、市场容量和环境承载能力等因素，按照保护乡村原有风貌和生态环境的理念，突出地方特色，做到因地制宜，量力而行，注重资源节约和环境友好，实现人与自然和谐发展。

（二）坚持科学规划、循序渐进的原则。将农家乐旅游发展纳入当地旅游发展规划和新农村建设规划，整合资源，统筹规划，有序开发，将农家乐旅游与景区开发、旅游线路编排和新农村建设结合起来。

（三）坚持政府引导、农民主体的原则。在政府资金的引导激励作用下，充分发挥农民的主观能动性。各级政府要加强政策引导，鼓励和支持农民发展农家乐旅游，指导农家乐经营户依法经营、规范管理、健康发展。

（四）坚持市场导向、惠利于农的原则。各级政府要指导农民从当地实际和旅游市场需求出发，遵循旅游市场经济规律，开发符合旅游市场需求的农家乐旅游产品，帮助农民解决在发展农家乐旅游中遇到的实际问题，切实促进农业增效、农民增收、农村文明和谐发展。

（五）坚持质量优先、规范管理的原则。由省旅游局制定《广东省旅游扶贫专项资金促进农家乐休闲旅游项目评审标准》，根据标准完善申请评星的农家乐服务设施，提高服务品质。各地可根据当地农家乐旅游发展实际情况，制定管理实施细则，规范农家乐评审、管理工作，培育一批诚信经营、优质服务的农家乐旅游项目，以点带面，不断提高全省乡村旅游的整体发展水平。

三、项目条件

申报项目应具备以下基础条件：

（一）乡村风光和自然生态环境优美，依托区域市场有一定影响的旅游景区景点；

（二）乡村历史文化、建筑风貌、民俗风情突出，特色鲜明，有一定市场吸引力；

（三）区位条件优越，在重要景区周边、区域中心城镇周边、交通干线周边，通达性好，进出交通安全便捷；

（四）乡村基础设施和公共服务设施较好，具备发展农家乐的优势；

（五）项目必须有规范的项目名称；

（六）项目建设必须符合旅游发展规划和城乡发展规划；

（七）项目必须符合星级农家乐休闲旅游评审标准要求；

（八）2010年重点扶持范围为已开业进行改建、扩建和基本建成待开业的项目。

四、建设内容

（一）改善农家乐基础设施建设。将农家乐建设与新农村建设紧密结合，改善农家饮水、用电等基础设施。

（二）改善农家乐经营环境。改造农家乐经营户房屋和整治周边环境，对房前屋后环境进行绿化美化，营造良好的农家乐经营环境。

（三）改善农家乐接待服务设施。按照农家乐星级标准，对厨房、餐厅、客房、厕所及娱乐设施等进行改造，达到安全、卫生、质量要求，能满足游客的消费需求。

（四）完善农家乐引导标识服务系统。按照农家乐星级标准，规范设置各种引导性指示标识牌，为游客提供完善系统的引导信息服务。

（五）改善农家乐旅游公共服务设施。在农家乐旅游较集中的片区，重点改造建设游客服务中心、医务室、治安室、停车场、排污系统、垃圾处理等公共服务设施。组织农家乐经营户管理人员和从业人员进行业务培训。

（六）加强品牌宣传，制作统一的农家乐服务公约、匾牌、标识、从业人员服装，实行“四统一”（样式由省旅游局统一设计），印制宣传资料，统一宣传推介。

五、扶持办法

从旅游扶贫资金中安排部分资金，在符合旅游扶贫资金管理使用的地区范围内扶持一批农家乐项目。由广东省旅游局制定《广东省星级农家乐休闲旅游项目评审标准》，作为全省农家乐旅游项目的等级评定依据。各山区县旅游行政管理部门根据当地农家乐项目的经营场地、接待设施、安全管理、环境保护、服务质量和特色项目等软硬件水平，将达到标准的项目经地级以上市旅游局上报省旅游局，省旅游局会同省财政厅对上报项目审定后，列为旅游扶贫星级农家乐项目，给予一定数额资金的扶持。

六、项目评审

（一）评审程序。

1. 农家乐申请项目，由所在镇统一向县级旅游行政管理部门递交申请材料。

2. 县级旅游行政管理部门接到申请材料后，根据检查情况对申请星级的农家乐项目进行初评。初评的主要内容有：审定申请资格，核实申请报告，认定消防、安全、卫生、防疫、质量、环境保护等现行的国家有关法律、法规和标准的执行和达标情况，认定本标准的达标情况，查验违规及事故、投诉的处理情况等。

3. 县级旅游行政管理部门初评通过后，会县财政局上报市旅游行政管理部门，市旅游行政管理部门审核后上报省旅游局。

4. 省旅游局会同省财政厅对上报项目进行审定，列为旅游扶贫星级农家乐项目。

（二）申报资料。

1. 旅游扶贫星级农家乐项目申报表（包括农家乐名称、经营业务范围、经营户姓名、地址、电话、开业时间、从业人员数量、申报时间、经营面积、床位数、餐厅座位数、资金使用计划等）；

2. 农家乐的建筑设施和运行管理符合消防、安全、卫生、质量、防疫、环境保护等现行的国家有关法律、法规和标准的自查自评情况说明，工商营业执照、税务登记证、卫生许可证、消防责任书等有关证照复印件；

3. 其他必要的文字和图片资料（包括农家乐整体、餐厅、厨房、客房、周边环境等重要组成部分的图片）。

七、监督管理

（一）资金管理。

1. 资金下拨。省财政厅将专项资金经市财政局下拨至县财政局，再下发至农家乐项目实施主体。

2. 资金管理。农家乐项目实施主体应在收到专项资金1个月内，与旅游行政管理部门签订资金使用承诺书，并定期上报资金使用和项目建设情况。

（二）项目管理。

1. 农家乐项目的日常监督检查工作由项目所在县、市级旅游行政管理部门负责，省旅游局对项目进行适时抽查。

2. 对骗取、套取、挪用、贪污、违规使用专项资金的行为，要依法追究有关单位和直接责任人的法律责任，收回专项资金，并停止问题项目所在县下一年的项目申报工作。

3. 省旅游局委托市级旅游行政管理部门对项目每年复核一次。各市旅游局应于本地复核工作结束后认真总结，并向省旅游局上报检查结果。

4. 凡已评定星级的农家乐，其服务水平达不到与其星级相符标准的，农家乐等级评定部门可作出如下处理：口头警告；书面警告；限期整改；取消星级。

5. 被取消星级的农家乐，在取消星级之日起一年内，不予恢复或重新评定星级；一年后方可重新申请星级。

八、配套政策措施

（一）加强对农家乐从业人员的培训。

争取有关部门支持将农家乐经营户的培训纳入农村劳动力转移培训体系和旅游从业人员培训体系，结合农民素质培训工程，广泛开展市场经营、烹饪技术、服务规范、职业道德、健康卫生、消防安全、环境保护等知识和技能的培训，指导农户掌握基本的服务技能，养成良好的卫生习惯，树立牢固的安全观念、质量观念和诚信意识，以优质服务和农家特色吸引广大游客。

（二）加大对农家乐旅游项目的宣传推介力度。

加大对农家乐休闲旅游业的宣传、推介和促销力度，各地要以节庆活动、节假日休闲为载体，充分利用报刊、电视、广播、网络、手机短息等多元化媒体平台，通过举办农家乐旅游展示会、农家乐特色旅游节等活动，广泛开展对农家乐旅游精品和精品线路进行整体包装和宣传推介，促进农家乐休闲旅游业的蓬勃发展。

（三）向农户提供专业规划、建设和经营指导。

协调相关政府部门，将公共服务向乡村旅游延伸，当前的重点是提供专业的农家乐发展规划和建设、经营指导，引导农户贯彻农家乐标准，利用和保护好旅游资源，改善卫生条件和接待条件，提高经营管理水平，切实加强农家乐旅游项目的安全监督和管理。

附件2：广东省星级农家乐休闲旅游项目评审标准

农家乐休闲旅游（以下简称“农家乐”），是指依托农村自然生态、田园景观、民俗风情、村居民舍等乡村旅游资源，以“吃农家饭、住农家屋、游田园景、品民俗情、享休闲乐”为主要内容，集休闲观光旅游、领略乡村民俗风情、体验农耕文明于一体的旅游新业态。星级农家乐休闲旅游项目，根据农家乐经营场地、接待设施、安全管理、环境保护、服务质量和特色项目等软硬件条件进行申报、评审。

一、经营场地

（一）农家乐经营点依托当地重要景区或在重要旅游线路上。

（二）周边环境整洁，生态环境好，具有乡村风情。

（三）经营用房建筑结构良好，布局合理，照明、采光、通风好，外墙美观；设备设施安全、方便，完好率百分之百。

（四）接待区域根据经营需要，进行必要的美化、绿化、硬化处理。

（五）经营场地的交通条件能满足游客的进入及出行需要。

（六）有2个以上停车位。

二、接待服务设施

（七）公共区域

1. 营业执照、卫生许可证、特种行业许可证、税务登记证等有效证照齐全，且悬挂在显著位置；

2. 室内通道无障碍物；

3. 有保持封闭的垃圾存放设施；

4. 庭院清洁卫生，物品存放有序，家禽、家畜实行圈养。

5. 有方便客人使用的电话机，可以拨打国内长途电话。

（八）标识

有规范、清晰的各类中文标识，设置合理。

（九）厨房

1. 厨房布局流程合理，其使用面积应与接待能力相适应；

2. 厨房地面采用硬化处理，防滑、易冲洗。墙面瓷砖墙裙不得低于1.8米；

3. 初加工间、烹调间、凉菜间应独立分设并符合卫生要求；凉菜间有足够的冷气设备，空气消毒设施、食品专用输送窗口；

4. 餐（饮）具洗涤池、清洗池、消毒池和蔬菜清洗池、肉类清洗池应独立分设并符合卫生要求；

5. 有食品库房和非食品库房；

6. 有消毒专用设备；

7. 有充足的冷藏、冷冻设施；

8. 有合理良好的通风排烟设施，饮食油烟达标排放；

9. 有完善的防蝇、防蟑螂、防鼠、防尘设施；

10. 有符合卫生要求的密闭废弃物存放容器并保持外部整洁；

11. 有完善的消防设施。

（十）餐厅

1. 有与接待能力相适应的就餐区域及桌椅、餐具；

2. 餐饮区域及桌椅、餐具、饮具保持整洁、卫生、完好；

3. 能够提供反映当地餐饮特色的菜点，并符合卫生、质量、环境保护的要求。

（十一）厕所

1. 有专供游客使用的水冲式公共卫生间，设计合理，与周边环境相协调；

2. 男女厕所分开设置；

3. 具备手纸框、洗手池、镜台等辅助设施；

4. 粪便处理措施有效，污水达标排放；

5. 采光、通风、照明条件良好，除臭措施有效；

6. 厕所内设备、环境整洁，防蚊蝇。

（十二）客房

1. 有2间以上可供出租的客房；

2. 客房门锁为暗锁，有防护装置，在显著位置张贴应急疏散图及相关说明；

3. 装修良好，有桌、椅、床头柜等配套家具，照明充足，有遮光窗帘；

4. 在客房区域设有卫生间及浴室，定时供应热水，配有浴帘；

5. 备有服务指南、价目表、住宿须知；

6. 客房、卫生间每天全面整理一次，适时更换床单、被单及枕套，并做到每客必换；

7. 有彩色电视机，画面音质清晰；

8. 有方便客人使用的电话机，可以拨打国内长途电话。

三、安全管理

（十三）农家乐经营点应树立安全第一、预防为主的思想，遵守相关安全法律、法规和规章。

（十四）配备必要的、有效的安全设施设备，确保游客和员工人身安全。

（十五）安全配套设施设备要定期维修、维护、保养、更新，并落实责任人。

（十六）建立安全管理制度和安全操作、监督规程，并确保严格执行。

四、卫生与环保

（十七）农家乐经营点的环境卫生符合当地规定的标准。

（十八）制定操作性强的卫生制度和措施，定期进行自查。

（十九）经营场地有专人打扫，无乱扔乱放。

（二十）生活垃圾集中堆放、有效处理；生活污水合理排放。

（二十一）旅游服务设施建设、经营活动等不破坏周边自然资源和生态环境。

五、服务质量要求

（二十二）农家乐经营点要树立游客至上，优质服务的宗旨，诚实守信，依法经营。

（二十三）从业人员身体健康，有健康证明。

（二十四）从业人员着装整洁，文明礼貌，服务态度热情。

（二十五）从业人员掌握旅游接待服务基本知识，能使用普通话进行接待服务。

（二十六）公示旅游服务质量投诉电话号码，认真及时地处理游客投诉。

六、选择性特色项目

根据农家乐所在地或周边实际情况，选择性为游客提供具有当地特色的农事、民俗、文化体验活动。活动项目可包括：

（二十七）农事活动。主要包括：水果采摘、蔬菜采摘、采茶、传统农耕、捕鱼、编织等。

（二十八）民俗文化活动。主要包括：农家婚礼、乡村歌舞表演、品茶、棋艺、篝火晚会等。

（二十九）观光休闲活动。主要包括：划船、乘竹筏、垂钓、登山、烧烤、骑马、制作陶器、狩猎等。

（三十）其他乡村休闲娱乐项目。

【推广从化市和大埔县旅游发展经验】 2011年1月21日，在2011年广东省旅游工作会议上，从化市委书记欧阳知就该县实施“双百、三五、七品牌”（“双百”，即打造百里观光长廊，点缀百颗旅游明珠；“三五”，即建成一批5A级旅游景区（点）、一批五星级饭店、一批五钻级酒家；“七品牌”，即乡村风情、温泉养生、森林度假、运动康体、文化品鉴、高端商务、饮食购物等特色旅游项目）旅游发展战略的经验介绍引起与会代表的共鸣，并得到国家旅游局副局长王志发和广东省副省长万庆良的充分肯定和赞扬。王志发指出，各县、市、区应该学习从化，把旅游产业放在更重要的位置，把旅游业作为“书记工程”来抓；万庆良表示，各地要学习从化，以战略的眼光、按世界的标准打造国际旅游目的地。省旅游局向全省旅游系统转发欧阳知的经验介绍材料，供各地学习借鉴。

梅州市大埔县重视旅游经济的发展，省委办公厅于2010年《督察专报》第8期专文刊发《大埔县发展特色旅游成效明显》的文章，并报送省有关领导阅示。广东省副省长万庆良批示：请省旅游局研阅并转发推广。

梅州市大埔县发展旅游有三大亮点：一是高起点谋划、全力支持大埔旅游。大埔县出台《关于加快旅游产业发展的若干意见》、《大埔县“引客入埔”旅游奖励办法（试行）》等政策文件。从2009年起每年拨出财政收入1%作为旅游发展专项资金，对评定为三星级以上饭店和3A级以上景区（点）分别奖励30～500万元。对旅游项目在用地、用水、行政事业性和服务性收费等方面给予优惠。聘请专家编制《大埔县旅游发展总体规划》等。二是发挥优势，高标准打造大埔特色旅游品牌。大埔县初步形成以红色热土、客家风情、生态休闲为主题，以乡村旅游、自驾旅游为形式的特色旅游品牌。三是政企联动，高投入增强大埔旅游发展后劲。大埔县与广东中科天元新能源技术有限公司签订总额投资15亿元的《丰溪森林资源综合开发保护利用项目合作意向书》；与广东中旅集团公司、深圳宝中旅游集团公司达成旅游开发合作意向；引进广东金达莱有限公司、广东红门集团共投资4亿元开发三河坝梅潭休闲度假区和青溪旅游度假区；投资2.2亿元动工兴建四星级金帆大酒店、丰溪森林假日酒店等，致力把大埔打造成客家世界的“香格里拉”。

【扶贫开发“规划到户，责任到人”】 2010年是广东省扶贫开发“规划到户，责任到人”工作的第二年，省旅游局投入帮扶资金120多万元，重点帮助乳源瑶族自治县洛阳镇板长村改善饮水、交通、危房改造等基础设施建设。扶持70户贫困户种植油松35000棵、杉木26000棵、栽种樟树400多棵和竹笋等经济作物面积达140亩；养殖东山羊110多只、肉鸡3000只、种猪30头、淡水鱼15亩；资助51名在校贫困学生完成学业；建立完善党员远程电化学习室、婚育学校、农家书屋、青年民兵之家等活动场所；改善村委办公、生活条件。村民参加合作医疗、适龄儿童入学率均达100%。贫困户人均年收入达到2700多元，36户贫困户脱贫，占贫困户总数的43.8%。省旅游局对口帮扶“双到”工作被上级评为“优秀”及“插红旗单位”。6月30日，省旅游局会同广东国旅国际旅行社股份有限公司、广东省中国旅行社股份有限公司和广州广之旅国际旅行社股份有限公司3家旅游企业组成旅游扶贫车队参加广东省扶贫济困日活动，并举行“主题党日暨板长村村道开工仪式”活动，共为板长村募集帮扶资金15万多元。5月22日，省旅游协会组织“乳源爱心之旅扶贫助学”自驾车游活动，70多位车友组成30台车的扶贫车队，为13户贫困户捐款1万余元。

广东省扶贫济困日旅游扶贫车队到乳源县板长村开展帮扶活动。（胡喜红 图文）

2010 年广东省旅游扶贫项目名录

一、广州旅游扶贫大型重点项目

1. 韶关市丹霞山申报世界自然遗产工程项目
2. 江门市开平赤坎古镇旅游开发项目
3. 梅州市大埔县西岩茶乡度假村
4. 惠州市龙门县南昆山温泉旅游大观园二期工程
5. 河源市赵佗古城旅游区
6. 湛江市徐闻县大汉三墩旅游区

二、旅游扶贫一般重点项目

（一）汕头市

1. 南澳县南澳自行车旅游基础设施建设
2. 澄海区莲华乡村旅游区
3. 潮阳区莲花峰旅游区基础设施建设

（二）韶关市

1. 曲江区小坑国家森林公园
2. 新丰县雪山林苑
3. 乳源县天景山仙人桥景区板洞村景点
4. 乐昌市龙王潭生态旅游区

（三）河源市

1. 市直河源市游客服务中心
2. 东源县“康禾茶乡”温泉农家乐项目
3. 和平县和平温泉之都
4. 紫金县越王山旅游区

（四）梅州市

1. 兴宁市和山农业旅游生态园
2. 蕉岭县石寨方楼乡村游景区
3. 梅县南口镇侨乡村旅游专业村
4. 五华县汤湖热矿泥山庄二期工程

（五）惠州市

1. 龙门县南昆山旅游文化广场
2. 惠东县莲花山生态旅游区
3. 博罗县博罗航天育种生态农业休闲度假旅游区

（六）汕尾市

1. 陆河县岳溪生态公园
2. 海丰县红宫红场红色经典旅游区
3. 陆丰市清云山旅游区

（七）阳江市

1. 阳春市凌霄风景区
2. 阳东县东湖旅游区
3. 阳江市海陵岛新圣洋休闲渔业基地

（八）湛江市

1. 湛江旅游集散中心
2. 雷州市雷祖寺雷文化主题公园
3. 吴川市吉兆湾中心广场

（九）茂名市

1. 茂名森林公园
2. 信宜市石根山风景旅游区
3. 高州市浮山岭旅游风景区
4. 高州市平云山自然风景区—玉湖风景区七星伴月景点
5. 化州市名流生态旅游区

（十）肇庆市

1. 鼎湖区藏龙沟乡村旅游景区道路设施
2. 封开大旺海鹰博览中心
3. 广宁县古水河原生态景区二期开发
4. 高要市金钟山景区
5. 四会市大侦山旅游区

（十一）清远市

1. 飞霞旅游度假区
2. 清新县笔架山度假村
3. 英德市仙桥地下河旅游景区
4. 连山县金子山原生态休闲度假旅游景区
5. 佛冈县金谷森林公园原始生态旅游度假村

（十二）潮州市

1. 潮州淡浮收藏院修学旅游配套设施
2. 湘桥区紫莲生态森林度假村
3. 潮安县千果山旅游区农家客栈
4. 潮安县旅游咨询服务中心
5. 饶平县东沙湾旅游度假村

（十三）揭阳市

1. 揭西县京明温泉度假村
2. 大南山八国风情旅游度假区
3. 惠来县华家海滨度假村
4. 普侨区“比华利华侨温泉度假村”

（十四）云浮市

1. 郁南县向阳湖漂流度假区
2. 新兴县天露山禅龙峡
3. 云安县云安县仙人谷生态旅游区

三、旅游扶贫农家乐项目

（一）汕头市（7 个）

1. 澄海区壮雄薄壳米店
2. 澄海区协和生态园
3. 濠江区金寿茶艺园
4. 潮南区荔园农业有限公司
5. 南澳县黄花山林场
6. 南澳县渔家乐凤屿休闲渔业
7. 南澳县内湖生态园

韶关市（18个）

1. 浈江区金沙生态园
2. 曲江区鸿润生态园
3. 乐昌市白水寨生态园
4. 乐昌市古佛洞天旅游景区
5. 南雄市开心农庄
6. 南雄市和盛酒店农家乐
7. 仁化县五马寨生态园
8. 始兴县洪源果业农家乐
9. 始兴县原野农庄
10. 翁源县仙湖度假村
11. 翁源县东华明珠山庄
12. 翁源县祥林湾山庄
13. 新丰县竹林人家山庄
14. 新丰县丰珠山庄
15. 粤凰生态科技有限公司乳源生态农业科技园“农家乐”
16. 乳源县南岭餐馆
17. 乳源县瑶家源山庄
18. 乳源县过山瑶之家

（三）河源市（15个）

1. 源城区乡村壹号美食山庄
2. 源城区网顶客家饮食山庄
3. 源城区年辉渔村餐厅
4. 东源县黄龙岩畲家山庄
5. 东源县东江野战俱乐部
6. 和平县彭寨镇红星农家乐
7. 和平县阳明镇廖芬农家乐
8. 和平县热水镇兴隆民俗村
9. 龙川县霍龙居农家乐
10. 龙川县南越餐厅农家乐
11. 龙川县景阳庄农家乐
12. 连平县金山庄园
13. 连平县新绿缘农家乐
14. 紫金县旺盛山庄
15. 紫金县柏埔镇新科农民专业合作社

（四）梅州市（18个）

1. 上官塘河鲜饭店
2. 兴宁市和山农家餐馆
3. 梅江区农家乐餐馆
4. 梅县胜顺发庄园
5. 平远县差干镇春天酒家
6. 平远县八尺镇红豆娘酒庄
7. 平远县中行镇文平饭店
8. 蕉岭县森态源休闲山庄
9. 蕉岭县加和农庄
10. 蕉岭县桂园湾农庄
11. 大埔县凤凰山庄
12. 大埔县碧桂山庄
13. 大埔县三农富贵庄园
14. 丰顺县畲家农庄
15. 丰顺县黄金镇径双农家菜馆
16. 五华县益塘水库餐厅
17. 五华县大岭休闲山庄
18. 五华县丰华有机食品餐厅

（五）惠州市（14个）

1. 惠城区野趣园食府
2. 惠城区惠城区汝湖镇大良客家农庄
3. 惠城区福长岭园林农家乐
4. 惠阳区碧湖农庄
5. 惠阳区惠阳秋长周田客家饭店
6. 惠阳区崇林世居龙潭饭庄
7. 惠东县景源饭店
8. 博罗县柏塘光华饭店
9. 博罗县横河西群农家乐
10. 龙门县天堂山山庄
11. 龙门县农家餐馆
12. 龙门县农家乐山庄
13. 龙门县碧云苑
14. 龙门县龙门尚天然开心农场

（六）汕尾市（9个）

1. 市城区捷胜镇丰胜海鲜餐厅
2. 海丰县后门永利饭店
3. 海丰县附城金蠔香酒家
4. 海丰县汕尾市月亮湾生态农庄
5. 陆河县新田横石农家乐饭店
6. 陆河县陶然山庄
7. 陆丰市八万镇友友好酒楼
8. 陆丰市乌坎海上渔村
9. 红海湾内湖怡泰渔家乐

（七）阳江市（8个）

1. 江城区韬园山庄
2. 阳春市茗香居休闲阁
3. 阳春市陶然居
4. 阳春市御鹿园生态美食庄
5. 阳东县福兴休闲娱乐生态园
6. 阳东县阳江市怡湖园
7. 阳东县鸿运山庄
8. 海陵岛才记泥焗鸡店

（八）湛江市（17个）

1. 霞山区红岛鱼庄
2. 霞山区特呈岛天心角农家乐
3. 坡头区南国鸟巢乐园
4. 湖光月岭美食山庄
5. 湖光茗香休闲园
6. 吴川市海滨水平方农家乐庄
7. 吴川市覃巴湛杨渔民山庄
8. 吴川市覃巴镇月牙湾农家乐园
9. 徐闻县大汉三墩渔家乐
10. 遂溪县马六良特色旅游范示村
11. 廉江市杨桃一沟农家乐
12. 廉江市宏达农家乐园
13. 雷州市天成台度假村休闲渔家乐
14. 硇洲岛存亮湾渔家乐
15. 赤坎区乡村假日农家乐休闲度假山庄
16. 赤坎区裕福山庄农家乐
17. 赤坎区调顺村顺园家乐

（九）茂名市（9个）

1. 茂名市森林绿苑农家乐
2. 鳌头镇桃花岛琼花农家乐餐馆
3. 信宜市水口玉都生态农庄
4. 信宜市池洞镇天然居酒楼
5. 高州市金山假日农家乐
6. 高州市金山家乐农庄
7. 高州市石鼓镇潘氏友谊农庄
8. 化州市白梅书院农庄
9. 化州市六竹农庄

（十）肇庆市（7个）

1. 鼎湖区同古山居
2. 鼎湖区凤凰山庄
3. 鼎湖区农家乐庄园
4. 广宁县碧翠湖度假村
5. 广宁县万家乐酒店
6. 德庆县盘龙峡山菜馆
7. 封开县新亮点休闲度假村

（十一）清远市（9个）

1. 清远市清城区红旗寨先锋拓展基地农家乐
2. 连州市金鑫生态度假乐园
3. 佛冈县石角镇花好月圆山庄
4. 佛冈县石角镇鲤鱼门农庄
5. 佛冈县嘉华山庄
6. 连南瑶族自治县三排镇南岗千年古寨公社饭堂
7. 连南瑶族自治县磨头岩泉水鱼庄
8. 阳山县水口鱼水风景区农家乐
9. 阳山县北山（桂园）农庄农家乐

（十二）潮州市（6个）

1. 潮安县凤凰山畲族祖地民俗村
2. 潮安县幽峪逸林生态旅游区
3. 潮安县凤溪竹筏漂流码头长廊
4. 饶平县大埕湾潮香园
5. 饶平县乡村秀生态种养专业合作社
6. 饶平县万山红南国生态度假村

（十三）揭阳市（9个）

1. 普宁市石牌碧水湾温泉餐厅
2. 普宁市洪阳河记餐厅
3. 揭东县玉湖镇玉阳山庄
4. 揭西龙源科技生态观光园
5. 揭西县石内河漂流有限公司
6. 惠来县榕竹农家乐山庄
7. 惠来县葵潭镇葵峰海鲜餐厅
8. 大南山侨区农泰种养加工有限公司
9. 大南山八国风情旅游度假区乡村旅游休闲项目

（十四）云浮市（8个）

1. 云浮市云城区金山食府（金山庄）
2. 云城区百果缘美食店（百果缘山庄）
3. 罗定市宇宙休闲美食农庄
4. 新兴县河头镇料坑河畔饭店
5. 大江镇大塘山庄农家乐
6. 大江镇合河美食山庄（合河坊）农家乐
7. 郁南县都城镇银湖农庄
8. 云安县前锋镇洞表长乐农家菜馆

（十五）江门市（1个）

1. 开平市天山美食酒楼——碉楼之窗景区

（张蕊青）

（上接第71页）

编号为GF－2010－2401《团队出境旅游合同（示范文本）》，供中华人民共和国境内（不含港、澳、台地区）经营出境旅游业务的旅行社与出境旅游者之间签订团队出境旅游（不含赴台湾地区旅游）合同时使用。内容包括：定义和概念、合同的签订、合同双方的权利义务、合同的变更与转让、合同的解除、违约责任和协议条款，并附《出境旅游报名表》、《带团号的〈旅游行程计划说明书〉》。本合同词语定义：出境社，指取得《旅行社业务经营许可证》和《企业法人营业执照》、具有出境旅游业务经营权的旅行社；旅游者，指与出境社签订出境旅游合同，参加出境旅游活动的中国内地居民及在中国内地的外国人、在内地的香港特别行政区、澳门特别行政区居民和在大陆的台湾地区居民或者团体；出境旅游服务，指出境社依据《旅行社条例》等法律法规，组织旅游者出国及赴港、澳地区等旅游目的地旅游，代办旅游签证/签注，代订公共交通客票，安排餐饮、住宿、游览等服务活动；旅游费用，指旅游者支付给出境社，用于购买出境旅游服务的费用。

编号为GF－2010－2402《大陆居民赴台湾地区旅游合同（示范文本）》，供大陆地区指定的经营大陆居民赴台湾地区旅游业务的旅行社与大陆旅游者之间签订赴台湾地区旅游合同时使用。内容包括：定义和概念、合同的签订、合同双方的权利义务、合同的变更与转让、合同的解除、违约责任和协议条款，并附《赴台旅游报名表》，《带团号的〈旅游行程计划说明书〉》。本合同词语定义：赴台游旅行社，指取得《旅行社业务经营许可证》和《企业法人营业执照》，并经国家旅游局会同有关部门指定的具有组织大陆居民赴台湾地区旅游业务资格的旅行社，其名单由海峡两岸旅游交流协会公布；旅游者，指与赴台游旅行社签订赴台旅游合同，参加赴台旅游活动的大陆居民或者团体；赴台旅游服务，指赴台游旅行社依据《旅行社条例》、《大陆居民赴台湾地区旅游管理办法》等法律法规，组织旅游者到台湾地区旅游，代办旅游签注，代订公共交通客票，安排餐饮、住宿、游览等服务活动；旅游费用，指旅游者支付给赴台游旅行社、用于购买赴台旅游服务的费用。

GF－2010－2403《团队国内旅游合同（示范文本）》，供中华人民共和国境内（不含港、澳、台地区）旅行社与旅游者之间签订团队国内旅游（不含赴港、澳、台地区旅游及边境游）合同时使用。本合同内容包括定义和概念、合同的签订、合同双方的权利义务、合同的变更与转让、合同的解除、违约责任、协议条款等，并附《旅游报名表》、带团号的《旅游行程安排单》。本合同词语定义包括：旅行社，指取得《旅行社业务经营许可证》和《企业法人营业执照》、经营旅游业务的企业法人；旅游者，指与旅行社签订国内旅游合同，参加国内旅游活动的内地居民或者团体；国内旅游服务，指旅行社依据《旅行社条例》等法律法规，组织旅游者在中华人民共和国境内（不含香港、澳门、台湾地区）旅游，代订公共交通客票，安排餐饮、住宿、游览等服务活动；旅游费用，指旅游者支付给旅行社，用于购买国内旅游服务的费用。

人事与旅游教育培训

旅游人力资源开发工作

【广东旅游教育培训概况】 截至2010年底，广东省共有7550人取得饭店中高层管理人员岗位培训证书，其中总经理1717人，部门经理5833人；有4813人取得旅行社经理资格证书，其中总经理3161人，部门经理1652人；有128人取得景区中高层管理人员岗位职务证书，其中总经理77人，部门经理51人；有55023人取得导游人员资格证书。

2010年，全省共举办旅游高层管理人员培训班6期，培训人员1934人；培训一线技能人员24000多人；举办行业考试75场，考生25600多人；全省各级旅游培训机构培训旅游行业各类人员达28万人次。至2010年底，全省共有持导游证（IC卡）人数为46013人。按照等级划分，其中初级导游员44532人，占96.7%；中级导游员1436人，占3.1%；高级导游员45人，占0.1%。

【全国导游人员资格考试】 2010年3和9月，广东省组织完成两次全国导游人员资格考试工作。全年参加全国导游人员资格报名人数为21270人，比上年增长24%，通过导游资格考试人数为6928人，通过率为32.6%。其中，第一次报名人数11523人，通过人数3810人；第二次报名人数为9747人，通过人数3118人。港澳地区报名人数为76人，通过人数为8人，通过率为11%。广东导游人员资格考试工作具有考试人数多、语种多、类别多等特点。全省共设26个报名点、24个笔试点、25个口试点。7月31日至8月3日，省旅游局在广州举办有280人参加的口试考评员培训班。

【红色旅游高管人员培训班】 2010年3月11~16日，由全国红色旅游工作协调小组办公室（下称“红办”）主办，广东省旅游局、中山市人民政府承办的《“泛珠三角”区域红色旅游合作发展协议》签约仪式暨红色旅游高级管理人员培训班在中山举行。全国红色旅游工作协调小组办公室常务副主任罗迪辉，中国旅游出版社社长、中国旅游报报社社长陈志学，省旅游局局长杨荣森以及泛珠三角9省区旅游局、中山市人民政府出席签约仪式。泛珠三角9省区红色旅游行政管理部门干部、红色旅游经典景区管理人员，以及其他有关单位管理人员90多人参加培训。培训班人员参观考察孙中山故居、中山革命烈士陵园等红色旅游景点。清华大学教授就发展红色旅游背景知识和相关理论为学员授课。全国红办和中国旅游出版社举办“红色旅游书屋”活动。期间，双方按协议从2010年至2015年的5年内共建“红色旅游书屋”100个，每个书屋捐赠图书2000余册，价值达10万元。

“泛珠三角”区域红色旅游合作发展协议主要内容包括：泛珠三角9省区要推动无障碍旅游，实现区域旅游市场一体化。各省区之间允许旅行社按经营范围在本省组团后直接到对方进行旅游活动，而不需经地接社“中转”和配备地陪。允许旅行社通过参股、并购以及品牌输出等形式，跨市设立分社。利用泛珠三角区域各成员城市旅游咨询、投诉、救助电话服务台及呼叫中心系统，逐步实现对接和信息共享，努力为游客提供跨区域的相互联动体系，实现旅游咨询、救助、接待服务和投诉受理一体化服务。

【全省导游人员职业技能大赛】 由广东省人民政府主办、广东省旅游局承办的2010年广东省职业技能大赛“广东中旅杯”导游人员职业技能大赛，自2010年2月启动，经过初赛、半决赛和决赛，于9月10日在广州落幕。11名选手分别获得一、二、三等奖，其中8名专业选手被省人力资源和社会保障厅授予“广东省技术能手”，并颁发荣誉证书和奖金；专业组冠军蔡艳梅被省总工会、省妇联、团省委分别授予“五一劳动奖章”、“三八红旗手”、“五四青年奖章”荣誉称号；学生组冠军徐梦璇被团省委授予“五四青年奖章”荣誉称号。

本次大赛是广东多年以来举办的一次规模较大、整体水平最高的全省导游大赛，共有2万多名导游报名并参加初赛。通过比赛，达到“讲道德、学知识、促培训、比技能、赛服务、树典型、塑形象”的目的。12月，省旅游局从获奖选手中挑选5名选手参加国家旅游局举办的全国导游职业技能大赛，其中中国国旅（深圳）国际旅行社的柯凌艳荣获三等奖。

2010年广东省导游人员职业技能大赛获奖情况

组别	奖项	姓名	性别	单位名称
专业组	一等奖	蔡艳梅	女	肇庆市导游服务中心
	二等奖	常　蕾	女	广州广之旅国际旅行社股份有限公司
		王毅成	男	佛山顺之旅国际旅行社
	三等奖	李　瑾	女	广东铁青国际旅行社有限责任公司
		孙　勤	女	深圳中畅导游服务有限公司
		彭　娟	女	佛山口岸旅行社
		喻利国	女	广东南湖国际旅行社有限责任公司
		刘尚超	男	深圳市中国国际旅行社
学生组	一等奖	徐梦璇	女	韶关市中等职业技术学校
	二等奖	边　夏	女	深圳大学
	三等奖	刘　杰	女	广东海洋大学

【旅游产业升级与创新专题研讨班】　2010年6月28日至7月2日，由广东省委组织部主办，广东省旅游局协办，中山大学管理学院承办的“广东省领导干部旅游产业升级与创新专题研讨班”在中山大学管理学院举办。6月28日举行开班仪式，广东省旅游局局长杨荣森作开班动员，中山大学党委书记郑德涛致欢迎词。开班仪式由中山大学管理学院副院长徐勇主持。

研讨班学员由来自各地级以上市的11名分管旅游副市长、14名旅游局局长以及各县（市）分管旅游工作的副县（市）长等共89人组成。本期研讨班由省旅游局联合中山大学管理学院共同组织，具有“高层次、强师资、准定位”等特点。国家旅游局综合协调司司长张坚钟、中山大学管理学院院长李新春、中山大学校长助理保继刚、中山大学管理学院旅游管理系主任刘静艳以及广州中医药大学党委副书记孙晓生、中国社会科学研究院学术委员会主任魏小安等授课。课程包括《“国务院关于加快发展旅游业的意见”的战略发展意义》、《城市旅游发展战略思考》、《国际产业结构变化与旅游业发展》、《全省深入贯彻落实科学发展观、加快转变经济发展方式》、《高端休闲旅游市场开发及产品创新》、《中医药文化养生旅游创新探索》、《目击旅游业发展新趋势》等。

【旅游扶贫工作管理人员培训班】　2010年5月31日至6月3日，广东省旅游扶贫工作管理人员培训班在广州举办。来自14个地市的168名旅游局长、财政局长参加培训。培训班学员于5月31日在广州接受一天的理论学习后，于6月1~3日前往武汉实地考察旅游扶贫项目。在广州培训期间，邀请省委党校副校长、教授陈鸿宇、加拿大籍旅游项目营销专家、教授郑泽国等授课。在武汉考察期间，学员与武汉旅游业界就高铁时代旅游业发展中的新情况和旅游扶贫工作中亟待解决的若干问题开展深入探讨和交流，并考察黄陂区木兰草原景区和木兰天池景区，学员对其发展理念和方法加以赞赏。培训班为广东山区和经济欠发达地区各县（市）旅游部门、财政部门搭建一个学习旅游管理专业知识、探索山区旅游经济发展途径的平台。

【粤港澳旅游人才合作】　继2009年底与香港职业训练局、香港旅游业议会三方签署合作意向书后，2010年广东省旅游局继续与香港职业训练局展开合作。为方便港澳居民报考，2010年度第一次导游资格考试中，除各地市报名点均接受港澳考生报名外，广东省旅游局还在香港设立分报名点。全年共有71名香港居民及5名澳门居民报名参加导游人员资格考试。为提高香港考生通过率，省旅游局与香港职业训练局联合在香港举办考前培训班，并在香港设立笔试和口试考场。

【中、高级导游员研讨会】　2010年3月26~27日，广东省旅游局在广东科学馆举办全省中、高级导游员研讨会，全省1126名中、高级导游员参加研讨。针对中、高级导游员的特点，研讨会精心设置课程，邀请中国旅游研究院副院长石培华开设“《国务院关于加快发展旅游业的意见》政策解读”、安徽九华山风景区外宣中心副主任费业朝开设“基础佛学与导游”、浙江天堂国际旅行社有限公司全国优秀导游员吴娜佳开设“如何做一名游客满意的导游员”等专题讲座，研讨题材新颖、内容实用性强。

【旅游业推动产业和劳动力“双转移”】　2010年度，广东省旅游业农村劳动力培训转移就业工作进展顺利，根据省职业技能鉴定指导中心的统一安排，省旅游局分四批对2009年已接受培训的10市6县的近4000名农村劳动力学员进行技能鉴定。全省全年共有3000多名学员通过鉴定达到合格水平，分别取得“餐厅服务员”、“客房服务员”职业技能证书或“景点导游”、“农家菜烹饪”专项职业能力证书。

【全国第八批导游援藏】 2010年全国第八批导游援藏工作开始后，广东省旅游局教育培训部门按照国家旅游局有关要求做好导游员的选送及组织工作，共选送4名外语导游员执行援藏任务。其中，广东南湖国际旅行社有限公司李菲、韶关市旅游协会黄寿辉2名导游作为2010年第一批援藏导游于4月至10月间进藏工作。2010年10月9日，经受援企业推荐和民主评议、西藏自治区旅游局和国家旅游局人事司审定，报全国旅游援藏领导小组同意，国家旅游局作出《关于表彰全国第八批援藏导游员先进个人的决定》（旅办发［2010］145号），授予黄寿辉为“全国第八批援藏导游员先进个人”荣誉称号。

【酒店职业英语等级考试】 2010年，广东省旅游局继续推进酒店职业英语等级考试项目，提高全省酒店业一线员工的英语水平，先后在广州白天鹅宾馆、番禺区，佛山、珠海等市举行10场考试，共有938名酒店一线员工及旅游院校学生参加，其中合格人数为489人，优秀人数为45人。

【2010年中国旅游教育展】 2010年12月14～17日，国家旅游局在天津举办“2010年中国旅游教育展”。广东省旅游局组织9家旅游企业、院校及旅游培训单位参展。各参展单位精心布置展台、印制旅游教育培训小册子、派发宣传单张，为旅游院校和企业搭建交流与合作平台。整个参展活动充分展示广东省近年来旅游教育与人才开发取得的成果，与兄弟省市共同探索旅游人才开发合作新模式。

【中级导游员等级考核评定】 由国家旅游局统一组织的2010年中级导游员等级考试于9月18日在全国各省市同时举行。广东省共有包括中文、英语、日语、西班牙语4个语种的363人报名参考。按照国家旅游局的统一安排，省旅游局圆满完成考试的各项组织工作，共有114名考生通过考试获得国家旅游局颁发的中级导游证书。

【全省旅游教育培训工作会议】 2010年4月8日，广东省旅游教育培训工作会议在广州召开。全省21个地级市旅游局、旅游院系、旅游企业，以及其他有关单位156人参加。广东省有关单位一直在探索校企结合的培养模式，积累不少经验。但由于旅游职业教育起步较晚，旅游教育与旅游行业的吻合度还有相当的错位。会议会期虽短，但意义重大，为旅游院校及旅游企业搭建了一个交流与沟通的平台。会上，来自行政管理机构、旅游院校和企业代表讨论热烈，各抒己见，积极为如何实现旅游行政管理部门、旅游企业与旅游院校三者之间相互支持、资源共享、平衡发展建言献策。

【旅游院校建设】 2010年，广东旅游人才培养继续朝着包括研究生教育、本科教育、专科教育和中等职业教育四个层次进行，多数旅游院校开设有旅游管理、旅游外语、饭店服务于管理、旅行社服务与管理、烹饪等专业。截至2010年底，全省共有高、中等旅游院校（包括完全的旅游院校和只开设旅游系或旅游专业的院校）136所，其中高等院校66所，中等职业学校70所。旅游院校在校生为94635人，其中旅游高等院校37011人，旅游中等职业学校57624人。2010年全省旅游院校共有旅游专业教师3651人，其中旅游高等院校1684人，旅游中等职业学校1967人。

附件：广东旅游院系简介（续）

中山市旅游学校

位于中山市三乡镇，占地总面积116亩，建筑面积近46000平方米。于1992年成立的公办学校，是广东省重点中等职业学校、广东省绿色学校、广东省传统体育项目（篮球）学校、全国环境教育示范基地。

学校现有教学楼、实验楼、综合楼、办公楼、学生宿舍大楼、旅游实训大楼、体育馆等建筑；装配计算机、旅游客房、烹饪、美容美发、电子电工、家电、数控机床、工艺造型、财会模拟等20多个功能室；有室内体育馆、高标准400米塑胶跑道；图书资料藏量6万多册；主干千兆、百兆至终端的校园网和智能物业管理系统把全校600多台电脑连成一体。

学校现有全日制教学班学生1900多人，成人职业高中班学生640多人，成人大专（本科）班学生400多人。教职工120多人。学校师资本科学历教师达100%，“双师型”教师占专业教师比例60%，研究生学历（含在职就读）教师比例占教师总人数18%。

学校立足于“服务地方经济发展、适应当地产业需求”。现开设有旅游（导游方向、烹饪方向及休闲体育服务与管理）、酒店服务与管理、智能物业管理、工业产品造型（工艺方向及古家具方向）、计算机应用（含升大方向）、财会电算化（会计电算化方向及仓管方向）、计算机网络技术等7个专业。旅游专业作为重点专业已为中山市培养大批优秀的专业人才。学校曾在广东省首届中等职业学校学生技能大赛；2009年广东省奥林匹克专业技能比赛；2009年广东省中等职业学校“用友杯”财经专业学生职业技能竞赛等赛事活动中有出色的表现。学校依托中山市三乡中心镇作为全国最大的古旧家具集散中心之一，民营经济发达的优势，形成了学历教育、职业培训的多层次、多渠道办学特色，为社会培养大批的“一专多能、达标创优、立志创业、服务社会”综合人才。

佛山科学技术学院

地处佛山市区。为一所省市共管、以市为主的地方综合性本科大学。学校前身是1958年创办的佛山师范专科学校和华南农学院佛山分院。1995年3月经国家教委批准，佛山大学和佛山农牧高等专科学校合并组建佛山科学技术学院并升格为本科院校。2005年经广东省人民政府批准，佛山职工医学院和佛山教育学院并入佛山科学技术学院。2007年该校通过教育部本科教学工作水平评估。2010年国务院学位办正式批准学校为硕士学位授权立项建设单位。

学校现有江湾一路、北院、河滨路、同济西路4个校区。占地面积2210.7亩，建筑面积34.54万平方米。设有10个二级学院，设置本科专业46个、专科专业7个。现有普通全日制在校生13284人，其中本科生12218人、专科生1066人；现有教职工1485人，其中专任教师812人。全校专业技术人员中具有正高职称108人、副高职称318人、具有博士学位专任教师152人、硕士学位教师351人以及留学回国人员78人等。此外，聘请杨振宁博士、丁肇中博士及一批国内知名专家学者为名誉或客座教授。

旅游系开设旅游管理专业，是全省较早设立旅游专业的院系之一，1990年开设“旅游地理”专科及“资源环境与城乡规划管理”本科，2003年“旅游管理”本科正式招生。累计培养专科人才500多人，本科专业人才382人。在酒店和旅行社管理、会展管理和物业管理等方向形成独特专业优势。现具有高级职称的教师达58%，有硕士、博士学位的达67%。该系拥有旅游规划丙级资质证书。曾主持过国家社科基金及省市课题，并获多个奖项。本专业学生曾参加广东省大学生“挑战杯”和全国大学生课外学术科技作品竞赛，也都获多个奖项。

佛山科学技术学院教学楼

广东女子职业技术学院

位于广州市番禺区，东邻莲花山风景名胜区。为一所公办全日制普通高校，是广东省唯一的女子学院。学院前身是广东省妇女干部学校和广东女子中专学校，至今有30年的办学历史。建校以来，学院致力于女性素质教育，以培养高尚人格、高雅气质、良好行为规范的高技能女性专门人才和高素质劳动者为目标。曾荣获“广东省文明单位”、“文明校园”、“连续十年文明单位”等称号。

学院校园占地面积200多亩，建筑面约12万平方米。现有教师310多人，在校学生5600多人。学院设有应用外语系、管理系、经贸系、应用设计系、文化艺术系、思想政治理论课教学部、体育部、继续教育学院、女性研究中心、信息资源中心等教学教辅机构。现开设文化教育、财经、旅游、公共事业、电子信息、轻纺食品、艺术设计与传媒等七大类20多个专业。文秘和电子商务等3个专业被省教育厅评为“示范性专业”。

学院现拥有旅游英语、旅游日语、旅游管理、旅游管理（酒店方向）4个专业。在校生700多人，旅游相关教师12人（专职教师7人、校内双肩挑教师2人、校外实训兼职指导教师3人。拥有教授1人，副教授以上职称教师3人，讲师6人）。校内实训设施有羊城之旅广东女子学院旅游服务部、餐饮服务实训室、培训中心招待所、海珠校区招待所等旅游相关专业实训场所。校外实践基地中，与羊城之旅国际旅行社、番禺莲花山旅游区、广州嘉逸国际酒店、番禺海伦堡国际公寓、和平县九连山华宇温泉度假村等多家知名企业建立合作协议。

广东女子职业技术学院正门

广东江门艺华旅游职业学院

位于江门市市区。成立于2009年。是经广东省人民政府批准、教育部备案，以专科教育为主的综合性民办普通高等高校。

学院校园占地面积500多亩，建筑面约7万多平方米。该校以“励耘明德、止于至善”为校训，以“求知、求德、求能、求业”为办学理念，设有旅游管理系、工商管理系、外语系、计算机系、工程管理系，开设16个专业。现有在校生1800多人，教职工200多人，其中专任教师140多人，副高以上职称教师10人，研究生以上20余人。

该学院旅游管理系下设酒店管理、旅游管理、烹饪工艺与营养（营养师方向）三个大专业，全系21名专任教师中，有教授2人，副教授3人，讲师6人，绝大部分具有硕士学历。现有近2000平方米的多功能实训室，内设模拟导游、模拟旅行社、形体训练、旅游规划设计、烹饪制作、酒吧、餐厅、客房等多个实训分室。已有江门逸豪酒店、丽宫酒店、金凯悦酒店、大方旅行社、港之旅旅行社、南湖国旅旅行社、菊城旅行社等多家学生校外实习基地。旅游管理系充分利用其师资和各种教学资源开展对外服务。可提供服务（商务）礼仪、餐厅服务、客房服务、调酒、外语、导游、企业文化、营销策划、旅游规划设计、酒店管理咨询等方面的培训和科研服务。旅游管理系以培养面向社会、面向市场的技能型实用人才为目标，坚持走职业化、产业化、国际化的发展道路。与广东外贸外语大学合作招收国际旅游管理专业自考本科，得到社会认可。

广东江门艺华旅游职业学院

肇庆学院旅游学院

肇庆学院是在原西江大学和原肇庆教育学院的基础上发展而来的。原西江大学的前身是肇庆地区师范学校，由广东教育行政学院于1970年下放到肇庆地区新兴县办学而得名。为适应地方经济发展的需要及学校自身发展规划的需求，由原西江大学旅游管理专业、历史教育专业和肇庆学院旅游科学研究中心组合成立肇庆学院旅游学院。学院现有教职员工27人，全日制在校学生850人。现有旅游管理系、历史学系2个教学系以及旅游研究与规划中心和岭南历史文化研究所等多个科研中心（所）；开设旅游管理、历史教育和国际酒店管理3个专业及旅游管理本、专科2个办学层次。现有专业教师24人，其中教授2名，副教授12名，讲师8名，有博士和在读博士10人。

该学院重视教学、科研工作，加强对学生创新能力和实践能力的培养。星湖风景管理区、九龙湖风景管理区等多家本地旅游企业为学生社会实践和科学研究基地，清远索菲特－丽豪大酒店、深圳富临酒店为学生实习基地。

旅游学院一直注重科研工作的发展，学院下设旅游研究与规划中心、岭南历史文化研究所2个科研机构，在各级科研项目申请及立项结项方面取得优秀的成绩。曾主持或参与国家级、省级和市地课题多项，并主持肇庆市“十二五”规划前期研究课题和市委政策研究室重大政务调研课题多项。出版学术专著、教材10余部，发表论文100多篇。

广东农工商职业技术学院

学院主校区坐落于广州市天河区，东校区位于广州奥林匹克中心附近，北校区位于广州增城市。学院占地面积1208亩。该院于1952年创办，前身是广东农垦机务学校，1984年开始举办大专学历教育，2000年转制为职业技术学院。现有全日制在校生17000多人，也是目前广东省4所超万人规模的职业学院之一。

学院坚持“以人为本，特色强校，求实创新，和谐发展”的办学理念，招生专业由转制初期的8个，发展到目前的68个。先后为各类企事业单位培养4万多名专业技术人才和经营管理人才。现设有管理系、商务系、国际交流学院等教学及培训机构。

学院旅游管理专业于1999年开始招生，现有旅游管理（企管方向）、旅游管理（导游方向）、酒店管理（宾馆管理方向）、酒店管理（餐饮管理方向）、旅游英语（涉外导游方向）、旅游英语（涉外酒店接待方向）等专业方向，在校学生1500多人。该院旅游管理专业是广东省高职高专旅游管理类专业教学指导委员会的主任单位，曾牵头成立全国首家的省级高职高专旅游管理类专业教学指导委员会。同时作为国家级高职高专旅游与酒店管理专业实训基地，校内主要建有形体实训室、商务谈判实训室、电子商务实训室、语音室等普通实训场所，还建有多功能导游实训中心、餐饮实训中心、前厅实训中心、客房实训中心、旅行社实训中心、行政楼层实训中心和旅游管理信息系统实训中心7大旅游实训中心。同时，旅游管理专业还先后与喜达屋酒店管理集团威斯汀酒店达成协议，双方共同建设喜达屋酒店管理集团华南地区人才培养基地；与广东南湖国际旅行社有限责任公司友好协商，携手共建“出境领队”培训中心。

广东农工商职业技术学院

广州番禺职业技术学院

原名番禺理工学院、番禺职业技术学院。于1993年筹建，是全国首批、广州市属第一所公办全日制普通高等职业院校。2003年被广州市政府确定为市属高等职业教育龙头院校。2005年4月通过教育部人才培养工作水平评估。2009年12月成为教育部、财政部首批国家示范性高职院校。2010年11月被广东省人民政府授予“广东省职业技术教育工作先进集体”称号。

学校现设有信息工程学院、珠宝学院、艺术设计学院、工商管理系、财经系、旅游管理系、应用外语系、机械与电子系、建筑工程系、思教部、基础课部等三院六系两部，开设44个专业。

旅游管理系现设酒店管理、旅游管理、文秘、人力资源管理、涉外旅游、社会工作6个专业。其中酒店管理专业为国家示范性专业，旅游管理专业为院级重点专业。现有教师33人，其中，副教授以上职称5人，具有硕士以上学位者力27人。

旅游管理系注重实践教学，校内已建成颂雅园餐厅、旅游实训中心、青年旅馆实训基地等。成立酒店管理专业指导委员会、旅游管理专业指导委员会、人力资源专业指导委员会、文秘专业指导委员会、社会工作专业指导委员会等。先后与广州星河湾酒店、长隆酒店、南沙大酒店、佛山上游旅行社、广州市良辰美景国际旅行社、广东国旅顺德分公司、番禺珠江钢管有限公司等单位建立用人合作。

（凌丽莉）

广东省旅游职业技术学校

该校地处广州市白云区同和镇，占地面积250亩，建筑面积约7万平方米。其创建于1984年，是全国最早建立的省级旅游学校之一，为公办国家级重点职业学校。办学27年来，先后成为广东省和国家级重点职业学校、中国旅游协会常务理事单位和旅游教育分会副会长单位；曾获得全国教育系统先进集体、全国德育先进集体、广东省中职学校竞争力“十强单位”；被省直工委评为“先进单位”、被省教育厅评为“广东省安全文明校园”等荣誉称号，现有在校生5170余人，教职工近300人。开设有11个主干专业，其中，旅游服务与管理、酒店服务与管理被列为全省骨干示范专业，旅游艺术、旅游英语和旅游日语是学校特色专业。

在长期面向市场的办学实践中，学校遵循教育的本质，根据青少年的心理特点、知识结构的现状，结合旅游服务人才的特点和成长规律，不断探索旅游人才培养模式，形成具有鲜明特色的办学理念——“十二个定位”、“三个区别性特征”和“四个一”的能力培养模式。

“十二个定位”：即指导思想定位、学校本质定位、发展目标定位、人才培养规格定位、培养模式定位、学生外在形象定位、教学模式定位、招生标准定位、合作办学模式定位、校训定位、校园理念定位、办学规模定位；“三个区别性特征”：即以良好的服务意识和服务技能区别于普通高中和高校；以良好的文化基础区别于一般职业培训机构；以良好的语言能力和艺术气质区别于同类职业学校；学生岗位综合能力培养“四个”，即旅游考察实践一日、校内模拟职业实训一周、企业岗位见习一月、综合职业能力顶岗实习一年。

学校坚持面向市场、面向旅游业的办学方向，和国内外知名企业形成长期合作培养人才的机制，走出一条产教紧密结合的校企合作之路。已形成以珠三角地区为中心，辐射港澳和国内大中城市以及美国、日本的实习就业网络，100余家知名企业参加的校企合作理事会成为学生稳固的实习就业基地。毕业生就业率高，分布在旅游、航空、通讯、电信、银行、党政接待机关等服务行业。

2010年4月25日，由中国旅游协会职教分会主办的2010年“神州视景杯”全国旅游院校服务技能大赛（导游服务）在南京举办。省旅游职业技术学校在校学生陈虹伊、陈雁羚参加比赛并获“中职组”一等奖，被授予“全国旅游院校服务技能（导游大赛）最佳选手”称号，该校也获得好名次。

2011年4月11～18日，省旅游职业技术学校派出曾小力、邓敏、郝臻三名教师赴西藏林芝地区开展旅游行业总经理和部门经理岗位培训班的教学工作，培训班开设有旅游市场营销、酒店成本控制、优质服务、餐饮服务、酒店前台服务、酒店管理等课程。教师授课生动，理论水平高，案例充实，为林芝地区培养了一批高素质旅游人才。

广东省旅游职业技术学校派优秀教师赴西藏林芝地区支教。

（梁定宽　图文）

旅游行业协会

广东省旅游协会

【总体情况】 2010年，广东省旅游协会发挥行业优势，整合社会力量，完成各级政府部门委托交办的工作，开展旅游合作，主办旅游节庆，推广广东旅游品牌，加强行业建设，做好行业自律，提升行业服务质量，开展旅游扶贫公益活动，指导各旅游行业协会开展各项工作，为广东旅游发展作较大贡献。

【贯彻落实国发41号文】 2010年2月3日，广东省旅游协会举行旅游行业迎春座谈会和全省旅游协会会长秘书长座谈会，组织全省旅游行业学习、领会万庆良副省长在全省旅游工作会议和座谈会上对协会工作提出的要求，全面贯彻落实《国务院关于加快发展旅游业的意见》（国发[2009]41号）；4月19~23日，组织各行业协会负责人参加全国旅游协会调研座谈会。围绕贯彻落实（国发[2009]41号）和全国旅游工作会议精神，针对旅游行业协会改革与发展的方向，结合全国旅游协会的普遍问题和各地的特点进行广泛的交流和探讨；推动旅游业节能减排，倡导低碳旅游，举办多场节能设备及产品交流推介会，宣传国家节能减排政策。

【发挥行业优势，完成庆典活动】 2010年世界旅游日全球主会场庆典由中国广东承办，协会承担三项重要工作。广东省旅游协会发挥行业优势，动员行业力量圆满完成任务。抽调主要力量，在省旅游局相关处室的配合下，完成“旅游、生物多样性与可持续发展高峰对话”；承担“2010世界旅游日主会场庆典活动暨中国广东国际旅游文化节”嘉宾接待和导游服务工作；调动优质服务资源，加强培训，完成“2010世界旅游日主会场庆典活动暨中国广东国际旅游文化节”主席台、贵宾室的接待工作，并动员指导各会员酒店高质量完成来宾接待工作。此外，协会还积极参与“粤菜峰会”、“2010广东国际旅游展览会”的部分工作。

【承担政府委托工作】 2010年，广东省旅游协会承担多项政府部门委托的工作。受省财政厅委托，协会在全省范围内对中央和广东省直党政机关工作人员广东地区出差住宿及会议饭店2011－2012年度定点服务资格进行认定并开展采购工作；积极配合国家旅游局开展温泉标准调研工作；受省旅游局委托，组织专家学者及行业代表认真制定《广东省温泉旅游示范基地评定标准（试行）》，并组织专家对申评企业进行实地考察评估，完成温泉旅游示范基地评定工作；受省工商局委托，负责广东省旅游行业守合同重信用企业初评推荐工作。是年推荐省中旅、潮州风光国旅、永安国旅、广东省天马国旅、白天鹅宾馆等等企业为守合同重信用企业。

【开展旅游交流合作】 2010年8月中旬，广东省旅游协会受托与台湾旅行业同业公会及台湾各地行业公会紧密合作，组织“万人游台湾”首团活动；组织省内主要旅行社高层管理人员赴日本对世界500强企业JTB集团进行业务考察和交流，建立紧密合作关系；组织温泉行业代表团参加世界温泉科学大会；筹划组织以“广州塔”为重点的广州新中轴线旅游景点旅行社推介会；在博罗罗浮山，与凤凰卫视·凤凰周刊联合举办“龙脉仙山·罗浮传奇——葛洪道教养生文化旅游论坛”；与从化市政府联合主办第五届国际温泉旅游节；主办自驾旅游节。第四届广东自驾旅游节系列活动于2009年12月22日在韶关启动，整个系列活动精彩纷呈、贯穿2010年全年；协会还在东莞、中山等地主办2010广东大学生旅游文化节系列活动。

【联合宣传广东旅游品牌】 2010年，广东省旅游协会按照旅游卫视提供的播放档期，为肇庆、德庆、增城、珠海、佛冈等地旅游局、协会、旅游企业及涉及旅游要素的相关单位，提供最优惠的宣传平台，宣传推介全省特色旅游资源和产品；联合广东省邮政公司，发行第二册《粤游粤精彩——广东旅游门票明信片》。该册明信片汇集广州长隆旅游度假区、深圳东部华侨城、珠海港中旅（珠海）海泉湾度假区等30个省内优质景点的旅游门票优惠，惠民总值约3亿元；为配合十六届广州亚运会举办及“华人华侨年”的旅游宣传，协会向省内各相关旅行社发放“唱响广东十大金曲音像碟”。

【加强行业自律　开展旅游扶贫】 2010年，广东省旅游协会充分利用2010年广州亚运会和亚残运会机遇，联合省内各协会单位开展“迎亚运推行优质服务工程”。4月，泰国政局陷入混乱、欧洲冰岛火山爆发，协会迅速及时通知相关出境游组团社，并提出具体指导意见，要求各相关组团社严格执行，把游客安全、质量放在第一位，积极稳妥地应对和处理突发事件；5月下旬，协会组织献爱心慈善自驾游活动。来自广州、深圳、顺德等地的自驾车友车队，前往省旅游局“双到”帮扶点－韶关市乳源瑶族自治县洛阳镇板长村下埔自然村访贫问苦，向困难村民捐款捐物。

【领导机构组成】
会　长：
杨荣森　广东省旅游局局长
副会长：
曾维炳　广东省旅游局巡视员
周开生　广东省旅游局副局长
张振林　广东省旅游局副局长
王志红　广东省旅游局副局长
朱　力　广州市旅游局局长
李小甘　深圳市文体旅游局党组书记
苏志刚　广州长隆集团有限公司董事长
陈　港　中国南方航空股份有限公司副总经理
蒴迪岸　华侨城集团公司副总裁
李进明　广东省广晟资产经营有限公司董事长
刘建新　广东省粤旅集团有限公司董事长
王万年　广东中旅（集团）有限公司总经理
黄颖聪　白天鹅酒店集团有限公司总经理
冯　劲　广州岭南国际企业集团有限公司董事长
李进茂　广东省旅游协会副会长兼秘书长（驻会专职干部）
刘凤波　港中旅（珠海）海洋温泉有限公司总裁
卢建旭　广州广之旅国际旅行社股份有限公司董事长
温祈福　广州酒家企业集团有限公司永远荣誉董事长
刘汉华　中森集团董事长
张本川　广东温泉宾馆总经理
秘书长：
李进茂（兼）　广东省旅游协会副会长兼秘书长

广东酒店行业协会

【承担政府委托工作】　2010年7月12日，广东酒店行业协会（下称“酒店协会”）受广东省财政厅委托，继续承接2011－2012年度中央和广东省直党政机关工作人员广东地区（不含深圳市）出差住宿及会议饭店定点服务资格采购项目的选定、签约及相关管理工作。于8月12日在广州大学城广东科学中心公开开标，共有167家饭店通过竞标被确定为（第一包：住宿）中标单位，158家饭店通过竞标被确定为（第一包：会议）中标单位。按照国家财政部和省财政厅有关要求，酒店协会分别与中标单位签定协议并颁发牌匾，进行网上注册管理等。

【广东酒店行业协会年会】　2010年7月13日，广东酒店行业协会暨广东旅游酒店业总经理荣誉勋章及广东省十大金牌酒店管理公司颁奖典礼在惠州举行。广州、深圳、珠海等地各知名酒店的总经理及多名旅游业知名专家学者共计800多人出席。经广东省旅游局、广东省民间组织管理局同意，广东酒店行业协会决定授予68名高层管理者“广东旅游酒店业总经理荣誉勋章”、广东省10家酒店集团有限公司“广东十大金牌酒店管理公司”荣誉称号。

广东旅游酒店业总经理荣誉勋章获奖者（共68名）

黄颖聪　白天鹅酒店集团有限公司总经理、党委书记
彭树挺　白天鹅酒店集团有限公司副总经理
王　勇　白天鹅宾馆常务副总经理
郑越东　广州花园酒店总经理
贺邦富　广东省广晟酒店集团有限公司董事长、党委书记
胡剑毅　广东省广晟酒店集团有限公司总经理
司治庄　广东省广晟酒店集团有限公司董事副总经理
沈宜初　广州市堡龙物业管理有限公司总裁
邝云弘　广州大厦总经理
巩予新　广东胜利宾馆总经理
刘　正　中国电信集团广东省电信公司邮电大厦总经理
潘申三　中国电信集团广东省电信公司邮电大厦常务副总经理
胡建平　广东新白云宾馆有限公司董事长
陈柏恒　广州富力鼎盛置业发展有限公司富力君悦大酒店分公司总经理
黄国昭　广州市皇家国际饭店总经理

谭锦强　广州市堡龙酒店物业管理有限公司中国区总裁顺德创富公寓酒店执行总经理
许　波　广州凯旋华美达大酒店总经理
赵　利　广州亚洲国际酒店总经理
万　凌　广东华师粤海酒店有限公司总经理
许宝生　广州军区珠江宾馆总经理
陈晓鸣　东方丝绸大酒店董事长、总经理
雷　州　广州市广州宾馆总经理
朱剑云　广州市东悦酒店常务副总经理
苏乐生　广州大华酒店有限公司总经理
贾文恒　广州市东山宾馆（广州军区东山招待所）总经理
姚家明　广州望谷温泉度假村总经理
郑玮玲　粤海（国际）酒店管理集团有限公司董事长
李　庆　粤海（国际）酒店管理集团有限公司董事总经理
金　阳　深圳市华侨城控股有限公司酒店物业事业部总经理
钟　灼　中共深圳市委党校学苑宾馆总经理
杨　涛　深圳市百合酒店有限公司总经理
李添彬　深圳京基晶都酒店总经理
周跃基　深圳新都酒店总经理
郑　权　中青旅山水酒店投资管理有限公司总经理
李鸿斌　珠海度假村酒店有限公司董事长、总经理
张志宏　珠海粤海酒店董事总经理
徐　彬　珠海市学苑宾馆总经理
陈嘉恒　珠海市珠海来魅力假日酒店总经理
范秀森　汕头金海湾大酒店总经理
黎建青　佛山宾馆有限公司执行董事
李穗深　佛山宾馆有限公司常务副总经理
顾礼明　佛山市顺德区福盈酒店有限公司董事总经理
莫卓江　佛山金城大酒店总经理
付朝阳　佛山市南海蝴蝶谷酒店总经理
麦家辉　佛山财神酒店总经理
门守义　佛山中恒国际酒店总经理
周　军　河源市迈豪国际酒店总经理
林向荣　康帝酒店集团总经理
唐伟良　惠州市康帝国际酒店总经理
曾木坤　惠州市惠州宾馆总经理
吴鸿炼　广东金华悦集团有限公司常务副总经理
邓　城　陆丰市东陆酒店实业有限公司董事长
梁汝楚　东莞嘉华大酒店总经理
董承锝　东莞康帝俱乐部酒店总经理
梁永雄　东莞帝豪花园酒店有限公司董事长
王森林　东莞帝豪花园酒店有限公司总经理
吕庆生　中山国际酒店总经理
罗　锋　中山汉威酒店管理有限公司常务副总经理
梁正歧　江门市逸豪酒店有限公司总经理
卢子聪　中国国际博物馆水下考古科研与培训基地阳江市探海楼宾馆常务副总经理
吴国威　湛江海滨宾馆总经理
曾英秀　湛江丽波度假村执行董事
刘钟元　杏磊湾温泉度假村总经理
杨晓飞　肇庆星湖大酒店董事总经理
黄晓莉　肇庆市商业大厦花园酒店总经理
文　飞　佛冈聚龙湾国际酒店管理集团有限公司总经理
曹庆华　清远市碧桂园假日半岛酒店有限公司总经理
肖继成　云浮市迎宾馆有限公司总经理

首届“广东省十大金牌酒店管理公司”获奖单位

1. 广州白天鹅酒店物业管理公司
2. 广东省广晟酒店集团有限公司
3. 广州大厦酒店管理有限公司
4. 广州市堡龙酒店物业管理有限公司
5. 粤海（国际）酒店管理集团有限公司
6. 华侨城国际酒店管理有限公司
7. 深航酒店管理有限公司
8. 中青旅山水酒店投资管理有限公司
9. 中山汉威酒店管理有限公司
10. 康帝酒店管理有限公司

广东旅行社行业协会

【品质服务年】　2010 年，广东旅行社行业协会指导旅行社企业通过公示系统进行网上申报上年度守合同重信用企业和申报广东省著名商标。推荐潮州风光国旅、永安国旅，广东省天马国旅为“守合同重信用企业”；佛山禅之旅旅行社、中山菊城假期旅行社、广东省天马国旅为“广东省著名商标”。该协会向所有会员单位和行业发出《旅游服务质

量提升年倡议书》。

【旅行社行业协会工作】 2010年4月上旬，2010年旅行社行业协会会长工作会议在广州召开。4月下旬，全国旅游协会调研座谈会在安徽省合肥市召开。旅行社行业协会会长李建奇在会上作《积极开展活动，提升社会地位充分发挥协会作用促进行业健康发展》专题发言。2010年8月，协会组织省中旅等11家旅行社参加广东商旅服务业迎亚运推行优质服务工程活动。组织广东省商旅休闲行业满意度调查暨亚运推荐消费场所评选。

【领导机构组成】
会　长：
李建奇　广东省中国旅行社股份有限公司董事、总经理
副会长：
李进茂　广东省旅游协会副会长兼秘书长
卢建旭　广州广之旅国际旅行社股份有限公司董事长
吴　斌　深圳中国国际旅行社股份有限公司董事兼总经理
陈冀凯　东莞市国际旅行社有限公司总经理
张汉林　汕头市旅游总公司总经理
胡文强　广东省拱北口岸中国旅行社有限公司总经理
杜修远　佛山市禅之旅国际旅行社有限公司总经理
谷训才　广东国旅国际旅行社股份有限公司董事总经理
赵　祁　广东南湖国际旅行社有限公司董事长
张学克　广东省铁青国际旅行社有限责任公司总经理
沈泽朋　潮州市中国旅行社有限公司总经理
刘建进　湛江市中国旅行社有限公司总经理
罗红霞　清远市国旅国际旅行社有限责任公司董事长
王子乐　中山中国国际旅行社总经理
秘书长：
张莉莉　广东省旅游协会副秘书长
监事会主席：
林栋礼　江门大方旅游国际旅行社有限公司董事长、总经理
监事会成员：
高玲玲　广东中妇旅国际旅行社有限责任公司总经理
李木胜　深圳市海外国际旅行社有限公司总经理

广东温泉行业协会

【第五届广东国际温泉旅游节】 2010年12月27～28日，第五届广东国际温泉旅游节在从化碧水湾温泉度假村举行。来自国外嘉宾及各温泉和SPA的专家、学者、业者共245人参加。活动包括开幕式、温泉·养生·活力——世界珍稀温泉论坛、广东温泉行业协会2010年年会、生态从化·温泉之都——从化旅游图片展、从化健康养生之旅线路推介及考察、世界温泉及气候养生联合会与从化市战略合作协议签字仪式等。会上，世界温泉及气候养生联合会授予从化“世界珍稀温泉”牌匾和证书。

【世界温泉及气候养生联合会第63届年会】 2010年11月1～8日，世界温泉及气候养生联合会第63届年会及世界温泉科学大会在突尼斯举行。广东温泉行业协会由王长乐会长带队组织代表团前往突尼斯参加会议，王长乐在大会上发表主题演讲。代表团一行考察西班牙、法国等地著名温泉，进一步把广东温泉推向世界，打造“泉在广东”品牌。

【2010中国温泉旅游发展论坛】 2010年11月25～27日，广东温泉行业协会与巢湖市旅游局，和县县委、县政府共同主办的“2010中国温泉旅游发展论坛”在安徽香泉温泉度假村举行。论坛就全国和各省温泉旅游开发现状与今后的发展战略以及温泉旅游企业应如何创新经营等问题进行探讨。

【评选温泉旅游示范基地】 2010年，受省旅游局委托，广东温泉行业协会组织专家学者及行业代表通过反复认证、征求各方意见，制定并形成《广东省温泉旅游示范基地评定标准（试行）》。各市旅游局及温泉企业按照新标准，开展温泉旅游示范基地的评定工作。经各温泉旅游单位申报、各地市旅游局初审、省旅游局综合考评，评选出广东温泉宾馆等40家温泉企业为“广东省温泉旅游示范基地”。

【召开第二次会员代表大会】 2010年12月27日，广东温泉行业协会第二次会员代表大会暨2010年年会在广州从化碧水湾温泉度假村召开。会议审议通过《第一届广东温泉行业协会工作报告》、《第一届理事会财务报告》，选举产生以港中旅（珠海）海泉湾有限公司总裁刘凤波为会长的第二届理事会。

【领导机构组成】
会　长：
刘凤波　港中旅（珠海）海洋温泉有限公司总裁

副会长：
姜忠平　碧水湾温泉度假村总经理
肖成业　从化仙沐园温泉董事长
张本川　广东温泉宾馆总经理
阮　新　韶关曹溪温泉假日度假村有限公司副总经理
周晓洲　河源龙门县地派温泉度假村总经理
梁瑞廉　恩平锦江温泉有限公司董事长
郑坚明　恩平帝都温泉旅游区董事长
韩　明　新会古兜温泉旅游度假邨有限公司董事长
邓秩兴　阳江温泉度假村董事长
陈　龙　湛江海滨宾馆蓝月湾温泉董事长
文　飞　聚龙湾天然温泉度假村总经理
吴绍罩　新兴金水台温泉有限公司董事长
秘书长：
张建彬　广东省旅游协会副秘书长
监事长：
欧国良　乳源丽宫国际温泉酒店总经理

广东省自驾旅游协会

【总体情况】　2010年，由协会及各地区域服务中心、车友俱乐部、车商4S店、行会商会、媒体、大中型企业集团等发起，组织开展上规模自驾游组团活动约2700余场，出行车辆合计36990车次，出行服务总人数88776人次，平均每天发出7.3团，每团平均出行车辆13.7车次，每车次出行人数为2.4人次。同时，协会以汽车后市场和汽车后服务为重点，以汽车后市场资源、俱乐部合作资源、媒体合作资源、汽车后服务品牌资源等问题开展研讨。

【举办系列活动】　2010年3月6日，第十六届亚运会组委会宣传部与广东省自驾旅游协会、太平洋汽车网等共同发起的“百万车友迎亚运·文明行车树新风”系列活动启动仪式在中山纪念堂隆重举行，近百名热心公益的车友领取文明行车标贴；4月20日，协会执行秘书长李致君代表协会并以全国唯一自驾游领域代表的身份参加在安徽合肥举行的全国旅游协会调研座谈会；6月11～13日，与深港澳联合车展合作举办的《华南自驾游博览会》与深圳车展同期同馆举办，参展单位200余家；6月27日，经广东省旅游协会考察评估，由该会授予的广东首个自驾旅游示范区落户广州增城市并颁发牌匾；7月17日，“千车万人自驾游海南—与亚运天使畅游国际旅游岛”首发团的启动仪式之“亚运天使配配沙龙”在惠州市博罗县怡情谷（响水河漂流）景区举行；9月20日，协会会刊《华南自驾游资讯》创刊号正式出版，面向国内外政府主管部门、旅游局、旅游企业、车友俱乐部、汽车后服务品牌以及协会会员、各大展会免费赠阅，总印发量6000份；10月23日，该协会派员赴广西玉林市参加《2010广西玉林中小企业博览会》及玉林美食节，与容县各大旅游企业深度洽谈合作事宜，拟将容县定为“走进西江”系列大型自驾游活动的第一站。

【领导机构组成】
会　长：
钟戈鸣　广东国邦投资公司董事长
常务副会长：
李进茂　广东省旅游协会副会长兼秘书长
副会长：
李招培　广东省自驾旅游协会副会长兼秘书长
武旭峰　广东旅游出版社总策划
陈文君　广州城市职业学院旅游与公共管理学院院长
张伟强　广东商学院旅游学院院长、教授、博士生导师
丁月华　华工信元集团董事长、中科院院士
缪韶清　广州市超粤旅行社有限公司董事长
陈彩安　梅州雁鸣湖旅游度假村总经理
秘书长：
李招培（兼）　广东省自驾旅游协会副会长
执行秘书长：
李致君　广东合智策划传播机构董事总经理
监事长：
胡见阳　广州威英科技公司董事长
监　事：
骆若愚　深圳信京投资有限公司董事长
黄映延　惠州市旅游产品生产供应总公司副总经理

（张建彬）

旅游精神文明建设与机关工作

2010 年主题教育实践活动

【创先争优活动】 2010 年，广东省旅游局按照《中共广东省委办公厅转发〈省委组织部、省委宣传部关于在基层党组织和党员中开展创先争优活动的实施意见〉的通知》（粤办发［2010］11 号），结合实际，制定《省旅游局在基层党组织和党员中开展创先争优活动的实施方案》，成立以党组书记、局长杨荣森为组长的省旅游局创先争优活动领导小组。整个活动从 2010 年 5 月开始至党的十八大召开。创先争优活动以“创广东旅游强省，当科学发展先锋”为主题，以“六个一”为抓手，即：搞好一次动员部署、制定一个公开承诺（印发《关于在创先争优活动中制定公开承诺的通知》）、实施一项争创行动、做好一次点评评议、搞好一次评选表彰、带动一片整体提升，推动省旅游局创建“五个好”（即领导班子好、党员队伍好、工作机制好、工作业绩好、群众反映好）先进基层党组织；推动广大党员争当“五带头”（即带头学习提高、带头争创佳绩、带头服务群众、带头遵纪守法、带头弘扬正气）优秀共产党员，努力做到在加快经济发展方式转变上、在“规划到户、责任到人”扶贫开发工作中、在转变作风抓落实上、在建设学习型党组织上、在廉洁奉公和“平安广东”建设上、在做好当前各项工作上创先争优。

【抓落实促发展活动】 按照省直机关工委 2010 年主题实践活动的统一部署，广东省旅游局组织开展以“抓落实促发展”为主题的学习活动，制定《省旅游局“抓落实促发展”主题实践活动方案》。各党支部（总支）围绕省委十届六次全会和《国务院关于加快发展旅游业的意见》（国发［2009］41 号）精神，以“强化抓落实意识，转变抓落实作风，形成抓落实合力，完善抓落实机制，增强抓落实成效”为目标，通过开展创建学习型党组织、开展创先争优、开展城乡统筹基层党建、开展服务基层惠民实践等活动，推动全局在旅游工作抓落实上见分晓、比高低、论英雄，实现旅游发展“五个新提升”即：抓落实的意识和作风有新提升，抓落实的体制机制有新提升，旅游发展战略有新提升，旅游产业转型升级有新提升，旅游改革创新有新提升。

旅游行风·旅游行业精神文明建设

【纪律教育学习月活动】 2010 年 7 月至 9 月，按照《省纪委关于 2010 年开展纪律教育学习月活动的意见》要求，广东省旅游局组织全局干部职工开展纪律教育学习月活动。以“加强制度教育，构筑拒腐防线”为主题，以学习贯彻《中国共产党党员领导干部廉洁从政若干准则》为载体，重点做好 7 项工作：一是开好纪律教育学习月动员大会。杨荣森局长对纪律教育学习月活动进行动员和部署；二是上好反腐倡廉辅导课。邀请省委党校党建部王玉云副教授作《中国共产党党员领导干部廉洁从政若干准则》专题辅导；三是读好廉政教育书。先后给广大干部职工派赠送《反腐倡廉教育读本（2010）》、《<中国共产党党员领导干部廉洁从政若干准则>学习问答》等书籍；四是组织观看反腐倡廉电教片。先后组织观看《算清人生“五笔账”》、《“蛀虫”透视》、《法槌下的疯狂》、《月季花开》等反腐倡廉电教片；五是各支部（总支）开好专题纪律教育民主生活会；六是认真组织广大党员干部和群众积极参与省纪委主办的《廉政准则》知识网上有奖答题活动；七是各支部（总支）写好纪律教育学习月活动总结。通过开展纪律教育学习月活动，进一步增强党员干部的党性观念、纪律意识以及公职人员的制度意识，强化广大党员干部围绕中心、服务大局的意识，筑牢广大党员干部特别是党员领导干部拒腐防变的思想道德防线。

【旅游扶贫大项目评审贯穿廉政】 2010 年 8 月 6 日，广东省旅游局举办“2010 年广东省旅游扶贫大型重点项目评审会”。评审会召开前，省旅游局组织参与评审工作人员认真学习《中国共产党党员领导干部廉洁从政若干准则》，按照准则规定的要求，不准“干预和插手”专家评审，确保评审方案科学、程序严密、结果合理。评审会召开前90分钟，在监督人员的监督下，从组成专家库的64名专家中随机抽出7位专家作为本次的评审专家。评审操作更具科学合理，一方面为限制评审专家打分的随意性，对每项分值评分提出“优、良、中、差”四个等级，同时提供相应等级的评分参考标准，另一方面要求评审专家不得修改评分表；在答辩期间，要求评审专家不得对项目作出肯定或否定等具有倾向性意见的评价，不得提出与项目无关的问题等。从当天抽签确定评审专家开始，所有工作人员的移动电话全部交由监督人员统一保管。专家报到时，必须第一时间将移动电话交由监督人员保管。每个项目评审完毕，专家按要求进行评审打分，去掉最高分和最低分后由计分组及时统计核准，由监督组组长签名确认后，在评审会场外立即给予公布。评审会结束后，工作组将获得旅游扶贫资金的项目得分情况在省旅游局网站公示7天，公开接受公众监督。

【爱心父母牵手困境儿童大联盟】 按照省妇联和省直机关工委的部署，广东省旅游局从2010年起结合“规划到户、责任到人”工作，继续组织开展“爱心父母帮扶困境儿童大联盟”行动，向对口扶贫点乳源洛阳镇板长村51名困境儿童资助25300元。同时，积极响应省直机关工委和省直妇工委号召，组织全局机关、直属事业单位和离退休老干部向青海玉树地震灾区捐款，共筹善款48，380元。

（李　娜）

2010年广东旅游信息化建设工作

【概述】 2010年7月，广东省旅游发展促进中心（以下称“促进中心”）正式成立。先后制定完成促进中心工作机制，人事及财务管理机制以及日常各项规章制度等，做好人员招聘等筹备工作。促进中心按照职能，主要承担全省旅游目的地公共服务体系建设，负责开展和推动旅游业信息化建设工作。坚持以应用为导向，以需求为目标，集政府、旅游企业和社会力量建设一个标准、权威、全面的数据中心，支撑全省旅游信息综合服务平台建设（包括语音服务、互联网服务、手机移动网服务和其他信息服务）。推动全省旅游企业信息化建设，逐步构建涵盖旅游电子政务、旅游电子商务、旅游公众信息服务、旅游企业信息化的旅游信息化体系。

【全省旅游信息化建设情况调研】 自2010年11月起，广东省旅游局和广东省经济与信息化委员会联合中山大学、中国移动、腾讯公司共同开展全省旅游信息化建设情况调研，采取网络、短信、问卷、报送资料等办法，通过调查、现场走访考察、召开系列座谈会、举办研讨会等形式，进一步摸清全省旅游信息化建设现状，掌握社会公众旅游信息的需求，与各方共同探讨旅游信息化建设的发展战略，论证具体旅游信息化建设项目的必要性与可行性，对涉及广东旅游业信息化建设的发展需求、发展方向、发展目标、发展步骤、具体措施等进行充分地调查研究和缜密论证，为开展旅游信息化建设工作做好准备。

【建设旅游综合数据中心】 2010年，广东省旅游发展促进中心着手建设旅游综合数据中心等工作，主要用于支撑12301旅游服务热线、网站、手机网和其他信息化项目。数据中心的建设以旅游信息标准为依据，采用目前最先进的数据库技术解决方案支撑旅游信息综合服务平台建设，与通信运营商合作建设，整合社会资源。将于2011年年底前完成基础数据库建设，以配合12301旅游热线的开通和旅游网站的运营。

【12301旅游服务热线平台建设】 12301旅游服务热线是国家旅游局与地方旅游行政管理部门共同建设的全国性旅游公益服务平台，是旅游目的地公共服务体系建设的核心。2010年2月8日，广东省第一条12301旅游服务热线在韶关市开通。促进中心作为12301旅游服务热线的承办单位，按照确定的建设模式和规定的程序组织同通信运营商合作谈判，确定中国电信广东分公司为合作伙伴，共同编制《广东省12301服务热线项目建设方案》和《广东省12301旅游服务热线项目合作协议》，将于2011年下半年正式开通。省旅游局从2010年开始启动3G旅游新时代工程项目建设。

链接：3G旅游新时代工程是基于3G移动互联网技术在旅游领域一系列应用的总称，包括旅游资讯、旅游提示、旅游呼叫、旅游查询、旅游支付、旅游视频、旅游投诉、旅游订购等内容，是一个不断开发的新领域，也是旅游信息化建设的重要发展方向。省旅游局从2010年始启动3个旅游新时代工程项目的建设。

（广东省旅游发展促进中心供稿）

广东国际旅游文化节

Guangdong International Tourism and Culture Festival

（第 109 ~ 138 页）

2010 广东国际旅游文化节开幕式

联合国秘书长潘基文2010世界旅游日致辞

（2010年9月27日）

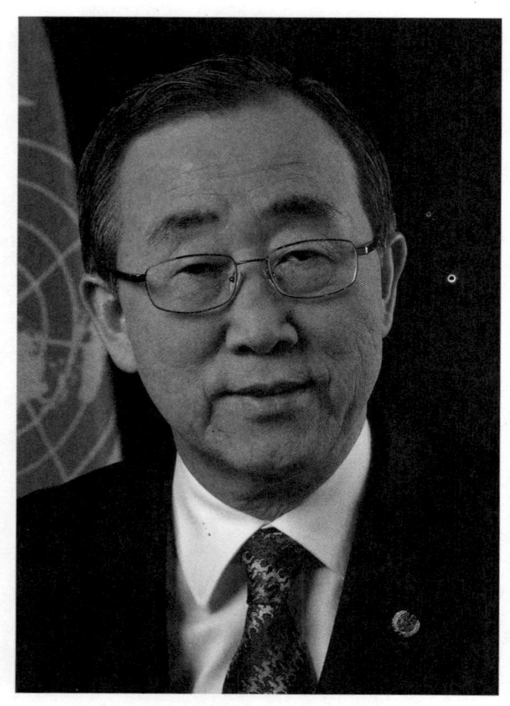

联合国秘书长潘基文

我高兴地看到，联合国世界旅游组织在“旅游与生物多样性”的主题下纪念今年的世界旅游日。尽管一再做出全球承诺，要保护地球上的物种和生境及其提供的货物和服务，但生物种类继续以史无前例的速度减少。其根源在于人类的活动。今年是国际生物多样性年，提供了一个适时的机会来集中注意为世界各地人民的财富、健康和福祉保护生物多样性的紧迫性。

旅游与生物多样性密切相连。每年有千百万人为领略壮丽的自然风光而旅游。可持续旅游业产生的收入可以为保护自然和发展经济提供重要的支持。此外，可持续旅游业还有助于游客和地方社区更多地认识到生物多样性在日常生活中的重要作用。

世界旅游组织通过诸如“可持续旅游业——消除贫穷”项目这样的举措以及同联合国系统、各国旅游主管部门和私人部门的合作，正在帮助突出宣传旅游、扶贫和生物多样性之间的联系。旅游界正日益意识到自己的责任。这个行业确实可以为保护生物多样性做出很大贡献，包括为此实行一些简单的措施，例如通过对旅游团的管理来尽量减少对野生物的干扰，或仅从可持续来源购买用品。

值此世界旅游日之际，我赞扬旅游界日益认识到保护地球生物多样性的重要意义，并促请所有合作伙伴加强对可持续性的承诺。

2010世界旅游日全球主会场庆典暨中国广东国际旅游文化节开幕式欢迎辞

广东省省长、组委会主任　黄华华

（2010年9月27日）

广东省省长黄华华

尊敬的世界旅游组织塔勒布·瑞法依秘书长，尊敬的邵琪伟局长，各位嘉宾，女士们、先生们，朋友们：

大家晚上好！喜乘第16届亚运会将在广州盛大举办的东风，由世界旅游组织、国家旅游局和广东省人民政府共同主办的2010世界旅游日全球主会场庆典暨中国广东国际旅游文化节今晚即将在风景秀丽的增城市隆重开幕。在此，我谨代表广东省人民政府和9600万广东人民，代表大会组委会，对各位领导和嘉宾朋友表示热烈欢迎！

广东是中国改革开放的先行省。30多年来，在中国波澜壮阔的现代化建设进程中，勤劳智慧的广东人民积极发展与各国各地区人民的交流与合作，领潮争先，奋力发展，经济社会发生了翻天覆地的变化，成为我国第一经济大省和旅游大省。今日的南粤大地，呈现经济发展、百业兴旺、山河秀美、政通人和的喜人景象。我们将按照党中央、国务院的各项决策部署，继续推进改革开放，不断加强与世界各国各地区的交流合作，努力当好推动科学发展、促进社会和谐的排头兵。

今天，2010世界旅游日全球主会场庆典首次到中国广东举办，并与广东国际旅游文化节完美结合，共同弘扬和践行绿色、环保、和谐理念，必将成为推动广东与世界各地旅游交流合作的盛会，成为广东人民与各国各地区朋友共同欢乐的节日。我们诚挚邀请各方朋友前来广东参节参会、投资创业、休闲度假，尽情领略广东旅游的勃勃生机和无穷魅力。我们诚挚邀请各方朋友在11月12日，再次相聚美丽花城，尽情体验和共享广州亚运的无限激情与精彩！

祝2010世界旅游日全球主会场庆典暨中国广东国际旅游文化节圆满成功！祝各位领导和嘉宾朋友在广东期间幸福、快乐、吉祥！

在2010世界旅游日全球主会场庆典暨中国广东国际旅游文化节开幕式上的致辞

国家旅游局局长、组委会主任　邵琪伟

（2010年9月27日）

国家旅游局局长邵琪伟

尊敬的联合国世界旅游组织秘书长塔勒布·瑞法依先生，尊敬的黄华华省长，女士们、先生们、朋友们：

晚上好！今天，2010世界旅游日全球主会场庆典暨广东国际旅游文化节隆重开幕了。我谨代表国家旅游局表示热烈的祝贺！

今年世界旅游日以“旅游与生物多样性”为主题，呼吁人们关注生态和环境，推行绿色旅游与低碳生活，这符合世界发展的主要潮流，也体现了全人类的美好愿望。

中国在发展旅游业过程中，十分注重保护生物多样性，大力发展生态旅游、积极引导旅游企业节能减排、积极培育旅游者环保意识，取得了明显的成效。中国愿与世界各国和地区加强合作，共同探索发展生态旅游的新途径。

广东省是中国对外开放的排头兵，最近广东提出要把旅游业建设成为全省经济的战略性支柱产业和人民群众更加满意的现代服务业。我们相信，广东旅游业将在新的起点上不断实现新的跨越，为中国、为世界旅游业的可持续发展做出新的贡献。

祝2010世界旅游日全球主会场庆典暨广东国际旅游文化节圆满成功！

在2010世界旅游日全球主会场庆典暨中国广东国际旅游文化节开幕式上的致辞

世界旅游组织秘书长　塔勒布·瑞法依

（2010年9月27日）

世界旅游组织秘书长塔勒布·瑞法依

尊敬的广东省省长黄华华先生，尊敬的中国国家旅游局局长邵琪伟先生，各位代表团的来宾，女士们、先生们：

我高兴地看到，联合国世界旅游组织在“旅游与生物多样性”的主题下纪念今年的世界旅游日。尽管一再做出全球承诺，要保护地球上的物种和生境及其提供的货物和服务，但生物种类继续以史无前例的速度减少。其根源在于人类的活动。今年是国际生物多样性年，提供了一个适时的机会来集中注意为世界各地人民的财富、健康和福祉保护生物多样性的紧迫性。

旅游与生物多样性密切相连。每年有千百万人为领略壮丽的自然风光而旅游。可持续旅游业产生的收入可以为保护自然和发展经济提供重要的支持。此外，可持续旅游业还有助于游客和地方社区更多地认识到生物多样性在日常生活中的重要作用。

世界旅游组织通过诸如“可持续旅游业——消除贫穷”项目这样的举措以及同联合国系统、各国旅游主管部门和私人部门的合作，正在帮助突出宣传旅游、扶贫和生物多样性之间的联系。旅游界正日益意识到自己的责任。这个行业确实可以为保护生物多样性做出很大贡献，包括为此实行一些简单的措施，例如通过对旅游团的管理来尽量减少对野生物的干扰，或仅从可持续来源购买用品。

值此世界旅游日之际，我赞扬旅游界日益认识到保护地球生物多样性的重要意义，并促请所有合作伙伴加强对可持续性的承诺。

印发2010世界旅游日全球主会场庆典暨中国广东国际旅游文化节总体工作方案的通知

（粤府函［2010］199号）

各地级以上市人民政府，各县（市、区）人民政府，省政府各部门、各直属机构：

现将《2010世界旅游日全球主会场庆典暨中国广东国际旅游文化节总体工作方案》印发给你们，请认真按照执行。执行中遇到的问题，请径向2010世界旅游日全球主会场庆典暨中国广东国际旅游文化节组委会办公室（设在省旅游局）反映。

广东省人民政府
二〇一〇年八月二十六日

2010世界旅游日全球主会场庆典暨中国广东国际旅游文化节总体工作方案

一、名称

2010世界旅游日全球主会场庆典暨中国广东国际旅游文化节

二、主办和承办单位

（一）主办单位：世界旅游组织、国家旅游局、广东省人民政府

（二）承办单位：省旅游局、省文化厅、外经贸厅、教育厅、侨办、外办，全省21个地级以上市人民政府及增城市人民政府，中山大学，南方广播影视传媒集团，中国移动广东公司，中国南方航空股份有限公司，广州白云国际机场股份有限公司，广东电网公司，广州网易计算机系统有限公司。

（三）协办单位：（由组委会办公室审定）

三、主题宣传口号

活力广东　和谐世界　亚运广州　欢乐祥和

四、会标

使用两个会标：一是继续沿用“2009广东国际旅游文化节暨泛珠三角旅游推介大会”会标主体，将会标中的文字改为“2010世界旅游日全球主会场庆典暨中国广东国际旅游文化节”（以下简称“世界旅游日暨旅游文化节”）；二是增加世界旅游组织的标志或世界旅游组织设计的专用标志作为会标。

五、举办时间和形式

（一）举办时间。

开幕式于9月27日（星期一）举行，各项重大活动于开幕式前后一周举行。各分会场根据当地实际确定举办时间。

（二）举办形式。

1. 采取主会场和分会场相结合的形式；

2. 主会场设在广州市，广州市有关单位配合省有关单位组织系列活动；

3. 开幕式由广州增城市政府承办，省有关单位和广州市有关单位协助配合；

4. 分会场由各市提出申请，经组委会审核后组织实施。

六、指导思想和原则

以科学发展观为统领，紧紧围绕党中央、国务院有关会议精神和省委、省政府工作重点，认真贯彻落实《国务院关于加快发展旅游业的意见》，按照2010全国旅游服务质量提升年活动的要求，与2010世界旅游日主题紧密结合，紧扣2010年广州亚运会、华人华侨旅游年等旅游热点，不断推陈出新、打造亮点，大力推进全国旅游综合改革示范区和旅游强省建设，大力推进国民旅游休闲计划，努力提高国民生活质量和幸福指数，推动经济强省、文化大省、和谐广东建设，促进广东经济社会又好又快发展。

世界旅游日暨旅游文化节坚持“政府主导、社会参与、市场运作”的原则，具体要做到“四个坚持”：一是坚持立足大局，提升旅游发展的助推力。要与我省经济社会发展相结合，统筹谋划，整合推进，强化区域合作，提高招商引资水平，努力打造现代服务业，提升旅游发展对经济社会发展的助推力。二是坚持服务群众，提升节庆的吸引力。要以群众喜闻乐见的形式开展活动，大力提高群众参与程度，营造发展成果共享、大旅游、大家乐的氛围，吸引广大群众及旅游客商的积极参与。三是坚持精益求精，提升节庆的影响力。注重丰富活动项目的旅游文化内涵，突出岭南文化特色，提升文化品位；强化精品意识，提高活动的品质和国际化、专业化程度，增强广东旅游的影响力和国际竞争力。四是坚持谋划创新，提升节庆的生命力。积极创新办节机制和节庆绩效评估机制，支持各地通过举办各种形式的活动，打造地方旅游特色品牌，增强活动的生机和活力，带动全省旅游区域协调发展；充分利用各种形式筹集经费，增强市场运作的成效。

七、组织机构

成立世界旅游日暨旅游文化节组委会，负责组织筹备工作，世界旅游组织秘书长塔勒布·瑞法依（TalebRifai）、国家旅游局局长邵琪伟、广东省省长黄华华担任组委会主任，国家旅游局副局长祝善忠、广东省副省长刘昆担任组委会执行主任，国家旅游局有关司局、世界旅游组织亚太部、省政府有关部门、主分会场以及有关大型国企的领导等担任组委会副主任。组委会办公室设在省旅游局，负责日常工作。组委会下设秘书行政组、世界旅游日庆典协调组、外联接待组、大型项目组、经贸招商组、财务统筹与监督管理组、安全保卫组、新闻宣传组、医疗卫生防疫组、广州工作组、开幕式工作组等11个工作组（见附件1）。

八、活动项目和经费安排

（一）活动项目。

2010世界旅游日全球主会场庆典暨中国广东国际旅游文化节活动项目有3类：1. 省有关部门牵头组织的系列活动；2. 有关市政府组织的活动；3. 境内外企事业单位或社会团体组织的活动。

（二）经费安排。

1. 省有关部门牵头组织的活动：属于传统保留的活动项目，包括广东国际旅游展览会、广东国际旅游文化节泛珠三角旅游招商会、“友城之夜”文艺晚会、海外杰出华人广东行系列活动、岭南民间艺术汇演、第二届中国粤菜峰会、网上世界旅游日暨旅游文化节等，由省财政按往年惯例安排3500万元，不足部分通过市场化运作解决；属于新增加的活动项目，包括万名儿童绘画及作文比赛、世界旅游日摄影展、旅游、生物多样性和可持续发展高峰对话、旅游与生物多样性示范单位推选活动、2010世界旅游日迎亚运花车嘉年华、“绿动全球”大型公益网络游戏、“2010广东旅游天使”系列活动、2010年广东省导游人员职业技能大赛等，由组委会办公室报省政府审定后，由省财政拨付专项工作经费。总体新增活动经费控制在1000万元以内。

2. 开幕式经费1500万元，实行经费包干，从总预算中列支，其中1000万元用于开幕式，500万元用于开幕式办公室经费及相关配套活动。

3. 安全保卫、医疗卫生检疫、领导和嘉宾接待、新闻宣传等经费，由各相关工作组根据本届旅游文化节的实际情况编制预算，报组委会审定。

4. 各市组织的活动和社会化项目所需费用由各单位自筹解决。

九、工作要求

（一）高度重视，精心组织。广东国际旅游文化节已经连续成功举办5届，成为我省旅游、文化宣传和对外交流的响亮品牌。举办世界旅游日暨旅游文化节，是省委、省政府以世界眼光谋划广东旅游业大发展的重要举措，对于扩大广东旅游业在全球的影响力、加快全国旅游综合改革示范区和旅游强省建设具有重要意义。各地、各有关部门要从全局的高度出发，高度重视，提高认识，加强领导，精心组织，确保各项筹备工作顺利推进。

（二）协同配合，形成合力。组委办要加强对各主分会场、各单位和各项活动的监督、协调、指导；各有关单位要切实负起责任，强化领导、加大投入，做到任务到人、责任到人，资金到位、人员到位；各市、各单位要在总体工作方案框架下合理安排各项活动，齐心协力，相互配合，相互支持，确保各项工作任务的完成。

（三）把握重点，完善分工。开幕式文艺晚会的各项筹备工作主要由增城市政府负责，省有关部门、组委会各工作组要主动加强与广州和增城的沟通联系，积极做好工作衔接，指导并协助做好筹备工作。省文化厅、省旅游局等单位要组织专家对开幕式方案进行指导和审核把关，南方广播影视传媒集团要组织广东电视台、南方电视台做好开幕式直播工作。

（四）加强宣传，提高成效。充分发挥我驻外机构的作用，及早做好与已建立友好关系国家和地区的联系，利用多种形式开展宣传，重点吸引广东主要客源国、友好省州、友城和泛珠三角各省区以及其他兄弟省市到我省参展、参演，强化活动的国际性、参与性、实效性和群众性，推动广东和各兄弟省市旅游业和第三产业优势互补、共同发展。

（五）严格预算，分级负责。活动举办按照谁承办谁负责的原则，嘉宾邀请按照谁邀请谁接待的原则，有关经费按照统筹协调、分级承办、分级负责的原则，由省、市和相关部门以及企事业单位分别负责。组委会举办的活动，由各工作组编制预算，按程序报批；各市组织的活动，经费由各市解决；社会化活动经费由承办单位自行筹措。

（六）规范管理，加强监督。加强对使用财政资金项目的规范与管理，规范采购模式，完善采购管理办法，增强采购的计划性，采购单位按规定编报政府采购预算，并根据预算编报政府采购实施计划。组委会要积极配合省监察厅、财政厅、审计厅等部门，加强对各重大活动项目资金的监管和审核，确保活动经费落到实处。

组委会及办公室人员组成和工作职责

一、组委会

主　任：

塔勒布·瑞法依（TalebRifai）　世界旅游组织秘书长
邵琪伟　国家旅游局局长
黄华华　广东省省长

执行主任：

祝善忠　国家旅游局副局长
刘　昆　广东省副省长

副主任：

刘晓捷　省政府副秘书长
徐　京　世界旅游组织亚太部主任
刘克智　国家旅游局旅游促进与国际合作司司长
杨荣森　省旅游局局长
方健宏　省文化厅厅长
梁耀文　省外经贸厅厅长
李小鲁　省教育厅巡视员
傅　朗　省外办主任
吴锐成　省侨办主任
杨文龙　省委办公厅副主任
徐志彪　广州市委常委、中共增城市委书记
曹鉴燎　广州市副市长
吴以环　深圳市副市长
钟世坚　珠海市委副书记、市长
蔡宗泽　汕头市委副书记、市长
李贻伟　佛山市委副书记、市长
郑振涛　韶关市委副书记、市长
刘小华　河源市委副书记、市长
朱泽君　梅州市委副书记、市长
李汝求　惠州市委副书记、市长
郑雁雄　汕尾市委副书记、市长
李毓全　东莞市委副书记、市长
薛晓峰　中山市委副书记、代市长
刘　海　江门市委副书记、市长
魏宏广　阳江市委副书记、市长
阮日生　湛江市委副书记、市长
邓海光　茂名市委副书记、市长
郭　锋　肇庆市委副书记、市长
徐萍华　清远市委副书记、市长
汤锡坤　潮州市委副书记、市长
陈奕威　揭阳市委副书记、市长
黄强云　浮市委副书记、市长
梁庆寅　中山大学党委常务副书记
白　玲　南方广播影视传媒集团党委书记
谭万庚　南方航空股份有限公司总经理
张克俭　白云机场股份有限公司总经理
徐　龙　中国移动广东公司董事长、总经理
廖建平　广东电网公司副总经理
丁　磊　广州网易计算机系统有限公司首席执行官

二、组委会办公室

办公室主任：

杨荣森　省旅游局局长

办公室副主任：

王　燕　国家旅游局旅游促进与国际合作司副司长
曾维炳　省旅游局巡视员
李小鲁　省教育厅巡视员
景李虎　省文化厅副厅长
周开生　省旅游局副局长
张振林　省旅游局副局长
王志红　省旅游局副局长
梅其洁　省旅游局副局长
林上福　省旅游局副巡视员
郑　东　省公安厅副厅长
欧　斌　省财政厅副厅长
吴　军　省外经贸厅副厅长
廖新波　省卫生厅副厅长
王世彤　省外办副主任
黎　静　省侨办副主任
陈绍康　广州市政府副秘书长
黄国强　深圳市政府副秘书长
金展扬　珠海市副市长
余健明　汕头市副市长
麦洁华　佛山市副市长
邹永松　韶关市副市长
吴有必　河源市副市长
李金元　梅州市委常委、常务副市长
杨灿培　惠州市副市长
李贤谋　汕尾市副市长
江　凌　东莞市委常委、副市长
谭培安　中山市副市长
李　崴　江门市副市长
陈华康　阳江市委常委、常务副市长
梁志鹏　湛江市副市长
林日娣　茂名市委常委、副市长
孙　德　肇庆市副市长
王得坤　清远市副市长
陈建新　潮州市副市长
叶少明　揭阳市副市长
崔逢池　云浮市副市长
莫高义　省政府新闻办常务副主任
叶牛平　广州增城市委副书记、市长
保继刚　中山大学校长助理
郭志强　南方航空股份有限公司营销委主任
马心航　白云机场股份有限公司副总经理
孙旭阳　广东电视台副台长
朱汉武　中国移动广东公司市场部总经理
王志勇　广东电网公司广州供电局副局长

（一）秘书行政组

组　长：

张振林　省旅游局副局长

副组长：

郭才武　省委办公厅调研员
贺　宇　省府办公厅处长
邱招贤　省旅游局办公室主任
余　斌　省旅游局处长
刘益华　省旅游局监察室主任
曾晓峰　省旅游局处长
冯宏海　省府办公厅副处长
王　莉　省文化厅处长
谭天玄　广东电台副台长

联络员：

邱招贤　省旅游局办公室主任
伍宇明　广州市旅游局处长
李俊雄　广州市政府办公厅主任科员
史寿山　增城市旅游局局长

成员单位：

省委办公厅、省府办公厅、省旅游局、省文化厅、广东电视台、广东电台、团省委、省外办、省体育局、广州市府办、广州市旅游局、增城市政府、广东电网、南方航空股份有限公司、白云国际机场股份有限公司。

工作职责：

1. 协助领导组织开展办公室日常工作；
2. 组织统筹领导讲话、相关文件和资料的准备工作；
3. 指导、协助开幕式工作组开展开幕式筹备工作；
4. 统筹审查各主分会场、活动承办单位、参与或争办项目单位的活动方案以及相关宣传品；
5. 检查、督导各工作组、各项目承办单位工作；
6. 统筹、协调各项重大活动日程；
7. 接受社会赞助和捐赠事宜，统筹集资广告、集资回报的落实和集资实物的管理等工作；
8. 统筹协调并组织开展社会参与及市场化运作工作；
9. 制作工作手册、会刊、活动简介、徽章、通讯录等；
10. 编制本组各项活动费用预算和款项支付进度计划，对已批准的预算范围内的具体经费开支进行审核把关；
11. 组委会交办的其他工作。

（二）世界旅游日庆典协调组

组　长：

王志红　省旅游局副局长

副组长：

麦月嫦　省旅游协会副会长

联络员：

麦月嫦　省旅游协会副会长

成员单位：

省旅游局

工作职责：

对口世界旅游组织和国家旅游局，负责协调、联络有关工作。

（三）外联接待组

组　长：

周开生　省旅游局副局长

副组长：

巫东朋　省政府接待办副主任

麦月嫦　省旅游协会副会长

毛　诚　省旅游局处长

于非己　省旅游局处长

范　培　省侨办调研员

黄梅良　省台办调研员

李家斌　省外办副处长

叶　萍　广州市政府接待办副主任

联络员：

毛　诚　省旅游局处长

李俊雄　广州市政府办公厅副主任科员

李晨曦　广州市政府接待办副主任科员

成员单位：

省委办公厅接待办、省府接待办、省旅游局、省文化厅、省外办、省侨办、省台办、省港澳办、海关总署广东分署、省公安边防总队、广州边检总站、深圳边检总站、珠海边检总站、南方航空集团公司、广州市政府办公厅、广州市政府接待办、广州市旅游局、增城市旅游局、导游协会、省机场管理集团公司、省中旅、广东国旅、广之旅、广东铁青、南湖国旅、南航明珠酒店、花园酒店、新白云宾馆。

工作职责：

1. 组织实施2010世界旅游日全球主会场庆典暨中国广东国际旅游文化节接待方案；

2. 联络并邀请有关国家和地区，兄弟省（市、区）领导；

3. 提出特邀嘉宾名单；

4. 落实开幕式等系列活动的领导、嘉宾名单；

5. 发送请柬、邀请函及相关资料；

6. 协调有关部门安排特邀海外嘉宾的入、出境礼遇；

7. 组织落实领导、嘉宾欢迎宴会等相关工作；

8. 协调相关部门或单位做好嘉宾的食、宿、行等后勤接待工作；

9. 向嘉宾派发宣传推介资料和纪念品；

10. 编制本组各项活动费用预算和款项支付进度计划，对已批准的预算范围内的具体经费开支进行审核把关；

11. 负责第二届中国粤菜峰会活动的策划、组织和实施；

12. 组委会交办的其他工作。

除组委会统一邀请的领导嘉宾外，各单位按谁邀请、谁负责的原则，做好嘉宾的各项接待工作。

（四）大型项目组

组　长：

曾维炳　省旅游局巡视员

副组长：

王志红　省旅游局副局长

梅其洁　省旅游局副局长

林上福　省旅游局副巡视员

联络员：

李振德　省旅游局处长

甘达坚　省旅游局处长

何志强　省教育厅副处长

成员单位：

省旅游局、省教育厅、省旅游学校、省外办、中山大学、省摄影家协会。

工作职责：

1. 负责2010世界旅游日迎亚运花车嘉年华、“我心中的美好家园”万名儿童画卷及征文活动、世界旅游日国际摄影作品展、2010广东国际旅游展览会、世界旅游组织高端访谈、激情盛会和谐亚洲“旅游天使”伴您同行、旅游与生物多样性示范单位推选活动、“迎亚运”全省导游职业技能大赛等大型活动的组织、协调和实施工作；

2. 编制本组各项活动费用预算和款项支付进度计划，对已批准的预算范围内的具体经费开支进行审核把关；

3. 组委会交办的其他工作。

（五）经贸招商组

组　长：

吴　军　省外经贸厅副厅长

副组长：

黄锦华　省贸促会副会长

宋晓军　省投资促进局局长

杨子江　省投资促进局副局长

蔡立斌　省旅游局工会主席

联络员：

蔡立斌　省旅游局工会主席

成员单位：

省发展改革委、省经济和信息化委、省外经贸厅、省侨办、省外办、省旅游局、省台办、省贸促会、白云机场股份有限公司。

工作职责：

1. 负责2010旅游招商会等活动的组织、协调、策划和实施工作；

2. 编制本组各项活动费用预算和款项支付进度计划，对已批准的预算范围内的具体经费开支进行审核把关；

3. 组委会交办的其他工作。

（六）财务统筹与监督管理组

组　长：

欧　斌　省财政厅副厅长

副组长：

阮　静　省旅游局调研员

钟尔慧　省审计厅经贸处副处长

符林敏　省文化厅副调研员

周　文　省财政厅主任科员

联络员：

阮　静　省旅游局调研员

成员单位：

省财政厅、省文化厅、省旅游局、省审计厅。

工作职责：

1. 负责申请2010世界旅游日全球主会场庆典暨中国广东国际旅游文化节所需经费；

2. 受政府委托对各工作组及大型项目单位申报的预算进行审核；

3. 负责总账户的管理，对各有关单位的经费预算、主要费用的支付、结算，进行监督审查；

4. 配合有关部门对各项费用开支进行审核；

5. 组委会交办的其他工作。

（七）安全保卫组

组　长：

郑　东　省公安厅副厅长

副组长：

梁　晖　省直纪工委监察专员

张绍新　省公安厅治安管理局副局长

尚志忠　省公安厅国内安全保卫局副局长

丁潘明　省公安厅消防局副局长

骆振辉　广州市公安局副局长

潘茂嘉　省府办公厅处长

罗满光　省公安厅治安管理局副处长

王惠棠　省公安厅交通管理局副处长

邱志冬　广州市国家安全局副处长

李国伟　增城市公安局副局长

联络员：

申继民　省旅游局主任科员

邵广兴　增城市公安局治安大队大队长

成员单位：

省公安厅治安管理局、省公安厅消防局、省公安厅交通管理局、省委办公厅警卫局、省公安厅国内安全保卫局、省旅游局、广州市公安局、增城市公安局、广州市国家安全局。

工作职责：

1. 负责2010世界旅游日全球主会场庆典暨中国广东国际旅游文化节安全保卫工作的组织、协调、指导和检查，制定保卫工作方案和突发事件处理预案；

2. 负责审核组委会各工作组和各单位制定的活动安全工作方案和应急救援预案，督促承办单位做好相关报批工作；

3. 负责落实各项重大活动的治安、消防、交通等安保工作；

4. 统筹活动证件的制作、发放和管理；

5. 编制本组各项活动费用预算和款项支付进度计划，对已批准的预算范围内的具体经费开支进行审核把关；

6. 组委会交办的其他工作。

（八）新闻宣传组

组　长：

梁　珊　省新闻办副主任

副组长：

崔朝阳　省委宣传部副调研员

沈卫红　省侨办调研员

陈瑞东　省旅游局副处长

苏　健　广州市新闻办副主任

张　帆　南方广播影视传媒集团总编室主任

联络员：

陈瑞东　省旅游局副处长

李　滨　广州市新闻办主任科员

成员单位：

省新闻办、省府办公厅、省旅游局、省外办、省台办、广州市新闻办、增城市委宣传部、南方广播影视传媒集团、南方报业传媒集团、羊城晚报报业集团。

工作职责：

1. 负责2010世界旅游日全球主会场庆典暨中国广东国际旅游文化节新闻宣传工作的组织、协调、指导和实施；

2. 负责幸福家园齐添绿的策划、组织和实施；

3. 负责录制并向国内外发布世界旅游组织秘书长的电视讲话；

4. 协调召开新闻发布会；

5. 策划与实施专题节目和专题报道；

6．按照组委会接待工作的规定，做好海内外记者的邀请、接待、安排采访以及新闻记者的管理工作；

7．印制和发送宣传海报、特刊、记者接待手册以及其他宣传资料；

8．发布相关信息；

9．编制本组各项活动费用预算和款项支付进度计划，对已批准的预算范围内的具体经费开支进行审核把关；

10．组委会交办的其他工作。

（九）医疗卫生防疫组

组　长：

廖新波　省卫生厅副厅长

副组长：

唐小平　广州市卫生局副局长

温伟群　省卫生厅处长

廖国强　省旅游质监所所长

尹冬梅　省卫生厅副处长

叶兆怡　省卫生厅调研员

王献国　省食品药品监督管理局副处长

张　文　省出入境检验检疫局副处长

联络员：

廖国强　省旅游质监所所长

张　伟　省卫生厅副调研员

郑　云　广州市卫生局副处长

成员单位：

省卫生厅、省旅游局、省食品药品监督管理局省出入境检验检疫局、广州市卫生局、省卫生监督所、广州市卫生监督所、增城市卫生局。

工作职责：

1．负责省有关部门牵头组织的活动的医疗救护、重要嘉宾保健任务，协调、指导各分会场组织的活动的医疗保健工作；

2．负责公共场所卫生、饮食、疾病预防等工作的协调、联络、检查；

3．负责对所用酒水、饮料等食品的卫生检疫工作；

4．协助做好外宾出入境卫生检验和相关物品的检验检疫工作；

5．编制本组各项活动费用预算和款项支付进度计划，对已批准的预算范围内的具体经费开支进行审核把关；

6．组委会交办的其他工作。

（十）广州工作组

组　长：

陈绍康　广州市政府副秘书长

副组长：

朱　力　广州市旅游局局长、党委书记

叶牛平　增城市市长

李志新　广州市旅游局副局长

联络员：

伍宇明　广州市旅游局处长

成员单位：

广州市政府办公厅、广州市旅游局、市文化局、市外事办、市经贸委、市公安局、市交委、市卫生局、增城市政府。

工作职责：

1．负责落实广州主会场组织的活动项目；

2．做好组委会在广州举办的各项活动的协调配合工作；

3．组委会交办的其他工作。

（十一）开幕式工作组

组　长：

叶牛平　广州增城市委副书记、市长

副组长：

叶　鸿　广州增城市副市长

联络员：

史寿山　广州增城市政府副秘书长、市旅游局局长

成员单位：

市委办、市府办、市委宣传部、市旅游局、市文化体育广电新闻出版局、市城乡建设管理局、市财政局、市安监局、市审计局、市机关事务管理局、市公安局、市教育局、市交通运输局、市气象局、市卫生局、团市委、市供电局、市监察局、市委、市政府接待办、市侨务和外事办、市应急办、市台办、市科技经贸和信息化局、市民宗局、市地税局、市邮政局、荔城街、增江街、小楼镇、石滩镇、正果镇、派潭镇、朱村街、新塘镇、市广播电视台、增城日报社、国际旅游度假城管理委员会、市文联、市摄影家协会、市移动公司、增城联通公司、中国电信增城分公司。

工作职责：

1．承办开幕式；

2．协助做好欢迎宴会的各项工作；

3．协助组委会做好重要领导和嘉宾的邀请、接待工作；

4．编制、派发开幕式所需的各种宣传资料和工作手册；

5．负责开幕式及在增城举办的各项活动的安保、卫生防疫等工作，以及增城市容市貌、环境营造等工作；

6．编制本组各项活动费用预算和款项支付进度计划，对已批准的预算范围内的具体经费开支进行审核把关；

7．组委会交办的其他工作。

开幕式工作组要成立相应工作机构，与组委会办公室对接，加强与组委会各工作组的沟通联系。

2010世界旅游日全球主会场庆典暨中国广东国际旅游文化节主要活动项目

【省有关部门索头组织的活动】

1. 活动名称：2010世界旅游日全球主会场庆典暨中国广东国际旅游文化节开幕式和开幕式晚会

活动时间：9月27日晚

活动地点：增城市广场

活动内容：晚会以“绿色”为载体，以文化、记忆的情感诉求为主旨，分为《序·生命之约》、《上篇·赠你一座梦幻之城》、《下篇·还你一个幸福家园》和《尾声·今天，我们去旅游》四大篇章。整台晚会充分彰显“旅游与生物多样性”所具有的影响力和穿透力，从而体现中国人崇尚自然、珍爱地球、热爱生命的人文精神和文化传统。

2. 活动名称：2010广东国际旅游展览会

活动时间：9月25~28日

活动地点：广州保利世贸展览馆

活动内容：包括2010广东国际旅游展览会欢迎酒会、开幕式、“旅游嘉年华”、2010广东国际旅游小姐形象大赛、旅游业界年度专业评奖和旅游投资商务考察等活动。

3. 活动名称：旅游、生物多样性和可持续发展高峰对话

活动时间：9月27日

活动地点：广东省博物馆

活动内容：以“旅游、生物多样性和可持续发展”为主题，活动分为开幕式、主旨演讲·旅游与生物多样性以及高峰对话三个环节。

4. 活动名称：“2010广东旅游天使”评选活动

活动时间：7月上旬至9月26日

活动地点：广州市内

活动简介：以“激情盛会 和谐亚洲 旅游天使 伴你同行”为主题，整个活动由“广东旅游天使”推荐、“广东旅游天使”广东旅游采风、“广东旅游天使”颁奖盛典等组成。届时500名“广东旅游天使”将精彩亮相2010世界旅游日全球主会场庆典暨中国广东国际旅游文化节开幕式盛典。

5. 活动名称：2010世界旅游日迎亚运花车嘉年华

活动时间：9月26日至10月1日

活动地点：流花展馆、琶洲展馆、白云山景区

活动简介：来自亚组委，国际友城，香港、澳门特别行政区，新疆、西藏、云南、海南、福建等省区，广东21个地级以上市40多辆花车齐聚广州进行展览、街区巡游，同时举办“欢乐欢歌旅游日”，“花车花城迎亚运”等主题活动，呈现给观众美好视觉盛宴。

6. 活动名称：万名儿童绘画及作文比赛

活动时间：9月27日

活动地点：广东省博物馆

活动简介：包括举办“爱地球，爱旅游——我心中的美好家园”万名儿童绘画比赛、“旅游与生物多样性”主题童话作文比赛。整个比赛活动在全省小学生中间举行，由县、市和省三级教育、旅游主管部门逐级展开评选。采取网上投票和专家评选相结合的办法，从全省2000份优秀作品中遴选200份作品（绘画和作文各100份）进入总评，并评选出一、二、三等奖。

7. 活动名称：世界旅游日国际摄影展

活动时间：9月25~28日

活动地点：北京路步行街、广东省博物馆

活动简介：通过媒体、网易门户网站等途径向世界各地摄影家、摄影爱好者征稿。展出200多幅优秀获奖作品，让观众了解和欣赏世界各地的文化遗产、名胜古迹、自然景观以及广东的人文风情、民俗节庆、城市风貌。

8. 活动名称：“绿动全球”大型网络游戏

活动时间：7月5日至9月27日

活动地点：http://travel.163.com/green2010

活动简介：“绿动全球”游戏以今年世界旅游日的主题——“旅游与生物多样性”为核心，通过在线互动游戏的方式呼唤全世界网友关爱地球、珍重生命，身体力行践行环保、低碳生活，推动绿色经济发展。

9. 活动名称：2010广东国际旅游文化节泛珠三角旅游招商会

活动时间：9月27日上午

活动地点：香格里拉大酒店

活动简介：旨在展示泛珠三角区域特别是广东经济发展情况，全面推介投资环境及发展商机，促进泛珠三角区域与境内外的经贸、旅游交流与合作。邀请国家旅游局领导、世界旅游组织官员致辞；省政府领导发表主题演讲；

泛珠三角地区及其他省区旅游部门代表发言；在粤投资的外资旅游企业代表介绍投资体会；举行重大项目签约仪式等。

10. 活动名称：海外杰出华人广东行系列活动

活动时间：9月24～29日

活动地点：广东各地

活动简介：包括“海外理事广东行”、“海外华裔文化精英广东行”、“海外华商广东行”、“参政华人广东行”和“广东省侨办欢迎晚宴”等五大主题活动。

11. 活动名称：“友城之夜”系列活动

活动时间：9月26日20：00－21：30

活动地点：中山纪念堂

活动简介：“友城之夜”文艺晚会以和平、友好为主题，旨在表现广东省人民与各友好省州人民友谊的日益发展，进一步提升我省的国际水平。来自瑞典、意大利、日本、韩国等广东友好省州的表演团体将与国内演出团体共同呈现一台兼具国际特色和岭南风韵的精彩节目。

12. 活动名称：岭南民间艺术汇演

活动时间：9月下旬

活动地点：广州市、佛山市、东莞市等地

活动简介：本次艺术汇演荟萃国内优秀剧种，包括陆丰皮影剧团和省内木偶剧团的精彩演出。节目以国家级和省级非物质文化遗产项目为元素，既有汉、藏、彝、羌等多民族演员，也有国家级非物质文化遗产项目的传承人，特色浓郁，精彩纷呈。

13. 活动名称：第二届中国粤菜峰会

活动时间：7月20日至9月25日

活动地点：全省各地

活动简介：以“粤食粤精彩、粤食粤健康、粤食粤发展”为主题，举办“中国粤菜创新与可持续发展”高峰论坛、中国粤菜名厨名菜选拔大赛以及颁奖晚宴等活动，向世界宣传推介粤菜知名品牌及优秀餐饮企业，进一步传承岭南文化、创新粤菜品质。

14. 活动名称：2010年广东省导游人员职业技能大赛

活动时间：9月10日（决赛）

活动地点：广州市

活动简介：大赛通过从“景点讲解赛场”到“才艺表演赛场”的比赛，从导游讲解旅游景点、历史、典故、文学、艺术等多种才能的表现、挑选、培养更多的旅游人才，提高旅游从业人员素质，为广东旅游业发展做贡献。

15. 活动名称：发现之旅主题活动

活动时间：5月至11月

活动地点：全省各市

活动简介：2010发现之旅主题活动在全省21个地级以上市设立分赛区，通过参赛选手的亲身体验来发掘各地新景点，以全新5D旅游营销新模式，宣传推介广东旅游资源。

【广州主会场】

16. 活动名称：2010中国广州（增城）登山旅游节

活动时间：10月至11月

活动地点：白水寨省级风景名胜区

活动内容：以“科学登山，健康美丽”为主题，内容包括开幕式、全民健身登高健身活动及白水寨风景名胜区旅游主题活动等。通过活动，进一步提升增城“荔乡仙境生态健康游”整体形象。

17. 活动名称：中国新塘国际牛仔服装节暨第三届中国新塘牛仔形象大使大赛

活动时间：6～11月

活动地点：新塘国际牛仔服装城

活动内容：大赛于2010年6月在新塘拉开帷幕。在大连、郑州、成都、杭州、广州设立5个分赛区，首次在美国洛杉矶和加拿大温哥华设立两个分赛区。优秀选手于11月进行总决赛。

18. 活动名称：2010中国广州（增城）广场音乐文化节

活动时间：9月

活动地点：增城广场

活动内容：以“激情与梦想共舞，欢乐与时代同行”为主题，进一步展示增城亮丽的广场音乐品牌，打造广州东部重要生态旅游休闲区，大力推进广场文化、生态文化、社区文化的发展，宣传增城的人文、旅游、环保、教育、经济建设的新理念。

19. 活动名称：2010中国广州增城菜心美食节

活动时间：12月

活动地点：增城市小楼镇小楼人家景区

活动内容：以“打造特色农业，树创农业品牌”为主题，小楼镇农副产品配送中心分别与佛山、肇庆、珠海、中山、惠州、江门等城市销售商代表签约，培育和打造以增城迟菜心为代表的增城名优农副产品品牌，为旅游业和农业营造一个广阔的合作平台。

20. 活动名称：2010白水寨番薯美食文化节

活动时间：12月

活动地点：派潭广场

活动内容：邀请有实力的餐饮酒店企业参与本次活动。通过多渠道收集番薯美食菜式，组织餐饮企业参考菜式进行研发，开展有奖评比大赛。通过本次活动，以提升白水寨番薯的品牌，促进白水寨番薯的销售。

21. 活动名称：第二届“越秀越精彩——广府文化旅游嘉年华”活动

活动时间：10月至11月

活动地点：越秀区

活动内容：举办旅游购物节、欧陆风情美食节、东山文化艺术节、城市旅游创意大赛、校园欢乐嘉年华、羊城历史文化探源等活动，着力打造越秀区“广府文化源地，千年商都核心”的文化旅游品牌。

22. 活动名称：2010“绚丽天河”文化艺术节

活动时间：8月至12月

活动地点：天河区内

活动内容：为不断丰富和满足广大群众的精神文化生活，让群众足不出户就能欣赏到世界各地音乐家的精湛表演，在文化艺术节期间邀请到来自世界各地的音乐家前来演出。

23. 活动名称：倡导低碳旅游 共迎绿色亚运——广州海珠第三届小洲艺术节活动

活动时间：10月

活动地点：海珠区小洲村、瀛洲生态公园

活动内容：通过举办中国当代艺术作品邀请展、小洲名家邀请展、可能性实验雕塑展、第二届声态音乐节等活动，以展示小洲村艺术生态与自然环境的完美结合。

24. 活动名称：2010年第二届广州岭南书画艺术节

活动时间：9月10~16日

活动地点：海珠区十香园纪念馆（开幕式）、TIT服装创意园（闭幕式）

活动内容：该活动每3年举办一次。举办专业书画大赛和岭南书画创意服装发布会等活动，进一步扩大岭南画派在国际文化艺术界的影响力，擦亮岭南书画的品牌，不断丰富岭南文化的内涵。

25. 活动名称：白云区“激情亚运、生态白云”旅游文化节

活动时间：9至10月

活动地点：主会场设在白云区百信广场、丰华霸王花基地

活动内容：白云区首届旅游美食节主会场由区内各饮食企业为游客现场烹制各种特色美食，宣传饮食文化。开展美食评比，评选出白云十大美食。白云区首届霸王花农耕文化旅游节重点展示都市型现代农业成果，让游客选购各种土特产，体验霸王花基地生态游。

26. 活动名称：第二十四届广州（国际）美食节暨2010增城

国际旅游美食节

活动时间：9月20日至10月8日

活动地点：增城美食园区

活动内容：包括第二十四届广州（国际）美食节暨2010增城国际旅游美食节开幕式、世博会中华八大菜系美食园、广州美食嘉年华、广州及增城美食文化展、广州—增城美食一日游等项目。

27. 活动名称：中国广州第三届黄埔杨桃欢乐节

活动时间：9至10月

活动地点：黄埔区长洲岛

活动内容：由桃源盛事、开幕仪式、亚运长洲·精彩旅游、文化长洲·有奖问答、啖桃有奖、欢乐采撷、寻宝之旅、定向越野、动感亚运·你我参与等六个部分组成，以展示长洲岛丰富的旅游资源、良好的生态环境和优美的自然风光。

28. 活动名称：2010第八届番禺旅游文化美食节和第二届番禺农产品博览会暨第十届中国锦鲤大赛

活动时间：9月30日至11月

活动地点：广场东路、广场西路、盛兴大街和番禺广场等地

活动内容：番禺区利用第十届全国锦鲤大赛、第二届番禺农产品博览会和第八届番禺旅游文化美食节三项活动，分别安排与农产品生产和销售、旅游和饮食文化有关的活动内容。

29. 活动名称：花都乡村一日游系列活动

活动时间：7至9月

活动地点：花都广场（启动仪式会场）

活动内容：通过一系列的活动营造花都乡村旅游的大市场，尤其是农产品的大市场，从而促进农民增收，推动第三产业发展。

30. 活动名称：花都区第二届香草文化节

活动时间：10月

活动地点：花都香草世界

活动内容：通过媒体推介、文化展示、旅游体验等系列活动，提升花都绿色生态文化品味，推动花都绿色生态旅游文化产业发展，塑造“和谐花都、魅力花都”的新形象。

31. 活动名称：第二届炭步芋头节暨古村落旅游文化月活动

活动时间：10月

活动地点：花都区炭步镇

活动内容：包括举办洪圣古庙祈福、观看文艺表演、参观农耕文化展示、古建筑与风水哲学展示、芋头文化展示等活动。

32. 活动名称：第五届广东（从化）国际温泉旅游节

活动时间：9至12月

活动地点：广东从化

活动内容：举行开幕式暨广东温泉旅游示范基地颁牌仪式。举办“温泉 运动 活力”——世界珍惜温泉论坛和

“健康温泉、绿色亚运”——从化绿道自行车国际邀请赛；开展从化健康之旅线路推介及考察活动及广东温泉旅游优惠季活动等。

33．活动名称：第二届“石门七彩天池”旅游活动节

活动时间：9至10月

活动地点：石门国家森林公园

活动内容：举办“情浓十月、盟誓石门”婚纱摄影大奖赛，“喜迎亚运、勇登广州第一峰”活动，以配合绿色亚运主题，展现石门生态发展成果。

34．活动名称：广州市流溪河国家森林公园文化节活动

活动时间：9月至10月

活动地点：流溪河国家森林公园

活动内容：包括举办“与亚运同行”五指登山活动、纯生态湖滨木栈道休闲游和水陆两栖拓展活动等。

35．活动名称：2010广州（南沙）滨海旅游欢乐节

活动时间：9月

活动地点：南沙天后宫、滨海公园

活动内容：举办风筝欢乐节、婚纱摄影、沙滩排球友谊赛、沙雕作品展、啤酒烧烤篝火晚会、沙滩音乐狂欢派对等活动。

36．活动名称：广州开发区现代工业科技游

活动时间：8月至12月

活动地点：萝岗区内

活动内容：于8月启动“广州开发区现代工业科技游”首团并举行出发仪式，组织广州市民及外地游客参观游览广州开发区工业科技名企。

37．活动名称：“看亚运，游西关”西关旅游文化节

活动时间：8月至12月

活动地点：荔湾区内

活动内容：包括荔枝湾文化休闲区开园仪式暨荔湾“五区一街”精品游启动活动；第三届“味在西关——西关美食节”；西关民间文化嘉年华；第三届“西关小姐”评选活动；“亚运人家”征集活动等。

38．活动名称：观光休闲农业示范村评选活动

活动时间：7月至9月

活动地点：增城小楼镇

活动内容：鼓励具有观光休闲农业发展基础能够为大众提供观光、采摘、体验、销售、休闲、度假、游乐、科普、教育等功能的行政村申报观光休闲农业示范村。经专家评审和政府部门评审后，举办挂牌仪式，政府协助加大宣传力度。

39．活动名称：“360”叹广州——“新广州游”品牌宣传推广方案

活动时间：6月至10月

活动地点：广州市

活动内容：挑选具有代表性的“新广州游”旅游线路包括：广州“半日游”系列产品，广州“一日、二日、三日游”系列产品，珠三角“连线游”系列产品等。通过举办“360度叹广州”系列活动，宣传推广“广州游”产品，以服务亚运、吸引境内外游客。

【深圳分会场】

40．活动名称：2010深圳国际旅游文化节暨深圳欢乐谷第十一届国际魔术节开幕式晚会

活动时间：9月30日

活动地点：深圳欢乐谷

活动内容：以“精彩深圳、时尚之都”为主题，既有深圳本地旅游专业表演团体参演，还邀请到海内外的著名魔术表演大师参加参演，呈现一台有特色、有创意的视觉盛宴，突出深圳都市风情、主题公园、滨海休闲、高尔夫等特色，展现丰富多彩的深圳文体旅游元素，以推动深圳国际滨海旅游城市的建设。

41．活动名称：第九届深圳黄金海岸旅游节

活动时间：9月至11月

活动地点：盐田区

活动内容：本届旅游节相继推出一系列活动，包括第六届深圳（大梅沙）沙滩音乐节、第五届深圳大梅沙国际风筝节、第四届中国（深圳）国际游艇及设备展览会及2010深圳大梅沙奥特莱斯世界名品购物嘉年华等，全面推介深圳黄金海岸旅游品牌及挖掘山海文化内涵。

42．活动名称：2010罗湖珠宝节

活动时间：10月

活动地点：罗湖区

活动内容：通过举办多种形式的优惠活动，让产业优势惠及于民，让游客感受罗湖的时尚魅力，让深圳珠宝走入寻常百姓家。以促进珠宝产业与旅游业的互动发展，强化珠宝业与旅游业的产业融合，打造时尚罗湖、魅力罗湖城区。

43．活动名称：福田区国际品牌服装旅游节

活动时间：11月

活动地点：福田区

活动内容：举办有关国际品牌服装秀展演专场，研发国际品牌服装购物一日游活动，文艺演出活动等。旨在进一步打造福田国际品牌服装服饰特色文化旅游节品牌，优化产业结构，培育消费热点。

44．活动名称：宝亨达铂金旅游文化节

活动时间：10月至11月

活动地点：龙岗区南湾街道宝福珠宝文化产业园

活动内容：活动以“探索铂金世界之旅”为主题，包括举办旅游节开幕式、“铂金与世界”系列图片展览、2010

国际铂金创意设计大赛获奖作品展览、“铂金与世界”名人大讲堂、专题旅游推介会等活动。

45. 活动名称：第七届宝安区“沙井金蚝节”

活动时间：12 月

活动地点：宝安区

活动内容：沙井金蚝节创办于 2004 年，每年 12 月举行。沙井蚝生产习俗已被评为市非物质文化遗产。旨在继续巩固“沙井金蚝节”的节庆成果，实施文化品牌战略，推动全区旅游文化产业繁荣和现代服务业的发展。

46. 活动名称：光明新区第四届旅游文化节

活动时间：12 月

活动地点：光明新区

活动内容：以“绿色、生态、人文”为主题，以深层次挖掘新区生态农业旅游资源为重点，举办旅游节开幕式、光明绿道游、摄影比赛、闭幕式文艺晚会等活动。

47. 活动名称：坪山新区客家旅游文化节暨坪山办事处第一届客家茶果节活动

活动时间：10 月

活动地点：坪山新区大万世居

活动内容：为坪山新区成立来举办的重大文体旅游活动之一，着力展现新区客家休闲文化旅游资源，包括举办麒麟文化展演、客家山歌、客家舞蹈表演、现场制作客家茶果、品果茶、参观新区文体旅游点等。

48. 活动名称：2010 F1 摩托艇世界锦标赛中国深圳大奖赛

活动时间：10 月

活动地点：南山区后海内湾公园人工湖

活动内容：F1 摩托艇世界锦标赛是由国际摩托艇联合会于 1981 年发起组织的国际体育赛事。本次大赛突出“体育 + 人文 + 环境”的新理念、张扬时代特点和城市风格，强调观赏性、娱乐性和参与性，体现深圳高端旅游特色。

49. 活动名称：“中国杯”帆船赛

活动时间：10 月

活动地点：浪奇游艇俱乐部

活动内容：是以“美洲杯”帆船赛为标杆的中国顶级大帆船赛事。本次帆船赛吸引包括日本、新加坡、菲律宾、泰国、马来西亚和卡塔尔等国的帆船协会、海军等国际组织组队参赛。帆船赛的成功举办旨在加强中外航海界的合作与交流、共同促进亚洲地区帆船运动的发展。

50. 活动名称：深圳市第六届创意十二月

活动时间：12 月

活动地点：深圳市

活动内容：创意十二月活动经过精心策划，项目创意新颖，专业性、国际性进一步强化。包括展览、创意比赛、话剧演出、设计师工作室开放日等。本届活动安排多个市民创意项目，群众性创意活动的数量约占一半，以提高市民参与度。

51. 活动名称：第三届“友谊之旅”—深圳市与休斯敦、洛美、光阳市青少年文化交流周

活动时间：8 月 6 ~ 13 日

活动地点：深圳市

活动内容：展示深圳具有包容性的开放文化，让深圳人民领略多彩多姿的异国文化，推动深圳与友城之间的交流合作再上新台阶。本次活动邀请美国、多哥、韩国三国友城青少年来深参加为期 7 天的活动，包括中外青年联欢晚会、民宿、校际交流等活动。

52. 活动名称：深圳国际水墨画双年展

活动时间：12 月

活动地点：深圳市

活动内容：“深圳国际水墨双年展”是当前国内外唯一的以水墨画艺术为专题的常设性国际艺术展事。本次活动邀请国内外近百位艺术家聚会深圳，举办传统水墨、实验水墨、新媒体艺术等多个展览，组织多项学术交流活动。

53. 活动名称：第三届深圳国际自行车嘉年华

活动时间：11 月

活动地点：深圳南山后海内湖公园

活动内容：本次自行车音乐节是以“时尚运动与都市文化”为主题，在自行车运动文化的主旨下，融入现代都市流行音乐、时尚生活、慈善活动、环保宣传等元素，吸引世界各地区自行车运动员、爱好者和广大市民的参与及关注。通过自行车时尚运动和绿色环保产业，带动全民健身，结合“大运会”精神，宣传城市文明建设。

54. 活动名称：第十六届国际旅游小姐（中国深圳区）大赛

活动时间：8 月至 11 月

活动地点：深圳市

活动内容：国际旅游小姐大赛与环球小姐大赛、世界小姐大赛并称为国际三大顶级赛事。赛事分为海选、初赛、复赛和决赛四个阶段。通过比赛展现深圳的人文景观和旅游特色，丰富市民业余文化生活。

55. 活动名称：深圳欢乐谷第十一届国际魔术节

活动时间：10 月 1 ~ 7 日

活动地点：深圳欢乐谷景区

活动内容：该魔术节为迄今国际上最具影响的魔术盛会。邀请德国、泰国、俄罗斯、埃及、新加坡、韩国、马来西亚、菲律宾、香港等国家和地区的魔术精英展开为期 7 天的魔术大赛。

56. 活动名称：世界之窗冰雪节

活动时间：12 月 4 日至 2011 年 1 月 3 日

活动地点：深圳世界之窗景区

活动内容：2010年为我国与瑞士、芬兰建交60周年纪念日。冰雪节以北欧风格作为主题，以瑞士、芬兰文化为重点，展示异国文化，倾情打造原汁原味的浪漫北欧圣诞别样冰雪体验，给游客体验时尚浪漫的极致情调。

57. 活动名称：锦绣中华民族狂欢节

活动时间：10月至11月

活动地点：深圳锦绣中华、民俗村景区

活动内容：通过与民族地区的文化交流合作，邀请少数民主地区的民间歌舞表演团队、绝技绝活艺人、非遗传承人等，献上精彩绝伦、独一无二的民族文化大汇展，营造“56族狂欢中国”的景区氛围，以“民族狂欢”为口号，引领游客掀起国庆狂欢的高潮。

58. 活动名称：东部华侨城瑞士风情节

活动时间：9月22日至10月7日

活动地点：深圳东部华侨城

活动内容：为丰富广大市民游客的旅游文化生活，使游客不出国门也带来原汁原味的欧洲古典风情感受。特邀瑞士茵特拉根的艺术家们在景区进行瑞士山地民谣演出，同时举办瑞士美食节及快乐购物瑞士行等主题活动。

59. 活动名称：南山区周末广场音乐会

活动时间：5月至12月

活动地点：南山区海德广场

活动内容：周末广场音乐会是南山区公益文化的品牌项目。该活动为深圳的原创流行音乐者提供了交流和展示的平台，同时也为深圳的多元文化发展培育了土壤。所有演出以流行乐队、原创歌手和网络歌手的演唱为主，共举行32场广场节目演出。

60. 活动名称：南山区第四届动漫文化节

活动时间：12月

活动地点：南山区

活动内容：节庆期间将组织动漫系列文化活动，包括演出、比赛、展示等，以打造高科技时尚动漫艺术品牌，进一步鼓励和发掘本土优秀的动漫创作人才。

61. 活动名称：“玩转深圳”活动

活动时间：10月至11月

活动地点：深圳市

活动内容：通过主流媒体，征集市民，参与体验深圳文体旅游资源。利用现代传媒，发动市民大众投票评选“深圳最具旅游价值”景点，分为征集、体验、评选、颁奖、后期推广等阶段，在全市范围内掀起挖掘本土旅游文化资源的高潮。

62. 活动名称：飞扬音乐周项目

活动时间：10月

活动地点：深圳市

活动内容：举办全国优秀民谣歌曲加深圳本土原创优秀歌曲演唱专场，丰富广大市民的精神文化生活，通过把文化艺术与旅游景点的开发推广相结合，提高文体旅游资源的可观性、参与性、融合性。

63. 活动名称：“中华一家亲 欢聚深圳湾——第九届海峡两岸各民族中秋联欢活动”

活动时间：2010年9月8～12日

活动地点：深圳锦绣中华·民俗村

活动简介：该活动已连续举办8届，本届活动分为启动仪式、五大主题活动、联欢晚会三大篇章，其中，联欢晚会于9月11日晚在深圳锦绣中华·民俗村举行。

【珠海分会场】

64. 活动名称：第八届珠海沙滩音乐派对

活动时间：10月

活动地点：珠海吉大海滨泳场

活动内容：珠海沙滩音乐派对是一个文化与旅游结合的盛典，将延续“爱与分享”这一主题，所有演绎节目均立足于本土文化。

65. 活动名称：珠海唐家湾非遗文化节

活动时间：10月1日至10月3日

活动地点：珠海唐家湾

活动内容：珠海非物质文化遗产丰富，其中唐家湾中秋对歌会有着独特魅力，备受各界关注。通过美食享受、参观展示、视听娱乐，让人民群众广泛参与，形成独特的文化旅游品牌影响力。

66. 活动名称：第八届德国啤酒节

活动时间：10月21日至10月23日

活动地点：珠海粤财假日酒店

活动内容：德国啤酒节源于1810年德国慕尼黑王子的婚礼及加冕仪式，已发展成为世界范围内最大的民族节日。德国啤酒节是珠海一年一度的特色旅游文化节目，是中外友人友好交流和狂欢的大派对。

67. 活动名称：中国超级摩托车锦标赛

活动时间：10月29～31日

活动地点：珠海国际赛车场

活动内容：于2007年增设此赛，旨在打造中国的赛车明星，使中国的摩托车运动真正与国际接轨。赛事分设600CC组、GP125CC A组、GP125CC B组和150CC公开组等4个组别。

68. 活动名称：“回归杯”海钓友好邀请赛

活动时间：11月15～16日

活动地点：珠海桂山岛

活动内容：在珠海桂山岛及附近海域举办的“回归杯”海钓友好邀请赛每年举办一次，对推动珠海海岛旅游起了很大的作用。

69. 活动名称：第二届高原原生态美食节

活动时间：11 月 13 日至 12 月 13 日

活动地点：珠海西藏大厦

活动内容：富有高原文化特色，通过品尝正宗原生态的高原美食，领略地道的西藏文化，体验高原风情。

70. 活动名称：东澳岛集体婚庆活动

活动时间：11 月 11 ~ 12 日

活动地点：珠海东澳岛

活动内容：包括浪漫之漂、蜜月阁婚誓、求子泉植同心树、渔家特色婚宴、沙滩篝火晚会等一系列活动，该活动倡导文明时尚的婚庆形式，有利于将东澳岛打造成蜜月度假胜地和婚纱外景拍摄基地。

71. 活动名称：第五届“海泉湾音乐狂欢节”

活动时间：10 月 1 ~ 7 日

活动地点：海泉湾度假区

活动内容：以神秘岛主题乐园的“加勒比沙滩音乐派对”为主，推出集音乐、美食、演艺于一体的狂欢之旅。

72. 活动名称：圆明新园皇家庆典主题活动

活动时间：10 月 1 ~ 7 日

活动地点：珠海圆明新园景区

活动内容：“十一”黄金周期间，精心策划推出“皇家大阅兵”主题活动，御林军非凡武艺、八旗兵气势如宏，是集表演、娱乐、歌舞于一体的仪仗庆典表演“皇家大阅兵”。此外，宫里还引进国内顶级马戏团驻场献艺“清宫大马戏”，活动精彩纷呈，为游客奉献一台丰盛的节日大餐。

73. 活动名称：珠海半程马拉松公开赛

活动时间：12 月

活动地点：珠海市

活动内容：此次活动是珠海举办的第二届马拉松赛事，旨在倡导健康生态的旅游文化和旅游方式。

74. 活动名称：FIM 亚洲公路摩托车锦标赛

活动时间：11 月 28 ~ 31 日和 12 月 10 ~ 12 日

活动地点：珠海市

活动内容：FIM 亚洲公路摩托车锦标赛是亚洲最高级的摩托车公路锦标赛，是唯一一个在亚洲各国举行的锦标赛。2010 年 FIM 亚洲公路摩托车锦标赛（珠海站）共举办两场。

【汕头分会场】

75. 活动名称：“浪漫海湾·休闲汕头”百名记者主题采风活动

活动时间：1 月至 12 月

活动地点：汕头市

活动内容：邀请国际国内权威媒体机构来汕开展“浪漫海湾·休闲汕头”主题采风活动，通过宣传报道汕头旅游资源、旅游产品、美食文化，全方位推介汕头“海滨邹鲁·美食之乡”旅游形象和文化内涵。

76. 活动名称：汕头市酒店业职工职业技能竞赛

活动时间：3 月至 7 月

活动地点：汕头市

活动内容：由汕头市旅游局、汕头市人力资源和社会保障局联合举办，并以此为契机，推动岗位练兵、技能比武和业务培训，促进汕头市旅游服务水平更上新台阶。

77. 活动名称：汕头方特欢乐世界·蓝水星公园开园仪式

活动时间：7 月 13 日

活动地点：汕头方特欢乐世界·蓝水星公园正大门前广场

活动内容：汕头方特欢乐世界·蓝水星主题公园采用国际一流的理念和技术精心打造而成的粤东地区规模最大的高科技主题公园。7 月 13 日由汕头市政府主办开园仪式暨开园系列活动。

78. 活动名称：濠江南山湾滨海绿化观光长廊动工仪式

活动时间：8 月

活动地点：汕头市濠江区南山湾

活动内容：濠江区南山湾滨海绿化观光长廊全长 6.65 公里，自行车绿道道路宽度 5.5 米，投入资金 2000 万元。汕头将以绿道动工建设为契机，整合汕头旅游资源，缔造汕头宜居、旅游、休闲的城市形象。

79. 活动名称：紫菜美食节

活动时间：8 月

活动地点：汕头市

活动内容：通过举办“紫菜美食广场”、设立紫菜美食摊位，“寻找野生紫菜礁；重现险过打紫菜民俗”的探险摄影主题活动，发动各旅行社向海内外推介紫菜美食节，组织游客来汕旅游等活动，进一步弘扬潮汕美食文化，打造汕头美食旅游特色品牌。

80. 活动名称：中秋民俗文化节

活动时间：9 月 22 日（农历八月十五）

活动地点：汕头市濠江区

活动内容：主要有赏月晚会、歌舞表演、民俗烧塔活动等，展示汕头多姿多彩民俗文化风情，组织境内外游客回汕旅游观光，欢度中秋佳节。

81. 活动名称：中国（莲华）国际兰花旅游文化节暨第三届两岸国兰精品博览会

活动时间：9 月 29 日

活动地点：汕头市澄海区莲华镇

活动内容：主要有国际兰花展及港澳台国兰精品博览会、旅游文化研讨会、乡村旅游节等。

82. 活动名称：金秋·活力登山节

活动时间：10月

活动地点：汕头市各区（县）旅游区

活动内容：通过举办登山节，发动旅行社组织游客到各旅游区开展户外旅游健身活动，开发以体育、观光、休闲、度假、娱乐和消费等为内涵的旅游产品，完善旅游产品结构，推进旅游产品开发利用升级。

93．活动名称：汕头市第十六届潮汕美食节

活动时间：12月2～12日

活动地点：汕头市时代广场和市区各有关宾馆、酒家

活动内容：将时代广场设为美食广场，安排100多个展位，推出特色美食旅游；组织评选“美食之家”；邀请台湾、澎湖美食企业参加台湾美食展示会；举办潮汕美食研讨会，并编撰出版论文专集。

84．活动名称：汕头市第十二届国际食品博览会

活动时间：12月2～5日

活动地点：汕头市林百欣国际会展中心

活动内容：第十一届“食博会”将于2010年月上旬举行，同期举办“泰国商品（汕头）展览会”，设标准展位600个，来自海内外近200家食品企业亮相展会。

85．活动名称：第五届中华名茶（汕头）博览会

活动时间：12月

活动地点：汕头市林百欣国际会展中心

活动内容：展销各地名茶、茶饮料、茶保健品、茶食品，交流潮汕功夫茶等茶文化，推介茶文化旅游项目、以茶会友，是中华茶文化展示、品尝、交流的专业平台。

86．活动名称：第三届旅游产品（汕头）博览会

活动时间：12月

活动地点：汕头市林百欣国际会展中心

活动内容：旅博会旨在加强汕头与周边地区城市旅游同业的交流与互动，向市民介绍旅游特色产品，为各参展商提供宣传推介、展示平台，并设若干评奖项目。

87．活动名称：汕头市第三届环南澳岛自行车赛

活动时间：12月上旬

活动地点：南澳生态旅游区

活动内容：举办国内外、港澳台自行车手环南澳岛骑行比赛，组织游客进岛观光游览，宣传推介“绿色生态、滨海旅游、魅力南澳”的旅游资源和旅游线路，倡导发展低碳环保旅游经济。

88．活动名称：鲜菇美食节

活动时间：12月

活动地点：汕头市澄海区

活动内容：通过举行“首届莲华鲜菇美食节”开幕式，组织游客参观远东国兰、食用菌生产基地以及观光游览其他景点，品尝莲华特色鲜菇宴以及农家菜等活动内容，打造莲华乡村旅游区品牌。

89．活动名称：第三届青蟹节

活动时间：12月

活动地点：汕头市金平区

活动内容：通过举办“第三届青蟹节”开幕式，组织游客游览牛田洋现代农业生态示范区及周边旅游景点，品尝无污染青蟹，宣传推介汕头牛田洋生态旅游区，开展对外招商引资。

【佛山分会场】

90．活动名称：2010佛山秋色欢乐节

活动时间：2010年9月16日至10月20日

活动内容：以“欢乐秋色　智慧佛山”为活动主题，

（1）佛山秋色欢乐节（9月21至10月3日）。地点设在南海桂城千灯湖公园。包括秋色巡游、秋色彩灯会、秋色大舞台、秋色欢乐墟和秋色欢乐节摄影大赛等。

（2）佛山美食欢乐节（9月30至10月6日）。地点设在禅城区东方广场。“广佛肇”厨艺交流赛、佛山旅游文化工艺品包装创意设计大赛、中外美食、美食旅游活动等。

（3）佛山武术文化节（9月24至10月26日）。地点设在佛山岭南明珠体育馆。包括举办2010年国际詠春系列活动和中国功夫对泰拳争霸赛等活动。

（4）2010中国华南（佛山）酒文化节暨酒饮博览交易会（12月中旬）。地点设市区。包括佛山米酒产业品牌提升战略论坛暨《南国酒都》、《中国米酒》出版发行，酒饮品博览交易会，酒类收藏与品鉴活动和中国“米酒之星”评选等。

【韶关分会场】

90．活动名称：韶关市第七届旅游美食购物欢乐节

活动时间：12月23～28日

活动地点：韶关市全民健身广场

活动内容：本届欢乐节举办旅游商品、美食、土特产及酒店配套用品展示、展销；2010“红三角”地区烹饪名师擂台（邀请）比赛；韶关市旅游饭店和餐饮业“微笑服务之星”评选活动；汽车及服装展销等活动。

92．活动名称：乐昌市首届旅游美食节

活动时间：5月30日至6月8日

活动地点：乐昌市

活动内容：包括大型歌舞表演；民歌大串唱；现场有奖猜谜语，对对联活动；知识问答有奖活动；啤酒大赛；顺易、利居房地产公司促销活动；商家主题促销等活动。

93．活动名称：“相约丹霞　共度七夕”活动

活动时间：8月14～17日

活动地点：丹霞山

活动内容：面向海内外征集300对情侣，并精心组织

10项特别的浪漫活动，让天下有情人能够在爱情名山共度一个浪漫的情人节，留下一生中最难忘的甜蜜记忆。

94. 活动名称：第三届全国徒步穿越丹霞山活动

活动时间：11月14～17日

活动地点：丹霞山

活动内容：本届线路安排科学合理、更富挑战性。徒步参赛者可充分领略体验市区皇冈山、鸡公山、上京古道和丹霞山巴塞、上天龙、姐妹峰、僧帽峰、阳元石及锦江沿线的风光。

95. 活动名称：第十一届中国瑶族盘王节

活动时间：11月20～22日

活动地点：乳源瑶族自治县

活动内容：包括2010世界瑶族公主大赛，《盘王赋》全球征文大赛，摄影大赛，中国瑶族旅游文化论坛，瑶山美食节，瑶绣艺术节，瑶族民俗文化暨瑶山彩石展，第十一届中国瑶族盘王节，中国瑶族歌舞大赛等。

96. 活动名称：2010年红三角第二届万时山帐篷节

活动时间：9月11～12日

活动地点：仁化县万时山飞水寨南国天山景区汜水山

活动内容：包括红三角铁骑赛、山地自行车赛、驴友溯溪负重比赛、万时山草原联欢晚会和升旗仪式等活动。

97. 活动名称：2010年广东南雄梅花节

活动时间：12月19日至2011年2月28日

活动地点：南雄市

活动内容：启动仪式文艺晚会；举行以“梅”为主题的书法表演、梅文化及科普知识展、征文和摄影以及书法作品比赛；梅花摄影精品展；梅花节活动成果展示。

98. 活动名称：2010年广东南雄珠玑姓氏文化节

活动时间：9月19～26日

活动地点：南雄市珠玑巷

活动内容：举办珠玑古巷姓氏文化及珠玑南迁史讲座、宗祠祭祀活动；南雄老年乐队在珠玑古巷演出；组织珠三角城市“同地车友聚珠玑”活动；珠玑巷后裔“异姓同荣、和谐共存”签名等。

99. 活动名称：2010年新丰枫叶节

活动时间：11月29日至12月31日

活动地点：新丰云髻山旅游区

活动内容：以“走进美丽新丰，体验‘枫’情新丰”暨“百万车友自驾游新丰”为活动主题，除安排嘉宾欣赏云髻山红枫林外，还安排参观新丰客属文化代表性建筑——马头镇九栋十八井，体验原生态乡村生活等活动。

【河源分会场】

100. 活动名称：第23届世界客属恳亲大会系列活动

活动时间：11月29日至12月1日

活动地点：河源市

活动内容：

（1）开幕式暨“古邑客家”文艺晚会。时间：11月29日，地点：市区文化广场。晚会以“古邑情·客家亲”为主题，与南方歌舞团共同编演，数百演员载歌载舞，展现客家风采，抒发古邑亲情。开幕式晚会举办焰火晚会、忠信花灯亮灯仪式。

（2）国际客家学术研讨会。时间：11月29日。邀请国内外知名客家学术专家到河源进行学术交流，通过深入研讨，推出一批客家古邑文化学术研究成果。

（3）“客家情”系列艺术展。时间：11月29日至12月2日。

——客家民间艺术巡游。

——忠信花灯展。

——美术书法摄影展。

（4）世界客属恳亲大会会旗交接仪式暨“客娘颂”交响乐晚会。时间：11月30日，地点：市会议中心

（5）“客家妹”形象大使选拔赛。时间：6月至9月。

101. 活动名称：河源市第七届客家文化旅游节系列活动

活动地点：河源市

活动内容：

（1）“亚运会在广州，世客会游河源”大型旅游宣传系列活动。时间：5月至12月。包括启动仪式、亚运选手游河源、主流媒体系列宣传活动、亚运场馆内宣传等内容。

（2）河源市导游人员职业技能大赛。时间：6月。

（3）河源市旅游饭店客房和餐厅服务技能竞赛。时间：7月至8月。

（4）客家美食嘉年华暨客家菜·客家小吃·土特产评选活动客家美食嘉年华活动。时间：11月29日至12月5日，地点：市体育馆。

（5）旅游风光风情摄影大赛暨摄影展。时间：11月29日至12月2日，地点：叶绿野美术馆。

（6）河源温泉旅游高峰论坛。时间：12月1日，地点：紫金御临门温泉度假区。

（7）“万绿生态旅游度假区”规划开发研讨会暨河源生态旅游与可持续发展论坛。时间：11月中下旬，地点：万绿湖东方酒店。

【梅州分会场】

102. 活动名称：世界客家人游世界客都

活动时间：8至12月

活动地点：印度尼西亚、马来西亚、梅州市

活动内容：以“世界客家人游世界客都”为主题，结合“广东华人华侨旅游年”活动，拜会印尼、马来西亚等

东南亚地区重要华人社团负责人及侨领；邀请侨领、重要华人社团及组团旅行社负责人、华文媒体记者来梅考察采风；组织开展“东南亚百家华人社团游梅州”活动。

103. 活动名称：“粤游粤精彩——广东人游梅州”系列主题活动

活动时间：全年

活动地点：梅州市

活动内容：通过媒体宣传、专题推介、业界交流形式，组织珠三角、潮汕及省内周边地区游客畅游梅州，亲身体验和深切感受“世界客都·文化梅州”的风采魅力。

104. 活动名称：丰顺县第二届漂流节

活动时间：8月

活动地点：龙鲸河漂流景区

活动内容：通过组织海内外游客参与漂流，充分感受“中流击水、浪遏飞舟”的刺激与乐趣。分A、B两线漂流，A线漂程5.5公里，B线漂程4.3公里。

105. 活动名称：9·27世界旅游日旅游宣传咨询活动

活动时间：9月27日

活动地点：梅州市

活动内容：现场旅游形象产品宣传、旅游维权宣传咨询、派发宣传资料、客家文艺表演等。充分展示“世界客都”旅游城市总体形象，宣传推介梅州主要旅游产品，营造旅游氛围。

106. 活动名称：第四届“中国梅州国际客家山歌节”

活动时间：12月

活动地点：梅州市

活动内容：开幕式、客家妹形象使者大赛、客家文化发展战略国际高峰论坛、文化产业展示等。邀请省市领导、文化及旅游界嘉宾和媒体记者，海内外宾客等参加。藉此宣传推介“世界客都”旅游总体形象和全市主要旅游产品。

107. 活动名称：梅州国际新闻摄影年展

活动时间：11月

活动地点：梅州市

活动内容：组织海内外摄影家，以原创形式和新闻角度，反映梅州新貌。摄影大赛、优秀作品展览。

108. 活动名称：第四届“广东自驾旅游日暨梅州精彩客都自驾旅游周”系列活动

活动时间：12月

活动地点：梅州市

活动内容：举行自驾游大型主题嘉年华等系列活动，以此延伸梅州自驾游品牌效应，打造梅州“世界客都”、“广东最受欢迎自驾游目的地”，做强做大梅州市休闲自驾旅游产业。

109. 活动名称：梅江区自驾游美食嘉年华

活动时间：12月

活动地点：剑英体育馆

活动内容：组织广大自驾车游客参观游览的同时，充分体验浓郁的客家风情，尽情享受丰富多彩的客家美食。听客家山歌、品客家美食、游客家乡村。

110. 活动名称：大埔县客家风情文化旅游节

活动时间：12月

活动地点：大埔县

活动内容：以“走进美丽大埔，体验客家风情，品尝客家美食”为主题，举行客家风情文艺晚会；鲤鱼灯舞、仔狮舞、山歌对唱等客家民俗表演；观摩小吃制作，品尝客家美食及风味小吃；品尝大埔名茶、欣赏客家风情之夜文艺晚会。

111. 活动名称：丰顺县第四届温泉文化旅游节

活动时间：12月

活动地点：丰顺千江温泉度假村

活动内容：组织海内外游客现场体验健康优质的各种温泉浴，洗涤人生铅尘，提升生活境界。畅游丰顺景点，享受温泉桑拿、花浴、足浴、蒸气理疗等，品尝特色美食。

【惠州分会场】

112. 活动名称：第五届惠州国际高尔夫旅游节

活动时间：10月23~25日

活动地点：汤泉春天高尔夫度假酒店

活动内容：由惠州市政府和省旅游局联合主办，推介惠州的名山秀水、人文历史、民俗风情，打造惠州高尔夫运动休闲旅游品牌，提升惠州城市品味。本届高尔夫旅游节包括开幕晚会、高尔夫邀请赛、高尔夫与旅游国际高峰论坛等活动。

113. 活动名称：“珠三角国民休闲旅游景区一票通”启动仪式

活动时间：9月12日

活动地点：西湖景区

活动内容：2010年惠州市旅游景区和珠三角其他城市的景区，一共有68家签约，惠州的景区包括罗浮山、西湖、南昆山等著名景点。“一票通”将制作成口袋书的形式，内有景区介绍、景区图片、优惠的办法等信息。在发放方式上，“一票通”与全国知名商品品牌进行合作，将“一票通”和商品包装在一起，并在年底前推向全国市场。

114. 活动名称：惠州海滨温泉“乐活泉海·享受健康”假日狂欢节

活动时间：10月1~7日

活动地点：惠州海滨温泉度假酒店

活动内容：此活动集中打造惠东（稔平半岛）第一届假日狂欢节、珠江三角洲特色的露天清凉温泉水世界，有夜间风情歌舞表演、特色美食及各种有奖活动等，为珠江三角洲地区创造一个“夜间泡泉，白天赶海，互动纳凉，地道美食，风情歌舞、狂欢娱乐”的夏日盛会。

115. 活动名称：南昆山温泉大观园五周年庆典活动

活动时间：9月26日

活动地点：南昆山温泉大观园

活动内容：庆典活动有文艺汇演、嘉宾抽奖活动、礼品派送、大型烟花汇演等主题，邀请旅游大使共庆及社会各界人士、县市领导、嘉宾参加，见证这五周年的繁华盛世。

116. 活动名称：第三届仲恺高新区沥林自行车旅游节

活动时间：11月

活动地点：沥林文化广场

活动内容：通过自行车文化节开幕式、公开赛、篝火欢迎晚会、鹅美食恳亲会、闭幕晚会、花式自行车表演、自行车工艺产品展示等形式，传递“快乐出行，健康出行，环保出行”的生活理念。

117. 活动名称：第十届中国职业模特大赛总决赛

活动时间：11月

活动地点：金海湾喜来登酒店

活动内容：是中国模特业的顶级赛事之一。自2000年创办以来，为中国模特业输送大量实力超群的职业模特，体现出专业性和权威性。本届总决赛通过与滨海旅游项目的结合，以吸引广大游客关注滨海旅游，实现金海湾与目标受众的契合。

118. 活动名称：首届大亚湾自驾游沙滩文化欢乐晚会

活动时间：9月23日

活动地点：南海度假村

活动内容：晚会与省自驾游协会共同主办。规模有100辆车左右，以篝火晚会、烧烤、抽奖活动等形式进行，重点宣传大亚湾的蓝色滨海旅游。

【汕尾分会场】

119. 活动名称：汕尾市旅游风光摄影大赛

活动时间：9月

活动地点：汕尾

活动内容：以“滨海新城，多彩汕尾”为主题，邀请200多名摄影爱好者参加，以优秀摄影作品展示汕尾的自然景观、人文风光和汕尾旅游开发建设所取得的成就。

120. 活动名称：“激情亚运·蓝色浪漫”集体婚礼

活动时间：10月中旬

活动地点：汕尾红海湾旅游区

活动内容：举行集体婚礼仪式、集体婚礼宴会、集体婚礼晚会，组织新人游览红海湾旅游区，举办有关的纪念活动等。

121. 活动名称：海丰重阳登山节

活动时间：10月16日

活动地点：海丰县莲花山度假村

活动内容：本届登山节面向社会征召活动参与者，除举办传统的徒步登山赛外，还有野外拓展等活动。

122. 活动名称：广东·陆丰妈祖文化旅游节

活动时间：10月

活动地点：陆丰市妈祖文化广场

活动内容：举办妈祖文化研讨会，进行妈祖祭拜活动，邀请文艺团体演出。

123. 活动名称：第七届世界惠州同乡恳亲大会

活动时间：11月

活动地点：汕尾市区

活动内容：恳亲大会每三年举行一次，旨在世界范围内联系乡亲，敦睦乡谊，增强凝聚力。由世界各国及地区的惠州属侨团、社会组织和“循州”各地政府轮流承办。

【东莞分会场】

124. 活动名称：2010东莞旅游文化节

活动时间：8月28日至11月30日

活动地点：东莞市

活动内容：2010东莞旅游文化节是一场展示东莞的山水风光、地域文化、经济特色、人文风情的欢乐盛宴，主要由香市旅游文化节、登山节、小香港旅游节、广东国际啤酒节、美食节等精彩活动组成。

125. 活动名称：樟木头镇第七届小香港旅游文化节暨粤港台国际塑博会

活动时间：9月25～30日

活动地点：各大商场、酒店、广场等地

活动内容：该活动项目成功举办六届。整个活动以“感恩之旅，客韵流香”为主题，是集旅游观光、休闲娱乐、购物美食为一体的多功能、高档次的旅游盛会，将带给游客及观众视听、品味和购物等多方面的快乐。

【中山分会场】

126. 活动名称：2010中山市岭南水乡旅游文化节

活动时间：9月28日至10月4日

活动地点：民众镇岭南水乡、丰本农业科技园景区内

活动内容：以“水调歌头，果色添香”为主题，包括举办开幕式、水乡果蔬嘉年华、民众水乡名菜评选、迎亚运水乡运动会、“爱地球、爱旅游——我心中的美好家园”绘画作品展等内容。

127. 活动名称：第二届中国（三乡）古典家具文化节暨家居收藏品交易会

活动时间：10月28日至11月1日

活动地点：三乡镇

活动内容：以“品鉴古今典藏，引领时尚生活”为主题，包括举办开幕典礼、精品粤剧晚会、三乡美食嘉年华、魅力三乡“旅游大串游”、奇石暨民间工艺品展、“亿”元天价古典家具藏、古陶瓷精品暨名家书画展、民间民俗文化嘉年华等内容。

128. 活动名称：小榄菊花会

活动时间：11月23日至12月8日

活动地点：小榄镇

活动内容：小榄菊花会以花为媒，以菊会友，包括赏菊、赛菊、吟菊、画菊、尝菊等，展现小榄悠久的菊花文化，构成独具一格的民间传统综合性花会。

129. 活动名称：2010东升脆肉鲩美食节

活动时间：12月

活动地点：东升镇

活动内容：包括开幕式、脆肉鲩美食节、中山市优秀旅游商品巡展、特色美食游等，展现东升镇作为中国脆肉鲩之乡的风采。

130. 活动名称：2010中国国际食品工业经贸洽谈会

活动时间：11月5~7日

活动地点：黄圃镇

活动内容：举办开幕典礼、专业论坛、欧洲的味道、宠物食品推介会、食品工业专线游及民俗文化游等活动。

131. 活动名称：中国（中山）南方绿化苗木博览会暨首届中国水族名品展

活动时间：12月30日至2011年1月3日

活动地点：古镇镇

活动内容：南方绿博园园区设有的绿博会主展馆、玻璃温室名花展示区、盆景艺术展区、根雕奇石展区，以及名优乔木资源圃、后花园苗圃、苗木超市名木一条街和绿博园樟树假植基地均为展区亮点。锦鲤展区、绿博园锦鲤会所也独具特色。

132. 活动名称：孙中山文化周

活动时间：11月12~18日

活动地点：中山市

活动内容：包括孙中山诞辰纪念仪式、人文香山图片展、孙中山·辛亥革命研究与前瞻高峰论坛、香山华侨与辛亥百年、“三大伟人”故里游、华侨民俗摄影大赛作品展等活动。

【江门分会场】

133. 活动名称：2010中国（江门）侨乡华人嘉年华暨侨乡旅游节

活动时间：11月6~8日

活动地点：江门市，开幕式设在市区东湖广场

活动内容：

（1）开幕式及大巡游（11月6日9：30），在江门市东湖广场开幕。邀请国家、省有关领导，组委会全体成员，应邀全体嘉宾，各市（区）四套班子领导，中央、省驻市单位和市直各部门、各市（区）有关部门领导，新闻媒体记者参加。大巡游以“动漫乐园，创意侨乡”为主题，大巡游路线全长2.8公里，沿线设300米长互动带。

（2）“星光熠熠耀江门”大型公益文艺晚会（11月6日20：00）。地点设在江门市五邑文化广场。晚会以“星光熠熠耀江门”为主题，共8000人参加。

（3）表演互动活动。包括巡游队伍表演和民间文艺表演。

（4）江门五邑星光园开园仪式（11月6日15：00在江门五邑星光园门口举行）。

（5）江门五邑华侨华人博物馆第二期落成剪彩仪式（11月6日16：30在江门五邑华侨华人博物馆门口举行）。

（6）江门市动漫集市（11月5~8日）在江门五邑会展中心展览馆举行。包括动漫创意和动漫衍生品展销等。

（7）国际动画教育联盟及全国动漫协作体年会、全国动漫考级工作会议（11月5日16：30在江门五邑会展中心会议中心举行）。

（8）侨乡旅游节。包括旅行社组织“万人游侨乡”活动、演艺界明星游开平碉楼、江门侨乡美食节、生态旅游暨美食节、葵乡欢乐节、川岛风情旅游节、开平碉楼文化节、鹤山生态旅游节、恩平温泉欢乐节。

（9）嘉年华闭幕仪式暨第三届中国侨乡丽人风采大赛总决赛晚会（11月8日20：00）。在江门市新会区体育馆举行。举办第三届中国侨乡丽人风采大赛总决赛晚会。

【阳江分会场】

134. 活动名称：2010年阳江旅游文化美食节

活动时间：8月30~9月20日

活动地点：阳江市，开幕式设在市区体育馆广场

活动内容：

（1）2010年阳江市旅游文化美食节开幕式（2010年9月16日9：30－10：00）。地点设在阳江市体育馆广场。

（2）“碧海银滩·船说阳江”旅游主题推介会（2010年9月16日11：00—12：00）。地点设在阳江碧桂园凤凰酒店。内容包括播放阳江旅游主题宣传片、市政府领导致辞、旅游界及商业代表交流洽谈等。

（3）“相约碧海银滩·共聚漠江亲情”世界华人华侨游阳江主题旅游活动（9月16~18日）。地点设在阳江市区。

（4）2010年阳江市旅游文化美食节广场嘉年华晚会（9月17日20：00－22：00）。地点设在阳江市人民广场。

（5）2010年阳江美食节（8月30日至9月21日）。主会场设在阳江市体育馆广场。包括举办“中国精品月饼、

广东精品月饼特金奖、广东精品月饼”评比大赛，中秋阳江名优月饼大展销，美食嘉年华，烹饪技术大赛等内容。

（6）阳江市根雕雅石展览会（9月16日~21日）。地点设在阳江市体育馆门口。

（7）2010年阳江旅游文化美食节各县（市、区）设分会场。活动包括2010阳春美食节、阳江温泉狂欢节、海陵岛沙滩欢乐节、阳西温泉之夜歌舞晚会。

【湛江分会场】

135. 活动名称：2010湛江旅游海鲜美食节

活动时间：11月

活动地点：湛江市体育中心

活动内容：该项活动已连续举办9届。旨在集中展示湛江“中国海鲜美食之都”的特色旅游美食文化，以海鲜美食为主，既有精心烹调的湛江海鲜名菜，又有风味独特的地方小食以及全国各地特色美食。

136. 活动名称：2010中国湛江东海岛人龙沙滩旅游文化节

活动时间：10月3~5日

活动地点：东海岛省级旅游度假区

活动内容：以“东海人龙舞”的表演形式。通过丰富多彩的文艺表演、沙滩活动，展示湛江城乡和谐发展的新局面及“彩色湛江”丰富的旅游资源，进一步打造湛江滨海生态旅游品牌。

137. 活动名称：2010广东（湛江）旅游茶业博览会暨北部湾动漫文化节

活动时间：9月至10月

活动地点：湛江国际会展中心

活动内容：“茶博会”以茶叶展销、茶文化展示为主要内容，举办粤桂琼旅游联合展销会、广东省第九届名优茶质量竞赛及颁奖大会、湛江名优茶叶推介大会、紫砂陶艺及工艺品艺术展、精品普洱茶文化展、茶艺及茶道技能表演等活动。

138. 活动名称：2010湛江特呈渔岛旅游文化节

活动时间：10月1~8日

活动地点：霞山特呈渔岛度假村

活动内容：以“吉祥海岛，欢乐旅游”为主题，通过丰富多彩的民俗表演、沙滩活动、美食品尝等活动，为市民和游客休闲度假提供好去处。

139. 活动名称：2010湛江市旅游服务技能大赛

活动时间：8月至11月

活动地点：皇冠假日酒店

活动内容：通过开展导游服务、中餐宴会摆台、西餐宴会摆台、客房服务、前厅服务、中式烹饪、蔬果雕刻等服务技能大赛。活动分企业练兵选拔、初赛、决赛、技能展示四个阶段进行。

140. 活动名称：2010廉江市首届家电家具博览会

活动时间：11月

活动地点：廉江市

活动内容：是融旅游、娱乐、展览于一体的橙乡文化盛会，主要内容包括休闲生态风情展示、家电工业园投融资峰会、廉江（全国）首届家电家具博览会等。

【茂名分会场】

141. 活动名称：广东首届海洋旅游节

活动时间：10月10~12日

活动地点：放鸡岛、电白人民广场、海景湾国际大酒店

活动内容：以“开发海洋资源、发展海洋经济、保护海洋生态、弘扬海洋文化”为主题，包括举办广东国际海洋旅游与养生论坛、中医药海洋与养生博览会、海洋旅游节狂欢夜等活动。

142. 活动名称：放鸡岛全国金鸡奖海钓大赛

活动时间：分赛为每月15日，总决赛定于2011年1月15日

活动地点：放鸡岛海上游乐世界

活动内容：利用放鸡岛海水清澈，能见度高，海域鱼类众多，非常适合开展海钓运动的特点举办海钓大赛，总冠军奖价值5万元金鸡一只。

143. 活动名称：放鸡岛海底婚纱摄影活动

活动时间：10月

活动地点：茂名放鸡岛

活动内容：结合放鸡岛优美的海岛风光及海底能见度高的特点，开展百对新人海底婚纱摄影活动。

144. 活动名称：中国第一滩沙滩音乐节

活动时间：10月

活动地点：中国第一滩旅游度假区

活动内容：结合中国第一滩旅游度假区优美的沙滩环境及海滨风情，邀请一些音乐团体及歌舞团开展一系列热情洋溢的表演。

145. 活动名称：龙祖文化节

活动时间：11月

活动地点：天马山生态旅游区

活动内容：邀请相关专家、学者研讨天马山的龙祖文化，并举行相关的庆典活动。

146. 活动名称：冼夫人诞辰节

活动时间：12月28~30日

活动地点：高州市

活动内容：纪念“中国巾帼英雄第一人”冼太夫人诞

辰、冼夫人文化研讨会、冼夫人文化史迹考察。

【肇庆分会场】

147、活动名称：首届环星湖绿道自行车骑游大会暨肇庆第二届国际市民徒步大会

活动时间：11月10日9：40

活动地点：牌坊广场

活动内容：包括大型表演，省、市领导致词，启动仪式，首届环星湖绿道自行车骑游大会、肇庆第二届环星湖国际市民徒步大会。有1000名领导嘉宾、自行车车手和10000名游客参与。

148、活动名称：肇庆大型太极拳团体表演

活动时间：11月10日8：30

活动地点：牌坊广场

活动内容：作为首届环星湖绿道自行车骑游大会暨肇庆第二届国际市民徒步大会的热场配套项目，组织肇庆太极拳爱好者500名参加团体表演，包括太极拳、剑、扇等表演。

149. 活动名称：世界首届生态旅游养生大会 暨肇庆生态养生体验活动

活动时间：11月9日下午

活动地点：奥威斯酒店

活动内容：组织世界各地生态旅游养生著名专家学者、领导嘉宾约200名出席，结合肇庆优美的生态资源环境，开展学术交流及考察体验活动。

150、活动名称：星湖国家湿地公园第四届观鸟节

活动时间：11月10日下午

活动地点：七星岩丹顶鹤生态园

活动内容：包括启动仪式、“人鸟亲近，与鹤共舞”、“人鸟互动，喂鸟逗鸟”、“保护环境，观鸟爱鸟”、“与鹤留影、美好记忆”、“中国观鸟在星湖摄影获奖作品展”、游船观赏野生候鸟岛等活动。

151. 活动名称：鼎湖山第五届森林旅游登山节

活动时间：11月11日10：00

活动地点：鼎湖山景区

活动内容：结合展示岭南名山之首风采，乐享森林生态旅游之美，提倡低碳环保旅游概念，推动全民健身活动的主题举办本次活动，包括开幕仪式、环鼎湖山攀越亚热带沟谷雨林之旅等。

152. 活动名称：“国际化旅游休闲之都·肇庆”摄影大赛图片展

活动时间：11月9~20日

活动地点：牌坊广场

活动内容：结合2010年举办的“国际化旅游休闲之都·肇庆”摄影大赛，举办大型获奖作品图片展览。

153. 活动名称：肇庆市第二届旅游文化研讨会

活动时间：9月13日

活动地点：德庆县

活动内容：围绕我市建设国际化旅游休闲之都，推进旅游与文化相融合，发展肇庆大旅游开展学术讨论。

154. 活动名称：肇庆旅游历史文化新星大赛

活动时间：11月

活动地点：肇庆市

活动内容：围绕肇庆旅游历史文化，通过电视演讲比赛的形式，组织大型比赛活动。

155. 活动名称：中国电影艺术家书画作品大展

活动时间：12月

活动地点：市体育中心荷花馆

活动内容：邀请中国著名电影艺术家出席，现场举办书画作品大展，书画家现场书画创作，以及端砚作品展。

156. 活动名称：肇庆市第五届旅游美食节暨肇庆汤料文化节

活动时间：11月13~21日

活动地点：肇庆市体育中心西门广场

活动内容：包括开幕式、广佛肇旅游特产工艺品汇展暨厨艺交流赛、美食大展示、文艺大汇演、娱乐大世界、旅游时尚生活嘉年华、富侨汤料品尝与展示等活动。

157. 活动名称：2010肇庆旅游工艺品（特产）展

活动时间：11月13~18日

活动地点：肇庆体育中心荷花馆

活动内容：展会将集中展示肇庆端砚、木雕、裹蒸粽、塘莲藕、排粉，高要草席，鼎湖山拐杖，四会玉器和少糖桔，广宁广绿玉和竹笋，高要红木家具，德庆贡柑，怀集“冻顶”茶等旅游工艺品（特产）。

158. 活动名称：端砚文化村主题文化旅游活动

活动时间：9月中旬

活动地点：端砚文化村

活动内容：中国砚都国家级大师端砚端砚精品展、岭南丹青展

159. 活动名称：CTCC中国房车锦标赛总决赛

活动时间：12月4~5日

活动地点：肇庆大旺广东国际赛车场

活动内容：包括中国量产车赛1600cc组和中国量产车赛2000cc组两个比赛项目。

160. 活动名称：鼎湖区登山攀树节

活动时间：10月1日至12月30日

活动地点：鼎湖区九龙湖旅游风景区

活动内容：包括天神峰勇士登山游、天神沟趣致登山攀树游、凤凰山康体登山游、森林通话趣味大行动等活动。

161. 活动名称：高要金钟山龙公姻缘诞

活动时间：10 月 1 日

活动地点：高要市金钟山景区

活动内容：举办金钟山姻缘诞活动，400 名男女通过姻缘诞传统仪式祈福、寻找心仪对象，并进行集体互动游戏等。

162. 活动名称：德庆龙母感恩节

活动时间：12 月 20 日

活动地点：悦城龙母祖庙

活动内容：以民间传统庙会活动的形式，举办万民感恩龙母仪式，万民接福仪式，歌舞升平感恩龙母仪式，社团、堂口、善信感恩龙母捐赠仪式等。

163. 活动名称：封开第五届广信文化节

活动时间：11 月 18～19 日

活动地点：封开县

活动内容：举办第五届广信文化节开幕式、广信民间艺术汇演、51 号兵站军事冬令营启动仪式、重大旅游项目剪彩仪式、封开民歌演唱会、“岭南奇境—封开”摄影展等。

164. 活动名称：怀集县攀岩节

活动时间：10 月 22～25 日

活动地点：怀集县城及燕岩省级风景名胜区

活动内容：举办世界杯攀岩大赛、燕岩民间徒手攀岩绝技表演、世外桃源千花万蝶奇观等大型歌舞表演等项目。

165. 活动名称：第五届广宁竹子文化节

活动时间：11 月

活动地点：广宁县

活动内容：举办竹子节文艺晚会、招商推介会、广绿玉展览、第二届十佳竹乡美食店颁奖仪式、古水河生态景区剪彩仪式、项目奠基和剪彩仪式。

166. 活动名称：四会柑橘玉器文化节

活动时间：11 月至 12 月

活动地点：四会市城区

活动内容：举办 2010 年四会摘柑采玉、吉祥之旅启动仪式，玉器“十大门店”评选活动，翡翠玉器精品展销拍卖会，四会沙糖桔十大销售商评选，四会 2010 重大项目签约仪式及文艺烟花汇演。

【清远分会场】

167. 活动名称：“魅力清远·奇情溶洞”2010 首届广东清远奇情溶洞旅游文化节

活动时间：6 月 12 日

活动地点：清远连州地下河景区

活动内容：包括开幕式，粤湘桂赣旅游区域合作专题研讨会，清远溶洞图片及核雕艺术现场展示，科普文化和笋衣作画展示，连州少儿美术书法展，连州奇石、木雕展，李湜“一笔双钩”书法表演等。

168. 活动名称：连山壮族“七月香”戏水节

活动时间：8 月 16 日（农历七月初七）

活动地点：连山县城亲水广场

活动内容：“七月香”壮家戏水节是连山县重要旅游文化品牌和当地老百姓喜欢的民俗节日。主要有开幕式 、民族歌舞表演、抢花炮表演、亲水广场的大型山水实景表演、市民戏水狂欢等节目。

169、首届“清远鸡”美食嘉年华

活动时间：9 月 25 日－10 月 5 日

活动地点：清远市义乌商贸城广场

活动内容：首届“清远鸡”烹饪大赛、清远名优土特产品展销、“珠江啤酒”狂欢节、南北风味美食产品展销、美食嘉年华旅游线路推介、大型清远市旅游景区点图片展等一系列活动。

170. 活动名称：“魅力清远·亲情温泉”2010 广东（清远）温泉节

活动时间：10 月

活动地点：清远著名温泉景区

活动内容：举办开幕式、温泉旅游发展座谈会、温泉景区考察等活动。

171. 活动名称：中国（阳山）四驱越野车节

活动时间：10 月

活动地点：“中国越野之都”——阳山县七拱国际赛车场

活动内容：举办中国越野车系列赛，开展旅游推介会、品牌汽车展销、赛事观光等活动。

172. 活动名称：中国（清远连南）瑶族文化艺术节

活动时间：11 月 21 日（农历十月十六日）

活动地点：连南县

活动内容：举办一系列有关瑶族民俗风情的文化活动，主要有盘王祭祀仪式、大型主题文艺演出、“瑶族舞蹈”大赛、风情展示、瑶族文化学术研讨会等，让观众饱览独具特色的祭祀礼仪、歌舞文艺、衣食住行、生活习俗等瑶族文化精华。

173. 活动名称：2010 连州国际摄影年展

活动时间：12 月

活动地点：清远连州市

活动内容：举办 2010 年连州国际摄影年展专业摄影主题展、连州采风摄影大赛、摄影器材展示、清远市摄影家协会会员摄影作品展等，开展具有连州民族特色的民间艺术表演舞马鹿、长鼓舞等系列活动。

【潮州分会场】

174. 活动名称：魅力潮州·潮州新八景嘉年华

活动时间：9月30日

活动地点：潮州市人民广场

活动内容：举办潮州“新八景”评选揭晓庆典、颁牌仪式、文艺表演、潮州新八景之旅启动仪式等活动。

175. 活动名称：情趣潮安·东山湖温泉文化节活动

活动时间：10月1～7日

活动地点：东山湖温泉度假村野营地带

活动内容：美食街——展示特色东南亚美食和地道潮汕美食；温泉文化长廊——温泉文化资料及现场模特展示。

176. 活动名称：情趣潮安·绿太阳异国风情节

活动时间：10月1～7日

活动地点：绿太阳生态旅游度假区

活动内容：以“追寻人类文明 构建和谐社会”为主题，举办阿波罗广场自然与人文完美结合、古欧洲文化长廊艺术展示等活动。

177. 活动名称：绿色饶平·绿岛乡村游集群巡览

活动时间：10月1～7日

活动地点：饶平县绿岛山庄

活动内容：组织潮州乡村旅游集群巡览活动，展示潮州环古城乡村旅游集群建设成果，感受潮州乡村文化的独特魅力，体现环保低碳、人与自然和谐共处的现代旅游新理念。

176. 活动名称：人文湘桥·湘桥区首届文化旅游节

活动时间：10月1～3日

活动地点：潮州市牌坊街、潮州市人民广场文化长廊、潮州市体育馆

活动内容：举办潮剧、茶艺表演和文化巡游活动；组织传统特色工艺产品展销会、潮州小吃（美食）展销会等。

【揭阳分会场】

179. 活动名称：揭阳市第二届特色文化节

活动时间：12月10～12日

活动地点：市区

活动内容：举办开幕式文艺晚会、书画展示长廊、民俗文化表演、玉雕精品展等活动。

180. 活动名称：国际阳美玉器节

活动时间：10月21～25日

活动地点：揭阳市阳美玉都

活动内容：玉器节成功连续举办8届。举行第七届玉器节开幕仪式，阳美玉器展销中心营业启动仪式，中国玉都文化广场开工仪式，阳美翡翠精品拍卖会，亚洲玉都、中国玉都品牌推广交流会，第七届玉器节文艺晚会，珠宝、玉器展销会等

【云浮分会场】

187. 活动名称：云浮国际石材科技展览会暨石乡风情旅游采风活动

活动时间：10月21～23日

活动地点：云浮市国际石材城

活动内容：展览会全面展示石材加工的高科技设备、最新石材产品、工艺品。开展石材护理知识的宣传。邀请海内外客商参与商务活动。举办文艺表演、旅游商品及工艺品推介展示、旅游精品推介、石乡风情旅游采风活动等。

182. 活动名称：2010云浮旅游文化节

活动时间：10月22～28日

活动地点：云浮市区

活动内容：包括举办2010云浮市旅游行业职业技能大赛、2010云浮第三届旅游文化美食节、2010旅游大促销活动等，以广泛宣传“六祖故里，中国禅都”的旅游形象，营造浓郁的旅游文化氛围，提升云浮市旅游文化品位。

183. 活动名称：悠游云浮新兴温泉旅游嘉年华

活动时间：11月25日至12月1日

活动地点：新兴县三大温泉度假区

活动内容：新兴温泉旅游嘉年华暨新兴温泉旅游文化周，在三大温泉景区举行祈福法会、佛事活动、瞻仰佛舍利、书画、摄影爱好者采风、文艺、技艺、民间绝活表演等。

184. 活动名称：郁南原生态景区欢乐节暨中华名桔品尝节

活动时间：11月28日至12月28日

活动地点：郁南县文化中心

活动内容：原生态景区欢乐节暨中华名桔品尝节沙糖桔旅游节开幕式、文艺表演（禾楼舞、连滩山歌擂台赛、歌王歌后争霸）、民间技艺表演、2010沙糖桔果王评比及颁奖、弘扬郁南节庆文化、体验原生态。

2010 世界旅游日全球主会场庆典暨中国广东国际旅游文化节总结报告

2010 年 9 月 27 日至 10 月 3 日，由世界旅游组织、国家旅游局和广东省人民政府联合主办的 2010 世界旅游日全球主会场庆典暨中国广东国际旅游文化节在我省隆重举行。这是我国、我省首次承办世界旅游日全球主会场庆典，也是我省首次将广东国际旅游文化节与国际旅游盛事结合举办。在省委、省政府和国家旅游局、世界旅游组织的正确领导下，在全省各地、各有关部门和社会各界的大力支持和积极参与下，本次活动取得圆满成功，中外来宾高度评价，社会各界反响热烈。现将有关情况报告如下：

一、成效与收获

本届活动主会场设在广州，分会场设在其他 20 个地级以上市，期间共举办各类活动 191 项。世界旅游组织塔勒布·瑞法依秘书长、国家旅游局邵琪伟局长、黄华华省长等领导亲自出席系列活动。来自世界 80 多个国家和地区的逾 10000 名嘉宾莅粤参会，吸引了国内外 2000 多万游客参与。世界旅游组织 160 多个成员国家（地区）、390 多个加盟成员同时举办配套活动，并对广州主会场的活动进行了相关的报道。旅游招商会签订外商投资项目 138 宗，签约总金额达 24.63 亿美元。总体上看，本届广东国际旅游文化节在办节效果和办节水平上实现了大提升和大突破，充分展示了开放广东、绿色广东、宜居广东、和谐广东的无穷魅力，有力地促进了我省经济强省、旅游强省、文化强省、和谐社会建设，增强了广东科学发展动力，树立了广东良好的国际形象。塔勒布·瑞法依秘书长高度赞扬广东，他说：“本届世界旅游日全球主会场庆典主题鲜明、内容丰富、隆重盛大，是历届最成功的一次活动，把世界旅游日庆典选择在中国广东举办非常正确，世界旅游组织为中国、为广东而骄傲!”世界旅游业理事会主席鲍姆加藤激动地说：“我参加过世界上许多重大活动，这次是我看到过的最精彩、最隆重的一次!”邵琪伟局长说：“广东搞大型活动真正是高水准、大手笔、专业化、国际化，体现了广东的大气和活力；组织工作严谨细致，很有成效，值得其他地区借鉴。”马来西亚旅游部部长黄燕燕盛赞：“本次活动十分震撼，令人难忘，接待工作十分周到。”越南国家旅游局局长阮文俊说：“这么多的重要国际嘉宾出席，活动盛况空前，真是了不起!”加纳、约旦、泰国、肯尼亚、坦桑尼亚、尼加拉瓜等国旅游部部长和其他重要嘉宾都对系列活动给予了高度评价，并表示将加强与中国广东的合作。

（一）有力提升了广东国际形象。联合国秘书长潘基文就世界旅游日全球主会场庆典在我省举办专门发来贺辞。塔勒布·瑞法依秘书长、邵琪伟局长、黄华华省长在世界旅游组织官方网站发表视频讲话，并向海内外嘉宾发出参会邀请。全球三大国际旅游组织（世界旅游组织、世界旅游业理事会、亚太旅游协会）主要负责人，约旦、越南、泰国、加纳、马来西亚、尼加拉瓜、肯尼亚等国政府和旅游部门高级官员等副部以上嘉宾近 50 人出席系列活动。美国有线电视新闻网、美国亚洲财经电视台、《星岛日报》、新华社、《人民日报》、中央电视台、凤凰卫视、《国家地理杂志》等境内外 150 家知名媒体参与采访报道，中央四套、网易、旅游卫视、广东卫视等直播或录播活动盛况，有关本届活动的报道词条超过 49 万条。本次活动的成功举办，很好地向世界展示了广东经济社会科学发展取得的巨大成就，树立和提升了广东的良好国际形象。

（二）有力宣扬了绿色环保理念。本届活动围绕“旅游与生物多样性”的主题，将绿色环保理念贯穿始终。开幕式晚会突出绿色元素，强化环保理念，场面盛大，内涵丰富，令观众深感震撼、深受教育。“绿动全球”大型公益网络游戏深受 183 个国家和地区网友的追捧，点击率超过 1800 万次。旅游·生物多样性和可持续发展高峰对话有 24 个国家（地区）的 500 多名业界领袖和专家学者出席，专题探讨世界旅游创新和可持续发展之路。世界旅游日国际摄影展集中展示经典绿色摄影作品。广东国际旅游展览会绿色展馆、国民旅游休闲展区引人入胜。“我心中的美好家园”万名儿童绘画及作文比赛以“爱地球、爱旅游”和“旅游与生物多样性”为主题，全省共有 100 多万名小学生参加了此次活动，广大少年儿童进一步树立了绿色环保理念，增强了生态保护意识，培养了健康的审美情趣。各分会场配套举行了登山节、绿道游、自行车赛、徒步大会等一系列形式多样的活动，大力弘扬绿色文化、倡导绿色消费，为我省加强节能减排和生态环境保护、推动经济社会可持续发展起到了广泛深入的宣传、动员和促进作用。

（三）有力打造了“广东服务”品牌。本届活动规模大、规格高、嘉宾多、影响大。我们始终坚持按“精细化、个性化”的要求做好各项服务工作，精心制定了各项邀请接待方案，编制周详的接待规程，指定专人跟踪落实，确保各项活动的无缝衔接；为了打造“广东服务”品牌，全省开展了全方位的培训，针对邀请的重要嘉宾，组委会精心遴选 251 家星级饭店、134 家旅行社、170 名金牌导游承担嘉宾接待工作；对重要嘉宾提供相应礼遇，对所有嘉宾实行“五个一”个性化接待（一封欢迎信、一条热毛巾、一杯热茶、一个温馨提示、一名大堂副理专门迎送），让中外来宾宾至如归。

（四）有力推介了广东旅游。本次系列活动得到了中外嘉宾的高度关注、积极参与和广大群众的热烈响应，成为宣传推介广东旅游的重要平台。开幕式晚会气势恢宏、场景盛大、节目精彩，深受嘉宾观众好评。广东国际旅游展览会面积超过 3 万平方米，规模为往届的 1 倍多，全球超过

1000个旅游机构参会，国际参展商比去年增加近30%。旅游招商会吸引客商逾600人参会，成果丰硕。第二届粤菜峰会评出粤菜名店106家、名厨100名、旅游美食之乡44个、粤菜名菜251道，进一步擦亮了“食在广东”的品牌。海外杰出华人广东行、友城之夜、岭南民间艺术汇演等经典活动的成功举办，多层次、多角度地宣传推介了广东旅游。

（五）有力宣传了广州亚运。“迎亚运”是本届活动的重要主题。组织开展了盛大的迎亚运花车嘉年华，共有来自国际、港澳和兄弟省区的41辆花车参加，花车装饰和节目表演凸显亚运元素，促进亚洲各地旅游文化交流合作，规模为历届之最。广东旅游天使评选活动以“激情盛会、和谐亚洲、旅游天使伴你同行”为主题，评选出300名亮丽的旅游推广使者。迎亚运广东省导游人员职业技能大赛吸引5万多名导游和旅游院校师生报名参与，激励广大导游提高服务技能和服务创新能力，为亚运提供最优质服务。“倡导低碳旅游、共迎绿色亚运”——广州海珠小洲艺术节、“激情亚运、活力白云”旅游美食节、“看亚运、游西关”—西关旅游文化节等丰富多彩的“迎亚运”活动，向海内外来宾全面展示了“活力广东、和谐世界、亚运广州、欢乐祥和”的精神风貌，为迎接亚运营造了良好氛围。

（六）有力拉动了消费和投资。广东国际旅游展览会吸引市民15万人次入场，现场销售旅游产品和旅游商品总值超过1亿元，签约18亿元，创历史新高。广东（湛江）茶业旅游博会暨动漫文化节吸引超过10万名市民游客休闲购物，销售总额达1千多万元。清远美食嘉年华活动吸引25万名游客品尝美食。据统计，旅游文化节及国庆期间，我省主要景点景区、星级饭店以及旅行社游客盈门、生意火爆，广州高星级酒店住客爆满，涉及吃、住、行、游、购、娱等要素的商品和服务市场需求量大幅提升，比平时增加2成以上。在刺激消费需求的同时，旅游文化节充分展示了广东良好的发展环境和旅游业高速增长的发展前景，吸引了国内外客商的投资热情，旅游招商会签约总金额近25亿美元，其中投资总额超过1000万美元的项目达96个。

二、做法及体会

（一）领导重视、统筹协作是本届活动取得成功的关键。汪洋书记、黄华华省长、邵琪伟局长等领导对本届活动高度重视，亲切关怀，多次作出重要指示、批示，亲自听取汇报，亲自审定方案，亲自出席重要活动。万庆良副省长、刘昆副省长直接领导、亲自谋划，多次召开专题会议研究部署，深入一线研究解决具体问题，推动筹备工作务实高效展开。增城市委市政府主要领导和各地级以上市分会场领导亲自挂帅，精心组织，靠前指挥，精心筹备。省旅游局、文化厅、公安厅、外经贸厅、教育厅、侨办、外办、财政厅、交通厅、卫生厅、新闻办、气象局、中山大学、团省委、广东电网公司、南方广播影视传媒集团、广州白云国际机场、广东电视台等有关单位按照组委会的分工安排，认真履行职责，主动协调配合，形成了共同做好筹备工作的强大合力。中国移动广东公司、南方航空、网易等单位积极参与活动项目承办、协办和宣传推广等工作，有力地促进了活动的顺利开展。

（二）国家旅游局、世界旅游组织的支持、指导是本届活动取得成功的前提。经国家旅游局、世界旅游组织批准，世界旅游日全球主会场庆典与广东国际旅游文化节完美结合、相互促进、相互补充、相互辉映。在筹备过程中，国家旅游局、世界旅游组织给予了大力指导和有力支持，全面提升了本届旅游文化节的层次，增强了旅游文化节的号召力和影响力，吸引了各国旅游管理部门和海内外旅游业界的广泛关注和参与，有力地宣传推介了广东，为广东与各国、各地区的区域旅游交流合作搭建了新平台。

（三）大胆创新、注重实效是本届活动取得成功的核心。组委会始终坚持“开拓创新、注重实效”的原则，创新办节机制，本届旅游文化节首次将开幕式交由地方主办，充分调动地方的积极性，大力宣传地方的旅游资源，推动地方旅游产业发展；创新办节模式，充分调动社会各界和市场主体的积极性推动旅游产业发展，全省191项活动，有120多项是市场主体承办或协办；创新节庆内容，进一步增强吸引力、扩大影响力，本次系列活动，除保留传统项目外，有80多项活动属创新项目，其中由省直部门牵头的创新活动共8项。与此同时，借助广东国际旅游文化节的平台大力推动交流合作、推动产业发展。如，活动期间，增城引进上海世博园中国八大菜系，建设了广州增城美食园；中山大学与世界旅游组织签署了合作协议，成立了联合国世界旅游组织可持续旅游观测点管理与监测中心；广东省旅游局与网易公司签署了战略合作协议，创新旅游营销方式。本届旅游文化节各项活动都取得了良好的社会效益和经济效益，有力地促进和服务了扩大内需战略的实施。

三、下一步工作思路和有关建议

经过6年的培育，广东国际旅游文化节已成为国内乃至世界知名的旅游节庆品牌。下一步，我们将深入贯彻落实科学发展观，围绕实施珠三角《规划纲要》和“三促进一保持”的主线，围绕加快转变经济发展方式的中心，围绕建设全国旅游综合改革示范区和旅游强省的目标，进一步创新办节思路、提升节庆层次、扩大活动影响，努力提升广东国际旅游文化节的竞争力、影响力。

结合近年来的实践，为进一步做好广东国际旅游文化节的筹办工作，提出如下建议：

（一）建议今后广东国际旅游文化节主会场由各地级以上市轮流主办，重点推动挖掘、展示当地的旅游文化资源和特色，并以此推动全省各地经济社会和旅游业发展。

（二）结合近年来广东国际旅游文化节的情况，建议突出重点、打造精品。省集中力量办好广东国际旅游展览会、旅游招商会、岭南民间艺术汇演、海外杰出华人广东行、友城之夜等重点项目，努力将广东国际旅游展览会办成中国（广东）国际旅游产业博览会，推动旅游产业的大发展。各市结合实际集中办好若干重点活动项目，突出特色、打造精品。

（三）建议完善广东国际旅游文化节办节机制，大力推进办节市场化，最大限度调动社会力量参与。

（执笔：李录春　陈桂林）

国民旅游休闲计划

Pilot Plan for Domestic Tourism and Leisure

（第 139 ~ 164 页）

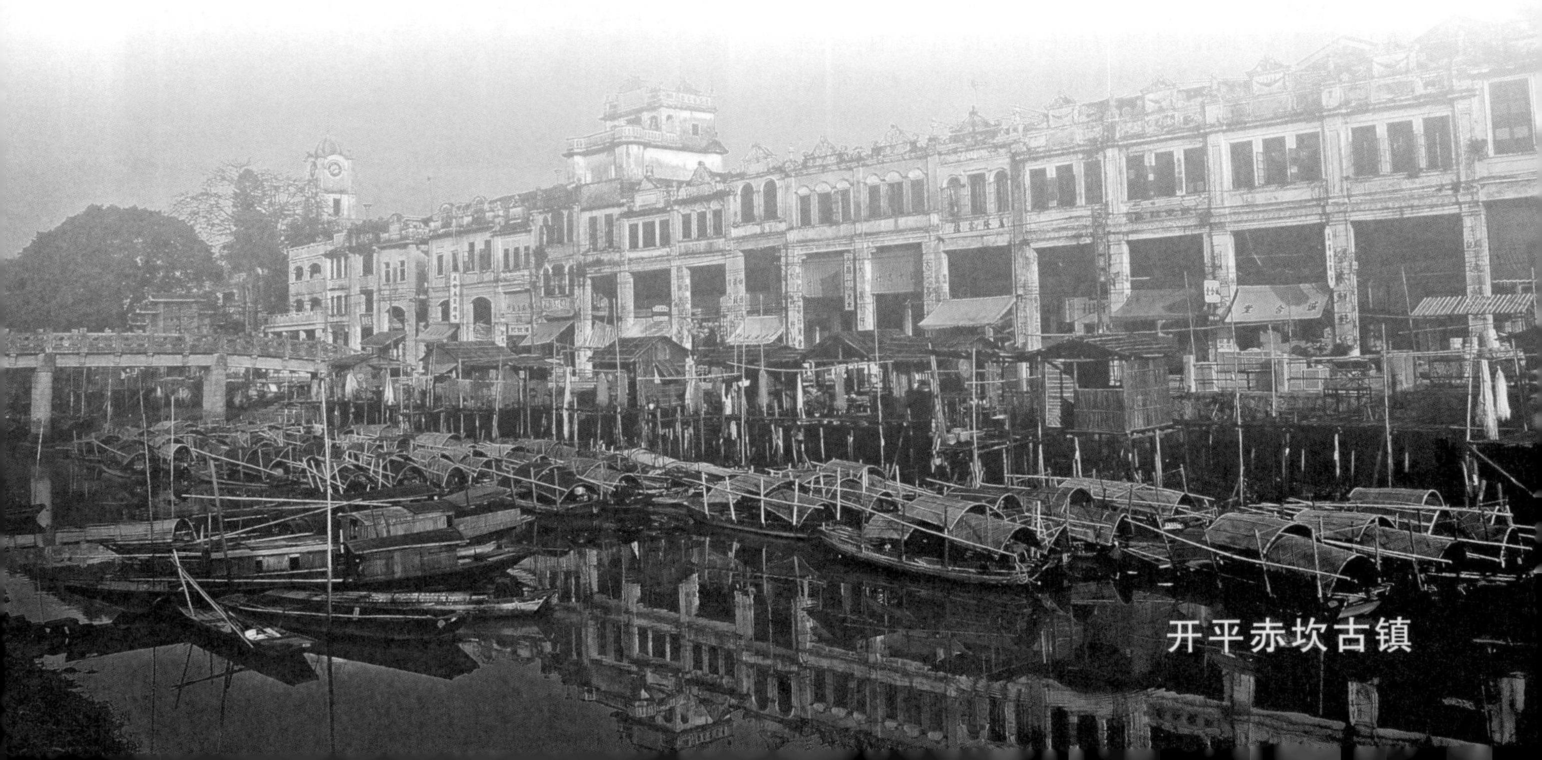

开平赤坎古镇

2010 年广东省国民旅游休闲计划综述

【总体情况】 2010 年，广东省继续大力推动国民旅游休闲计划。2 月 2 日，广东省旅游局与省经济和信息化委员会印发《关于征集广东省工业旅游示范单位的通知》，制定《广东省工业旅游示范单位标准（参考）》，9 月 1 日，认定 45 家单位为“首批广东省工业旅游示范单位”；3 月 16 日，省旅游局与省住房和建设厅印发《关于创建广东省乡村旅游示范基地的通知》，共同制定《广东省乡村旅游示范基地评定标准》；4 月 14 日，省体育局和省旅游局联合印发《关于<广东省体育旅游示范基地认定办法>的通知》，启动全省体育旅游评选认定工作；3 月 31 日，广东省人民政府在湛江召开粤西地区旅游工作现场办公会，为 13 家滨海旅游示范景区颁牌并举行启动仪式；4 月 21 日，省林业局和旅游局印发《关于开展 2010 年广东省森林生态旅游示范基地认定申报工作的通知》，10 月 12 日，授予 27 家单位为“2010 年广东省森林生态旅游示范基地”称号；4 月 28 日，省委宣传部、省发展和改革委员会与省旅游局联合印发《关于评选广东省红色旅游示范基地的通知》，制定《广东省红色旅游示范基地评选标准（试行）》，8 月 24 日，评选 26 家单位为“广东省红色旅游示范基地”；7 月 7 日，省文化厅和省旅游局公布 39 家单位为首批“广东省文化旅游示范单位”；8 月 15 日，省旅游局与广东省中医药局《关于印发〈广东省中医药文化养生旅游示范基地评定标准（试行）〉的通知》；10 月 11 日，省旅游局《关于印发〈广东省温泉旅游示范基地评定标准（试行）〉的通知》，制定《广东省温泉旅游示范基地评定标准（试行）》，12 月 22 日，公布 40 家温泉企业为“广东省温泉旅游示范基地”。截至年底，全省开发红色旅游、工业旅游、科技旅游、乡村旅游、绿道旅游、文化旅游、体育旅游、森林生态旅游、滨海旅游、中医药文化养生旅游等专项旅游产品，共评定红色旅游、工业旅游、科技旅游、文化旅游、森林生态旅游、滨海旅游、中医药文化养生旅游、温泉旅游等专项旅游示范基地 257 家。专项旅游产品有效推进旅游与相关产业和行业的融合发展，构建丰富多样的旅游休闲产品体系，培育新的旅游消费热点。

【国民旅游休闲示范市、县（市、区）】 2010 年 1 月，广东省旅游局遴选确定广州、深圳、梅州、惠州、中山、肇庆 6 市为“国民旅游休闲示范市”，遴选广州增城市、从化市，佛山市南海区，惠州市龙门县，清远市清新县 5 县（市、区）为“国民旅游休闲示范县（市、区）”，并在 2010 年全省旅游工作会议上颁牌。各示范市、县（市、区）政府高度重视发展旅游，围绕落实省政府《关于试行广东省国民旅游休闲计划的若干意见》（粤府［2009］19 号），加大试行力度，解放思想，积极探索，大胆创新，发挥示范带头作用，为广东全面实施国民旅游休闲计划积累经验，提供新思路、新做法。如：广州市以举办第 16 届亚运会和首届亚残运会为契机，重点开展以“迎亚运、新广州、新生活”为主题的旅游休闲活动，广州增城市大力打造绿道旅游，推行增城休闲市民卡及休闲市民证，广州从化市深入实施“双百三五七品牌”旅游发展战略，在全市范围内掀起一场“建筑革命”，逐步将旅游元素注入全市所有建筑，并统一全市旅游标识；深圳市推动打造一批高水平的国际旅游休闲度假区，推进“高尔夫之都”建设；惠州市龙门县积极推动吃、住、行、游、购、娱旅游“六要素”产业链相关企业纳入国民旅游休闲卡受理范围，并创办首届龙门旅游美食节。

2010 年 3 月 31 日，广东省政府为 13 家滨海旅游示范景区颁牌并举行启动仪式。

【宣传国民旅游休闲计划】 2010 年，广东加大对全省开展国民旅游休闲计划的宣传报道力度，营造浓厚的舆论氛围，培育广大城乡居民的旅游休闲意识。一是推出专栏。与南方卫视合作，推出“国民旅游休闲”专栏，制作国民旅游休闲计划专题片，推介专项旅游产品。二是策划专刊。与《中国旅游报》合作，利用《粤游粤精彩》专刊刊登文章 31 篇，与《南方都市报》合作，在《国民旅游休闲专刊》刊登文章 17 篇。三是印发简报。印发 14 期《试行国民旅游休闲计划工作简报》，及时通报全省开展国民旅游休闲最新情况，推广总结各地的好经验、好做法。四是不断完善更新国民旅游休闲网。已完成国民旅游休闲网改版工作，更好地为持卡人提供全面、细致的服务。

【策划丰富多彩旅游休闲活动】 2010 年，广东省各地按照“月月有活动，处处有精彩”的要求，以“春节”、“五一”小长假等法定节假日为节点，以“国民旅游休闲计划”为主题，精心策划、精心组织形式多样、特色鲜明、群众参与性强的活动，营造浓郁的旅游休闲氛围，分阶段形成全省城乡居民旅游休闲的高潮。如肇庆市 5 月 2 日举行“年票互通，旅游互动——广佛肇‘五一’大串门暨佛山三水百辆自驾车畅游肇庆欢迎仪式”，并为来自广州、佛山的数千名游客提供较大的价格优惠和优质的服务；中山市于 4 月 30 日至 5 月 4 日举办广东省华人华侨旅游年中山启动仪式暨中山市旅游文化节，精彩的节目表演和独特的商品展示吸引 3 万多名海外华人、粤港澳及珠三角周边城市游客前来游玩。

【推行国民旅游休闲卡】 至 2010 年底，广东省累计发行国民旅游休闲卡四个类型 10 个品种 200 多万张，消费总额超 50 亿；拓展国民旅游休闲卡消费商户近万家，其中广东 6000 多家、香港 1500 多家、湖南约 2000 家；国民旅游休闲卡选用国内最先进的具有 PBOC2. 0 标准的银行 IC 联名卡，并夯实三台（国民旅游休闲传媒平台、电子商务平台、运营平台）建设；商圈受理方面，不断加强与各大银行的合作，加大省外市场开发力度，并携手羊城通推出联名卡。

链接　2009 年 2 月 20 日，广东省人民政府印发《关于试行广东省国民旅游休闲计划的若干意见》（粤府［2009］19 号），在全国率先推行国民旅游休闲计划。仅 2009 年全省开发推广乡村旅游、科技旅游、文化旅游、森林生态旅游、温泉旅游等 13 个专项旅游产品，创建 974 家国民旅游休闲示范单位，策划组织 450 多项休闲活动，公布 535 个免费游览参观点，发行国民旅游休闲卡 100 万张、签约商户 5000 多家，推出“旅游下乡”、“广东旅游门票明信片”等，全面让利于民、优惠于民。2009 年 2 月 23 日，国家旅游局和广东省人民政府在广州中山纪念堂举办“广东省试行国民旅游休闲计划启动仪式”。于 2009 年 4 月 29 日，广东省旅游局正式公布首批 702 家国民旅游休闲示范单位，其中示范景区 187 家、示范旅行社 178 家、示范酒店 253 家、示范餐厅 62 家、商业示范单位 16 家、示范航空公司 6 家。2009 年 10 月 22 日，公布第二批 272 家示范单位，其中示范景区 67 家、示范旅行社 72 家、示范酒店 113 家、示范餐厅 14 家、商业示范单位 6 家。2009 年 4 月 13 日，省物价局联合省财政厅、省国土资源厅、省建设厅、省文化厅、省林业局、省旅游局、省民族宗教委 8 部门出台《关于进一步做好游览参观点门票价格优惠工作的通知》（粤价〔2009〕95 号），并公布全省第一批免费游览参观点 174 个，于 2009 年 9 月 16 日公布全省第二批免费游览参观点 361 个。

2009 年 2 月 23 日，国家旅游局与广东省人民政府在广州中山纪念堂共同启动广东省试行国民旅游休闲计划。

2009 年，通过试行广东省国民旅游休闲计划开发一批专项旅游产品。3 月 24 日，广东省旅游局与省农业厅决定在全省范围创建一批“广东省农业旅游示范点”，11 月 19 日，评选出 23 家单位为首批“广东省农业旅游示范基地”；4 月 26 日，广东省旅游局与省科技厅在广东科学中心联合举办“广东省科技旅游启动暨科技旅游示范点授牌仪式”；5 月 11 日，广东省旅游局与广东省林业局共同制定《广东省森林生态旅游示范基地评定标准》，于 2009 年 9 月 14 日评定首批 50 家“广东省森林生态旅游示范基地”；6 月 9 日，广东省旅游局与省文化厅联合下发《广东国民文化旅游休闲实施方案的通知》，共同制定《广东省国民文化旅游示范单位评选标准》；9 月 8 日，广东省旅游局与广东省海洋与渔业局共同制定《广东省国民旅游休闲示范单位滨海旅游示范景区评定标准（试行）》；11 月 3 日，广东省旅游局与广东省体育局《广东省体育旅游示范基地认定办法》。

（张国辉　陈秀娟）

专项旅游产品

关于评选广东省红色旅游示范基地的通知

（粤旅办［2010］22号）

各地级以上市委宣传部、市发展改革局（委）、市旅游局：

为推动我省红色旅游持续健康发展，落实国民旅游休闲计划，加快旅游强省和全国旅游综合改革示范区的建设步伐，按照中办、国办《2004－2010年全国红色旅游规划纲要》和《关于试行广东省国民旅游休闲计划的若干意见》（粤府［2009］19号）要求，省委宣传部、省发展改革委与省旅游局决定联合评选一批广东省红色旅游示范基地。现将《广东省红色旅游示范基地评选标准（试行）》印发你们，请各地结合实际，认真组织，严格把关，抓好落实。

符合条件的单位以自愿为原则，向所在市旅游局提出申请，市旅游局审核后会商市委宣传部、发展改革局（委）同意正式上报省旅游局。省委宣传部、省发展改革委、省旅游局将对上报的单位初审后，组织由有关领导和专家，在公开、公平、公正的基础上，对候选示范基地进行实地考察，并通过公众网络对候选基地进行投票，综合专家考察意见和公众投票结果，评选出第一批“广东省红色旅游示范基地”。7月举行红色旅游启动仪式，由省委宣传部、省发展改革委、省旅游局联合为示范基地颁发“广东省红色旅游示范基地”牌匾，并在官方网站公布。

各地各单位申报评选红色旅游示范基地，需填写《广东省红色旅游示范基地申请表》，（http：//www. gdtravel. com/下载电子表格），所有申报材料一式三份送省旅游局，同时提交电子文档。推荐上报截止日期为2010年于5月31日。

附件：
1. 广东省红色旅游示范基地评选标准（试行）
2. 广东省红色旅游示范基地早请表（略）

中共广东省委宣传部　广东省发展和改革委员会
广东省旅游局
二〇一〇年四月二十八日

附件

广东省红色旅游示范基地评选标准（试行）

红色旅游示范基地是指支持、配合国民旅游休闲计划的实施，为旅游者提供开展缅怀学习、参观游览的公共博物馆、纪念馆、爱国主义教育基地、重要革命历史遗址、革命领袖故居（旧居）、活动地以及具有重大影响的革命烈士事迹发生地等主题旅游景区。

一、申报范围

（一）1840—1921年，鸦片战争爆发至中国共产党成立之前，广东反帝反封建的重要遗址；

（二）1921—1949年，中国共产党成立至新中国成立时期，广东具有重要纪念意义的标志地；

（三）1949年至今，新中国成立至改革开放以来，反映广东在中国共产党带领下进行社会主义建设，以及以改革创新精神不断探索和发展中国特色社会主义的重要标志地。

二、申报标准

（一）以爱国主义教育基地和国防教育基地为重点，包括具有典型教育意义的重要标志地和纪念设施、具有重大影响的事件发生地等。

（二）在当地有较高的知名度，年接待游客达到一定规模。

（三）有较完备的史料和陈列设施，景物保存完好，配备专业讲解人员，言行文明，热情周到，持证上岗，服务规范。

（四）景区已基本具备一定的旅游条件，内外部通达能力较好，环境整洁舒适，管理规范到位。

（五）基本配套设施齐全，消防安全设施完善，引导标识规范醒目。

（六）景区拥有丰富的自然、人文旅游资源，通过统筹规划、有效整合，可形成有较强吸引力的综合旅游景区。

（七）逐步实行免费开放，暂不能实施免票的实行开放日。

三、相关要求

（一）此项工作涉及政治、历史等多个方面，社会影响大，请各地高度重视，精心组织，务必从实际出发，按照红色旅游的相关要求，从严把握推荐标准。

（二）对拟推荐的单位要提供基本情况的介绍材料，重点说明景区和标志地所承载的历史事件的基本情况、重要意义和重大影响，介绍景区现状、包含的主要景点、开展旅游活动的内外部条件及周边地区其他旅游资源情况等内容。每个单位的说明材料控制在500～800字，并提供2～3张图片。

关于“广东省红色旅游示范基地”评选结果的通报

（粤旅办［2010］86号）

各地级以上市委宣传部、发展改革局（委）、旅游局、各红色旅游示范基地申报单位：

为深入实施国民旅游休闲计划，推动我省红色旅游持续健康快速发展，打造红色旅游精品品牌，省委宣传部、省发展改革委、省旅游局联合下发了《关于评选广东省红色旅游示范基地的通知》（粤旅办［2010］22号）。各地市高度重视，精心组织，踊跃推荐，共有19个地级以上市申报了71家单位。根据《广东省红色旅游示范基地评选标准（试行）》，省委宣传部、省发展改革委、省旅游局对全部申报单位进行了初审，并联合组成3个考评小组对初审后的候选单位进行了实地考评、走访调查，经网上公示和专家综合评审，决定授予广州起义烈士陵园、孙中山故居纪念馆、叶剑英纪念园等26家单位为首批“广东省红色旅游示范基地”称号。

希望被授予“广东省红色旅游示范基地”称号的单位珍惜荣誉，再接再厉，进一步加强和完善基础设施建设，努力提升服务质量，弘扬以爱国主义为核心的民族精神和革命传统精神，发挥教育人、鼓舞人、激励人的爱国主义和革命传统教育作用，并发挥其在广东红色旅游中的示范引领作用，为推动我省文化强省和旅游强省建设作出积极贡献。

附件：广东省红色旅游示范基地名单（26家）

中共广东省委宣传部　广东省发展和改革委员会
广东省旅游局
二○一○年八月二十四日

附件

广东省红色旅游示范基地名单（共26家）

城　市	红色旅游示范基地名称	所在地址
广州市	广州起义烈士陵园	广州市中山二路92号
	黄花岗公园	广州市先烈中路79号
	黄埔军校旧址纪念馆	广州市黄埔区长洲岛军校路
	广州起义纪念馆	广州市越秀区起义路200号之一
	中共三大会址纪念馆暨中共中央旧址	广州市恤孤院路3号
	毛泽东同志主办农民运动讲习所旧址纪念馆	广州市中山四路42号
	三元里人民抗英斗争纪念馆	广州市广园中路34号
	十九路军淞沪抗日阵亡将士陵园	广州市水荫路113号
深圳市	深圳市莲花山公园	深圳市福田区红荔西路6030号
	深圳博物馆	深圳市福田区福中路市民中心A区
珠海市	桂山舰纪念公园	珠海市桂山镇
韶关市	中共广东省委粤北省委旧址暨历史陈列馆	韶关市浈江区五里亭、南雄市雄州街道、始兴县沈所镇
	梅岭旅游景区	韶关南雄市三影塔广场13栋7—8号
梅州市	叶剑英纪念园	梅州市梅县雁洋镇
	平远县红军纪念园	梅州市平远县仁居镇东较场
	“八一”起义军三河坝战役烈士纪念园	梅州市大埔县三河镇八一路
惠州市	叶挺纪念馆	惠州市惠阳区秋长街道周田村会水楼
	东江纵队纪念馆	惠州市博罗县罗浮山朱明洞景区内
汕尾市	海丰红宫红场旧址	汕尾市海丰县红场路13号
	彭湃烈士故居	汕尾市海丰县桥东龙津河边
东莞市	鸦片战争博物馆	东莞市虎门镇解放路88号
中山市	孙中山故居纪念馆	中山市翠亨村
江门市	周文雍烈士陵园	江门开平市百合镇茅冈村
湛江市	特呈岛	湛江市霞山区爱国街道特呈岛村委会
肇庆市	叶挺独立团团部旧址纪念馆	肇庆市端州区江滨东路阅江楼
云浮市	蔡廷锴将军故居	云浮市罗镜镇龙岩村

关于公布首批“广东省文化旅游示范单位”的决定

（粤文物［2010］251号）

各地级以上市文广新局，深圳、珠海市文体旅游局，潮州市文物旅游局，各地级以上市旅游局，厅属文博单位：

为了贯彻落实省政府《关于试行广东省国民旅游休闲计划的若干意见》（粤府［2009］19号）精神，加快文化强省、旅游强省和全国旅游综合改革示范区的建设步伐，提升广东文化软实力，按照《广东国民文化旅游休闲实施方案》（粤文物［2009］159号）要求，经组织有关单位和专家评审，广东省文化厅、广东省旅游局决定：命名广东省博物馆、广东美术馆、广州起义纪念馆等39家单位为首批“广东省文化旅游示范单位”（名单见附件）。

希望首批文化旅游示范单位切实加强内部管理，进一步完善配套设施，在游览内容与展示手段，服务质量与体制创新，宣传推介与环境面貌等方面不断取得新的进展，充分发挥示范单位的模范作用。

各地、各有关部门要切实加强对文化旅游示范单位的领导，增加对示范单位建设的经费投入，抓好示范单位资源的开发和利用，使示范单位建设逐步规范化、制度化。要本着保护与开发并重、政府主导和市场开发相结合的原则，进一步解放思想，以更大的力度、更有力的措施，使我省的文化旅游事业发展迈上新台阶。

附件：首批“广东省文化旅游文范单位”名单

广东省文化厅　广东省旅游局

二〇一〇年七月七日

附件

首批“广东省文化旅游示范单位”名单（39家）

一、广东省（2家）
1. 广东省博物馆
2. 广东美术馆

二、广州市（14家）
3. 广东民间工艺博物馆
4. 广州博物馆
5. 广州近代史博物馆
6. 广州起义纪念馆
7. 广州艺术博物院
8. 黄埔军校旧址纪念馆
9. 毛泽东同志主办农民运动讲习所旧址纪念馆
10. 南海神庙
11. 孙中山大元帅府纪念馆
12. 西汉南越王博物馆
13. 粤海第一关纪念馆
14. 越秀区博物馆
15. 中山纪念堂
16. 珠江—英博国际啤酒博物馆

三、珠海市（1家）
17. 梅溪牌坊旅游区

四、佛山市（2家）
18. 佛山祖庙
19. 清晖园

五、韶关市（2家）
20. 梅岭景区
21. 珠玑巷景区

六、东莞市（4家）
22. 东莞市可园博物馆
23. 广东东江纵队纪念馆
24. 南社村古建筑群
25. 鸦片战争博物馆

七、中山市（2家）
26. 孙中山故居纪念馆
27. 香山商业文化博物馆

八、阳江市（1家）
28. 崆峒岩风景区

九、湛江市（3家）
29. 湛江市博物馆
30. 雷州市博物馆
31. 雷祖祠

十、肇庆市（5家）
32. 德庆学宫
33. 七星岩景区
34. 杨池古村景区
35. 悦城龙母祖庙
36. 叶挺独立团团部旧址纪念馆

十一、清远市（2家）
37. 故乡里文化主题公园
38. 连州地下河景区

十二、揭阳市（1家）
39. 揭阳学宫文化旅游圈

链接：2009年10月27日，广东省文化厅、广东省旅游局印发《关于评选广东省文化旅游示范单位的通知》（粤文物［2009］326号），并制定《广东省文化旅游示范单位评选评选标准》。

关于征集广东省工业旅游示范单位的通知

（粤旅办［2010］59号）

各地级以上市旅游（文体旅游）局、经济和信息化主管部门，各有关单位：

为展示我省改革开放三十多年取得的辉煌工业成果，宣传广东改革开放形象，提升广东形象，推广我省企业品牌，促进我省产业和企业间的交流合作，结合省委、省政府《关于加快我省旅游业改革与发展建设旅游强省的决定》（粤府［2008］20号）和《关于试行广东省国民旅游休闲计划的若干意见》（粤府［2009］19号）文件精神，把工业旅游培育成为广东省旅游新亮点。现向全省征集工业旅游示范单位，示范单位包括：

（一）工业企业：省最大100家企业、最大100家工业企业、民企百强、大型合资企业、行内龙头企业、省重点直通车联系企业、高新技术企业等。以及具有行业代表性和近年承担国家大型活动等有影响力项目的高端制造业企业。

（二）产业集群：产业集群是我省工业发展的特色和优势。全省具备一定生产规模和能力水平的产业集群共123个，目前已经评定了36个产业集群为省产业集群升级示范区。

（三）工（商）业历史遗迹：反映各地工（商）业历史的遗迹，包括博物馆、旧时工业遗址、古代辉煌物质文明见证地等。

（四）新兴的工业园区：包括双转移产业园区、高新技术园区、创意产业园区、金融服务园区、生态工业园区等。

（五）其他：包括老字号、工艺艺术、地标性建筑物、代表工业文明成果的建筑群体、新开发与工业相关的旅游景点等，以及在绿色环保、安全生产、员工保障等具有良好企业社会责任的企业。

为做好征集工作，请各地级以上市经济和信息化主管部门、旅游（文体旅游）局分别确定1名联络员，自行推荐本地符合以上要求的单位，广州、深圳、佛山、东莞、中山、珠海等地级市30家，其余地区10家，名单请于2月28日前报至广东省旅游局、广东省经济和信息化委。

附件：1. 广东省工业旅游示范单位标准（参考）
　　　2. 广东省工业旅游示范单位推荐表（略）

广东省旅游局　广东省经济和信息化委员会
二〇一〇年二月二日

附件

广东省工业旅游示范单位标准（参考）

一、总　则

为深入贯彻落实省委、省政府《关于加快我省旅游业改革与发展建设旅游强省的决定》（粤发［2008］20号）和《关于试行广东省国民旅游休闲计划的若干意见》（粤府［2009］19号）精神，进一步推动工业和旅游业产业融合，互动发展，把工业旅游培育成为我省旅游新亮点，规范工业旅游示范单位工作，根据我国有关法律法规，结合广东实际，制定本标准。

二、评定标准

（一）范围

本标准规定了工业旅游景点服务质量的基本要求以及对旅游设施、服务项目、人员、环境、安全、卫生、管理等具体要求。本标准适用于广东省范围内的工业旅游景点。

（二）规范性引用文件

下列文件中的条款通过在本标准的引用而成为本标准的条款。凡是注日期的引用文件，其随后所有的修改单

（不包括勘误的内容）或修订版均不适用于本标准。凡是不注日期的引用文件，其最新版本适用于本标准。

GB3095 环境空气质量标准

GB3096 城市区域环境噪声标准

GB/T10001．1 标志用公共信息图形符号第 1 部分：通用符号

GB/T10001．2 标志用公共信息图形符号第 2 部分：旅游设施与服务符号

（三）评定术语和定义

1．工业旅游

以工业生产过程、工厂风貌、工人生活、工业生产遗址、遗迹，以及工业发展历史、发展成就、产业形态、企业文化等与工业相关联的内容为主要吸引物的旅游活动。

2．工业旅游景点

具有观赏、体验、教育、休闲等功能并提供相应旅游服务设施，开展工业旅游的活动场所，包括工业企业、工业集聚区、行业展示区域、工业历史遗迹以及反映重大事件、体现工业技术成果的重大工程和项目等。

（四）基本要求

1．支持国民旅游休闲计划，自愿申请参加工业旅游示范单位。

2．应遵守相关的法律、法规和标准，注意保护知识产权和商业机密，具有良好的社会形象。

3．应有专门的经营管理机构和从业人员。

4．应有明确的游览范围，并设有接待区（或接待中心）、参观游览（展示）区、参观通道、休憩点和购物点。

5．全程参观游览有讲解。

6．服务项目和相关信息应明示，服务和商品的收费应明码标价。

（五）旅游设施要求

1．应设有停车场，游客车辆进出通道方便、通畅。

2．应提供景点介绍、景点的分布示意图以及相关宣传资料和公布游客参观及活动注意事项。

3．应提供产品实物、生产流程、厂景厂貌、科技成果等展示。

4．应有明确的参观通道。参观通道应平整、防滑、无障碍物。

5．休憩区应布局合理，整洁、协调、方便，且不影响应急疏散。

6．游览线路沿途应设置一定的休憩点，布置美观，方便舒适。

7．应有供游客使用的公共厕所，分布合理，标识醒目。

（六）服务项目要求

1．应提供咨询、预订、接待、讲解及相关服务。

2．讲解服务包括人员讲解或语音讲解。应有规范讲解词。

3．应提供本单位产品或具有本景点特色的纪念品和旅游商品销售。

4．有条件的景点宜为特定人群（老年人、残疾人等）提供专项服务；开设本单位特色商品的预订预购、商品邮寄以及摄影等特色服务。

（七）服务质量

1．应遵守国家法律、法规，维护游客的合法权益。

2．应对游客礼貌、热情，符合礼仪规范。

3．应经过上岗培训，实行持证上岗，并在工作过程中不定期接受安全、卫生、消防及旅游相关岗位培训。

4．应规范着装，佩戴标识。

5．仪容仪表应端庄、大方，举止行为符合岗位规范的要求。

6．接待人员应熟悉景点的生产、布局和游览线路。

（八）环境要求

1．应符合相关产业的环保要求，落实环保责任人。

2．整体环境整洁美观，和主题特色相协调。

3．工业原材料堆放应合理，不影响游览，不碍观瞻。

4．有人文历史价值的建筑物、工业遗存等，应有保护措施。

（九）安全要求

1．应建立健全安全制度，落实安全责任人。

2．参观游览活动前对游客应有必要的安全教育，生产区域内的游览应有服务人员引领和指导。

3．游览区安全可靠，无安全隐患，并配备有完备的安全防护设施，能够应对突发安全事件。

4．参观游览活动应不涉及非安全区域，危险或禁入区域应设立明显警示标志，并有物理隔离措施。

（十）管理要求

1．应建立健全从业人员岗位责任制以及管理和服务规范。

2．应开展服务质量调查，建立游客投诉制度，在醒目处公示旅游行政管理部门的旅游质量监督电话，专人负责，及时妥善处理游客投诉，并整改和回复。

关于认定首批广东省工业旅游示范单位的通知

（粤旅办［2010］66号）

各地级以上市旅游（文体旅游）局、经济和信息化主管部门：

经审核，省旅游局、省经济和信息化委员会现认定广汽丰田汽车有限公司等45家单位（名单见附件）为首批广东省工业旅游示范单位，有效期自发文日起两年。

附件：首批广东省工业旅游示范单位名单

广东省旅游局　广东省经济和信息化委员会

二〇一〇年九月一日

附件

首批广东省工业旅游示范单位（45家）

一、广州（11家）

1. 广汽丰田汽车有限公司
2. 广东燕塘乳业有限公司
3. 广州珠江钢琴集团股份有限公司
4. 广州工业名优产品展销中心
5. 广州市香雪制药股份有限公司
6. 珠江－英博国际啤酒博物馆
7. 羊城创意产业园（羊城晚报报业集团印务中心）
8. 广州中一药业有限公司
9. 广州酒家集团利口福食品有限公司
10. 广州市金银首饰有限公司
11. 广州陈李济药厂

二、深圳市（1家）

12. 深圳市宝福珠宝首饰有限公司

三、珠海市（1家）

13. 珠海威丝曼服饰股份有限公司

四、佛山市（7家）

14. 广东蒙娜莉萨陶瓷有限公司
15. 广东省九江酒厂有限公司
16. 佛山市（高明）海天调味食品有限公司
17. 佛山伊利乳业有限责任公司
18. 1506创意城（佛山创意产业园）
19. 佛山冯了性药业有限公司
20. 佛山市顺德区万辉珠宝首饰有限公司

五、汕头市（2家）

21. 太安堂集团有限公司
22. 广东万年青制药有限公司

四、韶关市（1家）

23. 中健行集团有限公司

五、河源市（1家）

24. 农夫山泉广东万绿湖生产基地

六、梅州市（2家）

25. 梅州市客天下旅游产业园
26. 大埔县富大陶瓷有限公司

七、惠州市（2家）

27. TCL集团股份有限公司
28. 惠州雷士光电科技有限公司

八、汕尾市（1家）

29. 海丰县中宝实业有限公司

九、东莞市（4家）

30. 金威啤酒（东莞）有限公司
31. 东莞勤上光电股份有限公司
32. 广东众生药业股份有限公司
33. 东莞宏威数码机械有限公司

十、中山市（4家）

34. 广东长青（集团）股份有限公司
35. 伊泰莲娜首饰精品（中山）有限公司
36. 中山华帝燃具股份有限公司
37. 开平健之源保健食品有限公司

十一、阳江市（1家）

38. 广东绿业工业集团公司

十二、湛江市（1家）

39. 湛江市中粮可口可乐饮料有限公司
40. 湛江市珠江啤酒有限公司

十三、茂名市（1家）

41. 广东为多生物科技有限公司

十四、肇庆市（1家）

42. 广东新顺福食品有限公司

十五、潮州市（1家）

43. 潮州市艺葩木雕厂

十六、揭阳市（1家）

44. 广东吉荣空调有限公司

十七、云浮市（1家）

45. 广东温氏佳味食品有限公司

关于开展2010年广东省森林生态旅游示范基地申报工作的通知

（粤林［2010］65号）

各地级以上市林业局、旅游局，各县（市、区）林业局、旅游局：

根据省政府《关于试行广东省国民旅游休闲计划的若干意见》（粤府［2009］19号）和省林业局、省旅游局《关于印发广东省森林生态旅游示范基地评定标准的通知》（粤林［2009］87号）的有关规定，省林业局、省旅游局决定组织开展2010年广东省森林生态旅游示范基地申报认定工作。现将有关事项通知如下：

一、申报单位

国家级和省级自然保护区，国家级和省级森林公园，开展森林生态旅游的市、县级自然保护区和森林公园，依托森林资源规模化经营森林生态旅游的企业。

二、申报条件及程序

广东省森林生态旅游示范基地的申报条件和申报程序严格按照粤林［2009］87号的有关规定执行。

三、申报时间及材料

（一）申报时间：6月15日前，逾期不再受理。

（二）申报单位提交的材料主要包括：

1. 广东省森林生态旅游示范基地认定申报表（见附件）；

2. 营业执照复印件；

3. 金融部门出具的申报企业近两年信用记录证明和信用等级证明；

4. 有资质的中介机构出具的申报单位2009年度经营情况审计报告；

5. 申报单位产权证书、林权证书或与有关单位签订的林地、旅游项目合同、协议书等复印件；

6. 县级林业部门出具的企业带动农户增收的证明材料，企业与其所带动农户的合同（协议）复印件10份（含带动农户姓名、详细地址、联系电话）；

7. 2009年申报单位职工缴纳社会劳动保险费证明；

8. 申报单位所在地税务部门出具的2009年度纳税情况证明；

9. 旅游服务、环保、文明单位、地级市以上获奖等其他重要证明材料复印件。

10. 开展森林生态旅游产业化经营情况的专题介绍材料。

四、申报工作要求

（一）各市、县（市、区）林业局、旅游局要严格按照有关标准和工作程序组织开展申报工作，推荐发展潜力大、经济辐射能力强、服务质量高、带动农户增收效果好、社会责任感强的旅游经营单位参加申报。

（二）申报单位要如实提供有关材料，不得弄虚作假。

（三）国家级、省级自然保护区和森林公园直接向省林业局、省旅游局申报，市、县级自然保护区和森林公园须经市、县林业局和旅游局逐级申报。

（四）申报材料报、申报表（手工填报不予受理）统一用A4纸装订，一式两份报省林业局产业处。

《广东省森林生态旅游示范基地评定标准》以及申报表可在广东林业网 http：//www. gdf. gov. cn，广东林业产业网 http：//www. gdly. com，广东活力网 http：//www. vis-itgd. com 下载。

附件：广东省森林生态旅游示范基地认定申报表

广东省林业局　广东省旅游局

二〇一一年四月二十一日

关于公布2010年广东省森林生态旅游示范基地名单的通知

（粤林［2010］145号）

各地级以上市林业局、旅游局，各县（市、区）林业局、旅游局，各森林生态旅游示范基地申报单位：

为加快我省森林生态旅游的发展，带动山区农民增收致富，推动我省经济社会又好又快发展，依据《广东省森林生态旅游示范基地评定标准》，经评审认定，省林业局和省旅游局决定授予广东梧桐山国家森林公园等27家单位“2010年广东省森林生态旅游示范基地”称号，并颁发“2010年广东省森林生态旅游示范基地”证书和牌匾。现将名单予以公布。

附件：2010年广东省森林生态旅游示范基地名单

广东省林业局　广东省旅游局

二〇一〇年十月十二日

附件

2010年广东省森林生态旅游示范基地名单

（共27家，排名不分先后）

1. 广东梧桐山国家森林公园
2. 潮州市紫莲森林度假村
3. 揭东县金玉园
4. 揭阳市黄岐山森林公园
5. 南澳县后花园村森林生态旅游村
6. 南澳县海岛国家森林公园
7. 东莞市大屏嶂森林公园
8. 东莞市大岭山森林公园
9. 东莞市银瓶山森林公园
10. 东莞市水濂山森林公园
11. 深圳市青青世界
12. 中山市大涌卓旗山庄
13. 广东天鹿湖森林公园
14. 广州市白水寨风景名胜区
15. 广州市南沙湿地游览区
16. 电白县放鸡岛海上游乐世界
17. 徐闻县大汉三墩旅游区
18. 云浮市南山森林公园
19. 云安县仙人谷生态旅游区
20. 郁南县同乐大山省级自然保护区
21. 新兴县飞天蚕生态园
22. 肇庆市将军山旅游风景区
23. 蕉岭县长潭生态旅游区
24. 蕉岭县皇佑笔旅游区
25. 乐昌市龙王潭生态旅游区
26. 大埔县丰溪森林生态旅游区
27. 翁源县九曲水生态旅游度假村

关于创建广东省乡村旅游示范基地的通知

（粤旅函［2010］145号）

各地级以上市旅游局、住房和城乡建设局：

为贯彻落实省委、省政府《关于加快旅游业改革与发展，建设旅游强省的决定》（粤发［2008］20号）和省政府《关于试行广东省国民旅游休闲计划的若干意见》（粤府［2009］19号）精神，充分利用“三农”资源发展旅游业，全面开展乡村旅游，积极促进宜居城乡建设，引导农民增收致富，经研究，决定在全省范围创建一批广东省乡村旅游示范基地。现将有关事项通知如下：

一、指导思想

以邓小平理论和“三个代表”重要思想为指导，全面贯彻落实科学发展观，统筹安排，加强服务，分类指导，发挥旅游产业的关联带动作用，推动传统乡村向现代乡村跨越，促进村容村貌改善，带动农民就业增收，为社会主义新农村建设作出积极贡献。

二、工作目标

通过开展创乡村旅游示范基地，使我省乡村旅游资源得到有效整合、提升和完善，形成种类丰富、档次适中的乡村旅游产品体系和特色突出、发展规范的乡村旅游格局。

三、标准和名额

省旅游局、省住房和城乡建设厅参照《全国工农业旅游示范基地检查标准（试行）》，《旅游业标准体系表》、《广东省旅游管理条例》等有关标准、条例，结合兄弟省份开展乡村旅游的经验和广东省实际，制定出《广东省乡村旅游示范基地评定标准》（附后）。各市评选推荐乡村旅游示范基地必须坚持评定标准，选择诚信经营、优质服务、在当地具有典型示范作用的优质企业，以点带面推动旅游产业素质提升。本次创建活动不设名额限制。

四、创建程序

（一）乡村旅游景点自愿申报，向县（市、区）旅游主管部门提交书面申请。县（市、区）旅游主管部门对材料初审后报上一级旅游主管部门。

（二）地级以上市旅游主管部门对材料进行复核，负责检查、审核经营情况及服务质量水平，会商市住房和城乡建设局同意，向省旅游局作正式推荐。

（三）省旅游局进行审核，会商省住房和城乡建设厅同意，汇总名单进行公示，公示结束正式命名，在全行业进行公告。

（四）召开现场会为示范基地颁发牌匾，并加强后续管理。乡村旅游示范基地入选后，因经营管理不善或其他原因，不能达到标准要求的，按程序重新评审后予以取消。

五、工作要求

（一）高度重视、精心组织。

各市旅游局、住房和城乡建设局要高度重视，积极协调当地党委、政府进一步加大对乡村旅游的扶持力度。要以组织创建乡村旅游示范基地为契机，培育休闲度假、民俗风情、田园风光、农事体验和历史文化等乡村旅游产品，特别是珠三角地区要结合绿道网的规划建设，推动旅游产品多样化发展，促进旅游公共服务体系建设，提升旅游产业素质。

（二）分工合作、狠抓落实。

各市旅游局要加强与规划、建设等部门的沟通协调，主要承担组织推动、服务协调、政策研究、标准贯彻和典型推广工作，确保创建乡村旅游示范基地活动顺利开展。各市规划、建设部门要加强与旅游部门的联动，进一步提高村庄规划建设管理水平。依照评定标准先期进行评选，于3月30日前汇总上报省旅游局。

（三）发动群众、加强监督。

示范基地评选活动要着力开展游客满意度调查，加强群众监督。要把旅游者评价作为行业管理的重要指针，规范旅游企业的经营服务行为，维护游客和企业的权益，提升旅游服务水平。

（四）加强宣传、营造氛围。

总结各地发展乡村旅游的好经验好做法，倡导品质旅游、诚信旅游、和谐旅游，并联合新闻媒体大力宣传报道，营造各界共同关心、支持旅游业发展的良好氛围。

（五）《广东省乡村旅游示范基地申请报告书》和《广东省乡村旅游示范基地评定标准》可在活力广东网 http：//www.visitgd.com/上下载。

附件：1. 广东省乡村旅游示范基地申请报告书（略）
2. 广东省乡村旅游示范基地评定标准

广东省旅游局　广东省住房和建设厅
二〇一〇年三月十六日

附件

广东省乡村旅游示范基地评定标准

第一章　总则

第一条　为贯彻落实省委、省政府《关于加快我省旅游业改革与发展建设旅游强省的决定》（粤发［2008］20号）和省政府《关于试行广东省国民旅游休闲计划的若干意见》（粤府［2009］19号）精神，以及规范乡村旅游服务，提高乡村旅游服务质量，促进乡村旅游健康持续发展，根据《旅游业标准体系表》、《广东省旅游管理条例》有关标准、条例，结合广东省实际，制定本标准（以下简称"乡村旅游示范基地"）。

第二条　乡村旅游示范基地评定适用于在广东省行政区域内乡村地区农业和农村旅游、或从事农村旅游服务与经营管理的各类经营主体。

第三条　省旅游局将"乡村旅游示范基地"纳入省国民旅游休闲计划及各项旅游促销计划，乡村旅游示范基地享有相关优惠扶持政策。

第四条　乡村旅游示范基地的评定，坚持企业自愿申请，公平、公正、公开评定，不干预企业经营自主权的原则。

第五条　乡村旅游示范基地要积极支持国民旅游休闲计划，支持并承认国民旅游休闲卡，制定相应配套措施和方案，为持卡人提供特殊优惠和便利服务。

第二章　乡村旅游示范基地评定标准

第六条　乡村旅游示范基地须符合下列标准：

（一）设施

1. 硬件设施齐备到位，游客感知舒适。主体建筑和配套设施建设，具有较强的民族性和地方性特点，其建筑形式、体量、色彩能够充分地与周围景观及其氛围相协调。建筑的内部装修简朴大方，在用材、内容上能充分体现民族性、地方性和农村特色。住宿、餐饮、卫生设施参照《广东省乡村旅馆评定管理办法（试行）》的有关规定。

2. 交通设施完善，交通组织快捷高效。

3. 各活动区的配套与安全设施齐全有效。

4. 通讯设施完善，确保畅通。

（二）乡村旅游示范基地布局与分区

1. 符合村庄规划，合理布局旅游接待设施，统筹安排污水、垃圾处理设施建设。

2. 有明确的功能分区，且各活动区的分隔明显、布局合理。

3. 有足够面积的绿化区域，植物与饰品布置得当、环境优美。

4. 有明确引导和介绍标识，且美观醒目，文字准确规范，位置合理，数量充足。

（三）乡村旅游示范基地特色活动项目

1. 能提供特色多样的活动项目，活动项目有较强的地方性、季节性和参与性，能充分地体现当地农业和农村特色，游客感觉舒适有特色。

2. 活动项目区域具有充足的活动空间，且项目布局合理、功能完善，展示、游览、体验等活动能有机结合，协调统一。

3. 活动项目与其他旅游点及附近乡村旅游示范基地之间，具有较强的差异性。

（四）安全

1. 乡村旅游示范基地须树立安全第一，预防为主的思想。

a）须获得当地消防部门的书面许可。

b）有足够的消防、防盗、救护等设备，且完好、有效。

c）能保证各项安全设备的安全可靠，能按规定进行定期检查，严禁使用有事故隐患的各项安全设施、设备；严禁使用超过安全期限的安全设施、设备。

d）危险地段的标志明显，防护设施齐备、有效。

2. 乡村旅游示范基地须建立健全各项安全管理制度、安全监督、操作规程，并确保严格执行。

a）能把安全工作摆在重要的议事日程，培养全员安全意识。

b）能建立健全安全制度，明确各岗位的安全职责。

c）服务人员能经常参加安全培训和安全教育活动，均接受过消防培训，并具有紧急情况下组织游客疏散、电话报警和快速救援的知识与技能。

d）建立有定期和不定期的安全检查、预演、监督和及时汇报制度。

3. 乡村旅游示范基地须确保游客参加乡村旅游活动的人身安全。

a）能向游客提供安全卫生的餐饮服务，消毒措施到位，并有严格的定期监督、处罚和公示制度。

b）建立有相应的医疗急救措施，并配备医务人员和游客常备药品。

c）建立有必要的紧急救援机制、突发事件处理及应急机制。

4. 安全配套设施及工具要建立完整的维修、保养、更新制度。

（五）卫生

1. 乡村旅游示范基地的环境卫生符合规定标准。

a）卫生设备和设施完好、无缺损，不漏水。

b）卫生场所内无蚊蝇、污物，墙壁、隔板、门窗等清洁无霉斑、无脱落、无刻画。

c）无污水污物，无乱建、乱堆、乱放现象，空气清新无异味。

2. 乡村旅游示范基地须制定各项卫生制度和措施，定期进行各项卫生检查。

a）有严格的消毒制度和检查制度，具有符合标准的卫生消毒设施。

b）餐饮场所能达到 GB16153－1996 规定的卫生标准。

c）旅游饮食卫生具有严格的定期检查和抽查制度，并有严格的管理制度和奖惩机制。

3. 遵守国家、地方政府的相关卫生法律、法规和规章。

（六）服务

1. 树立游客至上，优质服务的宗旨。

2. 实行规范、标准化管理和服务。

3. 建立服务质量监督保证体系，定期进行服务质量考核。

a）建立有职责分明的管理机构和专职管理人员，市场秩序优良。

b）设有常设性接待人员，接待制度健全，且设有面向公众的旅游咨询电话和投诉电话，接听及时。

c）有介绍乡村旅游示范基地区位概况及活动项目等内容的小册子或折页。

d）服务人员着装有当地特色，态度热情，服务优良，全体从业人员均接受过旅游服务、安全等相关培训。

（七）生态环境保护

1. 能充分保护当地特色自然资源、植被、土壤和环境条件。

2. 能充分保护当地的历史古迹、文物和特色建筑物。

3. 能充分保护当地的文化特色和传统民俗、生活习惯。

4. 活动项目能充分做到以不破坏生态环境平衡为前提，能充分坚持环保原则。

（八）乡村旅游示范基地服务质量保证和监督

1. 建立服务质量、安全保证体系。

建立适应乡村旅游旅游服务点运行的服务质量、安全保证体系，并形成可操作的有关规章制度，作为能够实现规定的服务质量、安全措施和经营管理目标的手段。

2. 建立服务监督机制

a）主动接受游客监督，对外公布质量投诉监督电话号码。

b）在入口集中处或问讯处设意见（卡、箱），定期收集分析游客意见，进行相应服务改进。

3. 投诉处理

诚恳对待游客投诉，认真及时地处理游客的意见和建议，并将处理结果及时通知投诉者，投诉必复。

（九）价格管理

乡村旅游示范基地服务项目收费应符合价格管理部门的规定，实行明码标价。

第七条 乡村旅游示范基地评定程序

（一）广东省旅游局和广东省住房和城乡建设厅负责全省乡村旅游示范基地评定标准的修订工作，负责对评定标准实施进行监督检查。

（二）广东省旅游局和广东省住房和城乡建设厅对乡村旅游示范基地进行评定、监督、检查和复核。监督检查采取重点抽查、定期明查和不定期暗访以及社会调查、听取游客意见反馈等方式进行。

（三）参加创建的乡村旅游示范基地要按照本标准的要求，制定创建计划，明确责任目标，落实各项创建措施，并填报《乡村旅游示范基地申请表》申请。

第八条 申请单位须提交下列材料

（一）上年开展乡村旅游的总结材料；

（二）填写《乡村旅游示范基地申请表》（见附件）；

（三）营业执照复印件；

（四）如有银行贷款，出具信用证明；

（五）上年度资产负债表和损益表等相关财务报表；

（六）上年度职工缴纳各项社会劳动保险费的证明；

（七）上年度纳税情况证明；

（八）已获环保、科技成果、文明单位等奖项的提供证书或有关材料复印件；

第九条 乡村旅游示范基地，按以下程序逐级申报：

（一）申请单位向所在县（市、区）旅游主管部门提出申请，按要求提交有关申报材料。县（市、区）旅游主管部门对材料初审后，报上一级主管部门。

（二）地级以上旅游主管部门对企业所报材料进行复核后，上报乡村旅游示范基地评审小组，评审小组组织审核评定，并形成书面复核意见和相关材料。

（三）省属企业可按要求直接向省旅游局申请。

第十条 被评定为“乡村旅游示范基地”的单位，由广东省旅游局和广东省住房和城乡建设厅颁发“广东省乡村旅游示范基地”牌匾。牌匾须置于示范景区入口醒目处，便于旅客识别，并在对外宣传资料中注明。

第三章　后续管理制度

第十一条　根据国家和省扶持政策，给予示范基地相应的扶持。

（一）省旅游局、省住房和城乡建设厅通过积极运用财政专项资金等形式，对符合条件的示范基地建设发展给予重点指导和支持。

（二）省旅游局将示范基地纳入省国民旅游休闲计划及各项旅游促销计划，示范基地享有相关优惠扶持政策。

（三）利用各种媒体帮助示范基地做好宣传，树立品牌，扩大影响。优先链接活力广东网、广东建设信息网，通过网络引导和推动乡村旅游建设。

第十二条　乡村旅游示范基地实行三年一次的复核制度。每年3月底前，向省乡村旅游示范基地评审小组报送上一年度示范基地经营总结。三年届期满后，各单位要按照本《标准》要求，向省乡村旅游示范基地评审小组报送相关材料。经评审小组复核，达不到要求的，取消其示范基地资格，收回牌匾。

第十三条　乡村旅游示范基地存在下列情况之一的，取消其“乡村旅游示范基地”资格，收回牌匾，不再享受有关扶持政策，三年内不得再申请。

（一）保护乡村旅游资源环境不力，出现生态环境严重毁损事件，在省内外造成重大影响；

（二）发生重大旅游服务质量投诉事件；

（三）违反村庄规划进行开发建设；

（四）擅自违反安全规范措施，造成经济重大损失；

（五）不按规定要求提供总结材料；

（六）发生重大安全责任事故、重大刑事案件，造成人民生命、财产重大损失；

（七）经税务部门查实，存在严重偷、逃、骗、抗税违法行为；

（八）严重违反国家法律、法规和政策行为。

关于印发《广东省温泉旅游示范基地评定标准（试行）》的通知

（粤旅办［2010］112号）

各地级以上市旅游局，顺德区文体旅游局：

为贯彻落实国务院《关于加快发展旅游业的意见》（国发粤旅办［2009］41号）、广东省委省政府《关于加快我省旅游业改革与发展建设旅游强省的决定》（粤发［2008］20号）和省政府《关于试行广东省国民旅游休闲计划的若干意见》（粤府［2009］19号）精神，促进广东温泉旅游业的发展，规范温泉旅游示范基地认定工作，根据相关法律法规，结合我省实际，我局制定了《广东省温泉旅游示范基地评定标准（试行）》。请各市旅游局结合本地实际，认真贯彻落实，并做好本地温泉旅游示范基地的创建和申报工作；并于2010年10月30日前，将本地温泉旅游示范基地候选名单及相关申报材料报送至省旅游局。申报材料一式两份，电子版发至指定工作邮箱。《广东省温泉旅游示范基地评定标准（试行）》、《广东省温泉旅游示范基地评定申报表》可在省旅游局网站 http：//www.visitgd.com、广东温泉行业协会官方网站 http：//www.gdhsa.com 检索下载。

特此通知。

附件：1.《广东省温泉旅游示范基地评定标准（试行）》
2. 广东省温泉旅游示范基地评定申报表（略）
3. 广东省温泉旅游工作领导小组

广东省旅游局
二〇一〇年十月十一日

附件

广东省温泉旅游示范基地评定标准（试行）

第一章 总则

第一条 为贯彻落实国务院《关于加快发展旅游业的意见》（国发［2009］41号）、省委、省政府《关于加快我省旅游业改革与发展建设旅游强省的决定》（粤发［2008］20号）和省政府《关于试行广东省国民旅游休闲计划的若干意见》（粤府［2009］19号）精神，促进温泉旅游业的发展，规范温泉旅游示范基地认定工作，根据相关法律法规，结合本省实际，制定本标准。

第二条 广东省温泉旅游示范基地是指广东省境内，依托温泉资源，提供游览、度假、休憩、疗养、科考、科普、文化娱乐服务，温泉旅游业发展与温泉资源保护成绩显著、景区文化内涵丰富、旅游服务设施完善、社会经济环境效益良好、示范辐射作用强的温泉旅游场所。

第三条 广东省温泉旅游示范基地的评定，坚持企业自愿申请，公平、公正、公开评定，不干预企业经营自主权的原则。

第二章 评定标准

第四条 申请广东省温泉旅游示范基地的单位须符合下列评定标准：

（一）规划与设计

1. 建设与管理

（1）根据国家有关法律、法规规定，相关手续齐全。

（2）有符合国家标准和建筑节能、水土保持、生态环保的完整规划与设计成果。

（3）规划成果达到国际先进水平，具有较强的可操作性。

（4）温泉旅游服务场所能按规划进行建设和运营管理。

（5）场所及服务项目紧密结合所在地区的历史文化、人文特征和周边资源特点等，有较强的资源互补性与文化融合及创新性。

2. 企业发展战略

（1）加入广东温泉行业协会

（2）有国民旅游休闲推广计划和优惠措施。

（3）进行了市场调研，提出了明确的目标市场及其预测，提出了完整的市场调研成果，有切实可行的营销宣传计划和行动方案。

（4）有自己的宣传网站。

（二）旅游经济效益与规模

1. 景区可接待宾客客房数量达到100间。

2. 景区全年游客接待量超过20万人。

3. 景区经营总营业额达到2000万元，或者营业利润达到300万元。

4. 景区常年固定员工数量超过300人。

（三）服务人员

1. 总经理具有从业资格证书（酒店总经理或温泉总经理证书）。

2. 服务人员仪容仪表得体，着装统一，服饰具有特色。

3. 各岗位人员的服务工作严格按照服务操作规程，提供规范化服务，服务细致周到。

4. 有服务技师承担日常的接待服务工作。

5. 高级职业资格服务人员不少于服务人员的15%。

6. 15%的服务人员能提供用英语介绍浴种和休闲项目的服务。

（四）温泉水资源利用

1. 温泉区温泉水日用水量超过600吨。

2. 温泉水质达到高品质，同时有专业机构的水质检测报告，并公示。

3. 温泉水实际使用量不超过批准使用量。

4. 尾水处理技术及设备达到国内先进水平。

5. 温泉水资源循环利用于景观、绿化、农业灌溉、渔业养殖等。

（五）温泉区服务

1. 温泉区面积超过5000平方米，或者泡池数量达到30个以上。

2. 温泉泡池每天至少更换温泉水一次以上。

3. 为宾客提供四种以上有特色的泡法。

4. 浴区有专人负责，帮助宾客调整水温、递送洗浴用品、点心等。

5. 室内、室外浴区有专人看守，有应急预案，在就浴宾客出现不适症状等紧急情况下能及时采取有效方法救助，有医护室。

6. 温泉区应配套特色泡池，水上游乐，休息热炕廊，美食中心，按摩理疗区等设施。

7. 室内空气及环境质量良好。

8. 温泉区营造出浓郁的温泉沐浴文化氛围，与周边环境、景观协调。

9. 园区绿化率达到70%。

（六）周边环境及交通

1. 场所周边有资源特色突出的旅游景区、自然保护区、旅游度假区等。

2. 交通设施完善，进出便捷，可进入性强。

3. 内外部交通、导示等标识完善，在颜色、外形上能有别于一般标识。

4. 路牌齐全，交通节点有明确的指示。

5. 场所设有独立的、绿化良好的停车场，停车位充足，能满足需要。

（七）建筑与服务设施设备

1. 整体装饰

（1）建筑物结构良好，建筑布局科学合理，接待服务功能完善齐备。

（2）设施设备舒适、方便、安全且性能先进，质地高档，保持完好率100%。

（3）装饰陈设高雅、别致，有统一的风格，具有文化品位，能体现出企业文化及企业品牌。

（4）使用清洁能源设施设备，多用环保低碳材料。

2. 服务设施设备

（1）有客房、会议室、餐厅、宴会厅、健身中心（康复中心）、美容中心、零售区域以及独立的商务中心等完善的功能配套设施，并且均有中英文标识系统。

（2）有独立于沐浴场所之外面积宽敞、装饰豪华的接待前厅，具备问询、预定、接待和收银等服务功能。

（3）有免费为宾客提供休息等候的场所和经营性的大堂吧（包括咖啡厅、茶室、酒吧）。

（4）大堂设有公共卫生间，卫生应达到规范性引用文件要求。厕所达到四星级以上标准，数量充足、布局合理。

（5）设24h大堂值班经理，负责前厅接待工作，接受投诉并处理。

（6）在营业时间内有迎宾员、门童迎送客人，引领客人到更衣室更衣。

（7）客房装修豪华，具有文化氛围，有舒适的床垫、写字台、衣橱及衣架、茶几、座椅或沙发、床头柜、床头灯、台灯、闹钟、落地灯、全身镜、行李架等高级配套家具。

（8）餐厅、宴会厅装修考究，环境优雅，干净整洁；餐饮特色鲜明，充分体现养生理念；餐具按中西餐习惯成套配置，无破损，卫生、光洁。

（9）有为残疾人服务的无障碍设施设备。

（10）有为员工服务的员工餐厅、员工浴室、更衣室等配套生活设施。

（11）提供小件物品、贵重物品存放业务。

第五条 申请单位须提交下列材料：

（一）完整的企业发展规划；

（二）《广东省温泉旅游示范基地申报表》；

（三）营业执照复印件；

（四）温泉经营类许可证复印件；

（五）银行出具的信用证明；

（六）上年度资产负债表和损益表等相关财务报表；

（七）上年度职工缴纳各项社会劳动保险费的证明；

（八）上年度纳税情况证明；

（九）环保、科技成果、专利、文明单位、重要获奖等方面的证明材料复印件；

（十）温泉水质监测报告。

第六条 省旅游局、省旅游协会、广东温泉行业协会联合设立省温泉旅游示范基地评定小组，评定小组按照本《标准》第四条确定的评定标准，对各申请单位进行综合考察，结合区域、类型、档次、组合等情况，对符合示范基地资格的景区，授予“广东省温泉旅游示范基地”称号。

第七条 申请广东省温泉旅游示范基地按如下程序逐级上报：

（一）申请单位直接向当地的县（市、区）旅游主管部门提出申请，按要求提交有关申报材料。县（市、区）旅游主管部门提出初审意见。

（二）地级以上市旅游主管部门对企业申报材料进行复核，提出审核意见后，上报省温泉旅游示范基地评定小组。

（三）部属、省属企业、单位可按要求直接向省旅游局申请。

（四）省温泉旅游示范基地评定小组组织评审评定，形成书面复核意见和相关材料。

第八条 被评定为“广东省温泉旅游示范基地”的单位，由广东省旅游局颁发“广东省温泉旅游示范基地”证书和牌匾。标牌须置于示范基地入口醒目处，便于旅客识别，并在对外宣传资料中正确标明。

第三章 跟踪服务

第九条 省旅游局将“广东省温泉旅游示范基地”纳入省国民旅游休闲计划及各项旅游促销计划，示范基地享有相关优惠扶持政策。

第十条 利用各种媒体帮助温泉旅游示范基地做好宣传，树立品牌，扩大影响。优先链接温泉网、活力广东网，通过网络引导和推动温泉旅游建设。

第十一条 广东省温泉旅游示范基地实行三年一次的复核制度。每年3月底前，向省温泉旅游示范基地评定小组报送上一年度示范基地经营总结。三年届期满后，各单位要按照本《标准》第五条的要求，向省温泉旅游示范基地评定小组报送相关材料。经省温泉旅游示范基地评定小组复核，达不到要求，将取消其温泉旅游示范基地资格，收回“广东省温泉旅游示范基地”证书和牌匾。

第十二条 广东省温泉旅游示范基地存在下列情况之一，取消其“广东省温泉旅游示范基地”资格，收回证书和牌匾，不再享受有关扶持政策，三年内不得再申请。

（一）保护温泉资源不力，出现温泉水资源严重毁损事件，在省内外造成重大影响；

（二）发生重大旅游服务质量投诉事件；

（三）违反有关规定，未经批准开采使用温泉水资源，或超额使用，致使温泉水资源平衡遭受破坏；

（四）从事未经审批的不正当经营项目；

（五）不按规定要求提供总结材料；

（六）发生重大安全责任事故、重大刑事案件，造成人民生命、财产重大损失；

（七）经税务部门查实，存在严重偷、逃、骗、抗税违法行为；

（八）严重违反国家法律、法规和政策行为。

附件

广东省温泉旅游工作领导小组

为加快我省温泉旅游业的健康发展，加强对我省温泉旅游业各项工作的领导，省旅游局成立广东省温泉旅游工作领导小组。

领导小组组成：

组　长：杨荣森　省旅游局局长

副组长：周开生　省旅游局副局长
王志红　省旅游局副局长

成　员：李进茂　省旅游协会秘书长
张国辉　省旅游局市场开发处副处长、试行国民旅游休闲计划专责小组组长
张建彬　广东温泉行业协会秘书长

联络员：张国辉　省旅游局市场开发处副处长
张建彬　广东温泉行业协会秘书长

工作人员：　（略）

工作邮箱：t87513728@126. com

广东省温泉旅游工作领导小组下设广东省温泉旅游示范基地评定小组，负责我省温泉旅游示范基地标准制定及具体评定工作。成员如下：

组　长：周开生　省旅游局副局长

成　员：

李进茂　省旅游协会秘书长
张国辉　省旅游局市场开发处副处长、试行国民旅游休闲计划专责小组组长
张建彬　广东温泉行业协会秘书长
周志红　省旅游局研究中心副总规划师
冼汉隆　广东温泉行业协会高级顾问

关于公布“广东省温泉旅游示范基地”名单的通知

（粤旅办［2010］147号）

各地级以上市旅游局，顺德区文体旅游局，各温泉旅游示范基地申报单位：

为深入实施国民旅游休闲计划，促进我省温泉旅游持续健康发展，根据广东省旅游局关于印发《广东省温泉旅游示范基地评定标准（试行）》的通知要求，经各温泉旅游单位申报、各地市旅游局初审、省旅游局综合考评，决定授予广东温泉宾馆等40家单位为“广东省温泉旅游示范基地”（名单详见附件）。

希望获得“广东省温泉旅游示范基地”的单位珍惜荣誉，再接再厉，进一步加强和完善温泉旅游设施建设，不断提升管理和服务水平，发挥示范带动作用，为打造广东温泉旅游精品品牌做出积极贡献。

特此通知。

附件：广东省温泉旅游示范基地名单

广东省旅游局
二〇一〇年十二月二十二日

附件

广东省温泉旅游示范基地名单

（排名不分先后，共40家）

1. 广东温泉宾馆
2. 广州碧水湾度假村
3. 广州望谷温泉度假村
4. 广州金叶子温泉度假酒店
5. 广州崴格诗温泉庄园
6. 珠海海泉湾度假区
7. 汕头莲花山温泉旅游度假村
8. 韶关曹溪温泉假日度假村
9. 韶关乳源丽宫国际旅游度假区
10. 河源紫金御临门温泉度假村
11. 河源龙源温泉大酒店
12. 河源和平温泉之都旅游度假村
13. 河源和平天上人间温泉度假村
14. 梅州丰顺邓屋大温泉酒店
15. 惠州龙门铁泉度假村
16. 惠州龙门南昆山温泉旅游大观园
17. 惠州龙门尚天然温泉度假村
18. 惠州海滨温泉旅游度假区
19. 中山温泉宾馆
20. 江门恩平锦江温泉度假村
21. 江门恩平帝都温泉度假村
22. 江门新会古兜温泉旅游度假邨
23. 江门台山康桥温泉度假村
24. 阳江温泉度假村
25. 阳江阳西咸水矿温泉旅游度假山庄
26. 湛江海滨宾馆蓝月湾温泉
27. 湛江徐闻杏磊湾温泉度假村
28. 茂名电白御水古温泉度假村
29. 茂名信宜西江温泉度假村
30. 肇庆怀集温泉漂流旅游度假区
31. 清远佛冈聚龙湾天然温泉度假村
32. 清远德盈新银盏温泉度假村
33. 清远英德溶洞温泉度假村
34. 清远森波拉度假山庄
35. 潮州潮安东山湖温泉度假村
36. 揭阳揭西京明温泉度假村
37. 揭阳普宁盘龙湾温泉度假村
38. 云浮新兴青山绿水温泉旅游度假区
39. 云浮新兴金水台温泉度假村
40. 云浮新兴六祖故里旅游度假区

关于印发《广东省中医药文化养生旅游示范基地评定标准（试行）》的通知

（粤旅办［2010］67号）

各地级以上市旅游局、卫生局，深圳市卫生和人口计划生育委员会、佛山市顺德区文体旅游局、卫生和人口计划生育局：

为贯彻落实国务院《关于加快发展旅游业的意见》（国发［2009］41号）、广东省委省政府《关于建设中医药强省的决定》（粤发［2006］3号）、《关于加快我省旅游业改革与发展建设旅游强省的决定》（粤发［2008］20号）和省政府《关于试行广东省国民旅游休闲计划的若干意见》（粤府［2009］19号）精神，促进旅游与中医药产业融合发展，根据《中华人民共和国中医药条例》、《风景名胜区条例》、《广东省旅游管理条例》等有关法律法规，结合我省实际，广东省旅游局、广东省中医药局联合制定了《广东省中医药文化养生旅游示范基地评定标准（试行）》。请结合本地实际，认真贯彻落实，并做好本地中医药文化养生旅游示范基地的创建和申报工作。现将有关事宜通知如下：

一、为加强对广东省中医药文化养生旅游各项工作的领导，广东省旅游局、广东省中医药局联合成立中医药文化养生旅游工作领导小组（详见附件）。

二、各地旅游及卫生（中医）行政管理部门要主动配合，密切协作，联合发动本地符合条件的景区（点）积极申报，并进行初选。2010年8月27日前，由各地市旅游局将本地中医药文化养生旅游示范基地候选名单及相关申报材料报送至省旅游局；省直单位申报经省中医药局同意后，向省旅游局提出申请。申报材料一式两份，电子版发至指定工作邮箱。

三、省旅游局、省中医药局将联合成立广东省中医药文化养生旅游示范基地评定小组，依照评定标准及审核程序，结合区域、类型、档次、组合等情况，对各地上报的候选示范单位进行现场评审，9月份将公布首批中医药文化养生旅游示范基地名单，并适时举行颁牌仪式。

四、《广东省中医药文化养生旅游示范基地评定标准（试行）》可在省旅游局网站 http：//www. visitgd. com/检索下载。

五、评定小组联系人（略）

工作邮箱：zyyly2010@163. com。

特此通知。

附件：1.《广东省中医药文化养生旅游示范基地评定标准（试行）》

2. 广东省中医药文化养旅游工作领导小组

二〇一〇年八月三日

附件

广东省中医药文化养生旅游示范基地评定标准（试行）

第一章　总则

第一条　为贯彻落实国务院《关于加快发展旅游业的意见》（国发［2009］41号）、广东省委省政府《关于建设中医药强省的决定》（粤发［2006］3号）、《关于加快我省旅游业改革与发展建设旅游强省的决定》（粤发［2008］20号）和广东省政府《关于试行广东省国民旅游休闲计划的若干意见》（粤府［2009］19号）精神，促进我省中医药文化养生旅游业发展，规范中医药文化养生旅游示范基地认定工作，根据《中华人民共和国中医药条例》、《风景名胜区条例》、《广东省旅游管理条例》等有关法律法规，结合本省实际，制定本标准。

第二条　广东省中医药文化养生示范基地是指在广东省境内，依托中医药文化养生资源，提供游览、度假、休憩、疗养、科考、科普、文化娱乐服务，中医药文化养生建设成绩显著、景区文化内涵丰富、旅游服务设施完善、生态社会经济效益良好、示范辐射作用强的旅游场所。

第三条 广东省中医药文化养生示范基地的评定，坚持企（事）业自愿申请，公开、公平、公正评定，不干预企业经营自主权的原则。

第二章 评定标准

第四条 广东省中医药文化养生旅游示范基地类别分别为中医药生态旅游基地、中医药人文旅游基地、中医药综合保健服务基地。中医药生态旅游基地以中医药自然景观为主，中医药人文旅游基地以中医药人文景观为主，中医药综合保健服务基地以提供中医药养生服务为主。

申请单位须符合下列评定标准：

（一）中医药文化养生特色

1. 中医药生态、人文旅游基地

景观资源分为中医药文化遗址及博物馆、中药资源种养基地、自然疗养景区等类别。要求如下：

（1）有一定规模或独特的中医药人文与自然景观，适宜开展中医药文化旅游活动。

（2）中医药资源类型丰富，景点数量众多或形式多样，并且组合关系良好。

（3）特色价值

在中医药文化普及和养生保健方面具有教育意义；在观光游览和休闲度假方面具有较高的开发利用价值，具有较大影响力；能够较好地体现中医药文化内涵。

2. 中医药综合保健服务基地

在国家中医药养生保健相关行业标准未出台前，养生服务提供机构以国家中医药管理局和广东省中医药局在医疗卫生机构确定的治未病健康工程试点单位为主，人员必须取得相应资质，不得进行与医疗有关的行为。符合中医药人文和生态旅游基地标准的单位可与以上治未病试点单位联合申报。

（二）旅游经济

1. 年接待游客量：中医药生态旅游基地5万人次以上，中医药人文旅游基地3万人次以上，中医药综合保健服务基地1万人次以上。

2. 旅游经济效益良好。

3. 能吸纳一定的本地劳动力就业。

（三）基础设施

1. 旅游交通

（1）可进入性较好。进出方便，道路通畅。

（2）有专用停车（船）场所，布局较合理，容量能基本满足需求，场地平整坚实或水域畅通，标志规范、醒目。

（3）区内游览（参观）路线基本合理、顺畅。

（4）区内使用低排放的交通工具，或鼓励使用清洁能源的交通工具。

2. 游览

（1）有为游客提供咨询服务的游客中心或相应场所，咨询服务人员业务熟悉，服务热情。

（2）各种引导标识（包括导游全景图、导览图、标识牌、景物介绍牌等）清晰美观，与景观环境基本协调。标识牌和景物介绍牌设置合理。

（3）公众信息资料（如研究论著、科普读物、综合画册、音像制品、导游图和导游材料等）品种多，内容丰富，制作较好。公共信息图形符号的设置合理，规范醒目。涉及到中医药养生相关宣传内容，必须符合国家相关规定。

（4）导游员（讲解员）持证上岗，并应接受过中医药文化养生旅游专门培训，人数及语种能满足游客需要。导游（讲解）词科学、准确、生动。

（5）游客公共休息设施布局合理，数量能满足需要，造型与环境协调。

3. 旅游安全

（1）认真执行公安、交通、劳动、质量监督、旅游等有关部门制定和颁布的安全法规，建立完善的安全保卫制度，工作全面落实。

（2）消防、防盗、救护等设备齐全、完好、有效，交通、机电、游览、娱乐等设施设备完好，运行正常，无安全隐患。危险地段标志明显，防护设施齐备、有效。

（3）建立应急响应紧急救援机制。配备游客常用药品，对各类危机及事故处理及时有效，档案记录完整。

4. 卫生

（1）环境整洁，无污水、污物，无乱建、乱堆、乱放现象，建筑物及各种设施设备无剥落、无污垢，空气清新、无异味。

（2）公共厕所布局合理，数量能满足需要，标识醒目，建筑造型与景观环境协调。厕所具备水冲设备，或使用免水冲生态厕所。厕所整洁，洁具洁净、无污垢、无堵塞。

（3）垃圾箱布局合理，标识明显，数量能满足需要，造型美观，与环境基本协调。垃圾清扫及时，日产日清。

（4）食品卫生符合国家规定，餐饮服务配备消毒设施，不使用对环境造成污染的一次性餐具。

5. 邮电服务

提供必要的邮政及通讯服务。

6. 旅游购物

（1）购物场所布局基本合理，建筑造型、色彩、材质与环境基本协调。

（2）购物场所环境整洁，秩序良好，无围追兜售、强买强卖现象。

（3）对商品从业人员有统一管理措施和手段。

（4）旅游商品种类较多，具有本地区特色。

7. 经营管理

（1）管理体制健全，经营机制有效。

（2）旅游质量、旅游安全、旅游统计等各项经营管理制度健全有效，贯彻措施得力，定期监督检查，有完整的书面记录和总结。

（3）管理人员配备合理，50%以上中高级管理人员具备大专以上文化程度。

（4）具有独特的产品形象、良好的质量形象、鲜明的视觉形象和文明的员工形象。

（5）有正式批准的总体规划，开发建设项目符合规划要求。

（6）培训机构、制度明确，人员、经费落实，业务培训全面，效果良好，上岗人员培训合格率达100%。

（7）投诉制度健全，人员、设备落实，投诉处理及时、妥善，档案记录基本完整。

（8）能为特定人群（老年人、儿童、残疾人等）提供特殊服务。

8. 资源和环境的保护

（1）空气质量达GB3095－1996的一级标准。

（2）噪声质量达到GB3096－1993的一类标准。

（3）地面水环境质量达到GB3838的规定。

（4）污水排放达到GB8978的规定。

（5）自然景观和文物古迹保护手段科学，措施得力，能有效预防自然和人为破坏，基本保持自然景观和文物古迹的真实性和完整性。

（6）科学管理游客容量。

（7）建筑布局基本合理，建筑物体量、高度、色彩、造型与景观基本协调。周边建筑物与景观格调基本协调，或具有一定的缓冲区或隔离带。

（8）环境氛围良好。绿化覆盖率较高，植物与景观配置得当，景观与环境美化效果较好。

（9）区内各项设施设备符合国家关于环境保护的要求，不造成环境污染和其他公害，不破坏旅游资源和游览气氛。

9. 旅游资源吸引力

（1）有一定的观赏价值。

（2）具有较高历史价值、文化价值、科学价值，或其中一类价值具地区意义。

（3）有少量珍贵物种，或景观突出，或有地区级资源实体。

（4）资源实体体量较大，或资源类型较多，或资源实体疏密度较好。

（5）资源实体基本完整。

10. 市场吸引力

（1）全省知名。

（2）有一定美誉度。

（3）有一定市场辐射力。

（4）有一定特色。

11. 游客抽样调查满意率较高

第五条 申请单位须提交下列材料

（一）开展中医药文化养生旅游的实施方案；

（二）《广东省中医药文化养生旅游示范基地申报表》（见附件）；

（三）营业执照复印件；

（四）相关中医药文化养生及服务人员资格证复印件；

（五）银行出具的信用证明；

（六）上年度资产负债表和损益表等相关财务报表；

（七）上年度职工缴纳各项社会劳动保险费的证明；

（八）上年度纳税情况证明；

（九）环保、科技成果、专利、文明单位、重要获奖等方面的证明材料复印件；

第六条 广东省旅游局、广东省中医药局联合成立广东省中医药文化养生旅游工作领导小组，并设立广东省中医药文化养生旅游示范基地评定小组。评定小组按照本《标准》第四条之有关内容，对各申报单位进行综合考察，结合区域、类型、档次、组合等情况，将符合示范基地资格的景区，评定为“广东省中医药文化养生旅游示范基地”，并负责审核各地的中医药内容宣教材料，指导各基地开展中医药文化养生相关宣教工作。

第七条 中医药文化养生旅游评选实行限额申报，原则上每批每个地级市限报一个名额。申请广东省中医药文化养生旅游示范基地按如下程序逐级上报：

（一）申请单位直接向当地的县（市、区）旅游主管部门提出申请，按要求提交有关申报材料。县（市、区）旅游主管部门和同级卫生（中医）主管部门提出初审意见，上报地级以上市旅游主管部门。

（二）地级以上市旅游主管部门和卫生（中医）主管部门对企业申报材料进行复核，提出审核意见后，上报广东省旅游局。

（三）广东省属企业、单位可按要求，向省旅游局和省中医药局申请。

（四）广东省中医药文化养生旅游示范基地评定小组组织评审评定，形成书面复核意见和相关材料。

第八条 被评定为“广东省中医药文化养生旅游示范基地”的单位，由广东省旅游局和广东省中医药局联合颁发“广东省中医药文化养生旅游示范基地”证书和牌匾。标牌须置于示范基地入口醒目处，便于旅客识别，并在对外宣传资料中正确标明。

第三章 跟踪服务

第九条 广东省旅游局将“广东省中医药文化养生旅游示范基地”纳入广东省国民旅游休闲计划及各项旅游促销计划，示范基地享有相关优惠扶持政策。

第十条 利用各种媒体宣传中医药文化养生旅游示范

基地，树立品牌，扩大影响。

第十一条 广东省中医药文化养生旅游示范基地实行三年一次的复核制度。每年3月底前，示范基地向广东省中医药文化养生旅游示范基地评定小组报送上一年度经营总结材料。三年期满后，示范基地按照本《标准》第五条的要求，向广东省中医药文化养生旅游示范基地评定小组报送相关材料，经复核，达不到要求，将取消其广东省中医药文化养生旅游示范基地资格，收回证书和牌匾。

第十二条 广东省中医药文化养生旅游示范基地出现下列情况之一，取消其“广东省中医药文化养生旅游示范基地”资格，收回证书和牌匾，不再享受有关扶持政策，三年内不得再申请。

（一）不遵守有关文物保护和自然保护法规，造成中医药人文及自然景观损坏，在省内外造成重大影响；

（二）发生重大旅游服务质量投诉事件；

（三）违反有关规定，从事未经审批的中医药服务项目，或聘用无资质人员从事养生保健服务；

（四）从事未经审批的不正当经营项目；

（五）不按规定要求提供总结材料；

（六）发生重大安全责任事故、重大刑事案件，造成人民生命、财产重大损失；

（七）经税务部门查实，存在严重偷、逃、骗、抗税违法行为；

（八）其他严重违反国家法律、法规和政策行为。

附件

广东省中医药文化养生旅游工作领导小组

为了加强对广东省中医药文化养生旅游各项工作的领导，省旅游局、省中医药局联合成立中医药文化养生旅游工作领导小组。

领导小组组成：

组　长：

杨荣森　省旅游局局长

副组长：

周开生　省旅游局副局长

曹礼忠　省中医药局副局长

孙晓生　广州中医药大学党委副书记、教授

成　员：

廖国强　省旅游局质监所所长

肖纹绮　省中医药局办公室副主任

张国辉　省旅游局市场开发处副处长、试行国民旅游休闲计划专责小组组长

联络员：

肖纹绮　省中医药局办公室副主任

张国辉　省旅游局市场开发处副处长

工作人员：

黄桃园　省中医药局办公室

张华磊　省旅游局试行国民旅游休闲计划专责小组

工作邮箱：zyyly2010@163. com

广东省中医药文化养生旅游工作领导小组下设广东省中医药文化养生旅游示范基地评定小组，负责我省中医药文化养生旅游示范基地标准制定及具体评选工作。成员如下：

组　长：

周开生　省旅游局副局长

副组长：

曹礼忠　省中医药局副局长

孙晓生　广州中医药大学党委副书记、教授

成　员：

陈文君　广州城市职业学院旅游与公共管理学院院长、中国区域旅游开发专业委员会副主任

蓝韶清　广州中医药大学教授、广东中医药博物馆馆长

张奉学　广州中医药大学热带医学研究所教授、博导

詹若挺　广州中医药大学教授

汪　洪　资深策划、设计师，广州信意达广告有限公司总经理、广州非物质文化传播有限公司董事长

肖纹绮　省中医药局办公室副主任

张国辉　省旅游局市场开发处副处长、试行国民旅游休闲计划专责小组组长

梁永忠　省旅游局质监所副所长

链接：2011年5月18日，广东省旅游局、广东省中医药局印发《关于公布“广东省中医药文化养生旅游示范基地”名单的通知》（粤旅办［2011］94号），全省有19家单位被评为“广东省中医药文化养生旅游示范基地”。

关于下发《广东省体育旅游示范基地认定办法》的通知

各市体育局、旅游局：

现将《广东省体育旅游示范基地认定办法》（以下简称《办法》）下发给你们，请遵照执行，并认真按照《办法》的规定，做好体育旅游示范基地的申报工作（体育旅游示范基地第一批申报的截止时间为7月31日），制定本地区体育旅游发展规划与扶持政策，进一步推动我省体育旅游业的发展。

特此通知。

附件：1. 广东省体育旅游示范基地认定办法

2. 广东省体育旅游示范基地认定申请表（略）

广东省体育局　广东省旅游局

二〇一〇年四月十四日

附件

广东省体育旅游示范基地认定办法

第一章　总则

第一条　为贯彻落实省委、省政府《关于加快我省旅游业改革与发展建设旅游强省的决定关于下发〈广东省体育旅游示范基地认定办法〉的通知》（粤发［2008］20号）和省政府《关于试行广东省国民旅游休闲计划的若干意见》（粤府［2009］19号）精神，促进体育旅游业的发展，规范体育旅游示范基地认定工作，根据《中华人民共和国体育法关于下发〈广东省体育旅游示范基地认定办法〉的通知》、《广东高危险性体育项目经营活动管理规定》等有关法律法规，结合本省实际，制定本办法。

第二条　本办法所指的体育旅游，是指以参加各种体育活动为主要目的，使消费者通过旅游的形式体会体育活动带来的乐趣，满足各种人群不同需求。广东省体育旅游示范基地是指广东省境内，开展多项体育项目，并可为游客提供游览、度假、休憩、健身休闲等服务，景区体育健身和旅游服务设施完善、社会经济效益良好、示范辐射作用强的体育旅游场所。

第三条　广东省体育旅游示范基地的评定，坚持企业自愿申请，公平、公正、公开评定，不干预企业经营自主权的原则。

第二章　认定范围

第四条　凡在广东省境内，通过省级国家旅游景区质量评定委员会评定并取得3A旅游质量评定证书，并依托景区旅游资源，开展多项体育健身休闲项目的景区，或者以体育健身休闲项目经营为主，开展一项以上的体育健身休闲项目，且具备餐饮和住宿条件，具备一定规模的体育经营单位，均可申请参加广东省体育旅游示范基地评定。

第三章　申报条件

第五条　申报条件

体育旅游示范基地申报单位必须具备以下条件：

一、支持国民旅游休闲计划。配合推行国民旅游休闲计划，结合实际，制定相应配套措施和方案，共同推动国民旅游休闲计划顺利实施。

二、支持国民旅游休闲卡。积极宣传国民旅游休闲计划，提供相关宣传资料，安排专人负责，为持卡人员提供相应优惠和便利服务。

三、体育设施配置符合要求。体育器材、设施符合国家标准、并定期维护保养；有具备从业资格的体育项目从业人员和医疗救护人员。

四、安全保障有力。体育经营项目各项管理制度健全有效，建立有安全检查、预演、监督和及时报告制度、各岗位安全职责明确，在开展体育项目的场所显著位置张贴安全注意事项、紧急事件处理程序及预案；安全警示标识齐全、醒目、规范。

五、体育旅游基地交通畅通。游客进出景色区交通顺畅，配置有公共交通工具，能够满足游客特别是自驾车游客的方便。在主要干道有标识牌，配备规范的停车场。

六、旅游经济效益良好，年接待量达到一定规模，吸纳本地劳动力就业明显。

七、积极宣传推广体育旅游。印制宣传资料推介或利用各种平台宣传，积极推动体育旅游的发展。

八、旅游接待制度健全，协调有序，能较好地处理游客的咨询、预订、投诉等问题，游客的满意率达到百分之九十以上。

第六条 申请单位须提交下列材料

（一）开展体育旅游的总结材料；

（二）《广东省体育旅游示范基地申请表》（见附件）；

（三）营业执照复印件；

（四）涉及经营高危险性体育项目的，须提交《广东省危险性体育项目经营许可证》复印件；

（五）银行出具的信用证明；

（六）上年度资产负债表和损益表等相关财务报表；

（七）上年度职工缴纳各项社会劳动保险费的证明；

（八）上年度纳税情况证明；

（十）旅游景区质量等级评定证书复印件（限景区提供）。

第四章　认定程序

第七条 省体育局、省旅游局联合成立省体育旅游示范基地评定小组，评定小组按照本《办法》第五条确定的评定标准，对各申请单位进行综合考察，结合区域、类型、档次、组合等情况，对符合示范基地资格的景区，授予“广东省体育旅游示范基地”荣誉称号。

第八条 广东省体育旅游示范基地申报时间为每年的第二季度。申请广东省体育旅游示范基地应按如下程序逐级上报：

（一）申请单位直接向所属区域的地级以上市体育部门提出申请，按要求提交有关申报材料。体育部门会同同级旅游部门提出初审意见，并报省体育旅游示范基地评定小组。

（二）省体育旅游示范基地评定小组组织评定后，形成书面复核意见和相关材料，并由省体育局、省旅游局下文公布。

第九条 被评定为“广东省体育旅游示范基地”的单位，由广东省体育局和广东省旅游局联合颁发“广东省体育旅游示范基地”证书和牌匾。标牌须置于示范基地入口醒目处，便于旅客识别，并在对外宣传资料中正确标明。

第十条 广东省体育旅游示范基地实行四年一次的复核制度。每年3月底前，向省体育旅游示范基地评定小组报送上一年度示范基地经营总结。四年届期满后，各单位要按照本《办法》第六条的要求，向省体育旅游示范基地评定小组报送相关材料。经省体育旅游示范基地评定小组复核，达不到要求，将取消其体育旅游示范基地资格，收回“广东省体育旅游示范基地”证书和牌匾。

第五章　扶持政策

第十一条 省体育局将把获得“广东省体育旅游示范基地”荣誉称号的单位列为我省体育产业重点扶持单位，根据国家和省的有关扶持政策，给予企业重点扶持。同时，省旅游局优先协助其申请国家或省的各种旅游产业化项目扶持资金。

第十二条 省旅游局将“广东省体育旅游示范基地”纳入省国民旅游休闲计划及各项旅游促销计划，示范基地享有相关优惠扶持政策。

第十三条 利用各种媒体帮助省体育旅游示范基地做好宣传，树立品牌，扩大影响。优先链接广东体育网、活力广东旅游网等政府官员网站，通过网络引导和推动体育旅游建设。

第六章　附则

第十四条 广东省体育旅游示范基地存在下列情况之一，取消其“广东省体育旅游示范基地”资格，收回证书和牌匾，不再享受有关扶持政策，三年内不得再申请。

（一）发生重大旅游服务质量投诉事件；

（二）所开展的体育项目发生严重安全事故；

（三）不按规定要求提供总结材料；

（四）存在严重违反国家法律、法规和政策行为，并被有关部门查实。

第十五条 本办法由广东省体育局、广东省旅游局负责解释。

第十六条 本办法自发布之日起实施。

链接：2011年11月23日，广东省体育局和省旅游局联合印发《关于命名广东省体育旅游示范基地的决定》，正式认定广东省奥林匹克体育中心等18家单位为首批广东省体育旅游示范基地，并于2011年12月16日颁牌。

各市旅游业

Tourist Industry of All Cities

（第165-302页）

客家围屋

2010年，广州旅游紧紧围绕将旅游业培育成国民经济的重要战略性支柱产业和人民群众更加满意的现代服务业、建设旅游强市这个中心，突出服务亚运、宣传亚运这个主题，大力推进旅游基础配套设施建设，着力提升旅游服务质量，不断优化旅游发展环境，积极推进旅游产业升级换代，旅游发展和重点专项工作实现新跨越，各项旅游指标实现新提升。全年全市共接待游客1.27亿人次，比上年增长7.13%；旅游业总收入首次突破1000亿元大关，达1254.61亿元，同比增长26.21%；旅游外汇收入46.89亿美元，同比增长29.38%；国内旅游收入934.38亿元，同比增长25.16%。广州荣获“世界知名旅游城市”、“中国最佳商务旅游目的地城市”和“中国休闲城市”称号，广州（国际）美食节荣获“2010最具国际影响力节庆”称号，从化、增城两市双双获评“广东省旅游强市”。

陈家祠

白云山

越秀公园

广州塔(日景)

珠江夜色

广东科学中心

南沙湿地

汕头 ZHAN TOU

石炮台公园

礐石风景区

美丽的亚热带海滨城市汕头，位于广东省东部，北回归线与中国大陆交汇处，北接闽南，东濒南海，与台湾隔海相望，为中国经济特区、著名侨乡。

汕头自然条件优越，气候宜人。南澳岛、桑浦山、礐石风景区、龙虎滩、海滨长廊…… 处处景色秀丽，风光旖旎。汕头拥有礐石风景区、中信高尔夫海滨度假村、南澳岛旅游区、莲华乡村旅游区4个国家4A级旅游景区，拥有粤东首家大型主题公园——“汕头方特欢乐世界 · 蓝水星”，拥有被称为潮汕小故宫的名胜古迹——陈慈黉故居，非常适宜旅游、休闲和度假。

在这里，您可观山色，踏海浪，听海涛，品美食，您还能感受儒雅民风，领略邹鲁风采，释放山水情怀，尽享休闲浪漫的好时光……

南澳岛

陈慈黉故居

南山湾

中信度假村

莲花峰旅游景区

闲情万绿谷

随梦而飞

心中的家园

河源位于广东省东北部，是珠三角的后花园，重要的产业转移基地。荣获“中国优秀旅游城市”、“全国生态环境保护最佳范例”、“中国十大特色休闲城市”等称号。

河源旅游资源丰富，树立了“客家古邑 · 万绿河源 · 温泉之都 · 恐龙故乡 · 红色经典”五大旅游品牌。河源属古龙川地域，具有2000多年历史，文化底蕴深厚，是岭南文化的发祥地之一，中国革命策源地之一，已开发出了以苏家围、赵佗故居、林寨古村为代表的客家文化景区。河源具有一流的水质、空气、森林，是广东省的生态保护屏障，市内拥有华南最大的人工湖——万绿湖，水质达国家一类地表水标准，蓄水量达139亿立方米。全市地热资源十分丰富，探明的可开发的温泉资源达34处，现已开发出御临门温泉、龙源温泉、热龙温泉、天上人间温泉等高档温泉度假村。河源有世界罕见的集恐龙蛋、恐龙骨骼、恐龙足印三种化石于一体的恐龙资源，现出土恐龙蛋化石15000多枚，已载入吉尼斯世界纪录。

“客家古邑 · 万绿河源”欢迎您!

金边绣万绿

热龙温泉

湖光山色越王山

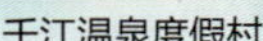

千江温泉度假村

灵光寺旅游区

叶剑英纪念园

神光山旅游区

梅州市旅游概况

梅州市位于粤东北部，辖8个县（市、区），总面积1.6万平方公里，总人口507万，其中99%为客家人，是全世界最大的客家人聚居地，享有“世界客都”之称，又是叶剑英元帅的故乡，国家历史文化名城、中国优秀旅游城市、中国客家菜之乡、国家园林城市、广东最受欢迎自驾游目的地、选美广东—我最喜爱城市。

梅州旅游资源丰富，自然生态秀美，人文名胜众多，客家风情浓郁。全市行游吃住娱购“六要素”配套完善，可为海内外游客提供一条龙优质服务。

梅州市主要旅游景区包括：

雁南飞茶田景区
雁鸣湖旅游度假村
叶剑英纪念园
灵光寺旅游区
长潭旅游区
客天下旅游产业园
五指石风景名胜区
汤湖热矿泥山庄
益塘水库旅游区
西岩茶乡度假村
神光山旅游区
龙鲸河漂流旅游区
坪山梯田旅游区等

休闲到梅州，享受慢生活。可尽情体验“放慢您的脚步、放松您的心情、放飞您的梦想”的休闲慢生活。

客天下旅游产业园

山村遍地黄金甲

坪山梯田的早晨

长潭旅游区

五华汤湖热矿泥山庄

龙鲸河漂流区

西岩茶乡度假村

客家民居围龙屋

五指石省级风景名胜区

雁鸣湖旅游度假村

五华县益塘水库

1.2010年12月29日，东莞市旅游协会第二届会员合影。

2.2010东莞市饭店业服务技能大赛集体照。

3.东莞豪门大酒店新外观。

4.东莞市茶山镇南社明清古村落。

5.东莞帝豪花园酒店。

6.2010年8月28日，中国寮步首届沉香艺术博览会开幕。

7.2010年9月28日，东莞旅游文化节开幕式现场。

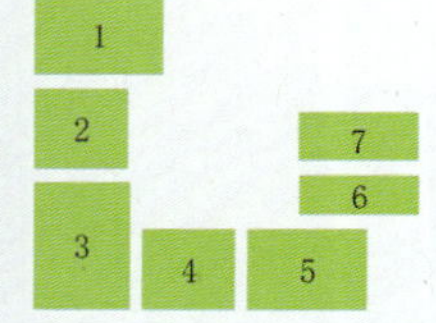

CHINA
DONGGUAN 东莞

热烈祝贺2010东莞旅游文化节暨寮步首届香市旅游文化节隆重开幕

中国(寮步)首届沉香文化艺术博览会
暨 2010 东莞旅游展示会

恩平温泉

江门市位于广东省中南部、珠三角西部，毗邻港澳，全市总面积9451平方公里，人口445万。

江门市是中国优秀旅游城市、国家园林城市、国家卫生城市、国家环保城市。

江门市是全国著名侨乡，祖籍江门的海外华侨和港澳台同胞达376万人，遍布世界107个国家和地区。

江门市旅游资源丰富，有世界文化遗产“开平碉楼与村落”、上下川岛的阳光沙滩、十大特色温泉、7个国家AAAA级旅游区、2个国家森林公园、5个漂流峡谷、5个“广东最美的乡村”、5个“广东省旅游特色县镇村”、3个中国历史文化名镇和中国历史文化名村，是休闲度假、旅游观光的好地方。

江门最著名的旅游景点是开平碉楼。目前保存完好的有1883座，作为典型的侨乡文化代表，充满田园乡村风味的特色，被联合国的专家誉为“震撼世界的建筑艺术长廊”，2007年被联合国教科文组织评为世界文化遗产。

江门还拥有“中国温泉之乡”和“国家地热地质公园”的称号。目前江门有10个各具特色的温泉度假村，良好的酒店设施，优质的旅游服务，独特的温泉文化使江门成为广东省最佳的温泉度假胜地。

江门市的海岛资源十分丰富。台山上、下川岛总面积达250平方公里，是广东省第一大岛，也是昔日中国与西方通商的海上丝绸之路。阳光、大海、沙滩，旖旎的风光和浓厚的乡土风情，吸引无数的游客到岛上休闲度假。

江门市人文历史十分深厚。有著名理学家——陈白沙，著名的政治家——梁启超，中国第一个飞机设计师——冯如，华侨领袖——司徒美堂，澳门特首——崔世安，美国驻华大使——骆家辉。江门还盛产明星，刘德华、容祖儿、梁朝伟、易建联都是江门籍的明星。

近年来，江门市以打造广东省最佳休闲度假旅游城市为目标，积极发展旅游经济。2010年，全市旅游总收入120.10亿元人民币，同比增长15.46%，其中国内旅游收入87.71亿元人民币，同比增长15.27%，旅游外汇收入47656.60万美元，同比增长16.54%。全市接待过夜游客990.99万人次，同比增长14.97%。江门人民正以满腔的热情、良好的服务，欢迎国内外的朋友到江门来。

1. 粤西（茂名）首届民俗风情旅游节
2. 联合国世界旅游组织秘书长塔勒布 · 瑞法依参观茂名旅游商品展销
3. 中国国旅总社粤西旅游首发团欢迎仪式
4. 茂名市旅游局、中山大学签订茂名旅游发展等三项规划编制协议

放鸡岛海洋度假公园

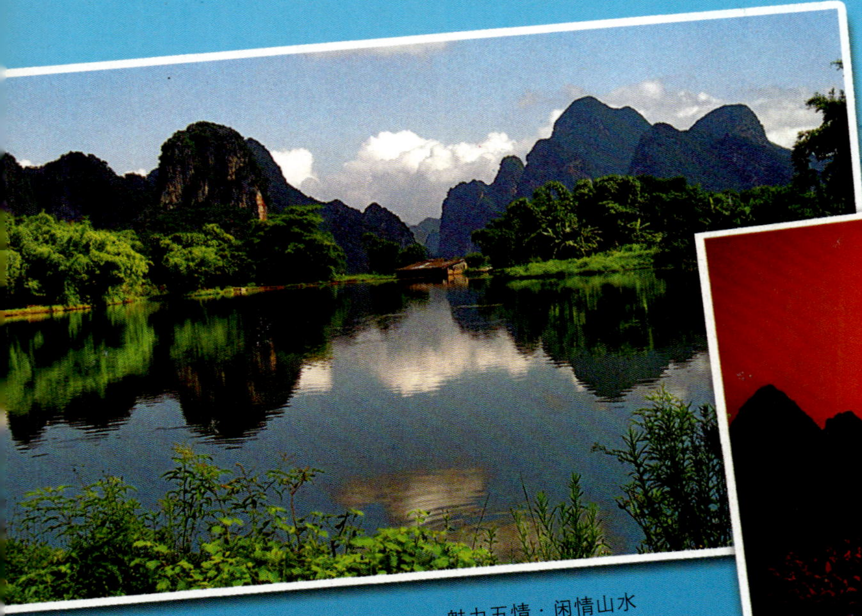

魅力五情·闲情山水

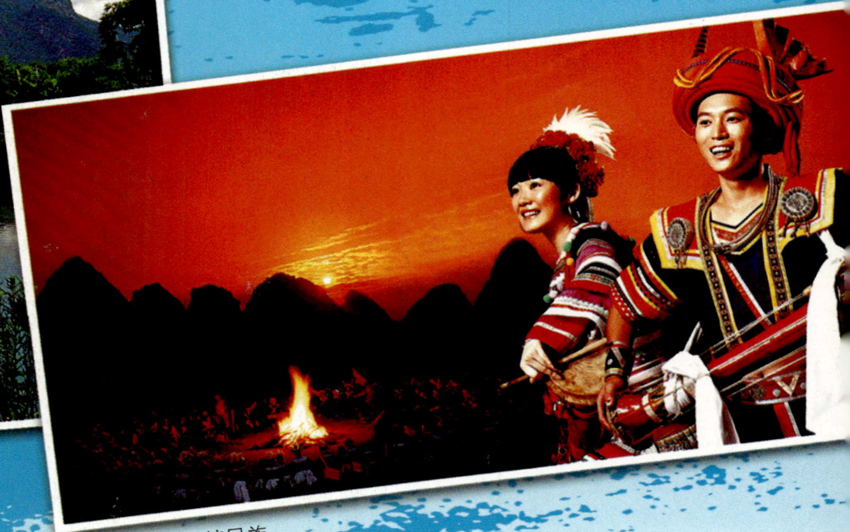

魅力五情·热情民族

清远 QING YUAN

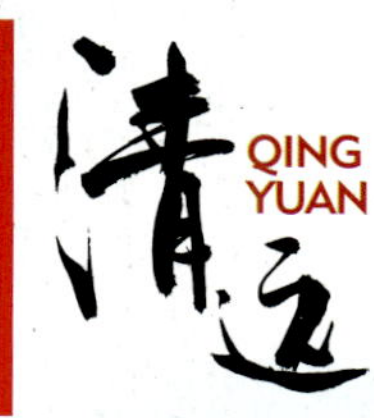

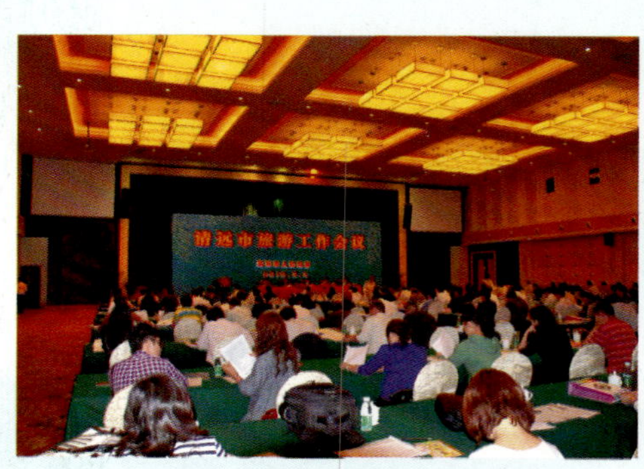

2010年3月3日，清远市旅游工作会议在清新花园酒店召开。

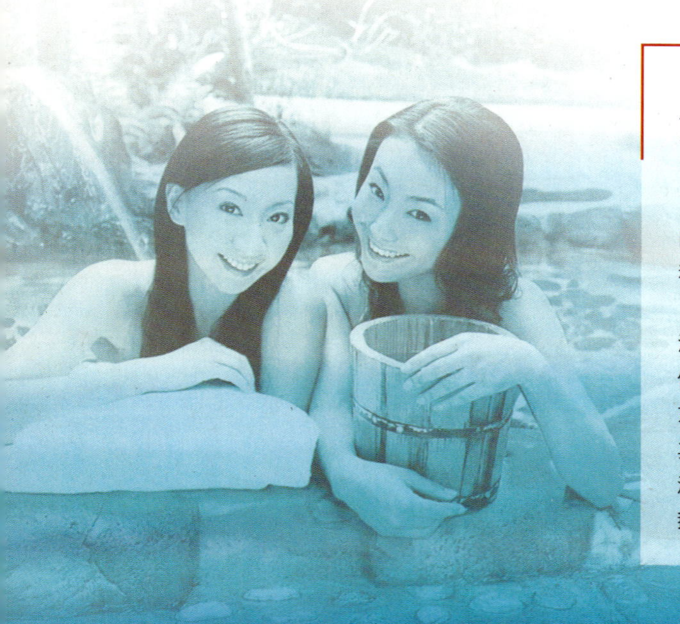

清香溢远　北江明珠

清远是一个富有魅力且充满活力的年轻城市，全市总人口420万，下辖8个县（市、区），总面积1.92万平方公里。清远地处南岭山脉与珠三角的结合部，境内山青水秀，旅游资源丰富，交通发达，清远市区距广州仅60公里，被誉为港澳和珠三角的后花园。清远市先后获得“中国优秀旅游城市”、“中国温泉之乡”、“中国漂流之乡”、“中国奇洞之乡”、“中国宜居城市”，以及“清远温泉、漂流——欧洲人最喜爱的中国景区”、“港澳与海外华人眼中最具魅力的休闲度假之都”等国家级、国际性品牌和荣誉称号；拥有1个“中国旅游强县”、1个“广东旅游特色县”和5个“广东省旅游强县（市）”。全市现有各类景区（点）80处，其中包括1个国家5A级景区、9个国家4A级景区，形成“亲情温泉、激情漂流、奇情溶洞、闲情山水、热情民族”五大旅游品牌热线。清远的特色美食有清远鸡、乌鬃鹅、北江河鲜、九龙豆腐等，特产有英德红茶、英石等。

魅力五情·亲情温泉

魅力五情·激情漂流

魅力五情·奇情溶洞

2010年4月20日，清远旅游服务技能大赛暨全省职业技能大赛选拔赛在佛冈县聚龙湾天然温泉度假村隆重举行。

2010年6月12日，2010首届广东清远奇情溶洞旅游文化节在连州地下河景区隆重举行。

2010年9月29日，首届“清远鸡”美食嘉年华主题活动在清远义乌商贸城广场隆重开幕。

2010年12月8日，“魅力清远·亲情温泉”2010广东清远(英德)温泉节在天门沟·九州驿站隆重开幕。

“2010年2月4日，云浮市绿道——休闲自行车道正式开通，云浮市委书记王蒙徽、市长黄强等市领导共同体验绿道、与民同乐。

2010年10月21日，广东省旅游局、云浮市领导共同启动云浮市第三届旅游文化节开幕。

绿道绿城绿西关 慢游慢行慢生活

云浮 一个值得作为故乡的城市

“十一五”时期是云浮市旅游业进一步奠定基础、全面提升产业素质的关键时期，云浮市旅游系统在市委、市政府以及省旅游局的正确领导下，坚持解放思想、改革开放、开拓创新、科学发展、拼搏奋进，全市旅游事业实现了突飞猛进的跨越式发展，取得了辉煌成就和丰硕成果。

2010年作为“十一五”的关键一年，全市旅游系统按照“创品牌，打基础，拓市场”的发展思路，结合美好环境与和谐社会共同缔造行动，以“共谋、共建、共管、共享”理念为指导，积极推进绿道网络和宜居城市建设，加快完善旅游配套设施，全面提升旅游产品品位和档次，为把云浮打造成为广东省旅游产业大市、试行国民旅游休闲计划先行区、环珠三角乡村生态休闲旅游首选地打下了坚实的基础，为建设“健康、生态、幸福的宜居城市”和广东富庶文明大西关作出了贡献。

□ 2010年5月21日，云浮（江门）旅游推介会在江门市举行，图为副市长崔逢池作旅游推介。

□ 2010年6月22日，云浮市开展旅游行业职业技能大赛，图为大会组委会领导与参赛选手合影。

□ 2010年7月10日，广东省旅游局副局长张振林在“游中国禅都、品六祖佛荔”暨新兴启动广东华人华侨旅游年活动”仪式上讲话。

□ 2010年5月29日，“万人游云浮，绿道远足行”系列活动在云浮市人民广场举行。

□ 2010年6月11日，五省八市媒体“禅宗文化神州行”启动仪式在广东云浮市新兴县国恩寺举行。

□ 2010年10月22日，云浮市组织“千人石文化游”游客参观云浮市第三届旅游文化美食节。

顺德逢简水乡

笑看魅力顺德　畅游文化水乡

顺德区位于珠江三角洲中部，全区面积806平方公里，紧靠广州，毗邻港澳，交通便利。顺德自古就是一个物华天宝的富庶之地，岭南文化积淀深厚。今天的顺德经济发达，是“现代产业之都，品质生活之城”，旅游业显示出勃勃生机。

顺德旅游资源丰富，广府文化、生态休闲、都市风光、岭南美食、特色产业交相辉映。广东四大名园之一清晖园，是岭南园林的杰出代表；碧江金楼、逢简水乡展现了岭南古建筑艺术及原始的珠江水乡风貌；遍饰砖雕、灰塑、陶塑的西山庙和广东最大的寺院之一宝林寺，具有浓郁岭南地方色彩；顺德是一个旅游度假地，长鹿休闲度假农庄是领略岭南历史文化、顺德水乡风情、农家生活情趣的绝好去处；国际功巨星李小龙祖籍在顺德，李小龙乐园讲述一代巨星的成长故事；规模宏大的顺峰山公园，自然与人文景观完美结合。这里还有陈村花卉世界、乐从家具城、南国丝都丝绸博物馆、珠宝文化主题公园万辉珠宝城等旅游资源。

顺德美食享誉中外。自古“食在广州，厨出凤城（顺德大良）”，顺德是粤菜重要的发源地，中国三大厨师之乡之一，全国首个“中国美食名城”，著名的美食之乡，餐饮业发达，金牌菜、特色菜无数，名店名厨荟萃。“中国厨乡，美食天堂”名不虚传。顺德民间传统和文化世代延续，有龙舟之乡、粤剧之乡、武术之乡的美誉，龙舟竞渡、粤曲技艺、咏春功夫远近闻名，观音开库、生菜会、龙母诞等民俗活动气氛热烈。

顺德欢迎各地贵宾的到来！

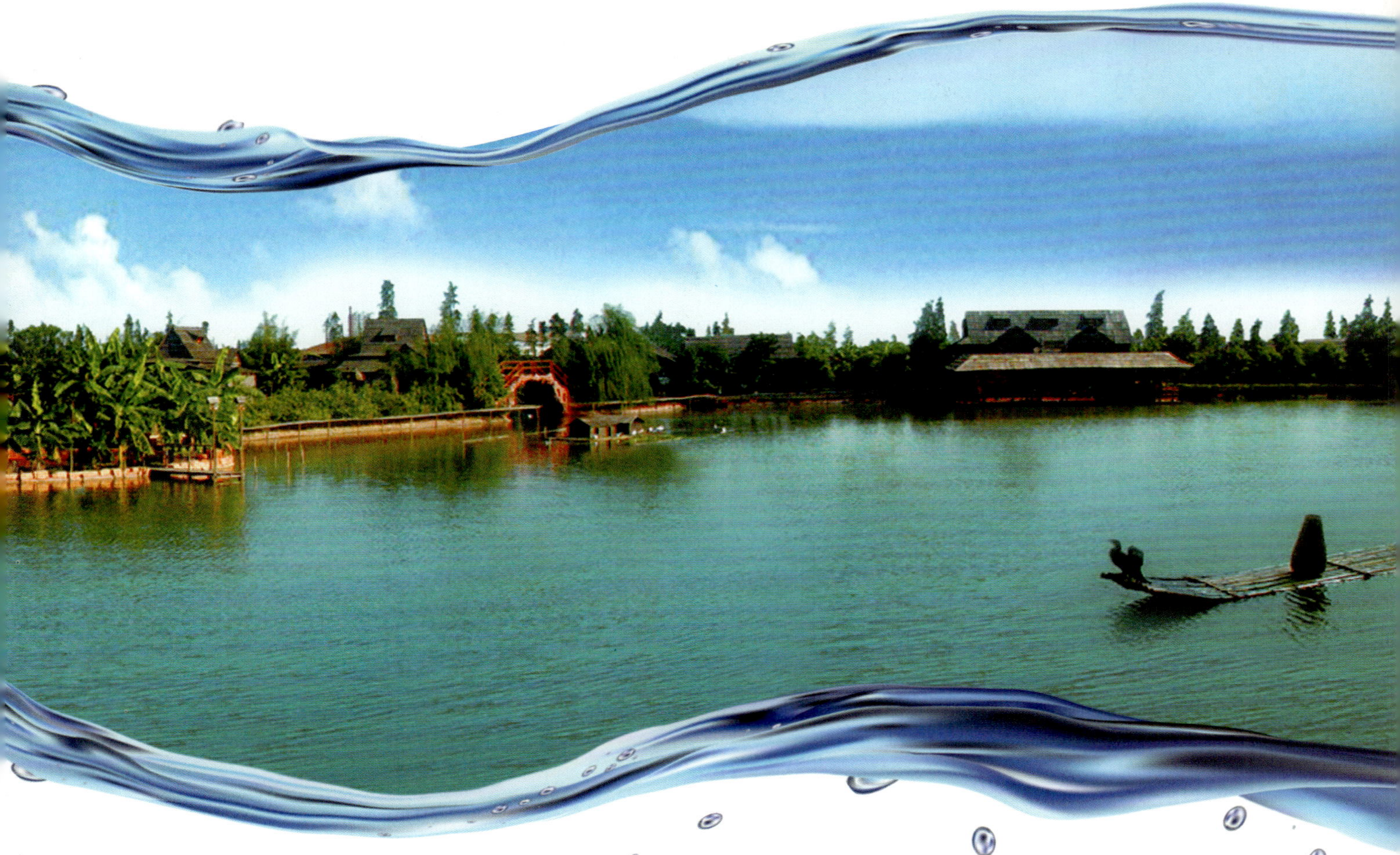

顺德 SHUN DE

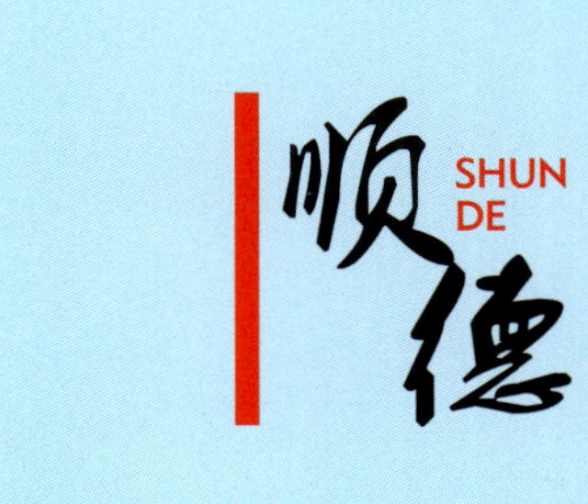

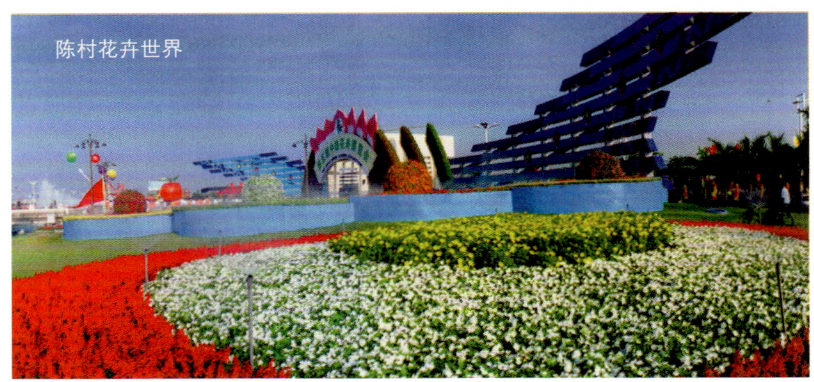

陈村花卉世界

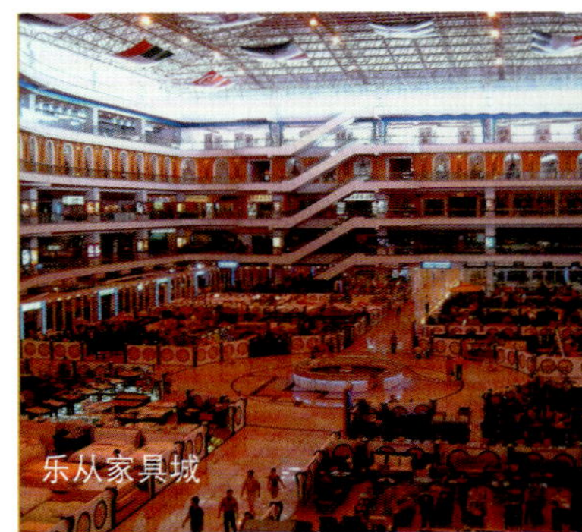

乐从家具城

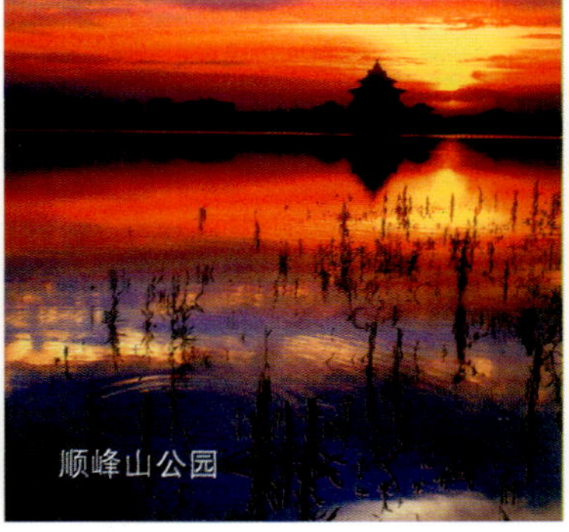

顺峰山公园

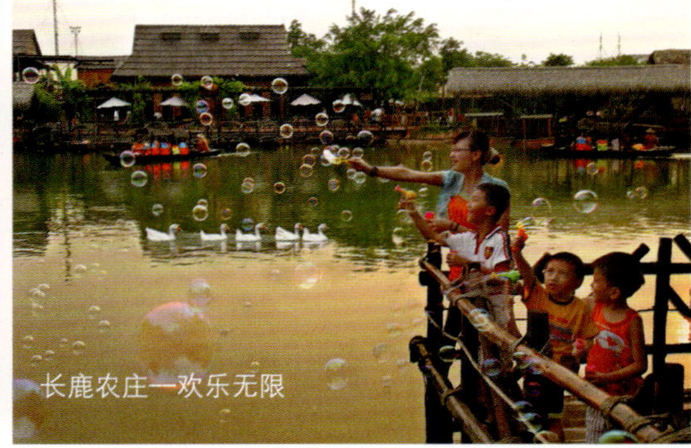

长鹿农庄—欢乐无限

潮州 CHAO ZHOU

以文物开拓旅游 以旅游开放文物

潮州市围绕“打造国内外有重要影响力的历史文化名城”的目标，“以文物开拓旅游、以旅游开放文物”为主线推进文化旅游发展，2010年全市接待游客人数达357.72万人次，比上年同期增长16.3%；全市景区景点接待游客836.79万人次，比上年同期增长6.3 %；全市旅游收入达到54.19亿元，比上年同期增长16.9%。

加大“潮州古城文化旅游区”建设力度，着力修复名胜古迹，丰富文物景点内涵，增加游客互动项目，让游客亲身感受潮州深厚的文化底蕴，增强了历史文化名城的旅游魅力，使之成为全省规模大、吸引力和竞争力强的文化旅游基地。同时，切实整合景区资源，推行“一票通”的古城文化旅游区“优惠套票”，引导游客体验深度旅游，更大限度地展示潮州文化旅游的特色优势。是年，成功举办“金秋潮州行”、“潮州新八景”、“潮州学子游名城”等旅游宣传推介活动；加大力度在“广东国际旅游文化节”上宣传潮州旅游；在全国发行宣传潮州最具特色景区的“广济桥”特种邮票；将修复明清旧貌的“太平路牌坊街”申报“中国历史文化名街”，“古城文化旅游区”成为粤东文化旅游的亮点和热点，为打造古城5A级景区打下了基础。并以古城文化游为龙头，大力推进“环古城乡村旅游集群”的发展，在县（区）域旅游中创建了东山湖温泉度假村、绿岛山庄、淡浮院等三个国家4A级旅游景区，发展一大批以农家乐、茶家乐为特点的乡村旅游景点。目前，潮州已初步形成以“古城文化游为龙头，环古城乡村生态旅游为集群”的旅游新格局。红色旅游、工业旅游也有良好的开端，将在“十二五”期间成为全市文化旅游的重要发展目标。

□ 2010年4月，潮州市副市长卢淳杰等领导为“潮州新八景”评选活动启动按钮。

□ 2010年9月，举行“潮州新八景”颁牌典礼，广东省旅游局张振林副局长在颁牌典礼上讲话。

□ 2010年7月，举办“潮州学子游名城”暑期修学旅游活动。

□ 2010年7月，市政府领导出席“潮州学子游名城”启动仪式。

□ 2010年11月，举行“金秋潮州行”活动，参与活动的旅业单位签订友好合作协议。

□ 在“金秋潮州行”活动中，市文物旅游局伍茸局长陪同嘉宾们考察牌坊街等旅游景点。

□ 2010年12月，推出古城文化旅游区“优惠套票”，游客“一卡在手，畅游古城”。

□ 2010年12月，潮州市副市长卢淳杰监查督促“优惠套票”的实施。

饶平县绿岛旅游山庄

绿岛旅游山庄创建于2002年，位于饶平县钱东镇，总占地面积约3000亩，林地覆盖率达95%，山环水绕，风景如画，是一处绿荫葱郁、山清水秀、空气清新、花香鸟语的自然生态旅游区，具有众多潮俗文化、人文历史、农家体验等游览景点，犹如一颗镶嵌在粤东大地上的绿色明珠。山庄原是古代兵家烽火传讯的要塞和饶平通往潮州府的官道驿站所在地，20世纪成为“革命知青广阔天地炼红心”的营地，现已建成一处集地质科普、文物民俗、休闲度假、商务会议、游乐购物于一体的大型综合性生态旅游度假胜地。

旅游区资源丰富，种类齐全，精品众多，特色突出，景区以“农业生态环保”为主题，突出“潮俗乡村文化”特色的两大要点进行别具匠心的规划，建成各具特色、功能齐全的潮俗文化区、千竹湖游乐区、甘泉品茗区、乡村别墅区、特色农业体验区等功能区。先后被评为国家4A级旅游景区、潮州新八景、全国休闲农业与乡村旅游示范点、广东省森林生态旅游和农业旅游示范基地、广东省青少年科技教育基地、广东最美乡村示范区、厦门市民周末十大自驾游目的地……

绿岛晴岚

冰臼瀑布

甘泉转轮

度假酒店全景

绿泉酒店夜景

千竹湖

广　州　市

综　述

【总体情况】　2010年，广州旅游业认真贯彻落实《国务院关于加快发展旅游业的意见》和《中共广州市委市政府关于加快我市旅游业发展建设旅游强市的意见》，紧抓广州举办第16届亚运会和首届亚残运会的契机，切实做好亚运旅游和住宿餐饮服务保障工作，全力提升旅游服务质量，大力优化旅游发展环境，着力推进旅游产业升级换代，各项旅游经济指标达到预期目标。2010年全市接待游客总人数达1.27亿人次，比上年增长7.13%；接待过夜旅游人数约4506.38万人次，增长13.35%；旅游业总收入达1254.61亿元，增长26.21%；旅游外汇收入46.89亿美元，增长29.38%，占全省比重37.72%；国内旅游收入935.97亿元，增长25.38%。广州市被省政府评选为“全省旅游综合改革示范市”，并荣获“世界知名旅游城市”、“最佳商务旅游目的地城市”、“中国休闲城市”称号。

【旅游行业规模】　截至2010年底，广州市拥有旅行社246家，其中出境游组团社41家，外资旅行社9家。广州市旅行社在外地设立分社有55家，分布在北京、云南等地，旅行社门市部439个；星级酒店总数250家，其中五星级酒店18家（含白金五星1家）、四星级酒店37家、三星级酒店145家、二星级酒店49家，一星级酒店1家。星级饭店可供出租客房4.05万间，床位6.43万张。高星级酒店大幅增加，经济型酒店逐步替代低星级酒店。全市A级景区22家，其中5A级旅游景区1家，4A级旅游景区15家，3A级5家，2A级1家。全市主要旅游景区从业人员14608人，比上年增长3.81%；旅行社从业人员8180人，比上年增长12.12%；主要宾馆酒店从业人员138585人，比上年增长8.94%。旅游餐饮、旅游购物和旅游娱乐环境日益改善，质量进一步提高，形成了具有较强竞争力的现代化旅游产业体系，旅游产业规模不断扩大，综合竞争力仅次于北京、上海。

【重大旅游决策】　2010年，中共广州市委、市政府实施亚运旅游惠民计划，对全体市民实施收费景点门票优惠、免费广州一日游、免费亚运场馆游、免费参观广州塔、万名建筑工人免费游览白云山等旅游惠民项目，为亚运会的顺利举办营造了热情洋溢、欢乐喜庆的氛围。推出“新广州游”品牌，推出广州金品游、专题游和区域游等66条线路。是年，积极实施《广州市旅行社组织外国人来穗旅游奖励办法》，对在发展入境游方面做出积极贡献的旅行社和个人进行表彰和奖励，有力地激发旅行社开拓国际客源市场的积极性和主动性。完成《“十二五”广州旅游业规划》的编制工作，明确未来5年广州旅游产业发展的目标、战略以及存在的薄弱环节和对策措施。编制《广佛肇旅游专项发展规划》，为广佛肇三地的旅游合作发展奠定良好基础和提供保证。编制出台《广州东北部山区旅游发展战略规划》。

2010年6月29日，中共广东省委常委、广州市委书记张广宁出席“广州南沙港—澳门”航线启动仪式。

【“十一五”旅游业发展情况】　“十一五”期间，广州市旅游业实现跨越式发展。旅游产业规模持续扩大，广州接待游客总人数首次突破1亿人次、旅游总收入首次突破1000亿元、旅游产业增加值占GDP的比重首次突破5%，旅游业保持平稳较快增长，各项指标位居全省首位。2010年，全市旅游业总收入1254.6亿元，占全省旅游业总收入的33%，占全国旅游业总收入的8%，广州旅游业增加值为533.5亿元，占全市GDP的5.03%；产业结构不断优化，旅游产业集群建设成效显著。形成以长隆旅游度假区为核心的游乐休闲产业群，以大学城为核心的文化休闲产业群，以白水寨为核心的生态休闲产业群，以从化温泉养生谷为核心的高端温泉休闲产业群，以广州塔、西塔、大剧院、博物馆为主体的集观光、休闲、文化、购物、商务、酒店为一体的珠江新城产业群，以珠江为纽带、珠江游为主体的水文化休闲产业群，以莲花山风景区、九龙湖度假区为核心的休闲度假产业群；旅游产业已由单一的旅游产品经营模式向产业集群式发展转变。旅游配套设施建设加快，旅游产业综合竞争力显著提升。形成具有较强竞争力的现代化旅游产业体系，旅游产业规模不断扩大，综合竞争力仅次于北京、上海，处于国内城市排名第三的优势地位；出台一系列法规政策，旅游发展环境继续改善。制订实施《广州市旅游条例》，市委、市政府颁布《关于加快我市旅游业发展建设旅游强市的意见》，全市旅游经济发展的法律环境、政策环境和服务环境进一步改善。

【2010 年广州国际旅游展览会】 2010 年 3 月 25～27 日，由广东省旅游局和广州市旅游局指导，汉诺威米兰展览（上海）有限公司主办的 2010 年广州国际旅游展览会在广州锦汉展览中心举办。25 日为专业观众日，26～27 日为公众开放日。展会吸引来自 41 个国家和地区的参展商 506 家。展出面积 15000 多平方米，其中境外展商占 46%。广州、深圳、珠海市旅游局以“精彩广深珠”为整体形象设置“广深珠”专区，广州、佛山、肇庆市旅游局则设置“广佛肇”专区。广州、佛山、肇庆市旅游局借助广州旅游展览会共同举行“百名记者/旅行商‘广佛肇’旅游采风活动”。

【国民旅游休闲计划】 2010 年，广州市按照“政府引导，社会参与；积极探索，稳步推进；全面实施，务求实效”的原则，深入贯彻落实《关于试行广东省国民旅游休闲计划的若干意见》，通过建立健全工作机制，制订落实扶持政策，加大宣传力度，充分调动全社会参加旅游休闲活动的积极性。紧紧抓住第 16 届亚洲运动会在广州举办的大好时机，积极推广宣传以“迎亚运、新广州、新生活”为主题的新广州游线路，在推行国民旅游休闲计划过程中坚持以人为本，让市民、游客共享广州城市建设十年大变成果，

2010 年 3 月 27 日，指导单位为 2010 年广州国际旅游展览会颁发“最佳展台奖”。

提升社会文明程度和居民综合素质。开展“全国百城（广东）世博旅游宣传周——逛炫亮世博，看精彩亚运”启动仪式、“迎亚运　促旅游　惠民生—广州旅游惠民共享日”活动、2010 世界旅游日全球主会场庆典暨广东国际旅游文化节广州系列活动、“迎亚运、新广州、新生活·360 度叹广州”——“新广州游”系列活动等主题旅游活动。

2010 年 4 月 3 日，广州地区旅游企业签订世博和亚运旅游合作协议。

【2010 中国世博旅游年】 2010 年 4 月 3 日，由广东省旅游局主办，广州市旅游局承办的“全国百城（广东）世博旅游宣传周—逛炫亮世博，看精彩亚运”启动仪式在英雄广场举行。省旅游局局长杨荣森、广州市政府副市长曹鉴燎、省贸促会副巡视员陈长汉等出席仪式。全市 56 家旅游企业现场搭建 60 多个促销展台，散发数十万份宣传资料、优惠券，各旅游企业精彩的舞台文艺表演和抽奖活动也成为现场亮点。7 月 28 日，广州市组织旅游企业、游客参加上海世博（宝钢）大舞台“广东周”启动仪式和“广州特别日”南京路世纪广场宣传亚运“亚运吉祥物乐羊羊雕塑落户上海南京路”活动系列活动，进一步扩大对 2010 上海世博年和广州亚运的宣传与推广，达到“宣传世博、宣传广州、推介亚运”的良好效果。

【广州旅游助力 2010 年广州亚运会和亚残运会】 2010 年，广州旅游业紧紧围绕举办亚运会亚残运会这一中心任务，全力做好服务保障工作，为盛会的成功举办做出了重要贡献。是年，亚运服务技能竞赛活动深入开展。广州市代表队在全国旅游饭店服务技能大赛广东赛区迎亚运“广州杯”选拔赛四个比赛项目中，获得 3 个项目第一名的好成绩，并夺得全国大赛团体第一名。星级酒店工作有新突破。2010 年，共新增星级酒店 26 家，其中，五星级 5 家，为亚运期间酒店接待工作的顺利开展奠定了坚实基础。景区公共标识标准化和无障碍改造工作顺利推进，完成全市 64 家景区 10035 个标识牌的标准化改造工作。亚运旅游惠民项目进展顺利，顺利实施了收费景点门票优惠、免费广州一日游、

免费亚运场馆游、免费参观广州塔、万名建筑工人游览白云山等旅游惠民项目，为亚运会的顺利举办营造了热情洋溢、欢乐喜庆的氛围。

亚运会期间，旅游系统按照市委、市政府“细之又细、精益求精”的要求，全力以赴抓好旅游服务保障工作落实。由市旅游局局长领衔的亚组委住宿餐饮服务中心团队克服困难，多方协调，圆满完成了亚运（残）会的住宿餐饮服务保障工作。亚运期间，全市各相关场馆（亚运城除外）累计供餐101.3万余份，茶点12.3万余份，饮料40.1万多箱，为亚运注册人员提供各类客房42320间夜（亚运城除外），亚运住宿餐饮服务工作获得中外贵宾和市民游客的高度评价。涉亚酒店驻点工作团队和非星级酒店服务质量督查工作团队认真负责，工作成效明显；亚运惠民“免费广州一日游”、“免费亚运场馆游”活动组织严密，顺利推进；旅游业亚运城市文明岗位志愿者活动深入扎实；国内外贵宾对口接待、亚运期间政务导游、亚运专项旅游统计、亚运旅游宣传等工作完成出色。

亚运举办期间的11月12～27日，广州旅游业抓住机遇，广迎天下客。广州接待城市旅游总人数866万人次，同比增长42.10%，其中接待外国游客32.52万人次，同比增长89.62%。全市旅游业总收入70.47亿元，同比增长50.13%。

2010年11月11日，广州市副市长曹鉴燎与钟南山院士在亚运圣火传递仪式上共同点燃火种盆。

旅游接待与收入

【入境旅游】 2010年，广州市接待入境旅游者814.80万人次，比上年增长18.19%，其中外国人294.44万人次，增长27.36%；旅游外汇收入46.89亿美元，同比增长29.38%。

【国内旅游】 2010年，广州市接待国内过夜旅游者3691.58万人次，比上年增长12.34%；国内旅游收入935.97亿元，增长25.38%；旅行社组团国内游674.04万人次，增长18.33%。其中，组团省内游496.89万人次，增长19.19%，组团省外游177.14万人次，增长15.98%。

【出境旅游】 2010年，广州市旅行社组团出境游182.82万人次，比上年增长8.75%。其中，组团香港游61.40万人次，下降13.10%，澳门游37.01万人次，增长16.29%，出国游77.81万人次，增长18.58%。

【假日旅游】 2010春节黄金周，广州市共接待游客892.74万人次，同比增长0.28%。其中接待过夜旅游者113.17万人次，同比增长6.98%，接待一日游游客779.58万人次。实现旅游业总收入43.71亿元，同比增长27.62%；“十一”黄金周（10月1～7日）期间，广州市接待游客990.33万人次，同比增长7.18%。其中接待过夜旅游者215.36万人次，一日游游客774.97万人次，同比分别增长7.27%和7.16%。实现旅游业总收入49.00亿元，同比增长14.62%。

旅游宣传促销与节庆活动

【启动新广州游】 2010年9月3日，“迎亚运、新广州、新生活·360度叹广州”——“新广州游”启动仪式及首发团系列活动在广州中山纪念堂举行。中共广州市委常委、宣传部部长王晓玲，副市长曹鉴燎以及广州旅游管理委员会成员单位负责人及外省市驻穗办领导出席仪式。制定《360°叹广州——“新广州游”品牌宣传推广方案》，精心策划推出广州金品游、专题游和区域游等66条线路。11月1日，该系列活动之“亚运惠民·免费广州一日游”活动在广州以太广场启动，副市长曹鉴燎以及首发团游客近700人参加启动仪式，活动为期2个月，由市旅游局指导相关旅行社组织15万市民浏览4条广州一日游金品线路。

【国内旅游客源市场营销】 2010年，广州市旅游主管部门策划制作广州旅游宣传片、《广州旅游指南（亚运版）》等宣传资料，分别在全国南航航班、全日空（日本至广州）航班上免费播放，发放到星级饭店、亚运城和市内的旅游问询中心供亚运会参赛人员、市民和游客自由取阅；牵头组织“广深珠”（广州、深圳、珠海市旅游局）、“广佛肇”（广州、佛山、肇庆市旅游局）共同参加中国（重庆）国内旅游交易会，并在郑州、西安等地联合开展旅游促销活动；举办“全国百城世博旅游宣传推广周—逛炫亮世博，看精彩亚运”广州现场推广活动；强势推出“新广州游”品牌，印制150万册《新广州游宣传专辑》，派发至广州市居民邮政信箱及各大旅行社。在广州主要道路候车亭设置50幅“360°叹广州新广州游”公益宣传广告。

【国际旅游客源市场营销】 2010年，广州市加大国际旅游客源市场营销的开拓力度。5月，在日本东京、福冈召开

2010 年 1 月 20 日，广佛肇三地旅游局在长沙举行“高铁一线牵，旅游一家亲”广佛肇旅游推介会。

“活力广州 激情亚运”广州亚运旅游宣传恳谈会；12 月，在韩国首尔、釜山分别举办“暖暖的广州欢迎您”广州旅游推介会，全方位介绍、宣传广州城市和旅游形象；参加在德国柏林、英国伦敦和香港举办的国际旅游展销会；承办亚太城市旅游振兴机构（TPO）第 16 次执委会会议，扩大广州城市旅游的国际影响力；充分发挥香港、日本（东京）、韩国（釜山）和澳大利亚（悉尼）等主要国外客源地旅游推广中心的宣传辐射作用，利用对外旅游推广中心，在相应客源市场开展广州旅游宣传。

【2010 广东国际旅游文化节广州主会场】 2010 世界旅游日全球主会场庆典暨中国广东国际旅游文化节，由广州市牵头组织开展的活动项目有 22 项，即：观光休闲农业示范村评选活动、中国新塘国际牛仔服装节暨第三届中国新塘牛仔形象大使大赛、“看亚运，游西关”西关旅游文化节、2010“绚丽天河”文化艺术节、白云区“激情亚运 生态白云”旅游文化节、第二届“石门七彩天池”旅游活动节、广州市流溪河国家森林公园文化节活动、360°叹广州——“新广州”品牌宣传推广活动、第二十四届广州（国际）美食节暨 2010 增城国际旅游美食节、2010 年第二届广州岭南书画艺术节、2010 中国广州（增城）登山旅游节、2010 中国广州增城菜心美食节、“倡导低碳旅游 共迎绿色亚运”——广州海珠第三届小洲艺术节活动、中国广州第三届黄埔杨桃欢乐节、2010 第八届番禺旅游文化美食节和第二届番禺农产品博览会暨第十届中国锦鲤大赛、花都乡村一日游系列活动、花都区第二届香草文化节、第二届炭步芋头节暨古村落旅游文化月活动、第五届广东（从化）国际温泉旅游节、2010 广州南沙滨海旅游欢乐节、广州开发区现代工业科技游、第二届“越秀越精彩——广府文化旅游嘉年华”活动。上述活动以亚运和休闲理念为主题，吸引大量中外游客和市民参与，成为广州旅游新亮点。其中，广州（国际）美食节举办期间，增城生态美食园区共接待各地游客 30 多万人次，30 多个旅行社组团 3 万多人次参与增城市美食美景一日游。“十一”黄金周期间前来长洲的游客数量同比增长 20%。番禺旅游文化美食节 7 天里，主会场共接待游客 24.8 万人次。

【旅游节庆活动】 2010 年，广州市旅游节庆活动主要围绕传统的广州国际旅游展览会、2010 年广州亚运会和亚残运会以及 2010 广东国际旅游文化节进行。其中，2010 年广州国际旅游展览会共吸引来自 41 个国家和地区的 506 家企业参展，进一步巩固该展作为中国及亚太地区最重要的旅游展览年会之一的重要地位；举办“迎亚运 促旅游 惠民生——广州旅游惠民共享日”活动，宣传广州游的精华产品和精品线路，为广州地区的居民提供更多休闲度假优惠选择；组织策划 2010 世界旅游日全球主会场庆典暨广东国际旅游文化节广州系列活动，特别在增城举办第 24 届广州（国际）美食节，进一步擦亮“食在广州”的旅游品牌。

【区域旅游合作】 2010 年，广州市以“广佛肇”、“广深珠”、“穗港澳”旅游合作为基础，区域旅游合作的内容与形式有新变化。保持与港澳旅游主管部门的密切交流，相互参加旅游展会及节庆活动，合作监管市场及旅游服务质量，做好“穗港澳”之间游客互送和旅游人才交流与合作等工作；召开第 24 次“广深珠”旅游联席会议，由广州市旅游局代表新任轮值主席提出的 2010 年“广深珠”三地区域旅游合作思路形成共识，“广深珠”三地旅游合作继续深化；“广佛肇”（广州、佛山、肇庆市旅游局）贯彻落实《广佛肇旅游合作框架协议》，联合在长沙和武汉举办“广佛肇”旅游专场推介会。编印《缤纷“广佛肇”·欢乐过大年》春节黄金周旅游宣传资料，组织“百名记者广佛肇旅游采风活动”，共同开展旅游市场的宣传推广。完成“广佛肇”旅游发展专项规划编制工作，重点强化“广佛肇”区域旅游合作和一体化市场营销，构建特色鲜明的区域旅游形象、国际化的旅游产品体系和具有可操作性的区域合作平台与模式。

旅游资源开发和景区（点）建设

【旅游规划】 2010 年，广州市旅游局组织编制《广州市旅游业发展“十二五”规划》工作基本完成；《广佛肇旅游发展专项规划》、《新疆疏附县旅游发展总体规划》和《广州旅游产业竞争力分析报告》开始实施；《增城市休闲旅游发展规划》完成评审；各区（县级市）的旅游业发展“十二五”规划及规划纲要的编制工作全面落实。2 月，按照市政府批准的《广州市旅游局主要职责内设机构和人员编制规定》，广州市旅游局正式设立规划发展处。

【旅游投资】 2010 年，广州市新建、续建、拟建旅游项目共45个，总投资157亿元。其中包括：猎德“一涌两岸”旅游文化风情街、白云湖旅游度假区、九龙湖度假区、从都国际会议中心、崴格诗温泉庄园、陈家祠岭南文化广场、荔枝湾文化休闲区等项目。

【旅游景区（点）与基础设施建设】 2010年，随着广州市新中轴线、广州塔、花城广场、新荔枝湾等城市标志性建筑及景区对游人开放，广州城市旅游形象极大丰富。景区规范化建设也进一步加强，广东科学中心、九龙湖旅游区成为广州市新的4A级旅游景区，从整体上提升广州旅游的综合竞争力和经营管理水平。是年，全市以迎亚运为契机，新建和改造标志牌10035个，80%的旅游景区增加坡道、无障碍厕所（厕位）、无障碍标识牌。由市旅游和质监部门组织对全市旅游景区厕所检查评比，有32个厕所被评定为“广州景区星级旅游厕所”。

【广州塔】 矗立在广州城市新中轴线与珠江景观线的交汇处，与海心沙亚运公园和珠江新城隔江相望，与广州大剧院、广东省博物馆、广州图书馆、广州第二少年宫四大文化建筑遥相呼应，是广州新的制高点。广州塔塔体高约450米，天线桅杆高150米，总高度600米。它是一座集旅游观光、餐饮、文化娱乐和环保科普教育等多功能于一体，具有丰富文化内涵的大型景观建筑，集合当代工程设计和施工最新技术。

广州塔全景图。

【新荔枝湾涌】 荔枝湾位于广州城西荔湾区泮塘一带，属著名老城西关之腹地，毗邻珠江，属广州千年名胜，汇集众多历代名人、名园故址，是西关大屋、西关小姐、西关五宝、西关美食及粤剧曲艺等岭南广府文化风情荟萃之地。2009年至2010年间，荔湾区开展迎亚运环境综合整治，对上世纪九十年代被覆盖的荔枝湾涌进行截污治理，沿岸及周边建筑和街区的历史风貌也得以恢复，“一湾溪水绿，两岸荔枝红”的醉人风光重现于世。整治建设后的荔枝湾文化休闲区包括以荔枝湾涌及西关大屋历史保护街区为核心的荔湾湖及周边地区，面积约58公顷，完成的一期面积约10万平方米，主要的名胜古迹包括荔湾湖、仁威庙、文塔、陈廉伯公馆、陈廉仲公馆（荔湾博物馆）、蒋光鼐故居、小画舫斋、海山仙馆（十三行史料陈列馆）等，还有三月三庙会、扒龙舟等诸多地方传统民俗，历史人文气息浓厚，风情浓郁，因此也被称为“岭南西关文化博览园”。

【孙中山大元帅府旧址】 为全国重点文物保护单位。孙中山曾两次在海珠建立大元帅府，先后作出过许多重大决策，对近代中国民主革命产生深远影响。旧址南楼设有“百年帅府”复原陈列，重现孙中山以及其他历史人物当年在大元帅府工作和生活情景；北楼设有“孙中山三次在广州建立政权”的基本史料陈列和专题展览，充分展示孙中山在广州的风云历程。

【花城广场】 既广州城市新中轴线广场，位于黄埔大道以南、华夏路以东、冼村路以西、临江大道以北；广场最宽处250米，总面积约56万平方米。周边规划建有39幢建筑，其中，少年宫、大剧院、图书馆、博物馆等8幢已建成。落成后的花城广场地面建有大型喷泉、灯光广场，冷雾降温系统等，并种植600多棵大树。在花城广场的北端，有5个花岛，以植物的多种类衬托花城美誉，营造桃红柳绿的意境。

【十香园纪念馆】 位于广州市海珠区江南大道中怀德大街。十香园始建于1856年前后，是晚清广东著名画家居巢、居廉的故居及作画之所，因院落里曾植有素馨、瑞香、夜来香、鹰爪、茉莉、夜合、珠兰、鱼子兰、白兰、含笑等十种香花，故名“十香园”。居廉在此设帐授徒，培养出高剑父、陈树人等一批近代美术人才。十香园纪念馆占地总面积达3800多平方米，包括今夕庵、啸月琴馆、紫梨花馆、主体展馆及艺术家交流厅，及园林水榭等配套设施。院内奇石巧设、古树相间，花草点缀其间，尽显生气盎然之势。

【陈家祠广场】 广州市荔湾区按照“以陈家祠为核心，打造岭南文化片区”的功能定位，在原有的绿化广场面积上再增加近两万平方米绿化面积。改造后的陈家祠广场按照“一园一轴”的规划结构，形成中国古典“园·筑”意向的“岭南园”。同时延续岭南古祠堂“五间三进”的轴线，形成前区和后区。前区为绿化广场，后区为博物馆功能的延续，体现陈家祠作为古建筑空间和功能的完整性。

【绿道旅游】 截至2010年底，广州市建成绿道1060公里，贯通成网，覆盖全市12个区（县级市），串联起广州178个主要景点、40多个亚运场馆，以及50多个地铁站。推出新中轴线游、广州新亮点游、二沙岛艺术体验游、水秀花香游、市郊生态绿道游、大学城绿道游、科学城休闲绿道游、南沙滨海绿道游、流溪河健身绿道游、增城农家乐绿道游10条绿道休闲旅游精品线路。

【红色旅游】 2010年，广州起义烈士陵园、黄花岗公园、中共三大会址纪念馆、黄埔军校旧址纪念馆、广州近代史博物馆、农讲所、十九路军烈士陵园、三元里人民抗英纪念馆8家景区被省委宣传部、省发改委、省旅游局评为“广东省红色旅游示范基地”。

【乡村旅游】 2010年，广州市按照《广州东北部山区旅游发展战略规划》发展生态旅游和乡村旅游。6月，旅游、农业部门开展“广州市观光休闲农业示范村”实地考察和评审工作，从化溪头村等12条村获此称号。10月，充分利用全市森林优质资源，推进“林家乐”建设，天鹿湖景区、白水寨风景名胜区、湿地公园被评为省级森林生态旅游示范基地。12月，广东温泉宾馆、广州碧水湾度假村、广州望谷温泉度假村、广州金叶子温泉度假酒店、广州崴格诗温泉庄园被评为“广东省温泉旅游示范基地”。2010年世界旅游日全球主会场在广州增城市举办，“旅游与生物多样性”主题研讨会在广州华南植物园举行，世界旅游组织秘书长塔勒布·瑞法依对广州发展生态旅游给予充分肯定。

【旅游创强工作】 2010年1月8日，广东省旅游强县（市）评定委员会考评组一行，对从化市、增城市创建“广东省旅游强县（市）”工作进行考核验收，并获得高分通过。广州从化市、增城市自2007年全面启动“广东省旅游强县（市）”创建工作以来，依托区位、资源、市场三大优势，把旅游业确定为重点扶持、优先发展的战略性支柱产业，旅游资源开发有序推进，产业规模不断扩大。旅游公共设施建设全面推进，服务接待功能明显提升。从化市旅游年接待量和总收入连续3年均以30%以上的年幅度递增，年接待游客首次突破1000万人次，旅游总收入达到35亿元，先后荣获“中国最佳旅游度假胜地”、“中国优秀生态旅游城市”、“国际温泉旅游名城”和广东省“国民旅游休闲示范市”等称号；增城市通过加快发展旅游业，有效地带动城乡建设、优化招商引资环境和产业结构，美化生活环境，改善城乡居民生活条件，荔乡仙境生态健康休闲游的旅游形象品牌进一步凸显。

【旅游转型与产业升级】 2010年，广州市认真贯彻落实国务院《珠江三角洲地区改革发展规划纲要》及《关于加快发展旅游业的意见》，制定相关工作目标、发展步骤、落实措施，明确旅游发展重点区域、重点项目和重点扶持企业，开展旅游产业竞争力研究及产业集群发展调研，为推进旅游发展转型和产业升级提供有效指导。是年，全市各区、县加快推进旅游产业转型升级。越秀区着力打造“广府文化源地，千年商都核心”旅游品牌，重点推出北京路广府商贸旅游区等“五景区十景点”。荔湾区积极实施“文化引领、商旅带动”战略，文化旅游基础格局基本成型。海珠区开展“海珠旅游新生活”系列活动，有效提升了海珠旅游的影响力。天河区积极整合珠江新城旅游、商务和文化资源，打造具有国际水准、岭南特色的广州城市客厅。白云区积极推进南湖板块、钟落潭镇流溪河万亩果园旅游度假区和帽峰山周边地区旅游资源开发，出台《白云区农户开办农家乐竞争性扶持资金评审办法》。黄埔区新建辛亥革命纪念馆，全面启动长洲历史文化旅游集聚区建设。花都区签订“广州市港中旅花都丫髻岭旅游休闲项目”战略合作框架协议，积极推进休闲旅游项目建设。番禺区重点打造东部休闲旅游度假和西部历史文化生态旅游两个片区，“文化水乡、旅游乐园”的番禺旅游名片得到游客的广泛认可。南沙区完成滨海泳场改造、湿地游览区二期扩建、游艇俱乐部一期建设等项目。萝岗区出台《鼓励发展旅游业暂行办法》，积极打造“都市绿谷（带）”和“都市休闲与旅游度假地”。从化市大力推进广州生态卫星城建设，先后获颁“广东省国民旅游休闲示范市”、“广东省旅游强县”称号，荣膺“国际温泉旅游名城”。增城市积极推进广东旅游强市创建工作，大力扶持发展绿道游农家乐。先后被授予“中国民族文化生态旅游名城”、“国际文化休闲旅游魅力城市”、“广东省旅游强县”称号。

旅游行业监督管理

【旅游市场监督】 2010年，广州市旅游行政管理部门开展“旅游服务质量提升年”旅游市场检查周活动，以净化广州旅游环境和全面提升旅游服务质量为工作重心，坚持一手抓整顿，一手抓规范，加大力度整治市场秩序，切实保护旅游消费者的合法权益。开展“迎亚运”整治旅行社违规经营行为行动，重点加强春节、“十一”黄金周和“五一”、“端午”小长假期间的监管和检查，促进旅行社进一步提升服务品质。是年，结合国家旅游局新颁发实施的《旅游投诉处理办法》，及时召开宣传贯彻大会，并对旅行社投诉的调解制度实施调整，将旅游投诉调解工作前移，在预审期内，积极促使投诉人与被投诉人相互谅解，达成协议。全年旅游投诉案件调解率达60%，旅行社有效投诉率明显降低。

【旅游安全管理】 2010年，广州旅游业认真贯彻落实国家和省、市有关安全生产的法律、法规和安全会议精神，按照《2010年度广州市安全生产责任书》目标要求，坚持“安全第一，预防为主”的方针，紧紧围绕“平安亚运”工作目标，大力加强旅游安全生产监管，开展旅游安全大检查，落实防范措施，全年广州地区没有发生重、特大旅游安全事故。坚持“标本兼治、重在治本”的原则，健全完善旅游安全生产管理制度，制定和完善《广州市旅游局旅游安全重特大事故应急救援预案》、《广州亚运会（亚残运会）旅游突发公共事件应急预案》等多个旅游安全应急预案；出台《广州地区旅行社旅游安全管理工作指引》，指导和帮助旅行社做好安全管理工作；启用《广州地区旅行社租车合同范本》，规范全市旅行社旅游租车合同，保障游客用车安全。

【旅行社管理】 2010年，广州市新设立旅行社45家，其中港资独资旅行社2家，具有出境游资质的旅行社5家。与《旅行社条例》对接，制订旅行社质量保证金缴存管理工作指引、旅行社分支机构“四统一”及备案登记工作指引、旅游安全工作指引等系列行业规范管理制度，以及旅游市场检查统一使用的《整改通知书》、旅游包车租用协议范本、应急预案及旅行社各类管理规章制度范本等。全面启动广州市旅行社组织外国人来穗旅游奖励办法，分别给予广东国旅国际旅行社股份有限公司等5家旅行社“广州市旅行社发展入境游突出贡献奖”，广东省中国青年旅行社等2家旅行社“广州市旅行社发展入境游积极参与奖”，并颁发奖励金。

【导游员管理】 截至2010年底，广州市拥有持证导游人员18990人。其中中文导游17218人，英语导游1448人，其他语种导游324人。是年，广州市大力强化导游人员的培训和管理工作，将导游人员的安全培训纳入年度必修课程安排。推行导游人员对旅游行车安全监督守则，建立导游人员对车辆驾驶人员行车安全的有效监督机制。督促旅行社加强对聘任导游人员的管理，严禁使用无证导游。进一步加强全市出境游组团社和外地出境游组团社广州分公司的领队管理，明确办证、换证、变更、遗失补领领队证的办理规程。制定导游IC卡保管、审核、发放等系列工作制度，对上门办卡实行专办员管理制度。

【旅游饭店管理】 2010年，广州市新评定星级饭店26家，其中五星级5家，四星级饭店3家，三星级饭店18家（含二星级晋升三星级1家）。完成88家星级饭店评定性复核工作，其中，通过评定性复核的69家，暂缓通过的9家，因各种原因取消星级的15家（含年度复核取消星级5家）。旅游行政部门根据国家旅游局《关于进一步推进旅游行业节能减排工作的指导意见》，继续推进酒店业节能环保工程，力争实现5年内能耗总量降低20%的目标。铂尔曼大酒店等28家酒店被省旅游局评为“绿色饭店”。至2010年底，全市“绿色饭店”数量增至135家。

【旅游商品管理】 2010年，广州市扎实推进旅游商品培育和开发工作，仅在2010中国国际旅游商品博览会期间举办的“2010中国旅游商品大赛”活动中，广州市选送的“中华世纪龙”等4件旅游商品，其中“彩瓷手表”荣获铜奖。市旅游局、经贸委联合开展“广州手信”评选工作，评出广式腊味、广州特色土特产品、广州工艺品等“广州十大手信”，并形成“广州十大手信”、“广州十大手信”生产企业推荐名录。

【旅游标准化】 2010年，广州市旅游部门联合市质监部门制定并颁布实施《旅游景区（点）服务质量》、《温泉旅游度假区服务管理规范》和《广州市生态旅游区管理规范》3个地方技术规范。积极推进旅行社标准化试点工作，推选广州广之旅国际旅行社股份有限公司为试点单位，完成第一阶段的工作评估。

【信息化建设】 2010年，广州市继续深化旅游电子政务应用，分阶段、有计划推动旅游信息化建设工作。以旅游企业和市民游客为中心，完善政务信息公开发布系统，优化网上政务服务大厅，逐步实现全天候一站式网上政务服务。搭建旅游基础数据库，着力开发旅游诚信系统。加强网上政民互动，推行网上咨询、网上调查、网上交流、网上评议，加强政务服务中心、旅游服务热线等功能建设，提升网站便民利民服务水平。中国广州旅游网全年PV访问量达到80万，同比增长71.2%。

【广州地区旅行社行业协会】 2010年，广州地区旅行社行业协会以“改革、完善、创新”为指导思想，按照“引导、服务、协调、维权、自律”的工作要求，全力做好世博旅游和亚运旅游宣传工作，协助亚组委做好旅行社业亚运门票销售工作。全力配合旅游部门开展旅行社安全生产大检查行动、规范旅游大巴使用、推进旅行社责任险统保示范项目等工作。积极发动会员单位参加2010北方国际旅游博览会暨北方旅游交易会等多项活动。该协会还草拟并颁发《广州地区旅行社旅游安全管理工作指引》、《广州地区旅行社旅游包车协议（范本）》、《关于近期旅游安全工作的提示》、《关于印发<兼职导游劳务协议>范例的通知》、《<最高人民法院关于旅游纠纷案件适用法律若干问题的规定>实施》等规范性文件，及时发布行业信息，指导旅行社合法规避风险，依法维护权益。

2010年3月30日，广州市旅游局组织策划“大爱之旅 重走西部”活动。

【广州地区旅游景区协会】 2010年，广州地区旅游景区协会以提升景区服务质量为目标，以迎亚运为工作重心，努力当好“政府助手，景区帮手”，团结各会员单位，踏踏实实为广州旅游、为“迎亚运”做好工作。举办讲解员、礼仪、质量管理、安全、英语、手语、志愿者服务等“迎亚运”系列培训班10多期。推进全市旅游基础设施建设，创新开展“景区星级旅游厕所”评比活动。举办“迎亚运，寻找广州美景”摄影、DV大赛。以惠民利民为理念，认真落实亚运旅游惠民大礼包和志愿者服务等工作。以吸引游客为目标，配合做好广州旅游宣传工作，联合广州邮政商函局，印制10万张广州旅游“明信片门票”，全面展示广州旅游城市形象和特点。

【广州地区酒店行业协会】 2010年，广州地区酒店行业协会围绕“服务亚运，展行业风采”为目标，结合国家旅游局开展的旅游服务质量提升年活动，以一流的住宿接待服务水平迎接亚运会各国来宾。举办“迎亚运盛会 展行业风采”广州酒店行业服务技能系列大赛之前厅服务技能大赛活动，并将系列大赛中选出的部分精彩作品，连同大赛题库（中英文）、服务标准、大赛要求等集结编辑成《系列大赛精彩作品及题库集》，广泛印发为酒店业培训学习的工具书。举办10多期广州酒店行业“迎亚运”系列培训讲座，全市酒店业管理层约1500人次参加培训。倡议开展“优质、高效、诚信、微笑，为和谐亚运添精彩”为主题的“广东商旅服务业迎亚运优质服务工程”活动。与市标准化协会共同起草《住宿业服务质量要求》等。

旅游教育培训与精神文明建设

【旅游行业精神文明建设】 2010年，广州市把“迎亚运讲文明树新风”和“创建全国文明城市”紧密结合起来，发动旅游业干部职工积极参与，展示一流的城市环境和一流的市民素质，为广州成功举办亚运会、创建全国文明城市贡献力量。启动广州旅游行业“迎亚运讲文明树新风”城市文明微笑使者百日志愿行动日活动，发动景区（点）、酒店、旅行社组织青年党员、团员志愿者参加亚运城市志愿服务体验活动，通过“亚运知识及理念传播”等活动形式，积极向广大市民和广大游客宣传亚运，倡导文明出行、文明游园，以崭新的面貌迎接亚运盛会的到来；印制4000份以“迎亚运、讲文明、树新风、促和谐”为主题的宣传台卡，发放到256家星级以上酒店、223家旅行社和150家旅游景点；积极利用旅游网站，全市200多台的旅游电子触摸屏，景区宣传栏、电子滚动屏幕等宣传载体，滚动播放“宜居城市，你我描绘，牵手共筑”文明公益广告片。

【旅游教育培训】 2010年，广州市针对不同层次的管理人员、服务人员、导游人员，重点开展旅游景区（点）的讲解人员、酒店管理人员及服务人员、旅行社接待人员和导游人员的外语、礼仪、礼节知识等系列培训，全年参加培训的各类旅游人员达到10.86万人次。旅游行业继续教育培训结合亚运会的接待，着重从提高技能入手，组织《筹办亚运给我们的思考》等课程供导游人员作为必修课进行学习。据统计，全年接受远程和现场培训的导游人员5542人，参加省旅游局组织的中、高级导游员培训有451人，其他旅游岗位的继续教育培训则采取企业、社会培训机构合作的方式开展。广州市旅游行业积极开展亚残运会 岗位培训，聘请2008北京奥运会、残奥会志愿者培训专家韩润峰和林达夫妇、广州市残联盲协主席陈阳、广州市残联肢协主席吴小勤为培训顾问和授课教师，开展对旅游景区（点）、旅游酒店、旅行社骨干人员的培训。

【旅游行风与机关作风建设】 2010年，广州市按照“管行业必须管行风”的原则，认真加强旅游行政机关和旅游行业的政风行风建设。结合开展“深化服务促发展”主题实践活动和纪律教育学习月活动，6月24日，广州市旅游局召开创先争优活动动员大会，开展以“创建先进基层党组织、争做优秀共产党员”为主要内容的创先争优活动。通过在机关工作人员中开展“四服务”（服务企业、服务农村、服务基层、服务群众）教育，增强当好亚运东道主、讲文明迎亚运的光荣感和责任感。8月10日，广州市旅游局召开纪律教育学习月动员会。

是年，广州市旅游局深入推进干部教育培训工作，加大干部培训力度，积极支持和鼓励干部参加各项理论学习，有针对性地抓好党员干部的党性党风党纪教育和公务员队伍的廉洁从政教育。围绕“迎亚运”的工作重点，开展以“保障亚运、服务亚运”为主题的专题学习和组织生活会，把增强党性修养、改进工作作风作为党组织生活的主要内容，增强党员宗旨意识和服务意识。

2010年8月10日，广州市旅游局召开纪律教育学习月动员会。

【机构改革】 2010年4月，广州市人民政府《印发广州市旅游局主要职责内设机构和人员编制规定的通知》（穗府办［2010］13号）颁行。广州市旅游局设10个内设机构，原资源开发与市场推广处、国际市场处、行业规范与管理处分别调整为市场推广处、资源开发处、旅游饭店管理处和旅行社管理处；撤销质量监督与执法处、科技与信息处，并将其职能转并入其他处室；新增加规划发展处，突出加强广州市旅游规划和旅游市场开发战略等专项职能。

纪　事

1月20日 由广州市人民政府副市长曹鉴燎带队的广佛肇旅游推介代表团分别赴长沙和武汉举办广佛肇旅游专场推介会。

3月15日 2010年广州旅游工作会议在市政府礼堂召开。广州市副市长曹鉴燎出席会议并讲话，市旅游局局长朱力作工作报告。市直相关部门，中央、省驻穗单位，各区（县级市）政府及旅游局、各旅游企业、旅游院校、旅游行业协会等单位负责人近500人出席会议。

3月23日 亚太城市旅游振兴机构（简称TPO）第16次执委会会议在广州召开。广州市市长张广宁作为执委会轮值会长会见并宴请与会代表。

3月25日 2010年广州国际旅游展览会在广州锦汉展览中心开幕。

3月31日 由广州市旅游局、广州市对口援建威州前线工作组、汶川县政府共同主办的“大爱之旅·重走西部”活动正式启动。中共广东省委常委、常务副省长、广州市委书记、市人大常委会主任朱小丹考察汶川、並对广州市旅游局支援汶川的旅游发展给予充分肯定。

4月3日 “全国百城（广东）世博旅游宣传周——逛炫亮世博，看精彩亚运”启动仪式在广州英雄广场举行。

5月1日 由人民日报社、中国城市发展促进会、中国品牌建设与管理协会主办的2010首届中国节庆创新论坛暨2010中国品牌节庆颁奖盛典发布会在北京举办。会上，广州（国际）美食节荣获“2010最具国际影响力节庆奖”，广州市旅游局局长、党委书记朱力荣获“2010节庆创新人物”奖项。

5月15日 由国际旅游营销协会、国际旅行商协会、国际旅游促进会主办的2010国际旅游城市论坛在杭州召开。经论坛组委会和专家评审团审议，广州荣膺会议最高奖项“世界知名旅游城市”，广州市旅游局党委书记、局长朱力荣获“发展旅游先锋人物”奖项。

6月22日 广州市参加由亚太城市旅游振兴机构（TPO）组织的“2010年TPO日本共同旅游推介会”，在日本福冈和东京宣传广州亚运旅游。

8月2日 广深珠三地旅游局联合赴长沙、武汉、郑州、西安四地举办旅游推介活动。

9月2日 召开广州地区旅行社行业迎亚运动员大会，曹鉴燎副市长出席会议并讲话。

9月15日 由广州市旅游局和市城乡建设委员会、市林业和园林局共同举办的“亚运惠民 真诚感谢 万名建筑工人白云山揽胜活动”在广州白云山名胜风景区正式启动。曹鉴燎副市长出席启动仪式。

9月16日 广州市新组建亚组委住宿餐饮服务中心团队，市旅游局局长朱力兼任主任。

9月25日 由广州市旅游局和增城市人民政府共同举办的第二十四届广州（国际）美食节暨2010增城国际旅游美食节在增城生态美食园正式启动。整个活动为期15天。

11月12日 第16届亚洲运动会在广州盛大举办。

12月26日 副市长曹鉴燎带队，广州市组织旅游企业、演员、记者等共38人赴韩国举办广州旅游推介会，宣传后亚运广州旅游新形象、新产品。

（何　菲　陈美祥　方永钦　谢洪馨　许　莉　周展鹏　林文上　胡雄文　贾　佳　李柳燕　肖立斌　潘丽雯　郑　炜　陈国策　何瑞真　何伟业）

深圳市

综述

【总体情况】 2010年，深圳市旅游业敏锐把握国际、国内经济回暖向好的契机，大力整合文体旅游资源，积极发展高端旅游，不断探索旅游管理体制的改革创新，努力推动行业低碳发展和升级转型，全力构建公共旅游服务体系，广泛开展区域旅游合作，大力推广城市旅游形象，旅游消费需求有效激发，深圳旅游的知名度和吸引力有力提升，深圳市作为全国重要的旅游目的地、客源地、出入境旅游集散地的地位得到进一步巩固。深圳各项主要旅游经济指标继续位居全国大中城市前列：全市年接待游客总人数7698万人次，比上年增长8.86%。其中过夜游客3285万人次，增长15.67%；过夜入境游客1021万人次，增长13.86%；过夜外国游客167.58万人次，增长14.48%；全市旅游总收入达628亿元，增长15.45%，占全国4%，占全省16.51%；其中旅游外汇收入达31.81亿美元，增长15.23%，占全国6.94%，占全省25.58%。

【旅游行业规模】 截至2010年底，深圳市已建成各类景区（点）117处，其中国家A级旅游景区（点）6家（5A级景区1家、4A级景区5家）；拥有各类旅游住宿设施1600多家，其中星级饭店总数154家（五星级17家，四星级30家，三星级78家，二星级29家）；旅行社252家，其中入境游组团社34家，外资旅行社3家。有6家旅行社进入“全国百强旅行社”；有15家高尔夫球会，其中观澜湖高尔夫球会有216个球洞。还建成一批像万象城、金光华、COCOPARK、中信城市广场等大型商业娱乐设施。

【“十一五”旅游业发展情况】 “十一五”期间，深圳旅游业经受全球金融危机的冲击和甲型H1N1流感等影响，充分利用扩大内需政策和消费升级带来的机遇，保持稳步发展的势头。2010年1月，美国《纽约时报》将深圳评为全球“2010年旅游者必到的31个旅游目的地”及最具吸引力的旅游目的地之一。

主要成就体现在：各项旅游经济指标继续居全国大中城市前列，旅游业成为本市重要产业。全市接待入境过夜游客、旅游外汇收入等重要指标一直稳居全国各大城市前列；旅游产业体系完善，拥有一批如华侨城等实力强、管理水平高、效益好的旅游企业。旅游产品特色基本形成，旅游国际化步伐加快，初步形成“都市风情”、“主题公园”、“滨海休闲”和“高尔夫之都”四大特色的格局，全市建成并成功营运各类主题公园近20家。高尔夫球会稳步发展，拥有15家球会、540个球洞。大小梅沙、浪骑游艇会、F1摩托艇锦标赛等滨海和海上旅游受到游客亲睐。高端旅游发展迅速，旅游新业态成为新亮点，全市达到五星级标准酒店超过30家。达到四星级标准酒店接近60家。大型旅游度假胜地、文化主题公园、生态旅游景区、大型商业休闲设施、文化休闲设施、商务会馆、休闲俱乐部、健康管理俱乐部等遍布全市。游艇、邮轮、滑翔、潜水、航海、攀岩和在线旅游等新业态崭露头角，登陆深圳的邮轮公司已有6家，全市成立游艇会4家，总部设在本市的芒果网成为中国重要的综合性在线旅行预订服务的提供商。旅游公共功能和社会职能逐步发挥，成为和谐社会和民生福利的重要载体和生动形式，建成公益性的旅游咨询中心、旅游集散中心、多语种的公益性深圳旅游网站和1258033旅游声讯服务台，为海内外游客提供快捷方便的旅游咨询服务；同时，旅游管理部门先后举办深圳国际旅游文化节、“精彩深圳欢乐行”旅游线路评选、“旅游进社区，周末好去处”、“一区一节”、“旅游进厂区”等活动。通过“优质诚信香港游”等活动打造诚信旅游，实现经济效益和社会效益的统一。

【全市旅游工作会议】 2010年2月1日，深圳市人民政府召开2010年全市旅游工作会议。深圳市副市长闫小培出席会议并讲话。会议总结2009年深圳旅游工作，部署2010年深圳旅游工作任务，要求全行业用足政策、落实措施，在贯彻落实国家、省、市加快旅游业发展的意见上见行动、出实效，以深圳经济特区建立30周年为契机，大力推进旅游业跨越式发展。市委宣传部，市发改委、市科工贸信委、市财政委、市规划国土委、市交通委、市人力资源保障局、深圳海关，深圳边检总站，深圳特检站等部门以及各旅游企业负责人参加会议。

【全市旅游统计工作会议】 2010年6月9～10日，深圳全市旅游统计工作会议在海上田园国际会议厅召开。市文体旅游局、市统计局相关业务处室负责人，各区旅游局统计负责人、各街道办事处计统办和经科办负责人和各景区、酒店、旅行社等旅游企业代表近400人参加会议。会议总结2009年全市旅游统计工作，通报2009年旅游统计“百分制”评比结果，传达国家旅游局、国家统计局关于旅游统计工作的相关精神。会议讲解新的《旅游统计调查制度》，解答相关统计业务问题，对新“旅游统计网上直报系统”开展操作培训。

【签署合作框架协议】 2010年2月4日，深圳市人民政府与中国港中旅集团公司在深圳签署全面战略合作框架协议。中联办副主任王志民，国家旅游局副局长王志发，港中旅集团公司董事长张学武，中共广东省委副书记、深圳市委书记刘玉浦，省委常委、代市长王荣等出席签约仪式。双方承诺将以旅游及相关产业为重点，进一步强化战略协同，努力把深圳建设成为在国际上具有较高知名度、在亚太地区具有重要影响力的国际滨海旅游城市。协议还约定港中旅集团公司将重点参与深圳市大鹏半岛部分片区的开发，推动把大鹏半岛建设成为具有国际影响力的、世界级的旅游休闲度假胜地。

2010年2月4日，深圳市人民政府与港中旅集团公司举行签约仪式。

【试行国民旅游休闲计划】 2010年，深圳市着力融合文化、体育和旅游资源，推出6条文体旅游新线路。其中包括首次被纳入组团旅游线路的观澜版画村、艺展中心、田面设计之都、大运中心等文体场馆，培育旅游消费新热点。莲花山公园、深圳博物馆等一批旅游景区被评为省级“红色旅游”、“森林旅游”、“科技旅游”等国民旅游休闲计划示范基地。

【2010中国世博旅游年】 2010年4月至7月，深圳市文体旅游局在深圳旅游景区和大型社区多次开展“全国百城（深圳）世博旅游宣传活动”，向市民推出系列世博旅游产品，与《新民晚报》、《旅客报》等上海主流媒体合作，推出深圳旅游的专题报道、特色旅游产品专版和领导专访等内容，宣传推广深圳旅游特色和亮点，吸引世博游客来深旅游。7月27～30日，市文体旅游局组织旅游企业赴上海开展“深圳特别活动日”旅游宣传推广活动，邀请上海主流媒体记者到深圳考察旅游资源。

旅游接待与收入

【入境旅游】 2010年，深圳市接待入境游客2879.67万人次，比上年增长6.15%。其中，入境旅游者1020.6万人次，增长13.86%；入境一日游游客1859.07万人次，增长2.35%。据深圳边检总站统计，全年从深圳口岸入境的旅客人数7411.43万人次，比上年增长3.46%。其中外国人377.09万人次，增长11.21%；香港同胞6904.78万人次，增长3.02%；台湾同胞122.54万人次，增长6.53%；澳门同胞7.03万人次，增长1.28%。旅游外汇收入达31.81亿美元，增长15.23%。

【国内旅游】 2010年，深圳市共接待国内游客4818.52万人次，比上年增长10.55%。其中，国内旅游者2264.70万人次，增长16.50%；国内一日游游客2553.81万人次，增长5.77%。国内旅游收入412.62亿元，增长15.99%。其中过夜旅游者带来的收入275.25亿元，增长20.42%；一日游游客带来的收入136.94亿元，增长7.7%。

【出境旅游】 2010年，深圳市经旅行社组团出境旅游人数133.99万人次，比上年增长42.84%。其中，香港游75.75万人次，增长38.70%；澳门游13.38万人次，增长54.11%；出国游38.14万人次，增长35.81%；台湾游人数6.71万人次，增长177%。

【假日旅游】 2010年春节、“十一”黄金周期间，全市共接待来深游客879.13万人次，同比增长9.14%，占全年游客接待量的11.42%。其中，接待入境游客193.30万人次，同比增长4.30%；接待国内游客677.83万人次，同比增长9.30%。两个黄金周共实现旅游总收入80.34亿元，同比增长16.15%，占全年总收入的12.79%。其中，国际旅游收入2.21亿美元，同比增长19.46%；国内旅游收入65.24亿元，同比增长15.88%。

旅游宣传促销与节庆活动

【旅游宣传促销】 2010年，深圳市文体旅游局全力推广城市整体旅游形象，宣传推广"都市风情"、"主题公园"、"滨海休闲"和"高尔夫之都"四大品牌特色。以2011年第26届世界大学生夏季运动会在深圳举办为重点，组织全市主要旅游企业共参加14个国际、国内旅游专业展会，并在各参展地向当地旅游部门和主要旅行商开展定向旅游推介，进一步巩固和拓展海内外旅游客源市场。同时，充分借助媒体开展城市旅游的宣传报道，全年仅市文体旅游局协调各平面媒体对深圳旅游的宣传报道、专访达300多篇，专版近60个版面，在中央电视台、旅游卫视、南方卫视、深圳卫视及移动电视等电视媒体和网络开展系列深圳旅游的宣传。

【年度旅游主题宣传】 2010年3月23日，由深圳市文体旅游局、深圳市政府新闻办、深圳报业集团、深圳广电集团联合主办的"文体旅游线路推广暨'媒体看深圳，游客逛鹏城'主题系列活动"启动仪式在深圳世界之窗举行。副市长闫小培出席并宣布活动启动。本次活动推出6条展现深圳文化、体育魅力的文体旅游线路，其中包括首次被纳入组团旅游线路的观澜版画村、艺展中心、田面设计之都、大运中心等多个文体旅游点。系列活动持续至12月，主要包括文体旅游线路推广、《快乐汉语》深圳行、中外媒体看深圳、精品时尚游深圳、世博游客荟鹏城、精彩形象耀全球、武广沿线大促销、网游深圳乐开心、深圳"粤"游"粤"精彩、媒体业界共推广10项内容。其中，精品时尚游深圳活动从5月持续至8月，以"'深圳大玩家'有奖旅游方案征集体验活动"和"深圳时尚旅游元素大盘点"为主要内容，《深圳晚报》每周开展大版面的宣传，展示和宣传深圳时尚的旅游元素。

2010年3月27日，深圳市举行文体旅游线路推广暨"媒体看深圳、游客逛鹏城"主题系列宣传活动启动仪式。

【2010广东国际旅游文化节（深圳）分会场】 深圳市作为2010世界旅游日全球主会场庆典暨中国广东国际旅游文化节主要分会场之一，按照组委会统一部署，由深圳市人民政府主办，深圳市文体旅游局牵头承办，深圳市人力资源和社会保障局、深圳市外事办等10多个部门和各区政府、各区旅游局的共同参与。深圳分会场各项活动由2010年9月至12月举行，主要包括：2010深圳国际旅游文化节暨深圳欢乐谷第十一届国际魔术节开幕式晚会，第九届深圳黄金海岸旅游节，2010深圳珠宝节，福田区国际品牌服装旅游节，宝亨达铂金旅游文化节，第七届宝安区"沙井金蚝节"，光明新区第四届旅游文化节，坪山新区客家旅游文化节暨坪山办事处第一届客家茶果节活动，2010 F1摩托艇世界锦标赛中国深圳大奖赛，中国杯帆船赛，深圳市第六届"创意十二月"，第三届"友谊之旅"—深圳市与休斯敦、洛美、光阳市青少年文化交流周，深圳国际水墨画双年展，第三届深圳国际自行车嘉年华，第16届国际旅游小姐（中国深圳区）大赛，深圳欢乐谷第十一届国际魔术节，世界之窗冰雪节，锦绣中华民族狂欢节，东部华侨城瑞士风情节，南山区周末广场音乐会，南山区第四届动漫文化节，"玩转深圳"活动，飞扬音乐周共23项活动。

【旅游产品推介】 2010年8月2～6日，广州市旅游局、深圳市文体旅游局和珠海市文体旅游局联合组织三地区级旅游部门和20多家大型旅游企业，到高铁沿线的湖南长沙、湖北武汉、河南郑州、陕西西安4个省会城市举办"精彩广深珠"推介会。广深珠推介团着重宣传区域新的旅游资源，特别推介以2010年广州亚运会、2011年深圳世界大学生运动会、珠海国际航空航天博览会等盛会为核心的文体旅游线路。活动吸引长沙、武汉、郑州、西安各100多家主要旅行社的负责人和主流媒体记者。

【"关爱在鹏城，旅游进厂区"活动】 2010年6月27日，由深圳市文体旅游局与深圳市委宣传部、深圳市关爱行动组委会办公室、宝安区政府、华侨城股份有限公司、深圳东部华侨城有限公司联合主办的"关爱在鹏城，旅游进厂区"活动在富士康科技集团厂区正式启动。副市长吴以环宣布活动启动。各主承办单位负责人和3500多名富士康员工及数十名记者参加启动仪式。本次活动得到宝安区旅游局、富士康集团以及相关旅游企业大力支持，其中东部华侨城免费提供3000张入园套票，世界之窗、欢乐谷、民俗村、海上田园分别提供1000张3折优惠门票，宝中旅游、华侨城旅行社以成本价、零利润组织操作本次的一日游。此项活动是贯彻落实市委、市政府关于"关爱新生代劳务工"的具体举措，通过发动有关景区（点）、旅行社进驻深圳大型工业厂区，按照"党政部门补贴，旅游企业让利"的方式，给予外来劳务工更多旅游人文关怀。

"关爱在鹏城，旅游进厂区"活动组织的首发旅游团。

【区域旅游合作】 2010年1月28日，深圳、澳门旅游业界在深圳五洲宾馆举行交流推广会。澳门旅游局局长安栋梁、副局长文绮华率领澳门旅游局各厅处负责人和驻海外办事处代表共68人出席活动。深圳文体旅游局局长陈威，党组书记李小甘，副局长岳川江、易能全出席活动。双方希望今后在发展区域旅游方面能够不断加强合作，共同打造"深港澳旅游黄金圈"。4月21日，深圳文体旅游局与澳门特区政府旅游局在澳门签署"优质诚信澳门游"合作备忘录。澳门特区政府旅游局局长安栋梁与深圳文体旅游局党组书记李小甘代表澳深双方签署备忘录，备忘录包括设立深澳"优质诚信澳门游"联合工作小组等多项内容。

是年，深港、深澳分别赴澳洲、越南和山东共同推广深港澳旅游圈整体形象；加大与香港旅游机构、企业的合作，针对访港外国游客开展专项促销，吸引到港游客访问深圳。广深珠重新整合包装广深珠连线的核心产品。联合在长沙、武汉、郑州、西安等城市举行推介活动。建立深莞惠三地旅游区域合作联席会议制度，实现深莞惠三地旅游门户网站的热链接，联合制作深莞惠自驾游指引图，共同举办"万车互游深莞惠"活动。

2010年12月28日，深圳市文体旅游局主办"万车互游深莞惠"首发团暨启动仪式。

【深圳制作新版旅游宣传片广告片】 2010年，深圳市文体旅游局经过充分酝酿和论证，按照深圳旅游业发展"十二五"规划确立的"创意深圳，时尚之都"城市文体旅游新形象定位，启用新的形象标识，并制作全新的系列宣传资料。新的深圳旅游文体旅游整体形象广告片拍摄制作完成，该片以创意和时尚为主线，以文化、体育和旅游丰富的内容为主体，多角度、多层次展示深圳市"滨海浪漫"、"主题公园"、"文化创意"、"运动休闲"、"都市风情"等特色，让观众能够直观地了解深圳多彩的文体旅游资源和产品。从8月中旬开始，该片将在深圳卫视、都市频道、财经生活等频道的《午间新闻》、《深圳新闻》、《第一现场》、《一时间》等栏目与观众见面，并将通过大运村文化展示区、官方酒店、官方指定酒店以及深圳机场、口岸等多个旅游资讯中心的电视频道进行播放和推广。

旅游资源开发和景区（点）建设

【旅游投资】 2010年，深圳市旅游职能部门积极参与欢乐海岸的土地使用权招拍挂，大鹏所城的保护开发，光明新区水公园、深圳湾游艇会等重点旅游项目的推进协调工作；参与大鹏新区、前海深港现代服务业合作区的设立，内伶仃岛的保护与利用等课题，并向市政府递送专题报告。年内在建的旅游项目包括：投资总额35亿、总占地面积约125万平方米的华侨城集团欢乐海岸旅游项目，整个项目计划于2011年建成；投资90亿元，由深圳市招商局集团建设的蛇口太子港国际邮轮母港旅游项目，预计于"十二五"中期建成开业，项目投入使用后，可停泊最高达15万吨位的国际豪华邮轮。

【旅游区（点）建设】 2010年，世界之窗"飞跃美利坚"新项目建成开放，海洋世界极地馆、野生动物园海洋馆以及海上田园红树林湿地公园建成。深圳东部华侨城项目建设完成修改、完善。野生动物园、小梅沙海洋世界、龙岗金沙湾旅游度假区开展创建国家A级旅游景区。是年，深圳市各景区（点）入园人数达2305万人次，比上年增长11.6%。华侨城旅游度假区业绩领跑全国，连续3年跻身全球八强，亚洲第一。

【旅游转型与产业升级】 2010年，深圳高端旅游产业迅速发展，欢乐海岸、蛇口太子港邮轮码头等重大旅游项目顺利开工建设。本土成长起来的全国连锁旅游企业和旅游互联网企业已初具实力和影响，华侨城、华强等大型企业以品牌化为导向发展连锁经营，规模、效益和影响力不断扩大。华侨城控股公司成为国家级旅游行业标准化试点示范企业。全市五星级饭店入住率比全市平均水平高出近3个百分点，高尔夫球会接待游客人数达125万人次。

是年，全市旅游行业开展节能减排、"创绿"达标活动，一大批"绿色饭店"、"绿色景区"脱颖而出，低碳发展、旅游产业转型升级已形成旅游行业发展共识。市文体旅游局环保实绩在全市考核中位居第三名。

旅游行业监督管理

【旅游市场监督】 2010年，深圳市共开展旅游市场检查行动56次，出动检查92人次，检查旅行社22家、旅行社营业部43家，旅游车辆17辆次，检查旅游团队36个，导游32人，检查旅游购物商店2次，酒店招待所商务中心5家，处罚12家单位和个人，罚款金额30万元，取缔2家非法经营旅游业务的场所，收缴旅游传单10000份。

是年，深圳市在全行业继续开展“优质诚信香港游”，活动内容包括：委托旅游市场社会监督员参团香港游线路、暗访香港游12人次；向香港旅游部门提供全市有经营香港游资质的旅行社资料；配合香港旅游业议会推出有“一团一导游”的《十条指引》，下发通知要求香港游组团社按指引做好香港游组团业务，抵制“零负团费”；全力协助香港旅游主管部门处理“乒乓球名将猝死事件”、“阿珍骂人事件”等旅游投诉事件。

8月26日，深澳两地联合在深圳举办“优质诚信澳门游”活动签约仪式，两地旅游部门签署合作协议，就“优质诚信澳门游”的推广、宣传、市场监管及投诉协作方面达成一致，同时深圳具有组团资格的旅行社签订《“优质诚信澳门游”公约》和《联合抵制澳门游“零负团费”不正当竞争公约》。

【旅游安全管理】 2010年，深圳市文体旅游局从全市279家旅游企业（旅行社98家，星级饭店147家，景点34家）各抽调1名安全管理人员，组成59个检查小组，对279家旅游企业进行旅游安全交叉检查。检查以《旅游行业安全管理检查规范》（SZDB/B19－2009）为标准，共出动检查人员1400多人次，发现旅游安全隐患1760余处，对交叉检查中发现的问题逐一整改。

是年，全市旅游企业加强对《深圳市旅游突发事件应急预案》的学习和培训，制定《深圳市旅行社组团出境旅游突发事件应急预案》，要求各旅游企业特别是旅行社定期演练，熟悉相关流程。督促各区旅游行政管理部门、各旅游企业进一步建立健全旅游安全突发公共事件应急预案，并组织员工培训、演练。加强与港澳旅游部门协作，研究制订《旅游事件联合处置指引》，共同处置涉及两地的旅游事件。

4月27日，深圳市文体旅游局召开全市旅游安全生产暨诚信旅行社授牌工作会议，市应急办和各区旅游行政管理部门、各旅游星级饭店、各旅行社、各景点景区共350人参加。会议传达全市公共安全管理工作会议精神，总结2009年旅游安全生产工作情况，并对2010年旅游安全生产工作进行全面部署。会上，深圳市文体旅游局与深圳各区旅游行政管理部门、各旅行社签订《旅游安全生产目标管理责任书》。

【旅行社管理】 2010年，深圳市新设立旅行社62家，其中出境游组团社5家，至年底，全市共有旅行社252家。全年旅接待总人数791万人次，比上年增长26%。继续开展旅行社入境游奖励工作，全年共奖励11家旅行社、81.4万元。针对《旅行社条例》实施后原国内社不能享受“144小时便利措施”的问题，协调边检部门进一步放宽144小时便利措施。

是年，深圳市在全行业开展旅游服务质量提升年活动，制订《服务质量专项检查工作方案》，成立专项检查小组开展各项检查活动，旅行社营业部被列入检查的重点，通过查验营业部的财务账本、团队操作来往传真件等资料检查是否存在承包挂靠、超范围经营，擅自组团等违规行为；检查游客报名行程表、旅游品牌和旅游广告等内容。

2010年，深圳市文体旅游局以《诚信旅行社评价规范》为标准开展“诚信旅行社”评价活动。评价活动包括筹备、报评、自评、实地审核和公示阶段。全市共有52家旅行社报名参评，其中出境组团社21家，非出境组团社31家。通过重点检查采购、产品、广告、财务、人事、选址、形象、组团8个方面，评选出10家旅行社作为深圳市首批“诚信旅行社”。

【旅游饭店管理】 2010年，深圳市新评定星级饭店7家，其中五星级3家、三星级4家。全市日住宿接待能力达13万人。宾馆酒店平均住房率62.44%，比上年增长3.12个百分点。全年对9家星级酒店进行评定性复核，对60家星级酒店进行年度复核工作，取消1家星级饭店的星级资格。是年，开展“绿色饭店”的创建及评定工作，向省星评委推荐12家酒店为“绿色饭店”并获得批准。住宿业蓬勃发展，喜来登、洲际、万豪等12个国际酒店管理品牌已进入深圳，以“城市客栈”为代表的经济型连锁酒店也迅速成长。

深圳东部华侨城茵特拉根酒店。

【导游员管理】 2010年，深圳市文体旅游局完成3000名导游员的年审工作，举办4期全市导游继续教育培训班，参加培训人数2959人。完成2名援藏导游的推荐工作。全年共办理800多张导游IC卡制发等手续，强化导游IC卡系统的管理。组织编写新版《导游词》，共42万字、分15章，为导游培训和提高导游技能提供基础保障。至2010年底，全市共有持导游证（IC卡）人数为5506人。按照等级划分，初级导游员5180人，占94%；中级导游员324人，占6%；高级导游员2人，占0.04%。

【旅游信息化建设】 2010年，深圳旅游网进行改版，增强网络的易用性，并丰富日、韩文版内容。在国家旅游局信息中心等单位举办的全国旅游网站公益性评选活动中，深圳旅游网被评为全国10个"中国优秀政府旅游网站"之一。1258033旅游咨询服务台的服务内容与流程进行优化，为市民、海内外游客和大型展会参展商提供便捷的旅游咨询服务。

旅游教育培训与精神文明建设

【旅游教育培训】 2010年，深圳市文体旅游局编制《深圳市社会经济动态汇编——2010年》（导游员专用版）。5月至9月，深圳市文体旅游局和深圳市人力资源保障局联合主办2010深圳市导游职业技能大赛和全省导游大赛深圳选手汇报演出晚会，参加人数近300人，评选出杨眉等30名"优秀导游"，张志超等8名"金牌导游"，並为前30名选手争取深圳入户指标。完成全国、全省导游大赛深圳选手的选拔和集训，深圳市有13名选手进入全省大赛的总决赛，8名选手获得"岭南优秀导游"称号，2名选手获得"广东省职业技术能手"称号，1名选手获得学生组第三名，深圳市文体旅游局获得全省大赛最佳组织奖。在全国导游大赛中深圳市柯凌艳是广东省唯一获奖的选手。

组队参加2010年全国旅游饭店服务技能大赛（广东赛区）选拔赛，共获得1个第一名、3个第三名，1人取得参加全国旅游饭店服务技能大赛资格；联合深圳市人力资源与社会保障局、深圳总工会组织全市餐饮业技能大赛；成功举办广东省职业技能大赛中式面点、中厨、美容、美发四个工种深圳赛区的选拔竞赛。

【旅游精神文明建设】 2010年，深圳市全面贯彻落实国家旅游局《旅游服务质量提升纲要（2009－2015）》，开展"旅游优质服务主题年"系列活动，对旅行社实施"八统一"管理。即：统一采购，只能由旅行社总部与航空公司、景区景点、旅游车队或者旅行社同行（批发商）等上游供应商统一签订采购协议，营业部则无相应权限；统一产品，指产品由旅行社总部统一设计和发布。营业部则无相应权限；统一广告。即指旅行社的所有媒体广告、宣传用品及资料只能由旅行社总部统一对外发布。营业部则无相应权限；统一财务，指旅行社所有的资金流（包括营业部）的进出由旅行社总部统一管理。营业部则无相应权限；统一人事，指营业部的员工必须由旅行社总部统一招聘，统一签订劳动合同，统一购买社会保险，统一发放工资，统一进行培训；统一选址，指营业部的选址必须由总部核定，租赁合同由总部负责签订。营业部则无相应权限；统一形象，指旅行社使用统一的企业形象；统一组团，指营业部招收的游客应由旅行社统一安排出团，营业部不应自行安排出团或对外拼团。年内，委托市旅游协会首次评出10家"深圳市诚信旅行社"，加大"优质诚信香港游"的监督力度，与澳门特区旅游局签署实施《优质诚信澳门游合作协议》。

纪 事

1月28日 深圳、澳门旅游业界在深圳举行交流推广会。澳门旅游局局长安栋梁、副局长文绮华率澳门旅游局各厅处负责人和驻海外办事处代表共68人出席活动。

3月23日 文体旅游线路推广暨"媒体看深圳，游客逛鹏城"主题系列活动的启动仪式在深圳世界之窗举行。

4月21日 深圳文体旅游局与澳门特区政府旅游局在澳门签署"优质诚信澳门游"合作备忘录。

2月4日 深圳市政府与中国港中旅集团公司在深圳签署全面战略合作框架协议。

6月27日 "关爱在鹏城，旅游进厂区"活动在富士康科技集团厂区正式启动。

（于 治）

珠　海　市

综　述

【总体情况】　2010年，珠海市文体旅游局深入落实科学发展观，抢抓机遇，转变工作作风，强化服务意识，提高办事效率，努力营造良好的旅游环境，推动珠海旅游健康发展。全年全市接待旅游总人数为2333.09万人次，比上年增长11.76%。其中接待入境游客448.46万人次，比上年增长8.43%，国内游客1884.63万人次，比上年增长12.58%；旅游总收入219.34亿元，比上年增长29.91%。其中旅游外汇收入12.23亿美元，比上年增长19.16%，国内旅游收入136.20亿元，比上年增长37.97%；接待过夜游客1380.53万人次，比上年增长14.21%。其中国内旅游者1055.39万人次，比上年增长15.86%，入境旅游者325.14万人次，比上年增长9.16%。

【旅游行业规模】　2010年，珠海市拥有旅行社103家，其中出境游组团社10家，非法人分社11家（其中新增5家）；星级饭店86家，其中五星级8家，四星级9家，三星级63家，二星级6家；有A级旅游景区43处，其中国家4A级景区2处，3A级景区1处。

【重大旅游决策】　2010年，珠海市编制《珠海旅游产业现状及发展对策》、《珠海市建设国际商务休闲旅游度假区战略和策略研究》、《斗门北部生态旅游发展调研报告》、《珠海市旅游饭店现状及对策》、《珠海市旅行社发展现状和建议》等调研材料。

【重大旅游活动】　2010年10月1~7日，2010珠海国庆音乐欢乐周暨第八届沙滩音乐派对在吉大海滨浴场沙滩设立主会场，并在渔女广场（海滨公园）舞台，海泉湾，北山会馆，圆明新园，澳门环岛游海上啤酒音乐、水湾酒吧街，以及主要的四星级以上酒店（大堂或酒吧）、大型社区广场设立分会场，以全城性、内容丰富的音乐活动，提升珠海城市文化品味，营造欢乐祥和的节日氛围。在“十一”黄金周假期内，除在沙滩举办流行音乐活动外，还积极鼓励扶持四星级以上酒店、大型旅游景点、专业文化传播机构配合举办各类音乐演出活动，形成国庆长假期间以音乐为主题的全城欢乐周。

12月19日，2010珠海国际半程马拉松公开赛在珠海九洲城广场举行。整个赛事共吸引5000余名来自世界各地的专业跑手和马拉松爱好者参加。

旅游接待与收入

【入境旅游】　2010年，珠海市接待入境旅游者325.14万人次，比上年增长9.16%；旅游外汇收入12.23亿美元，比上年增长19.16%，占全省比重的9.54%。入境旅游者按客源地划分，其中外国人56.73万人次，比上年增长18.52%；香港同胞107.48万人次，比上年增长5.39%；澳门同胞74.22万人次，比上年增长9.08%；台湾同胞86.71万人次，比上年增长8.43%。

【国内旅游】　2010年，珠海市接待国内游客1884.63万人次，比上年增长12.58%。其中国内旅游者1055.39万人次，比上年增长15.86%；国内旅游收入136.20亿元，比上年增长37.97%；旅行社组团国内游人数87.40万人次，比上年增长18.88%。其中省内游66.91万人次，比上年增长17.45%，省外游20.49万人次，比上年增长23.81%。

【出境旅游】　2010年，珠海市组团出境游22.73万人次，比上年增长20.22%。其中香港游11.74万人次，增长32.7%；澳门游5.5万人次，增长6.45%；其他国家和地区游5.49万人次，增长12.19%。

【假日旅游】　2010年，珠海市“春节”、“十一”黄金周及“五一”（5月1~3日）小长假共接待游客总人数达255.71万人次，比上年增长6.41%；旅游总收入达13.9亿元人民币，比上年增长7.25%。其中春节黄金周，全市接待游客82.08万人次，旅游收入4.3亿元，同比增长2.66%和3.12%；“十一”黄金周，全市接待游客119.37万人次，同比增长7.93%，旅游收入6.28亿元，同比增长8.65%；“五一”假期，全市共接待游客54.26万人次，同比增长9.07%，旅游收入3.32亿元，同比增长10.3%。

旅游宣传促销与节庆活动

【概述】 2010年，珠海市文体旅游局紧紧围绕全市旅游工作重点，加大市场宣传力度，积极宣传推广珠海旅游专题活动，继续强化区域旅游合作，全面提升旅游宣传资料的形象与内涵，巩固港台市场，取得良好的效果。

【旅游宣传促销】 2010年，珠海市文体旅游局与广州市旅游局、深圳市文体旅游局以"活力广东 精彩广深珠"作为统一形象联合参加2010广州国际旅游展览会、2010中国（重庆）国内旅游交易会、香港国际旅游展览会和2010中国（上海）国际旅游交易会4个重要旅游展会。8月2～6日，与广州市旅游局、深圳市文体旅游局组织三地旅游企业代表共60多人，联合举办"精彩广深珠—激情与速度"推介活动。三地分别在高铁沿线的湖南长沙、湖北武汉、河南郑州、陕西西安4个省会城市，分别以2010年广州亚运会、2011年深圳世界大学生运动会、2010年珠海国际航空航天博览会作为核心旅游产品向市民推介。三地文体旅游（旅游）局领导分别对广深珠城市旅游形象和旅游产品作主题推介。

2010年，中山、珠海和澳门区域旅游合作继续以大香山文化为背景，全年展开的合作包括：推进《中珠澳休闲旅游指南》（英文版）、《中珠澳高尔夫、美食、节庆活动指南》、《梦回香山》精华版等宣传资料的制作；三地联合参加于4月30日至5月3日在台北举办的2010台北两岸观光博览会，三地共同推介旅游精品线路，大力拓展台湾旅游市场；中山、澳门两地旅游局，代表中珠澳三地利用10月22日在马来西亚举办的第八届世界中山同乡恳亲会，在马来西亚举办旅游促销活动，推介中珠澳旅游线路；12月10日，由中山、珠海、澳门三地旅游局长带队组成中珠澳旅游推介团，联合三地旅游业界和媒体赴武汉举办旅游推介会，邀请武汉旅游业界和媒体代表100多人，重点推介温泉和高尔夫旅游品牌。

珠海、中山、江门市区域旅游合作进一步巩固。完善珠中江区域旅游宣传，制作完成珠中江旅游多媒体宣传资料；中山、江门两地旅游局代表珠中江三地于7月份赴武广沿线城市武汉、长沙进行推介，加大对湖南、湖北旅游市场的宣传和拓展力度。

【旅游节庆活动】 2010年2月6日，珠海市文体旅游局在珠海免税广场举办"2010珠海文化旅游年"启动仪式暨春节活动展销，全市文化、体育、旅游系统的场馆和企业共36家单位参加活动。

3月26～27日，举办"珠海杯"高尔夫邀请赛和"买家之夜"活动，接待66名参加广州国际旅游展览会的国际旅游买家访问珠海，使其较好地了解珠海的温泉和高尔夫资源。珠海电视台、《珠海特区报》、《珠江晚报》等多家媒体对此次活动作宣传报道。

11月6、7日，珠海市文体旅游局与团市委共同主办的"特区30年，缘聚幸福城—2010珠海婚礼"活动在外伶仃岛举行。由60对新人组成的集体婚礼吸引多家媒体到场采访，珠海作为"浪漫之城"的形象得到进一步提升。

"2010珠海文化旅游年"启动仪式暨春节活动展销现场。

【2010广东国际旅游文化节（珠海）分会场】 由国家旅游局和广东省人民政府共同主办的2010世界旅游日全球主会场庆典暨中国广东国际旅游文化节于9月底在全省举行。珠海分会场举办主要活动项目有2010珠海国庆音乐欢乐周暨第八届沙滩音乐派对、2010第五届海泉湾音乐狂欢节、第八届德国啤酒节、中国超级摩托车锦标赛、珠海国际海钓大赛、FIM亚洲公路摩托车、高尔夫邀请赛等。同时，组织旅游企业参加2010广东国际旅游展览会，珠海共设立8个展位，其中海泉湾2个、御温泉3个、市文体旅游局3个。市文体旅游局的展位供全市旅游企业免费派发资料和洽谈业务，4天展会共组织20多家旅游企业约50人参加展览会；制作宣传花车参加花车巡游活动，突出宣传温泉特色，并荣获三等奖。

旅游资源开发和景区（点）建设

【概述】 2010年，珠海市拥有景区（点）40多个，其中海泉湾度假区、御温泉成为国内外知名休闲旅游品牌，珠海圆明新园和农科中心为国家级4A级旅游景区，外伶仃岛为3A级旅游景区；高尔夫球会5个，国际标准的高尔夫球场6个；珠海情侣路成为城市重要的旅游观光带和城市名片。

【旅游规划】 2010年，珠海市文体旅游局负责组织编制《珠海市城市总体规划（2010－2030）》重大专题研究之《珠海市旅游发展总体布局规划整合》专题。4月29日，召开《规划整合》专家评审会，与会专家认真审阅《规划整合》成果，听取编制单位的汇报，原则通过评审，并建议编制单位按照专家提出的意见进一步修改、补充和完善。

【旅游项目建设】 2010年，总投资100亿元的珠海长隆国际海洋度假区建设项目进展顺利，项目主体工程长隆海豚酒店于11月28日正式启动，海狮、海豹等各种珍稀禽类已进入其海洋动物繁育基地。度假区内还将配备摩天轮、木质过山车、5A影院等旅游设施；东澳岛玲玎海岸旅游项目正在抓紧建设中，“玲玎海岸”设计规划的酒店功能形式多样，包括精品酒店、会所酒店、休闲度假酒店、会议度假酒店、高级别墅式酒店、有限服务及产权式酒店等，预计2011年“五一”期间酒店项目对外开始营业。喜来登、瑞吉、香格里拉、洲际、万豪等国际品牌酒店和海泉湾二期项目按计划积极推进中。

【绿道旅游】 2010年，按照《珠江三角洲绿道网总体规划纲要》要求，省立绿道1、4号线珠海段已全线贯通，完成“一年基本建成”的任务目标。珠海市于8月30日举办区域绿道珠海段全线贯通仪式，并举行“千人骑车绿道行”活动。珠海市区域绿道建设做到既有“绿”又有“道”，配备较为完善的标识系统、安全、卫生、换乘等服务设施，实现与中山市城际交界面绿道的互联互通。至12月底，全市建成区域绿道82公里、城市和社区绿道185公里，共投入资金约3亿元。配套建设驿站28个、停车场28个（车位802个）、公厕28座、自行车租赁点28个、小卖部服务店28个、安装标识系统377块、植树约20万株、新增绿化面积约50万平方米、修建休闲小广场30处、增加体育健身设施90套、串联各类旅游景点93个和连接农庄、果园160余处以及开展各类绿道主题活动200余次；接待游客约10万人次。区域绿道1、4号线珠海段主要亮点有：珠澳驿站、海滨泳场、海滨公园驿站、海天驿站、美丽小筑驿站、旭之盼驿站、石之魂绿道、海之恋驿站、珠海高新驿站、金凤路绿道、北师大绿道、港湾大道绿道、西湾村段绿道、金台寺绿道。

【乡村旅游·红色旅游】 灯笼沙旅游风景区位于珠海市西部地区，行政隶属珠海市斗门区白蕉镇，面积14.7平方公里，人口9800多人。这里世世代代以出海打鱼为生，被称之为水上人家或渔民，又称之为“疍家人”。国家非物质文化遗产—珠海市斗门“水上婚嫁”习俗与山西孝义贾家庄婚俗、浙江宁海十里红妆婚俗一起，成为全国三大汉族传统婚俗代表。为弘扬这一传统民俗，由珠海市九洲旅游集团投资开发的首期灯笼沙旅游风景区，于2010年11月18日正式对外开放。开业后，白蕉镇政府正式成立“珠海市灯笼沙水乡旅游开发公司”。公司运作模式为“政”“企”“农”三方结合，公司员工以当地村民为主，作为社会主义新农村建设的试点，灯笼沙旅游项目既解决珠海西部农村发展的瓶颈，同时也是保持良好生态环境的一种尝试，目的是引导当地村民走上致富的道路。

珠海市主要红色旅游资源为位于淇澳岛的苏兆征故居、万山海洋开发区解放万山群岛登陆点和香洲烈士陵园，分别为省级、市级、市级文物保护单位，均纳入《广东省红色旅游发展规划》。

旅游行业监督管理

【旅游市场监督】 2010年，珠海市共受理游客投诉94宗，涉及1454人，退赔金额48635元。其中投诉旅行社24宗364人，退赔金额26674元；景点投诉16宗27人，退赔金额5750元；酒店5宗5人，退赔金额3030元；购物投诉37宗1056人，退赔金额13000元；其他投诉12宗12人，退赔金额180元。珠海旅游质监所每月汇总旅游投诉情况，以简报形式在珠海旅游网上公示，并及时发布对特殊案例和游客出游提示，引导游客出行。参加“3·15”国际消费者权益日现场咨询活动，接待咨询60多人次，发放法规宣传资料600多份；5月13日举办全市旅游行业质监员培训班，共有280多人参加；与工商、交通部门合作，规范旅行社旅游团队购物安排，印制2万份《珠海欢迎您》、《旅游购物重要提示》向游客发放，并印制6000份《旅游购物重要提示》张贴在全市500台旅游包车上；参加全国旅游城市旅游质监互动协作会议，加强与客源地城市的旅游质监工作横向合作；联合出入境管理部门打击非法签证经营；对旅游购物问题和代办签证问题的治理开展调研工作。

【旅游安全管理】 2010年，珠海市文体旅游局联合公安、工商、交通、质量技术监督等部门加大对旅游市场的巡查检查力度，每周开展一次旅游市场例行检查，春节、“五一”、中秋节前开展联合大检查，重点巡查口岸地区、珠海渔女等游客密集地区以及大型旅游购物商场，打击售假及非法经营行为。全年共开展旅游市场检查36次，组织全市相关部门旅游市场大检查8次，出动执法人员390多人次，检查旅行团和导游约100多人次、检查购物商场约80多家次。

快速跟进重大事件，严肃处理深圳无证导游在珠海辱骂南京游客事件和协调处理台湾苏花公路珠海游客罹难事件，维护城市形象和游客权益。

【导游员管理】 2010年，珠海市完成全国导游人员资格考试考务工作。上半年考试报名人数1053人，通过率达38%；下半年考试报名人数1028人，通过率38.7%。全市共有导游4884名。全年做好注册导游人员建档立案工作，对导游人员开展年审培训和业务指导，建立健全导游人员检查、考核和奖惩的内部管理机制，为导游人员提供旅行社用人信息，协调双方关系。

【旅行社管理】 2010年，珠海市新批准设立旅行社17家，其中出境游组团社1家。至年底，全市共有旅行社103家（其中出境游组团社10家）；6月17日，由珠海市人力资源和社会保障局主办、珠海市文体旅游局协办、珠海市旅游协会承办的珠海市导游人员技能大赛决赛在珠海市图书馆报告厅举行。参赛选手来自全市25家旅行社和7所大专院校以及市导游服务中心的导游人员120多人。比赛分初赛、决赛两个环节，有专业导游25名、学生导游13名进入决赛。其中广东省拱北口岸中国旅行社李海旭获专业组第一名，珠海海天国际旅行社的李水玲、沈青青分获第二、三名，并选出12名优秀奖；吉林大学珠海学院的刘慧姝、王琦分获学生组第一、二名，珠海市第一中等职业学校的罗青萍获第三名，并选出2名优秀奖。大赛还有14个参赛单位获得“优秀组织奖”。市文体旅游局局长刘福祥，市人力资源和社会保障局副局长周晓文，市文体旅游局副调研员刘召秀出席大赛并为获奖者颁发证书。

【旅游饭店管理】 2010年，珠海市新评定的星级饭店有2家，其中四星级、三星级饭店各1家。至年底，全市共有星级饭店86家。是年，全市有8家星级饭店（四星级2家，三星级6家）开展评定性复核工作。庆华酒店申报五星级饭店已通过省星评委初检，做好来魅力酒店申报五星级饭店的检查和指导工作。

【旅游标准化建设】 2010年，珠海市游客接待量排列前20名的饭店能源消耗指标平均数在上年基础上降低5.33%。引导酒店业切实转变增长方式，节约使用能源，改善管理方法，开展创建“绿色旅游饭店”活动。珠海度假村推动节能改造项目，全年投入360余万元用于节能技改项目；港中旅（珠海）海泉湾度假区投资650万元改造2#换热站节能技术项目，使单位生活热水制取成本从46元/吨降低到15元/吨。

旅游教育培训和精神文明建设

【旅游教育培训】 2010年，珠海市重视各类旅游培训、拓展工作，选送人员统一组织前往广州参加全省中、高级导游员研讨会。组织在海泉湾度假村举行的精英导游拓展训练营活动。选拔并推荐出优秀导游支援西藏旅游业的发展。6月，组织举办“珠海市2010年度导游人员职业技能大赛”，从初赛到决赛选出珠海赛区的优秀代表参加广东省的技能大赛。组织推荐珠海市“全国优秀导游员”人选的工作。提升旅游服务意识和服务水平，根据本市的实际情况对各旅行社导游人员进行综合的评比、严格筛选，选出优秀代表推荐上报。

【旅游行业精神文明建设】 2010年1月14日，珠海市文体旅游局举办旅游安全演讲比赛决赛。编印《平安旅游须知》，免费派发各旅游企业。开展酒店行业的技能大赛和节能减排创建绿色饭店活动。积极开展旅游市场的整治和行业诚信活动。珠海度假村酒店在全国旅游饭店行业评比中荣获“中国饭店金星奖”。

【旅游行风与机关作风建设】 2010年，珠海市文体旅游局在全市旅游行业开展“旅游服务质量提升年”活动，组织参加广东省酒店行业技能大赛获得1个第二名、3个第三名，受到省旅游局的表彰。积极指导非星级饭店评星工作，进一步提升饭店的服务质量。坚持以抓优质服务为核心，从创新服务载体入手，开展一系列的优质、高效、便民服务活动。积极推进政务公开工作，建立文体旅游局政务网站、在局机关一楼大厅设置导览触摸屏将局机构设置、服务职能、办事程序、工作动态、举报信箱等资讯对外公布，方便办事群众查询；开设宣传栏张贴局长办公会议纪要、工作简报、业务通知等信息；在局四楼、五楼分别设置机关旅游宣传板报，及时将工作动态和活动情况制作成宣传板报予以公布，做到政务公开透明，主动接受群众监督，营造良好的服务环境，实现由被动服务向主动服务转变、由职业服务向情感服务转变、由一般服务向特色服务转变，杜绝门难进、脸难看、话难听、事难办的“四难”现象，既提高了服务效能，又彰显了以人为本的服务理念。

纪　事

1月15日　“广深珠”合作体第24次联席会议在珠海召开。珠海市文体旅游局局长刘福祥将联盟旗帜移交给2010年轮值单位广州市旅游局。

2月6日　2010珠海文化旅游年启动仪式暨春节活动展销在珠海免税广场举行，副市长金展扬等出席仪式。

2月26日　市文体旅游局邀请市委政研室、市人大、市住建局、市政园林局召开发展珠海高端旅游座谈会。市委政研室主任赵力、市人大秘书长王道远及局长刘福祥，副局长张梅生、王春剑出席。

3月 珠海市平沙镇被评为首批“全国特色景观旅游名镇”。

3月3日 珠海市委书记、市人大主任甘霖到局看望慰问。甘霖对全市旅游工作以及全局形成合力、发挥大部制的优势给予充分肯定，提出“繁荣事业，壮大产业”的希望，市委常委、市秘书长、组织部长刘振新陪同考察。

3月24日 中珠澳旅游区域合作联盟会议暨轮值城市交接仪式在中山举行。市文体旅游局局长刘福祥将联盟旗帜移交给2010年轮值主席单位中山市旅游局。副局长张梅生、王春剑出席会议。

3月26~27日 参加广州国际旅游展览会的66名国际旅游买家到珠海考察，市文体旅游局副局长王春剑陪同考察。

4月26日 2010年珠海旅游服务质量提升年启动仪式在珠海举行。市文体旅游局局长刘福祥、副局长秦凤尝出席仪式。

4月27日 全国旅游饭店服务技能大赛珠海赛区选拔赛在珠海举行。优秀选手将参加2010年全国旅游饭店服务技能大赛（广东）赛区选拔赛。

4月29日至5月3日 珠海、中山、澳门旅游局联合组团首次以“中珠澳—大香山”整体旅游形象参加2010台北两岸观光博览会。局长刘福祥率队参加。

5月8~9日 珠海市委书记甘霖到海南调研旅游产业。市文体旅游局局长刘福祥、副局长张梅生陪同调研。

5月26日 珠海市副市长金展扬、局长刘福祥等领导为荣获“中国饭店金星奖”的珠海度假村酒店举行揭牌仪式。

6月10~13日 市文体旅游局副局长王春剑带队参加在香港国际会展中心举办的2010年香港国际旅游展览会。

6月17日 2010年全市导游技能大赛圆满落下帷幕。共有25家旅行社、7所院校以及市导游服务中心的120多名导游人员参加比赛。

8月30日 珠海市绿道主题曲《绿道真好》出版并在广东省绿道网开通仪式上展唱。7月至9月，《浪漫绿道——畅游珠海》等绿道宣传片制作完成。

9月20日 珠海市副市长金展扬主持召开2010年“十一”黄金周假日旅游协调工作会议。市文体旅游局局长刘福祥、副局长张梅生、秦凤尝出席会议。

9月25~28日 珠海市副市长金展扬、市文体旅游局局长刘福祥出席2010世界旅游日全球主会场庆典暨中国广东国际旅游文化节开幕式。珠海获优秀组织奖，花车获三等奖。

10月1~7日 珠海市文体旅游局主办“2010珠海国庆音乐欢乐周暨第八届沙滩音乐派对”活动，以全城性、内容丰富的音乐活动，营造欢乐祥和的节日氛围。

10月21日 珠海拱北口岸中旅社19位游客在台湾发生事故，珠海组成以副市长金展扬为组长、市府调研员杨尧、局长刘福祥为副组长的事件处理小组，市政府副秘书长李力、副局长段胜明赴台湾处理事故，11月上旬，事件基本得到解决。

11月6~7日 珠海市文体旅游局与团市委在外伶仃岛共同主办“特区30年，缘聚幸福城—2010珠海婚礼”活动。

11月28日 珠海长隆国际海洋度假区主体工程在横琴正式动工，省委副书记、省长黄华华，省委常委、常务副省长朱小丹，副省长雷于蓝、刘昆，市委书记、市人大常委会主任甘霖共同出席动工仪式。

12月1日 珠海市旅游总会、珠海市旅游饭店行业协会、珠海市旅行社行业协会、珠海市旅游景区景点行业协会、珠海市导游协会成立，张梅生担任旅游总会会长。

12月7~10日 珠海市文体旅游局局长刘福祥带队参加中珠澳三地武汉旅游推介活动。

12月16~17日 全国休闲工作会议在珠海召开，国家旅游局副局长祝善忠、省旅游局局长杨荣森及全国31个省市旅游局局长及10个先进单位代表参加，市委副书记钱芳莉出席会议，刘福祥、张梅生等领导陪同。

12月19日 2010珠海国际半程马拉松公开赛举行，国内外共3880名选手参赛，市委副书记、市长钟世坚鸣枪发令起跑。国家体育总局田径管理中心副主任王大卫、副市长金展扬出席。

12月21日 国家旅游局副局长杜江出席由中国旅游协会主办、海泉湾承办的中国旅游发展论坛研讨会，省旅游局局长杨荣森、珠海市文体旅游局局长刘福祥、副局长王春剑陪同。

（赵予萌）

汕 头 市

综 述

【总体情况】 2010年，汕头市旅游局紧紧围绕中共汕头市委、汕头市人民政府的中心工作，全面落实科学发展观，以建设汕头生态滨海旅游示范区为中心任务，推进旅游项目开发建设，大力开展旅游宣传促销，举办特色旅游节庆活动，加强旅游行业管理，全市旅游经济实现较快发展。全年实现接待过夜游客782.2万人次，比上年增长15.01%，旅游总收入88.47亿元，比上年增长19.09%。

【旅游行业规模】 截至2010年底，汕头市共有各类住宿设施近300家，床位数约3万张。其中星级饭店有39家（五星级3家，四星级7家，三星级19家，二星级9家，一星级1家）；拥有旅行社63家，其中具有出境游资质的旅行社6家；有旅游景区（点）20多处，其中国家A旅游景区5处（4A级旅游景区4处、3A级旅游景区1处）；另有国家级森林公园1处，全国农业旅游示范点1处，省级风景名胜区1处。全市有16家“旅游推荐单位”，涵盖餐饮、购物、娱乐等方面，旅游服务接待体系完善。全市旅游直接从业人员近3万人，旅游业为社会创造近10万个就业岗位。

【重大旅游决策】 2010年8月26日，《汕头市旅游资源保护和开发条例》（以下简称《条例》）由汕头市第十二届人民代表大会常务委员会第29次会议通过；2010年12月1日，经广东省第十一届人民代表大会常务委员会第22次会议批准公布，自2011年2月1日起施行。《条例》的出台为汕头市合理开发、利用旅游资源，促进景区景点建设提供了法律支持。

经汕头市第十二届43次市政府常务会议讨论通过，于2010年3月15日市委常委会议审议同意，《汕头市旅游发展总体规划（调整）2008—2025》正式实施。调整后的总体规划更加切合实际，对汕头市旅游业的发展具有很强的指导性和规范性。

【“十一五”旅游业发展情况】 “十一五”期间，汕头市旅游行业坚持以科学发展观为指导，巩固创优成果，加快生态滨海旅游示范区建设，启动国民旅游休闲计划，发展独具特色的海滨海岛度假游、美食游，潮汕文化游，绿色生态游。全市旅游业呈现良好发展势头，以商务旅游为主体的城市旅游和以观光度假为主体的文化与生态旅游得到较好的培育，方特欢乐世界·蓝水星乐园建成开园，南澳县成功创建“广东省旅游强县”，与周边市及闽粤赣地区良好的旅游大协作机制初步形成。汕头市旅游目的地的建设和作为粤东旅游中心城市的目标初步实现。2006年至2010年5年间，汕头市共接待过夜游客782.2万人次，比“十五”期末的444万人次增长76.17%，年均增幅达12%；旅游收入88.47亿元，比“十五”期末的49.26亿增长79.6%，年均增幅达12.4%。汕头市旅游业全面实现“十一五”旅游发展规划作出的“到2010年，力争接待过夜游客和旅游收入分别达780万人次和85亿元左右，年均递增12%左右，将汕头市建设成为广东东翼旅游中心城市和广东省旅游强市，使旅游业成为汕头第三产业的重要支柱”目标。

【重大旅游活动】 2010年2月22日，汕头市人民政府在方特欢乐世界·蓝水星主题公园召开全市旅游工作会议。市政府副市长余健明，副秘书长黄绍生，各区（县）政府、市直有关单位领导，各区（县）旅游局负责人，以及全市旅游企业代表出席会议。会议全面总结2009年全市旅游工作情况，布置2010年汕头市旅游业主要工作任务，并提出贯彻市委九届八次全会精神，按照粤东两会的总体部署，继续推进汕头生态滨海旅游示范区建设，把汕头市建设成为广东东翼旅游中心城市。

11月4～10日，由广东省旅游局、汕头市人民政府、中国兰花协会、台湾国兰联合总会联合主办的“中国（汕头·澄海）国际兰花旅游文化节暨第二届海峡两岸国兰精品博览会”在中国兰花名镇澄海区莲华镇举行。汕头市市长蔡宗泽，市政协主席罗仰鹏，市人大副主任刘远珍，省旅游局副局长梅其洁，中国兰花协会名誉会长何清正，中国兰花协会常务副会长、省兰花协会会长陈栋，台湾桃园县议员、桃园县赴汕经贸文化参观团团长杨朝伟，以及来自港、澳、台、日本、韩国的兰协嘉宾，香港潮属社团总会创会主席、汕头市政协名誉主席陈伟南等海内外潮籍乡亲近2000人出席开幕式。本次盛会由国际兰花旅游文化节及港澳台国兰精品博览会、乡村旅游（莲华）论坛、第三届莲华乡村旅游节三大板块组成。

2010年6月23日，汕头市委书记李锋到方特欢乐世界·蓝水星主题公园开展调研。

4月16日，汕头市人民政府和香港机场管理局在香港港岛香格里拉大酒店举行“汕头机场对外籍飞机开放暨香港航空有限公司汕头航线开通”签约仪式。市旅游局利用市委、市政府在港举行航线开通签约仪式之机，召开汕头旅游说明会。香港立法会（旅游界）议员谢伟俊、香港旅游业议会总干事董耀中、香港康泰旅行社董事长黄士心，汕头市旅游局局长陈华佳、副局长陈斌等汕港两地旅游界代表，以及汕港两地主流媒体代表近百人出席说明会。陈华佳、黄耀忠分别致辞，陈斌介绍汕头旅游情况。

12月16~26日，由汕头市人民政府主办，汕头市旅游局、汕头市餐饮业协会承办的汕头市第十六届潮汕美食节在市时代广场举行。本届潮汕美食节具有参展商多、参与性强、关注度高、游客量多等特点，共有参展商66个，美食展位近百个；美食节以传统潮味美食为主，荟萃台湾、日韩、东南亚等地风味美食品种逾300款。特设台湾美食展区；美食节特设“美食之家”、“优秀展位”、“天天美食排行榜”有奖投票、大胃王PK竞赛等活动，吸引大批群众和社会各界互动参与；国内外主流媒体聚焦汕头，中央电视台专程莅汕拍摄美食专集，《香港商报》、《潮声卫视》和周边城市媒体进行系列报道。美食节期间，仅美食广场接待游客达45万人次，营业额500万元。

【试行国民旅游休闲计划】 2010年，汕头市认真贯彻《关于试行广东省国民旅游休闲计划的若干意见》，积极推行国民旅游休闲计划。市旅游局鼓励旅游企业推出优惠措施，以打折或减价等形式，为游客旅游休闲提供各种优惠便利服务，吸引旅行社、酒店、景区等23家旅游企业制作30000张“汕头旅游休闲优惠卡”向游客免费发放，为来汕游客提供总价值达7500万元的优惠服务。举办乡村旅游节、登山节、环南澳岛自行车赛等大型旅游活动，拍摄汕头休闲度假游专题节目，引导旅行社积极开发奖励旅游、福利旅游、乡村旅游以及修学旅游等新的旅游产品，形式多样培育国民旅游休闲意识，倡导低碳、环保、健康、文明的生活方式，打造生态滨海旅游休闲品牌，带动相关行业的发展。

【首届上海潮汕美食文化节】 2010年4月8日，由广东省世博办、汕头市人民政府、上海潮汕联谊会共同主办，汕头市旅游局、上海潮府酒家承办的首届上海潮汕美食文化节在上海举行。上海市人大副主任、上海潮汕联谊会名义会长郑惠强、广东省世博办主任白明韶、上海市闸北区副区长孙国彪、汕头市副市长余健明等领导及汕沪两地旅游界、餐饮界、新闻媒体的代表出席开幕式。本届美食节为期4天，举办了潮菜美食品尝、潮菜行业展销、潮菜专家高峰论坛等系列活动。以“借助世博机遇，弘扬潮菜民族品牌”为主题，全力打造“高端食文化”的潮菜名片，进一步推动潮汕美食文化在全国的传播和推广，汕沪两地旅游、文化的交流与合作更加紧密。在沪期间，汕头市还举办了汕头旅游说明会。

首届中国（上海）潮汕美食文化节。

旅游接待与收入

【入境旅游】 2010年，汕头市接待入境旅游者133857人，比上年增长8.6%，旅游外汇收入5015.77美元；入境旅游客中，台湾同胞9038人、香港同胞42308人、澳门同胞494人、外国人82017人。

【国内旅游】 2010年，汕头市接待国内游客7688170人，其中旅行社接待644707人，国内旅游收入85.85亿元，比上年增长15.12%。旅行社组团情况：省内游352478人，省外游226639人。国内旅游市场的主要特点：省内游主要以珠江三角洲为主，省外游主要以华东游和福建、江西为主。

【出境旅游】 2010年，全市组团出境游33088人，比上年增长14.68%。出国出境（包括香港、澳门和台湾）旅游的基本情况是：香港17087人，澳门3871人，台湾732人，海外各国11398人。

【假日旅游】 2010年春节黄金周，汕头市共接待外来旅游者97.11万人次，与上年基本持平，其中过夜游客9.72万人次，同比增长5.54%；主要景区（点）接待游客125.98万人次，同比略有下降；旅游总收入3.19亿元，同比增长4.96%。

“五一”小长假，全市共接待游客27.07万人次，同比增长12.24%；旅游收入9561.78万元，同比增长13.38%。

“十一”黄金周，全市共接待旅游者88.18万人次，同比增长19.58%。其中过夜游客8.23万人次，同比增长15.10%，一日游游客79.95万人次，同比增长20.06%；旅游总收入2.59亿元，同比增长20.29%。

旅游宣传促销与节庆活动

【旅游宣传促销】 2010年3月，汕头市首次自行组团赴新加坡和马来西亚开展旅游宣传推介，与新加坡潮州八邑会馆、马来西亚潮州公会联合会、马来西亚雪隆潮州会馆等潮人社团开展交流，新加坡《联合晚报》对旅游推介交流会进行报道；4月，市旅游局借助市委、市政府在港举行航线开通签约仪式之机，召开汕头旅游说明会。香港旅游界代表以及汕港两地主流媒体代表近100人出席说明会。说明会的成功举办，加深港人对汕头旅游的了解，全面提升和扩大了汕头旅游的影响力和吸引力，促进了汕港两地旅游业界的交流与沟通；11月，市旅游局组织旅游企业赴澳门参加“潮汕美食文化嘉年华”活动，与澳门旅游界、餐饮界就加强汕澳两地旅游文化合作进行交流，举行汕头旅游推介活动；是年，还组织参加中国国内国际旅游交易会，赴江西、福建开展旅游推介交流，参加第六届海峡旅游博览会、2010中国桂林国际旅游博览会和第二届中国（宁夏）国际文化艺术旅游博览会等一系列展会。

7月22日，汕头市启动“浪漫海湾　休闲汕头”旅游主题媒体采风系列活动，邀请国内各大主流媒体采风，搜集旅游素材，全方位向海内外展示汕头“潮人故里、美食之乡、浪漫海湾、休闲之都”旅游形象。中央电视台、中国旅游卫视、福建电视台、南方卫视先后制作播出汕头旅游专集，《香港商报》、《南方都市报》、《游遍天下》、《马来西亚潮社人文汇集》等杂志报纸刊登汕头旅游专版专刊，央视二套财经频道《消费主张》栏目播出的“淘乐进行时——走汕头”旅游节目获国庆特别节目“淘乐进行时”10集系列节目最高收视率。

2010年7月20日，汕头市旅游局在方特欢乐世界·蓝水星主题公园举行“浪漫海湾·休闲汕头”旅游主题媒体采风系列活动启动仪式。

【2010广东国际旅游文化节（汕头）分会场】 2010年，汕头市作为2010世界旅游日全球主会场庆典暨中国广东国际旅游文化节分会场，精心筹办各项活动，着力打造“汕头生态滨海旅游”品牌。活动内容异彩纷呈、先后举办汕头市第十六届潮汕美食节、汕头市第十二届国际食品博览会、第五届中华名茶（汕头）博览会、第三届旅游产品（汕头）博览会、第三届环南澳岛自行车赛、中国（莲华）国际兰花旅游文化节暨第三届两岸国兰精品博览会、紫菜美食节、鲜菇美食节、中秋文化节、导游员技能大赛、酒店员工岗位职业技能技术大赛等活动项目，全方位展示汕头市滨海风光、生态美食、民俗风情，历史文化和经济建设成就以及区域旅游中心城市形象。

汕头市还积极参加广州主会场活动。在2010广东国际旅游展览会上，汕头展位备受热捧；花车嘉年华巡游活动汕头花车荣获三等奖；在第二届粤菜峰会暨中国粤菜选拔大赛上，汕头君华大酒店、汕头金海湾大酒店、龙湖建业酒家、龙湖宾馆、澄海区壮雄薄壳米店、玉兰喜餐饮有限公司和月眉湾酒楼荣获“粤菜名店”称号，白切薄壳米鸡、中华名小吃达濠鱼丸获“粤菜名菜”称号，汕头市旅游局获“优秀组织奖”；在“我心中的美好家园”万名儿童绘画及征文活动中，汕头市选送的绘画、作文作品获一等奖，还有一批作品分获二、三等奖。

【旅游节庆活动】 2010年，汕头旅游节庆活动丰富多彩，举办国际兰花旅游文化节、潮汕美食节、生态旅游节等一系列大型活动，举行“粤东侨乡2010华人华侨旅游年”启动仪式和纪念“三八”国际劳动妇女节100周年暨“爱我汕头，畅游家乡”大型女性旅游活动首发式，挖掘和整合汕头旅游节庆资源，大力开发农家乐、渔家乐，生态游、健身游、美食游等富有汕头特色的生态滨海旅游产品。2月，由汕头市旅游局和濠江区人民政府主办的桃花节，以独特的山海自然资源为依托，通过种桃树、赏桃花，整合濠江农家生态、海鲜美食、民俗文化旅游资源，以花为媒，招商引资，打造旅游新品牌；5月，汕头市旅游局和潮阳区人民政府共同主办的杨梅节在潮阳区西胪镇举行，杨梅采摘自助游、民俗文化展演、旅游线路体验、杨梅特色果品集市等活动吸引众多市民和游客参与；6月，汕头市旅游局和潮南区人民政府共同举办荔枝节；8月，汕头市旅游局和澄海区人民政府在澄海区盐鸿镇共同举办薄壳美食节，市民和游客参观薄壳米传统加工、制作过程，品尝薄壳全宴，并推广薄壳美食旅游线路等；9月，汕头市旅游局和濠江区人民政府在濠江区中信度假村共同主办中秋潮俗文化节，举行"中秋文化节潮俗文化"表演等活动；11月，由汕头市人民政府、全国兰花协会、台湾兰花协会主办，汕头市旅游局和澄海区人民政府承办的国际兰花旅游文化节在澄海区莲华镇举行，活动以兰为媒，以兰会友，开展了国际兰花展及港澳台国兰精品博览会、旅游文化研讨会、乡村旅游节等活动项目，来自全国各省市和港澳台地区、日本、韩国、泰国等兰花、旅游界1000多名嘉宾参加；12月，南澳县人民政府主办的环南澳岛自行车赛在南澳生态旅游区举行，邀请国内外自行车手参加比赛，组织游客登岛观光游览，宣传推介"绿色生态、滨海旅游、魅力南澳"旅游资源和旅游线路；同月，由汕头市旅游局和澄海区人民政府共同主办的鲜菇美食节在澄海区莲华镇举行，组织游客参观远东国兰、食用菌生产基地以及观光游览景点，品尝莲华特色的鲜菇宴、农家菜等；汕头市旅游局还于12月举办旅游产品（汕头）博览会，向市民介绍旅游特色产品，为各参展商提供宣传推介、展示平台。

中国（汕头·澄海）国际兰花旅游文化节暨第二届海峡两岸国兰精品博览会开幕式。

【第十六届潮汕美食节】 2010年12月16～26日，由汕头市人民政府主办，汕头市旅游局、汕头市餐饮业协会承办的汕头市第十六届潮汕美食节在汕头市时代广场及市区各有关宾馆、酒家举行。16日，副市长余健明为美食节开市鸣锣。本届美食节影响大，质量好，效益高，仅美食广场就接待游客45万人次，营业额达500万元。潮汕美食节的成功举办，对于提升汕头"中国潮菜之乡"文化品位，展示汕头旅游精品、文化潮汕、潮汕文化，提升汕头旅游形象，促进区域经济协作发展，推进汕头"生态滨海旅游示范区"建设起到积极的推动作用。

【区域旅游合作】 2010年，汕头市继续坚持"大旅游、大市场、大产业"的发展理念，主动融入粤港澳、珠江三角洲以及海西旅游区，加强与协作区域内各城市间的联系与合作，共同拓展客源市场，开发旅游资源，开辟精品线路。抓住汕头—香港、汕头—新加坡航线开通之机，引导境外游客来汕旅游。11月25～28日，应澳门潮州同乡会之邀，汕头市政府组织汕头餐饮名店、美食老字号赴澳门参加潮汕美食文化嘉年华活动，与澳门旅游界、餐饮界加强汕澳旅游文化交流。

扩大汕台旅游交流合作，充分利用海西优惠政策，开展对台旅游交流，指导全市有经营大陆居民赴台旅游业务资格旅行社开展对台旅游业务，编制"台湾游"旅游线路，积极申报汕头市旅行社经营大陆居民赴台旅游业务资格。2010年举办的第十六届潮汕美食节，为台资企业特设12个展位的"台湾美食展区"，集中展示台湾风味美食，并组织全市旅行社开展美食游团组活动，吸引海内外游客来汕旅游。

旅游资源开发和景区（点）建设

【旅游投资】 2010年，汕头市利用广东省第六届"山洽会"和第六届国际"潮青会"的召开，筛选出南澳海岛国家森林公园旅游区等19个旅游项目（见附件）进行招商；争取世博潮府馆回迁汕头，指导潮府馆在复原的基础上规划建设集美食、展示、演艺、体验、休闲、购物、娱乐为一体的汕头标志性文化旅游园区——潮民俗风情新天地，在12月召开的第三届粤东（揭阳）侨博会上，汕头市旅游局与上海世博潮府馆就该项目签约20亿元。

链接："山洽会"是珠江三角洲地区与山区及东西两翼经济技术合作洽谈会的简称，是广东省唯一一个由省委、省政府主办的大型经济技术合作洽谈会。汕头为此举办"两会四展一活动"活动内容。"两会"即投资项目推介会和《山水交响》——广东省第六届"山洽会"大型文艺晚会。"四展"即省展汕头展区、汕头市自办的工业精品展、汕头城乡规划展和非物质文化遗产大观。"一活动"即"生态海滨文化专线旅游"系列活动。

第六届国际潮青联谊年会（简称"潮青会"）最大的特色是突出"潮味"，以乡情为纽带，以文化为载体，以共赢为目标，增进世界各地潮籍青年对潮汕家园的情感认同。国际潮青联合会有团体会员34个。

汕头市 2010 年旅游招商项目一览表

项目名称	投资总额（万元）	项目单位
牛田洋生态观光旅游区	6000	汕头市金平区牛田洋现代农业生态示范区领导小组办公室
妈屿岛旅游开发项目	1.8 亿美元	汕头市龙湖区珠池街道妈屿社区居委会
澄海前美旅游村	12000	汕头市澄海区隆都镇前美经联社
澄海郑皇故里旅游区	10000	汕头市澄海区华富经联社
澄海程洋岗旅游区	2000	汕头市澄海区莲下镇程洋岗村委会
濠江国际度假湾		汕头市濠江区旅游局
巨峰旅游景区	8078.1	汕头市濠江区旅游局
滨海山地度假酒店	30000	汕头市濠江区旅游局
达濠古城	6000	汕头市濠江区旅游局
莲花峰海上旅游项目及配套建设	6000	汕头市潮阳区海门莲花峰旅游景区管理处
古雪岩旅游景区开发	8000	汕头市潮阳区西胪镇波美村古雪岩旅游景区管理处
广东大南山森林公园	8275	汕头市潮南区林业局林政股
南澳海岛国家森林公园旅游区综合开发	10000	汕头市南澳海岛国家森林公园（黄花山）
古镇历史文化综合旅游区	10000	汕头市南澳县旅游局
猎屿岛旅游娱乐区	10000	汕头市南澳县旅游局
梅花村生态旅游园	5000	汕头市南澳县旅游局
深澳镇东山旅游观光农业园	5500	汕头市南澳县旅游局
宋井景区滨海休闲与宋文化旅游区	12000	汕头市南澳县旅游局
游艇旅游基地	12000	汕头市南澳县旅游局

【旅游景区（点）与基础设施建设】 2010 年，汕头市市委、市政府重视旅游项目的开发建设。6 月 23 日，汕头市委书记李锋在对方特欢乐世界·蓝水星主题公园调研时指出："要大力营造我市良好投资环境，加快我市现代服务业的发展，要求一周内解决企业遇到的困难和问题。"市旅游局全力指导方特欢乐世界·蓝水星主题公园的建设，公园于 1 月 28 日建成并试营业。市旅游局还协助市政府牵头各有关部门现场办公，协调解决开园后存在问题和困难，完善旅游基础设施建设和旅游标识设施，指导旅游园区加强配套建设，主题公园于 7 月 13 日如期举办开园庆典仪式。

汕头方特欢乐世界—蓝水星开园庆典。

【方特欢乐世界·蓝水星主题公园】 位于汕头海湾大桥北岸，占地 24 万平方米。由深圳华强文化科技集团和广东锦峰集团联合投资逾 10 亿元兴建。该主题公园年接待能力 200 万人次，以科幻为主题，以高科技文化和时尚游乐元素为主导，注重项目的主题创意。公园将游乐项目设计融入到园林海滨城市景观中，是汕头市的标志性景观之一。公园由银河广场、太空世界、失落帝国、西部传奇、恐龙半岛、海螺湾、嘟噜嘟比农庄、儿童王国、水世界 9 个主题区域组成，近百个游乐项目。

【开埠文化陈列馆】 位于汕头市金平区海安街道万安居委永平路 1 号，坐西南向东北，占地面积约 405 平方米，为三层的欧陆式建筑。较早前身是日本台湾银行汕头支行，据汕头地方志记载：台湾银行，日本皇家特许银行，其全称是"株式会社台湾银行"，是日本侵占中国台湾后，于光绪二十五年（1899）创立，总行设于台北。资本总额为原日金 500 万元，后增至 1500 万日元。光绪三十三年（1907），日商台湾银行在汕头设立支行。民国 20 年（1931），"九一八"事变停业。至日本侵略军入侵汕头后其分行又开始办理业务。民国 34 年（1945）抗日战争胜利，台湾归还中国，该总行被接管，汕头支行随之撤销。建国后做为汕头日报社，后做为机关的办公场所。大楼中西结合，造型美观，精致典雅。金平区委、区政府决定将其辟为“汕头开埠文化陈列馆”，于2010年12月21日向公众开放。陈列馆的展品分为三大部分：一楼展示陶瓷壁画、吉祥物，如老式电话机、西式煤油灯、铁路信号灯等；二楼展示开埠时期市民日常使用的物品，如留声机、电子管收音机等；三楼为清音阁，进行潮乐器展示。

【红色旅游】 汕头市有大量的革命遗址、纪念馆和纪念物，如东征军总指挥部、政治部旧址，潮南区红场镇，七日红公园，汕头烈士陵园等，红色旅游资源丰富。在市委市政府的重视和市旅游局、市文广新局等部门的努力下，大部分已开发为旅游景点，现有红色旅游景点16处，属市级省级爱国主义教育基地和文物保护单位。

汕头市认真贯彻中共中央办公厅、国务院办公厅《2004—2010年全国红色旅游发展规划纲要》精神，重视对红色旅游资源的保护开发和利用，在切实做好革命文物保护的前提下，充分利用红色资源，指导全市旅行社开发编制红色旅游线路逾20条，如爱国主义教育专线、革命传统教育专线等。全面启动汕头市红色之旅，并将发展红色旅游与党员先进性教育、公民“爱国、守法、诚信、知礼”教育，与社会主义、爱国主义教育紧密结合起来，使红色旅游点成为社会主义精神文明教育的重要基地。将发展红色旅游与经济建设紧密结合起来，促进汕头经济的发展和革命老区脱贫致富奔小康。将发展红色旅游与发展绿色（生态）旅游、蓝色（海洋）旅游紧密结合起来，形成汕头市旅游“红绿蓝三色”互融的鲜明特征，在发展红色旅游的同时促进观光游览、休闲度假、商务会展、寻根美食旅游的同步发展。2010年全市各红色景点共接待游客20多万人次。红色旅游进一步拓展了革命传统教育新基地，对传承革命优良传统，建设社会主义精神文明起到了积极的作用。

【旅游扶贫及乡村旅游】 2010年，汕头市澄海区莲华乡村旅游区、南澳自行车旅游基础设施建设、潮阳区莲花峰旅游区3个旅游扶贫项目，共获省旅游扶贫专项资金120万元。另外还有澄海区壮雄薄壳米店、澄海区协和生态园、濠江区金寿茶艺园、潮南区荔园农业有限公司、南澳县黄花山林场、南澳县渔家乐凤屿休闲渔业、南澳县内湖生态园等项目成为省星级农家乐项目，各获得5万元的扶持资金。

汕头的乡村旅游资源丰富，所属的区县乡村（渔村）旅游资源类型多样，自然和人文景观兼备。潮汕农村（渔村）保持着古朴的原生态、古朴的人文历史，别具一格的潮汕文化民俗特色和地域特色，形成了特有的生活方式、饮食文化、民间习俗，同时还拥有淳美的自然风光，植被茂密，种类丰富，特色鲜明，品位较高。青山、绿水、蓝天、白云，浓郁的地域文化，纯朴的乡土民情，具备了发展乡村旅游的有利条件。2010年，汕头市通过举办桃花节、杨梅节、荔枝节、生态旅游节、莲华乡村旅游节、迎亚运金秋活力登山节、薄壳美食节等节庆活动，进一步开发整合乡村旅游资源，完善乡村旅游区的基础设施建设。大力开发农家乐、渔家乐，生态游、登山游等旅游线路，全市旅行社围绕节庆主题开展组团活动，掀起旅游热潮，在带旺汕头旅游市场的同时，也增加了农民和商家的收入，收到较好的经济效益和社会效益。在活动中，涌现一批乡村游景区（点），丰富汕头旅游产品链，增强汕头旅游产品的生命力，实现以旅助农，推进社会主义新农村建设和城乡一体化进程，加快汕头生态滨海旅游示范区建设。

【绿道旅游】 2010年，汕头市旅游局支持粤东区域绿道网建设，根据《汕头市旅游发展总体规划（2008－2025）》内容，指导各区县旅游局开发绿道旅游，以绿道串联原有旅游景点，并赋予绿道不同的旅游文化内涵，以绿道带动新旅游景点的开发，依托线性廊道将主要景区点形成一条让游客身心愉悦的风景道，提高绿道途经线路的观赏性和休闲性，更好地发挥绿道的运动旅游休闲功能。濠江区滨海绿道示范段已于2010年5月开工，将于2011年竣工投入使用，濠江区绿道网总体规划100公里。绿道沿线贯穿濠江海峡两岸，涵盖青云岩山地休闲公园、巨峰旅游景区、礐石风景区和叠石山景区等景区景点，最终形成濠江绿道网络系统，建成后的濠江区绿道网将具备生态功能、游憩功能、社会与文化功能、经济功能，将是粤东地区第一条绿道，届时将为市民提供一个旅游休闲、康体、娱乐的好去处。

旅游行业监督管理

【旅游市场监督】 2010年，汕头市旅游职能部门整治旅游市场秩序，全年共检查、走访旅游企业63家，检查旅游广告30余份，各种旅游合同100余份，旅游团队档案70余份，抽查旅游团队20余个，下发《责令限期整改通知书》2份。督促各旅游企业和旅游从业人员签订诚信公约、承诺诚信服务、阳光报价等行业自律活动。引导游客理性消费、理性维权。全年接受旅游投诉案件25宗，符合受理条件投诉案件25宗，均已结案，结案率100%。联合市工商局、市公安局、市物价局等部门，开展打击“黑旅行社”旅游诈骗活动专项行动，对行动中查处的旅游违法、违规企业下发“行政处罚决定书”。市旅游局整理编辑《旅游业政策法规选编》一书，发放到全市所有的旅行社、星级酒店、景区（点）等旅游企业。

【旅游安全管理】 2010年度，汕头市调整市旅游行业安全生产和消防监督管理工作领导小组，每逢重大节日均开展安全大检查。4月至6月，根据广东省旅游局《转发国家旅游局关于组织开展全国旅游安全生产大检查的通知》和市政府的相关部署及要求，市旅游局对全市旅游行业开展旅游安全大检查，进一步落实市安委会提出的“要进一步强化和落实企业主体责任及行政管理部门安全监管责任，推动旅游企业健全、落实安全管理各项制度，严格执行旅游安全技术规程和标准，彻底排查治理安全隐患，认真解决安全管理上存在的突出问题和薄弱环节，有效防范和坚决遏制旅游安全事故发生。”6月21日，市旅游局联合市安监局、市消防局在汕头帝豪酒店举行消防安全应急演练观摩活动，全市星级饭店负责人参加活动。9月13日在汕头花园宾馆召开汕头市星级饭店消防安全“四个能力”建设标准宣传贯彻会议。

2010年1月13日，汕头市召开旅游服务质量提升年活动暨全市旅行社业务工作会议。

【旅游社管理】 2010年，汕头市乐观国际旅行社有限公司和汕头市商之旅国际旅行社有限公司2家旅行社获准经营出境游组团社业务。至2010年底，全市有经营出境旅游业务资格的旅行社达6家；新成立汕头海源邮轮国际旅行社有限公司、汕头市顺安国际旅行社有限公司、汕头市江南旅行社有限公司、广东国旅（汕头）旅行社有限公司4家旅行社，并有6家旅行社试行开展委托代理招徕旅游者业务；完成2009年度旅行社年检，全市共注销汕头市澄海区愉悦旅行社有限公司、汕头市乐荣旅行社有限公司、汕头市泰达旅行社有限公司、汕头市金桥旅行社有限公司4家旅行社。

根据《汕头市奖励旅行社组织游客进入汕头旅游实施办法》，市旅游局、市财政局对2010年度组织游客来汕旅游成绩突出的汕头市旅游总公司等9家旅行社进行奖励，共奖励金额9.8万元。全市旅行社责任保险统保率达到80%以上。

【导游员管理】 2010年，汕头市加强对导游人员业务培训，全年组织举办10期（次）导游员年审教育培训班，其中现场培训4期、网络教育6期。组织参加2010广东省导游人员职业技能大赛，通过导游选拔赛，从中选拔7名选手参加全省导游员技能大赛，其中2人获“南粤优秀导游”、1人获“未来之星”、1人获“全国优秀导游”称号。

【旅游饭店管理】 2010年9月9日至12月3日，汕头市旅游饭店星级评定委员会组织对全市星级饭店进行复核。省星评委派员对全市3家满五年期星级饭店（国际大酒店、金城大酒店、金佳诚酒店）评定性复核；省星评委委托肇庆市旅游局对全市3家星级饭店（君华大酒店、龙湖宾馆、中信度假村酒店）进行交叉复核。4月，组织酒店行业技能竞赛代表队，赴广州参加全省酒店员工技能竞赛。5月至7月，由汕头市旅游局、市人力资源和社会保障局、市总工会、市酒店行业协会联合举办汕头市酒店业职工职业技能竞赛。

【信息化建设】 2010年，汕头市加强旅游服务信息化建设，建设汕头旅游公众网和政务网，充分利用汕头旅游网这一网络宣传交流平台，发布国家旅游业政策法规，转载国际国内旅游行业动态，发布汕头旅游信息，宣传汕头旅游资源和旅游产品，转摘闽粤赣地区兄弟市的旅游工作资讯，介绍汕头与各兄弟市旅游合作情况。汕头旅游网年发布通知公告行业信息300多条，年浏览量达36.5万次。

为指导全市旅行社、酒店、景区开展旅游信息化建设，宣传汕头旅游资源和旅游产品，丰富网站资讯，完善和发展网站功能，为广大游客提供更好的信息服务，汕头市旅游局首次开展优秀旅游网站评比活动。经过网上投票、短信投票和专家评审，2010年1月评出汕头市“中国移动企业建站杯”优秀旅游网站18家，南澳县旅游局等2家被评为优秀管理机构网站，金海湾大酒店等7家被评为优秀酒店网站，汕头市新旅程旅行社有限公司等8家被评为优秀旅行社网站。潮阳金叶大厦网站获得“人气奖”。

【旅游行业协会】 2010年1月29日，汕头市酒店协会在金海湾大酒店召开会员大会暨新春联谊会，选举金海湾大酒店范秀森担任协会第五届新会长。5月，市旅游协会和市酒店协会协调市税务局有关旅游企业发票在线应用系统事项，并争取暂缓使用或在人流高峰期采取手工及电脑开票。同月，针对新出台“采取预征方式征收企业所得税”规定，市旅游协会及时向市政府、市百人服务团、市地税局等有关部门反映情况，争取到旅行社企业仍维持按实征收企业所得税的办法。

旅游教育培训与精神文明建设

【旅游行业精神文明建设】 2010年，汕头市旅游局扎实开展创先争优活动，并通过创先争优公开承诺以及开展“服务亚运当先锋”主题实践活动、先进基层党组织和优秀共产党员具体标准讨论活动等形式创新活动内容。结合扶贫开发“规划到户、责任到人”工作，落实好“五送五帮五有五促进”（“五送”即送党课、送温暖、送技术、送项目、送文化；“五帮”即帮助农村党员提高学习能力、坚定理想信念、提供就业信息、寻找创业门路、改善生活条件；“五有”即有牌子、有活动场所、有电化教育设备、有宣传栏、有工作制度；“五促进”即促进农村班子建设、促进科学发展、促进民生民安、促进和谐稳定、促进快脱贫）活动，一是加强帮扶村基层组织建设，提高村“两委”班子脱贫奔康能力；二是为帮扶村安装公告宣传栏（立牌）、“党支部”和“村民委员会”牌子，达到“五有”的要求；三是开展一系列走访慰问活动等；以扶贫开发工作为载体，强化机关干部服务意识，切实转变工作作风。4月27日，汕头市旅游局在方特欢乐世界·蓝水星主题公园举行全市旅游行业支援青海玉树灾区抗震救灾捐赠仪式，全局干部职工及36家旅游企业踊跃捐款，共募集善款100628.30元。

【旅游行风与机关作风建设】 2010年，汕头市旅游局制订《汕头市旅游服务质量提升年行动活动方案》，组织全市旅游服务质量提升年行动启动仪式。全年重点围绕组织开展旅游服务质量宣传活动、定期发布旅游服务质量信息、开展促进旅游重点领域服务质量提升活动、组织开展旅游质量专项检查、努力抓好旅游质量保障基础建设工作等五个方面，开展“品质旅游、伴你远行”公益宣传活动、“文明旅游、理性消费”进社区宣传活动周、“旅游质量万里行”活动等10项活动。7月30日，组织全市旅游企业在澄海区举行“文明旅游、理性消费宣传进社区下县区”活动启动仪式。11月1日，按照市纪委统一部署，组织干部职工观看广东省机关作风建设暗访专题片。

【旅游教育培训】 2010年，汕头市组织全国导游人员资格考试2场次，参加考生362人，其中汕头市通过考试115人，通过率达31.8%。12月28日，汕头市旅游局、汕头市旅游协会和汕头市酒店协会联合举办汕头市旅游系统现代产业知识讲座，广东省社会科学院著名经济学家、教授丁力就“旅游业与经济方式转变”作主题演讲，市旅游局全体人员、各区县旅游局以及全市星级酒店、旅行社、A级旅游景区、旅游推荐单位工作人员共150人参加。

【“双转移”工作】 2010年，汕头市共有183人（其中南澳县93人）参加餐厅服务员和景区导游员等项目的技能鉴定，合格人数182人，合格率达99.5%，经培训的人员全部与旅游用人单位签订用工合同。

【机构改革】 2010年3月，汕头市政府印发《汕头市旅游局主要职责、内设机构和人员编制规定》。汕头市旅游局职责调整，增设政策法规科（规划科），全局设办公室、政策法规科（规划科）、资源与市场开发科、质量规范与管理科4个科（室）；汕头市旅游质量监督管理所（加挂市旅游执法监察大队牌子）为市直属行政机构。局行政编制20名，其中设局长1名，副局长2名，科长（主任）4名，副科长（副主任）4名。

纪　事

1月28日 粤东首家大型主题公园“汕头方特欢乐世界·蓝水星”主题公园开园试业。

2月22日 汕头市政府召开全市旅游工作会议。

3月5日 由汕头市妇联与汕头市旅游局主办的纪念“三八”国际劳动妇女节100周年暨“爱我汕头，畅游家乡”大型女性旅游活动首发式在市人民广场举行。

3月7日 “粤东侨乡2010华人华侨旅游年”启动仪式在潮阳和平大峰风景区举行。

4月8～11日 首届上海潮汕美食文化节在上海举行。

4月16日 汕头市旅游局在香港举办旅游说明会。

7月13日 汕头市政府举行汕头方特欢乐世界·蓝水星开园庆典仪式。

7月30日 汕头市旅游局在汕头市澄海区府前广场举行“文明旅游、理性消费宣传进社区下县区”活动启动仪式。

11月4～10日 中国（汕头·澄海）国际兰花旅游文化节暨第二届海峡两岸国兰精品博览会在中国兰花名镇——汕头市澄海区莲华镇隆重举行。海内外潮籍乡亲近2000人出席开幕式。

12月16～26日 汕头市举办第十六届潮汕美食节。

（庄为建　蔡　琛）

佛 山 市

综 述

【总体情况】 2010年，佛山市加强对旅游资源整合，增强产业实力，提升服务质量，全面拓展国内外旅游市场，圆满完成“十一五”规划的各项指标任务，旅游经济各项指标持续稳步增长。全市旅游总收入231.30亿元，比上年增长13.01%，其中国内旅游收入181.76亿元，比上年增长13.49%；全市旅游景区（点）接待境内外游客2210万人次，比上年增长1.38%；城市住宿设施接待过夜游客867.01万人次，比上年增长3.72%；全市旅行社接待境内外游客68.52万人，比上年增长6.50%。

【旅游行业规模】 截至2010年底，佛山市有星级饭店100家，其中五星级5家、四星级19家、三星级49家、二星级26家、一星级1家；有4A级旅游景区（点）6家；拥有旅行社88家，其中出境游组团社14家；持证导游员2550人，其中中级导游116人，高级导游1人；旅游直接从业人员4.6万人。

【出台旅游政策】 2010年10月11日，《佛山市人民政府办公室转发市旅游局关于大力发展农家乐休闲旅游业的指导意见》（以下称“《意见》”）。《意见》提出以科学发展观为指导，坚持“农家乐”旅游发展与社会主义新农村建设相结合、与全市旅游产业发展相结合、与鼓励农民自主创业和扩大就业相结合，通过扶持一批“农家乐”旅游示范户，带动“农家乐”旅游集中连片发展，努力把“农家乐”旅游培育成为新农村建设的助推器和农村经济增长的新亮点。《意见》阐述发展“农家乐”应具备的基础条件、建设内容以及采取的措施，要求以各区为主，加大财政资金投入力度，充分发挥财政资金的导向作用，对全市“农家乐”先进示范点实施适当补助，各区要根据本指导意见，有关部门要优化服务，帮助解决“农家乐”休闲旅游业发展过程中的实际困难。

2010年12月13日，佛山市经济贸易局等18个市政府直属部门行政处罚自由裁量权细化标准（第一批）已经市政府审核确认，其中包括《佛山市旅游局行政处罚自由裁量权细化标准》（以下称“《标准》”）。《标准》依据《旅行社条例》（2009年2月20日国务院第550号令发布，2009年5月1日起施行）、《旅行社条例实施细则》（2009年4月3日国家旅游局第30号令发布，2009年5月3日起施行）的行为及处罚，《导游人员管理条例》（1999年5月14日国务院第263号令发布，自1999年10月1日起施行）、《中国公民出境旅游管理办法》（2001年12月12日国务院第50次常务会议发布，自2002年7月1日起施行）、《出境旅游领队人员管理办法》（2002年10月14日国家旅游局公布实施）等法律法规，从旅行社管理方面（共41项）、导游人员管理方面（10项）、中国公民出境旅游理方面（14项）等对市旅游局行政处罚做出具体规定。

【2010佛山秋色欢乐节】 2010年9月16日至10月20日，佛山市以“欢乐秋色 智慧佛山”为活动主题，组织各有关部门和五区成功举办2010佛山秋色欢乐节。佛山市作为2010世界旅游日全球主会场庆典暨中国广东国际旅游文化节分会场，市旅游局制定《2010佛山秋色欢乐节（2010佛山旅游文化节暨广东国际旅游文化节佛山分会场）活动方案》。欢乐节期间共吸引海内外180万人次前来观看；佛山美食欢乐节8天时间共吸引55万人次前来品尝；佛山武术文化节举办期间，有海内外3167人参加大型咏春展示活动，创造新的世界吉尼斯纪录。

各区旅游文化节庆活动精彩纷呈。禅城区举办首届岭南年俗欢乐节、2010“粤剧华光诞民俗活动”等18场大型民俗活动，其中“行通济”民俗活动吸引50多万人参与；南海区举办“南海新春休闲欢乐节”与“2010珠三角休闲欢乐节”。其间，由区政府及各镇街举行的文化、传统民俗活动达300多场次，吸引100多万广佛及珠三角市民共同参与；顺德区举办“第五届中国岭南美食文化节及第五届顺德私房菜大赛决赛”，整个美食节共举办各项活动近30项；三水区举办“第三届中国三水饮品节”，近2万名外地游客前来喝饮料、品美食、游景点；高明区举办2010年畅赏高明绿色欢乐节、首届绿色博览会、首届皂幕登山节和第四届万人濑粉节等，吸引近12万人次参与。

【重大旅游活动】 2010年1月20～22日，由广州市副市长曹鉴燎、肇庆市副市长孙德、佛山市政府副秘书长汤建军带队，“广佛肇”三市旅游、新闻界代表约200人，以

“高铁一线牵，旅游一家亲”为主题分别在长沙、武汉市举办旅游专场推介会。当地政府、旅游部门的领导和近百家旅行社派代表以及30家新闻媒体记者出席推介会。

3月17日，由佛山市旅游局、佛山日报社联合广东各城市旅游局、珠三角主流报业以及省内80多家景区、70多家旅行社举办的“融合·发展——2010广东（佛山）高峰旅游论坛”在佛山市新闻中心举行。省旅游局副局长王志红、佛山市副市长麦洁华、华南师范大学副校长朱竑以及300多名业界代表出席开幕式。本次论坛共吸引省内80多家景区、70多家旅行社负责人参加。论坛围绕当前旅游行业最为关注的话题进行讨论，包括：珠三角区域经济一体化对旅游产业的影响，广东景区如何实现集群的联合营销，“亚运”给珠三角旅游带来的机遇，2010年的旅游热点和游客需求新动向等。

3月26～28日，佛山市举行百名记者、旅行商“广佛肇”旅游采风考察活动。“广佛肇”联合组织近百名来自国内外的记者、旅行商考察三地旅游资源，省内外媒体综合宣传报道，大力宣传和推介“广佛肇”旅游形象和产品。

3月25～27日，佛山市组织100多家旅游企业参加在广州锦汉展览中心举办的2010年广州国际旅游展览会。市旅游局获得组委会颁发的“最佳支持单位奖”；“南番顺”展区获得“优秀宣传奖”。“广佛肇”首次抱团在本届广州旅游展上高调亮相。“南番顺”展台以“游在南海、玩在番禺、食在顺德”为主题，将三地旅游资源整合为一张名片，做到优势互补、资源共享，吸引国内外游客前来观光消费。

6月24～27日，佛山组团参加在浙江义乌举办的2010中国国际旅游商品博览会。从全省各地提供的超百件旅游纪念品中，筛选出15件优秀作品代表广东省参加“中国旅游商品大赛”，其中佛山市由南风古灶选送的“《南风古灶》微雕作品”、佛山市民间艺术研究社选送的“鱼鳞灯笼”和“铜凿剪纸－陶瓷月神”3件作品入选，并获得2010中国国际旅游商品博览会组委会颁发的荣誉证书。

6月25～27日，佛山市旅游局与广州市旅游局、肇庆市旅游发展局联合参加在北京市中国国际展览中心举办的“2010北京国际旅游博览会暨北方旅游交易会”。此次展会规模大，规格高。“广佛肇”展馆占地面积108平方米，从展馆的策划布局上充分体现古色古香的岭南建筑特色，突出“岭南真味道”的旅游宣传主题；展馆现场播放和展示“广佛肇”旅游资源宣传片，派发数万份（册）的旅游宣传资料。

【绿道旅游】 2010年，根据《佛山市绿道网建设规划（2010－2020）》，佛山市境内将建设总长341公里的4条区域绿道；建设总长度约1000公里的佛山市城市绿道总数约60条，涉及佛山5区和东平新城，其中主干城市绿道的长度约300公里；打造以东平新城、南庄水乡生态休闲区、千灯湖、南国桃园、顺峰山、均安生态乐园、西江新城、云东海、大南山9个示范区为代表的社区绿道网。计划在2020年前，建成串联城乡自然与人文景观，建设宜居宜业、生态安全、环境优美、低碳节能的城乡环境；构筑城乡一体化的区域、城市、社区3个层面多类型、多功能的绿道网系统；建设以区域绿地（Greenland）为背景、绿道网（Greenway）及绿网（Greennet）为骨架的佛山市“3G”绿化体系，打造岭南“绿城”（Greencity）。随着绿道的全线贯通，基本实现各区城市绿道、社区绿道与区域绿道的衔接互通，初步形成全市多层次的绿道主网络。

佛山市委、市政府重视绿道发展，市委书记陈云贤多次带队骑行佛山绿道，倡导绿色、健康、低碳生活。市旅游局把发展绿道旅游列入旅游业“十二五”发展规划，制定绿道旅游活动方案，联合教育、工会、妇联等部门，组织系列绿道旅游活动。依托绿道发展自行车游、健身康乐游、绿色观光游、美食休闲游，全面提升佛山旅游发展的空间。仅2010“十一”黄金周，全市已建成300余公里绿道为五区市民低碳“绿游”。约有10万市民租单车出行，畅享绿意，骑游绿道成为市民一种全新的休闲方式。

【2010世博旅游年】 2010年4月10日，由国家旅游局主办，佛山市旅游局承办，各区（文体）旅游局、1506创意城（南风古灶）、广东国旅以及获2008年度佛山市“中国百强旅行社”协办的“全国百城（佛山）世博旅游宣传推广周”活动在禅城区1506创意城举行。副市长麦洁华、市旅游局局长朱粤平、广东国旅国际旅行社股份有限公司董事总经理谷训才等出席活动。来自市、区旅游局的负责人、旅游企业代表、10多家新闻媒体以及1300多名游客踊跃参与本次活动。其间，南风古灶景区免费向市民和游客开放上海世博会吉祥物海宝展览馆、佛山市参加2010上海世博会展馆（创意馆）等，全面展示2010上海世博会场馆的图片和佛山市的参展情况，还举行上海世博会吉祥物海宝创意大比拼、世博会知识大抽奖等活动。广东国旅等单位精心策划推出多条世博旅游线路，在活动现场展示、宣传及销售世博旅游线路产品，介绍观看世博会及购买世博会门票的渠道，吸引大批市民游客咨询和现场报名参团。据统计，全市旅行社共组织5万多名市民游客报名参团游世博。

旅游接待与收入

【入境旅游】 2010年，佛山市接待入境旅游者103.06万人次，比上年增长4.79%；旅游外汇收入7.29亿美元，比上年增长11.81%。

【国内旅游】 2010年，全市接待国内旅游者763.49万人次，比上年增长3.52%；国内旅游收入181.76亿元，比上年增长13.4 9%；全市旅行社组团国内游267.16万人，比上年增长12.74%。

【出境旅游】 2010年，全市旅行社组团出境游37.93万人次，比上年增长28.17%。其中港澳游28.04万人次，比上年增长32.03%，出国游9.89万人次，比上年增长18.34%。

【假日旅游】 2010年春节黄金周，佛山市旅游市场进出两旺，实现较大幅度增长。全市旅游收入8.56亿元，同比增长13.77%；实现旅游外汇收入2171.24万美元，同比增长上13.81%；主要景区（点）接待国内外游客162.92万人次，同比增长2.86%；主要旅游酒店接待过夜游客73，519人次，同比增长2.75%；全市旅行社接待人数同比增长2.31%，营业收入同比增长17.51%。表现在：广佛肇三地联动，促销力度大，宣传好；景区客流迎高峰，特色旅游乐游客，气氛好；旅游商品购销两旺，效益好；旅行社组团、接团全面飘红，收入好。中央电视台于2月17日晚间新闻联播节目作了报道。春节期间，各旅行社推出“深度文化游”受到国际游客，尤其是海外华人追捧。剪纸、彩灯、狮头扎做、佛山陶瓷公仔等旅游纪念品受到中外游客欢迎。

“五一”（5月1~3日）期间，全市旅游收入达4.46亿元，与上年同比增长17.99%；旅游外汇收入954.84万美元，同比增长18.91%；旅游景区点接待110.03万人次，同比增长31.82%；主要旅游饭店接待过夜游客40，550人次，同比增长7.98%；旅行社组团42，885人次，同比增长11%。各项数字显示2010年珠三角休闲欢乐节隆重登场，区镇联动；短线旅游活动丰富多彩，市内外游客纷至沓来；“广佛肇”年票互通，市民自驾游掀起热潮；首条区域绿道对外开放，众多市民前往“尝鲜”均发挥作用。

“十一”黄金周旅游市场再现“井喷”。2010年国庆黄金周，佛山天气宜人，各旅游景区人头涌动，旅游市场实现了大基数上的较大幅度增长，全市旅游收入9.75亿元，与2009年同比增长12.72%；其中旅游外汇收入2743.73万美元，同比增长16.98%；主要景区景点接待国内外游客271.53万人次，同比增长1.86%；主要旅游酒店接待过夜游客61，805人次，同比增长4.60%；旅行社接待游客29008人次，同比增长10.68%。

旅游宣传促销与节庆活动

【旅游宣传促销】 佛山市作为2010年世界旅游日全球主会场庆典暨中国广东国际旅游文化节分会场，积极参与花车大巡游、2010广东国际旅游展览会和旅游投资推介会。分别获得花车巡游设计二等奖、国际旅游展览会最佳展位和优秀组织等奖项；举办“广东（佛山）旅游高峰论坛”、“最具特色旅游线路评选”活动；组织百家旅游企业参加香港国际旅游展、重庆国内旅游交易会和义乌国际旅游商品展览会；借助香港《大公报》等媒体在广东国际旅游文化节期间宣传佛山市整体旅游形象；推出新版《佛山旅游指南》、《佛山观光指南》、《外国人在佛山指南》；完成佛山“旅游通”触摸屏的招标、采购、资料更新工作，新装18台触摸屏安装到四星级饭（酒）店；南番顺旅游联盟联合促销推介成效显著；顺德区开展系列美食推介活动并获“中国美食名城”称号。

【广佛肇旅游一体化】 2010年，广州、佛山和肇庆市共同编制《广佛肇旅游发展专项规划》，三市联合在湖南、湖北省举办旅游推介会，联合参加广州国际旅游展、北京国际旅游博览会暨北方旅游交易会；落实“请进来”策略，组织“广佛肇记者采风团”、“全国百名记者、旅行商采风团”以及北京电视台、省旅游卫视拍摄工作；“广佛肇”三地积极推进乡村风情游、美食精品游、武术修学游等特色旅游线路；围绕亚运主题，整合广佛两地岭南文化特色旅游资源，推出4条“亚运旅游”之“广佛精品旅游线路”，打造岭南文化和广府文化旅游品牌。

【信息化建设】 2010年，佛山市旅游目的地营销系统及各区旅游网站改版，网站设计清新活泼，内容更丰富充实。贯彻落实市政府《深化行政审批制度改革实施方案》，按要求完成旅游系统行政审批清理事项，修订《佛山市旅游局行政审批事项办事指南》和其他办事信息，并网上公布。完成行政审批电子网络一体化项目衔接，进一步规范审批程序，明确审批时限，实现市辖5区统一办事指南、统一办事程序、统一审批时限、统一服务标准，并在行政审批的过程中接受行政审批电子监察系统的监督。

旅游资源开发和景区（点）建设

【概述】 2010年，佛山市以“狮舞岭南传奇佛山”品牌建设为核心，重点打造“小龙故里，有为佛山”、“千年古镇，飞鸿故乡”、“岭南明珠，天下商都”和“武术之乡，南国陶都”等特色品牌。南风古灶被评为国家4A级旅游景区；西樵山、长鹿农庄5A级景区建设顺利开展；陈村花卉世界、乐从家具城等一批景区正在创建4A级旅游景区。西樵山、荷花世界、三水森林公园、南风古灶4个4A级旅游景区顺利通过复核；高明海天公司等7家企业成为首批“广东省工业旅游示范单位”。

【旅游区（点）与基础设施建设】 2010年，佛山市禅城区南庄生态休闲区已完成首期基础设施建设，岭南天地一期工程已于年底竣工，“佛山清明上河图”的汾宁古道项目已顺利施工，佛山祖庙于10月完成百年大修；南海区成功引进广东中旅旅游投资公司在西岸建设国家级旅游产业园，投资12亿元的“樵山梦工场”武术影视主题公园落户西樵；顺德区省级文物保护单位均安冰玉堂的修缮工程已基本完成，计划将其建成顺德自梳女文化的综合展示馆，杏坛镇完成逢简水乡整体规划，致力建设“岭南周庄”；高明区唐伙旅游生态乐园于10月开业，深水步度假村建设加紧推进；三水区芦苞镇通过“省旅游文化技术创新专业镇”验收，首个以养生为主题的南丹山风景区首期项目“南山雨林”于7月开张迎客，芦苞温泉、奥特莱斯世界名牌折扣店加紧建设。

【三水“南山雨林”南丹山】 是华南地区的原始生态景区，植物种类众多。南丹山风景区首期项目名称为“南山雨林”，占地2000亩，以山林险峻奇美和长寿文化为特色。“无力蔷薇带雨低，多情蝴蝶趁花飞”，7、8月份是南丹山雨林蝴蝶最多的季节。蝴蝶在花丛中互相追嬉，翩翩起舞，它那多彩的翅膀和优美的舞姿无一不让游客心动。为了便于休闲旅游，在保护原生态的前提下，景区铺设了栈道、吊桥等设施，将雨林中的溪流、瀑布、森林有机地串联在一起，并设立多个服务区。景区共有“八景点一中心”，除南山雨林外，还有养生广场、开元古寺、五福香花世界、佛山中药园、华南原始野生植物园、浪漫大道、黄帝岭和温泉酒店中心。

【广东中旅南海西岸旅游产业园】 位于南海西樵镇西岸，自然环境优越。项目于2010年8月1日奠基，为全省大型旅游投资项目，总投资逾60亿元。产业园规划范围内已有庆云洞景区、银溪风景区和水国迷城景区。产业园定位是：以道教文化为底蕴、养生文化为特色，可供休闲度假、康体养生、游览观光的国家旅游产业集聚（实验）区、国家级度假区和国家5A级旅游景区。计划2011年开园试业。

【岭南天地旅游区】 总投资200亿元，规划建筑面积约150万平方米，为佛山市“三旧改造”示范项目和重点旅游景区。该项目将保留佛山风情风貌，充分挖掘佛山粤剧之乡、陶艺之乡、武术之乡、美食之乡的历史文化特色，同时融合时尚元素和现代化设施，运用现代化的手法保护改造祖庙东华里片区内具有典型岭南民居建筑风格的优秀历史建筑，使商业开发与历史建筑无论在外观形态和内涵等各方面都做到彼此呼应，相得益彰。

【旅游交通】 2010年11月3日，广州至佛山地铁正式开通。广佛线是国内第一条全地下的城际轨道交通线，亦系珠三角第一条城际轨道交通线路。它东起广州市沥滘站、西至佛山市魁奇路站，全长32.16公里，日均运送乘客12万人次。广州地铁给市民带来交通便利，为生活提速，同时也迎来地铁经济时代。

【乡村旅游】 佛山市出台加快农家乐发展的意见，三水区印发《三水区农家乐休闲旅游业管理实施办法（试行）》以及相关配套文件，发展20多家农家乐旅游点；高明区出台《佛山市高明区促进农家乐休闲旅游业发展的意见》。各区加快生态休闲旅游发展，打造一批乡村、休闲旅游示范点。大力推动农家乐休闲旅游项目的规划建设，选定8个旅游项目作为政府重点扶持农家乐发展项目，获“中国低碳旅游示范区”称号。

三水荷花世界。

旅游行业监督管理

【概述】 2010年，佛山市旅游管理部门推进依法治旅，加强旅游行业规范化标准化建设，提升产业发展水平和旅游服务质量。加强执法队伍建设，健全旅游行政执法体系和质量监督网络，重点整治非法经营旅游业务，完善假日旅游协调领导和部门联动机制，加强与公安、工商、商务、交通、旅游等部门沟通与合作，加大联合执法力度。

【旅游市场监督】 2010年是旅游服务质量提升年，佛山市旅游局与媒体积极合作，通过媒体发布黄金周旅游消费警示宣传，做好《旅游投诉处理办法》宣传贯彻工作，帮助旅游者树立理性消费观念；积极配合有关部门，做好国际消费者权益日宣传活动；参加佛山电台政风行风热线栏目“民生直通车”上线直播活动，接听市民现场投诉与咨询；制定《佛山市旅游局行政处罚自由裁量权细化标准》；全年共处理旅游投诉16宗，理赔金额2，9253元，有效投诉办结率100%；

【旅游安全管理】 2010年，佛山市旅游行业管理部门共出动140人次，开展20次检查，检查企业总数100多个；完成亚运佛山赛区安保和接待工作，做到零差错无事故。

【旅行社管理】 2010年，佛山市开展旅行社购买责任险的普查工作，举办旅行社责任保险培训班。全市有4家旅行社进入“全国百强旅行社”；新批准成立9家旅行社。

【导游员管理】 2010年，佛山市严格执行导游证年检制度，共发放导游证IC卡288张，换证55张，完成1163名导游人员的年审工作。6月15～17日，由佛山市旅游协会、禅之旅国际旅行社协办的2010年广东省职业技能大赛导游人员技能竞赛佛山市“禅之旅”杯选拔赛在佛山隆重举行。有32名选手参加本次大赛，南海祈福仙湖酒店的林燕、三水花园酒店的李俊颖、南海枫丹白鹭酒店的李国生、南海名都大酒店的黎沛峰分别获得中式铺床、中餐宴会摆台、西餐宴会摆台、鸡尾酒调制第一名，并代表佛山参加5月10日在广州琶洲香格里拉酒店举行的“2010年全国旅游饭店服务技能大赛广东赛区选拔赛”。

【旅游饭店管理】 2010年，佛山市对全市17家三星级以上满5年期饭店进行评定性复核，完成75家星级饭店的年度复核工作。有3家四星级酒店正式挂牌，一批按五星级标准新建的酒店相继开业，一批酒店正在申报四、五星级酒店；佛山皇冠假日酒店获“金星奖”，佛山恒安瑞士大酒店荣获“中国最佳商务酒店”及“十佳国际酒店品牌”两项中国饭店金马奖。

【旅游行业协会】 截至2010年底，佛山市旅游协会共有会员136家。协会建立健全旅游行业规章制度，加强行业自律，积极开展各项工作，完善相关工作机制。11月26日，佛山市旅游协会第三届会员大会在佛山恒安瑞士大酒店召开。佛山市旅游局局长朱粤平、纪检组长董小明、佛山市民间组织管理局局长吴启荣和市旅游局、市民间组织管理局有关科室领导、各区文体旅游局领导、协会全体会员共130多人参加会议。大会审议通过第二届协会工作报告和财务审计报告，选举长鹿实业集团董事长兼总裁邹颂炫任协会会长；大会聘请新一届协会的名誉会长、顾问、名誉秘书长。市民间组织管理局局长吴启荣向新任会长表示祝贺，并希望新一届市旅游协会争创佛山市三星级社会组织。市旅游局局长朱粤平在会长致辞。

旅游教育培训与精神文明建设

【旅游行风与机关作风建设】 2010年，佛山市促进旅游部门队伍建设，按照市委、市政府的统一部署和要求，市旅游局机关开展认真做好第二批深入学习实践科学发展观活动以及“深入农村、深入社区、深入企业，听民意、解民困、暖民心”活动，全面加强了机关作风建设，增强了机关干部廉政勤政意识，提高了机关办事效率和服务水平。积极配合市政府做好对口扶贫和援助新疆伽师县各项工作。

是年，佛山市修改完善《佛山市旅游局专项采购制度》、《佛山市旅游局财务管理制度》、《佛山市旅游局重大事项督办制度》、《佛山市旅游局关于公务接待和签单的规定》、《佛山市旅游局考勤、休假制度》及《佛山市旅游局公务车辆使用管理制度》。推行政务公开制、岗位责任制、服务承诺制、限时办结制、首问责任制、党风廉政建设责任制等制度。严格执行津贴补贴、会议、公务接待、车辆管理和差旅费标准管理的有关规定。佛山市各区撤并旅游局，成立新的文体旅游局，下设旅游科（南海区为旅游发展科和旅游管理科），编制4至6人。

【旅游教育培训】 2010年，佛山市先后两次组织导游员资格考试，共有691人次参加。其中，参加第一次导游考试人数307人，有85人通过考试，通过率28.9%；参加第二次导游考试人数384人，有117人通过考试，通过率31.8%。组织1047人参加导游年审培训。成功举办2010年全国旅游饭店服务技能大赛佛山赛区选拔赛、2010年广东省职业技能大赛导游人员佛山市选拔赛；在全省导游人员职业技能大赛竞赛中，有2名选手分别获得二、三等奖，佛山市获“最佳组织奖”。各区也先后举办旅游岗位技能比赛，如：南海区举办了第二届“南海中旅杯”广佛高校导游之星大赛、“西樵镇酒店业职工技能竞赛”与“西樵镇导游人员技能竞赛”；高明区举办“2010高明”凤凰杯旅游饭店服务技能大赛等。

纪　事

1月20～22日 “广佛肇”三市联合赴长沙、武汉市开展旅游推介交流活动。

3月17日 “融合·发展——2010广东（佛山）高峰旅游论坛”在佛山新闻中心举行。

3月10日 “全国百城（佛山）世博旅游宣传推广周”活动，在禅城区1506创意城隆重举行

8月30日 总投资逾60亿元的广东中旅南海西岸旅游产业园正式奠基动工，国家旅游局同时授予南海西岸项目全国首个“国家旅游产业集聚（实验）区”牌匾。

9月30日 2010佛山旅游文化节开幕，至11月30日闭幕，为期2个月。

11月3日 广佛地铁正式开通。

（汝百乐）

韶 关 市

综 述

【总体情况】 2010年，韶关市旅游局认真按照市委、市政府提出的大旅游发展战略，围绕建设国内一流、国际知名的旅游休闲基地积极推动全市旅游业率先跨越发展。充分利用丹霞山申遗成功和武广高铁的两大效应，优化旅游产业发展环境，积极实施旅游重大项目带动、资源管理一体化的战略思路，推进旅游资源整合与开发，注重旅游景区、旅行社、旅游饭店之间企业合作的经济效应。全市旅游形势出现新的变化：旅游经济的地位和作用日益明显，传统客源市场规模增大，新兴客源市场增幅明显，客源版图逐渐扩大，韶关旅游目的地形象日益突出、丹霞山等各旅游景区的旅游接待增长势头迅猛，假日旅游经济红火，户外旅游、自驾游、一日游方兴未艾。据统计，2010年全市接待旅游人数1581.98万人次，旅游总收入106.82亿元，比上年增长29.03%和49.10%。入境旅者21.48万人次，比上年增长265.39%。

【旅游行业规模】 截至2010年年底，韶关市共有星级饭店53家，其中五星级1家、四星级5家、三星级36家，二星级9家，一星级2家；旅行社49家，其中出境游组团社1家；全市有上规模景区33家，其中A级旅游景区5家（4A级景区4家、3A级景区1家）。另有国家级文物保护单位11处、国家自然保护区1处、国家森林公园4个、国家矿山公园1个。旅游景区（点）基本上覆盖生态、文化、民俗、宗教等各方面，形成较为完善的游览体系。有持证导游1832人。

【重大旅游决策】 2010年8月6日，郑振涛市长主持召开市政府常务会议，审议《关于推动我市旅游业率先跨越发展的实施意见》，会议原则上同意该实施意见。30多年来，韶关市旅游业得到长足发展。是年，韶关提出“以旅游业率先跨越发展带动全市各行业跨越发展”是最大的新突破。其主要内容：一是首次提出吸引民资，引进旅游战略投资者。实施项目带动发展战略，打造一批旅游产业园区，推进旅游精品建设；二是推动和实现旅游由观光型向休闲度假型转变；三是明确提出培育一批4A、5A级景区。同时，建设一批高端星级酒店；四是出台系列扶持旅游企业做大做强的政策，具体表现在用地、用电、用水与工业同价，改善投资软环境，提升服务质量等方面；五是提出旅游从业人员教育培训意见，为旅游业跨越发展提供人力资源保障。

【“十一五”旅游业发展情况】 “十一五”时期，韶关市委、市政府高度重视发展旅游业，确立旅游业作为全市新的经济增长点的产业地位，并把它作为第三产业的龙头来抓，促进旅游业的持续、健康、快速发展，旅游业进入快速发展的新时期。一是接待游客和旅游收入快速增长。2005年至2010年5年间，年均接待人次增长25.76%，综合收入年均增长37.99%接待过夜旅游增长19.25%；二是景区（点）建设步伐加快。已建成收费景点28家，其中国家4A级旅游景区3家。不收费景点和农家乐、乡村游等特色景点10家以上，旅游景区景点基本上覆盖生态、文化、民俗、宗教等各方面，形成较为完善的游览体系。三是旅游接待能力和水平得到提升。星级酒店规模和数量稳步增长。“十五”期间，五星级酒店实现零的突破（莱斯大酒店），全市共有旅行社49家，比2005年增加10家。四是旅游规划和旅游信息化工作得到加强。2008年，通过国际招标，由省旅游发展研究中心编制的《韶关旅游发展总体规划》通过专家论证，由郑泽国编制的《韶关旅游营销规划》通过专家论证，各县（市、区）和旅游景区也加强旅游规划工作。加快推进“数字韶关”建设，进一步完善韶关旅游网，建立包含全市各景区（点）、星级宾馆、旅行社在内的旅游资源数据库，形成联网互通、资源共享的全市旅游网络体系。积极与国家旅游信息中心以及电信部门合作，在广东率先开通12301旅游信息服务热线。

【全市旅游工作会议】 2010年3月29日，韶关市政府召开全市旅游工作会议，贯彻落实国务院《关于加快发展旅游业的意见》，传达学习和贯彻全省旅游工作会议精神。省旅游局副局长梅其洁在会上充分肯定韶关市旅游工作，并对进一步加快韶关旅游业发展提出意见和建议。会议提出2010年全市旅游工作总体思路是：紧紧围绕“推动和实现韶关旅游由观光型向休闲度假型转变”的旅游发展战略目标，坚持“政府主导、企业参与、市场运作”的工作原则，突出抓好“八个着力”（着力构建大交通体系；着力构筑自驾游服务体系；着力推进韶关旅游信息化建设；着力实施国民休闲旅游计划；着力提升旅游产业素质；着力推进旅游重点项目建设进度；着力实施有效的旅游营销策略；着力促进旅游产业的可持续发展），提高全市旅游核心竞争力，为推动将韶关打造成为魅力韶关——世界知名，国内首选的山水观光生态休闲基地奠定基础。

郑振涛在会上强调韶关旅游工作要在全市各行业中率先实现跨越发展。要高起点编制旅游业发展“十二五”规划和2020年远景目标，力争到2020年建成在珠三角乃至国内具有较高知名度和美誉度的旅游休闲目的地；抓紧制定出台促进全市旅游加快发展的相关政策，特别是抢抓“高铁时代”的新机遇，促进旅游加快发展；进一步建立健全有利于加快旅游发展的体制机制，在破解制约旅游发展的瓶颈问题上有突破，在培育壮大旅游市场主体上有新进展，为旅游发展创造宽松的环境，进一步把“大丹霞、大南华、大南岭”三大旅游圈建设作为重中之重工作来抓。

【韶关旅游发展委员会成员会议】 2010年4月23日，韶关市召开旅游发展委员会全体成员会议，听取市旅游局《关于贯彻落实市委市政府〈进一步加快旅游产业发展的若干意见〉的情况汇报》、讨论《关于韶关旅游业率先实现跨越发展的几点设想》。会议提出从2010年起，韶关市用三年的时间，围绕龙头景区带动、景点景区建设、星级饭店培育、软硬环境建设、精品线路打造等措施，促进旅游产业由观光型向休闲度假型转变。市旅游局局长陈波在会上作《关于韶关旅游业率先实现跨越发展的几点设想》的汇报。市长郑振涛要求各地各部门要以丹霞山申遗、4A、5A景区的创建为抓手，加大旅游招商引资力度，迅速提高星级宾馆数量，提升接待能力，营造适合旅游业发展的大环境，加大旅游产业软硬件建设，大力推进导游培训，促进全市旅游产业竞争力整体提升。

韶关市召开2010年市旅游发展委员会全体成员会议。

【试行国民旅游休闲计划】 2010年，韶关市出台《凭武广高铁车票景区景点优惠让利办法》和《广东省“华人华侨旅游旅游年”旅游企业优惠让利办法》，启动高铁旅游和华人华侨旅游市场。在全市旅游系统开展创建“工业旅游示范单位”、“红色旅游示范基地”和“乡村旅游示范基地”、“温泉旅游示范基地”和“森林生态旅游示范基地”等活动。其中，中共粤北省委旧址和梅岭景区被评为“广东省红色旅游示范单位”，珠玑古巷和梅岭景区被评为“广东省文化旅游示范单位”，乐昌龙王潭、白水寨、翁源九曲水3个景区被评为“广东省森林生态旅游示范单位”，曹溪温泉假日度假村、丽宫国际旅游度假村被评为“广东省温泉旅游示范单位”，翁源九曲水生态休闲度假村被评为“广东省森林生态旅游示范基地”。

旅游接待与收入

【入境旅游】 2010年，韶关市宾馆接待入境旅游者21.48万人次，比上年增长265.41%，平均停留天数为2.75天，其中接待外国人3248人次，比上年增长12.50%。旅游外汇收入10309.22万美元，比上年增长388.15%。

【国内旅游】 2010年，韶关市接待国内游客达1560.50万人次，比上年增长27.89%。国内旅游收入99.81亿元，比上年增长42.71%，占旅游总收入的92.12%。宾馆接待过夜旅游者842.67万人次，比上年增长25.68%，平均停留天数1.21天；旅行社组团国内游13.22万人次，比上年增长5.42%，其中省内游4.70万人次，比上年减少37.96%，省外游8.51万人次，比上年减少71.74%

【出境旅游】 2010年，韶关市通过旅行社组团出境游7917人次，比上年增长129.88%，其中香港游2394人次，比上年增长88.50%；澳门游2018人次，比上年增长42.11%，出国游1763人次，比上年增长133.82%。

【黄金周假日旅游】 2010年，韶关市春节黄金周共接待游客93.09万人次，旅游总收入4.42亿元，分别比上年同期增长11.17%和18.39%。“五一”小长假（5月1～3日）接待游客42.07万人次，旅游收入2.01亿元；“十一”黄金周接待游客13.90万人次，旅游总收入2.72亿元。

旅游宣传促销与节庆活动

【旅游宣传促销】 2010年，韶关市坚持“南延北拓”的旅游促销方针，抢抓武广快线开通及2010年在广州举办之机，主动宣传推介旅游资源。1月21日，市政府在乳源丽宫国际旅游度假区举办旅游推介会，向武广高铁沿线省市推介韶关旅游。副市长邹永松、市旅游局局长陈波出席推介会，向来自港、澳、珠三角及武广高铁沿线省市旅游部门、旅行社、新闻媒体作精彩推介；1月22日，韶关市旅游局与广东省旅游协会、乳源瑶族自治县、韶关丽宫国际旅游度假区联合举办“第四届广东自驾旅游节”启动仪式；2月6日，在市区风度名城举办韶关市旅游服务质量提升年启动仪式暨春节“黄金周”旅游咨询活动，宣传普及旅游知识，免费为市民提供旅游优惠券；3月，举办丹霞申遗‘三八’同乐活动。由广东省妇联、省旅游局和香港旅游发展局共同举办的“春游粤港 ‘三八’同乐”活动中，韶关市获“最佳组织奖”；6月，组织召开粤北湘南赣南桂东（四省六市）区域旅游合作框架协议座谈会；7月，市旅游局组织全市旅行社经理、计调、导游等近100人到市新建的爱国主义教育基地北伐战争纪念馆、广东省委旧址、韶阳楼进行踩点考察，对串联和推广红色旅游景点旅游线路作出设计；7月19～21日，联合省旅游局、南方报业传媒集团、广铁集团公司发起主办“广深、武广高铁沿线旅游城市发展高峰论坛”；8月，组织各县（市区）旅游局、丹霞山管委会参加省旅游局和省摄影家协会联合举办的“2010广东旅游摄影大赛”；9月，配合市委、市政府做好迎接世界张氏总会经贸文化恳亲考察团来韶考察暨张九龄（韶关）研究会挂牌活动。

2010年1月22日，韶关市旅游局与广东省旅游协会等单位联合举办广东省第四届自驾车旅游节。

“南延”方面：1月中旬，市旅游局会同翁源旅游局在省旅游局举办“花醉岭南”—广东翁源赏花节系列活动广州新闻发布会；1月底，市旅游局走访香港和深圳旅游界；3月，组织旅游企业参加2010广州国际旅游交易会；4月和5月2次组织旅游企业参加台湾2010年台北国际观光博览会；6月，组团参加第24届香港国际旅游展；6月，组织旅游企业参加2010华南自驾游博览会；7月，组织市旅游企业赴清远考察交流采访。

“北拓”方面：2月，市旅游局与丹霞山管委会共赴湖南长沙、株洲、湘潭举行春节联谊活动；3月，在副市长邹永松的率领下，走访湖南郴州、衡阳、长沙三地；期间还热情邀请郴州、赣州、贺州、张家界、永州市旅游部门来韶关丹霞山观光考察，加深了区域合作联系。6月，参加由国家旅游局、北京市旅游局主办的“2010北京国际旅游博览会”；8月，组织各县（市、区）旅游局局长、旅游商品企业人员参加首届丝路明珠喀什噶尔国际旅游文化节暨第五届新疆旅游纪念品设计大赛与展销活动；11月，参加2010中国（上海）国际旅游交易会。

6月15日，由国际旅游管理协会、中国国际品牌协会、中国县域经济协会主办的“2010中国旅游精品国际推广盛会”授予韶关市“中国精品休闲度假旅游城市”荣誉称号。8月14日，在海南省三亚举办的“第六届中国城市（旅游）品牌大会暨第六届中国工业园区招商引资高层论坛颁奖盛典”上，始兴县被组委会评为“中国优秀生态旅游县”，这是该县继荣获“中国最美的小城”和“中国绿色名县”荣誉后，增添的又一个国字号旅游新品牌。8月上旬，南方新丝路模特大赛的培训在新丰云天海温泉原始森林度假村举行。10月16日，在韶关举行第二届“红三角”万时山帐篷节开幕暨中国“红三角”户外运动基地落成仪式。11月25日，2010新丰枫叶节，以“亚运激情，枫情绽放”为主题，邀请2010广州亚运会冠军助威团（包括悉尼奥运会冠军陈小敏、广州亚运会男子南拳男棍全能冠军黄光源以及中国武术南拳总教练，两届亚运会冠军何强）、媒体体验团由近30家主流媒体组成。6月和7月，在北京举办的“2010中国旅游精品国际推广盛会”及上海举办的“2010中国旅游产业发展论坛暨国际旅游品牌媒体、旅行社新闻发布会”上，乳源瑶族自治县分别被组委会评为“中国最佳民族生态旅游名县”、“中国最佳民族生态旅游目的地”。

【2010广东国际旅游文化节（韶关）分会场】 2010世界旅游日全球主会场庆典暨中国广东国际旅游文化节韶关作为分会场，共举办乐昌市首届旅游美食节、相约丹霞共度七夕、第三届徒步穿越丹霞山、红三角第二届万时山帐篷节、第十一届中国瑶族盘王节暨“瑶族公主”决赛活动、广东南雄首届旅游美食节、2010年新丰枫叶节、韶关市第七届旅游美食购物欢乐节、“韶关人游韶关”元旦春节旅游宣传咨询活动、2010年广东南雄梅花节、2010年广东南雄珠玑姓氏文化节12个活动项目。9月，韶关组织参加主会场举办的花车大巡游和旅游展活动。经省政府决定，2011广东国际旅游文化节主会场确定在韶关市举行。

【旅游节庆活动】 2010年1月22日，韶关市旅游局、广东省旅游协会、乳源瑶族自治县、韶关丽宫国际旅游度假区联合举办的“第四届广东自驾旅游节”2010年度系列活动暨韶关丽宫国际旅游度假区试业庆典正式启动。市领导徐建华、段宇飞、李石保、陈秋彦、赵志发，江裕企业集团董事长欧柏贤，省旅游协会、广东自驾旅游协会、市旅游局等有关部门负责人以及武广快线沿线省市的领导和香港中国旅行社、香港永东旅行社及珠三角各知名旅行社、各大媒体、旅游业界代表，车友代表等500多人参加。在仪式上，市委书记徐建华向欧柏贤授"广东大峡谷国家4A级旅游景区"牌匾，副市长陈秋彦向各车友俱乐部授予《韶关自驾游推广大使》荣誉锦旗，市旅游局局长陈波宣读国家旅游局《关于授予广东大峡谷国家4A级旅游景区决定》。

【首届广深武广高铁沿线城市旅游发展高峰论坛】 2010年7月19～21日，由韶关市人民政府、广东省旅游局、南方报业传媒集团、广州铁路（集团）公司主办，韶关市旅游局承办的首届"广深、武广高铁沿线城市旅游发展高峰论坛"在韶关丽宫国际度假区举行。韶关市副市长邹永松在会上致辞，来自广深、武广高铁沿线城市旅游局长、国内知名旅游策划专家、旅游企业以及新闻媒体等方面代表200多人参加。本次论坛围绕武广高铁开通及广深高铁即将开通，对沿线城市旅游发展的影响，制定相应营销策略，推进沿线城市旅游资源共享、联动共赢，促进沿线城市旅游业快速发展等问题集思广益。深圳、东莞、广州、佛山、清远、韶关、郴州、长沙、武汉、赣州等城市与广铁集团成立"旅游联盟"，并联合签署《丹霞山宣言》。

【区域旅游合作】 2010年韶关市在北京机场航站楼投放广告额度近100万元，提升"神奇丹霞，魅力韶关"的品牌知名度；继续在韶关电视台、南方卫视、香港亚洲卫视等多个时段滚动播出韶关旅游形象宣传片；1月和5月分别邀请旅游卫视《过年，来广东吧》和《粤来越开心》栏目到景区（点）拍摄；联系中央电视台科教频道（CCTV－10）到拍摄《希望英语》节目，在该台十套不同时段播出；7月19日，邀请南方电视台"寻古．岭南行"栏目拍摄各县（市、区）旅游宣传片；8月，香港亚洲电视（ATV）到南雄、曲江、乳源拍摄《岭南寻根之旅》节目。

大力支持丹霞山风景区在港澳台、珠三角、华中、华东和京广沿线等全国各主要目标市场投放宣传和开展促销；出台旅游市场奖励办法，对于组织包机、专列、大巴等大型团队来韶关旅游的单位最高给予5万元奖励；引导各景区出台针对旅行社拓展市场尤其是新市场的优惠政策；在主流媒体，如南方电视台、南都报、旅客报等批量购买了广告时段、专题宣传以及报纸版面，分别补贴25%～75%提供给各旅游企业单位使用。

首届广深、武广高铁沿线城市旅游发展高峰论坛。

旅游资源开发和景区（点）建设

【旅游规划】 2010年，韶关市修订《韶关市旅游发展总体规划》及编制《韶关市旅游交通规划》两项规划。翁源县投入60万元委托县旅游局由广东省建筑设计研究院完成"东华山风景区"、"仙鹤花果生态休闲旅游区"、"书堂石文化生态旅游区"等3个旅游景区总体规划编制工作，并于3月通过专家评审。

【旅游投资】 2010年，韶关市生态旅游投资在建项目20个，意向投入资金81亿元，实际投资金额近5亿元。10月19日，在东莞国际会展酒店举行韶关（东莞）旅游产业推介会，推介旅游景区、星级酒店等40多个旅游招商项目。其间，共签订合作意向项目8个、近50亿元。其中包括曲江云天水寨温泉度假村、乐昌龙山观音寺旅游区等项目。

是年，市财政安排1000万元设立市旅游产业发展专项资金。丹霞山风景名胜区建设项目累计投入资金近5千万元，建造新博物馆，新山门至阳元山景区的旅游步道等；7月，市旅游局、曲江区政府与西海湾智库市场开发有限公司签署"大南华文化创意产业园"合作意向书，项目预计总投资36亿元，已完成投资近4000万元。《南岭国家森林公园文化旅游项目总规划》全面启动，一期工程已动工。乳源南岭国家森林公园生态开发项目完成投资6000万元，已完成景区内道路增设警示标志、建设拦河坝、河道清理等基础工程建设。

2010年10月19日，韶关市在东莞举行2010韶关（东莞）旅游产业推介会。

【旅游资源开发和景区（点）建设】 2010年，韶关市加强对丹霞山创建国家5A级旅游景区，云门寺、古佛岩、珠玑—梅关、丽宫温泉旅游度假区、南岭国家森林公园创建国家4A级旅游景区，龙王潭、金鸡岭、天井山创建国家3A级旅游景区的指导。经过国家旅游局和广东省旅游局评定，云门寺佛教生态文化旅游区成功创建国家4A级旅游景区、乐昌龙王潭被评定为国家3A级旅游景区。丹霞山已被列入全省3个创5A级旅游景区之一。

曲江旅游充分发挥小坑国家森林公园、罗坑、沙溪自然保护区等自然生态优势及温泉水、观光风景水“两水”优势，以生态环境保护和可持续发展为前提，以温泉度假村和农家乐为生态旅游产业，完善曹溪、枫湾温泉管理，加快发展沙溪漂流项目，小坑、大塘、白土、罗坑等温泉项目，北江水上游项目、小坑锦绣南华大森林温泉世界旅游度假村和鸿润生态园农家乐项目，将曲江区打造成为休闲、观光、度假、探险、文化、娱乐为特色的生态休闲度假胜地。

乐昌整合开发三龙谷旅游资源，大力开展生态旅游、红色旅游，并于2010年9月下旬，新开发一处瀑布景点——雨中飞瀑，积极打造三龙谷生态休闲旅游胜地。抓好十二渡水三期工程项目建设。铺设游览步道路基500米，兴建园林式人行桥4座（跨度5米），建筑挡土墙100平方米，挖掘排水涵洞等，9月，工程已竣工并通过验收。发挥中健行集团的品牌效应，推出“游山—拜佛—参观—购物”的旅游新品牌，全新打造金鸡岭文化产业园。现该项目正加快征地拆迁进度，以作好金鸡岭文化产业园开发建设的前期准备工作。

乳源云门寺佛教文化生态保护区已顺利通过国家旅游局最后审验，成为国家4A级旅游景区；2010年乳源县有南岭国家森林公园申报4A、天井山国家森林公园申报3A、云锦山庄酒店申评3星。南岭和天井山申A材料已报省旅游局，将向广东省旅游景区质量等级评定委员会提出申请初审。2010年2月，丽宫国际旅游度假区已正式开业，基本项目已建设完工并投入使用，扩展功能项目正在兴建中。南岭国家森林公园园内至乳峰景区道路贯通、旅游公厕、旅游标识牌等配套服务设施有较大改善，岭南河、瀑布群、通往第一峰的公路都在加紧施工。云门峡漂流项目建设，其中的漂流河道、蓄水坝、游客中心已完工，进入景区的公路已修好，景区于7月正式对外营业，第二期工程正在准备中。

【新开发、新建设景区（点）】 2010年，韶关市在2010“相约中国最美小城”·广东始兴经贸洽谈活动期间，有7宗旅游项目签约，签约资金达43.2亿元。已签约项目中，丰泰温泉度假酒店、喜来登、雅乐轩商务酒店均为五星级酒店，茂坪村、八一水库生态旅游度假村以及金润国际大酒店均按四星级或4A级旅游景区标准投资兴建。3月，投资4000万元建设的翁源佛宝山庄已开工建设，其中引水工程、多功能水疗游泳池、餐厅等第一期工程将于2011年春节前竣工运营。永泰假日酒店、源泉休闲度假山庄（暂定名）、青云山省级自然保护区森林公园、翁先山庄、晓风冷泉滩、长潭水库休闲山庄等12个旅游项目已签约。新丰云天海温泉原始森林度假村和新丰江源温泉度假山庄第一期工程已完工，分别于元旦和春节试业，新丰江源温泉第二期工程投入1500万元完善会议中心、康体中心、客房等，将于2011年春节前投入使用。

【旅游扶贫】 2010年，韶关市旅游局审报省旅游扶贫一般项目9个。其中丹霞山申报世界自然遗产工程项目被列入重大旅游扶贫项目，获扶持资金300万元；曲江区小坑国家森林公园、新丰县雪山林苑、乳源县天景山仙人桥景区板洞村景点、龙王潭生态旅游区被列入旅游扶贫一般项目，获扶持资金180万元；浈江区金沙生态园等18个旅游扶贫农家乐项目，获扶持资金90万元。是年，韶关市通过旅游发展基金补助地方项目经费120万元、各县（市、区）旅游招商专项经费30万元。协助丹霞山争取2010年中央预算内投资500万元。

【旅游扶贫“双到”工作】 2010年，韶关市旅游局和市广播电视大学扶贫开发“规划到户、责任到人”的帮扶单位乳源县游溪镇莲塘边村，是瑶族乡村，总面积为9881亩，耕地面积为261亩，人均耕地0.38亩，辖区有5个村民小组，共119户，总人口为525人，贫困户75户，293人。2009年村集体经济收入22500元，贫困户人均收入1507元。是年，共有57户贫困户率先脱贫，占贫困户总数77%，人均收入2652元，同比增长？76%。危房改造15户，共补助贫困户危房改造款10万元，已竣工12户，在建3户。全村75户贫困户293人100%都已参加农村合作医疗。贫困户适龄子女普及义务教育入学率达100%。通过技术培训转移就业10人。拟筹集10万元解决饮水工程，已投入资金3万元。市旅游局自筹2万元，为莲塘边村解决村委办公大楼部分欠款问题。由省、市扶贫开发“双到”专项资金建设牛栏、购买水牛9头。

【旅游创强工作】 2010年2月3日，韶关乐昌市荣获“广东省旅游强县（市）”称号。5月30日，韶关市召开“创建广东省旅游强县（市）”工作总结表彰大会予以表彰。

是年，韶关市旅游局指导始兴县创建“广东省旅游强县”，已列入广东省旅游强县创建名单；南雄市委、市政府提出打造珠玑文化和红色文化品牌，利用文化理念，多元化提升和发展旅游业，力争5年内进入“中国旅游强县（市）”行列。南雄市提出从四个方面打造红色旅游的系列产品：一是构建一个红色旅游文化宣传平台，继续举办一年一度的“红歌大赛”，唱响红色经典；二是创作一系列的红色旅游文艺作品；三是建设红色旅游文化阵地；四是新开辟一条红色旅游线路，规划建设水口战役、油山革命纪念碑和“北山事件”纪念亭，完善瑶坑省委机关旧址，抢修、保护五岭地委、红军医院等红色旧址。

旅游行业监督管理

【旅游市场监督】 2010年，韶关市旅游局组织开展旅游市场检查，先后检查仁化、新丰、翁源、乳源、南雄、曲江、始兴等县（市、区）的旅游企业和市区部分旅游企业。3月4日，举办首批义务监督员培训班，向义务监督员颁发聘用证书，学习有关旅游法规，部署监督员的工作任务。市旅游质监所坚持节假日24小时值班制度。充分利用12301旅游投诉、咨询平台，确保应急响应渠道和旅游投诉渠道畅通，及时处理各种旅游投诉和突发事件。

【旅游安全管理】 2010年，韶关市旅游局与各县（市、区）旅游局签订2010年旅游安全目标管理责任书。春节、“十一”黄金周和“五一”小长假前夕，组织开展旅游安全大检查，先后检查仁化、新丰、翁源、乳源、南雄、曲江、始兴等县（市、区）的主要旅游景区、星级饭店、旅行社和旅游车队安全情况，发现问题及时整改。全年旅游市场安全有序，没有发生旅游安全事故。

【旅行社管理】 2010年，韶关市新批准设立乳源南岭瑶乡旅行社、南雄幸福旅行社、韶关市康泰旅行社、韶关市韶之旅旅行社、乐昌市开心假日旅行社、广东中旅（韶关）旅行社7家旅行社，至年底，全市共有旅行社49家。1月21日至3月20日，按要求完成全市50家旅行社统计调查工作。全市49家旅行社均参加投保，完成省旅游局下达的70%以上旅行社参加统保示范项目，居全省第三名，全年没有出现质保金理赔问题。

【导游员管理】 2010年，韶关市共有持证导游1372名。按要求完成每年两次全国导游资格考试和导游IC卡年审工作。仁化县丹霞山旅行社有限公司导游刘宗辉（女）、市旅游协会导游管理专业委员会 导游黄寿辉被评为“全国优秀导游员”。黄宗辉荣获“第八批全国援藏导游先进工作者”称号。充分发挥市导游管理专业委员会的作用，做好导游的注册登记及日常管理以及社会导游的中介委派工作。

【旅游饭店管理】 2010年，韶关市新增3家星级饭店，其中三星级饭店2家（假日山庄）、二星级2家（韶关市蓝苑宾馆、乐昌兴华宾馆）。至年底，全市共有星级饭店53家。全年完成仁化锦城宾馆创建四星级饭店的初评。对南雄珠玑大酒店、雄州大酒店创建四星级饭店进行指导。开展年度星级饭店复核工作，对照星级饭店划分与评定标准，对全市53家星级饭店开展复核，取消福苑大酒店（四星级饭店）、香榭丽宫大酒店（四星级饭店）、河珊酒店（三星级饭店）、雅园酒店（二星级饭店）、赛宝宾馆（二星级饭店）的星级资格，对韶关市艺苑大酒店、粤通大酒店、乐昌坪石广铁漂流大酒店提出限期整改。

2010年12月18日，韶关市举办2010中国丹霞（韶关）旅游美食文化节。

2010年4月28日，在西河流花宾馆举行2010年韶关市旅游饭店服务技能大赛，共有67名选手参赛，大赛设中餐摆台、西餐摆台、中式铺床、鸡尾酒调制4个项目，分别评选出一、二、三等奖。5月10日，韶关市组织代表队参加省旅游饭店服务技能大赛，获得中餐摆台第二名，中式铺床第三名。

【旅游商品管理】 2010年11月25日，韶关市旅游局举行“2010十大韶菜”评选活动。鲍汁扣双鱼（韶关市金凤凰食府）、锦上添花（韶关市莱斯大酒店）、灵芝鸡（韶关市潮州海鲜菜馆）、梅花之约（乐昌市乐昌迎宾馆）、梅岭鹅皇（雄市雄州大酒店）、山坑螺煲黑豆腐（韶关市在水一方食府）、韶城聚宝（韶关市小岛饭店）粤北山宝（韶关市潮兴酒楼）、至尊锦绣盘（韶关市好煮意酒家）、竹笙凤眼肉（韶关市西河流花宾馆）被评为“2010十大韶菜”。

【旅游行业协会】 截至2010年底，韶关市旅游协会共有121个会员单位，下设有旅行社分会、饭店分会、景区分会、导游管理专业委员会。协会编辑制作《韶关旅游精品线路画册》和旅游宣传单张和以韶关景区为主、各旅游企业为辅的旅游指南。发动全市旅行社参与“乳源一卡通”宣传活动，并设立11家“乳源一卡通”代办点。协助市旅游局邀请并接待浙江旅游协会考察团、岳阳旅游协会考察团、江西宜春旅游协会考察团等。

2010年，新加坡组织大型旅游团来韶关旅游。

旅游教育培训与精神文明建设

【旅游行业精神文明建设】 2010年6月10日，韶关市组队参加2010年广东省职业技能大赛“广东中旅杯”导游人员职业技能大赛。韶关市代表队选派的徐梦璇选手获得学生组一等奖，被大赛组委会授予“明日之星”称号。徐燕、郑玲丽被大赛组委会授予“南粤优秀导游员”称号。11月8～10日，郴州市总工会、韶关市总工会、赣州市总工会、郴州市旅游外事侨务局、韶关市旅游局、赣州市旅游局、郴州市人力资源和社会保障局，在郴州市联合举办郴韶赣“红三角”旅游行业“创业杯”职工职业技能大赛。大赛共设前厅服务、餐饮服务、客房服务、导游服务四个竞赛项目。韶关市代表队派出的选手分获一等奖、二等奖、三等奖各4个，优胜奖各8个。在全国旅游饭店服务技能大赛（广东赛区）选拔赛，韶关有2位选手分别获得二等奖和三等奖。

是年，韶关市旅游局结合全市创建全国文明城市活动，印发《全市旅游系统创建全国文明城市工作方案》、《全市旅游系统开展“创文在行动、我该做什么”活动方案》和《全市旅游行业创“五优”活动方案》。在全系统开展“创文在行动、我该做什么”有奖征文活动，共评出一等奖三名、二等奖四名、三等奖五名，并颁发奖金和证书。与韶关电视台共同举行“文明旅游大家谈”专题节目，邀请市文明办、旅游局领导和旅游从业人员、游客代表参加，连续2天在韶关电视台《民生关注栏目》播出。

【旅游行风建设与机关作风建设】 2010年，韶关市旅游局机关开展“树立正确权力观，提高执行力”的学习教育活动。成立由局党组书记、局长陈波任组长的学习教育活动领导小组。制定学习教育活动“实施方案”，结合旅游工作实际，明确“树立正确权力观，提高执行力”为学习教育活动的目标任务。局旅游网站设立“树立正确权力观，提高执行力”专栏，公布举报投诉电话；是年，在全局开展创先争优活动，制定《韶关市旅游局关于开展创先争优活动实施方案》，提出以建设学习型机关和学习型党支部两者相结合，通过召开支部会，干部职工会，集中学习与个人自学以及撰写学习心得等形式，提高认识，营造创先争优良好氛围；认真贯彻落实《市旅游局党风廉政建设责任制实施办法》、《市旅游局党风廉政建设责任制追究实施细则》、《市旅游局领导班子成员党风廉政建设岗位职责》。在全局范围内，开展了以“加强制度教育，构筑拒腐防线”为主题的示范教育和警示教育，局机关党支部组织46名党员参加《廉政准则》知识网上答题活动。8月下旬，组织全体干部职工参观省委机关旧址和北伐战争纪念馆，激发干部职工“爱党、爱国、爱韶关”的坚定信念。

【旅游教育培训】 2010年12月13日，韶关市旅游从业人员培训基地挂牌暨导游人员（景区讲解员）培训班开班仪式在市中等职业技术学校举行。与市教育局联合制订《韶关旅游从业人员培训工作实施方案》，由市旅游局做好培训规划。本次培训班历时3天，培训对象为全市持证导游、景区讲解员以及在校师生。培训内容包括：韶关市及国内外旅游业发展概况、历年举办广东国际旅游文化节的情况介绍等。培训班特别邀请到省内有关专家、业内优秀人士授课和现场示范。7月16～19日，香港无线电视举办的2010年“香港小姐”和“香港先生”评选活动中的15名决赛佳丽和10名决赛帅哥到韶关进行为期4天的外景拍摄和采风，并开展旅游大使评选。

2010“香港小姐”与“香港先生”旅游大使评选在韶关举行。

【“双转移”工作】 2010年3月28日，韶关市对参加农村劳动力“双转移”旅游培训班的197人进行考核验收，其中179人考试合格（餐厅服务员69人、客房服务员86人、景区讲解员24人）并全部就业，就业率100%。12月，市旅游局通过省旅游系统农村劳动力就业培训的检查。至年底，全市共设浈江区、曲江区、乐昌市、仁化县、翁源县、乳源县6个培训点。

纪　事

1月1日 新丰云天海温泉原始森林度假村正式开业。

1月21日 韶关市政府在乳源丽宫国际旅游度假区举办旅游推介会，向武广高铁沿线省市推介韶关旅游。

1月22日 第四届广东自驾旅游节2010年度系列活动暨韶关丽宫国际旅游度假区试业庆典正式启动。

2月3日 新丰江源温泉度假山庄第一期工程已完工，并对外试业。

2月22日 乳源丽宫国际旅游度假区正式开业。

3月29日 韶关市政府召开全市旅游工作会议。

4月23日 成立韶关市旅游发展委员会并召开全体成员会议，听取市旅游局《关于贯彻落实市委市政府〈进一步加快旅游产业发展的若干意见〉的情况汇报》，讨论《关于韶关旅游业率先实现跨越发展的几点设想》。

6月10日 在广东省旅游局主办的“2010广东省职业技能大赛”导游人员职业技能大赛中，市旅游局选派的徐梦璇选手获得学生组一等奖，授予“明日之星”称号。徐燕、郑玲丽授予“南粤优秀导游员”称号。

6月15日 2010中国旅游精品国际推广盛会授予韶关市“中国精品休闲度假旅游城市”、乳源县“中国最佳民族生态旅游名县”称号。

7月10日 在上海举办的“2010中国旅游产业发展论坛暨国际旅游品牌媒体、旅行社新闻发布会”上，乳源县被组委会评为“中国最佳民族生态旅游目的地”。

7月19～21日 首届“广深、武广高铁沿线城市旅游发展高峰论坛”在韶关丽宫国际度假区隆重举行。

8月6日 郑振涛市长主持召开市政府常务会议，审议《关于推动我市旅游业率先跨越发展的实施意见》，会议原则上同意该实施意见。

8月14日 在“第六届中国城市（旅游）品牌大会暨第六届中国工业园区招商引资高层论坛颁奖盛典”上，始兴县被评为“中国优秀生态旅游县”。

8月24日 中共粤北省委办公旧址和梅岭景区被评为“广东省红色旅游示范单位”；珠玑古巷和梅岭景区被评为“广东省文化旅游示范单位”。

10月16日 韶关举行第二届“红三角”万时山帐篷节开幕暨中国“红三角”户外运动基地落成仪式。

11月8日 在“红三角”旅游行业“创业杯”职工职业技能大赛中，韶关市选手获得一等奖、二等奖、三等奖各4个，优胜奖各8个的好成绩。

11月25日 新丰县以“亚运激情，枫情绽放”为主题举办2010新丰枫叶节。

12月13日 韶关市旅游从业人员培训基地挂牌暨导游人员（景区讲解员）培训班开班仪式在市中等职业技术学校举行。

（申敏新）

河 源 市

综 述

【总体情况】 2010年，河源市旅游业围绕中共河源市委、市政府的中心工作，贯彻落实全省旅游工作会议精神，以举办世界客属第23届恳亲大会（以下称“世客会”）为契机，全面贯彻落实国务院《关于加快发展旅游业的意见》、中共广东省委省政府《关于加快我省旅游业改革与发展建设旅游强省的决定》和中共河源市委市政府《关于建设广东生态旅游示范区促进旅游业转型升级的决定》，全面推动广东省生态旅游示范区和旅游强市建设，全市旅游产业保持快速发展的良好势头。全市接待入市游客1065.57万人次，比上年增长26.79%，旅游总收入为46.07亿元，比上年增长28.57%。

【旅游行业规模】 截至2010年底，河源市拥有旅行社31家，其中出境游组团社1家；有A级旅游景区6家，其中4A级旅游景区3家，3A级景区1家，2A级景区2家；星级饭店30家，其中五星级1家、四星级3家、三星级15家，二星级10家，一星级1家；拥有2处省级自然保护区和环境教育基地、1处国家森林公园、1处国家级文物保护单位、1处省级历史文化名城、6处省级文物保护单位、22处市级文物保护单位、2家全国工农业旅游示范点、1家广东省工业旅游示范单位；荣获省级“旅游强县”、“温泉特色县”各1个，“特色镇”、“特色村”各2个。

【“十一五”旅游业发展情况】 “十一五”（2006—2010年）是河源市旅游业快速发展的时期，也是河源旅游业从观光型旅游向观光与休闲度假相结合开始转型的时期。通过建立健全工作机制，制订和落实优惠政策，加大宣传力度，充分调动全社会参加旅游休闲活动的积极性，逐步培育国民旅游休闲意识，加快形成积极健康的生活情趣和消费习惯。“十一五”期间，全市累计接待游客3751.77万人次，累计旅游收入达162.18亿元，年均增长超过15%。

旅游产业体系不断完善 至“十一五”时期末，全市共有旅行社31家；已建成并对外营业的旅游景区（点）30个，其中A级旅游景区6家；全市拥有旅游酒店、社会旅馆499家，总床位数达30462张，其中星级饭店30家，床位数4582张；旅游直接从业人员3万多人，间接带动相关行业就业近15万人，辐射带动全市上百个土特产品新品种上市。

旅游整体形象不断提升 “十一五”期间，全市充分利用电视台、电台、报纸、网络等各种主流媒体，开展一系列旅游宣传促销活动，作为广东国际旅游文化节分会场，河源市连续举办五届主题不同的客家文化旅游节。通过多方面的宣传促销，成功打造“客家古邑·万绿河源·温泉之都·恐龙故乡·红色经典”等五大旅游品牌。累计培训各类旅游从业人员近万人次，为河源旅游业发展储备一批素质高、技能强的旅游人才。

试行国民旅游休闲计划初见成效 自2009年试行国民旅游休闲计划以来，建立河源市试行国民旅游休闲计划联席会议制度，印发《关于河源市试行国民旅游休闲计划的实施意见》，举办全国百城（河源）旅游宣传周、“河源人游河源”等活动，推出国民旅游休闲年卡、“缴费一卡通”优惠旅游、“爱旅游、购快乐”刷卡送旅游等优惠政策和活动。

旅游发展软硬环境明显改善 “十一五”期间，先后开通惠河、粤赣、河梅三条高速公路，融入珠三角“两小时经济生活圈”，穿越河源的广河、汕湛、广赣、汕昆、粤湘5条高速公路正在加快谋划或即将建设。2010年河源市政府五届39次常务会议决定加快河源市游客服务中心的规划建设。河源市政府已拨付游客服务中心项目征地拆迁经费2600万元。

出台一批旅游业发展政策 河源市先后出台《中共河源市委 河源市人民政府关于加快旅游业发展建设旅游强市的意见》（河委发［2007］18号）、《中共河源市委 河源市人民政府关于建设广东生态旅游示范区加快旅游业转型升级的决定》（河委发［2008］20号）、《关于河源市试行国民旅游休闲计划的实施意见》（河府［2009］37号）、印发《河源市旅游景区规划建设管理若干规定的通知》（河府［2008］135号）、《印发河源市旅馆业管理暂行规定的通知》（河府［2009］50号）、《关于世客会接待酒店景区提档升级享受优惠规定的通知》（河府办［2009］103号）等重要文件。成立河源市规划委员会旅游规划分会。

【全市旅游产业发展大会】 2010年6月28~29日，河源市委市政府召开建市以来首次全市旅游产业发展大会。会议由原定名“全市旅游工作会议”改为“全市旅游产业发展大会”。6月29日，全市旅游产业发展大会在市会议中心召开。河源市市委书记陈建华、市长刘小华出席会议并讲话。省旅游局副局长王志红应邀出席会议，会议由副市长吴有必主持。会议提出“要推进全市旅游产业大发展，努力把河源市建成旅游大市、旅游强市。”市其他相关领导，市委、市政府秘书长，各县（区）“一把手”及分管旅游工作的副县（区）长，旅游局局长，东源县万绿湖管委会，市规划委员会旅游规划分会成员，市直、中央和省驻河源副处以上各单位主要负责人，市旅游局全体干部，市直旅行社、全市旅游景区、市（区）三星级以上酒店、在建旅游重点项目主要负责人参加会议。会议召开之前，市有关领导率相关部门负责人参观检查景区改造升级等情况。本次会议是河源市历年来举办的规格最高的旅游工作会议之一。

2010年6月2日，河源市召开旅游产业发展大会。

【试行国民旅游休闲计划】 2010年，河源市与广州、深圳、东莞、佛山、汕头等珠江三角洲城市的媒体、旅行社合作，以“亚运会在广州，世客会游河源”为主题，辅以旅游直通车方式，加大旅游宣传和推介力度。先后开通广州（佛山）、深圳、东莞、汕头至河源的一日游、二日游直通车。组织有关旅游景区（点）参与旅游标准化试点、广东省乡村旅游示范基地、广东省红色旅游示范基地、首批全省旅游森林公园、广东省工业旅游示范基地、广东省温泉旅游示范基地、全国休闲农业与乡村旅游示范县等旅游品牌申报工作。农夫山泉广东万绿湖生产基地获得首批“广东省工业旅游示范单位”称号。3月24日，在世界休闲组织中国分会、中国旅游协会休闲度假分会、全国休闲标准化技术委员会及广东省旅游协会联合举办的“2010中国休闲悠优奖”评选活动中，河源市万绿湖景区被评选为“最喜爱的休闲景区”，紫金御临门温泉度假村被评选为“最喜爱的休闲温泉”，和平县热水镇被选评为“最喜爱的休闲名镇”。12月，河源市获“国际绿色生态旅游名城”称号。

【2010中国世博旅游年】 2010年8月，河源市参加世博会“广东周”活动。据统计，是年5月至10月，河源市旅行社组织游客参观上海世博会人数达7216人。

旅游接待收入

【入境旅游】 2010年，河源市接待入境旅游者4.49万人次，比上年增长8.77%。其中外国游客3779人次，比上年增长33.8%；旅游外汇收入1388.52万美元，比上年增长9.55%。

【国内旅游】 2010年，河源市共接待国内游旅游者1061.08万人次，比上年增长26.9%。其中过夜旅游者439.54万人次，比上年增长19.9%；一日游游客626.03万人次，比上年增长32.1%；国内旅游收入45.13亿元，比上年增长29.05%。

【出境旅游】 2010年，河源市出境游组团社共组织出境游客0.0730万人次，比上年下降63.1%。其中香港游356人次，比上年下降70%；澳门游48人次，比上年下降84.4%；出国游72人次，比上年下降85.2%；台湾游254人次。

【假日旅游】 2010年春节黄金周期间，全市共接待入市游客36.71万人次，比上年同期增长8.7%。其中接待过夜旅游者9.81万人次，同比增长10.8%；一日游游客26.89万人次，同比增长7.9%；实现旅游收入15165.33万元，同比增长7.1%；人均花费人民币413.11元；全市住宿设施平均开房率达到60.25%。

“五一”（5月1~3日）期间，全市共接待入市游客24.76万人次；实现旅游收入8676.5万元；人均花费人民币350.42元；全市星级饭店住宿设施平均开房率达78.9%。

“十一”黄金周期间，全市共接待游客84万人次，同比增长30.8%；其中过夜旅游者14.01万人次，同比增长9.19%；一日游游客69.99万人次，同比增长37.77%；旅游收入29536.2万元，同比增长25.2%；人均花费人民币351.62元；全市星级饭店以及档次比较高的非星级酒店平均开房率达83%。

旅游宣传促销与节庆活动

【旅游宣传促销】 2010年，河源市旅游宣传促销按照

“政府主导，企业参与”的模式，加大联合促销力度，拓展旅游客源市场。组织各县（区）旅游局及旅游企业先后参加广州国际旅游展览会、中国国内（重庆）旅游交易会、浙江（上海）旅游交易会、香港国际旅游展销会、第五届海峡两岸台北旅展、2010 广东国际旅游展览会等旅游展销会。

利用第 16 届亚运会和世客会分别在广州、河源市举办之机，由河源市旅游局牵头，以“亚运会在广州，世客会游河源”为主题，与广州、深圳、东莞、佛山、汕头等珠三角城市媒体、旅行社合作，加大宣传和推介河源旅游力度。与广东电视台新闻频道、公共频道、广州电视台、南方卫视、《中国旅游报》、《南方都市报》、《深圳商报》、《深圳晚报》等媒体合作，常年宣传并开展系列活动。4 月下旬，河源市旅游局领导率相关旅游企业参加由省旅游局组织的赴江西、福建开展的经贸合作交流活动，分别与两省旅行社达成合作意向、签定合作协议。5 月，河源市旅游局创办《万绿河源》杂志。8 月，参加世博会“广东周”活动。9 月，参加广东省政府组织的台北“广东周”经贸活动。

【2010 广东国际旅游文化节（河源）分会场】 河源市作为 2010 世界旅游日暨中国广东国际旅游文化节分会场，参加包括花车大巡游、旅游大促销暨国际旅游展览会、网上旅游文化节、旅游招商会、万名儿童绘画及作文比赛、中国粤菜峰会等系列活动。河源市借助世界客属第 23 届恳亲大会召开和 2010 广东国际旅游文化节为契机，举办河源市第七届客家文化旅游节，包括客家美食嘉年华暨客家菜·客家小吃评选活动、河源市导游人员职业技能大赛、河源市旅游饭店客房和餐厅服务技能竞赛等一系列活动。

河源市花车巡。

【第七届河源客家文化节】 2010 年 11 月 27 日至 12 月 2 日，第七届河源客家文化节暨客家美食嘉年华活动在源城公园广场举行。活动以“弘扬客家美食文化、营造盛大嘉年华会”为主题，内容包括河源特色美食展、中华名小吃、旅游特产街、啤酒狂欢节等，共吸引 200 多家参展商参与，全面展示河源客家美食文化。

【首届漂流节】 2010 年 5 月 23 日，由河源市旅游局、河源市体育局、东源县政府联合主办，深圳、东莞、广州、惠州、潮汕、梅州以及珠三角等地旅行社协办的首届河源漂流节在万绿谷景区举行。珠三角各大主流媒体和省内各大旅行社，以及来自珠三角的 1000 多游客参加。

【区域旅游合作】 2010 年 8 月 8～9 日，由香港入境旅游接待协会和国际华商观光协会近百名成员组成的香港旅游采风团对河源市的旅游资源及旅游产品进行考察。此次河源市与香港的交流活动，进一步加强香港对河源旅游资源及旅游产品的了解，扩大河源旅游产品在香港旅游市场的影响力。同时，进一步增进香港与河源的互动交流，有利于整合两地旅游资源，为加大两地旅游合作打下良好的基础，推动两地旅游事业的长远发展。8 月，参加世博会“广东周”活动；9 月，参加省政府组织的台北“广东周”经贸活动，在台湾宣传河源旅游产品和旅游形象。此外，河源市旅游局还派员参加省内外周边地市的一些旅游交流活动和会议。

2010 年 10 月 31 日，由深圳市旅游联盟主办的“同饮东江水，共迎世客会深河两地深化旅游合作恳谈会”在河源召开。

旅游资源开发和景区（点）建设

【旅游规划】 2010 年 3 月 22 日，河源市政府主持召开《万绿生态旅游度假区策划》（以下简称《策划》）评审会，并通过评审。《策划》委托中山大学旅游发展与规划研究中心编制。5月31日至6月1日，市政府组织相关部门及人员到杭州之江国家旅游度假区、宁波东钱湖旅游度假区参观考察。

【旅游投资】 2010年，河源市引进和在建的旅游重点项目包括：投资30亿元的康禾温泉，投资20亿元的广晟御临门温泉度假村二、三期工程，投资60亿元的东江源温泉度假村，投资45亿元的“东江·巴登城”综合性旅游项目以及投资超过10亿元的万绿湖东方国际酒店和投资6亿元的希尔顿酒店。其中万绿湖东方国际酒店于2010年11月建成营业。

【旅游区（点）与基础设施建设】 2010年，河源市旅游区（点）、旅游基础设施建设等方面力度进一步加大。以迎接“世客会”为契机，在酒店建设方面，仅市区新建酒店7家，扩建酒店3家，改造升级22家，市区三星级（或相当于三星级）以上酒店床位数从2000多张增加到5000多张。按五星级标准兴建的万绿湖东方国际酒店开业。据统计，全市新建和改造酒店共投入20多亿元；

在景区（点）改造升级方面，除新建恐龙博物馆外，完成了万绿湖码头、停车场及镜花缘的改造，新港客家风情小镇的“穿衣戴帽”，苏家围、佗城、林寨古村等客家文化景区的修复，共投入升级改造资金近2亿元；在城市旅游功能区配套方面，共投入20多亿元建设“五路一桥”，即市区迎客大道、滨江大道、万绿湖大道、东江西路、西环路和珠河大桥新桥。同时启动市游客服务中心的规划建设，投资上亿元的市区体育公园已建成使用，投资超过6亿元的客家文化公园也已举行奠基仪式。

【东江·巴登城】 2010年12月16日，总投资45亿元的“东江·巴登城”项目签约仪式在河源举行。该项目由深圳东部华侨城策划，深圳生命人寿保险股份有限公司所属股东组建的深圳巴登新城投资有限公司、云南省城市建设投资公司等企业共同投资。该项目选址在源城区高埔岗农场万洞水库及周边的丘陵山区，毗邻粤赣高速公路，距离市区15公里，规划占地面积6000亩，其中建设用地2500亩左右。分3期、5年规划建设，是集“客家土楼温泉体验、康体休闲度假、金融保险外包服务、现代生态农业示范”为一体的现代高端服务产业综合旅游项目。首期投资20亿元，计划在2012年底或2013年初竣工开业。

【绿道旅游】 2010年，河源市利用世界客属第23届恳亲大会召开的契机，新建和扩建“五路一桥”，并新建滨江体育休闲公园。河源绿道包括：万绿湖大道、桂山迎客大道、滨江大桥、西环路、东江西路、体育公园等，总长超过20公里。

【红色旅游】 2010年，河源市继续实施《2004－2010年全国红色旅游发展规划纲要》。河源“红色旅游”做到“三个结合”：红色与绿色相结合，即红色旅游与绿色生态游、乡村度假游相结合；旅游与教育结合，即红色旅游与革命传统教育、民情教育相结合，寓教于乐；市区与市外相结合。至2010年底，河源有12大红色旅游景区景点，即河源市革命烈士纪念馆，东源阮啸仙故居、黄村中共后东特委旧址，龙川霍山反“围剿”纪念地，紫金苏区革命遗址群、紫金古竹抗日战争展馆、紫金尔崧纪念馆，连平塔岭烈士墓园、九连粤赣湘边纵队旧址，（龙川、古竹）东江特委旧址、后东特委旧址。

【旅游扶贫】 2010年，河源市旅游扶贫工作以文化旅游和农家乐为重点，共获省旅游扶贫专项资金875万元。河源市游客服务中心、“康禾茶乡”温泉农家乐项目、和平温泉之都和紫金县越王山旅游区评为省旅游扶贫一般项目；乡村壹号美食山庄等15个星级农家乐项目各获5万元财政资金的扶持；龙川县赵佗故城旅游区项目与全省其他15个项目参加竞争性扶持方式评选，入选省旅游扶贫重点项目，获得300万元扶贫资金。同时，协助和平县粤北老区自驾车示范营地公共配套设施项目争取到国家旅游发展基金地方项目开发补助费120万元资金扶持。

佗城·龙川学宫。

【旅游转型与产业升级】 河源市从2009年起，市政府每年安排旅游宣传促销经费200万元，旅游产业发展基金300万元用于旅游业发展。加大政府旅游主导力度，加快旅游业的转型升级，每年召开一次旅游工作会议，2010年改为旅游产业发展大会。每年举办一次客家文化旅游节。2010年以来，全市共筹资30多亿元，对万绿湖大道、桂山迎客大道、西环路等7条市政道路进行扩建和升级，并新建滨江大道，完善各项配套设施功能。规划建设游客咨询服务中心，加快完善旅游特色街区，加强旅游商品的研发工作。

旅游行业监督管理

【旅游市场监督】 2010年，河源市积极参与全省旅游服务质量提升年活动，整顿和规范旅游市场秩序。10月16日，市旅游局在万绿湖风景区和笔架山公园开展“品质旅游·伴你远行”宣传活动，向游客发放品质旅游、文明旅游、理性消费出行提示等宣传资料，并在《河源日报》、《河源晚报》等媒体对旅游政策法规进行宣传，提倡理性消费、文明旅游。活动期间，共向游客发放宣传资料4000多份、300多顶宣传帽。全年共受理和处理旅游投诉案件8宗，开展旅游执法检查12次。

【旅游安全管理】 2010年，河源市旅游局分别与县区旅游局和市直旅游企业签订了《旅游安全生产责任书》35份。做好“春节”、“十一”黄金周和“五一”小长假以及日常旅游安全生产工作，全年开展旅游安全检查182人次，检查旅游企业86个。举行消防观摩演练活动。11月9日，河源市旅游局组织县区旅游局，市区星级饭店、世客会接待酒店观摩翔丰国际酒店消防演练。

【旅行社管理】 2010年，河源市新设立旅行社4家，至年底，全市共有旅行社31家，其中出境游组团社1家。全年有32家旅行社通过年检复核，其中有1家旅行社被吊销经营资质。

【导游员管理】 截至2010年底，河源市持有国家导游资格证书导游1050名，其中中级导游员11名，初级导游员1039名（其中英语导游员8名）。先后举办2009第二次导游人员的岗前培训和2010年第一次导游人员资格考试的考前培训。严格执行导游IC卡扣分制度，加强对导游员劳动合同的检查。借助世界客属第23届恳亲大会和2010年全省导游人员职业技能大赛，河源市于6月12日举办“河源市导游人员职业技能竞赛暨河源市第三届‘十佳导游员’评选活动”。10月25日，举办“世界客属第23届恳亲大会接待导游培训班”。

【旅游饭店管理】 截至2010年年底，河源市拥有星级饭店30家。全市有20家星级饭店通过年度复核，其中作出对8家星级饭店予以限期整改、2家星级饭店取消星级饭店的处理。4月和8月，河源市政府及源城区、东源县政府分两批与市区万绿湖东方国际酒店等32家酒店签订《世客会签约接待酒店合同》。4月2日，市政府举行“改善世客会接待条件工作再动员会议暨首批接待酒店签约仪式”，市委常委、常务副市长、世客会筹委会副主任兼酒店设施组组长黄建中出席签约仪式，并作动员讲话，市旅游局局长古敏生主持会议。参加首批签约仪式的酒店共13家。

龙源温泉酒店正门。

【旅游行业协会】 2010年5月17日，经河源市民政局核准登记注册，市旅行社协会正式成立，曾惠华当选市旅行社协会会长。是年，河源市旅游协会发挥协会“服务会员单位、协调行业利益、沟通政府和企业联系”的作用，完成“河源市旅游协会”年审申报工作；配合市纪委、监察局、民政局、财政局、审计局做好社会团体“小金库”专项治理自查自纠工作；配合省旅游协会做好全省出差住宿及会议饭店2011－2012年度定点服务资格采购项目的申报和竞标工作。

旅游教育培训与精神文明建设

【旅游行业精神文明建设】 2010年，河源市旅游局按照中共河源市委部署开展创先争优“服务‘两会’当先锋，我为‘三创’作贡献”主题实践活动（“两会”指第十六届亚运会和在河源市举办的世界客属第23届恳亲大会，“三创”指创建全国双拥模范城、国家卫生城市、国家环保模范城市）。围绕“六个带头”、“六个争当”（指带头做好思想工作，争当服务大局的模范；带头树立文明新风，争当讲礼重仪的模范；带头维护交通秩序，争当文明出行的模范；带头参与志愿服务，争当乐于奉献的模范；带头参与志愿服务，争当乐于奉献的模范；带头维护市容环境，争当清洁环保的模范；带头保障公共安全，争当维护稳定的模范），进一步促进河源市旅游工作科学发展。该局把“创先争优”与扶贫开发“规划到户责任到人”相结合，全年为帮扶点——龙川县龙母镇成邦村捐赠10万元建设村医疗站，募集2.4万元慰问贫困户。在“2010广东扶贫济困日”活动中，全局捐助资金22000元，发动25家旅游企业参与活动。

【旅游行风与机关作风建设】 2010年，河源市旅游局继续以“倾听百姓呼声，接受群众监督，展示部门形象，促进政风行风建设”为宗旨，提高旅游服务质量。制定《河源市旅游局关于深化作风建设提高执行力的实施方案》，成立由古敏生局长为组长，局党组成员为副组长，各科室（所）负责人为成员的局深化作风建设，提高执行力工作领导小组，由局机关作风建设活动督查组对各科室提高执行力和工作效能情况进行日常督查。实行季度汇报制度和实行工作问责制。

【旅游教育培训】 2010年，河源市组织546人报考全国导游人员资格考试，有186人通过资格考试，通过率34.1%。至年底，全市共有持有国家导游资格证书人员1050名，其中：中级导游员11名，初级导游员1039名（会8名英语导游员）。全年举办2009年第二次国家导游人员通过岗前培训和2010年第一次国家导游人员资格考试考前培训。市旅游局利用举办世界客属第23届恳亲大会为契机，举行河源市导游人员职业技能竞赛暨河源市第三届“十佳导游员”评选活动和“世界客属第23届恳亲大会接待导游培训班”。

【“双转移”工作】 2010年，河源市继续开展旅游业农村劳动力转移培训就业工作。7月31日和8月1日，广东省验收考评组对河源市2009年度旅游业开展农村劳动力培训转移就业工作情况进行验收考评，获总成绩94分通过验收检查。

【机构改革】 《中共河源市委、河源市人民政府关于印发〈河源市人民政府机构改革方案〉的通知》（河委发［2009］13号），重新调整政府各部门“三定”方案。2010年2月5日，河源市人民政府办公室印发《河源市旅游局主要职责内设机构和人员编制规定》，市旅游局为河源市政府工作部门，内设办公室、行业管理科、资源与市场开发科、人事科4个机构，机关行政编制11名，后勤服务人员数2名。同时，河源市旅游局制订《河源市旅游局所属事业单位分类改革方案》。

纪 事

1月25日 河源市市长刘小华率队到东源县万绿湖景区调研，提出把万绿湖景区提升改造作为加快河源生态旅游发展的“头号工程”。

3月13日 河源市在东源县桂山风景区举行“深圳地区河源一日游”旅游直通车首发团欢迎仪式，标志着深圳地区至河源一日游直通车正式开通。

3月22日 河源市政府主持召开《万绿生态旅游度假区策划》评审会，并通过评审。

4月2日 改善世客会接待条件工作再动员会议暨首批接待酒店签约仪式在市会议中心举行。

4月24日 “亚运会在广州·世客会游河源”大型旅游宣传推广活动启动暨广州（佛山）——河源旅游直通车开通仪式在河源文化广场举行。

5月10日 和平温泉之都度假区被评为国家4A级旅游景区。

5月17日 经市民政局核准登记注册，河源市旅行社协会正式挂牌成立。曾惠华当选为协会会长。

6月12日 河源市导游人员职业技能竞赛暨河源市第三届“十佳导游员”评选活动在河源举行。

6月28～29日 河源市委、市政府首次召开全市旅游产业发展大会。

7月29日 河源市2010年旅游饭店业服务技能竞赛在河源举行。

7月31至8月1日 广东省验收考评组对河源市“双到”工作验收考评，该市以94分通过验收检查。

8月8～9日 香港入境旅游接待协会和国际华商观光协会近百名成员到河源考察。

8月6日 赵佗故城旅游区获评省旅游扶贫大型重点项目。

11月27日至12月2日 第七届河源客家文化节暨客家美食嘉年华活动在源城公园广场举行。

12月16日 “东江·巴登城”项目签约仪式在河源举行。

（叶志强）

梅　州　市

综　述

【总体情况】　2010年，梅州市旅游行业努力创建客家文化生态旅游示范区、梅赣龙客家文化生态旅游圈、梅潮山海文化生态旅游圈，全力打造以梅县雁洋为核心的保健疗养旅游线，大埔县生态名人名居旅游线，丰顺县、五华县、兴宁市温泉度假旅游线，蕉岭县、平远县秀美山水旅游线，推动旅游产业蓬勃发展。全市接待国内外游客747.2万人次，比上年增长35%；旅游总收入72.83亿元，比上年增长44.78%。

【旅游行业规模】　截至2010年底，梅州市拥有国家A级旅游区11家，其中4A级旅游区4家，3A级旅游区7家；国家森林公园4家（兴宁市神光山、梅县雁鸣湖、平远县南台山、蕉岭县镇山）；国家水利风景区2家（洞天湖生态旅游度假区、益塘水库旅游区）；全国红色旅游经典景区1家（叶剑英纪念园）；全国农业旅游示范点2家（雁南飞茶田景区、雁鸣湖旅游度假村）；省级风景名胜区2家，省级旅游度假区2家，省级农业旅游示范点2家，省级乡村旅游示范基地1家，省级科技旅游示范基地1家，省级森林生态旅游示范基地3家，省级红色旅游示范基地3家，省级自然保护区6家。全市拥有星级饭店29家，其中四星级2家、三星级13家、二星级14家；有旅行社35家，其中出境游组团社3家；旅游汽车公司4家，游船公司1家，高尔夫球场1家。

【全市旅游工作会议】　2010年11月26日，梅州市委、市政府在市委礼堂召开全市旅游工作会议。市委书记李嘉，市委副书记、代市长朱泽君出席会议并讲话，市委副书记陈小山主持会议。李嘉强调，全市上下要从绿色的经济崛起的战略高度，进一步深化对发展旅游先锋产业重要性的认识，全市动员、全民参与，只争朝夕、破难攻坚，掀起旅游先锋产业的新一轮大发展热潮。朱泽君总结全市旅游产业近年来的发展情况，并强调，各级各部门一定要形成共识，充分研究规律、层层落实责任、完善配套政策，以旅游先锋产业助推绿色的经济崛起。市委常委、常务副市长张远方，市人大常委会副主任刘广新，副市长邓建华、叶胜坤、陈建青、陈丽霞，市政协副主席蓝德清，副厅级干部、大埔县委书记丘小宏，市纪委副书记曾小华，市长助理李忠良，市政府秘书长李英龄；市旅游产业发展领导小组成员，各县（市、区）党政主要领导、旅游局长及旅游企业负责人等参加会议。

梅州市召开2010年全市旅游工作会议。
（丘剑波　摄）

【梅州市党政“一把手”拜会省旅游局领导】　2010年11月24日，梅州市市委书记李嘉、代市长朱泽君、副市长叶胜坤一行拜访省旅游局，与省旅游局局长杨荣森，副局长周开生、梅其洁，纪检组长、监察专员黎增丰就进一步落实共建客家文化生态旅游示范区有关事项进行深入商谈。省旅游局相关处室主要负责人、梅州市旅游局主要负责人参加座谈。

李嘉指出，在后金融危机时代，在省委省政府着力调整产业结构、促进经济发展方式转变、建设现代产业体系的新形势下，不懂旅游，就是不懂科学发展。梅州市委、市政府着力实施“大产业、大规划、大招商”战略。“大产业”，是指将旅游业作为先锋产业和支柱产业，强化“发展旅游就是发展绿色经济和优化营商环境”的理念，进一步营造“全市统筹、全民参与、全力发展”的良好环境和氛围；“大规划”，是指编制《梅州市客家文化生态旅游示范区总体规划》，并指导各县（市、区）结合功能区定位，在示范区框架内，做好旅游专项规划和区域经济社会发展总体规划的对接，做到统筹规划、错位发展、突出特色、有序开发；"大招商"，是指加大旅游招商引资力度，将旅游招商纳入干部政绩考核体系，积极争取更多旅游大项目落地。

朱泽君指出，梅州市将充分发挥"三不怕、四不比"的精神。"三不怕"是指：不怕起步晚、就怕起点低，不怕干不好、就怕没想好，不怕经济落后、就怕观念落后；"四不比"是指：不比总量、比质量，不比工业产值、比文化旅游业产值，不比经济增长速度、比百姓幸福指数，不比物质享受、比健康长寿。梅州市将充分依托生态山水资源和客家文化资源，以雁洋镇为核心，打造具有国际化水平的保健疗养度假区和生态休闲度假区。

杨荣森高度赞扬梅州市发展旅游业的好氛围、好战略、好思路，认为梅州市委市政府如此高度重视、科学筹谋、全力推动旅游业发展，在全省堪称典范。省旅游局将全力以赴支持配合梅州市旅游业发展，逐项梳理落实《关于共建"客家文化生态旅游示范区"紧密型合作框架协议》，重点在旅游规划、旅游项目开发、旅游市场推介等方面，进一步加强对梅州市的支持和指导。将协助邀请国内外知名专家参加《梅州市客家文化生态旅游示范区总体规划》的评审会，协调组织旅游战略投资商赴梅州市考察旅游资源、商洽旅游投资项目；在旅游市场推介方面，省旅游局将进一步加强省市联合推介模式，对梅州市赴国内重要旅游目的地进行宣传推介予以资金支持，同时在省旅游局牵头组织的国内外宣传推介会上，对梅州市的旅游资源和产品进行重点推介。

【"十一五"旅游业发展情况】 梅州市旅游行业深入挖掘旅游资源，大力开发旅游产品，加强旅游行业管理，优化旅游市场环境，积极开展宣传促销，努力拓展客源市场，旅游总体形象、旅游产业地位、旅游基础设施、旅游服务功能、旅游管理水平、旅游队伍素质全面提升，全市旅游业发展呈现良好的态势。2005 年 3 月 22 日，梅州市第四届人大常委会第十二次会议通过市政府《关于创建中国优秀旅游城市的工作报告》；2007 年 11 月 27 日，梅州市政府出台《关于加快旅游产业发展的若干意见》；2008 年 7 月 14 日，《中共梅州市委、梅州市人民政府关于推动绿色崛起实现科学发展的决定》中明确提出：突出培育旅游先锋产业，把梅州打造成为全世界客家人最有影响力的旅游地区；2010 年 10 月 16 日，《中共梅州市委、梅州市人民政府关于加快绿色的经济崛起的若干意见》中提出：要加快发展旅游先锋产业。2005 年 8 月至 2010 年 12 月，先后制定《兴宁市旅游发展总体规划》、《梅州市旅游产业发展规划》、《梅县旅游发展总体规划》、《梅江区旅游发展总体规划》、《平远县乡村旅游发展总体规划》等，全面推进客天下旅游产业园、梅县麓湖山文化产业园、平远县南台卧佛山文化旅游产业园、兴宁市神光山旅游区等重大旅游项目建设。2005 年 8 月 29 日，梅州市获得"中国优秀旅游城市"称号；2007 年 12 月 5 日，梅县被命名为"中国旅游强县"。成功举办客家山歌旅游节、广东自驾旅游日暨梅州精彩客都自驾旅游周、客家美食文化节、梅县金柚节、平远县脐橙旅游节、大埔县西岩茶香旅游节、丰顺县温泉文化旅游节等。"十一五"期间，全市接待国内外游客 2799.68 万人次，旅游业总收入 335.21 亿元。

2010 年 12 月 5 日，梅州市与省旅游局共同主办第四届广东自驾旅游日暨梅州金柚飘香自驾旅游周系列活动。（梅州市旅游局供稿）

【2010 中国世博旅游年】 2010 年中国世博旅游年期间，梅州市旅游总公司、市中国旅行社、梅县中国旅行社、市青年旅行社、市假日旅行社、市春秋旅行社、客乡情旅行社，先后推出"梅州至华东上海世博双飞 6 天游"、"大华东五市与世博一次进园双飞 6 天游"、"上海世博园 · 崇明岛尊贵之旅 5 天游"、"世博盛事 + 水乡周庄 + 灵山大佛双飞 6 天游"、"精彩世博园 + 苏州无锡 + 杭州双飞 5 天游"线路，并在《梅州日报》、梅州电视台连续刊登和播放宣传广告，扩大对 2010 中国世博旅游年的宣传。

【自驾旅游日、周系列活动】 2010 年 12 月 5 ~ 12 日，由广东省旅游局、梅州市人民政府主办，梅州市旅游局、各县（市、区）人民政府承办，广东省自驾旅游协会、梅州市自驾车旅游协会协办的"第四届广东自驾旅游日暨梅州金柚飘香自驾旅游周系列活动"在梅州市举行。活动以"梅州金柚飘香 · 自驾游客都"为主题，以金柚丰收的累累硕果为背景，旅游与农业有效对接，充分展现"中国金柚之乡"梅州的独特风采。5 日，由广东省旅游局、梅州市人民政府主办，梅州市旅游局、梅江区人民政府、广东鸿艺集团有限公司承办的"自驾旅游日、周系列活动启动仪式"在客天下旅游产业园广场隆重举行。梅州市委副书记、代市长朱泽君，省旅游局副局长周开生等出席。梅州市委常委、常务副市长张远方主持启动仪式。朱泽君、周开生分别致辞并讲话，启动自驾游日、周活动。在自驾游活动会旗交接仪式中，朱泽君将会旗授予下届活动承办方大埔县县长谢志云。梅州市五套班子领导、各县（市、区）党政负责人、省内外旅游界人士、媒体记者、车行车友、自驾车游客等共3500人参加活动。启动仪式结束后，领导与来宾前往梅城剑英体育馆广场“客家美食文化节”现场，参观与品尝客家美食。来自广州、深圳、东莞等地品牌自驾游车队环游客天下旅游产业园，开启“金柚飘香·自驾游客都”之旅。

自驾游日、周系列活动开展之前，蕉岭县于11月27日在长潭旅游区举办首届枫叶节暨第四届金桔节，平远县于12月4日举办第六届脐橙旅游节，五华县于12月4日在汤湖热矿泥山庄举办第三届热矿泥浴节。12月5日，梅江区在市体育训练中心足球场举行客都自驾游足球赛；12月5日，梅县在雁鸣湖旅游度假村举办金柚节；12月5～12日，兴宁市举办自驾车乡村旅游节；12月6日，大埔县在枫朗镇西岩茶乡度假村举办第二届西岩茶香旅游节；12月6日，丰顺县在千江温泉度假村举办第四届温泉文化旅游节。

自驾旅游日、周启动授旗仪式。

（梅州市旅游局供稿）

【梅台旅游交流合作】 2010年8月16～22日，梅州市委书记李嘉，市委常委、常务副市长李金元率团赴台湾参加“台湾·广东周”活动，先后参观三峡客家文化园区、苗栗县三湾乡神农科技休闲农场、南庄乡山芙蓉咖啡屋、桂花园等特色农业旅游景点，考察现代农业与旅游文化、休闲度假有机融合的运作模式。8月17日，梅州市旅游协会代表与台北旅行商业同业公会及苗栗县观光协会代表签订《梅台两地旅游合作框架协议》；梅州市旅游总公司代表与台湾今喜旅行社代表签订《梅台两地旅行社交流合作框架协议》；广之旅国际旅行社梅州分公司代表与台湾康福国际旅行社代表，签订《梅台两地旅行社交流合作框架协议》。两地签约确定在旅游项目开发、旅游产品推介和客源市场拓展方面进行深度合作。李嘉、李金元，台湾中华文化经济促进会理事长饶颖奇、台湾客商总会主席何培才出席签约仪式。

旅游接待与收入

【入境旅游】 2010年，梅州市接待过夜入境旅游者7.69万人次，比上年下降3.59%。其中外国人20235人次，比上年增长36.54%；香港同胞38599人次，比上年增长6.4%；澳门同胞8461人次，比上年下降3.8%；台湾同胞19843人次，比上年增长33.9%。旅游外汇收入2961.86万美元，比上年增长12.88%。

【国内旅游】 2010年，梅州市接待国内游客738.49万人次，比上年增长35.4%。其中接待过夜旅游者514.33万人次，比上年增长29.76%；国内旅游收入70.82亿元，比上年增长45.99%。

【出境旅游】 2010年，梅州市旅行社组团出境游6480人次，比上年增长89.36%。其中香港游3684人次，比上年增长83.19%；澳门游751人次，比上年增长32.45%；出国游1524人次，比上年增长80.57倍；台湾游521人次。

旅游宣传促销与节庆活动

【宣传促销】 2010年，梅州市政府拨出150万元旅游宣传营销专项经费。市旅游局继续实施“整体营销、联动营销、主题营销”举措，与《中国旅游报》、《南方日报》、《深圳特区报》、南方电视台、新华网5家主流媒体开展旅游宣传营销合作。全年在5家媒体刊发及播放梅州旅游广告、旅游新闻、旅游专题、旅游资讯838期次，其中《中国旅游报》、《南方日报》、《深圳特区报》刊登宣传图文26版、62篇；南方卫视播放“世界客都·梅州”30秒及15秒宣传广告629期次，“潮流假期”栏目播放20分钟旅游专题片15期次，总时长300分钟；新华网发布旅游专题、专访各2期，梅州旅游新闻40篇，梅州旅游推介文章90篇，实际传播天数1082天，传播覆盖面19.4亿人次。市旅游局先后推出“客都丽人行”、“春游客都”、“休闲之旅”、“文化之旅”、“红色之旅”系列主题营销活动，以此为载体宣传推介“世界客都”旅游城市形象。市旅游局组织各县（市、区）旅游局及20家旅游企业一行39人，于4月22～24日首次赴上海市徐汇区宛平宾馆举行“世界客都·梅州旅游（上海）推介会”，利用上海世博会的机遇，主动对接上海旅游界及新闻界人士，通过现场展示与交流互动，大力宣传推介“世界客都”旅游产品，为拓展以上海为中心的华东客源市场奠定良好基础。组织梅县、蕉岭、五华、丰顺县旅游局及9家旅游企业一行25人，于6月11～13日先后赴福建省龙岩、三明市开展旅游市场营销活动。市旅游局组织各县（市、区）旅游局和主要旅游企业，参加3月25~27日的广州国际旅游展览会，4月23~25日的中国（重庆）国内旅游交易会，4月30日至5月4日的台湾台北两岸观光博览会，9月6~11日的厦门市第6届海峡旅游博览会，9月25~28日的广东国际旅游展览会，进而提升梅州旅游的知名度和吸引力。

【梅州客家美食文化节】 2010年12月3~7日，由梅州市人民政府主办，梅州市旅游局、市旅游协会、市餐饮行业协会承办的"梅州客家美食文化节"在梅城剑英体育馆广场举行。全国人大常委、农业与农村委员会副主任委员李乾元，广东省委常委、副省长肖志恒，广东省农业厅厅长谢悦新等领导及海内外嘉宾，梅州市委书记李嘉，市委副书记、代市长朱泽君，市政协主席温华光，市委副书记陈小山等市领导出席3日举行的开幕式，并品尝客家美食。为期5天的客家美食文化节，市旅游局组织36家星级饭店及餐饮名店参展，设立42个展位，展销210种客家美食菜肴和客家特色小吃，接待海内外游客与市民10万人次，销售收入100万元。

2010年12月3日，中央、省、市领导在梅州客家美食文化节大卖场参观。 （钟小丰 摄）

【中国（梅州）国际客家山歌文化节】 2010年12月18日，由梅州市委市政府、广东省文化厅、南方报业传媒集团、南方广播影视传媒集团联合主办的"第四届中国（梅州）国际客家山歌文化节"在梅城剑英体育馆隆重开幕。原全国政协副主席叶选平，原全国政协常委叶选宁少将，原全国人大常委曾宪梓博士，广东省人大常委会副主任谢强华、副省长雷于蓝、省政协副主席温兰子，省文化厅厅长方健宏、南方报业传媒集团总经理张东明、南方广播影视传媒集团总裁张惠建等，香港及海外贵宾何冬青、梁亮胜、余鹏春、林光如、熊德龙、邹锡昌、黄华、李有权等，梅州市委书记李嘉，市委副书记、代市长朱泽君，市政协主席温华光，市人大常委会代主任古小平，市委副书记陈小山等，以及海内外来宾、媒体记者等3000人参加开幕式。本届客家山歌文化节为期2天，主要有客家山歌擂台赛、客家山歌新秀幼苗表演赛、全球客家妹形象使者大赛、客家文化发展战略高峰论坛、文化建设项目签约等系列活动。

旅游行业管理

【旅游市场监督】 2010年，梅州市旅游管理部门围绕"旅游服务质量提升年活动"主题，以构建诚信旅游体系为基础，以提升旅游服务质量为目标，加强全市旅游市场的监督管理。5月30日，梅州市假日国际旅行社与来自北京、山西、江西、海南、广州、汕头、河源等地100家旅游企业代表联合签订《旅游服务质量承诺》书，向社会公众承诺严格遵守旅游合同约定，文明经营，规范服务，确保提供优质旅游产品和线路。春节和"十一"黄金周期间，市旅游局组织梅江区、梅县旅游局联检人员，对主要旅行社、旅游景区、星级饭店、娱乐场所开展旅游服务质量专项检查，强化旅游企业及从业人员的服务意识，促进旅游服务质量的不断提升。全年出动旅游质监执法人员148人次，下发整改意见书12份，处罚违规导游员4名；受理旅游投诉11宗，结案率100%。

【旅游安全管理】 2010年4月，梅州市政府与市旅游局，市旅游局与8个县（市、区）旅游局及市直旅游企业先后签订《旅游安全生产责任书》，并按要求建立档案。市旅游局以预防为主、加强监管、落实责任为重点，不断健全各项安全工作制度，包括旅游安全工作例会制度、黄金周假日旅游安全联检制度、旅游安全生产动态综合督察制度、旅游节日安全值班制度。同时，坚持安全生产综合治理与日常旅游行政管理相结合，把安全工作项目列入景区A级评定、宾馆饭店星级评定和年检年审中，确保旅游安全监管工作常态化。按照梅州市政府的统一部署，市旅游局组织重点旅游企业参加6月23日举行的"全市安全生产宣传咨询活动"。对全市旅行社、旅游景区、星级饭店、旅游汽车公司、游船公司的安全监管，市旅游局坚持每季度检查1次并备案管理。全年未发生旅游安全事故。

【旅行社管理】 2010年5月30日，广州市广之旅国际旅行社股份有限公司与梅州市假日国际旅行社联手合作，在梅州设立广之旅分公司并正式挂牌。在"3·15消费者权益日"，市旅游局组织梅城主要旅行社深入社区，开展"文明旅游、理性消费"和"品质旅游、伴你远行"公益宣传活动，设立10个咨询点，派发宣传资料5000份。市旅游局组织全市旅行社完成2010年统计调查网上直报工作，并按省旅游局要求完成全市旅行社推广使用新版《旅游合同》。经市旅游局审批，于12月设立丰顺县假日旅行社有限公司。

【导游员管理】 2010年3月和9月，梅州市旅游局先后两次组织339名考生参加全国导游人员资格考试。7月2日，由市旅游局、市人力资源和社会保障局共同承办“梅州市‘喜多多杯’导游员职业技能大赛总结赛”在市电视台演播中心举行。经过激烈角逐，梅州农业学校的凌默利获得一等奖，客天下旅游产业园的刘苏琴、平远县五指石旅行社的鲁燕玲获得二等奖，3名获奖者被市人力资源和社会保障局授予“梅州市技术能手”荣誉称号。市旅游局选拔和组织4名导游，于9月10日参加在广州市中山纪念堂举行的“广东省职业技能大赛‘广东中旅杯’导游人员职业技能大赛总决赛”，平远县五指石旅行社的鲁燕玲、梅州客通游船有限公司的林文静获得“南粤优秀导游员”称号。

【旅游饭店管理】 2010年3月，梅州市旅游局完成全市星级饭店年审复核，对管理不善的三星级饭店太平洋酒店及长潭旅游度假村作出限期整改处理；4月，取消梅县嘉得利酒店三星级饭店资格。市旅游局组织全市星级饭店完成2010年统计调查网上直报工作；5月，组织梅州代表队参加全国旅游饭店服务技能大赛广东选拔赛，获得优秀组织奖。

【行业协会】 2010年，梅州市旅游协会围绕市旅游局的中心工作，加强行业自律，协调行业管理，维护行业权益，推动行业发展，努力为会员和行业提供服务。配合市旅游局编辑发行3期《客都旅游》杂志，协助“梅州旅游网”改版升级，适时更新上网的会员单位宣传资讯；参与举办“春游客都·三八同乐”、“9·27世界旅游日”、“世界客家人游世界客都”、“深圳万人游梅州”、“广东自驾旅游日周”等主题活动；组织会员单位参加全市导游员及酒店服务技能大赛，指导平远县南台山风景区、丰顺县韩山森林公园完成游客接待中心的建设。至年底，梅州市旅游协会有会员132人。

旅游资源开发和景区（点）建设

【旅游规划】 2010年7月14～15日，由华南师范大学地理学院院长、教授、博士生导师徐颂军为组长的专家评审组，先后对平远县《广东南台山国家森林公园总体规划》、蕉岭县《广东镇山国家森林公园总体规划》进行评审。专家组认为，总体规划指导思想明确，总体布局、景点建设、功能区规划、植物景观规划、基础设施规划、服务设施规划、观光线路规划、保护工程规划均合理，建设目标和定位准确，具有较强的指导性和前瞻性，并通过评审。10月5日，由中山大学地理科学与规划学院教授彭华等专家组成的评审组，对《平远县乡村旅游发展总体规划》进行评审并获通过，评审组认为规划围绕“扶贫、保护、社区发展”理念，逐步构建和形成“一镇一特”、“一园一景”、“一村一品”的乡村旅游发展格局。

【景区（点）建设】 2010年1月28日，梅州市客天下旅游产业园首期开发景区正式开业。兴宁市斥资1000万元，按修旧如旧的原则，对坐落于兴城北门138米长的明代古城墙进行抢救修复，完成城砖添补、城垛复原、护城河重掘工程，再现古城墙古朴典雅的风貌，成为一处独具特色的景观，于2月24日竣工并向游客开放。蕉岭县投入1600万元，在新铺镇尖坑村淞沪抗战英雄谢晋元将军故居和纪念馆的基础上扩建纪念园，于8月6日落成。4月5日，大埔县富大陶瓷有限公司被省旅游局、省科技厅评为“广东省科技旅游示范基地”。10月12日，蕉岭县长潭生态旅游区、皇佑笔旅游区，大埔县丰溪森林生态旅游区，被省林业局、省旅游局评为“广东省森林生态旅游示范基地”。11月，叶剑英纪念园、平远县红军纪念园、大埔县“八一”起义军三河坝战役纪念园，被省委宣传部、省发改委、省旅游局评为“广东省红色旅游示范基地”。

【旅游扶贫】 2010年6月30日，梅州市委、市政府在梅城剑英体育馆举行首个“广东扶贫济困日”活动捐助仪式，市旅游局捐款7.37万元，市旅游总公司捐款0.35万元；8月6日，梅州市旅游局组织大埔县西岩茶乡度假村参与竞标省旅游扶贫大型重点项目，以87.2的分数位列全省第三名，获旅游扶持专项资金300万元，主要用于旅游度假配套设施建设；兴宁市和山农业旅游生态园、蕉岭县石寨方楼乡村游景区、梅县南口镇侨乡村旅游专业村和五华县汤湖热矿泥山庄二期工程4个一般项目，上官塘河鲜饭店、兴宁市和山农家餐馆等18个农家乐项目，共获得旅游扶贫资金170万元。

【客天下旅游产业园】 位于梅江区三角镇东升村，占地面积2000公顷。2006年3月29日动工兴建，由广东鸿艺集团投资30亿元分三期开发，以“大旅游、大客家”为主题，以“强调特色个性、提升精品意识、发掘客家文化、尊重山水自然”为思路，将客家文化精髓融入每个构建的景观之中，成就一方原生态的山水圣地，精心打造集客家文化、绿色生态、休闲度假、观光娱乐于一体的多功能新兴产业园。2010年1月28日开业的首期景区占地面积637公顷，内有高32.9米的客天下标志塔、客天下广场、千亩杜鹃园、客家鼎、百米大型客家迁徙图石雕、巨型客家墟日图铜雕、中国客家雕塑群、千米客家记忆浮雕、印象客都之名家世界、客家赋石雕、客家祠、圣山湖、梅花园、客家小镇、儿童游乐世界、国际婚礼公园、客天下演艺中心、客天下深航国际酒店等。

梅州市客天下旅游产业园。

【乡村旅游】 2010年，梅州市旅游局实施“优先开发、以点带面”举措，积极开展创建乡村旅游示范点工作，深入推进旅游农业持续发展。全年成功创建梅江区城北镇玉水村，梅县南口镇侨乡村、水车镇茶山村，兴宁市合水农场第二区及第三区、石马镇新群村，平远县仁居镇仁居村、长田镇官仁村，蕉岭县新铺镇尖坑村、南礤镇石寨村，大埔县大东镇坪山村、三河镇汇城村，丰顺县砂田镇黄花村，五华县横陂镇叶湖村为“梅州市乡村旅游示范点”。丰顺县砂田镇黄花村斥资80万元，在村口设置大型旅游线路图，各景点出入口设立配备中、英文的标识标牌，完善停车场、景观道路、游客接待中心、“农家乐”特色餐馆等配套设施，并推出“吃农家饭、干农家活、住农家院、享农家乐”项目。7月，梅县水车镇茶山村被中国民间文艺家协会命名为“中国古村落（客家民居）”，12月被住房和城乡建设部、国家文物局授予“中国历史文化名村”称号。12月，大埔县百侯镇被住房和城乡建设部、国家文物局命名为“中国历史文化名镇”。

【红色旅游】 2010年6月至9月，南方日报社与梅州市旅游局联合举办“红动梅州”系列活动，组织广州等珠三角地区的游客形成“千人红色之旅·走进世界客都梅州”、“千人梅州红色之旅读者团”，先后畅游叶剑英纪念园、大埔县“八一”起义军三河坝战役纪念园、蕉岭县谢晋元将军纪念馆等红色旅游景区，充分感受红色之旅的风采魅力。11月17日，闽粤赣三省七市34个中央苏区县（市）红色旅游联盟第二次联席会，在江西省瑞金市沙洲坝“二苏大”礼堂召开。梅州市政府副秘书长李卫东、市旅游局及中央苏区县大埔县负责人参加会议，就如何共同拓展客源市场、建立区域合作长效机制、联手打造“中央苏区红色旅游品牌”方面达成共识，并签订《中央苏区红色旅游联盟2011年市场推广合作框架协议》。

旅游教育培训和精神文明建设

【旅游教育培训】 2010年1月至9月，大埔县旅游局在田家炳高级职业学校旅游业技能培训基地举办6期旅游服务技能培训班，共215人参加景点讲解、客房服务、餐厅服务、农家菜烹饪等课程的培训，进一步提高旅游从业人员素质和服务技能。4月22～23日，兴宁市旅游局举办全市导游技能培训班，有58人参加导游员服务礼仪、导游员服务技能、客家山歌演唱等课程的培训。7月21～23日，对梅州旅游对口帮扶的广州市旅游局，委派广州市旅游职业学校的讲师许柳玲、马嘉青，先后为雁南飞茶田景区、金沙湾圣廷苑酒店、客天下深航国际酒店的员工进行旅游业务培训。两位讲师就礼貌礼节、服务专业技能等方面作深入浅出的讲解及现场演示，增强旅游从业人员服务意识，不断提升旅游服务水平。

【旅游行业精神文明建设】 2010年5月至12月，梅州市委宣传部、市文明办、市旅游局、团市委等单位联合开展“好客之都·文明相伴”系列活动，主题为“讲文明、树新风、促和谐”。活动包括文明宣传用语征集和规范使用、文明公益广告宣传、“十佳文明风景旅游区”与“十佳文明导游”评选、文明相伴摄影大赛等。评选活动于12月结束，神光山国家森林公园、雁南飞茶田景区、雁鸣湖旅游度假村、灵光寺旅游区、叶剑英纪念园、五指石风景名胜区、长潭旅游区、西岩茶乡度假村、龙鲸河漂流景区、汤湖热矿泥山庄入选梅州市“十佳文明风景旅游区”；市旅游总公司廖清、市中旅社饶瑜、市假日国际旅行社江小环、梅州客通游船有限公司林文静、客天下旅游产业园刘苏琴、兴宁市永嘉国际旅行社梁菊芳、梅县中旅社梁晓春、平远县五指石旅行社鲁燕玲、大埔县中旅社刘小丽、五华县华之旅旅行社钟长文被评为梅州市“十佳文明导游”。12月，客天下旅游产业园刘苏琴，被国家旅游局评为“全国优秀导游员”。

2010年，梅州市旅游系统取得的荣誉包括：1月，大埔县被中国烹饪协会评为“中国小吃名县”。2月，梅州市被省政府命名为“广东国民旅游休闲示范市”；雁南飞茶田景区被国际休闲产业协会授予“国际最佳生态休闲景区”称号。3月，梅州市被联合国旅游经济促进会命名为“国际魅力旅游城市”；雁南飞茶田景区被世界休闲组织中国分会、广东省旅游协会评为“最喜爱的休闲景区”。4月，平远县被中华文化促进会旅游文化研究中心评为“中国最佳文化休闲旅游县”、梅县雁洋镇获评“中国优秀文化休闲旅游镇”，平远县委书记肖文浩、梅县雁洋镇党委书记李理和被授予“中国文化休闲旅游建设杰出人物”荣誉称号。7月，雁南飞茶田景区围龙大酒店被中国饭店年会组委会评为

"中国最佳绿色酒店"。8月，雁南飞茶田景区被全国绿化委员会授予"全国绿化模范单位"称号。9月，参加"迎亚运花车嘉年华"广州街区大巡游活动的梅州旅游花车，被广东国际旅游文化节组委会评为一等奖。10月，雁南飞茶田有限公司，被国家林业局、教育部、共青团中央授予"全国生态文化示范企业"称号。11月，大埔县被国际旅游营销协会、国际旅游促进会授予"中国特色旅游休闲度假胜地"荣誉称号，大埔县县长谢志云获得"推动旅游品牌建设贡献奖"。

【旅游行风建设】 2010年，梅州市旅游局深入贯彻落实科学发展观，大力改进作风，密切联系群众。在链接"梅州民声网"信访平台基础上，加强与梅州电视台"民生820"、"行风热线"栏目及《梅州日报》"我看民生"专栏的联络沟通，不断扩大民声渠道，收到32宗群众来信、建议及旅游诉求，均在两天内作出处理，回复率100%。梅州市旅游局局长陈建新，被市直机关作风评议工作领导小组办公室评为"行风热线先进个人"，市旅游局旅游执法大队队长赖展新被评为"切实转变作风、推动科学发展主题实践活动先进个人"。

纪　事

1月21日 梅州市人民政府与南方航空股份有限公司在梅城签订"共同推进国民旅游休闲计划框架协议"。南航股份公司总经理谭万庚、党委书记张子芳，梅州市领导李嘉、李金元出席签约仪式。同日，梅州市举办"客都丽人行——与空姐一起寻访梅州"主题活动。

1月28日 客天下旅游产业园首期开发景区开业。

2月3～6日 中共中央政治局原委员、全国政协原副主席杨汝岱参观考察中国客家博物馆、客天下旅游产业园、叶剑英纪念园等景区。梅州市政协副主席曾百友等陪同参观考察。

2月8日 省旅游局局长杨荣森到梅州亲切慰问旅游行业一线员工。梅州市委常委、常务副市长李金元，市旅游局局长陈建新陪同慰问。

2月9日 梅州市被国家住房和城乡建设部命名为"国家园林城市"。

2月23日 在梅城归读公园认种认捐活动中，客天下旅游产业园认捐树款10万元，梅州市旅游局认捐树款2万元。

3月2日 由丰顺县旅游局与潮汕地区旅行社联合组织的"潮汕万人春游丰顺"大型活动正式启动。

3月17日 梅州市旅游产业发展大会在客天下旅游产业园深航国际酒店召开，市领导李嘉、李金元出席会议并作讲话。

3月19～21日 马来西亚驻广州总领事乐施仁·阿都拉曼率代表团一行80人，参观中国客家博物馆、院士广场、客天下旅游产业园。

4月24日 平远县举行南台卧佛山旅游产业园等奠基活动。

5月9～10日 由新加坡媒体记者、明星组成的明星导游团一行210人，参观雁南飞茶田景区、客家围龙屋等。

7月28日至8月2日 梅州市委副书记、代市长朱泽君到各县（市、区）开展旅游调研。

8月30日 梅州市政府召开建设绿色健康度假休闲区现场会。市委副书记、代市长朱泽君出席会议并讲话。

9月19日 在梅州市委五届七次全体（扩大）会议上，市委书记李嘉强调"全力推动战略产业集聚发展、做旺做特旅游先锋产业。"市委副书记、代市长朱泽君指出"大力发展旅游先锋产业，通过超前策划打响梅州特色旅游品牌。"

10月1～2日 广东中旅集团董事长王万年到梅州调研旅游合作项目。

10月13～18日 香港亚洲电视到各县（市、区）摄制"岭南寻根之旅—客都梅州"旅游专题节目。

11月5日 梅州首届华银雁鸣湖旅游文化节在雁鸣湖旅游度假村开幕。省旅游局副局长梅其洁，梅州市委常委、市纪委书记李纯德出席开幕式。

11月13～14日 中共中央委员、国务院发展研究中心主任张玉台到叶剑英纪念园、雁南飞茶田景区等景区考察调研。广东省政府副秘书长、省发展研究中心主任谢鹏飞，梅州市委副书记、代市长朱泽君，市委常委、秘书长彭耀新陪同调研。

11月16日 梅州市旅游局组团赴深圳举行"广东自驾旅游日周系列活动"推介会。

12月1日 参加世界客属第23届恳亲大会的海内外客属社团一行415人参观考察雁南飞茶田景区、叶剑英纪念园。

12月10日 江西省南昌市委常委、副市长卢晓健率团考察梅州旅游景区建设及管理情况。梅州市委副书记、代市长朱泽君，副市长陈丽霞会见卢晓健一行。

12月20日 全国政协原副主席叶选平，全国政协原常委叶选宁少将参观考察雁南飞茶田景区。

（饶贵祥）

惠　州　市

综　述

【总体情况】　2010年，惠州市旅游行业全力推进“3510”工程和粤港澳旅游休闲度假基地建设，打造惠州独特旅游品牌风格，在旅游规模、品牌效应、区域合作、旅游宣传、资源开发等方面均有新突破，有力地推动珠江口东岸旅游一体化发展进程，为实施《珠三角洲地区改革发展规划纲要》做出新贡献。年内成功举办第五届惠州国际（高尔夫）旅游节，惠州市被评为“广东省国民旅游休闲示范市”，博罗县创建“广东省旅游强县”通过初审，龙门县荣获“广东省国民旅游休闲计划示范县”、“中国最佳休闲度假旅游名县”、“中国最佳温泉养生旅游名县”等荣誉称号。全市累计接待游客2501.03万人次，比上年增长15.24%。其中，宾馆、酒店等住宿设施接待过夜游客1073.55万人次，景区（点）接待一日游游客1427.47万人次，分别比上年增长13.83%、14.26%。全年旅游总收入140.82亿元，比上年增长22.32%。其中，国际旅游收入50167.82万美元，比上年增长25.09%；国内旅游收入106.73亿元，比上年增长21.66%。

【旅游行业规模】　截至2010年底，惠州市拥有旅行社44家，其中出境组团社3家；星级饭店68家，其中，五星级4家，四星级11家，三星级46家，二星级7家；已建成旅游景区（点）70余处。国家A级旅游景区10处，其中4A级景区8处，3A级景区2处；国家和省级风景名胜区及自然保护区18处；旅游直接从业人数2.75万人，间接从业人数16.5万人。

【“十一五”旅游业发展情况】　2010年“十一五”期间，惠州市深入实施“3510”旅游工程，强力推进南昆山、罗浮山生态旅游项目和环大亚湾五星级标准的酒店群建设，全市新增五星级饭店4家、四星级饭店10家；国家4A级景区7处，3A级景区2处。龙门县获“广东省旅游强县”。旅游总收入5年增长2.82倍，过夜人数增长2.35倍。2008年，与中山大学合作，编制《惠州旅游发展总体规划（2008－2020）》、《东江游策划案》及象头山等6个景区的概念性规划，以保护规范开发，以开发促进保护，实现旅游业全面协调可持续发展。出台关于发展旅游业的实施意见、细则，启动国民旅游休闲计划；发起珠三角旅游合作《罗浮山宣言》；提出打造“千里客家文化长廊”，为推动区域旅游合作做出了突出贡献；在旅游宣传推介方面，充分利用社会资源，采取市场化运作的模式成功举办5届“惠州（国际）生态休闲旅游节”，4届“惠州美食喜年华活动”、南昆山（国际）生态旅游节、惠州导游员技能大赛、惠州饭店服务员技能大赛，并将旅游节庆与“中国美少女大赛”、“中国职业模特大赛”、“惠州旅游形象大使”大赛等选美赛事有机结合，大大提高惠州旅游的知名度和美誉度，对创建“中国优秀旅游城市”、创建“全国文明城市”作出积极贡献。惠州市先后被评为“广东省旅游综合改革示范城市”、“广东省国民旅游休闲示范市”，旅游各项指标综合排名从2005年全省的第11位上升到2010年的第6位。

【重要旅游活动】　2010年4月2日，“广东旅游一票通（珠三角版）”启动仪式在惠州宾馆举行。9月20日，广东旅游一票通（珠三角版）首发仪式在惠州宾馆举行，此次活动邀请珠三角各市旅游主管部门领导、珠三角及惠州本地30余家新闻媒体、珠三角旅游一票通签约景区及惠州全市旅游企事业单位负责人共计100多人参加；4月2日，万饰城杯“惠州旅游形象大使”风采展示总决赛暨惠州电视台《旅游》栏目开播仪式在惠州文化艺术中心举行。首届惠州旅游形象大使风采展示大赛由惠州广电传媒集团与市旅游局联合主办，大赛决出“惠州旅游形象大使”冠亚季军；5月14～17日，第六届中国（深圳）国际文化产业博览交易会在深圳举行。惠州市首次以城市组团形式参展深圳文博会，向国内外客商展现惠州地域特色文化和文化产业发展成果，宣传推介惠州。市旅游局组织各县区旅游局、市有关旅游企事业单位参加此次交易会；5月28日，惠州市召开贯彻全国、省“两会”和市“三会”精神农业旅游部门现场会。市委书记、市人大常委会主任黄业斌，市委副书记、市长李汝求在会上强调，全市各级、各有关部门要紧扣加快转变发展方式这个核心，全力建设广东现代农业强市和现代休闲旅游之都；7月23日，由中国营销学会、中国旅游品牌协会、中国联合商报等联合主办的“2010中国旅游产业发展论坛”在上海市隆重举行。龙门县凭借近年来在温泉旅游产业建设所取得的成绩获“中国最佳温泉养生旅游名县”殊荣，《中国旅游报》、《中国联合商报》、新浪网等30多家媒体关注报道；12月29日，国土资源部公布首批“中国温泉之乡（城、都）和地热能开发利用示范单位”，惠州龙门县入选全国首批“中国温泉之乡”，成为目前广东省首个获此殊荣的县（区）。

【全市旅游工作会议】 2010年4月2日，惠州市召开全市旅游工作会议，副市长杨灿培出席会议并讲话。市旅游局、县区旅游局领导以及旅游院校、旅行社、旅游酒店、旅游景区的主要负责人共200多人参加会议。市政府秘书长黄志忠主持会议。李汝求强调，各级各部门要大力推进旅游产业转型升级，加快建设粤港澳地区旅游休闲度假基地，要围绕“11611”工程，推动全市旅游发展上水平上档次。一个“1”指10月份举办惠州高尔夫旅游节；一个“1”指抓住惠州魅力城市核心游。围绕现代旅游轴线、历史文化轴线和山水轴线等“三条主轴线”，开发组织综合性的旅游；“6”指打响6大旅游品牌，要打响城市观光游品牌、滨海休闲游品牌、森林度假游品牌、温泉养生游品牌、文化特色游品牌和农业观光农家乐游品牌；一个“1”指开发省运绿道特色游；一个“1”指培育一流的策划营销团队。

【市政协关心旅游】 2010年3月15～19日，由惠州市政协副主席、市委统战部部长林惠纯，惠州市政协副主席吴选钊、邓炳球带队的市政协旅游专题议政考察团赴海南进行旅游产业发展情况考察，重点了解海南贯彻《国务院关于推进海南国际旅游岛建设发展的若干意见》的新举措。4月20日，市政协副主席吴选钊率由部分市政协委员组成的旅游专题议政调研组，前往惠东县开展惠州市滨海旅游产业发展情况调研。9月1日，市政协副主席林惠纯、廖锦堂、吴选钊等率领市政协考察团一行到龙门县调研旅游产业发展情况。

旅游接待与收入

【入境旅游】 2010年，惠州市接待入境旅游者160.16万人次，比上年增长11.02%。其中，港澳台游客122.11万人次，外国游客38.05万人次，分别比上年增长19.92%、12.36%。旅游外汇收入50167.82万美元，比上年增长25.09%。

【国内旅游】 2010年，惠州市接待国内旅游者913.40万人次，国内旅游收入106.73亿元，分别比上年增长14.34%、21.66%。

【出境旅游】 2010年，惠州市旅行社组团出境游39863人次，比上年增长9.77%。其中香港游14766人次，比上年增长9.03%；澳门游9831人次，比上年增长8.62%；出国游12506人次，比上年增长10.11%；台湾游2760人次

【假日旅游】 2010年“五一”（5月1～3日）小长假期间，惠州市旅游总人数和总收入同比均出现大幅上升，全市共接待国内外旅游者141.14万人次，同比增长31.86%，其中景区102.65万人次，同比增长32.66%，过夜游客38.49万人次，同比增长30.43%；旅游总收入4.22亿元，同比增长30.27%。

“十一”黄金周，全市共接待国内外游客189.04万人次，同比增长17.37%。其中：一日游游客152.03万人次，同比增长16.05%；过夜游客37.01万人次，同比增长18.24%，旅游总收入6.78亿元，同比增长31.9%。

旅游宣传促销与节庆活动

【旅游宣传促销】 2010年，惠州市旅游局继续加大对旅游宣传促销投入力度，拓宽对外宣传渠道。采取“媒体宣传、节会造势、专题推广、公关促销”四位一体的途径，全力打造城市旅游品牌，努力提升城市旅游形象。1月29日至2月1日，龙门县委、县政府邀请香港亚洲电视摄制组一行10人到该县拍摄龙门专题片，重点推介龙门文化和旅游。2月4～5日，由中共龙门县委、县政府，中共惠州市委宣传部和中国新闻社香港分社共同主办的“林中泉城·度假天堂”广东龙门香港推介会在香港万丽海景酒店举行。《人民日报》、《南方日报》、中国新闻社、亚洲电视等40多

2010年12月18日，深圳、东莞、惠州市旅游局共同主办“万车互游深莞惠”活动启动仪式。

家境内外媒体到会采访。3月25～27日，市旅游局组织多家知名旅游企业参加2010年广州国际旅游展销会。4月28

日，大亚湾区霞涌至巽寮湾三角洲岛、大甲岛的旅游航线新闻发布会暨客运航线（景点）推介会在惠州召开，全市各大新闻媒体、旅行社、酒店等负责人约100多人参加。5月19日至5月28日，由市旅游局特邀的中央电视台拍摄组到惠州踩点、拍摄。本次旅游宣传专题片的拍摄囊括全市各县区旅游景点和特色酒店，专题片于省运会期间在全市各大酒店、广场及商场等播放。6月23日，《广州日报》旅游版记者到龙门就自驾游项目到各旅游景区（点）采风，并于7月1日在《广州日报》第12版整版介绍龙门自驾旅游目的地，宣传推介该县丰富的自驾旅游资源。8月26～29日，2010年广州博览会在广州市琶洲会展中心举行。龙门县组织南昆山生态旅游区、大观园生态度假区、香溪堡旅游区等景区（点）以及农民画、农特产品企业参加此次博览会。11月7日，受福建土楼旅游开发有限公司邀请，由市旅游局副局长田佑良，副调研员郭远明带队，组织旅游协会、新闻媒体和旅行社赴福建南靖开展为期2天的旅游宣传推介及参观考察活动。11月8日，市旅游局组团赴潮州开展宣传推介活动。11月22日，由博罗县政府、旅游局、罗浮山管委会主办，香港凤凰卫视和凤凰周刊承办的“龙脉千年、罗浮传奇2010广东博罗文化旅游（香港）推介会”在香港美丽华酒店举行。11月27日，“千人游大亚湾”首发团欢迎仪式暨绿道体验在大亚湾区黄金海岸隆重举行，活动从2010年11月至2011年1月，为期3个月。活动期间，推出“半日游”、“一日游”、“二日游”等特色旅游精选线路和相应优惠措施。12月18日，“万车互游深莞惠”活动惠州首发团仪式在中航国旅门前广场隆重举行。12月，为配合第五届惠州国际高尔夫旅游节，南方电视台拍摄2集专题宣传片，广州电视台拍摄7集专题宣传片。

【2010广东国际旅游文化节（惠州）分会场】 2010年9月27日，世界旅游日全球主会场庆典暨中国广东国际旅游文化节在广州举行，惠州市作为分会场开展一系列活动，包括第五届惠州国际高尔夫旅游节、“珠三角国民休闲旅游景区一票通”启动仪式、惠州海滨温泉“乐活泉海·享受健康”假日狂欢节、南昆山温泉大观园五周年庆典活动、第三届仲恺高新区沥林自行车旅游节、第十届中国职业模特大赛总决赛和首届大亚湾自驾游沙滩文化欢乐晚会等。在第二届中国粤菜峰会颁奖大会上，南昆山生态旅游区获选“中国粤菜旅游美食之乡”，龙门南昆山温泉旅游大观园等7家饭店获选“中国粤菜名店”，康帝国际酒店的“普天同庆、龙腾四海”等4道名菜获选“中国粤菜名菜”，康帝国际酒店的李锦顺获选“中国粤菜名厨”。

【第五届惠州国际（高尔夫）旅游节】 2010年10月29日，第五届惠州国际（高尔夫）旅游节新闻发布会在省旅游局举行。省旅游局副局长梅其洁、惠州市副市长操向农等出席发布会。12月8日，由惠州市人民政府和广东省旅游局联合主办的第五届惠州国际（高尔夫）旅游节在汤泉高尔夫俱乐部开幕。广东省副省长刘昆，省旅游局局长杨荣森，惠州市委书记黄业斌、市长李汝求，以及省内外知名旅游企业代表及媒体记者参加。本届旅游节系列活动以“休闲高尔夫·魅力新惠州”为主题，惠州汤泉高尔夫俱乐部设主会场，各（县）区、各高尔夫球场均分别设立分会场，安排多种各具特色的节庆活动节目，互动呼应，亮点纷呈。本届惠州国际（高尔夫）旅游节系列活动的亮点有：一台开幕式晚会，一场高尔夫邀请赛，二个论坛（惠州国际休闲度假经济高峰论坛、葛洪养生与旅游文化论坛），五大活动（名家书画展，新闻媒体及旅行商采风、踩线活动，“有机生活”嘉年华活动，“人人都是惠州形象，个个都是鹅城导游”——旅游行业素质提升培训活动）。

第五届惠州国际（高尔夫）旅游节新闻发布会现场。

【惠州产品（昆明、西安、沈阳）展销会暨旅游推介会】 2010年5月7～9日，由惠州市委市政府、广东省经济和信息化委员会联合主办的广东惠州产品（昆明）展销会在昆明国际会展中心隆重举行。惠州在昆明市举办惠州旅游专场推介会，约有400多名领导、嘉宾和旅行社代表参加，市旅游局局长崔爽向与会人员推介惠州丰富的旅游资源和旅游投资环境。6月18～20日，由中共惠州市委、市人民政府主办的广东惠州产品（西安）展销会在西安曲江国际会展中心隆重举行。市旅游局局长崔爽带领惠州旅游推介团参加，并举办惠州旅游专场推介会、旅游产品展览会等系列推介活动。7月30日至8月1日，由中共惠州市委、市人民政府主办的广东惠州产品（沈阳）展销会在辽宁工业展览馆隆重举行。市旅游局局长崔爽带领惠州旅游推介团参加，并举办惠州旅游专场推介会。市旅游局副局长郭武飘向与会领导和嘉宾推介惠州丰富的旅游资源和旅游投资环境。

【相约大亚湾旅游文化节】 2010年10月28日，2010年"相约大亚湾"旅游文化节大型活动在大亚湾区小径湾帆板基地举办。国际知名企业家以及珠三角地区60多家旅游企业代表和各大新闻媒体记者、游客等共1000多人出席。惠州市政协主席刘耀辉，市委常委、大亚湾区委书记许光，副市长杨灿培，市政协副主席许玩宏及省旅游局副局长梅其洁等出席活动。本次文化节通过大型图片展览、启动仪式、文艺演出、品尝美食和捕鱼游览5大主题，向社会各界展示其丰富的旅游资源和独特的人文风情。

【葛洪道教文化旅游论坛】 2010年10月13日，由博罗县委、县政府主办的"龙脉仙山，罗浮传奇——葛洪道教文化旅游论坛"在罗浮山宝田国际度假会议酒店召开。出席论坛的有全国政协常委、全国道教协会会长任法融道长，原广东省旅游局局长、广东省人大华侨民族宗教委员会副主任郑通扬，惠州市旅游局局长崔爽、惠州市文广新局局长罗川山以及中国社会科学院道教研究室主任卢国龙，中国传统三大养生学派传承人武国忠，凤凰卫视《文化大观园》策划、著名学者王鲁湘等专家学者，博罗县委书记、县人大常委会主任王胜，博罗县委副书记、县长徐云枢及其他县四套班子主要领导成员，罗浮山管委会、县旅游局、县宗教局等有关部门领导，各镇镇委书记、镇长，宗教界、文化界、企业界、旅游界、新闻界等社会各界人士共约300人出席。

2010广东道教文化节开幕。

【2010广东道教文化节】 2010年11月2日，由广东省民族宗教事务委员会、惠州市人民政府、广东省道教协会主办、惠州市民族宗教局、博罗县人民政府、惠州市道教协会承办的2010广东道教文化节在惠州罗浮山开幕。中共广东省委常委、统战部部长周镇宏，省人大常委会副主任王宁生，副省长雷于蓝，省政协副主席温思美，国家宗教界副局长蒋坚永，中国道教协会会长任法融，中央和国家有关部门、省直有关部门负责人，惠州市四套班子领导出席开幕式。来自海内外的嘉宾和道教理论专家学者、道教界人士和信教群众逾万人参加文化节活动。据统计，11月2～4日，罗浮山接待游客4.5万人次，实现旅游收入395万元。

旅游资源开发和景区（点）建设

【旅游规划与投资】 2010年1月27日，《惠东县旅游发展总体规划》通过专家评审组评审，于2010年7月完成终稿。8月25日，《广东省博罗县公庄镇旅游发展总体规划》（2010－2025）通过终审评审。

是年，惠州市新增旅游重大项目35个，总投资额约240亿元，其中外资旅游项目12个，共投资约51273万美元。

【A级旅游景区】 2010年5月10日，永记生态园和巽寮湾旅游区被国家旅游局、全国旅游景区等级评定委员会批准为国家4A级景区。至年底，惠州市有4A级旅游景区8家。

【金海湾（巽寮）国际滨海旅游区】 位于惠东县南部，大亚湾东岸稔平半岛正中，属南亚热带温湿型海洋气候。以石奇美、水奇清、沙奇白著称，被誉为"动物石景公园"、"蓝色翡翠"和"天赐白金堤"的美誉，是中国最优美的海湾之一。整个度假区拥有27公里的海岸线，沿岸水深2～4米。经测定，巽寮海域的水质和大气环境质量均为国家一级（类）标准。海岸线迂回曲折，依山傍海分布着七山八湾十八景。2010年荣获国家4A级旅游景区。

【平安生态旅游风景区】 位于博罗县柏塘镇平安林场内，与罗浮山相邻。为典型的丘陵地貌。景区占地约1.6万亩，拥有天然瀑布群、隧道漂流、步行栈道、景观梅林、生态竹海、愈千多种珍稀动植物和1万多亩原始森林，旅游品质优秀，"春可品杨梅，夏可体验漂流，秋可观竹海，冬可赏梅花"。景区总投资约2亿元人民币，分三期建设，其中首期投入6000万元，已建成岭南特色餐厅、漂流更衣室、管理接待中心，山门、售票中心、登山栈道、漂流河道等，初步形成以观瀑、漂流、登山、探险、宗教体验等产品为主打，融自然风光、亲水娱乐及宗教文化于一体的大型原生态休闲旅游度假区。

【绿道旅游】 按照惠州市住房和城乡规划建设局编制的《珠三角区域绿道网（惠州段）总体规划（2010～2012）》，惠州将有3条绿道纳入珠三角区域绿道网，规划建设长度为277.4公里。截至2010年底，全市实际建成绿道305.1公里，其中2号线100.6公里，3号线160.5公里，5号线44公里。三条经过惠州的区域绿道与全市"名山"、"大河"、"丽湖"、"大海"连为一体，充分展示惠州的山水秀美和人文荟萃。

【红色旅游】 2010年，惠州市红色旅游共接待游客280万人次，占全市旅游总人数的11.2%。全市主要红色旅游资源包括：全国100个红色旅游经典景区之一、广东省红色旅游示范基地—惠阳区叶挺纪念园，广东省红色旅游示范基地—博罗县罗浮山东江纵队纪念馆，全国第一个区级苏维埃政权—惠东县高潭中洞红色旅游区，以及市区中山公园、黄埔军校东征阵亡烈士纪念碑和纪念园、丰山公园、廖承志纪念园、邓演达纪念园，惠东县安墩镇粤赣湘边纵队纪念公园、平山镇百圩田旅游景区、博罗县黄山洞丫髻山红色旅游基地等景区（点）。8月24日，东江纵队纪念馆入选"广东首批红色旅游示范基地"。11月9日，在广东省爱国主义教育基地暨红色旅游示范基地建设工作会议上，邓演达纪念园被授予"广东省爱国主义教育基地"的称号。

【旅游扶贫】 2010年，惠州市共获旅游扶贫资金510万元。其中南昆山温泉大观园入选大项目，获旅游扶贫资金300万元；南昆山旅游文化广场、莲花山生态旅游区、博罗航天育种生态农业休闲度假旅游区3个项目获评省旅游扶贫一般项目，获旅游扶贫资金140万元；惠城区野趣园食府等14个星级农家乐项目获旅游扶贫资金70万元。

【旅游创强】 2010年3月29日，博罗县召开创建广东省旅游强县动员大会，博罗县旅游局和罗浮山管委会作为责任单位代表与博罗县政府签订《2010年博罗县旅游创强工作责任书》。7月30日，博罗县旅游创强办召开博罗县创建广东省旅游强县旅游企业工作协调会，研究解决各旅游企业在旅游创强工作中遇到的问题，细化创强任务，对下一步如何落实创强目标进行详细部署。8月12日，县旅游创强办召开改善博罗旅游经营环境的专题协调会。9月15日，博罗县旅游局组织举办第三届服务技能大赛，全面提升旅游从业人员素质和服务水平。9月29日，博罗县创建广东省旅游强县暨罗浮山创"5A"旅游景区工作推进会在宝田国际度假会议酒店举行，徐云枢县长对"双创"工作进行详细部署，75210部队副政委陈华和惠州市旅游局局长崔爽均表示，罗浮山部队及惠州市旅游局将全力支持好、配合好、推进好"双创"工作。11月26日，市旅游局副局长郭武飘带队的创强检查验收组一行5人对博罗县创省旅游强县工作进行初检。12月16～17日，省旅游局对博罗县旅游创强工作进行初检。

博罗县召开创建广东省旅游强县工作通报会。

【2010年旅游扶贫大型重点项目介绍】 2010年8月6日，龙门县南昆山温泉旅游大观园项目，在2010年旅游扶贫大型重点项目遴选评审会上，以排名第4入选，这是全市首个入选的旅游大项目。副市长杨灿培，市旅游局局长崔爽，中共龙门县委副书记、县长林洪，南昆山温泉旅游大观园董事长杨松芳等参加评审会。市旅游局副局长郭武飘为项目主讲人。该项目位于龙门县永汉镇，是按国家4A级景区标准建造的综合性旅游度假区，拥有一家按国际五星级标准建造的旅游度假酒店。温泉最高水温达82°C，日涌量5000立方米，属高硅酸钙温矿泉水。度假区总占地60万多平方米，其中温泉池区占地12万平方米。2010年4月18日，南昆山温泉大观园举行"全面升级和新项目开业推介及新闻发布会"，昆山峡谷漂流、军团国际拓展基地、休闲公园、登山乐园、大观园文化广场5大景区相继投入使用。形成温泉、漂流、拓展、登山、ATV越野车、高尔夫等旅游产品的大旅游格局，从单一的温泉度假成功升级为旅游景点丰富、游乐项目精彩、配套服务完善的综合性生态度假区。开业5年来，南昆山温泉大观园被评为"国家AAAA级旅游景区"、"广东省国民旅游休闲景区"、"惠州十大名胜"等荣誉称号。先后投入1200万元为当地建桥修路，注重当地居民参与旅游开发建设，在景区内建设土特产街免费供当地贫困户使用，有力地促进当地经济的发展。项目采取村企共建的模式，带动当地农户脱贫致富，提升当地居民文明素质。

旅游行业监督管理

【旅游市场监督】 2010年，惠州市共接到各种投诉案件53宗，比去年同期减少13%，其中有效投诉43宗，无效投诉10宗，结案率100%，为旅游投诉者挽回经济损失近27000元。开展旅游执法检查63次，出动检查人员256人次，检查旅游企业303家。其中旅行社（服务网点）108家，饭店68家，景区（点）37个，旅游购物点60个，其他单位30个。全年基本实现“五无”（旅游购物、消费无宰客现象，“一日游”无重大投诉，旅游经营无“黑社”，导游服务无“野导”，旅游交通无重大安全责任事故的发生）。

3月15日，市旅游质量监督管理所会同惠城区旅游局、惠州环宇国旅参加市工商局、市消委会在下埔滨江公园举办2010年“3·15国际消费者权益日”宣传咨询活动，现场解答群众关注的热点问题，派发《文明旅游 理性消费》品质旅游出行提示手册5000多份。8月，召开2010年全市旅游质量监督工作会议，11月，举办全市旅游质量监督员培训班，邀请到省旅游质监所领导为学员授课，各县（区）旅游企事业单位共120人参加培训。市旅游质量监督管理所联合《惠州日报》、《东江时报》及惠州电视台等主流媒体刊登报道旅游投诉典型案例、出游注意事项、游客维权要领等专刊或专栏，在惠州旅游网、《惠州旅游》杂志刊登，开展旅游市场整顿行动，引导游客理性消费、依法维权，为质量年营造良好的舆论氛围，展示惠州旅游质量监督系统良好形象。

【旅游安全管理】　2010年3月24日，惠州市旅游局组织召开星级饭店消防安全标准化管理工作动员会议。会上，局领导与各县（区）旅游局及星级饭店负责人签订星级饭店消防安全标准化管理工作目标责任书。4月22日，全市滨海旅游安全工作会议召开。副市长杨灿培出席会议。杨灿培指出，滨海旅游安全责任重大，各级各部门要从保护游客生命安全和促进我市滨海旅游产业健康发展的高度，充分认识做好滨海旅游安全生产工作的重要性。要提高认识，加强领导，加大安全生产工作力度；要规范管理，防患于未然，定期进行船员安全业务培训，配齐安全救援设施设备，确保安全经营；要分清责任，齐抓共管，相关部门近期要联合对滨海旅游企业以及船只设施等进行一次大检查，对排查出来的问题，要及时整改，确保整改到位。4月27日，市旅游局在康帝国际酒店组织召开2010年度星级饭店消防安全标准管理现场会，会后部署全市星级饭店落实消防安全标准化管理工作，分解目标，明确责任。4月28日，市旅游局组织开展滨海（湖、江、河）旅游项目安全检查。7月13日，省旅游局安全督导组、省安全检查工作组和市暑期旅游安全检查工作组联合进行惠州旅游安全工作检查。

【旅行社管理】　2010年，惠州市新增旅行社8家，全市旅行社总数达45家。全市开展《旅行社条例》及《旅行社条例实施细则》专项执法检查工作。分两个阶段：第一阶段1月至3月为检查旅行社质量保证金的转存工作。第二阶段：3月至6月为旅行社贯彻《旅行社条例》及《旅行社条例实施细则》规范经营执法检查阶段。有2家旅行社拒不办理转存手续，在向其发出《责令改正通知书》并登报公告限期办理后仍拒不办理，市旅游质量监督管理所报请局机关依法吊销其旅行社业务经营许可证。9月11日，惠州市观光国旅旅行社开业。

【导游员管理】　2010年，惠州市旅游局对872名导游人员进行计分管理专项检查工作，通过导游员计分管理检查工作，有效规范导游人员的行为规范，提高服务质量，“黑社”和“野导”等违法违规行为受到一定抑制。6月，市导游管理中心负责面向旅游企事业单位及社会公开选拔“政务接待导游员”。经过推荐、选拔、考试、培训，最终选拔出首批15名“政务接待导游员”。在惠州举行的第13届省运会期间，政务导游员为广大贵宾提供优质高效的导游服务，受到各方好评。8月，为进一步提升惠州旅游服务质量，提高导游人员综合素质，启动“人人都是旅游形象，个个都是鹅城导游”导游服务质量提升系统工程，市旅游局成立导游人员素质提升领导小组，局长崔爽亲任组长，下设办公室，由导管中心负责日常工作，全力抓好导游人员服务质量提升工作。9~12月，导游人员素质提升领导小组办公室筹备成立惠州市导游协会，并通过初审。12月，结合第五届惠州国际高尔夫旅游节，邀请台湾和日本专家到惠为全市导游员讲课，以不同的角度、创新的思维和鲜活的实例对导游员进行综合素质提高培训。

【旅游饭店管理】　2010年，惠州市新评定星级饭店7家，其中五星级2家，四星级1家，3星级5家，全市星级饭店总数为68家。年内，对65家星级饭店进行年度复核，对其中10家满五年期的星级饭店进行评定性复核，麦科特酒店等4家饭店被取消星级饭店资格。4月23日，由市旅游局、市旅游协会联合主办的惠州市旅游饭店职业技能选拔赛在惠州康帝国际酒店举行，参加单位共21家，选拔出优秀选手8名。经集中强化训练后，优选出各项目选手参加广东省“省长杯”大赛。

【旅游标准化】　2010年3月19日，惠州市旅游局印发《2010年惠州市旅游服务质量提升年活动方案》，分解活动内容和责任分工，部署重点活动安排，惠州市旅游服务质量提升年正式启动。3月23日，制定印发《惠州市星级饭店开展消防安全标准化管理工作方案》；9月16日，印发《星级饭店开展消防安全标准化定理考评验收工作的通知》及《考评打分表》。9月21日，市旅游局印发《惠州市旅游局建设行政执法责任制示范市实施方案》，成立旅游行政执法责任制示范市领导小组，分清工作阶段，部署工作任务，健全行政执法责任制。

【信息化建设】 惠州旅游网网站栏目设置约28个，包含近70个子类。2010年新增信息公开专栏、网络问政平台、《惠州旅游》电子杂志、导游风采四个栏目。全年页面总访问量（PV流量）187万次，月均访问量17万次，全面提升了惠州旅游行业电子信息化水平。11月，按照市有关单位关于政务网站考核的要求，参照市直其他职能局门户网的设置，惠州市旅游局将原有的惠州旅游网全面改版，专注政务公开，后台由惠州旅游杂志社负责管理；原有的网站作为惠州旅游资讯网，主要发布便民旅游资讯，不再作为政务信息发送平台，后台由中国电信惠州分公司负责。市旅游局有独立的政务网站后台账号，可对栏目和内容进行调整。新的旅游网，栏目门类更齐全，后台管理操作更简单快捷。新版网站加设惠民与网友互动的方式，融合政务与企业宣传合作模式。4月2日，市旅游局与中国移动惠州分公司签订战略合作协议。

惠州市旅游协会第六次代表大会现场。

【旅游行业协会】 2010年1月6～8日，惠州市旅游协会与市青年国旅接待中心联合举办“湘惠旅游产品推介会”，积极利用武广高铁开通的契机和惠州旅游资源（滨海）丰富之优势，积极拓宽客源市场，科学地调整滨海地区冬季客源减少、酒店经营困难的现实情况。7月28～30日，市旅游协会组团参加“世博会”广东周活动，一行22人赴上海参加启动仪式。10月31日，惠州市旅游协会第六次代表大会在汤泉春天酒店召开，经过大会全体代表一致通过，惠州金果湾生态旅游有限公司当选为新一届协会会长单位，惠州康帝国家酒店、惠州环宇国际旅行社、罗浮山旅游开发总公司当选为新一届副会长单位。省旅游协会领导、惠州市政协副主席许玩宏、以及惠州市旅游局崔爽等前四任会长出席大会并讲话。11月24日，由市物价协会、市旅游协会联合举办的“2009－2010年度旅游行业价格诚信单位”评选动员大会在惠州天悦大酒店召开。11月30日，应博罗县旅游局邀请，市旅游协会共组织10家旅行社20多人，参加博罗县农业局、旅游局主办的“博罗福田菜心美食文化节”。12月14日，市旅游协会牵头，组织巽寮湾8家旅游酒店赴湖南、张家界参加长沙市旅行社协会年会，巽寮湾8家旅游酒店分别与当地旅行社签订游客互送协议。

旅游教育培训与精神文明建设

【旅游行业精神文明建设】 2010年6月24～25日，惠州市旅游局全体党员由局党组书记吴琦生带队，开展以参观学习增城绿道和白水寨建设经验以及到南昆山乌坭社区慰问党员为内容的“七一”主题党日活动。6月，市旅游局配合省运会筹委会做好省运会接待工作，荣获省运会广东省第十三届运动会暨第六届残运会先进集体，谭跃华、赖成伟、黄惠群3人被评为“先进个人”。市旅游局荣获2010年惠州市职业技能大赛“优秀组织奖”，全市旅游行业共有9人获“惠州市技术能手”称号。

【旅游行风与机关作风建设】 根据省旅游局《2010广东省旅游服务质量提升年活动方案》，惠州市旅游局印发《关于开展2010年惠州市旅游服务质量提升年活动的通知》，通过旅游服务质量提升年系列活动，使全市旅游服务水平全面提升，企业和从业人员的质量意识、标准意识和品牌意识日益增强，旅游全行业质量监督管理工作机制进一步完善，旅游市场秩序良好，人民群众满意度不断提高。按国家和省旅游局统一部署，充分利用国家旅游局定制的旅游公益广告宣传片、宣传资料，联合省、市的主流媒体，结合推介会、展销会、发布会等重要活动，开展“品质旅游·伴你远行”宣传活动，分时段集中开展媒体宣传；组织举办“文明旅游、理性消费，引导外地游客理性消费，避免参加非法旅行社出游，以免上当受骗”等内容进社区、下县（区）宣传活动周，组织各县（区）旅游局和旅游企业深入社区，并在主要媒体和《惠州旅游》杂志上，宣传常见旅游质量陷阱提防技巧，提倡文明旅游与安全旅游，介绍理性维权途径方法；组织相关媒体开展“旅游质量万里行”旅游质量提升年宣传和报道，为质量年营造良好的舆论氛围。5月18日，在全市党委系统信息暨值班与应急工作座谈会上，惠州市旅游局荣获“2009年度惠州市党委系统信息工作先进单位”称号。8月7日，惠州市旅游局局长崔爽作客“今日惠州网”《聚焦市人大‘代表统一活动日’新闻面对面》访谈节目，就贯彻落实《珠江三角洲地区改革发展规划纲要（2008－2020年）》、建设粤港澳地区旅游休闲度假基地，回答市人大代表余丽芳、屈喜玲的提问，并与两位代表共同探讨全市旅游发展情况。9月15日，惠州市旅游局副局长郭武飘作客惠州电台“行风热线”面对面节目，就全市旅游工作的热点、难点问题接受群众的咨询、建议和投诉。

【旅游教育培训】 2010年4月7日，惠州市旅游局获"2009年度广东省旅游教育培训工作先进单位"称号。6月3日，惠州市旅游局举办惠州旅游通讯员培训班，全市3A以上景区、四星级以上饭店以及市直旅行社分管信息报送工作领导和通讯员共50余人参加培训。6月10日，惠州市政务导游队伍成立暨培训开班仪式在市旅游局会议室举行。在惠州举行的第十三届省运会，政务导游为广大贵宾提供优质高效的导游服务。11月3日，市旅游局在惠州宾馆举办全市旅游质监员培训班。此次培训班特别邀请省旅游质量监督管理所有关负责人为学员授课。各县（区）旅游局、全市各旅游景区、星级饭店以及旅行社分管质量监督工作的负责人和质监员共120人参加。12月5~10日，市旅游局结合第五届惠州国际高尔夫旅游节，邀请台湾和日本专家到惠为全市导游员讲课。培训内容包括旅游发展与导游之关系、导游业务管理临场技巧、导游神态美姿训练、导游职业道德、公共关系危机处理等。

纪 事

1月20日 惠州市旅游局组织召开全市旅行社工作会议，部署旅行社统计调查、旅游保险、业务管理等工作。

3月1日 惠州市政协副主席吴选钊率市政协经济人口资源环境委员会、港澳台侨外事委员会负责人到市旅游局就优化旅游发展大环境、推进旅游强市建设进行专题调研。同日，惠州市无党派知识分子联谊会到市旅游局开展旅游专题调研，市委统战部副部长胡彦出席调研会。

3月15日 惠州市旅游局召开全市旅游行业会计和统计工作会议，部署2009年度旅游行业财务信息编报和2010年游客抽样调查工作。

3月19日 惠州市旅游局局长崔爽应邀参加海南博鳌国际旅游论坛。

3月29日 惠州市援建的四川省汶川县首个4A级景区三江生态旅游风景区负责人到该市开展旅游推介活动。

3月31日 新疆维吾尔自治区乌鲁木齐旅游宣传促销团一行32人到惠州市开展旅游推介活动。

4月10日 东江游自行车绿道启动仪式在博罗县观音阁镇举行，标志着博罗县绿道建设工作全面启动。

4月22日 惠州市旅游局组织干部到扶贫帮扶点龙门县南昆山乌坭社区开展对接工作。

5月26日 江西吉安市委常委、井冈山管理局党工委书记、局长，井冈山市委书记、市长梅黎明带队抵惠，开展"生态井冈·红色摇篮"——2010井冈山精神宣讲暨（惠州）旅游产品推介会。市委常委、秘书长吴卫华和副市长杨灿培分别向客人介绍情况。

6月5日~6日 香港中华出入口商会、香港汕头商会、香港主流媒体及主要旅行社代表等组成的考察团一行27人考察龙门旅游。

6月8日 惠州市旅游局副局长田佑良一行到挂钩扶贫点南昆山乌坭社区开展扶贫开发"规划到户、责任到人"工作。

7月 罗浮山风景名胜区荣获世界休闲组织中国分会、中国旅游协会休闲度假分会、全国休闲标准化技术委员会、广东省旅游协会联合颁发的"2010中国休闲悠优奖百万车主最喜爱的休闲目的地评选之最喜爱的休闲景区"称号。

7月14日 福建省南靖县人大常委会副主任、福建省旅游协会常务理事王长金，福建土楼旅游开发有限公司刘锦雄、围裙楼楼主张旺伟等一行到惠州举办"福建土楼"旅游专场推介会。

7月15日 惠州市旅游局副局长田佑良带队考察南昆山乌坭社区旅游扶贫项目。

8月6日 惠州市人大"代表统一活动日"座谈会在惠州市旅游局召开，市旅游局党组书记吴琦生向人大代表汇报贯彻实施《珠江三角洲地区改革发展规划纲要》等情况。

8月12日 深莞惠三市第一次旅游合作联席会议在深圳东部华侨城举行，惠州市旅游局副局长郭武飘出席大会。

8月19日 中共惠州市委书记、市人大常委会主任黄业斌，市委常委、组织部长陈训廷率领市直有关部门到龙门开展旅游发展情况调研。

9月2~3日 惠州市人大常委会副主任邓木林率市人大城建环资工委，到惠东双月湾、平海古城、巽寮金海湾、规划中的惠州海洋生态园，以及惠阳叶挺纪念馆新馆等实地调研，市旅游局崔爽局长、郭武飘副局长陪同考察。

12月 中央电视台制作的《休闲惠州·度假胜地》旅游宣传片完成，并在第五届惠州国际（高尔夫）旅游节期间进行宣传推广。同月，惠州市旅游局与深圳、东莞市旅游局联合印制《深莞惠自驾游指引图》，其中惠州印制30多万份；惠州市旅游局与精品传媒合作编著的《行走中国·惠州》一书在全国正式发行，首印6万本。

（吴广辉）

汕　尾　市

综　述

【总体情况】 2010年，汕尾市旅游系统认真贯彻落实《国务院关于加快发展旅游业的意见》和广东省委、省政府《关于加快我省旅游业改革与发展建设旅游强省的决定》及汕尾市委、市政府关于加快旅游业发展的一系列部署和指示精神，逐步加大对旅游产业政策扶持和投入力度，旅游产业规模不断扩大，旅游产品结构逐步完善，旅游综合实力不断增强，旅游产业在国民经济社会发展中的作用和地位日益增强。是年5月，经世界休闲组织中国分会、全国休闲标准化技术委员会、中国旅游协会休闲度假分会、广东省旅游协会投票评选，汕尾市荣膺“我最喜爱的休闲城市”。全市接待过夜游客330.57万人次，比上年增长36.81%；旅游总收入42.36亿元，比上年增长65.96%；旅游创汇1174.87万美元，比上年增长129.98%。

【旅游行业规模】 截至2010年底，汕尾市拥有旅行社17家，其中经营出境游旅游业务旅行社2家；旅游星级饭店12家，其中四星级饭店2家、三星级饭店10家；国家4A级旅游景区1家。全市旅游直接从业人员逾万人。

【重大旅游决策】 2010年9月25日，汕尾市召开市政府五届六十一次常务会议，听取市旅游局《关于汕尾市旅游宣传促销方案情况》汇报。会议原则同意汇报的方案，并要求汕尾旅游宣传促销方案应突出特色。10月13日，汕尾市人民政府出台《汕尾市旅游宣传促销方案》（汕府［2010］55号）（以下称《方案》）。《方案》内容包括指导思想和工作目标、旅游宣传主题、目标市场，主要宣传方式、组织机构及责任分工等。

【领导关心汕尾旅游】 2010年12月12日，广东省副省长刘昆率省政府办公厅、省旅游局等部门领导到汕尾市就旅游工作进行调研。刘昆强调，汕尾市要认真贯彻汪洋书记、黄华华省长的指示要求，通过旅游产业的全面转型升级，推动实现“蓝色崛起”。在陆丰、海丰等地，刘昆一行先后考察玄武山旅游景区、海丰红宫红场旧址纪念馆和文天祥公园等。刘昆指出，汕尾是粤东旅游的重地之一，既有丰富的滨海资源，又有深厚的红色历史文化底蕴。他希望汕尾把握我省加快转变经济发展方式的契机，加强旅游业发展规划，打造旅游精品与线路，推动汕尾市旅游业进一步转型升级，增强旅游业发展的质量和效益。刘昆强调，汕尾要充分借助广州亚运会成功举办的巨大影响力，擦亮“亚运旅游”的牌子。中共汕尾市委书记、市人大常委会主任戎铁文，市委副书记、市长郑雁雄，市委常委、常务副市长王世顶，市委常委、陆丰市委书记陈增新，汕尾市副市长李贤谋和省旅游局局长杨荣森等陪同调研。

是年，汕尾市委、市政府高度重视旅游业的发展，市委书记戎铁文、市长郑雁雄多次对旅游工作提出要求，副市长李贤谋经常到县（市、区）和景区调研指导工作。市长郑雁雄署名文章《建设“珠东”现代旅游新城——基于转变发展方式的汕尾旅游发展路径》在广东省政府《内部情况通报》和南方网发表。郑雁雄用念好深、海、人“三字经”，即“深”就是要对接深圳，“海”就是擦亮海岸线，“人”就是人文环境；唱响红、蓝、绿、古、特“五色歌”，即红色经典、蓝色滨海、绿色生态、古色名胜、特色旅游；遵循规划、规模、规范“六字令”，即“规划”，就是一定要坚持旅游先规划后建设，没有规划就没有规模，就更不可能规范；“规模”，就是招商引资项目要有一定规模，营造规模效应；“规范”，就是要管得好，早制定规章制度，早制定竞争的游戏规则，早制定鼓励优先发展旅游业的配套措施，实行规范管理；写好补硬、治软、特色、低碳“八字文”。“补硬”，即加强硬件建设。一方面要大力加强交通和城市基础设施建设，尽早开建、开通厦深高速铁路、广汕高速铁路、深圳沿海高速汕尾段、潮州至惠州高速、市区通港客船等交通设施；另一方面按照规模化、品牌化、特色化的要求，突出抓好景区（点）、网络等旅游基础建设，重点抓好金町湾旅游城、赤坑温泉、海丽乡村俱乐部、莲花山综合开发、陆河休闲度假区、金厢沙滩旅游、品清湖游艇俱乐部、银龙湾旅游园区、鹅埠园区明热温泉、联安国际湿地生态游等十大项目的建设，加快十个宾馆、十大线路和旅游信息化网络建设。“治软”，就是要治理好软环境，把治安、民风、秩序给管好了。“特色”，就是要用特色来擦亮汕尾的旅游品牌，一定要在每个传统的旅游资源上打造可供重复旅游的服务特色。“低碳”，就是在发展旅游的时候一定是低污染、低排放，治理和建设同步进行；实现“十字榜”，即到2015年底实现一城、十馆、百亿元、千万人。“一城”，就是以市区为重点打造一个旅游新城；“十馆”，就是建设十座新的、高档次、各具特色的宾馆；“百亿元”，就是旅游年产值要过百亿元，成为新的支柱产业；“千万人”，入汕尾游客超过一千万；发展现代旅游要守住保生态环境、保本土文化、保历史文物、保产业安全、保品牌形象5条底线。该文形象直观阐述了汕尾现代旅游发展方略。

广东省副省长刘昆到汕尾市调研。（王贵　摄）

【“十一五”旅游业发展情况】　“十一五”期间，汕尾市旅游总收入123.44亿元，环比增长77.25%；接待过夜游客1148.87万人次，环比增长55.66%。5年来，汕尾市旅游呈现的主要特点包括：

行业规模不断扩大，产业体系日益完善。5年来，该市旅游产业水平逐年提高，规模不断扩大，已发展成为具有一定产业规模和产业水平的现代服务业。截至2010年底，全市共有中高档宾馆（酒店）56家，其中旅游星级饭店13家，四星级2家，三星级11家；旅行社17家；旅游景区（点）10家；具有国际标准的高尔夫球场1个。旅游交通状况有大的改善，旅游购物、旅游餐饮、旅游娱乐得到全面发展。

宣传促销成效显著，节庆活动高潮迭起。5年来，汕尾市积极参加国家、省旅游局组织的各类旅游宣传促销活动，累计达10余次；先后有组织地在《南方日报》、南方卫视等媒体宣传汕尾市旅游整体形象；2009年成功举办首届汕尾旅游文化节，首次列入广东国际旅游文化节分会场，通过举办宣传推介会、汕尾人爱汕尾游汕尾活动、海丰美食节等系列活动，充分展现汕尾市丰富的旅游资源和独特的旅游文化，推动了区域内旅游市场的繁荣。2010年成功举办汕尾旅游风光摄影大赛，并将摄影作品印制《五彩汕尾》旅游风光画册，编印一本《五彩汕尾》旅游手册，多形式、多方位地对汕尾旅游进行宣传推介。2010年汕尾市政府制定出台旅游促销方案，全方位的旅游促销工作逐步展开，促销效应逐步显现。

推进旅游产业转型，项目开发步伐加快。5年来，以科学发展观为指导，大力推进旅游产业转型，协助广东省旅游局完成粤东区域旅游发展规划和广东省滨海旅游发展规划，并启动汕尾市旅游发展规划修编工作；汕尾市各级政府不断加大旅游投入，水、电、路等旅游基础设施建设日趋完善；加快特色景区景（点）的扶贫开发，至2010年底共争取省旅游扶贫专项资金1365万元，受益扶贫项目22个。通过利用旅游扶贫资金，建成鲘门旅游驿站，创建渔家小岛生态旅游区，新建设的陆河御水湾度假村已投入营业；加大旅游招商引资力度，内引外联。长沙湾旅游度假区、好日子度假酒店、御水湾温泉度假村、鲘门旅游驿站等一大批旅游项目相继签约、奠基、动工或落成。仅2010年就有12个旅游项目签约和动工，投资总额320亿元。

行业管理逐步规范，队伍素质不断提升。“十一五”期间，汕尾市、县两级旅游管理部门机构进一步健全，旅游秩序明显好转，旅游投诉比率大大降低，行业管理力度持续增强，规范、协调及服务水平不断提高，依法治旅得到普遍重视。同时，进一步加强队伍建设，开展行风评议工作，有力打击了旅游行业不正之风。2009年，汕尾市首次开设全国导游人员资格考试考场。举办旅游行业劳动力“双转移”技能培训班，培训人员187名。每年均举办导游技能大赛和优秀导游员评选活动，旅游从业人员的素质和从业水平得到整体提高。

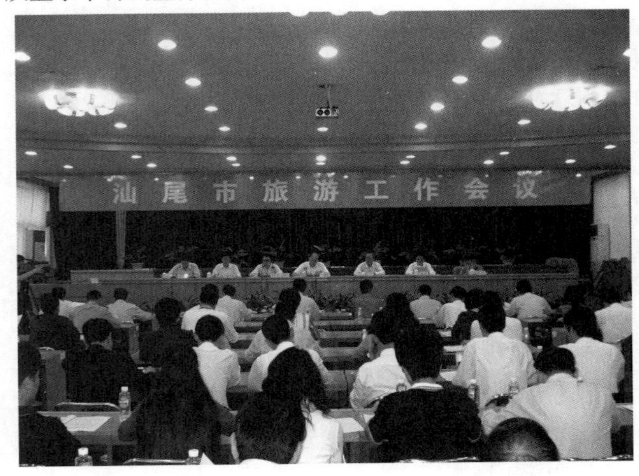

汕尾市召开2010年全市旅游工作会议。

【全市旅游工作会议】　2010年4月21日，汕尾市政府召开全市旅游工作会议。会议传达贯彻全国和全省旅游工作会议精神，对2009年度全市旅游工作进行回顾总结，对2010年旅游工作进行全面部署。市委副书记、市长郑雁雄出席会议，并作题为《发展汕尾旅游，共创汕尾新猷》的讲话。副市长李贤谋主持会议。海丰县政府和陆丰市碣石玄武山旅游区代表在会上作经验介绍。各县（市、区）政府主要领导、分管旅游工作的领导、旅游局局长，全市旅游企业负责人共120多人参加会议。

【试行国民旅游休闲计划】 2010年3月，由汕尾市妇联、市旅游局主办，市中国旅行社承办的“春游香港、三八同乐”活动在汕尾市举行。于3月6日举行首发团仪式。全市240名妇女同胞分3批赴香港观光旅游。

【2010年中国世博旅游年】 2010年，在“参观世博、旅游中国”、“观世博、游中国”主题旅游年活动期间，汕尾市于7月28日由市政府副市长李贤谋带队组团参加由中共广东省委、省政府在上海世博园举行的世博会“广东周”活动。4月22日，由汕尾市旅游局主办，市城区旅游局承办的“全国百城（广东汕尾）世博旅游宣传推广周暨文明旅游，理性消费宣传咨询”活动在市区通港路举行，市区有8家旅行社参加，现场派发各种宣传资料3000多份。5月至10月，全市各旅行社共组织2850名游客参观世博园。

旅游接待与收入

【入境旅游】 2010年，汕尾市接待入境游客3.97万人次，比上年增长81.01%；旅游外汇收入1174.87万美元，比上年增长129.98%。

【国内旅游】 2010年，汕尾市接待国内游客694.89万人次，比上年增长71.32%。其中国内旅游者326.60万人次，比上年增长36.41%。

【出境旅游】 2010年，汕尾市旅行社组团出境出境游1202人次（分别为香港游558人，澳门游33人，台湾游266人，出国游345人），比上年下降52.71%。

【假日旅游】 2010年，汕尾市春节黄金周共接待游客163.48万人次，比上年增长10.19%。其中接待过夜游客14.36万人次，比上年增长8.95%；旅游总收入1.27亿元，比上年增长9.48%。

“十一”黄金周全市共接待游客47.95万人次，比上年增长53.34%。其中接待过夜游客11.85万人次，比上年增长16.07%；旅游总收入1.24亿元，比上年增长29.57%。

旅游宣传促销与节庆活动

【旅游宣传促销】 2010年，汕尾市组团参加世博“广东周”、台湾“广东周”活动和2010世界旅游日全球主会场庆典暨中国广东国际旅游文化节以及粤东、闽粤赣十三市区域旅游合作等活动，宣传推介汕尾旅游资源和旅游产品。编印《五彩汕尾》旅游风光画册，该画册精选并汇萃摄影大赛100多幅作品，从“红、蓝、绿、古、特”五大特色展示汕尾美丽景观和丰富旅游资源；由郑雁雄市长亲自题写书名，李贤谋副市长作序的《汕尾旅游手册》出版发行，全书收集汕尾市景区（点）及部分民俗风情和美食。3月6日，“春游香港、三八同乐”国民旅游休闲活动首发团仪式在汕尾举行。

汕尾市花车参加2010年世界旅游日全球主会场庆典暨中国广东国际旅游文化节开幕式场巡游。

（何厦逢　摄）

【旅游节庆活动】 2010年7月23日，汕尾旅游风光摄影大赛在凤山妈祖文化广场举行开镜仪式。大赛由汕尾市人民政府主办，汕尾市旅游局、广东省青年摄影家协会、汕尾市摄影家协会承办。市政府有关负责人、省青年摄影家协会、市摄影家协会及汕尾电信公司有关负责人，来自全省的摄影家和摄影爱好者等100多人参加仪式。本次大赛历时3个月，吸引数千名摄影爱好者到汕尾采风，组委会收到1400多幅旅游风光作品。大赛组委会聘请专家进行评审，将参赛作品评出一、二、三等奖及优秀奖、入选奖等，总奖金为5.8万元。

【2010广东国际旅游文化节（汕尾）分会场】 2010年，汕尾市作为2010世界旅游日全球主会场庆典暨中国广东国际旅游文化节分会场，参与并举办汕尾旅游风光摄影大赛多项活动。12月2日，在（汕尾）世界惠州同乡恳亲会期间，举办汕尾旅游风光摄影展览，摄影作品受到海内外嘉宾的好评；9月25～28日，汕尾市旅游局组织各县（市、区）旅游局和旅游企业等10个单位、30多人参加广州主会场举办的各项活动。如2010世界旅游日迎亚运花车嘉年华，广东国际旅游展览会等项目，该市制作的花车突出“建设

‘珠东’现代旅游滨海新城”主题。旅游大促销设展位5个，共派发各类旅游宣传资料3万多份。

2010年7月23日，汕尾市举行旅游风光摄影大赛启动仪式。（何厦逢　摄）

【区域旅游合作】　2010年，汕尾市加大与全省各区域的旅游合作。先后参与粤东五市（汕头、潮州、揭阳、汕尾、梅州）、闽粤赣十三市（厦门、泉州、漳州、龙岩、三明、汕头、潮州、揭阳、汕尾、梅州、赣州、鹰潭、抚州）举办的各项活动。参与泛珠三角、海峡西岸区域旅游合作，共与23座城市签订区域旅游合作协议书。

旅游资源开发和景区（点）建设

【旅游投资】　2010年，汕尾市共有12个旅游项目签订投资意向协议合同，投资总额达320亿元。其中较大项目有长沙湾旅游度假城、银龙湾旅游康复度假区、好日子酒店温泉度假村等。有21个旅游项目列入汕尾市“十二五”规划重点项目。年内，陆河御水湾温泉度假村、陆丰海韵酒店相继试业，陆丰后坎温泉酒店、市区黄金海岸大酒店、海丰明热温泉度假村相继动工建设。

【旅游景区（点）与基础设施建设】　2010年，汕尾市主要旅游景区（点）与基础设施建设日益完善，全年投入旅游建设资金1.8亿元。红海湾旅游区担负承办第14届亚洲帆船锦标赛和第16届亚运会帆船赛事活动，由省政府、汕尾市政府和红海湾开发区管委会陆续投入资金1.28亿元，改善景区旅游环境，加大公路建设力度，并进行道路的绿化、美化、亮化工程；凤山祖庙旅游区，全年投入资金120万元，对景点设施进行维护，更新配套碑林、凤山北侧护坡加固、戏馆建造等；红宫红场旧址纪念馆和彭湃故居共投入资金27万元，对外墙、红台进行粉刷，全面更换照明线路，更新配齐景区内道路指示牌、垃圾箱，整治绿化带等；文天祥公园共投入资金1300万元，对方饭亭、表忠祠、文物展室等进行全面改造；海丽高尔夫球场全年共投入1000万元建设资金；玄武山旅游区共投入资金560万元，对文化广场、北门停车场进行扩建改造，并对元山寺文物进行维护及设施更新等；清云山旅游区共投入资金676万元，对图书馆的修缮、更新设备、购置图书，安装通往景区道路路灯，公共厕所改建，停车场扩建，道路维修等；金厢滩旅游区共投入资金30万元用于公共设施建设；神像山景区共投入资金700万元，配套设施有大门及5公里长的登山人行道，建设观音像、停车场、观景亭等；红椎林生态公园共投入资金310万元，配套设施有大门和售票亭、环山人行道、观椤亭等；瑞龙庄园共投入资金500多万元，扩建河西岸码头、休息亭、人行道、绿化带等。

第十六届亚运会帆船、帆板赛场。（黄晶　摄）

【红色旅游】　2010年，红宫红场被中共广东省委宣传部、省发改委、省旅游局评选为“红色旅游示范基地”、彭湃故居为省第四批“爱国主义教育基地”。是年，红宫红场旧址纪念馆、彭湃故居接待参观游客分别为40万和38万人次。

【旅游扶贫】　2010年，汕尾市向省旅游局、省财政厅申报省旅游扶贫一般项目3个、农家乐项目9个，共获得省旅游扶贫专项资金185万元。旅游扶贫一般项目有海丰红宫红场旧址纪念馆、陆丰市清云山旅游区、陆河县岳溪生态公园；9个农家乐项目：陆河县新田横石农家乐饭店、陆河县陶然山庄、海丰县后门永利饭店、海丰县附城金蠔香酒家、汕尾市月亮湾生态农庄、陆丰市八万镇友友好酒楼、陆丰市乌坎海上渔村、市城区捷胜镇丰胜海鲜餐厅、红海湾内湖怡泰渔家乐。从2000年起至2010年底，汕尾市共争取到省旅游扶贫项目31个（含9个农家乐项目），获省旅游扶贫专项资金1365万元（含9个农家乐项目45万元）。

旅游行业监督管理

【旅游市场监督】　2010年，汕尾市依照《旅游投诉处理办法》，共受理各类投诉10宗，调处率100%，全年开展旅游行政执法和旅游市场专项整治工作大检查2次。“五一”

小长假、“十一”黄金周前夕，全市开展旅游服务质量专项检查，检查各类旅游企业50家、导游员80人次；5月至8月期间，在全市消费者评议活动中，共有17家旅行社列入被评议对象。市旅游局针对检查或评议中存在的问题，及时向相关旅游企业发出整改通知书，限期整改。

2010年10月，在全市旅游行业开展“品质旅游·伴你远行”——万名志愿者旅游景区宣传周活动，共组织志愿者68名，分别到玄武山旅游区、凤山祖庙旅游区、红海湾旅游区、红宫红场和莲花山旅游区5个主要景区开展活动，发放各种宣传资料13800份。

【旅游安全管理】 2010年，汕尾市旅游局、各县（市、区）旅游局共组织7个检查组、35人次和省旅游局春节、“十一”黄金周前夕地市交叉检查，分别对全市17家旅行社、13家星级饭店和5大旅游景区进行安全检查。全年印发《汕尾市旅游安全生产隐患排查治理方案》、《汕尾市旅游局处理安全事故应急预案》、《关于开展春节黄金周旅游安全检查的通知》、《关于开展“十一”黄金周旅游安全检查的通知》等文件。对旅游景区（点）的管理，落实岗位责任制，定期检查，并将各项规章制度公布上墙。加强旅游景区（点）的环境建设和管理，配备足够的洗手间和垃圾箱，主要旅游景区（点）设立医护室，配备医务人员。加强对员工的救护常识、灭火设备使用常识及紧急疏散知识的培训，开展公共突发事件等应急演练活动。在通往旅游景区（点）的路口，设立路牌标志，对部分危险地段有栏杆围护，有安全须知告示牌，对各种旅游设备设施要定期检查维修。

【旅行社管理】 2010年，汕尾市有17家旅行社参加年检，均获通过。市旅游局加强对旅行社管理，建立旅行社诚信经营档案制度和责任险投保制度，建立健全旅行社违规违纪通报制度，对旅行社经营状况进行年度网上审核，向旅行社推荐国家或省制定的组、接团合同范本，规范旅行社组团行程表内容，严格控制合同外加点服务，加强对旅行社服务质量监督检查，在全行业认真宣传贯彻《旅行社条例》及其实施细则，进一步规范旅行社经营行为。

【导游员管理】 截至2010年底，汕尾市有持导游证（IC卡）人数为140名，其中中级导游6名。市旅游局于年底对导游员进行为期3天的集中培训、考核，培训时间达56课时，培训内容包括导游带团技巧、应急处理能力和服务质量提升以及学习《汕尾旅游手册》、《汕尾市旅游景区（点）导游词》等。

【旅游饭店管理】 截至2010年底，汕尾市拥有星级饭店12家，其中四星级2家，三星级10家。从9月起，对全市星级饭店进行复核，其中参加复核并通过的星级饭店11家，未参加复核1家（海丰金伯爵广场）。12月7日，市星评委取消海港酒店二星级饭店资格。

【旅游标准化】 2010年，汕尾市印发《旅行社等级划分与评定》、《星级饭店评定标准》、《旅游餐馆设施与服务规范》、《旅游景区（点）质量等级的划分与评定》、《旅游购物场所设施与服务规范》、《游乐园（场）安全和服务质量》、《旅游娱乐场所设施与服务规范》等评定标准，在全行业强化宣传学习。对旅行社、星级饭店及A级景区，严格执行国家标准、行业标准和地方标准体系，力求达到规范要求。

【信息化建设】 2010年，汕尾市旅游局大力推进旅游信息化建设。继续办好汕尾旅游网，及时更新资料、不断扩充内容、加强程序升级维护和空间安定防护，使网站能够正常浏览；参与闽粤赣十三市“海西旅游网”的共建活动；借助汕尾市党政信息网和广东旅游网，为游客最大限度的提供旅游资料和信息服务。

旅游教育培训与精神文明建设

【旅游行业精神文明建设】 从2010年4月开始，汕尾市旅游局在全局党组织和党员中开展“创先争优”活动，组织党员、干部按照“五比五看双满意”（即：比创新看科学发展，比实干看工作业绩，比学习看能力素质，比服务看惠民实效，比形象看群众反映，争创人民满意党组织和机关、争当群众满意好党员和公务员）的要求，开展以学习型党组织为目标的文明机关创建和以“岗位奉献”为载体的服务群众系列活动。建立每周一次局长办公会的会议制度，及时协调工作，集体研究解决问题，避免拖拉推诿。

【旅游行风与机关作风建设】 2010年，汕尾市旅游局制订《汕尾市旅游局领导班子成员党风廉政建设岗位职责》和《市旅游局落实党风廉政建设责任制目标实施意见》，落实每月定期召开一次汇报会制度。制定《汕尾市旅游局政务公开五项制度》。依托汕尾市党政信息网、市旅游网、广东旅游信息网，对旅行社的报批、年审和登记，全国导游人员资格考试以及导游员年审等工作实行网上公开，严格按时效办结。

是年，汕尾市旅游局认真开展扶贫开发“规划到户，责任到人”工作，与陆河县委组织部共同帮扶螺溪镇良洞村，全年累计派出干部职工250多人次，整合资源共160万元，为良洞村村委和51户贫困户提供多项帮扶措施。包括扶持村委种植油茶100亩，建设垃圾池5个，资助贫困户发展养牛，为村委办公楼装修，帮助3名贫困户子女免费就读汕尾技工学校，为良洞村修建水利设施，帮扶贫困户种值优质玉米和马铃薯150亩，制作扶贫帮扶项目示范牌和扶贫“双到”公开栏等。

【旅游教育培训】 2010年，汕尾市组织两次全国导游人员资格考试，共有207人报名，其中上半年有103人参加考试，通过考试44人，通过率42%；下半年有104人参加考试，通过考试45人，通过率43%。全年有9人取得导游资格证。按照省旅游局、汕尾市政府关于抓好“双转移”培训工作的部署，全年经审核通过录入的农村劳动力学员有187名，参加培训后经考试并取得资格证书的有109人，通过“双转移”培训，推荐到旅行社就业的有32人。

是年，为配合全省职业技能竞赛工作，市旅游局组织开展全市导游人员职业技能竞赛和“十佳”导游员评选活动。共有126名导游参加，通过笔试、面试，选送7名优胜者代表汕尾市参加广东省导游人员职业技能大赛竞赛。

12月8～10日，汕尾市旅游局16名公务员参加由市人事局和市委党校联合举办的《公务员职业道德规范》培训学习。

纪　事

1月6日 举办“春游香港、三八同乐”国民旅游休闲活动首发团仪式。

3月24日 经世界休闲组织中国分会、全国休闲标准化技术委员会、中国旅游协会休闲度假分会、广东省旅游协会投票评选，汕尾市荣膺“我最喜爱的休闲城市”。

3月24日 汕尾市旅游局在陆河县御水湾度假村召开全市旅游局长座谈会。县级旅游局局长、统计员，市旅游局机关正科级以上干部共20人参加会议。

4月21日 汕尾市人民政府召开全市旅游工作会议。市委副书记、市长郑雁雄出席会议并讲话。

4月22日 举办“全国百城（广东汕尾）世博旅游宣传推广周暨文明旅游，理性消费宣传咨询”活动。

7月23日 举行汕尾旅游风光摄影大赛开镜仪式。

7月28日 汕尾市副市长李贤谋率队参加世博会“广东周”活动。

8月 汕尾市副市长李贤谋、市旅游局局长张林海参加“台湾‘广东周’经贸交流”活动。

9月25～28日 汕尾市组织各县（市、区）旅游局和旅游企业共10个单位30多人参加2010世界旅游日全球主会场庆典暨中国广东国际旅游文化节各项活动。

10月13日 汕尾市政府出台《汕尾市旅游宣传促销方案》（汕府［2010］55号）。

12月2日 （汕尾）世界惠州同乡恳亲会期间举办汕尾旅游风光摄影展览。

12月5日 汕尾市旅游局组团参加“第四届广东自驾旅游日暨梅州金柚飘香自驾旅游周”启动仪式。

12月8～10日 汕尾市旅游局组团参加“第五届惠州国际（高尔夫）旅游节”活动。

12月23～25日 汕尾市旅游局局长张林海参加闽粤赣十三市旅游局长联席会议。

（王建国）

东　莞　市

综　述

【总体情况】　2010年，东莞市旅游局加大城市营销力度，加大东莞旅游品牌创建，重点启动东莞市旅游区（点）质量等级评定，加强行业管理，扩大区域合作，打造节庆赛事活动品牌，加强与外事侨务、外经贸、文化、体育、镇街等行业和部门的协调合作，加强与东莞市32个镇街的联系，修订全市旅游行业通讯录，围绕国家旅游质量提升年、华人华侨旅游年的主题开展系列活动，提高东莞市旅游产品宣传促销国际化、市场化、人性化水平和市场竞争能力，使传统的资源加产品的旅游促销方式向树立城市旅游品牌形象、旅游企业组织深度旅游产品体系的旅游城市营销转型，东莞市旅游产业基本实现数量和质量同步增长，旅游综合接待水平进一步提高，全年接待游客人数2251万人次，旅游总收入191亿元。

【旅游行业规模】　截至2010年底，东莞市共有星级饭店96家，其中五星级饭店22家、四星级饭店24家、三星级饭店34家、二星级饭店14家、一星级饭店2家。星级饭店客房数、床位数分别为16631间、24841张，分别比上年增长1.83%、1.85%。星级饭店开房率58.12%，比上年增长0.16%。拥有旅行社50家，其中出境游组团社9家。不具有法人资格分社4家。A级景区5家，其中4A景区3家、2A景区1家。

【“十一五”旅游业发展情况】　“十一五”期间（2006年至2010年），东莞市旅游行业按照“大旅游、大产业、大市场”的发展理念，以“促进双转型，整合旅游资源，加大城市营销力度”为主线，推动国民旅游休闲计划深入实施，增强旅游产品吸引力，提升旅游企业竞争力，扩大旅游产业辐射力，促进东莞市由客源输出地向重要的旅游目的地转变。2006年全市接待游客人数1363.1万人次，比上年增长17.92%。旅游总收入达96.01亿元人民币，比上年增长5.83%；2007年全市接待游客人数1700万人次，比上年增长25%。旅游总收入达120亿元，增长25%；2008年全市接待游客人数1870万人次，比上年增长8.51%。旅游总收入达128亿元，比上年增长8.25%；2009年全市接待游客人数2037万人次，比上年增长8.8%。旅游总收入151.49亿元，比上年增长17.7%；2010年全市接待游客人数2251.23万人次，比上年增长10.52%。旅游总收入191.32亿元，比上年增长26.29%。旅游产业基本实现数量和质量的同步增长，旅游综合接待水平进一步提高。五年来，东莞市旅游工作在旅游市场的培育、旅游资源的整合、旅游盛事活动的举办、旅游服务水平的提升、旅游队伍的建设等方面取得新突破。

【全市旅游工作会议】　2010年3月5日，2010年东莞市旅游工作会议在市会议大厦召开。东莞市委常委、副市长江凌出席会议。市政府副秘书长郭惠良、市旅游局局长梁少虾，各镇街分管旅游工作的领导及旅游办主任，市政府直属有关单位负责人，市旅游饭店、旅行社行业协会会员及各旅行社、景区、星级饭店主要负责人参加会议。会议传达2010年全省旅游工作会议精神，总结2009年全市旅游工作情况和部署2010年全市旅游工作。会议提出“贯彻落实《国务院加快发展旅游业的意见》精神，推动国民旅游休闲计划深入实施；加大城市宣传，规划旅游发展；整合节庆资源，打造旅游品牌；加强区域协作，拓展旅游市场；加强行业建设，提高服务水平”作为工作重点。

2010年东莞市旅游工作会议为旅游先进单位和个人颁奖。

【试行国民旅游休闲计划】　2010年，鸦片战争博物馆获评“广东省红色旅游示范基地”称号，金威啤酒（东莞）有限公司、东莞勤上光电股份有限公司、广东众生药业股份有限公司、东莞宏威数码机械有限公司4家企业获评“广东省工业旅游示范基地”称号，可园博物馆、广东东江纵队纪念馆、南社明清古建筑群、鸦片战争博物馆获评“广东省文化旅游示范单位”，大屏障森林公园、大岭山森林公园、银瓶山森林公园、水濂山森林公园获评“广东省森林生态旅游示范基地”。

旅游接待与收入

【入境旅游】 2010 年，东莞市接待国际及港澳台旅游者 327.4 万人次，比上年增长 14.48%，其中接待外国人 108.69 万人次、比上年增长 4.28%，接待港澳台同胞 218.71 万人次、比上年增长 20.33%；国际旅游外汇收入 67591.85 万美元，比上年增长 30.6%。

【国内旅游】 2010 年，东莞市旅游总收入 191.32 亿元，比上年增长 26.29%；全年接待过夜旅游者人数 1550.8 万人次，比上年增长 9.44%，其中接待入境旅游者过夜人数 261.88 万人次、接待国内旅游者过夜人数 1288.97 万人次；接待国内游客 1923.83 万人次，比上年增长 9.87%；接待国内旅游人数 139.09 万人次，比上年增长 21.53%；

【出境旅游】 2010 年，东莞市出国（境）游人数 14.71 万人次，比上年增长 16.28%；旅行社组团出境游人数 147055 人次，其中香港游 45100 人次、澳门游 56519 人次、出国游 45436 人次。

【假日旅游】 2010 年春节黄金周，东莞市旅游接待人数 469.56 万人次，同比增长 1.55%；过夜旅游者 42.61 万人次，同比增长 29.87%；一日游游客 426.95 万人次，同比减少 0.61%；旅游收入 125622.55 万元，同比增长 16.63%。

“五一”小长假，接待人数 73.35 万人次，同比增长 18%；过夜旅游者 22.06 万人次，同比增长 18.92%；一日游游客 51.29 万人次，同比增长 17.61 %；旅游收入 36300 万元，同比增长 17.1%。

“十一”黄金周，接待人数 487.88 万人次，同比增长 9.39%；过夜旅游者 42.38 万人次，同比增长 29.68%；一日游游客 445.5 万人次，同比增长 7.78 %；旅游收入 166716.63 万元，同比增长 12.65%。

旅游宣传促销与节庆活动

【旅游宣传促销】 2010 年，东莞市创新旅游宣传促销思路，展示旅游形象，促销优势产品，制作旅游宣传品，在各类主流报刊、电视和网络媒体开展城市形象、旅游特色和大型活动宣传，利用城市大型广告媒体宣传城市形象和推介东莞旅游资源，在北京西客站出站口巨型 LED 广告屏上播放东莞城市旅游形象宣传片，在广深高速虎门树田段竖立为期 1 年的城市旅游形象宣传 T 型广告牌，在东莞玉兰大剧院大型 LED 中播放城市旅游形象宣传片，在全市的 4 条主干道公交广告灯箱上悬挂东莞节庆活动、旅游景点、旅游线路等的宣传画，在大型城市广告牌上设计制作 2010 东莞旅游文化节预告海报；利用省内主流媒体开展大型活动和旅游发展方面的宣传，在《南方日报》、《南方都市报》等制作专版介绍东莞旅游企业优质服务形象和 2010 东莞旅游文化节盛事；在《凤凰周刊》以“2010 东莞旅游文化节”、特色旅游、节庆活动、饭店系列等为主题做跨页广告，宣传东莞特色旅游活动和优势旅游资源，展现东莞饭店在休闲、商务、美食和个性化服务上的旅游优势；精心设计制作手提袋、城市旅游形象宣传片、旅游资料夹、《东莞旅游指南》和旅游纪念品等一系列不同种类、游客十分喜爱的旅游宣传资料，分别在国内外各类旅游交易会上向国内外旅行商、各新闻媒体记者发放。

组织旅游企业参加国内外旅游展销会。国内旅游展，先后参加 3 月 25 ~ 27 日在广州锦汉展览中心举行的“2010 年广州国际旅游展览会”、4 月 6 ~ 12 日在西安举行的“第十四届中国东西部合作与投资贸易洽谈会”、4 月 23 ~ 25 日在重庆市国际会议展览中心举行的“2010 年重庆中国国内旅游交易会”、6 月 25 ~ 27 日在北京中国国际展览中心举行的北京国际旅游博览会暨北方旅游交易会、6 月 26 日在长春举行的第四届中国长春消夏节、10 月 23 日在湖南张家界举行的首届中国国际文化旅游节、11 月 17 日在上海举行的中国国际旅游交易会等。

境外旅游展。参加 1 月 20 ~ 24 日在西班牙马德里举行的国际旅游展会、3 月 17 ~ 19 日在俄罗斯莫斯科举行的国际旅游展会、3 月 15 ~ 18 日在美国迈阿密举行的世界邮轮博览会、6 月 10 ~ 13 日在香港国际会议展览中心举行的“2010 年香港国际旅游展览会”并召开专项旅游推介会、9 月 16 日在法国举行的法国国际旅游展览会、11 月 8 日在英国举行的伦敦国际旅游展览会等。

【2010 广东国际旅游文化节（东莞）分会场】 2010 年，东莞市继续以分会场的形式参与 2010 世界旅游日全球主会场庆典暨中国广东国际旅游文化节活动，邀请 500 名嘉宾出席开幕式，设计制作花车参与巡游，组织东莞市茶山镇、长安镇等部分镇街和企业参与广东国际旅游展览会，组织新闻媒体报道采访，以多种渠道参与国际旅游交流盛会，不断扩大东莞在国际旅游市场的知名度，获得旅游文化节组委会颁发的广东国际旅游展览会最佳组织奖和最佳展位奖，以及花车设计二等奖等荣誉。

【旅游节庆活动】 2010 年 8 月 28 日，东莞市旅游局和寮步镇人民政府在寮步镇香市广场共同主办中国（寮步）首届沉香文化艺术博览会暨 2010 东莞旅游展示会开幕式。本届旅游文化节以“走进欢乐城镇，感受风情东莞”为主题口号，举办包括香市节、登山节、美食节、啤酒节等主题活动和欢乐节庆活动共10大项77个活动，整个活动为期4个月。东莞旅游文化节融合各镇街的传统文化节日和旅游节庆活动，已成为东莞市文化旅游产业领域规格较高、规模较大、较具影响力的节日。东莞市旅游局作为“‘我们的节日’东莞市系列文化活动”的主办单位之一，积极协助各单位、部门开展“东坑卖身节”、“桥头荷花艺术节”、洪梅花灯节、端午龙舟文化节等节庆活动。

中国（寮步）首届沉香文化艺术博览会暨2010东莞旅游展示会开幕。

【华人华侨畅游东莞】 2010年6月16～18日，东莞市旅游局与东莞市外事侨务局联合举办“2010华人华侨畅游东莞”系列活动，来自马来西亚、美国、英国、新加坡、香港等10个国家和地区的15个华人团体嘉宾共278人应邀出席活动。东莞市旅游局副局长余建民表示，东莞旅居国外的华人华侨数量众多，居港澳、外国人数就超过100万人。通过活动，让更多旅居海外的华人华侨深入了解岭南历史文化和东莞旅游的魅力，从而营造良好的经商环境。此次畅游东莞活动，路线以东莞展览馆、松山湖和粤晖园为主，游客不仅可以看风景还能品尝东莞传统美食。

【区域旅游合作】 2010年，东莞市加强与对口城市间的旅游交流合作，于8月28～30日举办的2010东莞旅游文化节期间，开展“与东莞旅游共精彩旅游展示会”活动，邀请西藏林芝县，广西河池市，韶关南雄市、乳源县、新丰县，云浮罗定市、郁南县、新兴县等对口援建、扶贫“双到”（规划到户、责任到人）城市主管旅游的政府领导和旅游局领导出席活动。

根据《粤港合作框架协议》重点工作安排，组织全市重要旅游企业负责人赴港参加国际旅游展会等相关推介会及各种旅游节庆活动；在香港《凤凰周刊》杂志上对东莞市的旅游资源加强宣传推介。

12月，按照《深莞惠三地旅游紧密合作框架协议》，深莞惠联合开展“万车互游深莞惠”自驾游活动。12月18日，东莞市举办“万车互游深莞惠”启动仪式暨东莞首发团活动，组织60台自驾车前往深圳和惠州参加活动，同时接待来自惠州和深圳共60台自驾车游客，东莞广播电视台和《东莞日报》等媒体作专题宣传报道。

为参加“万车互游深莞惠”的东莞车队授旗。

11月15日，与河池市旅游局举行“东莞—河池两市旅游联谊座谈会”，并签订“东莞—河池旅游合作框架协议”。是年，东莞市先后与韶关、云浮市分别签订旅游合作协议书，与深圳、广州、韶关、佛山、清远、长沙、武汉等11个武广高铁和广深高铁沿线城市共同签署《丹霞山宣言》，成立武广高铁沿线城市“旅游联盟”。

旅游资源开发和景区（点）建设

【旅游规划】 2010年，完成《东莞国际旅游营销规划（2010—2014）》编制工作；参加《广东省滨海旅游业发展规划（2010－2020）》的修编评审工作。市旅游局加强对各镇、街相关旅游规划修编工作的指导，参与虎门、寮步、东莞生态园、塘厦旅游规划修编评审工作等。

【A级景区建设】 2010年，东莞松山湖景区、广东观音山国家森林公园、鸦片战争博物馆等4A级旅游景区，冠和博物馆2A级旅游景区进行复评并获通过。圣心糕点博物馆评定为国家3A级旅游景区，科学技术博物馆、新华南MALL欢笑天地创建国家4A级旅游景区已通过全国旅游景区等级评定委员会的评定。

【龙凤山庄影视度假村】 毗邻深圳平湖、龙岗，占地38万平方米，是华南最大的集婚纱摄影、蜜月休闲、餐饮娱乐、旅游度假为一体的一站式影视、度假基地之一。山庄内分为婚纱摄影区、文化科普区、动感玩乐区、欢乐艺演区、水上游乐区、烧烤野炊区、四季果蔬区等几十个大型功能区域，以及泰国四面佛。龙凤山庄以婚纱摄影为基础，倾力打造以“龙凤大殿”为标志的中式风情园，以“玫瑰礼堂”为中心的欧式风情园，以“日式花园”为重点的日式风情园以及以“四面佛”为核心的南亚风情园等四大风情主题园。

【同沙生态公园】　位于东莞市南边，与寮步、大岭山镇相连，离东莞市中心区约3公里路程。公园规划面积为41.7平方公里，其中山林面积占3/4，水域面积占1/4，按国家4A级旅游景区的标准规划建设。园内有山林、水塘、果园、丘陵等多种自然景观，公园有各种野生动物30多种，有各种植物100多种。该公园由东南大学设计规划。

旅游行业监督管理

【旅游市场监督】　2010年，东莞市共受理有效投诉81起，其中投诉旅行社73起、投诉酒店5起、投诉景区3起，投诉结案率100%。市旅游局对10家涉嫌违规经营行为的旅行社及旅行社营业点进行依法查处。制定修改和完善《东莞市旅游质量监督管理所旅游投诉受理、处理规程》、《东莞市旅游局划拨旅行社质量保证金理赔规程》等制度措施，通过严厉查处旅行社私设营业点及超范围经营等违法违规行为，依法打击低价恶性竞争，打击非法经营旅行社业务活动，充分发挥各协会自律自查作用等措施，进一步静化旅游市场环境。

【旅游安全管理】　2010年，东莞市旅游局加大旅游安全工作督察力度，开展旅游格式合同备案工作，召开全市旅游质监暨旅游安全工作会议，联合东莞安委会召开安全生产调研会，与东莞消防局联合召开东莞市酒店行业消防安全“四个能力”建设达标活动隐患整治专项工作会议。1月4日，参加市安委会组织的2010年春节前安全生产专项检查组，对部分旅游企业安全工作督促检查；1月28～29日，对阳光旅行社、幸福假期旅行社、丰泰花园酒店、江龙酒店等旅游企业的安全生产情况进行督查；2月1～2日，配合省旅游局安全检查工作组做好春节黄金周的旅游安全检查；5月13日，与省旅游局组成联合检查组，对东莞市科技馆、中旅、富盈酒店的安全工作进行检查；5月17～18日，对海战博物馆、寮步香市动物园的安全工作进行检查；9月26日，与安监局组成联合检查组，对“亚运”接待酒店的会展国际大酒店及广彩城酒店的安全生产工作开展检查；9月30日，对华南MALL等较大型重点旅游景点进行检查。“十一”黄金周前，就旅游投诉和旅游安全工作与多家旅行社开展座谈，查看车辆租用协议；与安监局联合下发开展“迎亚运、保安全”安全生产大检查的通知，并联合执法检查等。

【旅行社管理】　2010年，东莞市新设立东莞市风华旅行社等3家旅行社。至年底，全市共有旅行社50家。完成旅行社质量保证金存储、清退和旅行社责任险统保工作，全市需办理清退保证金旅行社51家，清退金额555万元，已清退45家，清退金额515万元；完成130名出境游领队证件的换证工作，受理出境游名单表135份、1959人次；6月18～21日，市旅游局协调东莞康辉旅行社、东莞国际旅行社、东莞青年旅行社3家旅行社完成第二届“广东省外资企业产品（内销）博览会”的会务费等工作。

【导游员管理】　2010年，东莞市加强导游员年检和培训工作，有411人参加导游培训；协助市政府举办2010年东莞市职业技能大赛，市旅游局被大赛组委会评为“先进单位”，曾玉如、钱暖枝评为“先进个人”；组织导游员参加2010年广东省职业技能大赛导游人员职业技能大赛，全市5名专业组选手晋级省导游大赛决赛，其中徐亮被省旅游局推荐参加2010年全国导游大赛候选选手，大赛组委会授予东莞市2010年广东省职业技能大赛“广东中旅杯”导游人员职业技能大赛“优秀组织奖”。是年，全市共导旅人员1023人，其中初级导旅991人，中级导旅32人。

【旅游饭店管理】　2010年，东莞市五星级饭店规模不断壮大，华尔登国际酒店、桥头三正半山酒店和悦莱花园酒店3家被评定为五星级饭店。年度参加复核的星级饭店72家（五星级15家、四星级15家、三星级27家、二星级15家），星级饭店重新评定16家（五星级2家、四星级9家、三星级5家）。

4月28～30日，东莞市旅游局、东莞市人力资源局和东莞市旅游饭店协会在大朗镇帝豪花园酒店联合举办“2010东莞市饭店业服务技能大赛”。本次大赛有27家星级饭店代表队、共212名选手参赛，获本次大赛单项一、二等奖的非莞籍选手可享受入户政策优惠入户东莞。本次大赛前4名选手组成东莞代表队参加全省饭店服务技能大赛，并获得3个二等奖，1个三等奖和最优秀组织奖。

是年，东莞市倡导全市星级饭店环保节能减排，引导住店客人减少一次性用品的使用；市旅游局、市旅游饭店协会与中国音乐著作权协会通过协商，争取到有关部门对旅游饭店行业的支持，解决旅游饭店卡拉OK版权费问题；市旅游局调查统计全市民营饭店管理公司有关情况并上报省旅游局。

2010东莞市饭店业服务技能大赛颁奖。

【信息化建设】 2010年，东莞市完成了东莞旅游网站的官方域名注册及备案工作，网站服务器的托管工作，加强网站的硬件建设，及时、准确地更新网站政务信息，加大旅游节庆等重大活动的网络宣传等。1月6日，召开全市旅游统计工作会议暨举办全市旅游统计业务培训班，升级旅游统计直报系统，完成2009年度全市旅行社统计调查及旅游统计年报工作，配合省有关统计部门对国际国内游客的抽样调查，及时整理统计各种旅游数据。

【旅游行业协会】 2010年12月29日，东莞市旅游局协助旅游协会第二届会员大会筹备委员会召开第二届会员代表大会，东莞市委常委、副市长江凌，东莞市政府副秘书长郭惠良，东莞市旅游局局长梁少虾，东莞市民间组织管理局副局长郑志祥，东莞市旅游协会第一届会长李善奴等及126名会员出席会议。大会审议通过第一届理事会工作报告和协会章程，投票选举第二届理事会的43名成员及第二届会长、副会长和秘书长等协会领导成员，梁少虾当选为会长，李耀辉、余建民、李亚鹏、潘继军、梁永雄、陈冀凯当选为副会长，尹赣青当选为秘书长，邀请江凌、郭惠良、李善奴担任协会名誉会长。

2010年2月29日，东莞市旅游协会第二届会员代表大会召开。

旅游教育培训与精神文明建设

【旅游行业精神文明建设】 2010年2月，东莞市旅游局与市妇联联合组织举办“春游粤港 三八同乐”暨百名单亲家庭母亲免费游香港活动。6月28日，东莞市举行“广东扶贫济困日”活动，市旅游局干部职工及旅游企业踊跃捐款。其中市旅游局干部职工募集款项18600元，全市旅游企业筹集捐款121134元（东莞市国泰国际旅行社有限公司筹集捐款10万元，四海国际社捐款3760元，东莞市阳光旅行社有限公司捐款3660元，东莞市景鸿国际旅行社有限公司捐款3000元，腾龙国际社捐款3000元，风华旅行社捐款2000元，松山湖旅行社捐款1064元，东莞市欢笑天地游乐管理有限公司捐款2000元，东莞市国际旅行社有限公司捐款1000元，东莞市金泰旅行社有限公司捐款850元，东莞市江南假期旅行社捐款800元）。

【旅游教育培训】 2010年，东莞市先后两次组织导游员资格考试，共有462人次参加。其中，第一次导游考试参加人数233人（新考175人，78人通过）；第二次导游考试参加人数229人（新考182人）。市旅游局专门开设导游员资格考试考前辅导班，聘请有关旅游专业老师授课，有针对性辅导。从报名参加导游考试的考生种类比例看，院校生、社会青年和旅行社职员报名人数的比例约为5：3：2，来自各旅游院校的在校学生和社会青年所占比例较大。

东莞市按照2010全国旅游服务质量提升年活动主题，年度培训课程设置重点围绕提升全市旅游服务人员的质量，强化导游员服务质量意识。邀请高级导游林大康为东莞市初级导游员授课，并邀请2009年度东莞导游技能大赛“十佳导游”获奖者庄锡鑫、徐亮等优秀导游员代表作经验交流。向全市所有旅游企业下发《关于参加东莞市应急救护培训的通知》（东旅通［2010］44号），组织300多名旅游企业管理人员和一线工作人员参加市应急救护培训相关培训课程，并取得《东莞市红十字会救护员》证书。

纪 事

3月5日 召开2010年全市旅游工作会议。

4月28～30日 东莞市旅游局、东莞市人力资源局和东莞市旅游饭店协会联合举办“2010东莞市饭店业服务技能大赛”。

6月16～18日 东莞市旅游局与东莞市外事侨务局联合举办“2010华人华侨畅游东莞”系列活动。

8月13日 召开深莞惠三市旅游局联席会议。

8月28日 2010东莞旅游文化节暨寮步镇香市旅游文化节开幕。

9月29日 东江纵队纪念馆和孙中山大元帅府纪念馆联合举办《国共要人与留法勤工俭学运动》。

12月18日 举办“万车互游深莞惠”启动仪式暨东莞首发团活动。

12月29日 召开第二届旅游协会会员代表大会。

（钟金伟）

中山市

综述

【概况】 2010年，中共中山市委、市政府联合出台《关于加快旅游重点项目建设，推动旅游业跨越发展的意见》（中委［2010］5号），优化产业结构，转变经济发展方式，加快旅游重点项目建设，发展旅游服务业。在旅游服务质量提升年期间，中山市旅游质量信息公开力度得到加强，旅游服务水平全面提升，旅游企业和从业人员质量意识、标准意识和品牌意识日益增强。全年旅游总收入125.17亿元，增长13.52%，其中旅游外汇收入2.76亿美元，增长35.02%。

【旅游行业规模】 截至2010年底，中山市有星级饭店43家，其中五星级3家，四星级6家，三星级26家，二星级酒店6家，一星级酒店2家；有旅行社33家，其中出境游组团社7家。中山中国国际旅行社进入2010年度“全国百强旅行社”；有较大型旅游景点27家，其中有4A级旅游景区2家。

【“十一五”旅游业发展情况】 “十一五”期间，中山旅游业保持快速健康发展态势，市委、市政府先后出台《关于进一步加快旅游业发展的意见》（中府［2008］1号）、《中共中山市委 中山市人民政府关于加快旅游重点项目建设推动旅游业跨越发展的实施意见》（中委［2010］5号），制定出《中山市旅游业发展总体规划（2005—2020）》，启动孙中山故里旅游区创建国家5A级景区工作，引进中山翠亨温泉旅游度假区、神湾盛世游艇制造基地、民森休闲体育设施、裕安人家旅游等项目，大力开发工业旅游，成功创建2家全国工业旅游示范点、3家广东工业旅游示范单位，打造“岭南水乡旅游文化节”、“东升脆肉鲩美食文化节”、“百万妇女游中山”、“孙中山文化节”等节庆品牌。截至“十一五”期末，中山旅游业总收入125.17亿元，较“十五”期末增长91.25%，年均增长率达13%—14%；2010年，城市接待过夜游客587.87万人次，较“十五”期末增长24.97%，年均增长率为4%。

【试行国民旅游休闲计划】 2010年，中山市继续积极试行国民旅游休闲计划，组织“百万妇女游中山”、“万人游坦洲”活动、举办广东省华人华侨旅游年系列活动，组织“中山人游世博”、“青春励志路，高铁体验游”湘粤港澳青少年伟人故里行夏令营、中山人清远连阳地区体验之旅、“共享亚运欢乐，畅游伟人故里”等活动，借助武广高铁通车之机，与沿线城市开展旅游互动，与省内城市开展大型旅游互动，举办岭南水乡旅游文化节、三乡嘉年华等节庆活动。

【参加上海世界博览会】 2010年，中山市以“博爱·和谐——让城市生活更美好”为主题，以“慈善万人行”为活动主题参与上海世博会城市最佳实践区的展示。4月4日，由中山市参与2010年上海世博会工作领导小组主办，中山市旅游局承办，中山市志愿者联合会和中山国旅联合协办的“全国百城（中山）世博旅游宣传活动周”启动仪式在大信新都汇举行。现场特别设立世博旅游咨询区以及世博中山馆志愿者的招募专区，中山国旅以有奖问答等方式向市民宣传世博信息。5月22～27日，“中山馆”在上海世博文化广场举行微缩型“中山慈善万人行”馆外展示，中山市世博办、中山市红十字会以及中山国旅在展示期间共同推出“千名志愿者游世博助威中山馆”活动。参与世博线路的团友每人捐出10元支持中山市红十字事业。据不完全统计，5月至10月，中山旅行社组织4万市民赴上海参加世博会。

旅游接待与收入

【入境旅游】 2010年，中山市接待入境旅游者48.05万人次，同比增长0.97%，其中：外国人13.49万人次，同比增长23.05%；香港同胞24.34万人次，同比下降0.60%；澳门同胞6.38万人次，同比下降14.68%；台湾同胞3.83万人次，同比下降17.62%。旅游外汇收入2.76亿美元，同比增长35.02%。

是年，中山市主要客源国为日本、马来西亚、新加坡和韩国，入境旅游者人数分别为22999人次、6990人次、5937人次、4630人次。

【国内旅游】 2010年，中山市国内旅游市场保持稳定增长。全市接待国内旅游人数539.8万人次，比上年增长7.04%。旅行社组团国内游142.08万人次，同比增长

8.36%，其中省外游25.49万人次，同比下降6.89%；省内游116.58万人次，同比增长12.38%。该市年内举办“百年‘三八’，百万妇女游中山”以及大型省内城市旅游互动等活动，省内游市场逐渐成为国内旅游的主流，份额占比超过8成。

【出境旅游】 2010年，中山市旅行社组团出境游17.19万人次，同比下降5.11%。其中组团香港游11.06万人次，同比下降12.67%；组团澳门游2.25万人次，同比增长26.75%；组团台湾游3852人次，同比下降50.79%；组团外国游3.49万人次，同比下降4.94%。

【假日旅游】 2010年春节黄金周中山市接待游客51.2万人次，比上年同期增长6.64%；接待过夜游客5.5万人次，同比增长22.22%；旅游收入1.01亿元，同比增长8.6%。“十一”黄金周接待游客103.96万人次，比上年同期增长35.35%；接待过夜游客8.74万人次，同比增长4.42%；旅游收入1.84亿元，同比增长10.18%。

旅游宣传促销与节庆活动

【概况】 2010年，中山市旅游局组织各类旅游推介会3次，参加各类旅游展览会6次，接待来中山进行旅游推介城市6个。其中，3月26日，在广州锦汉展览中心举办二十世纪三大伟人故里旅游推介会。4月6月10~13日，市旅游局组织本市40多家旅游企业赴香港会议展览中心参加2010年香港国际旅游展。9月16~18日，市旅游局组织近100名旅游企业代表赴澳门参加第三届国际旅游与世界遗产旅游博览会。9月25~27日，市旅游局参加2010广东国际旅游展览会，租用6个特装展位，采用骑楼造型，以三进格局、大幅景点图片、对联、名言等形式展示中山的历史文化和旅游精华。

【国庆彩车巡展中山站】 由中山市人民政府和广东省旅游局主办，中山市旅游局和广东益民旅游休闲服务有限公司承办的“领潮争先，龙腾南粤”国庆彩车广东巡展（中山站）于2010年1月11~17日在兴中体育馆东门举行。巡展分五大展区，包括广东彩车展示、国民旅游休闲卡体验、中山旅游联展、名优特产品展示及休闲美食区，共设展位96个，参展企业73家，其中旅游企业24家、非旅游企业49家。7天展示期间，吸引参观人数2万多人次，发行国民旅游休闲卡8000多张。

【百万妇女游中山】 2010年是“三八”国际妇女节100周年。3月，中山市旅游局与市妇联共同主办“百年‘三八’，百万妇女游中山”活动。市旅游局、市妇联联合倡议妇女参与此项活动，走出家门看发展，共享改革发展成果。市旅游局推出美景、美食、美购、美容精品线路，旅行社精心策划文化旅游、休闲旅游、产业旅游、美食旅游、购物旅游、生态旅游和养生旅游等线路，餐饮、酒店旅游企业推出适合妇女养生美容的膳食和休闲度假的套餐。为实现“百万妇女游中山”的目标，市旅游局举办“百年‘三八’，百团丽人游中山”、“三万江门妇女游中山”、“留住美丽瞬间”摄影大赛、“亚运信使走进中山”、“百名女企业家游中山”等主题活动。3月，中山市接待游客112.94万人次，旅游总收入6.73亿元，比上年同期增长26.5%。

2010年3月14日，澳门千名妇女游中山首发团抵达中山。中山市副市长谭培安出席欢迎仪式。

【共享亚运欢乐 畅游伟人故里】 2010年11月12日，适逢2010广州亚运会开幕与孙中山先生诞辰144周年纪念日，由中山市旅游局主办，各大旅行社共同参与的“共享亚运欢乐，畅游伟人故里”活动于11月13日在孙文纪念公园启动，至12月31日结束。来自中山以及港澳、珠三角的1000多名游客见证启动仪式，15家省市媒体进行采访报道。活动紧扣亚运和孙中山文化两大主题，把亚运、伟人等元素与旅游有机结合起来。活动期间，结合广东国际旅游文化中山分会场的东升脆肉鲩美食节、小榄菊花展、古镇绿博会等活动，吸引大量国内外游客前来畅游中山。

2010年4月30日，广东省华人华侨旅游年中山启动仪式暨中山市旅游文化节开幕式举行。

【中山市旅游文化节】 2010年4月29日至5月3日，由广东省人民政府侨务办公室、广东省旅游局、中山市人民政府共同主办的中山市旅游文化节开幕式暨广东省华人华侨旅游年中山启动仪式在中山沙溪隆都红木家具博览中心举行。活动内容包括：华侨文化资源与旅游开发论坛，旅游商品展销，服饰展销，《中山人看世界》、《海外中山人》摄影艺术展，魅力侨乡中山游等。开幕式当日，全市旅行社共组织500多名游客参加活动。为期5天的活动共接待游客5万多人。

【岭南水乡旅游文化节】 由中山市人民政府主办的“水调歌头，果色天香”——中山市岭南水乡旅游文化节于2010年9月28日至10月4日在民众镇举行。活动内容包括：开幕式、水乡果蔬嘉年华、水乡运动会、民众水乡名菜评选、外国人看中山和旅游精品线路游等六大主题活动。其间共接待游客23万人次，拉动经济消费1300万元。

【东升脆肉鲩文化美食节】 2010年12月29日至2011年1月2日，由中山市发展和改革局、市旅游局、市经济和信息化局、市海洋与渔业局、市文化广电新闻出版局和东升镇人民政府共同主办，市饮食业商会和中山市力信科技发展有限公司协办的东升脆肉鲩文化美食节在东升镇举行。展览面积2万平方米，设脆肉鲩美食、中华美食、中华特产干货、脆肉鲩十大金牌菜、脆肉鲩鱼王、文化艺术精品、根雕盘景花卉艺术展、中山市优秀旅游商品、东升镇规划成果展和房地产展9大展区，参展摊位199个，其中脆肉鲩展位49个。由世界手模大师马乐山设计的两款脆肉鲩卡通形象吉祥物“东东”和“脆脆”正式亮相。5天时间吸引市内外游客50万多人次，比上届增加20多万人次，增长40%。消费5000多万元，比上届增长43%。每天消费脆肉鲩近5000公斤。

【区域旅游合作】 2010年3月24日，中山、珠海、澳门旅游局代表在中山小榄皇冠假日酒店召开2010年中珠澳旅游区域合作联盟工作会议暨轮值城市交接仪式。中山市旅游局接过轮值城市的轮值锦旗。是年，中山市借助澳门在世界各地办事机构的平台，扩大中山旅游的对外宣传。中山、珠海、澳门三地旅游局共同制作新版（中英文版）《梦回香山》专题片，于10月在马来西亚举行的第八届世界中山同乡恳亲大会上联合举行旅游推介会。12月，三地旅游局共赴湖北武汉举办中珠澳旅游推介会，进一步扩大中珠澳旅游合作产品在内地的影响。

7月7~8日，由广东省旅游局主办，中山市旅游局、江门市旅游局共同承办，以“活力广东，粤游粤精彩，中山、江门——珠江口西岸旅游休闲胜地”为主题，分别在武汉市汉口香格里拉大酒店和长沙市芙蓉国豪庭大酒店举行旅游推介会。9月上旬，武汉市旅游局组织40家旅行社及媒体代表到中山和江门两市考察旅游线路。

3月11日，泛珠三角红色旅游高级管理人员培训班在中山市举行。泛珠三角九省（区）旅游局领导共同签署泛珠三角区域红色旅游合作发展协议。

中珠澳区域旅游合作联盟工作会议在中山召开。

旅游资源开发和景区（点）建设

【概况】 2010年，全面推动孙中山故里旅游区建设，推进工业旅游示范点、农业旅游示范点、景区等级评定工作。市旅游局指导卓旗山庄开展3A级旅游景区评定工作，组织中山旅游景区创建和申报“广东温泉旅游示范基地”、“广东森林旅游示范基地”、“广东机械游乐示范基地”、“广东中医药旅游示范基地”等。启动南区北台村旅游板块创建国家5A级旅游景区前期规划研究，开展长江旅游区创建国家4A级旅游景区前期研究。至年底，全市有33个旅游资源区，5个旅游资源带，90个旅游资源独立点。中山故居、老街新韵、兴中缀绵、仁山玉宇、五桂雄峰、温泉碧苑、阜峰文笔、长江叠翠、紫岭鸣嘤、菊城金瓣为中山市“十大旅游景点”。

【中山市旅游集团有限公司成立】 2010年11月29日，中山市旅游集团有限公司成立，注册资金5亿元，是中山市国资委属下独资国有企业。该集团致力于经营、管理国有旅游资产，其业务涵盖酒店、景区、旅行社、旅游咨询、旅游地产等，辖有中山温泉有限公司、中山旅游产业有限公司、中山市孙中山故居旅游发展有限公司等19家企业，设有行政人事部（含党群办、工会）、财务部、审计部经营部、投资部、研发部，员工总数近1700人，其中集团本部22人。

【工业旅游】 2010年，中山市借助“一镇一品”的特色区域经济，打造工业旅游景点，开发富有特色的工业旅游线路。市旅游局指导沙溪霞湖世家休闲服饰、古镇华艺灯饰、胜球灯饰、小榄华帝奥运火炬典藏馆开发工业旅游。

华帝公司规划建设火炬广场，伊泰莲娜 DIY 地带在原有基础上规划建设一个儿童游乐园，三乡镇宝元鞋厂建成以运动休闲鞋系列为主的鞋类博物馆，筹备建设“胜道运动城”。9月1日，小榄华帝燃气具工业旅游点、长青集团、坦洲伊泰莲娜 DIY 地带被省旅游局和省经信局认定为广东省首批“工业旅游示范单位”。

【伟人故里旅游线路】 2010年，广东中山、湖南湘潭、四川广安三市携手创建“中国二十世纪三大伟人故里”的旅游合作联盟，推出三大伟人故里游线路。活动由湘潭市组织的青少年夏令营以高铁红色专列形式发往广东中山，开展“粤港澳”游。中山市对应组织含港澳在内的青少年夏令营以高铁红色专列形式发往湘潭韶山。此次活动双方各互派30～50名小记者作为青少年夏令营先遣队分赴两地体验采访，同时在媒体开辟专版，发表文章和网络日志。

【长江水世界开业】 位于中山市长江旅游风景区内，占地面积10万平方米。由中山金马游乐集团投资2亿元建设，可同时容纳5000名游客，其定位为深海主题文化休闲水乐园，是中山唯一拥有大型机动游戏的水上乐园。于2010年7月16日开业。长江水世界拥有深海漩涡、巨浪飞舟、飞越彩虹、雨林部落、爱琴海湾、丛林漂流等水上娱乐设备。其中，“雨林部落”是广东地区最大的原生态热带雨林主题游乐区。园内还设置绿氧泳池、休闲水疗（SPA）与健身中心。至10月8日的3个月内接待游客15万人次。

长江水世界。

【仙踪龙园开业】 位于五桂山南桥和平村，占地约30亩，于2010年9月开业。主要种植仙人掌和与佛文化相关的植物，并养殖驼鸟、孔雀、海鼠、锦鲤、海象、鲟龙和鳄鱼等与仙人掌、“龙”相关的动物。是全国唯一将仙人掌文化、佛文化、龙文化三者集于一身的大型农业生态文化观光园，获市科技局授予“中山市科普示范基地”牌匾。

【旅游商品发展】 2010年1月30日，中山市旅游局、坦洲镇人民政府举办以“品味坦洲，体验丰收”为主题的万人游坦洲活动，以游客到田间摘果的形式，提高坦洲番石榴、木瓜、橙子、火龙果等水果生产的知名度，帮助果农增收。8月17～22日，市旅游局组织本市旅游商品生产、设计、销售单位，携带孙中山纪念品系列、中山特色系列、北京奥运系列等中山特色旅游商品，参加由中国旅游协会、喀什地区行政公署、新疆维吾尔自治区旅游局联合主办的首届丝路明珠喀什噶尔国际旅游文化节暨第五届新疆旅游纪念品设计大赛与展销活动。9月，举办“把中山带回家——2010～2011年度中山市优秀旅游商品评选”，评选出2010～2011年度中山市优秀旅游商品奖53个，其中2010～2011年度中山市优秀旅游商品金奖20个。9月，举办2010～2011年中山市特色旅游套餐暨中山旅游特色餐饮店评选活动。全市近100家餐饮企业、200多件套餐参加比赛，选出30家餐饮名店和33款套餐。

旅游行业监督管理

【概况】 2010年，贯彻《旅行社条例》和《旅行社条例实施细则》，大力整顿旅行社市场。以旅行社资质等级评定为契机，促进旅行社管理上星级、上等级。重点开展旅行社统计调查，全面掌握旅行社行业的经营状况，规范旅行社的经营行为。实施《中山市旅行社组织接待外地游客到中山旅游奖励办法》，鼓励市内旅行社组织外地游客到中山旅游。是年，中山市新增旅行社8家，旅行社总数达33家。

【旅游安全管理】 2010年，中山市旅游局联合市公安消防局制定实施《中山市星级酒店消防安全管理规定》。编印《星级酒店消防安全管理手册》，明确消防安全管理制度、消防安全责任制、日常消防管理、消防档案建立、消防宣传和灭火救援的具体要求，逐级落实岗位责任制。1月7～16日，市旅游局联合市消防局对全市星级酒店消防安全管理情况进行检查，被评定为A级的占总数的51.43%。7月至9月，对照《星级酒店消防安全标准化管理评分细则》复评，评定为A级的占总数的59%。11月3日，市旅游局举办2009年度中山市星级酒店消防安全标准化管理表彰会，香格里拉大酒店、国际酒店、古镇国贸大酒店、真善美大酒店、汇景酒店、富华酒店、菊城宾馆、汇昌酒店、丽阁花园酒店、金莎商务酒店等单位被评为“先进单位”。

【旅行社管理】 2010年，中山市旅行社资产总额为2.59亿元，负债总额为2.22亿元，所有者权益为368.35万元。旅行社经济效益出现较大的幅度增长，其中，营业收入总额为10.08亿元，旅游业务收入总额为10.07亿元，利润总额为915.63万元，实缴税金总额为470.38万元。所有的旅行社均与旅游者签订新的旅游合同，所有旅行社均与旅游车队签订旅游租车合同，有效的保证旅游服务质量。全年未出现较大的旅游质量投诉案件，未发生安全事故，旅行社责任保险投保率100%。

【旅游饭店管理】 2010 年，中山市旅游局开展星级酒店评定、复核和重评，促进酒店企业重视设施设备保养，完善和落实管理制度，优化公共区域卫生和环境、提高服务质量。7 月至 11 月，对全市 39 家星级酒店进行复核和重评，小榄大观园商务酒店、汇泉酒店通过三星级评定。以租赁、加盟、特许经营等方式，引进国际酒店管理集团，利用国际营销网络，加大销售力度，香格里拉酒店管理集团、洲际酒店管理集团、喜达屋酒店管理集团等国际品牌落户中山。至年底，中山市有宾馆、酒店、招待所 480 多家，其中星级饭店 43 家（五星级酒店 3 家，四星级酒店 6 家，三星级酒店 26 家，二星级酒店 6 家，一星级酒店 2 家）。是年，新开业酒店 2 家，分别为喜来登酒店和颐和君利酒店。

【饭店业技能大赛】 2010 年 4 月 26 ~ 27 日，中山市旅游局、市总工会、市人力资源与社会保障局共同举办“2010 中山市饭店业技能大赛”，44 家饭店的代表队参加比赛，416 名选手进行 9 个项目的决赛，其中个人项目 7 个、团体项目 2 个。获胜的选手组成中山代表队，参加于 5 月 9 ~ 10 日在广州举行全国旅游饭店技能大赛（广东）选拔赛，分别参加客房中式铺床、中餐宴会摆台、西餐宴会摆台和调酒等项目的比赛。雅居乐长江酒店王碧珊获调酒项目第二名（二等奖），古镇国贸酒店龙子威获西餐宴会摆台（第三名）二等奖，京华世纪酒店吴丽娜获中餐宴会摆台（第六名）三等奖，中山代表队获“优秀组织奖”。

2010 年 7 月 8 日，中山市赴长沙推介珠中江旅游合作产品。

旅游教育培训与精神文明建设

【旅游教育培训】 2010 年度旅游行业教育培训工作重点针对旅游管理干部，旅游行业中、高级管理人员，导游人员的培训。中山市旅游局指导电子科技大学中山学院、广东理工职业学院、中山市职业技术学院、中山市中等专业学校、中山市旅游学校、小榄建斌中学等教学单位适当调整专业设置，增设旅游管理、烹调工艺、导游服务、客房服务与管理等专业，扩大办学规模，提高教学质量。市旅游局组织实施每年两次的导游资格考试工作，广泛发动社会各界人士参与，并聘请全省知名师资开办考前辅导班。6 月至 9 月，开展 2010 年广东省导游人员职业技能大赛中山市导游人员竞赛活动，选拔优秀导游组队参加全省导游人员职业大赛。6 月 21 日，在中山职业技术学院举办 2010 年广东省导游人员职业大赛中山选拔赛，选出 7 名优胜选手组成中山代表队。经 10 天封闭、系统培训，中山代表队参赛选手于 9 月 10 日参加全省导游人员职业大赛。

【旅游行业精神文明建设】 2010 年，中山市旅游行业以提升旅游服务质量为重点，配合“全国文明城市”创建工作，通过开展主题教育学习活动、企业内部培训、完善顾客反馈跟进系统，促进客户满意度不断提升。2010 年，旅游行业踊跃为“2010 中山市慈善万人行活动”捐款，共筹集善款 74.55 万元；2010 年 8 月，中山市旅游局与清远市旅游局共同举办“走进大山深处，感受心灵真善美”爱心活动，组织中山的孩子和家长走进偏远山区捐献爱心，各旅游企业也开展了不同形式的“爱心助学之旅”活动。2010 年，中山中国国际旅行社第 14 次被评为“全国百强国际旅行社”，并被评为广东省“AAAA 级标准化良好行为企业”；泉林旅游山庄党支部被评为“2009 - 2010 年度先进党支部”；卓旗山庄被评为“广东省森林生态旅游示范基地”。2010 年，中山市青年国际旅行社有限公司厉健（女）被评为“2010 年中山市十杰市民”；中山市青年国际旅行社有限公司王晓成被评为“2010 全国优秀导游员”以及“全国名导讲师堂”工程师资库教师；中山市青年国际旅行社有限公司张润石被共青团广东省委员会评为“2009 - 2010 广东省‘百佳’团支部书记”；泉林旅游山庄郑干能被评为“中山市百佳雇主”。

纪　事

7 月 15 日 出台《中共中山市委　中山市人民政府关于加快旅游重点项目建设推动旅游业跨越发展的实施意见》（中委［2010］5 号）。

3 月 11 ~ 16 日 泛珠三角区域红色旅游管理人员培训班在中山温泉宾馆举行。

4 月 26 ~ 27 日 2010 中山市饭店业技能大赛在金钻酒店举行。

10 月 16 日 中山、珠海、澳门三地旅游局联合在马来西亚第八届世界中山同乡恳亲大会上举行中珠澳旅游推介会。

12 月 29 日 “活力东升，鱼乐无穷”——2010 年中山（东升）脆肉鲩文化美食节在东升镇开幕。

2010～2011 年度中山市获金奖优秀旅游商品

中山市宝鼎实业有限公司（桑果系列）
中山市神湾镇南大门果场（菠萝）
广东益和堂制药有限公司（沙溪凉茶）
咀香园健康食品（中山）有限公司（咀香园杏仁饼）
广东美味鲜调味食品有限公司（厨邦酱油、厨邦土鸡粉）
中山市黄圃镇泰和食品有限公司（泰上王腊味）
中山市金煌食品有限公司（金煌腊味大全）
日威食品有限公司（茶薇卷）
中山市茶宁酒类商店（茶薇酒）
天天渔村小榄公饭店（小榄公菊花清酒）
中山圣雅伦日用制品有限公司（总理套装：FJ－005G）
中山华帝燃具股份有限公司（“火舞祥云”奥运火炬珍藏摆件）
中山市三乡镇忠艺堂传统家具工艺品店（微型雕花圈椅及小叶紫檀木）
中山市世纪明家家艺有限公司（紫檀镶檀香天下为公小插屏）
中山市博爱名城文化产业有限公司（孙中山金像）
中山市华人礼服有限公司（中山装）
中山市博爱名城文化产业有限公司（中山金鼎）
孙中山故居纪念馆（孙中山题词系列）
中山市泰华旅游实业发展有限公司（中山市一镇一品饰品荟萃）
中南烛业有限公司（健香堂香薰）

（注：以上企业排名不分先后。）

2010 年中山市特色餐饮及特色旅游套餐

一、火炬开发区

1. 金记大酒楼（全鸽宴　鲟龙宴　菊花宴　国父宴）
2. 中港城海鲜酒楼（中山风味名菜荟萃宴）
3. 一品御厨大酒楼（御厨特色宴）

二、黄圃镇

4. 聚龙海鲜餐厅（九大簋）
5. 键豪饮食店（乡村果蔬宴）
6. 津津海鲜酒楼（腊味飘香）

三、古镇镇

7. 粤港海鲜酒楼（浓情家乡宴）
8. 国贸大酒店（佳肴美食传灯都）

四、三乡镇

9. 叠泉生态园有限公司（叠泉大团圆）
10. 中山温泉有限公司（温泉至尊宴）

五、小榄镇

11. 小榄迎宾馆餐饮（鱼米之乡）
12. 天天渔村小榄公饭店（中国菊花宴）
13. 四季酒楼（四季特色宴）
14. 菊城酒店（菊城风味宴）
15. 王子国宴饭店（鱼香特色宴）
16. 小榄人家酒楼（榄香家宴）
17. 鸽渔轩酒楼（鸽有鱼香）

六、东升镇

18. 焯明美食城（一鱼百味盛宴）
19. 美味园酒楼（皇牌金奖脆肉鲩火锅宴）
20. 港海饮食管理有限公司（东升脆肉鲩特色宴）

七、南朗镇

21. 新好世界酒家（博爱情缘）
22. 横门海鲜酒家（横门海鲜宴）

八、民众镇

23. 御珍宝食府（民众多宝养生宴）
24. 名彩酒楼（名彩水果宴）

九、南头镇

25. 孖宝饭店（孖宝家乡园林套餐）
26. 宝合园园林食罕（宝合苑宴会套餐）

十、沙溪镇

27. 荔苑隆都菜馆（隆都特色宴）

十一、石岐区

28. 金钻酒店（金钻风味宴）

十二、横栏镇

29. 名厨小镇酒楼（名厨小镇宴）

十三、坦洲镇

30. 坦神大兴酒楼（金半湾疍家宴）

（刘　婧）

江 门 市

综 述

【总体情况】 2010年，江门市旅游业按照市委十一届七次全会关于“建设旅游强市”的要求，大力拓展旅游市场，在全国18个省（区）和国内重点城市设立江门旅游联络处。同时，强化“珠中江”旅游一体化、粤港澳“一程多站”、旅游招商引资、旅游品牌建设和优质旅游服务。全年旅游总收入120.10亿元，比上年增长15.46%；接待游客2327.88万人次，比上年增长10.89%，其中过夜游客990.99万人次，比上年增长14.97%。

【旅游行业规模】 截至2010年底，江门市共有旅游景区（点）23家，其中国家4A级旅游景区7家；社会旅馆450家，客房数32899间。全市有星级饭店30家（五星级4家，四星级3家，三星级20家，二星级3家），星级饭店客房数3464间，床位数5939张；旅行社55家，其中出境游组团社5家。

【重大旅游决策】 2010年1月13日，在中共江门市委第十一届7次全会上，市委书记陈继兴要求“加快发展旅游经济，力争旅游业总收入年保持20%以上增长，建设旅游强市。”市长王南建要求“要加强与珠海、中山及澳门旅游合作，打造旅游线路同城化。”1月25日，市长王南健在《江门市政府工作报告》中肯定2009年江门市旅游业成绩，要求2010年“重点抓好金融服务业、物流业和旅游业发展。”“打造国内一流旅游胜地，创新旅游主题和线路，不断开拓旅游市场，提升与港澳台、外省及国际旅游合作水平，打响碉楼、温泉、海滨‘三张牌’，保持旅游业强势增长。”3月，《江门市2010年国民经济和社会发展计划安排建议》提出“抓好侨乡旅游节、华人嘉年华等各种形式招商活动。加快发展旅游经济。以碉楼、温泉、海滨为主打产品，紧抓澳门建设世界休闲中心的机遇，加强与港澳旅游业合作；加强旅游基础设施建设，创新旅游主题和线路，打造国内外知名的休闲旅游基地，全面实施国民旅游休闲计划。”

【“十一五”旅游业发展情况】 “十一五”期间，江门市旅游业食、住、行、游、娱、购“六要素”日臻完善，旅游经济增幅较快。全市累计接待过夜游客3975.54万人次，旅游总收入436.8亿元，与“十五”期间（2001－2005年）同比，分别增长44.68%和88.66%。其中2010年全市旅游业总收入120.10亿元，接待过夜旅游者总人数990.99万人次，分别比2005年增长141.52%和72.27%，年均增长分别为19.29%和11.47%。旅游项目建设稳步推进，一批大型旅游项目建成并对外开放，如金水台漂流旅游区、康桥温泉、香江温泉、金凯悦酒店以及江门、鹤山、台山碧桂园酒店均投入使用。品牌建设成效显著，开平碉楼与村落成为中国第35处、广东省首处世界文化遗产，锦江温泉、台山川岛、富都温泉评定为国家4A级旅游景区，台山北峰山被评定为国家森林公园，鹤山大雁山被评定为省级森林公园，台山国华台电被评定为全国工农业旅游示范点，新会小鸟天堂、恩平凤凰生态乐园被评定为广东最美乡村旅游区（点），恩平歇马村歇马举人村、那吉镇石头村和开平自力村自力村被评定为广东人文历史类最美乡村旅游示范区（点）。

【江门市旅游工作会议】 2010年3月16日，2010年江门市旅游工作会议暨江门五邑旅游协会工作会议在新会冈州宾馆召开。江门市副市长李崴出席会议并讲话。各市、区分管旅游主要领导、旅游局局长及各旅游企业负责人100多人参加。市旅游局局长周锦新总结2009年旅游工作及布置部署2010年旅游工作，台山市政府、新会区旅游局、开平市碉楼旅游发展公司在大会上分别介绍经验。会议要求，2010年力争实现全市旅游收入达到120亿元，打造广东最佳旅游休闲度假胜地。会议强调要完成“四大任务”：打造旅游品牌，拓展旅游市场，延伸旅游产业链，加强旅游宣传。会议表彰江门市2009年旅游工作先进旅游局及2009年旅游工作先进镇（街）。

【试行国民旅游休闲计划】 2010年4月，江门市旅游优惠“一卡通”发行，全年共发行2万多张；新会古井镇等4个村镇被广东省旅游局授予“广东省旅游特色县镇村”称号，鹤山双桥村等7个村镇被授予“广东省旅游特色村”称号。开平周文雍烈士陵园被评为首批“广东省红色旅游示范基地”，台山川岛旅游度假区被评为“广东省首批滨海旅游示范景区”，开平健之源保健食品有限公司被评为“首批广东省工业旅游示范单位”，恩平锦江温泉度假村、恩平帝都温泉度假村、新会古兜温泉度假邨、台山康桥温泉度假村4家温泉被评为“广东省温泉旅游示范基地”。

【2010中国世博旅游年】 2010年7月28日，在世博园举办的中国2010年上海世博会广东活动周开幕式结束后，中共中央政治局委员、广东省委书记汪洋来到江门市展位参观，详细询问茅龙笔的制作技艺，收下新会展区赠送的旅游工艺品新会葵扇。黄华华省长、雷于蓝副省长等省领导一同参观江门市展位。据统计，江门市发动旅行社开发世博游产品，组织约1.5万人次游客前往参观世博会。为配合世博“广东馆”的主题宣传活动，新会葵博园的葵艺技师赴世博参加“广东周”文化展演活动，现场展示新会葵艺的制作过程，吸引大批中外游客驻足观看。

旅游接待与收入

【入境旅游】 2010年，江门市接待入境旅游者119.04万人次，比上年增长2.71%。旅游外汇收入47656.60万美元，比上年增长16.54%。

【国内旅游】 2010年，江门市接待国内游客871.95万人次，比上年增长16.88%。国内旅游收入87.71亿元，同比比上年增长15.27%。旅行社组团国内游773757人次，比上年增长26.68%，其中，省内游624981人次，比上年增长27.24%，省外游148776人次，比上年增长24.41%。

【出境旅游】 2010年，江门市组团出境游118043人次，比上年增长98.85%。其中，香港游34276人次，增长59.69%；澳门游73699万人次，增长131.43%；出国游10068人次，增长66.28%。

【假日旅游】 春节黄金周，江门市接待游客155.51万人次，同比增长3.6%，旅游收入4.25亿元人民币，同比增长4.94%。“五一”黄金周，接待游客59.45万人次，同比增长7.88%，旅游收入1.65亿元人民币，同比增长6.23%。“十一”黄金周，接待游客137.5万人次，同比增长18.12%，旅游收入5.65亿元人民币，同比增长19.45%。

旅游宣传促销与节庆活动

【旅游宣传促销】 2010年，江门市在省内和国内主要旅游城市设立18个江门旅游联络处；组织旅游企业到上海、香港等10多个省市和地区召开旅游推介会，巩固和扩大湖南、湖北、重庆等重点客源市场，开拓上海、浙江、福建、广西等新型旅游市场，长三角和广西的客源已成为江门旅游市场新的增长点。

4月20～22日，市旅游局在台山市金津广场举办“魅力侨乡，度假天堂”江门旅游推介会。分别邀请到香港、澳门、广东、广西、湖南、湖北、辽宁、河南、四川、重庆、江西、云南10多个省（区）128家旅行社、200多名负责人，中国老兵旅游联盟组织的29家旅行社，湖北省40家旅行社和4家媒体考察旅游线路，商谈组团业务；推介会表彰广州广之旅、广州南湖国旅、广州金马旅行社、深圳九洲旅行社、深圳巨邦旅行社、香港永安旅行社、澳门中旅、武汉神州行联盟、成都中青旅、重庆光大旅行社等2009年组团江门旅游“十佳旅行社”。向成都、重庆、武汉、郑州、长沙、香港、澳门、广州、深圳、珠海、中山等11家外地合作旅行社颁发江门旅游局旅游联络处牌匾。

5月9日，由江门市旅游局、澳门中旅联合开展的“澳门同胞万人游江门”活动在五邑华侨广场举行首发仪式。此活动是江门2010年开展“华侨旅游年主题旅游活动”的首个大型活动，延续至9月份。李崴副市长出席仪式并讲话，并向澳门中旅颁发2009年组团江门旅游“十佳旅行社”奖牌；市旅游局周锦新局长向澳门中旅柯海帆总经理颁发江门市旅游局旅游联络处牌匾。

5月18日，澳门特别行政区旅游局、江门市旅游局、香港珠江客运有限公司、江门市港澳客运联营有限公司在江门逸豪酒店联合举办“感受澳门”旅游推介会。会议邀请澳门各大旅行社、酒店和景点的代表、江门五邑地区的旅游主管单位、各大旅行社代表、当地台商协会、海外宗亲联谊组织以及金珠船务、澳门粤通等码头和船舶运营公司约80个单位共250人参加。澳门旅游局推广厅厅长谢庆茜和江门旅游局局长周锦新出席会议并讲话，港珠江客运有限公司推介新开通的澳门国际机场的海天联运业务。

全年发行2万多张江门旅游优惠“一卡通”，与江门100多家旅游景点、酒店、旅行社、饭店和购物商场签订优惠协议；在市汽车总站、港澳码头以及全市三星级以上饭店设置旅游宣传资料架，摆放免费宣传资料；编印《江门休闲旅游指南》10万份，《江门旅游》宣传手册1万册，《美食江门》3000册，《眷恋江门》2000册。

【2010广东国际旅游文化节（江门）分会场】 2010年11月6日晚，2010年中国（江门）侨乡华人嘉年华暨侨乡旅游节在江门市文化广场开幕，活动共分为9个板块，包括开幕式及大巡游、“星光熠熠耀江门”大型公益文艺晚会、表演互动活动、江门市星光园开园仪式、华侨华人博物馆第二期落成剪彩仪式、江门市动漫集市、国际动画教育联盟年及全国动漫协作体年会、江门侨乡旅游节、嘉年华闭幕仪式暨第三届中国侨乡丽人风采大赛总决赛晚会。开幕式

除文艺演出外，还举行50个重点招商项目签约仪式，投资总额近15亿美元。香港特别行政区行政长官曾荫权、中国侨联主席林军，广东省人大常委会主任欧广源，省委常委、宣传部长林雄，副省长雷于蓝，江门市委书记、市人大常委会主任陈继兴等出席开幕式，开幕式由江门市委副书记、代市长刘海主持。全国政协副主席何厚铧致电祝贺，澳门特别行政区行政长官崔世安出席综艺晚会。红线女、刘德华、梁朝伟、曾志伟等30多位五邑籍艺术家、明星应邀参加相关活动。由旅游行业负责组织落实的江门侨乡旅游节包括7大活动，内容丰富多彩，其中开平市举办美食节、文艺晚会、同程网千人年会、郎咸平经济讲座；蓬江区侨乡美食节吸引150多家企业参展，60多万人次参加；新会葵乡欢乐旅游节举办欢乐节开幕式暨旅游行业文艺大赛等系列活动，共接待游客约17万人次；台山川岛风情旅游节举办开幕式文艺晚会、万人游台山、中国女子沙滩排球赛等系列活动。11月8日，2010年中国（江门）侨乡华人嘉年华暨侨乡旅游节在新会体育馆落下帷幕。

2010年8月16日，“台湾·广东周”开幕式在台北世贸中心举行，图为广东省省长黄华华、副省长刘昆参观开平碉楼图片展。

【旅游节庆活动】 2010年春节黄金周，新会区举办“第七届圭峰之春文化庙会”，蓬江区举办潮连首届洪圣庙会、东湖公园小猪运动会，江海区举办五大祠春节欢乐节，鹤山市举办“合家欢大型游园活动”、“赏花游园摄影活动”，小鸟天堂景区举办“浓浓水乡情，悠悠天堂美”主题活动；五一”劳动节，小鸟天堂景区举办“五一相聚鸟天堂，品水乡九大簋，赏十项鸟表演，览百年古巨榕，听千年疍家歌，观万人抢绣球”主题活动；端午节前后，宋元海战文化旅游区举办“国母派福米祈福活动”、“国母诞活动”，古兜温泉举办“古今运动PK赛”、“古兜温泉朝鲜节、山泉活水世界——巴厘岛风情节”、亲子游活动等，新会区政府举办第九届“万胜杯”龙舟赛；中秋节，恩平举办锦江温泉烟花汇演、帝都温泉游园活动等活动。

【区域旅游合作】 2010年，江门市采取“五大措施”推进珠中江旅游一体化（健全旅游局长联席会议制度，定期研究三地旅游合作；整合三地旅游资源，开发设计“珠中江休闲五天游”等多条精品旅游线路，联合打造珠江口西岸文化休闲旅游品牌；与中山旅游局联合到两湖举办“活力广东·粤游粤精彩——中山·江门湖北（湖南）旅游推介会”；三市借助港澳旅游合作平台，联合拓展国外旅游市场；联合制作旅游宣传资料，树立珠江口西岸旅游品牌）。取得实际效果包括：开通江门、澳门世界文化遗产旅游直通车，以及澳门到新会古兜温泉、台山川岛码头等江门主要旅游景区的旅游直通车；参加粤港澳“一程多站”旅游精品线路设计和宣传推介，开发江港澳旅游精品线路；联合澳门旅游局等在江门举办“感受澳门”旅游推介会、与澳门中旅联合开展“澳门同胞万人游江门”活动等。

组织旅游企业参加2010台北两岸观光博览会，与台湾的旅游业人士开展合作交流，江门五邑旅游协会与台北市旅行商业同业公会达成进一步加强合作的意向；联合肇庆旅游局与台湾弘泰旅行社签订组织台湾游客到肇庆、江门旅游的合作协议。先后与桂林、南宁、梧州、漳州等7个城市的旅游部门签订合作协议。

旅游资源开发和景区（点）建设

【旅游规划】 2010年，江门市组织编制《江门市旅游发展十二五规划》，为省、市相关部门编制“十二五”规划提供资料，争取上级和相关部门把江门旅游业的发展纳入规划。协助四川省汶川县编制《汶川雁门乡旅游发展规划》并顺利通过评审。

【旅游投资】 2010年，江门市旅游建设和签约项目总投资达64.82亿元。蓬江区叱石风景区宗教旅游项目、棠下公坑寺大雄宝殿、江海区海逸酒店、新会银湖湾湿地公园游艇休闲度假区、恩平盛林生态旅游度假区、开平碉庄旅游区等在建或建成项目总投资达48.42亿元。新会区古兜温泉温泉谷改建、开平碉楼文化展示区、恩平市锦江温泉、大型室内温泉池区和台山市北峰山勇士漂、康桥温泉木屋别墅和主体酒店、下川银海湾和君悦轩等4家酒店改建、扩建、增建项目投资达3.3亿多元。全市正在招商旅游项目有：香港德祥有限公司拟投资18亿元在台山海龙湾建设国际游艇俱乐部已签订投资意向书，开平市百合镇开发投资1.5亿元的陈铁军、周文雍旅游主题公园进行购置土地和策划等前期洽谈工作，台山市投资3亿元的神灶温泉度假村完成前期立项。由香港柏宁酒店管理集团投资近5亿元的上川圆山大酒店主体已基本完工，进入内部装修阶段。

【旅游景区（点）与基础设施建设】 2010年，江门市加强旅游区（点）标准化建设。台山康桥温泉创建国家4A旅游景区已通过省检。台山康桥温泉、恩平歇马举人村分别获得省财政划拨的30万元旅游景区建设资金，用于景区基础设施建设与完善。

【恩平市泉林度假乐园】　乐园主体由一个占地2500亩的淡水湖和300亩专项用地组成。项目于2009年11月25日奠基，2010年6月1日试业。首期投入使用的有儿童欢乐园、豪华游船、酒店住宿、中西餐饮等设施，是一个集高级酒店度假、机动游戏、水上活动基地、游乐城、探险、拓展集训、餐饮和各项休闲娱乐功能于一体的综合型旅游项目。

【星光公园】　星光公园占地1.4万平方米，总投入3000多万元。该公园设有星光广场、明星影幕墙、明星园、展示厅、手印台、标志雕塑、流金水月等景点与造型。首期入园的明星雕塑有127尊。2010年11月6日，星光公园落成，红线女、刘德华、梁朝伟、曾志伟、黄百鸣、狄龙、黎宣、夏雨、刘兆铭等名人明星约30人出席剪彩仪式，

【江门五邑华侨华人博物馆】　江门五邑华侨华人博物馆二期建筑面积约9000平方米，共征集到华侨实物3.9万余件，整个展览分为金山寻梦、海外创业、碧血丹心、侨乡崛起、侨乡新篇、华人之光6个部分。2010年8月16日，博物馆二期工程落成。

【绿道旅游】　截至2010年底，江门市境内有省规划的绿道3号线和6号线，绿道主线总长286.4公里，绿道绿化率达90%以上，连接40多个自然景区和旅游景点。已建成滨江篁边、潮连、荷塘、白水带、釜山公园、大西坑公园、南楼、马降龙等12个驿站，规划绿道标识设置点1300多个。江门市内绿道按照“都市型、生态型、郊野型”三种类型规划建设，突出滨江山水葵林特色、世界文化遗产特色、侨乡历史人文特色。各级旅游管理部门策划推出了“市区滨江风光绿道游”、“新会人文景观绿道游”、“开平世界文化遗产绿道游”、“新会圭峰山风景区绿道游”等绿道旅游精品线路。

【红色旅游】　2010年，江门市多方筹措资金完善红色景区基础设施建设。如开平市筹资200多万元投入到红色景区（点）建设，恩平市老促会向江门老促会和省老促会争取支持1.5万元，修葺位于恩平市大田镇的广东抗日人民解放军司令部旧址，同时争取热心的香港侨胞赞助20多万元，对位于东成镇牛皮塘农会旧址进行重建；鹤山市委、市政府拨款对广东人民抗日解放军司令部旧址、鹤山苏维埃旧址宋氏大宗祠等进行修葺，更新完善图片展览的资料和设施。全市红色旅游产业初具规模、渐成体系，开平世界文化遗产地—南楼（红色旅游点）—周文雍陈铁军烈士陵园—恩平地热地质公园（温泉）、江门新会圭峰山（周恩来纪念馆）—小鸟天堂—梁启超故居（红色旅游点）—崖门古战场—古兜温泉等精品旅游线路深受游客欢迎。7月，周文雍烈士陵园入围广东22家“红色旅游示范基地”。

【旅游扶贫·村落保护】　2010年，江门开平市赤坎古镇旅游开发项目通过竞标被评为省旅游扶贫重大项目，获扶贫资金300万元，天山美食酒楼作为星级农家乐项目获扶贫资金5万元。同时，利用省旅游扶持资金500万元，抓紧建设开平碉楼世界遗产景区第二期工程文化展示区和游客中心的建设。该项目总占地面积50984平方米。首期建设占地面积9805平方米，投资2800万元，建设内容包括改造旧建筑设施1560平方米，新建接待中心650平方米、中心1200平方米、旅游购物中心415平方米，计划总投资约736万元。

继续加大对特色村落的建设与保护，包括岭南文化村—恩平歇马举人村，宋朝皇族后裔大乡—新会三江镇，华侨村——台山海侨五丰村和开平加拿大村，碉楼村—开平自立村、马降龙村，原始部落村—恩平的石头村，洋楼村—台山浮月村及梅家大院，广东省历史文化名村—蓬江区棠下良溪古村等。

【赤坎古镇】　赤坎古镇是全国历史文化名镇、“中国最美的古镇”，有700多座骑楼、两座祠堂，两座教堂、两座钟楼图书馆，有独特的小吃一条街、媒人一条街、古玩一条街，闻名遐迩的影视基地。先后有《孙中山》、《廖仲恺》、《醉拳Ⅱ》、《敌营十八年》、《秋喜》等80余部影视剧在此拍摄。该项目已列入开平市旅游规划中的重点建设项目，首期投入3000万元，其中自筹资金2000万元。近年来开平市先后投入2000万元建设污水处理系统、交通系统等。

古镇夜辉。　（周伟洪　摄）

【旅游创强工作】　2010年，江门台山市通过内抓管理，外抓促销，积极实施“商旅旺市”战略，不断推进旅游创强，

全市接待游客410.33万人次，同比增长15.85%，旅游收入22亿元，同比增长18.92%。川岛旅游区加大景区改造和景区酒店的建设，由香港柏宁酒店管理集团投资近5亿元的上川圆山大酒店主体已基本完工，进入内部装修阶段；下川银海湾、君悦轩等4间酒店重新改造，投入资金超1500万元；山咀港码头候船厅投入150万元进行装修，改造洗手间和售票处，增设贵宾室；川岛镇政府投资800万元、完成4.5公里的下川岛王府洲－牛塘湾公路。康桥温泉木屋别墅16栋32房间于“五一”节营业，投资1.3亿元的主体酒店已动工。北峰山漂流公司投入150万元新增设勇士漂，漂流河道2.8公里。全市新建绿道13公里。积极推动拟投资18亿元的海龙湾游艇旅游度假区项目立项工作，江门市政府已批复同意该项目为江门市旅游重点项目。完成投资3亿元的神灶温泉度假村前期的立项工作。同时，台山市在南方卫视上推出旅游宣传短片，在广州的地铁站、公交站投放多个广告，积极参加2010广州国际旅游展销会、2010中国（重庆）国内旅游交易会、台湾台北旅游展、上海世博旅游展、广州旅游推介会以及由珠、中、江三地旅游局联合举办的系列宣传推介活动，以此扩大影响。

旅游行业监督管理

【旅游市场监督】 2010年，江门市立案受理并结案的旅游投诉49件，结案率100%，为旅游消费者理赔金额39966元，均由责任旅行社现金支付，未动用旅行社质量保证金。全年检查旅行社20多次，提出具体整改意见30多条，发出限期整改通知书2份。。

【旅游安全管理】 2010年，江门市旅游局与安监、质监等部门开展旅游黄金周安全生产检查，消除安全隐患；结合6月安全生产月开展旅游行业安全教育培训；多次配合省旅游局、阳江市旅游局和茂名市旅游局进行安全交叉检查，同时组织各市、区旅游局进行交叉检查；组织全市旅行社参加旅行社责任险统保示范项目，全市旅行社投保率100%。11月9日“119消防安全日”，市旅游局、市消防局和逸豪酒店于在逸豪酒店金汇广场联合举办消防安全应急大演练，市旅游局、市消防局领导和各市区旅游局领导、全市各旅游酒店、旅行社、旅游景区等行业人员200多人现场观摩。

【旅行社管理】 2010年，江门市旅行社均按要求购买责任保险统保示范项目，52家旅行社按照国家旅游局要求开展统计调查工作，全年批准设立10家旅行社。至年底，全市共有旅行社55家。是年全市旅行社总资产9811万元。

【导游员管理】 2010年，江门市继续贯彻执行导游资格考试和等级考试制度，严格按要求做好香港、澳门永久性居民中的中国公民报考全国导游人员资格考试的工作。至年底，全市持证导游员1330人。进一步加强对导游员IC卡年审工作，严格按照导游证IC卡记分管理办法，以导游员的接待团量和人数、投诉情况为年审依据材料，对全年累计扣分达10分者或不能提供劳动合同（协议书）者按照规定严肃处理。

【旅游饭店管理】 2010年，江门市新评星级饭店1家，至年底，全市有星级饭店30家。全市有26家星级饭店参加年度复核，复核率100%。复核过程中，检查星级饭店各项硬件设施和软件服务，规范各项规章制度和操作规程，指导各星级饭店积极开展诚信建设和优质服务活动。各星级饭店做好节能减排，对酒店空调、燃气、热能和照明等系统进行技术改造和升级，逐步取消一次性日用品。

【2010年江门市职业技能大赛】 2010年6月24日，由江门市人民政府主办，江门市旅游局、江门艺华旅游职业学院承办的2010年江门市职业技能大赛导游人员竞赛在江门市逸豪酒店隆重举行，各市、区旅游局，江门市各大中专院校28名选手分学生组、专业组参加竞赛，经自我介绍、景点讲解、才艺表演三个环节角逐，决出学生组、专业组各前五名。江门市大方旅游国际旅行社恩平营业部于潇峰获得专业组第一名，杜阮旅游职业技术学校蒋英凤获得学生组第一名。专业组前五名还获得江门市人力资源和社会保障局授予的“江门市技术能手”荣誉称号，于潇峰被市团委授予“青年岗位能手”荣誉称号。

【评选“旅游百佳”】 2010年4月至11月，江门市举办2010年“旅游百佳”评选活动，评选出“十大杰出人物”、“十佳旅游景区”、“十佳旅行社”、“十佳酒店”、“十佳导游”、“十佳水产品”、“十佳农土特产品”、“十佳旅游工艺品”、“十佳特色餐厅”、“十佳名厨”10个系列共100个品牌。其中“十佳水产品”是：丰正牌盐渍海蜇、强记顶级虾膏、新广隆咸鱼、天然山坑鱼仔干、台山蟹（锯缘青蟹）、台山“深井”蚝、“龙之星”烤鳗、海吉膳海螺罐头、泰昌即食海蜇、江帆牌海产品罐头；“十佳农土特产品”是：黎记外海面、鸿濠蛹虫草、新会陈皮系列产品、鹏中皇腊味、康莉桑果汁及桑树制品、“珍香”牌大米、古劳面豉、恩平勒菜茶、杜阮凉瓜、健之源灵芝系列产品。

【旅游信息化建设】 2010年，江门市旅游局对江门旅游网进行改版，具备导游考试网上报名、旅游统计、旅游人才库、门票网上订购等实用功能。江门旅游网注重内容更新，一年当中能根据不同季节的旅游主题、不同节庆假日调整更新版面和内容。江门旅游网的浏览量和点击率比较高，市经信局对市直机关中40多个部门网站作了测评和排位，江门旅游网属优良等次。

【旅游行业协会】 江门五邑旅游协会积极组织旅游从业人员参加旅游管理部门举办的各类培训和行业技能大赛，积极推进行业诚信经营，组织会员开展业务协商与交流，并到鹤山市桃园镇色色环球影城等地参观学习。

旅游教育培训与精神文明建设

【旅游行业精神文明建设·行风建设】 2010年12月22日，江门市政府表彰全市2个旅游单位和9个先进个人。恩平市帝都温泉旅游区发展有限公司和恩平市银星大酒店有限公司荣获“2010年度江门市三星级劳动关系和谐企业”，江门市大方旅游国际旅行社有限公司恩平营业部导游于潇峰荣获“2010年度江门技术能手奖”，麦妙青（台山市斗山镇鸿发大酒店）、谢艳媚（开平市广之旅旅行社有限公司）、林东成（开平潭江半岛酒店有限公司）、陈东海（恩平市帝都温泉旅游区发展有限公司）、吴子健（恩平市锦江温泉有限公司）、蒋艳（广东开平碉楼旅游发展有限公司）、陆明贤（开平市威尔逊酒店有限公司）、李俊粉（恩平市锦江温泉有限公司）荣获“2010年度‘同是侨乡建设者’（双百）优秀务工人员”。

【旅游机关作风建设】 2010年7月5日，江门市旅游局按照《市委组织部、市委宣传部关于在全市基层党组织和党员中深入开展创先争优活动的实施意见》精神，召开创优争先活动动员会。市旅游局局长周锦新作动员讲话，并提出“要统一思想，站在政治和全局的高度充分认识深入开展创先争优活动的重要性；要明确任务，按照市委的部署扎实深入地开展创先争优活动；要总结经验，突出开展创先争优活动的实践特色；要落实责任，切实加强对创先争优活动的组织领导”的要求。会上宣读《江门市旅游局开展创先争优活动实施方案》。

【旅游教育培训】 2010年，江门市组织564名考生参加年度全国导游人员资格考试，通过率36.8%。组织500多名导游人员参加2010年度导游员继续教育培训班；举办700名选手参加2010年江门市职业技能大赛导游人员竞赛。全年有14579人次旅游从业人员接受教育培训。至年底，全市有2所院校设置旅游专业（江门市职业技术学院和广东江门艺华旅游职业学院）；有7家中专类旅游院校（江门市杜阮旅游职业学校、江门市技师学院、江门市第一职业高级中学、江门职业技术学院附属中等职业技术学校、台山市职业技术学校、开平市吴汉良理工学校、鹤山市职业技术高级中学）。每年为旅游行业培养近500名中、高等旅游专业人才。

3月15日，由香港理工大学酒店及旅游业管理学院开办的“开平碉楼—由旅游业带动之社区发展”培训课程开学典礼暨旅游研究基地挂牌仪式在开平举行。参加挂牌仪式的有香港理工大学酒店及旅游业管理学院院长田桂成教授、李咪咪博士，中共开平市委常委、常务副市长谢超武，市委组织部副部长梁小耐，开平市旅游局局长许永锋，广东开平碉楼旅游发展有限公司总经理邝积康以及开平市旅游行业代表共80多人。整个培训课程为期10天、10项内容。

纪 事

3月10日 广东省旅游局局长杨荣森就如何发挥开平碉楼与村落世界遗产优势，做大做强旅游产业等问题开展调研。并表示全力支持开平市委、市政府做大做强旅游产业，支持开平碉楼景区（含立园）创建国家5A级景区。

3月15日 由香港理工大学酒店及旅游业管理学院开办的“开平碉楼 -由旅游业带动之社区发展”培训课程开学典礼暨旅游研究基地挂牌仪式在世界文化遗产地——自力村碉楼群举行。

3月16日 2010年江门市旅游工作会议暨江门五邑旅游协会工作会议在新会冈州宾馆圆满召开。

4月20～22日 江门市旅游局在台山市金津广场举办“魅力侨乡，度假天堂”大型旅游推介活动，向外地旅行社宣传推介江门精品旅游线路。

5月9日 由江门市旅游局、澳门中旅联合开展的“澳门同胞万人游江门”活动在五邑华侨广场举行首发仪式，整个活动持续至9月。

5月18日 澳门特别行政区旅游局、江门市旅游局、香港珠江客运有限公司、江门市港澳客运联营有限公司在江门联合举办“感受澳门”旅游推介会。

6月24日 2010年江门市职业技能大赛导游人员竞赛在江门举行。

8月16日 在台北世贸中心举行的“台湾. 广东周”开幕式现场，黄华华省长在分管旅游工作的刘昆副省长陪同下参观开平碉楼图片。

（黄建廉）

阳 江 市

综 述

【概述】 2010年，阳江市接待旅游者总人数为726.62万人次，比上年增长12.0%；其中过夜旅游者310.18万人次，比上年增长11.89%，一日游人数416.42万人次，比上年增长12.1%；全市旅游业总收入42.68亿元，比上年增长21.60%，占全市国内生产总值的6.7%。

【旅游行业规模】 截至2010年底，阳江市有国家A级旅游景区3家，其中4A级旅游景区2家、3A级旅游景区1家；有星级饭店32家，其中五星级3家，四星级3家，三星级15家，二星级11家；旅行社25家，其中出境游组团社1家。

【阳江市旅游工作会议】 2010年2月25日，阳江市在市政府会议室召开全市旅游工作会议。市委常委、市政府常务副市长陈华康、市旅游和外事侨务局局长施耀祖等出席会议并讲话。会议总结2009年工作情况，布置2010年工作，全面贯彻落实《国务院关于加快发展旅游业的意见》、省政府《关于加快旅游业改革与发展建设旅游强省的决定》和《市委、市政府关于加快旅游业改革与发展的实施意见》等政策。

【2010年阳江旅游文化美食节】 2010年9月16日，由广东省旅游局、阳江市人民政府以及广东省烹饪协会共同主办的2010阳江市旅游文化美食节在市体育馆隆重开幕。省人大常委会华侨工作委员会副主任委员郑通扬，省旅游局副巡视员林上福，省烹饪协会副会长吴秉楼，常务副市长陈华康、市人大副主任郑尤坚、市政协副主席李建武等领导出席开幕仪式。包括来自亚洲、欧洲、美洲、大洋洲的200多名华人华侨在内的共2000多名嘉宾参加。本届旅游文化美食节实行市县联动，各县（市、区）举行丰富多彩的活动。旅游文化美食节从8月30日起至9月21日结束，为期23天，致力打造“浪漫银滩、宋船古韵、温泉之都、水墨阳江、休闲绿城”五大旅游品牌。

【广州亚运阳江站起跑仪式】 2010年11月2日，第16届亚运会火炬传递活动阳江站起跑仪式在海陵岛十里银滩举行。阳江站是亚运火炬传递广东省内的第18站。上午9时许，火炬传递阳江站起跑仪式在广东海上丝绸之路博物馆前正式开始。9时07分，火种护卫队入场，随后，亚组委火炬运行中心主任杨武点燃火炬，并交给中共阳江市委书记、市人大常委会主任林少春。林少春将火炬交给第一棒火炬手、速度轮滑世界冠军范楚倩，并宣布“第十六届亚运会火炬传递阳江站活动开始。”传递全程8公里，80名火炬手高擎火炬，沿途30万市民为火炬传递助阵喝彩。11时30分，圣火收火仪式在南国风筝场举行，并开展系列文体表演活动。

【组团参加北京国际旅游博览会】 2010年6月25～27日，阳江市组织旅游业界35人参加“2010年北京国际旅游博览会暨北方旅游交易会”，25日在中国国际展览中心综合服务楼201会议室举办广东省阳江市（北京）旅游招商推介会，活动由市委常委、常务副市长陈华康带队参加博览会。在北京地铁站台设置为期1个月的阳江旅游整体形象宣传广告。

2010阳江市举办旅游文化美食节烹饪技术大赛。

旅游接待与收入

【入境旅游】 2010年，阳江市接待入境旅游者5.28万人次，比上年增长25.54%，其中外国人5435人次，比上年增长5.74%；旅游外汇收入1875.50万美元，比上年增长32.83%。

【国内旅游】 2010年阳江市接待国内旅游者304.90万人次，比上年增长11.68%；国内旅游收入41.41亿元，比上年增长21.32%。

【出境旅游】 2010年，阳江市旅行社组团出境旅游人数为3419人次，比上年增长486.45%，其中香港游1322人次，澳门游1195人次，台湾游186，出国游416人次。

【假日旅游】 2010年两个黄金周为游客高峰期，其中春节旅游黄金周全市接待旅游55.95万人次，旅游总收入20820万元，分别比上年增长13.5%和增长28.7%，，“十一”旅游黄金周全市接待旅游62.27万人次，旅游总收入达23821.5万元，同比增长6.9%和16.2%，

旅游宣传促销与节庆活动

【概述】 2010年，阳江市借助广州举办“第十六届亚运会”和广东旅游文化节的契机，拓展旅游客源市场，进一步树立我市旅游品牌和新形象。2010年，重新修改、编印“碧海银滩·船说阳江”旅游形象宣传片资料，打造阳江“国际休闲旅游度假胜地”的旅游整体形象，加强国内外旅游市场宣传促销，提升阳江的知名度和美誉度，增强阳江旅游吸引力。

【旅游宣传促销】 2010年2月，阳江市旅游和外事侨务局组织广东海上丝绸之路博物馆与广州通驿雅图高速公路出行服务有限公司合作，以开阳高速阳江服务站为平台，建立阳江·南海I号高速主题服务站。2月17日，香港旅游入境协会以及香港酒店业界一行120人到海陵试验区进行旅游线路考察，阳江市在海陵岛试验区举行专场旅游推介，拓展香港客源。3月，阳春市启动“阳春三月游阳春”活动，以景点门票优惠、线路组合等方式开展宣传活动。4月9日，海陵岛试验区在湖北武汉市举办“中国最美十大海岛—海陵岛旅游推介会”。组织阳江市旅游企业负责人50多人与武汉市旅游局、旅游业界、新闻媒体记者150多人参加本次旅游推介活动。5月，阳春联合各景区共同加入同城网等自驾游宣传活动。5月12日，阳江市提供10～20分钟的高清宣传片，在世博会广东馆宣传阳江市的发展成就和城市形象。5月22日，香港旅游发展局组织旅游业界及媒体一行11人考察开平、阳江广东海上丝绸之路博物馆等。5月28日，阳江市组团在中山市香格里拉大酒店举办阳江市（中山）投资环境推介会，阳江两市领导、旅游部门和旅游企业代表出席活动。两市旅游部门签订《阳江市与中山市旅游交流合作协议书》。6月1日，广州地理研究所教授黄少辉到阳江作关于广东海上丝绸之路博物馆旅游品牌策划报告。6月15日，阳春举办高流河墟活动，广州、茂名、肇庆等地18万游客前来趁墟、观光，整个高流河墟的箩筐、竹筛、菜篮、木扁担等竹藤器商品琳琅满目。6月24～27日，阳江市十八子集团参展由国家旅游局举办的“2010年中国（义乌）国际旅游商品博览会”。7月9日，韶关市旅游局、丹霞山风景名胜区管委会及旅行社在雨田大酒店举办旅游推介会，阳江市旅游部门和旅行社、景区（点）30多人及媒体记者出席推介会。7月27～30日，阳江市组团参加世博会“广东周”启动仪式系列活动。10月4日，阳东组织参加重庆市大足县举办的中国大足国际五金博览会暨首届航空体育旅游节。

【第八届南海（阳江）开渔节】 2010年8月1日，第八届南海（阳江）开渔节庆典系列活动在闸坡国家中心渔港举行。本届开渔节由阳江市人民政府、广东省海洋与渔业局、农业部南海区渔政局共同主办，以打造渔家文化盛典为主旨，开渔盛典融入了祭海、疍家渔民婚俗表演、民间放生，以及开船仪式等8项活动内容，共有6万多游客参与，突出展示阳江丰富的渔业资源和旅游资源，体现阳江海洋文化、疍家文化、渔家风貌的丰富内涵。阳江素有“广东渔仓”之称，水产品总量和人均占有量均居广东首位。闸坡渔港是国家六大中心渔港之一，鱼翅产量占全国的50%。南海（阳江）开渔节从2003年至今已连续举办7届，成为广东省12大节庆活动之一。

【广东放生节】 2010年6月6日，在海陵岛南海放生台举行广东省第三届“休渔放生节”，本届放生节的主题是“生态与旅游”，共有国内外游客13000多人参与放生活动。闸坡“南海放生台”是中国目前唯一的海上放生台。此外，组委会决定将广东省休渔放生节活动永久落户海陵岛。

【2010年阳江旅游文化美食节】 2010年8月30日至9月21日，2010年阳江市旅游文化美食节在阳江举行。本届旅游文化美食节由广东省旅游局、阳江市人民政府和广东省烹饪协会共同主办，主题是“碧海银滩·船说阳江”。主会场主要活动有7项：2010年阳江市旅游文化美食节开幕式、

主题推介会、旅游线路考察参观活动、世界华人华侨游阳江主题旅游活动、2010年阳江市旅游文化美食节嘉年华晚会、2010年阳江市旅游美食节活动和阳江市根雕雅石展览。分会场主要活动有4项：2010年阳春美食节活动、阳东县举行温泉狂欢节活动、海陵岛沙滩欢乐节活动、阳西县“温泉之夜”歌舞晚会等。本次节庆活动邀请到海外华人华侨200多位嘉宾参加。

【2010广东国际旅游文化节（阳江）分会场】 2010年阳江市作为广东国际旅游文化节分会场，除做好分会场各项活动组织外，还组织各县（市、区）旅游部门、广东海上丝绸之路博物馆等旅游企业积极参加2010广东国际旅游展览会，以及参加花车巡游嘉年华活动，获得文化节组委会颁发的优秀组织奖。

【区域旅游合作】 2010年4月30日，阳江市与广州市在阳江碧桂园凤凰酒店签订旅游合作框架协议，两市加强旅游交流与合作，促进旅游信息共享、客源互动和旅游经济。广州市副市长曹鉴燎、阳江市市长魏宏广等出席签约仪式；10月19日，海陵岛在山西太原市举办“中国最美十大海岛—海陵岛旅游推介会”，与太原市签订旅游合作协议，启动两地旅游合作首发式；11月23～25日，阳江市组织旅游企业参加在广西北海市召开的2010年第十二届“两广十市”区域旅游合作联席会议。会议共同签署《关于共同推广两广十市区域旅游精品旅游线路和推广发行〈两广十市旅游一本通〉协议书》，引导媒体宣传和旅游企业合作营销旅游产品。

2010阳江市旅游文化美食节开幕式。

（梁宗华　摄）

旅游资源开发和景区（点）建设

【概述】 阳江是海滨旅游城市，位于中国广东省西南沿海中部，是中国风筝之乡、刀剪之都、中国优秀旅游城市。主要有山、海、泉、湖、历史古迹、工艺特产等几大类旅游资源。阳江有470多公里的海（岛）岸线，海陵岛是中国的十大最美海岛之一，大角湾是国家4A级旅游景区，被世人誉为“东方的夏威夷”；十里银滩之大被载入世界吉尼斯之最，以“南海1号”宋代沉船的文化内涵为主建成广东海上丝绸之路博物馆，已对外开放。海滨还建设沙扒海天度假村、大澳渔家民俗文化村、玉豚山海滨公园等景点。阳江有105公里长千姿百态的喀斯特峰林地貌景观，其中阳春国家地质公园凌霄岩、龙宫岩、崆峒岩最具代表性。阳江温泉资源丰富，发现的已有21处，已开发阳江温泉、阳西咸水矿温泉度假山庄、阳春春都温泉度假村等3处。阳江湖光、山色、瀑布美不胜收，阳东的东湖星岛、八甲鹅凰嶂的森林生态、飘瀑最为著名。阳江物产富饶，“阳江三宝”等旅游特产和特色美食丰富多彩，有阳江十八子全国工业旅游示范点。阳江风情独特，放风筝已有1400多年的历史，素有“北潍坊，南阳江”之称。阳江市的风筝节、开渔节、端午龙舟节、阳春高留河墟、贴春联等风情独特。

【旅游规划】 2010年8月13日，阳江市印发《关于加快阳江市温泉资源开发利用的工作方案的通知》。2010年完成《阳江市“十二五”旅游业发展规划纲要（稿）》。阳西县编制《阳西县旅游发展总体规划2010—2020》、《阳西县沙扒风情小镇旅游发展规划2011—2020》。阳春市的《凌霄岩外部环境整治规划》已完成。《阳春市旅游总体规划》在完善当中。海陵岛试验区的《海陵岛旅游发展总体规划（2010—2020年）》编制工作已经进入评审阶段。

【旅游区（点）与基础设施建设】 2010年，阳江市对广东海上丝绸之路博物馆附属配套设施继续不断完善；南海放生台，位于海陵岛闸坡小港湾区域，面临南海，与广东海上丝绸之路博物馆相邻，占地面积1.27公顷，整个项目6月建设完工；阳春市凌霄岩国家4A级旅游区，由阳春市政府和旅游企业共同投资8000万元，拟按5A级旅游景区标准环境大整治，升级改造，建设凌霄大道、停车场、广场等；阳江温泉度假村增建体育休闲设施；阳西咸水矿温泉度假山庄进行泡水池改造；阳西县沙扒旅游强镇建设，市、县、镇三级进行任务分解，同步开展旅游小镇规划、环境整治、景观包装、设施完善。加强沙扒海天旅游度假村建设，全年新建拓展场，增加骑马、射箭、历奇场等娱乐项目；5月，全国工业旅游示范点十八子音响博物馆对外开放；10月，福兴休闲娱乐生态园对外接待游客；冯盎将军纪念馆第二期工程主体工程完工，转入装修和绿化建设；保利（海陵岛）十里银滩西区项目拟投资60亿元，已进行园区道路路基填土，生态体育公园、五星级酒店、产权式酒店等高端旅游设施正在建设之中；阳江凤凰湖国际温泉度假村、阳春国际温泉养生度假村、阳东山水绿洲度假村、阳西县程村红树林生态旅游区项目等前期工作进展顺利；按五星级标准建设的海韵国际度假酒店、蓝波湾大酒店、凯铂大酒店建设将完工开业，南海湾温泉大酒店已动工建设。

【旅游扶贫】 2010年，阳江市阳东县东湖旅游度假区、海陵岛新新圣洋渔业休闲基地等11个项目被省列入旅游扶贫一般项目，共获省扶贫资金共180元。其中阳春市旅游扶贫项目资金60万元，主要用于凌霄岩外部环境整治、景区道路指示牌和景区内路牌、标识牌建设等。

6月23日，阳江市旅游和外事侨务局参与“广东扶贫济困日”活动，局党组成员及副处以上干部带头扶贫捐款，全局共捐款26100元，推进扶贫开发“规划到户，责任到人”工作。

2010年10月20日，阳江市政府在沙扒湾海天度假村召开沙扒创建旅游强镇现场会。

【特色美食和旅游商品】 阳江市特色美食和旅游商品包括：阳江“三宝”（豆豉、小刀、漆器）；阳春“三宝”（春砂仁、蛇鞭酒、蛤蚧酒）。还有炒米饼、风筝、书画、不锈钢器皿、服装帽袋，阳春马水桔、根雕、孔雀石、黄蜡石，阳东喜之郎果冻、益智、荔枝，阳西黄皮蜜饯，海陵岛海产品等。

阳春市：圭岗氹仔鱼、春砂排骨、阳春白雪、凌霄猪手、紫苏田螺、山坑石蛤、本地三黄鸡、岗美腊鸭、马水桔、三甲切粉、石望腐竹、春砂仁、春砂糖、春砂仁酒、蛇鞭酒、蛤蚧酒、凌霄神仙茶、孔雀石、黄蜡石、根雕等。

阳东县：阳东特色农产品有荔枝、龙眼、益智、菠萝蜜、凉粉草；特色水产品有鱼翅、鱿鱼、咸虾酱、尖山蟹；特色食品有炒米饼、喜之郎果冻、豆豉；特色小吃有猪肠碌；工业产品主要有五金、刀具等。

阳西县：美食有程村蚝、月亮湾花蟹、河北海胆饭、沙扒鱼粑及鱿鱼、虾干、墨鱼、柴鱼、海蛇、海蜇、五彩薯、上洋西瓜、黄皮、砂仁、益智等。旅游商品有帽袋、皮革、小五金、玩具等

海陵岛：“一夜埕”、“生死恋”、“干柴烈火”海味，马鲛饭，海产旅游纪念品等。

旅游行业监督管理

【旅游市场监督】 2010年，阳江市旅游和外事侨务局联合交通、工商、消防、安监等部门对旅游市场进行检查，规范和整治旅游市场秩序。加强“一日游”、旅游车辆租用等整顿，开展旅游交通的专项整顿6次，抽查旅游车辆33辆，查处违法用车1起，发出整改通知1起。为防止旅游市场“零负团费”、聘用无证导游、旅行社与游客签订不规范合同，开展6次专项检查。查处旅行社、服务网点的超范围广告宣传10起；查处旅行社不规范合同15起，检查旅游企业80家、旅游船只4条、旅游团队38个、导游员IC卡21个，责令6名导游人员改正不规范工作行为；各个旅游黄金周期间，坚持值班制度，24小时开通旅游投诉电话；举办全市旅游热线工作人员专项培训；每周安排固定人员值班，负责接听旅游热线电话咨询、旅游安全警示等。全年接受旅游投诉14宗，受理旅游投诉11宗、35人次，理赔金3000元，立案调查3起、共发出整改责令书36份。

【旅游安全管理】 2010年，阳江市在旅游安全专项整治工作中共组织检查15次，排查整改企业50家，自查隐患118处，整改完善116处，整改率98%。组织检查组6个，督查企业30家，下达整改指令书5份，责令旅游企业5家，责令整改10项，落实9项，整改率90%。

是年，全市旅游安全工作围绕“安全生产年”工作要求，召开全市旅游安全工作会议，成立旅游安全工作领导小组，制订《阳江市旅游安全生产应急救援体建设工作实施方案》、《阳江市旅游公共事件突发应急救援预案》和《阳江市2010年“安全生产月”活动方案》；年初，阳江市旅游局与市政府签订安全责任状，又与各相关旅游企业相应签订责任书；以“关爱生命、安全发展”为主题，开展“安全生产月”活动；加强黄金周安全检查督查，严格旅游用车制度，严禁超速、超载，酒后、疲劳驾驶等行为，严禁使用和租借不符合安全标准的车辆接待旅游团，严禁带

游客到存在安全隐患的景区（点）旅游，加强对星级饭店消防设施设备的检查维修，对危险区域，设立醒目的提示标志等。

【旅行社管理】 2010年，阳江市新设立旅行社2家，至年底，全市共有旅行社25家。是年，围绕“旅游质量提升年”、“旅游华侨年”主题，市旅游局编印1万张“碧海银滩·船说阳江”旅游形象宣传DVD光盘，组织旅行社印制《世博会使用手册》发给游客；要求旅行社在组团中与游客签订组团合同，规范旅行社与游客双方义务、责任、权益等；落实购买旅游意外保险业务，全市旅行社投保率100%；对旅行社广告宣传规范管理，进行登记备案，及时纠正违规刊登旅游广告的行为；建立完善旅行社安全管理档案，制订安全管理制度，落实旅行社法人总经理安全工作责任制。

【导游员管理】 2010年，阳江市有导游员368人。于4月底，全市200多名导游员参加培训和导游证年审。全年两次共组织165多人参加全国导游资格证考试，考试合格44人。举办2010年阳江市导游大赛，评选出阳江“优秀导游员”。打击“黑社”、“黑导”，严禁无证导游出团。

【星级饭店管理】 截至2010年底，阳江市有星级饭店32家。是年5月，组织培训饭店从业人员参加2010年全省饭店行业服务技能大赛，比赛项目有：中式铺床、中餐摆台、西餐摆台、西式鸡尾酒调制；其中碧桂园阳江凤凰酒店2名选手分获中餐摆台第三名、西餐摆台第三名；组织旅游饭店参加旅游文化节“粤菜峰会”评选活动，市推荐的阳东县雅韶镇、阳西县程村镇、江城区白沙镇、阳春市春城街道获得“旅游美食之乡”；阳春东湖国际大酒店、阳春悦华大酒店获评“粤菜名店”、“粤菜名厨”、“粤菜名菜”、“粤菜名点”、“粤菜名汤”，阳江雨田酒店获评“粤菜名店”。

推进全市星级饭店行业节能减排工作，饭店实施计划用水、定额管理，分解用水指标，在客房设立环保标示，减少洗涤量。全市部分酒店更换热水管道，完善热水管道的循环系统，合理调整生活用水流程、污水流程，合理更改灯光、插卡取电线路，对酒店的排放物、固体物进行分类处理，建设绿色走廊。

【旅游行业协会】 2010年，阳江市旅游协会现有会员单位近200多个，个人会员300多名，协会从业人员近8万多人。协会吸纳全市旅游企业单位、旅游行业管理人才加入协会行列，为全市“旅游企业之家，政企沟通之桥”发挥作用。市旅游协会下设6个专业委员会、两个部（景区景点专业委员会、旅行社专业委员会、宾馆酒店专业委员会、导游专业委员会、烹饪专业委员会、旅游纪念品及专业委员会和会员事务部、旅游行业培训部）。

纪 事

1月25日 阳江市旅游工作会议在市政府会议室召开。市委常委、市政府常务副市长陈华康出席会议并讲话。

3月31日至4月2日 阳江市组团参加省政府在湛江、茂名、阳江、云浮召开粤西地区旅游工作现场办公会。市委副书记、市长魏宏广，市旅游部门、相关企业代表分别在会上发言。

4月30日 阳江市与广州市在阳江碧桂园凤凰酒店签订旅游合作框架协议，广州市副市长曹鉴燎、阳江市市长魏宏广等出席签约仪式。

6月25～27日 阳江市组团参加“2010年北京国际旅游博览会暨北方旅游交易会”。

9月16日 2010阳江市旅游文化美食节在市体育馆隆重开幕。

10月20日 阳江市政府在阳西县沙扒镇召开阳江市沙扒旅游强镇建设现场会。市长魏宏广、常务副市长陈华康以及各县市区、市直单位领导，主要旅游景区负责人参加会议。市长魏宏广作动员讲话。

11月2日 第16届亚运会火炬传递活动阳江站起跑仪式在海陵岛十里银滩举行。

（关实芬）

湛 江 市

综 述

【总体情况】 2010年，湛江市旅游行业坚持以科学发展观为指导，紧紧围绕“争当粤西龙头，建设‘五个城市’（建设全国重要的沿海开放城市、粤西城镇群中心城市、现代化新兴港口工业城市、生态型海湾城市、环北部湾重要城市）”的目标，认真贯彻省政府粤西地区旅游工作现场会精神和市委、市政府的部署，致力打造广东旅游“黄金海岸、生态海岛、休闲胜地”、中国著名滨海旅游目的地，实现了旅游产业快速稳健发展。一是抓好旅游规划编制，引导旅游产业发展，积极参与编制《广东粤西地区旅游发展规划》和《广东省滨海旅游发展规划》，修改完善《琼北湛江旅游形象营销策划》，编制《湛江市旅游产业发展规划》；二是推进旅游项目建设，夯实旅游发展基础，全年在建、总投资超过1亿元的重点旅游项目25个、总投资额127亿元，年度完成投资36.2亿元，同比增长182%，重点旅游项目在建数量和完成投资额均居全省前列；三是抓好旅游标准化建设，在全省率先制定《农（渔）家乐旅游星级评定办法》、《农（渔）家乐旅游星级评定标准》；四是抓好旅游扶贫开发工作；五是区域联合营销，精心办好特色旅游主题活动，较大规模的有2010广东国际旅游文化节湛江分会场、第37届世界旅游小姐（广东·湛江）全球总决赛等。全年接待游客1415万人次，旅游总收入65.3亿元，分别增长23.8%和22.3%，旅游发展速度居全省前列，较好地完成“十一五”旅游业发展规划既定目标。

【旅游行业规模】 2010年，湛江市拥有星级饭店39家，其中五星级2家、四星级6家、三星级22家、二星级9家。全市住宿接待设施共有客房数25141间，床位数49278张。其中星级饭店客房数10061间，床位数23758张。旅行社36家，其中出境组团社1家。旅游汽车公司5家，旅游接待汽车170多辆，日接待量7000多人次；旅游船务公司1家，旅游船4艘，日接待量3000人次。全市持证导游人员1209人，旅游直接从业人员5万多人。全市现有国家A级旅游景区12家，其中4A级景区2家，3A级景区6家，2A级景区4家，还有一批特色鲜明、内涵丰富、类型多样的旅游景区。湛江的旅游基础设施日益完善，旅游产业布局初步形成，产业体系日趋健全。

【重大旅游决策】 2010年10月18日，湛江市旅游局、湛江市农业局、湛江市海洋渔业局联合下发《关于印发＜湛江市农（渔）家乐旅游星级评定办法（试行）＞和＜湛江市农（渔）家乐旅游星级评定标准（试行）＞的通知》，在全省率先开展农（渔）家乐星级评定工作。《湛江市农（渔）家乐旅游星级评定标准（试行）》依据国家、广东省等有关乡村旅游服务质量指引，结合湛江市农（渔）家乐旅游发展状况制定，对从事游览观光、采摘、农渔劳作、休闲体验、生态科普、民俗文化、特色美食等乡村旅游经营服务点，按照旅游基础设施、服务项目、服务质量、安全保障、环境保护内容逐项量化设定分值，进行考核评定。

【“十一五”旅游业发展情况】 “十一五”期间，湛江市委、市政府高度重视旅游产业发展，采取提升定位、增加投入、出台政策、加强协调、加大宣传、优先立项、完善基础设施等一系列有力措施，推动旅游产业快速发展。全市“十一五”接待游客4910万人次、实现旅游收入243.8亿元，分别为“十五”时期的2.12倍和1.70倍，年均分别增长19.97%和15.25%，为湛江旅游业发展最快的五年。“十一五”期间，湛江市两度荣获“中国十大休闲城市”、首个“中国海鲜美食之都”等称号，湖光岩被评为“世界地质公园”和“广东最美的湖泊”，东海岛被认证为“中国第一长滩”，中国大陆最南端被评为“广东最美的海岸”，17个旅游景区（点）被评为“广东省各类旅游示范基地”。全市旅游行业加强与国家、省、市媒体合作，积极举办丰富多彩的旅游主题活动，主动宣传促销旅游，进一步打响“彩色湛江”、“相约中国大陆最南端——湛江”、“吃在广东，吃海鲜到湛江”等旅游品牌。“十一五”期间，钢铁、石化等重大项目落户湛江，海南建设国际旅游岛启动，为湛江旅游发展带来重大机遇。全市加大旅游招商，旅游投资迅猛增长，重点旅游项目不断涌现，全市新建旅游项目90个，建成旅游项目68个，完成旅游投资82亿元，增长173%，是旅游投资增长最快的五年。其中2010年完成投资36.2亿元，增长182%，增幅居全省首位。目前在建总投资超过1亿元的旅游项目22个，正在立项投资超过10亿元的旅游项目11个。东海岛旅游产业园被列为全省三大旅游产业园，意向投资有100亿元的徐闻玉带城和160亿元的阳光海岸旅游项目。“十一五”期间，湛江市积极参与“粤西四市”（湛江、茂名、阳江、云浮）、“两广十市”（广东湛江、茂名、阳江、云浮和广西北海、防城港、玉林、钦州、贵港、来宾）、琼北湛江、环北部湾区域旅游合作，加强与西南、中南、华东、华北等地区旅游合作，大举开拓区域旅游市场。积极开展境外和国际旅游交流合作，与香港、澳门紧密合作，湖光岩分别与德国玛珥湖、台湾日月潭结为姐妹湖。“十一五”期间，湛江市累计争取省、市资金6000多万元支持全市63个景区景点开发建设，是旅游扶持资金投入最多的5年，也是省给予最多旅游扶持资金的地级市之一。其中特呈渔岛度假村竞得2009年省旅游重点扶持资金500万元，徐闻大汉三墩竞得2010年省旅游重点扶持资金300万元。此外，交通、海洋、水利、农业、林业等部门也大力支持旅游开发建设。“十一五”期间，皇冠假日酒店和恒逸国际酒店先后被评为五星级酒店，结束湛江市五星级酒店“零”的历史。旅游车船公司增加到6家，增长1.25倍；旅游车辆增加到近200辆，增长1倍；车船接待容量增加9000多人，增长1倍；新建景点21个，景点增长0.6倍；旅游从业人数增加30000多人，增长2.1倍；旅游总产值2210万元，占全市GDP比例上升1.8个百分点，是旅游产业规模增长最快的5年。

【粤西地区旅游工作现场办公会】 2010年3月31日，省政府在湛江海滨宾馆召开粤西地区旅游工作现场办公会，组织36家省直、中直有关部门、粤西各市政府与旅游企业代表面对面交流情况、分析问题、研究对策。副省长万庆良出席并讲话，省政府副秘书长刘晓捷主持会议。会议提出粤西地区必须围绕滨海旅游的核心，突出休闲旅游、生态旅游的重点，加快旅游业的改革创新和转型升级，打造“黄金海岸、生态海岛、休闲胜地”三大品牌，努力建成集休闲、度假、健身等功能于一体的国家级滨海旅游休闲目的地。湛江市要打造粤西区域旅游中心城市，国内最有魅力滨海旅游城市之一，建设中国大陆最南端的“五港”和谐城（五港：旅游港、商港、军港、油港、渔港），成为广东参与东盟—北部湾国际旅游合作的桥头堡，海南发展国际旅游岛的重要通道。重点建设东海岛、湖光岩、徐闻珊瑚自然保护区和开发滨海城市等旅游产品。

【试行国民旅游休闲计划】 2010年，湛江市组织实施国民旅游休闲计划，举办多项大型的国民旅游休闲主题活动。1月1日，湛江市在湛江国际会展中心启动湛江海鲜美食旅游年主题活动，成功举办元旦珠三角千人游湛江；3月31日，广东省海洋与渔业局和广东省旅游局在湛江海滨宾馆举办广东省滨海旅游启动仪式；4月，市旅游局和遂溪县政府举办“遂溪自行车绿道游”，吸引近200名自行车爱好者畅游绿道；6月16日，2010年全国龙舟月·第四届中国（湛江）海上国际龙舟邀请赛在湛江市金沙湾观海长廊举办。本届邀请赛由国家体育总局社会体育指导中心、中国龙舟协会、广东省体育局和湛江市人民政府主办，湛江市委宣传部、市体育局、市旅游局和湛江市广播电视台共同承办。参赛队有澳大利亚、加拿大、俄罗斯、哥伦比亚、香港、澳门等境外国家和地区的9支龙舟队，和湛江地区男子29支、女子14支龙舟队进行同场竞技，俄罗斯老虎队取得国际公开组和公开组总决赛两项冠军；6月20日，由市旅游局、市妇联和团市委等单位联合举办的2010年湛江市导游人员职业技能大赛决赛在湛江城市远洋国际酒店举行，来自湛江中旅的孔婷婷获得专业组第一名，来自广东海洋大学的陈怡获得学生组第一名；“十一”黄金周期间，由湛江市人民政府主办，湛江市旅游局、湛江市农业局、湛江市文化广电新闻出版局联合承办的2010广东（湛江）茶业旅游博览会暨动漫文化节在湛江国际会展中心举行，展场面积12000多平方米，共设国际标准展位400个，参展企业200多家。会场设茶业专题展位、旅游和特产专题展位、紫砂名壶和名家书画展位、动漫专题展位，举办饮茶与健康论坛、湛江茶叶发展论坛、茶艺和民族歌舞表演等，吸引3万多名游客前来观赏；2010年12月28日至2011年1月3日，2010年中国（湛江）海鲜美食嘉年华在金沙湾观海长廊举行。据不完全统计，湛江市2010年开展国民旅游休闲计划活动吸引游客600多万人次。

湛江市领导和嘉宾参观2010广东（湛江）茶业旅游博览会。

【广东省滨海旅游启动仪式】 2010年3月31日，广东省海洋与渔业局和广东省旅游局在湛江海滨宾馆举办广东省滨海旅游启动仪式。万庆良副省长为全省13家滨海旅游示范景区颁牌，出席粤西旅游工作现场会的全体代表参加启动仪式。在各滨海旅游景区自愿申报，各县、市海洋渔业、旅游部门审核的基础上，省海洋与渔业局、省旅游局组织联合考评，将资源保护与开发规范、基础设施完善、管理服务水平好的13个景区（点）评定为“广东省首批滨海旅游示范景区”，其中湛江市特呈渔岛度假村、东海岛省级旅游度假区、雷州天成台旅游度假村、吴川吉兆湾省级旅游度假区4家滨海景区获此殊荣。

旅游接待与收入

【国际旅游】 2010年，湛江市接待入境旅游游者10.31万人次，比上年增长27.40%；旅游外汇收入2715.95万美元，占旅游总收入的2.71%，增长21.42%。入境游游者中，外国人3.50万人次，占33.91%，增长62.52%；香港同胞5.40万人次，占52.33%，增长60.71%；澳门同胞0.48万人次，占4.65%，增长77.78%；台湾同胞0.94万人次，占9.11%，下降23.58%。

是年，湛江市旅行社组团出境游8039人次，比上年增长24.67%，其中港澳游游客6056人次，出国游1983人次。

【国内旅游】 2010年，湛江市国内旅游收入63.47亿元，占全市旅游总收入的97.17%，比上年增长22.91%；全市住宿设施接待过夜国内游客602.27万人次，增长30.29%。旅行社组团国内游31.46万人，增长15.64%。其中省内游12.17万人次，增长11.87%；省外游19.29万人次，增长18.15%。

【假日旅游】 2010年春节黄金周，湛江市接待游客120.1万人次，同比增长18.9%，旅游收入2.6亿元，同比增长23.6%。

“五一”（5月1~3日）小长假，湛江市接待游客80.3万人次、旅游总收入1.43亿元，同比分别增长18.8%和16.4%。东海岛、硇洲岛、吴川吉兆湾、雷州天成台、徐闻大汉三墩、廉江红树林等滨海景区游客人数均实现20%以上的增幅。

“十一”黄金周，湛江市接待游客135.8万人次，同比增长7.93%，旅游收入2.65亿元，同比增长9.5%。

旅游宣传促销与节庆活动

【旅游宣传促销】 2010年，湛江市继续加大对外宣传促销引客入湛力度，拓展省内外客源市场，抓好旅游形象宣传。一是实施“品牌营销”城市旅游宣传战略，加强与各新闻媒体合作，开办旅游栏目和旅游频道，广泛推介湛江旅游，大力营造“湛江人游湛江”的氛围。与《中国旅游报》和省级、外地新闻媒体合作，在中央电视台国际频道（第四频道）投放旅游天气预报节目，在南方卫视连续播出“粤游粤精彩·湛江行”系列旅游报道，各地媒体全年登载湛江旅游宣传相关报道2000多条；二是加强旅游促销，实施“走出去、引进来”战略，参与国家旅游局和省旅游局等部门在重庆、西安、广州、香港、台湾等地举办的旅游交易会、经贸洽谈会，开拓中南地区客源市场，推介湛江旅游，引客入湛。湖光岩景区与台湾日月潭签订合作协议，湛江市旅行社、饭店、景区、车船公司等旅游企业分别与各地旅游企业签订互送客源合作协议；三是积极拓展宣传渠道，加强与省旅游网络中心、移动湛江分公司、电信湛江分公司、琼北湛江区域旅游合作组织等机构合作，推进旅游信息化建设，进一步办好“活力广东网”湛江视窗、湛江旅游网、“琼北湛江旅游网”，建设完善旅游信息咨询和电子商务体系，构建湛江旅游网络宣传营销新平台。编制旅游宣传单张、旅游画册和旅游风光碟等宣传资料，在酒店、旅行社、机场、车站、入湛高速公路收费站等窗口赠送给游客，在市区公共汽车候车厅投放旅游风光灯箱广告，多渠道、宽层面宣传推介湛江旅游。

【2010广东国际旅游文化节（湛江）分会场】 2010年，湛江市办好世界旅游日全球主会场庆典暨中国广东国际旅游文化节湛江分会场活动，精心制作特装展台、花车和组织旅游企业参展，其中花车、花船和特装展台均获文化节组委会三等奖，湛江市荣获最佳组织奖。湛江市导游、粤菜和儿童书画等参加省旅游文化节比赛获得好成绩，其中，在2010中国粤菜峰会选拔大赛上，湛江恒逸国际酒店等9家酒店企业获得“粤菜名店”称号，湛江市吴川梅录镇、廉江安铺镇、雷州英利镇、徐闻徐城镇获得“旅游美食之乡”称号，湛江黎兆深等6人获“中国粤菜名厨”荣誉，湛江市旅游局荣获“最佳组织奖”称号。湛江市导游刘杰获得省导游技能大赛三等奖，湛江小学生吴荣彬的绘画作品《遂溪三宝——沙石菜头仔》在全省“万名儿童绘画及作文比赛”中获评一等奖。开展湛江分会场系列节庆旅游活动：元旦期间启动湛江海鲜美食旅游年主题活动，成功举办元旦珠三角千人游湛江；3月31日，广东省海洋与渔业局和广东省旅游局在湛江海滨宾馆举办广东省滨海旅游启动仪式，掀起滨海旅游热潮；4月举办“遂溪自行车绿道游”；6月在湛江市金沙湾观海长廊举办2010年全国龙舟月·第四届中国湛江海上国际龙舟邀请赛；8月举办全市导游服务技能大赛；国庆期间举办广东（湛江）茶业旅游博会暨动漫文化节和湛江人龙沙雕旅游文化节；12月12日，湛江市举办第37届世界旅游小姐（广东·湛江）全球总决赛；12月28日在金沙湾观海长廊举办2010年中国（湛江）海鲜美食嘉年华。一系列分会场旅游节庆活动吸引超过600万游客入湛旅游，旅游直接经济效益超过10亿元。

【湛江海鲜美食旅游年主题活动】 2010年1月1日，湛江市旅游局与广州广之旅国际旅行社等单位在新大天然酒店举办2010湛江海鲜美食旅游年活动暨元旦首团千人游仪式。来自珠三角1000多名游客参加湛江休闲二日游系列精彩活动，支持湛江市申报“中国海鲜美食之都”。梁志鹏副市长亲自当任导游，与游客们共庆新年。游客们分批参加湛江海鲜美食精彩二日游；湖光岩、特呈岛、东海岛、“红嘴鸥”豪华游船港湾二日游；特呈渔岛度假村海岛休闲二日游；廉江赏绿摘果品靓汤天游和雷州半岛历史文化风情游等多条旅游线路。

【2010第37届世界旅游小姐（广东·湛江）全球总决赛】 2010年12月12～17日，由湛江市人民政府、广东省旅游局、广东省归国华侨联合会和世界旅游小姐协会等单位共同举办的“2010第37届世界旅游小姐（广东·湛江）全球总决赛”在湛江市举行，来自世界50多个国家的旅游佳丽在湛江市区、特呈岛、东海岛、湖光岩展开系列精彩的竞赛和巡游活动，并在市体育中心举行总决赛及颁奖仪式，冰岛选手Jenny获得2010第37届世界旅游小姐（广东·湛江）全球总决赛冠军暨湛江市旅游形象大使荣誉。

2010第37届世界旅游小姐（广东湛江）全球总决赛在湛江市举行。

【区域旅游合作】 2010年，湛江市抓住海南建设国际旅游岛和国家推进与东盟合作的契机，加强与珠三角、“两广十市”、琼北（海口）和西南地区的旅游交流与合作，实行旅行社引客入湛奖励措施，多层次拓展客源市场。结合2010中国世博旅游年、广州亚运会和广东举办华人华侨旅游年，积极实施国民旅游休闲计划，精心策划旅游宣传推广活动，精心组织旅游企业先后到珠三角各个城市和西安、重庆等地参加大规模的国内旅游交易会，举办旅游推介会。5月12日，湛江市旅游局与重庆市渝中区旅游局签定《城际旅游互动服务质量提升合作协议》，与重庆机场集团、华夏航空、湛江机场签署《重庆—湛江城际旅游互动合作协议》，湛江中旅、湛江国旅等两地8家旅行社签定《城际旅游华夏中国重庆—湛江城际互动合作协议》，推出“山”、“海”渝湛互游旅游线路，为两地旅游企业搭建合作平台。8月18日，阮日生市长率广东省经贸文化交流团湛江市分团参加“台湾·广东周”活动，湛江市分团旅游促销组出席省旅游局在台中市举办的“台湾·广东周”粤台旅游合作说明会、广东旅游图片展。会上，市旅游协会与台湾南投县旅行商业同业公会、湖光岩风景区与日月潭风景区签署合作协议，正式启动湛江和台湾两地在旅游规划、资源开发、市场营销、品牌打造、人才信息交流等方面的合作。

旅游资源开发和景区（点）建设

【旅游规划】 2010年，湛江市旅游局参与并配合省旅游局编制《广东粤西地区旅游发展规划》和《广东省滨海旅游发展规划》，修改完善《琼北湛江旅游形象营销策划》。争取国家旅游发展研究院的支持，聘请魏小安、王林等教授组成专家团编制《湛江市旅游产业发展规划》（下称《规划》），明确湛江市旅游产业持续发展的目标、方向、思路和措施。年内，编制单位经过4个月的研究撰写，5次征求有关单位意见，形成6稿《规划》初稿。指导各县（市、区）和重点旅游景区编制实施旅游发展规划，引导全市旅游资源错位开发、差异发展、特色经营，加快做大做强旅游产业。配合市发改、规划、国土、建设、海洋、农业、林业、环保、文化等相关部门编制“十二五”规划，促进旅游与相关产业融合发展。

1月，《雷州市旅游发展总体规划》顺利通过专家评审。规划期限为2009—2020年，提出雷州旅游产业空间布局“一心、一区、三带”（“一心”：雷城历史文化中心；“一区”：雷南火山生态旅游区；“三带”：207国道热带乡村文明展示带、中部滨海生态旅游带、西部滨海生态旅游带）旅游格局 。

【旅游投资】 2010年，湛江市在建、总投资超过1亿元的重点旅游项目25个，年度完成投资36.2亿元，同比增长182%，重点旅游项目在建数量和完成投资额均居全省前列。全年全市申报立项旅游项目7个、计划投资282亿元，其中较大规模的有徐闻阳光海岸、徐闻南海玉带城、麻章康琦赛欢乐世界、广东炭世界滨海生态示范区、廉江植物园等6个项目。徐闻与美国新新集团合作的阳光海岸旅游项目，拟投资160亿元，是湛江市迄今投资意向金额最大的旅游项目。

【旅游景区（点）与基础设施建设】 2010年，湛江市旅游局积极争取省旅游局的大力支持，加快推进湛江市旅游集散中心建设。旅游集散中心开设旅游公共服务窗口，集旅游咨询、湛江一日游和应急救援服务、产品展示、线路宣传于一体，成为旅游企业和广大游客旅游服务的新平台。

与移动湛江分公司合作，开发升级了“湛江虚拟旅游网上导航与浏览系统”，开通12301旅游服务热线。加强旅游交通标识建设，投入40多万元在入湛和市区主干道增设旅游交通指示标志，在市区公交候车亭增设40多处大型旅游灯箱广告和交通图。霞山渔人码头正式启动建设，完善特呈岛旅游码头等旅游服务设施，各县（市、区）和重点旅游景区不断建设完善交通、停车场所、公共厕所、餐饮歇息、垃圾收集、购物消费和旅游接待服务中心等设施，落实安全保障设施，不断增加游客参与体验的服务设施，有效满足了游客旅游观光、休闲度假的多样化需求。

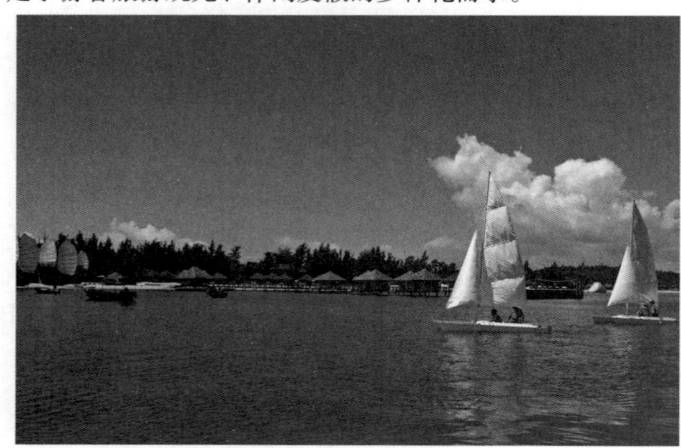

湛江特呈岛。

【新开发、新建设景区（点）】 2010年，湛江市旅游局跟踪服务、全力推动重点旅游项目建设，吉兆湾国际海洋度假中心休闲项目、坡头南海明珠游艇俱乐部、雷州雷文化主题旅游度假区和君豪国际大酒店、万象金沙湾花园酒店、民大喜来登酒店、湖光岩温泉度假村、广州湾时代广场等项目建设进展顺利，霞山渔人码头、交椅岭生态改造项目、雷州樟树湾酒店和赤豆寮岛旅游区等动工建设，湛江美食休闲广场、赤坎嘉瑞禾大酒店、霞山枫丹白露酒店等建成开业。

【湛江美食休闲广场】 地处湛江市开发区龙潮路，占地面积132亩，拥有7栋层高三、四层错落布置、总面积近70000平方米的建筑群体。汇集港、粤、川、湘、京、鲁、淮扬、杭帮、潮汕、东北菜、新疆菜、火锅、江西瓦罐汤等各地名菜系列，辅以西餐、咖啡、茶艺、日韩料理、各地名特色小吃系列及大型歌舞厅、夜总会、KTV、桑拿、洗浴房、健身房、美容美发、游戏电玩以及星级酒店、球馆、超市、露天泳池、露天溜冰场、露天烧烤园、婚纱摄影、国际青年旅社、药房、洋酒行等形成超大规模的餐饮娱乐休闲航母。广场设有同时能停放2000辆汽车的超大花园式停车场及近7000平方米的市民休闲灯光广场，广场还将承办由政府部门组织的每年一度的湛江美食节，打造湛江不夜城——“粤西明珠”。

【旅游交通】 2010年12月31日，广东省“十一五”期间规划的重点高速公路建设项目——广东省遂溪至徐闻公路（简称“湛徐高速公路”）通车典礼在湛徐高速公路遂溪服务区西广场举行，标志着湛徐高速公路全线正式建成投入营运。湛徐高速公路全线位于广东省西南部雷州半岛上，是广东省2008年至2012年高速公路建设规划中的重要项目之一，作为连接粤琼两省之间的唯一高速公路大通道，它将与境内的粤海铁路、G207国道共同构成雷州半岛更为发达的旅游交通网，并将成为琼州海峡两岸地区通往珠三角经济发达地区的重要黄金通道。全长约114.302公里，总投资约54.55亿元；从湛江市区到徐闻县海安港全程只需约1小时即可到达（两地距离较走G207国道可缩短80公里），雷州半岛的居民从此真正进入湛江市“一小时生活圈”。

【绿道旅游】 2010年，湛江市建成一批园林绿化精品工程，市区拥有公园、小游园近90个，新建和改造疏港大道、椹川大道、机场路等数10条绿色廊道，各县（市）通过新农村建设相继建成一大批生态文明村、特色文化村。是年湛江市大力实施绿道网建设，组织编制湛江市县（市）绿道规划指引和湛江市3条区域绿道示意图，为湛江5市县（市）绿道提供规划指引。规划建设县（市）绿道网络框架3条，连接县（市）级区域绿道与市区绿道，总长约246公里，将分散的公园绿地、生态文明村、特色村庄连接成网，形成整体性的绿道网络。2010年，湛江市积极开发绿道旅游精品线路。4月18日，市旅游局和遂溪县政府举办“遂溪自行车绿道游”，吸引近200名自行车爱好者一起畅游绿道，感受环保、低碳、自由的快乐。

【红色旅游】 2010年，湛江市积极推进红色旅游示范基地建设，先后推荐特呈岛、市博物馆、鹤地银湖等11家单位参加广东省委宣传部、省发改委、省旅游局联合组织的“广东省红色旅游示范基地”评审，其中湛江市特呈岛因具有鲜明的“文明生态旅游新海岛”特色，渔民新生活和海岛新风貌而得到游客和评定专家的青睐，获评“广东省红色旅游示范基地”称号。

【乡村旅游和旅游扶贫】 2010年，湛江市加大旅游扶贫力度，推动农村旅游经济发展。一是积极贯彻落实省旅游扶贫政策，组织各县（市、区）上报旅游扶贫项目及做好旅游景点建设资金项目的申报工作，全市申报32个旅游项目，争取省、市旅游扶贫资金和景点建设扶持资金980万元。指导协助徐闻县大汉三墩景区参与省旅游扶贫重大项目资金竞争，获得省300万元扶贫资金支持。各级旅游部门积极引导，发挥财政扶贫扶持资金“四两拨千金”的作用，吸引大批社会资金投入旅游开发建设。二是继续实施市级旅游专项资金竞争性分配，安排150万元扶持特呈岛渔家、南海明珠游艇俱乐部、吴川吉兆湾等主要旅游景区配套建设旅游基础设施。三是结合实际，加快发展特色乡村旅游。加快发展特色乡村旅游步伐，按照省加快星级农家乐建设的有关部署，从各县（市、区）推荐单位中，遴选符合省星级农家乐标准，开展乡村旅游基础的较好单位，扎实推进省星级农家乐申报工作。2010湛江市向省申报星级农家乐单位25个。湛江市还结合本市实际情况，制定出台《湛江市农（渔）家乐旅游星级评定办法》和《湛江市农（渔）家乐旅游星级评定标准》，全力推进湛江市乡村旅游建设迈入正规化、持续化的轨道。四是整合乡村旅游资源，开展联合促销。多次组织全市特色乡村旅游示范点和新农村建设以及特色旅游资源，在《湛江日报》等新闻媒体大篇幅地宣传，进一步打响湛江市特色乡村旅游品牌。

2010年9月19日，湛江市召开旅游专项资金竞争性分配评审会。

【旅游创强工作】 2010年，湛江市积极指导各县（市、区）利用当地丰富的旅游资源，大力发展旅游产业，建设高星级酒店、特色美食购物街区和旅游接待服务中心，不断提升旅游接待服务水平，争创广东省旅游强县。徐闻县、廉江市两地党委政府高度重视发展旅游业，均成立了由当地政府一把手为主的创强领导机构，积极实施旅游强县战略，切实加大旅游基础建设资金投入，健全旅游管理机制，优化旅游发展环境，建设精品旅游项目，有效壮大了旅游产业体系。徐闻大汉三墩滨海游、廉江摘果赏绿生态游、吴川名人故居游、雷州历史文化游、遂溪乡村游、霞山海岛海湾游等逐渐成为各县（市、区）特色旅游的名片。

【旅游转型与产业升级】 2010年，湛江市积极贯彻落实省政府《贯彻国务院关于加快发展旅游业意见的若干意见》精神，积极编制《湛江市旅游产业发展规划》，配合编制《广东滨海旅游发展规划》、《粤西地区旅游发展规划》，加快旅游转型与产业升级，积极发展滨海旅游、生态旅游、完善基础设施、主动对接海南国际旅游岛建设。湛江市委、市政府坚持优先发展旅游产业，市委全会报告和市政府工作报告专段部署旅游工作，书记、市长经常研究部署和检查指导旅游工作，强力推动旅游项目建设，强势推进旅游产业发展，通过在10县（市、区）召开现场办公会议，邀请民进中央委员王林教授为全市副处级以上干部作旅游产业发展专题讲座等形式，为各地发展旅游业加油鼓劲，提高领导干部对加快发展旅游的认识。开展编制《湛江市鼓励旅游投资优惠办法》工作，吸引更多资本参与湛江市旅游开发建设。徐闻、吴川、麻章等各县（市、区）党委、政府主要领导亲自抓旅游项目，全力推动旅游加快发展。

旅游行业监督管理

【旅游市场监督】 2010年，湛江市紧紧围绕“全国旅游服务质量提升年”主题，深入开展旅游质量情况调研，加强旅游市场监管创新：根据国家旅游局《旅游投诉处理办法》，在全国率先制定《湛江市旅游局旅游投诉处理程序规定》，以规范性文件形式对《旅游投诉处理办法》作出细化实施；首次邀请旅游企业人员参与旅游执法检查，进一步加强旅游监管工作透明度，推动旅游企业自觉自律。规范旅游企业经营行为，全年共接受和处理旅游投诉案件37宗，理赔金额10185元。全年查处旅游违法违纪行为13起，行政处罚金额2230元。各项旅游管理工作积极到位，旅游市场安全和谐有序。

【旅游安全管理】 2010年，湛江市做好节假日旅游安全生产和旅游接待服务工作。组织全市旅游行业开展“春节”、“五一”等旅游黄金周各项工作，并坚持每次黄金周做好节前到一线检查督导安全生产工作，对餐饮、卫生、消防设备、游乐设施等重点部位予以重点检查，对存在有安全隐患的，督促企业马上整改。全年到旅游企业专门督导旅游企业安全生产工作达22次；以2010年旅游行业“安全生产月”活动、全省安全生产大检查行动等专项旅游安全生产管理为主线，督促企业抓好安全自检和防范工作、尤其做好湖光岩风景区内望海楼特大型滑坡地质灾害安全防范督导工作。开展旅行社责任险统保工作，全市到期14家旅行社全部参与统保，工作完成效率在全省排名第三。

【旅行社管理】 2010年，湛江市以延续开展2009年度旅行社重新审核换证工作和2010年旅行社统计调查为抓手，严格按照《旅行社条例》审核旅行社的经营资质，公布全市29家符合旅行社经营许可条件的旅行社，并对全市旅行社经营网点和分社进行备案登记工作，确保旅行社经营主体的合法经营。严格执行市旅游局社会服务承诺，加快行政办事效能，许可湛江半岛假期、国旅假期旅行社等8家新旅行社成立。贯彻落实《旅行社条例》及《旅行社条例实施细则》，以旅行社服务网点管理、旅游合同监管和旅行社规范用工为重点，抓好旅行社的守法经营，严厉打击“黑社”、“黑导”、“黑车”等不法行为，培育旅行社诚信意识、品牌意识、优质服务意识，促进市场秩序不断规范，增进游客满意度。

【导游员管理】 2010年，湛江市旅游局认真做好导游员年审培训和IC卡管理工作，通过举办全国优秀导游先进事迹报告会、专题讲座等形式，为全市导游员提供年审教育培训。全年累计共为840名导游员办理导游IC卡年审，为307名通过导考考生办理导游挂靠手续和导游证（IC卡），为22名导游员办理迁入、迁出手续。2010年，挂靠在湛江市旅游服务中心的导游员人数增加到1279人。2010年，共有758名考生参加在湛江考点举办的两次全国导游人员资格考试。其中第一次导游考试有510人参考，合格人数为233人，合格率为46%；第二次导游考试有248人参考，合格人数为110人，合格率为45%；两次导游考试的一次通过率均排在全省前列。

【旅游饭店管理】 组织实施全市2010年度星级饭店复核工作。全市共有星级饭店40家，其中五星级1家，四星级6家，三星级24家，二星级9家。2010年实际参加星级饭店年度复核的饭店31家，参加星级饭店评定性复核的饭店3家（银海酒店、镇海大酒店、湛江师范学院园府酒店），实际复核率为85%，因经营、管理等原因不参加年度星级饭店复核酒店5家。全市通过年度星级饭店复核的饭店35家，客房数4397间（套），床位数8130张，从业人员9760人，营业收入56，839万元，客房平均出租率为60.11%。广泛开展“满意旅游在湛江”、“全市旅游酒店企业文化建设”活动和“低碳旅游”、“绿色饭店”创建活动，引导全市旅游企业节能减排、绿色发展，实现主要旅游企业用水、用电额度同比降低5%以上，星级饭店客房“六小件”（香皂、浴液、洗发液、牙刷、牙膏、浴帽）逐步减少或实行有偿供给。2010年，恒逸国际酒店被评为五星级酒店，成为湛江市第二家五星级酒店

【旅游商品管理】 2010年，湛江市通过政府部门积极的引导，充分发挥协会的作用，加强对旅游商品销售经营、生产研发的管理，加快研发、生产、销售“一条龙”体系建设，在湛江美食休闲广场筹建面积达1200平方米的旅游特色产品商场，展销海鲜干货、食品、土特产品、旅游工艺品、古玩玉器等湛江旅游特色产品。联合工商等有关部门，加强对旅游商品市场环境的综合治理，加大对大天然海鲜居旅游购物商场、海大珍珠文化中心、全家福珍珠城、东风市场等旅游购物点的监管力度，严厉打击假冒伪劣商品，做到使游客放心购物、满意购物。

【旅游标准化】 2010年，湛江市在全省率先制定《农（渔）家乐旅游星级评定办法》、《农（渔）家乐旅游星级评定标准》，大力扶持鼓励农家乐、渔家乐规范经营、加快发展、提高效益。广泛开展“满意旅游在湛江”、“全市旅游酒店企业文化建设”活动和“低碳旅游”、“绿色饭店”创建活动，大力引导全市旅游企业节能减排、绿色发展，实现主要旅游企业用水、用电额度同比降低5%以上，星级饭店客房“六小件”逐步减少或实行有偿供给。全市有17家景区（点）被评为“省级旅游示范基地”，其中：特呈岛被评为全省首批红色旅游示范基地；东海岛旅游区、特呈渔岛度假村、雷州天成台、吴川吉兆湾被评为省级滨海旅游示范基地；湖光岩、三岭山森林公园、廉江高桥红树林国家级自然保护区、徐闻龙泉森林公园被评为省级森林旅游示范基地；廉江市金萱茶业基地、吴川蛤蛉村、廉江杨桃沟被评为省级农业旅游示范基地；雷州市博物馆、雷祖祠被评为省级文化旅游示范基地；海滨宾馆、徐闻杏磊湾度假村被评为省级温泉旅游示范基地；南方国家级林木种苗基地被评为省级科技旅游示范基地。湖光岩创建国家5A级景区，徐闻杏磊湾酒店创建四星级酒店，湛江中旅创建全省四星级旅行社等扎实推进。

【信息化建设】 2010年，湛江市密切与省旅游局发展中心、移动湛江公司、碧海银沙网站等合作，办好湛江旅游网、“琼北湛江旅游网”，完善旅游信息咨询体系，加强旅游政务信息公开，加大湛江旅游的网络推介力度，推进旅游信息化建设。2月2日，湛江市旅游局与中国移动广东公司湛江分公司举行合作签约仪式，双方就推进湛江市旅游产业信息化建设签订紧密合作协议。湛江市旅游局局长林红、中国移动广东公司湛江分公司总经理詹亚明和双方有关企事业单位代表约100多人参加仪式。协议包括在未来5年，双方将在旅游基础信息网络建设、旅游行业信息化管理、旅游企业信息化应用、湛江旅游形象宣传等方面展开深入合作，致力于提升整个旅游产业的经营管理能力和服务水平，共同打造优势旅游文化品牌。中国移动湛江公司将以TD－SCDMA网络为基础，建设旅游信息服务高速公路，结合“企业建站”、“12580生活播报”、“短信回执”等丰富的业务内容，打造集旅游管理、旅游电子商务和旅游消费者信息服务于一体的信息化平台，并向市旅游局提供包括综合集群网、TD服务、综合通信解决方案、重要集团服务在内的行业解决方案。同时双方还将整合资源，优势互补，围绕市旅游行业信息化建设开展深度合作，共同推动“琼北湛江旅游合作项目”、“国民旅游休闲计划”、“12301旅游服务热线”等重大项目的实施。

【旅游行业协会】 2010年，湛江市旅游协会加强与其他协会的相互沟通，进一步增进与省旅游局和省旅游协会、各地级市旅游协会的工作交流。黄金周前后及时召开旅游协会旅行社分会、旅游饭店分会座谈会，更好地为旅游行业提供优质服务。制定完善的规章制度，确保协会的各项工作有章可循，协调运转。通过网络对会员单位进行宣传、

推介，做好各协会资料的收集、登记、汇总、上报工作，在各星级酒店成员单位设立旅游宣传资料架，做好发放到各酒店的旅游宣传资料配送工作。

旅游教育培训和精神文明建设

【旅游行业精神文明建设】 2010年，湛江市旅游局深入开展创先争优活动，创建“五个好”（领导班子好、党员队伍好、工作机制好、工作业绩好、群众反映好）先进党支部、争做“五个带头”（带头学习提高、带头争创佳绩、带头服务群众、带头遵纪守法、带头弘扬正气）优秀共产党员。成立创先争优活动领导小组，负责创建工作的组织、指导、协调。制定《湛江市旅游局在党员中开展创先争优活动实施方案》及活动安排表、《创先争优“树标兵”活动评选办法》，明确创先争优工作重点，进一步提高办事效率、转变管理方式、规范行政行为、建立健全服务责任制度，明确执法事项，缩短行政审批事项的办理期限，提高服务素质，树立良好的职业道德规范。是年，湛江市不断加强旅游行业精神文明建设，积极组织各类培训、竞赛、教育主题活动，营造行业争先创优的良好氛围。6月，湛江市旅游局、市妇联和团市委等单位联合举办2010湛江市导游人员职业技能大赛活动，比赛分海选、初赛和笔试等环节，有400多名来自旅游企业、高等院校的选手参加角逐，来自湛江市中国旅行社有限公司的孔婷婷获得专业组第一名，来自广东海洋大学的陈怡获得学生组第一名。选拔酒店服务员选手参加全省旅游饭店服务技能竞赛，其中中国城酒店黄仁意获中式铺床第二名、陈宇婷获中餐宴会摆台第三名。选拔选手参加广东省职业技能大赛“广东中旅杯”导游人员职业技能大赛，其中湛江海洋大学学生刘杰获得学生组第三名。湛江市旅游局被授予2010年广东职业技能大赛“广东中旅杯”导游人员职业技能大赛“最佳组织奖”单位。

【旅游行风与机关作风建设】 2010年，湛江市组织开展深入贯彻落实科学发展观活动和创先争优活动，加强党的基层组织、党风廉政、机关作风和行政效能建设，塑造学习型、服务型、效能型、创新型、实践型机关。健全完善机关管理制度，市旅游局被评为市财政绩效评价优秀单位和市党委政府信息报送先进单位。办理人大代表议案和政协委员提案18件，涉及景区开发、行业管理、机关建设、旅游安全、人才培训等工作，得到人大代表和政协委员的好评。

【旅游教育培训】 2010年，湛江市旅游局不断加强全市旅游队伍建设，提高从业人员的综合素质，培育旅游队伍良好的精神风貌。一是按省旅游局要求认真做好每年两次导游考试笔试、口试考场的组织、安排、布置工作，组织湛江考点考评员参加省局在湛江市举办的考评员培训班；组织监考老师、工作人员参加必要的培训学习。二是针对导游考试考生的现状，组织有教学经验的教师，在湛江市旅游学校举办4期为期20天的笔试（口试）培训班，有173人参加笔试、口试的培训，并编印导游考试复习资料，保证参加培训的考生人手1份。三是根据旅游企事业单位的要求，组织大学教授、讲师和旅游行业资深人士，对旅游企业开展职业道德教育和培训工作。全年超过4000人参加湛江市旅游局组织的各类从业人员培训。

2010年6月20日，湛江市举办导游技能竞赛活动。

【人事管理】 2010年，湛江市旅游局深入开展创先争优活动，组织党员干部赴重庆、西安、香港、台湾等地考察学习旅游发展经验，撰写《加快基础建设 推动旅游发展 湛江市对接海南国际旅游岛建设的调研报告》、《全力推动旅游产业加快发展》等文章，得到市领导的好评。开展党组中心组理论学习，在全局开展纪律教育学习月活动。组织公务员参加知识更新培训，集中参加全市公务员主体培训班课程学习。选送市级领导干部参加市委党校主体班学习，做好人才培养、储备工作。12月7日，经市委、市政府批准，曹晔任湛江市旅游局党组成员、副局长。

纪　事

1月1日 湛江市在湛江国际会展中心启动湛江海鲜美食旅游年主题活动，成功举办元旦珠三角千人游湛江。

1月1日 央视CCTV－4中文国际频道开始在全年的天气预报节目中预报湛江旅游城市天气情况。

2月2日 湛江市旅游局与中国移动广东公司湛江分公司在移动公司全球通大楼举行合作签约仪式，双方就推进湛江市旅游产业信息化建设签订了紧密合作协议。

2月3日 中国烹饪协会正式命名湛江市为“中国海鲜美食之都”。湛江成为全国首个获得此殊荣城市。

3月31日 广东省海洋与渔业局和广东省旅游局在湛江海滨宾馆举办广东省滨海旅游启动仪式。

3月31日 省政府在湛江海滨宾馆召开粤西地区旅游工作现场办公会。

3月15日 市旅游局、协会组织A级景区、星级饭店、旅行社和车船公司的10多家单位代表全市旅游企业参加全市“3.15”国际消费者权益保护日宣传咨询活动。

3月29日 湛江市“中国雷琼湛江湖光岩世界地质公园”与“深圳大鹏半岛国家地质公园”签订姊妹公园合作协议，正式结为“姊妹公园”。

4月18日 湛江市旅游局和遂溪县政府举办“遂溪自行车绿道游”，吸引近200名自行车爱好者参与。

4月8~12日 湛江市组织旅游促销团参加在西安举办的第十四届中国东西部合作与投资贸易洽谈会。

4月29日 湛江市旅游局和霞山区政府在特呈岛举办“特呈岛旅游欢乐节”，纪念胡锦涛总书记上岛视察七周年，活动内容包括避风港配套工程剪彩仪式，环岛景观路工程开工仪式，光伏电站奠基仪式，渔岛度假村水上渔家乐动工仪式等。

5月1~3日 湛江市畜牧局、旅游局在湛江金鹿园举办主题为“火山热带鹿园 鹿色生态之旅”的第二届鹿文化旅游节。

5月12日 湛江市旅游局与重庆市渝中区旅游局签定《城际旅游互动服务质量提升合作协议》

5月24日 联合国特呈岛湿地保护示范项目正式启动。联合国开发计划署和全球环境基金将赠款60万元，用于保护、宣传、开发特呈岛滨海红树林湿地。

6月16日 2010年全国龙舟月·第四届中国湛江海上国际龙舟邀请赛在湛江市金沙湾观海长廊举办。

6月20日 2010年湛江市导游人员职业技能大赛决赛在湛江城市远洋国际酒店举行。

6月 湛江市摄制的20分钟高清电视片《风情湛江》在上海世博会广东馆展播。

8月18日 阮日生市长率广东省经贸文化交流团湛江市分团参加“台湾·广东周”活动。

10月1~7日 2010广东（湛江）茶业旅游博览会暨动漫文化节在湛江国际会展中心举行。

10月1~3日 湛江经济技术开发区旅游局在东海岛旅游度假区举办“湛江人龙·沙雕旅游文化节”活动。

10月18日 经湛江市政府核准，由湛江市旅游局、农业局、海洋与渔业局联合编制的《湛江市农（渔）家乐旅游星级评定办法（试行）》和《湛江市农（渔）家乐旅游星级评定标准（试行）》印发实施。

12月12~17日 2010第37届世界旅游小姐（广东·湛江）全球总决赛活动在湛江市举行。

12月28日 2010年中国（湛江）海鲜美食嘉年华在金沙湾观海长廊举行。

（陈　乐）

茂 名 市

综 述

【总体情况】 2010年，茂名市旅游基础设施进一步完善，产业规模进一步扩展，“中国荔乡、冼太故里、云山鉴水、滨海茂名”的总体形象进一步提升，入茂客源进一步拓宽，社会效益进一步凸现。认真做好饭店评星、景区创A及旅游行业技能大赛等一系列工作，通过招标委托中山大学编制《茂名市旅游发展总体规划》、《茂名市浮山生态旅游风景区总体规划》、《茂名市环水东湾国家级滨海旅游产业专项规划》。全年全市接待旅游者609.38万人次，比上年增长25.33%，旅游总收入71.86亿元，比上年增长15.16%，旅游外汇收入1198.14万美元，比上年增长22.20%。

【旅游行业规模】 截至2010年底，茂名市拥有星级饭店22家，其中五星级饭店1家，四星级饭店4家，三星级饭店8家，二星级9家。待评星级饭店4家。拥有旅行社18家，其中出境组团社2家；拥有旅游景区（点）23家，其中3A级旅游景区3家；拥有国家级农业旅游示范点1家，国家级水利风景区2家，省级森林公园1家，省级旅游度假区1家；有旅游购物、旅游餐饮推荐单位8家，旅游车船公司2家。

【重大旅游决策】 2010年，茂名市县两级旅游管理部门围绕建设国家级滨海旅游度假目的地城市，全面快速均衡地推进全市东、南、西、北、中五大旅游组团；积极启动“海滨度假、温泉养生、都市休闲、海鲜美食、生态旅游和文化旅游”等六大旅游品牌战略；打造“滨海度假、生态休闲、冼太文化”等一日至三日游9条线路的“1569”工程；市委、市政府出台《中共茂名市委 茂名市人民政府关于提升旅游业核心竞争力建设旅游强市的实施意见》和《茂名市人民政府关于建设浮山生态旅游风景区的指导意见》。

【“十一五”旅游业发展情况】 “十一五”期间，茂名市各级党委政府和相关部门、旅游企业积极配合，强化“冼太故里、中国荔乡、云山鉴水、滨海茂名”的形象宣传和市场定位，“风华正茂·名闻天下”的旅游形象逐步得到社会认可。据不完全统计，“十一五”期间，全市共投入宣传促销资金8000多万元，宣传推广手段不断创新，宣传范围扩大到省内外以及港澳台，旅游整体形象进一步提升。“十一五”时期，由茂名倡导和成立的并任常务秘书长的“两广十市旅游区域合作”组织，成为粤西和桂东南无障碍旅游等多边合作与互动的良好平台。先后参加“两广十市”、“粤港澳”、“环北部湾”以及国内各种形式的区域旅游合作联席会议、展览、洽谈、签约等活动50多场次，与国内外旅游界同行进行广泛接触和交流，开展多种形式的对口宣传互动。为全市旅游企业向外扩展铺平道路、拓宽发展空间。围绕旅游客源市场与资源特色开发的项目，社会的民营大资金争相投资滨海旅游、温泉旅游、休闲旅游等大项目，投资增速明显快于其他行业，成为促进旅游发展的重要因素。

2010年1月23日，茂名市被国际休闲产业协会评为“2009年度国际最佳休闲城市”。

【导游人员职业技能竞赛】 茂名市旅游局于2010年5月19日制定并下发导游人员职业技能竞赛方案，并召开动员会，各旅行社及旅游院校报名参赛。6月17～18日，茂名市举办导游人员职业技能竞赛，经角逐，选出专业组和学生组共6名优秀选手为茂名代表队参加2010年广东省职业技能大赛“广东中旅杯”导游人员职业技能大赛半比赛。专业组选手王丽娜最终晋级决赛并荣获“南粤优秀导游员”

称号。

【旅游服务质量提升年】 2010年3月11日，市旅游局举办旅游服务质量提升年活动，印发《茂名市旅游服务质量提升年活动方案》。是年，市旅游局把开展质量年活动作为年度一项重要工作抓紧抓好，以质量年提出的重点活动为中心，全力以赴，充分调动各方面的积极性，动员旅游协会、旅游企业、相关单位及广大消费者积极参加质量年活动。充分发挥旅游企业在提升服务质量中的主体作用，推动和帮助所有旅游企业积极开展质量年活动，履行旅游服务质量提升的主体责任。通过开展质量年活动，加强全市相关制度建设和服务质量信息的收集、汇总与发布，建立完善促进旅游服务质量提升的长效机制。

【"两广十市"区域旅游合作（北海）联席会议】 2010年，茂名市围绕贯彻落实《第十一届"两广十市"区域旅游合作联席会议茂名宣言》，加强与湛江、阳江、云浮、北海、钦州、玉林、贵港、来宾、防城港以及梧州、温州、北京、西安等市的旅游合作与互动。11月23～25日，第十二届"两广十市"区域旅游合作联席会议在广西北海召开，会议形成和签订《两广十市区域精品旅游线路和旅游一本通》协议，"两广十市"的100家核心旅游企业的旅游合作联盟初步形成。

"两广十市"区域旅游合作（北海）联席会议举行签约仪式。

【全市旅游工作会议】 2010年4月27日，茂名市召开全市旅游工作会议，市直各有关单位负责人，各县（市、区）分管旅游工作的领导，旅游局长以及旅行社、景区、饭店主要负责人120多人参加会议。会议贯彻《国务院关于加快发展旅游业的意见》精神和全国全省旅游工作会议、粤西地区旅游工作现场办公会议精神，总结2009年全市旅游工作，部署2010年全市旅游工作任务。市委常委、副市长林日娣出席会议并讲话。会议颁发2009年度茂名市省级国民旅游休闲示范单位及粤西民俗风情旅游节获奖项目牌匾。市旅游局与各县（市、区）旅游局在会上签订2010年度旅游安全生产责任书，并与中国移动茂名分公司签订战略合作协议。

【试行国民旅游休闲计划】 2010年，茂名市旅游局以发展本地游为重点，联合有关部门和旅游企业，进一步加大休闲旅游产品推广力度，全面推行国民旅游休闲计划。同时还将参与省内联动，和全省各城市展开旅游合作，着力打造旅游旅游目的地城市形象。旅行社通过和景区、航空公司合作，降低出游价格、派发旅游消费券等多种方式刺激市民出游。同时创建一批旅游休闲示范旅行社和基地：广东为多生物科技有限公司被认定为"首批广东省工业旅游示范单位"；电白县放鸡岛海上游乐世界被评为"2010年广东省森林生态旅游示范基地"；茂名电白御水古温泉度假村、茂名信宜西江温泉度假村被评为"广东省温泉旅游示范基地"；茂名市君元沉香种植发展有限公司被评为"广东省中医药文化养生旅游示范基地"。

【2010中国世博旅游年】 2010年，茂名市以"迎世博、迎亚运、游茂名"为宣传口号，推动茂名人游世博活动。7月27日，市旅游局组成代表团参加上海世博会"广东活动周"活动，掀起宣传"中国荔乡、冼太故里、云山鉴水、滨海茂名"及茂名民俗风情的新热潮。

旅游接待与收入

【入境旅游】 2010年，茂名市接待入境旅游者22148人次，比上年增长35.63%；旅游外汇收入1198.14万美元，比上年增长22.20%。

【国内旅游】 2010年，茂名市接待国内旅游者607.17万人次，比上年增长39.51%；全市旅游业总收入71.86亿元，比上年增长15.18%，其中国内旅游收入71.05亿元；旅行社组团国内游34.86万人次，比上年增长10.81%，省外游8.85万人次，比上年增长0.77%。

【出境旅游】 2010年，茂名市旅行社组团出境游11909人次，比上年增长124.44%，其中香港游5678人次，澳门游3103人次，出国游2200人次。

【假日旅游】 2010年，茂名市春节黄金周旅游总收入1.91亿元，同比增长14.51%；一日游游客70.68万人次，同比增长12.93%；旅游饭店接待过夜游客7.16万人次，同比增长14.93%。

“五一”（5 月 1 日～3 日）小长假，全市旅游总收入 8816.03 万元，同比增长 20.33%；全市主要旅游景点接待游客 26.47 万人次，同比增长 62.29%；全市主要住宿设施接待过夜游客 3.21 万人次，同比增长 22.05%。

“十一”黄金周全市旅游总收入 1.4995 亿元，同比下降 11.17%；全市主要旅游景区接待游客 33.45 万人次，同比下降 9.99%；全市旅游饭店接待过夜游客 6.47 万人次，同比下降 0.61%。

旅游宣传促销与节庆活动

【概述】 2010 年，茂名市旅游宣传工作围绕市委、市政府“大力发展滨海旅游和生态旅游业、把茂名打造成国家级滨海旅游目的地城市”的战略部署，积极开拓以北京、西安、重庆等城市为重点的内陆市场，以香港、澳门、台湾等为重点的海外市场，以广西、湖南、贵州、重庆等为重点的邻省市场，以珠三角为重点的省内市场。大力宣传包装“冼太故里、中国荔乡、云山鉴水、滨海茂名”四大系列特色旅游产品，努力打造“海滨度假、温泉养生、都市休闲、海鲜美食、冼太文化和生态旅游”六大旅游战略品牌。

【旅游宣传促销】 2010 年，茂名市把“冼太故里、中国荔乡、云山鉴水、滨海茂名”确定为旅游总体形象口号。以落实《第十一届“两广十市”区域旅游合作联席会议茂名宣言》为契机，加强与湛江、阳江、云浮、北海、钦州、玉林、贵港、来宾、防城港以及梧州、温州、北京、西安等市的旅游合作；11 月 23～25 日，第十二届“两广十市”区域旅游合作联席会议在广西北海召开，共同签署《关于共同推广两广十市区域精品旅游线路和推广发行〈两广十市旅游一本通〉协议书》，达成对区域内精品旅游线路推介和旅游企业合作的具体措施，100 家核心企业建立“十市百企旅游合作联盟”；编印《茂名旅游指南》及《游博士带您游茂名》、《茂名旅游》季刊等宣传资料及导游培训教材，制作沉香旅游香囊和《茂名旅游宝典》等一批宣传纪念品；2 月 23 日，首届粤西（茂名）民俗风情旅游节暨“春游粤港·‘三八’同乐”及“2010 年广东华人华侨旅游年·相约茂名”启动仪式在茂名举行。市人大常委会常务副主任宋寿金，省旅游局副局长王志红，省政府侨务办副主任林琳，市委常委、副市长林日娣，市政协副主席章宁，美国茂名同乡会会长郭严芳等出席启动仪式；组团参加省旅游局和国家旅游局在西安、新疆、北京、义乌、香港、温州、台湾等地组织的大型旅游展销活动以及参加上海世博会“广东活动周”和广东国际旅游文化节系列活动；还先后到北京、长沙和赴汶川地区开展旅游对口促销。

首届粤西（茂名）首届民俗风情旅游节开幕。

【2010 广东国际旅游文化节（茂名）分会场】 2010 世界旅游日暨中国广东国际旅游文化节（茂名）分会场，共举办广东首届海洋旅游节、放鸡岛全国金鸡奖海钓大赛、中国第一滩沙滩音乐节、龙祖文化节、冼夫人诞辰节 5 个活动项目。9 月 24～28 日，茂名市组团参加在广州保利世贸展览馆举办的 2010 广东国际旅游展览会。其间，世界旅游组织秘书长塔勒布·瑞法依、世界旅游组织亚太部主任徐京，以及泰国、马来西亚、澳大利亚、尼亚瓜拉等国的旅游部领导和贵宾在省政府副秘书长刘晓捷、省旅游局副局长王志红陪同下视察茂名展位；9 月 25 日，组织旅游企业参加 2010 中国粤菜峰会暨粤菜名店（名师、名菜）评选活动，荣获名店 6 家，名厨 1 个，名菜 15 个，名点 6 个，名汤 5 个。市旅游局被组委会授予“最佳组织奖”。

世界旅游组织秘书长塔勒布·瑞法依参观茂名旅游商品展销。

旅游资源开发和景区（点）建设

【概述】 茂名自然风光与人文古迹交相辉映，粤西风情浓郁，地方特色鲜明，海滨海岛、农业生态、温泉疗养、冼太文化等是茂名旅游的优势和特色，是广东省新兴的旅游目的地城市。全市拥有景（区）点23个，形成以高水公路为中轴线、以207国道为辅助线的多条3天游精品旅游线路。放鸡岛海上游乐世界，是国内较大型的以潜水、海上游乐运动为主题的海岛型旅游区；中国第一滩旅游度假区是全省首批省级旅游度假区，以海滨休闲度假为特色，有“南方北戴河”的美称；以岭南荔枝文化为特色的根子荔枝文化旅游区是“全国农业旅游示范点”；大雾岭森林旅游区则是避暑疗养和森林生态旅游者的天堂，是广东第二高峰，粤西第一峰；天马山生态旅游区是“广东省最美的乡村旅游示范区”；西江温泉则以“广东水质最好的温泉”著称；甲门峡漂流和龙玄峡漂流是茂名旅游的新卖点，其中甲门峡漂流是粤西第一个漂流项目，被誉为“粤西第一漂”；冼太文化是茂名人文旅游的亮点，冼太夫人被周恩来总理称为“中国巾帼英雄第一人”，民间则把她尊称为“岭南圣母”，纪念冼太夫人的寺庙遍布茂名各处，其中高州冼太庙、电白娘娘庙历史悠久，规模大，是省级文物保护单位。

【旅游规划】 2010年12月24日，市旅游局与中山大学签订编制《茂名市旅游发展总体规划》、《茂名市浮山生态旅游风景区总体规划》、《茂名市环水东湾国家级滨海旅游产业专项规划》的合同。3项规划通过政府招竞标由中山大学旅游发展与规划研究中心负责编制，规划课题组由中山大学校长助理、中山大学旅游学院院长保继刚、世界旅游组织专家汉斯担纲。是年，茂名各县（市、区）旅游发展总体规划、玉湖国家水利风景区等规划也纳入编制计划。

与规划编制单位签订合作协议

【旅游区（点）与基础设施建设】 2010年，茂名市旅游景区（点）建设和基础设施建设取得新突破。据不完全统计，全市共投入资金近20000万元，用于旅游景区设施改造，“冼太故里、中国荔乡、云山鉴水、滨海茂名”的旅游

放鸡岛海洋度假公园第三期工程奠基仪式

总体形象初步确立。主要景点建设项目有：放鸡岛海上游乐世界投资2100多万元，新建木结构别墅80栋、钢筋混凝土结构别墅10栋（未完工）、购买两艘高速客船、新修船舶停泊区（避风塘）和博贺港码头候船室。该景区拟申报国家4A级旅游景区；广东茂名森林公园投资1000万元，新建游客中心、门口广场、游乐广场、动物表演场、水禽湖、绿道等，公园面貌一新，该景区拟申报国家4A级旅游景区；御水古温泉投资300万元，新建“一大两小”会议室，可供600人使用，成为粤西地区大型的温泉度假、保健疗养旅游胜地；玉湖国家水利风景区投资350多万元，对宾馆客房重新装修、新铺设景区内沥青路面和停车场、新建收费设施，计划从2011年起开始收费；电白浪漫海岸于2009年11月动工建设，于2010年9月试业。至2010年底，共投入2400万元，新建沙滩单体别墅35栋、海鲜美食城一座、海韵风情吧、海上游船码头、松林烧烤场、特产购物商店、露营基地等，对原有的度假村客房进行重新装修改造，已成为滨海旅游新亮点；浮山生态旅游风景区投资100多万元，拓宽“贡园”内的游步道和新设以“荔枝”为主题的雕塑一批；西江温泉度假村投资50万元，改造温泉浴池区、完善服务中心配套功能。此外，中国第一滩旅游度假区、天马山生态旅游区、石根山旅游区、三官山旅游区、平云山生态旅游区等均投入资金，用于旅游基础设施和景区设施建设。10月26~28日，省旅游局景区质量等级评定委员会检查组对申报国家4A级旅游景区的放鸡岛海上游乐世界、广东茂名森林公园、天马山西江温泉旅游度假区和中国第一滩旅游景区进行检查验收。

是年，全市旅游招商引资工作进展顺利，与北京京西风光旅游开发股份有限公司、北京金联金贸公司滨海旅游合作已达成初步合作意向。

【电白龙头山浪漫海岸】 位于电白县博贺镇，由茂名籍在东莞经商的何家兄弟投资开发建设，于2009年11月动工建设，2010年9月试业。至2010年底，共投资2400万元，新建沙滩单体别墅35栋、海鲜美食城一座、海韵风情吧、海上游船码头、松林烧烤场、特产购物商店、露营基地等，对原有的度假村客房进行重新装修改造，成为全市滨海旅游的新亮点，是省内第一个主打“爱与浪漫主题”的旅游区之一。

【绿道旅游】 2010年10月11日，茂名市首条绿道—广东茂名森林公园绿道正式动工建设。全长约5公里，起点和终点各设一个服务站，提供自行车出租、购物等服务，总投资250万元，预计2011年3月建成开放。

至年底，茂名市绿道网建设规划已编制完成。按照规划，茂名将建设一个东接浮山岭、南通环水东湾、西连森林公园的城市绿道网，构建融合生态、环保、教育和休闲等多种功能的绿道体系，逐步形成联系城镇内部绿化绿地与外部区域绿地之间、城镇与乡村之间的绿色开敞空间和网络，为广大居民提供健康、休闲的空间。各县（市、区）也正在积极规划和建设绿道网。

【红色旅游】 2000年2月，时任中共中央总书记的江泽民在茂名高州作“三讲”动员时首次提出“三个代表”重要思想。其间，江泽民食住在高州市委招待所（观山寺），视察冼太庙、瀛洲公园等，并在高州中心广场与群众见面。江泽民还到有“中国荔枝第一镇”之称的根子镇探访农户，了解农村经济和社会发展情况，并亲手在红荔阁旁种下一棵“中华红”荔枝树。

茂名市“三个代表”重要思想红色旅游线路主要包括位于高州市区的人民会堂、观山寺、瀛洲公园、冼太庙等景点，以及位于根子镇的根子荔枝文化旅游区（主要景点有贡园、红荔阁、荔枝文化广场、江泽民访问过的农户等）两部分，突出“江泽民同志在高州·三讲足迹”主题，是茂名市重要的历史文化旅游区、农业生态旅游区及红色旅游景区，旅游区免费向游客开放。2010年，旅游区共接待来自海内外的游客50万人次。

【乡村旅游】 2010年，茂名市将根子荔枝文化旅游区、天马山生态旅游区、甲门峡漂流、龙玄峡漂流、倒流湾旅游区、十里江景乡村大世界等旅游区辟为乡村旅游区。据统计，全市乡村旅游区共安排农民就业870多人，全年共接待旅游者100多万人次，旅游综合收入3.6亿元。

【旅游扶贫】 2010年，茂名市森林绿苑农家乐、鳌头镇桃花岛琼花农家乐餐馆、信宜市水口玉都生态农庄、信宜市池洞镇天然居酒楼、高州市金山假日农家乐、高州市金山家乐农庄、高州市石鼓镇潘氏友谊农庄、化州市白梅书院农庄和化州市六竹农庄9个农家乐项目共获得省的旅游扶贫资金45万元。广东茂名森林公园、石根山风景旅游区、浮山岭旅游风景区、平云山自然风景区—玉湖风景区七星伴月景点、名流生态旅游区6个省旅游一般项目，共获得旅游扶贫专项资金260万元。至年底，全市共获得省的旅游扶贫资金1585万元。在旅游扶贫资金的引领下，全市山区和农村共投入建设资金7.5亿元，新建乡村公路467公里；新建（改建）供电、供水、有线电视线路、农贸市场等一批，大大改善山区和农村的基础设施；安排农民就业350人，间接就业800多人；招商引资5亿多元；农民人均收入由2002年的1800多元增加到4600多元。

【旅游创强工作】 2010年，茂名市旅游局推动电白县、信宜市开展创建“旅游强县”的活动，两县（市）旅游局按照“创强”的标准和要求成立申报小组，制订方案，积极开展启动工作。

【全国工农业示范点建设】 2010年，茂名市根子荔枝文化旅游区是全国农业旅游示范点。全年共投资100多万元，拓宽“贡园”内的游步道和新设以“荔枝”为主题的雕塑一批；同时邀请中山大学教授保继刚牵头制订旅游区总体规划，将旅游区与浮山岭合为一体，建设浮山生态旅游风景区。市政府印发了《建设浮山生态旅游风景区的指导意见》（茂府［2010］49号），对旅游区的开发建设作出具体部署。根据规划，浮山生态旅游风景区将建成国内外著名的集生态观光、道教文化、休闲度假、山地运动于一体的国家5A级景区。

旅游行业监督管理

【旅游市场监督】 2010年，茂名市旅游管理部门充分发挥职能作用，整顿旅游市场秩序，重大旅游质量投诉为零，结案率100%。成立治理整顿“零负团费”专项行动工作领导小组，向各旅行社印发《2010年茂名市整顿旅游市场工作方案》。市旅游局联合市执法部门开展整顿旅游市场秩序的活动，对旅游广告、旅游合同、旅游购物、自费景点和项目严格检查，对各旅游企业的产品成本及价格重新进行核算和适当调整，对没有质量保证的产品进行禁售。还在新闻媒体上作宣传报导，让市民配合以整治“零负团费”为重点的专项工作。

【旅游安全】 2010年，茂名市狠抓旅游安全生产，市旅游局在旅游行业系列教育活动，多次召开旅游行业安全生产工作会议，对旅游行业管理人员集中强化培训。明确各县

（市、区）旅游部门的安全生产责任。1月1～3日、1月5～7日、4月26～30日、5月10～11日、9月27～30日、12月27～30日6个时间段与工商、公安、技监、安监等部门联合开展6次旅游市场秩序和安全生产大检查，共出动检查人员118人次，车辆48台次，共检查旅游企业78家，查出安全隐患23处。大力推荐游客购买旅游意外险，消除“黑车、黑团、黑导”等安全生产隐患。完善《2010年茂名市旅游业应急管理工作计划》，健全旅游行业安全应急管理体系，增强突发事件应急处置能力。

【旅行社管理】 2010年，茂名市旅游局开展对《旅行社条例》、《导游人员管理条例》实施情况开展专项检查，成立旅行社执法检查组，从9月16日起，在各旅行社自查自纠的基础上，对随机抽查的9家旅行社进行检查，形成书面文件在全市旅行社行业通报；打击超范围广告宣传的违规行为，禁止无经营出境游、台湾游资格的旅行社进行产品广告宣传。经年审，注销经营许可证的旅行社1家（茂名市茂东铁路旅行社）；吊销经营许可证的旅行社2家（茂名茂之旅旅行社有限公司、茂名市同乐假日旅行社有限公司）。

2010年10月31日，由中国国旅总社副总裁陈月亮（左）率领的粤西旅游首发团一行40人在茂名开展为期3天的考察，游览放鸡岛、浪漫海岸等景区。

【导游员管理】 2010年，茂名市组织参加全国导游资格考试。3月，参加全国导游资格考试的有171人，54人通过，通过率31.5%；9月，参加全国导游资格考试的有134人，45人通过，通过率33.6%。截至2010年底，全市共有持证导游761人。按等级分类，中级导游30人，占总人数3.9%；初级导游731人，占总人数96%；按语种分类，中文导游760人，粤语导游0人，英语导游1人，日语导游0人，其他语种0人；中文与粤语导游占99.8%，外语导游占0.2%；按学历分类，专科以上学历330人，占43%，高中（中专）学历431人，占57%。全市全年共有400名导游通过年审刷卡，占导游总数的53%。

【旅游饭店管理】 2010年，茂名市新评定四星级饭店1家（华海大酒店），三星级饭店2家（远光大厦、玉湖宾馆）。至年底，全市共有星级饭店22家。是年，市旅游局指导各旅游饭店开展“创星”，依照《旅游饭店星级的划分与评定》标准，先后对华海大酒店创建四星级、新城国际大酒店申报四星级、远光大厦创建三星级、玉湖宾馆创建三星级等全面指导，并进行初评，提出整改措施，完善服务项目。完成全市22家星级饭店复核，取消高州百乐城二星级饭店资格。

是年，茂名市委派茂名国际大酒店组队参加全国旅游饭店服务技能大赛（广东）选拔赛，分别参加中式铺床、中餐宴会摆台、西餐宴会摆台、鸡尾酒调制4个项目角逐。参赛选手成绩优良，邹静雯取得西餐宴会摆台第二名，黄园取得中餐宴会摆台第三名，梁金辉取得鸡尾酒调制第三名。茂名代表队荣获“优秀组织奖”。

【旅游标准化】 2010年，茂名市按照国际和行业标准制定出《茂名市农家乐星级评定申请报告》、《茂名市农家乐星级评定办法》、《茂名市星级农家乐基本条件》和《茂名市农家乐星级评定标准及评分表》，并于7月12日起开始实行。

【旅游信息化建设】 茂名旅游网是由茂名市旅游局开发建设的官方旅游网站。茂名市旅游景区景点、酒店宾馆、旅行社和旅游资讯、招商引资、政策法规和茂名交通情况等旅游信息均在网上公告，为旅客提供多元化、全方位的旅游信息发布平台。截至2010年底，茂名旅游网浏览量达4万多人次，平均每月浏览量超4000人次。

旅游教育培训和精神文明建设

【旅游行风与机关作风建设】 2010年，市旅游局围绕“提升旅游业核心竞争力建设旅游强市”为主题，修订完善《首问负责制度》、《服务承诺制度》、《限时办结制度》和《责任追究制度》。采取领导分工负责，企业齐抓共管的办法，整顿和规范旅游市场秩序、着力维护消费者利益、构建行风建设长效机制。在旅游企业开展诚信经营教育，并配合市有关部门进行专项治理和打假打非行动。在建设“学习型、服务型、节约型”机关活动中，全局人员扎实开展“端正行风政风，优化发展环境”活动。9月30日，市旅游局配合纠风办在茂名广播电台举办“民声热线”节目，接听和解答听众提出的旅游热点问题，接受群众监督和咨询。市旅游局党风廉政建设连续9年被市委评为“优秀单位”。

【旅游教育培训活动】 2010年，市旅游局在国家旅游局倡导开展质量提升年活动期间，以迎亚运会为契机，在全行业开展旅游技能培训活动。先后组织各县（市、区）旅游局和旅游企业负责人到外地考察学习，先后举办12期旅游企业部门经理培训班，6期导游在职培训班。5月，聘请旅游院校教师对全市610名持证导游员进行在职教育培训；6月，组织全市星级饭店管理人员到东莞参观考察四星级以上饭店；7月，选送人员参加省星级系统职业技能鉴定培训班并取得考评员资格证；8月，组织饭店管理人员参加全市旅游饭店岗位资格证书培训班等。

2010年5月10日，广东省旅游局局长杨荣森与参加全国旅游饭店服务技能大赛（广东）赛区预选赛的茂名代表队合影。

纪 事

1月8日 召开“两广十市区域旅游合作（茂名）联席会议总结表彰暨收看2010年全国旅游服务质量提升年启动仪式电视电话会议”。

1月21～24日 茂名市赴北京举办旅游推介会，邀请国家旅游局党组成员、规划财务司司长吴文学、省政府驻北京办事处副主任张建强等莅临指导。

1月22～23日 茂名市在北京举办的“2010年国际休闲产业论坛”上被授予“2009年度国际最佳休闲城市”。

2月18日 茂名市新春休闲旅游论坛在放鸡岛举行。

2月23日 首届粤西（茂名）民俗风情旅游节暨“春游粤港·三八同乐”及“2010年广东华人华侨旅游年·相约茂名”启动仪式在市文化广场举行。

3月1～4日 茂名市旅游局与长沙市旅游局在湖南长沙共同主办“畅游放鸡岛，感受粤西情——粤西旅游精品推介会”。双方签署《广东省茂名市、湖南省长沙市旅游交流与合作协议》。

3月18日 茂名国际大酒店举行金钥匙授徽仪式。

3月23日 召开茂名市旅游扶贫工作汇报会。

3月31日至4月2日 省政府先后在湛江、茂名、阳江、云浮召开粤西地区旅游工作现场办公会。

4月8～12日 第14届“西洽会”在西安举行，茂名市旅游局组织全市主要旅游企业参加广东旅游馆布展。

4月27日 召开全市旅游工作会议。

5月19日 中共茂名市委副书记、市长邓海光到浮山岭调研旅游开发工作。

5月28日 茂名市旅游局局长李清汉在全市政务接待工作会议上作题为《加快旅游业发展，创新政务接待工作方式》发言。

6月10～13日 市委常委、副市长林日娣率团参加在香港会展中心举行的第24届香港国际旅游展览会。

6月12～13日 市委常委、副市长林日娣率市旅游局、规划局、交通局、林业局等部门负责人及部分旅游企业代表赴增城考察绿道建设。

6月17～18日 举行全市导游人员职业技能竞赛，分院校学生组和导游专业组选拔，遴选7名优秀选手（导游5名、学生2名）组队参加省的比赛。

7月8日 “神奇丹霞·魅力韶关”旅游推介会在汇丰大酒店举行。

7月17日 茂名市党政代表团到广州增城市考察学习，并参观增城旅游建设新成果。

7月17日 茂名市与梧州市旅游界代表在茂举行座谈会，并签订两市旅游合作协议。

7月27日 市旅游行业代表团赴上海世博园参加“广东活动周”。

10月1日 沉香山生态旅游风景区正式成立。

10月2日 “市旅游行业救灾复产座谈会”在华海大酒店举行。

11月3日 茂名市放鸡岛海上游乐世界被评为“2010年广东省森林生态旅游示范基地”。

11月23～25日 茂名市组团参加“第十二届两广十市区域旅游合作（北海）联席会议。

12月1日 茂名市旅游局、茂名市邮政局共同举办“美丽茂名”旅游风光明信片册编制活动启动仪式。

12月1日 召开2010年全市旅游统计工作会议。

（梁 健）

肇 庆 市

综 述

【总体情况】 2010 年，肇庆市旅游景区（点）共接待游客 2008.5 万人次，比上年增长 25.3%，其中接待过夜旅游者 1055.69 万人次，增长 25.60%；实现旅游收入 102.78 亿元，增长 29.35%。是年 3 月，肇庆市被省政府授予“国民旅游休闲示范市”；在广东省旅游旅游协会组织的中国百万自驾车主网上评选活动中肇庆评为“自驾车最喜爱休闲城市”；“肇庆千里旅游画廊”获评为“世博中国年·最受欢迎国内旅游线路”，列入全国首批低碳国土实验区。

【旅游行业规模】 至 2010 年底，肇庆市建成开放的旅游景区（点）56 家，其中年接待游客超 100 万人次的有 6 家。共有 4A 级旅游景区 4 个；各类宾馆酒店、旅馆 1000 多家。其中，星级饭店 37 家（四星级 3 家、三星级 20 家、二星级 10 家、一星级 4 家），正在申评和待评五星、四星级酒店 10 家；旅行社 41 家，其中出境旅组团社 2 家。

【全市旅游工作会议】 2010 年 4 月 1 日，中共肇庆市委、市政府召开 2010 年全市旅游工作会议暨建设“国际化旅游休闲之都”动员大会。肇庆市委书记覃卫东强调，要加快转变旅游发展方式，努力建设“国际化旅游休闲之都”。一是旅游发展理念要由“景区旅游”向“城市旅游”转变。二是旅游发展格局要由“各自为战”向“一体化”大旅游转变。按照肇庆千里旅游画廊的一体化发展格局加强旅游发展规划，策划精彩的主题旅游宣传促销活动，重点解决旅游交通和景区连接线的交通瓶颈，加强广佛肇旅游、“两广六市”区域旅游合作。三是旅游发展模式要从“粗放型”向“集约型”转变。提升旅游产品质量、旅游形象品牌和旅游综合效益。四是旅游产品结构要由“单一观光旅游”向“休闲度假旅游”转变。五是旅游发展主体要由“政府主导型”向“市场主导型”转变。六是旅游管理方式要由“管理型”向“服务型”转变。

肇庆市委副书记、市长郭锋对肇庆建设“国际化旅游休闲之都”进行动员部署。一要强化规划管理，切实发挥规划的引领作用。二要强化改革创新，切实深化旅游体制机制的改革。三要强化项目建设，切实推动旅游产业的转型升级。四是强化环境建设，切实提高旅游接待水平和质量。五要强化宣传推介，切实提升城市旅游品牌形象。六要强化队伍建设，切实为旅游业发展提供保障。

2010 年肇庆市旅游工作会议暨建设国际化旅游休闲之都动员大会召开。

【“十一五”旅游业发展情况】 “十一五”期间，肇庆市旅游业发展规划先行，优化配置文化、生态、自然资源，重点发展生态观光旅游、休闲度假旅游、商务会展旅游、健康养生旅游，试行国民旅游休闲计划。全市完成 1000 万元以上旅游投资项目 29 个（其中 5000 万元以上项目 15 个），累计投资金额 31.71 亿元。

截至 2010 年底，“肇庆千里旅游画廊”共有旅游景区（点）56 个，各类宾馆酒店、旅馆 1000 多家，旅行社 41 家。进入景区公路实现硬底化，并完善了旅游交通导向系统；建成多个旅游咨询服务中心、自驾车旅游服务站和旅游购物街。该市先后被评为“中国最佳休闲旅游城市”、“中国最受欢迎旅游目的地”、“中国旅游文化示范地”，并被省政府授予“国民旅游休闲示范市”称号；全市创建“广东旅游强县”1 个、“广东旅游特色县”2 个、“广东旅游特色镇”4 个、“广东旅游特色村”6 个。

【领导关注肇庆旅游】 2010 年 3 月 6 日，安徽省副省长倪发科到七星岩景区参观考察；9 月 15 日，全国政协提案委员会副主任毛林坤到鼎湖山景区视察指导。同日，国家外交部副部长宋涛到七星岩、鼎湖山景区参观考察；10 月 3 日，中共广东省委常委、省纪委书记朱明国到七星岩景区视察指导；11 月 12 日，陕西省委副书记、常务副省长赵政永到七星岩景区参观游览；11 月 13 日，国家档案局副局长李和平到鼎湖山景区参观考察。

【试行国民旅游休闲计划】 2010 年春节期间，肇庆市以“欢乐请柬——请到肇庆过大年”为主题策划推出系列旅游文化活动；“三八”期间，肇庆市启动“春游粤港肇、三八姐妹乐”系列活动。3000 名以妇女为主的游客进入七星岩、鼎湖山景区游览。整个系列活动为期 1 个月；“五一”、端午节小长假期间，肇庆市以乡村体验、森林探险、生态养生等为主题，策划推出多条休闲旅游精品线路；6 月，启动暑期旅游黄金月系列活动；“十一”黄金周以绿色低碳游、星湖绿道休闲游为主打，策划推出鼎湖山绿色低碳养生游、游广东最美的星湖绿道等旅游项目和亮点。8 月 24 日，叶挺独立团团部旧址纪念馆评选为“广东省红色旅游示范基地”。

“国际化旅游休闲之都——肇庆”摄影大赛举行启动仪式。

旅游接待与收入

【总体情况】 2010 年，肇庆市旅游总收入 102.78 亿元，比上年增长 29.35%。全市旅游景区（点）共接待游客 2008.54 万人次，比上年增长 25.28%；城市接待旅游者人数 1787.8 万人次，增长 25.67%；城市住宿设施接待旅游者人数 1055.69 万人次，增长 25.6%（其中过夜外国游客 139.45 万人次，增长 24.15%；国内游客 916.25 万人次，增长 25.83%）；一日游游客 732.1 万人次，增长 25.77%。纳入统计的宾馆酒店的客房平均出租率 62.46%，比上年增长 0.56 个百分点。

【入境旅游】 2010 年，肇庆市接待入境游客 236.11 万人次，其中入境旅游者 139.45 万人次，比上年增长 24.15%；旅游外汇收入 12439 万美元，比上年增长 53.79%，占全省比重 1%。

【国内旅游】 2010 年，肇庆市接待国内游客 1551.69 万人次，比上年增长 25.9%，其中国内旅游者 916.25 万人次，增长 25.83%；国内旅游收入 94.33 亿元，增长 27.59%；一日游国内游客 635.44 万人次，增长 26%。

【出境旅游】 2010 年，肇庆市旅行社组团出境游 2.66 万人次，比上年增长 20.33%，其中，香港游 1.27 万人次，增长 20.06%；澳门游 0.80 万人次，增长 21.06%；出国游 0.58 万人次，增长 19.95%。

【假日旅游】 2010 年，肇庆市春节黄金周接待游客 168.5 万人次，同比增长 17.2%，占全年游客接待量的 8.4%。其中，接待入境游客 22.3 万人次，同比增长 19.9%；接待国内游客 146.2 万人次，同比增长 14.9%；接待过夜旅游者 99.5 万人次，同比增长 15%，一日游游客 69 万人次，同比增长 13.7%。

“五一”假期（5 月 1 ~3 日）肇庆市共接待游客 103.3 万人次，同比增长 18.6%，占全年游客接待量的 5.1%。其中，接待入境游客 13.65 万人次，同比增长 32.14%；接待国内游客 89.67 万人次，同比增长 16.82%；接待过夜旅游者 61.01 万人次，同比增长 18.54%，一日游游客 42.31 万人次，同比增长 18.78%。

“十一”黄金周共接待游客 193.27 万人次，同比增长 26.9%，占全年游客接待量的 9.6%。其中，接待入境游客 25.53 万人次，同比增长 23.04%；接待国内游客 167.74 万人次，同比增长 27.51%；接待过夜旅游者 114.13 万人次，同比增长 26.67%，一日游游客 79.14 万人次，同比增长 27.23%。

春节、“十一”黄金周共实现旅游收入 7.71 亿元，同比增长 26%，占全年旅游总收入的 7.1%。其中，旅游外汇收入 780 万美元，同比增长 26.1%；国内旅游收入 7.18 亿元，同比增长 26.2%。

旅游宣传促销与节庆活动

【国内旅游宣传促销】 2010 年，肇庆市以武广高铁开通为契机，联合广州市、佛山市在湖南长沙市、湖北武汉市举行“广佛肇旅游推介会”；推出首本综合性旅游杂志《行游肇庆》，向市民和游客介绍肇庆丰富的历史文化、旅游资源和旅游业发展情况；构建“广佛肇旅游”区域品牌，与广州、佛山市合作联手对外宣传，组织“中外百名记者、旅行商广佛肇旅游采风活动”，联合布展参加 2010 广州国际旅游展览会，联合制作《缤纷广佛肇，欢乐过大年》宣传册；11 月 24 ~30 日，肇庆市组团赴安徽合肥市、江苏南京市、浙江湖州市、湖南长沙市举行肇庆旅游推介会；2010

年春节黄金周前后及期间，与南方卫视合作举办“肇庆旅游虎年欢乐会”，吸引多家新闻媒体采访报道，“十一”黄金周前夕，连续1个多月在《中国旅游报》推出系列肇庆旅游专版，与南方电视台《潮流假期》合作，组织南航空姐开展评选“广东旅游天使”—肇庆外景采风活动；举办文鲤开渔节，邀请《今日关注》主持人郑达主持，广东珠江电台、广东珠江网站同步直播，《广州日报》、广东电视台等多家媒体参加，宣传“肇庆美食游”品牌。“十一”黄金周期间，在南方卫视推出长达20分钟的“广东旅游天使肇庆采风”旅游专题片，在香港亚洲电视推出长达30分钟的“岭南文化之旅肇庆旅游”专题片。

2010年11月24～30日，肇庆市组团赴安徽合肥、江苏南京、浙江湖州、湖南长沙四地举行肇庆旅游推介会。

【国际旅游宣传促销】 2010年6月18日，肇庆市借助肇庆龙舟邀请赛之机举行旅游推介会，邀请香港旅游业议会组织共180多个会员单位到肇庆参观考察；“台湾·广东周”期间，肇庆市联合江门市力推“台澳江肇”黄金旅游线路，与台湾弘泰旅行社签订合作协议；组团赴马来西亚开展旅游访问和考察，为筹办2011年肇庆旅游（马来西亚）推介会做准备；赴香港、澳门拜会两地旅游业界领导，推动肇庆的旅行社与港澳旅行社合作。

【2010广东国际旅游文化节（肇庆）分会场】 2010世界旅游日全球主会场庆典暨中国广东国际旅游文化节期间，肇庆分会场共举办首届环星湖绿道自行车骑游大会暨肇庆第二届国际市民徒步大会、肇庆大型太极拳团体表演、世界首届生态旅游养生大会 暨肇庆生态养生体验活动、星湖国家湿地公园第四届观鸟节、鼎湖山第五届森林旅游登山节、“国际化旅游休闲之都·肇庆”摄影大赛图片展、肇庆市第二届旅游文化研讨会、肇庆旅游历史文化新星大赛、中国电影艺术家书画作品大展、肇庆市第五届旅游美食节暨肇庆汤料文化节、2010肇庆旅游工艺品（特产）展、端砚文化村主题文化旅游活动、中国房车锦标赛总决赛、鼎湖区登山攀树节、高要金钟山龙公姻缘诞、德庆龙母感恩节、封开第五届广信文化节、怀集县攀岩节、第五届广宁竹子文化节、四会柑橘玉器文化节共20个项目。其中由肇庆市人民政府与亚太旅游联合会、世界生态旅游养生大会、国际市民体育联盟共同举办“2010世界（中国肇庆）生态旅游养生大会”、“首届环星湖绿道自行车骑游大会”和“第二届环星湖国际市民徒步大会”以及“百家报社聚焦肇庆”摄影采风等活动项目，吸引20多个国家和地区的游客、骑游爱好者、徒步爱好者和肇庆市民3万多人参加，境内外130多家新闻媒体记者采访报道。9月25日，在广州主会场举办的第二届中国粤菜峰会上，广宁县、怀集县、德庆县、封开县和鼎湖区凤凰镇被组委会评为“广东旅游美食之乡”，华侨大厦等8家企业被评为“粤菜名店”，鼎湖裹蒸等38道菜式入选“粤菜名菜”，养颜首乌饼等12道点心入选“粤菜名点”。

首届环星湖绿道自行车骑游大会暨第二届环星湖国际市民徒步大会吸引3万多人参加。

【区域旅游合作】 2010年，肇庆市以构建“广佛肇旅游”区域品牌为抓手，主动与广州、佛山市合作联手对外宣传，组织“中外百名记者、旅行商广佛肇旅游采风活动”，联合布展参加2010广州国际旅游展览会，联合制作《缤纷广佛肇，欢乐过大年》宣传册；“台湾·广东周”期间，与江门市联合力推“台澳江肇”黄金旅游线路，与台湾弘泰旅行社签订合作协议。

旅游资源开发和景区（点）建设

【旅游规划·旅游投资】 2010年，肇庆市及各县（市、区）分别编制完成旅游业发展“十二五”规划；完成《星湖风景名胜区总体规划》修编及建设性详细规划前期工作。

是年，广东志高空调集团公司投资肇庆四会市天海湖度假区项目进展顺利，碧桂园集团投资的肇庆四会市江谷生态旅游度假项目进入实质性筹建阶段；广宁县竹海大观景区新投入资金1.2亿元进行全面升级改造；鼎湖区砚洲岛完成首期立项，建设改造一批公共基础配套设施和旅游项目；怀集县岳山温泉全面开工建设；封开县七星度假区项目开发进展顺利；端州区端砚文化村升级改造工程动工；高要市端砚世界文化谷、石洞农场文化旅游休闲产业园等项目完成前期规划。

【绿道旅游】 按照《珠江三角洲绿道网总体规划纲要》规划，省绿道1号线以七星岩为起点。2010年，肇庆市在七星岩西北侧建设起点广场，修建全长19公里的环星湖绿道（栈道），串联起牌坊广场、波海公园、伴月公园、牌坊公园、东门广场。至年底，已完成全长20公里的环肇庆星湖绿道（栈道）建设工程。中国城市竞争力研究会评定肇庆星湖绿道评为“中国最美绿道”。

2010年9月7日，“广东旅游天使”赴肇庆采风的南航空姐畅游绿道。

【旅游景区（点）与基础设施建设】

星湖风景名胜区　七星岩水月堤除险加固工程、鼎湖山消防管网和供水系统工程全面竣工。

鼎湖区　砚洲岛累计投入3000万元完成首期立项，完善并改造一批市政、公共基础配套和旅游设施，完成包公楼景区和旧厂房第一期改造，砚洲堂文化驿站投入使用，加快推进岛上绿道建设、环岛外堤路硬底化建设和广利码头、包公楼码头、包公楼区域及沙滩项目改造提升。九龙湖风景区按照创国家4A级旅游景区要求改善旅游交通和邮电服务，完善游览功能和综合管理。

德庆县　加快五大休闲旅游度假基地建设，重点抓好金林水乡至盘龙峡的绿道建设。

封开县　北回归线度假区完成景区规划，建成石板徒步登山道20公里及溯溪步级栈道，“十一”黄金周前投入试营运。大旺海鹰博览中心完成创建国家4A级旅游景区前期工作。

广宁县　新竹海大观景区投入约12000万元完成首期和二期升级改造，更新修葺原有项目，增加参与性娱乐项目，完善各项配套设施，餐厅、牌楼、竹排的修复翻新完成。

【旅游扶贫】 2010年，肇庆市共有5个旅游扶贫一般项目、7个项目农家乐获省旅游扶贫专项资金扶持，资金总额达275万元。旅游扶贫一般项目包括：鼎湖藏龙沟风景区、高要金钟山景区、四会大贞山旅游区、封开大旺海鹰博览中心、广宁古水河风景区；星级农家乐项目包括：鼎湖区同古山居、鼎湖区凤凰山庄、鼎湖区农家乐庄园、广宁县碧翠湖度假村、广宁县万家乐酒店、封开县新亮点休闲度假村、德庆县盘龙峡山菜馆。

旅游行业监督管理

【旅游市场监督】 2010年，肇庆市查处关闭无证经营旅行社门市部1家，督促整改违规操作旅行社6家，给予口头警告处罚旅行社3家。强化旅游投诉处理，该市旅游质监所全年共受理旅游投诉61宗，处理率100%，并为46名游客追回赔（补）偿24万多元。是年，肇庆市假日旅游协调领导小组发挥职能作用，开展联合执法和综合执法，整顿和规范旅游市场秩序，清理整治旅游景区（点）不法燃香活动，倡导文明燃香行为。

【旅游安全管理】 2010年，肇庆市加强旅游安全检查，春节、“十一”黄金周和“五一”小长假、寒暑假期前夕，市旅游发展局会同市公安、安监、工商、海事、交通、卫生、消防等相关部门成立安全生产检查组，到各县（市、区）督导各旅游经营单位做好旅游安全工作，防范旅游道路交通、游船、旅游游乐设施等重大事故，以及饭店餐馆、游客聚集场所发生火灾、食物中毒等事故；联合市安监局、市消防局等单位举办安全管理培训班和消防安全标准化及酒店管理培训班，先后培训旅游企事业单位安全责任人和安检员129人次；市旅游发展局与属下各单位签订安全生产责任书，联合有关部门协助肇庆市中国旅行社处理好“3·17”特大交通事故。

【旅行社管理】 截至2010年底，肇庆市新设立8家旅行社。至年底，全市共有旅行社41家。经年度审核撤销旅行社3家。参加旅行社责任保险统保示范项目的22家。请提供2010年，肇庆市旅行社资产总额为0.66亿元，负债总额为0.5亿元，所有者权益为2027.7万元。旅行社营业收入总额为27.89亿元，旅游业务收入总额为27.89亿元，利润总额为63.2万元，实缴税金总额为246.7万元。

【导游员管理】 2010年，肇庆市规范和管理导游服务行为，针对导游人员在导游活动中存在的突出问题，加大导游IC卡检查力度，全年共检查导游员113人次，其中无证带团10人。组织一年两次的全国导游人员资格考试，479人次参加考试，213人通过，合格率44%。至年底，全市有导游员1644人。

【旅游饭店管理】 2010年，封开杏花宾馆晋升为三星级饭店，至年底，全市共有星级饭店37家。市旅游局积按照新版《旅游饭店星级的划分与评定》对36家星级饭店评审复核，取消2家不符合星级标准酒店的资格。是年，帮助高要碧桂园凤凰酒店启动创五星和新肇庆国际大酒店、德庆新丽都大酒店、广宁华侨大厦启动创四星的工作。

【旅游标准化】 2010年，肇庆星湖风景名胜区管理局联合肇庆市质量技术监督局、广东省标准化研究院、广州市番禺莲花山旅游区共同起草广东省地方标准《旅游安全管理/旅游景区（点）》。于2010年2月25日，由广东省质量技术监督局对外发布，自2010年5月1日起实施。

2010年11月5日，"2010世界（中国肇庆）生态旅游养生大会"在肇庆举行。

旅游教育培训与精神文明建设

【旅游行业精神文明建设】 2010年，肇庆市在全系统开展"文明旅游、理性消费"宣传进社区下县区活动，引导旅游企业诚信经营、优质服务，引导旅游者文明旅游、理性消费；鼎湖山观光车公司荣获"广东省用户满意明星企业"称号。肇庆市组织导游参加2010年广东省职业技能大赛"广东中旅杯"导游人员职业技能大赛，导游员蔡艳梅取得导游专业组第一名，荣获"广东省技术能手"和"广东省五一劳动奖章"表彰。

是年，市旅游发展局开展扶贫开发"双到"工作，帮扶怀集县桥头镇岩旺村，全年落实扶贫资金86.32万元，23户贫困户实现脱贫目标，脱贫率72%。

【旅游行风与机关作风建设】 2010年，肇庆市旅游发展局大力加强旅游行政管理部门机关作风建设，努力改进工作方式，规范旅游事项的办理，简化办事流程，提高工作效率。设立旅游行政服务窗口，分类为游客、市民提供旅游投诉、旅行社设立、星级饭店评定、星湖门票优惠卡办理、旅游教育培训、导游考核等服务。

【旅游教育培训】 2010年，肇庆市旅游发展局以"2010旅游服务质量提升年"为契机，开展旅游职业技能培训，约1000名导游员参加年审教育培训，129名新入职导游员参加岗前培训。

纪　事

2月10日 肇庆市首本综合性旅游杂志《行游肇庆》创刊。

3月26～27日 由广州、佛山、肇庆三市旅游局组织的中外百名记者、旅行商抵达肇庆市旅游考察采风。

5月29日 肇庆市政府举办以"肇庆走向世界，世界走进肇庆"为主题的驻穗领事肇庆旅游推介会。

6月18～19日 肇庆市邀请香港旅游业议会组织180多个会员单位到肇庆参观考察。

8月16～22日 在"台湾·广东周"期间，肇庆市联合江门市力推"台（湾）澳（门）江（门）肇（庆）"黄金旅游线路。

9月10日 在广东省职业技能大赛"广东中旅杯"导游员职业技能大赛总决赛上，肇庆市导游员蔡艳梅获专业组第一名。

10月3日 中共广东省委常委、省纪委书记朱明国到肇庆七星岩景区视察指导。

11月1日 广东邮轮旅游频道在肇庆落地启播。

11月5～7日 肇庆市政府与亚太旅游联合会、世界生态旅游养生大会、国际市民体育联盟联合举办"2010世界（中国肇庆）生态旅游养生大会"、"首届环星湖绿道自行车骑游大会"和"第二届环星湖国际市民徒步大会"。

11月24～30日 肇庆市政府组团赴安徽合肥市、江苏南京市、浙江湖州市、湖南长沙市举行肇庆旅游推介会。

（童益南）

清 远 市

综 述

【总体情况】 2010年，清远市认真落实粤北山区工作会议和市委五届九次、十次全会精神，努力提升“绿色经济强市，岭南宜居名城，华南休闲之都”的发展水平，加快建设“大广州卫星城市、环珠三角高端产业成长新区、华南宜居休闲名城”的步伐。全市接待海内外游客2169万人次，比上年增长15.3%，其中接待过夜旅游者总人数672.64万人次，增长28.25%，入境旅游者31.20万人次，增长37.87%；实现旅游总收入108.43亿元，增长44.41%。

【旅游行业规模】 截至2010年底，清远市共有星级酒店37家，其中五星级1家，四星级4家，三星级24家，二星级8家；旅行社48家，其中出境游组团社1家。按属地划分，市区（含清城区、清新）27家，英德市10家，连州市4家，阳山县2家，连山县1家，佛冈县3家，连南县1家。全市已建成并向游客开放的景区（点）75处，其中国家A级旅游景区13家（4A级景区10家、3A级景区3家）。

【“十一五”旅游业发展情况】 “十一五”期间，清远市旅游业发展呈现快速增长态势。全市旅游接待人数从2005年的1005万人次，增加到2010年的2169万人次；旅游总收入从2005年的34.3亿元，增加到2010年的108.4亿元在粤东北12个地级市中排名第一。全市旅游景区（点）发展至80个，其中4A级旅游景区10家。5年来，全市旅游投资项目102个，合同投资金额达774.5亿元。佛冈聚龙湾天然温泉旅游度假村、英德仙湖温泉度假村被列入广东省现代服务业500强重点建设项目。英德广晟生态旅游世界、英德金海湾生态旅游度假区已列入广东省重大旅游项目。全市已签约、动工且投资10亿元以上的旅游项目超过20个，合同投资金额达463.06亿元。

【全市旅游工作会议】 2010年3月3日，清远市人民政府在清新花园酒店召开全市旅游工作会议。清远市副市长王得坤出席会议并讲话。会议指出，2010年我市将以“全国旅游质量提升年”为主题，以第十六届亚运会和“华人华侨年”为契机，大力实施国民休闲旅游计划，促进旅游行业管理、服务质量上新水平。力争全市全年接待游客量超2250万人次，同比增长19.6%，旅游总收入超93亿元，同比增长23.8%。王得坤强调，提升发展质量，是清远旅游业发展的必然要求，一是全力以赴推进一批上规模上档次星级酒店建设，提升我市的旅游接待能力；加强旅游配套设施建设，包括完成汝珍公园和市旅游服务中心建设，加快景区道路改造升级等。二是加强对旅游管理人员和服务人员的培训，注重旅行社星级化发展，推出特色精品旅游线路，通过制定服务标准细则、开展满意度调查和完善全市旅游行业综合评价体系等，构建完整的清远旅游服务体系。三是全力以赴开拓清远旅游发展空间，大力开展宣传促销，深度开拓珠三角市场，加强与港澳台、武广高铁沿线、长三角地区旅游管理部门和旅游市场主体的交流与合作。

会上，连州地下河、清远碧桂园假日半岛酒店、清远中旅国际旅行社有限公司等旅游企业代表与市旅游协会签订《清远市旅游企业提升旅游服务质量承诺书》；分别向英德海螺国际大酒店、清远星辉旅行社颁发国家旅游局授予的国家四星级旅游饭店牌匾、“全国百强国内旅行社”荣誉称号牌匾。佛冈县人民政府、连州爱地旅游公司连州地下河景区、清远市步步高酒店管理公司代表分别发言。

2010年3月3日，清远市召开旅游工作会议。

旅游接待与收入

【入境旅游】 2010年，清远市接待入境旅游者31.20万人次，比上年增长37.87%，其中外国人1.78万人次，比上年增长43.62%；旅游外汇收入11062万美元，比上年增长145.23%，占全省比重0.89%。

【国内旅游】 2010年，清远市接待国内旅游者641.44万人次，比上年增长27.82%；国内旅游收入100.91亿元，比上年增长40.15%；旅行社组团国内游人数35.95万人次，比上年增长55.87%。其中省内游27万人次，比上年增长42.76%；省外游8.95万人次，比上年增长115.60%。

【出境旅游】 2010年，清远市组团出境游人数为1.04万人次，比上年增长17.02%。其中香港游5725人次，比上年减少0.78%；澳门游4050人次，比上年增长56.25%；台湾游282人次；出国游303人次，比上年增长19.14%。

旅游宣传促销与节庆活动

【旅游宣传促销】 2010年，清远市先后参加由省统一组织或市组织旅游企业在西安举办的“第十四届中国东西部合作与投资贸易洽谈会旅游交易会”，在重庆举办的“2010年中国国内旅游交易会”，在香港举办的“2010年香港国际旅游展览会”，在武汉举办的第五届“华中旅游博览会”，在广州举办的“2010广东国际旅游展销会”；与肇庆、云浮、茂名、汕头等市组队参加“2010中国桂林国际旅游博览会”。其中在“2010广东国际旅游展销会”上，荣获组委会颁发的“最佳组织奖”、“优秀展位奖”等；在王得坤副市长率领下，组织各县（市、区）政府分管旅游工作领导和旅游局局长及各大景区、旅行社、酒店负责人共40多人的促销队伍，到西安、洛阳、郑州、武汉、长沙等高铁沿线城市开展旅游考察推介活动；组织全市30多家旅游企业代表赴台，参加“台湾·广东周”和举办“台湾·清远周”活动。与台湾高雄产业观光协会代表签订《关于进一步推动两地旅游合作与发展》的协议。与台湾高雄产业观光协会、台湾安迪旅行社、台湾麒麟峰温泉代表签订“台湾·清远两地旅游合作战略协议书”；与美国纽约市中之旅旅游公司达成“旅游合作与发展协议”，促进清远旅游走向世界。

【旅游节庆活动】 2010世界旅游日全球主会场庆典暨中国广东国际旅游文化节期间，清远市作为分会场按照组委要求，举办广东（连山）“七月香”壮家戏水节暨壮瑶民族民间艺术节、第六届“中国（阳山）四驱越野车节”、“连州国际摄影年展”、“中国（佛冈）健康养生旅游节”、“2010广东清远（英德）温泉节”、“2010广东清远（英德）英石节”、清新县旅游“美食节”、清远乌鬃鹅美食烹饪大赛等活动项目。市旅游局与市体育局联合举办“2010广东（清远）漂流开漂仪式”、“张阅写生创作展”；与连州市人民政府共同举办首届“魅力清远·奇情溶洞”2010广东清远奇情溶洞旅游文化节；4月21～30日，清远市委、市政府举办以“魅力清远·活力无限”为主题的2010年清远市文化旅游体育节。内容包括“全国体育记者户外水上运动会·2010广东（清远）漂流开漂仪式”、“全国跆拳道运动高峰论坛”、“精彩赛事·魅力清远·活力无限”摄影大赛、“我画广东·走进清远——张阅写生创作展”等系列活动。9月29日，由清城区人民政府、清远市旅游局共同主办的“首届清远鸡美食嘉年华”主题活动在清远义乌商贸城隆重开幕。广东省旅游局、清远市委市政府、清城区委区政府、各县（市）政府有关领导、广东省烹饪协会、清远和珠三角部分地区旅游界代表、来自全国各地的美食商家、新闻媒体记者、游客共3000多人参加开幕式。

首届清远鸡美食嘉年华主题活动在清远义乌商贸城开幕。

【区域旅游合作】 2010年，清远市与湖南永州、郴州、广西贺州、江西赣州签署《粤、湘、桂、赣四省六市区域旅游经济合作框架协议》，推动区域旅游发展上新台阶；与韶关市达成“产品齐聚、整体联动、联合营销”的合作发展策略，共同打造精品旅游线路；清远市旅游局与中山市旅游局合作组织“中山清远·真情连动”—中山人清远连阳体验之旅活动。7月3日，韶关市旅游局、韶关市各县（市、区）旅游局、旅游协会旅行社分会、景区分会等成员单位会同清远市旅游局、各县（市、区）旅游局、旅游协会旅行社分会、景区分会、酒店分会等成员单位共50多人在清远新银盏温泉度假村召开清远—韶关旅游合作与发展座谈会。

韶关·清远旅游合作与发展座谈会现场。

旅游资源开发和景区（点）建设

【旅游景区（点）建设】 2010 年，清远市推进汝珍公园、清远市旅游服务中心建设等 9 个旅游重点项目建设。佛冈聚龙湾天然温泉旅游度假村、英德仙湖温泉度假村被列入全省现代服务业 500 强重点建设项目。清远国际大酒店已建成投入使用；清新恒大酒店于 2011 年 3 月中旬开张营业；狮子湖度假区温泉项目喜来登酒店等主体工程完工。佛冈县新信集团公司旅游度假区、观音山度假区、清城区伯爵园旅游度假区、美林湖旅游度假区、碧桂园二期、英德金海湾旅游度假区、天骄影视城、连州湟川三峡度假区、清新温矿泉（扩建）等投资 1 亿元以上的大型旅游项目加快推进。

【旅游品牌建设】 2010 年，清远市阳山广东第一峰、英德奇洞温泉创建国家 4A 旅游景区已通过国家和省的旅游景区等级评定委员会的检查验收，连州地下河加快创建国家 5A 级景区步伐。好来登国际酒店、清新花园酒店对照五星级酒店标准，对硬件设施进行全面更新改造。广东省旅游局、清远市人民政府、南方报业传媒集团、佛冈县人民政府共建“国际（中国．佛冈）健康养生旅游示范基地，四方联合举办国际（中国·佛冈）健康养生论坛和养生旅游文化节。

【旅游扶贫】 2010 年，清远市的飞霞旅游度假区、笔架山度假村、仙桥地下河旅游景区、金子山原生态休闲度假旅游景区和金谷森林公园原始生态旅游度假村 5 个景区被省评为旅游扶贫一般项目；清远市清城区红旗寨先锋拓展基地农家乐、连州市金鑫生态度假乐园、佛冈县石角镇花好月圆山庄、佛冈县石角镇鲤鱼门农庄、佛冈县嘉华山庄、连南瑶族自治县三排镇南岗千年古寨公社饭堂、连南瑶族自治县磨头岩泉水鱼庄、阳山县水口鱼水风景区农家乐和阳山县北山（桂园）农庄农家乐 9 个项目被省评为旅游扶贫农家乐项目，共获得省旅游扶贫资金 285 万元。截至年底，全市共获得省旅游扶贫资金 3365 万元。

清远市举办首届 2010 广东清远奇情溶洞旅游文化节。

旅游行业监督管理

【旅游市场监督】 2010 年，清远市共开展旅游市场检查 11 次，出动检查人员 115 人次，检查旅游相关单位 147 个，检查导游人员近 150 人次。组织进行“五一”小长假、“十一”黄金周专项检查，共检查经营场所 5 处、30 多个点，拆除无证或证照不全从事旅游业务经营点 20 多处，没收不规范宣传资料 200 余份，对违规导游进行现场教育或处罚，收缴一批虚假证件。妥善处理有效投诉 10 宗。10 月 1 日，市旅游局联合清城区、清新县旅游局及城监部门，对清城区、清新县及部分景区旅游市场开展专项联合执法检查，重点检查守法经营、规范管理，查处无证照非法从事旅游经营和服务活动以及强行拉客等干扰破坏旅游市场秩序的行为。

【旅游安全管理】 2010 年，清远市结合开展平安亚运年主题，市旅游局联合相关部门在“五一”小长假、8 月份暑期、“十一”黄金周等时段对全市旅游企业进行安全大排查，发现隐患立即整改，确保黄金周、亚运平安。认真做好各个“黄金周”前后的安全监管、检查工作，使各项安全工作有条不紊地开展。全市全年无发生旅游重大安全事故。

【旅行社管理】 2010 年，清远市注销清远市连山民族旅行社有限公司，英德市中国旅行社 2 家旅行社；新审批广东中旅（清远）旅行社有限公司、英德市喜洋洋旅行社有限公司、清远市康泰旅行社有限公司、清新阳光假日旅行社有限公司、连州开心旅游旅行社有限公司、英德市快乐假期旅行社有限公司6家旅行社。市旅游局不定期对全市各县（市、区）旅行社进行旅行社的例行检查（如节前安全检查、责任险检查等）和专项检查（如合同检查、导游IC卡检查等），对超范围经营、合同不规范、零负团费、承包挂靠等问题进行整顿，规范旅行社运作。

2010年4月29日，广东省旅游安全检查组在清远检查。

【导游员管理】 2010年，清远市组织2次导游资格考试的工作，全市导游资格报名人次522人次，通过151人，通过率28.93%。按照《导游人员管理实施办法》和省旅游局文件精神，举办导游年审培训班。至年底，全市有516人取得导游人员资格证书。

【旅游饭店管理】 2010年，清远市评定清新丽晶酒店为三星级酒店。年底，对各星级饭店进行复核及五年期评定性复核工作，对饭店的安全、卫生、设施设备维护，服务质量等各项指标进行检查、复核，对未通过复核的连南迎宾馆（三星级），连山名都大酒店（二星级），城区银泉大酒店（二星级）取消星级，对国金商务酒店暂缓通过年检。

4月20日，由市政府组织领导，市旅游局、市劳动和社会保障联合举办的清远旅游服务技能大赛暨全省职业技能大赛选拔赛在佛冈县聚龙湾天然温泉度假村举行。本次大赛包括中式铺床、中餐摆台、西餐摆台、水果拼盘4个比赛项目，全市各县（市、区）和各大酒店共有12个代表队61名选手参加角逐。经激烈角逐，英德代表队、华冠大酒店代表队、佛冈代表队、清新花园酒店代表队的选手分别获得中餐摆台、水果拼盘、中式铺床和西餐摆台一等奖。市旅游局局长雷玉春，县委常委、常务副县长黄镇生以及清远市旅游局有关领导分别为获奖选手颁奖。

【旅游标准化】 2010年3月21～26日，由广东省、清远市质量技术监督局牵头，清远市旅游局为成员单位组成领导小组，赴连南瑶族自治县开展旅游标准化制定工作，经过省标准化研究院专家的全面论证，连南制定出台《一日游》、《瑶家乐》、《特色旅游商品》三项服务质量规范标准。

2010年4月20日，清远市举办旅游服务技能大赛。

【旅游行业协会】 2010年，清远市成立温泉行业分会，吸收4家旅游企业为新会员。对原有的旅行社、景区、酒店、温泉分会进行调整，充实4个分会的架构，补充完善《旅行社行业分会章程》、《景区行业分会章程》、《酒店行业分会章程》、《温泉行业分会章程》等规章制度；与中国移动清远分公司举办"魅力清远、开心乐游—与亚运同行"旅游惠民暨乐游俱乐部成立仪式，实施万人免费游清远的旅游惠民计划，吸引70000多名乐游俱乐部成员。通过市场运作方式，出版发行《魅力清远》旅游杂志。清远旅游协会被全国大中城市社科联、清远市人民政府分别授予"全国先进社会科学团体"、"社会科学先进学会"荣誉称号。

旅游教育培训与精神文明建设

【旅游行风与机关作风建设】 2010年，清远市旅游局在机关开展创先争优活动，提出在争当山区旅游发展排头兵上创先争优；在树旅游品牌、提升清远优秀旅游城市形象上创先争优。积极配合做好"五城同创"活动，在创文明、创双拥、创卫、创园、创模活动中，提升干部的文明行为和职责能力。3月15日和22日，市旅游局分两期上线参加由清远电视台、清远市纠风办举办的《行风热线》栏目，就旅游有关焦点问题进行交谈并现场回答观众和听众的热线提问。根据扶贫开发"规划到户、责任到人"（清发［2008］24号）文件精神，市旅游局与阳山县杨梅镇坪洞村开展扶贫开发"双到"工作，全年落实扶贫资金10万元，22户贫困户实现脱贫目标，脱贫率10.33%。

【旅游教育培训】 2010年，清远市与华南培训学院联合举办年度导游人员继续教育培训，共培训4期980人次。是年，清远市组织2次导游资格考试的工作，全市导游资格报名人数522人次，通过151人，通过率28.93%。全市按要求完成农村劳动力“双转移”培训再就业的“旅游酒店客房服务”、“餐饮服务”、“农家菜烹饪”、“景区导游”等四种岗位的职业技能免费培训和考核工作。

纪 事

1月25日 省政府命名佛冈县为“广东省旅游强县(市)”。

3月3日 清远市旅游工作会议在清新花园酒店召开。

4月11～15日 由市政府主办，市旅游局、市旅游协会承办的“清远系列旅游推介与考察活动”相继在河南省郑州市、湖北省武汉市、湖南省长沙市举行。

4月20日 由市政府组织领导，市旅游局、市劳动和社会保障联合举办的清远旅游服务技能大赛暨全省职业技能大赛选拔赛在佛冈县聚龙湾天然温泉度假村举行。

4月21～30日 市委、市政府举办以“魅力清远·活力无限”为主题的2010年清远市文化旅游体育节。

4月23～25 市旅游局局长雷玉春带队参加由省旅游局组织的2010中国（重庆）国内旅游交易会。

4月26日 省旅游局副局长周开生率专家组到佛冈召开国际（中国·佛冈）健康养生旅游示范基地专题调研会。

5月9日 市旅游局组队参加由广东省旅游局在广州主办的“2010年全国旅游饭店服务技能大赛广东赛区迎亚运广州杯选拔赛”。清远选手获一个第二名、二个第三名，团体总分名列第七，并获“优秀组织奖”。

5月20日 “魅力清远·奇情溶洞”2010首届广东清远奇情溶洞旅游文化节新闻发布会在广州举行。6月12日，2010首届广东清远奇情溶洞旅游文化节在连州地下河景区举行。

6月5日 市旅游协会旅行社分会组织20多家成员单位共30余人，赴韶关开展以“互动、互促、互游”为主题的清远—韶关两地旅行社交流暨旅游合作座谈会。

6月13日 粤、湘、桂、赣旅游区域合作专题研讨会在清远连州市举行。

6月23日 由市旅游局与市人力资源和社会劳动保障局共同主办的广东省导游职业技能大赛选拔赛暨2010清远市导游技能大赛在清远好来登国际酒店举行。

7月3日 清远—韶关旅游合作与发展座谈会在清远新银盏温泉度假村召开。

7月26日 广东（连山）“七月香”壮家戏水节暨壮族民族民间艺术节新闻发布会在广州召开。

8月14～21日 清远市30多家旅游企业代表赴台，参加“台湾·广东周”和“台湾·清远周”系列活动。

8月7日 连南瑶族自治县盘古王文化园篝火晚会表演场举行“中山人游清远·连阳地区”活动的欢迎仪式。

8月21日 “广东最具代表性地方特产”—回元堂鳄鱼系列产品进驻清远黄腾峡生态旅游开发区、德盈新银盏温泉度假村等旅游景区。

8月25日 首届‘清远鸡’美食嘉年华”新闻发布会在广州举行。

9月3～5日 清远市副市长王得坤带领旅游宣传考察小组参加在桂林举办的“2010中国桂林国际旅游博览会”。

9月6日 “首届清远鸡美食嘉年华”系列活动，清远鸡烹饪大赛（凤中凰杯）总决赛在清远举行。

9月8日 全国大中城市社科联、清远市人民政府先后授予市旅游协会“先进社会科学团体”、“社会科学先进学会”荣誉称号。

9月16日 清远市温泉行业协会成立大会暨颁牌仪式在市德盈新银盏温泉度假村召开。

9月25～28日 清远市40多家知名旅游企业参加在广州琶洲展馆举行的“2010广东国际旅游展销会”。

9月25日 在第二届中国粤菜峰会评选活动中，佛冈县石角镇被授予“广东旅游美食之乡”。

9月28日 清远市荣获2010广东国际旅游展览会颁发的“最佳组织奖”、“优秀展位奖”。

9月29日 “首届清远鸡美食嘉年华”主题活动在清远义乌商贸城广场开幕。

10月11日 第三届中国（连南）瑶族文化艺术节在连南瑶族自治县顺德文化广场正式启动。

10月18～21日 以大连市游客和新闻媒体记者为主体的东北旅游首发团一行30人到清远市进行深度的旅游资源考察。

10月22日 市旅游局局长雷玉春率局领导班子成员及相关工作人员一行前往阳山坪洞镇开展扶贫开发“双到”工作。

11月11日 旅游协会携手中国移动公司广东省清远分公司共同主办的“魅力清远、开心乐游——与亚运同行”旅游惠民暨乐游俱乐部成立仪式活动在清远市青少年宫拉开序幕，万人免费游清远的旅游惠民计划正式实施。

11月27日至12月11日 第六届连州国际摄影年展在连州市举办。

12月8日 “魅力清远亲情温泉”—2010广东清远（英德）温泉节在九州驿站·英德天门沟景区举行。

12月22日 佛冈聚龙湾天然温泉度假村、德盈新银盏温泉度假村、英德溶洞温泉度假村、森波拉度假山庄被评为“广东省温泉旅游示范基地”。

（张秀莲）

潮　州　市

综　述

【总体情况】　潮州文物旅游局组建一年来，创新工作思路，围绕打造国内外有重要影响力的历史文化名城为目标，以建设古城文化旅游区为龙头，加大宣传推介工作，促进全市文物保护与利用，开创文物旅游工作的新局面。2010年，全市接待游客人数达357.72万人次，比上年增长16.3%；景区（点）接待游客836.79万人次，增长6.3%，全市星级酒店平均住房率为73%左右；全市旅游总收入54.19亿元，增长16.86%；全市共登录不可移动文物点1390处，其中新发现文物点1006处，复查文物点384处。

【旅游行业规模】　截至2010年底，潮州市拥有星级饭店12家，其中四星级酒店4家，三星级酒店5家，二星级酒店3家；有旅行社26家，其中出境游组团社5家，非组团社23家；拥有国家A级旅游景区（点）4家，其中4A级景区3家，3A级景区1家。

【领导重视旅游工作】　2010年4月29日，中共潮州市委书记骆文智主持召开市委常委会议，专题听取市政府关于加快发展文化旅游经济的情况汇报。会议明确“必须正确处理好文化旅游业发展中的五个关系，突出抓好八个方面工作，重点提升三个能力。”“五个关系”即：正确处理好文化与旅游的关系，正确处理好开发与保护的关系，正确处理好政府与市场的关系，正确处理好发展与改革的关系，正确处理好产业和民生的关系；抓好“八个方面工作”，一是以抓好规划修编为龙头，进一步保护和挖掘整合文化旅游资源，二是以加快古城文化旅游区建设为核心，进一步打造文化旅游系列精品，三是以加强招商引资为关键，进一步增强文化旅游开发活力，四是以促进文化传承为支撑，进一步丰富文化旅游特色内涵，五是以完善服务设施配套为依托，进一步提升文化旅游服务水平，六是以产业互为推动为链条，进一步促进旅游要素集聚，七是以拓展区域合作为契机，进一步强化旅游宣传推介，八是以加强规范管理为抓手，进一步优化旅游发展环境；“提升三个能力”即强化领导，提高统领力；通力协作，提高凝聚力；狠抓落实，提高执行力。

【“十一五”旅游业发展情况】　“十一五”期间，潮州市依托深厚的文化底蕴、丰富的人文、自然资源，以及特色产业优势和“十五”期间奠定基础，合理开发利用文化旅游资源，推进文化与经济融合，古城文化游、乡村生态游、传统工业文化游成为旅游品牌。全市旅游产业规模不断扩大，旅游接待水平和服务质量明显改善，旅游业的经济效益和社会效益得到提高。全市旅游产业规模不断扩大，旅游接待水平和服务质量明显改善。2010年，全市接待海内外游客357.72万人次，比2005年（下同）增长117.72%；景区（点）接待游客总人数836.79万人次，比增74.24%；旅游总收入54.19亿元，比增127.50%；旅游外汇收入1.32亿美元，比增150.89%。“十一五”期间，全市接待游客和旅游总收入年均增长16.9%和18.1%。旅游总收入相当于全市国内生产总值9.66%。

【潮州“新八景”】　2010年4月，潮州“新八景”活动正式启动，经过推荐、初选、投票、评选等阶段，评选结果是：滨江红棉、广场灯影、坊街亭韵、淡浮水墨、绿岛晴岚、桑浦禅泉、凤凰天池、柘林渔火为“潮州新八景”。评选活动通过互联网等途径进行，参与投票总人数达50多万人次，投票总数达427万多票。

【推出旅游“优惠套票”】　2010年，潮州市借鉴湘西凤凰古城等地实行“一票制”做法，选择有较大影响力10个景点，推出A、B“优惠套票”和市民优惠年票，于2011年春节前试行推出。“优惠套票”的试行，有效地完善旅游指引标识、停车场等设施，延长来潮游客逗留时间，达到合理规划文化旅游线路，整合物质和非物质文化旅游资源，吸引更多游客游览潮州和深度游览古城的目的。

【试行国民旅游休闲计划】　2010年7月，潮州市文物旅游局举办为期一个多月的潮州莘莘学子暑假畅游名城胜景活动。期间，潮籍青少年学生，凭学生证到列入活动的广济桥、淡浮院等11个景区景点旅游，可享受门票价格从3至6元的“暑期学生优惠门票”。市文物旅游局依托新闻媒体和网站进行宣传，印制2000份宣传单。整个活动共接待学生17116人。是年，潮州市艺葩木雕厂被认定为“首批广东省工业旅游示范单位”；潮州潮安东山湖温泉度假村被评为“广东省温泉旅游示范基地”；潮州市千禧贸易有限公司被评为“广东省中医药文化养生旅游示范基地”。

2010年7月，潮州市旅游部门举办暑期学子游名城活动。

旅游接待与收入

【入境旅游】 2010年，潮州市接待入境旅游者40.32万人次，比上年增长19.25%。其中外国人3.69万人次，增长20.19%；旅游外汇收入13207万美元，比上年增长19.28%。平均停留天数为2天。

【国内旅游】 2010年，潮州市国内旅游稳步提升，呈现良好增长态势。全市接待国内旅游者317.4万人次，比上年增长15.9%；国内旅游收入45.21亿元，比上年增长16.5%；占旅游总收入的83.4%，平均停留天数为2天。

【出境旅游】 2010年，潮州市各旅行社组织出境游1.68万人次，比上年增长5.6%。其中香港游7782人次，同比增长9.2%；澳门游3397人次，同比增长4.0%；出国游5576人次，同比增长1.9%。

【假日旅游】 2010年春节黄金周，全市景区景点接待游客69.04万人次，同比增长11%，全市接待海内外游客人数21.71万人次，同比增长12.5%。“十一”黄金周全市景区景点接待游客91.58万人次，同比增长13.2%，全市接待海内外游客人数37.89万人次，同比12.1%。

旅游宣传促销与节庆活动

【旅游宣传促销】 2010年，潮州市文物旅游局“走出去”的活动主要有：组织参加在广州盛大开幕的广东国际旅游节、广州国际旅游展览会、重庆举行的2010中国国内旅游交易会、2010年广东旅游代表团赴江西和福建省开展旅游合作交流活动、2010中国国际旅游商品博览会等，展示潮州民间文化和传统工艺水平。采取“引进来”方式提升潮州市旅游商品研发水平，推动旅游商品产业化、市场化、国际化，为该市旅游商品生产、经营企业搭建通往国内外市场的桥梁和投资、贸易和技术合作的平台，以推动旅游商品市场纵深发展。同时组织市旅游协会成员到福建省三明、泰宁、永安实地考察旅游线路。邀请福建省莆田市、韶关市丹霞山管委会来潮举办推介会。

国内旅游交流合作方面，参加“台湾广东周”宣传活动，加强区域旅游信息网络合作。配合旅游卫视拍摄《过年，来广东》专题宣传片，通过旅游卫视频道对外宣传推介广济桥、牌坊街、绿岛旅游山庄、龙湖古寨、东山湖温泉度假村等潮州市旅游新亮点，以及潮州小食、木雕、潮绣等富有地方特色的传统文化元素。与香港亚洲电视台合作拍摄《岭南寻根之旅》，全方位展示潮州人文历史、风土人情和现代气息。

【2010广东国际旅游文化节（潮州）分会场】 2010世界旅游日全球旅游日全球主会场庆典暨中国广东国际旅游文化节潮州分会场共举办魅力潮州·潮州新八景嘉年华、情趣潮安·东山湖温泉文化节活动、情趣潮安·绿太阳异国风情节、绿色饶平·绿岛乡村游集群巡览和人文湘桥·湘桥区首届文化旅游节5个活动项目。潮州市组织参加主会场2010广东国际旅游展览会、2010世界旅游日迎亚运花车嘉年华、万名儿童绘画作文比赛、第二届中国粤菜峰会、开幕式等活动，获得多项殊荣：该市有两幅参赛作品获得万名儿童绘画作文比赛三等奖，2家酒店和庵埠镇分获“中国粤菜（潮州菜）名店”/“广东旅游美食之乡”称号，还有2名厨师及10多道潮州菜分别获得中国粤菜（潮州菜）名厨/名菜（汤）称号。潮州市文物旅游局还被大赛组委会办公室和粤菜峰会办公室授予“最佳组织奖”，该市制作的潮州花车荣获二等奖。

【潮州市第二届导游大赛】 2010年，潮州市文物旅游局举办以“展导游风采，显潮州魅力”为主题的“移动杯”潮州市第二届导游大赛总决赛暨组织参加广东省导游人员职业技能大赛。大赛以“展导游风采，显潮州魅力”为主题，从5月上旬开始，到6月底结束，历经近两个月时间，经过制定方案、宣传发动、导游报名、选手初赛、总决赛五个阶段。潮州市技能大赛评出一等奖3名（其中学生组选手1名）、二等奖四名（其中学生组选手3名）、三等奖5名（其中学生组选手2名）、最高人气奖1名。同时，选出7

名优秀选手参加省的比赛，有1名选手获得“南粤优秀导游员”称号，市文物旅游局也获得省组委会颁发的优秀组织奖。

潮州市第二届导游大赛总决赛颁奖现场。

【2010年青少儿美术摄影大赛】 2010年1月22日，由潮州市团市委、市文物旅游局联合主办“我眼中的潮州—2010年潮州市青少年美术摄影大赛”。3月6日，组委会在市文化长廊举行优秀作品揭幕仪式。市委副书记黄俊潮，市政协肖裕钦副主席，市委有关领导和主办单位领导出席活动。本次展览的优秀作品共380幅，其中美术类作品325幅，摄影作品55幅。参赛作品题材广泛，形式、风格各异，创作选材包括风景名胜、特色建筑、民俗风情等。

【“金秋潮州行”旅游推介活动】 2010年11月15~17日，潮州市文物旅游局在潮州市举办“相约广济古桥，走进潮人故里——金秋潮州行”旅游推介活动。邀请福建省福州、厦门、漳州、泉州、莆田等市旅游局、旅行社等旅游界人士和新闻媒体到该市参观考察旅游线路，洽谈区域旅游合作共谋发展大计。

“金秋潮州行”旅游推介活动签约现场。

【区域旅游交流与合作】 2010年，潮州市文物旅游局以“打造国内外有重要影响力的历史文化名城”为目标，主动融入珠三角，积极参与海西区域合作，务实推进区域旅游合作。随着沪厦高铁的开通，厦深高铁、潮汕国际机场的即将建成，中、远程市场客源增多。市文物旅游局主动与厦门、汕头、梅州、汕尾等周边城市联系合作，把各市的交通优势、景区优势、特色优势、文化优势进行整合，串点成线，资源互补，开拓特色线路吸引中远途游客、航空落地客，发挥潮州“广东东大门”的地理优势，以潮州旅游为“跳板”，将闽南、珠三角两地的游客互引到两地旅游，以增加入潮旅游的客流。8月，市文物旅游局带领绿岛山庄、潮州国旅、潮州宾馆等旅游企业代表参加在台湾举办的各类宣传活动。潮州市旅游界与阿里山部族签订旅游合作协议，市旅游协会与台湾相关旅行社签订合作协议。双方探索以金门为跳板，建立台湾——金门——厦门——潮州——广东旅游通道。加大和海峡西岸经济区各市的区域旅游合作，提升潮州市在区域旅游中的地位和作用。与合作区域城市旅游局加强旅游信息网络合作，及时互通信息，共享资源。在潮州“新八景”评选活动中，海西经济区22座城市、闽粤赣13市、粤东旅游圈等城市旅游局旅游官方网站均与潮州市旅游网建立链接。

旅游资源开发和景区（点）建设

【海外潮人博物馆工程建设】 2010年，潮州市设立海外潮人博物馆建设领导小组及其办公室。海外潮人博物馆工程是潮州重点建设项目，市文物旅游局自2010年开始，即全程配合做好设计方案讨论、设计合同协商、拆卸工程结算处理、工程地质钻探、招标代理、开展工程招投标、代拟会议纪要等工作。如在设计工作方面，市文物旅游局根据筹建领导小组的要求，多次组织有关人员研究并提出修改、完善意见，现已进入室外环境工程初步设计及主体工程施工图编制阶段；在工程地质勘探方面，于2010年9月完成，勘察报告已送市审图中心审核，同时提交华工设计院；在招投标方面，市文物旅游局按照市委会议纪，与市建设工程咨询公司联系招标代理工作，研究招标有关工作程序及应提供资料情况。至2010年底，有关招标公告初稿已完成。其他如民国洋楼拆迁赔偿的处理，经多次接触、协商，至11月初，达成拆迁赔偿协议并正式签订。

【旅游景区（点）与基础设施建设】 2010年“十一”黄金周前夕，潮州市广济桥管理所与旅游特产经营单位合作，将广济桥桥面上的部分楼台亭阁辟为潮州特色的旅游纪念品、潮州木雕、陶瓷、潮绣等非物质文化遗产的展示区，同时在展区内举办潮州木雕、陶瓷制作、刺绣的表演，让群众参与互动，还组织潮剧票友在桥上演唱潮剧，丰富游客的文娱生活；2010年底，潮州市完善许驸马府内部陈列。拟在韩祠橡木园内筹办潮州古民居建设模型展，营造宋代的民俗风情、人文景观，为游客营造体验宋时情景模式的氛围；为重现潮州八景之一的“韩祠橡木”景观，市政府召开市直有关部门参加韩祠橡木园修建工程相关问题协调会。市韩愈纪念馆加紧做好开工前期工作。至年底，已办理好土地证明及地形图，待规划局审批后向市发改局申请立项。

【旅游资源保护与开发】 潮州己略黄公祠是全国重点文物保护单位，始建于清代，至今未正式全面维修，因白蚁侵害、自身的老化和台风、暴雨等自然灾害的破坏，各建筑单体均出现不同程度的损坏。2010年6月29日，管理人员将拜亭建筑原木构件脱榫的间隙出现扩大的迹象报告市文物旅游局，并确认祠拜亭出现新的进行性倾斜，整体结构已处在不稳定状态，随时都有坍塌的可能。于7月2日启动不可移动文物安全应急预案，并将情况及时汇报省文物局，请求上级部门拨款抢救保护该祠，同时邀请古建筑维修专业队伍于7月3日下午完成临时支撑加固。7月19日潮州己略黄公祠抢救性保护工程动工。是年，潮州市举办第三次全国文物普查新发现成果展暨博物馆馆藏专题展。市文物旅游局精心布置《潮州市第三次全国文物普查新发现成果展》、《馆藏明清瓷器展览》、《馆藏潮州木雕展览》、《馆藏书画展览》以及《潮人摄影大师陈复礼摄影展》五大展览，展示140多馆藏珍品，其中有国家二、三级珍贵文物。“十一”黄金周期间日均接待游客7000多人。

第三次全国文物普查新发现成果展开幕。

【A级景区建设】 2010年，潮州市绿岛旅游山庄和淡浮收藏院评定为国家4A级旅游景区。绿岛山庄“十一”黄金周期间入庄游客日均超过1万人，订房率达100%。11月上旬，淡浮院举办庆祝中泰友好建交35周年“中泰手足情”共植中泰友谊树暨潮州淡浮院荣膺国家4A级旅游景区、潮州“新八景”荣誉称号揭牌仪式，泰中友好协会会长、泰国前副总理功·塔帕朗西，中国东盟协会副会长、中泰友协副会长王运泽，省政协原副主席李统书，泰中商务委员会主席、泰中促进投资贸易商会主席李绍祝，省旅游局副局长张振林，副市长卢淳杰等为淡浮院国家4A级旅游景区、潮州“新八景”揭牌。至2010年底，潮州市已拥有4A级景区3家，3A级景区1家。

【创建广东旅游强县】 2010年，潮安县推进创建广东省旅游强县工作，投入约9000万元对全县9项旅游重点项目建设。利用香港亚视《岭南寻根之旅》到潮安拍摄节目的契机，充实潮安旅游风光片的内容。编制潮安旅游指南。收集整理并补充创强资料，以符合创强《检查标准》的要求。

绿岛旅游山庄荣膺4A级旅游景区揭牌。

【全国农业示范点建设】 2010年，饶平绿岛旅游山庄已建成绿岛生态度假区、冰川地质公园、明清古寨乡村旅游区、现代农业体验区，是一处集地质科普、文物民俗、休闲度假、游乐购物于一体的大型综合性度假村。“潮州市绿岛乡村生态旅游集群”是潮州市“十二五”期间重点建设项目，项目作为潮州古城文化旅游区重要组成部分，规划以饶平绿岛旅游山庄为核心，配套建设大型度假酒店、会议中心、乡村民俗体验区、特色农产品物流广场、生态美食园，依托绿岛生态区、明清古寨、冰川地质公园、茶文化体验园“一区三点”的集群核心区。

【旅游扶贫】 2010年3月下旬，潮州市向省旅游局、省财政厅推荐淡浮收藏院等5个旅游扶贫项目。其中潮州淡浮收藏院修学旅游配套设施、潮州市紫莲生态森林度假村、千果山旅游区农家客栈、潮安县旅游咨询服务中心和东沙湾旅游度假村5个旅游扶贫一般项目，潮安县凤凰山畲族祖地民俗村、潮安县幽峪逸林生态旅游区、潮安县凤溪竹筏漂流码头长廊、饶平县大埕湾潮香园、饶平县乡村秀生态种养专业合作社和饶平县万山红南国生态度假村6个农家乐项目共获省旅游扶贫资金250万元。

旅游行业监督管理

【潮州市文化旅游产业发展管理委员会成立】 2010年6月，经报请潮州市政府研究决定，成立潮州市文化旅游产业发展管理委员会。由市长任主任，分管副市长任副主任，成员由市政府、市发改局、市委宣传部、市文物旅游局、市经信局、市民族宗教事务局、市公安局、市人力资源和社会保障局及各县（区）政府等30个部门的主要领导担任，委员会在市文物旅游局设办公室，负责委员会日常工作。

【旅游市场监督管理】 2010年，潮州市文物旅游局探索机构改革后旅游市场监管新办法：查处违规旅游广告；加强对“黑导”查处的执法力度，4月3日，市文物旅游局在韩山师院校门口开展执法检查时，查处韩山师院个别学生擅自组织外出旅游的团队，阻止不合法旅游团出行，对违规组织者进行批评和教育；对2家涉嫌低价揽客、扰乱市场秩序的旅行社进行现场检查，督导其规范经营。对个别出现违约的企业实行批评、通报处理。黄金周节前、节中、节后三阶段，检查各旅行社是否开展诚信旅游，严禁发布虚假旅游广告，严禁擅自变更旅游行程、降低服务标准，严禁购物欺诈和导游索要小费。出境游组团社严防非法滞留、偷渡及游客参与赌博等违法行为。各景区（点）加大清理在景区内及周边区域违法违规行为，督促各宾馆酒店加强公共卫生及服务质量的管理。

潮州市文物旅游局走上街头开展旅游法规咨询宣传活动。

【旅游安全管理】 2010年，潮州市文物旅游局和县、区旅游管理部门重视旅游安全工作，节前组织地毯式的旅游安全检查，督促文物旅游企（事）业单位落实安全生产制度，制订应急预案。节中组织安全巡查和市场检查，坚持24小时值班。每个黄金周前夕，市文物旅游局开展节前旅游安全生产大检查，要求各旅游企（事）业单位制定实施方案，启动假日旅游工作机制，全面落实假日24小时值班制度，向社会公布旅游投诉及咨询电话，按规定报送突出事件、旅游市场分析、旅游统计、工作建议等信息，确保假日旅游工作运转畅通。各县（区）旅游局也相应开展旅游安全大检查等活动。

【旅行社管理】 2010年，潮州市扶持旅行社拓展经营范围，申报潮州市潮之旅国际旅行社、潮州龙之旅旅行社2家旅行社为出境游组团社。完成年度旅行社统计调查及旅行社门市部重新备案登记工作。对全市旅行社门市部开展清理和规范。根据《旅行社条例》及《旅行社条例实施细则》，以广告、合同和价格监管为重点，打击旅行社低价竞争、欺诈旅游者、强迫或变相强迫消费、擅自变更行程、非法滞留等违规行为；开展旅行社资质等级评定活动，完成旅行社ISO抽样调查工作，规范旅行社经营行为以及对内设部门、分支机构、委托机构和从业人员的管理，推动旅行社诚信经营、优质服务及品牌竞争。

【导游员管理】 2010年，潮州市于3月和9月共组织两次全国导游人员资格考试，全市报考人数200人，通过考取人数45人，通过率为22.5%，其中3月全市报考人数94人，通过21人，通过率为22%，9月份报考106人，通过24人，通过率为22.6%。并分三期每期7天对全市持卡的初级导游员进行再教育培训，共培训导游员280人。

【旅游饭店管理】 2010年6月至9月，潮州市饭店星评委对全市12家星级饭店进行年度复核，星级饭店全部通过复核。同时，加强全市酒店星评指导工作，在潮州宝华酒店装修期间，市文物旅游局多次组织星级评定委员会成员深入酒店指导和检查。检查中指出存在的问题，酒店限期整改。市星评委于2010年12月正式委派星评员，按照国家标准《旅游饭店星级的划分与评定》（GB/T14308－2003），对其评定检查。并向省星评委推荐。

旅游教育培训和精神文明建设

【旅游行业精神文明建设】 2010年，潮州市文物旅游局开展学习型党组织建设，坚持每周一课的学习；开展创先争优活动。制定活动方案，开设宣传专栏，组织各种活动；推进扶贫“双到”活动，局班子成员多次到潮安凤凰镇欧坑村，深入到挂扶的贫困户家中，按照“一户一法”，帮扶困难户韦明初脱贫；开展“反腐倡廉制度建设年”活动，成立局“反腐倡廉制度建设年”领导小组，制订《潮州市文物旅游局关于开展“反腐倡廉制度建设年活动”实施方案》，新制订22项制度，并通过市审查小组审定。

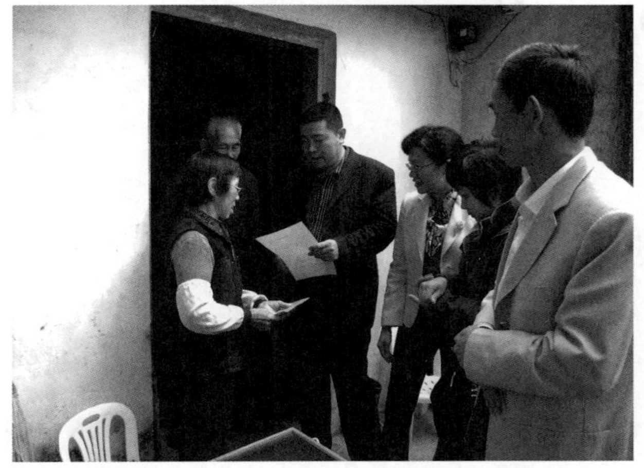

2010年12月10日，潮州市文体旅游局局长伍革率局领导班子成员走访贫困户。

【旅游教育培训】 2010年，潮州市文物旅游局继续以大中专院校为载体，建立旅游教育培训网络，全面提高从业人员整体素质。注重发挥各种办学机构的积极性，采取联办、协办和委托代办的形式，全面开展旅游教育培训工作。对全市280多名持证导游分三期每期7天的再教育培训，至4月底前完成潮州市持全国导游证人员的再教育年审工作，并分二批到省旅游局进行录卡。做好旅游企业中、高层管理人员的培训。

【机构改革】 根据2009年12月31日《中共潮州市委、潮州市人民政府关于印发〈潮州市人民政府机构改革方案〉和〈潮州市人民政府机构改革方案实施意见〉的通知》（潮发［2009］19号），组建潮州市文物旅游局，将市国家历史文化名城保护建设委员会办公室（市文物管理委员会办公室）、市旅游局的职责整合划入市文物旅游局，不再保留市旅游局。市文物旅游局是市人民政府主管名城保护建设、文物保护管理和旅游业的工作部门。

附：潮州市文物旅游局主要职责等情况

一、市文物旅游局的主要职责：

1. 贯彻执行国家、省有关名城和文物保护、旅游工作的方针政策和法律法规；起草相关的规范性文件，经批准后组织实施。2. 会同有关部门编制潮州市历史文化名城保护规划；拟订古城文化区保护规划，实施对名城的保护、建设、利用。3. 组织编制文物、博物事业发展中长期规划及有关规定；负责全市文物的保护、管理、利用以及抢救维修。会同有关部门编制发展旅游事业的中长期规划和年度计划；编制旅游资源的保护、开发、利用规划和全市旅游线路；制订开拓国内、国际旅游客源市场的规划、计划并组织实施；组织旅游资源的普查工作；组织、指导旅游统计和信息管理工作。5. 组织、指导旅游景区（点）、旅游度假区的规划和建设；负责组织全市旅游景区质量等级评定和报批工作；负责海滨游泳场安全鉴定工作。6. 负责对国内、国际接待旅行社设立的审批、出境组团旅行社设立的申报；负责组织旅游饭店一、二、三星级的评定和四、五星级的审核；负责各类旅行社、星级酒店的年度审核工作；负责旅行社分公司或营业部的设立备案工作；指导和监督旅游景区（点）、度假区及旅游住宿、旅行社、旅游车船和特种旅游项目的质量规范和管理工作。7. 会同有关部门做好出国、出境和边境旅游的规范、管理及协调工作；组织、指导旅游对外交流与合作。8. 研究制定旅游市场开发战略，组织指导潮州旅游整体形象的对外宣传和促销活动；组织、指导旅游产品（商品）的开发、利用。9. 培育和完善市内旅游市场；监督、检查旅游市场秩序和服务质量，维护旅游者合法权益。10. 会同有关部门组织开展文博系统、旅游行业专业技术职称评定工作；组织、指导旅游教育、培训工作；指导实施旅游从业人员的职业资格标准和等级标准；负责导游的年度审核。11. 承担市国家历史文化名城保护建设委员会和潮州市文物管理委员会的日常工作。12. 管理属下事业单位。13. 承办市委、市政府和上级有关部门交办的其他事项。

二、内设机构

根据上述职责，市文物旅游局设6个职能科（室）。即办公室、综合科、名城保护规划科（加挂潮州市国家历史文物名城保护建设委员会办公室牌子）、文物管理科（加挂潮州市文物管理委员会办公室牌子）、旅游管理科、市场开发科

三、人员编制

市文物旅游局机关行政编制23名。其中局长1名，副局长2名；正副科级领导职数9名。

机关后勤服务人员数2名。

四、下属单位

下属有7个事业单位，分别是市旅游质量监督管理所、市旅游服务中心、市博物馆、潮州古城区文物管理所、市韩愈纪念馆、市饶宗颐学术馆、潮州广济桥文物管理所。

（苏怀杰）

揭 阳 市

综 述

【总体情况】 2010年，揭阳市旅游工作以科学发展观为指导，紧紧围绕市委“一三二”（即围绕富民强市、和谐文明新揭阳“一个目标”，打造特色经济、特色城市、特色文化“三个特色”，构建和谐稳定的环境、拼搏有为的队伍“二个保障”）发展思路，以打造“岭南水城、潮汕之源”为核心，充分发挥旅游产业在刺激消费、拉动内需的引擎作用。全年共接待旅游总人数1039.24万人次，比上年增长30.7%，其中，接待过夜旅游者368.08万人次，比上年增长81.7%；实现旅游总收入47.52亿元，比上年增长68.1%，旅游经济呈现快速良好的发展势头。

【旅游行业规模】 截至2010年底，揭阳市拥有旅游饭店和度假村200多家，客房总数8752间（套），床位数14665个，其中星级饭店11家（五星级1家、四星级5家、三星级3家、二星级2家）；国家A级旅游景区4家（4A级旅游景区1家、3A级旅游景区3家）；旅行社21家，其中国际组团社2家）；旅游汽车运输服务公司1家。

【全市发展乡村旅游工作会议】 2010年，揭阳市人民政府全市发展乡村旅游工作会议，全面部署发展乡村旅游各项工作。中共揭阳市委常委、组织部长谢峻，副市长叶少明出席会议并作讲话。谢峻在讲话中强调，要紧紧围绕新农村建设的内涵，把乡村旅游和新农村建设结合起来，同时做到把乡村旅游和农村公共设施建设相结合，乡村旅游和特色经济相结合，乡村旅游和发掘、保护与弘扬历史文化相结合，乡村旅游和促进农民增收相结合，因地制宜，以农促旅，以旅富农，切实推进乡村旅游和社会主义新农村建设。

叶少明在讲话中指出，发展乡村旅游是一个新课题、新任务。揭阳市将结合揭阳农村工作实际，从八方面抓好乡村旅游发展。一是强化政府主导，二是制定科学规划，三是办好示范点，四是加快资源整合，五是强化招商引资，六是强化宣传推介，七是创新经营模式，八是推进部门联动。

【全市旅游工作会议】 2010年3月5日，揭阳市人民政府召开全市应急管理和旅游工作会议。会议传达学习全国和全省旅游工作会议精神，总结2009年全市旅游工作，研究部署2010全市旅游工作。市政府副市长叶少明出席会议并讲话。市政府副秘书长林俊生主持会议。各县（市、区）人民政府（管委会）分管旅游工作的副县（市、区）长和管委会副主任，市直有关部门领导，各县（市、区）旅游局局长和全市重点旅游企业负责人及新闻媒体代表共60多人参加会议。

旅游接待与收入

【入境旅游】 2010年，揭阳市接待入境旅游者6.69万人次，比上年增长37.05%，其中外国人4770人次，比上年增长38.42%；旅游外汇收入2149.95万美元，比上年增长45.2%。

【国内旅游】 2010年，揭阳市接待国内游客1032.55万人次，比上年增长30.7%。其中接待国内过夜旅游者361.39万人次，比上年增长82.8%；旅行社组团国内旅游人数7.64万人次，比上年增长45.21%。国内旅游收入46.06亿元，比上年增长68.97%。

【出境旅游】 2010年，揭阳市旅行社组织出境旅游人数1143人次，比上年增长4.8%。其中组织香港游889人次、澳门游76人次、出国游136人次。

【假日旅游】 2010年，揭阳市春节黄金周旅游接待人数107万人次，同比增长11.6%。其中过夜游客3.96万人次，同比增长47.2%，一日游游客103.04万人次，同比增长10.6%；旅游总收入1.91亿元，同比增长16.5%。

“五一”假期（5月1～3日）全市旅游接待人数34.49万人次，同比增长32.8%。其中过夜游客0.94万人次，同比增长18.5%，一日游游客33.55万人次，同比增长33.3%；旅游总收入5727万元，同比增长31.3%。

“十一”黄金周旅游接待人数97.5万人次，同比增长14.2%。其中过夜游客6.3万人次，同比增长19.3%，一日游游客91.2万人次，同比增长13.8%；旅游总收入2.86亿元，同比增长16.3%。

旅游宣传促销与节庆活动

【旅游宣传促销】 2010年，揭阳市通过多种活动，把宣传城市形象和宣传旅游产品有机结合，多渠道、全方位宣传，提高揭阳旅游知名度。一是举办广东揭阳三山国王祖庙寻根之旅（台北）旅游推介会，增进了两地经济、文化、旅游等方面的了解；二是组团参加2010世界旅游日暨中国广东国际旅游文化节，组织酒店和餐饮企业参加省粤菜峰会评比，市榕江大酒店获"中国粤菜名店"，市旅游局获"优秀组织奖"。赴澳门参加潮汕美食嘉年华活动，展示揭阳、普宁的特色美食。各县（市、区）也组织丰富多彩的活动。1月22日，揭西县旅游局联合县文联和坪上镇政府举办2010梅花文化节。6月23日，揭阳市大南山侨区举办首届荔枝/龙眼旅游文化节。8月28日，由惠来县旅游局和粤东三市联合主办隆重推出"滨海风情万人游惠来"活动。10月1～15日，普宁市在德安里隆重举办普宁市德安里美食节暨旅游推广会；三是创新方式，开展主题促销。借助承办2010年华人华侨旅游年活动的契机，积极引导旅游景区景点、旅游企业通过创新经营方式，丰富项目内容，开展各种主题促销活动。联合推出惠来世铿院——大南山八国风情园——黄光山佛光寺（华家海滨度假村）一日游，推出大洋扶贫采茶乡村一日游，举办《高山月·潮汕情》大型篝火晚会，同时，邀请汕头、潮州主要旅行社30多人入揭踩线，重点推介揭阳楼、德安里等文化旅游产品、线路，有力地推动揭阳文化游、滨海游和乡村旅游市场的全面发展，吸引大批海内外游客；四是办好揭阳旅游网，通过网站的大力宣传揭阳旅游。同时加强与报社、电视台的新闻媒体深度合作，开辟专栏，多渠道宣传促销。10月，联合南方电视台制作"粤游越精彩"旅游电视节目，充分利用南方卫视宣传我市旅游资源，展示我市人文历史及生态旅游产品。

【首届荔枝龙眼旅游文化节】 2010年6月23日，揭阳市举办大南山侨区首届荔枝龙眼旅游文化节。省旅游局副局长张振林、省侨办副巡视员董华民、市人大常委会副主任曾瑞如、副市长林丽娇以及潮汕三市旅行社的主要负责人、揭阳市各县（市、区）旅游局长出席开幕式。开幕式结束后，由揭阳光辉国际旅行社、潮州国旅、汕头中旅等旅行社组织的300多名游客进入荔枝园免费品尝荔枝鲜果，并参观游览八国风情旅游度假区。

【三山国王祖庙寻根之旅（台北）旅游推介会】 2010年8月16日，由揭阳市政府、省旅游局主办，作为"台湾·广东周"主要活动之一的广东揭阳三山国王祖庙寻根之旅（台北）大型旅游推介会，在台北市君悦大酒店三楼凯悦厅隆重举行。揭阳市领导陈奕威、陈石波、陈朝盛出席，副市长林丽娇作讲话，省旅游局副局长王志红、台北市政府客家事务委员会机要秘书邹源淦、台湾旅游同业公会秘书长向权宗分别讲话或致辞。应邀的台湾旅游行业有关机构负责人，云林县大碑乡太和街三山国王庙等15家在台较有影响的三山国王庙（管委会）负责人，以及广东省经贸文化交流团揭阳市分团的全体成员共100多人参加会议。会上，揭阳市旅游局局长谢锐锋作专题推介发言，并播放揭阳市宣传片，向与会嘉宾全面介绍揭阳市经济社会发展和三山国王祖庙旅游开发项目情况。市旅游协会与台湾三山国王宫庙联合会，广州广之旅国际旅行社与台湾安迪旅行社还联合签订推动三山国王祖庙寻根之旅框架协定。

揭阳三山国王祖庙寻根之旅（台北）旅游推介会签约现场。

【2010广东国际旅游文化节（揭阳）分会场】 2010年9月27～29日，利用2010世界旅游日暨中国广东国际旅游文化节举办的契机，揭阳市副市长叶少明组织带领全市各县（市、区）有关领导及旅游部门负责人参加展览会，还制作精美花车参加巡游，向海内外宾客推介"岭南水城"的特色旅游产品。于9月8日开始组织全市大型酒店和餐饮企业参加2010年广东省粤菜峰会评比，市榕江大酒店获组委会办公室及2010中国粤菜峰会办公室授予"中国粤菜名店"，市旅游局获"优秀组织奖"。

【第九届中国（揭阳）国际玉器节】 2010年12月10～14日，第九届中国（揭阳）国际玉器节在揭阳市阳美玉都举行。中国轻工业联合会副会长潘蓓蕾，中国轻工业联合会副秘书长、中国轻工珠宝首饰中心主任林小冲，中国轻工业联合会副秘书长、中国轻工业联合会市场部主任朱念琳，揭阳市市委书记、市人大主任陈弘平，市委副书记、市长陈奕威，市政协主席欧汉波，市委副书记杜安义等揭阳市领导，及各界嘉宾出席开幕式。本届玉器节期间举行玉器节开幕暨中国（揭阳阳美）玉都广场重点项目庆典仪式、玉器产业发展讲座、中国玉文化展示暨玉器精品展销会等系列活动。本届玉器精品展销，分设中国（揭阳阳美）玉都广场、中国玉都展销中心、乔南玉器中心、乔西玉器市场等展厅，展销荟萃各种玉石毛料、缅甸翡翠、白玉、碧玉、墨类宝玉石，参展玉器档次高、种类全，集中展示了阳美翡翠玉器的发展水平。阳美玉雕工艺新颖，款式繁多，纯天然翡翠A货精品创全国之最。参加展示还有历届获奖的玉器精品、名家名作。

第九届中国（揭阳）国际玉器节开幕。

【赴澳门参加潮汕美食嘉年华活动】 2010年12月24～28日，由市领导欧汉波、叶少明带队，揭阳市旅游局组织普宁市旅游局、天安饭店共43人赴澳门参加潮汕美食嘉年华活动，共有10个美食展位，20多个美食品种，充分展示揭阳、普宁的特色美食。

旅游行业监督管理

【旅游市场监督】 2010年，揭阳市县两级旅游行政管理部门加大执法和管理力度，根据广东省旅游质量监督管理所《关于开展旅游服务质量专项检查工作的通知》精神，成立由杨金河副局长为组长，各业务科（室）负责人为主要成员的专项检查组，对全市旅行社2010年1月至5月份的旅游业务经营情况进行专项检查。经过检查，各旅行社基本能按照《旅行社条例》及其实施细则进行规范经营，检查组对涉及违规经营的15家旅行社做出现场纠正及警告处理。

【旅游安全管理】 2010年，揭阳市共转发印制旅游安全文件420份，组织安全检查12批次，检查旅游企业25家次，全年旅游安全无事故。市旅游局结合省旅游局、市安委办相关文件精神，切实采取措施，一是开展旅游安全警示教育活动，要求各旅游企业认真做好本单位旅游安全教育及培训工作；二是认真落实安全生产“三项行动”；三是进行节假日旅游安全大检查，及时发出旅游节假日联动工作机制，组织检查人员配合省安全督导组对全市旅游企业进行旅游安全大检查以及派出安全检查组到梅州进行交叉督查。

【旅行社管理】 2010年8月26日，揭阳市批准设立惠来县信天乐旅行社有限公司。至年底，组织全市有旅行社21家。揭阳市按照《关于实行旅行社网上年度及季度统计调查填报工作的通知》要求，组织全市18家旅行社、2家组团社完成2009年度和2010年各季度统计调查网上填报工作并通过审核。10月，许可汕头康辉旅行社委托揭阳市康辉旅行社、许可揭阳市旅总国际旅行社委托揭西霖都旅行社和揭西旅游总公司代理有关出境旅游业务。做好出境旅游领队证及组团社签证专办员换证工作

【旅游饭店管理】 2010年，揭阳市新评定2家3星级旅游饭店，至年底，全市共有星级旅游饭店18家。从9月起，全市9家星级饭店（揭东金叶酒店因改制重新装修无法参加复核外），其余8家酒店均通过年度复核。确定揭阳市特美思大酒店代表揭阳市参加5月9日在广州举办的广东省迎亚运“广州杯”选拔赛，取得“最佳优秀组织奖”。揭阳市东湖大酒店等5家酒店向市星评委提出星评申请，揭阳市旅游局成立由杨金河副局长为组长，业务科星评员为成员的星评小组，对各申请评星的酒店进行初评，并提出整改意见。市区东湖大酒店及揭东东海商务酒店已经省星评委的验收，被评为三星级旅游饭店。认真做好辖区内11家负有接待任务酒店整改项目的指导和协调工作，要求酒店每月上报本单位整改工作进度情况。推荐榕江大酒店、揭阳市特美思大酒店、阳美国际大酒店为“2010广东华人华侨旅游年”指定接待单位，推荐揭阳宾馆、东湖大酒店、东诚渔村、东海商务酒店为“2010广东华人华侨旅游年”指定餐厅单位。根据国家旅游局《关于举办全国星级饭店统计调查工作培训会议的通知》和省旅游局《关于开展全省旅游星级饭店统计调查工作的通知》精神，组织全市星级饭店统计人员按时填报各项经营信息等工作。转发省旅游局《关于我省星级饭店逐步取消一次性日用品的通知》，全市各星级饭店于2010年10月1日前全面取消免费提供一次性日用品。协助市经济和信息化局开展全市商贸酒店领域重点节能用能单位调查和推荐酒店节能试点示范单位，共调查6家星级饭店，推荐惠来宾馆为示范单位。协助市住房和城乡建设局做好现有宾馆、餐饮业数量及分布情况，主要餐饮业的规模及燃料消耗情况的调查工作。

旅游资源开发和景区（点）建设

【概述】 2010年，揭阳市把推动产业升级、产业聚集、产业发展放在重要位置，利用各种手段，推介揭阳旅游投资环境，积极推动旅游业的招商引资和配套升级。一是设立太空花卉产业化试验示范点，大力发展乡村游。利用乡村游示范点宝镜院万花园的资源优势，与国家植物航天育种工程技术研究中心合作设立的全省首个太空花卉产业化试验示范点，通过中心科研成果辐射和科技创新，发展太空花卉。二是推动景区评“A”。市旅游局动员指导揭东万竹园、惠来海滨度假村、普宁德安里申报国家3A景区和阳美玉都申报国家4A景区，其中德安里旅游景区和万竹园旅游景区被评为国家3A旅游景区，阳美玉都和惠来海滨度假村通过初评。三是联合市经信、林业、文化等行业部门推进景区（点）创建省行业示范单位。其中：黄岐山森林公园和揭东金玉园被评为“省森林生态旅游示范基地”；广东吉荣空调有限公司被评为“首批广东省工业旅游示范单位”；揭阳学宫文化旅游圈被评为首批“广东省文化旅游示范单位”；同时筛选揭西京明温泉度假村、大北山森林公园、中华历史文化长廊、普宁仙步农家乐生态旅游区、普宁宝镜院乡村旅游示范点等11个项目申报国家旅游储备项目和十二五重点项目。四是加强调研，论证把榕城老城区打造成国家5A级旅游景区——“揭阳古城风情旅游区”。五是积极主动承担市委、市政府交给的任务。6月份从国家商标总局正式拿到“岭南水城”所有商标注册证书；根据市的工作部署，成立工作小组，由谢锐锋局长亲任组长，并抽调办公室、业务科精干干部为组员，全程参与策划组织实施揭阳市“忠诚·感恩万人行”活动。

【旅游规划及开发建设】 2010年，完成《揭阳市旅游发展规划（2010－2030）》（以下称《规划》）工作。于2009年邀请广东省城乡规划设计研究院重启揭阳市旅游发展规划工作，于5月21日通过旅游专家组评审，9月份召开的市政府四届31次常务会议审议通过《规划》。《规划》的编制，使全市旅游业发展的思路更加明晰，发展方向更加明确，发展任务更加具体，发展措施更加有力；全市发展乡村旅游工作会议后，各地乡村旅游有条不紊推进，大南山侨区先行一步，充分发挥政府主导作用，依托八国风情旅游度假区，通过整体规划设计，政府引导性投入，吸引社会资金和村民投入开发，打造和推出集东南亚风情与潮俗文化融为一体的农家生活、农家觅趣、乡村休闲、潮汕风情的系列乡村旅游产品，吸引和招徕大量游客，成为揭阳及粤东地区乡村旅游龙头产品之一。揭东、普宁、揭西等县市聘请省内知名旅游规划机构和专家对玉湖、洪阳和揭西龙源生态园乡村旅游资源进行科学规划，已完成《揭东县玉湖镇乡村旅游发展规划》、《普宁市洪阳镇乡村旅游发展规划》和《揭西县龙源生态园规划设计》，进入评审阶段。“东山区阳美中国玉都风情”乡村旅游示范点，结合中国玉都广场、乔西白玉市场、乔南国际玉器中心及周边乡村的古迹和小景点，也正加紧建设中。

【揭东万竹园旅游景区】 位于县城曲埔路段和汕梅高速埔田镇出口处，距离县城4公里，占地总面积近千亩。工程于2008年2月7日完工并对外开放。有八马奔跃、丽日丹霞、竹影平湖、云翠长廊、竹溪古渡、珠帘情话、云楼竹径、九曲回廊、早日农家等休闲娱乐景点。并配有休闲茶座、大型游乐、水上乐园、特色餐厅、特产商品、民族文艺表演、特持表演、动物表演、锦鲤观赏、休能拓展等旅游服务项目。开业以来年均接待游客30多万人次，是粤东地区一处较具规模、休闲游乐、回归自然、返璞归真的生态旅游胜地。2010年11月被国家旅游景区质量等级评定委员会评定为3A级旅游景区。

【普宁德安里旅游景区】 位于普宁市洪阳镇，占地面积达5.9万平方米。景区坐落在中国历史文化名镇——德安里，为清朝广东水师提督方耀府第。德安里始建于清同治七年（1868年）。是岭南地区规模最大的府第式古民居群，是广东省文物保护单位、首批广东省古村落之一。为实现德安里文化产业化，普宁市政府批准并成立“德安里旅游发展有限公司”。该景区的打造，对于丰富普宁文化旅游内容、带动洪阳古镇旅游资源开发和花卉特色乡村游的发展将起到重要作用。2010年11月被国家旅游景区质量等级评定委员会评定为3A级旅游景区。

【旅游扶贫】 2010年，揭阳市积极做好省旅游扶贫项目申报工作。全市共申报揭东县玉湖镇生态旅游景区、揭西县京明温泉度假村、惠来县华家海滨度假村、大南山八国风情旅游度假区、普宁仙步农家乐生态旅游区、普侨区比华利华侨温泉度假村6个一般扶贫项目。积极向国家财政部、国家旅游局申报旅游专项资金项目，8月份申报京明温泉度假村项目争取国家旅游专项资金80万元，成为广东两个得到国家财政扶持的项目之一。

是年，按市委统一部署，抽派能力强、综合素质好的党员干部下基层驻农村，帮扶普宁船埔镇鸭母寮村。鸭母寮村共有贫困户有44户，共222人，其中无劳动能力的贫困救济户11户；有劳动发展能力，通过帮扶能够脱贫的贫困户33户，采取“一村一策”、“一户一法”的综合扶贫措施，实行“一对一，一帮一”的结对帮扶形式，分类落实帮扶责任。截至2010年底，已投入资金21.9万元用于鸭母寮村的雨污分流建设；投入资金7800元，为44户贫困户购买医疗保险；筹集资金1.2万元，重新寻找泉源，铺设水管，解决两个村民小组，11户人家，58人的饮水难的问题；投入资金5.8万元，建设鸭母寮村办公楼，改善村干部的办公条件。

旅游教育培训和精神文明建设

【旅游教育培训】 2010年，市旅游局围绕建设一支政治思想过硬、业务精通、富有开拓创新精神的高素质旅游队伍，把培养、吸引、用好人才作为一项重大的战略任务抓紧抓好，切实加强旅游人才队伍建设。按照市委的统一部署，成立以局长为组长的旅游局忠诚教育活动领导小组，制订《揭阳市旅游局开展忠诚教育活动工作方案》，把忠诚教育活动列入一项重要旅游工作来抓。通过开展忠诚教育活动，组织党员和干部职工积极开展批评和自我批评，找出思想和作风上存在的缺点和不足，及时进行整改，引导全体党员干部职工进一步统一思想，提高认识，牢固树立马克思主义世界观、人生观、价值观和正确的权力观、地位观、利益观，坚持抵御各种腐朽落后思想文化的侵蚀，从而提高党员的政治素养、工作效率和工作水平，进一步增强局机关集体的凝聚力、向心力和战斗力。

按省统一安排，于3月27日组织全市旅游业农村劳动力技能鉴定培训—客房服务员和餐厅服务员共547人报名参加笔试；3月27日至4月8日组织全市旅游业农村劳动力技能鉴定培训——客房服务员、餐厅服务员、景区导游、农家菜烹调4个项目、693人报名参加实操技能考试。8月份，省人力资源和社会保障厅及省旅游局联合组织验收，全市共有680人取得各项职业技能证书。

根据省旅游局关于做好2010年度导游资格考试工作的通知精神，及时将省旅游局《考试意见》转发给各旅行社和潮汕学院，并在《揭阳日报》刊登通知，鼓励社会青年积极报名参加考试。依照报考条件和程序对报考人员资料进行严格把关，全市共有80人报名参考。分别于3月和10月组织参考人员往汕头市考场参加笔试 。2010年经申请省旅游局同意，揭阳市作为全国导游员资格考试口试点，分别于5月和11月完成2010年全国导游资格考试面试工作。鼓励持证导游人员报名参加全国中级导游资格考试。

根据《导游人员管理条例》和广东省旅游局《关于开展“提升旅游服务质量”为主题的导游员继续教育工作的通知》，揭阳市于2010年4月9～10日在博华职业培训学校举办当地持证导游员年审培训班。培训期间聘请当地文化人彭妙艳就潮汕民风民俗文化作专题辅导，请市综合中专旅游讲师就导游人员职业道德、导游服务质量、导游员讲解能力及业务能力等进行专业培训，同时还聘请市红十字有关领导及专业医生就导游行业特点的救护知识和技能有针对性的开展心肺复苏、创伤救护、常见急症、紧急避险等主要内容进行理论知识和救护技能实操相结合培训。培训结束后还对参加培训人员进行专项内容考试。

广东省第三届粤东侨博会召开前夕，市旅游局开展对担负接待任务的酒店服务人员进行服务质量培训，于11月19日在东海大酒店举行开班仪式。市旅游局、市委接待办领导参加开班仪式，培训班于11月19日至12月1日采取到各接待酒店巡回开班形式对酒店负责人及全体员工进行全员培训，参加专项培训人员达1000多人次。

根据省局《关于举办2010年广东省导游人员资格考试口试考评员培训班的通知》要求，挑选符合要求人员参加省旅游局开设的培训班，有3人取得全国导游人员资格考试口试考评员资格，填补全市没有考评员的空白。经批准从2010年开始在揭阳设置口试点。

【旅游行业精神文明建设】 2010年，揭阳市围绕全市旅游业的发展目标，加强旅游行业的队伍建设和旅游行风建设，把塑造行业文化、提升行业整体素质作为精神文明建设工作核心，不断提升旅游行业的软实力。积极参加省举办的旅游饭店服务技能大赛，派出揭阳市特美思大酒店代表揭阳市参加5月9日的广东省迎亚运“广州杯”选拔赛，取得“最佳优秀组织奖”。

（吴舜锋）

云 浮 市

综 述

【总体情况】 2010年，云浮市旅游业以科学发展观为统领，紧紧围绕建设“广东旅游产业大市、试行国民旅游休闲计划先行区和环珠三角乡村生态旅游首选地”的目标，认真按照“创品牌，打基础，拓市场”的要求，加快旅游经济增长方式转变，加快旅游与文化资源整合，完善旅游配套设施，强化旅游宣传促销，提升旅游产品品位和档次，全市旅游业各项工作取得新成绩。是年，云浮旅游业继续保持快速健康发展的良好态势，实现旅游接待人数和旅游收入的新突破。全市接待游客总人数601.16万人次，比上年增长22.7%，旅游总收入48.67亿元，比上年增长25.89%。其中国际游客8.39万人次，比上年增长17.18%，国内游客592.77万人次，比上年增长22.78%，住宿设施接待游客451.72万人次，比上年增长22.69%，旅游外汇收入2498.51万美元，比上年增长17.17%。

【旅游行业规模】 云浮旅游业初步形成禅宗六祖文化、石艺文化、南江文化“三大”文化，主题旅游、乡村生态旅游和温泉休闲度假旅游“三大”特色。截至2010年底，全市各类景区（点）36处，其中A级旅游景区7处（4A级旅游景区2处、3A级旅游景区2处、2A级旅游景区3处）；星级饭店18家，其中四星级饭店4家，三星级饭店7家，二星级饭店7家；旅行社11家，其中出境游组团社1家。

【重大旅游决策】 2010年8月31日，中共云浮市委、云浮市人民政府印发《关于加快全市乡村旅游业发展的意见》（下称《意见》）。《意见》规定“从2011年开始，每年划拨出专项经费作为当年乡村旅游专项游奖励金，每个获省级乡村旅游示范基地（点）均可获市财政资金5万元”。

【“十一五”旅游业发展情况】 “十一五”是云浮市旅游业发展最快、成效最显著的五年。五年来，全市依托秀丽的山水风光、浓郁的南江文化、厚重的禅宗六祖文化、独特的石艺文化，不断提升旅游业的整体实力和竞争力。5年来，全市接待游客总人数2225.3万人次，是“十五”时期的2.63倍，年平均增速为18.2%；旅游总收入177.4亿元，是“十五”时期的2.59倍，年平均增速17.1%。接待国内游客2150.3万人次，年均增长18.4%；旅游创汇9537.9万美元，年均增长13.1%。旅游业已逐步成长为发展较快的新兴产业和新的经济增长点。

旅游产业体系日趋完善 “十一五”期间，全市高星级酒店和国家4A级旅游景区实现零的突破。全市共有旅游星级饭店18家，其中四星级饭店4家，绿色饭店18家。客房数3952间，床位7113张；旅游景区（点）29个，其中国家4A级景区2个（新兴六祖故里旅游度假区，新兴金水台温泉）；旅行社11家；旅游从业人员为8750多人。旅游业固定资产为43.79亿元。全市基本形成具有一定规模和水平的旅游产业体系。

资源开发规模不断扩大 “十一五”期间，通过政策驱动和市场运作，引导各类资金向旅游业倾斜。五年来，全市旅游项目完成投资18.7多亿元，是“十五”时期的1.2倍。大企业集团踊跃投资，成为投资旅游项目的主力，成功打造金水台温泉、青山绿水温泉、罗定龙湾生态旅游度假区、新兴飞天蚕生态茶园、郁南大王山森林公园等一批重点旅游项目。旅游招商引资取得重要进展，广东省广晟集团有限公司、广东风铝集团等大公司大集团前来投资旅游项目。全市旅游开发初步形成政府加大投入，民营资本加快进入，外来资金积极涌入的多元化投资格局。

旅游市场开发取得成效 国内市场以粤港澳大珠三角市场及粤西居民为主，积极开拓两广乃至泛珠三角区域旅游市场。组团参加5届广东国际旅游文化节，先后获得花车巡游活动“特等奖”、二等奖、“最佳组织奖”等荣誉；成功举办三届旅游文化节、“广东试行国民旅游休闲计划暨情暖农民工春风行”云浮启动仪式、万人游云浮绿道远足行等活动；组织云浮市（佛山、东莞、江门、梧州）旅游推介会等推介活动；积极参加广州国际旅游展、香港旅游展览会、中国国内旅游交易会等旅游促销活动，开展“两广十市”区域旅游合作，联手打造无障碍旅游区。旅游扶贫成效明显，五年共争取到旅游扶贫金1530万元（其中六祖故里旅游度假区690万元），旅游景点金780万元。新兴县被省授予“广东旅游强县”的称号，被第三届博鳌国际旅游论坛授予“国家精品旅游城市”称号。

旅游发展环境明显改善 “十一五”期间，市委、市政府每年均召开全市旅游工作会议。2007年8月制定出台《云浮市旅游管理规定》，2010年8月正式出台《关于加快全市乡村旅游发展的意见》，创造了促进旅游业快速发展的

政策环境和制度环境。各县（市、区）也分别出台扶持旅游业发展的政策性文件，将旅游业确定为“支柱产业”和“先导产业”。各级党委政府提高对“大旅游、大产业、大发展”的产业地位的认识，把发展旅游业作为加快各地经济发展的重要组成部分来重点抓好，全社会对发展旅游业达成共识，营造“人人都是旅游环境”的良好氛围。其中，新兴县被评为“广东省旅游强县”、“全省旅游综合改革试点县”和“国家精品旅游城市”，郁南县被评为“中国生态旅游大县”；罗定龙湾镇南充村、罗镜龙岩村、郁南连滩镇、大湾镇、都城镇富窝村、云安南盛镇大枧村等多个镇村被授予“广东特色旅游名镇”和“广东最美乡村”；多个县区和企业荣获“广东旅游美食之乡”、“中国粤菜名店”等称号。在旅游交通环境方面，广梧高速公路、三茂铁路、国道324线和正在建设中的南广高速铁路横贯而过，使云浮全面融入珠三角核心经济生活圈。同时，全市2010年通过“美好环境与和谐社会共同缔造”活动，加快“生态、健康、幸福”宜居城市建设，在山区率先规划建设全市生态文化旅游慢行绿道系统，绿道建设与旅游景点串连。云浮从一个单纯的旅游客源地，正在努力向具有较强吸引力的旅游目的地转变。

【杨荣森到云浮调研旅游】 2010年12月14~15日，广东省旅游局局长杨荣森率相关处室和旅游企业负责人赴云浮市调研旅游工作，先后考察云安县前锋镇洞表仙人谷、洞表村农家乐，新兴县六祖镇龙山塘村和藏佛坑景区，并召开座谈会。云浮市副市长崔逢池、新兴县县长江壮宏，以及刘祖镇和龙山塘村负责人出席座谈会。座谈会上，杨荣森分别听取崔逢池副市长、何炳友副县长和龙山塘村支书关于云浮市、新兴县和龙山塘村旅游业发展情况的汇报。

杨荣森指出，云浮市、新兴县和六祖镇三级党委政府高度重视旅游业发展。希望云浮市各级政府围绕五个“大力推动”，加快旅游业发展，扩大旅游业规模，提升旅游业层次：一是大力推动政府主导旅游业发展战略。各级党委政府积极主导、大力推动，各级有关部门积极配合、协调联动，增强推动旅游业发展的合力；二是大力推动旅游规划制定和修编。高起点、高水准、高标准做好旅游规划，提高旅游业科学发展和可持续发展能力；三是大力推动旅游招商引资。充分整合六祖、温泉、生态等旅游资源，积极引进战略投资商，提升旅游开发建设水平；四是大力推动旅游宣传推介，重点打造六祖禅宗旅游文化品牌。要善于编故事、做文章，充分挖掘整理六祖禅宗文化资源，不断丰富六祖禅宗文化内涵，擦亮六祖品牌；五是大力推动客源引进。要精心打造旅游产品，设计推出精品线路，加强与旅行社合作，积极引进客源，繁荣旅游市场。

【全市旅游工作会议】 2010年3月11日，云浮市旅游工作会议在市政府三楼会议厅召开。省旅游局副局长王志红、市政府副市长崔逢池出席会议并讲话。会议就进一步大力发展乡村旅游，加大旅游项目建设力度，提升现有景区（点）档次，强化旅游宣传促销，全面提升旅游行业水平和加强行业作风建设等六个方面提出新要求。市旅游局局长袁伙月传达2009年全省旅游工作会议精神，总结2009年全市旅游工作情况，部署2010年旅游工作。市直有关部门负责人，各县（市、区）分管领导、旅游局长，星级宾馆、旅行社、景区景点主要负责人共100多人参加会议。与会人员会后参观体验南山森林公园并赴广州增城市考察白水寨景区、绿道旅游以及乡村旅游发展等情况，并结合云浮市2010年旅游工作和宜居城市建设、绿道建设、乡村旅游发展情况展开深入探讨。

【万人游云浮绿道远足行系列活动】 2010年5月29日，由云浮市宜居办主办、云浮市旅游局承办，以“绿道绿城绿西关，慢行慢游慢生活”为主题的万人游云浮绿道远足行系列活动在市人民广场正式拉开帷幕。省住建厅、市领导以及市内外远足爱好者和团队游客，省内主流媒体等3000多人参加启动仪式。活动还举行醒狮迎宾、禾楼舞、春牛舞等专题文艺演出，文明游客倡议签名、金山寻宝大赛、旅游咨询等丰富多彩的活动，吸引众多市民与珠三角游客前来参与。

2010年2月4日，云浮市绿道正式开通，市委书记王蒙徽、市长黄强等市领导骑车体验。

【重大旅游活动】 2010年，云浮市旅游业开展“一月一节”旅游节庆活动，易地举办云浮市（江门）旅游推介会、云浮市（梧州）旅游推介会；成功举办“第三届云浮旅游文化节”、“万人游云浮绿道远足行”、“旅游职业服务技能大赛”、“禅宗文化神州行大型易地采访活动”、“游中国禅都、品六祖佛荔——华人华侨旅游年云浮启动仪式”、“郁南无核黄皮节”、“新兴土鸡节”、“新兴金水台温泉嘉年华节”等多个大型旅游节庆活动，参与省旅游局和兄弟市举办的宣传活动以及“两广十市”活动。

2010年5月21日，云浮市在著名侨乡江门市举行云浮旅游推介会。云浮市副市长崔逢池，全国政协常委、江门市副市长李崴等两地政府分管领导以及云浮、江门两地市（县、区）旅游局长、旅游企业负责人、媒体记者等150多人参加。会议为加快两地旅游资源整合，打造两地无障碍旅游区域达成共识。

2010年7月10～10日，“游中国禅都，品六祖佛荔——广东华人华侨旅游年新兴启动仪式”在千年古刹国恩寺广场隆重举行。省政协副主席王珣章、省旅游局副局长张振林，云浮市领导吴伟鹏、黄达辉、陈显良、王莉莉、温鹏程、罗梓健，新兴县四套班子领导以及佛教高僧大德、佛教居士信众、“亚运志愿信使团”等2000多人出席启动仪式。

2010年7月22日，云浮市在广西梧州市举行“云浮市（梧州）旅游推介会”。云浮市人大常委会副主任陈显良，副市长崔逢池，梧州市副市长窦现金，以及两地旅游部门、旅游企业负责人、媒体记者共150多人参加。云浮市各县（市、区）分管领导分别在会上作了旅游推介。本次推介活动是充分利用广梧高速全线贯通为契机，进一步打造大西南旅游黄金通道，打造两广旅游新干线而举办的。

【2010年中国世博旅游年】 2010年，云浮市加强做好“中国世博旅游年”主题宣传活动，市旅游局组织各大旅行社策划制作《世博游》宣传单张，累计组织游客1万多人次参加世博，共发放2万多份资料。世博期间，郁南“禾楼舞”在广东馆作专门表演，博得中外游客赞誉。

旅游接待与收入

【入境旅游】 2010年，云浮市接待入境旅游者7.13万人次，比上年增长17.21%，其中外国人4874人，比上年增长22.25%；旅游外汇收入2498.51万美元，比上年增长17.17%。

【国内旅游】 2010年，云浮市接待游客总人数601.16万人次，比上年增长22.7%，旅游总收入48.67亿元，比上年增长25.89%。其中，国内旅游者448.70万人次，比上年增长23.92%，住宿设施接待游客451.72万人次，比上年增长22.69%，客源主要来自广州、佛山、江门等地区。

【出境旅游】 2010年，云浮市组团出境游900人次，比上年增长14.07%。其中港澳游438人次，比上年增长0.3%。台湾游82人次，比上年减少6%。出国游380人次，比上年减少5%。

【假日旅游】 2010年，云浮市春节黄金周期间，共接待游客68.65万人次，旅游收入达1.22亿元，同比增长16.71%和19.88%；旅游住宿设施共接待过夜游客13.91万人次，同比增长16.3%，平均开房率达92.73%，同比增长0.25个百分点。

“五一”假期（1～3日）期间，全市旅游接待人数共19.46万人次，同比增长19.61%；全市旅游接待总收入达9400万元，同比增长20.51%。其中过夜游客5.69万人次，同比增长19.53%，一日游游客13.77万人次，同比增长19.64%。

“十一”黄金周期间，全市共接待游客53.81万人次，旅游收入1.83亿元，分别比上年同期增长19.92%和18.06%。全市旅游住宿设施共接待过夜游客18.87万人次，同比增长19.81%；平均开房率达93.82%，同比增长1.01个百分点。

旅游宣传促销与节庆活动

【旅游宣传促销】 2010年，云浮市实行“走出去，请进来”战略，结合实际有选择地参加国内外旅游交易会和组织国内外宣传促销活动。先后组织参加中国（重庆）国内旅游交易会（4月23～25日）、广州旅游交易会、上海世博·广东周（7月27～30日）、第五届海峡两岸台北旅展（台湾？广东周）（8月14～21日）、2010PATA（澳门）旅游交易会（9月15～17日）等活动，开展上海、台湾、香港等地的旅游促销，举办云浮（江门）旅游推介会（5月22日），云浮（梧州）旅游推介会（7月21日）。在平面媒体、电子媒体和户外媒体保持适度的旅游形象广告的投放，大力推广禅宗文化、石艺文化、南江文化、乡村旅游和温泉休闲等旅游线路，与云浮日报社、云浮电视台等合作开展“禅宗文化神州行易地采访行动”、“云梧携手西江之美联合采访行动”，以媒体宣传形式大力拓展本地游市场。各项展会和活动，与相关旅游部门、企业开展广泛交流和业务洽谈，派发各种宣传资料万余份。

是年，编印《云浮绿道自驾游》、《云浮旅游地图指南》、《悠游云浮》、《西关美食图》等旅游宣传资料，并在旅游星级饭店、旅游景区（点）和旅行社以及旅游咨询中心免费发放。

【2010广东国际旅游文化节（云浮）分会场】 云浮市作为2010世界旅游日全球主会场庆典暨中国广东国际旅游文化节分会场，先后举办2010云浮旅游文化节、云浮国际石材科技展览会暨石乡风情旅游采风活动、悠游云浮新兴温泉旅游嘉年华、郁南原生态景区欢乐节暨中华名桔品尝节等活动项目。

云浮市还参加在广州增城市主会场举行的花车巡游、旅游展销会等活动，其中花车巡游活动项目获组委会评比二等奖和最佳组织奖；荣获2010中国粤菜选拔大赛“最佳组织奖”，数家企业和菜式获“粤菜名店”和“粤菜名点”项目。9月27日，副市长崔逢池率代表团参加旅游高峰论坛、“我心中的美好家园”万名儿童绘画及作文比赛、开幕式晚会、旅游展览等系列活动。

【第三届云浮旅游文化美食节】 2010年10月20～25日，由云浮市人民政府和广东省旅游局主办，云浮市旅游局承办的2010广东国际旅游文化节云浮分会场暨第三届旅游文化美食节在英东体育馆隆重开幕。活动以“六祖故里、魅力西关”为主题，本届旅游文化美食节集美食展示、美食品尝、节庆游乐于一体，进一步挖掘和利用云浮丰富的饮食文化资源，弘扬饮食文化。云浮市副市长、旅游文化节组委会主任崔逢池，省旅游局副局长梅其洁分别在开幕式上致词。云浮市人大副主任廖美琼、政协副主席曾绍章以及市、县（市、区）旅游局、旅行社、中外嘉宾和各地游客等2000余人参加开幕式。

【“禅宗文化神州行”大型易地联合采访行动】 2010年6月11日，由粤、赣、皖、鄂、豫等“五省八市”（广东云浮、韶关市，江西九江、宜春市，安徽安庆市，湖北黄冈市，河南郑州市、洛阳市）主流媒体共同参与的“禅宗文化神州行”大型易地联合采访启动仪式在云浮市新兴县六祖故里旅游度假区举行。活动由云浮日报社发起，省旅游局及云浮市旅游局指导开展。《西江日报》、《韶关日报》、云浮广播电视台，河南省《郑州日报》，江西省《九江日报》、《宜春日报》，湖北省《鄂东晚报》，安徽省《安庆晚报》共同参与。活动旨在追溯禅宗文化的历史源流，探访禅宗文化旅游精品线路，提升禅宗文化对当地经济发展的影响，描绘沿线城市的新变化以及当地特色旅游资源。以点串线，采访报道各地的禅宗文化旅游精品线路以及围绕禅宗文化催生的城市特色产业，以促进区域之间旅游经济发展。整个活动为期15天。采访团记者在新兴县六祖故里展开首站采访活动后，还在肇庆、广州、韶关，江西宜春、九江，湖北黄冈、安徽安庆，河南郑州、洛阳等地采访。

2010年10月21日，云浮市举行第三届旅游文化美食节。

旅游资源开发和景区（点）建设

【概述】 2010年，云浮市旅游局加大旅游资源开发和景区（点）建设力度，加强对六祖故里旅游度假区、金水台温泉旅游度假区两个国家4A级景区工作的指导，六祖惠能文化博览园被云浮市列为2009年50个重点建设项目之一。指导各县（市、区）修订和完善旅游相关发展规划，进一步完善新兴县六祖故里旅游度假区（六祖博览园）、城区南山森林公园、腰古水东古村落、郁南大王山森林公园、历口和谐宜居示范村、云安仙人谷景区、洞表生态村的规划。新兴县与省旅游局共同策划打造“中国禅宗文化村”——龙山塘村。

【旅游投资】 2009年9月28日，由广东凤铝集团投资6亿元、占地面积130亩的龙山禅泉酒店奠基建设，累计已完成投资1.295亿元；按五星级标准建设，总投资近3亿元、占地185亩的绮景湖度假村已建成酒店主体楼，累计已完成投资2.54亿万元；按五星级标准建设，总投资近3.5亿元的罗定国际大酒店已投入资金3.2亿元；按四星级标准建设的金凯莱国际商务大酒店累计投入1.6518亿元。

【旅游景区（点）与基础设施建设】 2009年，中共云浮市委四届七次全会通过《美好环境与和谐社会共同缔造行动纲要》，启动宜居城市建设一、二期工程，其中绿道—南山森林公园休闲自行车道是二期工程的重要组成部分，该项目于2009年10月26日开始施工，仅3个月已建成长约2公里的休闲人行道和休憩小区，成为云浮首条绿道；六祖故里旅游度假区投入500多万元，对景区的标志石、停车场、路灯等基础设施进行全面的改造升级；金水台温泉的投资方多方筹措资金，对景区停车场、游客服务中心、旅游购物商场、会议中心的升级改造。

【绿道旅游】 云浮市绿道建设以“点、线、面”相结合，以城区慢行交通系统建设为中心设计规划，构建全市金道、禅道、文道、同道、福道5条总长500多公里的生态慢行绿道网，将特色自然景观、人文景观、生态农业示范区以及和谐宜居示范村（社区）融为一体。2010年2月4日，中共云浮市委书记王蒙徽，市长黄强等市领导出席云浮市绿道——休闲自行车道开通仪式。2010年5月29日，“万人游云浮绿道远足行系列活动”正式启动，市内外远足爱好者及旅游团队3000多名游客参加。云浮市向珠三角自驾游游客代表颁发云浮旅游绿卡，来自珠三角等地的自行车爱好者数百人体验云浮山地车道和绿道。

【出台发展乡村旅游政策】 2010年8月31日，中共云浮市委、云浮市人民政府出台《关于加快全市乡村旅游发展

云浮市举行绿道开通仪式。

的意见》。《意见》从政策、规划、资金、组织机构都对全市乡村旅游发展提出明确规定和要求，对全市乡村旅游发展具有积极的推动作用。并规定“从2011年起到2015年，市财政每年安排乡村旅游发展专项资金，用于发展乡村旅游项目规划、设施建设、环境综合整治、市场宣传促销和考核表彰奖励。对获省旅游局、省农业厅、省林业局、省住房城乡建设厅等部门认定为省乡村旅游示范基地、省农业旅游示范点和省森林生态旅游示范基地的，经市政府审批后由市财政给予一次性奖励5万元的资金扶持。各县（市、区）政府也应结合实际，按相应比例安排专项资金扶持乡村旅游发展。”

【旅游扶贫】 2010年，云浮市共有11个项目（含农家乐）获评省旅游扶贫项目，旅游扶贫资金180万元，旅游景点建设资金170万元。云城区金山食府等8个项目获评“省星级农家乐”。是年，云浮市以实施项目建设年活动为契机，进一步加快对新兴六祖博览园、龙山禅泉会馆、新兴天露山禅龙峡漂流，郁南新永光度假村、云安大云雾山漂流等项目建设进度。

【六祖故里旅游度假区】 位于新兴县六祖镇，与省道S276线相接，距广州150公里。是国家4A级旅游景区、省级旅游度假区，集旅游、观光、会议、休闲度假为一体的综合型旅游度假区。1994年经广东省人民政府批准建立，2009年被评为国家4A级旅游景区。度假区总规划面积8.7平方公里，有宾馆服务区、佛事区、休闲旅游区三个功能分区组成。区内的“六祖文化”和“温泉文化”是新兴县“六祖故乡新兴游”旅游风景线上最具特色的品牌。度假区内的龙山温泉水为硫氢化物泉，泉口出水温度高达72.8℃，泉水含硫磺、氡、二氢化纳和矿物质等20多种对人体健康有益的微量元素。区内建有露天浴场总面积6000平方米，大、中、小浴池10多个，可同时供500多人浸浴。区内有宾馆17家，客房760多间，床位1700多个，会议室23个。

【金水台温泉】 金水台温泉度假村位于鹤山、开平、高明接壤的新兴水台镇，双和一级公路经度假村直驳佛开高速共和出口，距广州市区仅120公里。度假村整区均以加勒比海风格设计建成，配有大型露天温泉区、私家温泉别墅60多套、豪华酒店客房400余间，以及大型国际会议中心等。该温泉含偏硅酸、含氡、含硫化氢三种不同类型，露天温泉区面积达3万多平方米，建有三大温泉浸泡体验区，有温泉池30多个。

【郁南同乐大山原生态景区】 位于郁南县平台镇，距县城约20公里。总面积约2.9万亩。同乐大山森林覆盖率达99%，负离子最高的地方达到每立方厘米10万个。景区内珍奇树种——郁南黄杞。景区森林有保存完好的亚热带常绿阔叶林，为原生态景区。主要景点包括：珍真不用想洞、大石鸡、天上堂、屏风滩、仰口螺、炭窑遗址等。同乐大山为1927年大革命时期农民运动的据点和1948年“四一八”起义部队战斗的地方。

【飞天蚕生态茶园】 位于新兴县太平镇东南部，距新兴县城24公里。由广东翔顺集团有限公司投资建设。茶园园区海拔600~800米，森林资源面积约7000亩，茶园400亩，是新兴县保护最完整的原生态林带。新茶园始建于2007年1月，已完成大朗到象窝茶场5公里的道路基础建设，目前正在建设茶场人工湖项目。新建设的1500多平方米茶叶加工厂、两幢4200多平方米的员工宿舍楼以及3739平方米的飞天蚕度假酒店已投入使用，配套的供电、供水以及通讯网络等已经完善。2009年10月正式对外营业。

旅游行业监督管理

【旅游市场监督】 2010年，云浮市旅游管理部门加强与公安、工商、卫生、物价等职能部门的联合执法，全年共开展旅游市场联合执法检查100多人次，检查各类经营旅游业务场所20多处，处理各类咨询投诉电话23次（属于投诉电话11次），有效投诉为15宗，到旅游企业现场了解情况共21人次。云浮市旅游局联合市有关部门联合整治旅游“黑社”专项行动，及时发现和纠正旅游市场中存在的问题，进一步强化旅游市场的社会监督。年内，云浮市深入开展“品质旅游、伴你远行”诚信旅游宣传活动，多次组织全市联合市场检查，打击非法经营出境游的行为，维护市场秩序。

【旅游安全管理】 2010年，云浮市旅游局认真贯彻落实《安全生产法》，加强对旅游行业安全生产工作的监管。按照省旅游局的工作部署，在全市开展旅游行业安全隐患大排查和旅游安全生产检查工作，实行与市外旅游部门和旅游企业之间的安全交叉大检查，组成检查小组，检查酒店、景区、旅行社10多家，发出整改通知书7份，落实整改项目11个。同时建立企业安全生产检查隐患档案及台账制度，标本兼治地确保了旅游安全。

【旅行社管理】 2010年，云浮市对全市11家旅行社（含1家出境游组团社）进行业务年检并获通过。截至2010年底，云浮市共有持证导游80多人。学历多为大专学历以上，数量、质量均较往有较大提高。为做好2010年度导游人员的继续教育工作，云浮市旅游局下发《关于开展2010年度导游人员继续教育工作的通知》。

【旅游饭店管理】 截至2010年底，云浮市星级饭店总数为18家，其中四星级4家，三星级7家，二星级7家。全市有18家星级饭店参加复核，其中新晋升的罗定好莱湾酒店四星级1家，因不能正常经营（转营或停业等原因）取消罗定竹园宾馆、郁南甘露酒店2家二星级饭店资格，其余星级饭店均通过年检复核。按五星级标准建设的城区金凯莱等酒店已建成投入使用。从2009年4月1日起星级以上饭店不再提供一次性日用品，引导社会公众树立节约和环保意识。

【2010年云浮市旅游行业职业技能大赛】 2010年5月至10月，由云浮市人民政府主办，市人力资源和社会保障局、市旅游局、市旅游协会承办的2010云浮市旅游行业职业技能大赛历时近半年。比赛类别包括导游人员、中式烹调师、中式面点师、客房中式铺床、中餐宴会摆台、西餐宴会摆台6个项目。吸引来自全市各大旅行社、酒店、景区的100名选手参加。本次赛事为云浮多年来规格最高、规模最大、参赛人数和单位最多的一次。云浮市旅游局获得省大赛组委会的“优秀组织奖”。

2010年云浮市旅游行业职业技能大赛参赛选手合影。

旅游教育培训与精神文明建设

【旅游行业精神文明建设】 2010年，云浮市持续开展“品质旅游 伴你远行”旅游宣传活动。广泛开展“规划到户、责任到人”结对帮扶工作，积极开展“送温暖”活动。在全市旅游系统深入开展创先争优活动，成立以局长任组长，副局长、纪检组长任副组长，党总支和各科室负责人为成员的创先争优活动领导小组。从指导思想、目标任务、主要内容、实施步骤及创建措施、组织领导等方面对活动进行安排。

【旅游教育培训】 2010年，云浮市以服务质量提升年为契机，全面开展旅游行业职业技能大赛，组织举办导游人员技能、中式烹调师、中式面点师，中式铺床、中餐宴会摆台、西餐宴会摆台6个项目职业技能大赛；加大对农村劳动力转移就业培训力度，全市有261人参加餐厅服务员、客房服务员、景点导游、农家菜烹饪4个工种的培训，经鉴定合格154人，推荐就业149人。协助做好2010年导游资格证书考试、导游年审培训教育和考评员培训及指导市内各星级饭店开展企业内部培训等工作。

纪 事

1月4日 六祖故里旅游度假区和金水台温泉旅游度假村评为国家4A级旅游景区。

2月14~20日 新兴县在国恩寺新广场举办“天下和谐，向善大典”暨2010新春禅文化旅游节活动。

3月31日至4月2日 参加粤西地区旅游工作现场办公会领导一行70多人到新兴县开展旅游考察。

5月7日 东莞市与云浮市签署旅游合作协议。

6月11日 举行“禅宗文化神州行”大型异地采风活动新兴启动仪式。

7月10日 “游中国禅都，品六祖佛荔——广东华人华侨旅游年新兴启动仪式”在国恩寺广场举行。

7月22日 举办“云浮市（梧州）旅游推介会”。

7月22~30日 西江之美——云梧携手之旅媒体联合采访活动在广西梧州市启动。云浮市副市长崔逢池、梧州市副市长窦现金出席启动仪式并为两地媒体授旗。

11月18日 云浮市委常委、宣传部长、新兴县委书记、县人大主任吴伟鹏，副市长崔逢池率新兴县委、县政府，云浮市旅游局及新兴县旅游、宗教等县直部门负责人一行18人拜会省旅游局。

12月15~16日 省旅游局局长杨荣森率队到云浮市的新兴、云安两县开展旅游调研。副市长崔逢池，市旅游局局长袁伙月，以及新兴县、云安县有关领导陪同参观考察。

（伍廷显）

顺 德 区

综 述

【总体情况】 2010年，顺德区抓住大部制改革及行使地级市管理权限的机遇，立足自身资源特点和优势，推动宣传、文化、体育与旅游资源有机整合，以加大对重点景区、休闲度假旅游资源的开发、打造综合性文化休闲区和大型旅游度假区、推介顺德美食品牌为工作重心，加强对高星级饭店的建设指导、拓宽旅游营销渠道、规范旅游市场管理，全力开展各方面的工作。旅行社组团95万人次，比上年增长18.0%；接待区游客33万人次，增长25.0%；营业收入69250万元，增长21.5%；主要星级饭店营业收入63500万元，增长12.0%；主要旅游景点接待游客697万人次，景区（点）营业收入9825万元，增长12.0%。全年旅游收入73.72亿元，增长13%。

【旅游行业规模】 截至2010年底，顺德区拥有星级饭店31家，其中五星级2家，四星级11家，三星级9家，二星级8家，一星级1家；旅行社26家，其中出境游组团社6家；拥有各类景区（点）20多处，其中国家4A级旅游景区2家。

【“十一五”旅游业发展情况】 “十一五”期间，顺德区旅游各项指标持续攀升。2010年，顺德旅游总收入达73.72亿元，比2004年旅游收入增长3倍多。旅游资源开发步伐加快，形成一批富有特色的旅游产品。佛山清晖园和佛山长鹿休闲度假农庄被评为国家4A级旅游景区，推出碧江旅游创意产业园、李小龙乐园、南国丝都丝绸博物馆等项目，完善陈村花卉世界、乐从家具城等商贸旅游景区的旅游功能配套，形成一系列具有较强特色的观光、休闲、商务、生态和地方文化景观的旅游产品；自2006年起，与中国烹饪协会合作共同策划举办顺德岭南美食文化节，“岭南美食文化节”已成为珠三角及整个华南地区有一定影响的美食旅游节庆活动；旅游产品进一步完善。全区星级饭店由2004年的19家增加到2010年的31家，喜来登、华美达广场等国际五星饭店品牌进驻顺德。区内旅行社由2004年的14家增加到2010年的26家；旅游形象不断提升。顺德积极参加省市组织的宣传促销活动、旅游交易会。2007年，创造性地与南海、番禺旅游局共同成立区域性旅游合作组织——南番顺旅游联盟。通过系列宣传推广，港澳、日本、韩国、东南亚诸国等游客的市场份额逐年提升。

【第五届中国岭南美食文化节】 由顺德区和中国烹饪协会联合举办的第五届中国岭南美食文化节自7月开始启动，至10月底结束。本届美食文化节以“中国厨乡，美食天堂”为主题，共举办30多个活动项目，包括第五届顺德私房菜大赛、岭南风味美食展、万人龙舟宴、顺德美食大使评选、美食万人游、全省餐饮职业技能大赛、粤港澳名厨精品宴、中国（法国）美食节、首届顺德餐饮业风云榜、上海顺德美食月、加拿大美食推广等活动等。

2010年9月26日，第五届中国岭南美食文化节——顺德私房菜大赛决赛现场。

【创建中国美食名城 美食之都】 2010年3月27日，顺德区人民政府与中国烹饪协会签署协议，建立紧密战略合作伙伴关系，并启动创建“中国美食名城”和联合国教科文组织“美食之都”工作。协议规定，双方就餐饮业区域品牌的建立、发展规划的编制、政策的制订、美食品牌的推广、行业人才的培养、美食节庆活动的开展、行业标准化的建设、美食申遗等方面开展广泛的深度合作。9月26日，在第五届中国（龙啤）岭南美食文化节上，顺德区正式获评申报“中国美食名城”，成为全国首个“中国美食名城”。顺德区还邀请到中国烹饪协会专家组共同完成向联合国申报“美食之都”资料，并向中国烹饪协会递交申报书。

【2010 李小龙文化节】 2010 年 11 月 23 日至 12 月 18 日，由国家体育总局武术运动管理中心、省文化厅、省广电局、省体育局、省旅游局、顺德区人民政府联合主办，顺德区委宣传部（区文体旅游局）策划承办的 2010 李小龙文化节在顺德举行。各级领导嘉宾、世界各地上万名“李小龙迷”游客和李小龙的女儿李香凝及孙女等参加。共举办李小龙铜像落成、大型电视专题片《永远的李小龙》和《解读李小龙》首映、李小龙电影月、“武动全球·感动世界”文艺晚会、印象李小龙图片展、李小龙故里万人游、2010 年中国武术散打——职业泰拳争霸赛及《李小龙》再版首发等 20 项活动。

2010 年 11 月 23 日，李小龙文化节在顺德均安李小龙乐园开幕。

旅游接待与收入

【入境旅游】 2010 年，顺德区接待入境旅游者 72.67 万人次，比上年增长 6%，其中外国人 13.12 万人次；旅游外汇收入 3.56 亿美元，比上年增长 8% 。

【国内旅游】 2010 年，顺德区接待国内旅游者 665.9 万人次，比上年下降 2%，国内旅游收入 48.97 亿元，比上年增长 6.56% 。旅行社组团国内游 79.33 万人次，比上年增长 16.9%。

【出境旅游】 2010 年，顺德旅行社组团出境游 15.42 万人次，比上年增长 32.13%。其中组织香港游 7.69 万人次；澳门游 2.47 万人次；出国游 5.01 万人次。

【假日旅游】 2010 年春节黄金周，顺德区主要旅游景点接待国内游客约 40 万人次，比上年减少 17.67 %，景区营业收入 520 万，比上年减少 1.89%；旅行社组团约 3 万人次，比上年增长 2.62%，接待游客 6 万人，比上年增长 9.41%，旅行社营业收入 5617 万元，比上年增长 17%；酒店接待过夜游客 1.05 万人次，比上年增长 16%，营业收入约 1020 万元，比上年增长 6.43%。

2010 年“五一”（5 月 1 ~ 3 日）小长假，全区主要旅游景点接待国内游客 36.2 万人次，比上年增长 5.08%，景区营业收入 530 万元，比上年增长 4.54%；旅行社组团 1.53 万人次，比上年增长 2.03%；接待总人数 1.8 万人次，比上年增长 2.17%；旅行社营业收入约 1314 万元，比上年增长 18.88%；酒店接待过夜游客人数 9940 人次，比上年增长 3.76%，营业收入 418 万元，比上年增长 14.84%。

2010 年“十一”黄金周，全区主要旅游景点接待游客 92.3 万人次，比上年增长 0.42%；旅游景点收入 1236 万元，比上年增长 20.12%；旅行社方面，接待游客 1.02 万人次，比上年增长 4%，旅行社组团 3.29 万人次，比上年增长 7.45%，实现营业收入 2835 万元，比上年增长 20.84%。主要酒店接待过夜游人数 1.26 万人次，比上年增长 3.17%，营业收入 1910 万元，比上年增长 1.92%。

旅游宣传促销与节庆活动

【旅游宣传促销】 2010 年，顺德区借助南番顺旅游联盟平台，牵头举办南番顺旅游推介会，向珠三角港澳旅行社宣传推广三地旅游资源和经典旅游线路；以武广高铁开通为契机，牵头组织南番顺旅游联盟三地旅游企业百余家在武汉举办南番顺旅游（武汉）系列推介活动，共同参加广州国际旅游展、香港国际旅游展、广东国际旅游展等重要展会；策划组织第五届中国岭南美食文化节活动，打造顺德——美食天堂品牌和形象；在中央电视台、广东南方电视台、旅游卫视等主流媒体栏目播放旅游宣传片；编制完成《南番顺旅游指南》、《顺德旅游地图》等旅游宣传资料。

【南番顺旅游（武汉）系列推介活动】 2010 年 5 月 28 ~ 30 日，由顺德区文体旅游局牵头，组织南海、番禺三地旅游企业百余家在武汉举办“感受南番顺，最地道的广府文化之旅”南番顺旅游（武汉）系列推介活动。采用户外互动活动、媒体同步宣传、业界深入沟通相结合的形式立体化推介南番顺旅游资源。联盟面向武汉近百家旅行社、武汉主要媒体宣传推介南番顺旅游资源和旅游线路，四地旅游业界代表 200 多人参加。南番顺旅游联盟向市民介绍三地丰富的旅游产品，举行醒狮、武术表演、广东音乐演奏、地道岭南美食品尝等活动，拓展武汉旅游客源市场。

链接：2007 年 9 月 24 日，南海、番禺、顺德三地签署旅游合作协议，成立南番顺旅游联盟，打造岭南文化旅游

南番顺旅游联盟在武汉市召开旅游推介会。

精品和“南番顺”区域旅游品牌。2010年是南番顺旅游联盟成立的第三年，顺德是南番顺旅游联盟2010年度轮值主席局，提出“感受南番顺——最地道的广府文化之旅”宣传口号，组团参加广州国际旅游展销会等系列活动，推出岭南文化之旅、名人故居游、南番顺三日游等旅游线路，继续在旅游巴士上推出三地旅游形象广告，将三地的品牌节庆活动有机整合。

旅游资源开发和景区（点）建设

【旅游景区（点）与基础设施建设】 2010年，顺德区推动文化资源与旅游资源的融合，创建A级旅游景区。对乐从、碧江、杏坛3个镇街文化旅游资源进行调研，策划包装整合文化旅游资源线路；长鹿农庄按照国家5A级旅游景区标准对园区进行整体规划和建设，打造成“中国的迪士尼”为目标。预计投资38亿元用于规划主题游乐区、餐饮购物区、休闲度假区（含2个五星级酒店，2个四星级酒店及过千间特色农家客栈房间）、水乡风情区和预留发展区5大园区。至年底，整体规划已完成，现正征询专家和各部门意见。农庄四期项目—四维影院、童话动物园基本完工，正式投入营运；陈村花卉世界和乐从家具城已启动申报国家4A旅游景区，邀请旅游专家对申报工作予以指导；李小龙乐园项目由顺德区嘉顺联合资产管理有限公司负责管理开发。是年11月，李小龙乐园竖立李小龙铜像。该项目已进入前期招商、规划工作；顺德逢简村属典型的岭南水乡，已陆续投入200多万元对其保护建设，成立逢简水乡管理处，委托相关规划公司和专业公司对其整理和规划。

【万辉珠宝城】 由万辉珠宝首饰有限公司投资兴建，集珠宝文化、工艺展示、珠宝消费、产业旅游参观购物、鉴赏、科研于一体的珠宝示范园区。园区于2010年5月正式落成，占地30亩，总投资约6000万。珠宝城内建有游客中心，配备导游及相关旅游配套设施，提供完善的旅游购物服务。

【绿道旅游】 截至2010年底，顺德区已建成、贯通144公里（省立）区域绿道以及堤围复线40公里。与广州、中山、江门、禅城周边城市的4个城际交界面全部实现互联互通，全线启用绿道标识系统，绿化配置和卫生、安全设施配备，新增绿化面积7.2万平方米，自行车租赁以及一、二级驿站建设等全面达到省下达的任务要求。在绿道规划选线时，顺德将水乡村落、桑基鱼塘等自然资源与特色产业、名胜古迹、民俗文化等人文资源统筹进行考虑，从而建设出各镇街不同特色、颇具亮点的绿道。包括：陈村观花享花绿道、伦教桑基鱼塘绿道、杏坛历史文化绿道、均安自然生态绿道、大良人文景观绿道。

旅游行业监督管理

【旅游市场监督·安全管理】 2010年，顺德区加大旅游投诉案件的受理工作，全年收到各类投诉50次（件），全部跟踪处理，办结率100%。是年，区旅游局与全区60家旅游企业签订旅游安全责任书，每逢重大节日，如春节、“十一”及“五一”小长假、暑假均开展安全大检查。为期4个多月的第五届中国岭南美食文化节，举办包括龙舟万人宴、美食展、顺德美食万人游、私房菜大等多场的活动，涉及食品卫生安全、人流疏散安全、搭建安全、消防安全等问题，顺德区制定食品卫生方案、人流疏散方案等预案，未出现安全生产事故。

【旅行社管理】 2010年，顺德区新增旅行社6家，其中新增出境游组团社1家。至年底，全区旅行社总数达26家。是年，全区旅行社组团95万人次，同比增长18.0%；接待游客33万人次，同比增长约25%；营业收入约69250万元，同比增长约21.5%。

【导游员管理】 截至2010年底，顺德区有持证导游人员约300人，社会导游人员约300人，其中中级导游人员33人，高级导游员1人。全区导游员年审、IC卡发放管理等统一由佛山市旅游局管理，顺德区主要负责导游考试报名组织、导游证年审及培训工作。

【旅游饭店管理】 2010年，顺德区新增3家四星级酒店（君莱酒店、君豪酒店、骏景酒店）。至年底，全区星级饭店总数达31家。全年加大对饭店星评指导力度，与喜来登酒店、金茂华美达酒店、嘉信康年酒店和太子酒店建立沟通联系，做好申报前置服务工作；对乐从家具博览中心配套的五星酒店、龙的酒楼四星级酒店项目予以指导；全区30家星级饭店完成年度复核，并获通过，其中仙泉酒店通过评定性复核。

组队参加2010年全国旅游饭店服务技能大赛（广东）赛区迎亚运“广州杯”选拔赛，顺德区选手获中式铺床和鸡尾酒调制2个项目第三名。

2010年10月1日，顺德区万人龙舟宴在顺峰山公园宴开千席。

【旅游行业协会】 2010年6月18日，顺德区旅游协会召开第四届会议。会议选举产生新一届旅游协会会长、副会长、理事等单位，全区拥有会员单位103家。该协会按照章程向政府相关部门递交建立规范路标路牌的申请报告；对国家旅游局旅游质量管理监督所公布的《旅行社服务质量赔偿标准（征求意见稿）》提出反馈意见；通过对全区旅游企业调研向主管单位提交《关于鼓励和促进顺德旅游业发展的实施办法》及《情况说明》；全年多次组织旅游从业人员参加各种资格考试和技能评比，发动并组织会员企业参加省内外和港澳地区的旅游促销推广活动，主办和承办各种类型的旅游文化节活动等。

旅游教育培训与精神文明建设

【旅游行业精神文明建设】 2010年，顺德区积极推进广东省旅游服务质量提升年工作、开展创建广东省用户满意服务明星活动，加大旅游公益宣传，在旅游行业大力营造立足本职、钻研业务、学习技能的良好氛围，引导全行业人员树立“用户满意”质量观，推动服务质量提升。

【旅游教育培训】 2010年，顺德区共有373人报名参加全国导游人员初级资格考试，其中109人通过考试资格考试，通过率达29.2%。全区有43名考生参加由顺德区旅游协会组织举办的上半年度培训班；全年有12人参加2010年度全国中级导游员等级考试，其中5人通过考试；组织区内优秀导游参加2010年广东省职业技能大赛导游人员技能竞赛，3名导游入围决赛，其中有2名导游分获专业组第三名和第五名，有1名导游代表广东省赴北京参加全国导游大赛，并获优秀奖。

纪　事

1月6日 南番顺旅游联盟旅游推介会在顺德举行。三地旅游局领导、港澳珠三角旅行社负责人、旅游企业代表、媒体记者近300人参加。

2月25日 君莱酒店、君豪酒店评定为国家四星级旅游饭店。

5月10 顺德组队参加2010年全国旅游饭店服务技能大赛广东赛区迎亚运“广州杯”选拔赛。

5月28~30日 “感受南番顺——最地道的广府文化之旅”南番顺旅游（武汉）系列推介活动在武汉举行。

6月10日 骏景酒店评定为四星级旅游饭店。

6月18日 顺德旅游协会召开第四届换届选举大会，产生新一届旅游协会会长、副会长、理事等单位。全区旅游协会会员单位达103家。

9月1日 顺德区万辉珠宝首饰有限公司被省认定为首批“广东省工业旅游示范单位”。

9月26日 第五届中国岭南美食文化节开幕式在顺德举行。其间，中国烹饪协会授予顺德“中国美食名城”牌匾；顺德区正式递交申报联合国授予顺德“世界美食之都”荣誉，12月8日，联合国教科文组织大会主席戴维森·赫本一行考察顺德美食产业，表示支持顺德区申报联合国“世界美食之都”。

11月23日 2010李小龙文化节在顺德均安李小龙乐园开幕，并启动“李小龙故里万人游”活动。

（孙文霞）

政策法规·标准规范

Policy, Laws and Regulations · Standard Codes

（第 303～334 页）

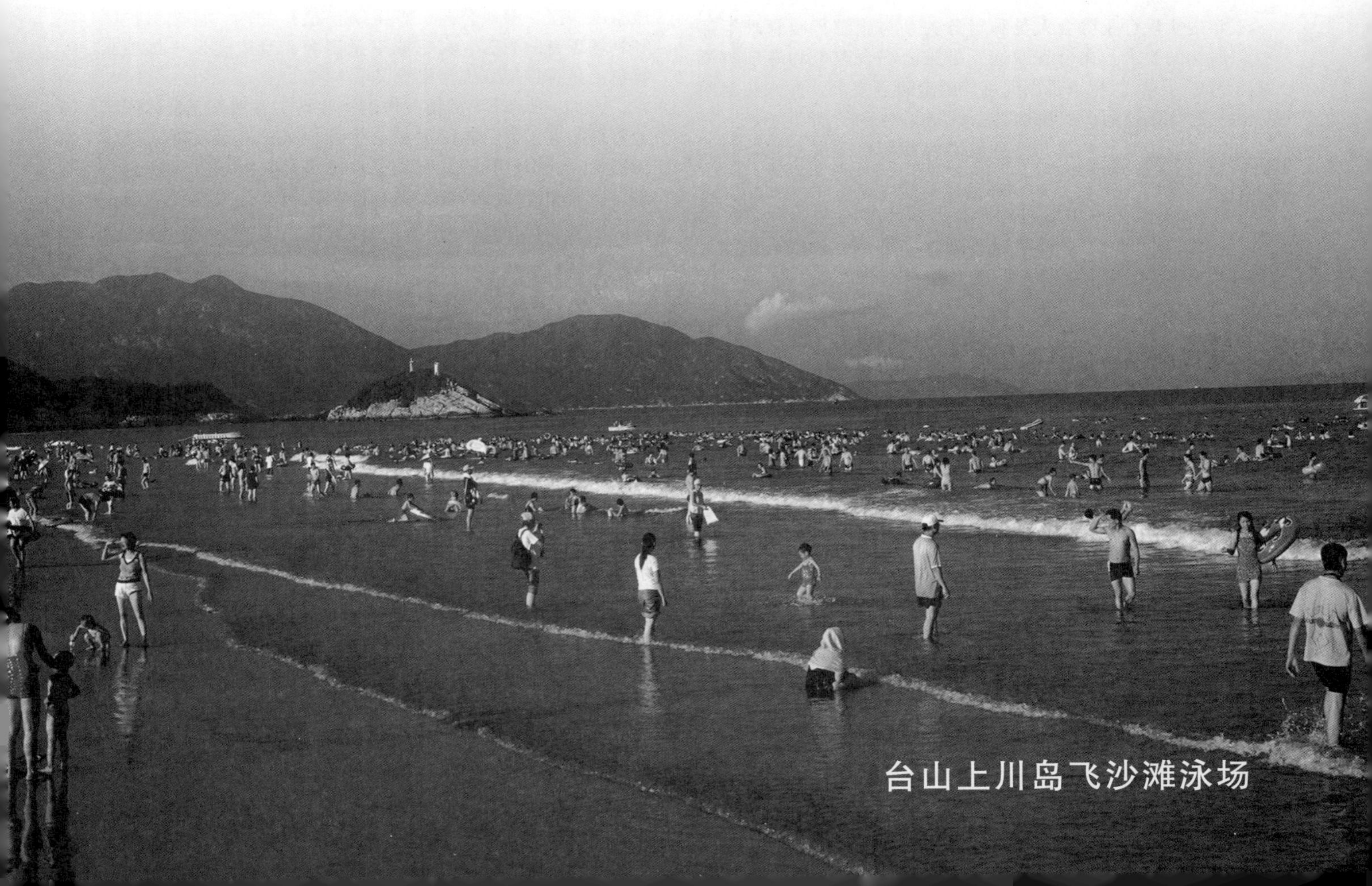

台山上川岛飞沙滩泳场

省政府规范性文件

贯彻国务院关于加快发展旅游业意见的若干意见

（粤府［2010］156号）

各地级以上市人民政府，各县（市、区）人民政府，省政府各部门、各直属机构：

为贯彻落实《国务院关于加快发展旅游业的意见》（国发［2009］41号）精神，加快建设全国旅游综合改革示范区和旅游强省，把旅游业发展成为我省战略性支柱产业和人民群众更加满意的现代服务业，现提出如下意见。

一、深化旅游业改革创新

（一）开展旅游综合改革和专项改革试点。支持各地积极探索、先行先试，推进旅游管理体制机制创新。各级旅游行政管理部门要加快职能转变，逐步把应当由企业、行业协会和中介组织承担的职能和机构转移出去。进一步完善各类旅游行业协会职能，切实采取措施，落实国家关于五年内实现行业协会人员和财务关系与旅游行政管理等部门脱钩的要求。在全省甄选一批旅游综合改革和专项改革示范区（点），以点带面促进旅游业创新发展。深入实施国民旅游休闲计划，加快培育全民旅游休闲消费市场。支持旅游产业园开发建设，促进旅游要素集聚发展和旅游产业转型升级。

（二）扩大旅游业对外开放。深化粤港澳区域旅游合作，大力推进内地与港澳《关于建立更紧密经贸关系的安排》（CEPA）旅游政策在广东先行先试。抓住《海峡两岸经济合作框架协议》（ECFA）签署实施的机遇，深化粤台旅游业交流合作。进一步放宽旅游市场准入，鼓励社会资本参与旅游要素开发。支持符合条件的旅游企业在境内外资本市场上市。

（三）推动旅游业可持续发展。倡导低碳旅游方式，推进旅游业节能环保，重点开展旅游企业节能节水技术改造和产品推广应用，确保实现星级饭店、A级景区用水用电量降低的目标。成立广东省旅游发展战略专家委员会，提升旅游发展战略决策水平。加强与世界旅游组织的合作，创建“世界旅游组织旅游可持续发展示范基地”。

（四）推进旅游企业改革创新。整合资源推进国有旅游企业改革重组，支持国有旅游企业集团做大做强。支持民营旅游企业自主创新，促进民营旅游企业向规模化、品牌化、国际化发展。加快旅游业与相关产业的融合。

二、丰富旅游产品体系

（五）大力发展高端旅游产品。加快培育和发展一批高端商务旅游、高端休闲度假旅游、邮轮和游艇旅游、高尔夫旅游、特种旅游等高端产品，打造广东高端旅游新形象。加快推进珠海横琴岛长隆国际海洋旅游度假区、佛山南海西岸旅游产业园、华侨城欢乐海岸等现代产业500强旅游业项目建设。

（六）积极推进森林生态旅游建设与发展。积极推进国家旅游度假区和旅游森林公园的建设与发展，建立完善的森林生态旅游体系，提高旅游对林地资源的利用率，5年内每年培育10个以上省级“优秀森林生态旅游度假区”。积极引进社会资金，鼓励旅游龙头企业利用森林公园、国家旅游度假区、湿地公园、野生动（植）物园、自然保护区和林场现有的酒店、宾馆或空余房舍，改造建设一批独具特色的品牌连锁酒店和旅游娱乐休闲设施。

（七）推动滨海旅游、休闲渔业科学发展。完善休闲渔业管理制度，创新休闲渔船的管理模式，鼓励发展新型休闲渔船。选择具有较好开发条件的海岛、海域发展特色旅游，引导和鼓励社会资金高标准、高起点开发建设无居民海岛、海洋公园旅游项目。

（八）促进旅游与文化产业融合发展。深入挖掘整合广东的历史文化资源，丰富旅游文化内涵，提升广东旅游整体形象。扶持具有地域特色的重大旅游文化品牌活动，每县（市、区）发展至少1个以上的活动品牌项目。在大型旅游景区（点）引导建设一批旅游剧场。依托历史文化名城、名镇、名村等，发展一批各具特色的名城、名镇、名村旅游项目，将其打造成为全省或区域旅游品牌。支持旅游龙头企业建立文化旅游示范基地。

（九）加快发展体育旅游。以广州市举办第16届亚运会、第10届亚残运会，深圳市举办第26届世界大学生运动会等大型国际体育运动会为契机，培育新的旅游消费热点。充分利用体育场馆设施，打造品牌赛事，促进体育运动与旅游相结合。积极探索灵活多样的投融资渠道，大力开发体育旅游产品。

（十）创新发展绿道旅游。强化珠三角绿道网的旅游功能，积极引导旅游企业参与绿道网的建设和经营，将绿道旅游与现有旅游产品有机结合，不断完善绿道旅游配套设施，加快培育绿道旅游消费市场，打造绿道旅游品牌。

三、加快旅游基础设施建设

（十一）统筹旅游公路的规划和建设。在公路网规划中，将省内主要旅游景区作为重要的交通节点考虑，力争规划较高等级公路通达。对省内主要旅游景区规划的连通公路，由地方组织落实好用地、环评、配套建设资金等必备前期工作程序后，按规定纳入年度交通基本建设，省参照县乡公路或村道公路补助标准给予补助。

（十二）加强旅游水运和邮轮码头的规划与建设。在港口规划中，结合旅游产业规划和发展需求，为重点旅游景区的水路客运码头适当预留岸线。根据规划，分期分批相应完善陆岛运输码头和接线公路的建设，促进海岛旅游业的发展。积极开展沿海港口与境外邮轮的挂港合作研究，高标准建设广州、深圳、珠海、汕头、惠州、东莞、湛江等市的邮轮码头。

（十三）推进旅游交通服务配套建设。鼓励客运企业开通旅游目的地与主要客源地之间的旅游专线客运班车，积极推进城市公共交通线路延伸至周边主要景区和乡村旅游点。逐步提高连通主要旅游景区的道路通行能力，完善高速公路、国省道旅游线路的交通标志、标线。

（十四）完善旅游公共服务设施。利用社会资源构建旅游数据中心、呼叫中心，全面提升旅游企业、景区（点）和重点旅游城市的旅游信息化服务水平。推进旅游厕所升级改造，确保五年内全省所有 A 级景区内的旅游厕所基本达标。支持在重点旅游发展区域和主要旅游城市高标准建立旅游集散中心、问询体系、商务平台、应急救助机制等，建立和完善城乡一体的旅游公共服务体系。

四、强化支持旅游业发展政策保障

（十五）加大财政支持力度。不断加大对旅游宣传推广、人才培养、旅游扶贫、旅游基础设施建设等方面的投入。支持我省旅游企业或项目申报中央财政促进服务业发展专项基金、中小企业发展专项资金、外贸发展基金以及节能减排专项基金。设立广东省高端旅游项目发展专项资金。省财政安排的扶持企业发展的各类专项资金均对旅游企业开放，支持符合条件的旅游企业按规定申报。农业、科技、交通、文化、水利、环保等方面的资金，要适当向旅游项目倾斜。

（十六）落实税费优惠政策。清理旅游行业的不合理收费，切实减轻旅游企业负担。落实宾馆饭店与一般工业企业同等的用水、用电、用气价格政策。旅行社可参与政府采购和服务外包。旅游企业向城市污水集中处理单位排放污水，符合国家或省规定的城市污水集中处理单位接纳标准，已缴纳污水处理费的，不再缴纳排污费。

（十七）完善旅游用地政策。各级政府要将列入省旅游发展规划的重大旅游建设项目和发展生态旅游项目用地纳入新一轮土地利用总体规划。对国家和省立项的旅游建设项目以及投资 10 亿元以上的旅游建设项目，适用省重点用地预审和报批绿色通道实施办法，由国家和省按规定解决其用地计划指标。

（十八）加强金融支持。各级财政要研究制定扶持政策，引导银行机构支持旅游企业和旅游项目的发展。鼓励和支持旅游企业利用股票、债券、短期融资券和中期票据等直接融资工具筹集资金。探索创立支持旅游业发展的产业投资基金。积极开发和推广有关旅游投资项目的保险产品，满足游客多元化的保险需求。引导和鼓励商户和消费者在跨境旅游中使用人民币结算，提高交易便利，降低汇率风险。

（十九）鼓励产业创新。对旅游产业的高科技旅游纪念品、高科技展示系统、旅游电子商务、低碳旅游科研项目的科研立项和成果转化等环节提供相应支持。建立政府采购自主知识产权旅游产品机制，对省内企业开发具有自主知识产权的重要旅游装备和产品，实施政府首购政策。

五、优化旅游业发展环境

（二十）强化旅游市场监管。旅游、公安、交通、物价、工商、质监、安监、卫生、防疫等部门要加大联合执法力度，重点加强对制售假冒伪劣商品、欺诈诱骗消费、无照经营、超范围经营、合同欺诈等的办案查处，营造良好的旅游市场环境。加强旅游监督执法队伍建设，健全旅游监督执法机构。发挥 12315 申诉举报平台、12301 旅游服务热线和基层消费者权益保护站等的作用，及时受理和处理群众投诉，发布旅游消费警示信息。建立健全旅游安全保障和应急管理机制，严格执行安全事故报告制度和重大责任追究制度，完善旅游安全提示预警制度。加强对旅游包车的动态监管。加快旅游业标准化体系建设，提高服务水平。

（二十一）加强旅游人才队伍建设。加强旅游人才队伍建设规划，建立和完善旅游职业资格和职称制度。扩大旅游类中等职业教育培养规模，加大高层次应用性、复合型旅游人才培养力度。鼓励和支持有条件的高校整合资源、优化结构，按市场和社会需求设置旅游类二级院（系），适当增设旅游类及相关专业，科学制定适应市场发展需求的旅游人才层级比例。鼓励企业与学校根据市场需求和自身资源条件合作办学。

（二十二）加大旅游宣传推介力度。利用各类博览会、运动会、节庆等活动平台，大力开展旅游形象推介。加强各类媒体对旅游业的宣传报道工作，加大旅游公益广告的刊播力度。推进各类媒体与旅游企业的合作，支持各类媒体设立和发展旅游节目。

广东省人民政府

二○一○年十一月五日

地方旅游法规

汕头市第十二届人民代表大会常务委员会公告

（第19号）

《汕头市旅游资源保护和开发条例》已由汕头市第十二届人民代表大会常务委员会第二十九次会议于2010年8月26日通过，2010年12月1日广东省第十一届人民代表大会常务委员会第二十二次会议批准，现予公布，自2011年2月1日起施行。

汕头市人民代表大会常务委员会
2010年12月15日

汕头市旅游资源保护和开发条例

（2010年8月26日汕头市第十二届人民代表大会常务委员会第二十九次会议通过　2010年12月1日广东省第十一届人民代表大会常务委员会第二十二次会议批准）

第一条　为保护和合理开发利用旅游资源，促进旅游业的可持续发展，根据有关法律、法规，结合本市实际，制定本条例。

第二条　本市行政区域内旅游资源的保护和开发管理适用本条例。

本条例所称的旅游资源，是指能对旅游者产生吸引力，可以为旅游业合理利用，具有经济效益、社会效益和环境效益的自然资源、人文资源以及其他社会资源。

第三条　旅游资源的保护和开发，遵循保护优先、合理开发、永续利用的原则。

旅游资源的保护和开发应当突出生态滨海与潮汕历史文化特色，生态环境保护与经济社会发展协调统一。

第四条　各级人民政府统一领导、组织、协调旅游资源的保护和开发管理工作。市、区（县）旅游行政主管部门或者管理旅游工作的部门负责本条例的具体实施。市、区（县）发展和改革、经贸、财政、规划、国土资源、建设、交通、农业、林业、外经贸、文化、卫生、环境保护、统计、价格、水务、海洋与渔业、外事侨务、民政、宗教、城市管理、公安、公安消防、海关、工商、质量技术监督等部门，按照各自职责实施本条例。镇人民政府、街道办事处协助有关行政管理部门做好旅游资源的保护和开发管理工作。

第五条　市、区（县）人民政府应当将旅游资源的保护和开发纳入国民经济和社会发展规划。

第六条　市旅游行政主管部门应当根据城市总体规划、土地利用总体规划、环境保护规划、水环境功能区划、近岸海域环境功能区划和海洋功能区划，会同有关部门编制本市的旅游资源保护和开发规划，经上一级旅游行政主管部门审核后，报市人民政府批准组织实施。

编制旅游资源保护和开发规划，应当广泛征求有关部门、专家和群众的意见，进行多方案的比较和论证。旅游资源保护和开发规划报市人民政府批准前应当进行环境影响评价。市旅游行政主管部门应当根据旅游资源保护和开发规划，制定旅游资源保护和开发年度计划并组织实施。

第七条　市、区（县）旅游行政主管部门或者管理旅游工作的部门应当按照国家有关标准对本行政区域内的旅游资源进行普查、评估、论证，及时建立、补充、更新相关信息。旅游资源普查信息应当作为旅游资源保护、开发和制定旅游产业发展规划的依据，并向社会公布。市、区（县）人民政府对旅游资源的普查、评估、论证工作，应当给予资金保障。

第八条　开发旅游资源应当符合本市旅游资源保护和开发规划，坚持经济效益、社会效益、环境效益相统一。

经营性旅游资源开发项目应当遵循政府引导、企业参与、市场运作的原则，实行谁投资、谁受益、谁保护。

第九条　旅游资源保护和开发规划确定的重要旅游功能区域，在其控制性详细规划组织编制阶段应当征求市旅游行政主管部门的意见。

有关部门在旅游饭店、旅游景区（点）、主题公园、大型游乐园等旅游资源开发项目修建性详细规划和建设工程设计方案审查阶段，以及对上述旅游资源开发项目作出立项审批决定前，应当征求同级旅游行政主管部门或者管理旅游工作的部门的意见。

旅游行政主管部门或者管理旅游工作的部门对向其征求意见的控制性详细规划、修建性详细规划和建设工程设计方案，应当及时反馈意见。

第十条 旅游行政主管部门或者管理旅游工作的部门应当会同发展和改革、规划、国土资源、建设、环境保护、城市管理、文化、林业、水务、海洋与渔业、宗教等部门，依法对旅游资源开发项目的开发情况进行监督检查，督促有关单位和个人按期实施开发项目。

第十一条 旅游资源开发者应当在办理立项、建设等手续前编制专项旅游资源开发保护方案，报送所在地旅游行政主管部门或者管理旅游工作的部门。

开发保护方案应当包括旅游资源开发过程中的保护措施以及建成后旅游景区（点）的旅游资源保护措施。

旅游资源开发者和旅游景区（点）管理者，应当按照专项旅游资源开发保护方案做好旅游资源的保护工作。

第十二条 旅游景区（点）管理者应当设立专项资金，用于旅游景区（点）的环境保护、安全卫生保护和文物古迹保护等工作。

第十三条 旅游资源开发建设项目应当依法进行环境影响评价。开发建设项目的废水、废气、废渣、废弃物及噪音的处理设施，防止植被、景观、文物破坏及水土流失的保护设施，应当按照国家有关标准与主体工程同时设计、同时施工、同时投入使用。

第十四条 在规划开发或已开发利用的旅游区域，应当保护区域内的岸线资源、生物资源和水资源。

禁止在旅游景区（点）内从事下列活动：

（一）擅自占用岸线；（二）捕猎野生动物；（三）破坏野生动物的生存环境；（四）破坏生物资源和水资源；（五）开山采石、挖沙取土、围垦放牧、填盖水面、砍伐树木、建造坟墓；（六）其他破坏景观、污染环境、妨碍游览，改变旅游景区（点）地形地貌的活动。

第十五条 旅游景区（点）的开发建设不得超过旅游景区（点）的环境容量，其性质、布局、规模、体量、高度、造型、质感、色调等必须与周围环境相协调。

旅游景区（点）内应当控制旅游资源的开发强度，加强绿化植被，降低建筑密度和容积率，严格控制建筑的体量和高度。

旅游景区（点）应当根据旅游安全、环境保护、文物保护以及服务质量等要求，确定旅游接待承载能力，实行游客流量控制。

第十六条 旅游景区（点）管理者应当根据旅游资源的特点，改善交通、服务设施和游览条件，加强安全和环境卫生管理，提高旅游服务质量，制止扰乱旅游秩序、破坏景观景物的行为，保障旅游者的安全。

旅游景区（点）及其沿线应当设置说明牌、指示牌以及界线标志，使用符合国家标准的公共信息图形符号。

旅游景区（点）管理者应当制定和落实具体保护措施，对重要景物、文物古迹、古树名木等旅游资源实行重点保护。

第十七条 开发古遗址、名人遗迹、历史纪念地、古寺庙建筑、古园林特色建筑等具有历史人文性质的旅游资源，应当保持其特有的历史风貌，不得擅自改建、迁移或者拆除。

第十八条 禁止在已列入旅游资源保护和开发规划但未经开发的旅游资源区域内从事旅游经营活动。确需开展有五十人（含五十人）以上参加或者其他较大规模的科学研究、体育运动、探险等非营利活动的，应当提前向所在地旅游行政主管部门或者管理旅游工作的部门备案。

第十九条 鼓励境内外投资者开发旅游资源，建设旅游配套设施。鼓励单位利用自身资源开发旅游项目，并向社会开放。投资者的合法权益受法律保护。

第二十条 市、区（县）人民政府设立旅游发展专项资金，用于整合开发旅游资源、引导扶持重点旅游资源开发项目。旅游发展专项资金应当根据当地经济发展情况和旅游业发展需要逐步增加。

第二十一条 重点旅游资源开发项目涉及基础设施建设的，由发展和改革、规划、国土资源、建设、环境保护等部门统筹安排纳入相关规划。重点旅游资源开发项目涉及新增建设用地，符合土地利用总体规划的，可以在全市土地利用年度计划指标内优先解决。重点旅游资源开发项目投资回报周期较长的，各级人民政府以及有关部门应当依法给予扶持。

第二十二条 开发汕头港内湾等公共旅游资源从事旅游经营活动，依法实行特许经营。

第二十三条 市、区（县）人民政府对积极发展旅游业，保护和开发旅游资源成绩突出的单位和个人，应当给予表彰和奖励。

第二十四条 任何单位和个人都有保护旅游资源的义务，有权对旅游资源的保护和开发提出意见和建议，对破坏旅游资源的行为进行检举和控告。

第二十五条 旅游行政主管部门或者管理旅游工作的部门应当依法对本行政区域内旅游资源的保护情况进行监督检查，发现违反本条例规定的行为，应当予以批评、教育，责令停止，并配合规划、国土资源、林业、建设、城市管理、环境保护、水务、海洋与渔业、文化、民政、宗教等部门，根据有关法律、法规和规章的规定，按各自职权予以处罚。

对在旅游景区（点）内实施破坏景观、污染环境、妨碍游览的开发建设项目，由旅游主管部门或者管理旅游工作的部门提请本级人民政府或者其授权的部门依法责令恢复原状、限期治理或者搬迁。

第二十六条 违反本条例，构成违反治安管理行为的，由公安机关依照《中华人民共和国治安管理处罚法》予以处罚；构成犯罪的，由司法机关依法追究刑事责任。

第二十七条 本条例自 2011 年 2 月 1 日起施行。

地方规范性文件

关于印发《珠海市旅游产业发展专项资金管理暂行办法》的通知

（珠文体旅字［2010］121号）

各旅游企业：

为加快培育发展我市旅游产业，根据《广东省珠海市人民政府关于进一步加快珠海市旅游业发展的实施意见》（珠府［2007］72号）、《关于加快发展珠海市现代服务业的意见》（珠委办［2008］56号）等有关文件精神，市财政设立珠海市旅游产业发展专项资金。为加强专项资金管理，更好的发挥专项资金的引导作用，现将《珠海市旅游产业发展专项资金管理暂行办法》印发给你们，请遵照执行。

特此通知。

珠海市文体旅游局　珠海市财政局

二〇一〇年七月八日

珠海市旅游产业发展专项资金管理暂行办法

第一章　总　则

第一条　为加快培育发展我市旅游产业，根据《珠海市旅游条例》、《广东省珠海市人民政府关于进一步加快珠海市旅游业发展的实施意见》（珠府［2007］72号）、《关于加快发展珠海市现代服务业的意见》（珠委办［2008］56号）和《珠海市旅游发展总体规划（2007－2020）》等有关文件精神，市财政设立珠海市旅游产业发展专项资金（以下简称“专项资金”），并制定本办法。

第二条　专项资金由市财政在“发展现代服务业专项资金”中统筹安排。

第三条　专项资金的扶持对象主要为在本市行政区域内依法登记注册、已办理税务登记，符合旅游产业政策和发展规划要求的旅游企业。

第四条　专项资金的管理和使用应遵守国家有关法律法规，遵循“公开透明、择优扶持、专款专用、加强监督”的原则。

第五条　专项资金由市文体旅游局和市财政局共同负责管理。

市文体旅游局负责组织专项资金项目申报、评审、编制年度导向计划，会同市财政局下达项目资金计划，对项目实施情况进行监督检查，并组织验收和评估。

市财政局负责进行专项资金预算安排，会同市文体旅游局参与项目审核及下达项目资金计划，办理资金拨付手续，对资金使用情况进行监督检查和绩效评价。

第六条　专项资金采取专项补助和奖励两种扶持方式。

第二章　使用范围与标准

第七条　专项资金主要扶持范围包括旅游企业项目落户与建设、规模扩大与品牌塑造、市场开拓与旅游纪念品开发、旅游公共服务平台新建与改造、导游行业水平提升及市本级旅游发展规划编制与修编；对列入市旅游规划中的重点旅游行业、重点旅游项目、重点旅游企业予以政策倾斜。

第八条　吸引旅游项目落户，扶持企业做大做强。

（一）旅游景区（点）上年度完成新建、扩建、改建旅游项目，申报项目总投资规模不低于200万元，按照总投资额的5%予以专项补助，每个项目专项补助不超过50万元；

（二）对上年度获得国家级、省级和市级各类旅游示范单位，分别给予 20 万元、10 万元、5 万元奖励。

第九条 鼓励旅游企业上规模、上档次、上等级、创名牌。

（一）对上年度新评定为国家级 5A、4A、3A 的景区（点），分别奖励 20 万元、15 万元、10 万元。

（二）对上年度新评定为五星、四星级的酒店，分别奖励 20 万元、10 万元。

（三）对上年度积极引进国际知名酒店品牌进行管理或引进国际知名餐饮品牌经营的酒店奖励 10 万元，国际知名酒店（餐饮）品牌是指持有世界知名酒店（餐饮）品牌注册商标，包括持有中国国家工商行政管理总局签发的商标注册证及国家级商标评审委员会认定的该酒店（餐饮）品牌属服务类别上的国际驰名商标的酒店（餐饮）品牌。

（四）对上年度评定为“全国百强旅行社”的旅行社，奖励 20 万元。对上年度新评定为五星、四星级的旅行社，分别奖励 15 万元、10 万元。

（五）对旅游景区（点）年接待游客量在 10 – 30 万人次并且比上年度增加 8% 以上的，奖励 10 万元；在 30 – 50 万人次并且比上年度增加 5% 以上的，奖励 15 万元；在 50 万人次以上并且比上年度增加 3% 以上的，奖励 20 万元。

（六）支持旅游企业创名牌、创商标，提高企业知名度。对于荣获省级（含省级）以上著名商标（品牌、知名商号）产品称号的，按照《关于我市实施名牌带动战略的意见》（珠府［2005］48 号）的规定给予奖励。

（七）支持旅游企业在资本市场上融资，对进行股份制改造及在证券交易所上市的企业，按照《珠海市“十强”、“百优”民营企业上市培育工程实施方案》（珠府［2008］67 号）的规定给予奖励。

（八）鼓励旅游企业进行技术改造和节能减排，走科学健康发展之路。对进行节能减排技术改造的旅游企业，按照《珠海市节能专项资金管理办法》（珠经贸字［2008］260 号）的规定给予奖励。

第十条 支持社会、旅游企业举办有影响力的大型旅游活动。

（一）支持社会成功举办有一定规模、有一定影响力的大型旅游活动，按照活动总投资额的 20% 予以专项补助，每项活动专项补助不超过 50 万元。

（二）鼓励旅游企业为扩大经营规模、提升知名度举办有影响力的旅游活动，对举办大型旅游活动的旅游企业按照活动总投资额的 10% 予以专项补助，每项活动专项补助不超过 10 万元，每个企业每年累计旅游活动专项补助金额不超过 50 万元。

第十一条 鼓励旅游企业积极开拓市场。对参加国家级、省级以及境外旅游博览交易展会的旅游企业进行补贴，按照展会场地租金、布展费等成本总费用的 30% 对参展单位给予专项补助，每次补助金额不超过 3 万元，每个企业每年累计参展补助金额不超过 10 万元。

第十二条 鼓励旅游企业在经国家有关部门批准设立的电视、报纸和网络上开展广告宣传。

（一）对在市外媒体进行宣传推介，年度广告宣传总费用在 5 万元以上的旅游企业，按照媒体广告宣传总费用的 40% 对企业进行补助，最高补助不超过 50 万元。

（二）对在市内媒体进行宣传推介，年度广告宣传总费用在 10 万元以上的旅游企业，按照媒体广告宣传总费用的 20% 对企业进行补助，最高补助不超过 30 万元。

（三）对经批准在市内外设立的大型户外广告（包括新媒体）上进行宣传推介的、年度广告宣传总费用在 10 万元以上的旅游企业，按照媒体广告宣传总费用的 30% 对企业进行补助，最高补助不超过 50 万元。

第十三条 鼓励和支持开发、生产旅游纪念品，对于开发具有珠海地方特色的旅游纪念品，给予企业每种产品 2 – 5万元奖励；对在旅游行政主管部门主办的旅游纪念品评比中获得国家、省和市级奖项的，分别给予 10 万元、8 万元和 5 万元奖励。

第十四条 鼓励旅游企业搭建散客集散平台、信息集散平台、服务集散平台、旅游产品集散平台等旅游公共服务平台。对企业新建或改造旅游公共服务平台投资额在 50 万元以上的，按照总投资额的 10% 予以专项补助，每个项目专项补助不超过 50 万元。

第十五条 鼓励和扶持旅游行业自立，加强行业自律，做好政府与企业的协调服务，支持市级旅游行业协会开展管理服务；提高导游队伍素质建设，支持对导游从业人员开展服务与培训。

（一）对开展行业竞赛、组织培训等活动的旅游行业协会，根据参赛人数 100 人以上、培训人数 500 人以上或 5 场以上的，给予 5 – 10 万元的专项补助。

（二）对开展导游注册、管理等工作的服务机构，给予 5 – 10 万元的专项补助。（上述服务如不收费，则予以补助，否则不补助。）

（三）对上年度获得国家、省、市“十佳导游”等相关类称号导游所在的旅行社，分别给予 10 万元、5 万元、3 万元奖励。

第十六条 重视和加强旅游产业发展规划和课题调研工作。对市本级旅游产业发展规划编制与修编项目、专项课题调研项目，根据实际需求予以支持。

第三章 申报条件和程序

第十七条 凡申报专项资金资助的项目，申请单位必须在本市依法登记注册，实行独立核算，具有健全的财务管理机构、严格控制的财务管理制度和合格的财务管理人员，且依法纳税。

第十八条 有下列情形之一的，本专项资金不予以扶持。

（一）已经列入其他同类性质市财政资金资助的项目；

（二）申请单位因违法行为被执法部门查处未满两年的；

（三）申请单位有偷税漏税、恶意欠薪等严重失信行为的；

（四）申请单位违反相关法律法规或本办法规定的。

第十九条 申报和评审程序

（一）市文体旅游局根据市政府旅游产业发展规划，每年提出专项资金重点扶持的方向和要求，并发文组织企业按类型进行申报工作；

（二）企业申报专项资金资助的项目资料，由市文体旅游局受理和初审；

（三）市文体旅游局会同市财政局按照有关规定和程序，组织有关人员（专家）对上报项目进行评审；

（四）市文体旅游局根据项目评审意见，将拟资助的项目在政府信息公开网上公示，公示期为5个工作日；

（五）市文体旅游局会同市财政局联合行文报市政府审批；

（六）根据市政府批复意见，市文体旅游局会同市财政局联合下达专项资金使用计划。

第四章 使用和监督管理

第二十条 获得专项资金扶持的项目，在执行过程中因特殊原因需要变更或撤销时，需报市文体旅游局和市财政局同意。对因故撤销的项目，项目单位必须作出经费决算报市文体旅游局和市财政局核批，剩余资金如数退回市财政。

第二十一条 各项目承担单位应按要求向市文体旅游局、市财政局报告本单位上年度财政资金使用情况，包括项目进展、效益等情况和存在问题。

第二十二条 市文体旅游局会同市财政局负责对专项资金扶持项目的实施情况进行检查，发现问题及时解决。被检查的用款单位应主动配合检查人员做好相关工作，提供相应的文件资料。

第二十三条 市财政局会同市文体旅游局根据有关规定，对专项资金开展绩效评价。

第二十四条 市文体旅游局、市财政局对专项资金项目申报、评审、验收及聘请专家、中介机构进行绩效评价等管理费用，在专项资金中安排。

第二十五条 项目承担单位如存在弄虚作假骗取专项资金，或截留、挪用专项资金等情况，市文体旅游局与市财政局将追回已拨付专项资金，项目单位在今后五年内不得申报各级财政支持项目；构成犯罪的，由司法部门依法追究刑事责任。

第五章 附则

第二十六条 本办法由市文体旅游局、市财政局负责解释。

第二十七条 本办法自发布之日起实施。

转发市旅游局关于大力发展“农家乐”休闲旅游业指导意见的通知

（佛府办函〔2010〕699 号）

各区人民政府，市有关单位：

经市政府同意，现将市旅游局《关于大力发展“农家乐”休闲旅游业的指导意见》转发给你们，请遵照执行。

佛山市人民政府办公室

二〇一〇年十月十一日

关于大力发展“农家乐”休闲旅游业的指导意见

根据《中共佛山市委 佛山市政府〈关于加快统筹城乡发展的若干意见〉》以及 2010 年全市农村工作会议精神的要求，为加快发展我市“农家乐”休闲旅游业，促进农业增效、农民增收，推进城乡经济社会协调发展，现提出如下指导意见：

一、充分认识发展“农家乐”休闲旅游业的重要性

“农家乐”是以农村自然生态环境、人文历史和传统风俗、现代农业文明、纯朴乡土文化等乡村旅游资源为基础，以农家特色餐饮美食、乡村游览观光、农耕文化体验、乡村休闲娱乐、农业科普教育等为主要内容，以农民股份合伙开发经营或家庭为主体单位开发经营的旅游服务项目。

发展“农家乐”休闲旅游业，有利于调整农村产业结构，推动高效生态农业和农村二三产业联动发展，促进农民就地就近转移就业，增加农民收入；有利于完善旅游产品的供给层次，丰富城乡居民的业余生活；有利于增强农村生态环境保护意识，促进现代文明向农村传播，加速城乡经济社会融合，推进社会主义和谐社会和新农村建设。各区、各有关部门要充分认识发展“农家乐”休闲旅游业的重要性，结合社会主义新农村建设，采取积极有效措施，加快发展“农家乐”休闲旅游业。

二、发展“农家乐”休闲旅游业的原则

以科学发展观为指导，坚持“农家乐”旅游发展与社会主义新农村建设相结合、与全市旅游产业发展相结合、与鼓励农民自主创业和扩大就业相结合，通过扶持一批“农家乐”旅游示范点，带动“农家乐”旅游集中连片发展，努力把“农家乐”旅游培育成为新农村建设的助推器和农村经济增长的新亮点。

（一）坚持科学发展、因地制宜的原则。

发展“农家乐”休闲旅游业，必须充分考虑区位、自然生态、民俗文化等条件以及投入能力、市场容量和环境承载能力等因素，合法、合理地开发利用农村资源和特色优势产业功能，做到量力而行，适度开发，合理布局，稳步推进，实现人与自然和谐发展。积极发展休闲观光农业和森林、河涌、水库等自然景观休闲旅游项目，拓宽农村劳动力转移就业和农民增收致富的门路，促进高效生态农业、农产品加工业与农村服务业的联动发展，延伸农业产业链。

（二）坚持服务“三农”、突出特色的原则。

发展“农家乐”休闲旅游业，必须以促进农业增效、农民增收、农村发展为目标，依托农村自然生态、田园景观、民俗文化、农林畜果渔特色优势产业和农事活动，突出地方特色，开发适应城乡居民崇尚自然、向往田园生活以及求新、求特、求变消费需求的休闲旅游项目。

（三）坚持农民主体、社会参与的原则。

发展“农家乐”休闲旅游业，要坚持农民的主体地位，重点支持发展以农民股份合伙或家庭为经营主体，以行政村为基本单位的“农家乐”休闲旅游村；鼓励发展以企业法人为经营主体，依托各类农业园区和特色农产品基地的“农家乐”休闲旅游点；鼓励社会各界参与建设一家一户农民办不了的休闲旅游项目和配套产业，带动周边小规模“农家乐”的发展。

（四）坚持质量标准、确保安全、规范管理的原则。

要大力完善“农家乐”服务设施，提高服务品质。要树立“安全就是效益”的观念，落实责任制，采取切实有效的安全防范措施，确保业主、游客的生命财产安全。市、区两级可根据“农家乐”旅游发展需要，探索成立“农家乐”旅游合作社或协会组织，加强“农家乐”经营者的交流合作和行业自律管理，培育一批诚信经营、优质服务的“农家乐”旅游示范点，以点带面，不断提高全市“农家乐”旅游的整体发展水平。

三、发展“农家乐”应具备的基础条件

“农家乐”的发展要因地制宜、突出特色，各区可根据实际，规划发展农家特色美食、乡村农事体验、农业科普教育、生态环境观光、乡村娱乐休闲、乡村民俗文化、乡村度假养身等类型多样的“农家乐”，要集中连片、形成规模。“农家乐”旅游的开发建设应具备以下基础条件：

（一）乡村风光和自然生态环境优美，或依托区域市场有一定影响的旅游景区；

（二）乡村历史文化、建筑风貌、民俗风情突出，特色鲜明，有一定市场吸引力；

（三）乡村区位条件优越，在重要景区周边、区域中心城镇周边、交通干线周边，通达性好，进出交通安全便捷；

（四）乡村基础设施和公共服务设施较好，具备发展“农家乐”的优势。

四、“农家乐”的建设内容

（一）改善“农家乐”基础设施建设。

要将“农家乐”建设与新农村建设紧密结合，改善“农家乐”及村庄道路、饮水、用电等基础设施。

（二）改善“农家乐”经营环境。

“农家乐”旅游点要改造房屋和整治周边环境，对房前屋后环境进行绿化美化，营造良好的经营环境。

（三）改善“农家乐”接待服务设施。

鼓励“农家乐”旅游点按照“农家乐”有关服务质量等级评定标准（具体由市旅游局、市旅游协会负责制定），对厨房、餐厅、客房、厕所及娱乐设施等进行改造，达到安全、卫生要求，能满足游客的消费需求。

（四）完善“农家乐”引导标识服务系统。

鼓励“农家乐”旅游点按照“农家乐”服务质量等级评定标准，规范设置各种引导性指示标识牌，为游客提供完善系统的引导信息服务。

（五）改善“农家乐”旅游的公共服务设施，提高从业人员素质。

在“农家乐”旅游较集中的片区，要重点改造建设游客服务中心、医务室、治安室、道路、停车场、排污系统等。要组织对“农家乐”经营管理人员和从业人员进行业务培训。

五、发展“农家乐”休闲旅游业的措施

（一）科学制定“农家乐”休闲旅游业发展规划。

要根据土地利用总体规划，结合市（区）域总体规划、村庄建设规划、服务业发展规划、旅游发展规划、资源环境保护规划和绿道网建设规划，按照“因地制宜、突出特色、合理布局、和谐发展”和“合理开发、永续利用、保护耕地”的要求，充分考虑各级政府地理标志、区域品牌开发推广等因素，以区为单位编制“农家乐”休闲旅游业发展专项规划，并严格按规划实施建设。“农家乐”休闲旅游业发展重点镇（街），可根据区“农家乐”休闲旅游业发展规划，编制本镇（街）的实施计划。禁止在饮用水水源一级保护区内新建、改建、扩建“农家乐”项目，禁止在饮用水水源二级保护区内新建、改建、扩建有污染的“农家乐”项目。

（二）合理开发“农家乐”特色资源。

要从本地独特的自然生态资源、民俗文化、产业特色、经济条件和市场需求等实际出发，按照三次产业整体推进、协调发展的要求，突出佛山地域特色，大力发展农业观光型、休闲度假型、民俗文化型和美味佳肴型“农家乐”。充分利用农村丰富的土特产资源、传统饮食和制作工艺等，通过扶持特色农村地理标志的培育、注册和推广，把土特产变成“宝”，大力开发富有地方特色的“农家乐”休闲旅游商品，满足不同层次游客的消费需求。在一些资源条件较好的地方，要优先发展，使之成为我市乡村旅游业的主打产品。

（三）规范经营管理。

农家乐经营单位按属地原则由所在区政府有关部门依法规范管理。市、区两级旅游行业管理部门要制定完善“农家乐”休闲旅游业相关行业标准和运行规则，推进“农家乐”休闲旅游业的标准化建设和规范化管理。“农家乐”休闲旅游项目要按规定办理有关用地手续，确保农家乐休闲旅游项目用地的合法性，同时，“农家乐”休闲旅游项目配套设施用地必须控制在一定的比例范围，具体由国土资源管理部门与城乡规划部门研究确定。对以森林生态为内

容的临山“农家乐”，要依法保护林地、林木等森林资源安全，明确业主森林防火责任，配备必需的消防器材。对水上以休闲渔船为载体的“农家乐”，要明确管理主体，严格审批制度，落实业主的安全责任，配备必要的安全设施器材。严禁不符合安全要求的渔船从事“农家乐”活动。加强“农家乐”休闲旅游业行业自律和服务组织建设，积极培育发展“农家乐”行业协会、专业合作社、旅游服务中心等组织，规范竞争行为，促进“农家乐”休闲旅游业良性发展。

（四）提高“农家乐”从业人员素质。

重点开展烹饪技术、餐饮住宿服务、接待礼节以及食品卫生控制、安全生产等业务培训，组织“农家乐”从业人员学习风土人情、休闲旅游管理等知识，逐步把“农家乐”从业人员培养成具有现代经营理念、善于经营管理、掌握服务技能和营销知识的新型农村实用人才。

（五）创建“农家乐”休闲旅游品牌。

在严格依法保护自然和文化资源的基础上，重视挖掘传统文化和乡土文化特色，丰富“农家乐”的文化内涵，培育一批“农家乐”特色旅游点，打响我市“农家乐”休闲旅游品牌。加大宣传力度，借助专业的旅游推介渠道，不断提升品牌知名度。市、区旅游主管部门要将“农家乐”旅游纳入旅游宣传促销计划，帮助“农家乐”经营者策划开发特色产品，将“农家乐”旅游编排到当地或区域旅游线路进行宣传推广，指导“农家乐”经营者开发市场，及时为“农家乐”经营者提供旅游信息服务。充分利用佛山旅游网等公共信息平台，开辟“农家乐”专栏，大力宣传和推介“农家乐”旅游点，及时收集、发布信息，促进供需对接，引导“农家乐”休闲旅游业健康发展。

（六）加大政策扶持力度。

1. 要以各区为主，加大财政资金投入力度，充分发挥财政资金的导向作用，市财政每年要适当安排专项资金，按以奖代补的形式，对全市“农家乐”先进示范点给予补助，具体评优和补助办法另行制定。各区也要按照1：1以上的比例安排配套资金，列入年度财政预算，用于扶持鼓励发展“农家乐”休闲旅游项目。

2. 各区要根据本指导意见，结合实际情况，制定发展“农家乐”休闲旅游的政策措施。对具有发展“农家乐”休闲旅游业条件的村庄，要优先加强基础设施建设，切实增加卫生、安全设施的供给，逐步完善“农家乐”休闲旅游业的公共服务和保障体系。

3. 有关部门要优化服务，在证照办理等方面给予支持；金融机构要积极为“农家乐”经营单位提供信贷支持，通过金融产品创新和提供金融服务等多种形式，帮助解决“农家乐”休闲旅游业发展过程中的资金需求，并在贷款利率上给予适当优惠支持。

（七）切实加强领导。

市、区要建立“农家乐”休闲旅游业协调（领导）组织，切实加强对“农家乐”休闲旅游工作的领导。市政府成立佛山市“农家乐”旅游发展领导小组，由市政府分管领导任组长，市旅游、农业、发改、财政、规划、建设、公安、环保、卫生、食品药品监督、国土、质监、工商等部门领导为成员。领导小组下设办公室，办公地点设在市旅游局，全面负责“农家乐”旅游发展过程中重大问题的协调和处置工作。

（八）认真做好等级申报评定工作。

“农家乐”旅游点实行分级申报评定制度。市旅游局、市旅游协会在不增加行政许可的前提下，具体负责“农家乐”旅游服务质量等级标准制定、实施和复核检查工作；“农家乐”星级评定由经营者提出申请，区文体旅游局、旅游协会审核后，上报市旅游局备案。

本意见由市旅游局负责解释。

韶关市人民政府
印发《关于推动我市旅游业率先跨越发展实施意见》的通知

（韶府［2010］74号）

各县、市、区人民政府，市府直属单位：

《关于推动我市旅游业率先跨越发展实施意见》已经市政府第十二届51次常务会议审议通过，现印发给你们，请认真贯彻执行。

二〇一〇年八月二十六日

关于推动我市旅游业率先跨越发展实施意见

为贯彻落实国务院《关于加快发展旅游业的意见》（国发［2009］41号）和《中共广东省委、广东人民政府关于加快我省旅游业改革与发展建设旅游强省的决定》（粤发［2008］20号）、《中共广东省委、广东省人民政府关于促进粤北山区跨越发展的指导意见》（粤发［2010］5号）精神，加快我市旅游业实现观光型向休闲度假型转变，打造国内首选、世界知名的岭南生态休闲度假胜地、户外运动天堂，发挥旅游业在构建现代产业体系、转变经济发展方式的积极作用，推动我市旅游业率先实现跨越发展，特制定本实施意见。

一、指导思想和发展目标

1. 指导思想：以邓小平理论和“三个代表”重要思想为指导，深入贯彻落实科学发展观，按照“政府指导、企业参与、市场运作”的原则，以塑造“神奇丹霞、魅力韶关、生态之都”的旅游城市形象品牌、建设“大丹霞、大南华、大南岭”三大龙头景区和世界过山瑶祖居地、省旅游信息化示范区为重点，以发挥丹霞山申遗效应为抓手，以引进战略投资者为途径，以游客满意工程为目标，以资源整合为手段，以优化旅游发展环境、营造发展氛围为保障，加强统筹协调，着力攻坚克难，加快培育以“名山、温泉、风情、佛韵”为内容的旅游精品，提升旅游业层次，增强旅游业综合竞争力，构建旅游发展大格局。把我市建设成为旅游主题鲜明、产品特色突出、旅游基础设施完善、旅游服务质量优良的区域性旅游服务中心和生态旅游目的地。

2. 发展目标：2010—2012年，全市旅游业发展总体水平保持在全省前列，接待旅游人次年均增长15%以上和实现旅游总收入年均增长20%以上。力争到2012年接待游客达到1800万人次以上、实现旅游总收入120亿元以上，旅游业初步实现率先跨越发展，成为我市国民经济战略性支柱产业。2012年前基本完成“九大目标体系”建设：

——培育一批具有国内竞争力的知名旅游品牌。力争实现全市成功创建3个5A级景区、10个4A级景区的目标。

——明显改善旅游接待能力。以我市承办2011年广东国际旅游文化节为契机，推动目前已建成或在建的酒店创建高星级旅游饭店，力争实现全市五星级酒店总数达到5家以上的目标。

——完善旅游交通网络。编制并实施《韶关市旅游交通规划》，提升旅游公路等级，完善旅游公路网络，打造韶关绿道网和现代旅游交通综合服务网络，实现各主要景区可进入性便捷的目标。

——提升旅游资源开发建设水平。实施旅游项目带动战略，重点推动“大丹霞观光休闲、大南华佛教旅游文化创意、东阳光南岭生态休闲”三大产业园（旅游圈）的建设；大力推动“大峡谷—丽宫温泉、梅关—珠玑巷、乐昌金鸡岭—乐昌峡平湖、古佛洞天、三龙谷，始兴东湖坪—客家大围—铜钟寨、车八岭—总甫温泉、云髻山—云天海温泉原始森林、翁源东华山佛教生态旅游区”等其他旅游产业园（项目）的建设。

——设计旅游精品线路。体现旅游资源特色，丰富旅游产品内涵，形成覆盖全市的旅游选择多样化和人性化的“红”、“绿”、“古”、“蓝”“四色旅游”新格局。

——打造旅游区域中心。发挥比较优势，加强区域旅游合作，努力将我市打造成为粤湘桂赣，特别是港澳、珠三角和武广高铁、韶赣高速沿线旅游城市的旅游区域中心。

——推进国民旅游休闲示范单位建设。积极创建一批广东省优秀森林旅游度假区、森林生态旅游示范单位、乡村旅游示范基地、红色旅游示范基地、工业旅游示范单位、国民旅游休闲示范旅行社、示范景区和示范酒店。

——推动旅游信息化建设。加快推进“数字韶关”建设，建成旅游政务、资讯网络和电子商务平台。

——加强旅游人才队伍建设。全面提升旅游从业人员整体素质，为旅游业跨越发展提供人力资源保障。

二、发挥丹霞山世界遗产作用，提升旅游发展环境

3. 充分发挥丹霞山世界遗产的龙头带动作用，辐射带动武广沿线及周边地区城市，探索旅游资源一体化管理机制，完善《韶关市旅游发展总体规划》，整合全市的旅游资源，建设韶关旅游区域中心，提升韶关旅游形象。

4. 加强规划指导和政策引导，培育一批 4A、5A 级景区和休闲度假产品。实施不均衡发展战略，整合资源，突出重点，发挥优势，打造丹霞山 5A 级旅游景区、曹溪温泉—南华寺 5A 级旅游景区、大峡谷—丽宫温泉 5A 级旅游景区；创建南雄珠玑巷—梅关古道 4A 级旅游景区、乐昌古佛洞天 4A 级旅游景区，金鸡岭户外运动、休闲保健 4A 级景区、三龙谷 4A 级旅游景区，东阳光南岭生态休闲 4A 级旅游景区、乳源云门佛教文化生态 4A 级旅游景区、新丰云天海温泉—云髻山 4A 级旅游景区、东华山 4A 级旅游景区、始兴满堂客家大围 4A 级旅游景区、曲江大森林温泉度假 4A 级旅游景区。

5. 编制《韶关市旅游交通规划》，加快旅游交通基础设施建设，构建旅游交通网络。加强旅游公路的规划和建设，着力构建可进入性便捷的旅游交通网络，重点规划建设韶关市区到各主要景区景点的高等级快速旅游交通，构建旅游交通网络主框架；规划建设各主要景区的道路，提升景区的可进入性水平；结合“农家乐”生态旅游休闲的发展，开通市区至省市乡村旅游示范基地的旅游专线；完善自驾车旅游服务网点，拓展公路服务区的旅游服务功能；强化韶关绿道的旅游功能，加快韶关绿道规划和建设，构建我市生态旅游休闲绿道网；完善旅游交通服务配套，加大投放旅游专业交通工具的数量，提升我市旅游运输能力。

三、加大招商引资力度，实施旅游项目带动战略

6. 引进旅游战略投资者，走专家化策划、企业化管理、市场化运作的发展路子，实施项目带动发展战略，打造一批旅游产业园区，推进旅游精品建设，发展我市休闲度假产业。

7. 大力推进大丹霞观光休闲产业园、大南华佛教旅游文化创意产业园、东阳光南岭生态休闲旅游产业园建设进程。

四、实施游客满意工程，着力提升旅游服务质量

8. 推进景区精品化、配套人性化、服务规范化、环境生态化建设，完善旅游公共服务平台，加强旅游市场监管，提升我市旅游整体接待能力、服务水平和服务质量。各旅游景点要设置卫生室，为游客提供紧急医疗救援服务。

9. 加快星级旅游饭店建设进程，提升旅游接待能力。指导已开业且具备条件的酒店晋四星或五星；引导新建的酒店按四星或五星标准建设和经营管理。旅游接待酒店要加强爱国卫生工作，落实病媒生物防控措施，落实降低四害的目标要求，为游客提供良好的旅游接待环境。

10. 打造一批精品线路，营造开心旅游环境。围绕我市独特的禅宗祈福、山水观光、生态休闲、温泉养生、人文历史等旅游产品和“名山、佛韵、温泉、风情”的旅游特色，有效整合观光、文化、休闲、探险、高铁、农林、康体、美食等资源，加快形成一批特色鲜明、游客喜爱的短、中、长线精品线路，实现旅游选择多样化和人性化的“四色旅游”新格局：

“红色”旅游：重点打造以北伐纪念馆、粤北省委办公旧址、双峰寨、南雄梅关、始兴红围、水口战役旧址、三龙谷、乐昌梅花红七军纪念碑等为代表的“红色”旅游资源；

“绿色”旅游：重点打造以丹霞山、南岭、大峡谷、乐昌“三龙谷”、九峰花果园、金鸡岭、始兴车八岭、新丰云髻山、翁源四季花果等为代表的“绿色”旅游资源；

“古色”旅游：重点打造以风采楼、南华禅寺、云门禅寺、东华禅寺、西石岩寺、马坝人遗址、古佛洞天、始兴满堂围、南雄珠玑巷、梅关驿道、瑶族风情等为代表的“古色”旅游资源；

“蓝色”旅游：重点打造以曹溪温泉、丽宫温泉、龙华山温泉、云天海温泉、总甫温泉、枫湾温泉、小坑大森林温泉，百丈崖漂流、云门峡漂流、乳源南水水库、乐昌峡

平湖游、市区“三江六岸”游等为代表的“蓝色”旅游资源。

11. 开发美食旅游，打造粤北美食天堂品牌。挖掘地道粤北饮食文化精华，策划和包装粤北美食旅游，建设岭南文化特色美食一条街，定期开展韶关特色食品的品评活动，办好每年度的韶关旅游美食节。

12. 开发旅游商品，发展购物旅游。加大支持力度，促进旅游商品研发、生产、销售，重点扶持开发具有地方特色、景区特色的旅游工艺纪念品和土特产商品，建设具有鲜明区域特色的旅游商品购销（集散）中心，发展旅游购物市场。

13. 提升城市品位，展现韶关魅力。从打造城市风貌出发，在“创卫”、“创园”的基础上，将城市建设与景观建设有机结合起来，加大对城市旅游景观和休闲项目的投资力度，进一步完善城市道路、桥梁、停车站场等交通设施和标识牌建设，开展环境综合整治，健全市政公用配套设施，强化城市水、电和通讯保障能力，完善旅游城市功能。

14. 丰富文化内涵，展现地方文化特色。加强自然文化遗产保护、深挖文化内涵，推进文明城市创建，把提升文化内涵贯穿于吃、住、行、游、购、娱各环节，体现旅游产品的地方特色和魅力，促进文化与旅游融合发展。打造文化品牌，深入研究韶文化、禅宗文化、丹霞文化、革命历史文化、名人历史文化、粤人故里文化、马坝人文化、石峡文化、瑶族文化、曲江采茶文化，积极开发韶乐、禅乐、瑶族风情歌舞等体现我市文化底蕴、富有地方特色和民族特色的演艺、节庆等旅游文化产品。在韶关市区规划建设粤北文化旅游创意产业园，建成岭南元素突出、粤北特色鲜明、韶关历史悠久、文化积淀厚重、风情浓郁，集文化、教育、旅游、休闲、创业、博览、商业、服务、交易、艺术表演为一体的复合型大型文化大社区。同时，在各县（市、区）建成一批旅游文化项目，大力推动浈江区的“百年东街”、“电影城”，武江区张九龄旅游休闲公园、曲江区 MTV 制作基地、翁源县兰花博览中心、始兴县《蓝猫车队》动漫系列、乳源县大型瑶族神话舞剧《盘王印》等项目建设。

15. 推进国民旅游休闲计划和旅游示范单位建设。加强旅游休闲示范单位建设，力争一批森林公园（自然保护区）列入省优秀森林旅游度假区、省森林生态旅游示范基地建设范围；一批乡村旅游点（“农家乐”）列入省级乡村旅游示范基地建设范围；一批红色旅游、工业旅游列入省级红色旅游示范基地、工业旅游等示范单位建设。

16. 提升旅游服务水准，提高游客满意度。

以游客满意为基准，深入实施《旅游服务质量提升纲要》，进一步优化旅游软环境，不断提高游客满意度和韶关美誉度；

以质量标准为前提，大力推进行业服务标准化工作，组织开展标准化示范试点工作，推动产生一批实施商贸旅游服务行业标准化示范单位和基地；

以市场监管为保障，狠抓旅游市场监督，进一步规范市场经营秩序，打击非法从事旅游经营活动，营造良好旅游消费环境；

以诚信建设为根本，加强旅游企业诚信建设，制定旅游从业人员诚信服务准则，推进市场诚信体系建设；

以制度规范为准则，进一步健全完善长效工作机制，建立健全服务质量考核激励机制，增强服务质量执行的约束力；

以旅游信息化为手段，充分发挥省旅游信息化示范区的作用，加快“数字韶关”和无线城市建设工作，提高旅游服务效能，构建旅游政务、资讯网络和电子商务平台、12301 呼叫平台、开发韶关电子导游、三维城市导航等新技术，建立含全市各景区（点）、星级酒店、旅行社在内的旅游资源数据库，形成联网互通、实时监测、资源共享的全市旅游网络体系，全面提升全市的旅游信息化服务水平。

五、整合旅游宣传促销资源，创新旅游宣传促销方式

17. 突出全市旅游整体品牌形象营销，实施城市营销战略，努力在“大手笔、有效性”上下功夫，加快提升韶关旅游城市形象。充分利用高铁、高速公路这一重要平台，大力推进省内外客源市场互动，统筹形成区域旅游协调发展的新格局。坚持“南延北拓”宣传促销策略，强化国内旅游市场营销推介。在巩固穗、深、莞等珠三角以及港澳客源市场的同时，重点组织好武广沿线城市和华中、华东、环渤海中心城市的宣传推介，通过有效的旅游大营销，拓展旅游大市场。

18. 整合全市旅游宣传促销资源，创新营销方式，在坚持节庆（会）促销的同时，依托媒体宣传发动，充分发挥媒体在旅游宣传促销的主力军作用；积极开展区域联合促销活动，加强广深高铁、武广高铁、韶赣高速沿线旅游城市的合作，把我市建设成为国内首选的旅游区域中心和旅游目的地。

19. 强化旅游宣传促销的整体形象。从今年起，各类全国、全省性的旅游参展活动和旅游宣传促销活动，都由市统一组团参加，搭建统一的参展平台，实现全市旅游宣传促销一体化。《韶关日报》、韶关电视台、韶关电台等本市的新闻媒体对旅游公益宣传要免费刊播；对旅游企业的宣传促销广告，如不限于宣传单个企业而带有宣传韶关旅游的内容，应减半收取广告费用。要努力营造良好的城市旅游宣传氛围，在市区主要街道、繁华路段、公园广场等

人流密集的地方，有关职能管理部门要根据需要，免费提供场地用于设立旅游宣传栏、指示牌、大型旅游公益宣传广告牌以及旅游咨询中心的设立等。

六、强化责任措施，优化跨越发展政务环境

20. 强化领导机制，加强组织协调。充分发挥市旅游发展委员会的作用，建立健全工作例会制度，统筹协调解决旅游企业在发展中遇到的问题，不断增强旅游工作合力，强力推进旅游重大项目建设和旅游业发展。

21. 落实目标责任，强化监督考核。各地各部门要根据本实施意见，抓紧研究制定各项具体工作方案，明确各阶段的工作目标、工作重点、工作进度及责任人，尽快组织实施。发改、旅游、文化、经信、建设、农业、林业等部门要按各自分工和职能，争取上级部门支持，争取我市有一批红色旅游景区、工业旅游、“农家乐”、森林公园列入省红色旅游示范基地、省森林生态旅游示范基地、工业旅游示范单位、乡村旅游示范基地、优秀森林旅游度假区的项目。交通公路部门要争取把符合公路工程技术标准的主要景区至交通干线旅游公路建设项目列入省参照县乡公路或农村公路补助标准补助范围。市政府督办工作组和市发改、监察部门要加强监督考核，加大对各县（市、区）政府、各有关单位完成年度旅游目标任务和项目进展情况的督查考核力度，监督考核结果要有计划地纳入县域经济和绩效考评范围。

22. 加大资金支持力度，扶持旅游业发展。加大财政对旅游业跨越发展的支持力度，整合现有的财政扶持旅游事业发展的各类资金，设立旅游发展专项资金，2010－2012年每年安排1000万元，主要用于旅游宣传推广、生态休闲发展、人才培训、旅游基础设施建设、扶持旅游企业发展等方面，纳入政府财政预算。各县（市、区）每年要相应安排本级旅游发展专项资金（其中，旅游宣传促销经费不少于30万元），并纳入政府财政预算。市旅游发展专项资金使用和管理办法另行制定，由市旅游局牵头会知财政局报市政府批准后实施。

金融部门要加大对我市旅游业发展的扶持力度，对投资者在我市兴办的景区景点和相关的旅游项目，优先给予贷款支持。对某些景区景点遗留的历史债务，可以采取“贷改投”或短期贷款转为长期贷款等多种变通办法处理，扶持旅游企业发展壮大，互惠互利，共同发展，实现“双赢”。

23. 落实优惠政策，扶持旅游业跨越发展。各地各部门要认真落实国家和省、市加快旅游业发展的政策措施，按《国务院关于加快发展旅游业的意见》（国发［2009］41号）、《韶关市关于进一步优化工业园区投资环境的若干意见》（韶市联［2009］8号）、《韶关市加快建设“旅游强市”的实施方案》（韶府［2009］48号）精神，落实旅游企业在用水、用电、用地、有线电视等方面与一般工业企业同价的优惠政策。对大学生就业从事农家乐达到一定规模的，予以重点扶持并贴息小额贷款。

用水方面，对接待游客10万人次以上或3A级以上的景区景点；三星级以上的旅游涉外酒店、宾馆；当年缴纳的营业税（不含房地产销售缴纳的营业税）和企业所得税地方留成部分超过100万元的各类旅游企业，实行一般工业企业同等的用水价格，差价部分由税收受益县（市、区）政府予以补贴（具体操作办法由城管部门提出）；旅游企业排放污水，符合国家或省规定的城市污水集中处理单位接纳标准，已缴纳污水处理费的，不再缴纳排污费。

用电方面，对四星级以上的旅游涉外酒店、4A级以上的旅游景区，落实一般工业企业同等的用电价格，差价部分由税收受益县（市、区）政府予以补贴；

用地方面，对投资者举办的符合国家规定的旅游项目，项目用地实行公开交易。对不涉及使用建设用地且不改变原土地使用性质的，可采取租赁的方式，租约期最长可为20年。对国家和省立项的旅游建设项目，由国家和省解决用地指标，对市立项且投资1亿元以上的旅游建设项目，市国土资源部门设立用地预审和报批绿色通道，积极争取省给予用地指标的支持。对规划部门划入旅游项目控制规划范围的用地，可根据实际情况实行逐步征用；

税收方面，加大对本地特色旅游纪念品和土特产品研究开发的扶持力度，对旅游产品生产企业生产旅游产品部分产生的所得税，按有关优惠政策执行。对当年建成投入使用，并通过国家评定的五星级酒店，从投入使用之日起，按其上缴的企业所得税地方财政留成部分，前两年由受益财政全额返还，后三年由受益财政按50%返还；

有线电视收费方面，四星级以上星级酒店的有线电视费按60%计收，三星级以下星级饭店的有线电视费按75%计收。

24. 进一步优化旅游发展环境。各级党委、政府和各有关部门要强化为旅游发展的服务意识，加强配合，严格检查程序，文明执法，规范管理行为，促进检查活动科学化、法制化、规范化，减轻外商投资企业负担，保障旅游企业合法权益。加强我市旅游业发展的软环境建设，努力营造有利于促进旅游业大发展的良好社会环境。

公安、交通、城监、工商、卫生、环保、质监等执法部门，要做到文明礼貌执法，热情服务，保障景区、酒店等旅游企业依法依规经营，特别是对外地旅游者车辆因不熟悉情况而发生轻微的交通违章行为，要在实行“不罚款、不扣证、不拖车”的同时，热情耐心地向游客提供交通导游服务。对随意检查、故意刁难，影响旅游企业正常经营的检查执法行为，要从严追究责任。

七、加强旅游人才队伍建设，为旅游业跨越发展提供人力资源保障

25. 加强旅游从业人员的教育培训与管理。以人力资源为保障，出台旅游从业人员培训规划，进一步加大旅游从业人员的教育培训力度。按照“建立机制，突出重点，统一教材，灵活培训”的原则，充分发挥我市职业院校和技工院校在旅游服务业务培训方面的平台作用，建设韶关市从业员培训基地，加强旅游从业人员的教育培训工作。进一步提高旅游企业管理人员的持证上岗率，提高旅游企业管理水平。加强宾馆酒店、景区景点服务人员和旅游车队、出租车司机的业务培训和职业道德教育，提高服务质量和服务水平，树立良好的旅游形象。加强对导游人员的培训，提高导游人员的综合素质，努力建设一支有良好职业道德和过硬专业知识的导游队伍。积极开展旅游从业人员的技能大赛和评比活动，不断提升从业人员服务意识服务水平和服务能力。深化旅游教育改革，加强旅游学科建设和对外交流与合作，探索旅游工种、旅游专业技术职称（等级）认定和相应待遇的保障；推行旅游人才上挂、下挂锻炼制度。

关于印发《汕尾市旅游宣传促销方案》的通知

各县（市、区）人民政府，市府直属有关单位：

《汕尾市旅游宣传促销方案》业经市政府五届六十一次常务会议讨论通过，现印发给你们，请各地、各相关单位认真组织实施。

汕尾市人民政府

二〇一〇年十月十三日

汕尾市旅游宣传促销方案

旅游宣传促销是提高旅游产品市场占有率，树立品牌，开拓旅游客源市场，打造城市整体形象，推动旅游业发展的重要手段。为进一步树立汕尾旅游整体形象，扩大汕尾旅游的知名度和影响力，尽快把我市旅游资源优势转化为发展优势和经济优势，实现市委、市政府建设特色旅游经济带和把汕尾打造成珠三角东大门的休闲度假胜地现代旅游新城的目标，根据市委、市政府的有关要求，结合我市旅游工作实际，特制定如下旅游宣传促销方案。

一、指导思想和工作目标

（一）指导思想

遵循“着眼大区域，塑造新形象，营造大环境，发展大旅游”的总体思路和“政府主导、部门配合、市场运作、企业参与”原则，突出滨海度假游、生态绿色游、民俗风情游、红色教育游、古迹观光游等旅游品牌，充分发挥社会各界力量，采取“走出去，请进来”的办法，开展立体、全方位、多角度促销活动，加大对外宣传，扩大旅游市场，营造和谐、宽松的旅游投资环境，开创我市旅游宣传促销工作的新局面。

（二）工作目标

1. 确保至2015年全市旅游总人数和旅游总收入年均同比增长28%以上；

2. 促使我市旅游整体形象和旅游产品品牌都有一个较大的提升；

3. 力争早日建成“珠东”现代旅游新城。

二、旅游宣传主题

彭湃故里 深海汕尾

红色旅游胜地 生态度假乐园

游汕尾 亲山水 享善美

湖海山水 生态汕尾

三、目标市场

一级市场：珠江三角洲、港澳地区及粤东地区

二级市场：闽粤赣三省十三市

三级市场：泛珠三角地区、台湾及东南亚地区

四、主要内容和宣传方式

（一）户外广告宣传

1. 深圳高速公路沿线做广告。

高速公路沿线旅游形象广告是营造我市旅游发展整体氛围，推广我市旅游品牌，提升地区旅游形象和地位的重要载体，拟在深汕高速公路沿线发布 4 个广告。

（1）中国民间文化艺术之乡——汕尾市

位置：深汕高速埔边段

（2）中国水鸟之乡（或红色旅游胜地 生态度假乐园）——海丰县

位置：深汕高速进入海丰段

（3）中国青梅之乡——陆河县

位置：深汕高速霞湖出口附近

（4）国家 AAAA 景区——陆丰玄武山

位置：深汕高速内湖出口附近

2. 制作道路标识牌

在深汕高速主要出入口和国道 324 线及主要省道路口设置进入汕尾各主要景区的道路标识牌。

3. 公交车及站场广告

（1）公共汽车车身广告，拟选 2 条线路安排做车身旅游广告。

（2）在市汽车总站、霞洋汽车站设置两块旅游宣传广告。

（3）在全市长途客运汽车电视滚动播出我市旅游宣传片，对我市旅游进行宣传并发布旅游信息。

4. 资金保障

（1）高速公路上的 4 块宣传牌：“中国民间文化艺术之乡”由市政府负责；“中国水鸟之乡”由海丰县政府负责；“中国青梅之乡”由陆河县政府负责；“国家 AAAA 景区——玄武山”由陆丰市政府负责。

（2）国道 324 线及主要省道路口设置的标识牌由市公路局负责。

（3）汽车站场和公共汽车车身广告制作费由使用单位、企业或景区负责。

（二）电视、广播、网络类宣传

1. 广播、电视开辟旅游专栏，制作汕尾景区、景点介绍、汕尾民俗风情、汕尾文化、汕尾美食、汕尾特产等节目，每月定期播出。

2.《汕尾新闻》前后时段播出旅游宣传片或旅游公益宣传口号。

3. 争取每年在广东卫视或南方卫视播出若干期汕尾旅游节目。

4. 强化网络宣传，《汕尾市人民政府公众网》、《汕尾视窗》、《汕尾旅游网》不断更新和充实旅游内容和信息。

（三）报刊类宣传

1.《汕尾日报》开辟旅游栏目，定期介绍景区景点及旅游相关信息，汕尾民俗风情及美食等。

2. 争取在《中国旅游报》、《南方日报》、《南方都市报》等旅游版面或栏目宣传推介汕尾旅游。

（四）手机信息宣传

汕尾电信、汕尾移动、汕尾联通利用手机在当外地游客进入汕尾境内时发布信息：“欢迎您到滨海新城，生态汕尾观光旅游。”

（五）节庆宣传推介

1. 积极参加与省旅游文化节及周边省、市旅游宣传推介会和博览会。

2. 举办旅游文化节等系列活动，如：红色之旅、妈祖旅游文化节、玄武山庙会、赏梅节、登山节、美食节、放生节等。

3. 邀请国内主要客源地的新闻媒体、旅行社和旅游商人来我市采访、考察旅游线路，主要考察我市旅游资源、旅游产品和旅游线路。

（六）旅游宣传品制作宣传

1. 编辑出版《汕尾旅游手册》，全面介绍我市主要景区景点。

2. 出版《汕尾旅游地图》。

3. 征集出版《汕尾旅游风光》画册。

五、组织机构及责任分工

为保障旅游宣传促销活动顺利开展，成立汕尾市旅游宣传促销工作领导小组。

组长：李贤谋（市政府副市长）

副组长：曾志宁（市政府副秘书长）

刘景茂（市委宣传部副部长）

张林海（市旅游局局长）

领导小组成员：市委宣传部、市旅游局、市文广新局、市财政局、市交通局、市公路局各一名领导，各县（市、区）、红海湾管理区、华侨管理区分管旅游工作领导，汕尾电信、汕尾移动、汕尾联通及各主要旅游景区和企业负责人。

领导小组下设办公室，由张林海同志兼任办公室主任，工作人员在市旅游局抽调。

市委宣传部：负责全市旅游宣传导向定位与指导，协调宣传媒体做好旅游宣传推介工作。

市旅游局：负责全市旅游宣传促销工作的组织、策划、安排和实施；负责对旅游客源地市场的研究和推介，制定具体的宣传促销活动方案；协调各相关部门和企业做好旅

游宣传促销工作。

市财政局：负责逐年增加旅游宣传促销活动专项经费；对市委、市政府和省旅游局确定的专项旅游宣传活动给予足够的经费支持，确保宣传促销活动开展。

市交通局：负责协调高速公路公司提供深汕高速沿线旅游广告牌的选点；负责车站设置旅游公益宣传牌的选点；负责长途客运汽车电视旅游宣传工作；负责选定2条公共汽车线路车身免费做旅游宣传广告。

市公路局：负责落实国、省道主要路口通往我市主要景区道路标识牌。

市广播电视台：负责我市广播电视的旅游公益宣传。

汕尾日报社：负责《汕尾日报》和《汕尾市人民政府公众网》的旅游公益宣传。

电信汕尾分公司、移动汕尾分公司、联通汕尾分公司：负责在各自用户进入汕尾时发布旅游宣传广告。

中共中山市委　中山市人民政府
关于加快旅游重点项目建设推动旅游业跨越发展
的实施意见

（中委［2010］5号）

为推动我市旅游业跨越发展，进一步提升现代服务业发展水平，根据国家和省有关加快旅游业发展的文件精神，紧密结合我市实际，现就加快旅游重点项目建设提出如下实施意见。

一、加快旅游重点项目建设的重要意义和总体要求

1．重要意义。旅游业是现代服务业的支柱产业，资源消耗低、带动系数大、就业机会多、综合效益好。多年来，我市大力发展旅游业，为全市经济社会发展作出了积极贡献，但旅游产品档次偏低、旅游资源缺乏整合，制约着我市旅游业整体水平的提升。加快旅游重点项目建设是发展现代服务业、优化产业结构、转变经济发展方式的重要举措，对促进我市深入贯彻落实《珠江三角洲地区改革发展规划纲要（2008—2020年）》、加快建设“三个适宜”新型城市有着极其重要的现实意义。各级各部门要从全局和战略的高度，统一思想认识，同心合力，采取切实措施加快旅游重点项目建设。

2．总体要求。深入贯彻落实科学发展观，按照政府主导推动、社会参与联动的原则，注重条块结合，统筹优质资源，开发新兴资源，全力加快旅游重点项目建设。力争到2015年全市旅游业总收入达250亿元，旅游产品档次明显提升，经济效益显著增强，把我市建设成为珠江三角洲风景旅游城市及国内休闲度假旅游胜地。

二、搭建加快旅游重点项目建设的平台

3．科学规划旅游重点项目。根据全市经济社会发展总体规划和产业发展规划，科学制订“十二五”旅游专项规划，充分挖掘地方特色鲜明、文化内涵深厚和开发前景好的旅游项目。积极扶持符合条件的旅游项目申报省重点项目和省现代产业500强重点培育项目。全面加快孙中山故里旅游区、神湾盛世游艇制造基地等省级重点项目的建设。全力推进锦绣海湾温泉度假区、新长江乐园、民森休闲旅游度假城、兴中广场等一批投资额大、带动力强的旅游重点项目的建设。积极推动古香林、绿博园、水印江南苑、兴中生态湿地公园等一批具有资源优势的旅游项目进行立项、规划和招商引资。培育壮大裕安人家、陈氏宗祠群、古镇灯饰游、小榄工业旅游等一批市级旅游重点项目。结合绿道建设推动旅游项目开发。

4．打造旅游重点项目招商引资主体。成立市属国有旅游集团公司，进一步整合市属国有旅游资产，按照有进有退、有所为有所不为的原则，统筹开发利用全市国有旅游资源。不断优化市属国有旅游集团公司的资产结构，增强对旅游重点项目的投融资能力。支持市属国有旅游集团公司采取整体规划、连片开发、分块招商等形式，加大招商引资力度，充分利用社会资金，进一步加快孙中山故里旅游区、中山影视城、古香林等旅游重点项目的建设步伐。鼓励市属国有旅游集团公司加强与海内外具有较强竞争力的战略投资伙伴合作，深度开发利用我市旅游资源。

5. 统筹解决旅游重点项目用地指标。坚持实行节约用地，统筹解决列入省旅游业发展规划和市“十二五”规划的旅游重点项目的用地指标。对投资10亿元以上的旅游重点项目建设用地计划争取由省专项扶持安排；对投资3亿元以上的旅游重点项目建设用地计划由市统筹优先解决；对其他旅游重点项目的建设用地计划，按实际需要逐年给予解决。在符合城乡发展规划和规范农村土地流转管理的前提下，支持农村集体经济组织利用非耕农用地，不改变土地农用性质，以合作方式与开发商合作开发旅游项目，利用集体建设用地建设接待、办公用房的，合作经营单位可凭合作协议办理相关报建手续。

6. 创新旅游重点项目配套设施投入机制。把旅游重点项目的配套设施纳入全市基础设施的整体规划，市基建资金优先保障由市财政负责投资的为旅游重点项目配套的道路、给排水、供电等基础设施的建设。支持有经济实力的社会投资主体以BOT（建设—经营—转让）、TOT（移交—经营—移交）等形式，参与旅游重点项目交通主干道路等公益性基础设施的建设。

7. 放开搞活国有旅游企业。按照所有权、经营权分离的原则，进一步深化国有旅游企业改革。加大力度盘活国有旅游资源，根据市属国有旅游企业资产的存量情况进行分类处理，探索采取债务重组、资产转让、使用权有偿转让等多种方式，引入社会资本按照统一规划进行资源的深度开发、建设和经营。对仍保留国有经营体制的企业，积极推进工效挂钩、提成奖励、优先配售股权等激励措施，充分调动国有旅游企业经营者的积极性。

三、健全保障旅游重点项目发展的机制

8. 加强组织领导。成立市旅游业发展领导小组，由市政府主要领导任组长，分管副市长任副组长，市直相关部门主要负责人任成员，切实加强对旅游重点项目的统筹规划，协调解决旅游重点项目推进过程中遇到的重大问题。旅游资源较丰富的镇（区）可根据实际情况设立相应的领导机构。

9. 建立旅游重点项目绿色通道。完善旅游重点项目管理库，对列入省、市重点项目及“十二五”规划的旅游重点项目，实行绿色审批通道，简化审批环节，优化审批流程，压缩审批时间，确保审批提速。探索重点项目首问制度，实行限时办理和全程无障碍服务。市直各有关部门要依法规范行政许可，进一步提高行政执行力，确保旅游重点项目顺利实施。

10. 强化旅游服务体系建设。健全旅游交通标识系统，城管、交通、旅游等部门通力协作，统筹规划和科学设置规范的交通标识、标牌。不断完善旅游咨询服务信息系统和服务网络，在车站、码头、商场、广场、宾馆等重要的公共服务场所建立旅游咨询点。加强旅游安全保障体系建设，建立健全旅游安全保障机制。继续执行在我市过夜游的奖励政策，鼓励旅游企业组织外地游客到中山旅游。

11. 加强旅游专业人才培养。有计划地开展旅游从业人员岗前培训、岗位培训和职业技能培训，把旅游专业人才的培养纳入市职业技能培训范围，培训费用在促进就业专项资金中安排。加强旅游人才的交流与合作，选派旅游管理人员到国内外旅游业发达地区进行培训和交流，培训费用由政府和派员单位共同承担，为我市旅游重点项目的发展提供人才支撑。

12. 健全旅游重点项目督查机制。进一步完善监督检查和信息反馈制度，市委、市政府督查督办部门定期开展旅游重点项目专项督查督办。探索建立科学有效的评估指标体系监测旅游业发展，查找差距、分析原因，及时调整工作方法和政策措施，努力推动我市旅游业跨越式发展。

（此件发至镇区、正处级以上单位）

（二〇一〇年七月十五日）

阳江市人民政府办公室
印发关于加快阳江市温泉资源开发利用的
工作方案的通知

（阳府办［2010］48号）

各县（市、区）人民政府，市府直属各单位：

经市政府同意，现将《关于加快阳江市温泉资源开发利用的工作方案》印发给你们，请认真组织实施。

二〇一〇年八月十三日

关于加快阳江市温泉资源开发利用的工作方案

为加快全市温泉资源的开发利用，促进温泉产业可持续发展，打响我市“中国温泉之乡”品牌，根据市政府《关于进一步加强全市温泉资源勘查开发管理的通知》精神，结合我市实际，制订本工作方案。

一、指导思想

深入贯彻落实科学发展观，加快经济发展方式转变，推动产业结构调整。按照大品牌、大产业、大思路、大规划的战略方向，把温泉资源优势转变为旅游产业优势，做强温泉旅游产业，做大温泉产业经济总量，提升“阳江温泉”的品牌形象，把阳江打造为“国际旅游休闲度假胜地”。

二、总体要求

按照“统筹规划、科学布局、严格管理、有序开发、有效保护”的总体要求，增强政府对温泉资源的宏观调控能力，规范开发秩序，提高资源勘查、开发利用和保护水平，推进管理体制和机制创新，建立与市场经济体制和我市温泉资源现状相适应的、可持续发展的温泉资源开发、利用、保护长效机制。

三、工作目标

扶持阳江温泉度假村、阳西咸水矿温泉度假山庄、阳春春都温泉度假村等景区做大做强，加快推进阳春温泉度假村、阳江凤凰湖温泉国际度假区建设，筛选、包装、策划5个前景较好的温泉开发储备项目进行重点招商和重点开发，争取用3年时间（2010年－2012年），在全市培育发展10个特色鲜明、品位高端的温泉旅游开发龙头企业，塑造产业规模大、品牌知名度高的“中国温泉之乡”城市形象，完善以滨海度假、温泉度假、乡村生态度假为主要元素的旅游休闲度假产业体系。

四、工作安排

（一）编制规划

加强统筹规划温泉资源开发利用，科学编制《阳江温泉资源开发利用规划》，实现与矿产资源总体规划、土地利用规划、城乡规划、旅游产业发展规划等相衔接。

1. 温泉资源调查：2010年10月前，完成温泉资源调查工作，提出科学准确的温泉资源数据。

2. 编写规划可行性报告：2010年12月前，组织编写可行性报告。

3. 拟定规划要点：2011年3月前，组织拟定规划要点。

4. 专家规划：2011年5月前，组织知名专家编制规划。

5. 论证规划方案：2011年6月前，组织专家和相关部门对规划方案进行论证。

（二）勘查管理

全面开展温泉资源勘查工作，2010年底前完成全市温泉资源总体评价及分类工作。同时，对温泉资源勘查和开采实施严格管理。

1. 在我市辖区内不再设置地热探矿权，如确需设置，只能由各级政府申请设置，不再允许企业和个人申请设置探矿权。

2. 对已设置的地热探矿权，要严格按照勘查实施方案进行勘探，按照勘查年限完成勘查工作，并提交成果报告。

3. 2011 年 3 月前建立温泉开发监测系统，对温泉井（泉）的开采动态（开采量、水位、水温、水质）进行全面监测，建立完整的动态监测数据库，为温泉资源开发利用提供可靠依据。

4. 2011 年 3 月前建立地热水源地登记公示制度，保护消费者的知情权和健康权。

（三）清理整顿

1. 2010 年 8 至 10 月，在全市范围内全面开展温泉资源勘查开发专项清理整顿工作，严厉查处非法勘查和开采温泉资源的行为。

2. 2011 年 6 月前，根据国家、省有关温泉行业标准，加快制定温泉行业管理办法，完善温泉水质检定、卫生安全、管理服务等方面的政策规定。

（四）分类管理

1. 对于已开发经营的温泉旅游项目。如：阳江温泉度假村、阳西咸水矿温泉度假山庄、阳春春都温泉度假村等景区，各级政府和有关职能部门在 2010 年底前落实帮扶企业发展的优惠政策，为企业提供宽松的经营环境，引导企业增加投入，扩大规模，做大做强温泉旅游品牌。同时，鼓励和指导企业加大宣传促销力度，推广特色鲜明、品位高端的温泉旅游产品，拓宽温泉旅游客源市场。

2. 对于规划在建的温泉旅游开发项目。如：阳春温泉度假村、阳江凤凰湖温泉国际度假村、新洲沸泉等，各级政府和有关职能部门加大跟踪、协调和服务力度，优化审批程序，简化审批手续，缩减审批时间，促项目早动工、早投产、早出效益。

3. 对于待开发的温泉旅游储备项目，如：平冈温泉、春湾温泉、儒洞温泉等，鼓励和引导社会资金投资开发文化内涵丰富、特色鲜明的温泉类景区。2011 年 8 月前，完善项目包装和策划，引进实力雄厚的企业对项目进行高起点规划建设。

4. 对于暂不具备开发条件的温泉资源，如：八甲温泉、古山温泉、大八温泉等，各级政府和有关职能部门对周边土地进行适度控制，保持原来的自然风貌，保护好温泉资源。

五、保障措施

（一）加强领导

各县（市、区）和各职能部门要在市委、市政府的统一领导下，各司其责，相互配合，紧密协作，为实现加快温泉资源开发利用总体目标共同努力。

1. 市国土资源局负责做好全市温泉资源勘查评估、分类，进一步加强温泉资源勘查开发的规范管理，采取有力措施，对全市温泉资源勘查开发进行全面的清理整顿。

2. 市旅游和外事侨务局会同市发展改革局、市住房规划建设局、市国土资源局、市环保局等部门共同编制《阳江市温泉资源开发利用规划》，做好温泉开发项目的策划、论证和指导工作。

3. 市旅游和外事侨务局负责建立温泉项目资源库，加强推介，积极做好温泉项目招商引资工作；指导温泉企业进行温泉旅游产品开发、加强规范管理和经营；引导温泉企业参与温泉文化交流，引进先进管理经验、提升企业经营水平和管理效率，打造温泉文化品牌。

4. 市财政局负责温泉资源开发利用专项资金筹措工作，并加强对专项资金的监督管理。

5. 市交通运输局负责做好与温泉开发项目相配套的交通项目的规划建设工作。

6. 市投资服务管理中心负责指导做好温泉开发公共资源交易管理、项目报批、办证、促进投资优惠政策落实的跟踪服务工作。

7. 市卫生局会同市国土资源局、市旅游和外事侨务局等部门加强对地热水理化、公共浴池指标的监测检查，及时向社会公示检查结果，保护人民群众身体健康。

（二）加大投入

1. 市建立温泉资源开发利用专项基金，市财政部门在 3 年内（2010 年 –2012 年）从地热水矿产资源出让价款和矿产资源补偿费市、县两级收入中（以收定支）安排专项资金，用于编制温泉资源开发利用规划和勘查保护温泉资源（涉及各县〈市、区〉的编制费用由各县〈市、区〉负担）。

2. 各级财政、国土资源部门要积极争取国家、省级地质勘查专项资金，各级发改部门要积极争取国家、省级可再生能源专项资金，通过优化整合资金配置，加大财政资金对温泉资源开发利用的投入。

3. 通过社会融资等方式多渠道筹集资金，积极引导社会资金加大对温泉资源开发利用的投入。

（三）培养人才

借鉴先进地区发展温泉经济的成熟经验，从 2010 年起，有计划选送开发管理人员到相关高校、企业或机构培训，重点培养规划开发行业管理、市场营销等高素质温泉经济管理人才。2011 年底前引进一批中高级开发管理人才。加强温泉从业人员的职业教育和在岗培训，提高服务游客的能力和水平。

（四）强化宣传

充分发挥电视、报纸、网络等媒体的作用，大力宣传我市温泉资源丰富、分布广泛、开发前景广阔的优势，积极推广温泉资源开发利用的先进经验和典型，在全市上下营造人人关心、支持“中国温泉之乡”建设的浓厚氛围。利用 2010 年广东国际旅游文化节、阳江旅游文化美食节等重大旅游节庆活动组织阳江温泉旅游企业推出一系列的优惠和丰富多彩的活动。在 2011 年 10 月 25 日“广东温泉旅游日”前后举办“阳江温泉旅游推介会”，抓好温泉旅游开发项目招商和温泉产品促销，使阳江“中国温泉之乡”的品牌尽快走向全国、走出国门。

阳江市人民政府办公室印发《阳江市鼓励投资五星级及以上饭店的优惠及奖励暂行办法》的通知

（阳府［2010］9号）

各县（市、区）人民政府，市府直属各单位：

《阳江市鼓励投资五星级及以上饭店的优惠及奖励暂行办法》业经市政府五届三十一次常务会议通过，现印发给你们，请认真贯彻执行。

二〇一〇年二月三日

阳江市鼓励投资五星级及以上饭店的优惠及奖励暂行办法

第一条 为鼓励国内外企业、个人投资建设五星级及以上饭店，促进我市旅游业加快发展，特制定本暂行办法。

第二条 本办法适用于在本市范围内，新建投资额3亿元人民币以上、客房总数250间以上的按国家五星级及以上标准建设的饭店（不包括公寓式、产权式饭店，下同）。

第三条 从2010年1月1日至2015年12月31日建设、投入使用的五星级及以上饭店均可适用本暂行办法。

第四条 按五星级及以上标准新建的饭店立项、建设及投入使用，由市旅游部门组织专家评审组按照国家星级饭店标准进行评审后，享受本优惠及奖励办法。

第五条 根据《阳江市城市总体规划（2007－2020）纲要》、《阳江市土地利用总体规划大纲（2006－2020年）》和《阳江市商业网点规划》，择优布点并做好五星级及以上饭店的控规工作，优先安排建设用地。

第六条 凡在本市建成开业并已取得五星级及以上饭店资格的国际品牌饭店（品牌饭店名录见附表一），可获得市政府一次性奖励500万元。

第七条 投资者在本市投资建设五星级及以上饭店，需要使用土地并符合条件的，可以预申请，涉及农用地的可优先报批，用地以基准地价为依据，并以评估价作为挂牌起始价依法供地。

第八条 投资建设五星级及以上饭店项目规划内用地实行出让金缴纳优惠。首期付款在土地出让金总额的50%以上的，余额可分期支付：土地出让金总额在3000万元以下的，可分期在半年内付清；土地出让金总额在3000万元以上的，可分期在1年内付清，不计收利息。

第九条 投资五星级及以上饭店视同重点旅游项目，按照《五星级及以上饭店主要行政事业性收费、经营服务性（中介）收费及减免标准目录表》实行规费优惠（详见附表二），各县（市、区）参照执行。

第十条 按五星级及以上标准新建的饭店，不须配套建设中小学校和社区公共用房。

第十一条 按五星级及以上标准新建的饭店通过评审、开工建设、投入使用后，自经营年度起政府以企业三年内所缴纳的营业税、企业所得税地方留成部分50%奖励给企业，用于企业发展，该政府奖励按现行财政体制，由市、县（市、区）财政分担。

第十二条 凡取得五星级及以上资格认定饭店的员工生活区用电、用水、用气可按民用标准规费收取。

第十三条 投资五星级及以上饭店项目，由市政府投资服务管理中心负责，为投资者提供招商政策、投资项目咨询服务，免费代办从立项、开工到竣工营业全过程审批办证的各项手续。各相关职能部门实行联审联办，提供优质服务，确保项目尽早建成开业。

第十四条 政府有关职能部门对五星级及以上饭店周边环境实行严格的规划控制，对原有建筑物和环境加强监管和整治，确保周边规划建设与饭店风格相协调。

第十五条 对投资额特大的地标性建筑，投资者对政策优惠有特别要求的，采取一事一议的办法解决。

第十六条 投资建设五星级及以上饭店立项前，需向市旅游部门提出书面申请，由旅游部门组织专家评审组审核评定后，享受第七、八、九条有关优惠条款；建成开业并经评审组审核评定后，享受第九、十一条有关优惠条款。

第十七条 本办法自发布之日起施行。

附件：

1. 国际品牌五星级饭店目录参考表

2. 五星级及以上饭店主要行政事业性收费、经营服务性（中介）收费及减免标准目录表

附表 1：

国际品牌五星级饭店目录参考表

序号	饭店名称	所属管理集团	国家/地区
1	希尔顿饭店	希尔顿饭店集团公司	英国
2	皇冠假日饭店	洲际国际饭店集团	英国
3	万豪国际饭店	万豪国际饭店集团公司	美国
4	丽思卡尔顿饭店		
5	喜来登饭店	喜达屋集团	美国
6	威斯汀饭店		
7	索非特饭店	雅高饭店集团	法国
8	香格里拉饭店	香格里拉饭店集团	香港
9	凯悦国际饭店	凯悦国际饭店集团	美国

注：以上国际品牌饭店均已进驻中国，并已申请评定为国家五星级旅游饭店。

附表 2：

五星级及以上饭店主要行政事业性收费、经营服务性（中介）收费及减免标准目录表

收费单位	序号	收费项目	收费标准	减免标准	备注
市绿化委	1	绿化费		免	
市疾病预防防控制中心	2	食品企业开业卫生审查费		免	
市住房和城乡规划建设局	3	房地产权属登记费		免	
市环境监测站	4	环境监测费		按规定最低标准的 70% 收	
阳江质监局	5	锅炉压力容器检验费		按规定标准的 50% 收	
市白蚁防治中心	6	新建房屋白蚁防治收费		按规定的 50% 收取	
市劳动就业技术训练中心	7	上岗就业培训费		免	
市土地交易中心	8	土地使用权交易服务费		按国家规定的 50% 收取	
市环境技术中心	9	环境影响咨询费（评价费）		按粤价［2002］89 号规定标准的 50% 收	市环境技术中心
市国土局测量队	10	测绘工程产品价格		按国测财字［2002］3 号执行，按规定标准的 30%	

续表

收费单位	序号	收费项目		收费标准	减免标准	备注
市气象局	11	防雷设施定期检测费			按规定标准的50%收	
市勘察测绘院	12	（1）工程测绘收费 （2）测绘工程产品价格			按规定的标准的50%收	
市建设工程质量检测中心	13	建筑工程质量检测费			按最低标准减半收。	
市建设工程施工图设计文件审查中心	14	建筑工程施工图技术审查费			按规定最低标准减50%收	
市房地产测绘所	15	房地产测绘收费			按规定标准的50%收	
市环卫处	16	城市生活垃圾处理费				按规定收费标准收取
市卫生部门	17	卫生防疫收费	1、微生物监测、检验、鉴定类；			具体按文件规定标准下限执行
	18		2、寄生虫检验类；			
	19		3、卫生消毒、除虫、灭类；			
	20	卫生许可证费		10元/证		
市水务局	21	堤围工程维护管理费		按年营业额收入的1.3‰		
市人力源和社会保障局	22	劳动合同鉴证		5元/份	免	
	23	劳动年审证照费			免	
	24	使用流动人员调配费		9元/月/人	按规定标准的50%收	有本市（含所辖县区）身份证的人不收，只对外省、市人员收取
	25	职工养老保险手册工本费		4元/册		
市公安局	26	暂住人口治安联防费		2.5元/月/人		居住在本区域内半年以上的人口
	27	特种行业许可证费		10元/证		
市城市综合管理局	28	城市道路临时占用费	（1）营业性占用	1元/天/平方米		
			（2）基建或其他占用	0.5元/天/平方米		

续表

<table>
<tr><th>收费单位</th><th>序号</th><th colspan="3">收费项目</th><th>收费标准</th><th>减免标准</th><th>备注</th></tr>
<tr><td>市环保局</td><td>29</td><td colspan="3">达标污水排污费</td><td>0.7 元/每一污染当量</td><td></td><td></td></tr>
<tr><td rowspan="3">市人防办</td><td rowspan="3">30</td><td rowspan="3">防空地下室易地建设费</td><td colspan="2">新建、扩建、改建 10 层以上或基础埋置深度达 3 米（含 3 米）以上的 9 层以下民用建筑</td><td>1100 元/平方米</td><td rowspan="3"></td><td>按照建筑物首层面积计收</td></tr>
<tr><td colspan="2">新建、扩建、改建 9 层以下或基础埋置深度小于 3 米，地面建筑面积（地面以上各层建筑面积之和，含首层建筑面积）7000 平方米以上的民建筑</td><td>1100 元/平方米</td><td>按总建筑面积 2% 计收</td></tr>
<tr><td colspan="2">新建、扩建、改建的民用建筑，面积在 7000 平方米（不含 7000 平方米）以下的</td><td>10 元/平方米</td><td>按地面总建筑面积计收</td></tr>
<tr><td>市第一净水厂</td><td>31</td><td colspan="3">市区污水处理费</td><td>0.85 元/立方米</td><td></td><td>按用水量 90% 计算污水量</td></tr>
<tr><td>市保安服务公司</td><td>32</td><td colspan="3">保安服务费</td><td>每人每月 1150 元</td><td>阳价函［2005］72 号</td><td></td></tr>
<tr><td rowspan="4">市地税局</td><td rowspan="3">33</td><td rowspan="3" colspan="2">税务登记证工本费</td><td>正本内芯</td><td>3 元/本</td><td rowspan="3">广东省物价局 广东省财政厅《关于税务登记证工本费收费标准的复函》（粤价函［2006］682 号）</td><td rowspan="3">按照省物价局 广东省财政厅有关批文执行。</td></tr>
<tr><td>副本内芯</td><td>2 元/本</td></tr>
<tr><td>副本封皮</td><td>3 元/本</td></tr>
<tr><td>34</td><td colspan="2">发票工本费</td><td>广东省地方税收通用定额发票（09 版）</td><td>3.4 元/本</td><td>广东省物价局 广东省财政厅《关于新版广东省地方税收通用定额发票（09 版）收费标准的复函》［2009］984 号</td><td>按照省物价局 广东省财政厅有关批文执行。</td></tr>
<tr><td>市监理公司</td><td>35</td><td colspan="3">工程监理收费</td><td></td><td></td><td></td></tr>
<tr><td>市地震局抗震研究所</td><td>36</td><td colspan="3">工程建设场地地震安全性评价收费</td><td></td><td></td><td></td></tr>
<tr><td>市建设工程交易中心</td><td>37</td><td colspan="3">建设工程交易服务收费（如发改部门立项，则要进入交易中心）</td><td></td><td></td><td></td></tr>
</table>

茂名市人民政府
关于建设浮山生态旅游风景区的指导意见

（茂府［2010］41号）

浮山（俗称“浮山岭”）具有独特的山地自然景观和深厚的历史文化底蕴，是历史名人、道士潘茂名的主要活动场所，是茂名近郊的“城市之肺”、“休闲胜地”。区内的根子镇是“中国荔枝第一镇”、“全国农业旅游示范点”，是江泽民同志“三讲”期间走访农户、种植荔枝树所在地，是中国著名的荔乡。建设浮山生态旅游风景区（又称“浮山荔枝沟风景区”，下简称“景区”），是加快发展我市旅游业、提升旅游综合竞争力的重要举措，有利于促进县域经济发展，推进宜居城乡建设，促进人与自然和谐发展。现就景区建设提出如下指导意见。

一、指导思想、基本原则和目标要求

1. 指导思想。以邓小平理论和“三个代表”重要思想为指导，深入贯彻落实科学发展观，通过统筹安排、分步实施，加强生态环境建设、完善配套基础设施建设，力争通过五到十年时间的努力，把景区建设成为国内外著名的集生态观光、道教文化、休闲度假、山地运动于一体的国家5A级景区。

2. 基本原则。坚持高起点规划、高标准建设、高效能管理，不断提升建设和管理水平；坚持以生态旅游为核心，走可持续发展道路，把开发建设与保护生态环境、合理利用资源结合起来，促进人与自然和谐发展；坚持因地制宜，突出特色，统筹安排，做到景区建设与促进当地经济社会发展相结合；坚持统一领导和分步实施的原则，由市领导小组统一组织协调，各相关单位具体实施，分步推进。

3. 目标要求。按照分步实施的原则，到2015年基本完成生态景观培育、旅游基础设施配套、观光游览和休闲度假设施建设，形成总体框架和规模，全面向市民开放；到2020年各方面设施进一步完善，把景区建设成为生态良好，景观优美，观光休闲设施完备，省内一流兼具国际影响力，有茂名地方特色的国家5A级旅游区。

二、加快开展前期工作

4. 摸清底子。组织有关部门和专家摸清区内旅游资源的状况，作出科学评价，并提出开发步骤和保护措施。由市旅游局牵头，市国土、规划、建设、环保、林业、农业、文广新、民族宗教等部门和高州市政府、电白县政府配合。

5. 划定范围。景区以浮山为中心，目前建设区域主要包括浮山生态景区、根子荔枝文化旅游区两部分。前者为浮山山体所在区域，面积约36平方公里；后者包括目前已经对外开放的贡园、元坝根竹岭（红荔阁所在地）、柏桥中心广场及周围荔枝林带等景区，面积约10平方公里。景区的具体范围界至，由市旅游部门联合市国土、规划、林业、农业等部门和高州市、电白县政府划定，并用界桩明确范围。

6. 高起点规划。按照建设国家5A级景区的标准和创建国家级生态旅游示范区的要求，高起点制定景区发展总体规划，对景区的开发和发展作出科学定位。近期重点建设浮山生态景区、根子荔枝文化旅游区，远期构建包括电白县霞洞、黄岭等在内面积约60平方公里的环浮山生态旅游观光带，创建我市首个国家级生态旅游示范区。由市旅游局牵头，市规划、林业、农业、文广新、民族宗教等部门和高州市、电白县政府配合。

7. 抓好森林生态环境建设。按照景区要满足人们观光游览、休闲度假以及景区长远发展的需要，统一安排景区森林植被和其他自然生态系统的培育，对区域内的林地实行严格的封山育林，采取补植套种的形式，广泛种植南亚热带树种、名贵珍稀树种以及景观优美的乡土树种，多层次地培育地被、灌木、乔木等植物，形成物种丰富、错落有致、层次分明的植物生态群落。在解决好景区范围内的私人林地补偿的情况下，开展大规模的造林工程，加快扩大森林面积。要制定景区的相关保护规定，保护景区内的自然生态环境和文物古迹，将景区建成生态良好、风光优美、市民和游客向往的休闲目的地。由市林业局牵头，市旅游、国土、农业、环保等部门和高州市、电白县政府配合。

8. 打造全国知名的现代农业旅游示范景区。巩固根子荔枝生态景区“全国农业旅游示范点”的成果，以贡园为核心，整合周边的农业生态资源，规划建设“荔枝标准化种植示范基地”、“荔枝品种推广示范基地”、“农业科普培训基地”、“荔枝文化农业生态观光基地”。远期规划建设电白县霞垌、黄岭田园风光带，纳入环浮山旅游观光区。由市农业局牵头，市旅游、国土、林业、水务、环保等部门和高州市、电白县政府配合。

9. 抓好通往旅游区的道路和绿道建设。按照二级道路的标准改造升级现有的由茂名市区、高州市区、电白县城通往景区的道路。根据全市绿道网建设的统一规划，新建从茂名市区、高州市区到景区的绿道，将景区与全市其他旅游区、城镇、村庄绿道网连接起来。远期规划建设从油城九路直达浮山生态旅游区景观大道。分别由市交通、林业部门牵头，市公路、规划、建设等部门和高州市、电白县政府配合。

10. 建设“潘茂名道观”。挖掘潘茂名的道教文化内涵和潘茂名在浮山的活动遗迹，争取省的资金支持，建设“潘茂名道观”，将其建成粤西地区最大的道教文化圣地。由市民族宗教事务局牵头，市文广新、旅游、建设、国土、规划等部门和高州市政府配合。

11. 配套和完善根子荔枝文化旅游区设施。依托根子荔枝文化旅游区的资源，加快配套和完善景区的设施，近期规划建设包括“荔香天下”牌楼、游客中心、农家乐菜馆、演示中心、景区电瓶车道等景区道路在内的主入口区工程，提升景区的品牌形象。由市旅游局牵头，市农业、林业、交通、国土、环保等部门配合。

12. 加快招商引资步伐。吸引国内外有实力的大财团投资开发旅游区，并给予政策优惠。由市招商办、旅游局等部门负责。

13. 设立专项资金。从2010年起，市财政每年安排一定的资金，用于扶持景区规划、登山道路、游客中心、演示中心、供水、供电等公共设施建设和林地租用、森林资源培育等。市旅游、农业、林业、民族宗教、文广新、国土、交通、环保、水务等相关部门要积极争取中央、省的专项资金扶持，加快建设步伐。高州市政府和电白县政府也要安排一定的资金用于浮山建设。市财政局牵头会同相关部门切实做好专项资金的绩效考核工作，确保资金用到实处。

三、加强领导，落实责任

14. 成立机构。成立景区开发建设领导小组，由市政府分管旅游的领导任组长，市政府分管副秘书长和市旅游局主要领导为副组长，市发改、财政、文广新、民族宗教、国土、规划、林业、旅游、农业、环保、水务等部门领导和高州市政府、电白县政府领导为成员，负责统筹、指挥、协调景区的开发建设工作。领导小组下设办公室（设在市旅游局），具体负责景区开发建设的组织实施工作，由市旅游局局长任办公室主任，领导小组成员单位要指定专人参与办公室工作。各牵头单位要于每季度的第一个月将上季度的景区建设推进情况报领导小组办公室，办公室汇总后以领导小组名义定期通报并抄报市委、市政府领导，并对建设情况进行督办。景区建成后，可研究成立专门的管理服务机构。

15. 形成合力。市政府整合资源建设浮山景区，对建设宜居城乡、促进当地经济社会发展有积极的作用，高州市、电白县政府要充分认识到浮山景区建设的重要意义，积极参与、支持、配合景区建设，并与当地政府和群众积极化解景区建设过程中的用地等问题，确保景区建设顺利进行。市有关部门要通力合作，全力支持景区开发建设，在项目的立项、招商、规划、环评、资金、技术、人才等方面给予支持，加快推进景区的开发建设。

16. 加强宣传。景区建设启动后，要逐步加强景区的宣传推介力度，大力挖掘自然与人文资源，加强宣传策划，打响景区的知名度，努力打造“北有葡萄沟，南有荔枝沟”的旅游品牌。

（二０一０年七月五日）

中共茂名市委　茂名市人民政府
关于提升旅游业核心竞争力建设旅游强市
的实施意见

（茂发［2010］8号）

为贯彻落实《国务院关于加快发展旅游业的意见》（国发［2009］41号）、《中共广东省委、广东省人民政府关于加快我省旅游业改革与发展建设旅游强省的决定》（粤发［2008］20号）和《中共广东省委、广东省人民政府关于促进粤西地区振兴发展的指导意见》（粤发［2009］15号）精神，加快发展旅游业，解决当前制约我市旅游业发展的突出问题，建设旅游强市，结合我市实际，提出如下意见。

一、指导思想、基本原则和主要目标

（一）指导思想

以邓小平理论和“三个代表”重要思想为指导，深入贯彻落实科学发展观，坚持政府主导与市场运作相结合，以大型旅游项目为抓手，加快现代旅游产业体系建设，提高旅游经济发展的规模和质量，提升我市旅游业檀心竞争力，推动旅游产业跨越式发展，把我市建成旅游强市。

（二）基本原则

——政府主导原则。充分发挥政府的主导作用，确立旅游产业为国民经济支柱产业，制定产业发展规划和扶持政策，加强基础设施建设和旅游宣传促销，规范旅游市场秩序，提高旅游发展能力。

——改革创新原则。推进旅游管理体制改革，创新旅游发展理念、管理模式、经营模式和合作方式，全面赦开旅游市场，激发旅游发展活力，促进旅游产业快速发展。

——市场运作原则。优化旅游要素配置和旅游产品结构，大力培育旅游市场，推动旅游企业改革经营机制，鼓励旅游企业集团化经营。加大招商引资力度，加快旅游产品开发，拉砖旅游产业链，实现旅游效益最大化。

——突出特色原则。倾力打造“冼太故里、中国荔乡、云山鉴水、滨海茂名”的整体旅游形象，突出滨海、海岛、温泉、生态、文化、美食等特色。

——有序开发原则。坚持“先保护，后开发”、“先规划，后建设”，发展低碳旅游经济，推进旅游业节能环保，正确处理好自然环境、历史文化保护与旅游开发的关系，合理有序地开发利用旅游资源，实现经济、社会和生态效益的有机统一。

——以人为本原则。坚持人与自然和谐发展，以游客需求为导向，不断提升旅游服务质量，营造和谐发展的旅游环境。大力培养和引进旅游管理、宣传策划、产品开发、导游等高层次人才。

（三）主要目标

近期目标：到2012年，全市全年旅游接待人数700万人次，年均增长13%；旅游总收入90亿元，年均增长12%。全市建成1个国家5A级旅游景区（点）、4个国家4A级旅游景区（点），4家五星级、6家四星级酒店。力争成为粤西旅游中心城市。

远期目标：到2020年，全市全年旅游接待人数1300万人次，年均增长10%；旅游总收入200亿元，年均增长11%。全市建成3个国家5A级旅游景区（点）、8个国家4A级旅游景区（点），8家五星级、12家四星级酒店。努力把茂名建成广东省旅游强市。

二、主要任务

（一）构建五大旅游组团

1. 南部都市旅游组团。包含茂南区、茂港区两部分，将本区建成国内一流兼具国际影响力的滨海旅游目的地。以茂名森林公园、小东江、茂南湿地、青年湖、袂花江百里生态景观长廊、茂名石化工业区、鳌头古镇等景观资源以及市区的购物、娱乐、文体以及公共设施为依托，开发都市观光、休闲购物、文体娱乐等现代都市旅游项目，建设能体现茂名城市形象的标志性建筑物；开发以山阁温泉、咸水温泉为主的温泉休闲度假旅游；将以中国第一滩为核心的．国家级滨海旅游度假城建成国家5A级旅游景区，将市森林公园建成国家4A级旅游景区，成为带动我市旅游业全面发展的引擎。

2. 东南部旅游组团。重点开发放鸡岛、御水古温泉、冼太故里、龙头山、沉香山、河尾山（市级自然保护区）、观珠温泉等景点，建设海滨休闲度假、温泉保健疗养等旅游项目，将放鸡岛建成国家5A级旅游景区，御水古温泉建成国家4A级旅游景区。开发海产干品、红心鸭蛋、贝雕、沉香等旅游商品资源。将电白建成广东省旅游强县。

3. 中部旅游组团。重点建设浮山荔枝沟风景区、玉湖国家水利风景区、平云山旅游景区、仙人洞旅游景区、金山财富温泉旅游景区及以高州冼太庙、长坡旧城、高凉岭冼太庙、平云山冼太庙为主的冼太文化旅游景区；将浮山荔枝沟风景区建成国家5A级旅游景区，将玉湖国家水利风景区、高州冼太庙、金山财富温泉旅游景区建成国家4A级旅游景区。同时，开发高州角雕、茄雕、桂圆肉、荔枝干品等旅游商品，形成高州特色的旅游商品。将高州建成广东省重要的生态和冼夫人文化旅游景区，成为广东省旅游强县（市）。

4. 北部旅游组团。依托信宜市的山区生态和温泉资源，加快发展山地观光、高山避暑、温泉疗养、漂流探险、科学考察等特色旅游，重点开发天马山、西江温泉、甲门峡、龙玄峡、大仁山、镇隆窦州古城、镇隆鉴江温泉等景区，创造条件开发云开山（大雾岭）旅游风景名胜区、林洲顶旅游风景区；将天马山、西江温泉、镇隆窦州古城、鉴江温泉建成国家4A级旅游景区，开发南玉、竹编工艺品、山楂等旅游商品资源。将信宜建成广东省旅游强县（市）。

5. 西部旅游组团。以化州市深厚的历史文化底蕴、丰富的旅游资源为依托，充分利用“中国化橘红之乡”的品牌影响力，重点建设橘红文化大观园、孔庙、南山寺等旅游景区，利用中火嶂（含六竹水库）、那务温泉（含宝树水库）、倒流湾、扶荫地的独特资源和区域优势，重点开发现代休闲、温泉养生、修学旅游、生态观光、农家乐旅游。将化州桑蚕种植和丝绸加工整合，打造成绿色海上丝绸之路的重要节点。

（二）坚持旅游品牌战略

立足我市旅游资源优势，紧跟世界旅游业发展潮流，重点开发六大旅游品牌：

1. 滨海度假品牌。结合环水东湾新城建设，重点建设放鸡岛海上游乐世界、茂名国家级滨海旅游度假城等滨海旅游景区，开发高端旅游市场。前者以海岛观光、海上游乐运动、海岛休闲度假为主题；后者以中国第一滩为核心，以海岸带为基础，建设星级和特色酒店、咸水温泉养生保健、游艇俱乐部、邮轮码头、海上游乐运动、空中体育活动项目等。

2. 生态旅游品牌。利用我市森林、农业生态资源优势，开发山地观光、高山避暑、保健养生、山地度假、漂流探险、科普考察等旅游产品。近期重点建设浮山荔枝沟风景区、茂名森林公园、天马山、平云山、仙人洞、大仁山等旅游景区，5年内争创3—4个省级“优秀生态旅游度假区”，将我市建成省内一流的山地森林和农业生态旅游景区。

3. 温泉养生品牌。利用我市丰富的温泉资源，开发温泉疗养、休闲度假、健身娱乐等产品。重点发展以御水古温泉、西江温泉、镇隆鉴江温泉、新时代温泉、山阁温泉、咸水温泉、观珠温泉为重点的一批温泉旅游区，将我市建成在国内外有吸引力的温泉养生保健旅游胜地。

4. 都市休闲品牌。整合茂名森林公园、茂南湿地、青年湖、袂花江百里生态景观长廊、小东江（市区段）、市民休闲中心、茂名印象园、茂名石化工业区等景观资源以及市区的文化体育、购物娱乐等设施，开发都市观光、休闲购物、文化娱乐、体育健身等现代都市旅游。

5. 文化旅游品牌。挖掘冼夫人文化、潘茂名的精神内涵，打造茂名特色的旅游文化品牌。重点建设和完善高州冼太庙、长坡旧城、电白娘娘庙、平云山冼太庙、高凉岭冼太庙以及浮山潘茂名道观等一批以文化为主题的旅游景区；开发化州孔庙、镇隆窦州古城等文化古迹，建设有特色的历史文化旅游项目。

6. 海鲜美食品牌。以“十美节”为品牌抓手，适当举办美食节庆活动，挖掘茂名地方特色的美食佳肴，不断改进创新，大力培育茂名海鲜美食、地方小吃、西餐、快餐以及国内外风味菜肴，满足中外游客的需求。

（三）建设现代旅游产业体系

1. 推动旅游管理体制创新

（1）转变旅游行政管理和相关部门职能，把应当由企业、行业协会和中介组织承担的职能和机构转移出去，充分发挥旅游协会、旅游业主联谊会等民间社团的组织协调作用。

（2）推进旅游企业改革与创新。鼓励国内外知名旅游企业进入茂名，鼓励有实力的企业财团投资旅游业，鼓励本地优势旅游企业重组扩张。大力发展旅游循环经济，创建“绿色饭店”、“绿色景区”。鼓励旅游企业开展环境管理体系认证，形成绿色旅游管理体系。鼓励开展各种旅游经营方式、运作模式的创新和探索。

（3）完善旅游统计体系。加强旅游统计工作，及时准确地报送有关旅游统计报表和资料，准确反映茂名旅游产业发展情况，为我市旅游业发展决策提供科学依据。

2. 加强现代旅游产业体系建设。按照大旅游、大市场的发展理念，推进同业集聚和产业协作，完善旅游产业体系，延长旅游产业链，扶持重大旅游项目、旅游龙头企业发展。鼓励旅游企业加强与关联企业的合作，推进旅游投资和经营的多元化，实施品牌化经营，提升管理服务质量，提升企业效益。

3. 创新旅游产品和服务。大力创新旅游产品和服务，以大众需求为导向，扩大供给总量、增加产品种类、丰富产品层次，形成适应时代变化的旅游产品体系，不断满足游客对旅游消费的新需求。

4. 积极开发特色旅游商品。开发一批有茂名地方特色的旅游商品和纪念品，提升旅游商品的质量和品位；加强旅游商品的包装和宣传，形成茂名地方品牌，增加旅游收入。

（四）稳步推进国民旅游休闲计划

积极落实带薪休假制度，鼓励个人休假与法定假日相结合，实行弹性休假。在保证正常生产、工作的前提下，鼓励机关、企事业单位根据个人意愿，灵活安排带薪年休假。机关、企事业单位和社会团体经审批获准的公务活动，可委托旅行社安排交通、住宿、餐饮、会务等事项。

（五）营造旅游发展的良好环境

1. 完善旅游基础设施建设。加快通往旅游景区的道路、绿道和公共交通设施建设，开通市、县（市）中心城区至旅游景区的公共交通专线。加快旅游住宿、餐饮、娱乐、购物设施建设，夯实发展基础。争取将茂名国家级滨海旅游度假城、放鸡岛海上游乐世界的基础设施建设纳入省的重点建设项目。

2. 规范旅游市场秩序。加大旅游市场监督力度，强化旅游交通、游览、食品、购物等安全监管，优化治安秩序，营造安全旅游环境。加强旅游行风建设，推进诚信旅游。发现违规行为，分清责任，严肃查处。

3. 加快完善旅游公共服务功能。建立健全游客投诉、咨询、救援以及服务机制。加快旅游信息化建设，积极发展旅游电子商务，建立网络营销系统，实现信息互通、资源共享。

三、保障措施

（一）加强领导

各级党委、政府要高度重视旅游业的改革与发展，树立“旅游强市”意识，把旅游工作列入重要议事日程，将其纳入当地经济社会发展的总体规划，建立健全有关工作协调机制，加强对旅游业的指导协调。市成立旅游产业发展领导小组（另行文），统筹协调全市旅游业改革和发展。各县（市、区）可参照市的做法，成立相应的机构。各级政府旅游部门要发挥统筹、协调和组织作用，与相关职能部门在旅游形象宣传、规划、教育和培训、招商引资、基础设施建设等方面加强协作，加大投入，形成发展合力。

（二）强化规划

坚持先规划后建设的原则，加强旅游发展规划与经济、社会、城市规划的相互统筹、相互衔接，防止盲目开发、低水平重复建设；所有旅游项目的建设要符合茂名市城市总体规划和旅游发展总体规划以及省、市其他旅游专项规划的要求，立足当前，着眼长远，实现旅游开发与环境保护、可持续发展的统筹兼顾、协调配套，并按有关程序和要求办理规划的相关手续。

（三）加大投入

以中国第一滩为核心打造国家级滨海旅游度假城。争取与省旅游局建立省地共建“国家级滨海旅游度假城”紧密型合作关系，强化招商引资、项目规划、宣传促销等工作，将本区建成国际一流的国家级滨海旅游度假区。

设立市旅游发展专项资金，每年由市财政安排专项资金，用于全市旅游宣传促销、旅游规划编制、旅游招商引资、旅游扶贫开发、发展乡村旅游等。每年安排一定的旅游培训专项经费，用于旅游行业的人才培训。各县（市、区）也要安排专项资金，加大对旅游宣传促销、基础设施建设力度。

（四）加强宣传

宣传、旅游、文化广电新闻出版、经济与信息化、体育、外事侨务等部门要加强协调合作，积极推介茂名的城市形象和旅游形象。新闻媒体要策划制作公益性旅游宣传节目和栏目，扩大我市知名度。巩固和扩大以广州、深圳为中心的珠三角市场，积极开拓西南、中南、华北、港澳台市场，逐步培育日韩和东南亚市场。创新宣传手段和方式，发挥互联网、新闻媒体等的作用，扩大宣传的受众范围和影响力，增强营销效果。旅游企业要积极参与政府以及有关部门举办的各种宣传促销活动，共同宣传茂名旅游总体形象。

（五）加强合作

建立区域旅游合作的日常工作机制，共同打造精品旅游线路，推动粤西和环北部湾南中国海滨风情游、热带海岛游、历史文化游等的精品旅游线路建设；共同打响“十美节”的旅游节庆品牌；加强沟通与合作，推动“两广十市”抱团宣传，共同打造旅游促销平台，将“两广十市”区域旅游合作推向更广泛更深入的层次。加强与泛珠三角、港澳台等地区旅游合作组织的联系，为我市旅游业争取更大的发展空间。

（六）加强融资

加强旅游招商引资工作，吸引更多的资金投资我市旅游业，以重大项目带动我市旅游业加快发展。严把旅游投资项目准入关，避免出现小资金占用大资源的现象。认真落实《国务院关于加快发展旅游业意见》中的有关金融政策，对符合旅游市场准入条件和信贷原则的旅游企业和旅游项目，要加大融资授信支持，合理确定贷款期限和贷款利率；符合条件的旅游企业可享受中小企业贷款优惠政策；加大有资源优势和市场潜力旅游企业的扶持力度；进一步完善旅游企业融资担保等信用增强体系，加大各类信用担保机构对旅游企业和旅游项目的担保力度；拓宽旅游企业融资渠道，鼓励金融机构对商业性开发景区开办依托景区经营权和门票收入等质押贷款业务；鼓励中小旅游企业和乡村旅游经营户以互助联保方式实现小额融资；积极推进金融机构和旅游企业开展多种方式的业务合作，形成旅游业投入的长效机制，为我市旅游业长久发展提供资金保证。

（七）加强培训

建立以高等院校和职业技术学校为基础的旅游人才教育培训体系，依托茂名职业技术学院开设的旅游管理专业，加强旅游人才教育培训，提高旅游人才队伍的思想素质和业务能力。建立一套科学的旅游人才工作机制，加大旅游人才引进力度，引进茂名旅游发展急需的各类高级旅游人才，优化旅游人才队伍结构。邀请国内外知名专家学者、企业家担任茂名旅游发展顾问，构筑旅游人才高地，为加快发展茂名旅游业提升茂名旅游业核心竞争力提供人才保障。

（二○一○年八月二十日）

中共云浮市委　云浮市人民政府关于加快全市乡村旅游发展的意见

（云发［2010］9号）

为充分发掘利用我市“三农”资源优势，结合绿道建设和宜居城市建设，推进国民旅游休闲计划的实施和现代生态农业的发展，促进我市农业产业结构的调整和优化，探索我市建设全省农村改革发展试验区的多种发展路径，实现农民持续增收致富，提升人们的生活品质和幸福指数，就加快全市乡村旅游发展提出如下意见。

一、发展乡村旅游的重要意义

我市毗邻珠三角，是两广重要的交通纽带，区位优势明显，乡村旅游资源丰富，生态环境良好，空气清新，民风淳朴，社会和谐，文化底蕴深厚，我市禅宗六祖文化旅游、石艺文化旅游、温泉文化旅游和南江民俗文化旅游已初具规模，有较好的品牌基础，发展乡村旅游潜力巨大，前景广阔。同时，发展乡村旅游是我市走生态效益和经济效益相统一的可持续发展道路，实现以现代生态农业带动旅游业，以旅游业促进现代生态农业发展的新途径，对于加快推进新农村建设、统筹城乡发展、拓宽农民增收渠道、增加农民就业机会、提升农村精神文明程度和满足国内外游客的旅游文化消费需求都具有十分重要的意义。

二、基本原则

——科学规划原则。坚持规划先行的原则，通盘考虑，整体规划。要做到先规划后建设，将乡村旅游发展规划与旅游总体规划、新农村建设规划、小城镇建设规划结合起来，以县（市、区）为单位，编制各地乡村旅游发展建设规划。

——市场运作原则。坚持谁投资，谁开发，谁受益的原则，以市场运作的方式多渠道筹集资金进行开发建设。要从农村实际和客观经济规律出发，充分发挥旅游景区和中心城区的辐射带动作用，由易到难，逐步铺开。

——示范推动原则。通过树典型，抓点带面，把示范引导和全面推广结合起来，各县（市、区）建立一至两个示范点，以典型示范来带动和促进乡村旅游的整体发展。

——可持续发展原则。对乡村旅游资源的开发要与环境保护相统一，坚持因地制宜，不搞劳民伤财的花架子工程。防止大操大办，保持生态平衡，综合协调乡村旅游资源的合理开发与利用，避免因盲目发展和低层次竞争造成的环境和资源破坏。

三、工作目标

通过大力发展以生态旅游、观光农业、民俗文化旅游等为重点的乡村旅游，力争在“十二五”（2011－2015年）期间使我市已有乡村旅游项目在数量和质量上得到明显提升和完善，基本形成种类丰富、特色突出、档次适中的乡村旅游产品体系和发展有序、管理规范的乡村旅游新格局，使乡村旅游成为我市现代生态农业发展的重要后劲，使我市成为广东乃至华南地区乡村生态旅游产业大市、环珠三角乡村休闲旅游首选地。争取每年在全市建成一批符合省有关标准的乡村旅游示范基地、农业旅游示范点、和林业生态旅游示范基地（有关评定标准见附件），每年新增乡村旅游就业0．5万人以上，间接就业2万人；每年旅游从业农民人均纯收入增长10%，为建设农村改革发展试验区做出积极贡献。

四、工作重点

（一）突出规划先导。各县（市、区）要树立规划的权威性，各县（市、区）要高立意、高起点、高标准，编制乡村旅游发展规划，明确发展思路和开发重点，做到有计划、有步骤、有重点、分阶段进行，乡村旅游资源开发要体现个性，突出特色，打造乡村旅游精品。要树立规划的权威性，使规划的指导作用得到充分发挥。

（二）实施项目带动。各县（市、区）要精心包装、策划一批特色鲜明、市场前景好、吸引力强的乡村旅游开发项目作为典型，进行总结推广。突出抓好一批乡村旅游重点项目建设，发展一批旅游资源和服务设施比较好的乡村旅游景区（点），与现有重要旅游景区连点成线，整合周边旅游资源，带动区域旅游业发展。重点打造四大类乡村旅游产品，一是城市依托型（农家乐型），主要是依托城市就近的客源市场，利用农村的自然生态和乡村文化，从吃、住、行、游、购、娱等多方面满足城市居民周末休闲度假的需求。二是景区带动型，主要是以重点旅游景区为核心，把旅游景区的部分服务功能分离出来，吸引和指导周边乡村的农民参与旅游接待和服务，从而带动景区周边乡村的旅游住宿、餐饮、购物及配套服务，拉动农副产品、土特产品的销售。三是农业观光型，主要是以特色农业、高科技农业、农村风貌、生产生活场景为主要旅游吸引物，满足游客学习农业科技知识，体验乡村风貌和乡村生活的需求。四是民俗特色型，主要是以民俗村镇的生产活动、生活方式、民俗风情以及各种传统节日为特色，吸引广大游客和观光者前来观光游览、康体娱乐、学习研究等。

（三）完善配套设施。加强对镇（街）建设的引导和管理。新村建设要与地方特色和历史风貌相协调，增强观赏性。加大对乡村旅游建筑环境、卫生环境、生态环境的清理整治力度，积极开展绿化、美化工作。以满足游客需求为导向，以完善旅游服务功能为目标，加快乡村旅游公共基础配套设施建设，重点抓好镇区和景区（点）的道路、给排水、电力、通讯、污水及垃圾处理和各类市场、文化生活等基础设施建设，完善旅游餐饮、住宿、停车场、公厕等服务设施，提高综合服务功能，提升乡村旅游服务质量。

（四）加大宣传力度。加强乡村旅游国内外目标市场研究分析，建立健全乡村旅游宣传促销激励机制。根据我市乡村旅游景区个性鲜明的民居建筑、奇特的自然景观、悠久的历史文化等特点，精心策划和包装主题鲜明的乡村旅游产品，设计编排乡村旅游精品线路，编写乡村旅游宣传资料，加强乡村旅游区域合作，大力开拓珠三角、港澳台等重要客源市场，举办或参加各种形式的旅游推介会、说明会、展览会，有重点、有计划、有步骤地做好乡村旅游产品和线路的宣传和市场促销，不断提高乡村旅游的知名度和吸引力。

五、保障措施

各级各部门要按照“多予、少取、放活”的方针，制定和完善扶持乡村旅游发展的措施和办法。

（一）加大资金扶持力度。从2011年起到2015年，市财政每年安排乡村旅游发展专项资金，用于发展乡村旅游项目规划、设施建设、环境综合整治、市场宣传促销和考核表彰奖励。对获省旅游局、省农业厅、省林业局、省住房城乡建设厅等部门认定为省乡村旅游示范基地、省农业旅游示范点和省森林生态旅游示范基地的，经市政府审批后由市财政给予一次性奖励5万元的资金扶持。各县（市、区）政府也应结合实际，按相应比例安排专项资金扶持乡村旅游发展。

（二）简化办事程序。对乡村旅游，工商、税务、卫生、公安消防等职能部门要简化有关证照的申办手续，严格执行统一规定的收费标准，依法办理有关证照，为经营者提供优质服务。

（三）加快基础设施建设步伐。农村基础设施和生态建设项目、旧村改造新村建设项目、生态农业发展项目等要向乡村旅游业倾斜，不断完善乡村旅游业基础设施。

（四）加强从业人员培训。将省、市有关乡村旅游设施和接待服务标准推广到点、到户，提高经营管理和服务规范水平。对乡村旅游从业人员纳入全市农民工就业培训体系，享受相关政策优惠。

（五）创造良好的融资环境。鼓励金融机构为乡村旅游业发展提供信贷支持，通过“信用镇、村、户”的评定等形式，满足乡村休闲观光旅游业发展过程中的融资需求。

六、加强领导，明确职责

加快乡村旅游发展，关键在于加强领导。各县（市、区）要坚持把发展乡村旅游纳入社会主义新农村建设整体布局，作为加快农村产业结构优化升级、增加农民收入、改善基础设施和村容村貌，提高农村文明程度，推进社会主义新农村建设的重要支撑点来抓，切实摆上重要议事日程，各县（市、区）政府为第一责任人，做到“一把手”亲自抓、分管领导直接抓，建立乡村旅游业发展协调机构，由各县（市、区）政府组织实施，相关部门配合，切实加大扶持力度，协调解决发展过程中的重大问题。

各有关部门要从建设社会主义新农村，解决“三农”问题的战略高度，重视发展乡村旅游，加强沟通，密切合作。旅游部门要搞好乡村旅游发展规划布局，加强乡村旅游宣传促销，做好乡村旅游项目的等级评定、旅游线路的设计与推介、客源的组织与拓展；农业、林业部门要加大农业、森林旅游资源的开发利用与保护，加强指导与协调，积极发展休闲和观光农业；发展改革、财政部门要把乡村旅游基础设施和重点旅游项目的建设，纳入年度国民经济和社会发展计划统筹安排，加大资金投入；国土资源部门要做好农村土地资源的保护与开发利用，确保给予安排一定数量的建设用地指标，指导森林公园等自然生态景区的开发建设；建设部门要做好对镇（街）、村（居）建设规划、环境整治、风景区管理等工作；文化部门要加强对乡村旅游文化资源的挖掘与整理，开发特色鲜明的文化旅游产品；交通部门要结合农村路网建设，重点加快旅游城镇和主要乡村旅游景区（点）的道路建设；公安、工商、物价、卫生部门要加强乡村旅游目的地的社会治安、物价、市场秩序、食品卫生安全等方面的服务与管理；新闻部门要加大乡村旅游宣传力度，营造乡村旅游发展的良好舆论氛围。

乡村旅游特有的历史文化资源和自然生态资源，具有不可再生性。传承和保护独特的自然与文化资源，是乡村旅游发展的重要内容。要按照“保护为主、合理利用、加强管理”的方针，坚持合理利用与严格保护并重的原则，正确处理利用与保护、长远利益与眼前利益、整体利益与局部利益的关系，依法管理，建立保护与开发机制，防止对生态环境及历史文化资源造成破坏，促进我市乡村旅游业持续快速健康发展。

附件：1. 广东省乡村旅游示范基地评定标准（略）
2. 广东省乡村旅游示范基地申请报告书（略）
3. 广东省农业旅游示范点评选标准（略）
4. 广东省农业旅游示范点申请报告书（略）
5. 广东省农业旅游示范点检查标准（略）
6. 广东省森林生态旅游示范基地评定标准（略）
7. 广东省森林生态旅游示范基地评定申请表（略）

（二〇一〇年八月三十一日）

旅游发展规划

Tourism Development Planning

（第 335 ~ 384 页）

大亚湾夜景

粤西区域旅游发展规划（2010～2020年）

前　言

粤西地处中国大陆最南端的沿海区域，区内滨海、山地、人文等旅游资源丰富，又紧邻珠三角、港澳和东南亚三大客源市场，旅游发展条件得天独厚。但粤西旅游的起步较晚，旅游产品不够丰富，主题形象不够鲜明，区域旅游结构松散，整体上在省内尚处于相对落后的地位。

本规划的目的是：通过对粤西旅游现状的分析和发展趋势的把握，发现旅游发展中存在的问题并提出针对性的解决方案，为粤西地区政府的政策配套、相关部门的管理跟进、旅游企业的经营策略提供系统化的指导和参考。

本规划的区域范围包括湛江市、茂名市、阳江市、云浮市四市，规划区域总面积为39，520平方公里。规划期限为2010－2020年。

一、发展现状

1984年，湛江被国务院定位首批对外开放的14个城市之一，揭开了粤西旅游发展的序幕。1990—2000年，粤西各地区纷纷立足自身条件，开发了一大批旅游产品，但由于产品开发的同质性强，旅游业增长速度缓慢，落后于周边地区。

2000年以后，粤西旅游迎来新的发展机遇期。沿海高速公路及广湛高速公路的相继开通，逐步打破了粤西旅游发展的交通瓶颈，拉近了粤西与珠三角及港澳客源地的距离。以阳江“南海Ⅰ号”，信宜天马山为代表的新的旅游景点投入建设，以高州三个代表重要思想发源地为代表的红色旅游等资源得到开发，使粤西旅游在省内乃至国内形成一定的知名度，旅游业呈现出加速增长的态势。

（一）旅游产业

1. 旅游业在粤西区域经济中的作用

由于项目分散、规模较小、布局雷同等原因，粤西旅游一直没有形成区域内的规模效应。近十年来粤西地区旅游收入在国民经济中所占的比重长期停滞于4.6%－6.6%之间，比重较小，旅游业对国民经济的贡献偏弱。虽然贡献率的绝对值依然偏小，但是旅游业在国民经济中扮演越来越重要的角色，对于粤西第三产业及GDP的贡献都呈现显著的上升趋势。

2. 粤西旅游在广东省的地位

粤西旅游业在广东省地位落后。多年来，粤西地区旅游收入占全省旅游收入不足8%，游客量则不足全省总数的11%。近年来粤西旅游业集中系数有所上升，但依然表现出较低的集中系数，反映粤西地区旅游业产值的人均收益在全广东省相对落后。

粤西旅游业效率提升速度高于广东省平均水平。最近十年粤西地区接待过夜人次在全省所占的比例趋于下降，而同时旅游收入在全省的比例则不降反升，这说明粤西地区旅游业的单位人均消费效率提升速度高于全省平均水平。

（二）旅游产品

目前粤西已经建设的旅游产品主要包括滨海旅游产品、大众观光产品和温泉产品，分布于粤西各地区，总体概括粤西目前旅游产品建设的特征如下：

1. 滨海旅游产品提升不足，缺乏区域整体品牌与形象

粤西是整个广东省海滨的资源优质区，然而，逾20年的海滨产品建设差强人意，与海南和东部其他滨海地区相比，档次偏低，重复建设严重，旅游效率不高，且始终没有形成与其资源品质相匹配的区域整体品牌与旅游形象。

2. 海洋文化品质高，但缺乏成熟的产品包装与市场推广

作为中国大陆的最南端，海上“丝绸之路”的始发地，粤西的海洋文化独具魅力。伴随举世瞩目的“南海Ⅰ号”落户海陵岛，如何实现海洋文化的旅游价值，如何解决文化上市的操作性，是粤西文化旅游产品建设的重中之重。

3. 产品建设各自为政，缺乏区域协调机制

粤西缺乏一个统一的协调机制形成粤西旅游品牌建设的合力，导致目前产品重复建设问题严重。过度、同质化的恶性竞争不仅不利于粤西旅游产品的质量提升，也不利于优质旅游资源的价值实现。

（三）区域格局

1. 游客接待量空间分布不均，发展不平衡

2000年以来，旅游流在粤西地区的分布格局稳中有变。四市基本以2003年为分水岭，阳江的发展状况为先增后减，云浮和湛江则先减后增，尤其云浮增长速度在2005年后明

显加快，茂名市的过夜游客接待量则基本保持缓慢增长的态势。各市旅游发展不平衡。阳江得益于更加靠近珠三角市场，其游客接待占有率要优于区内其他地区。

2. 粤西各地区间旅游收入逐年趋于平衡

与粤西地区旅游流的分布格局不同的是，粤西的旅游收入格局在近十年的发展中逐渐趋于平衡，各地区之间的差距日益缩小。

二、发展背景

（一）旅游资源

粤西地区拥有所有的主类旅游资源。但是各个主类所包含的旅游资源单体数量比例是不均衡的，其中，以“A地文景观”、“B水域风光”、“E遗址遗迹”类最为丰富。

其旅游吸引要素基本可归类于以下四个大类：（1）以阳江海陵岛、茂名放鸡岛、中国第一滩、湛江东海岛、硇洲岛、南三岛为代表的滨海资源；（2）以阳江温泉、龙山温泉为代表的温泉资源；（3）以湛江湖光岩世界地质公园、阳江凌霄岩、高州水库、云浮同乐大山等为代表的山地生态资源；（4）以阳江“南海I号”、云浮六祖故居、国恩寺、雷州国家级历史文化名城、徐闻海上“丝绸之路”始发港遗址、茂名冼太故里等为代表的历史文化资源。资源在地区组合上也具有一定的优势，拥有一些在自然和历史文化资源集中，组合良好的区域，如阳江海陵岛、湛江滨海城市和岛屿、云浮的新兴、茂名环水东湾等。

存在的主要问题是：（1）大部分自然类资源属于遍在性资源，竞争较大；（2）人文历史类资源品质较高，但旅游产品转化难度较高；（3）部分重要资源分布较分散，区域内同质化建设明显。

（二）旅游市场

1. 国内旅游市场

粤西旅游区目前国家级乃至世界级的旅游品牌和产品较少，旅游吸引力相对较弱，国内游客主要集中在本地市场，省内市场和相邻的广西市场，其中以经济水平较高的珠三角市场最为重要。

（1）粤西区域内部旅游市场：粤西区域内部各城市的旅游消费能力不断增强，近郊一日游或者两日游游客的比例不断增加，区域内部游客的流动形成了支持区域旅游发展的一个重要市场。

（2）珠三角旅游市场：珠三角仍然是未来粤西旅游最重要的市场。市场规模大，消费力强，需求类别丰富；省内旅游比例高，并呈现多次出游特点；自驾游比例提高，消费力强。

（3）国内其他省市旅游市场：粤西地区的客源市场中，广东省外的国内游客比例小，以临近省份广西为主。由于近邻海南省强大的竞争力，粤西在挖掘这部分客源上仍然有一定难度。

2. 海外旅游市场分析

（1）港澳台旅游市场：港澳台市场占粤西海外旅游市场的80%以上，但现状规模较小，其中主要是港澳市场。未来随着粤港澳大桥的建成、广东西部经济走廊的强化，粤西和港澳的经济和社会往来将不断密切，港澳市场将是粤西区域未来海外旅游市场的重要潜力区。

（2）外国旅游市场：外国旅游市场一直以来都是粤西区域最小的一个市场区。粤西区域要在短期内成为外国游客进入中国的一个重要旅游区域可能性较小，但可通过一些有特色，上档次的个体旅游产品吸引特定的旅游市场。

（三）SWOT分析

优势	劣势
● 旅游本底资源好：海岸线长，滨海旅游资源丰富，组合类型多样；地热条件好，温泉密布；南海I号、禅宗六祖文化等文化资源众多； ● 粤西山区生态环境保持良好； ● 紧邻珠三角和港澳巨大的客源市场。	● 经济发展水平不高； ● 基础设施较为薄弱； ● 旅游产品较单一、品位不高； ● 旅游相关配套产业滞后； ● 旅游人力资源缺乏。
机遇	**挑战**
● 国家政策和地方政策扶持； ● 国民休闲旅游计划的实施； ● 港澳和珠三角的产业和资本转移； ● 珠三角和港澳市场寻求新的产品。	● 珠三角内部的休闲旅游发展； ● 粤东、粤北的旅游发展； ● 与广西北部湾、海南旅游的竞争； ● 区域内部旅游资源同质性易形成竞争。

三 、发展战略

（一）战略思路

利用山岳、滨海和温泉等优势旅游资源，根据核心市场需求，丰富旅游产品体系，创新旅游产品和旅游活动，完善旅游服务体系和产品支撑体系，实现旅游产业的增质提效。把粤西建设成为国内知名，省内一流的旅游综合发展区。

（二）战略目标

1. 远景目标

中国最佳滨海旅游发展区。通过滨海旅游带的合理规划，充分利用粤西众多类型各异的海滩、峡湾、岛屿和海岸，在保护滨海资源的基础上，有重点、有次序地建设一批高品质，有特色的滨海旅游区，发挥滨海资源的聚集优势，形成鲜明的地区品牌，将粤西滨海旅游建成中国最佳滨海旅游发展区。

最具吸引力生态休闲度假旅游发展区。应该充分利用良好的资源条件，以休闲度假和参与式体验旅游为重点，综合利用山海泉资源，创新产品建设理念，挖掘和引导游客需求，立足广东，辐射周边省份，逐步吸引国内其他地区，成为最具吸引力的休闲度假旅游发展区。

2. 阶段目标

近期目标（2010—2015）

☆ 重点建设和改造一批具有较强竞争力的旅游景区景点，形成一系列具有吸引力的旅游线路，提升粤西旅游在广东的地位；

☆ 完善重点景区景点的旅游接待服务设施和休闲娱乐设施，重点发展休闲度假旅游活动，初步实现旅游从观光向休闲度假的转变，游客停留时间增加。

☆ 游客接待人数在广东省排名回升，旅游收入稳步增长，到规划期末，旅游接待人数超过 2500 万人次，旅游效益明显提高，旅游总收入占全省比例超过 10% 。

中远期目标（2016—2020）

☆ 休闲度假旅游成为粤西区域旅游的核心旅游产品，粤西滨海区域成为中国最佳滨海旅游发展区，整个粤西成为广东省最具吸引力的休闲度假旅游发展区，国内重要的区域旅游品牌。

☆ 形成一批国家级和省级旅游品牌，AAA 级以上旅游景区，旅游产品体系完善，旅游核心竞争力显著提高，游客停留时间继续增加，效益稳定增长。

☆ 游客量的增长率稳定增长，各地市旅游排名得到提升，部分地市旅游接待人数进入前 10 名。至 2020 年，旅游接待总人数达到或超过 4，000 万人次，旅游业总收入达到或超过 400 亿元，旅游收入占 GDP 比例达到或超过 10% ，占广东省旅游总收入达到或超过 15% 。

（三）战略定位

1. 产业定位

● 近期：优先发展的重要产业

近期，在粤西区域大力发展地方经济的过程中，应该把旅游产业作为优先发展的重要产业。一方面通过旅游产业发展促进产业结构的升级，另一方面通过旅游发展实现生态环境、城市环境和投资环境的优化。

● 中远期：第三产业的龙头，区域经济的支柱产业之一

中远期，随着旅游产业体系的不断完善，旅游产业规模不断扩大，效益不断增强。同时通过旅游带动其他第三产业的发展，形成以旅游为龙头的第三产业的良好发展，最终实现旅游收入占 GDP 比例超过 10% ，旅游业成为区域经济重要的支柱产业之一。

2. 区域角色定位

● 近期

使粤西区域成为国内游客进入广东的重要旅游区域，广东省旅游的新亮点，广东省居民休闲度假的重要目的地。

● 中远期

随着旅游产业的进一步完善，粤西区域的旅游品牌形象得到不断巩固，旅游产品体系完备，旅游设施完善，成为国内知名的区域旅游品牌，中国最佳滨海旅游发展区，广东省最具吸引力的休闲度假旅游发展区，广东省居民休闲度假和自驾车旅游的主要目的地。

3. 市场定位

● 近期

国内客源市场以珠三角客源市场为主体，省内其他地区作为补充，周边省份和中西部省份作为潜力市场区，适当增强宣传力度。

国际客源市场以港澳市场为主体，加强市场促销力度，完善和创新市场运作方式。适当增强对韩日冬季市场的挖掘。

● 中远期

国内客源市场仍以珠三角为一级市场，比例有所降低，但以休闲度假为主，人均停留时间增加，周边省份和中西部省份作为二级市场比例明显提高，其他区域作为潜力市场适当挖掘。

国际客源市场港澳市场仍为主体，韩日市场得到一定开发，通过特种旅游产品吸引其他国家游客。

四战略格局

根据旅游发展基础，交通设施现状和空间的连接度，把粤西分为北部生态文化旅游区、南部滨海旅游发展区和中部山岳生态旅游发展潜力区三个部分，并根据各部分内部联系程度，旅游资源特点和组合。

4. 北部生态文化旅游区

包括云浮市的云城区、郁南县、云安县和新兴县，以生态休闲、文化民俗旅游资源为主要卖点。

该区按照地理位置和资源的分布特点，宜采取组团式的发展模式，以县一级单位为组织节点，整合旅游资源，形成具有相对特色的旅游组团，发挥旅游资源的整合优势。

（1）岭南文化与生态休闲度假组团：以良好的生态环境、特殊地质地貌以及保存浓郁的岭南文化为特色，发展自然和文化生态体验和休闲度假旅游产品。通过文化内涵提升知名度，通过良好的生态环境提供休闲和度假的吸引力。

（2）云浮六祖文化与工业旅游组团：包括云浮的云安、云城、新兴，以六祖文化为核心吸引物，云城的石材工业，新兴的温泉为主要特色，发展以六祖文化为主线的系列旅游产品，如六祖朝拜，温泉养生，佛文化石材纪念品等旅游产品。

5. 南部滨海旅游发展区

包括阳江市、茂名市、湛江市三市的滨海区域，该区域拥有众多的海滩、岬湾、渔港、岛屿、海岸，形成丰富的滨海旅游资源。

区域以广湛高速为交通主轴线，通过广湛高速、西部沿海高速和珠三角连接，通过渝湛高速和广西连接，通过粤海铁路和海南连接，主要旅游资源均为滨海旅游资源，但由于各自不同的特点，宜采用点轴式发展，通过广湛铁路连接湛江市、茂名市和阳江市三个旅游组织中心，进而连接一系列滨海旅游发展片区。

6. 阳江滨海旅游片区

中部山岳生态旅游发展潜力区包括罗定、阳春、高州、信宜等县市。这些节点远离交通干道，目前可进入性较差，但旅游资源保存良好，生态环境优越，具有一定的旅游发展潜力。

该区域非旅游产品统一区域，而是作为旅游发展潜力区，粤西区域旅游发展逐步沿北部和南部两个重点旅游发展优先区域向中部做梯度推进。当然，也不排除一些优质资源在条件具备的前提下重点开发，形成精品，实现跨越式发展。

四、旅游产品

（一）旅游产品体系

以旅游产品结构优化为目标，巩固和提升观光旅游产品，创新并大力发展各种类型的休闲度假、文化节庆和其他专项旅游产品。

以两大精品（乡村旅游和滨海旅游）的创新发展为目标，调整传统经典产品的内容结构和要素结构。

以发挥旅游产品整合竞争力为目标，合理配搭旅游产品、线路，实现良好的空间组合和产品组合。

以旅游产品的空间拓展为目标，实现区内与区域旅游线路的联动发展，优化整合粤西旅游区的。

表4－1　旅游产品体系提升思路

旅游产品类型		发展核心策略
观光旅游产品		升级改造，与其他旅游产品进行组合
城市旅游产品		特色城市旅游，城市与自然景观结合
乡村旅游产品		发挥乡村特色，拓展多种类型体验和休闲度假产品
滨海旅游产品		打造拳头精品，体现滨海旅游产品特色区隔
商务会议旅游产品		利用产业特点发展特色商务旅游，利用度假资源发展各种会议旅游
节庆旅游产品		深挖节庆内涵，提升地方旅游文化
文化旅游产品		打造特色文化旅游产品品牌，提升文化旅游转化能力
生态旅游产品		软性生态旅游开发理念，发挥自然
特殊旅游产品	自驾车旅游	培育区域内部自驾车精品路线，发展长线自驾车区域协作
	游艇旅游	重点突破，多元发展，大众市场培育
	高尔夫旅游	围绕已有高尔夫产品配套度假，围绕度假产品配套高尔夫设施
	修学旅游	利用国民休闲旅游计划和学生市场发展特色修学
	创作旅游	以特色资源吸引创作市场，以创作市场提升旅游品牌

（二）观光旅游产品

通过资源的分类、整合和串联，形成如下观光旅游线路：

1. 区内线路

通过资源的梳理和整合，并按照分区指导，形成观光旅游精品线路，其中北部生态文化旅游区线路以云浮为中心，资源组合较好南部滨海旅游发展区的旅游资源具有一定的相似性，更多以节点辐射形成各地级市内部线路组合

2. 跨区旅游线路

跨区观光旅游线路主要体现粤西区域和区外的桂东、桂东南、桂北、珠三角、海南的联系，线路组织灵活。

3. 开拓跨省跨国游线

北部湾旅游线

跨海跨国游线湛江市湖光岩、东海岛雷州历史文化名城下龙湾

（三）休闲度假旅游产品

滨海休闲度假旅游产品

● 重点打造三大旅游度假岛

把阳江海陵岛、湛江东海岛、茂名放鸡岛作为粤西三大旅游度假岛。其中海陵岛作为目前最有开发条件的旅游岛，应抓住“南海号”旅游产品开发的契机，完善旅游住宿设施，丰富滨海旅游活动，建设广东省第一旅游岛和珠三角最适合自驾车游客的综合型海岛度假旅游地；湛江东海岛应利用湛江市作为粤西中心城市和泛北部湾重要枢纽城市的作用，同时发挥商务旅游优势，重点发展滨海城市旅游+岛屿度假，商务会议+岛屿度假旅游产品，游艇、邮轮、高尔夫运动、水上运动、海洋主题公园产品；茂名放鸡岛则应以水上活动和海上游乐旅游为突破口，以精细化为发展战略，发展专业程度强的岛屿水下旅游和航海旅游。

● 发展一系列特色滨海度假旅游产品

表4－2 滨海特色休闲度假旅游产品规划

旅游区	资源特色	度假产品开发方向
阳江东平	东平渔港、大澳渔村、阳东核电	自驾车、渔村文化体验，滨海渔业
阳西月亮湾	水质好，浪缓沙白，有咸水温泉	温泉+滨海度假
程村红树林	程村蠔，红树林	湿地生态，滨海美食休闲游
茂名电白博贺港	广东三大渔港之一，水产资源丰富	渔村体验+出海探险
茂名中国第一滩	中国第一滩的美誉	农业生态+滨海度假
茂名放鸡岛	广东第一个由私人开发的整岛、无原住居民岛、生态岛	潜水+海上游乐+海岛度假
吴川吉兆旅游区	滨海地形丰富，地方文化深厚	地方文化体验+滨海休闲度假
东海岛旅游产业园	良好沙滩资源，特色产业旅游	工业旅游+滨海休闲度假
雷州的企水	渔港、渔村，西向沙滩	渔村体验、美食、特色休闲度假
雷州乌石天成台	渔港、渔村，西向沙滩	渔村体验、美食、全包价私人度假
徐闻灯楼角	大陆最南端、珊瑚保护区、北部湾	生态观光+休闲度假
湛江特呈岛	最富特色的海岛休闲度假	渔岛体验+温泉度假
湛江南三岛	独特海岛地形，滨海资源丰富	生态观光+海洋文化

（四）山地生态休闲度假旅游产品

以云浮、茂名、阳江山地生态休闲度假为龙头，打造粤西山地休闲品牌；利用地形地貌和生态文化资源特色，形成山地生态度假的特色；与乡村体验和农业休闲结合，形成整合优势；注重生态环境，建立山地生态度假标准；提升设施和服务水平，完善景区管理服务能力；打造一批山地生态旅游示范区，形成代表性的精品景区。

表4-3 山地生态休闲度假旅游产品规划

旅游区	资源特色	度假产品开发方向
茂名信宜天马山旅游区	原始森林、瀑布、珍稀动物	森林探险和生态度假
茂名大雾岭	广东第二高峰，粤西第一高峰，原始森林、高山瀑布、珍稀动植物	高山避暑、森林生态
云浮龙湾旅游区	瀑布、森林、原始森林	森林探险主题度假
阳江阳春八甲旅游区	原始森林、温泉、喀斯特峰林	探险和温泉度假
湛江鹰峰岭火山生态游	火山生态、雷州文化	山岳生态文化旅游
湛江湖光岩	火山生态、独特玛珥	生态养生休闲

（五）温泉休闲度假旅游产品

提升温泉的旅游接待功能；区隔温泉特色，结合地方旅游资源特点开发温泉产品；促进温泉产品和生态自然环境的结合；有重点开发温泉，带同其他旅游产品转型；开发阳春温泉之乡旅游度假区，丰富温泉旅游内涵。

表4-4 温泉度假旅游产品规划

旅游区	资源特色	度假产品开发方向
阳春温泉之乡	有八甲、春湾、河西等一系列温泉，温泉数量多，品质好	温泉乡系列度假旅游产品
阳江温泉	良好设施、高尔夫	体育和温泉度假
阳西咸水温泉	滨海、咸水	特色咸水温泉疗养
新兴龙山温泉度假区	六祖、禅宗	禅文化主题温泉养生
茂名西江温泉	生态、森林	山岳生态+温泉度假
电白御水温泉	广东最早开发的温泉、古驿道、水量大、水质好	养生、休闲、保健
湛江湖光岩温泉	火山地貌遗迹	火山主题温泉度假
蓝月湾温泉	位于闹市中心的火山地热温泉	海滨温泉休闲健身娱乐
杏磊湾温泉	中国大陆最南端的亚热带生态滨海温泉度假	养生、休闲、保健

（六）乡村旅游产品

面向珠三角城市居民，迎合城市居民逃避城市、回归自然、返朴归真和体验异质文化生活的心理需求，以提供乡村景观观光、感受乡村生活、体验乡村文化为产品内涵，发展观光类和休闲度假类乡村旅游产品。

1. 乡村观光旅游

（1）古村落观光旅游：郁南大湾古村、阳江大澳村、雷州邦塘古村等

（2）田野景观观光旅游：茂名天马山、云浮龙湾自然生态村、阳春春湾和河塱、阳春马兰风光田野景观、湛江遂溪马六良村、廉江杨桃沟、吴阳蛤岭村等

（3）农业园观光：各县（市）区农业园区

（4）滨海渔村观光旅游：阳江大澳渔家文化村、阳西程村、湛江特呈渔岛度假村、硇洲岛存亮村、雷州乌石、企水村、茂名博贺港、茂港区十里渔排（网箱养殖）等。

2. 乡村度假产品

（1）康体养生度假：茂名信宜天马山旅游区、西江温泉、云浮龙湾旅游区、阳春春湾温泉旅游区、阳江大角湾、湛江东海岛、湛江碳之家保健山庄、湛江市森林公园等

（2）乡村生活体验度假：特呈岛、硇洲存亮村、农园园区家庭旅馆度假等

（七）滨海旅游产品

1. 滨海旅游产品系列

疗养康复产品：海水浴、日光浴、医疗保健；

水上运动和水上游乐项目：如冲浪、滑水、划船、帆船、潜水等；

岸上运动项目：慢跑、沙滩排球、沙滩足球、沙地马术、空中跳伞等；

滨海民俗和劳动体验：包括渔家乐、出海捕鱼、海滩拉网捕鱼、海上垂钓等；

度假和参与式游乐：游船、度假村、海底隧道、玻璃船、水族馆、高尔夫球、大型游乐场等。

2. 滨海旅游区类型

大众型：在一般海滨旅游区和综合性滨海旅游区都要有所布局，但在综合性海滩要与其他市场区分开来。包括大多数滨海旅游区域。

专业型：形成集训练、比赛、新手教学，进阶课程为特色，集运动和休闲度假为一体的专业市场。例如海陵岛大角湾的帆板运动，沙滩排球和热气球运动；茂名第一滩的沙滩排球传统、动力三角翼飞机、滑翔跳伞；放鸡岛的潜水运动和游艇旅游；湛江红嘴鸥码头规划的水上运动基地。

综合性：主要布局在阳江海陵岛、茂名放鸡岛、湛江东海岛，通过规划形成集各种类型滨海旅游产品、体验和活动为综合型滨海旅游度假地。

（八）城市旅游产品

粤西旅游区包括湛江、茂名、阳江、云浮四个中心城市。湛江市作为粤西最重要的中心城市，其旅游资源丰富，滨海城市景观优越，应作为粤西区域旅游的中心城市加以重点开发。阳江市紧邻珠三角地区，市场条件良好，旅游发展有一定比较优势，是未来粤西旅游发展的次一级中心城市。茂名和云浮应根据自身资源特色和区位条件，建设有特色的次一级区域性旅游城市。

1. 湛江市

（1）发展定位

国内最有魅力滨海旅游城市之一；粤西滨海旅游中心城市；建立湛江——中国大陆最南端的“五港”和谐城（古港、商港、军港、油港、渔港）的城市形象；城市建设和旅游线路组织要体现湛江“港在城中，城在海上”的海湾城市风貌。

（2）发展要点

● 优化城市旅游发展布局

完善“一心三片”的城市旅游发展格局：

一心：以赤坎区、霞山区和湛江港为城市旅游发展中心区，打造“五岛一湾”旅游休闲区发展滨海城市和港口观光、休闲度假和商务会议旅游，并提升其旅游组织和接待服务能力；

三片：麻章火山生态旅游区，以大湖光岩旅游区为核心，发展火山生态观光及休闲度假旅游、乡村旅游；坡头古港历史文化和渔业休闲旅游，发展游艇、邮轮旅游和海洋主题公园、高尔夫运动、水上运动；东海岛综合海岛休闲度假区，依托东海岛良好的海岛滨海和生态资源，结合钢铁、石化工业发展的有利条件，发展大型综合性海岛休闲度假旅游和工业旅游产品。

● 建立旅游服务中心

建设霞山区湛江旅游咨询和服务中心；提高旅游设施等级水平，完善旅游接待服务功能；围绕法国公署旧址建设步行街区滨海观光区，将该区域建成城市 RBD；在高速公路、市区道路设置旅游指示牌，方便游客进入城市旅游服务中心。

● 完善五港旅游主题产品

古港旅游产品：以广州湾古港为历史文化特色，利用南三岛良好的自然环境，开发古港观光和休闲体验旅游产品；

商港旅游产品：开辟湛江港的观光旅游服务设施，包括湛江港观光平台，湛江港观光游轮，湛江港夜游，湛江港历史博物馆等；

军港旅游产品：开发军舰参观，军港特色休闲娱乐，和“军港晚会”，并开发设计军港旅游商品；

油港旅游产品：发挥南油基地的优势，开展石油工业和商务旅游；

渔港旅游产品：开发渔港休闲美食旅游；水产养殖体验游；渔船出海体验；水产商品购物游等产品。

● 加强休闲度假旅游产品开发

高起点建设东海岛休闲度假旅游产品，形成休闲度假拳头品牌；丰富旅游产品，挖掘特色市场；丰富休闲度假产品的参与性，开发水上活动类产品，包括硇洲岛潜水、游艇度假、各类水上运动项目；开发丰富的渔业参与类旅游产品，包括渔港的渔船出海休闲体验，渔船垂钓、海钓、海边渔家旅馆等

● 构建滨海城市景观系统

以“海在城中，城在海上”的形象特色塑造湛江一湾两岸旅游城市景观，做好城市景观引导设计，城市构筑物与城市建筑小品设计，城市滨水区开放空间规划，城市夜景特别是滨水区夜景的规划设计。

2. 阳江市

发展定位

粤西旅游重要的桥头堡，别具特色的滨海旅游城市，粤西旅游组织副中心，国内外知名的旅游休闲度假胜地。

发展要点

建设粤西旅游组织服务中心和自驾车服务中心；串联市区内部特色景点，形成富有特色的城市一日游线路；丰

富城市开放空间，塑造并引导城市景观视线；处理好西部沿海高速对城市和海滨区域的分隔，组织和引导游客进入滨海区域；完善旅游标识系统，引导游客在阳江旅游，并向区县旅游区分散；完善阳江市的旅游接待设施，增加高星级宾馆数量；丰富阳江的娱乐活动，依托阳江文化开发晚会和节庆活动。

3. 茂名市

(1) 发展定位

随着茂名城区逐步南拓，以新型的现代化港区和滨海工业新城为特色，强调城市工业发展与环境的协调，通过滨海城市景观和旅游产品开发，打造特色滨海旅游城市。

(2) 发展要点

完善城市南北交通，引导游客向南进入滨海旅游区域；建设滨海开放空间和观景平台，提升滨海城市特色；着力打造放鸡岛海上游乐世界，全面提升国际品位；重新打造中国第一滩旅游景区，使之成为城市的名片；开发石油工业旅游，拓展旅游产品开发思路；增强与区县的交通联系，提升地方旅游组织中心功能；建设电白冼夫人文化故里，使它成为全国爱国主义教育基地。

4. 云浮市

(1) 发展定位

以云石为主题，以花园式中等旅游城市为目标，发展宜居宜游、宜商宜旅的特色工业旅游城市。

(2) 发展要点

以花园式旅游城市为目标，大力改造城市环境，加强城市建设的绿化美化；以云石为主题，丰富城市小品，组织云石主题旅游线路；做好蟠龙洞旅游景区空间拓展，提升景区吸引力和容量；抓好南山森林公园的建设规划，使之成为市民和游客休闲娱乐的重要场所；进一步改善旅游接待设施增加星级酒店比例；修复龙母古迹、文塔，增加中心城区旅游文化含量；完善云浮旅游标识建设，在云浮高速公路出入口等重要位置设置旅游宣传画和指示标识牌，方便自驾车游客；完善城区与区县的交通，提升组织中心职能。

（九）商务会议旅游产品

1. 发展思路

形成分工明确、各具特色的会议接待地体系；开拓新的会议/商务旅游市场，实现会议旅游产品的创新；改善会议/商务旅游的配套设施和环境；加大力度培训会展经营和管理专业人才。

2. 产品规划

云浮迎宾馆：商务和石材专业会议，部分地方性政府会议

新兴龙山温泉景区：发展会议 + 休闲市场，以中小型近程周边的政府和商务会议为主

湛江市区：主要发展会议 + 观光市场，建设大型会议设施，吸引各种类型的政府和商务会议

东海岛：发展会议 + 休闲度假市场，企业年会，奖励旅游以及地方政府会议

茂名中国第一滩：发展会议 + 休闲市场，企业年会、地方政府会议，以及石化企业的例会等

茂名放鸡岛，发展海岛会议、休闲度假相结合的产品

阳江海陵岛：建设一定规模的会议设施，主要发展会议 + 观光市场，会议考察市场，针对市场范围随南海 I 号的开发而相应扩大

（十）节庆旅游产品

1. 发展思路

以六祖文化、南江文化、西江文化、冼夫人文化、以及高州年例等地方民俗传统为依托，开拓古村落和旅游景区；提升已有节庆的挖掘和深化，适度培育新品牌；针对目标市场，分层次开发节庆旅游产品；政府主导与市场化运作相结合，调动社区参与积极性；强调节庆的定期性以及和产品的结合，有效宣传现有产品。

2. 产品规划

表 4－5　节庆旅游产品规划

节庆名称	定位	举办时间	举办地点	目标市场定位	开发重点
吴川元宵民间艺术节	特色专项节庆	元宵	吴川	本地　湛江　阳江	节庆宣传
湛江国际舞狮邀请赛	特色专项节庆	广东旅游文化节期间	湛江市	泛珠三角　专业观众	市场拓展，节庆宣传、促进舞狮修学和参与体验
湛江妈祖文化旅游节	大型综合性节庆	每年 10 月	硇洲岛	粤西沿海　广西等地妈祖文化圈	市场拓展，知名度提升，产品联合
湛江海鲜美食节	特色专项节庆	11 月	湛江市区	本地　周边　珠三角	弘扬海鲜美食文化，打造中国海鲜美食之都品牌

续表

节庆名称	定位	举办时间	举办地点	目标市场定位	开发重点
廉江红橙文化节	特色专项节庆	每年 11 月	廉江市	本地　周边 珠三角	弘扬红橙旅游文化、扩大旅游交流
东海岛人龙舞旅游文化节	特色专项节庆	每年 5 月	东海岛	珠三角　粤西	市场拓展，节庆宣传、促进人龙舞参与体验
湛江国际龙舟节	特色专项节庆	每年 5 月	湛江市	国际	品牌节庆，海上龙舟特色活动
云浮国际石材科技博览会	特色专项节庆	每年 10 月	云浮云城	专业观众	知名度提升和会议和观光旅游结合
六祖文化节	大型综合性节庆	每年 2 月	新兴	国内　东南亚 汉文化圈	知名度提升文化旅游和休闲度假旅游结合
郁南连滩民间艺术节	大型综合性节庆	每年 2 月	郁南	省内	南江文化发掘促进古村落和文化旅游市场
阳江国际风筝节	特色专项节庆	每年 11 月	阳江市区和东平渔港	国际	品牌节庆，和潍坊风筝节合作打造两大风筝节品牌
阳江国际刀剪博览会	特色专项节庆	每年 4 月	阳江市	专业观众	提高旅游商品的品牌吸引力
中国南海（阳江）开渔节	大型综合性节庆	每年 8 月初	海陵岛和其他渔港	泛珠三角	渔民风俗展示丰富旅游文化节庆品牌宣传
阳江市旅游文化美食节	特色专项节庆	每年 10 月	阳江市	珠三角　港澳台 东南亚	知名度提升市场拓展文化旅游和休闲
程村蚝美食节	特色专项节庆	每年 12 月	程村	珠三角	挖掘美食旅游增加冬季市场
茂名中国第一滩旅游文化节	大型综合性节庆	每年 7 到 8 月期间	茂名茂港区	国内	结合假期产品宣传，提高旅游景区知名度
茂名信宜飘色文化节	民间文化特色节庆	每年农历正月二月	信宜镇隆	国内、东南亚	弘扬地方特色文化，增强当地旅游市场的竞争力
冼太文化节	特色专项节庆	每年农历二月二十四日	高州市 电白县	广东　广西　海南 东南亚	通过节庆提升旅游影响力

（十一）文化旅游产品

1. 发展思路

积极扶持和深入开发六祖文化、南江文化、雷祖文化、冼夫人文化、以及渔民风俗等文化旅游产品，培育健康文化；深化和提高品牌系列产品，推动复合类文化产品，尽快启动特色文化产品；引进人才，提高策划、组织和管理文化旅游产品的水平；加大宣传力度，塑造粤西文化旅游的主题形象，并和珠三角联合，共同开发岭南文化体验旅游产品。

2. 产品规划

六祖文化产品。形成以六祖故居、国恩寺为核心的六祖遗迹探寻文化旅游产品，以及宗教朝拜文化旅游产品。

南江文化产品。通过南江文化品牌整合郁南地区的民居、古建筑、民俗节庆、歌舞等各种传统风俗。

冼夫人文化产品。利用“中国巾帼英雄第一人”、岭南圣母冼太夫人的影响力，整合高州冼太庙、长坡旧城、平云山冼太庙、电白娘娘庙等冼太夫人纪念性古建筑物，打造民族团结、和谐社会的旅游品牌。

龙祖文化产品。打造形成天马山龙祖文化平台，建设体验天人合一精神的载体。通过举办龙祖文化研究会，挖掘龙祖文化内涵，提高龙祖文化知名度，促进区域旅游发展。

雷祖文化产品。利用雷祖文化，建设雷祖文化旅游区，通过文化习俗、历史遗迹、建筑等的整合，展示“天下四绝”之一的雷州换鼓。

（十二）生态旅游产品

1. 发展思路

在保护的前提下开发，丰富粤西旅游产品体系；采取软型生态旅游开发形式；重点促销对象是珠三角和港澳的城市居民；倡导环保教育与健康理念。

2. 产品规划

表4－6　生态旅游产品规划指引

品牌	开发时序	内容
廉江市高桥红树林	近期	游船和栈道观光生态教育
茂名大雾岭森林旅游区	中远期	森林探险、徒步、科考生态教育、探险
茂名信宜天马山	近期	森林徒步、参与式民俗体验活动
阳春河塱凌霄岩	近期	岩洞观光、徒步生态观光与休闲
鹅凰嶂省级自然保护区	中远期	森林探险、徒步、科考生态教育、探险
阳西程村红树林	近期	游船和栈道观光生态教育
云浮狮子腰风景区	中远期	森林探险、徒步生态教育、探险
龙湾生态旅游区	近期	森林徒步、观光、探险
云浮郁南大王山国家森林公园	中远期	森林观光、生态教育
同乐大山原生态景区	中远期	生态观光、探险
新兴飞天蚕生态景区	中远期	森林观光、休闲活动

（十三）特殊旅游产品

1. 自驾车旅游

市场主要在珠三角，市场规模大；自驾车方式多，距离不断增加；自驾车游客偏好自然山水；市场份额大，市场地位突出；花费较高，消费心理成熟。

完善自驾车旅游交通。一方面要完善交通网络，使自驾车游客能更便捷地进入粤西，并在区域内部进行自驾旅游；另一方面要改善和美化道路景观，景观道路体现山地、森林、滨海等特色。

自驾车配套服务。应在高速公路合适路段完善休息和补给设施；在重要景点或旅游城市建立自驾车营地或自驾车服务站；建设一定的汽车旅馆以满足自驾车游客需要；增加停车场以满足不断增加的自驾车游客的停车需求。

旅游标识系统建设。应在高速公路设置明显的景区标识和方向指引，在高速公路交叉、高速公路与其他道路衔接的地方以及之前一定距离，要有明显的景区指引标识牌，表明景区名称、方向、里程和一些可能的相关信息如自驾车信息服务电话等。

旅游信息服务。调整并完善旅游网站，旅游信息应更注重方便实用，应加强票务、酒店预订及其他旅游电子商务业务。建议把目前各个地市旅游网站中的自驾车服务板块联合起来，建立自驾车旅游频道并纳入广东省旅游信息综合服务平台，并完善五个信息板块：自驾车旅游地图与交通信息板块；自驾车旅游汽车租赁板块；酒店查询、预定版块；旅行社的咨询、查询服务功能板块；自驾车旅游信息免费咨询电话系统。

自驾车旅游其他服务。旅游旅游信息提供方与其他中介服务将出现新的合作方式和商业模式，如旅游网站与保险公司的合作，华夏旅游网和中国国旅旅行救援中心即将联合推出的“旅游意外与旅游救援保险”。

表4－7　自驾车旅游线路规划

线路名称	线路组织
双休日线路	
六祖故乡游	云浮蟠龙洞—新兴国恩寺、龙山温泉、藏佛坑
海上丝路文化游	开平碉楼—海陵岛海上丝路博物馆、大角湾
阳江美食之旅	闸坡国家中心渔港—阳西咸水温泉—阳西程村红树林、蠔宴
茂名渔港之旅	电白博贺渔港—放鸡岛—电白御水温泉
耐力之旅	湛江湖光岩—东海岛
阳春温泉地质之旅	阳春玉溪三洞—凌霄岩国家地质公园—春都温泉
黄金周路线	
两广黄金游线	肇庆城区景点（或鼎湖山）—德庆盘龙峡、金林水乡—封开千层峰—梧州骑楼城—阳朔、桂林
	肇庆城区景点（或鼎湖山）—四会柑橘园—广宁竹海—怀集蓝钟温泉—贺州姑婆山、黄姚古镇—阳朔、桂林
	肇庆城区景点（或鼎湖山）—贺州姑婆山—阳朔—桂林—龙胜
两广滨海休闲之旅	阳江海陵岛—茂名博贺渔港—湛江东海岛、湖光岩—广西北海银滩
广琼跨省游	阳江海陵岛—茂名博贺渔港—湛江东海岛、湖光岩—雷州历史文化名城—天成台—徐闻火车渡口—海口—博鳌—三亚
泛北部湾之旅	湛江东海岛、湖光岩—雷州市区、天成台—北海银滩、涠洲岛—防城港—钦州—南宁
边境旅游	湛江东海岛、湖光岩—北海银滩、涠洲岛—防城港—东兴边境—自驾车进入越南境内（未实现）或采用其他方式

2. 游艇旅游

在充分利用良好滨海资源的基础上，结合珠三角和港澳地区游艇旅游的发展和需求，做好市场细分和区域合作，并发展自身中小型专业游艇旅游设施和俱乐部。

近期：

重点发展公共游艇旅游。在一些主要的航道，近岸海域和岛屿周围发展游艇旅游。包括海陵岛南海一号主题环岛游线路；海陵岛西岸到阳西程村的海陵湾游船旅游；茂名港、博贺港到放鸡岛的游船线路；湛江港军港之夜游船线路等。

适当发展中小型游艇俱乐部，培育市场。在有条件的区位，包括阳江海陵岛、茂名放鸡岛、湛江海湾东海岛、南三岛、南屏岛以及一些优质海湾打造游艇旅游基地，发展中小型游艇俱乐部和游艇学校，配合其他旅游活动进行综合开发，以培育市场为主要目标，控制规模和投入，并预留发展用地。

筹建游艇码头，为中长线游艇和邮轮提供服务。主动和珠三角和港澳市场合作，配合其游艇俱乐部和邮轮线路发展，合作建设或引进资金，建设邮轮或游艇停靠和补给码头，主要设在海陵岛和湛江港湾，主要为珠三角或港澳的中长线游艇和邮轮旅游提供服务。

中远期：

规划建设一批有档次，有规模的游艇俱乐部，形成多元型或专业型的游艇俱乐部或旅游码头

增加自有游艇数量，为一些有能力的游客提供游艇租赁和游艇活动等一体化服务。发展自身的中长线游艇旅游线路。

促进游艇旅游和商务会议旅游、节事活动、潜水旅游和休闲度假旅游的结合，形成综合的吸引力。

通过培育和引进的方式，组建一支有有较高专业能力的管理服务队伍，促进游艇业的良好发展。

3. 高尔夫旅游

粤西目前已建成的高尔夫球场只有阳江涛景高尔夫球会1家，高尔夫旅游设施严重缺乏，

高尔夫旅游市场需要逐步培育。

以市场为导向，有重点的发展高尔夫俱乐部。近期可选择阳江的阳东和湛江的南三岛、吴川吉兆湾三地，引入高尔夫项目，建设高尔夫乡村俱乐部，配备标准的18洞~36洞高尔夫球场，发展商务度假型高尔夫旅游。中远期可以视旅游发展情况适当增加高尔夫球场建设。

多元化发展高尔夫设施。首先可以在旅游景区或度假区配备高尔夫练习场；其次，可以在度假酒店配备小型推杆练习场地，满足游客休闲和娱乐需求，并设计一些高尔夫游戏，满足游客需要；再次，可以引进高尔夫模拟器，高尔夫游戏等，实现足不出户就可以享受高尔夫的乐趣。

促进与周边景区的联动。在一些靠近现有或规划高尔夫球场的地区，促进旅游景区和高尔夫球场的合作。形成一系列高尔夫旅游产品，如“温泉+高尔夫”，“高尔夫+生态度假”，“高尔夫+美食”，“高尔夫+民俗”，“高尔夫+滨海水上运动”等组合型产品。

争取政策。目前粤西高尔夫球场只有1个，不仅和珠三角地区差距巨大，而且也大大落后于粤东地区，粤西应该争取省政府的政策倾向，支持粤西合理增加一定的高尔夫球场。

表4-8　高尔夫旅游产品规划时序表

地区	近期	中远期
阳江	在阳江温泉度假区新建一座18洞高尔夫球场，形成温泉+高尔夫的产品优势，在海陵岛度假区建设高尔夫练习场	远期在阳春选址建设一座高尔夫球场，利用阳春丰富的温泉资源，强化阳江的温泉高尔夫品牌。
湛江	在南三岛建设高尔夫球场，和南三岛的滨海旅游资源整合起来，打造“高尔夫+滨海水上运动的概念”；在吴川建设高尔夫球场；在霞山区建设高尔夫练习场，丰富霞山区的滨海休闲活动内容	在北部湾选址建设一座高尔夫球场，和东海岛的球场一起，形成东岸和西岸两个不同特色球场，提高高尔夫旅游的集聚效应。
茂名	在茂港区建设高尔夫练习场，预留高尔夫球场发展用地在茂南区建茂名碧桂园高尔夫球场	在茂港区建设27洞高尔夫球场
云浮	在云浮迎宾馆建设高尔夫练习场，以丰富和完善商务接待设施	远期根据市场情况确定是否建设高尔夫球场

五、重点项目

（一）海陵岛旅游度假区

1. 发展目标

通过南海一号的带动作用，整合海岛自然生态和历史文化旅游资源，形成集旅游观光，休闲度假、商务会议、滨海运动和文化体验为一身的多元化综合型旅游目的地，把海陵岛建成国际知名，国内顶尖的生态与历史文化旅游岛，成为国内最佳岛屿旅游目的地，珠三角游客最喜爱的休闲度假和自驾车旅游目的地。

近期（2009~1012年），通过旅游产品的开发建设和旅游设施的完善，到规划期末，游客接待数量达到300万，旅游总收入达到15亿元，门票收入和其他旅游收入均得到迅速提升。

中远期（2013~2020年），通过旅游设施的进一步提升以及休闲度假旅游产品的进一步丰富，旅游人数稳步上升，旅游效益明显提升，到规划期末，游客接待数量达到400万人，旅游总收入达到30亿元，旅游住宿、餐饮等服务性收入比例得到明显提高。

2. 布局结构

根据海陵岛旅游资源特色，旅游产品开发现状和市场导向，把海陵岛旅游发展格局确定为：一个中心，三条轴线，五大片区。

一个中心

建成海陵岛游客组织服务中心。

三条轴线

东线：以螺洲公路为轴线，连接北汀湾和大角湾—马尾岛旅游片区；

西线：以太傅公路为轴线，连接金沙滩、太傅庙旅游区；

南线：以海滨路为轴线，连接十里银滩沿线旅游产品；

三条轴线未来可以连线成环，构成海陵岛环岛旅游线路。

五大片区

● 大角湾－马尾岛旅游片区

大角湾－马尾岛旅游片区以闸坡镇为服务基地，发展大角湾大众参与型滨海旅游区；开发马尾岛，形成活动类型丰富的综合型岛屿旅游目的地。

● 十里银滩旅游片区

十里银滩片区以海上丝绸博物馆为核心旅游吸引物，通过资源开发与整合，形成四大旅游区：海上丝绸之路主题文化旅游区、中部滨海休闲度假区、东部高端旅游度假区、北部草王山生态旅游区。

● 金沙滩－太傅庙旅游片区

该片区包括金沙滩旅游区和张太傅景区，以及周围的滨海旅游带。

● 北汀湾旅游片区

北汀湾旅游片区以渔家风俗、美食和红树林生态为主要特点，其西北面与阳江著名蠔生产基地程村隔海相望，未来可以发展蠔美食旅游和红树林生态旅游产品，并联合程村蠔的品牌，近岸海上与河口蠔主题观光休闲旅游。

● 南鹏列岛旅游片区

南鹏列岛由南鹏、大镬、二镬三大岛屿，以及鸡心石、犁铁头、黄程山、西帆石、东大帆、东小帆等诸多小岛组成，南鹏列岛离岸远，生态良好

（二）西江上游生态旅游区

包括云浮市的郁南县、云城区、云安县、新兴县等。该区域风景优美，民风朴实，自然和人文旅游资源丰富且保持良好，形成了一个自然生态和人文生态旅游资源富集区，具有良好的旅游开发潜力。

1. 发展目标

建设成为广东省自然和文化生态旅游发展示范区，最佳乡村旅游目的地。

2. 布局结构

根据区域旅游资源分布和组合，西江上游生态旅游区规划为一轴、两带的旅游发展格局。

一轴：通过321国道旅游景观大道，把郁南的沿线旅游产品串联起来，并向南北两面拓展，形成旅游区主要旅游发展轴线。

两带：以贺江、南江两个支流为轴线，形成贺江生态文化旅游发展带和南江民俗文化旅游体验带。

（三）东海岛旅游度假区

1. 发展目标

建设成为国家级滨海旅游度假区。同时配套建设东海岛管辖的硇洲岛、南屏岛，打造国家著名滨海旅游目的地。

突出东海岛综合型旅游岛屿的特点，发挥城市和海岛旅游产品互补的优势，在更大区域上发挥东海岛的旅游功能；强化东海岛绿色钢铁工业旅游、滨海休闲和水上运动旅游、会议和度假旅游、海岛文化旅游以及离岛的民俗文化旅游等产品的结合；体现东海岛的工业文化、历史文化、民俗文化和生态文化的协调健康发展。

在旅游发展规模上，近期（2009～1012年），通过旅游产品的开发建设和旅游设施的完善，到规划期末，游客接待数量达到150万，旅游总收入达到4.5亿元，门票收入和其他旅游收入均得到迅速提升；中远期（2013～2020年），通过旅游设施的进一步提升以及休闲度假旅游产品的进一步丰富，游客接待数量达到300万人，旅游总收入达到15亿元，旅游住宿、餐饮等服务性收入比例得到明显提高。

2. 布局结构

根据东海岛的资源特色和旅游发展目标，将东海岛划分为三大区域：西部工业旅游区，东部滨海旅游度假区和硇洲岛生态文化旅游区。

● 西部工业旅游区

利用好宝钢落户东海岛的机会，处理好工业和旅游的关系，一方面在工业建设上要尽量体现绿色工业，环保工业的概念，尽量减少对环境的破坏，另一方面在允许的情况下发展工业观光旅游，使其成为东海岛旅游的特色之一。

● 东部滨海旅游度假区

根据资源特点，在布局上可以分为北段海洋观光旅游区，中部综合旅游度假区和南部特色体验休闲旅游区。

北段海洋观光旅游区。利用其位于湛江水道出海口的特点，完善港口码头服务设施，拓展与南三岛、特呈岛协作，发展港湾近海和远洋航海观光旅游，形成湛江湾内部游船游线和出海渔业和观光游线。

中部综合旅游度假区。依托中国最长的沙滩，发展多种类型的旅游产品和旅游服务接待设施；对沙滩进行分区规划控制，中部为沙滩活动区，集中发展各类大众型沙滩和水上活动项目；北部为滨海浴场，主要发展海水浴、沙浴等养生康体类产品；南部发展中高端滨海度假酒店和其他房产。

南部特色体验休闲旅游区。南部依托现有的沙滩资源，完善东西两侧的滨海休闲活动功能，发展渔家旅游，沿海拉网渔业体验，小型渔船出海捕鱼体验，渔家旅馆和渔家美食等。南部完善东南码头水上交通，加强与硇洲岛联系。建设东海岛旅游产业园，以高端商务度假酒店群、水上运动等配套发展。

● 硇洲岛火山生态文化旅游区

突出硇洲岛的渔业特色，中心渔港的优势，发展海岛

渔业旅游，包括美食体验旅游，水产养殖和捕捞旅游等休闲渔业旅游活动；突出生态的优势，发展环岛生态旅游；突出文化优势，把先秦遗物，南宋遗迹，窦振彪故里，津前天后宫，硇洲灯塔火山地貌等文化旅游资源串联成线，发展海岛历史文化观光旅游，提升海岛旅游的文化内涵。

打造南屏岛生态旅游区。南屏岛是无人岛，以沙滩、海水、林带为主要资源发展高端商务休闲度假旅游，重点建设商务度假、酒店、海洋馆、会议中心、游艇基地、水上运动等。

（四）大湖光岩旅游区

1. 发展目标

湛江社会经济的新活力，旅游与其他产业综合发展的示范区；湛江市旅游龙头景区、名牌景区；广东省旅游特色景区，省旅游名片之一；全国热带旅游精品景区，火山生态旅游示范景区，地质科普旅游基地；国际地质科考游览基地；打造国家5A级旅游景区。

2. 布局结构和分区规划

根据《湖光岩大旅游区总体发展规划》，把大旅游区分为“一心一校六园区”的旅游发展结构。一心是湖光岩世界雷琼地质公园，一校是广东海洋大学。六园区是：南亚热带植物园、金鹿园、平岭农场、三岭山森林公园、火山滨海“三古”旅游区和火山热带农业科技园。

湖光岩雷琼世界地质公园：国家5A级旅游景区，作为湖光岩大旅游区的核心吸引力所在

广东海洋大学：发挥高等院校的科研和教育功能，提升大湖光岩地区旅游的知识教育内涵

火山热带植物园：以热带植物和农业为特色，发展观光、科普、农业休闲和美食旅游

金鹿园：华南地区最大的养鹿基地和种鹿供应基地

热岭火山热带农园：离湛江市区最近、最大的国家热带农场

三岭山火山热带森林公园：国家级森林公园，广东省科普教育基地

火山热带农业科技园（南国花卉科技园和现代南亚热带良种繁育中心）：利用良好地形地貌，重点发展休闲体育、热带花卉、农作物、盆景的观赏和科普旅游。

火山滨海三古旅游：开发滨海古民居观光和体验游；开发渔村渔家乐体验游；建设红树林生态观光旅游区

（五）徐闻珊瑚自然保护区

1. 发展目标

以保护为前提，开发生态型的中高端小众旅游产品。通过生态环境保护和生态旅游开发建设，将珊瑚自然保护区建设成为：国际知名，国内最好的浅海珊瑚自然保护区；国内严格意义上的生态旅游的开发示范区；广东生态旅游的精品。

2. 规划要点

一方面，通过对珊瑚自然保护区的评估，确定其生态和环境价值，并争取获得省、国家，乃至国际组织的资金和技术支撑，按国际化标准建设严格的自然生态保护区。另一方面，开发严格意义的珊瑚生态旅游区，核心保护区严格控制游客人数，并使用网络注册登记的方法，通过特有的营销方式，形成稀缺的旅游产品，吸引中高端生态游客的关注，并逐步利用高端游客的示范作用。

将自然保护区划分为核心保护区、海岸区和边缘渔村体验区，进行不同功能和不同强度的开发；强调保护的重要性，以生态保护为主，严格控制游客人数；建设自然保护区的信息中心和展示中心，发展环保科普教育；严格控制珊瑚保护核心区旅游项目，以高端小众市场为主，形成生态朝圣的品牌效应；以及小众市场的引导效应；合理发展边缘区域和渔村的体验型旅游产品，仍应控制合理的游客规模，并减少旅游开发对社区的影响，保持原汁原味的自然和社区环境；合理规划和改造部分地方特色珊瑚民居，维持其外部风格，按现代化和生态型改造内部设施，满足高端生态游客的住宿需求。

（六）环水东湾旅游度假区

1. 发展目标

通过旅游产品开发、旅游设施改善和旅游产业链的完善，提升旅游效益和带动作用，使环水东湾旅游区成为：茂名旅游接待服务业的龙头旅游区；粤西滨海最佳旅游港湾；国内知名的滨海旅游目的地；内陆省份游客最喜欢的滨海旅游目的地之一。

2. 规划要点

协调行政区的关系，把水东湾旅游区的旅游资源和产品统一到一个大品牌下进行营销；

完善环水东湾旅游区的旅游道路，提升其景观功能；

重点整合龙头山、虎头山和中国第一滩的旅游资源，综合型的滨海沙滩旅游产品，实现第一滩旅游景区的有效延伸和扩展，提升旅游吸引力和旅游容量；

重新规划第一滩的建设布局，处理好滨海公开空间，近海景观视线和景观走廊，以及重要景观节点的关系；

提升第一滩旅游接待设施的档次和质量，建设一两家高星级酒店或度假型酒店；

开发电白县水东湾沿岸的特色滨海旅游产品，包括水东港渔业体验，特色餐饮和购物旅游。

利用水东湾良好的天然港湾资源，建设帆船帆板、动力艇等体育项目的教学和培训基地，开拓体育旅游市场；

协调关系，开辟第一滩到放鸡岛的旅游线路，有效整合滨海和岛屿旅游资源

（七）放鸡岛海上游乐世界

1. 发展目标

遵循科学有序保护开发的原则，走高端化、精品化和特色化的路子，最终将其建成粤西最富特色的运动主题旅游岛，成为：国内最好的潜水培训和观光旅游基地；国内知名的生态休闲度假旅游岛；广东省最佳海上游乐运动主题旅游岛。

2. 规划要点

以水上运动为主题，以休闲度假为发展方向，构件自身产品体系，逐步形成围绕主题的系列旅游产品和服务；

完善旅游基础和配套服务设施，基础设施包括渔人码头、防波海堤、水下清淤、水电设施、环岛公路、甚至可以建设自己的特色邮局；

完善配套服务设施包括海水浴场、海上游乐活动中心（潜水、滑水、摩托艇、帆船、钓鱼等）、主题和特色住宿、特色餐饮、娱乐购物广场等；

通过举办一些水上运动赛事，以及发展水上表演活动，提高知名度，形成水上运动热潮，从而形成海岛的独特卖点；

完善旅游岛标识解说系统，形成以符合放鸡岛主题的VI系统以及完善的传播途径，不断强化运动休闲旅游的主题。

重视保护岛屿生态环境，控制景区容量，对游客进行生态环境教育，同时开发一些生态体验旅游产品；

发展小型游艇俱乐部，开发高端旅游市场。

（八）祖故里旅游区

1. 发展目标

通过区域自然和文化资源的整合，把六祖故里旅游度假区建设成：国内最知名的佛教文化旅游度假区之一，广东省最有特色的温泉旅游度假区，粤西旅游区最重要的养生旅游品牌之一，云浮市旅游的名片。

2. 布局结构

根据景区资源特点，形成三大旅游片区：

六祖文化核心区。包括国恩寺、六祖故居、龙山温泉等资源，主要通过寺庙、故居、广场等元素展示六祖文化和历史；通过温泉和六祖文化的结合开发禅文化温泉养生概念休闲度假产品。

藏佛坑文化生态旅游区。利用藏佛坑作为六祖修行地点的历史，开拓寺庙素食、修佛、山岳森林养生，野外冥想等禅文化自然康体旅游产品。

神仙谷自然生态旅游区。利用神仙谷良好的生态条件，开拓自然徒步和户外拓展等自然康体养生旅游产品。

. 规划要点

以国恩寺为龙头，整合龙潭寺、藏佛坑、六祖故居等景点，深度挖掘六祖文化的内涵，争取申报成为“国家级非物质文化遗产代表作”；

加快国恩寺申报国家文物保护单位及创建AAAA级景区的工作进度，尽快提升景区知名度；

不断强化六祖文化节的吸引力，丰富六祖文化节的内容，使其成为佛教信教的重要节庆；

围绕六祖文化的开发系列佛教文化养生旅游产品，吸引休闲度假养生市场；

龙山温泉度假区作为整个旅游区的接待服务中心和交通组织中心来建设；

利用“禅+温泉”的概念开发养生温泉产品，温泉产品的升级换代，目前龙山温泉外围环境欠佳，建议重新在生态环境较好的地方重新选址；

重点加强会议、疗养等配套设施的建设，大力开拓商务公务和企业培训市场；

开通龙山温泉、六祖故居、藏佛坑、神仙谷等景区之间的直通巴士，将各景区连为一体，方便自驾车游客、背包族等散客；

完善旅游住宿和其他配套服务设施，提升接待服务水平。

（九）冼夫人文化旅游

1. 发展定位

加大对冼夫人文化的研究、恢复和宣传，挖掘冼夫人文化“民族团结、爱国主义”的精髓，并与茂名和历史文化遗存结合起来，将冼夫人文化发展成为茂名旅游的重要内容，成为粤西文化旅游产品的一个重要吸引点。

2. 规划要点

将分布在高州市、电白县的冼太庙整合起来，串成一条冼夫人文化旅游精品路线，通过宣传包装，形成在全国知名和有广泛影响力的特色旅游线路。

● 冼夫人故里文化旅游区

促进“冼夫人故里文化旅游区”的建设，除按原貌修葺冼夫人墓城、娘娘庙及配套设施；修建冼夫人文化广场、娘娘故居遗址、娘娘井、娘娘塘、娘娘洞、娘娘船只遗址和娘娘练兵场等配套景点；增加体验型的旅游活动，把文化和景观、活动结合起来，以提升文化的旅游功能。

● 高州冼太庙

省级文物保护单位，有浓郁的民族风格和地方风貌，是研究冼夫人的重要史料，又是书法艺术、建筑艺术的精品。要利用江泽民总书记在高州作“三讲”动员时，对冼太庙的瞻仰和讲话为重要历史事实，以此弘扬冼夫人的爱国主义精神，达到教育和启迪后人的目的。完善冼夫人文化公园建设，最终将其建成省内大型的爱国主义教育和冼太文化基地。

● 古电白郡遗址

省级文物保护单位。目前要对该遗址进行保护性开发，保护和修复为主，不断恢复古城墙、西城门、古窑址等遗迹，重现了古城风貌，未来成为游客观光探古、休闲娱乐的好去处。

六、支撑体系

（一）旅游住宿业

以湛江、茂名、阳江、云浮等中心城市和重点景区景点来布局高星级住宿设施服务体系；住宿业在功能结构、经济效益和管理水平方面进入广东省前列。

根据市场需求，改造和新建一批中高档次、有特色的星级酒店及特色酒店，包括度假酒店、商务酒店、会议酒店、主题酒店和经济型酒店等中高档次酒店。

沿海地区配置适当的特色民居旅馆、汽车旅馆及青年旅馆。根据游客量和粤西旅游市场限制床位数量，适时审批条件成熟的家庭旅馆，并规范家庭旅馆的经营管理。北部、中部生态型景区主要配置生态小屋、野外露营基地及汽车宿营地。

关注酒店的内部管理，提高服务质量和控制运营成本。改善原有住宿设施的内部结构，发展重点是提高服务质量，通过改造和建设硬件设施以及提高管理水平等措施满足游客对住宿多样化和个性化的需求。

引进国内外集团酒店管理公司，提升粤西酒店业形象，提高整个行业的管理和服务水平。开拓客源市场，加快资产运营和品牌建设，提高住宿业经济效益。

（二）旅游商品

充分利用丰富的旅游商品资源，加大研发和开发力度，形成特色旅游商品体系。具体包括：土特产品系列、海产品系列、手工艺品系列、花卉植物产品系列、特色邮品和纪念品和旅游知识性商品。

逐步提高游客旅游购物消费的比重，争取近期内粤西旅游的购物收入占其总收入的比重达到25%；中远期（2013－2020年）旅游商品进入精加工时期，在生产工艺、生产率都有极大提高的基础上，增加旅游商品的产品线和产品项目，粤西旅游商品收入占旅游收入总数的比重力争达35%以上。

强化粤西的特色旅游工艺纪念品的研发和生产以及土特产品加工，以几种特色商品和精品打入市场。

加强粤西旅游商品的研究、生产、销售，促进旅游商品产供销的一体化，促进旅游商品的规模化、产业化、有序化，提高旅游商品的销售收入和知名度。

提升旅游食品和土特产品的花色、品质和档次。加强旅游商品的研发与设计，包括商品规模、种类、质地、造型、题材、花色、包装等。积极培植几家旅游商品定点生产企业。培植旅游土特产品和旅游工艺品生产专业村和专业乡。

（三）旅游餐饮

形成粤西旅游餐饮的特色，提高餐饮在旅游业中的收入；发挥粤西餐饮的传统优势并推陈出新，培育更多适应游客品味、档次、质量、风味的旅游餐饮企业；提高粤西餐饮业的知名度，支持湛江申报“中国海鲜美食之都”的工作，并使品尝地方美食成为游客主要休闲娱乐活动之一；加强餐饮业管理，提高餐饮业整体服务水平。

深度开发“湛江鸡”、“粤西海鲜”、“绿色农业食品”、“乡村特色小吃”等系列特色美食，打造粤西各个地方的拳头餐饮品牌。增加餐饮产品中的文化含量、突出餐饮品牌的特色，形成层次分明、特色各异、功能完备的旅游餐饮体系，根据旅游区域特点合理配置中西餐饮。调整餐厅档次结构，合理配置高、中、低档餐馆；制定餐馆的市场准入制，规范管理，优化餐饮环境，严格控制污染；提高餐饮人员的服务质量；加强宣传力度，增加知名度和美誉度。

（四）旅游交通

积极建设公路，完善航空运输，启动铁路和水上生态旅游航道的建设，构建以公路为主，航空、铁路运输、旅游水运为辅的立体交通网络，改善和提升粤西旅游交通的可进入性。

提升湛江机场的级别，新建粤西新机场。增加与台湾直航的航线，增加广州、香港、上海、北京、上海、南宁等主要客源市场的旅游航线，中远期开通针对东南亚和日本的国际旅游航线。

完善区域周边高速公路（广梧高速公路、广贺高速公路、广湛高速公路、沿海高速公路和渝湛高速公路）；新增纵向道路网络，提升原有省道的道路级别，打通山海旅游联系；加固、疏浚324、325和207国道，保证外部交通的稳定性。

兴建珠三角到粤西的高速铁路，开通粤西旅游专列。

紧抓国家加大基础设施投入的历史机遇，进一步改善和提升粤西旅游交通的可进入性。围绕交通干线组织景区开发，形成有特色的旅游线路。

新建和完善县内旅游交通环线和通往景区景点的公路规划及建设，形成整体通达的旅游交通格局。抓住国家实施通乡公路建设机遇，加大干线公路到景区景点连线公路的建设。

改善重要景区的旅游道路，提高其通行能力；打通旅游区与交通集散中心的断头路；在当前已形成的交通骨架基础上进一步加强区内景区与中心城市间、各乡镇间的路网建设，改建主要景区之间的旅游道路；组织合理的交通节点，增开或新开辟相应交通运营线路，解决景区与外部的联系，提高粤西内景区的通达性。

提供层次多样的交通工具和交通服务，最大限度地方便游客。客源市场至中心城市间配置专线巴士、游艇；主要景区（点）内的交通工具为索道、环保车、租赁自行车等；水上旅游线路交通工具为游船、牛皮筏子、小木船、藤网桥、小游艇等。

完善旅游交通配套设施规划。景区停车场建设和规划应结合各个景区各自开发的特点进行，建设体现各个景区特色的生态停车场，并加强人性化设计。完善各交通主干道路标、指示牌建设，增加以景区景点、旅游服务为内容的道路标识 公路沿线选点布置集加油站、汽车维修、快餐、商亭、厕所、公用电话亭等于一体的多功能停车场或游客接待中心。适应散客游、自助游、自驾车游，在湛江市、海陵岛建立游客信息中心。推动信息化管理，提供面向散客的交通服务，以旅游手册、12301 电话热线、短信提示、人员咨询等各种服务方式向游客提供粤西地区和重要景区的旅游交通信息。

（五）旅行社业

与桂东、珠三角、海南、港澳及其他区域联动，拓展地接业务，开拓市场范围；根据游客需求变化，细化和重新设计旅行社产品，拓展地接业务；鼓励旅行社之间的合作，提高旅行社经营管理水平；扶持和培育骨干旅行社，走集团化、网络化之路；鼓励国内外有实力的旅行社到粤西个地设立分支机构，利用这些旅行社的网络营销关系和科学的管理模式拓展客源市场，带动整个目的地的旅游业；抓好旅行社的行业管理工作，加强行业规范管理，提高从业人员素质，改善服务质量。

（六）人力资源

培养数量充足，品德高尚，服务意识强，服务态度好，整体素质较高，相对稳定的旅游从业队伍。建立完善的培训机制，实现对从业人员的定期持续培训。增强旅游教育与培训意识，增加旅游人力资源投入；重点吸引一批高素质旅游管理人才落户粤西；继续推进人才教育培训基地建设；建立培训专家库，完善旅游人才的培训体系；进一步加强旅游人力资源管理规范；科学合理地配置人力资源，降低跳槽率。

（七）旅游信息化

融入广东省旅游信息综合服务平台：基于互联网技术和3G 技术，实现旅游信息展示、旅游产品交易、旅游行业监督功能。积极融入旅游信息综合服务平台有利于促进区域信息化协调发展，以实现全省旅游信息化共享。

完善粤西旅游信息系统：整合粤西地区各城市已有的旅游网站，建立统一的网络宣传平台，增加交通、住宿方面的网络信息，实现信息的共享，从而增加网络所能提供的信息量。缩短网络信息的更新周期，加速信息的流动速度，使网络和旅游者之间的交互功能进一步强化，避免因为信息过期导致游客决策失误，从而影响粤西的旅游形象。

建设粤西旅游电子商务系统：旅游电子商务系统提供以下功能：旅游信息查询（地区旅游资源介绍、食宿设施、对内对外交通、天气状况、保险与医疗状况等）、旅游预订（民航、铁路、酒店、旅行社等）、网上支付（旅游预订之后，通过信用卡或银行转账进行网上付款）、网上结算（旅游企业之间业务往来的资金结算）。

建设粤西旅游管理信息系统：以网络技术为建立背景，直接联系各级地方政府（社区代表）、行业主管和行业协会、旅游企业（包括景区、景点）、相关行业和学术机构。提高即时交流管理信息和应对突发事件的能力。

七、市场营销

（一）市场规模预测

总体趋势：粤西地区的游客总量总体呈现增长的趋势。近期（2008－2012 年）呈高速增长之势，中远期（2013－2020 年）呈稳定增长之势。

表 7－1　客源市场规模预测　　单位，万人次

	2012		2015		2020	
	增长率	规模	增长率	规模	增长率	规模
国内市场	10%	2660	6%	3170	6%	4240
国际市场	20%	77	10%	102	10%	165

应当指出的是：以上预测是在目前经济较为不稳定，以较为稳妥的态度进行的，并以整个广东省的旅游发展趋势为控制因素，但现实中旅游业的发展必然会受到各方面的种种影响，因此未来的市场规模不排除出现较大变化的可能。

（二）目标市场及定位

表 7－2　重点区域目标市场选择

重点区域	地域范围	重点城市	目标市场
港澳	香港、澳门地区	香港	滨海度假市场；自助游市场；软式探险；特殊兴趣市场；文化旅游市场
珠三角	珠三角：包括深圳、惠州、东莞、广州、佛山、肇庆、江门、中山、珠海九个城市	广州、深圳	滨海度假市场；徒步旅游；软式探险；生态徒步市场；特殊兴趣市场
桂、琼	海南省的海口、广西的南宁及桂东地区玉林、贵港、贺州、梧州	海口、南宁	徒步旅游；软式探险；生态旅游市场；特殊兴趣市场

（三）旅游形象策划

1. 整体形象定位

根据形象感知要素的分析，提取“滨海”、“生态”作为基本要素对粤西旅游形象进行总体定位。根据市场发展趋势分析，粤西能够在市场上具有竞争力的形象产品元素是“休闲”、“养生”、“度假”，将粤西形象的本底元素和市场需求元素综合考虑，可以将粤西旅游总体形象定位为：兼具神秘色彩和休闲养生的休闲度假旅游目的地。

对粤西旅游的整体形象定位如下：

魅力粤西——滨海度假胜地、生态休闲之都、特色文化之乡。

旅游形象和宣传口号的分层设计

根据旅游功能分区，粤西可以分为南部沿海、中部、北部三大旅游板块，三个旅游板块的资源禀赋与交通条件不同，旅游发展的程度不同，不同的区域应该在整个粤西的统领下有分别具备自己的独立旅游形象。

表 7－3　三大板块旅游形象定位和旅游宣传口号

板　块	旅游形象定位	旅游宣传口号
南部沿海旅游板块	以海滨度假和滨海城市旅游为特色	滨海度假/休闲粤西
中部旅游板块	以自然生态和温泉为特色	原生态/神秘粤西
北部旅游板块	以自然生态和宗教文化为特色	休闲养生/体验粤西

（四）旅游营销

1. 将市场营销研究纳入常规工作

借助各种研究力量，建立市场调研的科学体系，对潜在旅游群体的基本情况、消费偏好及行为特点；营销措施的绩效评估；区域内竞争者的经营战略、营销战略和促销活动等进行日常化、体系化、长期化的研究，从而提高对市场进行研究和监控的能力，增强宣传促销的针对性和时效性，提高对市场的预测和应变能力。

2. 围绕区域品牌实施联合营销

树立大旅游观念，采取区域联合营销，实行横向联动机制，形成整体营销合力，共同打造“最佳海滨度假旅游目的地”和“生态休闲度假旅游区”的目的地品牌形象，开发国际国内客源市场。

3. 重点营销，梯次启动市场

旅游产业的特点使其促销工作需要面临不同市场区域、不同经济阶层、不同消费偏好的旅游者，需要宣传旅游目的地形象和各种类型的旅游产品。重点促销主要是指促销工作应该集中在重点的目标客源市场上，优先启动重要的客源市场，持续集中进行促销努力，避免“地毯式轰炸”。

4. 建立高效的旅游营销渠道系统

发挥旅行社的主渠道作用，邀请主要旅游客源市场的旅游批发商来对旅游线路进行实地考察。加强在海内外主要客源地建立持续、稳定的分销系统，主动争取建立并维持与海内外批发商密切的合作关系，逐步在主要客源地设置宣传促销窗口。出版粤西自助旅游的手册、地图，建设自助游网站，完善各种自助游服务终端。与中国国家地理等杂志或科研院所合作，进行科学考察和介绍；选择促销的媒体，针对潜在的客源市场投放，注重在有深度的刊物和科学杂志上刊登。

5. 建立区域旅游联合网络营销平台

结合旅游信息化工程，建立粤西滨海度假的联合网络营销平台，申请一级国际域名，对原有粤西地区的旅游目的地营销系统进行在粤西滨海和山地休闲度假品牌之下的联合和提升。推出英、日和中文繁体版的粤西旅游目的地网站，作为粤西旅游区网络营销的主渠道；建立粤西旅游区网络数据库，提供全面、及时、准确、权威、实用的旅游信息；提供粤西度假旅游区内小型社区旅游接待点的信息发布平台，促进社区旅游接待信息权威发布网络的生成。

6. 安全和谐、绿色营销

以自然生态和人文生态的保护作为经营哲学思想，以绿色文化为价值观念，以绿色消费为中心和出发点，努力开展绿色经营，注重经营活动与自然、社会环境的关系，谋求社会经济生态的可持续发展。

八、区域合作

（一）与珠三角西部的旅游合作

粤西旅游区旅游资源和珠三角西部有一定同质性，又有自己的特色。应该依托珠三角西部临近客源市场的优势，利用自身资源特色，延伸核心珠三角地区的省内旅游线路：

● 促进与珠三角西部的肇庆市区、佛山的三水、高明、江门的鹤山、新会、开平台山恩平等地的合作，形成小范围和小环线的组合产品，实现与珠三角的旅游整合。

● 利用珠三角市场的求新求异的特点，借鉴现有景区开发的成功经验，进行旅游产品开发和创新，实现跨越式发展。

● 促进和珠三角西部地区的营销合作，通过旅游合作会议来进行资源整合和共享两地客源。

● 通过粤西腹地的旅游发展，提升珠三角西部旅游的组织和接待服务功能

（二）与环北部湾地区的旅游合作

环北部湾区域主要包括广西北部湾经济区的北海、防城港、钦州、南宁、崇左、玉林6市，广东省雷州半岛的湛江、茂名，海南省的海口、三亚，以及越南北部地区。

环北部湾地区旅游资源具有较强的相似性，旅游产品不可避免地将产生竞争。除下龙湾的异国文化具有优势外，我国的广西、广东和海南三省的旅游产品开发都较为雷同，但海南由于气候条件优越，具有一定优势，而广西由于是省会城市南宁所在，政策和经济环境又有一点的优势。

粤西在这个经济圈中处于相对劣势，其优势在于相对靠近珠三角和港澳经济圈这个巨大的消费市场。目前由于粤西的茂名、湛江旅游产品开发相对落后，交通时间成本较高，而越南的旅游成本低，文化差异性大，因此更多的游线组织是从海上和空中通道，直接通过三亚和广西北海，进入越南，形成了粤西较为尴尬的局面。

粤西应加强与北部湾地区的旅游合作，主要策略包括：

● 整合环北部湾资源，使茂名和湛江共享北部湾跨国旅游圈的形象。

● 重点开发本地旅游项目，提高自身旅游吸引力。

● 改善与珠三角的交通联系，发展快速轨道和支线机场。

● 增强与越南的合作，使粤西成为跨国旅游的中转站，与广西、海南的近邻效应竞争。

● 发展自驾车旅游，强化靠近珠三角市场的优势。

● 加强与海南、广西的合作，开展长线自驾车旅游。

● 远期实现区域整合，环北部湾两国四省游环线。

（三）与桂东的旅游发展合作

桂东的梧州是广东进入广西旅游两个重要通道的主要节点，随着广梧高速和广贺高速的全线开通，通过旅游协作有利于形成这一区域的良好发展，未来要做到：

● 发挥粤西在近邻桂东的优势，成为广东游客进入广西旅游的中转站和桥头堡；

● 通过与广西的资源和文化互补，促进两地资源整合和市场共享。

● 深度开发与广西资源类似产品，利用经济的相对发达和靠近市场，形成替代性竞争效应。

● 利用桂林、阳朔等国内一流旅游地的知名度，进行产品组合，从而提高景区知名度，并通过完善设施和服务，改变游客在两地的停留之比。

● 主动促成两省交界区域交通条件的尽快改善，延伸旅游线路长度。

九、实施

（一）鼓励和支持旅游基础设施建设

加大政府导向型投入，加大旅游基础设施建设，优先安排至旅游景区景点的交通道路改造与建设，优先安排景区景点用电用水、给排水、通讯等公共设施建设项目，改善旅游业发展环境。

深化旅游基础设施投资机制改革，制定鼓励外资和民间资本介入旅游基础设施建设的政策，政府给予税收优惠等政策，鼓励和支持旅游基础设施建设的BOT投融资模式。

优先支持直接面向游客的综合环境整治项目，加大景区景点生态环境保护、污染防治项目投资力度，对于旅游生态环境保护与绿化用地给予土地利用优惠政策。

（二）吸引珠三角资本转移和其他外来投资

选择和包装一批具有较好发展潜力的旅游项目，吸引珠三角资金转移。

做好招商项目的前期立项、资源普查，明确地块红线，改善基础和配套设施水平，提高项目招商的吸引力，缩短招商周期。

形成合作区的招商共识，避免招商中因相互竞争而损害地方利益。

为外来投资创造良好和高效的行政服务质量。

（三）鼓励和支持旅游产业链延伸和产业联合

鼓励与旅游相关的加工业发展，对于投资旅游商品加

工的企业采取地价与水电价格优惠、土地出让金返还以及各类行政事业性收费包干等办法予以优惠。

鼓励旅游纪念品开发的研制、设计、加工；鼓励以本地原材料为原料的旅游农业和土特产品加工业。

鼓励地方特色农业、工业和知名商品品牌发展各种形式的旅游活动，开发一系列有较高附加值的旅游商品。

（四）拓展国内国际旅游市场

鼓励国内旅游市场拓展与入境旅游市场开拓，制定外联客源奖励政策，对于区内外旅行社等中介组织按其外联业务量实行“基础佣金+奖励佣金”制度。

促进旅游景区和大型旅游中介机构的资源整合，通过旅游产业纵向一体化提升景区的市场营销能力。

整合区域人力物力，增加对外旅游宣传促销经费，支持、组织和引导各旅游企业参加国内国际展示展销、经贸洽谈活动。

制定促进旅游信息网络发展的优惠政策，加快旅游信息网络化发展，规范旅游信息，并提升网络信息搜索和网上预订能力。

（五）整合与参与区域合作

实施整合营销的政策，整合各级政府、各旅游企业力量，创造对外宣传促销的合力。

深化目前已有的区域内部以及与外部的旅游区域合作，包括“两广十市”、“泛北部湾”、“泛珠三角”、“中国—东盟”，实现出游无障碍。

重新整合粤西区域内部资源，统一区域品牌，如“粤西3市滨海旅游协作区”、“粤西2市乡村生态旅游合作区”、“粤西4市山海泉休闲旅游区”。

鼓励区内不同归属的景点和旅游企业的整合，建立以资产运营为纽带的旅游企业集团。

（六）鼓励社区参与旅游开发

鼓励地方社区参与旅游开发和旅游接待服务，强化旅游对当地社区经济的促进，提高旅游扶贫的效果。

鼓励旅游投资企业吸引当地劳动力参与旅游服务，对大量吸纳地方劳动力的旅游企业给予一定的优惠和奖励政策。

科学制定社区居民参与旅游开发和服务和规则，避免旅游开发的无序和不正当行为。

广佛肇旅游发展专项规划

（摘要）

第一章　规划编制背景分析

一、规划编制政策背景

为深入贯彻落实《珠江三角洲地区改革发展规划纲要（2008—2020年）》，以广州佛山同城化为示范，打造广佛肇经济圈，促进珠江三角洲地区一体化发展，广州、佛山、肇庆三市共同签署了《广佛肇经济圈建设合作框架协议》。《框架协议》明确提出，在省的协调指导下，以战略思维和整体理念推进一体化发展规划，引领广佛肇经济圈全面协调可持续发展。在规划对接方面，《框架协议》特别强调了三市应联合开展广佛肇经济圈重大战略问题研究，在交通运输、产业协作、环境保护、旅游合作、教育培训等重点领域开展合作，并联合编制专项规划；重点探索建立三市城乡规划一体化机制，联合开展重大设施衔接规划、重点地区整合规划和城乡一体化规划；加强三市发展战略、经济社会发展规划、城乡规划、土地利用规划等重大战略和规划的衔接协调，增强一体化发展的协调性和整体性。建立编制实施广佛肇一体化规划体系的统筹机制和政策机制。

在旅游合作领域，《框架协议》重点强调了建立广佛肇旅游一体化合作机制，共同打造广佛肇经济圈旅游品牌，实现三市旅游资源共享、信息共通、品牌共建、市场共管、客源互动。

在此背景下，广州、佛山、肇庆三市旅游局于2009年6月签署了《“广佛肇旅游一体化”合作框架协议》，着力解决三市旅游业合作在行业管理、市场宣传推广、旅游规划、旅游资源开发和整合、旅游人才交流培训等方面需协调、协商和推进的重大问题。其中，三市旅游局联合编制《广佛肇旅游发展专项规划》成为三地旅游一体化合作的一个重要内容。

二、区域旅游产业发展现状

（一）广佛肇区域旅游产业总体情况

（二）各市旅游产业发展情况

三、区域旅游协作发展回顾

广佛肇旅游协作始于2004年，为贯彻落实“9＋2”《泛珠三角区域合作框架协议》，由广州、佛山、肇庆、桂林、贺州、梧州六市旅游局在桂林签定了《两广六市旅游协作协议书》，结成两广六市旅游联盟。六市建立了旅游协作联席会议制度，共同打造跨区域无障碍旅游区，在全国产生了很大的影响。与此同时，“广佛肇”旅游合作也在景区建设、游客互送、保障机制、经验交流等多方面取得了一些进展。

2008年，国务院审议通过的《珠江三角洲地区改革发展规划纲要》（2008－2020年），将广佛区域合作明确为广佛同城化发展。为顺应这一新的形势和要求，广州、佛山两地旅游局通过整合景区资源，共同推出了“广佛同城旅游一卡通”，持卡人在加盟的旅行社、酒店、景区等旅游企业消费可以享受折扣优惠。

2009年，广州、佛山、肇庆三市旅游局又进一步签署了《广佛肇旅游一体化合作框架协议》。根据协议，广佛肇三市旅游局建立联席会议制度，解决三市旅游业合作在行业管理、市场宣传推广、旅游规划、旅游资源开发和整合、旅游人才交流培训等四个方面需协调、协商和推进的重大问题，以促进广佛肇三地资源共享，优势互补，客源互送，利益互惠。同时在“广佛同城旅游一卡通”基础上，三地共同发行了“广佛肇旅游一卡通”，以共同构建城际旅游大联盟。

总体来看，广佛肇三地旅游协作已经具有了良好的基础。但三地旅游协作的形式还较为松散，旅游协作缺乏统筹规划和长效机制，还需要在未来的发展过程中进一步完善和深化。

四、与相关规划的衔接要求

（一）《珠江三角洲地区改革发展规划纲要（2008—2020年）》

（二）《广佛同城化发展规划（2009－2020）》

2009年12月，广州佛山两市市委、市政府联合发布了《广佛同城化发展规划（2009－2020年）》，明确提出要全面加强与肇庆合作，提高广佛肇经济圈的竞争力和辐射带动力。深化与深莞惠、珠中江经济圈的衔接和协作，共同打造具有较强国际竞争力的都市圈。

《规划》提出了“一核强化、两脊两带携带、多极带动”的空间发展布局思想。即以广州中心城区和佛山中心组团共同构筑广佛核心区，以花都—白云—广州中心城区—南海—番禺—顺德—南沙等一带构成的南北发展脊，以增城南部—萝岗—黄埔—广州中心城区—佛山中心组团—三水—肇庆中心城区为东西发展脊，以街口—新华—西南—端州一带为北部发展带，以龙穴岛—黄阁—大岗—容桂—九江—荷城一带为南部发展带。

（三）《珠江三角洲产业布局一体化规划（2009－2020年）》

2010年7月30日，广东省人民政府办公厅印发了《珠江三角洲产业布局一体化规划（2009－2020年）》，是指导珠三角地区产业一体化发展的重要规划，对珠三角地区旅游服务一体化以及各市旅游发展重点方向、重要领域提出了明确要求。

《规划》提出：广州率先建设成为具有世界先进、国内一流水平的旅游中心城市，建立大型现代化游客集散中心，重点发展现代都市风貌风情、商务、节庆、文体、主题公园及现代工业、生态农业、医疗保健、娱乐休闲等产品；佛山重点发展都市型时尚休闲产业，积极打造岭南文化旅游基地。肇庆以城区为中心，重点发展养生、森林、体育、文化等新型旅游产业基地，建成具有国内外影响的国际化休闲旅游之都。

第二章　区域旅游一体化发展条件分析

一、旅游发展趋势分析

（一）旅游消费已经进入大众化时代

（二）休闲度假将成为居民旅游消费的主流趋势

（三）个性化旅游需求推动旅游产品走向主题化

（四）信息技术对旅游业的影响日益明显和深入

二、优势条件

（一）区域内部交通基础设施发达

（二）旅游资源各具特色，互补性强

（三）市场消费水平高，旅游消费潜力巨大

（四）三地文化渊源深厚，有利于打造旅游目的地整体品牌

三、制约因素

（一）城际旅游交通功能不够完善

（二）公共旅游服务均等化仍然存在区域障碍

（三）旅游目的地整体形象缺乏特色

（四）旅游联合营销尚未有效整合

（五）旅游管理和服务水平参差不齐

第三章　规划指导思想、目标与期限

一、规划指导思想

以科学发展观为统领，立足广佛肇三地自然、历史、人文和旅游市场特点，围绕广佛肇旅游一体化这一总目标，以突出优势、强化特色、打造精品、塑造品牌为指导思想，以市场为导向，促进三地旅游资源和旅游市场的有机融合，增强三地旅游发展活力，力争在国内独树一帜，打造鲜明的旅游目的地形象。

二、规划目标

根据《珠江三角洲地区改革发展规划纲要（2008－2020年）》精神，按照《广佛肇经济圈发展规划》总体要求，改革创新，开拓进取，以世界眼光谋划广佛肇三地旅游发展大格局，塑造广佛肇旅游区整体品牌形象，实现广佛肇旅游区一体化发展目标，并将广佛肇旅游区建设成为国内知名并具有区域性国际影响力的旅游目的地。

通过广佛肇三地旅游一体化协作，实现以下具体目标：

1. 旅游开发布局一体化。加强三地旅游规划衔接，合理安排旅游功能分区，实现区域旅游开发一体化。

2. 旅游市场营销一体化。打破行政区域界限，塑造整体品牌形象，共同开拓旅游市场，实现区域旅游市场营销一体化。

3. 旅游环境建设一体化。完善旅游大环境建设，保障区域内游客的无障碍通行，实现区域旅游环境建设一体化。

4. 旅游市场管理一体化。建立健全旅游市场管理协调机制，统一规范服务质量管理和产品等级评价体系，实现区域旅游市场管理一体化。

三、规划期限

本项规划的期限与《珠江三角洲地区改革发展规划纲要（2008－2020年）》相衔接，规划期定为2011年至2020年，分为近期和远期进行建设。

近期：2011年——2015年

远期：2016年——2020年

第四章　区域旅游整体形象和品牌营销规划

一、区域旅游文脉特征分析

（一）广州文脉特征分析

1. 广府文化发源地

2. 历史文化传承地

3. 对外贸易起源地

4. 现代都市示范地

（二）佛山文脉特征分析

1. 广府文化发源地

2. 狮艺武术之乡

3. 粤菜美食传承地

（三）肇庆文脉特征分析

1. 历史上的岭南重镇

2. 西江流域的生态明珠

二、旅游形象受众基础与旅游形象现状分析

（一）省内市场的认知

（二）国内市场的认知

（三）海外市场的认知

三、区域旅游整体形象定位

（一）原有品牌形象基础分析

（二）广佛肇旅游整体形象定位

“多彩广佛肇，岭南真味道”

这一定位涵盖了以下几方面的涵义：

1. 广佛肇三地的自然景观和人文风貌都带有鲜明的岭南元素烙印。

2. 广佛肇文化是岭南文化的精华和代表。

3. 以岭南元素为主线，有利于提高广佛肇旅游目的地形象的市场感知度。

（二）分品牌形象定位

1. 广州旅游形象定位：岭南商都，千年羊城

2. 佛山旅游形象定位：狮舞岭南，传奇佛山

3. 肇庆旅游形象定位：国砚名都，山水肇庆

四、广佛肇区域旅游品牌营销规划

（一）区域旅游品牌营销总体战略

（二）区域旅游品牌整合营销载体建设

（三）区域旅游形象传播与推广策略

1. （请注意标点符号，下同）旅游形象广告传播

2. 旅游节事活动传播

3. 公共关系传播

第五章　区域旅游资源整合一体化规划

一、区域旅游资源开发现状分析

（一）区域旅游资源开发特点

1. 旅游资源开发已有一定广度和深度

2. 旅游服务配套体系基本形成

3. 形成了多元化旅游开发格局

4. 旅游资源开发的区域特点基本得到体现

（二）区域旅游资源开发存在的问题

1. 区域旅游资源开发各自为阵

2. 旅游文化挖掘不够

3. 旅游资源保护的压力依然严峻

4. 旅游配套体系有待进一步完善

二、区域旅游资源优势评价

1. 文化旅游资源具有突出的代表性

2. 山水生态旅游资源具有鲜明特色

3. 现代都市景观和购物娱乐产品地位突出

4. 节事与人文活动旅游资源具有远程吸引力

三、区域旅游资源开发空间格局

（一）区域旅游资源开发指导思想

（二）区域旅游主体功能区规划

1. 广州都市旅游核心圈

2. 广佛岭南文化核心圈

3. 肇庆山水文化核心圈

4. 环城度假带

（三）分区开发重点

1. 广州都市旅游核心圈资源开发重点

2. 广佛岭南文化核心圈资源开发重点

3. 肇庆山水文化核心圈资源开发重点

4. 环城度假带资源开发重点

第六章　区域旅游产品开发一体化规划

一、旅游产品一体化开发指导思想和原则

（一）旅游产品一体化开发指导思想

（二）旅游产品一体化开发的原则

1. 科学发展的原则。

2. 市场导向的原则。

3. 突出特色的原则。

4. 整合创新的原则。

二、旅游产品差异化开发重点

（一）现代都市系列旅游产品

1. 主要资源依托

2. 市场定位

3. 系列都市旅游品牌组合

（1）国际都市主题品牌

（2）千年商都主题品牌

（3）现代会展主题品牌

4. 开发要点

（1）打造城市 RBD。亮化、美化城市游憩、商业中心区，提升休闲游憩功能，凸显文化内涵，打造城市 RBD。

（2）提升水上游线路价值。深度开发以珠江游为主的岸线观光旅游产品，打造珠江游精品。

（3）挖掘文化内涵。

（4）加强无门票景区的旅游管理。强化游客管理，维护都市休闲旅游秩序。

（5）加强会展的配套与管理。

（6）完善公共旅游交通服务以及交通标识系统。

（二）岭南文化系列旅游产品

广佛肇三地都属于岭南文化发源地，但所体现出的岭南文化特色各有不同。广州以历史文化、海丝文化、岭南建筑、美食最具代表性，佛山以狮艺武术、岭南建筑、民俗、美食最具代表性，而肇庆相对于广佛两地来说，岭南文化特色相对薄弱。因此，岭南文化旅游产品的开发应以广佛为重点，以肇庆为补充，并打造若干文化旅游精品。

1. 主要资源依托

（1）反映广州 2200 多年建城历史的古迹遗址以及中国

近代革命策源地的史迹遗址；

（2）反映中国海上丝绸之路起点的遗址遗迹；

（3）反映岭南建筑特色的古建筑遗存；

（4）反映岭南地区民风民俗特色的节庆活动及美食文化。

2. 市场定位

基础市场：广东省内居民观光休闲客源市场。

核心市场：广东省周边4－5小时车程范围内的湘桂琼黔鄂赣闽以及港澳台观光度假市场，海外华人华侨市场。

机会市场：国内外商务公务客源市场。

3. 系列岭南文化旅游品牌组合

（1）“千年羊城”主题品牌

（2）“红色旅游”主题品牌

（3）“海丝文化”主题品牌

（4）“岭南建筑”主题品牌

（5）“岭南民俗”主题品牌

（6）“狮艺武术”主题品牌

（7）“岭南美食”主题品牌

（8）“端砚文化”主题品牌

4. 开发要点

（1）配合广东文化大省的建设，加快文化产业的开发建设，使广佛肇成为岭南文化展演的大舞台；

（2）旅游、文化、城建等部门通力合作，加快对传统文化旅游资源的发掘、整理、保护、修复；

（3）加强对重点文化旅游产品的开发、推介，如完善旅游配套设施、培养旅游人才、旅游资源的深度开发、参观展示解说手段的多样化等，增强对游客的吸引力，其中重点是传统岭南建筑、近现代革命史遗迹、遗址；

（4）加大歌剧院、艺术中心、博物馆等文化旅游资源的开发力度，合理利用大学城、高等学校文化资源；

（5）利用名人效应，规划设计佛山武术文化博物馆，利用佛山众多的武馆和武术团体办好“佛山武术文化节”，扶持武术学校、武馆建设，弘扬中华武术文化，打造佛山武术文化旅游的特色品牌。

（6）打破行政区域界限，广佛两地利用各自的营销平台，整合两地资源，联合举办美食、民俗等节庆活动，引导美食街区积聚发展。

（三）休闲度假系列旅游产品

1. 主要资源依托

2. 市场定位

3. 系列休闲度假旅游品牌组合

（1）“温泉度假”主题品牌

（2）“山水观光”主题品牌

（3）“娱乐度假”主题品牌

（4）“乡村休闲”主题品牌

（5）体育度假主题品牌

4. 开发要点

（1）注重规划，生态优先。

（2）突出开发的主题和特色。

（3）注重处理好社区各种关系。

（4）规范和提升旅游服务水平。

（5）营造良好环境。整治度假区周边的环境，营造良好的度假休闲氛围。

（6）注重绿色、低碳度假。

三、旅游产品联合开发重点

（一）走读广佛肇岭南名郡旅游线

1. 产品特色

2. 线路组合

3. 市场定位

4. 开发措施

（二）体验岭南名人文化之旅

（三）广佛肇轻轨自助旅旅游线

（四）广佛肇岭南山水观光游

（五）广佛肇岭南乡村体验游

第七章　区域旅游客源市场开发一体化规划

一、广佛肇区域旅游客源市场开发现状分析

（一）广州市旅游客源市场特点分析

◆　从入境旅游者消费特点来看，入境旅游者以商务游客人均停留时间最多，达3.7天，人均花费也高于平均花费水平；而会议游客人均停留时间仅为2.4天，远低于平均停留时间。

◆　从国内客源分布来看，广州市的国内旅游者以省内、邻近省份、以及经济发达省市游客居多。在外省游客中，湖南省游客所占比例超过10%，远高于其他省市，而东北和西北地区省市游客则明显偏少，其余省市的游客则分布相对均匀，游客分布的地域范围广泛。

◆　而从国内游客消费特点来看看，国内游客来穗以休闲/观光/度假、商务会议、探亲访友为主，但商务会议游客的人均花费水平还低于休闲观光度假游客。尤其是会议游客的人均花费水平严重偏低，还有很大提升空间。

（二）佛山市旅游客源市场特点分析

◆　作为珠三角经济发达城市，佛山每年接待旅游者数量规模巨大，其中过夜旅游者比例约占30%，一日游客占据主导地位。过夜旅游者中，接待过夜海外旅游者占过夜旅游者总数的11.8%。（表7－6）。

◆　入境旅游者中港澳台游客占了80%以上的比重，反映了粤港澳台间的旅游互动，特别是商务旅游、探亲旅游的互动交流频繁；受广州辐射，外国旅游者也以东亚日韩、东南亚新马泰、南亚印度、大洋洲澳大利亚、美洲美

加、欧洲英法德意等国游客为主。例如：2006、2007 年来佛外国游客前十位依次为日本、韩国、美国、马来西亚、意大利、英国、德国、印度、澳大利亚、新加坡。

◆ 国内旅游者、入境旅游者目前主要还是以商务旅游、观光旅游、探亲旅游为主，深度休闲旅游不够成熟。

◆ 佛山毗邻广州，2009 年接待过夜国内旅游者人数相当于广州的 22.4%，但接待过夜外国人仅相当于广州的 6.8%，说明佛山受广州的旅游辐射还远远不够，需要针对来穗游客以广州为中心或平台进行深度营销。

（三）肇庆市旅游客源市场特点分析

◆ 游客增长速度较快，2005 年 - 2009 年，城市接待旅游者总人数年均增长 13.4%，接待过夜旅游者人数年均增长 13.2%。

◆ 入境游客中，港澳游客占绝对优势，外国游客所占比例较低。

◆ 从国内游客市场结构来看，省内游客份额占绝对优势，外省游客以邻近的广西、湖南、海南所占比例较大。

◆ 从国内游客消费特点来看，游客人均消费水平明显低于广州。

二、广佛肇区域旅游客源市场一体化开发的指导思想

（一）指导思想

充分发挥广佛肇三地旅游资源亲和度高、互补性强的特点，通过整合三地旅游资源，策划包装三地整体旅游形象，共同开发客源市场。客源市场的开发应该树立区域外部市场和区域内部市场"两个市场"的概念，坚持"外部市场扩规模，内部市场挖潜力"，两个市场同时抓，尤其是要重视将三地现有的潜在客源市场互相转换为现实的客源市场，真正实现三地客源共享、市场互补。

（二）开发理念

1. 立体开发。
2. 梯次开发。
3. 互动开发。
4. 深度开发。
5. 借势开发。

三、广佛肇区域旅游客源市场定位

（一）国内目标客源市场

基础市场：广佛肇区域内本地客源市场。

核心市场：距广州 4 - 5 小时车程范围内的区域客源市场，包括：省内客源市场；港澳台客源市场；以广东西部通道（高速公路、南广铁路、西部沿海铁路）为纽带的粤桂琼黔客源市场；以广东北部通道（武广高铁、京九铁路、高速公路）为纽带的粤湘鄂赣客源市场；以广东东部通道（厦深铁路、高速公路）为纽带的粤闽客源市场。

机会市场：长三角地区、环渤海地区，中国其他省市区。

（二）国外目标客源市场

一级市场：东亚日韩、北美美加、东南亚新马泰印尼等。

二级市场：大洋洲澳新、欧洲英法德意等。

三级市场：南亚、中东、非洲、拉美、东欧等。

四、广佛肇外部旅游客源市场一体化开发策略

（一）国内客源市场开发策略

1. 省内客源市场开发策略

——在省内电视媒体大力推介广佛肇旅游新形象，利用"后亚运效应"积极扩大省内市场。

——依托三地的特色旅游产品，设计广佛肇精品旅游线路，加强对省内旅行社的营销力度。

——利用珠三角轻轨网络，加强旅游交通衔接，并在主要车站免费派发旅游宣传资料。

——加大"广佛肇一卡通"优惠措施力度，并向省内客源市场免费派送。

——借助广州作为广东省府，以及广佛肇作为广府文化中心地、起源地地位，积极开展"广东人游广州"、"广东人游广府"活动。

2. 港澳台客源市场开发策略

——依托港澳台地方电视台宣传岭南文化特别是广府文化，以及改革开放来广东经济成就；近期需要积极宣传"后亚运"的广州新形象、新变化；从而借助地理、经济、文化联系，以及政治、社会差异，进一步开发商务、探亲、观光旅游市场。

——完善广佛肇一体化的旅游信息网，并与港澳台主要旅游网站形成顺利连接。

——与港澳合作，在台湾主要城市设立粤港澳特别是大珠三角旅游信息咨询中心，合作开发台湾市场。

——鼓励粤港澳台旅行社互动，加强对港澳台旅行社的营销力度，积极组织港澳台客人入粤入穗旅游；鼓励出境港澳台的广东游客积极宣传促销家乡。

——远期积极促进粤港澳台四地城市旅游互动，形成联盟，互换市场，互利共赢。

3. 西部粤桂琼黔客源市场开发策略

——依托岭南地理、岭南文化（桂、琼）与泛珠三角经济（桂、琼、黔等）的联系，开展"岭南人游珠三角或广州"，"泛珠人游珠三角或广州"的活动，近期积极宣传"后亚运"的广州新形象、新变化。

——定期在广西桂林、海南三亚等国际旅游热点城市开展宣传促销活动，吸引国内外客人入粤入穗旅游；特别是依托未来桂林到广州的高速公路、铁路，促进国内外客人在桂林与广州间的旅游流动。

——深化"两广六市"区域协作，打造粤桂、粤琼自驾车黄金旅游线；远期促进休闲绿道向桂（如桂林、南宁、

北海）延伸，发展绿道休闲旅游。

——鼓励粤与桂琼黔旅行社互动合作，形成网络，并将广佛肇三市纳入相关旅游线路，互送客源。

4. 北部粤湘鄂赣客源市场开发策略

——依托岭南文化与湖湘文化、荆楚文化、赣文化差异，以及泛珠三角经济（湘、鄂、赣）的联系，开展“泛珠人游珠三角或广州”的活动，近期积极宣传推介“后亚运”广州的新形象、新变化。

——积极利用武广高铁机遇，针对高铁沿线主要城市（如郴州、衡阳、长株潭、岳阳、武汉）开展宣传促销活动，近期积极宣传“后亚运”广州旅游休闲。

——依托改革开放后湘鄂赣在粤劳务输出所形成的新客家人，主打亲情牌，积极开拓探亲访友市场。

——鼓励粤与湘鄂赣旅行社互动合作，形成网络，互送客源。

5. 东部粤闽客源市场开发策略

——依托闽粤地理、文化（客家文化、福佬文化）、经济（泛珠三角）联系，开展“泛珠人游珠三角或广州”的活动，近期积极宣传“后亚运”广州新形象、新变化。

——将广州纳入“千里客家文化长廊”（广州、深圳 - 河源 - 梅州 - 龙岩 - 赣州）、东部滨海自驾游旅游线路。

——鼓励闽粤旅行社互动合作，形成网络，互送客源。

——远期将海峡经济区主要城市（如厦门、福州）作为广佛肇旅游促销重点，并进一步加强对台湾市场的旅游促销。

6. 机会客源市场开发策略

——借助“后亚运”广州新变化、新形象，制作广州新形象宣传篇，在央视媒体大力宣传推介广州旅游休闲。

——在长三角、环渤海、蜀渝等地区省府城市或直辖市电视台积极宣传后亚运广州新形象、新变化。

——联合制作广佛肇休闲旅游宣传资料，借助旅游信息咨询中心、星级酒店、旅行社、休闲广场等场所免费派发；重点针对来穗商务公务市场，在商务酒店、公务酒店免费取舍，将商务公务市场转化为休闲度假旅游。远期联合建设广佛肇休闲旅游信息网络，利用互联网络、触摸系统实现休闲旅游信息传播。

——针对我国东北、华北、西北地区主要城市，建议每年冬季促销“南国避寒旅游”。

（二）国外客源市场开发策略

1. 观光度假市场

2. 商务公务市场

3. 华人华侨市场

五、广佛肇内部旅游客源市场一体化开发策略

（一）互相推介广佛肇三市客源市场

（二）合作推动广佛肇城乡旅游互动

（三）深入开发广佛肇城市休闲客源

第八章　区域旅游大环境建设一体化规划

一、区域旅游大环境现状分析

（一）旅游交通环境

（二）旅游资讯环境

（三）社会生活环境

（四）职业素养环境

二、区域旅游大环境一体化建设指导思想和目标

（一）指导思想

旅游大环境是由诸多要素共同构成的，但由于广佛肇三个城市在行政区划上是相互独立的，旅游大环境建设在一定程度上受到行政区域的限制。因此区域旅游大环境一体化建设的着眼点应是以游客为中心，以保障游客的无障碍出行为重点，通过密切三地旅游协作，形成规范、协调、人性化的游客出行环境，共同塑造广佛肇旅游目的地整体形象。

（二）建设目标

根据三地旅游协作的基础和条件，广佛肇旅游大环境建设应突出重点，围绕区域旅游一体化的整体目标，着重打造游客的无障碍出行环境，重点实现以下建设目标：

一是旅游交通服务一体化。重点解决城际旅游交通衔接和景区旅游交通衔接问题，为三地的散客提供旅游交通一体化解决方案。

二是旅游资讯服务一体化。重点解决广佛肇三地整合营销平台的问题，实现三地旅游信息化建设一体化。

三是旅游标识系统一体化。重点解决三地旅游交通指示系统无缝衔接问题，为自驾车游客提供无障碍旅游交通指引。同时，规范统一旅游标识系统的设计。

三、旅游交通服务一体化规划

（一）总体思路

为充分发掘三地客源市场潜力，实现三地市场共享、客源互动的目标，三地旅游交通一体化协作的重点是为三地城市居民和旅游散客的城际间旅游出行提供方便快捷的旅游交通服务。

广佛肇城际轻轨将于 2012 年建成通车，由于运行速度可达 200 公里/小时，将会成为散客出行的首选交通工具。三地的旅游交通一体化协作应充分利用这一有利契机，进一步增强广佛肇城际轻轨的旅游交通功能，完善旅游景区交通接驳服务，实现三地间旅游交通的游客的无障碍出行。

（二）规划建设重点

1. 规划布局城际旅游集散中心服务网络

2. 配套建设旅游景区交通捷运系统

（三）分期建设重点

近期：规划建设广州、佛山、肇庆旅游集散中心，形

成广佛肇城际旅游集散中心服务网络。

远期：逐步完善旅游景区交通捷运系统。

四、旅游资讯服务一体化规划

（一）总体思路

为联合打造广佛肇旅游目的地整体形象，三市旅游营销应打破传统的单一城市营销模式，将城市旅游营销与区域旅游营销有机融合，在现有旅游网站的基础上，共同打造广佛肇整合营销平台，在市场中树立鲜明的广佛肇旅游目的地形象，并为公众提供充分、及时、高效的旅游资讯服务。

（二）规划建设重点

1. 共同建设广佛肇旅游网营销平台

2. 完善旅游问讯中心网络布局

3. 构建旅游动态信息采集系统

（三）分期建设重点

近期：建设“广佛肇旅游网”，共同塑造“多彩广佛肇，岭南真味道”旅游整体形象；推进旅游问讯中心网络布局。

远期：完善旅游问讯中心网络布局；建立动态信息采集系统和旅游预警系统。

五、旅游标识系统一体化规划

（一）总体思路

旅游标识系统是旅游大环境的重要组成部分，尤其是对于旅游交通环境来说更加重要。三地应重点针对自驾车游客的需要，完善旅游交通指示系统的规划和建设，尤其是要解决城际交通指示系统的无缝衔接问题，为自驾车游客创造一个无障碍的出行环境。同时，旅游标牌的设计也应统一风格、统一形象，共同营造广佛肇旅游目的地整体氛围。

（二）规划建设重点

1. 完善交通干线和主要旅游公路的旅游交通指示功能

2. 实现旅游标识牌设计一体化

（三）分期建设重点

近期：增强三地交通干线和主要旅游公路的旅游交通指示功能，统一规范旅游交通标志牌设计风格和制作规范。

远期：进一步完善旅游交通指示系统。

第九章　旅游服务质量规范与市场管理一体化规划

一、旅游服务质量规范与市场管理现状分析

（一）旅游市场管理现状

1. 旅游市场管理水平差异较大

2. 旅游市场管理与质量监督的机构设置存在差异

3. 旅游市场管理协作程度较低

（二）旅游服务质量现状

1. 旅游服务质量标准完善程度不一致

2. 旅游服务质量标准内容不统一

二、一体化建设指导思想

以科学发展观为统揽，围绕贯彻实施《珠江三角洲地区改革发展规划纲要》提出的珠三角区域一体化发展战略，全面落实国务院41号文件精神，按照“科学发展、先行先试”的要求，进一步解放思想、改革创新，构建资源共享、制度对接、待遇互认、要素趋同、指挥协调的旅游一体化管理机制，促进广佛肇区域旅游一体化发展，达到“市场管理一体化”、“管理服务一体化”和“质量管理一体化”的总体目标。

1. 市场管理一体化

2. 管理服务一体化

3、质量管理一体化

三、一体化建设重点

（一）市场管理一体化建设重点

1. 共同建立旅游应急反应和投诉机制，协调处理区域内重大旅游事件和跨区域旅游投诉，加强旅游市场联检互动，切实规范旅游市场秩序。

2. 建立黄金周和重大节假日的旅游预警机制和重大事件通报制度，建设旅游资讯发布平台，引导旅游者理性消费；

3. 引导旅游企业合法经营，培育旅游诚信服务形象，优化三地旅游市场环境。

4. 建立旅游市场管理联动机制，联合打击黑社、黑车、黑导等违法违规行为，切实保障旅游经营者和旅游消费者的合法权益。

5. 建立行业监管通报机制，定期开展促进旅游发展的经验交流。

（二）管理服务一体化建设重点

1. 创新营销服务机制，建立三地旅游企业整合营销平台，实现旅游资源共享、信息共享、品牌共享，促进旅游企业间的跨区域合作，打造统一的广佛肇区域旅游品牌。

2. 建立三地政府间的联合促销机制，联合开展广佛肇旅游整体形象宣传，共同开发旅游市场。

3. 进一步加强旅游管理经验交流。建立旅游工作总结，旅游政策文件，统计资料和行业动态相互抄送制度。交流旅游业行业管理经验和运作规则，结合各自实际，提高行业管理水平。

4. 共同提升旅游产业发展水平，加强旅游发展的政策法规制定和实施方面的沟通交流，加强业界的交流合作。协调和推进三市旅游企业和协会之间的合作共赢，共同提升市场竞争力。

5. 加强旅游人才交流。

（三）质量管理一体化建设重点

1. 统一旅游服务质量规范标准。

2. 联合开展旅游产品质量等级评定工作。

3. 加强三地旅游服务质量评定机构间的工作交流，在人员挂职交流、业务培训等方面实现资源共享，相互支持。

第十章 旅游人才教育培训一体化规划

一、旅游人才教育培训现状分析

（一）广州形成以高等院校和职业学院为主体的旅游人才教育体系，专业学位教育特色明显

（二）佛山形成以职业技术学校为主体的旅游人才教育体系，烹饪职业教育特色明显

（三）肇庆形成以职业学校为主体的旅游人才教育体系，职业技术教育特色明显

（四）三地在职人员培训均以行业协会和政府相关职能部门为主导，以职业人员的资格认证培训和技术等级培训为主要形式

二、旅游人才供给存在的问题

（一）旅行社从业人员相对饱和，酒店从业人员缺口较大

（二）行业人才供给整体表现为结构性缺失，对管理人才、熟练人才和专项旅游人才需求大

（三）行业人才流动性大，人才的“供需错位”现象严重

三、旅游人才教育培训一体化规划目标

依托三地现有的教育培训资源，围绕区域旅游一体化的整体目标，实施旅游人力资源区域共享战略，重点实现以下规划目标：

一是构建三地人才教育培训综合体系。利用三地现有的教育培训资源，合理构建三地人才教育培训综合体系，确定三地在综合体系中的功能定位。

二是培育三地人才教育培训一体化机制。在综合体系的基础上，明确三地在行业人才教育培训上的联合行动，实施创新的人才培养模式。

三是建立三地人才教育培训一体化平台。在综合体系和一体化机制下，建立畅通的旅游人才信息网络平台，进行旅游人力资源的区域分配协调，优化三地旅游人才队伍结构。

四、三地行业人才教育培训综合体系构建

（一）总体思路

为充分发掘三地人才教育培训资源，遵循“资源整合、优势互补”的原则，实现三地行业教育资源的最大效益化。

（二）人才教育培训综合体系构建

1. 广州为综合体系中的枢纽，定位为高等旅游人才教育和培训基地，是三地高等旅游人力资源和旅游教育培训师资的输出地。

充分发挥广州高等院校专业学位教育的特色，依托多所高等学府的学科研究的优势，鼓励和拓展旅游人才教育培训的国际合作渠道，对现有的高等旅游教育专业课程的设置进行广泛地创新性研究，努力消除就业市场的需求和旅游专业人才的培养错位现象，培养具有国际化视野、专业化管理能力和战略眼光的旅游高级管理人员。

2. 佛山在综合体系中重点突出专业人才培育基地，特别是餐饮专业人才的培养基地。

3. 肇庆在综合体系中重点突出专项旅游人才培育基地，特别是生态旅游人才的培养基地。

五、三地行业人才教育培训一体化机制的培育

（一）总体思路

在三地综合体系定位的基础上，遵循“区域联动、共同发展”的原则，在培训标准制定、服务质量规范和人才培养模式上进行一系列的联合行动。

（二）人才教育培训一体化机制的培育

1. 培训标准的统一制定

2. 服务质量的规范

3. 人才培养模式上的创新

六、三地人才教育培训一体化平台的建立

（一）总体思路

在三地综合体系定位和一体化机制的基础上，遵循“三向参与、三向互动”的原则，进行旅游人力资源的区域分配协调，优化三地旅游人才队伍结构。

（二）人才教育培训一体化平台的建立

1. 启动区域人力资源开发的整体规划编制

2. 建立畅通的旅游人才信息网络平台

第十一章 规划实施的保障措施

一、将规划提交相关地方人民政府作为决策依据

二、成立专责机构协调处理广佛肇旅游一体化合作事项

三、联合开展宣传促销，突出整体旅游形象，形成品牌效应

四、建立“广佛肇城际旅游联盟”，大力开发广佛肇区域内部客源市场

五、加大旅游信息化建设力度，促进广佛肇旅游一体化发展

六、成立广佛肇旅游发展常设咨询机构

注：本规划委托单位：广州市旅游局、佛山市旅游局、肇庆市旅游发展局；规划单位：暨南大学旅游规划设计研究院；规划时间：2010 年 8 月至 2011 年 4 月；项目负责人：刘益（博士、副教授）；项目组成员：傅云新（博士、副教授）、文吉（博士、副教授）、刘少和（副教授）、庞莉华（硕士研究生）。

东莞国际旅游营销规划（2010－2014年）

（摘要）

第一章　东莞旅游营销背景与条件

1. 东莞旅游发展的宏观背景

《2010－2014年东莞国际旅游营销规划》是一个立足于东莞的旅游发展，着眼于东莞整个城市营销的特殊专项规划。它不仅要求制订东莞旅游业未来五年市场营销方针，更注重的是借助东莞新旅游形象的塑造以及新旅游产品体系的推广，重塑城市形象，吸引人流、物流、资金流，服务于整个城市的产业结构转型。

1.1 东莞城市发展特征

第一，特殊的产业结构造就特殊的经济发展速度。

第二，特殊产业结构决定特殊的人口结构。

第三，特殊的经济发展速度造就特殊的城市化发展。

1.2 东莞旅游发展特征

第一，酒店业成为东莞旅游业的主力产业。

第二，传统资源欠缺，新兴资源潜力巨大。

第三，旅游接待规模日渐提升，以国内旅游市场为主。

1.3 东莞旅游发展趋势

第一，以新型资源为依托，打造融合型的东莞旅游新动力。

第二，以推销城市为目标，推动东莞旅游业的发展。

第三，以各镇资源特色为基础，实现旅游资源区域整合。

第四，旅游营销逐步加强，形象宣传成为工作重点。

表1－1　东莞旅游形象品牌发展列表

年份	定位/品牌	宣传口号	形象标识
1996	东莞之路	“近代历史第一页，改革开放新篇章”	无
2002	魅力新东莞	来了不想走，走了还想来	无
2008	魅力东莞	为东莞喝彩	“多彩的玉兰”

标识以东莞的市花白玉兰、东莞地图以及东莞首字母“G”为主要设计元素，将三者的形状巧妙地融合在一起，以白玉兰展现东莞的发展活力，各片花瓣形如地图，代表东莞的各个镇区齐头并进。整个标识体现了东莞奋发向上的城市精神。以“为东莞喝彩”为宣传口号，寓意是为东莞所取得的社会经济发展成就以及东莞积极向上的精神而喝彩，同时具有号召力与感染力，能够引起人们的注意。

图1－5　东莞旅游形象标识及宣传语释义

2. 东莞旅游行业概况

2.1 受访者构成

2.2 调研访谈内容

2.2.1 共性问题

2.2.2 特性问题

2.3 调研访谈结果

2.3.1 共性问题总结

1. 关于行业各单位的特色产品、服务及自身定位

2. 关于行业单位的游客比例和客源地构成

3. 关于行业单位的游客类型及比例

4. 关于行业单位对东莞的旅游业及整个城市形象的看法

5. 关于行业单位的营销举措，面临的挑战和机遇

6. 关于行业单位对东莞旅游特色及优劣势的看法

7. 关于行业单位对打造东莞为国际旅游目的地的看法

3. 东莞旅游资源潜力评价

3.1 旅游景点资源初步分类

3.2 旅游景点对市场的吸引力

4. 总结

通过以上三个方面的定性描述、定量分析和评价，可见东莞的旅游业发展已经具备了良好的基础条件，如城市社会经济的发展，现代城市风貌的改进，旅游收入和人数快速增加，旅游行业的发展与成熟，高星级酒店的集群，众多不同类型旅游景点的植入，优美自然环境的构建等等，都为东莞今后的旅游营销工作提供了强大的支持和帮助。但也存在一些问题阻碍着旅游的发展，如城市缺乏大型和知名度高的旅游资源，旅游形象还需要进一步提升和推广等等。这些问题都需要通过实施有效、务实的旅游营销规划得以克服和解决。

第二章　东莞以往旅游营销工作分析与评价

1. 综合旅游营销工作概览

对东莞旅游局以往的营销工作进行回顾，有助于准确地找出东莞市旅游局的主要战略和机遇，以便于本规划制订具有一定继承性和连贯性，可以吸收其精华，去除其不足，总结经验，吸取教训，提高本项目的针对性，进一步推动和提升东莞今后5年的旅游营销工作效果和效率。

1.1 市场及营销调研

1.2 营销资源数据库

1.3 对不同目标市场的宣传推广

1.3.1 国内市场

东莞市位于广东省中南部，与惠州、广州、深圳相连，毗邻港、澳，处于广州至深圳经济走廊。东莞的主要目标市场分为三大类。第一类为包括港澳在内的珠三角的休闲客。这类群体到东莞的主要目是休闲，特别是香港、深圳、广州这部分地区，他们并没有太多可以开发的生态空间，而东莞正有他们所渴望的旅游资源。但是一些相对生态环境比较好的地方目前的旅游设施能力还跟不上。第二类是内地公务客，即那些从内地来的公务考察和公务招商的客人。第三类是国际商务客，特别是从国外来东莞参加各种会展及商务交易的客人。

1.3.2 亚洲市场

香港、澳门、台湾、日本和韩国其他亚洲市场

1.3.3 国际远程市场

由于经费和市场份额的考虑，东莞旅游局开发国际远程市场的方法仍以参展和参加省旅游局组织的活动以及举办各类世界范围的活动为主，以此渗透某些国际远程市场。例如2005年参与了莫斯科国际旅游展（MITT）；2006年参与了中国广东与土耳其经贸与旅游合作洽谈会大型促销活动；2008年11月6日至10日在松山湖举行的第12届国际花园城市评选决赛等，力图向世界展示了良好的东莞旅游形象。

1.4 形象定位与品牌推广

2005年至2006年，东莞对外推介的旅游形象为“魅力东莞”。2007年又更换为“国际花园城市”。2007年底，东莞旅游局组织全国知名旅游专家针对东莞旅游形象推广开展市场调研，并向国内外征集东莞旅游形象宣传词和主标识。2008年3月，“多彩的玉兰”和“为东莞喝彩”最终被确认为东莞旅游形象主标识及宣传语，确立了东莞的旅游形象定位。

1.5 网络营销和项目

为了打造东莞旅游第一旅游网站门户（http://www.dongguan.travel），完善东莞旅游网站建设，营造旅游宣传立体平台，实现网上咨询、信息发布、网上服务、网上管理等一系列功能。

1.6 分销策略和渠道

1.7 旅游营销方式

1.8 推广项目与宣传资料制作

1.8.1 旅游广告、印刷品和数码宣传资料

1.8.2 旅游促销及推广

1.8.3 媒体营销

1.9 营销合作伙伴与项目

1.9.1 区域合作与合作项目

1.9.2 国内合作项目

1.9.3 国际合作项目

1.10 产品组合与项目策划

1.11 人力资源开发

1.12 营销预算和分配

1.13 营销理念创新

近几年，东莞市旅游局在营销方面不断追求新的突破，对旅游营销和城市营销之间的相互关系有着独特的见解和发展思路。市旅游局以“营销整座城市”的思路取代了传统意义上“市场营销”的理念，正是在此创新理念的指导下，东莞市旅游局走出了一条属于自己的营销之路。东莞旅游营销理念创新从以下几个方面体现：

- 以全市经济发展为大局，围绕市委市政府“推进经济社会双转型，建设富强和谐新东莞”的中心工作，服务大局。

• 积极促进旅游业从传统服务业向现代服务业转变，宣传促销从市场营销向城市营销转变，管理服务从行政管理向公共服务职能转变，旅游开发从注重硬件建设向软、硬件并重转变，促进东莞市由旅游客源地向旅游目的地转变。

• 加强各领域合作，树立“大旅游”的观念。通过“国民旅游休闲卡”的方式，不断加强旅游与会展、商务、文化、体育、制造业、金融、教育、妇联、共青团、工会等部门和行业的协调与合作，以形成“大旅游、大市场、大产业”的发展格局，壮大东莞市实力。

• 加强旅游活动的策划和组织。通过境内外有影响力的媒体，加大东莞旅游宣传力度，把政府的形象宣传与企业的产品宣传有机结合起来，使旅游活动的宣传有分量、有水平，达到多宣传、广宣传的效果。

• 扩大宣传平台。加强与镇街及其他各部门的联系，借助镇街及其他各部门在对外宣传上的独特渠道和优势来推介旅游，积极参与镇街及其他各部门的活动，借助镇街及其他各部门的平台，营销东莞，宣传东莞城市形象。

• 通过旅游这个媒介，吸引各种人才来东莞考察、创业、定居，要为东莞经济社会的转型升级、产业结构的调整、第三产业的发展、招商引资环境的优化、城市形象的塑造服务。

• 积极推行国民旅游休闲计划的同时，充分发挥东莞众多的高星级酒店、丰富的休闲旅游资源和优越的地理位置等优势，筹建东莞旅游咨询中心，推动东莞旅游产品的发展，进一步提升东莞的知名度和促进旅游产业的全方位发展。

• 不断加强区域合作。尤其是加强和珠三角、粤港澳区域的联系与合作，贯彻落实《珠江三角洲改革发展规划纲要》。并以珠三角、粤港澳为主要目标市场，深入推介东莞的旅游产品。

• 加强旅游网络建设，推进信息化进程。市旅游局在抓好旅游电子政务建设的同时，又进一步推进政务公开和网上办公，进一步调整和完善办公自动化系统功能，建成涵盖全行业信息的旅游综合数据库，实现全行业信息资源数据化电子化。同时，充分利用东莞旅游网这个公共网络平台，宣传旅游行业的新发展、新变化、新风貌、新风尚，努力使之成为东莞城市推介的窗口。

• 打造特色旅游品牌，推进旅游产业转型。在重点推广东莞商务会展休闲旅游的同时，也根据东莞的地方特色，推进旅游产品转型升级，打造富有东莞特色的旅游品牌，充分利用已经拥有的完善的文化设施以及东莞两支 CBA 球队的文化体育资源，开发文化、体育旅游项目，创新和展示文化体育旅游产品，策划和推出特色旅游线路，加强旅游产品线路整合，推动文化、体育与旅游的深度结合，推进旅游产业转型升级。

• 策划全市旅游经典线路。要按照旅游的规律和游客的需求，整合吃住行游购娱等各类要素，把商务旅游、会展旅游、休闲旅游、度假旅游、专项旅游、美食旅游、港口旅游等进行包装策划，形成长短结合、要素配套、衔接紧密的旅游经典线路。市旅游局联合媒体共同举办的“东莞经典旅游线路设计大赛”，就是旨在挖掘东莞旅游资源，宣传东莞城市品牌，吸引珠三角乃至国内外的游客来东莞旅游，打造东莞旅游目的地。

• 推动管理体制创新，提升行业服务水平。完善行业管理体制，发挥行业协会作用，加强旅游规划建设，加强行业安全生产监督。

• 完善人才培训体系，推动人才队伍建设。市旅游局建立人才教育培训体系，完善旅游从业人员资格认证制度建设，加强旅游从业人员的培训，建立旅游人才信息库。

• 邀请国内、国际著名旅游专家制订东莞旅游营销规划，为东莞营销出谋划策，制订系统性的营销行动计划，为未来五年东莞如何进行城市营销，进行全面地、系统性地计划，此举措也成为了珠三角其他城市的典范。

1.14 总结、评价与建议

项目组对提高东莞市旅游局整体营销效率提出了以下建议：

• 在制订营销战略与计划的过程中，针对客源市场，开发一套系统性模板和年度项目策划程序，即年度营销行动计划（指南）；

• 针对不同客源市场进行市场细分研究；

• 设计主题旅游线路，迎合不同客源细分市场的需求；

• 加强区域合作，整合旅游资源深度开发；

• 对东莞市的旅游形象、定位及包装进行全方位的宣传工作；

• 执行年度调研计划；

• 加强网络营销的力度，建立东莞市旅游局英语、日语、韩语、德语等外语版本官方网站；

• 建立系统性的关系数据库，内容包括当地旅游业、国内和国际旅游中介、以往游客与潜在游客、媒体代表的图片库等；

• 每年对东莞市旅游局工作人员、各旅游主管部门人员以及东莞市其他主要旅游部门从业人员进行系统性的营销策划和培训；

• 对主要市场营销活动的效率和投资回报率进行评估。

年度旅游营销工作概览（2004－2009）

2.1　2004 年旅游营销工作

战略：以“魅力新东莞”旅游品牌展开营销工作。

2.2　2005 年旅游营销工作

战略：继续围绕“魅力新东莞”旅游品牌展开宣传促

销工作。

2.3　2006年旅游营销工作

战略：深化“魅力东莞”的宣传主题，加大对景点、酒店品牌和促销力度，充分利用报刊、杂志、电视、电台等大众媒体、以及参加旅游博览会等，做好旅游促销宣传和城市形象宣传。

2.4　2007年旅游营销工作

战略：建立“政企联手、部门联合、区域联盟、上下联动”的旅游宣传促销机制，实施联合促销、全员促销、媒体促销、网络促销四大策略，突出以城市营销为核心，面向目标市场，境内外推介兼顾，多方出击，在宣传东莞、拓展客源市场等方面取得较好的成绩，增强东莞旅游的吸引力和知名度，形成城市营销合力。

2.5　2008年旅游营销工作

2.6　2009年旅游营销工作

战略：以“魅力新东莞”旅游品牌展开营销工作。

第三章　东莞旅游市场调研与分析

市场调研是本项目实施的一项基础性工作，对东莞旅游营销规划和行动计划的制订起着重要的导向和支持作用。为此，项目组于2009年7月13－22日，采用问卷调查和面对面访谈的方式，对东莞的主要国际客源市场（香港、澳门、台湾）和国内主要客源市场（东莞、广州、珠海、深圳）进行了较大范围的深入调研。调查问卷设计了中英文两个版本，14个问题。内容主要包括上述地区居民和游客对东莞城市旅游形象的评价，对东莞主要旅游景点的市场认知度，未来造访东莞的兴趣度，未来前往东莞旅游的可能性，所偏爱的旅游活动体验、出游信息渠道及出游方式等。

此次调研对每个区域市场发放不少于380份问卷，总共收回了2600份有效问卷。其后使用SSPS（17.0）统计软件进行了大量的数据统计与分析，得出的结果较为全面和新鲜地反映了东莞主要旅游市场的基本情况。

1. 国内主要客源市场分析

1.1 东莞当地居民市场

1.1.1 对东莞景点的认知度

1.1.2 游览东莞旅游景点的兴趣度

1.1.3 未来进行国内休闲旅游时的活动偏好

东莞当地居民对以下7项活动显示出了较浓的兴趣，超过50%的受访者希望在未来的国内游中参与此类活动，它们分别是：

- 游览风景名胜区（66.6%）
- 沙滩度假（62.6%）
- 温泉度假（60.3%）
- 品尝当地特色小吃（57.6%）
- 游览水乡古镇（57.1%）
- 参观古建筑和景点（52.1%）
- 攀登名山大川（51.1%）

1.1.4 重要的旅游信息渠道

1.1.5 出游方式偏好

东莞当地居民偏好与家庭成员或朋友一同出游，他们很少选择独自一人出游或参加旅游团（小型/大型）的出游方式。

1.1.6 年平均休闲游（过夜）次数

超过半数（71.7%）的受访者每年平均进行1至3次的休闲（过夜）游，少于10%的受访者几乎没有出游活动，其余14.2%的受访者则每年至少进行5次休闲旅游。

1.1.7 以往到访过的旅游目的地

广东省内城市是东莞居民经常选择的旅游目的地。中国华南地区、香港、澳门及北京也是东莞居民较喜欢的旅游目的地，调研结果显示，只有12.1%的受访者曾经赴海外旅游。

1.1.8 东莞受访居民人口特征

超过60%的受访者已在东莞居住了五年以上，只有10%的受访者在东莞居住的时间少于一年。

1.1.9 对东莞的印象

分析结果显示，大多受访者对东莞给予了积极的评价，可以概括为：东莞是一座美丽、干净、现代化的城市，城市的交通便捷，环境优美，拥有众多美丽的城市公园。但是，在所有评论中，仍有10条较为负面的言辞。其中，主要的顾虑集中在城市的公共安全问题。此外，有些受访者认为东莞缺乏独特的旅游资源及丰富的文化资源。还有部分受访者所给予的评论较为中立，可以概括为：东莞是一个经济发展迅速及工业发达的城市。

1.1.10 对东莞居民市场特征的结论

上述量化分析结果展现了东莞当地客源市场的主要特征是：以户外休闲和观光为主要目的，以携家人或亲朋好友到免费公园和景点进行休闲放松为主要活动，以中低收入和学历不高的中青年人为主要群体，他们对东莞的主要印象是：东莞是一座美丽干净的现代化城市，但旅游资源贫乏，没有知名度高的拳头旅游资源，城市公共安全问题令人担忧。

1.2 广州居民市场

1.2.1 以往到访东莞的次数

1.2.2 未来到访东莞的兴趣度

1.2.3 未来最有兴趣前往的广东省内旅游目的地

受访者认为珠海、深圳及广州是其未来最有兴趣前往的广东省内旅游目的地。东莞排名仅列第10位。

1.2.4 广州居民对东莞景点的认知度

在所有提及的39处景点中，仅有3处景点的认知度很高（超过50%的受访者知道该景点）；3处景点的认知度属中等（25%至49.9%的受访者知道该景点）；9处景点的认知度较低（10%至24.9%的受访者知道该景点）；其余景点的认知度都很低（少于10%的受访者知道该景点）。

1.2.5 游览东莞旅游景点的兴趣度

1.2.6 未来进行国内休闲旅游时的活动偏好

1.2.7 重要的旅游信息渠道

广州居民认为网站是获取旅游信息时最重要的渠道，紧随其后的是亲戚朋友和旅行社。受访者认为博客、杂志、报刊对他们获取旅游资讯也较重要，而由中国旅游目的地组织拍摄的广告，旅游运营商及旅游目的地宣传片所传递的信息则不太重要。

1.2.8 出游方式偏好

广州居民偏好与朋友或家庭成员一同出游，他们很少选择独自一人出游或参加旅游团（小型/大型）的出游方式。

1.2.9 广州受访居民人口特征

1.2.10 对东莞的印象

1.2.11 对广州居民市场特征的结论

从以上量化分析结果可以看出，广州居民客源市场的主要特征有以下几点：超过半数以上的被访者曾经到访东莞，并且有接近一半的被访者愿意去东莞旅游，被访者对所调查的东莞大部分旅游景点认知度偏低，他们以户外休闲和观光为主要目的，以和朋友及家人一起去相关度假景点休闲放松和观光为主要活动，以中低收入和较高学历的青年人为主要群体，东莞是一座发达的工业化城市，但公共安全较差。

1.3 深圳居民市场

1.3.1 以往到访东莞的次数

1.3.2 未来到访东莞的兴趣度

1.3.3 未来最有兴趣前往的广东省内旅游目的地

1.3.4 深圳居民对东莞景点的认知度

1.3.5 游览东莞旅游景点的兴趣度

1.3.6 未来进行国内休闲旅游时的活动偏好

1.3.7 重要的旅游信息渠道

1.3.8 出游方式偏好

1.3.9 深圳受访居民人口特征

1.3.10 对东莞的印象

1.3.11 对深圳居民市场特征的结论

1.4 珠海居民市场

1.4.1 以往到访东莞的次数

1.4.2 未来到访东莞的兴趣度

1.4.3 未来最有兴趣前往的广东省内旅游目的地

1.4.4 珠海居民对东莞景点的认知度

1.4.5 游览东莞旅游景点的兴趣度

1.4.6 未来进行国内休闲旅游时的活动偏好

1.4.7 重要的旅游信息渠道

1.4.8 出游方式偏好

1.4.9 珠海受访居民人口特征

1.4.10 对东莞的印象

1.4.11 对珠海居民市场特征的结论

上述量化分析结果展现了珠海客源市场的主要特征是：超过半数的被访者曾经到访过东莞，并且接近一半的被访者未来愿意去东莞旅游，被访者对所调查的东莞大部分旅游景点认知度偏低。他们以户外休闲和美食体验为主要目的，以和朋友及家人一起去相关特殊兴趣爱好景点休闲和品尝当地特色美食为主要活动，以中低收入和中低学历的中青年人为主要群体，他们认为东莞是一个工业化的城市，但缺少旅游资源，这个城市不适合旅游，而且公共安全令人堪忧。

2. 国际主要客源市场分析

项目组完成对东莞、广州、深圳、珠海四个国内城市的消费者调研之后，开展了对香港、澳门和台湾消费者面对面的市场调研。此次国际调研的主要目标如下：

- 了解港澳台消费者对东莞景点的市场认知度
- 了解港澳台潜在消费者未来造访东莞旅游景点的兴趣度
- 预测港澳台居民未来前往东莞旅游的可能性
- 收集并分析港澳台消费者对东莞城市的总体印象
- 明确港澳台消费者偏爱的活动体验、信息渠道及出游方式
- 归纳港澳台受访者的人口特征
- 比较不同区域的调研结果，并分析其差异原因

以下内容便是对本次调研结果的详细阐述：

2.1 香港居民市场

2.1.1 以往到访东莞的次数

超过半数（56.1%）的香港居民未曾到访过东莞；然而，曾到过东莞的受访者比例也很高，为43.9%。

2.1.2 未来到访东莞的兴趣度

2.1.3 未来最有兴趣前往的广东省内旅游目的地

受访者认为广州、珠海及深圳是其未来最有兴趣前往的广东省内旅游目的地。东莞排名第7位。

2.1.4 香港居民对东莞景点的认知度

在所有被提及的39处景点中，没有一处景点具有较高的认知度（超过50%的受访者听说过该景点）；4处景点的认知度属中等（25%至49.9%的受访者听说过该景点）；4处景点的认知度较低（10%至24.9%的受访者听说过该景点）；其余31处景点的认知度都很低（少于10%的受访者听说过该景点）。

在香港居民中认知度最高的5处景点均与虎门及鸦片

战争相关。观澜湖高尔夫球会的认知度较低。

2.1.5 游览东莞旅游景点的兴趣度

2.1.6 未来进行国内休闲旅游时的活动偏好

香港居民对以下7项活动显示出了较浓的兴趣，超过40%的受访者希望在未来的国内游中参与此类活动，它们分别是：

- 品尝当地特色小吃（61.1%）
- 游览风景名胜区（49.5%）
- 沙滩度假（41.1%）
- 参观古建筑和景点（43.2%）
- 游览水乡古镇（43.2%）
- 温泉度假（42.2%）
- 参观古代帝王和朝代相关景点（41%）

2.1.7 重要的旅游信息渠道

香港居民认为亲戚朋友是获取旅游信息最重要的信息，紧随其后的是网站、旅行社、杂志、博客、旅游手册和报刊。

2.1.8 出游方式偏好

香港居民偏好与朋友或家庭成员一同出游，他们很少选择独自一人出游或参加旅游团（小型/大型）的出游方式。

2.1.9 香港受访居民人口特征

2.1.11 对香港居民市场特征的结论

上述量化分析结果展现了香港当地客源市场的主要特征是：不足一半的被访者曾经到访过东莞，并且有三分之一以上的被访者愿意去东莞旅游，被访者对所调查的东莞大部分旅游景点认知度较低。他们以美食体验和观光为主要目的，以携同家人或亲朋好友到名胜或度假景点品尝美味和游览风景为主要活动，以中高收入和学历较高的中青年人为主要群体，认为东莞是一座工业化的发展中城市，但环境较差及缺乏安全感。

2.2 澳门居民市场

2.2.1 以往到访东莞的次数

2.2.2 未来到访东莞的兴趣度

51.7%的受访者表示未来有兴趣造访东莞，这对东莞未来旅游发展来说，这是一个积极的结果。然而，仍有一部分（27.8%）受访者对未来前往东莞旅游没有兴趣。

2.2.3 未来最有兴趣前往的广东省内旅游目的地

受访者认为广州和东莞是其未来最有兴趣前往的广东省内旅游目的地，对于东莞未来发展旅游业说，这是一个令人鼓舞的市场信号。

2.2.4 澳门居民对东莞景点的认知度

2.2.5 游览东莞景点的兴趣度

2.2.6 未来进行国内休闲旅游的活动偏好

2.2.7 重要的旅游信息渠道

2.2.8 出游方式偏好

2.2.9 澳门受访居民人口特征

2.2.10 对东莞的评价

2.2.11 对澳门居民市场特征的结论

上述量化分析结果展现了澳门当地客源市场的主要特征是：超过半数的被访者曾经到访过东莞，并且有一半以上的被访者愿意去东莞旅游，认为东莞是他们未来最感兴趣的目的地之一；被访者对所调查的东莞大部分旅游景点认知度偏低。他们以美食体验和户外休闲为主要目的，以携带家人或亲朋好友到休闲度假相关景点品尝美味和进行放松为主要活动，以中低收入和学历不高的中青年人为主要群体，认为东莞是一个工业化的发展迅速的城市，但是缺乏良好的环境和公共安全。

2.3 台湾居民市场

2.3.1 以往到访东莞的次数

超过四分之三（76.4%）的台湾居民从未到访过东莞。18.5%的受访者曾到访过东莞1或2次；3.3%的受访者到访过东莞5次或5次以上。

2.3.2 未来到访东莞的兴趣度

令人鼓舞的是，52.8%的受访者表示未来有兴趣游览东莞。尽管如此，22%的受访者表示没有兴趣游览东莞，25.2%的受访者表示不确定。

2.3.3 未来最有兴趣前往的广东省内旅游目的地

广州是台湾居民最有兴趣前往的广东省内旅游目的地，其次是珠海和深圳。东莞排名第五位。

2.3.4 台湾居民对东莞景点的认知度

总体来讲，台湾居民对东莞所有景点的认知度相对较低。认知度最高的6处景点均与虎门或鸦片战争相关，其中鸦片战争博物馆的认知度最高，为35.1%。在被提及的39处景点中，多达31处景点的认知度低于10%。

2.3.5 游览东莞旅游景点的兴趣度

台湾居民最感兴趣的东莞景点是虎门地区与鸦片战争相关的景点。此外，还有唯美陶瓷博物馆。

2.3.6 未来进行国内休闲旅游时的活动偏好

台湾居民未来国内休闲旅游时最偏好的两项旅游活动有品尝当地特色小吃和游览风景名胜区；选择打高尔夫球的台湾居民最少。

2.3.7 重要的旅游信息渠道

台湾居民认为网站、亲戚朋友以及有经验的旅游者的博客是最重要的三个旅游信息渠道。

2.3.8 出游方式偏好

台湾居民最偏好与家人或朋友一起自助游；26.1%的台湾居民选择参加20人以下的旅游团；选择独自一人和参加20人以上的旅游团的台湾居民最少。

2.3.9 台湾受访居民人口特征

2.3.10 对东莞的印象

台湾居民中，仅一半的受访者对东莞的城市形象做出了评价，大多数为中立和积极的评价。大部分受访者表示对东莞没有印象（18.4%）；16.3%的受访者表示台湾与东莞的贸易往来十分频繁。

2.3.11 对台湾居民市场特征的结论

上述量化分析结果展现了台湾当地客源市场的主要特征是：不足四分之一的被访者曾经到访过东莞，但是有一半以上的被访者表示愿意去东莞旅游，被访者对所调查的东莞大部分旅游景点认知度较低。他们以美食体验和观光为主要目的，以携家人或亲朋好友到名胜和休闲相关景点品尝美味和游览风景为主要活动，以中低收入和高学历的中青年人为主要群体，他们对东莞的主要印象是：东莞是一座商贸发达的繁华工业化城市。

3 重点客源市场综合分析

3.1 以往到访东莞的次数

超过半数的受访者（56%）曾经到访过东莞，约23.7%到过东莞五次以上 。然而，仍有44%的受访者从未到到访过东莞。

3.2 未来到访东莞的兴趣度

43.5%的受访者表示将来有兴趣到访东莞，38.8%表示没兴趣到访东莞，其余的17.7%表示不确定。

3.3 未来最有兴趣前往的广东省内旅游目的地

珠海、深圳及广州是受访者最感兴趣的广东旅游目的地，东莞排名第六。

3.4 对东莞景点的认知度

调研结果显示，东莞39个景点中，有些具有较高认知度和受访者较感兴趣，可以称之为“东莞的六大景点”。而这六大景点均位于虎门镇，与鸦片战争有关，包括虎门大桥、虎门林则徐纪念馆、鸦片战争博物馆、虎门港、威远炮台及海战博物馆。

3.5 游览东莞旅游景点的兴趣度

3.6 未来进行国内休闲旅游时的活动偏好

受访者对以下4项活动显示出了较浓的兴趣，超过50%的受访者希望在未来的国内游中参与此类活动，它们分别是：

- 品尝当地特色小吃（57.8%）
- 沙滩度假（54.5%）
- 温泉度假（52.6%）
- 游览风景名胜区（50.5%）

3.7 重要的旅游信息渠道

受访者认为最重要的三大旅游信息渠道包括：1）网站；2）亲戚朋友；3）旅行社。比较重要的信息渠道包括：有经验的旅游者的博客、报刊、旅游手册及杂志。而旅游广告、旅游目的地宣传片和旅游运营商则是最不重要的旅游信息渠道。

3.8 出游方式偏好

3.9 人口特征

3.10 对东莞的印象

对东莞的积极评价包括：繁荣、环境优美的城市、娱乐业发达、酒店数量多；中立的评价包括：东莞是一座以制造业为主的工业城市，工厂众多，适合经商；消极的评价主要包括：治安不好。约25%的受访者表示，他们对东莞不了解，因此，没有评价。

3.11 五个重点城市比较分析及总结

项目组对五个城市的居民调研数据进行了比较分析，以泛珠三角为地理区域，旨在寻找广州、深圳、珠海、香港及澳门居民旅游偏好的主要区别。通过卡方检验法分析百分比（chi－square analysis），得出的结论如下：

- 到访东莞的次数不同。31%的深圳居民曾经到访东莞5次以上；56.1%的香港居民从未到访过东莞。
- 将来到访东莞的意向也有所区别。珠海居民的兴趣度最高，51.7%表示将来有兴趣去东莞；深圳居民的兴趣度最低，31.9%表示将来有兴趣去东莞。
- 本次调研所涉及的39个东莞的景点（区）中有31个景点在泛珠三角五个城市的市场认知度差异较大。其余八个景点的认知度普遍较低，包括：华南Mall、塘尾村明清古村落、金威啤酒博物馆、滨湖路名特产直销中心、东莞峰景高尔夫球会、棕榈谷水城、南社明清古村落及东莞展览馆。
- 总的来说，东莞景点（区）在广州和深圳居民市场的认知度最高，在香港居民市场的认知度最低。
- 出游方式的偏好各有不同。如：选择与家人一起自助游的受访者中，香港居民最多（54.8%），深圳居民最少（36.6%）；选择与朋友一起自助游的受访者中，澳门居民最少（44.3%），广州居民最多（66.8%）。

从以上量化分析结果可以看出，东莞整体客源市场的基本特征是：超过半数的被访者曾经到访过东莞，对所调查的东莞大部分旅游景点认知度偏低。他们以美食体验和休闲度假为主要目的，以和朋友及家人一起品尝当地特色美食和休闲放松为主要活动，以学历较高的青年人为主要群体，他们对东莞的印象是：是一座工业化城市，公共安全较差。

第四章 东莞旅游产品体系设计与独特的销售主张

1. 概述

为了更有效地制订东莞旅游营销战略，除了需要对目标市场进行充分了解以外，还需要对东莞自身的资源和产品进行有效分析，以了解其自身产品的特点及开发程度，确定东莞未来可以推向市场的产品卖点。本章将以对东莞深入的实地考察以及全面的市场及行业调研为基础，专门针对东莞的旅游资源及产品进行综合性分析，从多个角度对东莞的旅游资源和产品进行梳理和整合，设计出未来配合市场营销的旅游产品体系。

1.1 旅游产品体系设计目标

1.2 旅游产品体系设计路径

2. 东莞旅游产品体系及其独特的销售主张

2.1 面向大众游客观光产品体系及销售主张

2.1.1 现代城市风貌及其卖点

2.1.2 自然景观与生态环境及其卖点

2.1.3 历史文化遗迹及其卖点

2.2 面向特殊兴趣游客体验型产品及其销售主张

2.2.1 高服务水准的星级酒店群及其卖点

2.2.2 现代工业旅游集群及其卖点

2.2.3 商务会展旅游及其卖点

2.2.4 美食旅游及其卖点

2.2.5 体育旅游及其卖点

2.2.6 民俗风情旅游及其卖点

2.3 旅游产品及其独特销售主张框架

3. 东莞旅游产品延伸发展线设计

3.1 东莞旅游产品延伸发展线的分布

3.2 目标市场对东莞旅游产品的认知度

3.3 目标市场对东莞旅游产品的感兴趣程度

3.4 东莞旅游产品设计和发展趋势

4. 东莞周边地区旅游产品特征分析

4.1 广州旅游产品特征

广州是广东省省会，是华南地区的政治、经济、文化、教育、交通运输的中心。由于独特的气候和地理条件，使广州全年鲜花繁盛，得到了“花都”的美称。它既是我国历史文化名城之一，也是充满浓郁岭南文化的优秀旅游城市。在其丰富的旅游资源中，以5A长隆旅游度假区及羊城新八景白云山、珠江、越秀山、东站广场、陈家祠、黄花岗七十二烈士墓、广东奥林匹克体育中心、莲花山最为著名。而就其他特色资源而言，广州的购物资源以及美食资源是最为突出的，在国内市场，乃至国际市场上都有一定的影响力。

广州向市场推出了4项最经典的综合性旅游产品，包括：从化度假游、花都度假游、番禺水乡游、以及珠江两岸游。这四项产品综合了广州的城市景观资源、自然风景资源以及众多娱乐资源。其中，夜游珠江这个产品是目前市场上影响力较大的产品，可谓广州旅游的拳头产品。广州作为省会城市，以其大都市的风貌以及美丽的珠江美景构筑了广州的旅游产品蓝图，而这两点也构成了广州的旅游产品特征，即“都市旅游”特性。

4.2 深圳旅游产品特征

深圳的旅游定位为“精彩深圳，欢乐之都”，十分明显，深圳的产品特色是以“欢乐”为特色，其休闲娱乐性十分突出。深圳作为经济特区，在经济发展方面独占鳌头，但是就旅游资源而言，虽然它也拥有丰富的山海自然风光，但是与我国其他的资源大市相比，特点还不够突出。所以，深圳另辟蹊径，凭借丰富的资金资源和土地资源，兴建了大量人造景观，尤其以“主题公园”为最，例如锦绣中华、世界之窗、欢乐谷等，并成功地推向了市场。

以主题公园为依托，其他地文、水域、生物、古迹、革命遗迹、文化等十几个大类的资源为补充，开发出了十类特色旅游产品，包括：主题公园精彩之旅、海滨度假之旅、生态观光之旅、精品工业观光之旅、登高望远之旅、休闲购物之旅、人文历史之旅、美食娱乐之旅、休闲交流之旅、遗迹高尔夫之旅等。

4.3 珠海旅游产品特征

珠海可谓最受市场欢迎的休闲度假胜地。珠海位于珠江入海口，地接澳门，是一座江海交汇、水网交错的海滨城市。其城市环境成为了旅游开发的基本出发点。所以，珠海的市场定位自然与其浪漫优美的海滨城市气质相符，即“最适宜人类居住的城市——浪漫珠海”。

基于优美的滨海城市环境，珠海开发了一系列休闲项目，为这座滨海城市添加了休闲娱乐内涵，促使其成为了一座典型的休闲度假城市。极具特色的温泉、富有挑战性的高尔夫、轻松休闲的海岛、刺激的赛车运动等，构成了珠海主要的产品框架。但是目前，这些休闲产品的发展阶段还处于比较初级的程度，是深度观光与基本休闲项目的结合体，而在个性化体验产品方面，还没有形成比较突出的产品。

东莞旅游产品体系延伸发展路径与策略

5.1 东莞旅游产品延伸发展路径

5.2 东莞旅游产品体系创新设计

- “最佳东莞”及“发现东莞”经典观光产品系列
- “概念东莞”深度观光产品系列
- “个性东莞”休闲体验产品系列
- “服务东莞”区域联动产品系列

5.2.1 “最佳东莞”及“发现东莞”经典观光产品系列

5.2.2 “概念东莞”深度观光产品系列

5.2.3 “个性东莞”休闲体验产品系列

5.2.4 “服务东莞”区域联动产品系列

第五章 东莞旅游形象定位、品牌塑造及目标市场选择

1. 东莞形象定位与品牌塑造

形象定位与品牌塑造是一个旅游目的地营销的基础与

成功的关键，两者是一个相互依存的整体，同时又各有不同。本章将详细阐述两个基本概念与相互关系并分析东莞目前在形象定位与品牌塑造方面的现状，为东莞确定形象定位与品牌塑造提出问题与确立目标，并在此基础上为东莞确认主要的客源目标市场。

1.1 概述

1.1.1 形象定位方法

1.1.2 形象分类

• 人们对旅游目的地形成的印象、信念及观点的总结(Crompton, 1979)；

• 人们对事物本质的认知及情感属性（Mazursky and Jacoby, 1986)；

• 某一事物或地方的精神特征体现（Fridgen, 1987)；

• 公众对地方、产品及经历的视觉或精神的印象(Milman and Pizam, 1995)。

1.2 东莞旅游形象评价与品牌塑造

1.2.1 东莞目前旅游形象评价

1.2.2 东莞的形象定位与品牌塑造

2. 东莞城市旅游形象定位设计

2.1 东莞总体旅游形象定位

2.1.1 总体形象定位口号

进“莞”放心，无限惊喜！

City of Human Discovery, Expect the Unexpected!

2.1.2 对总体形象定位口号的解析

“人类探索发现之城（City of Human Discovery)”

采用此口号基于以下四个原因：

第一，从历史角度来看，东莞人民一直在探索前进，与外来力量作斗争。鸦片战争标志着中国争取独立自主、反抗西方列强侵略的开端，虎门销烟体现出人类与外来列强作斗争的胜利以及坚决抵制毒品的决心，东莞人民一直在探索民族振兴的道路，这体现了“探索和发现（Discovery)”的精神。

第二，从经济发展角度来看，东莞这座城市在改革开放的进程中勇于探索前进，创造了中国和世界的经济奇迹，使东莞成为改革开放的前沿和世界一流的制造业基地。这表示东莞有一种勇于探索和发现的城市精神与品质，“Discovery”一词能很好展现这一点。

第三，从游客的角度来讲，东莞可以使游客在特别的旅游体验中发现自我和满足自我。例如，国内游客通过参观林则徐相关景点，能够增强自身的民族自豪感；游客亦可在高品质的酒店群中和绿色度假区放松心情，抒解压力；游客可以在东莞的生态公园和园林所塑造的绿色环境中体验皈依自然的乐趣；这就是“人性为本”的体现，因此采用了“Human（人类、人性)”一词。

第四，游客对虎门的认知度普遍较高，甚至超过对东莞的认知度。Human 和 Humen 这两个单词形近音似，使用“Human”一词融入了幽默的元素，具有一语双关的效果。

“收获无限惊喜！(Expect the Unexpected)”

• 东莞美丽的城市风光和现代城市风貌可以让人无限惊喜。

• 东莞丰富的历史古迹、特别是鸦片战争遗址可以让人无限惊喜。

• 东莞高性价比的星级酒店群可以让人无限惊喜。

• 东莞的美食可以让人无限惊喜。

• 东莞经济发展模式和制造业辉煌成就以及世界工厂的发展历程可以让人无限惊喜。

• 东莞“没有赌场的拉斯维加斯”称号可以让人无限惊喜

进莞放心，无限惊喜（City of Human Discovery, Expect the Unexpected!)

2.1.3 总体形象定位成功的案例

2.2 基于总体定位的东莞旅游营销品牌

2.2.1 东莞三大旅游营销品牌组合

2.2.2 三大旅游营销品牌组合解析

乐活人生（Pleasures)

乐学瑰宝（Treasures)

乐享成功（Measures)

2.2.3 针对不同细分市场的形象定位与传播

2.3 东莞旅游形象标识设计

旅游标识是东莞形象定位的主要视觉载体，我们为东莞设计了一个易于识别、并能体现东莞新形象的旅游标识，成为东莞旅游营销宣传与产品开发的鲜明视觉载体（图5-15)。该标识简洁通识、识别性强，易于记忆，并且适合在国内外多种场合和载体上使用。该标识中的四个英文字母是东莞和广东两个地名英文和拼音首字母的缩写，DG 代表 Dong Guan，GD 代表 Guang Dong，它们错落有致地排列组合在一起，更易于入人眼帘和大脑。还可以对四个字母进行艺术处理，用东莞的标志性资源图片填充每个字母，周边围绕莞草或市花，并可根据不同的营销活动进行更换，形成一个可以随时变化营销内容的动态标识。四个字母不同的色彩和花纹还代表了东莞的主要旅游资源特色，成为主题旅游要素组合的全新标识：

• 左上角的字母 D 代表了东莞凝重的工业和历史古迹

• 右上角的字母 G 代表了东莞五彩斑斓的娱乐和夜生活

• 左下角的字母 G 代表了东莞百花盛开的园林园艺

• 右下角的字母 D 代表了东莞的绿色满园的自然生态

四个英文字母右下角的四颗“珍珠”一方面表示是英文的缩写符号，另一方面也表明东莞的地理位置，即地处珠三角地区，图中还加入了中英文的形象定位口号，构建了完整的旅游标识系统。

进“莞”放心，无限惊喜

City of Human Discovery

3. 东莞的客源目标市场选择。

3.2 以客源地要素细分的目标市场

3.2.1 珠三角地区市场（国内市场）

3.2.2 国内其他市场（国内市场）

3.2.3 港澳台市场（同胞市场）

3.2.4 日韩市场（国际市场）

3.2.5 其他国际市场（国际市场）

3.3 根据旅游动机细分的目标市场

3.3.1 休闲度假、游览观光和商务会展市场

休闲度假游客

游览观光游客

商务会展游客

3.3.2 特殊兴趣游客

总结

本章全面策划和阐述了东莞的形象定位、品牌营销与目标市场选择等一系列的重要问题，评价了东莞目前的旅游形象不明确，正面形象和负面形象共存的问题，设计了东莞的总体定位口号、全新的旅游标识，并建议东莞实行“乐活人生 + 乐学瑰宝 + 乐享成功”3 个主题营销活动。东莞的目标市场可以用“6 x 3 + SIT”组合来概括，东莞的六大客源地市场包括 1）珠三角市场；2）国内其他市场；3）港澳市场；4）台湾市场；5）日韩市场；6）国际其他市场。依据出游动机，东莞的目标市场可被细化为 1）休闲度假市场；2）观光市场；3）商务和会展市场，东莞有潜力开发特殊兴趣旅游市场。

第六章　东莞旅游营销战略与目标体系

1. 旅游营销战略与目标体系

1.1 旅游目的地市场营销功能概述

东莞旅游局在未来五年内要实施的市场营销行动必须基于一个明确的战略体系及相应的营销目标，否则所有的营销行动会杂乱无章，缺乏系统性和连续性。项目组根据对东莞旅游局以往营销工作的研究总结及相关经验，在旅游目的地营销功能中挑选了如下 17 项内容作为制订东莞旅游营销战略和目标的基础，也是东莞旅游局在未来五年内需要建立和完善的营销功能。

1. 旅游形象定位及品牌塑造
2. 旅游目标市场选择
3. 旅游产品体系开发
4. 旅游服务质量保障体系构建
5. 旅游产品定价
6. 旅游产品整合
7. 旅游项目策划
8. 旅游网络营销与电子商务开发
9. 旅游分销渠道开拓
10. 旅游客户关系管理及数据库营销
11. 旅游宣传促销
12. 旅游合作营销
13. 专业化的旅游营销组织构建
14. 旅游营销规划
15. 旅游人力资源开发
16. 旅游市场调研
17. 旅游营销控制与评估

以上 17 项旅游营销功能是东莞旅游局在未来五年中需要构建的营销工作框架，但它们不可能一蹴而就，其建立和实施是一个不断发展完善的过程。有些功能需要在近期实现，有的则是在中后期建立，这些功能的建立时序将在本章最后部分进行阐述。

1.2 旅游形象定位、品牌塑造及其战略目标

1.3 目标市场选择和战略目标

1.4 旅游产品开发及战略目标

1.5 旅游服务质量保障体系及战略目标

1.6 旅游产品定价及战略目标

1.7 旅游产品整合及战略目标

1.8 旅游项目策划及战略目标

1.9 旅游网络营销与电子商务及战略目标

1.10 旅游分销渠道拓展及战略目标

1.11 客户关系管理与数据库营销及战略目标

1.12 旅游宣传促销及战略目标

1.13 旅游合作营销战略及目标

1.14 专业化旅游营销组织构建及战略目标

1.15 旅游市场营销规划及战略目标

1.16 旅游人力资源开发及战略目标

1.17 旅游市场研究及战略目标

1.18 旅游营销控制评估及战略目标

2. 旅游营销战略与目标实施时序

第七章　东莞旅游营销行动计划（2010－2014）

1. 东莞旅游营销行动计划的框架和技术路径

1.1 旅游营销行动计划的基本框架

2010 年东莞旅游营销行动计划建议方案

2010 年东莞旅游营销主题：“惊喜无限 · 乐活人生”

本项目为东莞制定了“进莞放心，无限惊喜”的总体旅游形象定位以及“乐活人生 + 乐学瑰宝 + 乐享成功”的三大品牌塑造战略。在 2010－2014 年五年中，东莞旅游局需围绕这个战略主线来实施系统化的营销行动。一个城市的旅游品牌形象塑造是一个长期的连续的过程，建议东莞

旅游局采用“循序渐进，各年度击破”的营销战略和战术。以下是未来5年营销战略实施过程中，第一年的营销行动建议方案。

2010年，东莞首先要在“珠三角市场、港澳台市场以及日韩市场”上将“乐活人生”这个品牌建立起来。在此建议以“惊喜无限·乐活人生”为年度营销主题来展开2010年的系统化营销工作。由此来明确东莞在2010年的营销目标，就是开始塑造一个全新的、具有东莞特色的“休闲旅游目的地”的形象，建立起完整的休闲旅游产品体系，扩大东莞在市场上的影响力和知名度，改变外界已经形成的与东莞实际情况错位的传统及负面形象。为此，2010年的年度工作路径包括下图的4个方面，具体工作内容包括：“乐活人生”新产品体系的开发，“乐活人生”支持性产品开发，全年360度常态营销工作和“2010 Top 10”营销亮点举措。

2011年东莞旅游营销行动计划建议方案

2011年东莞旅游营销主题：“惊喜无限·乐学瑰宝”

2011年，东莞要在“珠三角市场、港澳台市场、日韩市场及欧洲市场”上将“乐学瑰宝”品牌建立起来。在此建议以“惊喜无限·乐学瑰宝”为年度营销主题来展开2011年的系统化营销工作。由此明确东莞在2011年的营销目标，就是在不断明确东莞的“休闲旅游目的地”形象同时，重点推广东莞长期以来形成的各类自然、人文、历史、以及现代化建设的成果瑰宝，尤其是具有国际影响力的资源如鸦片战争相关资源。

2011年专项营销举措通过该年度营销活动的举行，为东莞建立起完整的休闲观光旅游产品体系，继续扩大东莞在市场上的影响力和知名度，改变外界已经形成的与东莞实际情况错位的传统及负面形象。与先前制定的2010年度营销行动计划的工作路径相同，2011年的年度工作（如下图所示）也分为四个方面，具体工作内容包括：“乐学瑰宝”旅游新产品体系的开发，“乐学瑰宝”支持性硬件产品开发，全年360度常态营销工作和“2011 Top 10”营销亮点举措。

2012年东莞旅游营销行动计划建议方案

2012年东莞旅游营销主题：“惊喜无限·乐享成功”

2012年，东莞将树立“乐享成功”这个品牌，除了在“珠三角市场、港澳台市场、日韩市场”上推广外，东莞市旅游局将把目标市场扩大至东南亚、南亚国家，并把“商务会展”作为重点细分目标市场。在此建议以“惊喜无限·乐享成功”为年度营销主题来展开2012年的系统化营销工作，侧重推广东莞的商务及会展特色产品，如高品质的酒店设施，会议展览馆以及一流的会议会展服务。

通过该年度营销活动的举行，展现东莞为商务会展活动提供的良好基础环境，向市场传导一种信息，即在东莞开展商务活动将让大家获取成功，从而促进东莞的经济发展。通过该品牌的建立，扩大东莞在市场上的影响力和知名度，改变外界对东莞形成的错误印象。

2013年东莞旅游营销行动计划建议方案

2013年东莞旅游营销主题：“惊喜无限·乐享自然”

通过以往三年的市场营销活动，东莞“惊喜无限·乐活人生”、“惊喜无限·乐学瑰宝”及“惊喜无限·乐享成功”三大旅游营销品牌主题已经逐步在市场上建立。2013年，东莞市旅游局在维护三大旅游品牌的同时，可继续强调“自然、健康”这个主题，在“珠三角市场、港澳台市场、日韩市场”上重点推广自己的绿色旅游资源。因为“自然”的主题是市场一直比较关注的部分，并且东莞的自然资源也相对比较丰富，所以在稳固发展前三年的主题基础上，可适当强调自然资源和产品的营销。同时，东莞市旅游局需继续拓展自己的海外客源市场，提升自身在国际市场上的知名度。2013年，东莞市旅游局应开拓澳大利亚及新西兰这两个重要的中国入境客源市场。

2014年东莞旅游营销行动计划建议方案

2014年东莞旅游营销主题：“惊喜无限·无处不在”

2014年，是东莞市实施本营销行动计划的最后一年。通过以往四年的努力，东莞的旅游产品已经逐渐走向成熟，其“惊喜无限·乐活人生”、“惊喜无限·乐学瑰宝”及“惊喜无限·乐享成功”三大旅游营销品牌也已经拥有的一定的市场知名度，整个城市同样将为人们呈现焕然一新的景象。因此，2014年将是东莞市旅游局全面展现营销成果的一年。“惊喜无限·无处不在”可作为2014年东莞的营销主题，让游客深刻感受到东莞的发展和变化，无论走到何处，都能发现惊喜。

2014年，“珠三角市场、港澳台市场、日韩市场”仍是东莞的重点目标市场，本年度还可以深度开发欧洲英国市场。同时，东莞市旅游局应及时对以往几年的旅游产品进行调整，吸引更多曾经到访过东莞的回头客，并继续拓展特殊兴趣旅游市场。

2010年至2014年东莞旅游营销经费预算建议

总结

以上5年的营销行动计划紧密围绕东莞旅游的营销战略目标，以深入的市场调研结果为依据，围绕新的东莞旅游形象定位及品牌塑造，遵循为东莞城市旅游营销目前存在问题对症下药的原则，制订了2010－2014年的旅游营销行动计划。所有年度的常态营销工作及专项营销亮点活动都是为了帮助东莞更好地把城市营销与旅游营销紧密结合起来，最终达到改变其在大众心目中以往的城市形象，提高东莞的知名度和扩大客源市场的效果。

第八章　营销组织管理与培训计划

1. 营销组织构建及管理

为落实东莞国际旅游市场营销规划（2010－2014）中提出的各项目标，需要设立特定的市场营销组织机构监督管理并推动规划的具体实施。

1.1 东莞旅游局营销组织结构建议方案
1.2.1 组织结构图
1.1.2 公共关系部
1.1.3 市场推广与销售部
1.1.4 市场研究部
1.1.5 网络营销与电子商务部
1.2 对营销人员的基本要求
1.2.1 营销技能与经验要求
1.2.2 语言能力要求
2. 营销培训计划
2.1 营销培训计划构成与项目内容
2.2 营销目标与行动计划培训
2.2.1 培训目标
2.2.2 培训内容
2.2.3 培训对象与培训人员
2.3 营销规划培训
2.3.1 培训目标
2.3.2 培训内容
2.2.3 培训对象与培训人员
2.4 分销渠道结构与特征培训
2.4.1 培训目标
2.4.2 培训内容
2.4.3 培训对象与培训人员
2.5 会奖旅游产品开发与营销培训
2.5.1 培训目标
2.5.2 培训内容
2.5.3 培训对象与培训人员
2.6 网站开发与建设培训
2.6.1 培训目标
2.6.2 培训内容
2.6.3 培训对象与培训人员
2.7 考察旅行项目系列
2.7.1 培训目标
2.7.2 北美休闲旅游目的地考察
2.7.3 欧洲城市与文化历史观光目的地考察
2.7.4 东南亚及南亚会奖旅游目的地考察
2.7.5 澳大利亚与新西兰生态旅游目的地考察
2.7.6 特种旅游目的地考察
2.8 市场营销技能培训项目
2.8.1 产品组合设计培训
2.8.2 项目策划培训
2.8.3 客户关系管理与数据库营销培训
2.8.4 网络营销与电子商务培训
2.8.5 旅游服务质量管理培训
3. 建立营销合作联盟
3.1 区域特色合作联盟
3.1.1 珠江长廊东区营销联盟
3.1.2 鸦片战争旅游营销联盟
3.1.3 珠三角地区城市营销联盟
3.1.4 铁路城市旅游营销联盟
3.1.5 广东省古镇营销联盟
3.2 特种旅游合作营销联盟
3.2.1 粤菜合作联盟
3.2.2 珠三角高尔夫联盟
3.2.3 中国篮球联盟

第九章　营销规划实施控制与评估蓝图

1. 营销效率控制与效力评估概述
2. 营销效率控制蓝图
2.3 销售与推广控制指标
2.4 网络营销控制指标
3. 营销效力评估蓝图
3.1 旅游形象定位及品牌塑造效力评估
3.2 目标市场营销效力评估
3.4 服务质量控制体系效力评估
3.5 旅游产品定价效力评估
3.6 旅游产品组合效力评估
3.7 旅游项目开发效力评估
3.8 旅游分销渠道拓展效力评估
3.9 网络与电子商务营销效力评估
3.10 客户关系管理及数据库营销效力评估
3.11 推广及整合营销效力评估
3.12 旅游合作营销效力评估
3.13 营销组织构建效力评估
3.14 营销规划实施效力评估
3.15 旅游人力资源开发效力评估
3.16 旅游市场研究效力评估
3.17 市场营销控制评估效力
4. 营销规划实施的后续跟踪系统（2010－2014）
4.1 初步规划与后续执行
4.3 规划实施的中期汇报
4.4 规划实施的年度总结会议
5. 营销规划实施的追踪时间表（2010－2014）

第十章　中文官方旅游网站评估与英文网站开发策略

1. 中文旅游官方网站评估

1.1WebEVAL DMO China 旅游官方网站评估系统简介

1.2 中文版旅游官方网站评估

1.2.1 技术评估得分：22/25（达标率为88%）

从技术角度看，东莞旅游网站存在的最大问题是下载速度过慢，平均需要33.84秒才能完成网页下载。而较理想的下载速度应该保持在13秒以下。

1.2.2 顾客友好性评估得分：8/22（达标率为36.4%）

• 需要一个更加具有吸引力并且容易记忆的域名。现有网站的域名为 www.dongguan.travel，该域名虽然容易记忆，但是却缺乏吸引力，并且没有凸显出东莞的旅游目的地定位。

• 需要提升网页的视觉吸引力。现有网站虽然采用了图文并茂的设计方式，但是却略显杂乱，并且所选取的照片精度不一，无法完美展现东莞的城市面貌和资源特征。

• 需要为用户提供便利的联系通道。现有网站并没有为用户提供直接的联系方式和联系人，也没有为用户提供详细的网站地图，这些都在一定程度上影响了用户使用网站的方便性。

1.2.3 市场营销有效性评估得分：8/35（达标率为22.9%）

• 网站的国际化程度不高，没有外文版，相应也就缺乏专门为国际游客专设的信息。东莞急需一个英文版本的旅游官方网站，迈开全球化营销的第一步。

• 没有明确主要细分目标市场。现有网站虽然专设了"休闲娱乐"以及"会展活动"板块，初步为不同类型的目标市场提供了信息，但是缺乏系统性，对细分目标市场的分类也不全面。

• 对东莞旅游定位的展现欠缺准确性。与同类的国内旅游官方网站相比，东莞的网站在展现目的地定位这一方面是比较突出的，唯一欠缺的就是准确性。例如，网站将现有的东莞形象定位口号"Cheer for Dongguan"错误地写成了"Cheer for Gongguan"。

• 网站在营销的互动性方面有所缺失。没有与用户进行信息交流的版块，也没有为获取用户信息设置专门的登录注册系统。这些都大大减少了东莞与旅游者直接交流的机会，并且无法形成游客数据库，难以进行持续性的营销。

• 网站缺乏增值服务。作为国内的旅游目的地网站是无法为游客提供预订服务的，但是却可以进行产品及相关纪念品的展示，而该网站在这一方面基本没有实现。

1.2.4 旅游目的地信息丰富性评估得分：14/42（达标率为33.3%）

• 网站所提供的信息不够详细。现有网站所提供的信息覆盖面比较广，但是深度不够，比如酒店的介绍没有细化到设施介绍；介绍东莞美食没有细化到餐厅信息等。

• 网站信息空白度高。现有网站的信息版块可以说比较全面，但是却存在空白现象，比如有关旅游统计的信息，虽然专门设置了相应的版块，但却没有提供任何信息。

• 网站缺乏有关版权、隐私权等法律条款的说明。虽然这不是旅游网站的主体部分，但是作为一个专业的官方网站是必不可少的。

1.3 东莞中文旅游官方网站评估总结

2. 国际旅游官方网站开发经验借鉴

为了更好地开发东莞英文版旅游官方网站，除了要对现有中文网站去粗取精外，还需要对国际上优秀的旅游官方网站进行分析总结，借鉴其先进经验。本章选取了众多欧美和亚太地区成功的旅游官方网站做了全面分析，得出了以下借鉴经验：

2.1 便于记忆的网站域名

2.2 清晰便捷的网站导航系统

2.3 交互式的网站功能

3. 英文旅游官方网站开发策略

3.1 网站域名策略

3.2 网站导航策略

3.3 网站互动机制策略

• 东莞旅游电子快报：为注册访客定期发送有关东莞旅游文化资源以及时事要闻的电子快报。

• 东莞图片天地：根据不同的主题，组合展现东莞景点及城市风貌的图片。

• 东莞视频天地：游客可在线观看东莞旅游宣传片。

• 东莞电子明信片：制作可下载的明信片，让游客可以通过网站直接发送给好友。

• 东莞电子旅游指南：制作可下载的简易版旅游指南，让游客可以随时方便打印使用。

3.4 网站反馈机制策略

3.5 网站搜索引擎优化策略

• 友好城市：这个部分将连接到东莞的国际友好城市。

• 其他：链接到其他大型的旅游论坛。

• 服务供应商：在介绍服务供应商的同时要提供相应的链接。

• 旅游或旅行的相关关键词：Travel；tourism；visit；vacation；trip，etc.

• 地名：中国；广东；东莞；虎门

• 其他关键词：鸦片战争；林则徐；改革开放；虎门大桥；虎门销烟

揭阳市旅游发展总体规划（2010～2030年）

（摘要）

第一章　总则

第一条　规划范围

揭阳市旅游发展规划（以下称“本规划”）的范围为揭阳市行政辖区范围，包括榕城区、东山区、揭阳试验区、普宁市、揭东县、揭西县、惠来县、普侨区和大南山侨区，总用地面积5240.5平方公里。

第二条　规划期限

本规划期限为2010－2030年，分近、中、远三期。

近期：2010－2015年；

中期：2016－2020年；

远期：2021－2030年。

第三条　规划依据

第四条　规划基本原则

（一）市场导向

（二）适度超前

（三）整体优化

（四）保护优先

（五）统筹协调

第二章　旅游业发展战略规划

第五条　指导思想

以科学发展观为指导，全面贯彻落实广东省委省政府建设“旅游强省、文化大省”的战略部署。

“三个特色”指导思想。贯彻落实揭阳市委四届五次全会精神，紧紧围绕“打造特色经济、特色城市、特色文化”三个特色的城市发展战略，将揭阳打造成为著名的“岭南水城”。

第六条　规划目标

（一）总体目标

将揭阳建设成在国内外具有较高知名度的国际旅游城市；促进旅游业成为现代服务业的龙头行业、揭阳支柱产业之一，拉动国民经济“又好又快”发展。

（二）阶段性目标

（1）近期（2010－2015）：打造“岭南水城”，建设具有地方特色的旅游强市。旅游总收入93亿元，占GDP比重达到3%；接待旅游者总人数1648万人次，其中过夜游客人数465万人次。

（2）中期（2016－2020）：打造华南地区重要的旅游目的地、粤东旅游集散中心。旅游总收入348亿元，占GDP比重达到8%；接待旅游者总人数2655万人次，其中过夜游客人数1160万人次。

（3）远期（2021－2030）：营造中国最佳旅游城市、世界著名文化旅游城市。旅游总收入720亿元，占GDP比重达到12%；接待旅游者总人数4754万人次，其中过夜游客人数2400万人次。

第七条　发展定位

岭南地区著名的山、海主题观光、度假与潮汕民俗文化体验旅游胜地，华南地区重要的旅游目的地之一。

（一）发展山水观光旅游

（二）发展休闲度假旅游

（三）发展特色文化旅游

一是潮汕传统节庆活动；二是饮食文化；三是茶文化；四是玉文化。

第八条　形象定位

揭阳的旅游城市形象定位为：岭南水城，潮汕之源。

第九条　发展战略

（一）总体战略

揭阳市旅游发展实施“城市形象与城市文化并重”的总体战略。

（1）营造“水”主题城市形象

（2）彰显潮汕文化之源

第十条　战略步骤

（一）近期：明思路，先拔头筹

（二）中期：塑形象，促大发展

（三）远期：创品牌，精益求精

第十一条　市场定位

（一）一级客源市场

一级客源市场定位为粤东地区、珠三角地区和港澳台地区。

（二）二级客源市场

二级客源市场定位为省内及闽南地区，主要指粤北、粤西、福建南部等地。

（三）三级客源市场

三级客源市场定位为国内其他地区、东南亚地区及国际客源市场，主要包括马来西亚、泰国等东南亚国家及美加等华侨主要聚居地。

第十二条 市场细分

（1）大众休闲度假旅游市场；

（2）政府和企业商务会议旅游市场；

（3）家庭旅游市场；

（4）高收入者旅游市场；

（5）奖励旅游市场；

（6）银发旅游市场；

（7）亚健康人群旅游市场；

第三章 市场营销规划

第十三条 旅游形象传播策略

第十四条 分期市场定位

分近、中、远期三个阶段，从基本市场、拓展市场、机会市场三个圈层逐步开拓揭阳未来的旅游市场。

表 3－1 分期市场定位

分期	第一市场	第二市场	第三市场
近期（2010－2015）	粤东、珠三角、厦漳泉、港澳台	粤闽赣、苏浙沪、湘鄂	泰国等东南亚国家和地区
中期（2016－2020）	闽粤赣、上海、北京、江浙	华东、华中、华北、东南亚、日韩	北美、澳洲、欧洲部分国家
远期（2021－2030）	闽粤赣、上海、北京、华东	华中、华北、西北	亚太地区、欧洲

第十五条 市场战略

以打造“岭南水城．潮汕之源”的城市品牌形象为核心，实施“品牌先行、长线突破、区域整合、联合营销”的市场战略，实现客源市场的持续增长。

（一）品牌先行

（二）长线突破

（三）区域整合

（四）联合营销

第十六条 市场分期营销目标

近期（2010－2015）揭阳的国内旅游市场预计将以14%的平均速度持续增长，入境旅游市场将在机场开通后止跌回升，并以15%的平均速度快速增长；中期（2016－2020），随着揭阳旅游经济的快速发展，增长率应能得以保持，预计国内旅游将以14%的速度增长。而随着海外营销力度的加大，入境旅游市场增速将会加快，预计将以16%的速度增长；远期（2021－2030），随着基数增大，增长率将逐渐回落并稳定。

第十七条 市场营销策略

（一）以大品牌推动大营销

（二）以大营销推动大合作

（1）擂响一面“潮州鼓”

（2）念好一本“山海经”

（3）刮起一阵“潮客风”

（4）开辟一条“跨省游”

第十八条 入境市场营销

（一）总体营销策略

揭阳入境旅游的营销重点，主要是面向潮汕人聚居的港澳台、东南亚和北美地区；其次是积极拓展泰国市场；再次是日韩、北美和欧洲的入境旅游市场。

（二）分销渠道

（1）建立多渠道、有选择的复式分销系统

（2）加强对现代传播技术手段的运用

（3）探索和推动揭阳市旅游信用消费

（4）重视市场数据库和客户关系管理

（5）跟各种旅游组织建立战略合作关系

（三）网络营销

揭阳在今后的网络营销过程中，可考虑在新浪网等大型门户网站的城市频道和旅游频道开展专题宣传，投放一定的网络电视广告。

运用新型网络媒体，如博客、群组和社区等形式，多渠道、多层次和多角度地宣传揭阳市的旅游文化资源。

逐步建立和完善三大系统：旅游电子商务系统、旅游预订系统和网上支付系统。

第十九条 国内市场营销

（一）产品策略

（1）本地市场营销

（2）周边市场营销

（3）远程市场营销

（二）推广措施

（1）大众传播与定向传播相结合

（2）新闻发布与信息沟通相结合

（3）高空引爆与落地生效相结合

（4）事件营销与公关传播相结合

第二十条 营销系统建设

（一）营销组织运营

（二）目的地在线营销

（三）支持系统建设

（1）建立营销资金保障体系；

（2）建立营销费用预算体系；

（3）建立营销人才支持体系；

（4）建设客户数据库。

（四）绩效评价系统建设

第四章 旅游空间布局规划

第二十一条 旅游空间格局构建思路

（一）区域一体化思路

（二）旅游产品组合思路

第二十二条 揭阳、潮州、汕头一体化旅游空间格局

（一）一圈：环粤东城镇群休闲度假旅游圈

依托桑浦山、大北山、大南山、惠来海滨、南澳岛、凤凰山的优越自然旅游资源，打造环绕揭阳、潮州、汕头三市的休闲度假旅游圈。

（二）三城：揭阳、潮州、汕头三个旅游综合服务中心

促进揭阳、汕头、潮州三市旅游一体化发展，优势互补，共进、共荣的发展格局，打造揭阳市成为粤东地区主要旅游目的地、集散中心。

（三）一门户：机场＋高铁的空港经济区

依托揭阳潮汕机场、厦深高速铁路建设集交通枢纽、接待中心、资讯中心、商务中心于一体的空港经济区，是粤东地区的旅游集散中心，对外形象展示的门户、窗口。

第二十三条 揭阳市域旅游发展空间格局

构建揭阳市域“一芯五瓣五蕊”的旅游空间格局。

（一）一芯：市区＋空港经济区的旅游综合服务中心

（1）揭阳核心城区

（2）空港经济区

（二）五瓣：五个特色旅游组团

（1）中部潮汕文化观光旅游组团

（2）东部乡村旅游及生态农业体验旅游组团

（3）南部海滨休闲度假旅游组团

（4）中西部温泉休闲度假旅游组团

（5）北部生态山水度假旅游组团

（三）五蕊：五条绿道

（1）1号环形绿道

（2）2号绿道

（3）3号绿道

（4）4号绿道

（5）5号绿道

在上述绿道网总体布局主线骨架的基础上，还应结合各地的资源条件、城镇布局以及交通条件等，进一步细化相关绿道网的支线、联络线等，以完善市域绿道网系统。

第五章 旅游产品开发规划

第二十四条 旅游产品体系规划总体思路

以生态山水、潮汕文化为特色，综合开发各种观光览胜、休闲度假、乡村旅游、宗教禅修等系列旅游产品，为游客提供多形式、多档次、多层次的旅游产品。

（一）注重原生态、舒适宜人

（二）注重参与性和体验性

（三）注重科普性和示范性

（四）感受潮、客特色文化

第二十五条 产品体系

通过整合旅游优势资源，强化旅游产品组合，打造特色旅游区、开发旅游精品；通过政府引导、市场运作、多元投入，形成生态观光、休闲度假和文化体验的多元化旅游产品结构。

第二十六条 旅游产品策划

揭阳旅游产品开发应立足于本地的资源基础，以市场需求为导向，注重自然环境的保护和潮汕文化的提升。

（一）中部潮汕文化观光旅游组团

（二）乡村旅游及生态农业旅游组团

（三）南部海滨休闲度假旅游组团

（四）中西部温泉休闲度假旅游组团

（五）北部生态山水度假旅游组团

第二十七条 市区、各县市近期旅游产品开发重点

以行政区划单位为依托，理清旅游开发思路，明确近期旅游产品开发目标，将具体工作深入细化到各个行政部门，全面推进揭阳市旅游产品的开发。

第二十八条 市区依托古城，打造“古城＋新城”的城市新格局；依托榕江南北河，构建城市绿道网络。

（一）古城

（二）新城

第二十九条 揭东县依托桑浦山与空港，打造玉湖、埔田两条乡村旅游线路。

（一）桑浦山

（二）空港旅游接待中心

（三）玉湖、埔田乡村游

第三十条 揭西县依托大北山，打造三大基地；依托三山国王庙，打造三山国王文化；依托棉湖古镇，打造潮客风情的民俗旅游产品。

（一）打造三大基地

（1）世界森林度假和生态农业基地

（2）世界山地车赛场和高尔夫球运动健身基地

（3）世界历史文化和旅游文化展示基地

（二）打造三山国王文化

三山国王庙都是潮汕地区年代最久远的宗教遗址之一。揭西县应当重视三山国王庙周边环境的保护与开发，营造整体的宗教朝拜氛围，进一步丰富旅游产品的开发，打造宗教游览与朝拜胜地。

（三）打造潮客风情的民俗旅游产品

揭西县应当充分挖掘棉湖古镇的潜力，发展乡村旅游，通过乡土民俗资源的开发，带动周边度假项目的开发建设，打造整体的乡村旅游度假线路。

第三十一条　普宁市依托洪阳镇，打造乡村旅游线路；依托温泉，打造温泉休闲度假游；依托商贸，打造商务旅游等。

第三十二条　惠来县依托南海之滨，打造以海洋文化和潮商文化为主题的滨海观光带，构建海滨高端度假城；

第三十三条　旅游线路规划

通过形象组合、产品组合、线路统筹的形式，使散布的旅游特色景区、景点、旅游小镇等旅游精品像珍珠一样通过旅游线路把它串联起来，打造旅游产业中的一条精品项链。

（1）体验潮汕民风民俗，感受潮汕文化精髓；

（2）享受好山好水，感受宜居的“岭南水城”；

（3）感受南海之滨，海洋文化与潮商文化的特色游览观光带；

（4）接受红色遗迹与现代等科普教育。

第三十四条　旅游线路组织

旅游线路是市场化的，而且不同时期有不同需求，应充分考虑游客的需求进行灵活组织，因此，本次规划只对旅游线路主题进行归纳，并结合近期发展情况重点推出以下线路。

（一）生态休闲度假旅游线路

（二）滨海休闲度假观光旅游线路

（三）潮汕文化旅游线路

（四）乡村旅游线路

第六章　旅游服务系统规划

第三十五条　旅游服务区布局规划

揭阳旅游配套设施还很落后、旅游服务系统还不完整，旅游服务区还没有真正形成，无法与重点景区和城市经济的发展相匹配，这和旅游高水准、高速度的发展脱节。

（一）一级旅游服务区

一级旅游服务区是大范围内的主要旅游接待中心。

（二）二级旅游服务区

二级旅游服务区是本市次旅游接待中心，是大旅游区的配套服务设施。

（三）三级旅游服务区

三级旅游服务区是景区景点的服务中心。

第三十六条　布局规划

（一）市区

（二）各县市

在中心城区内设立二级旅游服务区，

突出休闲、娱乐和独特的侨乡文化，功能辐射榕江音乐喷泉、学宫——千年古邑最高学府等；

（1）揭东县：在桑浦山设立二级旅游服务区，功能辐射桑浦山风门古径、加州生态果园；

（2）揭西县：在京明度假村、大北山森林公园设立二级旅游服务区，

突出山区美食、特色山货，功能辐射大洋度假村、黄满磜瀑布旅游区等；

（3）惠来县：在金海湾海滨高尔夫度假村、海滨“5S养生度假区”

设立二级旅游服务区，突出美食、购物、海鲜特色，功能辐射海鲜一条街、渔港交易市场、客鸟尾石笋景区等；

（4）普宁市：在石牌温泉、揭阳“红色旅游基地”区设立二级旅游服务区，突出红色旅游和历史纪念特色，功能辐射盘龙阁、马嘶岩寺、云石岩寺、南岩寺、樟岗岩寺、洪山岩寺、圆通庵、华岩寺等。

（三）景区景点

根据旅游区的划分与特色，在较大景区景点设立三级旅游服务区，主要为景区景点的游客提供游览、住宿、餐饮、娱乐、商务、休闲等特色功能的专项服务。

第三十七条　旅游酒店业规划

按照揭阳市旅游总体战略布局，从优化酒店空间布局、合理构建酒店接待网络体系的角度出发，以现有酒店为基础，通过建设、改造、提升，总体形成合理的旅游酒店发展格局。

第三十八条　旅游餐饮业规划市区

结合揭阳市沿江路饮食餐饮街的现状基础规划一条旅游美食街，在市区内规划若干不同档次及特色的旅游美食店（或美食城），综合全市特色美食，并和特色购物、娱乐相互结合。

第三十九条　旅游娱乐规划

在市区和各主要旅游圈兴建一批设备先进、功能齐全的娱乐中心，组建或引进特色文艺演出团体，挖掘整理一批体现传统文化和乡土气息的旅游项目，如粤剧、茶艺表演等，开展各种民间健身、娱乐、文化活动，举办各种大型节庆及文化艺术活动，吸引游客，丰富当地居民生活，创造良好的社会、经济、文化和环境效益。

第四十条　旅游购物设施规划

（一）市区

在榕江沿线，规划建设具有揭阳地域特色的旅游商业街，突出古今侨乡建筑风格，集中揭阳特色的土特产、旅游工艺品和纪念品，特别是揭阳奇石等，进行深层次地开发、挖潜，形成规模。建设玉石专业市场、古玩特色市场等，将玉都广场、会展中心、豪华展销中心等纳入旅游观光购物景点中。

（二）各县市

（1）揭东县：规划突出生态田园文化的中小型购物商店；

（2）揭西县：规划体现地域特色的风情购物街和各种绿色食品购物商店。

（3）惠来县：规划突出海鲜、水产品特色和侨乡文化的购物街；

（4）普宁市：规划突出“红色旅游”和温泉文化的中小型购物商店。

（三）重点旅游景区

在温泉、“红色旅游”等重点景区，分别开设展示揭阳各种旅游商品的商店或橱窗，主要是宣传展示，其次是销售。成立揭阳旅游商品研究协会，组建揭阳旅游商品开发公司，鼓励民间开发、生产经营有本市特色的旅游商品，开发多样品种，挖掘深层文化，突出潮汕文化特色。

第四十一条 旅行社发展规划发展规划

第七章 旅游基础设施规划

第四十二条 旅游交通设施规划原则

（1）满足旅游区内各种交通的需求，保证旅游区对外交通的便捷；

（2）合理组织社会交通和旅游交通，形成合力；中远期建设形成交通功能明晰、水陆交通完善的旅游和社会交通网；

（3）保护生态环境，最大限度地减少工程建设对环境的影响。旅游交通要结合地形和景点分布，方便游览。

第四十三条 旅游道路交通规划

（一）完善旅游交通线路

（1）改善高速公路、省道公路网的交通质量，提高惠来县的可达性；

（2）通过港口、旅游码头的建设，实现也周边区域的海上旅游联动；

（3）提升景区与服务中心交通的连接质量，提供安全、快捷的交通环境。

（二）提高旅游交通设施的服务水平

（1）改善车站条件，扩大候车容量，增加班车线路；

（2）加强交通车辆装备的更新，增加游客的舒适度；

（3）加强旅游交通指示标志、景点宣传广告的设计和建设。

（四）重点加强与潮汕国际机场的交通联系

第四十四条 旅游环卫设施规划

以总体规划为指导，从解决各类垃圾问题和当地情况出发，合理布局环卫设施，防止生活废弃物污染。

充分利用现有的环卫设施，合理利用改造，在新开发地区按标准规划建设，做到近、中，远期结合，以近、中期为主。

注重环卫工作在收集、转运、处理、回收利用等各环节的合理配套，逐步达到垃圾无害化处理要求。

（一）环卫设施规划

（二）公共厕所规划

第四十五条 旅游信息系统规划原则

按照“统筹规划、统一标准、条块结合、整合发展、互联互通、资源共享”的原则，构建揭阳旅游信息系统，使揭阳旅游业实现数字化、信息化。

（1）坚持统筹规划、分步实施的原则

（2）坚持政府推动、市场驱动的原则

第四十六条 旅游信息系统规划

（一）建立揭阳旅游信息中心

（二）旅游产业的技术引进和创新、旅游科学研究

第八章 旅游文化开发规划

第四十七条 旅游文化开发思路

从揭阳旅游业发展的实际出发，在旅游文化开发中注重以下几点思路：

（1）注重文化开发的导向。

（2）注重文化主题的选择。

（3）注重文化内容的策划。

（4）注重文化旅游的参与。

（5）注重文化形象的设计。

第四十八条 旅游文化主题定位

植根于揭阳的文化即是揭阳旅游文化的特色，我们以“揭阳文化”称之。揭阳文化具有多中类型，但最突出的内容是

“景观特色文化”、“历史与民俗文化”、“生态文化”三个方面。

揭阳注重多种旅游文化的配套开发，逐步打造“文化揭阳”形象：

（1）景观特色文化

（2）历史与民俗文化

（3）生态文化

（4）潮商文化

第四十九条 旅游文化产品规划

揭阳旅游文化产品以多种形式展开，呈现综合性旅游文化产品。

（一）名人探询游

（1）主题概念：历史名人文化

（2）开发要点：总结揭阳历史名人的事迹和故事，保持或恢复历史名人生活的历史场景（背景）。

（二）生态文化游

（1）主题概念：生态文化

（2）开发要点：开展观光休闲旅游；体验自然情趣，感受天人合一意境；

结合历史民俗游，体验原生态的人文环境；处理好保护与开发的关系。

（三）民俗风情游

（1）主题概念：揭阳民俗风情

（2）开发要点：注意真实氛围的营造，让游客亲临其境；与饮食、起居习俗相结合；在旅游线路组织中，融各种文化元素于一体，围绕着山水－名人－民俗等展开，形成综合旅游文化产品，展示揭阳旅游文化内涵。

第五十条 文化资源与旅游产品转化策略

（一）举办节庆活动，凸现旅游文化品牌

（二）改善旅游环境，形成旅游文化氛围

（三）维护有形载体，突出地域文化特色

（四）搞好营销宣传，树立旅游文化形象

（五）设计旅游线路，整合区域旅游文化

（六）设计参与项目，增强旅游文化吸引力

第九章 规划实施保障措施

第五十一条 组织保障措施

（一）组建揭阳市旅游产业发展领导小组

由市委、市政府有关领导任组长，由发改委、财政、旅游、建委、规划、交通、公安、文化、林业、环保、外办等相关部门的负责人任领导小组成员，主要对旅游发展中所遇到的问题进行决策和部门协调。

（二）加强旅游局的行政管理职能

（三）完善揭阳市旅游协会及其相关的其他行业协会，加强行业组织管理

（四）成立揭阳市旅游咨询中心

（五）成立揭阳市旅游产业发展办公室

第五十二条 资金保障措施

第五十三条 自然旅游资源保护措施

（一）加大重视力度

（二）创新开发保护方法

（三）加强政府监管力度

（四）建立监测监督机制

（五）加强景区生态规划

（六）重点地区分级分区保护

第五十四条 人文旅游资源保护

（一）加大社会各界对人文资源保护的重视力度

（二）确定人文资源开发保护重点

（三）在保护的基础上进行科学的规划建设

（四）创新人文资源保护办法

第五十五条 分类景区（点）环境保护规划

（一）人文类的景区（点）

（二）生态类的景区（点）

（三）滨海类的景区

第五十六条 规划体系保障

（一）近期建设重点

近期建设的重点是保护旅游资源，培育重点景区环境，适当开发具有带动性和示范性的旅游产品。

（1）市区：依托古城，打造“古城＋新城”的城市新格局；依托榕江一带，构建城市绿道网络；

（2）揭东县：依托桑浦山与空港，打造玉湖、埔田两条乡村旅游线路

（3）揭西县：依托大北山，打造三大基地：依托三山国王庙，打造三山国王文化；依托棉湖古镇，打造潮客风情的民俗旅游产品；

（4）普宁市：依托洪阳镇，打造乡村旅游线路；依托温泉，打造温泉休闲度假游；依托商贸，打造商务旅游等；

（5）惠来县：依托南海之滨，打造以海洋文化和潮商文化为主题的滨海观光带，构建海滨高端度假城。

（二）加强政府控制力度

政府的宏观调控主要有以下三点：

（1）提高进入门槛，严格控制各地政府、企事业单位设立的中、低档的培训基地、接待中心等设施。通过政府引导和市场化手段，逐步实现这些机构的退出，引入专业化、品牌化开发公司予以改造或管理；

（2）扩大旅游资源的宣传力度，引入国际品牌、实力雄厚的大型景区开发企业或者机构来管理与开发；

（3）结合本次旅游总体规划，制定系列的支撑体系规划，建立完善的规划控制体系。

第十章 附则

第五十七条 本规划的解释权属于揭阳市城乡规划局、揭阳市旅游局。

第五十八条 本规划是揭阳市旅游发展的指导性文件，如需调整，必须遵照《中华人民共和国城乡规划法》规定的法定程序进行。

第五十九条 本文件经揭阳市人民政府批准后，自公布之日起开始实施。

旅游调查与研究

Tourism Survey and Research

（第 383 ~ 394 页）

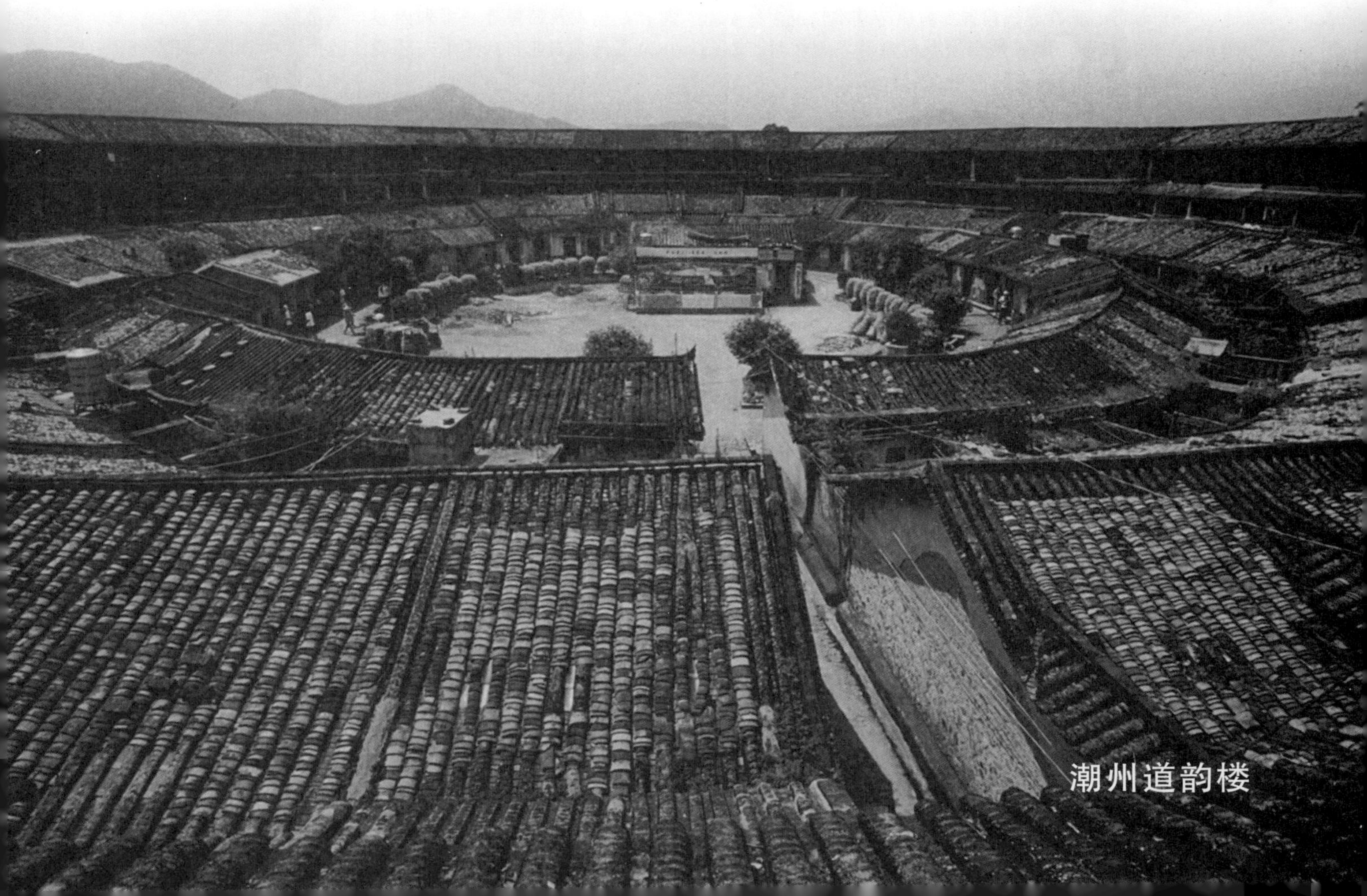

潮州道韵楼

江苏、浙江、福建和台湾乡村旅游考察报告

为更好贯彻落实《国务院关于加快发展旅游业的意见》（国发［2009］41号）“实施乡村旅游富民工程”的有关精神，大力推动我省乡村旅游发展，根据省政府领导指示，省旅游局牵头，省府办公厅，省发改委、财政厅、农业厅、台办等相关单位的有关部门负责人组成乡村游专题调研组，于2010年11月21～27日前往江苏、浙江、福建三省进行乡村旅游调研考察，于12月5～12日由省旅游局副局长张振林带队赴台湾调研考察。调研组与当地旅游管理部门、行业协会、旅游企业等进行座谈交流，实地考察江苏省万成生态园、浙江省杭州市梅家坞农家乐、西溪国家湿地公园、安吉县农家乐、福建省森林人家农家乐、台湾苗栗县草莓文化区、花露花卉休闲农场和南投县清境农场等在当地较有代表性的乡村游景点，全面了解四地乡村旅游发展情况，获得有益启示。现将有关情况报告如下：

一、四地乡村旅游发展概况

（一）江苏、浙江、福建省乡村旅游基本情况。一是基础好速度快。江苏、浙江是全国乡村旅游发展较早、基础较雄厚的地区之一，产品和市场成长已较为成熟。福建省以2006年“中国乡村旅游年”为契机，提出“海峡西岸乡村游”战略举措，近年来乡村旅游业呈现出迅速发展态势。二是产品类型多样化。经过多年的发展和积累，江苏省乡村旅游产业规模不断扩大，类型多样，区域分布广，特色各异的农庄、农户型休闲观光点近5000家。浙江省乡村旅游不局限于农家乐、餐饮住宿、果蔬采摘等传统产品，休闲度假、养生康体、生态观光、现代农业等大量涌现，对民俗风情和传统文化的挖掘也较为深入，打造出一大批乡村旅游精品。福建省乡村休闲旅游资源丰富，分布全省各地，产品体系初步形成。三是投资形式多元化。三地乡村旅游不再仅由单个农户独立开发，投资和运营主体呈现多元化趋势，民间资本、社会资金、大型企业的投资积极性日益高涨，在乡村旅游的开发建设中发挥了越来越重要的作用。四是市场需求旺盛。随着三地乡村旅游产品体系不断完善、市场亮点日益鲜明，各地乡村游市场迅速升温，接待游客量大增，成为当地旅游市场一大热点。五是综合带动效益显著。乡村游的发展有力推动了农村产业结构升级、有效解决了农民就业问题、成为地方经济增长的重要亮点，还大大改善了当地基础设施和环境建设、提高了居民的生活质量和社会文明程度，综合带动效益显著。

（二）台湾省乡村旅游基本情况。一是成功推动农业转型升级。二十世纪六十年代后，随着工商业发展，农业在台湾经济中所占比重下降，同时面临着农场规模小、农产品过剩、农民收入降低、农业生态环境恶化等问题。为了使农业走出困境，台湾加快农业转型，调整农业结构，使农业从第一产业向第一、二、三产业综合发展。从二十世纪八十年代开始，乡村游这一兼具农业生产、观光、休闲、度假于一体的新型产业逐渐成为促进乡村经济发展、增加农民收入、推动农业经营的强大动力。二是产业化水平高。经过多年的发展，台湾乡村游种类多样，内容丰富，产品体系成熟，产业特色鲜明，规模大，产业链长。目前台湾省乡村游已涵盖乡村花园、乡村民宿、观光农园、休闲农场、市民农园、教育农园、休闲牧场等类型，主要景点独具特色，如台湾苗栗县草莓文化区、花露花卉休闲农场，以某种农产品种养为基础，向上下游产业延伸，乡村游包含了观光、体验、种养知识学习、生产过程及工具展示、产品研发及销售等一系列内容。三是规划布局合理。全岛立足传统农业和自然生态环境，依托大中城市，开发建设了各类特色鲜明、不同层次的乡村旅游产品，构筑了乡村游产业从北到南、从东海岸到西海岸协调发展的大格局。四是管理服务水平高。具体表现在：道路和园区各项标识清晰明了，环境资源保护良好；旅游从业人员素质普遍较高，文化知识较全面、服务意识和技能较强。五是与城乡大环境相融共促。台湾乡村游的发展以改善和提高居民经济和生活质量为前提，在其发展过程中，更注重对整体大环境的保护和改善。道路、民居、停车场、加油站、商场、宾馆、公共景观等乡村基础设施和配套服务设施达到较高水平，乡村游景区与周边环境相融合，形成了处处是风景的“大乡村游”环境，干净、整洁、文明、安全、优美的大环境给游客留下了深刻的印象。

二、四地促进乡村旅游发展的主要措施和经验

（一）注重政策支持。台湾制定和推行的“休闲农业辅导管理办法”和“农业发展条例”为乡村游发展提供了有力依据，相关规定可分为乡村旅游和休闲农业类、地政类、水土保持类、环境保护类、观光游、经营类等7类合计约50部。浙江省政府办公厅2007年以1号文件下发了《关于加快发展农家乐休闲旅游业的意见》，提出加快发展乡村

旅游的战略目标。福建省政府办公厅发布了《加快海峡西岸乡村旅游发展若干意见》，随后，省财政、建设、农业、林业、渔业、旅游等部门分别出台政策，对乡村旅游发展特别是乡村旅游示范点、水乡渔家、森林人家等给予扶持。

（二）注重部门合力。台湾成立专门负责乡村旅游发展的政府机构及社会团体，对乡村游进行组织协调。其最高农业管理部门“农委会”对发展休闲农业极为重视，在“农委会”下设立休闲农业管理、辅导处和推广科，各县市也相应设立休闲农业管理、辅导机构，形成了从上到下的观光休闲农业管理和辅导体系。江苏、浙江和福建省委省政府高度重视乡村旅游工作，形成了旅游、农业、林业、水利、海洋渔业、财政、交通等多部门联合，社会各界大力支持，全民积极参与发展乡村游的大好局面。浙江省安吉县于2005年成立了由旅游、公安、工商、卫生等11个相关部门组成的县农家乐规范管理协调小组，发挥民间协会组织的管理协调作用，实现了与政府管理的互补关系。

（三）注重科学规划。台湾农政部门和旅游主管部门制订了“发展休闲农业示范计划”、“发展休闲农业计划”和各个地区的乡村旅游发展计划，并把这些计划列入全面的综合规划之中，推动乡村游有序发展，形成了合理的区域布局。台湾省还十分重视乡村基础设施的建设和完善，经过多年建设，乡村旅游形成了镇镇通国道、村村通公路、户户连大道较为完善的交通网络。

（四）注重资金配套。台湾各级主管部门在资金等方面对乡村游发展给予了大力支持。1983年台湾制定了“发展观光农业示范计划”，农民开辟观光园经申请及考察后，纳入辅导对象，由“农委会”拨给补助；1990年设立了“发展休闲农业计划”，在经费、技术辅导等方面加大支持；1992年发布了“休闲农业区设备管理办法”；1994年出台了“发展都市农业先驱计划”，辅导创办示范体验型市民农园。江苏、浙江和福建省、市、县各级政府通过“以奖代补”、“先建后补”等多种形式对乡村旅游景区景点的建设和发展给予数额不等的资金配套支持。如江苏省财政从2007年起每年安排乡村旅游发展专项资金，从2007年1000万元逐年增加至2010年2540万元，专门用于乡村旅游公共设施的配套建设。

（五）注重规范管理。台湾省注重乡村游发展管理、制度与相关规定的衔接，明确规范了审批程序、审核标准，可操作性强。江苏、浙江、福建三省也先后制定乡村旅游的地方标准，以加强对乡村旅游的行业管理：江苏省旅游局于2008年制定了《江苏省乡村旅游点服务质量等级划分与评定》标准，并由江苏省质量技术监督局予以发布；浙江省旅游局和省农办联合下发了《浙江省省级农家乐特色村（点）认定办法》、《浙江省农家乐服务质量星级评定标准（试行）》；福建省旅游局于2010年9月正式发布了《福建省乡村旅游经营单位服务质量等级划分与评定》。

（六）注重宣传推广。四地非常重视对乡村游的宣传工作，主要做法包括印制精美宣传手册于景区、游客服务咨询中心处发放，举办展览会等多种形式活动，借助报纸、电视台、电台等多种媒体进行宣传等。江苏省旅游局从2009年起已成功举办两届乡村旅游节，对当地的乡村旅游景区景点起到了良好的宣传作用。

三、对我省乡村旅游发展的启示与建议

通过学习江苏、浙江、福建和台湾的成功经验，我们认为，我省乡村旅游发展还存在着政府主导不够、部门联合不强、政策和资金支持不足、管理有待规范等问题，同时也具备城市化发展程度高、农业技术发展先进、旅游市场需求旺盛等有利条件。乡村旅游是旅游发展的生力军、新业态，为充分发挥其在繁荣旅游市场、带活农村经济、增加农民收入、促进城乡统筹发展方面的重要作用，我省大力推动乡村旅游发展势在必行。结合先进地区的成功经验和我省实际，我们建议如下：

（一）建立政府协调机制。乡村旅游发展在很大程度上依靠政府的引导和组织协调，省、市、县各级政府在乡村旅游发展过程中应充分发挥自己的作用。一是成立由旅游部门牵头、相关部门联合的专门机构，对乡村旅游涉及到的政策制定和管理权限、宣传等问题进行协调和处理。二是充分发挥政府引导和服务作用，为乡村游提供培训、金融、信息等方面支撑。

（二）编制专项规划。为保证乡村游的健康发展和资源的可持续利用，结合我省实际，组织编制全省乡村旅游发展总体规划及区域发展规划，对全省乡村游的总体布局、区域发展重点、项目建设等进行科学部署。

（三）设立专项发展资金。省政府设立乡村旅游发展资金，专项支持各地乡村旅游的规划制订、开发建设、宣传推介和产业促进等工作。各级政府要加大乡村基础设施建设力度，为乡村旅游发展创造优良环境。

（四）出台税费减免政策。加大政策扶持力度，争取乡村旅游减免营业税政策，休闲农业场所销售自产农产品和初级加工品免税政策，制定乡村旅游土地使用、休闲农业设施用房、用电用水等方面的优惠政策。

（五）健全标准化管理体系。尽快制定出台《广东省乡村游景区景点等级划分与评定标准》，明确乡村旅游定位、发展重点、实施计划等，对全省乡村旅游项目的开发建设实行规范化管理。

（六）实施精品工程。我省乡村游建设不能局限于一般的农家旅馆、农家菜等较为单一的产品，应拓展细分市场，从内容、形式上不断丰富产品类型，从文化特色、服务质量、基础设施等方面不断提升软硬件品质，加快推动乡村旅游产品转型升级，打造一批省级乡村旅游示范区。

（执笔：李录春　张蕊青）

2010年度广东旅游研究部分论文摘要

题　名	作者	文献来源	发表期次	摘　要
广东旅游转型中产品开发创新研究	张　乐 阎伍玖	《生态经济》（学术版）	2010年第1期	旅游产品开发与创新是旅游业转型的关键。文章通过对广东省旅游产品及其结构的现状、问题的分析，基于游、娱、购、食、服务等旅游要素，提出了按照旅游消费的个性化需求，立足于广东地方文化，利用现代科技元素，增加旅游者参与性的思路，并探讨开发与创新广东旅游产品的途径。
主题旅游集群的竞合环境要素与成长战略——以广州长隆板块为例	李　伟	《北方经贸》	2010年第1期	主题旅游集群一般包括核心层、要素供应层与相关辅助层。其最重要的形式之一是以主题公园为核心层聚集的主题公园集群，它是在主题公园旅游客流空间集聚模式下由不同主题的主题公园组合在一起，并且与文化娱乐及观光设施等旅游吸引物，以及高档酒店、度假村、高尔夫等相关配套设施所构成的旅游目的地。广州长隆板块是珠三角地区主题公园集群重要代表，其成长战略为：以五大主题公园为核心层不断实现空间集聚和拓展；对长隆实施旅游目的地管理战略；正确处理集群之间的竞争合作关系。
基于SWOT分析的广东会展业发展对策研究	陈书星	《经济师》	2010年第1期	广东会展业发展迅速，极大地拉动了经济，如何打好这张“经济发展晴雨表”的牌，对日后广东的经济发展意义重大。文章利用了SWOT分析法对广东会展业发展的优势、劣势、机会和威胁进行了分析，提出了新的环境下广东会展业发展的对策。
广东省滨海体育旅游产业核心竞争力研究	李春芳	《成都体育学院学报》	2010年第1期	滨海体育旅游产业是新世纪最具活力的“朝阳产业”，具有很大的发展潜力和上升空间。运用文献资料分析法、调查访问法和逻辑分析法，分析了广东省滨海体育旅游产业核心竞争力研究的必要性，全面探讨了广东省滨海体育旅游产业核心竞争力发展面临的挑战，指出了提升广东省滨海体育旅游产业核心竞争力的战略原则、目标及重点，并提出了提升广东省滨海体育旅游产业核心竞争力的战略措施。
广东海岛资源特征与开发对策	利　逸 周厚诚	《海岸工程》	2010年第1期	从空间资源、生态资源、旅游资源、海洋能资源、战略资源等方面阐述广东省海岛资源特征，分析了广东省海岛的保护与利用现状和海岛资源开发的制约因素，总结海岛资源的组合类型，提出海岛开发对策。
长江三角洲与珠江三角洲区域旅游竞合模式比较及其区际合作研究——基于区域城市旅游生态位的测评	余构雄 江金波	《华东经济管理》	2010年第2期	文章引入生态位理论中的态势理论，构建了包括资源维、市场维、社会经济维和环境维4大维度34项变量的区域城市旅游生态位测评指标体系，对长江三角洲和珠江三角洲区域城市旅游生态位进行测评，结合聚类分析，揭示了两大区域的空间网络差异、时间错位差异、扩充差异、泛化与特化差异，继而基于生态位理论深入探讨两大区域的深度合作问题，提出构建区域城市旅游发展互补空间、实现区域城市旅游发展互惠共生等区际合作措施。

续表

题　名	作者	文献来源	发表期次	摘　要
主题公园游客满意度曲线研究——以深圳欢乐谷为例	董观志 刘　萍 梁增贤	《旅游学刊》	2010 年 第 2 期	游客量直接决定主题公园的经营绩效，游客满意度是影响游客量的关键要素之一。本文首先通过对深圳华侨城三大主题公园的预调研，构建了主题公园游客满意度曲线模型；然后以深圳欢乐谷为例，通过回归分析，对主题公园的游客满意度曲线进行了拟合检验，发现主题公园的游客满意度曲线表现为倒“U”形。为了使主题公园经营者能够有效地利用倒“U”形模型，本文将游客满意度曲线划分为 5 个区间，针对每个区间给出了提高游客满意度水平的策略，为主题公园稳定游客量提供了理论依据。
广东省星级酒店节能现状的地区对比研究	魏　卫 张沙沙 毕斗斗 李沐纯 曲　波	《经济地理》	2010 年 第 2 期	在问卷调查的基础上，对广东星级酒店节能减排的障碍性因素进行了实证研究。文章运用因子分析的方法从整体上判断出广东星级酒店节能的障碍性因素重要程度排序。同时，通过均值比较对广东不同地区星级酒店节能制约因素的影响程度进行了差异分析，得出不同地区星级酒店节能的主要制约因素，为各相关利益主体制定切实有效的节能措施提供参考依据。
中山文化旅游产品深度开发研究	龙良富 黄　英	《市场论坛》	2010 年 第 2 期	中山作为孙中山先生的故乡，文化底蕴深厚，现代特色产业显著。文章通过调研中山市文化旅游产品的开发和经营现状，分析出中山文化旅游产品开发中存在文化创意局限，缺乏体验型精品项目，文化景区规模小、效益不明显，产品开发散乱、缺乏文化主题整合等问题，进而提炼出中山文化旅游产品形象：孙文故里、名人摇篮、山水人居，并对中山市文化旅游产品的开发提出了打造文化旅游产品谱系、扩大景区文化内涵与规模等对策。
“快旅”时代旅游消费需求变化研究——以武广高铁鄂湘粤地区为例	刘伏英	《学术论坛》	2010 年 第 2 期	武广高铁的运营将使沿线形成“黄金旅游通道”。随着“快旅”成为现实，消费者在旅游时间、旅游频率、旅游方式、旅游目的地选择等方面将发生变化。针对消费需求的变化，旅游企业应在线路设计、旅游产品挖掘、旅游交通配套设施、住宿产品的开发等方面做好应对之策。
汕头市会展旅游 SWOT 分析与对策	杨佩群	《边疆经济与文化》	2010 年 第 2 期	我国会展旅游业正呈现出蓬勃发展的态势，并已从大城市逐渐向中小城市扩展开来，为中小城市注入了新的经济活力。对中小城市而言，会展旅游是一把双刃剑；若不结合自身的具体情况和特色，统筹规划，进行科学合理的研究并付诸实践，则无法发挥其对一个城市发展应有的作用。汕头市会展旅游发展的对策是：转变政府职能；优化软硬件环境；培养品牌会展；优化会展与旅游的关系。
潮汕区域旅游合作发展现状分析	杨佩群	《特区经济》	2010 年 第 2 期	通过对潮汕区域旅游条件进行深度分析，针对潮汕区域旅游合作问题及障碍具体情况，提出加强潮汕区域旅游合作的几点建议。

续表

题　名	作者	文献来源	发表期次	摘　要
酒店女性管理者职业生涯规划的影响因素分析——以广州市高星级酒店为例	熊　伟 李绮华	《旅游研究》	2010年第3期	现代女性越来越多投身于个人职业发展中，其职业生涯规划意义重大。国内外有关女性职业发展的研究已有丰富的理论基础，但理论分析较多，实证研究成果相对匮乏。高星级酒店的女性管理者职业生涯规划的影响因素分析具有较为重要的理论意义和实践价值。首先，通过文献研究和问卷调查确定女性职业生涯规划的影响因素，并选取某高星级酒店作为案例，通过深度访谈具体分析各影响因子的具体表现。结果显示：影响酒店女性管理者职业生涯规划的因素主要有社会因素、个人因素、家庭因素和组织因素。社会因素是一种宏观背景；个人因素贯穿女性管理者职业生涯规划的始终，是职业生涯规划的基础；家庭因素对酒店女性管理者婚后和生育后的职业生涯规划产生重要影响，其中家庭责任的影响具有两面性，而来自长辈和丈夫的家庭支持能促进其职业生涯规划的可持续发展；组织因素属于外部客观的影响因素，酒店和谐的工作环境和完善的福利制度，对其职业生涯规划起到积极的推动作用。
酒店业推广节能减排影响因素的实证研究——以广东省星级酒店为例	魏　卫 赵思香 杨新凤 张沙沙	《旅游学刊》	2010年第3期	面对能源价格的不断攀升，高能耗、低利润水平已经成为当前酒店业经营所面临的突出问题，但我国在酒店业推广节能减排方面的研究却相对滞后。本文以广东省星级酒店为例，就酒店业推广节能减排的影响因素问题进行了问卷调查与深度访谈。通过因子分析得出了影响酒店业推广节能减排的5个主要因子，即“节能管理”、“经济因素”、“外在环境”、“信息交流”和“政府政策”，构建了酒店业推广节能减排的影响因素模型。该研究对推动酒店业节能减排的理论研究和实践运用具有重要的意义。
关于“经济发展促进休闲质量提升”一般认识的实证研究——以经济发达的广东省为例	秦　学 刘少和	《旅游学刊》	2010年第3期	本文以经济发达的广东省为例，对其居民休闲生活的以下方面进行了研究：居民对休闲的认识；居民对闲暇时间的利用，闲暇时间的活动参与；居民对当前休闲生活的评价；影响其休闲生活的障碍；居民对未来休闲生活的期望。研究采用问卷方式，调查广东省居民闲暇时间内的生活状况，发现尽管广东省是中国目前经济最发达的省份之一，但是居民的休闲生活并没有得到很好的改善，其质量并没有随着国民经济的发展而提升。居民对现时的休闲生活并不感到满意，并期望其休闲生活质量得到很大提高。
博物馆旅游功能的实证研究	赵　飞 廖冬连 冯威娜	《市场论坛》	2010年第3期	博物馆除了具有传统的文物收藏、科学研究和社会教育三大功能之外，逐渐附加和培育了旅游功能。文章通过问卷、访谈、实地观察等方法，对位于广州市区内的三家博物馆的旅游功能培育现状进行调查，得出博物馆的旅游功能尚处于开发阶段的结论，并进一步提出了完善博物馆旅游功能的建议。
区域旅游产业集聚绩效及竞争态势比较研究——基于广东省21个城市的实证分析	张河清 王蕾蕾 田晓辉	《经济地理》	2010年第12期	首先对相关的研究文献进行了回顾，然后以广东省的21个城市作为样本区域，采用区位商的方法对广东省的旅游产业集群集聚绩效进行测算，并根据所构建的模型对广东省的旅游产业集群竞争态势进行了比较分析，最后基于比较结果提出了该区域有针对性的旅游产业发展策略，以期实现该区域旅游业的可持续发展。

续表

题　名	作者	文献来源	发表期次	摘　要
博物馆旅游功能的实证研究	赵　飞 廖冬连 冯威娜	《市场论坛》	2010 年 第 3 期	博物馆除了具有传统的文物收藏、科学研究和社会教育三大功能之外，逐渐附加和培育了旅游功能。文章通过问卷、访谈、实地观察等方法，对位于广州市区内的三家博物馆的旅游功能培育现状进行调查，得出博物馆的旅游功能尚处于开发阶段的结论，并进一步提出了完善博物馆旅游功能的建议。
滨海地区旅游城市化发展模式探讨与深圳借鉴	罗　彦	《特区经济》	2010 年 第 3 期	分析了旅游城市化的特点和内涵，作为一种跨越式发展模式对推动滨海旅游地区的城市化发展具有重要的意义。通过国际发展模式的比较，包括地中海模式和东南亚模式，深圳东部滨海地区应该选择符合自身的发展途径，坚持旅游城市化道路，建立专门的管理机构、保卫原生态、保障原居民生活、发展体验经济、建设生态社区、制定政策措施等，促进旅游城市化的健康发展。
工业化背景下的古村落旅游开发研究——以国家历史文化名村广州大岭村为例	肖佑兴	《旅游研究》	2010 年 第 4 期	论文以广州唯一的国家历史文化名村——大岭村为例，探讨工业化背景下的古村落的旅游开发问题。论文分析了大岭村的旅游开发条件，讨论了旅游开发原则，提出了大岭村在遗产保护、形象策划、空间布局、产品开发、市场营销与发展模式等方面的建议。论文认为，像大岭村这样受到工业化影响的古村落的旅游开发，不仅需要充分发挥市场优势、经济优势与资源优势，同时也要认识到古村落的产业结构、人口结构、土地结构等方面的特点，把古村落旅游发展与新农村建设结合起来。
亚运会对广州旅游业前景趋势预测研究	罗焕鸿	《中国农业银行武汉培训学院学报》	2010 年 第 4 期	第 16 届亚运会将于 2010 年 11 月 12 ~ 27 日在中国广州举行，这将是广州旅游业高速发展的契机。本文参考了往届亚运会对举办城市的影响、同类型盛事对城市旅游事业发展的差异性比较，以及结合了广州在亚运年出台的各种应对政策以及城市旅游基础建设的基本状况，通过建立灰色预测模型、抽样调查等分析方法，探讨广州旅游业在亚运年之后的前景预测。结合预测的结果和广州市旅游业的现状提出可行性建议。
特殊区域旅游合作与发展的经验与启示——以粤港澳区域为例	秦　学	《经济地理》	2010 年 第 4 期	粤港澳大珠江三角洲区域地理环境的整体性和差异性造就了丰富多样、互补性强的旅游资源和旅游产品，经历了 30 年的旅游合作，探索出了三种旅游合作模式，形成了五个既相互独立又相互联系的次级旅游区域。粤港澳区域旅游合作是其内部特性、层次、结构、水平不同的各次区域之间形成的层次有别、关系密切、结构复杂、内涵丰富的旅游空间体系的过程。其旅游合作的形式和内容包括了旅游资源——产品——市场联合开发、旅游交通——设施——信息系统合作兴建、旅游政策——制度——管理协作交流、旅游人才——技术——资本流动与融合等方面。粤港澳区域旅游合作的成功经验所提供的启示主要有：粤港澳区域的复杂性和差异性是挑战与机遇并存，其旅游合作成效显著；市场机制和政府协调缺一不可；提升、优化与完善是区域旅游合作高级化的必然途径，即发展目标上提升、空间结构上优化和区域功能上完善。

续表

题　名	作者	文献来源	发表期次	摘　要
广州黄埔古村商埠文化特色旅游规划构想	杨宏烈 肖佑兴	《热带地理》	2010 年 第 4 期	广州黄埔古村非一般古村落，而具有深厚的商埠历史文化积淀。她是十三行时期大清帝国“一口通商”的外贸港口、一个中西文化交汇的“特区”、一个名人辈出的华侨之乡、一个“港－村（镇）”建筑规格卓尔不凡的“名村”；她在广州发展史上占有重要地位，原本就具有国际性的影响力。200 年来的沧桑历史转了一个圈，对外贸易的“广交会”回到了黄埔古村。面对黄埔古村众说纷纭的开发意图，作者通过现场踏勘与问卷调查分析、站在全市、全省或更高角度，探讨其文化遗产保护方略，力举实施商埠文化特色旅游规划，打造不落常套而具有国际影响力的旅游项目主张以古村村民为开发主体，勇于吸收民间资金保护古村文化遗产，并采用产业化的经营管理模式，让黄埔古村重新走向国际舞台，实现历史文化的伟大复兴与可持续发展。
2010 年亚运会对广东省体育旅游业发展的影响及对策研究	郭　希	《四川体育科学》	2010 年 第 4 期	第 16 届亚运会拟于 2010 年 11 月 12 ~ 27 日在中国广州进行，广州亚运会既是广州旅游业发展的最大契机，也是整个广东省发展进程中难得的一次历史机遇。广东省具有无可比拟的旅游资源和得天独厚的体育旅游文化资源。本文通过文献综述的方法对广东省体育旅游现状进行分析研究，阐述了 2010 年亚运会对广东省体育旅游的影响，提出大力发展广东体育旅游的思路与对策，为广东省体育旅游产业的发展提供了理论依据，从而实现广东旅游的可持续发展，全面提升城市的竞争力。
中国区域旅游文化节的经济效应探析——以广东国际旅游文化节为例	吴雅骊	《人力资源管理》	2010 年 第 4 期	中国区域旅游文化以创新的模式，以市场运作的方式改变了区域以往固守的旅游经济态势，带动了经济发展新的增长点，为当地经济带来了无限的商机，旅游文化节的经济效应如何发挥得更好，成为旅游经济领域重要的课题。
对深圳大梅沙愿望岛风情酒吧街转型发展的几点思考	陈忠晓 祁黄雄 周丽君	《特区经济》	2010 年 第 4 期	本文结合笔者对香港兰桂坊酒吧街的实地考察，综合比较了国内外知名酒吧街和商业街的发展脉络和经营之道，简要归纳出普通酒吧（商业）街成功经营所具备的几个基本条件，最后针对位于深圳市盐田辖区内的大梅沙愿望岛风情酒吧街转型发展，提出几点粗浅的建议和设想。
节庆旅游效应分析——以广东省国际旅游文化节为例	杨　英	《特区经济》	2010 年 第 4 期	节庆发展非常迅猛，节庆活动已经成为旅游发展有力的助推器。本文以广东省国际旅游文化节为例，利用相关数据和该节庆举办以来的相关变化，对由此产生的旅游经济效益、文化效益和环境效益进行综合评价，认为节庆能够有效拉动经济增长、推动各类资源的有效整合、促进社会的和谐发展。广东省国际旅游文化节于 2005 年首办，举办历史不长，经验不足，因此在运营模式、形象推广方式、协调各方效应上还存在不少问题，本文对此提出一些改进建议，以进一步提升其旅游效益。
十五个副省级城市入境旅游国际产业竞争力研究	傅云新 杜轶凤	《特区经济》	2010 年 第 4 期	通过对十五个副省级城市的入境旅游竞争力比较，得出十五个副省级城市的相对竞争力，得出了十五个城市的入境旅游国际产业竞争力有待提高，并提出了相应的对策。

续表

题　名	作者	文献来源	发表期次	摘　要
区域旅游业竞合发展实证研究——基于珠三角与长三角城市旅游竞争力的比较分析	张河清 田晓辉 王蕾蕾	《经济地理》	2010年第5期	首先建立了城市旅游竞争力评价模型及评价指标体系，然后运用因子分析法和聚类分析法，对长三角与珠三角两区域各城市的旅游竞争力进行了客观的评价，最后基于综合评价结果对各城市展开横向比较分析，并在此基础上提出了两区域有针对性的竞合发展战略，以期实现两区域旅游业的可持续发展。
广州亚运旅游公共服务体系构建及保障措施	吴　源 郭盛晖	《企业导报》	2010年第5期	从旅游公共服务角度，提出了广州亚运旅游公共服务体系的框架，是一个以市场需求为核心、岭南文化为特色，由政府、市场、社会三维框架下的多中心供给机制构成的体系，并从体制、政策、资金、人才等方面提出了应对措施，以保证该体系顺利建设。
粤北山区旅游产业发展研究	姚　婷 朱　浩	《广东农业科学》	2010年第5期	分析了粤北山区旅游产业发展的优势、现状和存在问题，并在此基础上针对性地提出了提高运作组织的服务能力、优化旅游产品结构、加大宣传力度和加强区域内合作等对策建议。
清远旅游开发模式探讨	陆红光	《沿海企业与科技》	2010年第5期	随着清远经济的快速发展，清远的旅游正面临着巨大的发展机遇。清远该如何依托珠三角独特的区位优势、资源优势发展旅游，促进清远经济、社会、生态可持续发展，文章通过分析，构想出点轴式—网络式开发模式，为清远旅游经济的开发提供理论思路。
试析2010年亚运会对广州旅游业的影响和对策	任芳芳 何洪利	《商业经济》	2010年第6期	2010年亚运会主办城市归属中国广州，其蕴涵影响深远。广州亚运会既是广州旅游业发展的最大契机，也是广州城市发展进程中难得的一次历史机遇。广州应通过亚运会这一高端平台，向世界全面展现其形象与素质、经济实力、旅游吸引力与文化魅力，提升城市的竞争力。广州要抓住这一机遇，最大程度地提升广州国际化知名度和影响力，塑造国际化旅游城市的新形象。要充分利用广州的旅游资源及地域特点，拓展多种形式的旅游产品，关注后亚运效应，增强亚运旅游资源的持续利用，使广州市旅游业实现跨越式发展。
广东体育旅游业的发展策略	廖佩文 方金娴 陈惜娜	《现代商业》	2010年第6期	广州2010年申亚的成功，体育盛会的举办为广东体育旅游的发展带来巨大商机；金融危机的新形势、在中央拉动内需的政策调控下，广东体育旅游事业的发展又面临怎样的挑战？本文通过长期从事体育事业研究和对旅游业的认识，查阅有关的资料，借鉴国际上的经验，并根据广东的实际，阐述笔者的观点并提出建议。
旅行社服务质量管理模式及其应用——以广之旅为例	易婷婷 偎惠玲	《旅游论坛》	2010年第6期	通过分析中国旅行社服务质量管理存在问题，结合目前旅行社实际情况，以广之旅国际旅行社服务质量管理模式为例，探讨提高服务质量的方法。旅行社可以从全面质量管理、国际质量认证和自身特色管理等方面着手，建立一套相对有效的服务质量管理模式，从而提高服务质量的可控性。

续表

题　名	作者	文献来源	发表期次	摘　要
广州亚运会官方合作酒店的 E－mail 客户服务质量分析	高明捷 熊　伟	《旅游论坛》	2010 年 第 6 期	研究了广州亚运会官方合作酒店的 E－mail 客户服务情况，并从酒店的星级和管理模式两个方面具体探究了可能存在的差异。研究发现，广州亚运会官方合作酒店的 E－mail 客户服务在回复率和回复速度上，不同星级的酒店以及大型国际连锁酒店与本土酒店之间存在显著差异，但在服务质量上无明显差异，整体处于初级水平。其次，广州亚运会官方合作酒店的 E－mail 客户服务水平与酒店星级节点非完全正相关。最后，先进的对客 E－mail 处理方式在广州亚运会接待酒店中尚未得到有效应用。
大型展览中心标识系统的现状及其对寻路的影响——以广州国际会议展览中心为例	罗秋菊 梁仲怡	《旅游论坛》	2010 年 第 6 期	标识系统是大型展览中心管理的重要手段，对展览活动的有效管理和提高参会者的参展效益具有非常重要的作用。通过对第 105 届广交会实地考察和对广交会参展商、采购商的访谈，以“人的寻路行为”为切入点，分析广州国际会议展览中心的标识系统的现状，探讨大型展览中心标识系统的类别和设置对人们寻路的影响。研究表明，大型展览中心的标识分成四大类，即识别性标识、导向性标识、信息说明性标识和管理性标识。大型展览馆设置标识的 5 个关键位置为展厅内两边墙壁处、中庭、通道、各展馆出入口处、停车场。研究还发现，人的寻路行为可分为自我型行为者、依赖型行为者和高度依赖型行为者，标识的种类和位置对不同类型行为者的影响有差异。
东部沿海国内旅游发展的动态实证研究	张　毓 孙根年 薛　佳	《旅游论坛》	2010 年 第 6 期	以 1995 年－2008 年国内旅游客流量和旅游收入为指标，分析了东部沿海 10 个省市国内旅游动态发展状况，即旅游发展的时间同步性及区域响应。结果显示：东部沿海 10 省区国内旅游发展具有较高的时间同步性，国内旅游波动周期“同涨同落”；依据增长指数和相关系数的差异，将东部沿海 10 省区划分为两种类型。然而由于政策推进、资源开发、交通区位等因素的差异，各省区国内旅游的发展具有不同的区域响应，分两个时段分别统计各省区国内旅游的基期值和平均增长率，依据各阶段的基期值和平均增长率的差异，划分出国内旅游发展的地区响应类型。
基于熵权－TOPSIS 法的港口城市邮轮旅游竞争力分析	聂　莉 董观志	《旅游论坛》	2010 年 第 6 期	邮轮旅游是我国旅游发展的新趋势，研究港口城市邮轮旅游的竞争力，对明确邮轮旅游竞争力的空间布局、洞悉各港口城市邮轮旅游发展的优劣势具有重要意义。在构建港口城市邮轮旅游竞争力综合评价指标体系的基础上，建立了基于熵权－TOPS IS 法的城市邮轮旅游竞争力评价模型，并对上海、天津、深圳等全国 9 大港口城市进行实证分析，深入比较各港口城市之间邮轮旅游的差异。研究结果表明：港口城市邮轮旅游竞争实力悬殊，为避免盲目竞争带来的资源浪费，应考虑城市间邮轮旅游的竞合关系，注意准确定位和错位发展。
珠海市旅游产业发展现状研究	朱景山	《管理观察》	2010 年 第 18 期	作为珠海市支柱性产业之一的旅游产业，面对着激烈的市场竞争，有挑战，更有机遇。本文总结了珠海市旅游产业发展历程及程度，进而分析了珠海市旅游产业现存的问题与不足，最后，阐述了珠海市旅游产业发展的优势和空间。

续表

题　名	作者	文献来源	发表期次	摘　要
深圳旅游目的地营销系统（DMS）绩效评价及对策研究	胡雯雯 张　茵	《旅游论坛》	2010 年 第 6 期	作为信息时代的产物，旅游目的地营销系统（DMS）已经成为目的地营销的主要手段，其营销绩效直接影响着目的地的整体营销效果，因此，对其进行科学、准确的评价具有重要的现实意义。目前国内外相关研究极少，亟待开创性的探索。尝试建立了适合我国 DMS 发展现状的绩效评价指标体系，并运用综合评价和模糊数学的相关理论构建了多层次模糊综合评价模型，在此基础上，对深圳旅游目的地营销系统营销绩效进行了定量评价。研究结果表明，影响深圳 DM S 营销绩效的最直接因素是目的地旅游形象的美誉度，而最敏感因素是目的地旅游收入增长率和接待人次增长率。最后，以评价结果为依据，对深圳 DM S 的运营给出了系列针对性建议。
基于生态位理论的区域城市星级酒店竞争力——以珠江三角洲为例的研究	余构雄 李　力	《经济管理》	2010 年 第 6 期	本文引入生态位理论中的态势理论，构建了包括旅游资源、住宿接待、经营业绩、商业投资、消费、交通、信息和环境 8 大竞争力 39 项变量的区域城市星级酒店的测评指标体系，对珠三角区域城市星级酒店的生态位进行测评，并以因子分析进行核准，结合聚类分析，将珠三角区域城市星级酒店竞争力划分为领先优势、比较优势、中等水平和比较劣势 4 种类型，继而基于生态位的重叠、分离、特化和扩充理论，深入探讨其具体发展策略，为珠三角区域城市星级酒店优化发展的实践提供理论支撑。
近十年来广东省旅游客流变动分析	王章郡 方忠权	《经济地理》	2010 年 第 7 期	将城市潜在出游力作为衡量旅游输出地的指标，利用城市旅游收入作为衡量旅游接待地的指标，应用 spearman 秩相关分析等方法对两个指标进行位序分析可以发现省域层面的旅游客流变动规律。以广东省 21 个地级市 1999 年和 2008 年的统计数据为基础，研究发现：①广东省域内存在明显的旅游输出地与接待地趋同现象。②根据旅游客流的演变，各地级市可分为输出趋向型、输入趋向型和变动稳定型三种类型。③旅游客流流量的大小和经济发展水平密切相关，发达地区是主要的旅游目的地和客源地。
国外商务游客的餐饮行为研究——以广交会国外采购商为例	罗秋菊 张安安	《旅游学刊》	2010 年 第 7 期	有关商务游客的餐饮行为研究尚是一个盲点。本文以广交会的外国采购商为研究对象，剖析他们在广州的餐饮行为，包括其餐饮选择、餐饮选择因素的重要性感知及满意度，并利用重要性与绩效评估方法分析广州餐饮业的优劣势，以期对商务城市餐饮规划和管理以及餐饮企业提供启示。对来自 80 多个国家和地区的 206 位外商抽样研究表明：外商餐饮选择的感知因素方面，服务已经取代了食物本身，成为餐饮选择决策中最重要的影响因素；苛求型、外在追求型和实用型是外国商务游客的 3 大类型，3 类游客的比例大致相同；IPA 方法显示广州快捷服务、友好服务、营业时间、便利性这几个因素的绩效应该继续保持目前的良好水平，而在菜式多样性、食物口味、食物质量、距离、卫生条件和舒适度这几个方面应该集中资源，予以改善强化和提升。

续表

题　名	作者	文献来源	发表期次	摘　要
手工类非物质文化遗产的保护性开发研究——以广东东莞千角灯为例	李文丽 章　牧 白　华	《特区经济》	2010 年第 9 期	手工艺类文化遗产是非物质文化遗产的一个重要的类别，该类遗产是技艺、艺术、历史的文化载体，以其高超精巧的制作技艺为精髓，表现为手工技艺传承人的能力，在历史变迁中极易失传。本文选择手工艺类非物质文化遗产为突破口，以广东省国家级第一批非物质文化遗产东莞千角灯为例，探讨手工艺类非物质文化遗产保护的本质、意义和开发策略，以期对同类别及其他非物质文化遗产保护提供借鉴和参考。
城市中学生旅游的教育功能：现象学视野的研究——以广州市某中学学生为例	刘录护 左　冰	《旅游学刊》	2010 年第 10 期	本文从现象学视野和分析逻辑出发，以广州市某中学学生为案例，探讨了旅游对于城市中学生的教育功能以及旅游教育功能的本质。研究表明：（1）中学生旅游具有获取社会化知识的重要功能，中学生通过旅游可以习得多种社会规则、积累文化经验、提高群体互动能力、塑造理想，中学生旅游还具有心理治疗与行为矫正作用。（2）中学生旅游与成人旅游具有“八世”与“出世”的不同目的性区别。中学生以各种角色参与“玩”的过程比单纯的视觉游历更加重要，因而以文化为导向的旅游更能引起中学生的兴趣。（3）旅游对于中学生的教育本质就在于通过旅游可以获得新的类型化的社会知识，旅游的参与性与文化性是中学生旅游者获得这些类型化知识的重要方式与途径。因此，针对中学生旅游市场的开发，应当重视旅游的参与性和文化性特点，并注重通过游客解说提供富有知识性的旅游，增进中学生的旅游体验。
广东省旅游产业结构实证分析	刘　焰	《科技管理研究》	2010 年第 10 期	旅游产业是由食住行游购娱等多个关联行业组成的复合产业体系。在广东省旅游产业构成中，交通、住宿、餐饮等基础性旅游产品收入占产业总收入的大半，而旅游娱乐、商品、游览等主要产品收入占产业收入极低。运用偏离－份额分析法，显示广东省住宿、交通、旅游商品业的增长率低于全国总体水平，而住宿、餐饮业的增长率低于产业整体水平。在不同省份比较中，广东省游客的平均逗留天数与平均消费水平均处于低端，而游客人数与旅游收入将居全国之首，因而，广东省旅游产业结构低度化，低端旅游产品是旅游业收入主要来源。改善产品结构，促进旅游产业结构升级，是广东省旅游产业发展急待解决的问题。
神秘顾客调查法在酒店管理中的应用研究——以广州市高星级酒店为例	熊　伟 陈寅秋	《旅游学刊》	2010 年第 11 期	20 世纪 40 年代以来，神秘顾客调查法在各行各业得到广泛的运用，并成为酒店行业提高服务质量的重要方法之一，但却少有学者对此进行研究。本文通过对酒店行业内相关人员的问卷调查和深度访谈获取第一手资料，从应用现状、应用价值和员工感知 3 个角度进行分析。结果显示，神秘顾客调查法虽然在酒店得到普遍应用，但其成熟度还有待提高；其在酒店管理中具有明确的应用价值，如突出的针对性、以顾客为导向的文化价值等；神秘顾客调查法本身在酒店管理中具有良好的适宜性，但为突出其效果，还需进一步改善酒店管理环境。

（林贤东　整理）

全省旅游业统计资料

Statistical Data of Provincial Tourist Industry

（第 395 ~ 422 页）

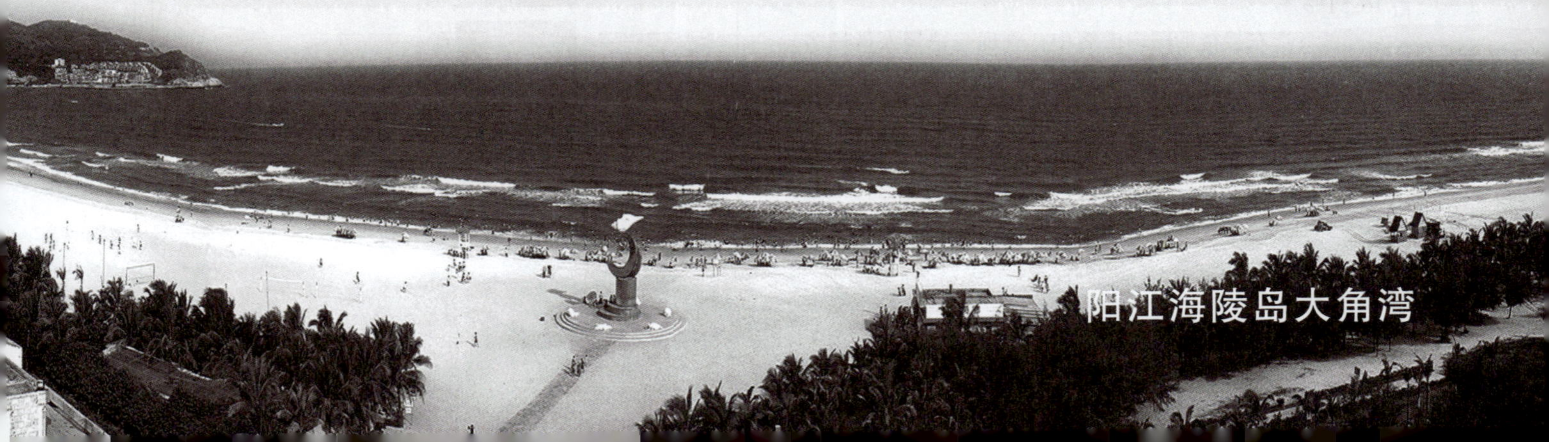

阳江海陵岛大角湾

2010年广东省接待国内游客抽样调查综合分析报告

【总体情况】 根据国家旅游局的要求，省旅游局2010年于2010年5月至11月对全省12个地级以上市的国内旅游情况进行抽样调查，并以此作为对全省国内旅游人数及构成、出游花费和停留时间等主要旅游经济指标进行测算。本次调查对象为2010年度来广东旅游的国内游客。国内游客是指不以谋求职业、获取报酬为目的，离开惯常居住环境，到国内其他地方从事参观、游览、度假等旅游活动（包括外出探亲、疗养、考察、参加会议和从事商务、科技、文化、教育、宗教活动过程中的旅游活动），出行距离超过10公里，出游时间超过6小时，但不超过12个月的中国大陆居民。本次调查地点为宾馆、旅馆及景点，调查方式由调查员持问卷面访游客或游客自填问卷两种。全省共回收有效问卷24964份，在旅游住宿设施回收问卷15697份，占回收问卷的62.88%；在旅游景点回收问卷9267份，占回收问卷的37.12%（其中过夜游客占67.80%，一日游游客占32.20%）。国内游客主要客源地见（表1）

表1 广东省接待国内游客前十位客源地 （单位:%）

名次	第一	第二	第三	第四	第五	第六	第七	第八	第九	第十
省市	广东	湖南	广西	湖北	四川	江西	福建	浙江	河南	北京
比重	44.48	7.68	5.08	4.39	3.34	3.30	2.94	2.50	2.38	2.26

【客源构成】 调查表明：广东省居民是本省国内旅游最大的客源市场，占被调查游客总数的44.48%。外省游客主要集中在泛珠三角区域（9+2），排在前三位的省份与上年一致，来自湖南、广西和湖北省（区）游客分别占7.68%、5.08%和4.39%；来自四川、江西、福建、浙江、河南、北京的游客所占比重均超过2.26%。前十位的客源地游客占到广东国内游客的78.35%，省外游客占33.87%。

与上年调查数据相比，本省居民游客比例从2009年的44.43%上升为2010年的44.48%；省外游客比例则由2009年的55.57%下降为2010年的55.52%。游客类别比例与2009年相比只有细微变化。

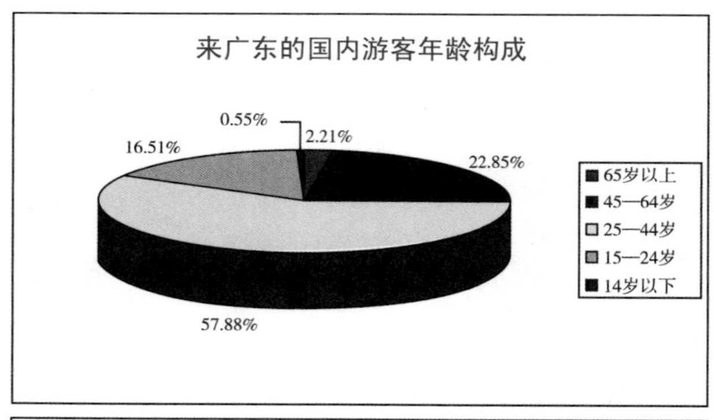

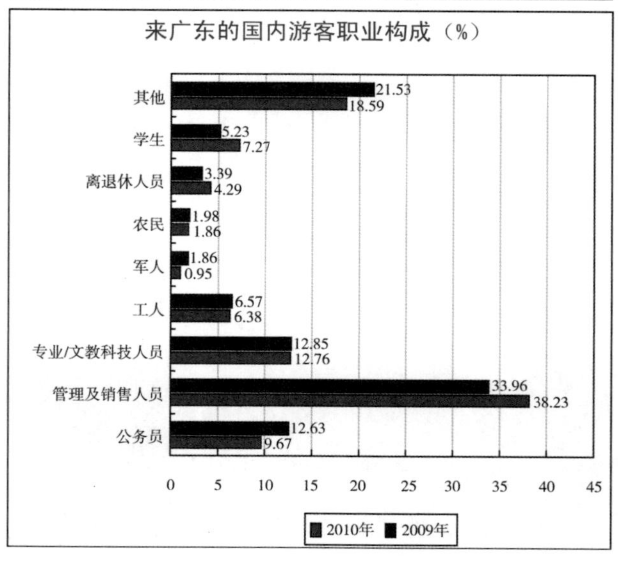

【性别年龄职业构成】

性别 本次调查数据表明，来广东旅游的国内游客中男性占54.94%，女性占45.06%。与上年相比，男性游客下降4个百分点左右，女性游客上升4个百分点左右。

年龄 来广东旅游的国内游客中，以25－44岁之间为最多，占总数的57.88%；其次为45－64岁之间，占总数的22.85%；排在第三位的为15－24岁之间的人群，占16.51%。

职业 广东接待的国内游客中，管理与销售人员最多，占总人数的38.23%；其次为专业/文教科技人员，占12.76%；公务员占到9.67%（与上年同比减少4个百分点）。

【户籍属性构成】 调查数据显示，国内游客中城镇居民比例占82.86%，非城镇居民的比例17.14%。从全省各城市情况看，至肇庆、梅州等城市旅游的国内游客中的城镇居民超过90%；最低的比例超过74%以上。

从全省2009年的统计数据看，城镇人口占63.40%，乡村人口占36.60%。全年农村居民人均纯收入6906.93元，消费支出中教育文化娱乐服务所占比重为5.9%，仅为407.51元，可用于旅游的支出更低。全年城镇居民人均可支配收入21574.72元，消费支出中教育文化娱乐服务所占比重为12.9%，为2783.14元。城乡居民收入的差距直接影响到旅游消费。

【出游目的】 2010年，国内游客来广东旅游的目的，以观光游览和休闲度假为主，两项合计占到总人数的45.65%，比上年下降4.91个百分点；以商务为目的的游客比重为21.08%，比上年的20.19%略有增长；以会议为目的的游客比重为7.94%，比上年的6.92%增长近1个百分点，增幅为14.74%。总体上看，2010年的广东旅游市场，商务会议游客比重由2009年的27.11%增长到2010年的29.02%，增长1.91个百分点。

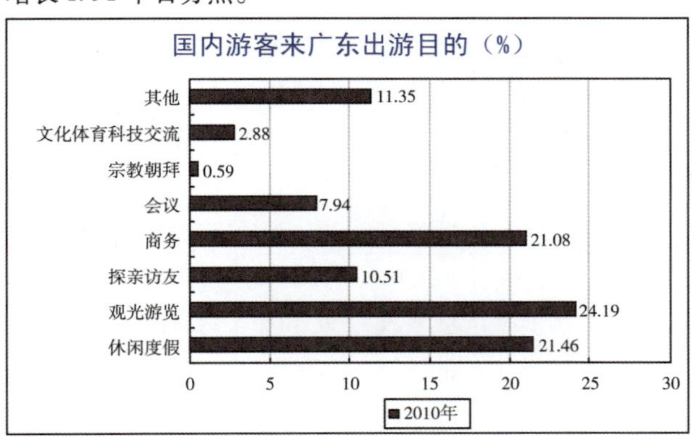

【出游方式】 从调查数据分析表明，国内游客通过自驾游方式来广东旅游的比例为23.82%，而通过旅行社组织的比例为11.28%，前者为后者的2.11倍，与上年的两者相比倍数一致。自驾车游客所占比重约占游客总量的四分之一，远超过旅行社组织游客数量。其他出游方式主要包括以公共交通工具、单位公车等其他方式来广东的游客，占游客总量的63.75%，仍然是主要的出游方式。

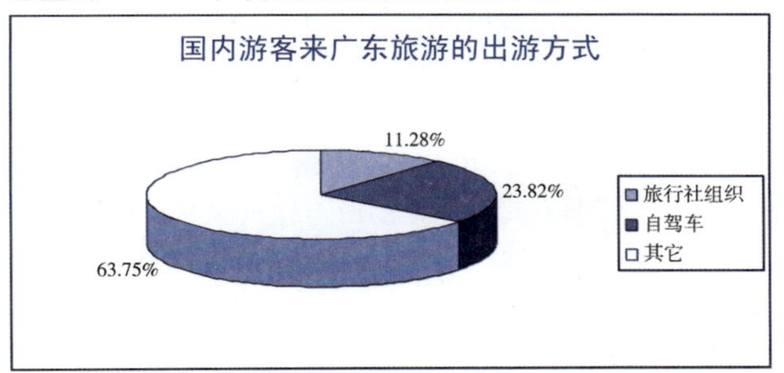

【住宿游客去景点游览的比重】 本次抽样调查表明：住宿游客中，去景点游览的游客比重为57.27%，超过住宿游客中的半数。与上年相比下降6.44个百分点。

从各市的调查情况看，住宿游客去景点比例增长的城市有汕头、惠州、梅州、广州、韶关市，但增长比例不高；比例下降的有深圳、珠海、东莞、湛江、河源市。

从数据来看，2010年以观光游览和休闲度假为目的的游客比上年下降4.91个百分点，而商务客人则有所增长。但广州、惠州、汕头、韶关等城市住宿游客去景点的比例有所增长。

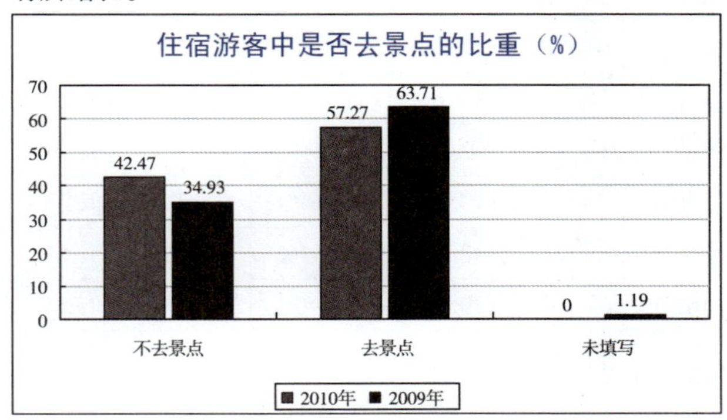

【在粤平均游览城市数量及比例构成】 调查显示，国内游客平均每次出游在广东游览的城市数量为1.40个。其中在住宿设施调查的游客游览城市数量平均1.48个，在景区景调查的游客游览城市数量平均1.27个。

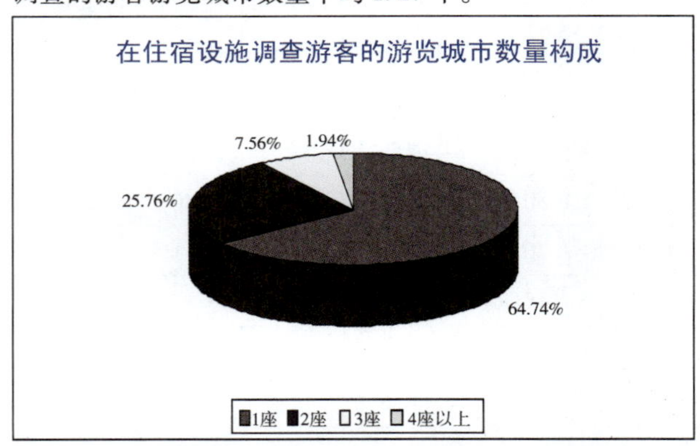

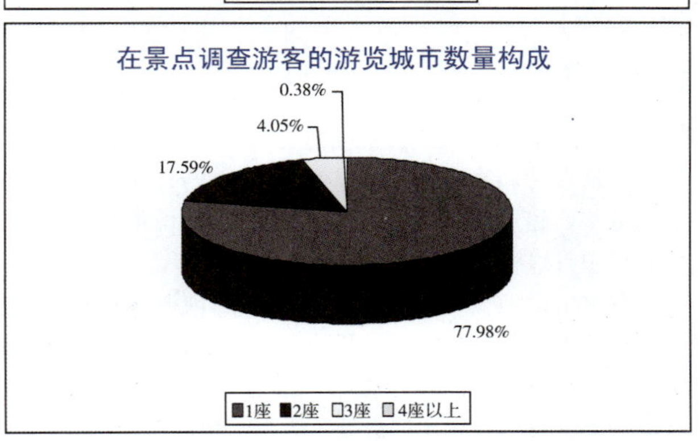

表 2　国内游客平均游览城市数量及构成（住宿问卷调查）

城市	1 座	2 座	3 座	4 座以上	平均座数
广州市	81.09%	14.38%	3.52%	1.01%	1.25
韶关市	60.64%	32.13%	5.42%	1.81%	1.51
深圳市	74.58%	20.51%	4.35%	0.56%	1.31
珠海市	57.67%	31.21%	10.00%	1.12%	1.56
汕头市	54.85%	24.07%	19.66%	1.42%	1.7
江门市	61.36%	21.62%	11.71%	5.31%	1.62
湛江市	78.80%	19.60%	1.20%	0.40%	1.23
肇庆市	14.99%	52.88%	24.90%	7.23%	2.29
惠州市	76.83%	19.18%	3.86%	0.13%	1.27
梅州市	43.91%	48.85%	6.64%	0.60%	1.64
河源市	57.66%	30.94%	11.40%		1.54
东莞市	17.25%	57.78%	16.40%	8.57%	2.19

表 3　国内游客平均游览城市数量及构成（景点问卷调查）

城市	1 座	2 座	3 座	4 座以上	平均座数
广州市	97.48%	2.20%	0.25%	0.07%	1.03
韶关市	75.72%	20.05%	4.09%	0.14%	1.29
深圳市	75.92%	20.74%	2.67%	0.67%	1.28
珠海市	43.63%	34.94%	18.92%	2.51%	1.81
汕头市	64.60%	19.20%	15.40%	0.80%	1.52
江门市	69.70%	25.05%	4.64%	0.61%	1.37
湛江市	84.45%	13.03%	2.52%		1.18
肇庆市	65.33%	33.62%	1.05%		1.36
惠州市	79.96%	14.60%	5.44%		1.25
梅州市	51.74%	42.71%	4.86%	0.69%	1.55
河源市	70.54%	22.58%	6.88%		1.36
东莞市	67.85%	29.37%	2.78%		1.35

从在景点的调查情况来看，游客只在调查城市游览的游客比重整体超过在住宿设施调查的结果，说明景区旅游观光游客中只以一个城市为目的地的游客居多。

从在住宿设施调查游客数据显示，国内游客平均游览景点达到 2.80 个。游览 2 个景点的游客比例最高，达到 32.01%；其次是游览 3 个景点的游客，比例为 23.87%；只游览一个景点的游客比例最低，为 20.50%。

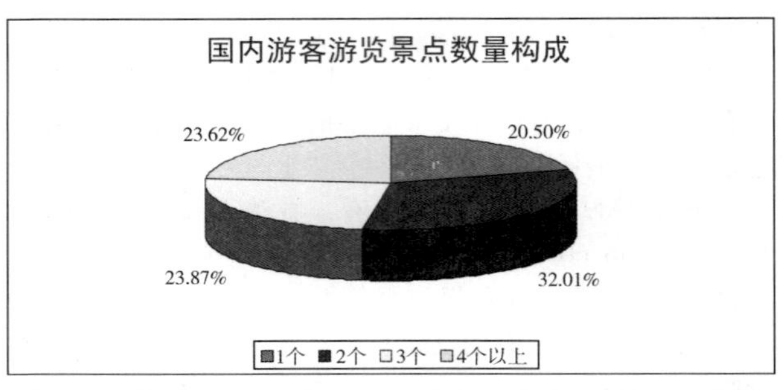

调查数据显示，在广州、汕头、梅州旅游的国内游客平均游览景点个数超过 3 个，其余各城市国内游客的平均游览景点数量均超过 2 个。具体情况如下表：

表 4　国内游客游览景点数量及构成（住宿问卷调查）

调查城市	1 个	2 个	3 个	4 个以上	平均个数
广州市	28.79%	22.24%	19.00%	29.97%	3.16
韶关市	30.24%	40.84%	17.51%	11.41%	2.25
深圳市	21.36%	33.41%	25.82%	19.41%	2.54
珠海市	23.84%	26.72%	26.40%	23.04%	2.84
汕头市	13.78%	21.28%	27.84%	37.10%	3.34
江门市	16.62%	45.34%	20.12%	17.92%	2.58
湛江市	16.26%	35.96%	28.82%	18.96%	2.71
肇庆市	4.33%	46.63%	26.12%	22.92%	2.68
惠州市	5.87%	40.04%	37.01%	17.08%	2.69
梅州市	17.43%	24.96%	22.14%	35.47%	3.19
河源市	25.85%	36.59%	24.39%	13.17%	2.31
东莞市	26.42%	31.70%	15.46%	26.42%	2.85

从住宿问卷调查数据来看，国内游客只游览一个景点的游客比重较低。游客只游览一个景点的比重高于 25% 的，只有韶关（30.24%）、广州（28.79%）、东莞（26.42%）3 个城市，说明这几个城市有一些月亮级的大型景区或游乐场所，可以满足游客的单次旅游消费需求；而肇庆（4.33%）、惠州（5.87%）等城市的相应比重低于 10%。

从各个城市的综合情况来看，游客游览 2 个景点的比重较高，除汕头（21.28%）、广州（22.24%）、梅州（24.96%）以外，均超过 25%。游客游览 3 个景点的情况，以 25% 为界，城市数量各占一半。游客游览 4 个以上景点的城市，汕头（37.10%）、梅州（35.47%）、广州（29.97%）、东莞（26.42%）的游客比重较高，其他城市的相应比重均低于 25%。

【人均停留时间】　抽样调查数据分析得出，国内游客在粤各市人均停留时间平均为2.66夜，与上年相比有所上升(2009年为2.28夜)。通过对在住宿设施调查的问卷数据分析得出，住宾馆酒店的游客人均停留时间为2.42夜，住旅馆的为2.01夜；而通过在景点的调查问卷数据得出，住宾馆酒店的游客人均停留时间为2.09夜，住旅馆的为3.15夜。

下图为接受调查游客在粤各市平均停留时间构成情况：

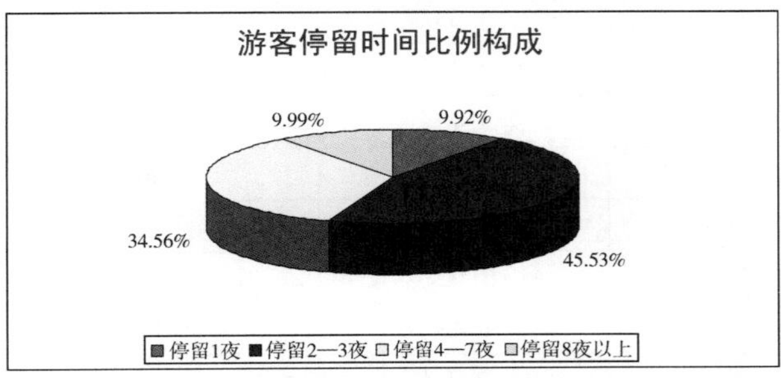

停留2－3夜的游客最多，占45.53%；停留4－7夜的占34.56%；停留8夜以上的占9.99%；停留1夜的只有9.92%。过夜游客在全省的人均停留时间较上年有所增多(2009年只停留1夜的比例为33.62%)。

在景区景接受调查的游客中，一日游游客占32.20%，过夜游客占67.80%。一日游游客中，不过夜游客占98.51%，不在本市过夜，但会在其他市过夜的占1.49%。过夜游客人均停留时间分类统计结果如下：

1. 游客在各市人均停留时间。(见表5)

表5　国内游客在各市人均停留时间 （单位：夜）

城市	夜数	城市	夜数	城市	夜数
广州	2.75	汕头	2.35	梅州	1.91
韶关	2.36	江门	2.02	肇庆	1.65
深圳	3.41	湛江	3.18	东莞	2.51
珠海	2.74	惠州	3.54	河源	1.45

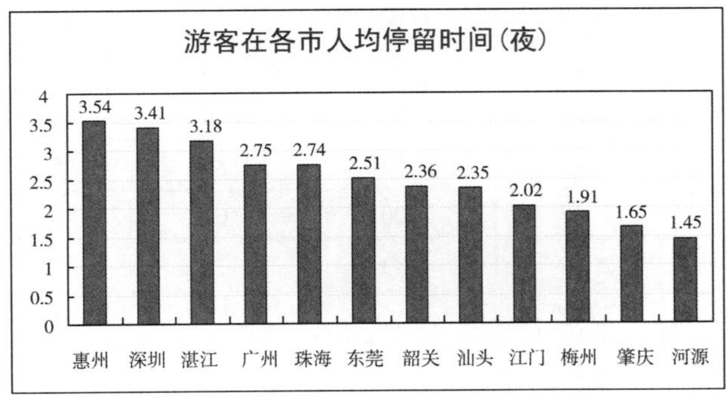

国内过夜游客人均停留时间高于2夜的城市占绝大多数，低于2夜的城市只有梅州、肇庆、河源。与上年相比，2010年大部分城市人均停留时间有所上升，各城市在吸引游客延长在本市停留时间，促进旅游消费方面取得了较大的进步。

2. 按出游方式分类的人均停留时间及各市的具体情况。(见表6、7)

表6　国内游客人均停留时间构成（单位：夜）

出游方式	旅行社组织	自驾车	其他
停留时间	2.66	2.23	2.89

表7　各市人均停留时间　　（单位：夜）

城市	旅行社组织	自驾车	其他
广州市	3.22	2.27	2.88
韶关市	2.13	2.32	2.63
深圳市	3.14	2.77	3.26
珠海市	2.89	2.98	2.63
汕头市	2.29	1.99	2.48
江门市	2.11	1.93	2.13
湛江市	2.8	2.59	3.52
肇庆市	1.78	2.26	1.32
惠州市	4.03	2.81	3.63
梅州市	1.79	1.91	1.96
河源市	1	1.39	2.06
东莞市	2.87	1.99	2.69

从以上数据显示，大部分城市过夜游客的人均停留时间超过2夜以上，比上年度有较大的提升。

3. 按性别分类的人均停留时间

2010年，男性游客人均停留时间2.61夜，女性游客人均停留时间2.73夜，女性高于男性。上年男性游客人均停留时间2.24夜，女性2.33夜。

4. 按年龄分类的人均停留时间。(见表8)

表8　全省不同年龄段游客人均停留时间　（单位：夜）

年龄范围	65岁以上	45－64岁	25－44岁	15－24岁	14岁以下
停留时间	2.78	2.62	2.65	2.83	3.83

从年龄范围来看，25－64岁之间游客人均停留时间较短；14岁以下游客人均停留时间最长；15－24岁及65岁以上游客人均停留时间居中。

各市按年龄分类的人均停留时间。(见表9)

表 9　各市游客按不同年龄段分类人均停留时间　（单位：夜）

城市	65 岁以上	45－64 岁	25－44 岁	15－24 岁	14 岁以下
广州	3. 14	2. 83	2. 65	3	2. 71
韶关	1. 86	2. 63	2. 30	2. 07	5. 25
深圳	4. 24	3. 28	3. 35	3. 66	4. 16
珠海	4. 16	2. 58	2. 82	2. 31	3. 50
汕头	2. 43	2. 14	2. 36	3. 03	
江门	1. 95	1. 90	2. 09	2. 07	1. 00
湛江	3. 7	2. 96	3. 25	3. 45	
肇庆	1. 36	1. 76	1. 64	1. 61	1. 00
惠州	4	3. 45	3. 58	7	
梅州	2. 45	1. 98	1. 86	2. 02	
河源	1	1. 49	1. 43	1. 48	
东莞	2. 12	2. 32	2. 46	3. 1	3

5. 按出游目的分类的人均停留时间。（见表 10）

表 10　不同出游目的人均停留时间　（单位：夜）

出游目的	休闲度假	观光游览	探亲访友	商务	会议	宗教朝拜	文化体育科技交流	其他
停留时间	2. 64	2. 71	2. 84	2. 56	2. 4	3. 25	2. 62	2. 74

按出游目的分类，商务、会议、健康疗养、文体交流的游客人均停留时间较短；而出游目的为休闲观光、探亲访友等游客人均停留时间稍长。

各市按出游目的分类的人均停留时间。（见表 11）

表 11　各市游客人均停留时间（按出游目的分类）　（单位：夜）

城市	休闲度假	观光游览	探亲访友	商务	会议	宗教朝拜	文化体育科技交流	其他
广州	2. 70	2. 92	2. 85	2. 78	2. 17	4. 13	3. 10	2. 64
韶关	2. 51	2. 69	2. 07	2. 19	1. 90	1. 69	2. 42	1. 83
深圳	3. 51	3. 40	3. 60	3. 16	3. 07	2. 71	3. 36	3. 94
珠海	3. 20	2. 45	3. 10	2. 65	2. 57	2. 00	2. 30	2. 66
汕头	2. 33	2. 38	2. 52	2. 32	1. 79	2. 53	2. 32	2. 45
江门	2. 00	2. 09	1. 94	1. 99	2. 17	2. 00	2. 60	1. 84
湛江	2. 81	3. 25	4. 08	3. 01	2. 89	4. 83	3. 78	3. 27
肇庆	1. 50	1. 73	1. 68	1. 68	2. 12			1. 55
惠州	4. 09	3. 91	5. 67	2. 5	2. 24		2. 64	4. 13
梅州	1. 98	1. 75	2. 22	2. 14	1. 54	2. 20	1. 26	1. 75
河源	1. 30	1. 31	1. 56	1. 69	1. 50		1. 19	2. 15
东莞	3. 48	2. 56	2. 94	2. 21	2. 02	3. 00	2. 59	3. 01

6. 按游客职业分类的人均停留时间。(见表12、13)

表12　不同职业的人均停留时间　（单位：夜）

游客职业	公务员	企业管理人员	专业文教科技人员	销售人员	工人	军人	农民	离退休人员	学生	其他
停留时间	2.69	2.67	2.58	2.53	2.44	3.15	3.01	2.65	2.7	2.77

表13　各市游客人均停留时间（按职业分类）　（单位：夜）

游客职业	公务员	企业管理人员	专业文教科技人员	销售人员	工人	军人	农民	离退休人员	学生	其他
广州	2.88	2.72	2.49	2.71	2.62	3.17	3.65	2.89	2.73	2.76
韶关	2.56	2.49	2.30	1.93	2.14	2.40	2.73	2.04	2.40	2.47
深圳	3.34	3.44	3.32	3.10	3.02	4.00	3.59	3.80	3.57	3.70
珠海	2.82	2.47	2.50	2.49	2.36	3.03	8.33	3.73	2.35	3.16
汕头	2.14	2.63	2.01	2.48	1.82	2.53	3.38	1.75	1.92	2.43
江门	2.36	2.05	1.96	1.92	1.82	1.73	1.42	1.87	2.18	2.08
湛江	3.10	3.05	3.34	3.58	4.28	3.00	3.50	3.12	2.91	3.09
肇庆	1.58	1.69	1.53	1.63	1.77		1.72	1.36	1.49	1.69
惠州	3.32	3.46	3.57	3.63	3.00			4.50		4.53
梅州	2.08	1.91	2.03	1.58	1.87	1.50	1.29	2.17	1.96	1.86
河源	1.18	1.54	1.42	1.47	1.90	1.00	1.36	1.40	1.50	1.50
东莞	2.22	2.38	2.48	2.23	2.38	2.63	4.07	2.55	3.66	2.70

【游客人均天花费】　2010年，来粤的国内游客抽样调查数据汇总的花费情况主要包括：国内过夜游客在各市人均天花费及构成，国内一日游游客人均花费。

1. 国内过夜游客在各市的人均天花费分析

（1）按性别分类的过夜游客人均天花费

从调查汇总数据来看，男性游客人均天花费900.17元（2009年为740.77元），比上年增长21.52%；女性游客人均天花费878.35元（2009年为749.11元），比上年增长17.25%。男性游客的花费稍高于女性。

（2）按年龄段分类的过夜游客人均天花费

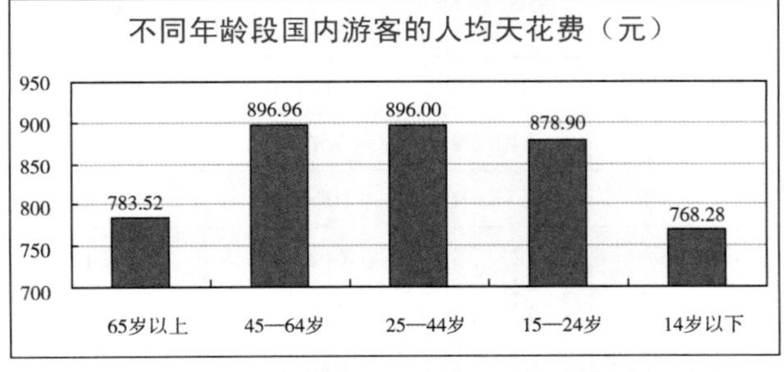

各市按年龄段分类的过夜游客人均天花费情况如下表：

表14　各市游客人均天花费（按年龄段分）（单位：元）

城市	65岁以上	45－64岁	25－44岁	15－24岁	14岁以下
广州	1054.52	1200.49	1158.68	1178.88	1137.37
韶关	772.28	706.04	750.46	867.57	372.48
深圳	837.29	1097.75	999.22	871.15	817.04
珠海	471.89	582.98	594.67	555.99	381.82
汕头	590.38	818.57	741.14	620.13	
江门	572.71	635.06	630.52	689.90	750.00
湛江	1016.70	728.69	686.07	579.07	
肇庆	746.32	584.54	642.19	624.21	636.25
惠州	625.00	771.98	738.08	564.43	
梅州	375.48	553.09	599.64	484.85	
河源	872.75	686.35	634.22	523.99	
东莞	1133.81	897.20	861.29	749.55	498.67

（3）按职业分类的过夜游客人均天花费

各市按职业分类的过夜游客人均天花费情况如下表：

表 15　各市游客人均天花费（按职业分类）　　（单位：元）

游客职业	公务员	企业管理人员	专业文教科技人员	销售人员	工人	军人	农民	离退休人员	学生	其他
广州	1235. 41	1192. 23	1201. 66	1117. 83	1047. 79	1162. 61	1077. 41	1151. 01	1154. 29	1178. 54
韶关	709. 53	776. 66	718. 67	774. 95	720. 95	839. 08	747. 77	761. 51	643. 22	733. 74
深圳	1039. 51	1062. 58	947. 35	1038. 94	875. 83	684. 94	751. 39	978. 33	840. 17	940. 11
珠海	703. 32	590. 23	624. 11	558. 29	581. 11	626. 40	271. 72	499. 80	479. 20	609. 67
汕头	781. 16	723. 61	635. 06	802. 85	616. 54	575. 29	294. 48	708. 23	493. 61	924. 75
江门	646. 40	657. 17	613. 24	647. 18	603. 12	699. 05	610. 09	614. 30	602. 10	621. 13
湛江	692. 54	756. 84	640. 48	614. 71	655. 29	845. 21	637. 14	891. 52	542. 10	660. 97
肇庆	663. 45	579. 06	733. 16	637. 33	619. 94		553. 97	746. 32	687. 26	594. 92
惠州	752. 44	728. 50	778. 23	633. 48	1200. 33			879. 11		755. 32
梅州	585. 83	613. 51	590. 9	628. 42	627. 3	718. 67	764. 06	420. 43	416. 28	521. 28
河源	705. 02	623. 66	626. 31	581. 27	479. 53	1063. 50	529. 87	571. 34	432. 81	714. 07
东莞	1000. 37	878. 65	826. 12	989. 50	859. 47	912. 29	526. 38	1016. 76	797. 83	720. 82

（4）按出游目的分类的过夜游客人均天花费

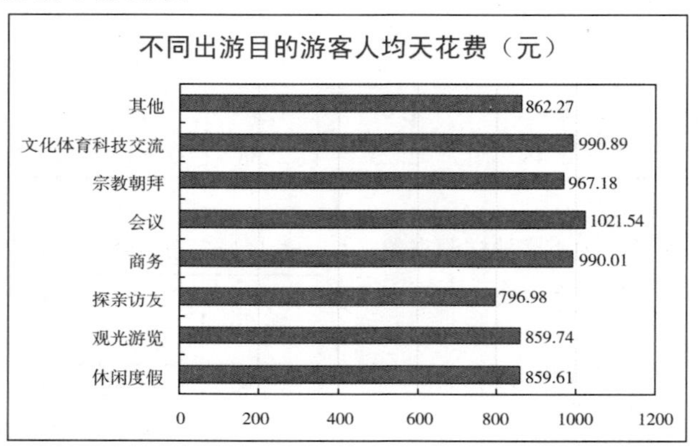

各市按出游目的分类的过夜游客人均天花费情况如下表：

表 16　各市游客人均天花费（按出游目的分类）　　（单位：元）

城市	休闲度假	观光游览	探亲访友	商务	会议	宗教朝拜	文化体育科技交流	其他
广州	1119. 54	1131. 46	1054. 23	1220. 29	1287. 23	1171. 92	1379. 65	1227. 72
韶关	719. 50	718. 89	886. 17	726. 68	916. 88	440. 09	756. 45	728. 16
深圳	1007. 16	994. 98	772. 82	1150. 07	1126. 78	1118. 16	1067. 98	777. 74
珠海	633. 73	570. 52	526. 20	603. 01	541. 87	521. 33	668. 27	475. 13
汕头	528. 44	875. 32	894. 40	850. 16	768. 12	483. 71	709. 25	693. 52
江门	640. 03	649. 14	594. 68	662. 53	620. 94	661. 64	639. 90	585. 56

续表

城市	休闲度假	观光游览	探亲访友	商务	会议	宗教朝拜	文化体育科技交流	其他
湛江	728.98	615.24	628.67	797.32	864.51	691.93	1035.53	631.16
肇庆	684.65	604.34	607.79	590.53	508.34			652.39
惠州	774.41	700.64	520.18	823.26	872.69		844.64	717.63
梅州	606.92	603.55	482.14	549.67	594.58	308.86	562.05	512.81
河源	772.93	559.63	638.92	668.90	523.67		638.75	489.12
东莞	674.44	914.52	775.56	948.51	1097.44	979.92	769.73	692.23

（5）国内过夜游客人均天花费构成

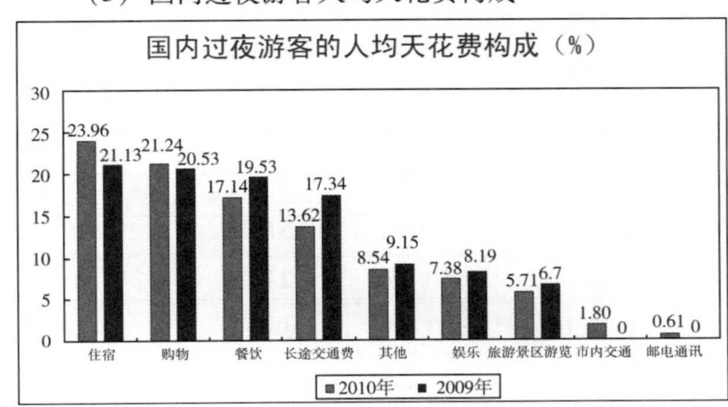

在过夜游客人均天花费构成中，长途交通费占总花费的13.62%，住宿费占23.96%，餐饮占17.14%，景区游览占5.71%，娱乐占7.38%，购物占21.24%，市内交通占1.80%，邮电通讯占0.61%，其他占8.54%。

与上年调查数据相比，长途交通、餐饮、景点门票、娱乐等方面的花费比重有所下降；而住宿、购物方面的花费比重有所上升。市内交通及邮电通讯所占用的花费比重很低，基本不对游客的花费构成什么影响。

（6）各市过夜游客中省内游客和外省游客人均天花费情况。（见表17）

表17　各市过夜省内外游客人均天花费情况表　（单位：元）

城市	随机调查游客比重		人均天花费（元）		
	本省游客	外省游客	本省游客	外省游客	平均
广州市	34.26%	65.74%	1022.24	1235.50	1168.86
韶关市	50.72%	49.28%	735.27	749.93	743.37
深圳市	17.95%	82.05%	886.63	1005.99	988.68
珠海市	39.91%	60.09%	549.46	595.14	580.90
汕头市	55.98%	44.02%	636.77	833.49	743.61
江门市	59.16%	40.84%	611.75	670.75	635.81
湛江市	36.53%	63.47%	590.90	749.73	694.56
肇庆市	44.04%	55.96%	494.85	775.77	622.64
惠州市	24.84%	75.16%	789.75	737.24	747.95
梅州市	67.43%	32.57%	571.82	581.22	575.08
河源市	77.52%	22.48%	649.09	580.49	634.78
东莞市	42.13%	57.87%	866.85	841.02	850.90
全省	37.53%	62.47%	762.20	954.13	890.51

（7）去景点游览的过夜游客人均天花费情况

表 18　不同住宿设施国内游客人均天花费表（单位：元）

城市	住宿在宾馆酒店	住宿在旅馆	住宿在亲友家中
广州市	889.97	976.62	736.87
韶关市	573.21	693.28	510.14
深圳市	630.56	672.67	636.88
珠海市	540.02	228.69	248.12
汕头市	682.59	745.85	433.83
江门市	512.06	451.42	295.18
湛江市	504.83	621.06	639.64
肇庆市	762.01	512.50	605.69
惠州市	591.67	545.99	535.72
梅州市	344.51	485.78	357.99
河源市	408.43	547.89	368.81
东莞市	565.19	742.54	668.78

2. 一日游国内游客人均天花费分析。

广州市（736.87）、韶关市（510.14）、深圳市（636.88）、珠海市（248.12）、汕头市（433.83）、江门市（295.18）、湛江市（639.64）、肇庆市（605.69）、惠州市（535.72）、梅州市（357.99）、河源市（368.81）、东莞市（668.78）。

3. 与上年相比人均天花费变动情况

（1）过夜游客人均天花费变动分析

表 19　过夜游客在各市人均天花费变动表（单位：元）

城市	2010 年	2009 年	增长值	增幅
全省平均	890.51	840.91	49.60	5.90%
广州	1168.86	988.6	180.26	18.23%
韶关	743.37	710.43	32.94	4.64%
深圳	988.68	943.88	44.80	4.75%
珠海	580.9	764.44	-183.54	-24.01%
汕头	743.61	891.41	-147.80	-16.58%
江门	635.81	682.15	-46.34	-6.79%
湛江	694.56	835.5	-140.94	-16.87%
肇庆	622.64	537.32	85.32	15.88%
惠州	747.95	698.57	49.38	7.07%
梅州	575.08	503.43	71.65	14.23%
河源	634.78	575.38	59.40	10.32%

续表

城市	2010 年	2009 年	增长值	增幅
东莞	850.9	842.46	8.44	1.00%

（2）一日游游客人均天花费变动分析

从全省情况来看，2010 年一日游人均花费为 583.10 元，比上年调查数据上升 139.94 元，升幅为 31.58%。

【对住宿设施的选择】　调查显示，住宾馆饭店游客比重较高（44.80%）；其次住亲友家（35.05%）；选择住旅馆招待所的比重较低（15.71%）。

表 20　去景点游览游客对住宿设施选择表（单位:%）

城市	旅馆/招待所	饭店/宾馆	亲友家庭	不在本市过夜
广州	15.84	35.74	45.26	3.16
韶关	12.06	53.96	32.42	1.56
深圳	9.18	35.92	51.18	3.72
珠海	18.76	50.17	22.73	8.34
汕头	18.01	63.85	14.66	3.48
江门	21.94	58.13	12.56	7.37
湛江	15.96	66.84	11.24	5.96
肇庆	93.44	1.09	4.65	0.82
惠州	0.86	99.14		
梅州	15.96	73.39	9.31	1.33
河源	16.80	32.16	23.03	28.01
东莞	22.73	48.01	26.81	2.45

【调查数据对比分析】　2010 年，在粤 12 个地市开展 3 次国内游客旅游问卷调查。其中第一次数据收集在 4～6 月完成，第二次数据收集在 7～9 月完成，第三次数据收集在 10～12月完成。为比较表述方便，以下图表中分别将第一次数据、第二次数据、三次合计数据简称为数据 1，数据 2，数据 1～3。

□　游客基本特征对比分析

1. 国内游客年龄构成对比

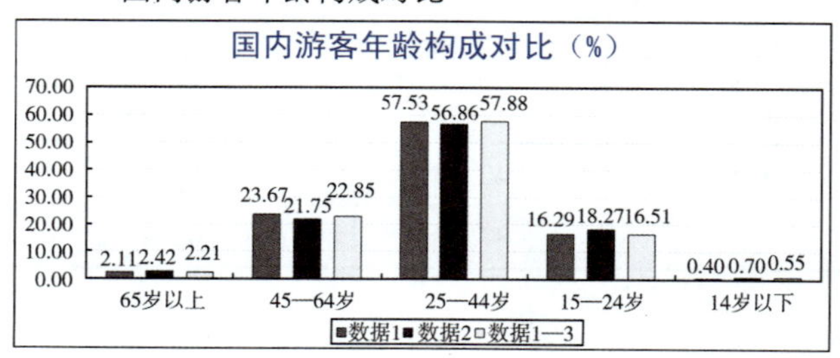

从以上图表看出，3 个数据包的数据分析结果显示年龄构成趋势比较一致，相同年龄段之间仅仅有细微的比重变化。

2. 国内游客职业构成对比

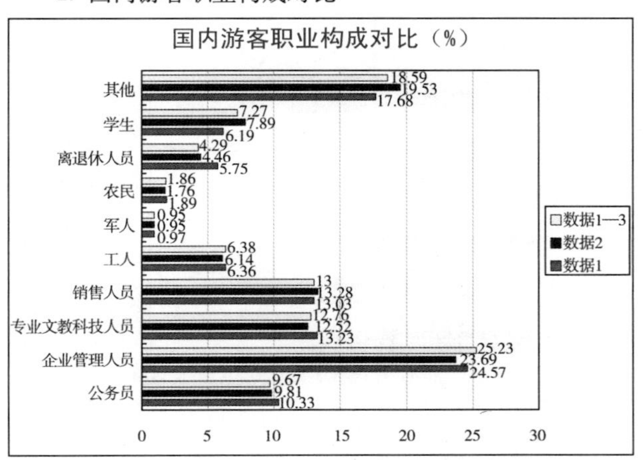

从以上图表看出，3 次数据包数据分析结果比较平稳，没有出现大起大落，数据间仅有细小变化。

从个别数据可以看到，公务员游客的比重在 2010 年度随时间的发展而呈现下降趋势；企业管理人员的游客的比重则呈现两头高，中间低的情况，总体上表现为上升的趋势；学生游客的数据走向比较符合市场实际情况，从图上看出，学生数据 2 的比重最大，该数据包是在 7 ~ 9 月份收集的，也就是学生放暑假的时段。

3. 国内游客出游目的对比

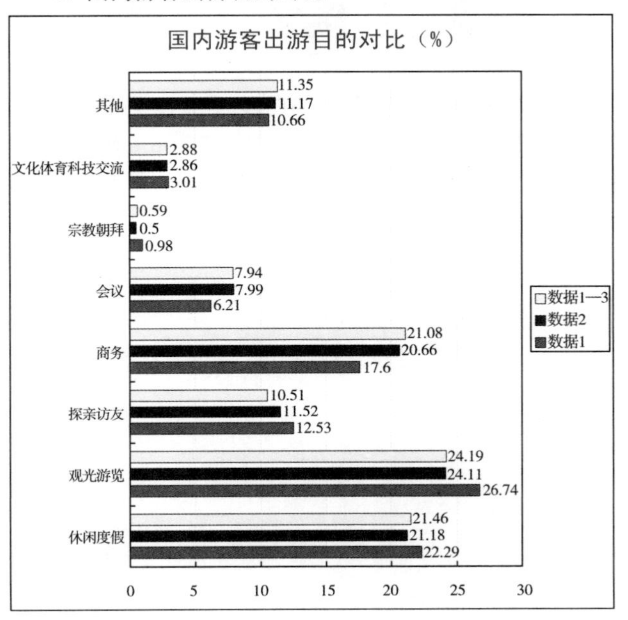

从上图可以看出，以商务会议为出游目的的游客比重随年度时间推移逐步走强；而探亲访友的游客比重正好相反，年头大年尾小。

4. 国内游客游览城市数量构成对比

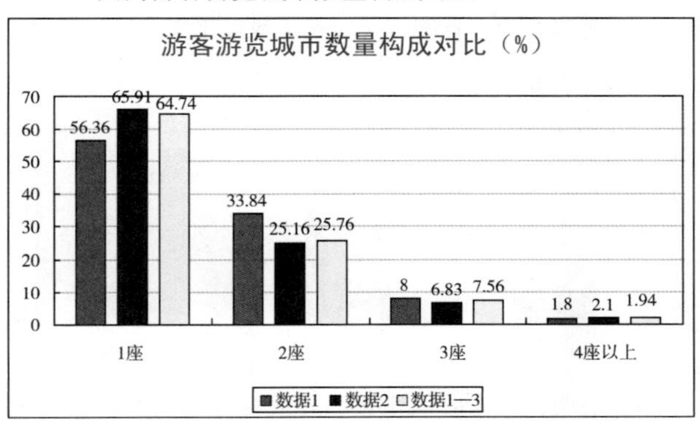

在 2010 年度，随着时间推移，只游览一座城市的游客比重上升，游览 2 座以上城市的游客下降。根据前文发现第 3 和第 4 季度商务会议游客比重增长的特点，因为这些商务会议游客的出游（出差）目的明确，他们往往以只游览一个城市为主，从而影响整体数据变化。

□　人均停留时间对比分析

1. 一日游游客比重对比

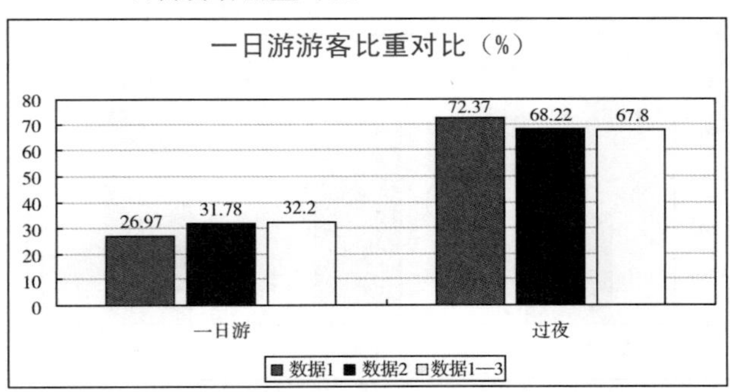

从以上图表显示：2010 年度，随着时间推移，一日游游客比重增大，过夜游客比例减少。但从整体上讲，过夜游客是一日游游客的 2 倍以上。

2. 过夜游客人均停留时间对比

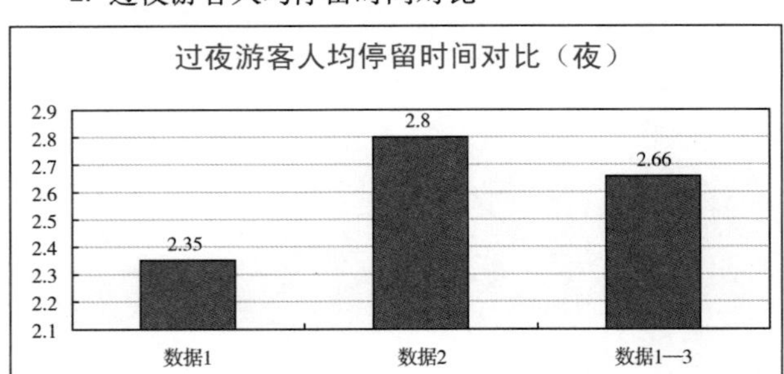

2010 年，在暑假时间段，过夜游客的人均停留时间比较长，达到 2. 8 夜；第二季度时间段的人均停留时间最短，为 2. 35 夜。

□　人均天花费对比分析

1. 过夜游客中本、外省游客人均天花费对比

过夜游客中的本省游客人均天花费对比情况如下：

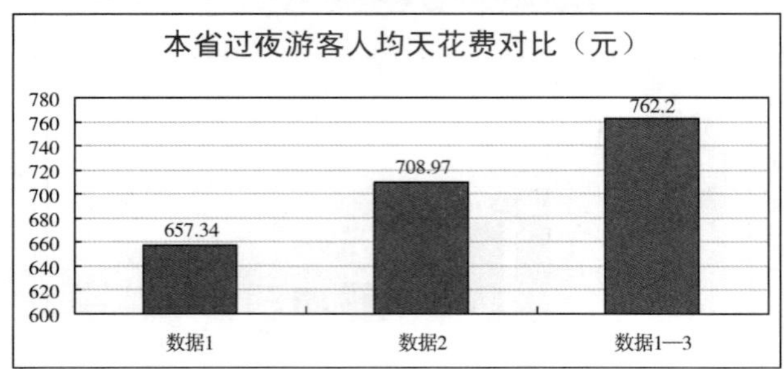

数据表明，随着时间推移，过夜游客中的本省游客人均天花费呈上升趋势。表明4～6月份旅游服务价格相对不高；第3季度进入旅游旺季，游客的人均天花费开始增多；第四季度，由于广东省进入温泉旅游旺季，住房费用等旅游花费急剧上升。另外2010年度，物价慢慢呈上涨趋势，也是造成人均天花费越来越高的因素之一。

过夜游客中的外省游客人均天花费对比情况如下：

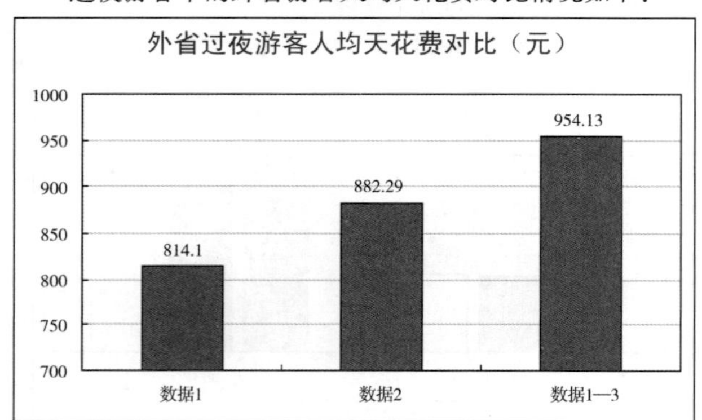

数据表明，2010年度过夜游客中的外省游客人均天花费的变化趋势与本省游客一致，都是随时间推移呈上升趋势。在广东旅游的外省游客人均天花费高于本省游客花费。

2. 过夜游客人均天花费构成对比

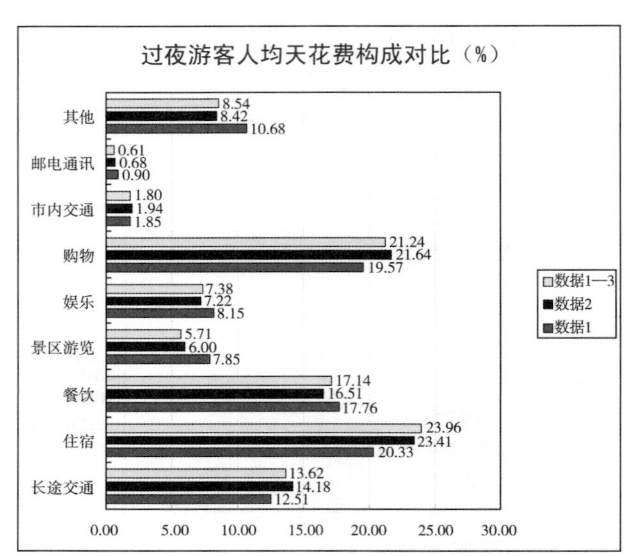

从数据来看，3次数据的各项指标数据显示都比较趋同，说明调查数据较合理。住宿类的费用随时间推移呈上升趋势，比较符合广东旅游的特点。购物类的费用也是呈上升趋势。其他类的花费没有出现异常情况。

3. 一日游游客人均天花费对比

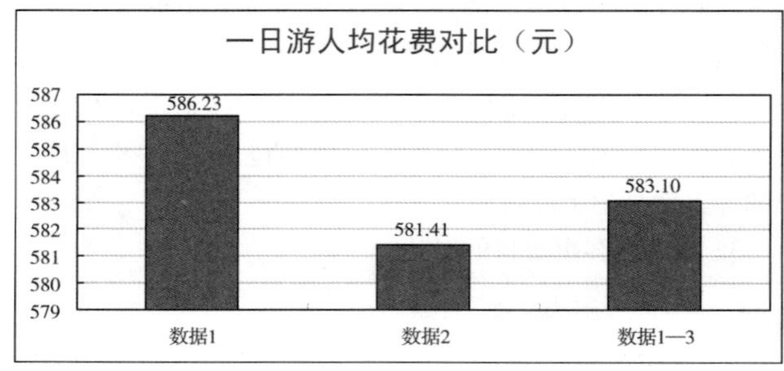

3个调查阶段的数据显示，在景区景点接受抽样调查的游客一日游人均花费相差不大，数据在580元至590元之间变动，第二季度及第四季度的人均花费稍高，第3季度的人均花费略低。

（费永红）

2010年广东省各市旅游业收入情况

ANNUAL RECEIPTS OF TOURISM TRADE BY LOCALITY 2010

单位：亿元人民币　　　　Unit：100 million yuan

市别 City	收入合计 Total	比上年增长 Growth (%)	其中			
			旅游外汇收入 International Tourism Receipts	比上年增长（%）Growth (%)	国内旅游收入 Domestic Tourism Receipts	比上年增长（%）Growth (%)
全省合计 Total	3809.44	24.15	844.85	23.35	2964.59	24.38
广州 Guangzhou	1254.61	26.21	318.64	28.73	935.97	25.38
深圳 Shenzhen	628.77	15.53	216.15	14.65	412.62	15.99
珠海 Zhuhai	219.34	29.91	83.14	18.56	136.20	37.97
汕头 Shantou	88.48	19.10	3.41	1.69	85.07	19.92
佛山 Foshan	231.30	13.01	49.54	11.26	181.76	13.49
韶关 Shaoguan	106.82	49.65	7.01	385.99	99.81	42.71
河源 Heyuan	46.07	29.10	0.94	8.58	45.13	29.61
梅州 Meizhou	72.83	44.78	2.01	12.15	70.82	45.99
惠州 Huizhou	140.82	22.32	34.09	24.45	106.73	21.66
汕尾 Shanwei	42.36	65.96	0.80	129.28	41.56	65.09
东莞 Dongguan	191.32	26.29	45.94	29.96	145.38	25.17
中山 Zhongshan	125.17	13.53	18.75	34.35	106.42	10.51
江门 Jiangmen	120.10	15.46	32.39	15.97	87.71	15.27
阳江 Yangjiang	42.68	21.60	1.27	31.69	41.41	21.32
湛江 Zhanjiang	65.32	22.85	1.85	21.10	63.47	22.90
茂名 Maoming	71.86	15.18	0.81	20.95	71.05	15.12
肇庆 Zhaoqing	102.78	29.35	8.45	52.96	94.33	27.59
清远 Qingyuan	108.43	44.41	7.52	144.08	100.91	40.15
潮州 Chaozhou	54.19	16.86	8.98	18.74	45.21	16.49
揭阳 Jieyang	47.52	68.08	1.46	44.35	46.06	68.97
云浮 Yunfu	48.67	25.89	1.70	16.72	46.97	26.25

注：2010年旅游外汇收入按新汇率折算。美元：人民币 =1：6.796

2010年广东省国际旅游（外汇）收入构成

BREAKDOWN OF INTERNATIONAL TOURISM RECEIPTS 2010

单位：万美元 Unit：USD 10000

	收入总额 Receipts	结构比例（%） P. C. Tatal（%）
合　　计 Total	1243154	100. 0
一、长途交通费 Long DistanceTransportation Fee	493532	39. 7
1. 民航 Air	361758	29. 1
2. 铁路 Rail	44754	3. 6
3. 汽车 Motor	41024	3. 3
4. 轮船 Sea	45997	3. 7
二、游览 Sightseeing	44754	3. 6
三、宿费 Accommodation	159124	12. 8
四、餐饮 Food And Beverage	96966	7. 8
五、商品销售 Shopping	203877	16. 4
六、娱乐 Entertainment	94480	7. 6
七、邮电通讯 Communication	19890	1. 6
八、市内交通 Local Transportation	26106	2. 1
九、其他服务 Others	104425	8. 4

2010年广东省各市国际旅游（外汇）收入

ANNUAL INTERNATIONAL TOURISM RECEIPTS BY LOCALITY 2010

单位：万美元 Unit：USD 10000

市别 City	旅游外汇收入 International Tourism Receipts	比上年增长（%） Growth（%）	占全省比重（%） P. C. Tatal（%）
全省合计 Total	1243154. 22	23. 97	100. 00
广州 Guangzhou	468858. 29	29. 38	37. 72
深圳 Shenzhen	318057. 75	15. 23	25. 58
珠海 Zhuhai	122338. 50	19. 16	9. 84
汕头 Shantou	5015. 77	2. 16	0. 40
佛山 Foshan	72895. 73	11. 81	5. 86
韶关 Shaoguan	10309. 22	388. 15	0. 83
河源 Heyuan	1388. 52	9. 55	0. 11
梅州 Meizhou	2961. 86	12. 88	0. 24
惠州 Huizhou	50167. 82	25. 09	4. 04
汕尾 Shanwei	1174. 87	129. 98	0. 09
东莞 Dongguan	67591. 85	30. 60	5. 44
中山 Zhongshan	27590. 97	35. 02	2. 22
江门 Jiangmen	47656. 60	16. 54	3. 83
阳江 Yangjiang	1875. 50	32. 83	0. 15
湛江 Zhanjiang	2715. 95	21. 42	0. 22
茂名 Maoming	1198. 14	22. 20	0. 10
肇庆 Zhaoqing	12439. 65	53. 79	1. 00
清远 Qingyuan	11061. 91	145. 23	0. 89
潮州 Chaozhou	13206. 86	19. 28	1. 06
揭阳 Jieyang	2149. 95	45. 18	0. 17
云浮 Yunfu	2498. 51	17. 17	0. 20

注：按折算前同比

2000～2010年广东省旅游入境人数

ANNUAL INBOUND VISITOR ARRIVALS 2000－2010

单位：万人次　　　　Unit：10000 person－times

年　份 Year	合　计 Total	外国人 Foreigners	港澳台同胞 Compatriots of Hong Kong、Macaoan and Taiwan	其中：台湾同胞 Compatriots of Taiwan
2000	6729.18	283.59	6445.58	191.21
2001	7256.36	313.17	6943.19	198.24
2002	8065.07	361.50	7703.56	200.21
2003	6991.13	285.78	6705.35	138.97
2004	8741.00	457.00	8284.00	195.50
2005	9579.12	537.27	9041.85	215.17
2006	10039.55	591.91	9447.64	221.86
2007	10318.86	672.16	9646.70	229.17
2008	10323.47	615.95	9707.52	216.08
2009	10232.09	608.18	9623.91	202.68
2010	10485.80	652.70	9833.10	206.90

2000～2010年广东省旅游入境人数分析表

BREAKDOWN OF ANNUAL INBOUND VISITOR ARRIVALS 2000－2010

单位：万人次　　　　Unit：10000 person－times

年　份 Year	全国旅游入境人数（万人次） Whole Nation	广东省旅游入境人数（万人次） Guangdong	广　东　省	
			每年增长速度（%） Growth（%）	占全国比重（%） Percentage of the Whole Nation（%）
2000	8348.09	6729.18	13.60	80.6
2001	9598.36	7256.36	7.80	75.6
2002	9790.83	8065.07	11.10	82.4
2003	9166.21	6991.13	－13.32	76.3
2004	10903.82	8741.00	25.03	80.2
2005	12029.23	9579.12	9.59	79.6
2006	12494.21	10039.55	4.81	80.4
2007	13187.00	10318.86	2.78	78.3
2008	13002.73	10323.47	0.04	79.4
2009	12647.59	10232.09	－0.89	80.9
2010	13376.22	10485.80	2.48	78.4

2010年广东省接待过夜旅游者人数

NUMBER OF TOURISTS STAYING OVERNIGHT RECEIVED 2010

单位：万人次　　　　Unit：10000 person – times

	2009年 2009	2010年 2010	比上年增长（%） Growth（%）
合　　计 Total	18193.55	21319.72	17.18
1、入境旅游者 Inbound Tourists	2738.01	3145.90	14.90
#外国人 Foreigners	617.56	723.25	18.57
港澳同胞 Compatriots of Hong Kong and Macao	1841.27	2106.78	14.42
台湾同胞 Compatriots of Taiwan	279.18	317.72	13.80
2、国内旅游者 Domestic Tourists	15455.54	18173.82	17.59

2000～2010年广东省接待过夜旅游者人数

NUMBER OF TOURISTS STAYING OVERNIGHT RECEIVED 2000 – 2010

单位：万人次　　　　Unit：10000 person – times

年　　份 Year	合　　计 Total	入境旅游者 Inbound Compatriots of	外国人 Foreigners	港澳同胞 Compatriots of Hong Kong and Macao	台湾同胞 Compatriots of Taiwan	国内旅游者 Domestic Tourists
2000	7662.95	1198.94	212.85	813.84	172.25	6464.01
2001	8484.21	1292.38	240.37	868.96	183.05	7191.83
2002	9457.74	1394.48	277.79	911.91	204.78	8063.26
2003	8688.85	1187.27	232.51	805.47	149.29	7501.58
2004	10508.39	1540.97	366.80	984.76	189.41	8967.42
2005	11566.62	1792.98	463.91	1106.20	222.86	9773.64
2006	12811.25	2021.92	524.65	1258.04	239.23	10789.33
2007	14548.38	2330.32	597.71	1477.78	254.83	12218.06
2008	16181.40	2595.63	609.00	1718.68	267.95	13585.77
2009	18193.55	2738.01	617.56	1841.27	279.18	15455.54
2010	21319.72	3145.90	732.25	2106.78	317.72	18173.82

2010年广东省接待过夜主要国家旅游者人数

FOREIGN VISITOR ARRIVALS BY NATIONALITY 2010

单位：人次　　　　Unit：person – times

国　别 Nationality	合　计 Total	占总数比重（%） P. C. Tatal（%）	比上年增长（%） Growth（%）
合计 Total	7322478	100. 0	18. 57
韩国 Korea	418115	5. 7	27. 46
日本 Japan	1077329	14. 7	8. 43
菲律宾 Philippines	47184	0. 6	10. 06
新加坡 Singapore	284832	3. 9	13. 69
泰国 Thailand	134313	1. 8	6. 75
印尼 Indonesia	158879	2. 2	27. 91
马来西亚 Malaysia	421556	5. 8	23. 81
美国 United States	645783	8. 8	18. 77
加拿大 Canada	133138	1. 8	23. 72
英国 United Kingdom	138353	1. 9	10. 00
法国 France	119850	1. 6	11. 97
德国 Germany	118332	1. 6	17. 59
意大利 Italy	86454	1. 2	6. 35
俄罗斯 Russia	58568	0. 8	46. 44
澳大利亚 Australia	149780	2. 0	8. 74
新西兰 New Zealand	24119	0. 3	5. 44
其他 Others	3305893	45. 1	22. 29

2010年广东省各市接待过夜旅游者人数

NUMBER OF TOURISTS STAYING OVERNIGHT RECEIVED BY LOCAL CITY 2010

单位：人次　　　　Unit: person – times

市别 City	接待过夜旅游者总人数 Total	比上年增长（%）Growth（%）	其中					
			入境旅游者 Inbound Tourists	比上年增长（%）Growth（%）	外国人 Foreigners	比上年增长（%）Growth（%）	国内旅游者 Domestic Tourists	比上年增长（%）Growth（%）
合计 Total	213197176	17.18	31458972	14.90	7322478	18.57	181738204	17.59
广州 Guangzhou	45063755	13.35	8147993	18.19	2944442	27.36	36915762	12.34
深圳 Shenzhen	32853116	15.67	10206076	13.86	1675798	14.48	22647040	16.50
珠海 Zhuhai	13805293	14.21	3251371	9.16	567257	18.52	10553922	15.86
汕头 Shantou	7822027	15.01	133857	8.68	82017	19.08	7688170	15.12
佛山 Foshan	8665514	3.67	1030584	4.79	169817	8.14	7634930	3.52
韶关 Shaoguan	8641495	27.76	214757	265.39	3234	12.02	8426722	25.68
河源 Heyuan	4395365	19.87	44918	8.77	3779	33.77	4350447	19.99
梅州 Meizhou	5220169	29.10	76875	-3.59	9948	-32.87	5143294	29.76
惠州 Huizhou	10735599	13.83	1601559	11.02	380499	12.36	9134040	14.34
汕尾 Shanwei	3305703	36.81	39715	81.01	1919	655.51	3265988	36.41
东莞 Dongguan	15508440	9.44	2618785	15.89	934720	4.27	12889655	8.22
中山 Zhongshan	5878746	6.52	480485	0.97	134867	23.05	5398261	7.04
江门 Jiangmen	9909928	14.97	1190397	2.71	170685	13.79	8719531	16.88
阳江 Yangjiang	3101764	11.89	52763	25.54	5435	5.74	3049001	11.68
湛江 Zhanjiang	6125869	31.08	103120	103.53	34975	62.52	6022749	30.29
茂名 Maoming	3064718	51.77	17838	105.11	2423	43.97	3046880	51.53
肇庆 Zhaoqing	10556949	25.60	1394484	24.15	136382	34.91	9162465	25.83
清远 Qingyuan	6726400	28.25	312000	37.87	17757	43.62	6414400	27.82
潮州 Chaozhou	3577200	16.25	403200	19.25	36880	20.19	3174000	15.88
揭阳 Jieyang	3680831	81.69	66906	37.05	4770	38.42	3613925	82.79
云浮 Yunfu	4558311	23.80	71289	17.21	4874	22.25	4487022	23.92

2000～2010年广东省旅行社接待人数

ANNUAL TOURISTS RECEIVED BY TRAVEL AGENCY 2000－2010

单位：万人次　　　　Unit：10000 person－times

年　份 Year	合　计 Total	入境旅游者 Inbound Compatriots of	外国人 Foreigners	港澳同胞 Compatriots of Hong Kong and Macao	国内旅游者 Domestic Tourists	出　境 Outbound Tourists
2000	977.45	264.22	58.68	205.54	597.03	116.20
2001	1023.91	302.51	75.22	227.28	617.50	103.90
2002	1154.22	362.28	92.53	269.75	670.38	121.55
2003	830.37	255.03	53.80	201.22	450.65	125.19
2004	1558.98	331.43	90.30	241.13	1055.76	171.79
2005	1742.29	368.79	101.79	258.00	258.00	119.20
2006	2044.00	402.84	111.88	290.96	1384.71	256.45
2007	2460.90	448.64	128.37	320.27	1630.22	382.04
2008	2215.86	377.73	101.09	276.64	1479.47	358.66
2009	2438.54	370.12	97.04	273.08	1711.65	356.78
2010	2835.88	448.74	129.01	319.73	1960.62	438.01

2010年广东省旅行社组团接待旅游者人数

TOURISTS RECEIVED BY TRAVEL AGENCY 2010

单位：万人次　　　　Unit：10000 person－times

	2009年 2009	2010年 2010	比上年增长（%） Growth（%）
1、入境旅游者 Inbound Tourists	370.12	448.74	21.24
#外国人 Foreigners	97.04	129.01	32.95
港澳同胞 Compatriots of Hong Kong and Macao	242.00	283.80	17.27
台湾同胞 Compatriots of Taiwan	31.08	35.93	15.60
2、国内旅游者 Domestic Tourists			
其中：组团 By group tour	1711.65	2040.50	19.21
3、出境旅游者 Outbound Tourist	356.78	438.01	22.77
#香港 Hong Kong	176.65	194.61	10.17
澳门 Macao	60.84	84.08	38.20
台湾 Taiwan		16.14	
出国 Go abroad	119.29	143.18	20.03

2010 年广东省各市旅行社组团国内旅游人数

NUMBER OF DOMESTIC GROUP VISITERS 2010

单位：人次 Unit：person－times

市　别 City	国内游 （人数） Domestic Tourists	比上年 增长（%） Growth（%）	省内游 （人数） 增长（%） Within Province	比上年 增长（%） Growth（%）	省外游 （人数） Outer Province Tourists	比上年 增长（%） Growth（%）
合计 Total	20404957	19.21	14362680	18.78	6042277	20.25
广 州 Guangzhou	6740366	18.33	4968929	19.19	1771437	15.98
深 圳 Shenzhen	3224636	28.21	1757597	33.37	1467039	22.52
珠 海 Zhuhai	873948	18.88	669075	17.45	204873	23.81
汕 头 Shantou	579117	13.66	352478	8.02	226639	23.71
佛 山 Foshan	2671599	12.74	2179828	10.83	491771	22.10
韶 关 Shaoguan	132164	5.42	47024	－37.96	85140	71.74
河 源 Heyuan	80232	8.47	44925	3.59	35307	15.37
梅 州 Meizhou	240446	173.33	183515	318.71	56931	28.98
惠 州 Huizhou	416977	10.89	273126	5.02	143851	24.05
汕 尾 Shanwei	38696	42.28	21170	57.83	17526	27.15
东 莞 Dongguan	1390948	21.53	931237	17.85	459711	29.75
中 山 Zhongshan	1420791	8.36	1165851	12.38	254940	－6.89
江 门 Jiangmen	773757	26.68	624981	27.24	148776	24.41
阳 江 Yangjiang	147935	－10.62	89453	－28.83	58482	46.85
湛 江 Zhanjiang	314639	15.64	121703	11.87	192936	18.15
茂 名 Maoming	348574	10.81	260110	14.69	88464	0.77
肇 庆 Zhaoqing	363200	20.06	257872	20.45	105328	19.12
清 远 Qingyuan	359544	55.87	270032	42.76	89512	115.60
潮 州 Chaozhou	175000	7.56	80756	7.98	94244	7.21
揭 阳 Jieyang	76440	45.21	41831	54.52	34609	35.34
云 浮 Yunfu	35948	8.56	21187	3.40	14761	16.93

2010年广东省各市旅行社组团出境游人数

NUMBER OF OUTBOUND GROUP VISITORSBY LOCALITY 2010

单位：人次　　　　Unit：person－times

市　别 City	合　计 Total	比上年增长（%）Growth（%）	其中						
			香港游 Hong Kong	比上年增长（%）Growth（%）	澳门游 Macao	比上年增长（%）Growth（%）	台湾游 Taiwan	出国游 Abroad	比上年增长（%）Growth（%）
合计 Total	4380089	22.77	1946054	10.17	840851	38.21	161415	1431769	20.02
广　州 Guangzhou	1828194	8.75	613999	－13.10	370131	16.29	65912	778152	18.58
深　圳 Shenzhen	1339861	42.84	757506	38.70	133807	54.11	67134	381414	35.81
珠　海 Zhuhai	227298	20.22	117390	32.70	55045	6.45	16722	38141	－22.01
汕　头 Shantou	33088	14.68	17087	－4.21	3871	53.19	732	11398	34.28
佛　山 Foshan	379312	28.17	188810	25.12	91576	4.9		98926	18.34
韶　关 Shaoguan	7917	129.88	2394	88.50	2018	42.11	1742	1763	133.82
河　源 Heyuan	730	－63.09	356	－69.96	48	－84.36	254	72	－85.19
梅　州 Meizhou	6480	89.36	3684	83.19	751	32.45	521	1524	80.57
惠　州 Huizhou	39863	9.77	14766	9.03	9831	8.62	2760	12506	10.11
汕　尾 Shanwei	1202	－52.71	558	－75.83	33	－83.42	266	345	914.71
东　莞 Dongguan	147055	12.01	45100	－24.28	56519	247.23		45436	－10.31
中　山 Zhongshan	171917	－5.11	110637	－12.67	22531	26.75	3852	34897	－4.94
江　门 Jiangmen	118043	98.85	34276	59.69	73699	131.43		10068	66.28
阳　江 Yangjiang	3419	486.45	1322	538.65	1195	445.66	186	716	356.05
湛　江 Zhanjiang	8039	24.67	4928	32.19	1128	50.40		1983	0.66
茂　名 Maoming	11909	124.44	5678	153.37	3103	57.59	928	2200	100.73
肇　庆 Zhaoqing	26600	20.33	12738	20.06	8029	21.06		5833	19.95
清　远 Qingyuan	10360	17.02	5725	－0.78	4050	56.25	282	303	19.14
潮　州 Chaozhou	16759	5.60	7786	9.19	3397	4.01		5576	1.88
揭　阳 Jieyang	1143	4.77	889	44.79	76	590.91	42	136	－70.82
云　浮 Yunfu	900	14.07	425	14.56	13	－27.78	82	380	－5.00

2010年黄金周广东省旅游接待人数和收入统计

NUMBER OF VISITORS AND TOURISM RECEIPTS IN GOLDEN HOLIDAY WEEK 2010

时间 Time	接待人数（万人次）Number of Tourists Received (10000 persons)	同比增长（%）Growth（%）	过夜旅游者（万人次）Number Of Tourists Staying Overnight Received (10000 Persons)	同比增长（%）Growth（%）	一日游游客（万人次）Number Of Day Visitors (10000 Persons)	同比增长（%）Growth（%）	旅游收入（万元）Tourism Receipts (10000 yuan)	同比增长（%）Growth（%）
1. 25 ~ 2. 1	2271. 68	10. 44	554. 29	14. 51	1717. 39	9. 18	1091083. 00	8. 73
10. 1 ~ 10. 7	2255. 00	1. 42	673. 00	0. 34	1582. 00	1. 89	1288449. 00	5. 65
合计	4526. 68	-4. 57	1227. 29	0. 51	3299. 39	-6. 33	2379532. 00	-1. 44

注：表格时间“1. 25 ~ 2. 1”为2010年春节黄金周；“10. 1 ~ 10. 7”为2010年“十一”黄金周。

2010年广东省各市旅行社构成

BREAKDOWN OF TRAVEL AGENCIES 2010

单位：家、人　　Unit：Number

市　别 City	小计 Total	其　中 Among		旅行社从业人员 Employees of Travel Agencies
		出境游组团社 Outbound Tourism Organizing Agency	外资旅行社 Foreign Travel Agency	
合计 Total	1292	151	12	37841
广州 Guangzhou	246	41	9	8180
深圳 Shenzhen	252	34	3	7859
珠海 Zhuhai	103	10		2641
汕头 Shantou	63	6		1079
佛山 Foshan	88	14		2197
韶关 Shaoguan	49	1		604
河源 Heyuan	31	1		323
梅州 Meizhou	35	3		920
惠州 Huizhou	44	3		2070
汕尾 Shanwei	17	2		370
东莞 Dongguan	50	9		2083
中山 Zhongshan	33	7		1358
江门 Jiangmen	55	5		772
阳江 Yangjiang	25	1		417
湛江 Zhanjiang	36	1		2160
茂名 Maoming	18	2		1120
肇庆 Zhaoqing	41	2		2243
清远 Qingyuan	48	1		550
潮州 Chaozhou	26	5		476
揭阳 Jieyang	21	2		214
云浮 Yunfu	11	1		205

2010 年广东省旅游住宿设施分布情况

BASIC STATISTICS ON TOURIST AGENCIES HOTELS 2010

单位：座 Unit：Number

市别 City	合计 Total	星级宾馆小计 By Star Class	白金五星 Platinum Five – Star	五星级 Five Star Class	四星级 Four Star Class	三星级 Three Star Class	二星级 Two Star Class	一星级 One Star Class	无星级宾馆 Star Class Unappraised
合计 Total	9176	1204	1	93	191	659	246	14	7972
广州 Guangzhou	1584	250	1	17	37	145	49	1	1334
深圳 Shenzhen	806	154		17	30	78	29		652
珠海 Zhuhai	465	86		8	9	63	6		379
汕头 Shantou	47	45		3	7	20	14	1	2
佛山 Foshan	170	100		5	19	49	26	1	70
韶关 Shaoguan	720	53		1	5	36	9	2	667
河源 Heyuan	439	30		1	3	15	10	1	409
梅州 Meizhou	30	29			2	13	14		1
惠州 Huizhou	628	68		4	11	46	7		560
汕尾 Shanwei	193	12			2	10			181
东莞 Dongguan	96	96		22	24	34	14	2	
中山 Zhongshan	477	43		3	6	26	6	2	434
江门 Jiangmen	450	30		4	3	20	3		420
阳江 Yangjiang	377	32		3	3	15	11		345
湛江 Zhanjiang	616	39		2	6	22	9		577
茂名 Maoming	392	22		1	4	8	9		370
肇庆 Zhaoqing	831	37			3	20	10	4	794
清远 Qingyuan	607	37		1	4	24	8		570
潮州 Chaozhou	12	12			4	5	3		
揭阳 Jieyang	20	11		1	5	3	2		9
云浮 Yunfu	216	18			4	7	7		198

2010 年广东省各市旅游住宿设施床位分布情况

BREAKDOWN OF TOURIST HOTEL BY LOCALITY 2010

单位：座 Unit：Number

市　别 City	座数 Number of Tourist Hotel	客房（间） Number of Room	其中星级 Start – Level	床位（张） Number of Bed	其中星级 Start – Level	从业人员（人） Employees
全省合计 Total	9176	565582	182863	938389	294451	522517
广州 Guangzhou	1584	128298	40469	216422	69327	138585
深圳 Shenzhen	806	82114	28832	120654	43083	56277
珠海 Zhuhai	465	44746	12116	83308	19429	55500
汕头 Shantou	47	6925	6298	11424	10238	6299
佛山 Foshan	170	18974	11508	35072	19384	27574
韶关 Shaoguan	720	19914	4864	38145	9111	5436
河源 Heyuan	439	16534	2434	28504	4582	12683
梅州 Meizhou	30	14897	2879	27742	5802	13800
惠州 Huizhou	628	26037	8624	43119	13437	24139
汕尾 Shanwei	193	10463	2068	18116	3184	6157
东莞 Dongguan	96	17047	17047	25408	25408	40852
中山 Zhongshan	477	29032	4656	43531	7955	16750
江门 Jiangmen	450	32899	3464	50000	5939	6379
阳江 Yangjiang	377	16320	2842	27330	5260	4170
湛江 Zhanjiang	616	25141	10061	49278	23758	37796
茂名 Maoming	392	10780	2285	20155	3971	10276
肇庆 Zhaoqing	831	31300	2356	46950	4458	22365
清远 Qingyuan	607	25682	15409	39705	12298	22100
潮州 Chaozhou	12	1382	1382	2100	2100	2559
揭阳 Jieyang	20	2346	1707	4190	2820	3585
云浮 Yunfu	216	4751	1562	7236	2907	9235

2010年广东省旅游景区（点）构成情况

BASIC STATISTICS ON SCENIC SPOTS 2010

单位：家　　　　Unit：Number

市　别 City	合　计 Total	已评级 小　计	5A级 5Alevel	4A级 4Alevel	3A级 3Alevel	2A级 2Alevel	未评级 Unrated
合计 Total	807	139	2	88	38	11	668
广 州 Guangzhou	100	23	1	16	5	1	77
深 圳 Shenzhen	40	6	1	5			34
珠 海 Zhuhai	43	3		2	1		40
汕 头 Shantou	9	5		4	1		4
佛 山 Foshan	39	6		6			33
韶 关 Shaoguan	33	5		4	1		28
河 源 Heyuan	30	6		3	1	2	24
梅 州 Meizhou	22	11		4	7		11
惠 州 Huizhou	75	10		8	2		65
汕 尾 Shanwei	13	1		1			12
东 莞 Dongguan	34	5		3	1	1	29
中 山 Zhongshan	24	2		2			22
江 门 Jiangmen	23	7		7			16
阳 江 Yangjiang	26	3		2	1		23
湛 江 Zhanjiang	72	12		2	6	4	60
茂 名 Maoming	21	3			3		18
肇 庆 Zhaoqing	58	4		4			54
清 远 Qingyuan	77	12		9	3		65
潮 州 Chaozhou	40	4		3	1		36
揭 阳 Jieyang	14	4		1	3		10
云 浮 Yunfu	14	7		2	2	3	7

2010 年广东省各市景点分布

BREAKDOWN OF SCENIC SPOTS 2010

单位：个、人　　　　Unit：Number

市　别	小计 Total	已评级 Rated	未评级 Unrated	景点从业人员 Employees of Scenic Spots
合计 Total	807	139	668	129380
广州 Guangzhou	100	23	77	14608
深圳 Shenzhen	40	6	34	16144
珠海 Zhuhai	43	3	40	5728
汕头 Shantou	9	5	4	1031
佛山 Foshan	39	6	33	3247
韶关 Shaoguan	33	5	28	1264
河源 Heyuan	30	6	24	2216
梅州 Meizhou	22	11	11	6102
惠州 Huizhou	75	10	65	13269
汕尾 Shanwei	13	1	12	1469
东莞 Dongguan	34	5	29	4110
中山 Zhongshan	24	2	22	1428
江门 Jiangmen	23	7	16	2404
阳江 Yangjiang	26	3	23	995
湛江 Zhanjiang	72	12	60	12324
茂名 Maoming	21	3	18	1210
肇庆 Zhaoqing	58	4	54	5124
清远 Qingyuan	77	12	65	32181
潮州 Chaozhou	40	4	36	2500
揭阳 Jieyang	14	4	10	659
云浮 Yunfu	14	7	7	1367

（叶志青　整理）

各级旅游管理机构

Travel Agency

（第 423 ~ 426 页）

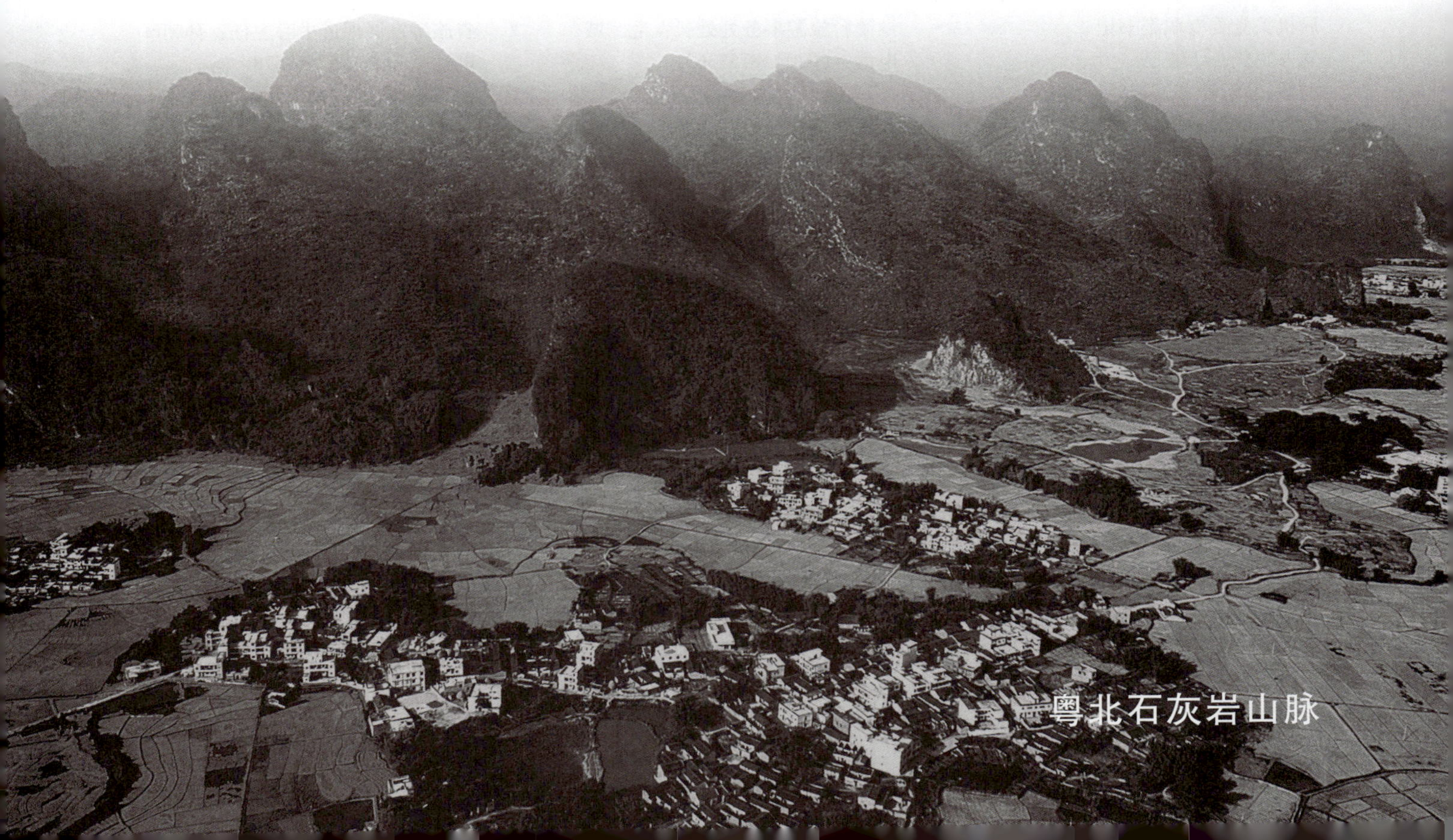

粤北石灰岩山脉

广 东 省 旅 游 局

局领导班子成员

杨荣森	党组书记	局　长
曾维炳	党组成员	巡视员
周开生	党组成员	副局长
张振林	党组成员	副局长、机关党委书记
王志红		副局长
梅其洁	党组成员	副局长
黎增丰	党组成员	纪检组长、监察专员
林上福	党组成员	副巡视员

局机关、直属事业单位负责人

办公室主任：邱招贤
电话：（020）87513611
传真：（020）87513620

局机关党委专职副书记、
党办主任：于非已
电话：（020）87513651
传真：（020）87513657

政策法规处处长：曾晓峰
电话：（020）87513616
传真：（020）87513551

行业管理处处长：刘益华
电话：（020）87513625
传真：（020）87513674

市场开发处处长：甘达坚
电话：（020）87513622
传真：（020）87513640

规划统计处处长：陈瑞东
电话：（020）87513632
传真：（020）87513764

港澳台旅游事务处处长：毛　诚
电话：（020）87513631

教育培训处处长：李振德
电话：（020）87513612
传真：（020）87513770

人事处处长：余　斌
电话：（020）87513641
传真：（020）87513650

机关工会主席：蔡立斌
电话：（020）87513561
传真：（020）87513563

省旅游质量监督管理所所长：姚尹霖
电话：（020）87513661
投诉电话：（020）22386699
　　　　　（020）87513664
传真：（020）87513740

省旅游发展研究中心主任：李国平
电话：（020）87513711
传真：（020）22220298

省旅游发展促进中心主任：孙朝晖
电话：（020）87513578
传真：（020）87513579

省旅游协会副会长兼秘书长：李进茂
电话：（020）87513725
传真：:（020）87513730

省旅游职业技术学校校长：冒超球
地址：广州市同和街同泰路1111号
电话：（020）37247320

广东省旅游局
地址：广州市黄埔大道西463号
电话：（020）87502666
传真：（020）87503222
邮编：510630
网址：http：//www. visitgd. com

各市、县（市、区）旅游局

广州市

广州市旅游局
局党委书记、局长：朱　力
地址：广州市东风西路140号13楼—15楼
电话：（020）81078200
传真：（020）81078234
邮编：510170
http://www.visitgz.com
http://www.gzly.gov.cn

局党委副书记、纪委书记：周耀明
电话：（020）81078200

副局长：李志新
电话：（020）81078200

副局长：肖永存
电话：（020）81078200

副局长：谭爱英
电话：（020）81078200

纪委书记：汪茂增
电话：（020）81078200

副巡视员：周泽健
电话：（020）81078200

办公室
电话：（020）81078233
传真：（020）81078234

规划发展处
电话：（020）81078211

法规与统计处
电话：（020）81078298

市场推广处
电话：（020）81078267

资源开发处
电话：（020）81078265

旅游饭店管理处
电话：（020）81078238

旅行社管理处
电话：（020）81078296

行业培训指导处
电话：（020）81078242

组织人事处
电话：（020）81078205

工会
电话：（020）80178207

纪委办、监察室
电话：（020）81078229

机关党委
电话：（020）81078210

离退休干部工作处
电话：（020）81078206

广州旅游质量监督管理所
电话：（020）81078277　86666666

紧急救援中心
电话：（020）81078250　86666330

越秀区旅游局文化广电新闻出版（旅游局）
局长：王卫国
地址：广州市越秀区暑前路8号9楼
电话：（020）87615152
传真：（020）87615152　87622911
邮编：510080

海珠区文化广电新闻出版局、版权、旅游局
局长：吴天军
地址：广州市海珠区宝岗路35号南北广场3楼
电话：（020）34269570
传真：（020）34269570
邮编：510240

荔湾区文化广电新闻出版局
局长：严汉初
地址：广州市荔湾区逢源路128号金升大厦7楼
电话：（020）81839931
传真：（020）81818871
邮编：510150

白云区旅游局
局长：麦少杰
地址：广州市广园中路238号白云区政府7楼
电话：（020）86579881
传真：（020）86575757
邮编：510405

黄埔区旅游局
局长：孙恺敏
地址：广州市黄埔区大沙东路333号59室

电话：（020）82378773
传真：（020）82378987
邮编：510240

天河区旅游局
局长：李笑娟
地址：广州市天府路1号2号楼6楼
电话：（020）38622872
传真：（020）38624261
邮编：510655

南沙区经贸科技和信息化局（旅游局）
局长：范跃华
地址：广州市南沙开发区凤凰大道1号
电话：（020）39910512
传真：（020）84986646
邮编：510530

萝岗区旅游局
局长：徐红怡
地址：广州市萝岗区香雪三路1号行政服务中心D栋
电话：（020）82111566
传真：（020）82111554
邮编：510530

番禺区旅游局
局长：黎德权
地址：番禺区市桥街桥兴大道43号
电话：（020）39993806
传真：（020）39993817
邮编：511400

花都区旅游局
局长：黄兆祥
地址：广州市花都区新华街迎宾大道95号交通大楼14楼
电话：（020）36897862
传真：（020）36898392
邮编：510800

从化市旅游局
局长：李妙娟
地址：从化市街口街东成路20号
电话：（020）87922116
传真：（020）87926819
邮编：510900

增城市旅游局
局长：黄海明
地址：增城市荔城街府佑路滨海一街海涛居5－6栋首层
电话：（020）82634078
传真：（020）82664398
邮编：511300

深圳市

深圳市文体旅游局
局长：陈　威
地址：深圳市福田区福中三路市民中心C区1楼、2楼
电话：（0755）82002320
传真：（0755）82003142
邮编：518035
http:www.szwtl.gov.cn

副局长：岳川江
电话：（0755）82003268

副局长：易能全
电话：（0755）82003208

副巡视员：王　敏
电话：（0755）82003182

办公室
电话：（0755）82002239
传真：（0755）82003201

旅游推广促进处
电话：（0755）82003160

旅游协调管理处
电话：（0755）82003181

罗湖区经济促进局
局长：王　萍
地址：深圳市罗湖区文锦中路罗湖管理中心大厦21楼
电话：（0755）25666604
传真：（0755）25666612
邮编：518007

福田区经济促进局
局长：张尊众
地址：深圳市福田区福民路123号福田区委大楼26层
电话：（0755）82918898
传真：（0755）82918631
邮编：518048

南山区经济促进局
局长：周　辉
地址：深圳市南山区桃园东路区委大楼A座8楼
电话：（0755）26561748
传真：（0755）26542170
邮编：518059

宝安区文体旅游局
局长：吴少平
地址：深圳市宝安区创业路1号区政府办公大楼3楼
电话：（0755）29998184
传真：（0755）29998983
邮编：518101

盐田区经济促进局
局长：陈晓武
地址：深圳市盐田区深盐路2088号区行政文化中心大楼5－6楼
电话：（0755）25228400
传真：（0755）25228855
邮编：518081

龙岗区文体旅游局
局长：张　耀
地址：深圳市龙岗区中心城清林中路海关大厦东座12楼
电话：（0755）28949662
传真：（0755）28949660
邮编：518172

光明新区经济服务局
局长：王　毅

地址：深圳市光明新区光明大道1号
电话：（0755）88211812
传真：（0755）88211643
邮编：518107

坪山新区经济服务局
局长：王伟雄
地址：深圳市坪山新区深汕路坪山新区管理委员会201号
电话：（0755）84622779
传真：（0755）84622843
邮编：518118

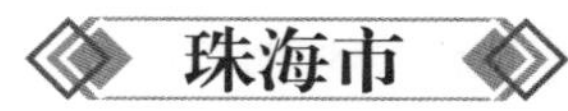

珠海市

珠海市文体旅游局
局长：刘福祥
地址：珠海市香洲红山路165号
电话：（0756）2636712
传真：（0756）2636701
邮编：519070
http:www.okzhuhai.com

副局长：王春剑
电话：（0756）3334966

副局长：秦凤尝
电话：（0756）3336063

办公室
电话：（0756）3366901

管理科
电话：（0756）3336057

市场科
电话：（0756）3336539

资源科
电话：（0756）3366904

旅游质监所
电话：（0756）3346666
（0756）3336061

旅游协会
电话：（0756）3355181

香洲区文体旅游局
局长：刘小满
地址：香洲区柠溪路284号B区3楼
电话：（0756）2283709
传真：（0756）2298641
邮编：519010

金湾区文体旅游局
局长：吴立波
地址：金湾区办公中心9号楼1楼
电话：（0756）7263321
传真：（0756）7799919
邮编：519090

斗门区旅游局
局长：陈夏森
地址：斗门区井岸镇朝福路436号5楼
电话：（0756）5551157
传真：（0756）5153885
邮编：519100

万山海洋开发试验区经济发展局
局长：匡　澍
地址：香洲区梅华东路301号2单元4楼413
电话：（0756）2233017
传真：（0756）2233017
邮编：519000

横琴新区产业发展局
地址：横琴新区德政路41号管委会大楼C栋
电话：（0756）8841921
邮编：519031

珠海市高新区社会发展局
局长：周火根
地址：珠海市金鼎金峰中路208号
电话：（0756）3629815
传真：（0756）3629810
邮编：519085

汕头市

汕头市旅游局
局长：陈华佳
地址：汕头市跃进路28号4楼
电话：（0754）88297615
传真：（0754）88286555
邮编：515037
http://stly.gov.cn

副局长：于临生
电话：（0754）88973637

副局长：陈　斌
电话：（0754）88971151

纪检组长：刘向平
电话：（0754）88976363

调研员：黄燕湖
电话：（0754）88295611

副调研员：方展荣
电话：（0754）88975666

办公室
电话：（0754）88293456
传真：（0754）88286555

政策法规科
电话：（0754）88916015

资源与市场开发科
电话：（0754）88451799

质量规范与管理科
电话：（0754）88297614

质量监督管理所
电话：（0754）88297616

导游服务中心
电话：（0754）88973837

金平区旅游局
局长：林英杰
地址：汕头市金园路12号
电话：（0754）88604761
传真：（0754）88626858
邮编：515041

龙湖区旅游局
局长：陈邦哲
地址：汕头市珠江路23号珠江楼6楼
电话：（0754）88831051
传真：（0754）88831096
邮编：515041

澄海区旅游局
局长：杨春生（2010年12月任职）
地址：澄海区文冠路党政办公楼
电话：（0754）85861480
传真：（0754）85850350
邮编：515800

濠江区旅游局
局长：杨育挺
地址：汕头濠江区达濠商业街秀峰路
　　　1号审计综合楼2楼
电话：（0754）87386933
传真：（0754）87386966
邮编：515071

潮阳区旅游局
局长：郑立候
地址：潮阳区中山西路10号
电话：（0754）83813263
传真：（0754）83615871
邮编：515100

潮南区旅游局
局长：周汉清（2011年1月任职）
地址：潮南区峡山客运站后栋4楼
电话：（0754）87769701
传真：（0754）87769701
邮编：515141

南澳县旅游局
局长：蔡利逊
地址：南澳县后宅镇光明路老财政楼
电话：（0754）86806090
传真：（0754）86803033
邮编：515900

佛山市

佛山市旅游局
局长：彭聪恩（2010年11月任职）
　　　朱粤平（任至2010年11月）
地址：佛山市禅城区佛山大道北
　　　169号
电话：（0757）82984405
传真：（0757）82981017
邮编：528000
http://www.visitfoshan.com

副局长：谢建华
电话：（0757）82981103

副局长：潘文升
电话：（0757）82505681

办公室
电话：（0757）82981035
传真：（0757）82981017

行业管理科
电话：（0757）82981346
传真：（0757）82981100

资源与市场开发科
电话：（0757）82963039
传真：（0757）82961043

旅游质量监督所
电话：（0757）82212061
传真：（0757）82108061

禅城区文体旅游局
副局长（分管旅游）：李红侠
地址：佛山市禅城区潮安路禅城区政
　　　府通济大院12楼
电话：（0757）82341208
传真：（0757）82340837
邮编：528000

南海区文体旅游局
局长：俞　进
地址：佛山市南海区桂城南新四路
　　　2号
电话：（0757）86225158
传真：（0757）86286786
邮编：528000

高明区文体旅游局
局长：严　冰
地址：佛山市高明区荷城沧江路
　　　88号
电话：（0757）88881287
传真：（0757）88881112
邮编：528550

三水区文体旅游局
局长：严振飞
地址：三水区西南街道人民三号
　　　139号
电话：（0757）87725318
传真：（0757）87718800
邮编：528100

韶关市

韶关市旅游局
局长：李晓林（2011年4月任职）
　　　陈　波（任至2011年3月）
地址：韶关市风度北路市政府大楼
　　　12楼
电话：（0751）8885710
传真：（0751）8916132
邮编：512000
http://www.sgta.gov.cn

调研员：蔡　福
电话：（0751）8888650

副局长：陈仲耀
电话：（0751）8884718

副局长：罗永东
电话：（0751）

副局长：江仁瑞
电话：（0751）8916068

副局长：卢东华
电话：（0751）8888109

办公室
电话：（0751）8885710

人事科
电话：（0751）8891607

管理科
电话：（0751）8891005

开发科
电话：（0751）8916130

质监所
电话：（0751）8916131

南雄市旅游局
局长：黄志星
地址：南雄市雄州镇永康路 13 号
电话：（0751）3822010
传真：（0751）3822909
邮编：512400

曲江区旅游局
局长：邓春鸿
地址：曲江区马坝镇文化路口
电话：（0751）6666003
传真：（0751）6667088
邮编：512100

乳源瑶族自治县文体旅游局
局长：邬宝华
地址：乳源县鹰峰西路 7 号
电话：（0751）5384529
传真：（0751）5387381
邮编：512700

新丰县旅游局
局长：朱卫斌
地址：新丰县政府内
电话：（0751）2262181
传真：（0751）2262610
邮编：511100

乐昌市旅游局
局长：梁丽娟
地址：乐昌市政府大院内档案局 1 楼
电话：（0751）5551113
传真：（0751）5551113
邮编：512200

仁化县旅游局
局长：梁家宁
地址：仁化县新城横路 37 号 4 楼
电话：（0751）6358911
传真：（0751）6353418
邮编：512300

始兴县旅游局
局长：陈颂明
地址：始兴县城墨江桥北路粤兴大厦 3 楼
电话：（0751）3312828
传真：（0751）6131999
邮编：512500

翁源县旅游局
局长：黄　旭
地址：翁源县龙仙镇文化局新大楼 4 楼
电话：（0751）2860177
传真：（0751）2860177
邮编：511100

浈江区旅游局
局长：李　颖
地址：浈江区启明路文化中心
电话：（0751）8311159
传真：（0751）8311158
邮编：512023

河源市

河源市旅游局
局长：古敏生
地址：河源市新区兴源东路 1 号华怡大厦 2 楼
电话：（0762）3388793
传真：（0762）3388285
邮编：517000
http：//www. heyuane our. com

副局长：李德标
电话：（0762）3388865

副局长：张振辉
电话：（0762）3888235

副局长：杨友平
电话：（0762）3387021

纪检组长：何　彤
电话：（0762）3388032

副局长：刘　钝
电话：（0762）3388122

副调研员：邓新平
电话：（0762）3388122

办公室
电话：（0762）3388920

人事教育科
电话：（0762）3388795

质量规范与管理科
电话：（0762）3388185

资源与市场开发科
电话：（0762）3387555

质量监督管理所
电话：（0762）3387777
传真：（0762）3388285

源城区旅游局
局长：罗伟平
地址：源城区政府大院内
电话：（0762）3325113
传真：（0762）3334100
邮编：517000

东源县旅游局
局长：欧文初
地址：东源县政府大院内
电话：（0762）8833277
传真：（0762）8831117
邮编：517100

和平县旅游局
局长：黄春彭
地址：和平县政府大院内
电话：（0762）5641365
传真：（0762）5641365
邮编：517200

龙川县旅游局
局长：黄海泉
地址：龙川县老隆镇东风路50号4楼
电话：（0762）6893003
传真：（0762）6752547
邮编：517300

紫金县旅游局
局长：傅作荣
地址：紫金县党政大楼0524号房
电话：（0762）7838996
传真：（0762）7838996
邮编：517400

连平县旅游局
局长：罗光明
地址：连平县环城南路县政府招待所4楼
电话：（0762）4326978
传真：（0762）4337998
邮编：517500

梅州市

梅州市旅游局
局长：陈建新
地址：梅州市嘉应路24号
电话：（0753）2260389
邮编：514021
http://www.mzta.gov.cn

副局长：杨贵宏
电话：（0753）2259296

副局长：丘加悦
电话：（0753）2259199

办公室
电话：（0753）2279102　2242776
传真：2242728

综合协调科
电话：（0753）2246318

市场开发科
电话：（0753）2243687

行业管理科
电话：（0753）2259681　2260996

质监执法科
电话：（0753）2243654

梅江区旅游局
局长：李志雄
地址：梅州市仲元路区政府大院
电话：（0753）2196933
传真：（0753）2196933
邮编：514000

梅县旅游局
局长：杨柏芳
地址：梅县新城行政区
电话：（0753）2587791
传真：（0753）2587123
邮编：514700

兴宁市旅游局
局长：刘文忠
地址：兴宁市中山东路1号
电话：（0753）3327258
传真：（0753）3325298
邮编：514500

丰顺县旅游局
局长：陈国清
地址：丰顺县汤坑镇新世纪24区雄风大道74号
电话：（0753）6689333
传真：（0753）6689889
邮编：514300

蕉岭县旅游局
局长：徐文辉（2010年8月任职）
古添强（任至2010年4月）
地址：蕉岭县桂岭大道中252号
电话：（0753）7892818
传真：（0753）7892758
邮编：514100

五华县旅游局
局长：张茂华
地址：五华县政府大院内
电话：（0753）4431073
传真：（0753）4436200
邮编：514400

大埔县旅游局
局长：黄周水
地址：大埔县城府前路11号
电话：（0753）5535328
传真：（0753）5532992
邮编：514200

平远县旅游局
局长：肖明羲
地址：平远县大拓镇平远大道新村商住城
电话：（0753）8899878
传真：（0753）8899878
邮编：514600

惠州市

惠州市旅游局
局长：崔　爽
地址：惠州市环城西路80号3号楼
电话：（0752）2230701
传真：（0752）2207428
邮编：516001
http://Lgj.huizhou.gov.cn.

党组书记、副局长：吴琦生
电话：（0752）2208678

副局长：谭跃华
电话：（0752）2214676

副局长：郭武飘
电话：（0752）2684138

副局长：田佑良
电话：（0752）：2208829

副调研员：李仕民
电话：（0752）2210078

副调研员：郭远明
电话：（0752）2682737

副调研员：潘海涛
电话：（0752）2208433

办公室
电话：（0752）2230701　2210068
传真：（0752）2207428

质量规范与管理科
电话：（0752）2221051　2208232
传真：（0752）2221051

资源与市场开发科
电话：（0752）2208430　2661791
传真：（0752）2661792

旅游质量监督管理所
电话：（0752）2238354
传真：（0752）2200806

导游管理中心
电话：（0752）2225198　2106235

惠城区旅游局
局长：吴仲章
地址：惠城区新联路5号惠城区行政服务中心大楼4楼
电话：（0752）2207782
传真：（0752）2213082
邮编：516001

惠阳区旅游局
局长：张文志
地址：惠阳区淡水金惠大道区政府大楼1楼127室
电话：（0752）3370048
传真：（0752）3364631
邮编：516211

惠东县旅游局
局长：陈继祥
地址：惠东县平山镇平深路爱华围5号
电话：（0752）8865678
传真：（0752）8894128
邮编：516300

博罗县文体旅游局
局长：廖建新
地址：博罗县罗阳镇北门路133号
电话：（0752）6622568
传真：（0752）6622568
邮编：516100

龙门县旅游局
局长：陈瑞玲
地址：龙门县城西林路42号
电话：（0752）7781777
传真：（0752）7781777
邮编：516800

大亚湾经济技术开发区旅游局
局长：陈丽娟
地址：大亚湾经济技术开发区中兴中裕投资股大厦6楼
电话：（0752）5568255
传真：（0752）5568253
邮编：516081

汕尾市

汕尾市旅游局
局长：张林海
地址：汕尾市城南路旅游大厦
电话：（0660）3364804
传真：（0660）3398800
邮编：516600
http://www.swlyj.com

副局长：邓晓虹
电话：（0660）3282080

副局长：王　剑
电话：（0660）3285181

调研员：吕以皆
电话：（0660）3381891

副调研员：林兴文
电话：（0660）3364802

办公室
电话：（0660）3364804
传真：（0660）3398800

质量规范与管理科
电话：（0660）3398929

资源与市场开发科
电话：（0660）3396193

旅游质量监督管理所
电话：（0660）3364163

陆丰市旅游局
局长：林植章
地址：陆丰东海镇北堤路19号
电话：（0660）8821137
传真：（0660）8821137
邮编：516500

海丰县旅游局
局长：罗金泉
地址：海丰县海城农林路39号
电话：（0660）6603662
传真：（0660）6600848
邮编：516400

陆河县旅游局
局长：罗小宁
地址：陆河县城人民南路

电话：（0660）5528551
传真：（0660）5528551
邮编：516700

汕尾市城区旅游局
局长：许岸悦
地址：汕尾市文明南路 209 号
电话：（0660）3325832
传真：（0660）3356053
邮编：516600

红海湾开发区旅游局
局长：刘文芬
地址：汕尾市红海湾开发区管委会行政中心大楼 210 室
电话：（0660）3438856
传真：（0660）3438856
邮编：516620

华侨管理区旅游局
局长：庄泽棠
地址：汕尾市华侨管理区办公大楼
电话：（0660）8251958
传真：（0660）8253299
邮编：516532

东莞市

东莞市旅游局
局长：梁少虾
地址：东莞市城区万寿路 76 号
电话：（0769）22678666
传真：（0769）22226805
邮编：523003
http://dgtour.dg.gov.cn/default.aspx

副局长：李耀辉
电话：（0769）22226665

副局长：余建民
电话：（0769）22228286

副局长：李亚鹏
电话：（0769）22220136

副调研员：安玉平
电话：（0769）22228116

副调研员：钟志强
电话：（0769）22229336

办公室
电话：（0769）22226809

质量规范与管理科
电话：（0769）22226722

资源与市场开发科
电话：（0769）22226762

信息科
电话：（0769）22226676

旅游质量监督管理所
电话：（0769）22227160

中山市

中山市旅游局
局长：车　卫
地址：中山市东区起湾道 3 号
电话：（0760）88811825
传真：（0760）88806615
邮编：528403
http://www.zhongshantour.com.cn

副局长：梁照平
电话：（0760）88800316

副局长：梁渭林
电话：（0760）88801089

副局长：张文（2010 年 5 月任职）
电话：（0760）81804600

调研员：吴东就
电话：（0760）88800686

副调研员：谭桂林
电话：（0760）88804601

副调研员：欧阳泽生
电话：（0760）88810078

办公室
电话：（0760）88811825

行业管理科
电话：（0760）88818786

市场拓展科
电话：（0760）88809664

资源开发科
电话：（0760）88805214

旅游质量监督管理所
电话：（0760）88805211

江门市旅游局
局长：程步一（2010 年 12 月任职）
　　　周锦新（2010 年 12 月改任调研员）
地址：江门市白沙大道 6 号之二
电话：（0750）3551911
传真：（0750）3551300
邮编：529000
http://www.jm-tour.com
Email:jmtour@pub.jiangmen.gd.cn

副局长：冯裕聪
电话：（0750）3551877

副局长：张　华
电话：（0750）3551611

办公室
电话：（0750）3551911
传真：（0750）3551300

市场科
电话：（0750）3530883

质管科
电话：（0750）3515566

旅游投诉电话：（0750）3515566

蓬江区旅游局
局长：何坚毅
地址：江门市建设二路18号7楼
电话：（0750）8222220
传真：（0750）3221932
邮编：529000

江海区旅游局
局长：陈全学
地址：江门市东海路338号江海区机关大院3号楼7楼
电话：（0750）3861530
传真：（0750）3861659
邮编：529000

新会区旅游局
局长：胡锦旋
地址：新会圭峰山风景区管委会A座
电话：（0750）6173301
传真：（0750）6173302
邮编：529100

台山市旅游局
局长：容兆廉
地址：台山环北大道46号2楼
电话：（0750）5503287
传真：（0750）5512456
邮编：529200

开平市旅游局
局长：许永锋（2009年12月任职）
　　　邝积康（任至2009年12月）
地址：开平长沙东路3号
电话：（0750）2229177
传真：（0750）2293314
邮编：529300

鹤山市旅游局
局长：胡杰（2011年5月任职）
地址：鹤山沙坪镇东升路50号
电话：（0750）8902286
传真：（0750）8989649
邮编：529700

恩平市旅游局
局长：郑素红（2011年3月任职）
　　　吴诗国（任至2010年6月）
地址：恩平沿江路2号
电话：（0750）7711728
传真：（0750）7727302
邮编：529400

阳江市

阳江市旅游和外事侨务局
局长：马洪躁（2010年6月任职）
　　　施耀祖（任至2010年6月）
地址：阳江市东风二路60号行政服务中心3楼
电话：（0662）3361261
传真：（0662）3361292
邮编：529500
http://www.visityj.com/

党组副书记、侨联主席：曾国浓
电话：（0662）3386103

副局长：余建华
电话：（0662）3303728

副局长：梁健巧
电话：（0662）3388338

侨联副主席：许焕容
电话：（0662）3388338

副局长：张　开
电话：（0662）3366381

副局长：柯远平
电话：（0662）3361969

调研员：陈达华
电话：（0662）3366033

调研员：覃江平
电话：（0662）3323233

副调研员：关崇和
电话：（0662）3366033

副调研员：杨　江
电话：（0662）3318816

副调研员：邱树允
电话：（0662）3386213

副调研员：曾广欣
电话：（0662）3318816

副调研员：莫　珞
电话：（0662）3366033

办公室
电话：（0662）3361261　3361912
传真：（0662）3361292

政策法规与产业协调科
电话：（0662）3310367

行业管理科
电话：（0662）3357693

市场开发科
电话：（0662）3318692

资源管理和开发科
电话：（0662）3354181

旅游服务指导中心
电话：（0662）3160778
传真：（0662）3188777

质量监督管理所
电话：（0662）3356345

旅游监察大队
电话：（0662）3357456

港澳事务科
电话：（0662）3310909

外事科
电话：（0662）6616602

侨务科
电话：（0662）3316762

文化联络与经济（维权）部
电话：（0662）3386193

江城区旅游管理中心
副主任：关秋华
地址：江城区建设路108号
电话：（0662）3110195
传真：（0662）3110996
邮编：529500

海陵岛旅游局
局长：陈章星（2010年4月任职）
邓修来（任至2010年4月）
地址：海陵岛闸坡镇碧涛村5栋4楼
电话：（0662）3890246
传真：（0662）3890400
邮编：529536

阳春市旅游局
副局长：林国青（2010年5月主持全面工作）
局长：陈以霜（任至2010年5月）
地址：阳春市南新大道6号
电话：（0662）7735179
传真：（0662）7735179
邮编：529600

阳东县旅游管理中心
主任：冯　敏
地址：阳东县政府综合楼
电话：（0662）6611536
传真：（0662）6632777
邮编：529900

阳西县旅游管理中心
主任：梁道高
地址：阳西县政府综合楼2楼
电话：（0662）5533329
传真：（0662）5531732
邮编：529800

湛江市

湛江市旅游局
局长：林　红
地址：湛江市赤坎区海滨六路3号之三沙湾大厦A座5楼
电话：（0759）3161921
传真：（0759）3161178
邮编：524044
http://www.zjvisit.com
http://zw.zjvisit.com/zjgmcc/

副局长：陈振华
电话：（0759）3162169

副局长：曹　晔
电话：（0759）3161908

办公室
电话：（0759）3161923　3161303
传真：（0759）3161178

行业管理科
电话：（0759）3161962

规划科
电话：（0759）3161963

市场拓展科
电话：（0759）3161623

休闲办
电话：（0759）3161038

质量监督管理所
电话：（0759）3161636　2262444

湛江市旅游服务中心
电话：（0759）3161136　3161038

湛江市旅游招商分局
局长：林　兵
电话：（0759）3161623

霞山区旅游局
局长：梁琼荣
地址：湛江市霞山区解放西路22号霞山区政府2号楼12楼
电话：（0759）2173899
传真：（0759）2173899
邮编：524013

赤坎区旅游局
局长：黄柳坚
地址：湛江市赤坎区百姓路1号
电话：（0759）8208277
传真：（0759）8208277
邮编：524033

麻章区旅游局
局长：张　蓓
地址：湛江市麻章区政通东路1号
电话：（0759）2732922
传真：（0759）2732922
邮编：524094

坡头区旅游局
局长：吕其让
地址：湛江市坡头区南调路区府大楼1楼
电话：（0759）3950032
传真：（0759）3950032
邮编：524057

雷州市旅游局
局长：洪　新
地址：雷州市雷城西湖新村4号
电话：（0759）8851100
传真：（0759）8808778
邮编：524200

廉江市旅游局
局长：黎法槐
地址：廉江市迎宾一路7号
电话：（0759）6609005
传真：（0759）6609005
邮编：524400

吴川市旅游局
局长：陈　豪
地址：吴川市市府招待所2号楼205室
电话：（0759）5608851
传真：（0759）5613022
邮编：524500

遂溪县旅游局
局长：黄高梅

地址：遂溪县遂城镇中山路 133 号
电话：（0759）7768413
传真：（0759）7768413
邮编：524373

徐闻县旅游局
局长：陈北跑
地址：徐闻县政府大楼 1 楼
电话：（0759）4879770
传真：（0759）4879770
邮编：524100

湛江经济技术开发区旅游局
局长：周　耿
地址：东海岛旅游度假区湛江经济技术开发区乐怡路社保大厦七楼
电话：（0759）3628273
传真：（0759）3628273
邮编：524022

茂名市

茂名市旅游局
局长：李清汉
地址：茂名市迎宾路 137 号大院 3 号楼
电话：（0668）2897183
传真：（0668）2287085
邮编：525000
http://www. mmlyj. com

调研员：李　宁
电话：（0668）2891286

副局长：陈中波
电话：（0668）2869767

副局长：车健明
电话：（0668）2869737

副调研员：黄经豪
电话：（0668）2891286

办公室
电话：（0668）2288187
传真：（0668）2287085

旅行社管理科
电话：（0668）2285548

饭店管理科
电话：（0668）2886589

资源与市场开发科
电话：（0668）2869757

旅游质监科
电话：（0668）2270544

茂南区旅游局
局长：潘谢斌
地址：茂名市油城三路 319 号
电话：（0668）2112133
传真：（0668）2112122
邮编：525000

茂港区旅游局
局长：马　堂
地址：茂名市茂港区政府大楼 3 楼
电话：（0668）2689333
传真：（0668）2688128
邮编：525027

信宜市旅游局
局长：江柳钦
地址：信宜市政府大院
电话：（0668）8873553
传真：（0668）8878665
邮编：525300

高州市旅游局
局长：钟　平
地址：高州市中山路 73 号
电话：（0668）6658383
传真：（0668）6658282
邮编：525200

化州市旅游局
局长：杨　剑
地址：化州市政府大院
电话：（0668）7360777
传真：（0668）7360777
邮编：525100

电白县旅游局
局长：肖国忠
地址：电白县政府综合楼 1 楼
电话：（0668）5115325
传真：（0668）5115335
邮编：525400

肇庆市

肇庆市旅游发展局
局长：郑时广
地址：肇庆市古塔南路
电话：（0758）2231081
传真：（0758）2224054
邮编：526040
http://www. zqtourism. com

副局长：李达标
电话：（0758）2282316

副局长：房宇文
电话：（0758）2209022

副局长：郑向平
电话：（0758）2265568

副局长：刘伯明（2010 年 12 月任职）
　　　　张丽文（任至 2010 年 11 月）
电话：（0758）2705831

办公室
电话：（0758）2231081　2224627

行业管理科
电话：（0758）2225631

旅游（投诉）电话：（0758）2262296

市场开发科
电话：（0758）2266439

资源规划科
电话：（0758）2286192

人事科（党办）
电话：（0758）2224850

财务管理科
电话：（0758）2224365　2277932

离退休干部管理科
电话：（0758）2224903

市旅游服务中心
电话：（0758）2238509

鼎湖区旅游发展局
局长：赖宏升
地址：肇庆市鼎湖坑口区府大院
电话：（0758）2625260
传真：（0758）2625260
邮编：526070

端州区旅游局
局长：陈秀萍
地址：肇庆市古塔中路15号
电话：（0758）2721364
传真：（0758）2721364
邮编：526040

封开县旅游发展局
局长：陈　剑
地址：封开县江口封洲二路行政中心
电话：（0758）6681820
传真：（0758）6681820
邮编：526500

德庆县旅游发展局
局长：潘子杰
地址：德庆县委大院
电话：（0758）7781728
传真：（0758）7781852
邮编：526600

高要市旅游局
局长：谢富文
地址：肇庆市人民中路12号
电话：（0758）2234578
传真：（0758）2235122
邮政：526040

四会市旅游局
局长：徐达强
地址：四会市汇源路8号
电话：（0758）3368919
传真：（0758）3368919
邮编：526200

广宁县旅游局
局长：杨淦标
地址：广宁县南街镇南东一路17号
电话：（0758）8638388
传真：（0758）8638388
邮编：526300

怀集县旅游发展局
局长：严耿文（任至2011年2月）
地址：怀集县怀城镇解放中路78号
电话：（0758）5531618
传真：（0758）5531618
邮编：526400

清远市

清远市旅游局
局长：雷玉春
地址：清远市新城人民二路18号市国际会展中心5楼
电话：（0763）3360029
传真：（0763）3366896
邮编：511518
http://www.qyta.gov.cn/

副局长：邹　俊
电话：（0763）3363238

副局长：虞卫旗
电话：（0763）3361448

副调研员：张秀莲
电话：（0763）3361948

办公室
电话：（0763）3363390
传真：（0763）3366896

市场开发科
电话：（0763）3368636

规划与统计科
电话：（0763）3364299

行业管理科
电话：（0763）3363126

质量监督科
电话：（0763）3364098

英德市旅游局
局长：邓明华
地址：英德市浈阳路运通大厦9楼
电话：（0763）2231666
传真：（0763）2221111
邮编：513000

连州市旅游局
局长：唐记南
地址：连州市番禺路128号潭电大厦9楼
电话：（0763）6638128
传真：（0763）6638128
邮编：513400

清新县旅游局
局长：朱小玲
地址：清新县太和镇笔架路3号行政服务中心2楼东面
电话：（0763）5810436
传真：（0763）5833070
邮编：511800

阳山县旅游局
局长：祝翠冰
地址：阳山大道107号2楼
电话：（0763）7886278
传真：（0763）7886282
邮编：513100

连南瑶族自治县旅游局
局长：潘康凯
地址：连南政府综合大楼三楼
电话：（0763）8662008
传真：（0763）8662008
邮编：513300

广东清远经济开发区社会事务管理局
局长：段习文
地址：清远经济开发区1号区
电话：（0763）3483021
传真：（0763）3483965
邮编：511517

佛冈县旅游局
局长：黄小云
地址：佛冈县人民中心综合办公大楼
电话：（0763）4292021
传真：（0763）4292021
邮编：511600

连山县旅游局
局长：蒋振江
地址：连山县鹿鸣东路行政服务中心
电话：（0763）8735287
传真：（0763）8765287
邮编：513200

清城区旅游局
局长：罗惠琼
地址：清城区东城新区行政服务中心大楼4楼
电话：（0763）3939158
传真：（0763）3939158
邮编：511500

潮州市

潮州市文物旅游局
局长：伍　茸
地址：潮州市城太平路16号
电话：（0768）2223585
传真：（0768）2250239
邮编：521000
http://www.chaozhoutour.net

局党组书记、副局长：谢鸿洲（任至2011年4月）

副局长：刘书灿（任至2011年4月）
电话：（0768）2295069

副局长：郑永宁
电话：（0768）2295059

副局长：吴永利
电话：（0768）2355790

副局长：许泽香
电话：（0768）2250028

副调研员：陈伟忠
电话：（0768）2295578

办公室
电话：（0768）2291733
传真：（0768）2295501

规划业务科
电话：（0768）2295019

市场开发与培训科
电话：（0768）2295032

潮州市旅游质量监督管理所
电话：（0768）2277123

潮州市旅游监察大队
电话：（0768）2277123

潮州市旅游服务中心
电话：（0768）2285149

潮安县旅游局
局长：陈钟强
地址：潮安县政府新综合楼6楼
电话：（0768）5816829
传真：（0768）5816387
邮编：515600

饶平县旅游局
局长：林吉贵
地址：饶平县城西区六号路外经大楼7楼
电话：（0768）7801972
传真：（0768）7801361
邮编：515700

湘桥区旅游局
局长：黄炎藩
地址：潮州市太平路125号
电话：（0768）2219932
传真：（0768）2219932
邮编：521000

揭阳市

揭阳市旅游局
局长：谢锐锋
地址：揭阳市东山区卢前路中段民主楼2层
电话：（0663）8292227
传真：（0663）8292077
邮编：522031

副局长：杨金河
电话：（0663）8292520

副局长：谢静鸿
电话：（0663）8292563

副局长：李介兴
电话：（0663）8292287

办公室
电话：（0663）8292227

旅游业务管理科
电话：（0663）8292076

资源与市场开发科
电话：（0663）8292775

教育培训科
电话：（0663）8292074

质量监督管理所
电话：（0663）8292446

普宁市旅游局
局长：詹汉龙
地址：流沙镇长春路联运大楼南栋东梯5楼
电话：（0663）2248753

传真：（0663）2248752
邮编：515300

揭东县旅游局
局长：杨楚茂
地址：揭东县城金凤路中段县政府后2楼204室
电话：（0663）3262893
传真：（0663）3275989
邮编：515500

揭西县旅游局
局长：刘燕璇
地址：揭西县滨江公园侧
电话：（0663）5527938
传真：（0663）5527938
邮编：515400

惠来县旅游局
局长：严文水
地址：惠来县惠城镇葵南新路
电话：（0663）6681071
传真：（0663）6681071
邮编：515200

云浮市

云浮市旅游局
局长：袁伙月
地址：云浮市玉皇路78号
电话：（0766）8825088
传真：（0766）8810058
邮编：527300
http:/www.yunfutravel.com

副局长：叶金波
电话：（0766）8818099

副局长：岑德洪
电话：（0766）8818093

办公室
电话：（0766）8816580
传真：（0766）8810058
人事教育科
电话：（0766）8813392

资源与市场开发科
电话：（0766）8839082

行业管理科
电话：（0766）8822360

罗定市旅游局
局长：吴云锋
地址：罗定市龙园路131号
电话：（0766）3833886
传真：（0766）3833186
邮编：527200

郁南县旅游局
局长：林少华
地址：郁南县都城镇中山路31号旧县委大院
电话：（0766）7337229
传真：（0766）7337229
邮编：527100

新兴县旅游局
局长：张文权
地址：新兴县新城镇黄塘路12号
电话：（0766）2920898
传真：（0766）2882029
邮编：527400

云安县旅游局
局长：甘家贤
地址：云安县港城大道6号
电话：（0766）8616656
传真：（0766）8613392
邮编：527500

云城区旅游局
局长：黄锦全
地址：云浮市区解放中路32号区府大院
电话：（0766）8813669
传真：（0766）8813669
邮编：527300

顺德区

顺德区文体旅游局
局长：梁惠英（区委常委、区委宣传部部长）
地址：顺德大良新城区德民路区政府大楼11楼
电话：（0757）22833700
传真：（0757）22833748
邮编：528333

常务副局长：张新杰（区委宣传部常务副部长）
地址：顺德大良新城区德民路区政府大楼11楼
电话：（0757）22831968
传真：（0757）22831970
邮编：528333

办公室
电话：（0757）22831929 22831993
传真：（0757）22833709

旅游科
电话：（0757）22831352；22831377
传真：（0757）22831375

注：全省各市（县、区）旅游局机构名录截至时间为2011年6月30日。

名　录

Directory

（第 439 ~ 526 页）

顺德长鹿农庄水乡风光

广东省国家A级旅游景区（点）质量等级评定名录

	旅游景区（点）名称	所在地	面　积（公顷）	级别	评定时间
广州市（5A级景区1家，4A级景区15家，3A级景区5家，2A级景区1家）	广州市长隆旅游度假区	广州市番禺区大石街礼村	300	AAAAA	2007. 05. 08
	广州市白云山风景名胜区	广州市广园中路801号	2098	AAAA	2001. 02. 01
	广州市中山纪念堂	广州市越秀区东风中路259号	6. 20	AAAA	2002. 08. 16
	广州市广东美术馆	广州市越秀区二沙岛烟雨路38号	1. 3	AAAA	2002. 08. 16
	广州市宝墨园	广州市番禺区沙湾镇紫坭村	11	AAAA	2002. 10. 25
	广州市莲花山旅游区	广州市番禺区石楼镇	233	AAAA	2002. 10. 25
	广州市西汉南越王博物馆	广州市解放北路象岗山	1. 4	AAAA	2004. 12. 27
	广州市黄花岗烈士陵园	广州市越秀区先烈中路79号	13	AAAA	2004. 12. 27
	广州市越秀公园	广州市越秀区解放北路988号	69	AAAA	2005. 12. 22
	广州市从化碧水湾温泉度假村	广州从化市良口镇	3	AAAA	2005. 12. 22
	广州市起义烈士陵园	广州市越秀区中山二路92号	18	AAAA	2008. 10. 25
	广州市中国科学院华南植物园	广州市天河区龙洞天源路1190号	300	AAAA	2008. 10. 25
	广州市动物园	广州市先烈中路120号	42	AAAA	2008. 10. 25
	广州市陈家祠旅游区	广州市荔湾区中山七路	1. 5	AAAA	2008. 10. 25
	广州市广东科学中心	广州市番禺区大学城西六路168号	45	AAAA	2009. 12. 28
	※广州市九龙湖旅游区	**广州市花都区花东镇**	**1962. 36**	**AAAA**	**2010. 12. 20**
	广州市抽水蓄能电站旅游区	广州从化市吕田小镇	160	AAA	2002. 10. 25
	广州市洪秀全故居纪念馆	广州市花都区新华街新华路52号	3. 25	AAA	2005. 03. 18
	广州市气象卫星地面站	广州市天河区东莞庄路280号	6	AAA	2005. 03. 18
	广州市十九路军淞沪抗日将士陵园	广州市天河区水荫路113号	5. 99	AAA	2005. 03. 18
	广州市荔湾区博物馆	广州市龙津西路逢源北街84号	0. 23	AAA	2008. 01. 20
	广州市丹水坑风景区	广州市萝岗区南岗镇	1. 5	AA	2004. 01. 29
深圳市（5A级景区1家，4A级景区5家）	深圳市华侨城旅游度假区	深圳市南山区	600	AAAAA	2007. 05. 08
	深圳市观澜湖高尔夫球会	深圳市宝安区观澜镇	1262	AAAA	2001. 02. 01
	深圳市仙湖植物园	深圳市罗湖区蓬塘仙湖植物园160号	588	AAAA	2007. 11. 27
	深圳市中信明思克航母世界旅游景区	深圳市盐田区沙头角	3. 328	AAAA	2009. 01. 23
	深圳市西部海上田园旅游区	深圳市宝安区沙井街道民主村	173	AAAA	2009. 12. 28
	深圳市观澜山水田园农庄旅游区	深圳市宝安区	26. 70	AAAA	2009. 12. 28
珠海市（4A级景区2家，3A级景区1家）	珠海市圆明新园	珠海市前山镇	1. 39	AAAA	2001. 02. 01
	珠海市农科中心	珠海市香洲区	133	AAAA	2006. 10. 23
	珠海市外伶仃岛风景区	珠海市外伶仃岛	20	AAA	2009. 01. 21
汕头市（4A级景区4家，3A级1家）	汕头市中信高尔夫海滨旅游度假区	汕头市濠江区河浦大道中段	125	AAAA	2002. 12. 12
	汕头市礐石风景名胜区	汕头市南区	2377	AAAA	2002. 12. 12
	汕头市南澳生态旅游区	汕头市南澳县	11153	AAAA	2004. 12. 12
	※汕头市莲华乡村旅游区	**汕头市澄海区莲华镇**	**1991**	**AAAA**	**2010. 12. 20**
	汕头市莲花峰旅游区	汕头市潮阳区	314	AAA	2001. 11. 06

续表

	旅游景区（点）名称	所在地	面积（公顷）	级别	评定时间
佛山市（4A 级景区 6 家）	佛山市西樵山风景名胜区	佛山市南海区西樵镇	1400	AAAA	2001. 02. 01
	佛山市三水荷花世界	佛山市三水区西南街	86. 67	AAAA	2005. 12. 22
	佛山市三水森林公园	佛山市三水区	224. 40	AAAA	2006. 10. 23
	佛山市清晖园	佛山市顺德区	2. 2	AAAA	2007. 11. 27
	佛山市长鹿休闲度假农庄	佛山市顺德区	35	AAAA	2008. 04. 30
	佛山市南风古灶旅游区	佛山市石湾区	200	AAAA	2009. 10. 15
韶关市（4A 级景区 4 家，3A 级景区 1 家）	韶关市丹霞山风景名胜区	韶关市仁化县	29200	AAAA	2001. 02. 01
	韶关市曹溪温泉	韶关市曲江区马坝镇	0. 48	AAAA	2006. 10. 23
	韶关市广东大峡谷景区	韶关市乳源县大布镇	75. 37	AAAA	2009. 12. 28
	※韶关市云门寺佛教文化生态保护区	**韶关市乳源瑶族自治县乳城镇**	**10. 02**	**AAAA**	**2010. 05. 04**
	※韶关市乐昌三龙谷（龙王潭）生态旅游区	**韶关乐昌市东北 18 公里处**	**2000**	**AAA**	**2010. 12. 20**
河源市（4A 级景区 3 家，3A 级景区 1 家，2A 级景区 2 家）	河源市新丰江国家森林公园	河源市马坝镇新港镇	1600	AAAA	2002. 08. 16
	河源市御临门温泉度假区	河源市紫金县九和镇	14. 09	AAAA	2009. 10. 15
	※河源市和平温泉之都旅游区	**河源市和平县热水镇**	**10**	**AAAA**	**2010. 05. 04**
	河源市霍山风景区	河源市龙川县田心镇	1200	AAA	2005. 03. 25
	河源市水坑生态娱乐旅游区	河源市龙川县	370	AA	2002. 10. 09
	河源市新丰江电站大坝旅游区	河源市西南 3 公里处	139	AA	2003. 07. 31
梅州市（4A 级景区 4 家，3A 级景区 7 家）	梅州市雁南飞茶田景区	梅州市梅县雁洋镇	677	AAAA	2001. 11. 02
	梅州市雁鸣湖旅游度假村	梅州市梅县雁洋镇	769. 80	AAAA	2004. 12. 27
	梅州市叶剑英纪念园	梅州市梅县雁洋镇	16	AAAA	2008. 10. 25
	梅州市灵光寺旅游区	梅州市雁洋镇阴那山麓	733	AAAA	2008. 10. 25
	梅州市五华热矿泥山庄	梅州市五华县转水镇	3. 9	AAA	2005. 11. 01
	梅州市五指石风景名胜区	梅州市平远县差干镇	1680	AAA	2005. 11. 01
	梅州市益塘水库旅游区	梅州市五华县转水镇	2133	AAA	2009. 12. 01
	梅州市神光山旅游区	梅州市兴宁市福兴镇	674. 60	AAA	2009. 12. 01
	梅州市长潭旅游区	梅州市蕉岭县长潭镇	842	AAA	2009. 12. 01
	梅州市西岩茶乡度假村	梅州市大埔县枫朗镇	1332	AAA	2009. 12. 01
	梅州市龙鲸河漂流旅游区	梅州市丰顺县大龙华镇	532. 80	AAA	2009. 12. 01
惠州市（4A 级景区 8 家，3A 级景区 2 家）	惠州市西湖风景名胜区	惠州市惠城区	422. 1	AAAA	2003. 12. 25
	惠州市龙门温泉旅游度假区	惠州市龙门县新田镇	58	AAAA	2007. 11. 27
	惠州市南昆山温泉旅游大观园	惠州市龙门县永汉镇	12	AAAA	2007. 11. 27
	惠州市县南昆山生态旅游区	惠州市龙门县	12900	AAAA	2007. 11. 27
	惠州市海滨温泉旅游度假区	惠州市惠东县平海镇	120	AAAA	2009. 01. 23
	惠州市罗浮山风景名胜区	惠州市博罗县	300	AAAA	2009. 01. 23
	※惠州市金海湾国际滨海旅游区	**惠州市惠东县**	**157. 5**	**AAAA**	**2010. 05. 04**
	※惠州市永记生态园景区	**惠州市惠东县大岭镇**	**87**	**AAAA**	**2010. 05. 04**
	惠州市香溪堡旅游区	惠州市龙门县	500	AAA	2007. 06. 04
	惠州市冠和博物馆	惠州市惠城区	3	AAA	2007. 06. 04

续表

	旅游景区（点）名称	所在地	面积（公顷）	级别	评定时间
汕尾市（4A级景区1家）	汕尾市玄武山旅游区	汕尾陆丰市碣石镇北郊	18	AAAA	2007.11.27
东莞市（4A级景区3家，3A级景区1家，2A级景区1家）	东莞市鸦片战争博物馆	东莞市虎门镇	80	AAAA	2003.12.25
	东莞市松山湖景区	东莞市松山湖	7200	AAAA	2009.12.28
	东莞市观音山国家森林公园	东莞市樟木头镇	1800	AAAA	2009.12.28
	※东莞市中国圣心糕点博物馆	**东莞市茶山镇茶山工业园**	**0.30**	**AAA**	**2010.12.07**
	东莞市冠和博物馆	东莞市樟木头镇	0.54	AA	2004.01.16
中山市（4A级景区2家）	中山市孙中山故居	中山市南朗镇	0.25	AAAA	2001.02.01
	中山市詹园	中山市南区北台村	6.66	AAAA	2007.11.27
江门市（4A级景区7家）	江门市圭峰山风景名胜区	江门市新会区会城镇	3550	AAAA	2002.12.12
	江门市开平立园	江门开平市塘口镇	20	AAAA	2002.12.12
	江门市金山温泉	江门恩平市那吉镇	5.3	AAAA	2002.12.12
	江门市新会古兜温泉旅游度假村	江门市新会区	32.7	AAAA	2005.12.22
	江门市锦江温泉旅游度假区	江门恩平市大田镇	27	AAAA	2006.10.23
	江门市富都温泉度假村	江门台山市都解镇	8	AAAA	2009.01.23
	江门市川岛旅游度假区	江门台山市川岛镇	92	AAAA	2009.01.23
阳江市（4A级景区2家，3A级景区1家）	阳江市海陵岛大角湾风景名胜区	阳江市闸坡镇	19.6	AAAA	2001.02.01
	阳江市凌霄岩景区	阳江市阳春市河朗镇	800	AAAA	2009.10.15
	阳江市春湾风景区	阳江阳春市春湾镇	210	AAA	2007.09.11
湛江市（4A级景区2家，3A级景区6家，2A级景区4家）	湛江市湖光岩风景名胜区	湛江市麻章区	1360	AAAA	2003.12.25
	湛江市蓝月湾温泉度假邨	湛江市海滨三路32号	23	AAAA	2007.11.27
	湛江市南亚热带植物园	湛江市麻章区	446.90	AAA	2005.03.28
	湛江市雷州天成台旅游度假村	湛江雷州市乌石镇	350	AAA	2005.03.28
	湛江市吴川吉兆湾旅游度假区	湛江吴川市覃巴镇	1370	AAA	2005.03.28
	湛江市鹤地银湖旅游区	湛江廉江市河唇镇	1300	AAA	2006.03.01
	湛江市三岭山森林公园	湛江市霞山区	1520	AAA	2008.03.10
	湛江市东海岛省级旅游度假区	湛江市东海岛	55	AAA	2009.01.20
	湛江市雷州西湖公园	湛江雷州市雷城镇	7.80	AA	2003.07.31
	湛江市雷州雷祖祠旅览区	湛江雷州市白沙镇	15	AA	2003.07.31
	湛江市雷州三元塔公园	湛江雷州市雷城镇	3.20	AA	2003.07.31
	湛江市金鹿园	湛江市麻章区	5.50	AA	2004.01.14
茂名市（3A级景区3家）	茂名市西江温泉度假村	茂名信宜市北界镇	6.67	AAA	2005.03.22
	茂名市天马山生态旅游区	茂名信宜市北界镇	400	AAA	2005.03.22
	茂名市水东湾第一滩旅游度假区	茂名市茂港区	600	AAA	2005.03.22

续表

	旅游景区（点）名称	所在地	面　积（公顷）	级别	评定时间
肇庆市（4A级景区4家）	肇庆市星湖风景名胜区	肇庆市城区	1955.7	AAAA	2001.02.01
	肇庆市龙母祖庙景区	肇庆市德庆县悦城镇	1.30	AAAA	2009.10.15
	肇庆市盘龙峡景区	肇庆市德庆县官圩镇	10	AAAA	2009.10.15
	肇庆市德庆学宫景区	肇庆市德庆县	1.50	AAAA	2009.10.15
清远市（4A级景区10家，3A级景区3家）	清远市清新温矿泉旅游度假区	清远市清新县三坑镇	119.76	AAAA	2001.02.01
	清远市连州地下河	清远连州市东陂镇	4.3	AAAA	2006.10.23
	清远市玄真古洞生态旅游区	清远市清新县太和镇	333.33	AAAA	2007.11.27
	清远市黄腾峡生态旅游区	清远市清城区黄腾峡	43.93	AAAA	2007.11.27
	清市市碧桂园假日半岛故乡里旅游度假区	清远市清城区石角镇	13.32	AAAA	2007.11.27
	清远市广东省飞来峡水利枢纽风景区	清远市清新县飞来峡镇	120.5	AAAA	2007.11.27
	清远市聚龙湾天然温泉度假村	清远市佛冈县汤塘镇	33.33	AAAA	2008.10.25
	清远市宝晶宫生态旅游度假区	清远英德市	3.8	AAAA	2009.01.23
	※清远市广东第一峰旅游风景区	**清远市阳山县**	**13800**	**AAAA**	**2010.12.20**
	※清远市奇洞温泉度假区	**清远英德市望埠镇**	**67**	**AAAA**	**2010.12.20**
	清远市太河古洞旅游区	清远市清新县太和镇	2.29	AAA	2006.11.28
	清远市九州驿站英德天门沟景区	清远英德市石牯塘镇	667	AAA	2008.09.05
	清远市英德茶叶世界	清远英德市英红镇	66.7	AAA	2008.09.05
潮州市（4A级景区3家，3A级景区1家）	潮州市东山湖温泉度假村	潮州市潮安县沙溪镇	7.1	AAAA	2008.09.05
	※潮州市绿岛旅游山庄	**潮州市饶平县钱东镇**	**6.2**	**AAAA**	**2010.09.07**
	※潮州市淡浮收藏院	**潮州市红山林场砚峰公园内**	**6.2**	**AAAA**	**2010.09.07**
	潮州市韩文公祠	潮州市湘桥东东兴路	8.93	AAA	2005.03.25
揭阳市（4A级景区1家，3A级景区3家）	揭阳市京明温泉度假村	揭阳市揭西县京溪园镇	744	AAAA	2009.01.23
	揭阳市世铿院	揭阳市惠来镇葵潭镇	6.67	AAA	2008.10.20
	※揭阳市揭东万竹园旅游景区	**揭阳市揭东县埔田镇**	**13.33**	**AAA**	**2010.12.20**
	※揭阳市普宁德安里旅游景区	**揭阳市普宁市洪阳镇**	**6.3**	**AAA**	**2010.12.20**
云浮市（4A级景区2家，3A级2家，2A级3家）	云浮市六祖故里旅游度假区	云浮市新兴县六祖镇	1200	AAAA	2009.12.28
	云浮市金水台温泉景区	云浮市新兴县水台镇	45.33	AAAA	2009.12.28
	云浮市罗定龙湾生态旅游区	云浮罗定市龙湾镇	1310	AAA	2007.12.05
	云浮市蟠龙洞省级风景名胜区	云浮市云城区	9.51	AAA	2007.12.05
	云浮市郁南大湾南江古民居文化景区	云浮市郁南县大湾	1.3	AA	2007.12.05
	云浮市罗定罗镜东山公园旅游区	云浮罗定市罗镜镇	100	AA	2007.12.05
	云浮市罗定蔡廷锴将军故居旅游区	云浮罗定市罗镜镇	0.8	AA	2007.12.05

注：截至2010年底，广东省拥有国家A级旅游景区（点）139家，其中5A级2家，4A级88家，3A级38家，2A级11家。排名以评定时间为序。表格中标注“※”符号及黑体字部分为2010年度新评定的国家A级旅游景区（点），共14家，其中4A级10家、3A级4家。

2010年度广东省旅行社名录

地区	旅行社名称	许可证编号	法定代表人	地　　址	咨询电话
广州市（拥有旅行社246家，其中出境游组团社41家，外资旅行社9家）	广东国旅国际旅行社股份有限公司	L-GD-CJ00001	顾振德	广州市越秀区解放北路618-620号	22013307
	广东省中国旅行社股份有限公司	L-GD-CJ00002	王万年	广州市越秀区沿江中路195-197号	83336888
	广东省中国青年旅行社	L-GD-CJ00003	李协居	广州市越秀区中山一路23号	38865093
	广州广之旅国际旅行社股份有限公司	L-GD-CJ00004	卢建旭	广州市白云区机场西乐嘉路1—13号	86338880
	广东铁青国际旅行社有限责任公司	L-GD-CJ00005	李玉文	广州市越秀区中山一路94号	61251132
	广州东方国际旅行社有限公司	L-GD-CJ00006	林伟民	广州市越秀区流花路120号	86669900
	港中旅（广东）国际旅行社有限公司	L-GD-CJ00007	姜　峰	广州市越秀区中山五路219号	83279811
	广东省香江旅游公司	L-GD-CJ00008	刘向平	广州市越秀区环市西路183号	86664029
	广东熊猫国际旅游有限公司	L-GD-CJ00009	谷训才	广州市越秀区东风中路363号	83557913
	广东粤侨国际旅行社有限公司	L-GD-CJ00010	封葆玲	广州市越秀区越秀北路87-89号	83862690
	广州交易会国际旅行社有限公司	L-GD-CJ00011	吴　锋	广州市越秀区流花路117号	26082105
	广州市番禺旅游总公司	L-GD-CJ00012	李伟权	广州市番禺区市桥镇繁华路7号	22882288
	广州市番禺中国旅行社	L-GD-CJ00013	古耀坚	广州市番禺区市桥街大北路130号	84818715
	广东省天马国际旅行社有限公司	L-GD-CJ00014	李　涛	广州市越秀区东风中路501-507号	83550999
	广州市丽景国际旅行社	L-GD-CJ00015	邓继烈	广州市环市东路华侨新村	83579977
	广东中妇旅国际旅行社有限责任公司	L-GD-CJ00016	叶礼艳	广州市天河区珠江新城华穗路263号	38371703
	广东中信国际旅行社有限公司	L-GD-CJ00017	杨志强	广州市越秀区竹丝岗二马路39号之一	87301540
	广东和平国际旅行社有限公司	L-GD-CJ00018	李元生	广州市经济技术开发区青年路105号	61223830
	广东南湖国际旅行社有限责任公司	L-GD-CJ00019	赵　祁	广州市广卫路18号1-8层	83179117
	中青旅广州国际旅行社有限公司	L-GD-CJ00020	朱增杰	广州市中山一路57号5楼	61281175
	广东羊城之旅国际旅行社有限公司	L-GD-CJ00021	王深晖	广州市越秀中旅159号首层	83836222
	广州花园国际旅行社	L-GD-CJ00022	张天舜	广州市环市东路368号	83338989
	广东自游商旅国际旅行服务有限公司	L-GD-CJ00023	任全利	广州市机场路1028号403房	32215920
	广东时尚国际旅行社有限公司	L-GD-CJ00024	张　达	广州市机场路南云西街13楼	86124858
	广东风光国际旅行社有限公司	L-GD-CJ00025	李小斌	广州市沿江中路195号-197号	83331538
	广州康辉国际旅行社有限公司	L-GD-CJ00026	李继烈	广州市沿江中路313号	83653385
	广州市领航国际旅行社有限公司	L-GD-CJ00027	徐敏雄	广州市环市东路326号	61206989
	广州市良辰美景国际旅行社有限公司	L-GD-CJ00028	陈晓阳	广州市天河路天俊阁2层	38803900
	广州国之旅国际旅行社有限公司	L-GD-CJ00029	何其幸	广州市北校场路19号	83020746
	广州教育国际旅行社有限公司	L-GD-CJ00030	李灿佳	广州市中山四路172号	83340799
	广州美联国际商务旅行社有限公司	L-GD-CJ00031	黄应顺	广州市原道路44号	37589330
	广东南方传媒国际旅行社有限公司	L-GD-CJ00032	王友龙	广州市人民北路686号	26184890
	广州市汇粤国际旅行社有限公司	L-GD-CJ00033	曾志军	广州市越秀区东风中路268号	83199248

续表

地区	旅行社名称	许可证编号	法定代表人	地 址	咨询电话
广州市	广州西敏国际旅行社有限公司	L－GD－CJ00034	梁达才	广州市荔湾区中山七路50号	38114000
	广东天天假期国际旅行社有限公司	L－GD－CJ00035	刘宇萍	广州市越秀区恒福路288号	38819325
	广州携程国际旅行社有限公司	L－GD－CJ00036	范 敏	广州市天河区体育东路114号	83936393
	广州成功之路国际旅行社有限公司	L－GD－CJ00037	吕京川	广州市天河区天河直街55号	38802036
	※广州市澳信国际旅行社有限公司	**L－GD－CJ00142**	**吴聪明**	**广州市越秀区环市东路417号**	**22813168**
	※广州天马国际旅行社有限公司	**L－GD－CJ00145**	**刘润樟**	**广州市越秀区环市东路371－375号**	**22371880**
	※广州美亚商务国际旅行社有限公司	**L－GD－CJ00146**	**陈培钢**	**广州天河区珠江新城华明路13号**	**22382343**
	※广东省三茂铁路国际旅行社	**L－GD－CJ00151**	**杨卫红**	**广州市环市东路374号**	**83818921**
	广州康泰国际旅行社有限公司	L－GD－WZ00001	郑 烘	广州市越秀区环市东路496号	87608833
	广东永安国际旅行社有限公司	L－GD－WZ00002	陆贵连	广州市西湖路99号	83184883
	胜景旅游（广东）有限公司	L－GD－WZ00004	VERONIQUE DUCASSY	广州市林和西路9号	38010282
	翠明假期（广东）旅行社有限公司	L－GD－WZ00006	周大伟	广州市天河区天河路351号	38809592
	佳天美（广州）国际旅行社有限公司	L－GD－WZ00007	西口庸	广州市天河区林和西路9号	38103181
	※捷旅假期（广州）有限公司	**L－GD－WZ00008**	**王 丹**	**广州市越秀区先烈中路102号**	**31393603**
	※广州新游力旅行社有限公司	**L－GD－WZ00009**	**阮文海**	**广州市越秀区先烈中路83号**	**37662041**
	※美丽华旅行社（广州）有限公司	**L－GD－WZ00010**	**陈若磐**	**广州市中山三路33号**	**39600001**
	※广州安旅旅行社有限公司	**L－GD－WZ00011**	**江百泉**	**广州市海珠区海联路173号**	**21750208**
	广东省从化温泉中国国际旅行社	L－GD00740	郑宪生	广州市越秀区解放北路603号	83378946
	广州市花都国际旅行社有限公司	L－GD00741	汤伟能	广州市花都区秀全大道43号	86829007
	广东省珠江国际旅行社	L－GD00742	刘广辉	广州市越秀区沿江中路	83308592
	广东省国际体育旅游公司	L－GD00743	黄嘉海	广州市广州大道北408号	87550915
	广州快达国际旅行社	L－GD00744	罗怡彬	广州市中山大道中路1015号	83326403
	广东粤新国际旅行社有限公司	L－GD00745	陈玉泉	广州市环市东路329号	83574192
	广东绿色国际旅行社	L－GD00746	赵 威	广州市天河区燕岭路28号	37232062
	从化市华夏国际旅行社	L－GD00747	曾卫民	从化市河滨南路34号	87931428
	广州南沙国际旅行社	L－GD00748	陈少雄	广州市番禺区市桥桥兴大道60号	84896933
	广州市花都国都国际旅行社有限公司	L－GD00749	冯云峰	广州市花都区公园前路27号	36831234
	广州岭南国际旅行社有限公司	L－GD00750	尹小弱	广州市越秀区东风东路767号	28820111
	广州大都市国际旅行社有限公司	L－GD00751	温 松	广州市越秀区广卫路2号	81301777
	广东省广弘中旅国际旅行社有限公司	L－GD00752	林乐生	广州市越秀区先烈南路33号	87610199
	广州市金泰国际旅行社有限公司	L－GD00754	王一昉	广州市荔湾区中山八路23号	81354440
	广州市职工旅行社	L－GD00755	黎 刚	广州市东风西路230号	83323779

续表

地区	旅行社名称	许可证编号	法定代表人	地　址	咨询电话
广州市	广州市环宇国际旅行社有限公司	L-GD00756	李燕青	广州市豪贤路172号	83389342
	广州海运（集团）海星旅游公司	L-GD00757	胡松哲	广州市江南大道中218号	84245837
	广州艳阳天旅行社有限公司	L-GD00758	梁杰超	广州市教育路113号	833329328
	广州市广视旅行社有限公司	L-GD00759	宋　华	广州市西湖路99号	83183975
	广东省口岸旅行社有限公司	L-GD00760	冯卓儒	广州市农林下路40号	87624230
	广东四通旅行社有限公司	L-GD00761	杨越红	广州市越秀区东风西路195号	81341381
	广东省中科旅行社	L-GD00762	杨　玲	广州市连新路171号	83562289
	广州市金威旅行社	L-GD00763	童水波	广州市芳村区鹤洞路151号	81550745
	广州马会旅行社	L-GD00764	刘宏光	广州市黄埔大道西668号	87539822
	广州大江南北旅行社有限公司	L-GD00765	罗燕萍	广州芳村大道中271号	81895233
	广州市交通旅行社有限公司	L-GD00766	宫照绪	广州市海珠区江泰路51号	34470366
	广州远景旅行社有限公司	L-GD00767	霍柏强	广州市越秀区西华路525号	81072529
	广东华侨友谊旅行社有限公司	L-GD00768	康剑锋	广州市广州大道中900号	38823954
	广州市番禺交通旅行社有限公司	L-GD00769	梁杏莲	广州市番禺区市桥禺山大道243号	84661121
	广东省广梅汕铁路旅行社	L-GD00770	雷德晖	广州市越秀区梅花路18号	61320098
	广东南鹰国际旅行社有限公司	L-GD00771	黄志伟	广州市白云区机场路585号	36319843
	广州海明旅行社	L-GD00772	吴健生	广州市广卫路23号	83364236
	广州市黄金假日国际旅行社有限公司	L-GD00773	李小钢	广州市越秀区越秀南路185号	83869496
	广州市长洲旅行社有限公司	L-GD00774	唐　曦	广州市黄埔区军校路170大院	82205558
	广州三人行旅行社有限公司	L-GD00775	陈泽良	广州市黄埔区港湾路448号	38114886
	增城市蓝景旅行社有限公司	L-GD00776	钟健生	增城市荔城镇园圃路5号	82748811
	广州林海旅行社有限责任公司	L-GD00777	卢跃游	广州市建设大马路13号	83875498
	广州市假日通旅行社有限公司	L-GD00778	唐皓明	广州市文明路65号	83393789
	广州春秋假日旅行社有限公司	L-GD00779	孙文霞	广州市越秀区起义路173号	83362470
	广州春之旅旅行社有限公司	L-GD00780	罗光雄	广州市天河路47号	37604925
	广州阳光假日旅行社有限公司	L-GD00781	黄洪娣	广州市东风东路836号	28821009
	广州市金榜旅行社有限公司	L-GD00782	汪凌辉	广州市白云区乐嘉路93号	86342166
	广州运通国际旅行社有限公司	L-GD00783	李素莲	广州市东风西路158号	81088890
	广州市快事达旅行社有限公司	L-GD00784	周向民	广州市番禺区市桥兴泰路159号	84699980
	广州市日龙彩虹旅行社有限公司	L-GD00785	叶华盛	广州市番禺区东环街东环路168号	34514777
	广州市山海天旅行社有限公司	L-GD00786	张振云	广州市花都区天贵路60号	36820059
	广州市天南地北旅行社有限公司	L-GD00787	沈福祥	广州市林和中路150号	38840133
	广州市金怡假期旅行社有限公司	L-GD00788	曾荷燕	广州市番禺市桥平康路73-75号	84621021

续表

地区	旅行社名称	许可证编号	法定代表人	地址	咨询电话
广州市	广州市三平旅行社有限公司	L-GD00789	张杰	广州市云霄路88号	36124438
	广州市神洲旅行社有限公司	L-GD00790	吴昊	广州市花都区新花街12号	36838755
	广州金穗国际旅行社有限公司	L-GD00791	张瓦平	广州市中山二路3号	37620509
	广州领前旅行社有限公司	L-GD00792	黄应华	广州市环市东路淘金坑40号	37589005
	广州市盛世明珠旅行社有限公司	L-GD00793	龚浩涛	广州市海珠区江泰路51号	34010369
	广东友好旅行社有限公司	L-GD00794	叶宁	广州市东风中路501-507号东建大厦	83554584
	广州国龙旅行社有限公司	L-GD00795	黄北盈	广州市天河区中山大道138号广运楼	61212506
	广州自游通商务旅行社有限公司	L-GD00796	陈白羽	广州市白云区乐嘉路1号	86338835
	广州市鸿燕旅行社有限公司	L-GD00797	陈泽良	广州市花都区新华街宝华路30号时	38114738
	广州市中国旅行社	L-GD00798	卢中铭	广州市广园中路211号	86382165
	广州市华龙旅行社有限公司	L-GD00799	王志光	广州市沿江东路421号东城大厦	61180598
	广州金旅旅行社有限公司	L-GD00800	刘海峰	广州市新市镇汇侨二街29号	36605370
	广州市广厦旅行社	L-GD00801	邝云弘	广州市北京路374号广州大厦8号	83189888
	广州市梦旅旅行社有限公司	L-GD00802	姚元武	广州从化市街口街蓝田路39号	87926698
	广州泰乐国际旅行社有限公司	L-GD00803	李皓辰	广州经济技术开发区青年路东园二街	82220523
	广州市北方畅游旅行社有限公司	L-GD00804	康哲男	广州市海珠区昌岗中路166号	84359350
	广州云景国际旅行社有限公司	L-GD00805	何晓	广州市环市东路367号	83310841
	广州市中宇旅行社有限公司	L-GD00806	罗晓宁	广州市从化市街口西宁东路	87927888
	广州市贵豪旅行社有限公司	L-GD00807	阮玲玉	广州市中山一路	612830855
	广州永乐旅行社有限公司	L-GD00808	李耀华	广州市环市东路368号	83847156
	广州市康城旅行社有限公司	L-GD00809	李佩鸿	广州从化市街口街河滨北路	87927688
	广州京奥旅行社有限公司	L-GD00810	王少锋	广州市天河北路30号	38910992
	广州市金马旅行社有限公司	L-GD00811	黄小婉	广州市越秀区起义路173号	83186485
	广州市龙行天下旅行社有限公司	L-GD00812	冯就翔	广州市海珠区凤岗路3号	84435433
	广州幸运旅行社有限公司	L-GD00813	巴怡刚	广州市白云区机场路33号	86372023
	广州市名晖国际旅行社有限公司	L-GD00814	黄伟逊	广州市海珠区宝岗大道268号	34389766
	广州中航旅国际旅游有限公司	L-GD00815	陈洪发	广州市白云区机场路24号	62833333
	广州市成顺旅行社有限公司	L-GD00816	蔡宇彤	广州市环市东路417号	22813082
	广州市槐乡旅行社有限公司	L-GD00817	赵新林	广州市三元里大道广花二路山西大厦	22293488
	广州市国青国际旅行社有限公司	L-GD00818	张丹	广州市天河区龙口西路石牌街91号	86000500
	广州凤凰国际旅行社有限公司	L-GD00819	李明	广州市越秀区新河浦路86号	37653337
	广州畅游旅行社有限公司	L-GD00820	陈子平	广州市德政北路538号	83276818
	广州新途旅行社有限公司	L-GD00821	梁广勤	广州市沿江中路195-197号	83360698

续表

地区	旅行社名称	许可证编号	法定代表人	地　址	咨询电话
广州市	广州长晖国际旅行社有限公司	L－GD00822	温爱霞	广州市广九大马路31号	83788113
	广州市捷诚旅行社有限公司	L－GD00823	王雪松	广州市东风东路739号地质大厦	87664810
	广州市恒安旅行社有限公司	L－GD00824	韦文雄	广州市流花路120号	86669900
	广州市四季风旅行社有限公司	L－GD00825	乔炳节	广州市越秀区瑶台瑶池大街22号	86252565
	广州市千适旅行社有限公司	L－GD00826	钟智坚	广州市荔湾区中山八路46号	86663415
	广东中旅假日旅行社有限公司	L－GD00827	吴伟华	广州市环市东路371－375号	83193605
	广州金鹤旅行社有限公司	L－GD00828	王红梅	广州市天河区林和东路侨林街43号	62869888
	广州易网通旅行社有限公司	L－GD00829	杨筱萍	广州市天河区体育西路111号	38792923
	广州市荔壹旅行社有限公司	L－GD00830	周　兴	广州市荔湾区中山八路新虹街38号	81754803
	广州辉煌旅行社有限公司	L－GD00831	孙松阳	广州市机场路282号云港大厦	86121647
	广州东星航空旅行社有限公司	L－GD00832	施　雯	广州市白云区机场路282号	86120858
	广州市青枫旅行社有限公司	L－GD00833	杨素青	广州市花地大道中路51号	81514085
	广州市浪程国际旅行社有限公司	L－GD00834	温宇航	广州市寺右新马路10号	87671360
	广州市全球风行国际旅行社有限公司	L－GD00835	杨少萍	广州市华乐路53号华乐大厦	83873229
	增城市中国旅行社	L－GD00836	黎霍钱	广州增城市荔城街荔城大道55号	82640011
	广州市天客旅行社有限公司	L－GD00837	列晓明	广州市荔湾区西华路134号	80158669
	广州祺烨旅行社有限公司	L－GD00838	卢有泉	广州市天河区华强路2号	38907585
	广州泛海旅行社有限公司	L－GD00839	袁　晖	广州市广州大道中611号	37598601
	广州众汇国际旅行社有限公司	L－GD00840	李　涛	广州市越秀区盘福路朱紫后街1号	81217936
	广州天涯旅行社有限公司	L－GD00841	罗永霞	广州市天河区广汕公路龙洞街	37220650
	广州龙润旅行社有限公司	L－GD00842	朱为民	广州市白云区机场西路棠景街6－8号	83179935
	广州市乐游旅行社有限公司	L－GD00843	周瑾环	广州市越秀区先烈中路102号	37618321
	广州禾协之旅旅行社有限公司	L－GD00844	付春伟	广州市荔湾区黄沙大道144号	62799210
	广州市洋溢旅行社有限公司	L－GD00845	黄　权	广州增城市新塘镇亚太新城富丽园	82689101
	广州市鑫南旅行社有限公司	L－GD00846	田　毅	广州市海珠区广州大道南448号	84222308
	广州中洋旅行社有限公司	L－GD00847	向　橙	广州市越秀区东风东路836号	28821398
	广州佰信旅行社有限公司	L－GD00848	樊宗明	广州市天河区车陂路95号311房	38204965
	广州携旅国际旅行社有限公司	L－GD00849	李　梅	广州市天河区黄埔大道西45号	62231563
	广州市粤航金铁商务旅行社有限公司	L－GD00850	李俊芬	广州市海珠区艺苑路5号	84228423
	广州市创游国际旅行社有限责任公司	L－GD00851	李广镇	广州市越秀区中山一路25号	87359028
	广州欢畅旅行社有限公司	L－GD00852	唐文芳	广州市番禺区市桥街德兴路278号	39995025
	广州名客国际旅行社有限公司	L－GD00853	万以坚	广州市中山大道139号	85686618
	广州福之旅旅行社有限公司	L－GD00854	王洪喜	广州市白云区机场路1438号	86278567

续表

地区	旅行社名称	许可证编号	法定代表人	地 址	咨询电话
广州市	广州市大路旅行社有限公司	L－GD00855	万梅琴	广州市荔湾区十八甫路103号	81905981
	广州市翔游旅行社有限公司	L－GD00856	蔡小玲	广州市越秀区东风中路501号	83563264
	广州市灏明旅行社有限公司	L－GD00857	李 涛	广州市越秀区东风中路501－507号	83633777
	广东金色国际旅行社有限公司	L－GD00858	张志雄	广州市越秀区沿江中路313号	83837510
	增城市安达国际旅行社	L－GD00859	毛带勋	广州增城市荔城镇岗前西路12号	82634708
	广东省职工国际旅行社	L－GD00860	江陵泉	广州市越秀南东园横路3号	83814249
	广东活力商务国际旅行社有限公司	L－GD00861	李渭江	广州市越秀区应元路12号	83561826
	广东省羊城铁路国际旅行社	L－GD00862	叶维东	广州市黄沙大道125号	61359109
	广州空港之旅国际旅行社有限公司	L－GD00863	王利群	广州市白云区机场路	86135272
	广州鹅潭旅行社	L－GD00864	李迎建	广州市越秀区沿江东路406号	83833111
	广东好时光旅行社有限公司	L－GD00865	刘英华	广州市越秀区环市东路326号	37650472
	广州市白云山旅行社有限公司	L－GD00866	徐家强	广州市越秀区德政北路401－409号	83352411
	增城挂绿旅行社	L－GD00867	宋志军	广州增城市荔城街荔城大道137号	82630880
	广东国航假期旅行社有限公司	L－GD00868	侯恒斌	广州市越秀区农林东路30号	37653831
	广东电力旅行社有限公司	L－GD00869	陈竹平	广州市荔湾区南岸路77号	81328838
	广州市风行旅行社有限公司	L－GD00870	何秉权	广州市天河区体育西路育蕾二街4号	85599913
	广州双湖旅行社有限公司	L－GD00871	李国生	广州市天河区华景路165号	85562430
	广州市环球国际旅行社有限公司	L－GD00872	祝纯英	广州市环市中路300号	83229194
	广州市星宸国际旅行社有限公司	L－GD00873	李 杰	广州市越秀区鹿苑路41号之一	83488844
	广州中游旅行社有限公司	L－GD00874	黄悦明	广州市越秀区麓景路7号	83589222
	广州正佳旅行社有限公司	L－GD00875	王德红	广州天河区天河路228号	38331910
	广州市申浪旅行社有限公司	L－GD00876	帅佩贞	广州市越秀区东华南路176－178号	61180354
	广州华龄美旅行社有限公司	L－GD00877	王 挺	广州市天河北路大都会广场	87630524
	广州市悠游旅行社有限公司	L－GD00878	陈浩江	广州市荔湾区芳村新隆沙西1号	81558227
	广州开心旅行社有限公司	L－GD00879	张东斌	广州市荔湾区长堤街15号	81540198
	广州市易达旅行社有限公司	L－GD00880	魏 曦	广州市越秀区沿江中路195－197号	83336333
	广州百众国际旅行社有限公司	L－GD00881	吴元珠	广州市天河区广州大道北路	38047172
	广州缤纷旅行社有限公司	L－GD00882	薛 捷	广州市越秀区环市东路371－375号	83485593
	广州一马旅行社有限公司	L－GD00883	周晓芳	广州市越秀区合群西路7号	87620171
	广州市太易旅行社有限公司	L－GD00884	林 珲	广州市越秀区署前路33号	87781415
	广州广青商务旅行社有限公司	L－GD00932	严成碧	广州市天河区华夏路49号	38092488
	广东捷蓝旅行社有限公司	L－GD00938	陆 清	广州市白云区云霄路88号	36121332
	广州市花之旅旅行社有限公司	L－GD00939	曾伟军	广州市花都区新华街秀全大道43号	86885163
	广州一起飞旅行社有限公司	L－GD00948	黄茂春	广州市白云区黄石路黄园一街2号	22813785

续表

地区	旅行社名称	许可证编号	法定代表人	地　址	咨询电话
广州市	广州大地恒国际旅行社有限公司	L-GD00950	黎家杰	广州市番禺区市桥街富华西路2号	13609074703
	广州市无国界旅行社有限公司	L-GD00964	诸福才	广州市越秀区环市中路207号	86678009
	广州巨邦旅行社有限公司	L-GD00965	廖伟平	广州市越秀区解放北路899号	36183429
	广州芒果网国际旅行社有限公司	L-GD00976	黄志文	广州市越秀区东风东路753号	22816289
	广州豪旅国际旅行社有限公司	L-GD00977	朱少斌	广州从化市广场路23号	87967383
	※广州市均天商务旅行社有限公司	**L-GD00898**	**颜冬云**	**广州市白云区机场路111号**	**36227347**
	※广州市中易旅行社有限公司	**L-GD00899**	**陈俊樟**	**广州市天河区351号**	**38845852**
	※广州银旅通国际旅行社有限公司	**L-GD00900**	**黄少文**	**广州市天河区五山路1号**	**87515919**
	※广州市信城商旅旅行社有限公司	**L-GD00901**	**崔君亮**	**广州市荔湾区人民中路555号**	**81092030**
	※广州天下若比邻旅行社有限公司	**L-GD00902**	**苏志伟**	**广州市越秀区环市东路367号**	**83312843**
	※广州盛世君悦旅行社有限公司	**L-GD00916**	**张万国**	**广州市萝岗区天泰一路1号**	**82228696**
	※广州常青藤国际旅行社有限公司	**L-GD00917**	**胡恩华**	**广州市越秀区中山一路57号**	**61330075**
	※广州市心友汇国际旅行社有限公司	**L-GD00918**	**贺志军**	**广州市越秀区达道路12号**	**87303760**
	※广州番信旅行社有限公司	**L-GD00997**	**陈小青**	**广州市番禺区市桥街形泰路161号**	**84632088**
	※广州市携手旅行社有限公司	**L-GD01004**	**蓝宗永**	**广州市白云区机场路棠景街8号**	**83552396**
	※广州怡众旅行社有限公司	**L-GD01019**	**湛建科**	**广州市增城荔城华商路1号**	**61733001**
	※广州亚洲国际旅行社有限公司	**L-GD01029**	**欧江华**	**广州市越秀区沿江路中路298号**	**62624537**
	※广州市荔之旅国际旅行社有限公司	**L-GD01041**	**廖海花**	**广州增城市荔城街园圃路45号**	**82647777**
	※广州欣辉假期旅行社有限公司	**L-GD01042**	**王芸芸**	**广州市天河区体育东路32号**	**87515011**
	※广州佳域旅行社有限公司	**L-GD01043**	**黄玉薇**	**广州市江南大道中路穗花二巷**	**840649914**
	※广州市航程旅行社有限公司	**L-GD01044**	**陈逸明**	**广州市越秀区北较场横路12号**	**83806232**
	※广州粤游旅行社有限公司	**L-GD01051**	**陈清华**	**广州市天河区茶山路270号**	**38814267**
	※广州市旭日国际旅行社有限公司	**L-GD01057**	**罗焕荣**	**广州市越秀区大南路108号**	**13682225022**
	※广州逸群商务旅游有限公司	**L-GD01058**	**张岳宜**	**广州市天河区中山大道建中路3号**	**13600063645**
	※广州增之旅国际旅行社有限公司	**L-GD01065**	**陈　兵**	**广州增城市荔城街翠岗路18号**	**82665556**
	※广州市捷达假期旅行社有限公司	**L-GD01069**	**杨丽娟**	**广州市越秀区中山三路33号**	**83777939**
	※广州市中科旅行社有限公司	**L-GD01070**	**黎其洪**	**广州市海珠区新港西路3号**	**89090163**
	※广州天翔旅游有限公司	**L-GD01080**	**曾　云**	**广州市萝岗区天鹿南路联合段28号**	**87090279**
	※广州市美欧旅行社有限公司	**L-GD01081**	**卢颖钊**	**广州市荔湾区荔湾路88号**	**81215624**
	※广州易欢游旅行社有限公司	**L-GD01083**	**马学文**	**广州从化市街口河滨北路科技楼**	**61700017**
	※广州方行教育国际旅行社有限公司	**L-GD01084**	**吴培华**	**广州市珠海区新港西路135号**	**84114119**
	※广州汇景国际旅行社有限公司	**L-GD01088**	**曹忠琳**	**广州市越秀区中山二路3号**	**13392111122**
	※广州市宇翔航空服务有限公司	**L-GD01089**	**周丹瑜**	**广州市白云区机场路585号**	**86078435**

续表

地区	旅行社名称	许可证编号	法定代表人	地 址	咨询电话
广州市	**※广州华星假日国际旅行社有限公司**	**L－GD01090**	**莫季华**	**广州市越秀区麓景路狮带岗西1号**	**83571345**
	※广州超粤旅行社有限公司	**L－GD01091**	**缪韶清**	**广州市越秀区沿江中路195－197号**	**82242488**
	※广州可乐旅行社有限公司	**L－GD01092**	**梁巧英**	**广州市越秀区越秀北路87－89号**	**62729926**
	※广州宏坤旅行社有限公司	**L－GD01109**	**罗美兰**	**广州市白云区云宵路88号**	**13710838541**
	※广州市新阳假期旅行社有限公司	**L－GD01110**	**陈玉燕**	**广州市八旗二马路36号**	**88571366**
	※广州夏日旅行社有限公司	**L－GD01111**	**杨坤潮**	**广州市三元里大道1233号**	**13826261980**
	※广州市寰亚国际旅行社有限公司	**L－GD01112**	**廖利女**	**广州市越秀区环市东路461号**	**13719417495**
	※广州优翔国际旅行社有限公司	**L－GD01113**	**张小鹏**	**广州市越秀区环市东路362－366号**	**22373666**
	※广州十三行国际旅行社有限责任公司	**L－GD01121**	**侯守兴**	**广州市荔湾区康王北路970号**	**88904488**
	※广州豪富国际旅行社有限公司	**L－GD01137**	**张 荔**	**广州市天河区黄埔大道西76号**	**38103260**
	※广州七洲国际旅行社有限公司	**L－GD01138**	**李 萍**	**广州市天河区先烈东路318号**	**28829551**
	※广州青之旅国际旅行社有限公司	**L－GD01139**	**何靖欣**	**广州市越秀区白云路38号**	**13925048326**
	※广州佰旅旅行社有限公司	**L－GD01140**	**龚 琪**	**广州市海珠区宝岗大道268号1314房**	**13711466448**
	※广州新天地国际旅行社有限公司	**L－GD01143**	**du广飞**	**广州市越秀区执信南路3号301**	**87300222**
	※广州市德迈国际旅行社有限公司	**L－GD01151**	**林建勋**	**广州市越秀区先烈中路76号**	**87320979**
深圳市（拥有旅行社252家，其中出境游组团社34家，外资旅行社3家）	深圳市深旅国际旅行社有限公司	L－GD－CJ00038	沈庆忠	深圳市罗湖区建设路29号	82215263
	深圳中国国际旅行社有限公司	L－GD－CJ00039	吴 斌	深圳市罗湖区和平路船步街2号	82477086
	深圳招商国际旅游有限公司	L－GD－CJ00040	李 明	深圳市南山区蛇口太子路18号	26691481
	深圳市口岸中国旅行社有限公司	L－GD－CJ00041	钟焕桥	深圳市罗湖区和平路1043号	25583729
	深圳市中国旅行社有限公司	L－GD－CJ00042	钟锦波	深圳市罗湖区人民南路3023号	82287644
	深圳市深华国际旅行社有限责任公司	L－GD－CJ00043	郭 泰	深圳市罗湖区南湖路2018号	82306898
	深圳华侨城国际旅行社有限公司	L－GD－CJ00044	李珂晖	深圳市南山区华侨城光侨街	26605518
	深圳中青旅国际会议展览有限公司	L－GD－CJ00045	袁 浩	深圳市罗湖区沿河南路1098号	25970343
	深圳市鹏运国际旅行社有限公司	L－GD－CJ00046	董 军	深圳市上步南路上步大厦	83660432
	深圳市九洲国际旅行社有限公司	L－GD－CJ00047	于永杰	深圳市福田区上步中路园中花园	22209000
	深圳机场国际旅行社有限公司	L－GD－CJ00048	汤大杰	深圳市黄田国际机场新候机楼	23457351
	深圳市巨邦国际旅行社有限公司	L－GD－CJ00049	廖伟平	深圳市罗湖区深南东路3085号	25155500
	深圳市宝安中国旅行社有限公司	L－GD－CJ00050	陈玉林	深圳市宝安区新安街道	82252508
	深圳市罗湖国际旅行社有限公司	L－GD－CJ00051	陈小敏	深圳市罗湖区建设路1008号	82392098
	深圳市海外国际旅行社有限公司	L－GD－CJ00052	孟 艳	深圳市罗湖区深南东路82－84号	25132138
	深圳市天涯国际旅行社有限公司	L－GD－CJ00053	于兴洲	深圳市罗湖区人民南路发展中心	25155756
	深圳市职工国际旅行社有限公司	L－GD－CJ00054	张 剑	深圳市罗湖区深南东路国宾大酒店	25132460
	深圳市中侨国际旅行社有限公司	L－GD－CJ00055	汪永红	深圳市福田区深南中路3007号	83760128
	深圳市宝中旅行社有限公司	L－GD－CJ00056	方朝晖	深圳市罗湖区嘉宾路城市天地广场	22165567

续表

地区	旅行社名称	许可证编号	法定代表人	地　址	咨询电话
深圳市	深圳市世纪假日国际旅行社有限公司	L－GD－CJ00057	吴志闽	深圳市罗湖区嘉宾路太平洋商贸大厦	82135769
	深圳市航空国际旅行社有限公司	L－GD－CJ00058	刘剑平	深圳市福田区农林路鑫竹苑	33398935
	深圳市广铁青国际旅行社有限公司	L－GD－CJ00059	李玉文	深圳市罗湖区和平路船步街15号	82116909
	深圳市康辉旅行社有限公司	L－GD－CJ00060	李继烈	深圳市福田区振华路100号	83777168
	深圳市建南国际旅行社有限公司	L－GD－CJ00061	陈　建	深圳市福田区天安数码时代大厦	33355888
	深圳市特色国际旅行社有限公司	L－GD－CJ00062	陈翰生	深圳市罗湖区桂园路2号	82119788
	深圳市鹏之旅国际旅行社有限公司	L－GD－CJ00063	陈　外	深圳市罗湖区东门南路2028号	82193639
	深圳市金冠国际旅行社有限公司	L－GD－CJ00064	梁建军	深圳市罗湖区和平路1199号	25593098
	深圳市海韵国际旅行社有限公司	L－GD－CJ00065	彭永奎	深圳市南山区蛇口港湾一路	26864543
	港中旅京华国际旅行社（深圳）有限公司	L－GD－CJ00066	王富刚	深圳市罗湖区人民南路3002号	61695900
	国旅（深圳）国际旅行社有限公司	L－GD－CJ00067	顾振德	深圳市罗湖区嘉宾路金威大厦	82210011
	※深圳市世纪风行国际旅行社有限公司	**L－GD－CJ00139**	**张卫平**	**深圳市罗湖区嘉宾路爵士大厦**	**25138888**
	※深圳市飞航国际旅行社有限公司	**L－GD－CJ00147**	**黄　胜**	**深圳市福田区深南中路1027号**	**83787777**
	※深圳市天海国际旅行社有限公司	**L－GD－CJ00148**	**吴　昊**	**深圳市罗湖区嘉宾路太平洋商贸大厦**	**25914892**
	※深圳市华美国际旅行社有限公司	**L－GD－CJ00149**	**黄洁华**	**深圳市罗湖区嘉宾路海燕大厦**	**25138022**
	深圳顺风旅行社有限公司	L－GD－WZ00003	陈展业	深圳市罗湖区嘉宾路2018号	82288719
	康泰国际旅行社（深圳）有限公司	L－GD－WZ00005	黄士心	深圳市罗湖区天安国际大厦	82288719
	※中南西北旅行社（深圳）有限公司	**L－GD－WZ00012**	**丘沛民**	**深圳市罗湖区建设路1008号**	**82392055**
	深圳市报业国际旅行社有限公司	L－GD00554	张占恒	深圳市福田区深南中路1014号	82101896
	深圳市南油国际旅行社有限公司	L－GD00555	郭锡林	深圳市南山区东滨路南油文化广场	26648048
	深圳市南山国际旅行社有限公司	L－GD00556	于景山	深圳市罗湖区人民北路永通大厦10楼	82289002
	深圳市广深铁路国际旅行社有限公司	L－GD00557	史　彦	深圳市罗湖区深圳火车站东楼	82322157
	※深圳市领航商务旅行社有限公司	**L－GD00558**	**麦建华**	**深圳市罗湖区凤凰路工纺大厦**	**25411712**
	深圳市南方国际旅行社有限公司	L－GD00559	刘西目	深圳市罗湖区东门南路太阳岛大厦	82146665
	深圳市捷旅国际旅行社有限公司	L－GD00560	余晶堃	深圳市罗湖区东门南路3002号	33389851
	深圳市国贸国际旅行社有限公司	L－GD00561	周美英	深圳市罗湖区南湖路深华商业大厦	82375162
	深圳市沙头角旅游有限公司	L－GD00562	邱金瑞	深圳市盐田区沙头角桥东丽苑综合楼沙	25557209
	深圳市深联国际旅行社有限公司	L－GD00563	张泽钊	深圳市罗湖区人民南路3009号	25155300
	深圳市江南旅行社有限公司	L－GD00564	孙　勃	深圳市罗湖区迎春路8号安华大厦	82208315
	深圳市世纪里程国际旅行社有限公司	L－GD00565	钟伟文	深圳市宝安区宝城九区宝民路广场大厦	27755128
	深圳市蓝天之旅旅行社有限公司	L－GD00566	杨俊岗	深圳市宝安区新安龙井路1号	27759366
	深圳市五洲旅行社	L－GD00567	王跃进	深圳市罗湖区新园路15号	82227777
	深圳市晋升旅行社有限公司（原华荣）	L－GD00568	李丽媛	深圳市罗湖区嘉宾路金威大厦	61695969

续表

地区	旅行社名称	许可证编号	法定代表人	地 址	咨询电话
深圳市	深圳市永康国际旅行社有限公司	L－GD00569	胡晓敏	深圳市罗湖区嘉宾路太平洋大厦	25194008
	深圳市铁道旅行社有限公司	L－GD00570	孙 涛	深圳市罗湖区和平路 1076 号深铁大厦	61382370
	深圳市唐龙国际旅行社有限公司	L－GD00571	管启明	深圳市罗湖区莲塘畔山路 4－5 号	25727281
	深圳市大众旅行社有限公司	L－GD00572	黄 珩	深圳市福田区梅林路海康大厦	81967919
	深圳市佳速旅行社有限公司	L－GD00574	卢 彦	深圳市罗湖区人民南路 3012 号	82291096
	深圳市运通行国际旅行社有限公司	L－GD00575	韩 诚	深圳市福田区深南中路 2008 号	83667777
	深圳市欢乐假日旅行社有限公司	L－GD00576	李仕权	深圳市罗湖区笋岗东路宝安广场	82687801
	深圳市君之旅国际旅行社有限公司	L－GD00577	缪培君	深圳市罗湖区深南东路 5015 号	82060100
	深圳市长江旅行社有限公司	L－GD00578	沈岚岚	深圳市福田区滨河路景福大厦	83288333
	深圳市牡丹国际旅行社有限公司	L－GD00579	朱志雄	深圳市罗湖区嘉宾路太平洋商贸大厦	82138088
	深圳市南方假日国际旅行社有限公司	L－GD00580	杨澄宇	深圳市深南东路 2105 号中建大厦	82226453
	深圳市深之旅旅行社有限公司	L－GD00581	张兰芳	深圳市福田区东园路台湾花园大厦	82242811
	深圳市中南旅行社有限公司	L－GD00582	程浙南	深圳市罗湖区翠竹路 1138 号	25532842
	深圳市新华旅行社有限公司	L－GD00583	姚晓华	深圳市福田区深南中路 1002 号	82835555
	深圳市名仕商务国际旅行社有限公司	L－GD00584	尹伊君	深圳市宝安区西乡街道宝民二路	82076668
	深圳市河山国际旅行社有限公司	L－GD00585	莫经山	深圳市罗湖区港莲路 103 号	25738873
	深圳市天海国际旅行社有限公司	L－GD00586	吴 昊	深圳市罗湖区嘉宾路太平洋商贸大厦	25914892
	深圳市假日旅行社有限公司	L－GD00587	黄 健	深圳市罗湖区深南东路 2094 号	82222235
	深圳市新西湖旅行社有限公司	L－GD00588	彭锦胜	深圳市罗湖区宝安南路西湖大厦	25582270
	深圳市金凯国际旅行社有限公司	L－GD00589	庄志成	深圳市罗湖区嘉宾路太平洋商贸大厦	82136660
	深圳市红蜻蜓旅行社有限公司	L－GD00590	陈雪莲	深圳市福田区深南大道	83927038
	深圳市金燕之旅旅行社有限公司	L－GD00591	祝春霞	深圳市罗湖区嘉宾路海燕商业大厦	82290869
	深圳市中油商务旅行社有限公司	L－GD00592	沈 渝	深圳市南山区南山大道 1110 号	82968833
	深圳市景天旅行社有限公司	L－GD00593	李桂芳	深圳市福田区香梅路青海大厦	83947160
	深圳市中航假期国际旅行社有限公司	L－GD00595	隋建秋	深圳市宝安区前进路 87 号	27758718
	深圳市环宇捷径国际旅行社有限责任公司	L－GD00596	艾泽胜	深圳市福田区福华路 34 号	82818762
	深圳市纵横旅行社有限公司	L－GD00597	郑宇清	深圳市罗湖区文锦北路 1010 号文	33092682
	深圳神州国际旅行社有限公司	L－GD00598	王 涛	深圳市福田区上步南路国企大厦	82078316
	深圳市中洲旅行社有限公司	L－GD00599	杨凯帆	深圳市南山区华侨城湖滨花园	26930088
	深圳市珍珠旅行社有限公司	L－GD00600	陈佩涵	深圳市福田区福强路星河锦居大厦	84422994
	深圳市泰运通国际旅行社有限公司	L－GD00601	钟玉平	深圳市宝安区 25 区前进一路	27857868
	深圳市运通国际旅行社有限公司	L－GD00602	林锦成	深圳市罗湖区嘉宾路海燕商业大厦	25186655

续表

地区	旅行社名称	许可证编号	法定代表人	地址	咨询电话
深圳市	深圳市众辉国际旅行社有限公司	L-GD00603	冯旭杰	深圳市福田区深南中路	83625189
	深圳市神州假期旅行社有限公司	L-GD00604	贺　霞	深圳市福田区深南中路2201号	82027061
	深圳市港捷旅国际旅旅行社有限公司	L-GD00605	兰　艳	深圳市罗湖区建设路南方证券大厦	25183429
	深圳市海星旅行社有限公司	L-GD00606	洪笃伟	深圳市罗湖区嘉宾路2008号	25183231
	深圳市四季国际旅行社有限公司	L-GD00607	梁慧颖	深圳市罗湖区春风路庐山大厦	83023000
	深圳市快乐时光国际旅行社有限公司	L-GD00608	许可筠	深圳市罗湖区春风路1005号	82371218
	深圳市走遍天下旅行社有限公司	L-GD00609	李书辉	深圳市南山区创业路	26099035
	深圳市行知天下国际旅行社有限公司	L-GD00610	赖玉珍	深圳市福田区深南中路6031号	88299022
	深圳市飞扬假期国际旅行社有限公司	L-GD00611	李小红	深圳市宝安区六区裕宝大厦	29994428
	深圳市采逸国际旅行社有限公司	L-GD00612	陈　穗	深圳市南山区南海大道海王大厦	61631318
	深圳市华航假期旅行社有限公司	L-GD00613	陈　涛	深圳市福田区振中路玮鹏花园	83989267
	深圳市彩云旅行社有限公司	L-GD00614	廖建国	深圳市福田区深南中路南光捷佳大厦	83012883
	深圳市东方明珠国际旅行社有限公司	L-GD00615	李向远	深圳市罗湖区人民南路新安大厦	82222055
	深圳市经典假日国际旅行社有限公司	L-GD00616	汪廷飞	深圳市罗湖区嘉宾路芙蓉大厦	82181018
	深圳市太平洋国际旅行社有限公司	L-GD00617	陈　浩	深圳市罗湖区人民南路	82195188
	深圳市海峡国际旅行社有限公司	L-GD00618	李红忠	深圳市福田区彩田南路中	61280088
	深圳市天马旅行社有限公司	L-GD00619	汪　波	深圳市福田区上步南路国企大厦	82120012
	深圳市天天游旅行社有限公司	L-GD00620	黄红青	深圳市南山区南新路	86191860
	深圳市龙游国际旅行社有限公司	L-GD00621	李红梅	深圳市罗湖区松园路	82821580
	深圳市金鹏旅行社有限公司	L-GD00622	龙　洁	深圳市宝安区龙华镇人民路	29677709
	深圳市阳光里程旅行社有限公司	L-GD00623	廖忠阳	深圳市福田区中心区民田路	88263111
	深圳市畅游国际旅行社有限公司	L-GD00624	申　可	深圳市福田区南园路	22312720
	深圳市鹏程四海国际旅行社有限公司	L-GD00625	顾　菁	深圳市福田区燕南路君悦阁	83043683
	深圳市深泰国际旅行社有限公司	L-GD00626	颜铭辰	深圳市罗湖区文锦中路1027号	82297422
	深圳市阳光假日国际旅行社有限公司	L-GD00627	黄玉英	深圳市福田区上步南路锦峰大厦	83005305
	深圳市深业国际旅行社有限公司	L-GD00628	高锐涵	深圳市福田区上步中路1003号	83202822
	深圳市中之旅国际旅行社有限公司	L-GD00629	刘平飞	深圳市罗湖区飞嘉宾路	82221476
	深圳市桓通旅行社有限公司	L-GD00630	随艳芳	深圳市宝安区沙井新桥广深公路1号	29882798
	深圳市飞扬假日国际旅行社有限公司	L-GD00631	赵秋蓉	深圳市福田区福强路江南名苑	82949950
	深圳市大自然旅行社有限公司	L-GD00632	秦　磊	深圳市福田区南园路68号上步大厦	83661785
	深圳市友谊之旅国际旅行社有限公司	L-GD00633	周尚存	深圳市罗湖区迎春路8号安华大厦	82280269
	深圳市华夏新思路旅行社有限公司	L-GD00634	刘建鹏	深圳市福田区深南中路3027号	83289522
	深圳市环宇通假期旅行社有限公司	L-GD00635	侯利君	深圳市罗湖区和平路42号	25562568

续表

地区	旅行社名称	许可证编号	法定代表人	地 址	咨询电话
深圳市	深圳市假期国际旅行社有限公司	L－GD00636	罗道升	深圳市福田区竹子林紫竹四路	83706118
	深圳市逸龙旅行社有限公司	L－GD00638	华紫宸	深圳市罗湖区金塘街丽晶大厦	83199288
	深圳市青年国际旅行社有限公司	L－GD00639	宋占利	深圳市罗湖区东门北路 1006 号	25191970
	深圳市华源旅行社有限公司	L－GD00640	孟 岩	深圳市罗湖区人民南路 3023 号	82226104
	深圳市彩世界旅行社有限公司	L－GD00641	郭煌兴	深圳市龙岗街道办盛龙路 217 号	89623388
	深圳市好阳光国际旅行社有限公司	L－GD00642	余清风	深圳市南山区学府路荟芳园	26454887
	深圳市名人国际旅行社有限公司	L－GD00643	闫霄汉	深圳市南山区南油大道东创业路	86033888
	深圳市纵横天下国际旅行社有限公司	L－GD00644	刘葆青	深圳市罗湖区宝安南路 1001 号	25856998
	深圳市洲际国际旅行社有限公司	L－GD00645	罗晓媛	深圳市宝安区前进路新安湖花园	29992830
	深圳市假日通国际旅行社有限公司	L－GD00646	王倩华	深圳市福田区深南中路 2008 号华	83668323
	深圳市新侨旅行社有限公司	L－GD00647	伍秀珍	深圳市罗湖区深南东路 2023 号	82195101
	深圳市山水旅行社有限公司	L－GD00648	李金平	深圳市宝安区民治街道留仙大道边	33815205
	深圳市创景旅行社有限公司	L－GD00649	黄昌华	深圳市南山区南头街 5 号	26486950
	深圳市旅行家国际旅行社有限公司	L－GD00650	潘咏霞	深圳市龙岗区龙岗街道九州家园	84841179
	深圳市唐人国际旅行社有限公司	L－GD00651	陈晓萍	深圳市宝安区民治街道人民南路	28138879
	深圳市海峡友谊旅行社有限公司	L－GD00652	刘贤贤	深圳市福田区车公庙富春东方大厦	82571776
	深圳市健华旅行社有限公司	L－GD00653	叶伟彪	深圳市罗湖区人民南路新安大厦	82250940
	深圳新景界商务旅行社有限公司	L－GD00654	谢晓云	深圳市罗湖区沿河南路 1064 号	82157328
	深圳市飞扬旅行社有限公司	L－GD00655	宋 非	深圳市罗湖区深南东路深港花园	82319458
	深圳市金润国际旅行社有限公司	L－GD00656	关玉峰	深圳市罗湖区湖贝路 2 号	82251578
	深圳市金航程旅行社有限公司	L－GD00657	陈 涛	深圳市罗湖区嘉宾路城市天地广场	82396355
	深圳市皇朝国际旅行社有限公司	L－GD00658	李志成	深圳市罗湖区文锦南路金安大厦	25122468
	深圳市乔旅旅行社有限公司	L－GD00659	徐小乔	深圳市南山区桂庙路 62 号	86122201
	深圳市新景界东旭国际旅行社有限公司	L－GD00660	吴 斌	深圳市罗湖区沿河南路 1064 号	25906403
	深圳市新文化旅行社有限公司	L－GD00661	劳冀广	深圳市福田区上步南路国企大厦	25986200
	深圳市汉邦国际旅行社有限公司	L－GD00662	何家泳	深圳市罗湖区建设路东方广场	82191722
	深圳携程国际旅行社有限公司	L－GD00663	范 敏	深圳市罗湖区深南东路 4003 号	25981699
	深圳市南国旅行社有限公司	L－GD00664	卢家伟	深圳市罗湖区东门南路食出大厦	25186003
	深圳市食遊天下旅行社有限公司	L－GD00666	张冬梅	深圳市罗湖区新秀村秀南街	25103010
	深圳市大洲旅行社有限公司	L－GD00667	曾逸东	深圳市福田区深南中路	83632549
	深圳市金色年华旅行社有限公司	L－GD00668	陈颖黎	深圳市南山区南海大道	26492030
	深圳市风光国际旅行社有限公司	L－GD00669	马跃江	深圳市罗湖区深南东路文华大厦	25120016
	深圳市国中国际旅行社有限公司	L－GD00670	李 芳	深圳市罗湖区湖贝路 2 号	82285085
	深圳市世纪行国际旅行社有限公司	L－GD00671	于 力	深圳市福田区深南中路 6027 号	86092231

续表

地区	旅行社名称	许可证编号	法定代表人	地　址	咨询电话
深圳市	深圳市骏捷国际旅行社有限公司	L－GD00672	连志毅	深圳市罗湖区文锦北路1010号	25422212
	深圳市锦都假期旅行社有限公司	L－GD00673	伊士罡	深圳市福田区深南中路2008号	83662358
	深圳市阳光之旅旅行社有限公司	L－GD00674	付德全	深圳市南山区西丽镇石鼓路	86200129
	深圳市热风国际旅行社有限公司	L－GD00675	刘　玮	深圳市宝安区新安街道前进路	27812828
	深圳市神州行旅行社有限公司	L－GD00676	李彦广	深圳市福田区彩田路	88840335
	深圳市鹏旅国际旅行社有限公司	L－GD00677	鲁　晶	深圳市福田区上步南路佳兆业中心	83696895
	深圳市永恒旅行社有限公司	L－GD00678	张　茹	深圳市罗湖区和平路1199号	25936565
	深圳市天泰旅行社有限公司	L－GD00679	张　涛	深圳市罗湖区湖贝路2号锦湖大厦	23990382
	深圳市深航假期旅行社有限公司	L－GD00680	刘　臻	深圳市福田区农林路鑫竹苑	33398935
	深圳市卓悦国际旅行社有限公司	L－GD00681	张　勇	深圳市福田区福民路知本大厦	82998343
	深圳市开泰国际旅行社有限公司	L－GD00682	侯亚莉	深圳市罗湖区文锦渡口岸报关大楼	82465822
	深圳市商旅通国际旅行社有限公司	L－GD00683	陈国强	深圳市罗湖区东门南路	82352111
	深圳市白鹭国际旅行社有限公司	L－GD00684	宋　旭	深圳市福田区燕南路2号	83658960
	深圳市嘉景国际旅行社有限公司	L－GD00685	李　军	深圳市福田区彩田路彩福大厦	88860118
	深圳市天地间国际旅行社有限公司	L－GD00686	陈永康	深圳市宝安区沙井街道办万丰丰洋路	29883253
	深圳新明扬国际旅行社有限公司	L－GD00687	刘　影	深圳市罗湖区红桂路红桂大厦	25865535
	深圳市卓越嘉美旅行社有限公司	L－GD00688	施文健	深圳市福田区东南皇城广场大厦	83004668
	深圳市腾帮国际旅行社有限公司	L－GD00689	段乃琦	深圳市福田保税区桃花路	83485999
	深圳市辉阳假期旅行社有限公司	L－GD00690	周小丹	深圳市罗湖区东门北路66号	25406221
	深圳市阳晨旅行社有限公司	L－GD00691	梁贤光	深圳市福田区中国凤凰大厦	83043607
	深圳市八方商务旅行社有限公司	L－GD00692	陈旭波	深圳市福田区福中路人才大厦	83339998
	深圳市顺心旅行社有限公司	L－GD00693	李作彬	深圳市福田区名津广场	26581265
	深圳市乐途国际旅行社有限公司	L－GD00694	何初科	深圳市罗湖区文锦北路1010号	25605062
	深圳市中诚假期旅行社有限公司	L－GD00695	罗小燕	深圳市罗湖区嘉宾路	22161646
	深圳市港之旅旅行社有限公司	L－GD00696	秦俊琪	深圳市福田区彩田路	25104070
	深圳市广通联旅行社有限公司	L－GD00697	孙　丹	深圳市罗湖区深南东路文华大厦	25129780
	深圳市悦达国际旅行社有限公司	L－GD00698	吴坤莉	深圳市罗湖区深南东路2105号	82226026
	深圳市旅程天下国际旅行社有限责任公司	L－GD00699	将迷栓	深圳市福田区深南中路2008号	83667492
	深圳市金都旅行社有限公司	L－GD00700	金　奕	深圳市罗湖区嘉宾路	22161510
	深圳市扬子江国际旅行社有限公司	L－GD00701	秦新桥	深圳市福田区深南中路	61282898
	广东中旅（深圳）旅行社有限公司	L－GD00702	邹　锋	深圳市罗湖区桂园路1号	83279048
	深圳市顺通太国际旅行社有限公司	L－GD00703	于　环	深圳市罗湖区文锦南路	82146366
	深圳市爱游国际旅行社有限公司	L－GD00704	叶美惠	深圳市罗湖区南湖路	82209653
	※深圳市亚联网旅行社有限公司	**L－GD00886**	**谢永玲**	**深圳市罗湖区东门南路3002号**	**82311216**

续表

地区	旅行社名称	许可证编号	法定代表人	地　址	咨询电话
深圳市	※深圳市金旅假期旅行社有限公司	L－GD00889	王　威	深圳市福田区彩田路中深花园	82997077
	※深圳市缤纷假日旅行社有限公司	L－GD00894	冼小婷	深圳市福田区深南中路2018号	25678119
	※深圳市海侨国际旅行社有限公司	L－GD00895	孙晚妹	深圳市罗湖区迎春路8号	82295858
	※深圳市旅联国际旅行社有限公司	L－GD00906	李红梅	深圳市罗湖区文锦中路1027号	82176960
	※深圳市新豪旅行社有限公司	L－GD00907	尹　敏	深圳市罗湖区人民南路	82221694
	※深圳市美丽华旅行社有限公司	L－GD00908	刘新斌	深圳市罗湖区嘉宾路	22165229
	※深圳市泛亚美旅行社有限公司	L－GD00909	余　芳	深圳市福田区华强北路	83741989
	※深圳市蓝途畅游旅行社有限公司	L－GD00910	汪　成	深圳市福田区深南路	82725181
	※深圳市侨中旅行社有限公司	L－GD00913	王小惠	深圳市罗湖区文锦中路1027号	82230580
	深圳市辉煌国际旅行社有限公司	L－GD00941	李彦辉	深圳市罗湖区宝安南路2014号	25026980
	深圳市旭日国际旅行社有限公司	L－GD00942	郑　旭	深圳市罗湖区东门南路3002号	82389666
	深圳市至醒旅行社有限公司	L－GD00943	宁　勇	深圳市罗湖区沿河北路1003号	22306463
	深圳市环游国际旅行社有限公司	L－GD00944	黄丹红	深圳市嘉宾路太平洋商贸大厦B座	82138166
	深圳市南澳璐悦国际旅行社有限公司	L－GD00945	张品锐	深圳市龙岗区南澳街道富民路43号	84408889
	深圳市他乡美国际旅行社有限公司	L－GD00946	沈洋镒	深圳市罗湖区宝安路松园西街23号	88865868
	深圳市美景旅行社有限公司	L－GD00952	崔玉香	深圳市罗湖区建设路罗湖口岸	82320442
	深圳市芒果网旅行社有限公司	L－GD00961	黄志文	深圳市福田区深南大道4001号	33399999
	深圳市鹏辉旅行社有限公司	L－GD00962	刘英华	深圳市南山区创业路保利城花园	86033812
	深圳市万悦旅行社有限公司	L－GD00980	陈　勇	深圳市罗湖区人民南路新安大厦	82252508
	深圳市吉祥天下国际旅行社有限公司	L－GD00981	陈晓华	深圳市罗湖区嘉宾路4028号	82138263
	※深圳市玩美假期旅行社有限公司	L－GD00987	余伟健	深圳市罗湖区嘉宾路4018号	25904767
	※深圳市鑫鹏国际旅行社有限公司	L－GD00990	肖德安	深圳市福田区嘉麟豪庭	33365388
	※深圳市骏富旅行社有限公司	L－GD00998	郑启毅	深圳市罗湖区文锦北路1010号	25530785
	※深圳市雅途旅行社有限公司	L－GD01002	陈　刚	深圳市福田区彩田路彩福大厦	82959748
	※深圳市中航宝成旅行社有限公司	L－GD01003	魏力生	深圳市南山区大新路9号	26586122
	※深圳市春秋旅行社有限公司	L－GD01006	潘洪城	深圳市罗湖区深南东路中建大厦	13828840088
	※深圳市千百度旅行社有限公司	L－GD01007	黄　珊	深圳市罗湖区外运路粤鹏大厦	82389326
	※深圳市友盟旅行社有限公司	L－GD01008	蒋双德	深圳市罗湖区嘉宾路海燕商业大厦	82537079
	※深圳市晨曦国际旅行社有限公司	L－GD01012	张　宏	深圳市罗湖区嘉宾路深华商业大厦	25848561
	※深圳市易游国际旅行社有限公司	L－GD01016	林　伟	深圳市罗湖区东门路宝丰大厦	82281899
	※深圳市盛行天下旅行社有限公司	L－GD01022	钟艳红	深圳市罗湖区莲塘工业园	22320766
	※深圳市中诚国际旅行社有限公司	L－GD01030	姚建平	深圳市福田区泰燕南名庭	82511360
	※深圳市信游天下国际旅行社有限公司	L－GD01031	裴长辉	深圳市宝安区龙华街道和平路	33051859

续表

地区	旅行社名称	许可证编号	法定代表人	地　址	咨询电话
深圳市	※深圳市永兴旅行社有限公司	L－GD01034	李庆贺	深圳市罗湖区嘉宾路	22161468
	※深圳市飞宇天下国际旅行社有限公司	L－GD01035	高宏伟	深圳市福田区深南中路2008号	83667559
	※深圳市湖心岛国际度假旅行社有限公司	L－GD01036	张淑琴	深圳市盐田区大梅沙片区湖心岛公寓	25255528
	※深圳市爱途国际旅行社有限公司	L－GD01037	刘　懋	深圳市南山区南光城市花园	13823594771
	※深圳市方成旅行社有限公司	L－GD01045	夏　冰	深圳市罗湖区深南东路鸿昌广场	22194123
	※深圳市奇程网旅行社有限公司	L－GD01046	何伊丽	深圳市南山区石洲冲中路	86101319
	※深圳市环球国际旅行社有限公司	L－GD01055	钟锋麒	深圳市罗湖区迎春路海外联谊大厦	33353055
	※深圳市瀚海旅行社有限公司	L－GD01059	陈维雄	深圳市深南中路华南电力大厦	83222057
	※深圳市皇冠永利旅游有限公司	L－GD01061	夏慧宁	深圳市罗湖区深南东路1001号	25104393
	※深圳市华和游旅行社有限公司	L－GD01062	傅倾喜	深圳市福田区上步南国企大厦	2504529
	※深圳市亮点国际旅行社有限公司	L－GD01063	吴志闽	深圳市罗湖区嘉宾路	82135769
	※深圳市星辰旅行社有限公司	L－GD01066	曾　陈	深圳市罗湖区人民南路3002号	13823177559
	※深圳环宇国际旅行社有限公司	L－GD01067	黄建波	深圳市罗湖区深南东路2023号	25163737
	※深圳市网途旅游网国际旅行社有限公司	L－GD01075	陈　洪	深圳市罗湖区东门南路2028号	82291360
	※深圳市悦之旅旅行社有限公司	L－GD01078	唐　琼	深圳市罗湖区人民南路新安大厦	82295558
	※深圳市美周旅行社有限公司	L－GD01082	刘晓英	深圳市福田区上步南路上步大厦	82995333
	※深圳市新景界人车行旅游有限公司	L－GD01094	吴　斌	深圳市福田区香轩路	82477086
	※深圳市深游国际旅行社有限公司	L－GD01098	徐国栋	深圳市罗湖区嘉宾路海燕大厦	22246764
	※深圳市腾飞旅行社有限公司	L－GD01099	刘冬如	深圳市罗湖区嘉宾路	25881810
	※深圳市好运通国际旅行社有限公司	L－GD01105	张小鹏	深圳市福田区振华路深纺大厦	82927773
	※深圳市云游四海国际旅行社有限公司	L－GD01106	刘　耘	深圳市福田区车公庙工业区泰然九路	82793854
	※深圳市君悦假期国际旅行社有限公司	L－GD01107	纪　文	深圳市龙岗区南湾街道沙坪南路108号	28745750
	※深圳市莘运旅行社有限公司	L－GD01108	鹿　超	深圳市布吉百合星城百合酒店	22165706
	※深圳市东郡旅行社有限公司	L－GD01117	李吉月	深圳市罗湖区人民南路新安大厦	15622827777
	※深圳市深国旅行社有限公司	L－GD01118	张　政	深圳市罗湖区嘉宾路2008号	82352163
	※深圳市风向标国际旅行社股份有限公司	L－GD01126	刘　昕	深圳市罗湖区人民南路国贸大厦	82148032
	※深圳市荣新国际旅行社有限公司	L－GD01127	朱沛新	深圳市福田区振华路桑达小区	83340135
	※深圳市光明国旅旅行社有限公司	L－GD01128	吕　萍	深圳市光明新区光明办事处	81777857
	※深圳市中达旅行社有限公司	L－GD01130	黄运龙	深圳市罗湖区深南东路华乐大厦	33327777
	※深圳市大地旅行社有限公司	L－GD01131	卓丽娜	深圳市宝安区西乡街道	29968566
	※深圳市全品国际旅行社有限责任公司	L－GD01135	谭　昊	深圳市福田区福华路322号	83678608
	※深圳市和平旅行社有限责任公司	L－GD01136	杨　慥	深圳市罗湖区湖贝路华佳广场15楼	88852286
	※深圳市广中国际旅行社有限公司	L－GD01149	黄　炜	深圳市福田区深南中路	25155532
	※深圳市万安顺旅行社有限公司	L－GD01150	万红保	深圳市南山区沙河金三角大厦	82287461

续表

地区	旅行社名称	许可证编号	法定代表人	地址	咨询电话
珠海市（拥有旅行社103家，其中出境游组团社10家）	珠海海外旅游有限公司	L－GD－CJ00068	王焕菊	珠海市吉大园林路104号	3336698
	广东省拱北口岸中国旅行社有限公司	L－GD－CJ00069	陈文杰	珠海市拱北迎宾大道南华侨宾馆	8136525
	珠海市旅游有限公司	L－GD－CJ00070	罗华生	珠海市拱北粤海东路1028号	8155222
	珠海航空国际旅行社有限公司	L－GD－CJ00071	张亚萍	珠海市拱北中珠大厦	8114228
	珠海中国国际旅行社有限公司	L－GD－CJ00072	王少锋	珠海市香洲凤凰南路1034号	2120028
	珠海市君悦国际旅行社有限公司	L－GD－CJ00073	余伟源	珠海市香州区吉大路105号	3378899
	珠海国际度假旅行社有限公司	L－GD－CJ00074	唐塑戈	珠海市情侣南路428号	3263001
	珠海里程国际旅行社有限公司	L－GD－CJ00075	周艳燕	珠海市吉大景山路粤财大厦	3221818
	珠海海天国际旅行社有限公司	L－GD－CJ00076	李炳炎	珠海市吉大路43号	3226600
	※珠海阳光国际旅行社有限公司	**L－GD－CJ00140**	**肖　红**	**珠海市拱北粤海东路升冠大厦**	**8131777**
	珠海石景山国际旅行社有限公司	L－GD00119	叶汉平	珠海市拱北粤海东路1138号升冠大厦	8289818
	珠海市澳国旅国际旅行社有限公司	L－GD00120	卢　放	珠海市拱北迎宾南路1043号	8866380
	珠海神州国际旅行社	L－GD00121	张　捷	珠海市吉大路羊城晚报综合楼	3372765
	珠海国际金融旅行社有限公司	L－GD00122	王力学	珠海市拱北粤海东路1150号	8886900
	珠海九洲国际旅行社	L－GD00124	牛晓波	珠海市吉大情侣南路428号	3324376
	珠海经济特区环球国际旅行社	L－GD00125	梁学兵	珠海市吉大石花东路207号	3377268
	珠海经济特区濠江旅行社	L－GD00126	唐银娟	珠海市湾仔南湾南路澳门环岛游码头	8826262
	珠海市斗门中国旅行社有限公司	L－GD00127	梁小红	珠海市斗门区井岸镇人民路霞山1号	5559798
	珠海市斗门区东亚旅行社有限公司	L－GD00128	赵成恩	珠海市斗门区井岸镇中兴中路40号	5520688
	珠海市青年旅行社有限公司	L－GD00129	张志雄	珠海市拱北夏湾昌平路128号	3884880
	珠海市黄杨旅行社有限公司	L－GD00130	梁雄辉	珠海市斗门区井岸镇井湾路720号	5103988
	珠海康辉国际旅行社有限公司	L－GD00131	梁毅敏	珠海市拱北迎宾南路1081号	8899880
	珠海惠嘉旅行社有限公司	L－GD00132	邓文玉	珠海市香洲凤凰北路1012号	2126622
	珠海人人旅行社有限公司	L－GD00133	刘卓光	珠海市九州大道中2121号	81188618
	珠海市湾仔旅游服务公司	L－GD00134	王少成	珠海市湾仔南湾南路澳门环岛游码头	8821237
	珠海华视国际旅行社有限公司	L－GD00135	张珠英	珠海市吉大海滨南路光大贸易中心	3320902
	珠海广之旅旅行社有限公司	L－GD00136	卢建旭	珠海市拱北迎宾南路1081号	3870300
	珠海市浪漫时光国际旅行社有限公司	L－GD00137	孙俭峰	珠海市拱北粤华路225号	8872626
	珠海市斗门区白藤湖旅游发展公司	L－GD00138	李　涛	珠海市斗门区白藤湖内	5569363
	珠海泰申旅行社有限公司	L－GD00139	林俊练	珠海市拱北迎宾南路1155号	8118839
	珠海市斗门区泰安旅行社有限公司	L－GD00140	赵树森	珠海市斗门井岸镇美湾街111号	5101133
	珠海易时代商务旅行社有限公司	L－GD00141	郑　虹	珠海市拱北迎宾大道中建大厦	8889090
	珠海东航旅行社有限公司	L－GD00142	钟　铭	珠海市香洲银桦路8号	3812013

续表

地区	旅行社名称	许可证编号	法定代表人	地　址	咨询电话
珠海市	珠海市碧海国际旅行社有限公司	L－GD00143	郑加林	珠海市拱北粤海东路升冠大厦	8286179
	珠海经济特区怡海旅行社	L－GD00144	何永才	珠海市万山海洋开发试验区	3236959
	珠海市国际会议中心度假旅行社有限公司	L－GD00145	吴昌祐	珠海市吉大路2号国际会议会中心	3329808
	珠海市望海旅行社	L－GD00146	吴　敏	珠海市吉大海滨北路3号	2171036
	珠海市珠江国际旅行社有限公司	L－GD00147	林番权	珠海市拱北粤海东路升冠大厦四楼	8116877
	珠海市平沙金雁旅游公司	L－GD00148	刘照伦	珠海市平沙镇平塘大街12号	8122887
	珠海飞扬旅行社有限公司	L－GD00149	梁海清	珠海市拱北粤海东路1006号	8889933
	珠海市缤纷国际旅行社有限公司	L－GD00150	林兆明	珠海市香洲区水湾南路21号	8122887
	珠海海威国际旅行社有限公司	L－GD00151	朱南英	珠海市拱北围基路28号	3359012
	珠海斗门青年旅行社有限公司	L－GD00152	黄兆州	珠海市斗门区井岸镇朝福路71号	5102777
	珠海西藏旅行社有限公司	L－GD00153	西雪岩	珠海市吉大九洲大道中段江村路口	8875028
	珠海市尊乐旅行社有限公司	L－GD00154	徐　丽	珠海市拱北联安路8号	8138266
	珠海快乐假期旅行社有限公司	L－GD00155	昝　丽	珠海市九洲大道东1263号	3231558
	珠海华美达国际旅行社有限公司	L－GD00156	梁水强	珠海市吉大海滨南路47号	3808688
	珠海市天天游国际旅行社有限责任公司	L－GD00157	曾　京	珠海市迎宾南路2079号	8873834
	珠海市华深旅行社有限公司	L－GD00158	侯　勇	珠海市吉大园林路平安大厦	3350477
	珠海凤凰假日旅行社有限公司	L－GD00159	蒋守宏	珠海市香洲五洲花城世派街13号商铺	2511587
	珠海风情旅行社有限公司	L－GD00160	吴多华	珠海市拱北水湾路223号	8283907
	珠海市怡晴国际旅行社有限公司	L－GD00161	钟远谦	珠海市拱北迎宾南路2188号房	8125055
	珠海新华旅行社有限公司	L－GD00162	吴玉芳	珠海市拱北迎宾南路中建大厦	8119092
	珠海富临旅行社有限公司	L－GD00163	杨正瀛	珠海市吉大路57号羊城晚报综合楼	3376867
	珠海市金四海旅行社有限公司	L－GD00164	陈广美	珠海市拱北迎宾南路2188号	8892200
	珠海星辉旅行社有限公司	L－GD00165	林锦燕	珠海市拱北迎宾南路1081号	8897160
	珠海光大旅行社有限公司	L－GD00166	谭艳明	珠海市斗门区井岸镇江湾中路230号	5522550
	珠海云天国际旅行社有限公司	L－GD00167	孔祥旗	珠海市翠微北路宝源花园2栋	2127732
	珠海海旅假期旅行社有限公司	L－GD00168	王微微	珠海市吉大园林路104号信海大厦	3336698
	珠海市顺安旅行社有限公司	L－GD00169	林炳利	珠海市拱北夏湾港三路260号	8866008
	珠海市岛之旅旅行社有限公司	L－GD00170	石木香	珠海市香洲凤凰南路1088号	2111033
	珠海市海煜旅行社有限公司	L－GD00171	王惠萍	珠海市吉大石花东路123号	3370100
	珠海远航旅行社有限公司	L－GD00172	林　远	珠海市吉大景山路82号	8287878
	珠海市易达假期国际旅行社有限公司	L－GD00173	黄硕志	珠海市拱北国防路101号	8893920
	珠海市中恒旅行社有限公司	L－GD00174	潘华群	珠海市拱北莲花路71号	8155511
	珠海澳中旅旅行社有限公司	L－GD00175	黄灿辉	珠海市拱北围基路28号	8890621

续表

地区	旅行社名称	许可证编号	法定代表人	地　址	咨询电话
珠海市	珠海市东南旅行社有限公司	L-GD00176	钟燕玲	珠海市拱北水湾路131号	3832308
	珠海市朋友国际旅行社有限公司	L-GD00177	王秀香	珠海市拱北粤海东路1145号	8155552
	珠海中澳旅行社有限公司	L-GD00178	陈　涵	珠海市吉大景山路216号	3368000
	珠海汇华博雅国际商务旅行社有限公司	L-GD00179	董林俊	珠海市吉大九洲大道东1234号	3233368
	珠海万里游旅行社有限公司	L-GD00180	肖　琪	珠海市拱北夏湾华平路17号	2629866
	珠海春秋旅行社有限公司	L-GD00181	孙文霞	珠海市吉大九洲大道中1053号	3363566
	珠海山水旅行社有限公司	L-GD00182	刘剑媚	珠海市吉大水湾路333号	13702317869
	珠海市鼎峰旅行社有限公司	L-GD00183	万　峰	珠海市拱北迎宾南路2240号	8872658
	珠海市新一天旅行社有限公司	L-GD00184	刘　超	珠海市拱北迎宾南路47号	3888900
	珠海华旅旅行社有限公司	L-GD00185	梁文英	珠海市拱北粤海东路1138号	8899291
	珠海市飞越国际旅行社有限公司	L-GD00186	丁守志	珠海市拱北迎宾南路2230号	3831777
	珠海四季国际旅行社有限公司	L-GD00187	雷震霖	珠海市九洲大道西2108号	3878666
	珠海新天地旅行社有限公司	L-GD00188	许泽文	珠海市吉大海洲路53号	3333319
	珠海拱北中旅麒麟商务旅行社有限公司	L-GD00189	杨志明	珠海市拱北迎宾南路2104号	8136844
	珠海市海粤国际旅行社有限公司	L-GD00190	尹　敏	珠海市建业四路4号	3336292
	珠海华青旅行社有限公司	L-GD00191	禹英梅	珠海市九州大道2121号	3213036
	珠海驿站旅行社有限公司	L-GD00192	郭守春	珠海市拱北昌盛路226号	8712663
	珠海国华国际旅行社有限公司	L-GD00193	陈　民	珠海市拱北粤华路中珠大厦	8890368
	珠海佳晖旅行社有限公司	L-GD00194	袁志伟	珠海市拱北粤海东路升冠大厦	6189323
	珠海市捷旅假期旅行社有限公司	L-GD00195	李志清	珠海市拱北迎宾南路1081号	3338881
	珠海吉洪旅行社有限公司	L-GD00196	陈志伟	珠海市香洲柠溪路338号	3226488
	※珠海全程旅行社有限公司	**L-GD00890**	**沙丽珊**	**珠海市拱北水湾路131号发展大厦**	**8821222**
	※珠海市沃德商务旅行社有限公司	**L-GD00903**	**胡佩敏**	**珠海市粤海东路1004号**	**8882886**
	※珠海市驴友假期旅行社有限公司	**L-GD00904**	**刘卫宇**	**珠海市香洲柠溪路284号**	**8866990**
	※珠海泰华旅行社有限公司	**L-GD00905**	**余武君**	**珠海市拱北迎宾大道1155号**	**8123488**
	※珠海百合旅行社有限公司	**L-GD00920**	**曾宜彬**	**珠海市香洲区唐淇路3399号**	**2311945**
	※珠海市万佳旅行社有限公司	**L-GD00972**	**黄一行**	**珠海市九州大道中1078号**	**13417778310**
	※广东中旅（珠海）旅行社有限公司	**L-GD00973**	**容　斌**	**珠海市迎宾南路1155号**	**8809782**
	※珠海市环宇国际旅行社有限公司	**L-GD00983**	**程　颖**	**珠海市拱北迎宾南路21088号**	**8806611**
	※珠海悠游国际旅行社有限公司	**L-GD00988**	**周瑞华**	**珠海市吉大景山路171号**	**8872091**
	※珠海市天翼旅行社有限公司	**L-GD00989**	**杨天宇**	**珠海市九州大道东亚大厦**	**3883191**
	※珠海名越国际旅行社有限公司	**L-GD00991**	**钟燕玲**	**珠海市拱北水湾路131号**	**3832308**
	※珠海远扬旅行社有限公司	**L-GD01104**	**和庆兰**	**珠海市香洲区水湾路131号**	**3881881**

续表

地区	旅行社名称	许可证编号	法定代表人	地　　址	咨询电话
珠海市	**※珠海市浪漫假期国际旅行社有限公司**	**L-GD01122**	**于　艳**	**珠海市香洲敬业路51号**	**13326699528**
	※珠海市迪威龙旅行社有限公司	**L-GD01147**	**林第碧**	**珠海市拱北侨光北路392号**	**13631261788**
	※珠海澳亚旅游有限公司	**L-GD01148**	**任鸣宇**	**珠海市拱北侨光南路底层商铺108号**	**13809231020**
	※珠海开心旅行社有限公司	**L-GD01155**	**曹燕云**	**珠海市拱北迎宾南路1081号**	**8136631**
汕头市（拥有旅行社63家，其中出境游组团社6家）	汕头市旅游总公司	L-GD-CJ00077	张汉林	汕头市跃进路35号	88297612
	中国康辉汕头旅行社有限公司	L-GD-CJ00078	李继烈	汕头市练江路18号	88268000
	汕头市中国旅行社有限公司	L-GD-CJ00079	陈锦才	汕头市汕樟路41号	88911884
	汕头市天驰国际旅行社有限公司	L-GD-CJ00080	黄顺源	汕头市金砂路188号	88800038
	※汕头市乐观国际旅行社有限公司	**L-GD-CJ00240**	**黄庆文**	**汕头市东厦路90号金东花园**	**88230188**
	※汕头市商之旅国际旅行社有限公司	**L-GD-CJ00250**	**林健辉**	**汕头市金砂路140号金龙大厦**	**88614444**
	汕头中国国际旅行社	L-GD00001	张汉林	汕头市金平区跃进路35号	88297612
	汕头经济特区旅游有限公司	L-GD00004	柯传勇	汕头市迎宾路轻化大厦	88469059
	汕头市康泰旅行社有限公司	L-GD00005	陈懋雄	汕头市东厦路78号1	88631992
	汕头市职工旅行社	L-GD00006	谢惠城	汕头市至平路32号	88525110
	汕头市好之旅旅行社有限公司	L-GD00008	陈镇芝	汕头市澄海区城区中山北路179号	85718555
	汕头市红头船国际旅行社有限公司	L-GD00009	金昂彬	澄海市区益民路267号	85733738
	汕头高新区四海旅行社有限公司	L-GD00010	李静依	汕头市龙湖区黄河路万商大厦	88238247
	汕头市好风光旅行社有限公司	L-GD00011	黄庆彬	汕头市金环路建南花园7幢	88176767
	汕头假日旅行社有限公司	L-GD00012	邱锡江	汕头市建南花园5座	88179240
	汕头市海燕旅行社	L-GD00013	魏泽斌	汕头市海滨路4号	88448863
	汕头南国商务旅行社	L-GD00014	李伟松	汕头市跃进路35号	88297611
	汕头市名胜旅行社有限公司	L-GD00015	曾　彬	汕头市迎宾路建设大厦	88173660
	汕头市青云旅行社有限公司	L-GD00016	黄天海	汕头市杏园5号中信金杏花园	88173226
	汕头市华天旅行社有限公司	L-GD00017	赵创群	汕头市水仙园26栋	88640272
	汕头市新永安国际旅行社有限公司	L-GD00018	郑武平	汕头市海滨花园西区30幢	88446332
	汕头海洋旅行社有限公司	L-GD00019	陈　蔚	汕头市龙眼路87号	88324274
	汕头广梅汕铁路旅行社	L-GD00020	雷德晖	汕头市泰山路火车客站首层	88811057
	南澳海之旅旅行社	L-GD00021	余远诗	汕头市南澳县后宅镇龙滨路	86803888
	汕头市金潮国际旅行社有限公司	L-GD00022	黄伟卿	汕头市金陵路8号	83923118
	汕头市潮人旅行社有限公司	L-GD00023	林利雄	汕头市中山东路中泰花园	88832003
	汕头市光大旅行社有限公司	L-GD00024	林哲夫	汕头市龙湖区朝阳庄中区	88883428
	汕头市春秋旅行社有限公司	L-GD00025	吴臣昭	汕头市龙湖区丽水庄东区	88847531
	汕头市金叶旅行社	L-GD00026	杨烈华	汕头市潮阳区棉新大道	83828888
	南澳县海岛旅行社有限公司	L-GD00027	吴潮平	汕头市南澳县后宅镇海滨路中段	86800470

续表

地区	旅行社名称	许可证编号	法定代表人	地 址	咨询电话
汕头市	汕头市龙泰旅行社有限公司	L－GD00028	陈建谋	汕头市澄海区文祠西路	85715884
	汕头市澄海区假日旅行社有限公司	L－GD00029	朱育勇	汕头市澄海区德政路益冠园	85831246
	汕头市汕澄旅行社有限公司	L－GD00030	陆绍凯	汕头市澄海区凤翔中山南路70号	85872809
	汕头市广之旅旅行社有限公司	L－GD00031	张维新	汕头市龙湖区金砂东路145号	88861418
	汕头市新旅程国际旅行社有限公司	L－GD00032	赵毓浜	汕头市龙湖区春泽庄中区	88524411
	汕头市航旅旅行社有限公司	L－GD00033	谢锐波	汕头市澄海区益民路益美园	86305162
	汕头市佳辰旅行社有限公司	L－GD00034	李 超	汕头市丹阳庄西一区	88854502
	汕头市澳海信达旅行社有限公司	L－GD00035	陈文治	汕头市龙眼路31号	88950054
	汕头市青之旅旅行社有限公司	L－GD00036	李泽群	汕头市金环路30号	88234588
	汕头市顺成旅行社有限公司	L－GD00038	林健生	汕头市澄海区澄华文祠西路424号	85737286
	汕头市泰昌国际旅行社有限公司	L－GD00039	黄 淳	汕头市澄海区文冠路金冠园6栋	85857952
	汕头市汕之旅旅行社有限公司	L－GD00040	陈少雄	汕头市外马路151号	88283399
	汕头市南安旅行社有限公司	L－GD00041	方 铭	汕头市长平路11街区财政大楼	88179878
	汕头市环宇国际旅行社有限公司	L－GD00042	蔡立辉	汕头市金环路金环花园1栋	88310011
	汕头中国青年旅行社有限公司	L－GD00043	连文成	汕头市长平路91号中源大厦	88630918
	汕头市乐阳旅行社有限公司	L－GD00044	许少忠	汕头市澄海区益民路300号	85725998
	南澳县瀛南旅行社有限公司	L－GD00045	黄普生	汕头市南澳县前江安居工程西区	86808028
	汕头市澄旅国际旅行社有限公司	L－GD00046	李东炜	汕头市澄海区宜馨花园21幢	85898987
	汕头市友好旅行社有限公司	L－GD00047	黄小莉	汕头市龙湖区珠江路32号	88563988
	汕头市纵横游国际旅行社有限公司	L－GD00050	杨小屏	汕头市公信路中侨园11座	88560080
	汕头市顺驰旅行社有限公司	L－GD00051	陈文成	汕头市澄海区东里镇美园路东侧	85351269
	汕头市和泰国际旅行社有限公司	L－GD00053	罗泽龙	汕头市长平路53号	83923456
	汕头市康乐旅行社有限公司	L－GD00054	陈雪娟	汕头市金砂路134号	88690351
	汕头市新天地旅行社有限公司	L－GD00055	黄少平	汕头市龙湖区迎宾路9号	88179893
	汕头市新景界国际旅行社有限公司	L－GD00924	陈振文	汕头市金平区金砂路95号	88305699
	汕头市潮汕风情旅行社有限公司	L－GD00925	苏惠銮	汕头市金平区东厦北路东厦花园	88592211
	汕头市美景国际旅行社有限公司	L－GD00953	李泽宁	汕头市金砂路89号	88997285
	汕头市通达旅行社有限公司	L－GD00954	陈眉飞	汕头市金砂路104号	88997285
	汕头市好运国际旅行社有限公司	L－GD00982	刘育群	汕头市澄海区益民路	85805530
	汕头海源双江游轮国际旅行社有限公司	L－GD01000	辛东雄	汕头市汕樟路下蓬段169号	88338467
	汕头市顺安国际旅行社有限公司	L－GD01040	林树楷	汕头市澄海区益民路	83660666
	汕头市江南旅行社有限公司	L－GD01068	方映红	汕头市金砂东路86号	88885490
	广东国旅（汕头）旅行社有限公司	L－GD01120	胡国俊	汕头市龙湖区金涛庄西二区	88480955

续表

地区	旅行社名称	许可证编号	法定代表人	地 址	咨询电话
佛山市（含顺德区，共有旅行社88家，其中出境游组团社14家）	佛山市禅之旅国际旅行社有限公司	L－GD－CJ00081	杜修远	佛山市禅城区佛山大道北169号	82963346
	佛山市南海中旅假日国际旅行社有限公司	L－GD－CJ00083	叶汉平	佛山市南海区西樵官山城区江浦东路43号	86238888
	佛山国旅国际旅行社有限公司	L－GD－CJ00084	杨卫中	佛山市禅城区汾江中路114－118号	83999880
	佛山市中旅国际旅行社有限公司	L－GD－CJ00085	陈树根	佛山市禅城区祖庙路14号1座	82622016
	佛山市三水中旅集团有限公司	L－GD－CJ00087	李辉成	佛山市三水区西南镇新华路42号	87802283
	佛山海外国际旅行社有限公司	L－GD－CJ00088	苏志勇	佛山市南海区桂城街道南桂东路66号	86222103
	佛山市天宁国际旅行社有限公司	L－GD－CJ00093	关燕玲	佛山市华远东路19号	83201199
	佛山明媚假期国际旅行社有限公司	L－GD－CJ00094	梁　军	佛山市汾江西路1号	83218102
	佛山市高明区旅游公司	L－GD00441	汪广华	佛山市高明区文华路560号	88888075
	佛山市高明区中国旅行社	L－GD00442	刘凤坚	高明区荷城沿江路56号	88822155
	佛山市三水之旅国际旅行社有限公司	L－GD00443	谢庆明	佛山市三水区康乐路9号	87712215
	佛山市华银国际旅行社有限公司	L－GD00444	高伟坚	佛山市南海区桂城佛平路112号	86233333
	佛山广之旅国际旅行社有限公司	L－GD00446	何文锋	佛山市季华七路2号	81234567
	佛山市中宇假期旅行社有限公司	L－GD00447	刘领华	佛山市南海区桂城南海大道北51号	86130010
	佛山市南之旅旅行社有限公司	L－GD00450	老光带	佛山市南海区桂城南海大道	86226888
	佛山市青年旅行社有限公司	L－GD00453	林清强	佛山市南海区大沥园东路西五巷1号	86393222
	佛山永安假期旅行社有限公司	L－GD00454	梁满秋	佛山市佛平路军桥大厦7号	86230730
	佛山市明之旅国际旅行社有限公司	L－GD00455	李耀豪	佛山市南海区桂城南兴三路	86321816
	佛山市金华旅行社有限公司	L－GD00456	徐欢华	佛山市季华五路28号	83806186
	佛山市新联假期旅行社有限公司	L－GD00460	赖　力	佛山市季华七路2号	81232222
	佛山市富盈假期旅行社有限公司	L－GD00461	谢国华	佛山市南海区大沥香基东路	85566884
	佛山市纵横天地旅行社有限公司	L－GD00462	梁彩叶	佛山市禅城区平远直街10号	83876600
	佛山市凤凰国际旅行社有限公司	L－GD00463	李　颖	佛山市南海区桂城季华七路2号	81231111
	佛山市喜之旅国际旅行社有限公司	L－GD00464	姚凤珍	佛山市南海区桂城佛平路	86328818
	佛山市三水天下游旅行社有限公司	L－GD00465	谢军武	佛山市三水区西南街道康乐路11号	87776018
	佛山市学旅假期旅行社有限公司	L－GD00466	游姬英	佛山市南海区桂城南新一路	86284898
	佛山市逍遥天下旅行社有限公司	L－GD00467	罗旭新	佛山市禅城区惠景一街	838104488
	佛山市南湖旅行社有限公司	L－GD00468	林露明	佛山市禅城区汾江中路	82320207
	佛山东方假日旅行社有限公司	L－GD00469	麦敏萍	佛山市禅城区汾江中路217号	83303800
	佛山市三水区畅游天下旅行社有限公司	L－GD00471	陆少媚	佛山市三水区西南街童乐路5号	87787188
	佛山三人行国际旅行社有限责任公司	L－GD00474	梁广泰	佛山市南海区盐步穗盐东路	85709333
	佛山市和平旅行社有限公司	L－GD00475	李小珊	佛山市禅城区市东下路39号	86128831
	佛山市三水区美丽华旅行社有限公司	L－GD00476	林志行	佛山市三水区健力宝路北路33号	87748388

续表

地区	旅行社名称	许可证编号	法定代表人	地　址	咨询电话
佛山市	佛山市高明沧江旅行社有限公司	L－GD00478	黄双爱	佛山市高明区沧江路258－260号	88228808
	佛山开心假期旅行社有限公司	L－GD00479	李靖华	佛山市高明区文明路291号	88237777
	佛山市新之旅旅行社有限公司	L－GD00480	唐慧桦	佛山市禅城区汾江西路一号	83392183
	佛山市浩兴旅行社有限公司	L－GD00481	邱　波	佛山市南海区新兴三贰路39号	85608230
	佛山凤腾旅行社有限公司	L－GD00483	陈秀娟	佛山市禅城区祖庙路33号	83658393
	佛山市华之旅旅行社有限公司	L－GD00484	梁长华	佛山市高明区泰和路永安新村	88221668
	佛山市美之旅旅行社有限公司	L－GD00485	苏美伊	佛山市禅城区岭南大道北98号	83920392
	佛山市羊城之旅国际旅行社有限公司	L－GD00486	黄　舟	佛山市南海区桂城桂澜路	86221382
	佛山市金之旅旅行社有限公司	L－GD00487	班志勇	佛山市南海区大沥金都大酒店	85538888
	佛山市星辰旅行社有限公司	L－GD00488	陆浩源	佛山市禅城区祖庙路33号	83322338
	佛山市康怡假期旅行社有限公司	L－GD00489	陈志辉	佛山市禅城区桂园东一路	88016632
	佛山卓越旅程旅行社有限公司	L－GD00492	郑依韩	佛山市禅城区祖庙路33号	83000012
	佛山市禅龙旅行社有限公司	L－GD00927	黄宜军	佛山市禅城区白屋东西工业区9号	13600301951
	佛山市美好假期旅行社有限公司	L－GD00928	张燕娴	佛山市三水区西南街耀华路2号	13925411373
	佛山市名家假期国际旅行社有限公司	L－GD00947	何文峰	佛山市禅城区汾江中路103号	81232202
	佛山城市假期旅行社有限公司	L－GD00951	方婵娟	佛山市南海区南海大道北51号	13928683317
	佛山市尚旅国际旅行社有限公司	L－GD00984	邓灿洪	佛山市禅城区同济路66号	83219998
	佛山禅一旅行社有限公司	L－GD00891	罗献棠	佛山市禅城区季华五路13号	83032377
	佛山市九鼎旅行社有限公司	L－GD01015	熊清波	佛山市弼塘东二街25号	82710700
	佛山市顺安达旅行社有限公司	L－GD01032	陈宗淡	佛山市禅城区和平路六号	18927282505
	佛山市博览假期国际旅行社有限公司	L－GD01033	何慧锋	佛山市禅城区济东路南浦村	8928681888
	佛山市玩美假期国际旅行社有限公司	L－GD01048	何慧锋	佛山市南海区南海大道北33号	13927766983
	佛山市悠游假期国际旅行社有限公司	L－GD01049	叶建红	佛山市南海区大沥振兴路56号	88715681
	佛山市遨游假期旅行社有限公司	L－GD01071	郭泳梅	佛山市南海桂城南桂东路38号	86299316
	佛山市泛旅国际旅行社有限公司	L－GD01072	区广祺	佛山市南海区桂城街道深海路17号	86329911
	佛山市风光假日旅行社有限公司	L－GD01093	许展然	佛山市南海区狮山镇	85560001
	佛山市广东国旅国际旅行社有限公司	L－GD01100	欧阳惠姬	佛山市禅城区兆祥路105号	81232306
	佛山市朝晖旅行社有限公司	L－GD01101	黄杰辉	佛山市南海区贵处街道简平路2号	81859316
	佛山市大湖文化旅行社有限公司	L－GD01141	赵　彪	佛山市禅城区祖庙路33号	83996862
	※广东顺之旅国际旅行社有限公司	**L－GD－CJ00082**	刘汝洪	佛山市顺德区大良街道南国中路	**22336012**
	佛山市顺德区中旅国际旅行社有限公司	L－GD－CJ00086	劳松盛	佛山市顺德区大良环市北路	22332805
	佛山市口岸国际旅行社有限公司	L－GD－CJ00089	陈佩芳	佛山市顺德区大良街道	22600046
	佛山市康辉国际旅行社有限公司	L－GD－CJ00090	李继烈	佛山市顺德区蓝田路27号	22386205

续表

地区	旅行社名称	许可证编号	法定代表人	地　　址	咨询电话
顺德区（拥有旅行社26家，其中出境游组团社6家）	佛山市顺德广之旅国际旅行社有限公司	L－GD－CJ00091	周天任	佛山市顺德区大良街道碧溪路	22380688
	佛山市上游国际旅行社有限公司	L－GD－CJ00092	杨建辉	佛山市顺德区大良街道友谊路	22386666
	佛山市康健国际旅行社有限公司	L－GD00445	陈玉清	佛山市顺德区沿江北路121号	22309969
	佛山市顺德区英特商务旅行社有限公司	L－GD00448	李灿明	佛山市顺德区大良县东路	22233033
	佛山市顺德区青年旅行社有限公司	L－GD00449	郭仰能	佛山市顺德区环市东路	22628378
	佛山市顺德区星光假期旅行社有限公司	L－GD00451	朱智勇	佛山市顺德区县东路23号	22282788
	佛山市顺德区康之旅旅行社有限公司	L－GD00452	黄伟伦	佛山市顺德区大良街道	22227815
	佛山市顺德区环宇旅行社有限公司	L－GD00457	廖宇光	佛山市顺德区大良街道南国东路	22223318
	佛山市顺德区企发旅行社有限公司	L－GD00458	冯超瑛	佛山市顺德区凤山西路19号	22331111
	佛山市捷旅假期旅行社有限公司	L－GD00459	梁全生	佛山市顺德区大良县东路四巷1号	22316988
	佛山市京城风景线旅行社有限公司	L－GD00470	黄志斌	佛山市顺德区大良丹桂路27号	22330133
	佛山市顺德区同乐国际旅行社有限公司	L－GD00472	许晓波	佛山市顺德区大良丹桂路8号	22110289
	佛山市顺德区澳之旅旅行社有限公司	L－GD00473	吴嘉信	佛山市顺德区容桂振华路	23618120
	广东中旅（佛山）旅行社有限公司	L－GD00477	潘建伟	佛山市顺德区大良凤山东路	22360123
	佛山市万顺国际旅行社有限公司	L－GD00482	罗翠碧	佛山市顺德区陈村镇锦龙大道	23335298
	佛山菊城假期旅行社有限公司	L－GD00490	欧展翔	佛山市顺德区文秀路	22219688
	佛山市顺德区玛旁雍措文化商务旅行社有限公司	L－GD00491	林翠玲	佛山市顺德区大良五八坊片区	22620838
	※广东国旅（顺德）旅行社有限责任公司	**L－GD01018**	**彭　健**	**佛山市顺德区大良新桂中路**	**29282203**
	※佛山市顺德区胜景游国际旅行社有限公司	**L－GD01026**	**林镇刚**	**佛山市顺德区大良东乐路**	**22309960**
	※佛山市假日通国际旅行社有限公司	**L－GD01027**	**欧敏珊**	**佛山市顺德区北滘镇东基路**	**26668887**
	※佛山市顺德区同诚旅行社有限公司	**L－GD01050**			
	※港中旅（佛山）旅行社有限公司	**L－GD01142**	**陈镜帆**	**顺德大良云良路康华楼13－15号铺**	**13802480938**
韶关市（拥有旅行社49家，其中出境游组团社1家）	韶关市中国旅行社有限责任公司	L－GD－CJ00095	刘西钦	韶关市熏风路12号	8877797
	韶关市广之旅旅行社有限公司	L－GD00295	李光汉	韶关市浈江区熏风路12号	8882622
	韶关市旅总旅行社有限公司	L－GD00296	沈卫群	韶关市熏风路12号	8882020
	韶关市中天旅行社有限公司	L－GD00297	邓志华	韶关市熏风路24号	8888678
	韶关商会旅行社	L－GD00298	伍怡昌	韶关市园前路9号	8890138
	韶关市国之旅旅行社有限公司	L－GD00299	李丽嫦	韶关市浈江区解放路49号	8888006
	韶关市快乐假期旅行社有限公司	L－GD00300	彭韶雄	韶关市浈江区风采路	8911778
	韶关市国泰旅行社有限公司	L－GD00301	王　晶	韶关市风度北路	8889111
	韶关市完美假期旅行社有限公司	L－GD00302	刘育瑛	韶关市武江区新华北路28号	8764808
	韶关市风情旅行社有限公司	L－GD00303	颜　祯	韶关市武江区惠民南路	8531970

续表

地区	旅行社名称	许可证编号	法定代表人	地　址	咨询电话
韶关市	韶关市第一村旅行社	L－GD00304	禤东文	韶关市园前路4号	8887732
	韶关市职工旅行社	L－GD00305	温韶军	韶关市浈江区文化街6号	8885311
	韶关市友好旅行社有限公司	L－GD00306	黄文远	韶关市熏风路16号	8914971
	韶关市开心假日旅行社有限公司	L－GD00307	迟长福	韶关市风度北路123号	8868083
	韶关市教育旅行社	L－GD00308	毛敏灵	韶关市解放路73号	8892992
	韶关市中青旅行社有限公司	L－GD00309	何月华	韶关市浈江区园前路4号	8863388
	韶关市风采假日旅行社有限公司	L－GD00310	温健强	韶关市浈江区东堤南路1号	8880433
	韶关市大丹霞旅行社有限公司	L－GD00311	蔡育生	韶关市浈江区解放路30号	8888110
	韶关市凤凰假期旅行社有限公司	L－GD00312	杨　凯	韶关市园前路4号	8866222
	韶关市粤泰旅行社有限公司	L－GD00313	黎解明	韶关市风采路104号	8919733
	韶关市健之旅旅行社有限公司	L－GD00314	郑维贤	韶关市熏风路12号	8888960
	韶关市喜安交通旅行社有限公司	L－GD00315	钟伟安	韶关市站道路56号	8227939
	韶关市曲江区旅游公司	L－GD00316	李贵石	韶关市曲江区马坝镇安山路45号	6666003
	韶关市曲江区阳光旅行社有限公司	L－GD00317	陈伟军	韶关市曲江区马坝镇城南大道	6677335
	韶关市曲江区风光旅行社有限公司	L－GD00318	虞平凡	韶关市曲江区安山路34号	6664839
	乐昌市中青旅行社有限公司	L－GD00319	曹建国	韶关乐昌市文化路	5556638
	乐昌市长城旅行社	L－GD00320	蔡克勤	韶关乐昌市昌山西路65号	5565088
	乐昌市旅游有限公司	L－GD00321	罗发明	韶关乐昌市金融路33号	5556867
	乐昌市金鸡岭中国旅行社	L－GD00322	陈忠英	韶关乐昌市坪石镇金鸡路3号	5523812
	仁化县丹霞山旅行社有限公司	L－GD00323	戚建红	韶关市仁化县新城路61号	6353384
	仁化县丹霞山中国旅行社	L－GD00324	黄大维	韶关市仁化县丹霞山风景区内	6296683
	南雄市旅游公司	L－GD00325	侯声安	韶关市南雄市雄州镇	3869218
	新丰县阿婆髻旅行社有限公司	L－GD00326	张秀芹	韶关市新丰县丰城公园内2号	2288610
	新丰县交通旅行社有限公司	L－GD00327	李雷锋	韶关市新丰县丰城镇法政路4号	2259335
	新丰县旅游公司	L－GD00328	唐志锋	韶关市新丰县丰城镇法政路4号	2260100
	翁源县旅游公司	L－GD00329	王学东	韶关市翁源县龙仙镇建国路14号	2875247
	翁源县龙翔旅行社有限公司	L－GD00330	何志华	韶关市翁源县龙仙镇建国路8号	2815099
	翁源县友谊旅行社有限公司	L－GD00331	欧小连	韶关市翁源县城朝阳路45号	2820838
	乳源瑶族自治县瑶家源旅行社有限公司	L－GD00332	邓建斌	韶关市乳源县鹰峰西路总工会	5381272
	乳源瑶族自治县天翔旅行社有限公司	L－GD00333	杨李生	韶关市乳源县沿江路嘉乐花园	5381111
	始兴县新华旅行社有限公司	L－GD00334	饶立和	韶关市始兴县太平镇公教路56号	3326777
	始兴县客家风情旅游有限公司	L－GD00335	黄全胜	韶关市始兴县红旗路60号	3333211
	※翁源县兰友旅行社有限公司	**L－GD00949**	**许立英**	**韶关市翁源县龙仙镇幸福路132号**	**2818899**

续表

地区	旅行社名称	许可证编号	法定代表人	地　址	咨询电话
韶关市	**※乳源瑶族自治县南岭瑶乡旅行社有限公司**	**L－GD00915**	**何　雄**	**韶关市乳源县鹰峰东路**	**5388648**
	※南雄市幸福旅行社有限公司	**L－GD01039**	**沈学英**	**韶关南雄市雄周镇用康路4－5号**	**3881118**
	※韶关市康泰旅行社有限公司	**L－GD01076**	**马超展**	**韶关市浈江区熏风路14号**	**8889200**
	※韶关市韶之旅旅行社有限公司	**L－GD01096**	**赖新兴**	**韶关市浈江中路十二横巷**	**8883060**
	※乐昌市开心假日旅行社有限公司	**L－GD01119**	**付军祥**	**韶关乐昌市乐城文花路**	**13927875333**
	※广东中旅（韶关）旅行社有限公司	**L－GD01146**	**肖思伟**	**韶关市东堤横街13号**	**8879639**
河源市（拥有旅行社31家，其中出境游组团社1家）	河源市旅游总公司	L－GD－CJ00096	刘　敏	河源市兴源路华怡大厦	3388691
	河源中国旅行社	L－GD00197	谢艳丽	河源市兴源东路华怡大厦	3295839
	河源市青年旅行社	L－GD00198	黄艳芸	河源市东华路11号	3881199
	河源市华侨旅行社	L－GD00200	罗雪娥	河源市长安路400号	3327820
	河源市客家女旅行社有限公司	L－GD00201	刘大普	河源市沿江东路	3293178
	河源市桂山旅行社有限公司	L－GD00202	潘学根	河源市茶亭街1号	3888213
	河源市大自然旅行社有限公司	L－GD00203	吴卓倬	河源市雅居乐花园	3820337
	河源市绿意旅行社有限公司	L－GD00204	游武彬	河源市旺源路运恒花园	3293819
	河源市绿都旅行社有限公司	L－GD00205	丘洪桃	河源市富民街22－2号	3299877
	河源市开心假日旅行社有限公司	L－GD00206	古武宁	河源市兴源东路	3888787
	河源市槎城旅行社有限公司	L－GD00207	麦建文	河源市新市区华达北街西二巷23号	3331444
	河源市金旅旅行社有限公司	L－GD00208	蓝志威	河源市大同路239号	3660188
	河源市翔丰旅行社有限公司	L－GD00209	陈健萍	河源市翔丰国际酒店	3296016
	河源市源之旅旅行社有限公司	L－GD00210	刘　凯	河源市中山大道西长安路北	3898080
	河源市嘉年华旅行社有限公司	L－GD00211	陈红亮	河源市中堤路丽江城	3300908
	河源市阳光假期旅行社有限公司	L－GD00212	李越辉	河源市长安街金安小区	3188777
	河源市源城区中国旅行社	L－GD00213	李志良	河源市源城区公园东路	3335782
	河源市源城区假日旅行社	L－GD00214	伍明华	河源市学前坝旺业街西面	3298873
	广东省新丰江旅行社有限公司	L－GD00215	徐创胜	河源市河源大道南17号	3328288
	东源县万绿湖旅行社	L－GD00216	曾惠华	河源市建设大道130号	3233077
	和平县中国旅行社	L－GD00217	朱伟廷	河源市和平县阳明镇东堤路30号	5642718
	和平县世纪旅行社有限公司	L－GD00218	朱德深	河源市和平县城和平大道88号	5693688
	龙川县旅游总公司	L－GD00219	黄万云	河源市龙川县老隆镇东风路50号	6886639
	龙川县客都旅行社有限公司	L－GD00220	巫明标	河源市龙川县老隆镇先烈路32号	6388163
	紫金县旅游公司	L－GD00221	赖水华	河源市紫金县紫城镇沿江路中路16号	7836962
	连平县九连山旅行社	L－GD00222	吴孝娟	河源市连平县城西新村	4323878
	连平县金色阳光旅行社有限公司	L－GD00223	巫军伟	河源市连平县元善镇滨河西路1号	4302918

续表

地区	旅行社名称	许可证编号	法定代表人	地 址	咨询电话
河源市	**※河源市好世界旅游有限公司**	**L－GD00985**	**李丹华**	**河源市沿江路恒基大厦**	**3962999**
	※河源市特色旅行社有限公司	**L－GD00914**	**王爱萍**	**河源市沿江中路16号**	**3298111**
	※河源市客家风情旅行社有限公司	**L－GD01017**	**曾衍查**	**河源市新区长安街**	**3228555**
	※河源市泰丰旅游有限公司	**L－GD01095**	**李 东**	**河源市中山大道西边红星路南边**	**3295337**
梅州市（拥有旅行社35家，其中出境游组团社3家）	梅州市旅游总公司	L－GD－CJ00097	林思生	梅州市彬芳大道28号	2244900
	梅州市中国旅行社有限公司	L－GD－CJ00098	李奋伟	梅州市江南路105号	2261089
	梅县中国旅行社有限公司	L－GD－CJ00099	钟其云	梅州市梅县华侨城中央大道	2235369
	梅州市假日国际旅行社有限公司	L－GD00389	张丽芬	梅州市嘉应东路鸿雁小区A栋	2240477
	梅州市自家人旅行社有限公司	L－GD00390	刘南柳	梅州市江南路28号	2398829
	广东中旅（梅州）旅行社有限公司	L－GD00391	丘新贤	梅州市梅江区东郊（东山中学内）	2218883
	梅州市金海国际旅行社有限公司	L－GD00392	蔡新元	梅州市江南利民路1号	2256001
	梅州市嘉和旅行社有限公司	L－GD00393	陈顺帆	梅州市梅江区正兴路天寿居1号	2336338
	梅州大众假期旅行社有限公司	L－GD00394	许志诚	梅州市梅县程江西堤望江亭	2111800
	梅州市客之旅旅行社有限公司	L－GD00395	梁莲香	梅州市江南路44号	2266843
	梅州市梅江旅行社有限公司	L－GD00396	梁丽琴	梅州市梅江区和兴路28号	2269666
	梅州市康辉国际旅行社有限公司	L－GD00397	李 强	梅州市江边路H栋18号	2222819
	梅州市青年旅行社有限公司	L－GD00398	管春梅	梅州市嘉应东路金良新村2号	2390000
	梅州市客乡情旅行社有限公司	L－GD00399	陈雄伟	梅州市江边路兴都苑B栋	2229666
	梅州市嘉能旅行社	L－GD00400	廖家治	梅州市嘉应中路1号	2266782
	梅州市远景旅行社有限公司	L－GD00401	黄小燕	梅州市梅江区移民区6号	2287328
	梅州市悦佳旅行社有限公司	L－GD00402	温利珠	梅州市江南彬芳大道41号	2390686
	梅州春秋旅行社有限公司	L－GD00403	万雪红	梅州市江南署前路9号	2261222
	梅州市江南国际旅行社有限公司	L－GD00404	钟玉萍	梅州市彬芳大道29号	2245891
	大埔县梅河旅行社	L－GD00405	张永福	梅州市大埔县湖寮镇文化路111号	5535686
	大埔县中国旅行社	L－GD00406	陈炳坤	梅州市大埔县湖寮镇文化路27号	5522098
	兴宁市永嘉国际旅行社	L－GD00407	吴碧园	梅州市兴宁市兴城兴东路398号	3261428
	兴宁市交通旅行社	L－GD00408	丘雪芬	梅州市兴宁市兴城镇人民大道3号	3262602
	兴宁市鹏飞旅行社有限公司	L－GD00409	谢庆荣	梅州市兴宁市兴城东风路79号	3323378
	丰顺县逢源旅行社有限公司	L－GD00410	陈伟烽	梅州市丰顺县汤坑镇汤坑路49号	6696988
	丰顺县温泉旅行社	L－GD00411	罗暹峰	梅州市丰顺县汤坑路151号	6623198
	丰顺县环游旅行社有限公司	L－GD00412	罗素萍	梅州市丰顺县雄风大道73号	6688588
	平远县五指石旅行社有限公司	L－GD00413	谢球凤	梅州市平远县平远大道新村商住城	8895799

续表

地区	旅行社名称	许可证编号	法定代表人	地　　址	咨询电话
梅州市	平远县中国旅行社	L－GD00414	黄　忠	梅州市平远县平城南路42号	8824083
	五华县华之旅旅行社有限公司	L－GD00415	曾世平	梅州市五华县水寨镇华一南路	4439131
	五华县华丰旅行社有限公司	L－GD00416	曾金云	梅州市五华县城沿江路	4434889
	五华县风光旅行社有限公司	L－GD00417	陈惠云	梅州市五华县水寨镇华侨直街	4433893
	蕉岭县华侨旅行社有限公司	L－GD00418	曾文山	梅州市蕉岭县溪峰路24号	7870398
	蕉岭县桂岭旅行社有限公司	L－GD00419	林秋云	梅州市蕉岭县蕉城镇开发区商贸大厦	7873757
	※丰顺县假日旅行社有限公司	**L－GD01152**	**罗永存**	**梅州市丰顺县城新世纪广场北路**	**6199885**
惠州市（拥有旅行社44家，其中出境游组团社3家）	惠州环宇国际旅行社有限公司	L－GD－CJ00100	骆榕浩	惠州市南坛南路23号	2183699
	惠州市中国旅行社	L－GD－CJ00101	袁国富	惠州市鹅岭北路22号	2128066
	惠州市青年国际旅行社有限公司	L－GD－CJ00102	李永光	惠州市横江三路	2085072
	惠州市东江旅行社有限公司	L－GD00087	陈国庆	惠州市新岸路一号	2101378
	广东中旅（惠州）旅行社有限公司	L－GD00088	黎劲松	惠州市小门大街177号	2118829
	惠东县旅游服务公司	L－GD00089	黄　鑫	惠州市惠东县平深路爱华围1号	8872030
	博罗县中国旅行社	L－GD00090	丘苑玲	惠州市博罗县商业西街193号	6627030
	广东省罗浮山旅游开发总公司	L－GD00091	叶勇华	惠州市博罗县罗浮山朱明洞	6668089
	惠州市西湖旅游总公司	L－GD00092	陈晋文	惠州市鹅岭北路23号之一	2120796
	龙门县旅游公司	L－GD00093	廖志斌	惠州市龙门县城香滨路3号	7781888
	博罗县旅游总公司	L－GD00094	邹志云	惠州市博罗县罗阳镇北门路133号	6622042
	惠州康辉旅行社有限公司	L－GD00095	黄秀彛	惠州市长寿路	2180777
	龙门县新华旅行社有限公司	L－GD00096	钟进发	惠州市龙门县城环城南路2号	7880666
	惠州市金山旅行社有限公司	L－GD00097	廖秋枚	惠州市下埔南二街一巷3号	2118753
	惠州市畅游旅行社有限公司	L－GD00098	刘　海	惠州市南坛南路20号沿街2号	2218777
	惠州市惠阳联华旅行社有限公司	L－GD00099	颜志英	惠州市惠阳区淡水镇石坑四路77号	3818790
	惠州市芳华旅行社	L－GD00100	范流灵	惠州市环城西一路21号	2242566
	惠东县新世纪旅行社有限公司	L－GD00101	曾伟军	惠州市惠东县平山镇利埔路37号	8820012
	博罗新青年旅行社有限责任公司	L－GD00102	郑礼强	惠州市博罗县罗阳镇罗阳二路	6261182
	惠州市国泰旅行社	L－GD00103	杨文基	惠州市下埔路北二街8号	2116521
	惠州西湖中国旅行社	L－GD00104	杨焕珍	惠州市惠城区南坛北路27号	2247288
	惠州市联运旅行社有限公司	L－GD00105	罗宏辉	惠州市博罗县罗阳镇建设路	6217888
	惠州市惠之旅旅行社有限公司	L－GD00106	周玉贵	惠州市河南岸演达大道7号	2086303
	惠州大亚湾海岸旅行社有限公司	L－GD00108	骆雪凯	惠州市大亚湾澳头北澳大道1号	5552200
	惠州市惠阳区泰阳旅行社	L－GD00109	杨伟麟	惠州市淡水镇白云二路53号	3363678
	惠州大亚湾顺安旅行社有限公司	L－GD00110	曾远辉	惠州市大亚湾西区	5182861

续表

地区	旅行社名称	许可证编号	法定代表人	地　址	咨询电话
惠州市	惠州市大众旅行社有限公司	L-GD00111	周绪美	惠州市南门路龙船街2号	2221666
	惠州市假日风光旅行社有限公司	L-GD00113	邓丽红	惠州市麦科特大道41号	2248288
	惠州市好尔游旅行社有限公司	L-GD00114	林敬裕	惠州市惠阳区淡水白云四路16号	3350333
	惠州市时代青年旅行社有限公司	L-GD00115	张蕴楠	惠州市淡水街道办白云四路72号	3394668
	惠州市假日旅行社有限公司	L-GD00116	林英峰	惠州市龙丰黄屋路38号	2162211
	惠州市四海达旅行社有限公司	L-GD00117	黄富雄	惠州市惠东县平山新平路	8587869
	惠州市粤惠欢乐假期旅行社有限公司	L-GD00118	李东亮	惠州市下埔二路1号	2168308
	惠州市万里路旅行社有限公司	L-GD00931	刘森荣	惠州市龙门县城文化路	7980219
	博罗环游天下旅行社有限公司	L-GD00958	梁计新	惠州市博罗县园洲镇	6821033
	※惠州市好客奔马旅行社有限公司	**L-GD00986**	**赖水林**	**惠州市惠东县平山建设路30号**	**8888216**
	※惠州市中航国旅旅行社有限公司	**L-GD00887**	**曾演坤**	**惠州市下埔南三街一巷5号**	**2628088**
	※惠州市粤之旅旅行社有限公司	**L-GD00896**	**林伟明**	**惠州市麦地南路6号**	**2560256**
	※惠州南湖假期旅行社有限公司	**L-GD00996**	**林小娜**	**惠州市下埔新区7栋**	**2688518**
	※惠州市开心旅行社有限公司	**L-GD01052**	**张亚凡**	**惠州市下铺路15号**	**18688331886**
	※惠州市观光国际旅行社有限公司	**L-GD01053**	**陶蔚鹰**	**惠州市下埔横江三路**	**2101300**
	※惠州大亚湾龙祥旅行社有限公司	**L-GD01054**	**叶益佳**	**惠州大亚湾上杨富康国际综合楼**	**13923636860**
	※惠州市旖旎之旅旅行社有限公司	**L-GD01077**	**周凡英**	**惠州市河南岸演达一路8号**	**13500179622**
	※惠州市创壹新旅游服务有限公司	**L-GD01085**	**翁　文**	**惠州市横江一路2号**	**2996063**
汕尾市（拥有旅行社17家，其中出境游组团社2家）	汕尾市旅游总公司	L-GD-CJ00103	余水藩	汕尾市公园路西旅游大厦	3389919
	汕尾市中国旅行社	L-GD-CJ00104	肖赛仪	汕尾市区香洲路龙富花园	3329222
	汕尾市东方国际旅行社有限公司	L-GD00726	许岸悦	汕尾市区香城路东海大厦	338227
	汕尾市汕之旅国际旅行社有限公司	L-GD00727	蔡志雄	汕尾市汕尾大道美丽华大酒店	3291111
	汕尾市新青年旅行社有限公司	L-GD00728	郭伟雄	汕尾市区汕尾大道中盐业大厦	3326333
	汕尾市阳光国际旅行社有限公司	L-GD00729	罗艺洪	汕尾市城区城苑路2栋	3340555
	海丰县旅游发展总公司	L-GD00730	黎斯凯	汕尾市海丰县海城镇海银路1号	6607638
	海丰县红之旅旅行社有限公司	L-GD00731	黄集溪	汕尾市海丰县海城镇广富路	6811880
	海丰县丰收之旅旅行社有限公司	L-GD00732	陈春林	汕尾市海丰县海城镇红城大道西	6892022
	陆河县惠康国际旅行社有限公司	L-GD00733	彭康宏	汕尾市陆河县河田镇朝阳路116号	5519663
	陆河县绿之旅旅行社有限公司	L-GD00734	孔德锦	汕尾市陆河县河田镇朝阳路92号	5528238
	陆丰市碣石玄武山旅游服务公司	L-GD00735	余松清	汕尾市陆丰市碣石镇玄武山旅游区内	8691952
	陆丰市东陆旅行社有限公司	L-GD00736	邓　城	汕尾市陆丰市东海镇洛州东路3号	8817688
	陆丰市陆之旅旅行社有限公司	L-GD00737	徐信条	汕尾市陆丰市东海镇人民路90号	8817001
	汕尾市假日国际旅行社有限公司	L-GD00926	施镇波	汕尾市通港路366号	3333222
	汕尾红海湾海洋旅行社有限公司	L-GD00929	何　玫	汕尾市田乾人民中路184号	3425775
	汕尾市开心假期旅行社有限公司	L-GD00974	谢平芳	汕尾市滨海路金湖花园J15栋	3227777

续表

地区	旅行社名称	许可证编号	法定代表人	地　址	咨询电话
东莞市（拥有旅行社50家，其中出境游组团社9家）	东莞市国际旅行社有限公司	L-GD-CJ00105	陈冀凯	东莞市莞城区东城大道188号	22458168
	东莞市中国旅行社有限公司	L-GD-CJ00106	叶沛新	东莞市南城区元美路	22008888
	广东国泰国际旅行社有限公司	L-GD-CJ00107	李树基	东莞市莞城区新芬路66号	22088888
	东莞康辉国际旅行社有限公司	L-GD-CJ00108	李继烈	东莞市城区东纵大道3号	22488666
	东莞市腾龙假日国际旅行社有限公司	L-GD-CJ00109	彭柏铭	东莞市东城区	23362888
	东莞市景鸿国际旅行社有限公司	L-GD-CJ00110	王晓冬	东莞市东城区东城南路	22313888
	东莞市东华国际旅行社有限公司	L-GD-CJ00111	刘照钦	东莞市东城区岗贝东城东路5号	22663333
	东莞市四海国际旅行社有限公司	L-GD-CJ00112	杨四海	东莞市莞城东城大道东平街223号	22339888
	东莞市青年国际旅行社有限公司	L-GD-CJ00113	李钦源	东莞市城区新芬路42号	22239388
	东莞市泰平旅行社有限公司	L-GD00262	郑汉棉	东莞市虎门镇龙泉宾馆	85223236
	东莞市丰行旅行社有限公司	L-GD00263	欧阳君	东莞市莞城罗沙路126号	22388888
	东莞市讯通旅行社有限公司	L-GD00264	瞿华香	东莞市城区莞太大道5号	22488786
	东莞市阳光旅行社有限公司	L-GD00265	黎文锋	东莞市南城区簪花路8号	22825888
	东莞市明珠旅行社有限公司	L-GD00266	何健球	东莞市南城区莞太路8号	22335888
	东莞市南湖旅行社有限公司	L-GD00267	郑年军	东莞市莞城区南城路南城大厦	22112222
	东莞市南方观光旅行社有限公司	L-GD00268	郭日和	东莞市莞太路口创业新村6号楼	22502388
	东莞市君达假期旅行社有限公司	L-GD00269	许　末	东莞市东城大道世博广场K区	23135678
	东莞市开心假日旅行社有限公司	L-GD00270	张晓东	东莞市南城区莞太大道7号	22036666
	东莞市华夏旅行社有限公司	L-GD00271	熊　琪	东莞市南城区元岭新街4号	22386666
	东莞市广之旅旅行社有限公司	L-GD00272	郭　庆	东莞市莞城东城西路39号	22480237
	东莞市金旅假期旅行社有限公司	L-GD00273	何志强	东莞市厚街镇深水坑路嘉逸楼	85087788
	东莞市幸福假期旅行社有限公司	L-GD00274	向　彬	东莞市莞城区金牛路	22100222
	东莞市新华旅行社有限公司	L-GD00275	王敬和	东莞市虎门镇连升中路17号	85126622
	东莞市名界旅行社有限公司	L-GD00276	袁凤仙	东莞市东城区堑头花园路194号	22612068
	东莞市康福旅行社有限公司	L-GD00277	温成果	东莞市莞城区八达路124号	23039995
	东莞市南方阳光商务旅行社有限公司	L-GD00278	彭敬强	东莞市虎门镇港口路12号	85183777
	东莞市文康旅行社有限公司	L-GD00279	黄建飞	东莞市长安镇长中路22号	81768999
	东莞市欢泰旅行社有限公司	L-GD00280	郑韶君	东莞市虎门镇太沙路81号	85044444
	东莞市会通旅行社有限公司	L-GD00281	林丹嫦	东莞市南城区莞太路21号	22880005
	东莞市金泰旅行社有限公司	L-GD00282	尹蔼诗	东莞市虎门镇人民南路91号	85199981
	东莞市畅游天地旅行社有限公司	L-GD00283	李耀鸿	东莞市城区县正路12号	22229917
	东莞市东行天下旅行社有限公司	L-GD00284	叶运东	东莞市东城区旗峰路国泰大厦	22026666
	东莞市优游旅行社有限公司	L-GD00285	黎卫民	东莞市东城区新世界花园	22336999

续表

地区	旅行社名称	许可证编号	法定代表人	地　　址	咨询电话
东莞市	东莞市宏途旅行社有限公司	L－GD00286	杜锦培	东莞市城区金牛路	23039032
	东莞市江南假期旅行社有限公司	L－GD00287	杨　骏	东莞市常平镇沿河东三路	81182668
	东莞市永泰旅行社有限公司	L－GD00288	谭小灵	东莞市新城市中心菊香苑35栋	22991090
	东莞市松山湖旅行社有限公司	L－GD00289	邹日景	东莞市松山湖松科苑3号楼	22890769
	东莞市天马旅行社有限公司	L－GD00290	陈大宽	东莞市常平镇常东路华美酒店	81091988
	东莞市康泰旅行社有限公司	L－GD00291	詹智勋	东莞市长安镇乌沙环南路4号	89995666
	东莞市飞马旅行社有限公司	L－GD00292	刘巧玲	东莞市东城区东升路	23107566
	东莞市车游天下旅行社有限公司	L－GD00293	李映梅	东莞市南城区胜和体育路3号	4008822616
	东莞市捷旅旅行社有限公司	L－GD00294	黎胜祥	东莞市莞城区金牛路	22886628
	东莞市益生旅行社有限公司	L－GD00921	李泽球	东莞市长安镇长盛东路52号	82388238
	东莞市瑞翔旅行社有限公司	L－GD00966	连宏煜	东莞市东城区涡岭商业街	88998666
	东莞市友好旅行社有限公司	L－GD00967	余　琼	东莞市虎门镇连升路新裕大厦	85118289
	东莞市潮流假期旅行社有限公司	L－GD00968	钟柱荣	东莞市莞城区旗峰路168号	22025188
	广东中旅（东莞）旅行社有限公司	L－GD00969	吴晓强	东莞市南城区簪花路华凯豪庭	23188777
	※东莞市环宇旅行社有限公司	**L－GD01024**	**孔淑芳**	**东莞市南城区**	**23023056**
	※东莞市风华旅行社有限公司	**L－GD01025**	**肖　辉**	**东莞市东城区莞樟路**	**22010955**
	※东莞市华南旅行社有限公司	**L－GD01129**	**白媛媛**	**东莞市南城区新城市中心**	**22474428**
中山市（拥有旅行社33家，其中出境游组团社7家）	中山市海外旅游有限公司	L－GD－CJ00114	李梅浪	中山市中山三路怡华街10号	88231888
	中山中国国际旅行社有限公司	L－GD－CJ00115	王子乐	中山市东区恒信花园	88611888
	中山中国旅行社	L－GD－CJ00116	李志毅	中山市东区恒信花园	88887736
	中山温泉国际旅行社有限公司	L－GD－CJ00117	卢荣森	中山市东区银通街19号	88881998
	中山菊城假期国际旅行社有限公司	L－GD－CJ00118	梁曼霞	中山市小榄镇新市路95号	22551981
	中山市青年国际旅行社有限公司	L－GD－CJ00119	钟永明	中山市东区岐关西路口青旅大厦	88881863
	中山市职工国际旅行社有限公司	L－GD－CJ00120	吕承章	中山市石岐孙文东路90号	88886088
	中山市东方国际旅行社有限公司	L－GD00056	卓卫清	中山市东区恒信花园A区	82388238
	中山交通旅行社	L－GD00057	林春炎	中山市中山一路111号	88626306
	中山市星星旅行社有限公司	L－GD00058	程水明	中山市东区银通街19号	88882008
	中山市新旅假期旅行社有限公司	L－GD00059	杨　松	中山市小榄镇新永路90号	22268688
	中山市南湖旅行社有限公司	L－GD00060	赵　祁	中山市石岐区莲塘北路6号	88227777
	中山市假日国际旅行社有限公司	L－GD00061	梁绮薇	中山市西区富华道8号	88613777
	中山市乐途旅行社有限公司	L－GD00062	许招金	中山市东区朗晴轩19幢	88226688
	中山新联假期国际旅行社有限公司	L－GD00063	陈诺宏	中山市石岐区碧湖东街7幢	88790999
	中山市富达旅行社有限公司	L－GD00064	何红华	中山市西区富华道133号	88663688
	中山阳光假期国际旅行社有限公司	L－GD00065	古思杰	中山市东区起湾道盛景园	88816668

续表

地区	旅行社名称	许可证编号	法定代表人	地　址	咨询电话
中山市	中山市世纪行旅行社有限公司	L－GD00066	柳建波	中山市东区华苑大街 76 号	88809933
	中山市大视角国际旅行社有限公司	L－GD00067	池安堂	中山市石岐区中山二路 52 号	86227131
	中山市广博旅行社有限公司	L－GD00068	刘丽芝	中山市东区夏洋村 16 号	88311100
	中山市天天国际旅行社有限公司	L－GD00922	刘胜旋	中山市小榄镇龙山路 9 号	22119222
	中山市金假期旅行社有限公司	L－GD00923	邓崇民	中山市石岐区阳光花地旭日阁	85606888
	中山市心源旅行社有限公司	L－GD00930	张宗发	中山市神湾镇宥南村凝星名都	86601888
	中山市一力国际旅行社有限公司	L－GD00940	曾宪融	中山市东区长江景观路 13 号	88731177
	※中山市悠游国际旅行社有限公司	**L－GD00992**	**苏汇川**	**中山市东区中山三路体育街 3 号**	**88810780**
	※中山远洋假期国际旅行社有限公司	**L－GD00999**	**徐科菲**	**中山市兴文路远洋城 A3 区**	**88729688**
	※中山市飞扬旅行社有限公司	**L－GD01009**	**侯立新**	**中山市东区朗晴轩 27 栋**	**88880183**
	※中山市中港旅行社有限公司	**L－GD01038**	**简伟光**	**中山市火炬开发区沿江东一路**	**88291783**
	※中山市风情国际旅行社有限公司	**L－GD01060**	**漆慧珍**	**中山市东区东裕商务大楼 1 卡**	**87310668**
	※中山市君享天下国际旅行社有限公司	**L－GD01086**	**王子乐**	**中山市东区恒信花园 A 区六栋**	**88611888**
	※中山市开心国际旅行社有限公司	**L－GD01124**	**李霭冰**	**中山市小榄镇海傍路 2 号**	**22832248**
	※中山诚邦国际旅行社有限公司	**L－GD01132**	**罗文标**	**中山市东区行中道星月居 6 栋**	**88307731**
	※中山市新地国际旅行社有限公司	**L－GD01154**	**冯凌峰**	**中山市石岐区孙文东路富兴街**	**13902822020**
江门市（拥有旅行社 55 家，其中出境游组团社 5 家）	江门市大方旅游国际旅行社有限公司	L－GD－CJ00121	林栋礼	江门市蓬江区白沙大道西 6 号	3502888
	江门市中国旅行社有限公司	L－GD－CJ00122	赵子华	江门市蓬江区跃进路长乐里 28 号	3288880
	台山市旅游公司	L－GD－CJ00123	关文锋	江门台山市台城环北大道华侨新村 19 号	5517909
	台山中国旅行社	L－GD－CJ00124	伍仲儒	台山市台城真通济路 1 号	5524768
	江门市国旅国际旅行社有限公司	L－GD－CJ00125	区启源	江门市蓬江区白沙大道西 2 号	3066333
	鹤山市中国旅行社	L－GD00224	麦国华	江门鹤山市沙坪北湖路 1 号	8833168
	江门市新会区海外旅游有限公司	L－GD00225	黄英橙	江门市新会区冈州大道中 60 号	6622122
	开平市广旅国际旅行社	L－GD00226	方伟生	江门开平市长沙东路 3 号	2212580
	恩平广之旅旅行社有限公司	L－GD00227	张活林	江门恩平市恩城东门广场商业城	7738236
	江门市新会区金辉旅行社有限公司	L－GD00228	廖社长	江门市新会区东庆北路 9 号 101	6668888
	开平市中国旅行社有限公司	L－GD00229	何忠正	江门开平市长沙文新路 1 号	2216608
	恩平中国旅行社	L－GD00230	侯艺明	江门恩平市东门路 21 号	7780632
	江门市开心国际旅行社有限公司	L－GD00231	周剑伟	江门市新会区冈州大道中 71 号	6622777
	江门市教育旅行社有限公司	L－GD00232	夏社群	江门市江会路 25 号	3322999
	江门市中新旅行社有限公司	L－GD00233	黄知基	江门市白沙大道西 44 号之一	3516333
	江门市威威旅行社有限公司	L－GD00234	杨健明	江门市建设路 42 号	3270288
	台山市川岛旅行社有限公司	L－GD00235	陈焕深	江门台山市台城平湖路 2 号	5553227
	台山市中侨旅行社有限公司	L－GD00236	陈文惠	江门台山市台城南门路 117 号	5528555

续表

地区	旅行社名称	许可证编号	法定代表人	地 址	咨询电话
江门市	江门市青年旅行社有限责任公司	L－GD00237	李慧坚	江门江门市蓬江区建设路30号	3276686
	江门广之旅旅行社有限公司	L－GD00238	张维新	江门市蓬江区白沙大道西23号	3501888
	江门市欢乐旅行社有限责任公司	L－GD00239	郑永辉	江门市蓬莱路28号	3307008
	江门市白云旅行社有限公司	L－GD00240	伦志宏	江门市跃进路100号	3271785
	鹤山市好景旅行社有限公司	L－GD00241	罗国卫	江门鹤山市沙坪镇裕民路163号	8870001
	江门市风光假期国际旅行社有限公司	L－GD00242	叶祺胜	江门市新会区冈州大道中50号	6609991
	江门市春秋国际旅行社有限公司	L－GD00243	黎兆焜	江门市新会区中心南路12号	6333333
	江门市阳光假期国际旅行社有限公司	L－GD00244	郭丽明	江门市新会区会城募兴路20号	6654666
	江门市新会区时尚旅行社有限公司	L－GD00245	陆卓芸	江门市新会区会城东庆北路	6109099
	江门市假日旅行社有限公司	L－GD00246	何国峰	江门市美景路9号101	3081127
	江门市新会方健旅行社有限公司	L－GD00247	张浪进	江门市新会区东庆北路5号	6962222
	江门市飞扬国际旅行社有限公司	L－GD00248	许展敏	江门市蓬江区建设路49号	3271122
	江门市新会理想国际旅行社有限公司	L－GD00249	李永骏	江门市新会区会城中心路	6337777
	广东中旅（江门）旅行社有限公司	L－GD00250	刘奕军	江门市白沙大道西4号	3502288
	恩平市锦江旅行社有限公司	L－GD00251	谢健熙	江门恩平市东门路18号	7736308
	开平市印象碉楼旅行社有限公司	L－GD00252	梁寿洪	江门开平市长沙曙光东路	2225111
	江门市新浪旅行社有限公司	L－GD00253	伍仕健	江门市迎宾路五邑大学伟伦中心	3299999
	台山市乐途旅行社有限公司	L－GD00254	何志光	江门台山市台城石化路	5551299
	恩平市知己旅行社有限公司	L－GD00255	陈裕荣	江门恩平市恩城新塔路1号	7713898
	江门市华厦国际旅行社有限公司	L－GD00256	叶健文	江门市新会区会城圭峰路3号	6171111
	江门市环宇旅行社有限公司	L－GD00257	叶伟权	江门市江华一路114号	3969988
	恩平市泉之旅旅行社有限公司	L－GD00258	冯卓芳	江门恩平市桥峰路48号	7738877
	开平市经典旅行社有限公司	L－GD00259	余冰莹	江门开平市三埠区长沙曙光西路64号	229222
	鹤山市八方商旅旅行社有限公司	L－GD00260	黄素英	江门鹤山市沙坪镇东升路37号	8412166
	鹤山市春秋假日旅行社有限公司	L－GD00261	黎兆焜	江门鹤山市沙坪镇前进路26号	8833668
	开平市广之旅旅行社有限公司	L－GD00959	彭健强	江门开平市长沙区幕沙路63号	2235738
	台山市广之游旅行社有限公司	L－GD00960	彭健强	江门台山市台城石花公园路26号	5552666
	※台山市创兴旅行社有限公司	**L－GD00893**	**廖艺华**	**江门台山市北郊路嘉华苑7号**	**5559997**
	※江门市新会区爱心国际旅行社有限公司	**L－GD01013**	**何艳芳**	**江门市新会区会城镇东庆北路30号**	**13702200399**
	※江门市四海国际旅行社有限公司	**L－GD01014**	**陈家杰**	**江门市蓬江区白沙大道西32号**	**12822339919**
	※江门市中青旅行社有限公司	**L－GD01023**	**李照民**	**江门鹤山市新华路181号**	**3596398**
	※台山市枫叶假日旅行社有限公司	**L－GD01047**	**谭凯硕**	**江门台山市台城镇桔园路3号**	**5512111**
	※台山市粤游旅行社有限公司	**L－GD01087**	**关秋筠**	**江门台山市台城镇台海路99号**	**5552996**

续表

地区	旅行社名称	许可证编号	法定代表人	地　址	咨询电话
江门市	**※鹤山市铁青旅行社有限公司**	**L－GD01103**	**邓毅然**	**江门鹤山市沙坪镇新风路**	**13702712404**
	※江门市山水国际旅行社有限公司	**L－GD01116**	**刑乃珍**	**江门市莲江区建设一路**	**13824052600**
	※江门菊城假期旅行社有限责任公司	**L－GD01123**	**梁曼霞**	**江门市莲江区胜利路**	**2281408**
	※台山市风情国际旅行社有限公司	**L－GD01133**	**关则亮**	**江门台山市台城镇侨雅花苑**	**5956768**
阳江市（拥有旅行社25家，其中出境游组团社1家）	阳江市国旅国际旅行社有限公司	L－GD－CJ00126	苏耀荣	阳江市江城区望瞭岭北侧长江大厦	3268622
	阳江市中国旅行社有限公司	L－GD00705	冯国俊	阳江市东风二路35号	3316365
	阳江市华龙旅游有限公司	L－GD00706	李雪梅	阳江市东风三路69号	3220666
	阳江市开心旅行社有限公司	L－GD00707	魏秀云	阳江市石湾南路81号	3277228
	阳江市龙之旅旅行社有限公司	L－GD00708	许家强	阳江市二环路1号	3186999
	阳江市天天旅行社有限公司	L－GD00709	项丽容	阳江市东风二路9号	3385666
	阳江市新里程旅行社有限公司	L－GD00710	叶坚冰	阳江市江城区东风二路	3433777
	阳江市华泰旅行社有限公司	L－GD00711	冯创华	阳江市东风一路48号	3288111
	阳江市海之旅旅行社有限公司	L－GD00712	黄　海	阳江市江城区东风一路52号	3412666
	阳江市青年旅行社有限公司	L－GD00713	王宗珠	阳江市江城区东风二路39号	3322618
	阳江市黄金假期旅行社有限公司	L－GD00714	黄　睿	阳江市江城区安宁路101号	3139333
	阳春市旅游总公司	L－GD00715	余庆杰	阳江阳春市春城镇南新大道6号	7735608
	阳春市中国旅行社	L－GD00716	罗洪玉	阳江阳春市春城镇南新大道8号	7722711
	阳春市安泰旅行社有限公司	L－GD00717	林　霞	阳江阳春市春城南新大道2号	7713676
	阳春市虹日旅行社有限责任公司	L－GD00718	黄素文	阳江阳春市南新大道登宝大厦	7723238
	阳春市春之旅旅行社有限公司	L－GD00719	翁奕恒	阳江阳春市朝南路4号	7743000
	阳江市海陵岛闸坡旅游公司	L－GD00720	陈　斌	阳江市海陵岛闸坡镇大角湾	3887080
	阳江市闸坡大角湾旅行社有限公司	L－GD00721	陈　安	阳江市闸坡镇旅游大道	3800555
	阳江市海陵岛海岛旅行社有限公司	L－GD00722	方奕焕	阳江市闸坡镇旅游大道中162号	3881988
	阳东东之旅旅行社	L－GD00723	林子铭	阳江市阳东县龙日路33号	3288777
	阳东县青年旅行社	L－GD00724	茹诗娜	阳江市阳东县东城镇始兴北路35号	3289953
	阳江市江城区江之旅旅行社有限公司	L－GD00725	陈景华	阳江市江城区东风二路58号	3390177
	广东中旅（阳江）旅行社有限公司	L－GD00971	邓　霄	阳江市东风一路42号	3390177
	※阳春市兴达旅行社有限公司	**L－GD01001**	**严有兴**	**阳江阳春市春湾镇春湾大道北23号**	**13809723524**
	※阳江市银湖旅行社有限公司	**L－GD01153**	**刘奕奎**	**阳江市江城区新江北路57号**	**2861666**
湛江市	湛江市中国旅行社有限公司	L－GD－CJ00127	李建奇	湛江市霞山区人民大道南18号	2277333
	湛江中国国际旅行社有限公司	L－GD00493	杨雪山	湛江市人民大道中34号	3616633
	湛江铁路旅行社	L－GD00494	柯　浩	湛江市霞山区解放西路火车站大楼内	3516918

续表

地区	旅行社名称	许可证编号	法定代表人	地 址	咨询电话
湛江市（拥有旅行社36家，其中出境游组团社1家）	湛江广之旅旅行社有限公司	L－GD00495	李宏明	湛江市赤坎区海田路28号	3618888
	湛江市金紫荆假日旅行社有限公司	L－GD00496	郑慧雄	湛江市霞山区人民大道南45号	2360546
	湛江市阳光旅行社有限公司	L－GD00497	李雅文	湛江市赤坎区中山一路2号	3228378
	湛江市缤纷假日旅行社有限公司	L－GD00499	吉永铎	湛江市霞山区人民大道南20号	2662222
	湛江海旅旅行社有限公司	L－GD00500	陈真平	湛江市霞山区人民大道南6号	2288500
	湛江市南珠旅行社有限公司	L－GD00501	吴锦燕	湛江市霞山区人民大道南73号	2307132
	湛江市神州假期旅行社有限公司	L－GD00502	张 静	湛江市赤坎区海园路28号	3131111
	湛江湛之旅旅行社有限公司	L－GD00503	黄国立	湛江市赤坎区百园路54号	3360200
	湛江市天马旅行社有限公司	L－GD00504	魏广萍	湛江市霞山区海昌路20号	2260748
	湛江开发区教育旅行社有限公司	L－GD00505	牛永春	湛江开发区人民大道中24号	3622225
	湛江市环球旅行社有限公司	L－GD00506	谢春腾	湛江市霞山区人民大道南69号	2277111
	湛江市怡海旅行社有限公司	L－GD00507	梁海辉	湛江市霞山区人民大道南50、52号	2214999
	湛江市湖光岩旅行社有限公司	L－GD00508	林郑智	湛江市湖光岩风景区	2819192
	湛江市蓝月湾旅行社有限公司	L－GD00509	廖 健	湛江市海滨二路32号	2373328转
	徐闻县旅游公司	L－GD00510	包声侠	湛江市徐闻县徐城镇德新一路87号	4856343
	雷州市旅游总公司	L－GD00511	洪 新	湛江雷州市西湖大道38号	8808778
	湛江市中泰旅行社有限公司	L－GD00512	钟 玲	湛江市赤坎区海田东三路6号	3163158
	湛江南湖旅行社有限公司	L－GD00513	黄进文	湛江市霞山区人民大道南28号	2299878
	湛江风光旅行社有限公司	L－GD00514	梁亚伟	湛江市龙潮东路湛江美食休闲广场	2328808
	湛江市光大旅行社有限公司	L－GD00934	黎明辉	湛江市人民大道北34号	6609511
	湛江泰华旅行社有限公司	L－GD00935	冯毅青	湛江市经济技术开发区海静路6号	3382622
	湛江市美景旅行社有限公司	L－GD00957	陈文琢	湛江市霞山区人民大道南42号	2270066
	湛江市青之旅旅游有限公司	L－GD00970	马志军	湛江市霞山区人民大道南39号	2236928
	湛江市环宇旅行社有限公司	L－GD00978	陈伟雄	湛江市开发区观海路183号	2202119
	湛江市名家假期旅行社有限公司	L－GD00979	包昌强	湛江市赤坎区世贸大厦	2191888
	※湛江市半岛假期旅游有限公司	**L－GD01011**	**黄 智**	**湛江市霞山区人民大道南45号**	**2278222**
	※湛江国旅假期旅行社有限公司	**L－GD01021**	**杨雪山**	**湛江市湛江大道北99号**	**3169399**
	※湛江市国之旅旅行社有限公司	**L－GD01074**	**朱俊权**	**湛江市雷州雷城群众大道23号**	**8818188**
	※湛江假日旅行社有限公司	**L－GD01102**	**万 超**	**湛江市开发区明哲路7号**	**2999029**
	※湛江市金粤嘉辉旅游有限责任公司	**L－GD01125**	**金成财**	**湛江市霞山区华欣路8号**	**13902503771**
	※广东国旅湛江旅行社有限公司	**L－GD01134**	**杨雪山**	**湛江市湛江开发区观海路183号**	**3169399**
	※湛江市现代国际旅行社有限公司	**L－GD01144**	**陈楚翘**	**湛江市霞山区人民大道20号**	**3297332**
	※湛江市口岸国际旅行社有限公司	**L－GD01145**	**吴心珥**	**湛江市开发区观海路183号**	**2099990**

续表

地区	旅行社名称	许可证编号	法定代表人	地　址	咨询电话
茂名市（拥有旅行社18家，其中出境游组团社2家）	茂名市国旅国际旅行社有限公司	L-GD-CJ00128	费民龙	茂名市人民南路94号	3888888
	茂名市中国旅行社	L-GD-CJ00129	尹国生	茂名市河东迎宾路46号	3390193
	茂名茂之旅旅行社有限公司	L-GD00336	苏秋生	茂名市光华南路138号	2117777
	茂名市青年旅行社	L-GD00337	杨小周	茂名市文明北路30号	2895666
	茂名市恒泰旅行社有限公司	L-GD00338	张兆明	茂名市区迎宾四路153号	2997878
	茂名市光明旅行社有限公司	L-GD00340	练　岚	茂名市迎宾三路189号	2732028
	茂名金典旅行社有限公司	L-GD00341	许建伟	茂名市官山三路22号	2293252
	茂名宗易旅行社有限公司	L-GD00342	车振洪	茂名市油城七路36号	2887369
	茂名市同乐假日旅行社有限公司	L-GD00343	麦华东	茂名市新福四路188号	2821328
	茂名神马旅行社有限公司	L-GD00344	江金朝	茂名市油城三路222号	2265726
	茂名市茂南假日旅行社	L-GD00345	周光何	茂名市油城三路319号	2226328
	高州市中国旅行社	L-GD00346	朱日成	茂名高州市观山路4号	6613988
	高州市旅游总公司	L-GD00347	江海运	茂名高州市中山路73号	6633058
	化州市中国旅行社	L-GD00348	詹彩丽	茂名化州市文仙路57号	7229397
	信宜市中国旅行社	L-GD00349	陈世金	茂名信宜市人民南路58号	8811528
	信宜市云开旅行社	L-GD00350	李进昌	茂名信宜市区新尚路53号	8813631
	※广东中旅（茂名）旅行社有限公司	**L-GD00911**	**凌富杰**	**茂名市双山二路21号**	**2899663**
	※茂名广旅假期旅行社有限公司	**L-GD00912**	**朱理宝**	**茂名市迎宾二路89号**	**2117777**
肇庆市	肇庆市中国旅行社有限公司	L-GD-CJ00130	朱丽华	肇庆市天宁北路90号	2288034
	肇庆星湖国际旅行社有限公司	L-GD-CJ00131	曾庆袖	肇庆市天宁北路82号	2230511
	肇庆市活力国际旅行社有限公司	L-GD00515	冯继军	肇庆市端州区翠星路鸿福新村E幢	2816984
	肇庆市青年国际旅行社有限公司	L-GD00516	许剑明	肇庆市城北路110-111号	2278001
	肇庆市国泰国际旅行社有限公司	L-GD00517	郭志英	肇庆市前进南路鼎湖新村3区	2728227
	肇庆鼎湖旅行社	L-GD00518	董植森	肇庆市鼎湖山风景区内	2628093
	肇庆通联旅行社有限公司	L-GD00519	唐小灵	肇庆市莲湖中路7号	2260243
	肇庆市肇之旅国际旅行社有限公司	L-GD00520	赵建辉	肇庆市天宁北路43号	2201112
	肇庆金世纪国际旅行社有限公司	L-GD00521	梁伟忠	肇庆市七星岩旅游度假区瑞士花园	2830968
	肇庆市铁路旅行社有限公司	L-GD00522	吴国锋	肇庆市端州区站北路	2826013
	肇庆市新时代国际旅行社有限公司	L-GD00523	李予斯	肇庆市肇庆大道1号	2760606
	肇庆市教育旅行社有限公司	L-GD00524	谢锦贤	肇庆市阅江路江景花苑二区	2326610
	肇庆市锦绣东方旅行社有限公司	L-GD00525	周亦君	肇庆市康乐花园E4栋	2811819
	肇庆环球商务国际旅行社有限公司	L-GD00526	黄伟智	肇庆市前进南路东堤湾11幢	2789118
	肇庆市环宇国际旅行社有限公司	L-GD00527	欧杰兰	肇庆市芙蓉西路一街7号	2838683

续表

地区	旅行社名称	许可证编号	法定代表人	地　址	咨询电话
肇庆市（拥有旅行社41家，其中出境游组团社2家）	肇庆市凤凰国际旅行社有限公司	L－GD00528	王　凤	肇庆市塔东三路38号	2289662
	肇庆市神州国际旅行社有限公司	L－GD00529	梁智刚	肇庆市八一路11卡	2918800
	肇庆市广之旅国际旅行社有限公司	L－GD00530	谭予丽	肇庆市建设三路10号	2295581
	肇庆市南湖旅行社有限公司	L－GD00531	赵　祁	肇庆市天宁北路天宁广场首层	2317111
	肇庆市华厦国际旅行社有限公司	L－GD00532	江秀芳	肇庆市人民中路20号	2292518
	肇庆山水国际旅行社有限公司	L－GD00533	郑丽明	肇庆市阅江路阅景花苑西座首层	2325011
	肇庆市四海国际旅行社有限公司	L－GD00534	覃来芳	肇庆市建设三路40号	2255228
	肇庆市阳光国际旅行社有限公司	L－GD00535	冯武权	肇庆市星荷路星荷豪苑D幢	2808277
	肇庆市中达国际旅行社有限公司	L－GD00536	卓　越	肇庆市建设三路7号	2758223
	肇庆市精彩假期旅行社有限公司	L－GD00537	黎庆权	肇庆市建设二路13号	6191888
	肇庆市和平国际旅行社有限公司	L－GD00538	罗国冲	肇庆市蓓蕾南路10号	2252316
	肇庆市佰乐通国际旅行社有限公司	L－GD00539	范北连	肇庆市端州区星湖西路	2763366
	广东中旅（肇庆）旅行社有限公司	L－GD00540	陈建斌	肇庆市端州五路2号	2910886
	封开县青年国际旅行社有限公司	L－GD00541	梁志坚	肇庆市封开县江口镇河堤一路	6663219
	四会市旅游有限公司	L－GD00542	杨寄萍	肇庆四会市城中区新风路	3323636
	怀集县中国旅行社	L－GD00543	范粤毅	肇庆市怀集县解放中路78号	5536038
	四会市美丽华旅行社有限公司	L－GD00544	伍海友	肇庆四会市体育路九座	3396838
	肇庆市遨游天下国际旅行社有限公司	L－GD00963	胡思永	肇庆市端州区伴月路4号	2163338
	※肇庆市花信国际旅行社有限公司	**L－GD00919**	**马天乐**	**肇庆市芙蓉路西一街19号**	**2854117**
	※肇庆市职工旅行社	**L－GD00993**	**何　乐**	**肇庆市天宁北路76号**	**2267736**
	※肇庆市西江国际旅行社有限公司	**L－GD00994**	**李开裕**	**肇庆市芹田路39幢**	**2206798**
	※肇庆市江南旅行社有限公司	**L－GD00995**	**潘小燕**	**肇庆市端州区翠星路北一街13号**	**2867966**
	※肇庆康乐国际旅行社有限公司	**L－GD01005**	**王柏卫**	**肇庆市康乐北路9号**	**2866663**
	※肇庆市奥威斯旅行社有限公司	**L－GD01064**	**袁旭华**	**肇庆市星湖大道西侧**	**2189889**
	※肇庆市天下行国际旅行社有限公司	**L－GD01073**	**黎超雄**	**肇庆市人民南路24号**	**2258618**
	※肇庆市风光国际旅行社有限公司	**L－GD01079**	**周开雄**	**肇庆市柑园路1号**	**13929867711**
清远市	清远市中旅国际旅行社有限公司	L－GD－CJ00132	杨志明	清远市先锋东路13号	3321611
	清远市国旅国际旅行社有限责任公司	L－GD00351	罗红霞	清远市清城区桥北路牛皇庙西3座	3330939
	清远青旅旅行社有限公司	L－GD00352	梁冠强	清远市新城凤鸣路名豪苑	3366000
	清远市新里程旅行社有限公司	L－GD00353	向春明	清远市新城东5号区连江路	3366588
	清远市步步高旅行社有限公司	L－GD00354	冯伟洪	清远市清城区曙光一路88号	3340133
	清远市凤之旅旅行社有限公司	L－GD00355	冯国权	清远市清城区桥北路牛皇	3347628
	清远市新美景旅行社有限公司	L－GD00356	肖庆扬	清远市新城区富华大厦	3370519
	清远市星辉旅行社有限公司	L－GD00357	黄志成	清远市小市路15号	3877722
	清远市口岸旅行社有限公司	L－GD00358	曾昭军	清远市新城银泉路18号	3870888

续表

地区	旅行社名称	许可证编号	法定代表人	地　址	咨询电话
清远市（拥有旅行社48家，其中出境游组团社1家）	清远市燕翔旅行社有限公司	L-GD00359	李　旭	清远市新城8号	3864446
	清远市大地游踪旅行社有限公司	L-GD00360	梁小刚	清远市新城东二号区13号	3385516
	清远市金色旅行社有限公司	L-GD00361	陈桂莲	清远市新城连江路赢之城	3876288
	清远市远景旅行社有限公司	L-GD00362	林韶伟	清远市新城人民二路24号	3867775
	清远市风情旅行社有限公司	L-GD00363	谢永强	清远市新城西门街右三巷	3333912
	清远市北江情旅行社有限公司	L-GD00364	曾柳添	清远市新城银泉北路	3865333
	清远运通旅行社有限公司	L-GD00365	温秀萍	清远市新城北江2号	3123398
	清远市缤纷旅行社有限公司	L-GD00366	苏秀清	清远市清城区新城人民二路23号	3861555
	清远市永安旅行社有限公司	L-GD00367	冯　勇	清远市清城松岗路一号	3399162
	清远市花花假期旅行社有限公司	L-GD00368	朱丽花	清远市新城连江路金沙商务大厦	3851122
	清远市清新假期旅行社有限公司	L-GD00369	陈桂泉	清远市清新县清和大道12号	6880418
	连南瑶族自治县瑶山旅行社有限公司	L-GD00370	肖宪勇	清远市连南县三江镇民族二路10号	8667777
	连州新时代旅行社有限公司	L-GD00371	何国辉	清远连州市南门大道B1栋12号	6633231
	连州市金色假期旅行社有限责任公司	L-GD00372	黄德锋	清远连州市人民路218号	6625530
	连州市骄阳旅行社有限公司	L-GD00373	麦丰庭	清远连州市兴业中路10号	6661955
	连山壮族瑶族自治县中国旅行社	L-GD00374	李卫学	清远连山壮族瑶族自治县鹿鸣东路	8918377
	英德市旅游服务公司	L-GD00376	杨军辉	清远英德市教育西路	2226596
	英德市青年旅行社	L-GD00377	麦穗霞	清远英德市和平中路75号	2231606
	英德市英州旅行社有限责任公司	L-GD00378	陈宁红	清远英德市英城镇建设路64号	2231238
	英德市英之旅旅行社有限公司	L-GD00379	朱素玲	清远英德市英城镇峰光路	2281838
	英德市今日假期旅行社有限公司	L-GD00380	莫小妮	清远英德市英城和平北路20号	2239350
	英德市小岛旅行社有限责任公司	L-GD00381	朱建权	清远英德市英州大道小岛宾馆	2282348
	英德市潮流旅行社有限公司	L-GD00382	江化任	清远英德市英城镇建设路	2228938
	英德市安泰旅行社有限公司	L-GD00383	吴世喜	清远英德市富强东路	2206136
	佛冈县佛旅旅行社有限公司	L-GD00384	周铁忠	清远市佛冈县石角镇振兴中路113号	4283460
	佛冈青年旅行社有限公司	L-GD00385	刘小青	清远市佛冈县石角镇环城中路382号	4299333
	清远市开心假期旅行社有限公司	L-GD00386	梁国球	清远市清城区曙光二路	3380333
	阳山县中国旅行社有限公司	L-GD00387	陈秀丽	清远市阳山县阳山大道107号	7882679
	英德市畅游天下旅行社有限公司	L-GD00936	孔莉梅	清远英德市富强路凤凰城广场	2206188
	连州市粤北巾峰旅行社有限公司	L-GD00937	唐玉裙	清远连州市兴业中路37号	6622816
	佛冈假日旅行社有限公司	L-GD00955	冯晓聪	清远市佛冈县石角镇振兴中路62号	4281108
	清新县黄金假日旅行社有限公司	L-GD00956	梁海潮	清远市清新县清和大道6号	5563222
	清远市飞扬旅行社有限公司	L-GD00975	黄锦成	清远市新城三号区金沙大厦	3813108
	※广东中旅（清远）旅行社有限公司	**L-GD00897**	**王中朝**	**清远市新城区凤鸣路47号**	**33556666**
	※英德市喜洋洋旅行社有限公司	**L-GD01020**	**范维芝**	**清远英德市和平中路102号**	**2235147**

续表

地区	旅行社名称	许可证编号	法定代表人	地　址	咨询电话
清远市	**※清远市康泰旅行社有限公司**	**L－GD01028**	**梁敏聪**	**清远市清城区下廓大街2－10号**	**13509268682**
	※清新阳光假日旅行社有限公司	**L－GD01056**	**苏雄健**	**清远市清新县府前路16号**	**13922561818**
	※连州开心旅游旅行社有限公司	**L－GD01114**	**江伟斌**	**清远连州市连州镇白水路78号**	**86018768**
	※英德市快乐假期旅行社有限公司	**L－GD01115**	**范方靖**	**清远英德市富强东路凤凰城**	**2636588**
潮州市（拥有旅行社26家，其中出境游组团社5家）	潮州市中国旅行社有限公司	L－GD－CJ00133	郑正佳	潮州市潮州大道金田花园84号	2354510
	潮州中国国际旅行社有限公司	L－GD－CJ00134	陆锐群	潮州市潮枫路57号湘新巷19号	2288815
	潮州风光国际旅行社有限公司	L－GD－CJ00135	林子贤	潮州市潮枫路兰园首层	2272888
	※潮州市潮之旅国际旅行社有限公司	**L－GD－CJ00141**	**郑剑明**	**潮州市枫春路406号**	**2357766**
	※潮州市龙之旅国际旅行社有限公司	**L－GD－CJ00150**	**陈长安**	**潮州市潮州大道锦江花园**	**3996312**
	潮州招商旅行社有限公司	L－GD00421	谢小平	潮州市潮枫路迎宾馆左侧	2299118
	潮州市海联旅行社	L－GD00422	陈红茶	潮州市南较路右二横8号	2221437
	潮州市青年旅行社	L－GD00423	黄锦龙	潮州市枫春路枫春市场163－164号	2387111
	潮州市假日旅行社有限公司	L－GD00424	蔡树群	潮州市枫春路中段吉街大厦	2297165
	潮州市鸿运旅行社有限公司	L－GD00426	黄功雄	潮州市潮枫路长运公司	2216598
	潮州市湘子桥旅行社有限公司	L－GD00427	王美璇	潮州市新春路新雅园A幢	2353888
	潮州东南旅行社有限公司	L－GD00428	林铿平	潮州市福安路新泰花园	2396878
	潮州市天伦旅行社有限公司	L－GD00429	王安伦	潮州市潮枫路兰园1幢	2806841
	潮州市金龙旅行社有限公司	L－GD00430	林郁平	潮州市环城南路39号	2286386
	潮州市春辉旅行社有限公司	L－GD00431	柯文胜	潮州市城新西路福居楼	2362009
	潮安县天马旅游公司	L－GD00432	翁树荣	潮州市潮安县城区文体局办公楼	3913073
	潮安县中国旅行社	L－GD00433	李钟勤	潮州市潮安县政府综合办公大楼	5811109
	潮安县春秋旅行社有限公司	L－GD00434	陈耀北	潮州市潮安县	6675898
	潮安县安之旅旅行社有限公司	L－GD00435	沈杏璇	潮州市潮安县城区潮安大道旁	5810072
	饶平县中国旅行社	L－GD00436	蔡饶阳	潮州市饶平县黄冈镇丁未路611号	8882723
	饶平县天地人旅行社有限公司	L－GD00437	郑金雄	潮州市饶平县黄冈镇沿河北路	8881788
	饶平县阳光之旅旅行社有限公司	L－GD00438	沈舜晓	潮州市饶平县黄冈镇丁未路567号	8861188
	饶平县鸿泰旅行社有限公司	L－GD00439	林淑芬	潮州市饶平县黄冈镇沿河北路38号	8881600
	饶平县青年旅行社有限公司	L－GD00440	许振贤	潮州市饶平县黄冈镇沿河北路36号	8899333
	※潮州市壮大旅行社有限公司	**L－GD00888**	**章壮大**	**潮州市枫溪区**	**6883897**
	※潮州市山水旅行社有限公司	**L－GD01010**	**陈继祖**	**潮州市枫春路枫溪车站东侧**	**2252333**
揭阳市	揭阳市旅总国际旅行社	L－GD－CJ00136	黄建明	揭阳市区天福东路口	8292227
	揭阳市中国旅行社	L－GD－CJ00137	许汉基	揭阳市区新兴路6号	8625941
	揭阳市光辉国际旅行社有限公司	L－GD00069	许剑光	揭阳市榕城区进贤门大道北侧	8625388
	揭阳假日旅行社有限公司	L－GD00070	陈德锋	揭阳市东山华诚花园	8212683

续表

地区	旅行社名称	许可证编号	法定代表人	地　址	咨询电话
揭阳市（拥有旅行社21家，其中出境游组团社2家）	揭阳市宝马旅行社有限公司	L-GD00071	陈秀君	揭阳市区进安街中段	8635988
	揭阳市青年旅行社有限公司	L-GD00072	黄丹彤	揭阳市东山区建阳路	8228141
	揭阳康辉旅行社有限公司	L-GD00073	黄细巧	揭阳市榕城区同心路口	8687700
	揭阳市顺华旅行社	L-GD00074	吴奕强	揭阳市区新兴路揭阳宾馆内	8638663
	揭阳市中和旅行社有限公司	L-GD00075	邱南龙	揭阳市榕城区新兴东路北侧	8692106
	揭阳吉旅旅行社有限公司	L-GD00076	郑玩杰	揭阳市东山区锦绣花园	8260333
	普宁市旅游总公司	L-GD00077	张少民	揭阳普宁市联运贸易服务公司大楼	2248753
	普宁市金叶旅行社有限公司	L-GD00078	黎小群	揭阳普宁市流沙河滨路1号	2236889
	普宁市侨联旅行社	L-GD00079	黄卓生	揭阳普宁市流沙镇新河西路7号	2221162
	普宁市铁山旅行社有限公司	L-GD00080	韦跃鹏	揭阳普宁市流沙大道	2222196
	普宁市新东方旅行社有限公司	L-GD00081	肖红慧	揭阳普宁市流沙南平里41栋	2255995
	普宁市美林旅行社有限公司	L-GD00082	冯秋璇	揭阳普宁市流沙大道西21号	2243618
	揭西县旅游总公司	L-GD00083	汪潮盖	揭阳市揭西县城滨江公司侧	5527938
	揭西县新世纪旅行社有限公司	L-GD00084	沈彦娜	揭阳市揭西县棉湖镇	5252618
	揭西县霖都旅行社有限公司	L-GD00085	陈建兴	揭阳市揭西县河婆镇霖都大道183号	5591116
	揭东县金凤凰旅行社有限公司	L-GD00086	蔡育文	揭阳市揭东县金溪大道步行街	3198631
	※惠来县信天乐旅行社有限公司	**L-GD01097**	**李丽云**	**揭阳市惠来县会城镇葵和路**	**8560808**
云浮市（拥有旅行社11家，其中出境游组团社1家）	云浮市中国旅行社有限公司	L-GD-CJ00138	李醒培	云浮市建设南路70号	8817338
	云浮市青年旅行社有限公司	L-GD00546	陈文彬	云浮市云城区玉皇路116号	8819082
	云浮市阳光旅行社有限公司	L-GD00547	李振兴	云浮市云城区城南路10号	8600555
	云浮广之旅旅行社有限公司	L-GD00548	苏丽芳	云浮市云城区城南路55号	8982888
	云浮市伴你同游旅行社有限公司	L-GD00549	李结英	云浮市云城区育华路8号	8929177
	罗定市中国旅行社有限公司	L-GD00550	梁勤英	云浮罗定市罗城人民南1号	3726383
	罗定市飞翔旅行社有限公司	L-GD00551	陈英才	云浮罗定市龙园路131号	3826383
	新兴县翔顺旅行社有限公司	L-GD00552	崔健全	云浮市新兴县新城镇黄塘翔顺花园	2884042
	郁南县中国旅行社	L-GD00553	曾　戈	云浮市郁南县都城镇城中路85号	7593691
	云安县信安旅行社	L-GD00885	苏炜美	云浮市云安县城港城大道6号	8613392
	云浮市假日旅游有限公司	L-GD00892	林锦辉	云浮市新兴县城沿江南路83号	2926868

注：1. 截至2010年底，广东省旅行社总数1292家，其中出境游组团社151家，外资旅行社12家。
2. 许可证编号中，"L-GD"代表广东省许可经营的国内旅游业务和入境旅游业务的旅行社；"L-GD-CJ"代表广东省许可经营的国内旅游业务、入境旅游业务和出境旅游业务的旅行社；"L-GD-WZ"代表广东省许可经营的国内旅游业务和入境旅游业务的外资旅行社；
3. 标有"※"、黑体字部分为2010年度广东省新批准设立的旅行社共210家，其中出境游组团社13家，外资旅行社5家。

2010 年度广东省三星级以上饭店名录

地区	饭店名称	星级	评定时间	开业时间	星牌编号	饭店地址	咨询电话	客房（间）	床位（张）	餐位（个）	所有制性质
广州市（白金五星 1 家，五星级 17 家，四星级 37 家，三星级 145 家，二星级 49 家，一星级 1 家）	广州花园酒店	白金五星	2007. 06. 18	1985. 08. 28	4450021	广州市环市东路 368 号	83338989	828	1183	1317	国有
	白天鹅宾馆	五	1990. 01. 01	1983. 02. 01	4450019	广州沙面南街 1 号	81886968	843	1307	2700	国有
	中国大酒店	五	1990. 02. 01	1984. 6. 01	4450020	广州市流花路	86666888	850	1710	734	国有
	广州东方宾馆	五	1990. 09. 01	1961. 10. 01	4450022	广州市流花路 120 号	86669900	699	1391	748	股份合作
	广州中心皇冠假日酒店	五	1994. 01. 01	1992. 07. 01	4450023	广州市环市东路 339 号之一	83311888	603	1011	1918	中外合资
	广东亚洲国际大酒店	五	2005. 06. 01	2003. 03. 12	4450040	广州市环市东路 326 号之一	61288888	442	649	1958	中外合资
	广州碧桂园凤凰城酒店	五	2006. 04. 28	2003. 11. 18	4450044	广州市广园东路新塘路段	82808888	573	998	1890	有限责任
	广州建国酒店	五	2007. 09. 04	2003. 10. 06	4450057	广州市天河林和中路 172 号	83936388	405	542	800	有限责任
	嘉逸国际酒店	五	2008. 12. 01	2004. 07. 07	4450060	广州市天河北路 468 号 251	38803333	251	285	762	有限责任
	白云宾馆	五	2009. 01. 10	1976. 06. 01	4450071	广州市环市东路 367 号	83333998	670	1207	1310	中外合资
	香格里拉大酒店	五	2009. 07. 13	1991. 09. 01	4450074	广州市海珠区会展东路 1 号	89178888	704	906	1051	股份有限
	南沙大酒店	五	2009. 07. 20	2005. 01. 23	4450079	广州市南沙海滨新城商贸大道南	39308888	318	504	1580	港澳台商
	广州天誉威斯汀酒店	五	2009. 08. 06	2007. 05. 08	4450080	广州市天河区林和中路 6 号	28866868	448	511	760	港澳台商
	※白云机场铂尔曼大酒店	**五**	**2010. 03. 15**	**2007. 09. 19**	**4450083**	**广州新白云机场内**	**36068866**	**460**	**663**	**1086**	**国有**
	※星河湾酒店	**五**	**2010. 08. 27**	**2008. 03. 18**	**4450089**	**广州市番禺区迎宾路**	**39936688**	**329**	**521**	**966**	**有限责任**
	※富力君悦大酒店	**五**	**2010. 08. 27**	**2008. 04. 20**	**4450090**	**广州市天河区珠江西路 12 号**	**83961234**	**375**	**424**	**500**	**股份有限**
	※科尔海悦酒店	**五**	**2010. 08. 27**	**2006. 08. 18**	**4450091**	**广州市番禺区市桥清河东路 288 号**	**34628888**	**308**	**448**	**915**	**私营**
	※富力丽思卡尔顿酒店	**五**	**2010. 08. 27**	**2008. 03. 11**	**4450092**	**广州市天河区珠江新城兴安路 3 号**	**38136688**	**350**	**453**	**350**	**股份有限**
	中央酒店	四	1989. 05. 01	1986. 09. 01	4440029	广州市机场路 33 号	86578331	231	382	950	股份合作
	广信江湾大酒店	四	1993. 09. 01	1992. 04. 01	4440030	广州市沿江中路 298 号	83839888	320	507	1060	港澳台商
	广东迎宾馆	四	1994. 09. 01	1952. 01. 01	4440032	广州市解放北路 603 号	83332950	263	453	1100	国有
	华厦大酒店	四	1994. 09. 01	1991. 02. 01	4440031	广州市侨光路 8 号	83355988	564	1026	898	国有
	广州凯旋华美达大酒店	四	1994. 10. 01	1991. 10. 01	4440033	广州市明月一路 9 号	87372988	339	562	1094	中外合资

续表

地区	饭店名称	星级	评定时间	开业时间	星牌编号	饭店地址	咨询电话	客房（间）	床位（张）	餐位（个）	所有制性质
广州市	广州远洋宾馆	四	1996.07.01	1986.08.01	4440034	广州市环市东路412号	87765988	281	424	720	中外合资
	广东胜利宾馆	四	1996.07.01	1993.03.01	4440035	广州市沙面北街53号	81216688	310	434	400	国有
	广州文化假日酒店	四	1996.07.01	1989.04.01	4440036	广州市环市东光明路28号	61286868	428	589	1084	中外合资
	广东大厦	四	1998.06.01	1988.03.01	4440037	广州市东风中路309号	83339933	493	908	1200	中外合资
	番禺宾馆	四	1999.07.01	1980.12.01	4440019	广州市番禺区大北路130号	84822127	260	473	2300	国有
	花都新世纪酒店	四	1999.07.01	1996.01.11	4440018	广州市花都秀全大道43号	86832922	395	622	1200	中外合资
	增城宾馆	四	2000.04.28	1995.06.18	4440020	广州增城市荔城雁塔大道	82619888	348	651	1018	私营
	广州大厦	四	2000.12.22	1997.09.28	4440021	广州市北京路374号	83189888	465	799	1326	国有
	百花山庄度假村	四	2000.12.22	1999.04.08	4440022	广州增城市	82618888	167	309	1000	私营
	全球通大酒店	四	2001.05.23	2000.03.30	4440024	广州市越秀南路208号	83898888	247	418	710	国有
	景星酒店	四	2001.07.13	1996.12.23	4440023	广州市天河林和西路89号	87552888	366	619	2000	中外合资
	太阳城大酒店	四	2002.01.07	1994.12.28	4440026	广州增城市新塘群星路1号	82706888	192	265	1050	私营
	嘉逸豪庭酒店	四	2002.04.10	2001.03.26	4440025	广州市天河区林和中路148号	38840968	147	228	280	私营
	广州珀丽酒店	四	2002.07.31	1988.09.23	4440027	广州市江南大道中348号	84418888	399	793	773	中外合资
	华威达酒店	四	2003.08.25	2002.08.27	4440028	广州市黄埔大道西499号	38908888	308	463	700	私营
	新港明珠大酒店	四	2004.09.03	2003.09.28	4440116	广州市广州经济开发区夏港大道721号	82226688	236	298	430	国有
	东方国际饭店	四	2004.10.13	2003.09.16	4440120	广州市广州大道中616号	37233888	241	384	600	私营
	皇家国际饭店	四	2005.03.14	2004.03.15	4440124	广州市天河区天河路89号	83988888	114	157	240	私营
	祈福酒店	四	2005.06.16	2000.10.01	4440131	广州市番禺区市广路	34710088	282	459	2340	外商投资
	流花宾馆	四	2005.12.23	1972.10.01	4440138	广州市环市西路194号	86668800	248	422	680	国有
	云山大酒店	四	2006.09.01	1986.01.13	4440152	广州市先烈中路云鹤北8号	38377188	151	250	700	国有
	南航明珠大酒店	四	2006.09.12	2005.12.28	4440156	广州市新白云国际机场空港西五路	86138868	338	653	1150	国有
	鼎龙国际大酒店	四	2006.10.11	2005.10.14	4440158	广州市广州大道北63号	87748999	288	335	600	私营
	金桥酒店	四	2006.10.11	1995.01.18	4440159	广州市寺右新马路93号	83918868	303	442	350	国有
	新珠江大酒店	四	2007.10.11	2001.01.01	4440169	广州市滨江东路795号	34255335	359	766	720	私营

续表

地区	饭店名称	星级	评定时间	开业时间	星牌编号	饭店地址	咨询电话	客房（间）	床位（张）	餐位（个）	所有制性质
广州市	广州十甫假日酒店	四	2009.01.12	2006.04.01	4440185	广州市荔湾区第十甫路188号	81380088	280	413	262	港澳台商
	广州珠江帝景酒店	四	2009.03.23	2004.05.01	4440188	广州市海珠区艺洲路灏景街1号	83918883	100	144	800	股份合作
	燕岭大厦	四	2009.05.21	1987.11.01	4440193	广州市天河燕岭路29号	37232288	269	496	800	国有
	华夏国际商务酒店	四	2009.08.16	2006.07.15	4440199	广州市林乐路39～49号	37855988	198	294	548	国有
	※东方夏湾拿豪生酒店	**四**	**2010.08.24**	**2005.08.13**	**4440206**	**广州从化市太平镇莲塘村**	**61701188**	**188**	**291**	**380**	**有限责任**
	※科学城华厦国际商务酒店	**四**	**2010.08.24**	**2009.01.21**	**4440207**	**广州市萝岗区科学城拔月路1号**	**61022888**	**228**	**270**	**868**	**国有**
	※碧水湾温泉度假村	**四**	**2010.09.08**	**2002.07.28**	**4440208**	**广州从化市流溪温泉度假区**	**87842888**	**203**	**362**	**660**	**国有**
	爱群大酒店	三	1989.05.01	1937.07.01	4430064	广州市沿江西路113号	81866668	308	571	800	国有
	广东新大地宾馆	三	1989.09.01	1985.10.01	4430066	广州市站前路108～122号	86221638	194	361	600	国有
	广州宾馆	三	1989.11.01	1968.04.01	4430067	广州市起义路2号	83338168	351	639	900	国有
	广东胜利宾馆	三	1990.02.01	1960.01.01	4430068	广州市沙面大街54号	81216688	118	203	1100	国有
	番禺美丽华大酒店	三	1991.07.01	1987.06.01	4430069	广州市番禺区清河中路8号	84826833	171	342	1000	中外合资
	湖天宾馆	三	1993.03.01	1991.07.01	4430070	广州市东风西路156号	81080888	212	380	480	港澳台商
	三禺宾馆	三	1993.07.01	1986.01.01	4430072	广州市三育路23号	87756888	646	1234	2000	国有
	东方丝绸大厦	三	1994.08.01	1990.03.01	4430073	广州市东风东路752号	87762888	212	369	450	国有
	湛江大厦	三	1995.01.01	1992.06.01	4430074	广州市站前路88号	86681688	121	245	420	国有
	广东华侨友谊酒店	三	1995.08.01	1992.12.01	4430075	广州市天河南二路42	85513298	144	253	400	国有
	广东温泉宾馆	三	1996.01.29	1953.08.01	4430077	广州从化市温泉东路80号	87830888	261	504	600	国有
	广州总统大酒店	三	1996.12.01	1995.09.01	4430079	广州市天河区石碑岗顶	85512988	215	331	292	私营
	广州白云国际机场宾馆	三	1997.07.01	1994.12.01	4430080	广州市白云区云宵街340号	86638838	324	524	725	有限责任
	远洋大厦	三	2000.07.01	1999.04.01	4430002	广州市天河区龙口东路6号	62811333	227	404	200	国有
	丽江渡假花园酒店	三	2000.08.22	1994.01.01	4430003	广州市番禺石楼镇	84864848	109	228	570	国有
	丽美大酒店	三	2000.08.22	1995.01.01	4430004	广州市花都区商业大道53号	86819888	78	112	800	中外合资
	番禺香江大酒店	三	2000.08.22	1994.05.01	4430005	广州市番禺区迎宾路538号	84786888	154	293	1500	私营
	新世界大酒店	三	2000.09.15	1999.03.01	4430006	广州市人民北路520号	81099888	80	150	360	国有

续表

地区	饭店名称	星级	评定时间	开业时间	星牌编号	饭店地址	咨询电话	客房（间）	床位（张）	餐位（个）	所有制性质
广州市	合力大酒店	三	2000.10.31	1999.01.18	4430007	广州市番禺区坑口路106号	61920228	100	188	380	国有
	金湖酒店	三	2000.11.21	1999.10.22	4430012	广州市花都区建设南路4号	86808100	96	199	800	集体
	正大度假村	三	2000.11.23	1997.08.28	4430011	广州市从化温泉东路106号	87836868	54	118	180	私营
	世昌宾馆	三	2000.11.23	1998.09.01	4430013	广州市番禺区市桥大北路373号	84807777	70	131	1160	私营
	天伦大酒店	三	2000.11.23	1999.02.08	4430014	广州从化市街口河滨南路38号	87966198	91	173	1280	中外合资
	新天河宾馆	三	2000.12.08	1999.12.18	4430020	广州市天河路178号	85595888	234	402	800	国有
	华海大酒店	三	2000.12.08	1997.03.20	4430021	广州市江南大道中232号	84058888	141	255	160	国有
	天龙大酒店	三	2000.12.20	1995.01.18	4430008	广州市大道北路118号	38869988	136	261	800	国有
	双湖酒店	三	2000.12.20	1991.02.01	4430015	广州从化市吕田小杉	87836998	147	302	500	集体
	广州新好景饮食娱乐大酒店	三	2000.12.20	1994.09.28	4430016	广州市广深公路新塘路段	82704888	63	141	1000	中外合资
	丽都大酒店	三	2000.12.20	1991.09.15	4430017	广州市北京路182号	83321988	385	784	2100	中外合资
	莲花山粤海度假村	三	2000.12.20	1988.08.01	4430018	广州市番禺区莲花山旅游区	84862788	85	178	600	中外合资
	广州越秀天安大厦	三	2001.04.16	1989.04.18	4430023	广州市解放北路960号	86665666	179	310	550	中外合资
	（广州）珠海特区大酒店	三	2001.05.14	1990.08.18	4430024	广州市海珠北路11.15号	61276888	154	278	400	国有
	广东邮电大厦	三	2001.07.10	1995.12.09	4430026	广州市中山二路18号	87618888	109	224	500	国有
	惠福大酒店	三	2001.09.28	2000.08.18	4430027	广州市惠福西路38号	81309888	138	262	480	国有
	民航大酒店	三	2001.11.01	1995.08.23	4430028	广州市机场路276号	86128680	105	166	450	国有
	世昌大酒店	三	2001.11.01	1998.09.01	4430029	广州市番禺区繁华路3号	84888333	96	173	1100	私营
	祁福（南沙）大酒店	三	2001.11.01	1996.10.01	4430030	广州市番禺区南沙进港大道	23880088	230	432	1000	国有
	白云鸿波山庄	三	2001.11.07	1998.08.21	4430031	广州市白云大道	86320000	67	181	300	国有
	广州五羊城酒店	三	2001.11.07	1987.10.01	4430032	广州市人民中路322号	81889889	302	595	800	国有
	京华酒店	三	2001.11.09	2000.07.29	4430022	广州市花都区云山大道55号	36810333	90	156	500	集体
	鸿福门酒店	三	2001.12.03	1992.06.01	4430033	广州市黄埔东路3729号	82232413	118	217	800	集体
	芙蓉鸿波山庄	三	2001.12.03	1997.01.01	4430034	广州市花都区芙蓉度假村内	86982888	92	149	300	国有
	星都大酒店	三	2001.12.03	1995.01.08	4430035	广州市海珠区昌岗中路	84318888	128	280	900	集体

续表

地区	饭店名称	星级	评定时间	开业时间	星牌编号	饭店地址	咨询电话	客房（间）	床位（张）	餐位（个）	所有制性质
广州市	华金盾大酒店	三	2001.12.03	2000.12.16	4430036	广州市中山大道368号	82308838	219	363	900	集体
	冰花酒店	三	2001.12.03	1993.03.18	4430040	广州市天河北路2号	38862888	81	150	625	国有
	从化湖光度假山庄	三	2001.12.10	2001.05.27	4430037	广州市从化黄竹塱	87843388	99	190	300	国有
	广州国际海员俱乐部	三	2001.12.17	1989.12.8	4430038	广州市滨江西路20号	61259888	175	310	1000	国有
	龙泉大酒店	三	2001.12.17	1990.01.09	4430041	广州市番禺大北路99号	84826288	139	226	430	私营
	浙江大厦富春宾馆	三	2001.12.18	1989.12.01	4430039	广州市先烈中路85号	87772998	122	245	222	国有
	广州市金来大酒店	三	2002.01.01		4430049	广州市天河路108号	85593228	96	144	283	集体
	广东蓄能大厦	三	2002.01.09	1998.08.18	4430043	广州市天河区龙口东路32号	87518168	70	140	300	国有
	富丽华大酒店	三	2002.01.22	1992.12.18	4430042	广州市长堤大马路316号	81323288	360	665	661	中外合资
	广州华茂中心	三	2002.01.22	1987.09.28	4430046	广州市盘福路63号	81363322	130	254	475	中外合资
	华辉度假村	三	2002.01.30	1996.07.02	4430044	广州从化市桃园镇云星大道	87832388	70	139	280	集体
	广蓄电站专家村	三	2002.01.30	1997.07.28	4430045	广州市从化温泉康复路17号	87838699	100	182	300	集体
	广轩大厦	三	2002.04.08	1999.01.18	4430048	广州市海珠区沥滘振兴大街九号	84174688	270	505	600	国有
	南方毅源大酒店	三	2002.10.11	2001.08.02	4430050	广州市番禺区迎宾大道南8号	34764888	119	203	450	私营
	广州喜悦假日酒店	三	2002.12.02	1992.01.01	4430051	广州市番禺区光明北路223号	84892888	118	157	340	国有
	金苑山庄	三	2002.12.16	1993.06.12	4430052	广州市恒福路117号	83581688	152	270	283	国有
	广州石化明珠宾馆	三	2003.02.24	1986.07.31	4430053	广州市黄埔区石化路振兴街18号	82121100	70	121	580	国有
	东悦酒店	三	2003.03.20	1987.01.01	4430054	广州市麓景路8号	61221888	167	334	800	集体
	广州长城酒店	三	2003.04.08	1999.08.01	4430055	广州市东山区寺右新马路19号	87612888	116	225	380	国有
	花都大酒店	三	2003.09.18	2002.03.28	4430056	广州市花都区新华镇新华路44号	86838582	52	70	630	国有
	广州雍富酒店	三	2003.10.24	2002.09.23	4430057	广州市番禺区大岗镇豪岗路3号	34992238	43	88	500	私营
	西湖苑宾馆	三	2003.11.10	2001.06.01	4430058	广州市天河区华南理工大学	38673008	98	178	440	国有
	银河大酒店	三	2004.02.12	2002.05.01	4430059	广州市天河区沙太路268号	87244691	210	336	500	集体
	灿业大酒店	三	2004.04.28	2002.12.28	4430060	广州市白云区大金钟路61号	62631888	108	206	1000	私营
	壹心宾馆	三	2004.04.28	2001.12.01	4430061	广州市白云区三元里大道1299号	36210088	138	254	108	私营

续表

地区	饭店名称	星级	评定时间	开业时间	星牌编号	饭店地址	咨询电话	客房（间）	床位（张）	餐位（个）	所有制性质
广州市	广州汇东假日酒店	三	2004.06.01	2002.12.01	4430062	广州市广汕一路龙洞村口	87032888	147	291	2000	私营
	中华酒店	三	2004.11.24	2003.12.08	4430422	广州市花都区站前路 33 号	86822222	75	108	300	私营
	广武酒店	三	2005.01.31	2002.08.17	4430446	广州市天河区天河路 603 号	61213888	220	294	400	私营
	鼎福休闲酒店	三	2005.01.31	2004.03.01	4430447	广州市天河区大观南路 2 号	61219888	83	132	50	私营
	来利大酒店	三	2005.03.14	2002.01.01	4430455	广州市白云区人和大街 8 号	86458888	150	220	138	私营
	广东博斯坦宾馆	三	2005.03.14	1995.09.01	4430457	广州市天河北路 76 号	38782888	77	123	500	国有
	山西大厦	三	2005.10.26	1989.01.05	4430481	广州市三元里大道	22293788	200	360	400	国有
	怡凯酒店	三	2006.01.11	2003.12.23	4430509	广州市工业大道南石岗路 90 号	84369888	176	298	450	集体
	广东南洋长胜酒店	三	2006.01.16	2005.08.01	4430063	广州市天河区天平架兴华路 38 号	61368888	249	390	680	有限责任
	新凤凰酒店	三	2006.06.20	2005.04.16	4430526	广州市花都区迎宾大道大华二路 38 号	86966222	65	105	80	私营
	丽盈大酒店	三	2006.06.21	2000.10.08	4430527	广州市花都区茶园路 9 号	36820555	79	144	300	私营
	龙逸山庄度假村	三	2006.07.12	1999.12.01	4430530	广州市天河区龙洞迎龙路 1203 号	87022737	112	258	350	国有
	广州大华酒店	三	2006.08.01	2001.10.12	4430532	天河路 625 号天娱广场东塔	87576888	211	345	640	私营
	景观酒店	三	2006.09.05	2005.08.18	4430539	广州市花都芙蓉旅游度假区	86982999	85	160	300	私营
	神州酒店	三	2006.09.05	1996.10.01	4430542	广州市沙太路 1 号	87640407	96	186	800	国有
	嘉福利晶酒店	三	2006.09.19	2005.09.18	4430550	广州市天河区长兴路 8 号	37213088	111	165	800	私营
	月亮湾酒店	三	2006.10.16	2000.06.28	4430559	广州市广州大道中明月一路	87358585	142	250	500	股份合作
	牡丹大酒店	三	2007.01.26	2006.08.18	4430577	广州市花都区新华镇站前路 34 号	36807888	51	116	400	私营
	友田酒店	三	2007.01.26	2004.07.27	4430578	广州市花都区狮岭镇东升路	22689999	90	150	800	私营
	融园山庄	三	2007.01.26	1998.01.25	4430579	广州市花都区芙蓉度假村内	86853868	166	312	330	集体
	广州悦海酒店	三	2007.03.20	1952.12.01	4430585	广州市黄埔区海员路 39 号	82288088	129	200	600	国有
	广东奥体大酒店	三	2007.08.15	2005.05.08	4430598	广州市天河东圃黄村	82169999	160	306	460	有限责任
	金之鼎酒店	三	2007.09.14	2006.05.01	4430599	广州市花都区天贵南路	86801666	88	126	300	私营
	合神酒店	三	2007.11.06	2006.11.08	4430603	广州市天河区沙太路陶庄 1 号	87631288	73	131	652	有限责任
	华悦酒店	三	2007.12.20	2006.03.05	4430607	广州市花都区建设北路 128 号	36883888	84	161	800	私营

续表

地区	饭店名称	星级	评定时间	开业时间	星牌编号	饭店地址	咨询电话	客房（间）	床位（张）	餐位（个）	所有制性质
广州市	锦都商务大酒店	三	2007. 12. 20	2006. 09. 26	4430609	广州市花都区滨湖路 1 号	86819999	128	215	300	私营
	荣威大酒店	三	2007. 12. 25	2004. 12. 15	4430610	广州市花都区新都大道 13 号	86889888	90	166	320	有限责任
	阳光酒店	三	2008. 06. 05	2005. 02. 01	4430630	广州市花都区建设北路 119 号	86896333	50	97	260	私营
	广州金怡酒店	三	2008. 06. 16	2005. 12. 01	4430633	广州市番禺区市桥禺山西路 333 号	22879388	62	98	1500	有限责任
	广州金宝酒店	三	2008. 07. 09	2007. 09. 30	4430635	广州市花都区凤凰北路	86895122	32	44	100	私营
	广州正和酒店	三	2008. 07. 25	2005. 12. 18	4430637	广州市番禺区南郊陈涌金业街 1 号	23883333	87	99	576	有限责任
	三茂大酒店	三	2008. 10. 15	1986. 01. 01	4430638	广州市环市东路 374 号	61321614	120	219	550	国有
	广州豪悦酒店	三	2008. 11. 05	2006. 04. 01	4430642	广州市番禺区桥南街桥南路 196 号	84832222	149	240	350	私营
	广东南洋冠盛酒店	三	2008. 11. 05	2007. 08. 28	4430643	广州市天河区天府路 11 号	61398888	207	360	1200	私营
	广东红叶酒店	三	2008. 12. 09	1998. 04. 01	4430644	广州市机场西乐嘉路 8 号	86348988	179	302	350	国有
	合兴酒店	三	2008. 12. 29	2006. 07. 25	4430649	广州市花都区建设北路 213 号	36996888	179	315	1020	私营
	广州红帆酒店	三	2008. 12. 26	1997. 06. 28	4430650	广州市海珠区革新路 126 号	89607999	95	156	300	国有
	合成大酒店	三	2009. 02. 27	2008. 01. 23	4430652	广州市花都区狮岭大道中 1 号	36919168	160	195	300	私营
	江南商务酒店	三	2009. 02. 27	2008. 08. 12	4430653	广州市白云区增槎路 798 号	81996688	99	193	350	有限责任
	新港假日酒店	三	2009. 04. 03	2003. 09. 01	4430655	广州市海珠区新港东路二号	89239900	118	206	800	私营
	广天大厦	三	2009. 06. 29	2007. 10. 08	4430663	广州市黄埔大道西 243 号	28389888	127	203	500	国有
	广大商务酒店	三	2009. 06. 29	2006. 04. 01	4430664	广州市大学城环西路 230 号	39360988	110	202	1300	私营
	悦来登大宾馆	三	2009. 07. 21	2005. 08. 28	4430668	广州增城市新塘镇东坑三横路	82700888	120	177	30	有限责任
	中濠大酒店	三	2009. 07. 24	2006. 12. 29	4430669	广州增城市石滩镇横岭开发区	82920000	39	54	1200	私营
	南州大酒店	三	2009. 08. 03	2001. 06. 08	4430672	广州市海珠区南州路 188 号	84010328	83	142	160	私营
	八骏酒店	三	2009. 08. 05	2003. 04. 01	4430674	广州市花都区三东大道西	86971788	49	94	1300	有限责任
	琶洲酒店	三	2009. 08. 31	2007. 10. 01	4430680	广州市新港东路 37 号	22085888	126	238	390	有限责任
	英伦公馆酒店	三	2009. 08. 31	2009. 08. 01	4430681	广州市天河东路 220 号	38900000	40	40	300	有限责任
	大塘宾馆	三	2009. 10. 09	2003. 04. 29	4430685	广州市海珠区聚德西路汇源新街	84055388	83	162	80	私营
	大舜晶华商务酒店	三	2009. 10. 09	2008. 04. 01	4430687	广州市中山大道西 277 号	85551888	155	235	280	港澳台商

续表

地区	饭店名称	星级	评定时间	开业时间	星牌编号	饭店地址	咨询电话	客房（间）	床位（张）	餐位（个）	所有制性质
广州市	广州山水时尚酒店黄埔店	三	2009.10.09	2008.07.28	4430689	广州市黄埔东路727号	62661111	221	336	918	股份有限
	嘉尔登大酒店	三	2009.10.24	2008.11.22	4430692	广州市花都区新华街曙光路	36802888	68	86	1200	有限责任
	乐涛居酒店	三	2009.10.30	2005.11.08	4430693	广州增城市新塘镇港口大道	82775888	79	130	800	私营
	凯利登大酒店	三	2009.10.30	2008.12.29	4430694	广州市花都区天贵路92号	28600888	121	170	1060	有限责任
	广州翠岛水电度假村	三	2009.10.30	2003.11.04	4430695	广州从化市温泉西路20号	87836638	209	378	416	国有
	银座大酒店	三	2009.10.30	2008.01.01	4430696	广州市番禺区禺山大道228号	39999111	305	435	750	有限责任
	圣玛登酒店	三	2009.12.23	2009.01.01	4430701	广州市中山八路19号	81818888	88	143	360	有限责任
	广州市白云人和怡东酒店	三	2009.12.28	2000.08.28	4430703	广州市白云区人和镇凤和村	86455880	186	354	1200	私营
	广州晨悦酒店	三	2009.12.28	2007.06.23	4430704	广州市天河区天源路961号	22023888	119	216	569	有限责任
	※临海酒店	**三**	**2010.01.08**	**2008.01.01**	**4430705**	**广州市南沙区龙穴大道中**	**22886668**	**108**	**202**	**80**	**国有**
	※增城华侨酒店	**三**	**2010.02.09**	**1993.10.01**	**4430709**	**广州增城市荔镇城西园南路103号**	**82643888**	**100**	**190**	**130**	**有限责任**
	※广州清音酒店	**三**	**2010.02.11**	**2004.10.01**	**4430710**	**广州从化市温泉西路38号**	**87837388**	**100**	**202**	**300**	**有限责任**
	※广州亨利酒店	**三**	**2010.05.06**	**2007.11.12**	**4430711**	**广州市花都区宝华路26号**	**36812888**	**138**	**208**	**381**	**外商投资**
	※凤凰山宾馆	**三**	**2010.05.06**	**2004.04.01**	**4430712**	**广州市天河区广汕一路332号**	**82028998**	**61**	**121**	**100**	**国有**
	※广州卓悦商务酒店	**三**	**2010.05.07**	**2009. 4. 10**	**4430713**	**广州市白云区新市南街33号**	**36218228**	**71**	**122**	**30**	**私营**
	※天豪酒店	**三**	**2010.05.31**	**2007.09.08**	**4430714**	**广州市天河区科韵北路**	**85666668**	**75**	**125**	**118**	**股份合作**
	※嘉信酒店	**三**	**2010.06.03**	**2008.01.11**	**4430715**	**广州市白云区同泰路98号**	**62855555**	**65**	**103**	**1300**	**私营**
	※锦延商务酒店	**三**	**2010.06.03**	**2008.04.06**	**4430716**	**广州从化市街口街新城东路2号**	**87959999**	**65**	**89**	**325**	**有限责任**
	※君御酒店	**三**	**2010.06.08**	**2006.04.01**	**4430717**	**广州市番禺区石基镇泰兴路133号**	**23881888**	**153**	**203**	**800**	**私营**
	※天麓骑术俱乐部	**三**	**2010.06.25**	**2003.06.01**	**4430719**	**广州市广州经济开发区黄陂村**	**87265002**	**58**	**118**	**110**	**国有**
	※瀛丰商务酒店	**三**	**2010.07.19**	**2005.09.01**	**4430720**	**广州市天河区东圃镇旭景西路**	**61209998**	**128**	**232**	**400**	**股份有限**
	※增城市新塘永棚酒店	**三**	**2010.07.22**	**2002.08.01**	**4430721**	**广州增城市新塘镇广深公路**	**82693888**	**89**	**150**	**350**	**私营**
	※天逸酒店	**三**	**2010.07.23**	**2005.09.21**	**4430723**	**广州市龙口西路183号**	**62816888**	**52**	**71**	**400**	**私营**
	※裕华大厦	**三**	**2010.07.23**	**1988.07.01**	**4430724**	**广州市环市东路320号**	**83863381**	**72**	**132**	**280**	**国有**
	※金瑞峰温泉酒店	**三**	**2010.10.25**	**2009.05.01**	**4430732**	**广州增城市派潭镇大丰门林场**	**82821888**	**69**	**121**	**400**	**有限责任**

续表

地区	饭店名称	星级	评定时间	开业时间	星牌编号	饭店地址	咨询电话	客房（间）	床位（张）	餐位（个）	所有制性质
广州市	**※高滩温泉酒店**	**三**	**2010. 10. 25**	**2006. 09. 01**	**4430733**	**广州增城市派谭镇背阳村**	**32902831**	**90**	**169**	**1400**	**私营**
	※石牌酒店	**三**	**2010. 11. 10**	**1991. 09. 01**	**4430735**	**广州市天河东路 168 号**	**85510838**	**115**	**187**	**450**	**集体**
深圳市（五星级 17 家，四星级 30 家，三星级 78 家，二星级 29 家）	阳光酒店	五	1993. 08. 01	1991. 01. 01	4450025	深圳市罗湖区嘉宾路 1 号	82233888	372	700	476	中外合资
	香格里拉大酒店	五	1993. 08. 01	1992. 09. 01	4450026	深圳市罗湖区建设路	82330888	553	1050	970	中外合资
	富苑酒店	五	1996. 02. 01	1994. 06. 01	4450027	深圳市罗湖区南湖路 3018 号	82172288	351	680	614	私营
	富临大酒店	五	1996. 08. 01	1990. 01. 01	4450028	深圳市罗湖区和平路 1085 号	25586333	541	1050	520	中外合资
	骏豪酒店	五	1997. 07. 01	1995. 11. 01	4450029	深圳市宝安区观澜镇	28020888	228	400	591	中外合资
	南海酒店	五	1999. 09. 01	1986. 03. 01	4450024	深圳市南山区蛇口工业一路	26692888	396	750	925	中外合资
	彭年酒店	五	2002. 06. 28	2000. 10. 13	4450014	深圳市罗湖区嘉宾路 2002 号	25185888	511	664	988	中外合资
	威尼斯酒店	五	2002. 10. 28	2001. 11. 28	4450008	深圳市南山区深南大道 9026 号华侨城	26936888	376	542	950	国有
	圣廷苑酒店	五	2002. 10. 28	2001. 08. 21	4450009	深圳市华强北路 4002 号	82078888	297	398	2210	中外合资
	恒丰海悦国际酒店	五	2006. 04. 02	2003. 08. 13	4450042	深圳市宝安区新城广场大厦	27922222	266	305	1700	外商投资
	百合酒店	五	2009. 07. 01	2006. 05. 01	4450075	深圳市布吉镇百鸽路	8996999	300	413	900	私营
	大梅沙京基喜来登度假酒店	五	2009. 07. 01	2007. 08. 19	4450076	深圳市盐田区大梅沙盐葵路 9 号	88886688	386	608	805	私营
	华侨城洲际大酒店	五	2009. 07. 01	2006. 12. 26	4450077	深圳市华侨城深南大道 9009 号	33993388	550	567	1600	国有
	深航国际酒店	五	2009. 07. 01	2005. 01. 26	4450078	深圳市深南大道 6035 号	88819999	420	656	1101	有限责任
	※马可孛罗好日子酒店	**五**	**2010. 03. 31**	**2006. 09. 15**	**4450085**	**深圳市福田区民田路 168 号**	**82989888**	**391**	**504**	**2000**	**有限责任**
	※宝利来国际大酒店	**五**	**2010. 04. 16**	**2008. 02. 05**	**4450086**	**深圳市福永街道福永大道**	**27388888**	**502**	**628**	**2280**	**私营**
	※求水山酒店	**五**	**2010. 05. 19**	**2007. 06. 24**	**4450088**	**深圳市龙岗区南湾街**	**8888999**	**232**	**380**	**680**	**股份合作**
	晶都酒店	四	1990. 06. 01	1988. 10. 01	4440051	深圳市罗湖区红岭南路	82247000	402	780	1334	集体
	新都酒店	四	1990. 06. 01	1987. 04. 01	4440052	深圳市罗湖区春风路 1 号	82320888	410	623	1284	中外合资
	都之都大酒店	四	1996. 08. 01	1994. 05. 01	4440053	深圳市宝安区九区	27783888	204	360	1200	中外合资
	新世纪酒店	四	2000. 11. 23	1995. 03. 18	4440038	深圳市福田区华强北路 4014 号	82078888	237	323	1049	国有
	庐山国际大酒店	四	2000. 11. 23	1998. 05. 17	4440039	深圳市罗湖区春风路 66 号	82338888	189	301	318	中外合资
	东华假日酒店	四	2000. 11. 23	1999. 08. 09	4440040	深圳市南山区南油大道	26416688	285	362	720	集体

续表

地区	饭店名称	星级	评定时间	开业时间	星牌编号	饭店地址	咨询电话	客房（间）	床位（张）	餐位（个）	所有制性质
深圳市	格兰云天大酒店	四	2001. 08. 04	1989. 08. 28	4440041	深圳市福田区深南中路 3024 号	83689999	220	372	1230	国有
	明华国际会议中心	四	2001. 08. 04	1997. 04. 15	4440042	深圳市南山区蛇口龟山路 8 号	26689968	265	685	750	外商投资
	宝明城花园酒店	四	2001. 09. 06	1999. 09. 28	4440043	深圳市宝安区公明镇建设路	27100888	246	468	1380	集体
	廷苑酒店	四	2001. 09. 06	1999. 01. 09	4440044	深圳市宝安区人民北路 33 号	28128888	159	210	850	私营
	中南海滨大酒店	四	2001. 12. 05	2000. 10. 17	4440045	深圳市南山区南新路 18 号	26088736	126	221	800	国有
	金碧酒店	四	2002. 09. 10	1988. 08. 28	4440046	深圳市罗湖区春风路 3002 号	82252888	272	457	700	中外合资
	雅兰酒店	四	2003. 01. 17	2001. 04. 23	4440047	深圳市盐田区大梅沙	25062299	203	363	300	中外合资
	宝利来大酒店	四	2003. 01. 17	2001. 12. 18	4440048	深圳市宝安区楼岗大道 2 号	27091111	204	353	800	私营
	华侨城海景酒店	四	2003. 08. 25	1993. 01. 01	4440010	深圳市南山区光侨街 3 号	26602222	456	812	800	国有
	大梅沙海景酒店	四	2003. 08. 25	2001. 10. 08	4440049	深圳市盐田区盐梅路 10 号	25061688	312	547	480	港澳台商
	圣德堡大酒店	四	2004. 08. 01	2003. 08. 06	4440117	深圳市龙岗区横岗镇	33618888	191	285	800	私营
	芭提雅酒店	四	2005. 04. 27	2003. 09. 01	4440125	深圳市盐田区大梅沙内环路	25252888	268	536	700	私营
	君逸酒店	四	2005. 04. 27	2003. 08. 26	4440126	深圳市龙岗区横岗为民路 8 号	28661888	376	620	1356	集体
	富丽华大酒店	四	2005. 04. 27	1996. 03. 23	4440127	深圳市深南东路 2098 号	82180288	210	359	950	国有
	中油大厦酒店	四	2005. 12. 30	1999. 12. 26	4440137	深圳市南山区南山大道 1110 号	26528333	203	292	650	国有
	中阁城大酒店	四	2005. 12. 30	2004. 08. 01	4440140	深圳市宝安区松岗镇	27683333	125	161	773	私营
	长丰酒店	四	2006. 08. 02	2005. 03. 29	4440150	深圳市宝安区沙井	27228888	143	175	640	有限责任
	华丽城酒店	四	2006. 08. 26	2005. 06. 06	4440151	深圳市龙岗区华南大道	89633333	367	530	550	有限责任
	宝晖商务酒店	四	2007. 04. 20	2005. 12. 23	4440163	深圳市宝安区自由路 2 号	61158888	185	234	260	有限责任
	金晖嘉柏酒店	四	2007. 09. 03	2005. 06. 23	4440168	深圳市南山区深南大道	86100888	391	568	915	私营
	花园格兰云天大酒店	四	2008. 12. 31	2005. 09. 08	4440184	深圳市福田区深南中路 4028 号	82816666	209	283	410	国有
	万悦国际酒店	四	2009. 06. 10	2006. 05. 01	4440194	深圳市宝安区前进一路 90 号	27881888	339	503	516	港澳台商
	金至尊大酒店	四	2009. 12. 25	2007. 01. 27	4440201	深圳市宝安区沙新沙路东段 2 号	81733333	128	161	1295	有限责任
	星雅轩酒店	四	2009. 12. 25	2005. 08. 18	4440202	深圳市龙岗区中兴路 13 号	28558888	181	253	500	私营
	东湖宾馆	三	1990. 06. 01	1983. 12. 01	4430120	深圳市罗湖区爱国路 4006 号	25400088	97	180	160	中外合资

续表

地区	饭店名称	星级	评定时间	开业时间	星牌编号	饭店地址	咨询电话	客房（间）	床位（张）	餐位（个）	所有制性质
深圳市	粤海酒店	三	1990.06.01	1988.12.01	4430121	深圳市罗湖区深南东路3033号	82228339	229	430	800	中外合资
	竹园宾馆	三	1990.06.01	1981.01.01	4430122	深圳市罗湖区东门北路2079号	25533138	190	350	1148	中外合资
	小梅沙大酒店	三	1990.09.01	1986.06.01	4430123	深圳市盐田区盐葵路23号	25035888	156	280	500	国有
	寰宇大酒店	三	1991.08.01	1988.06.01	4430124	深圳市罗湖区红岭中路1002号	25595024	305	580	1000	国有
	罗湖大酒店	三	1992.11.01	1988.08.01	4430126	深圳市罗湖区南湖路3012号	25163888	234	450	690	中外合资
	迎宾馆	三	1992.11.01	1984.10.01	4430128	深圳市罗湖区新园路15号	82222722	292	560	600	国有
	京鹏宾馆	三	1992.11.01	1985.10.01	4430129	深圳市罗湖区深南东路2008号	82227190	220	400	500	国有
	国宾大酒店	三	1993.08.01	1990.12.01	4430130	深圳市罗湖区深南东路1121号	25118388	230	410	600	中外合资
	海燕大酒店	三	1994.08.01	1992.07.01	4430131	深圳市罗湖区嘉宾路	82232828	283	550	300	中外合资
	长城大酒店	三	1994.08.12	1991.12.01	4430132	深圳市罗湖区红桂路2086号	25583369	140	250	500	中外合资
	帝豪酒店	三	1995.01.01	1991.04.01	4430133	深圳市罗湖区宝安北路1号	82260888	150	280	480	中外合资
	银湖旅游中心	三	1995.01.01	1984.04.01	4430134	深圳市罗湖区银湖路	82431111	197	380	2260	国有
	友谊酒店	三	1995.01.01	1982.06.01	4430135	深圳市罗湖区嘉宾路3011号	82311999	100	190	800	国有
	长安大酒店	三	1995.10.01	1988.10.01	4430136	深圳市罗湖区深南东路	82303333	173	320	1170	国有
	丽都酒店	三	1995.10.01	1991.01.01	4430137	深圳市罗湖区东门南路2007号	82259988	265	500	621	中外合资
	晶都城酒店	三	1988.03.01	1993.02.01	4430138	深圳市龙岗区平湖大街536号	28851888	70	120	600	集体
	凯利莱酒店	三	1999.12.01	1998.07.01	4430083	深圳市龙岗区布吉镇布吉路89号	28289999	230	420	800	中外合资
	沙田酒店	三	1999.12.01	1997.12.01	4430084	深圳市福田区滨河大道下沙路口	83300888	80	150	445	集体
	鸿波酒店	三	1999.12.01	1997.04.01	4430085	深圳市南山区华侨城侨城中新街	26949448	113	200	550	国有
	芙蓉宾馆	三	2000.07.01	1987.08.01	4430087	深圳市罗湖区东门南路2019号	82234696	145	260	690	国有
	上海宾馆	三	2000.07.01	1985.01.01	4430089	深圳市福田区深南中路3032号	83365288	144	260	500	中外合资
	丰乐园大酒店	三	2000.07.01	1998.02.01	4430090	深圳市罗湖区布吉路1021号	25850688	78	150	400	国有
	名兰苑酒店	三	2000.08.01	1999.09.01	4430092	深圳市南山区蛇口工业八路西68号	26811888	77	133	280	国有
	双溪威大酒店	三	2000.08.06	1997.10.01	4430091	深圳市宝安区福永街道下十围	27300888	236	366	400	集体
	凯利宾馆	三	2000.09.14	1990.04.01	4430093	深圳市罗湖区嘉宾东路2027号	82376188	173	300	750	国有

续表

地区	饭店名称	星级	评定时间	开业时间	星牌编号	饭店地址	咨询电话	客房（间）	床位（张）	餐位（个）	所有制性质
深圳市	景明达酒店	三	2000. 12. 01	1999. 06. 19	4430096	深圳市福田区景田商报东路 83 号	83548000	143	230	430	中外合资
	谭海酒店	三	2000. 12. 06	1999. 10. 08	4430095	深圳市宝安区广深公路松岗段 44 号	27083333	62	88	825	集体
	千富大酒店	三	2000. 12. 14	2000. 06. 06	4430097	深圳市宝安区石岩镇圩背街 3 号	28093888	50	75	800	集体
	南方联合大酒店	三	2000. 12. 24	1989. 06. 01	4430098	深圳市罗湖区深南东路 2002 号	82319978	203	347	620	国有
	北方大酒店	三	2001. 08. 27	1987. 10. 01	4430099	深圳市福田区深南中路	83278001	81	155	370	国有
	上园大酒店	三	2001. 11. 12	1999. 11. 01	4430100	深圳市宝安区沙广深公路沙井段	27258888	125	198	530	中外合资
	金湾酒店	三	2001. 12. 05	1996. 10. 31	4430101	深圳市福田区深南大道	83587383	81	156	1200	国有
	四川宾馆	三	2001. 12. 05	1989. 11. 08	4430102	深圳市福田区红荔路 2001 号	83673333	153	308	520	国有
	碧海恒城酒店	三	2001. 12. 31	2000. 10. 03	4430103	深圳市宝安区建安 1 路 2 号	27872333	70	112	1000	私营
	永通大酒店	三	2002. 12. 06	1994. 07. 01	4430105	深圳市罗湖区人民北路 3146 号	82282955	80	160	700	国有
	投资大厦宾馆	三	2003. 01. 20	1999. 05. 01	4430106	深圳市福田区深南大道 4009 号	83883888	66	126	180	国有
	老地方酒店	三	2003. 08. 12	1999. 12. 21	4430107	深圳市罗湖区东门南路 1033 号	82343222	267	486	470	国有
	国丰大酒店	三	2003. 08. 12	1999. 06. 15	4430109	深圳市福田区彩田路 12 号	83371888	122	259	50	国有
	云鹏大酒店	三	2003. 08. 12	1986. 11. 08	4430110	深圳市福田区红岭南路红岭大厦	25866368	122	214	450	国有
	火车站大酒店	三	2003. 11. 25	1996. 06. 01	4430111	深圳市罗湖区建设路	82321168	238	381	800	集体
	青海大酒店	三	2003. 12. 09	2002. 10. 28	4430112	深圳市福田区北环大道 7043 号	83547134	84	136	300	国有
	实华宾馆	三	2003. 12. 12	2001. 03. 06	4430113	深圳市福田区北环大道 7001 号	83546988	150	256	610	国有
	山水大酒店	三	2003. 12. 15	2003. 01. 24	4430114	深圳市福田区上梅林中康路 25 号	83110000	79	144	300	私营
	南方苑酒店	三	2003. 12. 15	2000. 10. 01	4430115	深圳市福田区八卦四路 22 号	82422288	92	133	240	国有
	河东宾馆	三	2004. 04. 23	1990. 05. 21	4430116	深圳市罗湖区沿河东路 19 号	25593253	104	180	130	国有
	丽苑大酒店	三	2004. 05. 26	1988. 01. 01	4430117	深圳市罗湖区东门中路 2048 号	82226688	103	155	490	有限责任
	泰然宾馆	三	2004. 10. 25	2003. 11. 20	4430420	深圳市福田区车公庙泰然四路	33366999	102	178	2000	有限责任
	金鹏大酒店	三	2004. 12. 06	2003. 12. 28	4430423	深圳市宝安区龙华镇人民路	27700000	171	210	500	有限责任
	聚豪酒店	三	2004. 12. 06	2002. 09. 29	4430424	深圳市宝安区松岗镇	27135282	39	61	800	私营
	广深宾馆	三	2004. 02. 20	1993. 03. 28	4430425	深圳市罗湖区深南东路 2023 号	82352668	212	347	420	有限责任

续表

地区	饭店名称	星级	评定时间	开业时间	星牌编号	饭店地址	咨询电话	客房（间）	床位（张）	餐位（个）	所有制性质
深圳市	山水时尚酒店（预备）	三	2005. 02. 28	2004. 12. 28		深圳市福田区华发北路 1 号	61355555	197	317	710	有限责任
	沙嘴酒店	三	2005. 04. 30	2004. 05. 28	4430461	深圳市福田沙嘴路与福强路交汇处	83878333	168	240	1220	私营
	迪富宾馆	三	2005. 06. 13	1986. 03. 08	4430464	深圳市福田区振华路 111 号	83350568	160	270	900	国有
	三九大酒店	三	2005. 06. 16	1991. 06. 01	4430467	深圳市罗湖区深南东路 1001 号	25128888	230	410	690	国有
	皇家酒店（预备）	三	2005. 06. 21	2005. 06. 10		深圳市罗湖区南庆街汇尚名苑	25822222	40	80	50	有限责任
	吉盛酒店	三	2005. 11. 01	2004. 07. 29	4430485	深圳市宝安区观澜大道中	28031888	169	204	630	私营
	航空大酒店	三	2005. 12. 28	1988. 01. 12	4430492	深圳市罗湖区深南东路 3027 号	82237999	94	179	136	股份有限
	广深铁路大酒店	三	2005. 12. 28	1999. 09. 09	4430493	深圳市罗湖区和平路 1023 号	25573138	110	189	500	私营
	蔡屋围大酒店	三	2006. 04. 21	1984. 01. 01	4430515	深圳市罗湖区解放西路 4058 号	25566666	96	200	338	集体
	湖北宾馆	三	2006. 04. 21	2005. 01. 01	4430517	深圳市罗湖区解放路 3034 号	25560888	65	115	300	有限责任
	世纪华源酒店	三	2006. 04. 21	2005. 04. 18	4430518	深圳市福田区八卦一路 61 号	61621888	125	242	420	股份有限
	汉永酒店	三	2006. 08. 10	2003. 10. 01	4430541	深圳市宝安区福永街道	27333888	110	124	100	股份有限
	梧桐山宾馆	三	2006. 12. 30	1987. 08. 01	4430575	深圳市盐田区沙头角梧桐路 2002 号	25350791	58	101	600	国有
	千柏洲商务酒店	三	2008. 01. 29	2006. 05. 01	4430615	深圳市宝安区西乡鹤州广场路 3 号	29980000	76	98	100	私营
	金鹏大酒店	三	2008. 01. 30	2001. 12. 23	4430616	深圳市龙岗区布吉街金鹏路 26 号	28527777	98	142	800	私营
	六联酒店	三	2008. 12. 26	2003. 08. 01	4430646	深圳市龙岗区深汕路 529 号	84288999	40	55	1500	私营
	财富酒店	三	2008. 12. 26	2007. 08. 08	4430647	深圳市福田区华强南路 3021 号	83199999	152	194	97	私营
	翠珊园酒店	三	2009. 08. 05	1999. 01. 07	4430673	深圳市宝安区石岩街道	29682888	92	140	1230	私营
	南澳大酒店	三	2009. 08. 05	1993. 08. 01	4430675	深圳市龙岗区南澳街道	84428666	120	219	900	有限责任
	龙岗吉盛酒店	三	2009. 08. 05	2006. 10. 7	4430676	深圳市龙岗区盛平南路 1 号	89568888	120	151	750	有限责任
	吉盛宾馆	三	2009. 08. 05	2006. 10. 01	4430677	深圳市宝安区民治街道民治大道	28192888	107	133	389	有限责任
	东星汉永酒店	三	2009. 08. 05	2007. 01. 19	4430678	深圳市宝安区沙井街道中心路	29938888	149	209	182	有限责任
	金帝都大酒店	三	2009. 12. 24	2007. 09. 01	4430700	深圳市宝安区松岗镇	27097888	140	179	220	股份合作
	※启滕奥林宾馆	**三**	**2010. 12. 14**	**2007. 08. 01**	**4430738**	**深圳市龙岗区龙翔大道北**	**28937666**	**30**	**50**	**1200**	**私营**
	※观悦酒店	**三**	**2010. 12. 14**	**2009. 11. 09**	**4430739**	**深圳市宝安区观兰街道**	**29002288**	**108**	**144**	**200**	**有限责任**

续表

地区	饭店名称	星级	评定时间	开业时间	星牌编号	饭店地址	咨询电话	客房（间）	床位（张）	餐位（个）	所有制性质
深圳市	**※东涌酒店**	**三**	**2010.12.14**	**2006.12.30**	**4430740**	**深圳市龙岗区南澳镇东涌社区**	**84420999**	**65**	**115**	**164**	**私营**
	※新地假日海湾酒店	**三**	**2010.12.16**	**2008.03.28**	**4430741**	**深圳市龙岗大鹏黄少年度假营内**	**84314688**	**68**	**124**	**320**	**有限责任**
珠海市（五星级8家，四星级9家，三星级63家，二星级6家）	银都酒店	五	1993.06.01	1988.08.01	4450030	珠海市拱北粤海东路1150号	8883388	305	530	1130	中外合资
	海湾大酒店	五	1997.09.01	1985.11.01	4450031	珠海市拱北水湾路	8877998	239	484	700	中外合资
	珠海度假村酒店	五	2000.03.01	1984.10.01	4450001	珠海市吉大石花东路9号	3333838	472	1167	2800	私营
	怡景湾大酒店	五	2000.11.08	1998.11.10	4450004	珠海市吉大情侣中路47号	3322888	383	508	436	国有
	珠海德翰大酒店	五	2002.09.22	2000.09.29	4450018	珠海市吉大情侣中路	3329988	534	850	1377	私营
	中邦艺术酒店	五	2007.06.29	2005.10.02	4450052	珠海市情侣中路33号	3220333	157	192	330	有限责任
	粤财假日酒店	五	2008.10.07	2001.11.27	4450064	珠海市吉大景山路188号	3228888	338	499	938	外商投资
	昌安假日酒店	五	2008.12.23	2006.10.31	4450070	珠海市粤海中路2130号	8866888	163	231	680	私营
	君悦来酒店	四	1994.01.01	1993.06.01	4440061	珠海市吉大海宾南路45号	3333968	179	358	700	港澳台商
	粤海酒店	四	1999.11.01	1993.06.01	4440055	珠海市拱北粤海东路1145号	8888128	361	755	1844	外商投资
	华骏大酒店	四	2000.10.01	1999.11.01	4440057	珠海市夏湾侨光西路328号	8118999	220	359	500	集体
	御温泉度假村	四	2001.01.04	1998.02.28	4440005	珠海市斗门县斗门镇	5797128	77	200	700	中外合资
	骏德会酒店	四	2001.10.22	2000.07.20	4440058	珠海拱北联安路188号9栋	8155558	71	141	302	港澳台商
	南油大酒店	四	2004.04.26	1987.10.01	4440059	珠海市水湾路368号	3322188	230	584	580	中外合资
	2000年大酒店	四	2004.10.18	2000.11.03	4440121	珠海市香洲人民东路121号	2122998	294	516	560	国有
	西藏大厦	四	2009.03.23	2007.08.25	4440189	珠海市梅华西路166号	2669988	200	284	298	有限责任
	※星城大酒店	**四**	**2010.12.22**	**2006.08.28**	**4440210**	**珠海市吉大景山路88号**	**3220888**	**203**	**256**	**272**	**外商投资**
	易乐园度假村	三	1992.05.01	1984.12.01	4430149	珠海市斗门县白藤湖好景区内	5566488	175	361	350	国有
	金叶酒店	三	1993.11.01	1991.09.01	4430172	珠海市拱北迎宾南路1011号	8132668	165	321	680	国有
	步步高大酒店	三	1993.12.01	1986.12.01	4430171	珠海市粤海东路1025号	8886628	212	407	460	中外合资
	华侨宾馆	三	1997.07.01	1986.12.01	4430174	珠海市拱北迎宾南路2106号	8136688	197	384	450	国有
	云海酒店	三	2000.01.04	1989.10.01	4430152	珠海市吉大九洲大道东1263号	3226888	150	316	300	国有
	国泰大酒店	三	2000.09.01	1997.12.01	4430139	珠海市拱北侨光路26号	8883599	124	248	100	国有

续表

地区	饭店名称	星级	评定时间	开业时间	星牌编号	饭店地址	咨询电话	客房（间）	床位（张）	餐位（个）	所有制性质
珠海市	歧关大酒店	三	2000. 09. 01	1994. 09. 01	4430140	珠海市拱北昌盛路 66 号	8873188	159	294	1000	国有
	红山楼酒店	三	2000. 09. 01	1999. 08. 01	4430141	珠海市梅华西路 68 号	2616000	59	109	300	集体
	拱北民安酒店	三	2000. 09. 01	1999. 01. 01	4430142	珠海市拱北莲花路 56 号	8131168	80	149	358	国有
	好世界酒店	三	2000. 09. 01	1992. 12. 01	4430143	珠海市拱北莲花路 327 号	8880222	83	131	500	中外合资
	南航明珠大酒店	三	2000. 09. 01	1999. 12. 01	4430144	珠海市吉大石花西路 163 号	3343777	204	338	3000	国有
	望海楼	三	2000. 09. 01	1982. 10. 01	4430145	珠海市香洲区海滨北路 3 号	2122222	160	323	630	国有
	碧海酒店	三	2000. 09. 01	1982. 10. 01	4430146	珠海市香州区碧海路 1 号	2121666	154	308	300	国有
	北京酒店	三	2000. 09. 01	1998. 11. 01	4430148	珠海市翠前南路 1 号	8665288	137	268	220	国有
	旅游大酒店	三	2000. 09. 01	1997. 06. 01	4430150	珠海市吉大海滨南路 56 号	3366908	119	235	428	集体
	金凤凰酒店	三	2001. 01. 04	1997. 10. 01	4430153	珠海市香洲凤凰南路 1165 号	2112288	208	400	300	集体
	永通酒店	三	2001. 04. 16	1993. 07. 08	4430154	珠海市拱北水湾路 19 号	8888887	102	207	410	集体
	鸿都酒店	三	2001. 07. 16	2000. 05. 18	4430156	珠海市拱北粤海东路 1138 号	8131188	95	154	480	私营
	赋龙酒店	三	2001. 08. 27	2001. 05. 31	4430157	珠海市香洲区康宁路 70 号	2116333	71	119	312	国有
	拱北昌安酒店	三	2001. 09. 10	1998. 11. 28	4430158	珠海市拱北莲花路 37 号	8119166	105	200	200	私营
	友谊酒店	三	2001. 10. 08	1987. 02. 18	4430159	珠海市拱北友谊路 46 号	8131818	106	185	1000	国有
	新昌安酒店	三	2001. 11. 02	2000. 12. 02	4430160	珠海市九洲大道 1023 号	3377668	108	199	270	私营
	聚龙酒店	三	2001. 11. 02	2001. 09. 23	4430161	珠海市唐家港湾大道	3317888	96	139	350	中外合资
	侨苑酒店	三	2002. 01. 14	1983. 12. 18	4430162	珠海市香洲区海滨北路 4 号	2181818	60	118	220	中外合资
	金都酒店	三	2002. 05. 14	1998. 05. 23	4430164	珠海市拱北粤海东路 1062 号	8111888	148	261	150	私营
	香江酒店	三	2002. 05. 16	1994. 08. 18	4430163	珠海市拱北迎宾南路 2126 号	8873288	129	219	300	国有
	愉景酒店	三	2002. 08. 05	1999. 01. 01	4430175	珠海市香洲康宁路 68 号	2253388	54	100	300	集体
	中天酒店	三	2002. 08. 12	2000. 09. 27	4430165	珠海市吉大景山路 62 号	3366888	120	212	300	股份有限
	民安酒店	三	2002. 09. 09	1996. 01. 01	4430166	珠海市香洲湖海路 52 号	2278888	66	128	150	私营
	六和商务酒店	三	2003. 01. 27	1995. 10. 01	4430168	珠海市人民东路 6 号	2221999	56	97	130	国有
	芙蓉王酒店	三	2003. 10. 10	2001. 12. 8	4430169	珠海市拱北粤海中路 2007 号	8113333	43	73	250	私营

续表

地区	饭店名称	星级	评定时间	开业时间	星牌编号	饭店地址	咨询电话	客房（间）	床位（张）	餐位（个）	所有制性质
珠海市	嘉利万豪酒店	三	2004. 03. 05	1997. 11. 17	4430170	珠海市拱北粤海中路 1039 号	8800388	84	127	500	私营
	濠天度假酒店	三	2004. 10. 18	2004. 10. 01	4430429	珠海市湾仔南湾南路 5009 号	8817888	92	112	268	集体
	珠海新海利大酒店	三	2004. 11. 15	2002. 08. 30	4430432	珠海市拱北夏湾粤华路 271 号	8899388	132	196	3000	私营
	东方凯悦酒店	三	2004. 12. 27	2004. 10. 01	4430450	珠海市九洲大道东 1043 号	3263888	71	101	220	有限责任
	扬名酒店	三	2005. 01. 31	1996. 10. 01	4430449	珠海市香洲翠香路 43 号	2226168	99	197	320	私营
	南湾国际大酒店	三	2005. 06. 17	2005. 02. 07	4430465	珠海市南屏镇环屏路一号	8828888	173	280	800	有限责任
	四海商务酒店	三	2005. 11. 22	2001. 08. 01	4430503	珠海市拱北粤海中路 2300 号	8131628	121	187	150	私营
	翡翠宫酒店	三	2005. 12. 19	2005. 12. 01	4430502	珠海市香洲区凤凰南路 1126 号	2252222	44	84	100	私营
	满庭湘酒店	三	2005. 12. 19	2004. 12. 08	4430494	珠海市前山明珠南路 1032 号	8521088	56	100	600	有限责任
	昌安华策酒店	三	2006. 01. 06	1999. 11. 26	4430499	珠海市拱北侨光路 5 号	8156398	95	127	320	私营
	风景酒店	三	2006. 01. 06	2004. 10. 01	4430500	珠海市前山翠仙路 211 号	8666222	41	71	700	有限责任
	伙工殿酒店	三	2006. 01. 13	1995. 10. 29	4430501	珠海市拱北北岭侨岭街 34 号	8801688	68	77	3000	私营
	豪庭商务酒店	三	2006. 05. 18	2005. 10. 01	4430531	珠海市前山逸仙路 21 号	8669999	145	249	180	私营
	木棉花酒店	三	2006. 07. 19	2005. 03. 01	4430528	珠海市拱北侨光路 3 号	8804000	93	166	120	私营
	金色假日酒店	三	2006. 08. 22	2005. 02. 01	4430571	珠海市吉大景和街 71 号	3263333	129	224	250	私营
	金口岸度假酒店	三	2006. 08. 24	2004. 12. 03	4430572	珠海市拱北昌盛路 5 号	8868333	107	138	420	有限责任
	桃园商务酒店	三	2006. 09. 20	2006. 07. 20	4430552	珠海市斗门环湖北路 8 号	5570333	55	92	1523	有限责任
	金莎度假村	三	2006. 12. 11	2005. 05. 01	4430573	珠海市斗门区白藤湖湖滨一区 8 号	5568668	135	292	200	私营
	大金山酒店	三	2007. 01. 08	2005. 12. 01	4430580	珠海市前山鞍莲路 2 号	8669988	57	98	1200	有限责任
	银湖假日酒店	三	2007. 02. 02	2005. 11. 02	4430581	珠海市白藤湖湖滨二区 75 号	5566388	80	152	200	有限责任
	迈豪国际酒店	三	2007. 02. 12	2005. 08. 18	4430587	珠海市香洲区情侣中路 91 号	3288888	115	160	100	有限责任
	君临酒店	三	2007. 02. 12	2005. 12. 01	4430590	珠海市香洲区翠微东路 68 号	2882222	110	188	72	有限责任
	金岸酒店	三	2007. 04. 23	2005. 06. 11	4430591	珠海市斗门区井岸镇连桥路 38 号	5503111	57	88	380	股份有限
	晶都酒店	三	2007. 05. 14	2005. 12. 08	4430592	珠海市香洲华海路 144 号	2156888	77	156	300	私营
	金茂酒店	三	2007. 10. 26	2006. 09. 18	4430602	珠海市金湾区金海岸花园中路	3991188	96	139	400	股份有限

续表

地区	饭店名称	星级	评定时间	开业时间	星牌编号	饭店地址	咨询电话	客房（间）	床位（张）	餐位（个）	所有制性质
珠海市	鸿银酒店	三	2008.01.10	2003.03.28	4430611	珠海市金湾区三灶镇金海大道南	3986688	107	191	70	私营
	学苑宾馆	三	2008.07.01	2005.09.01	4430634	珠海市香洲梅华东路276号	2152788	103	211	5000	集体
	五月天酒店	三	2008.11.10	2007.07.13	4430639	珠海前山明珠北路383号	8586888	55	96	180	有限责任
	优派酒店	三	2008.11.26	2007.05.01	4430641	珠海市香洲区红山路163号	2666555	54	81	600	有限责任
	千鹏酒店	三	2009.03.30	2006.05.23	4430654	珠海市香洲区人民西路	2666999	99	192	350	有限责任
	桃园假日酒店	三	2009.06.15	2007.05.01	4430660	珠海斗门区白藤湖湖滨一区17号	3939333	88	164	100	私营
	※福泉大酒店	**三**	**2010.11.02**	**2006.12.01**	**4430736**	**珠海市平杀镇平沙三路1068号**	**7266333**	**96**	**176**	**120**	**私营**
汕头市（五星级3家，四星级7家，三星级20家，二星级14家，一星级1家）	金海湾大酒店	五	1994.01.01	1989.01.01	4450032	汕头市金砂东路	88263263	368	650	1500	中外合资
	帝豪酒店	五	2000.07.01	1999.07.01	4450002	汕头市金砂东路丰华庄188号	88199888	542	1000	4000	中外合资
	君华大酒店	五	2006.04.02	2001.09.27	4450045	汕头市金沙东路97号	88191188	318	483	1045	中外合资
	国际大酒店	四	1991.07.10	1988.02.01	4440064	汕头市金砂东路	88251212	295	289	891	国有
	龙湖宾馆	四	1996.08.08	1984.01.01	4440065	汕头市迎宾路	88260706	248	450	443	私营
	澄海花园酒店	四	2001.07.04	1999.10.01	4440062	汕头澄海市文冠路	85868888	209	392	1166	中外合资
	中信度假村酒店	四	2001.07.27	1994.07.05	4440013	汕头市河蒲区中信大道	87900888	161	368	720	国有
	金佳诚酒店	四	2003.12.05	1997.12.28	4440063	汕头市潮南区广祥路中段	87773666	182	302	500	私营
	金城大酒店	四	2005.11.01	2004.07.01	4440136	汕头市潮南区广汕公路司马浦西段	87730999	163	255	300	私营
	皇都大酒店	四	2009.08.05	1997.10.31	4440196	汕头市潮南区两英环城东路	85576888	318	265	1800	私营
	金苑假日酒店	三	1996.01.01	1995.01.01	4430191	汕头市潮阳市峡山镇广祥路	87772888	128	250	380	中外合资
	金叶大厦	三	1996.01.29	1993.01.30	4430190	汕头市潮阳市棉新大道	83828888	120	188	400	国有
	南天大酒店	三	1997.09.01	1996.03.01	4430192	汕头达豪府前路	87389999	135	260	500	中外合资
	鮀岛宾馆	三	1999.04.25	1983.01.01	4430176	汕头市金砂路	88316668	200	328	600	中外合资
	金海鸥酒店	三	1999.09.03	1997.11.01	4430177	汕头市汕樟路下蓬169号	88330998	123	206	600	私营
	南海大酒店	三	1999.09.03	1993.10.01	4430178	汕头市潮阳市峡山汕路	87769888	120	240	200	中外合资
	华侨大厦	三	2000.05.24	1983.10.01	4430179	汕头市汕樟路41号	88629888	224	409	500	国有
	花园宾馆	三	2000.05.24	1997.11.01	4430180	汕头市汕汾路与衡汕路交界处	88860666	208	400	1200	中外合资

续表

地区	饭店名称	星级	评定时间	开业时间	星牌编号	饭店地址	咨询电话	客房（间）	床位（张）	餐位（个）	所有制性质
汕头市	民航大酒店	三	2000. 07. 07	1998. 06. 01	4430181	汕头市珠江路中段	88850088	136	260	510	国有
	南澳海湾宾馆	三	2002. 08. 09	2000. 07. 12	4430183	汕头市南澳县青澳湾	86997811	94	209	130	集体
	榆园大厦	三	2003. 08. 14	1997. 07. 08	4430184	汕头市金陵路8号	88625515	66	132	180	国有
	天马大酒店	三	2003. 09. 24	1993. 08. 20	4430185	汕头市潮南区司马浦下公路边	87735888	230	410	320	有限责任
	青澳湾半岛假日酒店	三	2003. 11. 28	1994. 07. 05	4430186	汕头市南澳县青澳湾	86998888	158	275	360	私营
	南钟天酒店	三	2004. 03. 29	1999. 03. 23	4430187	汕头市潮南陈店陈沙路口	84491888	123	221	760	集体
	丰盛发酒店	三	2004. 05. 14	1995. 04. 30	4430188	汕头市潮阳区谷饶镇	87619666	146	221	220	中外合资
	和平大酒店	三	2004. 06. 01	1997. 10. 31	4430189	汕头市潮阳区和平镇和惠新路中段	82252888	73	146	680	集体
	旅侨大酒店	三	2005. 01. 21	2001. 12. 01	4430443	汕头市澄海区中山北路	85732888	93	179	700	股份合作
	南海阁大酒店	三	2005. 09. 29	2005. 06. 14	4430477	汕头市南澳县后宅镇海滨路	86818888	105	200	250	私营
	东方明珠大酒店	三	2005. 11. 02	2005. 05. 01	4430482	汕头市潮阳区城北一路中段	83838555	59	94	360	私营
	钱澳湾旅游度假村	三	2005. 11. 18	1999. 05. 20	4430483	汕头市南澳县钱澳路	86801111	80	164	300	外商投资
佛山市（含顺德区，共有五星级5家，四星级19家，三星级49家，二星级26家，一星级1家）	皇冠假日酒店	五	2004. 02. 18	1981. 06. 18	4450012	佛山市汾江中路118号	82368888	398	508	2080	有限责任
	华夏新中源大酒店	五	2007. 06. 29	2005. 05. 22	4450049	佛山市禅城区南庄镇陶博大道	85318888	329	491	1800	有限责任
	名都大酒店	五	2008. 12. 23	2003. 09. 23	4450066	佛山市南海区大沥镇	85788888	308	411	880	有限责任
	中恒金都酒店	四	1997. 12. 01	1996. 01. 01	4440079	佛山市机场路口	85558328	257	473	1200	集体
	皇家银海大酒店	四	1998. 06. 01	1993. 12. 01	4440080	佛山市高明区沿江路29号	88821128	241	433	497	中外合资
	金城大酒店	四	2000. 12. 05	1989. 02. 01	4440014	佛山市汾江中路125号	83288888	212	300	1730	有限责任
	佳宁娜大酒店	四	2003. 07. 08	1962. 11. 17	4440073	佛山市祖庙路14号	82223828	153	255	1000	中外合资
	千叶度假酒店	四	2003. 09. 22	2002. 06. 18	4440074	佛山市三水区森林公园内	87838888	99	123	800	中外合资
	云影琼楼酒店	四	2005. 09. 01	1993. 12. 01	4440078	佛山市南海区西樵山	6886799	136	250	550	中外合资
	新阳光酒店	四	2006. 03. 20	2005. 03. 24	4440144	佛山市南海区盐步镇	85701111	116	203	350	股份合作
	祈福（仙湖）酒店	四	2008. 06. 16	2004. 02. 16	4440179	佛山市南海丹灶镇	85449988	234	468	2300	有限责任
	西樵大酒店	三	1989. 09. 01	1987. 08. 01	4430343	佛山市南海区西樵山	86886799	170	371	650	中外合资
	尖东酒店	三	1995. 03. 01	1991. 12. 01	4430344	佛山市南海区桂城石啃	86772700	69	154	600	集体

续表

地区	饭店名称	星级	评定时间	开业时间	星牌编号	饭店地址	咨询电话	客房（间）	床位（张）	餐位（个）	所有制性质
佛山市	禅城酒店	三	1996.07.01	1985.08.01	4430345	佛山市汾江中路 76 号	82966888	137	210	500	有限责任
	中旅华厦酒店	三	1997.07.01	1980.01.01	4430346	佛山市三水区新华北路 54 号	87806666	116	205	2000	股份合作
	金湖酒店	三	1999.09.01	1998.12.22	4430319	佛山市普澜二路 23 号	83988338	164	252	680	有限责任
	南海迎宾馆	三	2000.07.01	1993.06.01	4430320	佛山市南海区桂城南海大道	86336888	64	112	330	国有
	柏斯顿酒店	三	2000.09.01	1995.12.01	4430321	佛山市南海区平新路厦西平稳段	86778877	70	128	1000	私营
	旋宫酒店	三	2000.12.22	1984.05.01	4430324	佛山市祖庙路 1 号	82285622	80	172	560	国有
	石湾宾馆	三	2000.12.22	1992.02.01	4430325	佛山市汾江四路 15 号	83328813	105	195	420	集体
	金泉大酒店	三	2000.12.22	2000.01.18	4430326	佛山市南海区西樵樵高路 D	86897999	85	160	460	私营
	君悦酒店	三	2000.12.22	1987.10.01	4430327	佛山市三水区健力宝南路 5 号	87773888	116	196	1200	中外合资
	恒威大酒店	三	2000.12.22	1999.06.25	4430328	佛山市高明区河江工业区	88222111	97	186	700	中外合资
	南海君悦大酒店	三	2001.05.31	1995.12.15	4430330	佛山市南海区九江镇	86552238	58	120	700	私营
	栢安大酒店	三	2001.08.22	1998.08.26	4430332	佛山市三水区广海大道西	87821333	48	89	350	外商投资
	平洲宾馆	三	2001.09.27	1996.07.01	4430334	佛山市平洲区永安路 8 号	86776688	87	156	450	集体
	南国大酒店	三	2001.12.02	2000.11.19	4430323	佛山市汾江中路 106 号之二	82983888	177	298	900	有限责任
	鸿业酒店	三	2002.07.11	1999.07.03	4430331	佛山市南海区平安路	85518888	95	167	150	私营
	鸿南大酒店	三	2002.09.06	1999.10.05	4430337	佛山市三水区新华路 23 号	87728888	151	256	750	国有
	辉利大酒店	三	2002.09.11	1997.09.12	4430338	佛山市南海区儒林西路 48 号	86558888	117	229	1450	集体
	鸿运酒店	三	2003.11.28	1994.01.13	4430340	佛山市汾江中路 6 号	82980000	83	128	250	有限责任
	力之源大酒店	三	2004.01.02	2002.10.01	4430341	佛山市南海区长堤路 5 号	86331631	51	100	220	集体
	金懋大酒店	三	2005.02.03	2003.01.23	4430454	佛山市南海区广厦路 1 号	86803332	88	140	280	有限责任
	贵都酒店	三	2005.07.29	2002.12.27	4430468	佛山市南海区桂城佛平路	86280001	97	165	450	有限责任
	蓝澳酒店	三	2005.10.31	2004.01.15	4430486	佛山市华四路国际陶瓷展览中心 B	83960333	59	93	100	有限责任
	京粤大酒店	三	2006.04.07	1989.10.01	4430512	佛山市南海区黄岐广佛路 169 号	85933888	104	158	300	国有
	康颐酒店	三	2006.04.14	2003.12.05	4430513	佛山市南海区桂城平洲佛平路	86789118	81	153	380	有限责任
	福裕酒店	三	2006.04.29	2003.03.01	4430516	佛山市南海区桂城桂澜路	86393981	78	121	200	有限责任

续表

地区	饭店名称	星级	评定时间	开业时间	星牌编号	饭店地址	咨询电话	客房（间）	床位（张）	餐位（个）	所有制性质
佛山市	金银酒店	三	2006. 08. 22	2000. 11. 01	4430537	佛山汾江西路 4 号	83350239	88	168	180	有限责任
	世纪星酒店	三	2006. 09. 11	2005. 09. 29	4430545	佛山市高明区文华路 455 号	88886633	81	132	500	有限责任
	华泰大酒店	三	2007. 02. 12	2005. 06. 17	4430584	佛山市南海区盐步镇	88782828	75	106	102	有限责任
	新建豪酒店	三	2007. 07. 18	2005. 12. 16	4430595	佛山市南海区官窑瑶平路段	81192888	99	189	400	私营
	明苑迎宾馆	三	2007. 07. 18	2006. 06. 09	4430596	佛山市高明区文汇路 9 号	88232222	102	200	600	私营
	中联大酒店	三	2008. 02. 02	1999. 01. 15	4430622	佛山市南海区盐步区	85783888	92	157	68	私营
	置业宾馆	三	2008. 04. 15	1996. 12. 28	4430624	佛山市南海大沥广云路段	85511888	138	259	60	私营
	皇都酒店	三	2008. 06. 05	2006. 04. 01	4430629	佛山市佛平路 19 号	82108888	158	255	100	有限责任
	百盛达商务酒店	三	2009. 10. 09	2008. 03. 26	4430690	佛山市南海区桂城海大路 4 号	86311111	153	198	118	私营
	天豪酒店	三	2009. 12. 03	2003. 01. 01	4430699	佛山市南海区松夏工业园	85200888	90	157	200	私营
	※大金地假日酒店	三	2010. 05. 26	2008. 08. 20	4430718	佛山市南海区广佛路 29 号	85931888	83	113	500	私营
	※珀丽酒店	三	2010. 10. 11	2004. 07. 01	4430734	佛山市文华北路	83377488	93	134	600	私营
	※阳光假日酒店	三	2010. 11. 23	2007. 02. 18	4430737	佛山市三水区三达路 16 号	87812888	110	148	150	有限责任
顺德区（五星级 2 家，四星级 11 家，三星级 9 家，二星级 8 家，一星级 1 家）	哥顿酒店	五	2008. 12. 23	2005. 09. 12	4450067	佛山市顺德区容桂大道	28386888	200	296	1200	有限责任
	财神酒店	五	2009. 07. 01	2006. 07. 01	4450072	佛山市顺德区乐从大道	28838888	408	558	478	港澳台商
	仙泉酒店	四	1990. 06. 01	1987. 12. 18	4440077	佛山市顺德区顺峰山旅游区	22328333	263	427	1050	有限责任
	新世界万怡酒店	四	2001. 01. 19	1998. 01. 10	4440068	佛山市顺德区清晖路 150 号	22218333	383	571	485	中外合资
	碧桂园度假村	四	2002. 01. 07	1998. 11. 20	4440069	佛山市顺德区北滘镇	26332228	198	378	1500	股份合作
	碧桂花城大酒店	四	2003. 01. 13	2001. 07. 05	4440070	佛山市顺德区陈村镇	23836688	59	99	1500	股份合作
	鹿茵酒店	四	2003. 01. 13	2001. 09. 26	4440071	佛山市顺德区桂州大道中 1 号	28321688	173	268	1200	私营
	新君悦酒店	四	2003. 01. 13	2001. 08. 29	4440072	佛山市顺德区陈村镇	23836888	103	193	1000	私营
	均安碧桂园大酒店	四	2004. 04. 15	2000. 10. 01	4440075	佛山市顺德区翠湖路 1 号	25383888	52	69	400	中外合资
	福盈酒店	四	2004. 05. 20	2003. 05. 24	4440076	佛山市顺德区环市北路 38 号	22330338	137	184	1200	中外合资
	※君豪酒店	四	2010. 01. 28	2005. 09. 14	4440203	佛山市顺德区容奇大道中 24 号	28387888	80	406	146	私营
	※君莱酒店	四	2010. 01. 28	2007. 02. 05	4440204	佛山市顺德区大良街鉴海南路 14 号	22608888	116	170	460	有限责任

续表

地区	饭店名称	星级	评定时间	开业时间	星牌编号	饭店地址	咨询电话	客房（间）	床位（张）	餐位（个）	所有制性质
顺德区	**※骏景酒店**	**四**	**2010.05.28**	**2005.09.30**	**4440205**	**佛山市顺德区均安镇翠湖路2号**	**25508888**	**143**	**199**	**750**	**有限责任**
	皇帝酒店	三	2000.11.07	1995.03.21	4430322	佛山市顺德区大良镇锦龙路118号	22270888	178	330	600	私营
	容莲宾馆	三	2001.04.20	1994.04.28	4430329	佛山市顺德容奇江南大道23号	26628668	102	193	564	集体
	中旅大酒店	三	2002.05.13	1994.08.28	4430335	佛山市顺德大良区宜新路28号	22332888	155	310	1000	集体
	凤城酒店	三	2002.09.10	1987.09.28	4430336	佛山市顺德区碧鉴路1号	22222429	130	210	1500	有限责任
	高陞酒店	三	2004.06.15	1995.01.18	4430342	佛山顺德区北滘镇五长沙18号	26333388	90	160	750	私营
	时代大厦酒店	三	2005.02.03	2004.01.01	4430451	佛山市顺德区大良新宁路60号	22387888	220	369	400	有限责任
	帝庭酒店	三	2005.02.03	2004.01.28	4430452	佛山市顺德区勒流镇银捷路23号	25336688	63	100	80	股份合作
	万里来大酒店	三	2005.02.03	1999.01.01	4430453	佛山市顺德区勒流镇政和北路10号	22533111	88	170	400	私营
	长鹿度假酒店	三	2006.03.23	2003.05.01	4430507	佛山市顺德区伦教三洲建设东路	27331111	90	180	1628	私营
韶关市（五星级1家，四星级5家，三星级36家，二星级9家，一星级2家）	莱斯大酒店	五	2008.10.07	2004.10.01	4450063	韶关市浈江区启明北路8号	8198888	217	349	700	有限责任
	流花宾馆	四	2005.04.04	1998.06.29	4440128	韶关市武江区新华北路138号	8636668	127	246	796	有限责任
	方圆民族温矿泉酒店	四	2006.09.12	2006.09.12	4440153	韶关市乳源县城鹰峰西路50号	5222222	118	250	500	有限责任
	龙翔大酒店	四	2007.10.10	2004.07.20	4440170	韶关市翁源县	6128977	139	232	1200	有限责任
	曹溪温泉假日度假村	四	2007.10.10	2003.01.28	4440171	韶关市曲江区马坝镇转溪桥	6658999	610	1240	2000	有限责任
	乐昌迎宾大酒店	四	2008.12.22	2007.05.01	4440182	韶关乐昌市金融街52号	5555555	160	266	700	私营
	南雄市珠玑大酒店	三	1998.01.01	1995.12.01	4430209	韶关南雄市建设路12号	3830888	122	280	700	私营
	广铁漂流大酒店	三	1999.01.01	1996.06.01	4430193	韶关乐昌坪市石镇群众路3巷	5524888	100	190	480	国有
	粤通大酒店	三	1999.01.01	1995.12.01	4430194	韶关火车站旁	8229944	257	514	500	国有
	韶关小岛饭店	三	2000.06.01	1997.12.01	4430195	韶关市西堤路27号	8912288	60	114	350	中外合资
	乳源小岛饭店	三	2000.06.01	1999.07.01	4430197	韶关市乳源县解放北路2号	5389888	102	206	350	中外合资
	丽晶酒店	三	2001.01.04	1994.04.01	4430198	韶关市江区北江路2号	8210218	112	213	800	中外合资
	怡东大酒店	三	2001.01.04	1998.01.01	4430199	韶关市始兴县中心坝5号	3322888	64	114	300	中外合资
	湖心宾馆（韶关）	三	2001.07.05	1975.01.01	4430200	韶关市工业东路17号	8761570	75	203	500	股份合作

续表

地区	饭店名称	星级	评定时间	开业时间	星牌编号	饭店地址	咨询电话	客房（间）	床位（张）	餐位（个）	所有制性质
韶关市	丹霞山和景酒店	三	2002.04.03	2001.01.01	4430202	韶关市丹霞山风景区	6292168	120	244	680	股份合作
	南雄迎宾馆	三	2003.01.27	1959.07.01	4430203	韶关南雄市建设路6号	3822032	116	235	800	国有
	北苑宾馆	三	2003.04.15	1991.04.05	4430204	韶关市风度北路122号	8188838	85	172	566	国有
	新丰交通大酒店	三	2003.06.16	1997.01.28	4430205	韶关市新丰县城105国道旁	2299888	68	136	500	国有
	新丰县迎宾馆	三	2003.06.16	1960.02.01	4430206	新丰县公园内4号	2258888	58	108	480	国有
	富丽大酒店	三	2004.05.21	2004.04.23	4430207	韶关乐昌市坪石岭南路69号	5523488	65	130	250	私营
	曲江迎宾馆	三	2004.11.05	1983.12.01	4430436	韶关市曲江区府前中路	6666877	84	159	500	国有
	国林宾馆	三	2004.12.02	1996.06.01	4430435	韶关市浈江区站南路口	8251244	60	132	420	私营
	新华宾馆	三	2004.12.17	2003.08.01	4430434	韶关始兴县新华宾馆	3324888	53	103	330	国有
	金源酒店	三	2005.01.04	2004.01.01	4430441	韶关市风采路66号	8189988	136	233	400	港澳台商
	聚雅轩酒店	三	2005.04.12	2003.01.01	4430444	韶关市北江区解放路126号	8189333	98	181	800	私营
	富源大酒店	三	2005.07.29	1999.06.09	4430196	韶关市翁源县城建设一路368号	2873333	32	68	400	外商投资
	君临酒店	三	2005.09.22	1991.08.01	4430478	韶关市浈江南路75号	8885111	42	85	350	私营
	金雄鹰宾馆	三	2005.10.13	2004.09.26	4430480	韶关南雄市雄中路55号	3868888	52	119	360	私营
	泉景酒店	三	2006.05.08	2002.09.28	4430519	韶关市环园西路一号	8186279	58	110	300	有限责任
	艺苑大酒店	三	2006.05.08	2001.10.23	4430520	韶关市新华南路	8177888	60	125	1800	私营
	乐昌市星之光大酒店	三	2006.06.23	2005.04.25	4430523	韶关乐昌市解放路51号	5555288	90	150	145	有限责任
	南华温泉大酒店	三	2006.06.23	2003.10.28	4430524	韶关市曲江区马坝镇马坝大道南	6646666	63	118	550	私营
	粤源大酒店	三	2006.06.23	2005.04.28	4430525	韶关市翁源县沿江路3号	2819838	105	168	700	私营
	明珠大酒店	三	2006.09.06	2005.03.08	4430538	韶关市武江区芙蓉新城金洲路1号	8156688	101	205	150	私营
	金鸡宾馆	三	2006.12.11	1994.04.28	4430568	韶关市乐昌市砰石镇金鸡南路3号	5528888	110	229	410	国有
	始兴远东酒店	三	2007.02.15	2002.09.01	4430588	韶关始兴县兴平路1号	3339301	43	87	1000	私营
	百乐宫大酒店	三	2007.12.24	2006.02.01	4430608	韶关市新丰县丰城大道东10号	2267888	35	62	360	私营
	濠景酒店	三	2008.02.26	2003.06.18	4430619	韶关市解放路124号	8186666	61	110	50	外商投资
	丛林山庄	三	2009.06.02	2002.12.01	4430658	韶关市浈江区森态路11号	8282128	180	400	1000	私营

续表

地区	饭店名称	星级	评定时间	开业时间	星牌编号	饭店地址	咨询电话	客房（间）	床位（张）	餐位（个）	所有制性质
韶关市	金海洋假日酒店	三	2009. 07. 18	2008. 04. 28	4430670	韶关乐昌市长乐路 88 号	5568688	36	66	80	私营
	幸福华庭酒店	三	2009. 09. 08	2009. 01. 10	4430683	韶关市武江区惠城南路 122 号	8611188	193	307	600	私营
	※假日山庄	**三**	**2010. 09. 02**	**2007. 05. 01**	**4430727**	**韶关市仁化县金霞小区霞兴南路 18 号**	**6800999**	**200**	**388**	**250**	**有限责任**
河源市（五星级 1 家，四星级 3 家，三星级 15 家，二星级 10 家，一星级 1 家）	翔丰国际酒店	五	2007. 06. 20	2005. 09. 26	4450051	河源市源城区沿江东路 1 号	3299999	233	368	860	有限责任
	新世界酒店	四	2001. 08. 14	1999. 08. 19	4440007	河源市长塘路 81 号	3399888	101	191	450	国有
	假日酒店	四	2006. 07. 04	2003. 10. 01	4440149	河源市宝源山庄汾江路 10 号	3380999	147	321	1360	私营
	滨江金利大酒店	四	2009. 03. 27	2006. 05. 01	4440190	河源市源城区碧水居地段	3399999	160	310	1200	有限责任
	明珠银发酒店	三	1997. 09. 01	1995. 03. 06	4430219	河源市河源大道 13 号	3318888	66	148	350	中外合资
	紫金宾馆	三	2000. 11. 07	1993. 02. 01	4430210	河源市紫金县紫城镇秋江路 36 号	7826883	60	112	250	国有
	新华信大酒店	三	2001. 08. 24	1998. 01. 18	4430211	河源市兴源路 1 号	3393388	85	165	280	国有
	金利大酒店	三	2003. 09. 25	1995. 03. 18	4430212	河源市河源大道 17 号	3396288	101	208	480	私营
	长鸿大酒店	三	2003. 09. 25	2002. 09. 28	4430213	河源市沿江路 20 号	3386888	88	167	800	私营
	霍山宾馆	三	2004. 01. 12	1995. 07. 01	4430214	河源市龙川县老隆镇老龙大道	6758328	128	216	800	中外合资
	南方酒店	三	2004. 04. 01	1999. 07. 08	4430216	河源市连平县城官灯公路	4321111	37	77	200	私营
	旅游大酒店	三	2005. 04. 12	2004. 03. 01	4430458	河源市龙川县经济开发区 5 号小区	2821888	88	168	460	有限责任
	华达大厦	三	2005. 04. 16	1994. 01. 10	4430459	河源市河源大道南 71 号	3396393	126	256	550	私营
	新江大酒店	三	2005. 11. 07	2004. 01. 01	4430484	河源市大道北新城汽车站对面	3365999	121	241	1000	有限责任
	世纪大酒店	三	2006. 01. 21	2005. 12. 26	4430489	河源市和平县城和平大道 88 号	5669888	85	187	1300	私营
	新丽源大酒店	三	2006. 03. 13	2005. 01. 19	4430491	河源市新市区红星路	3811888	54	98	600	私营
	江都酒店	三	2006. 05. 17	2005. 01. 01	4430490	河源市忠角镇沿江中路	4557888	87	174	600	私营
	和润假日酒店	三	2008. 04. 22	2007. 03. 28	4430623	河源市紫金县城金山大道	7839388	125	193	200	私营
	星河湾酒店	三	2009. 12. 14	1905. 06. 27	4430657	河源市连平县滨河路 1 号	4322888	62	116	250	私营
梅州市	千江温泉酒店	四	2004. 08. 23	2003. 01. 01	4440118	梅州丰顺县雄风大道	6688888	150	299	580	私营
	金雁富源大酒店	四	2004. 12. 08	2003. 08. 01	4440123	梅州市丽都西路	2166666	110	250	500	私营
	友谊宾馆	三	1999. 12. 01	1998. 09. 01	4430220	梅州市彬芳大道 52 号	2193888	138	267	480	国有

续表

地区	饭店名称	星级	评定时间	开业时间	星牌编号	饭店地址	咨询电话	客房（间）	床位（张）	餐位（个）	所有制性质
梅州市（四星级2家，三星级13家，二星级14家）	金帆大酒店	三	2000. 12. 22	2000. 01. 28	4430221	梅州市大埔县城文明路138号	5533523	45	90	850	私营
	梅县柏丽酒店	三	2003. 06. 20	1998. 04. 16	4430224	梅州市华侨城宪梓大道	2500888	110	218	450	有限责任
	风度温泉大酒店	三	2004. 08. 23	1997. 10. 01	4430227	梅州市丰顺县汤坑镇东山路1号	6666666	124	234	450	集体
	田园大酒店	三	2006. 03. 20	2004. 01. 01	4430510	梅州市江南路35号	2163888	132	251	350	有限责任
	太平洋酒店	三	2006. 05. 08	2001. 09. 01	4430521	梅州市彬芳大道88号	2189999	105	176	500	有限责任
	迎宾楼大酒店	三	2006. 09. 25	2006. 01. 01	4430554	梅州市五华县华兴中路13号	4430833	41	83	850	私营
	兴宁金叶酒店	三	2006. 09. 25	2004. 12. 08	4430555	梅州市兴宁市205国道文锋路口	3181168	113	190	360	有限责任
	长潭旅游度假村	三	2007. 02. 06	2004. 01. 01	4430582	梅州市蕉岭县长潭大道2～3号	7513188	66	138	800	有限责任
	锦发大酒店	三	2007. 03. 21	2006. 05. 01	4430586	梅州市梅县丙村镇交通街	2851999	42	80	640	私营
	逢源温泉酒店	三	2007. 06. 10	2006. 09. 01	4430593	梅州市丰顺县汤坑镇汤坑路49号	6696299	63	118	330	有限责任
	平远迎宾馆	三	2007. 11. 28	1996. 12. 01	4430605	梅州市平远县城羊子甸街31号	8824278	47	102	500	国有
	大埔县交通大酒店	三	2009. 11. 28	2008. 10. 01	4430697	梅州市大埔县湖寮镇义招路89号	5186888	40	79	730	国有
惠州市（五星级4家，四星级11家，三星级46家，二星级7家）	罗浮山宝田国际度假会议中心	五	2007. 05. 14	2004. 09. 23	4450055	惠州市博罗县罗浮山风景区	6891111	235	377	640	有限责任
	康帝国际酒店	五	2007. 05. 14	2005. 11. 09	4450056	惠州市环城西一路渡口所	2688888	468	544	697	私营
	※家路国际大酒店	五	**2010. 12. 01**	**2006. 04. 01**	**4450090**	惠州市惠阳区中山四路	**3188888**	**168**	**207**	**460**	私营
	※金海湾喜来登度假酒店	五	**2010. 12. 01**	**2008. 09. 23**	**4450091**	惠东金海湾金海路1号	**8328888**	**293**	**428**	**482**	有限责任
	三阳酒店	四	2003. 01. 17	2000. 01. 09	4440086	惠阳市陈江镇仲恺大道118号	3898888	151	229	600	私营
	惠州宾馆	四	2003. 09. 22	1985. 11. 28	4440011	惠州市环城西二路17号	2232333	153	230	1000	国有
	凯旋假日酒店	四	2006. 01. 25	2004. 05. 18	4440141	惠州市麦兴路11号	2088999	146	213	800	有限责任
	丽景花园酒店	四	2006. 12. 25	2004. 07. 01	4440161	惠州市惠阳区淡水南门西街	3818888	160	193	500	私营
	金华悦商务酒店	四	2008. 03. 04	2005. 01. 09	4440172	惠州市下埔大道28号	2088888	768	1210	3100	股份合作
	富华大酒店	四	2008. 03. 04	2001. 12. 28	4440173	惠州市博罗县罗阳二路72号	6268888	100	134	920	外商投资
	金世纪假日酒店	四	2008. 03. 04	2004. 04. 27	4440174	惠州市惠城区沥林镇惠樟路	3868888	188	289	600	港澳台商
	万事达华侨酒店	四	2008. 11. 24	2006. 06. 09	4440181	惠州市惠东县城广汕路60号	8163888	205	500	1000	有限责任

续表

地区	饭店名称	星级	评定时间	开业时间	星牌编号	饭店地址	咨询电话	客房（间）	床位（张）	餐位（个）	所有制性质
惠州市	新都会大酒店	四	2009. 03. 23	2007. 07. 03	4440187	惠州市惠阳区白云路 50 号	3769999	93	126	650	私营
	隆泰金都酒店	四	2009. 03. 23	2006. 10. 26	4440191	惠州市花边南路	2678888	171	269	360	私营
	※恒升国际大酒店	四	2010. 12. 01	2009. 10. 01	4440211	惠州市惠东县惠东大道 526 号	8168888	206	248	948	自主管理
	西湖宾馆	三	1991. 06. 01	1988. 11. 01	4430243	惠州市西湖芳华洲	2228111	89	119	800	中外合资
	金叶大厦	三	1992. 06. 01	1991. 04. 01	4430244	惠州市鹅岭南路 3 号	2261118	122	190	600	股份合作
	龙苑大酒店	三	1993. 07. 01	1986. 03. 01	4430245	惠州市鹅岭西路 7 号	2260988	70	100	400	中外合资
	大亚湾中海酒店	三	1999. 09. 01	1998. 09. 01	4430228	惠州市大亚湾澳头镇新澳大道 1 号	5552288	90	156	820	国有
	君豪大酒店	三	1999. 09. 01	1985. 12. 01	4430229	惠州市下角南路 3 号	2228899	79	128	1000	中外合资
	西湖大酒店	三	2000. 12. 22	1988. 07. 01	4430230	惠州市环城西二路 1011 号	2226666	187	320	1200	中外合资
	海湖大酒店	三	2000. 12. 22	2000. 06. 13	4430232	惠州市南坛路 8 号	2223888	165	283	1200	中外合资
	惠阳百老汇酒店	三	2000. 12. 01	1994. 11. 01	4430233	惠阳市淡水开城大道 88 号	3822222	139	215	468	中外合资
	园洲宾馆	三	2001. 03. 06	1993. 06. 15	4430235	惠州市博罗县园洲镇兴园二路	6680888	107	143	800	中外合资
	中惠大酒店	三	2001. 11. 23	2000. 08. 22	4430234	惠阳市淡水镇土湖工业路 1 号	3822888	86	157	80	中外合资
	星旗宾馆	三	2003. 04. 04	2002. 12. 12	4430237	惠阳市淡水镇中山二路 39 号	3823999	123	178	330	私营
	广成酒店	三	2003. 04. 04	1999. 01. 01	4430238	惠阳市淡水镇南门大街 1 号	3818666	120	208	600	私营
	南方大酒店	三	2003. 04. 22	1996. 11. 28	4430239	惠州市鹅岭北路 12 号	2380288	126	241	800	私营
	玉滩宾馆	三	2003. 04. 22	1992. 12. 10	4430240	惠州市鹅岭东路 9 号	2389999	48	93	280	国有
	麦雅商务酒店	三	2004. 10. 08	2003. 02. 02	4430430	惠州市麦地路三十号	2385888	107	163	425	私营
	德泽园（嘉柏）假日酒店	三	2004. 10. 08	2003. 05. 01	4430431	惠州市惠东县巽寮松园湾	8335666	99	193	694	中外合资
	嘉宾园度假村	三	2005. 01. 19	2004. 12. 01	4430442	惠州市博罗县福田镇桥东路	6882288	88	138	500	私营
	金鑫酒店	三	2005. 08. 08	2004. 09. 11	4430469	惠州市惠城区麦地南东二路	2561888	89	143	360	私营
	一景酒店	三	2005. 08. 08	2004. 07. 11	4430471	惠州市惠东县平山镇新华路	8884888	75	117	500	私营
	天外天大酒店	三	2005. 12. 21	2002. 06. 01	4430487	惠州市鹅岭南路 12 号	2380666	90	166	148	股份有限
	凯雅酒店	三	2006. 01. 19	2004. 12. 01	4430522	惠州市麦地南路 11 号	2662000	107	151	400	港澳台商
	京联宾馆	三	2006. 06. 01	2004. 11. 31	4430498	惠州市博罗县城博义路 3 号	6299888	129	193	200	私营

续表

地区	饭店名称	星级	评定时间	开业时间	星牌编号	饭店地址	咨询电话	客房（间）	床位（张）	餐位（个）	所有制性质
惠州市	金鑫商务酒店	三	2006.08.01	2005.09.11	4430540	惠州市麦地路16号	2381888	62	102	460	有限责任
	日华大酒店	三	2006.09.28	2006.01.01	4430557	惠州市惠阳淡水开城大道	3872888	64	101	80	私营
	柏利商务酒店	三	2006.09.28	2005.02.28	4430558	惠州市平山镇新华路91号	8880888	42	57	260	私营
	万汇徕大酒店	三	2006.11.28	2005.10.08	4430564	惠州市惠阳区淡水镇	3773333	87	127	100	私营
	大富贵酒店	三	2006.12.01	2005.08.29	4430565	惠州市大湖溪广汕路	2078868	155	205	380	私营
	龙朝大酒店	三	2006.12.07	2004.01.09	4430567	惠州市龙门县城太平新路33号	7888888	132	238	800	有限责任
	鲁惠大酒店	三	2006.12.11	1993.10.01	4430569	惠州市惠阳区淡水镇开城大道21号	3822999	69	123	200	私营
	月亮宫大酒店	三	2007.02.12	2006.01.13	4430583	惠州市惠阳上塘石园东街118号	3727888	60	94	100	私营
	鑫都大酒店	三	2007.11.14	2005.07.01	4430604	惠州市惠州大道中段70号	2789999	87	144	510	私营
	明月湖大酒店	三	2008.05.02	2003.04.30	4430628	惠州市黄塘路118号综合楼	2389688	100	215	580	有限责任
	南洋大酒店	三	2008.12.02	2007.10.01	4430640	惠州市惠阳区白云三路16号	3821188	80	120	350	私营
	顺天云景大酒店	三	2009.05.12	2007.09.03	4430656	惠州市江北文昌二路9号	2845888	150	193	400	私营
	千帆阁酒店	三	2009.06.18	2004.01.28	4430659	惠州市大亚湾经济技术开发区霞涌	5598888	78	129	400	股份合作
	时代假日酒店	三	2009.08.04	2007.01.08	4430671	惠州市惠城区龙丰路3号	2676888	133	201	500	私营
	盛龙大酒店	三	2009.08.21	2001.09.08	4430679	惠州市龙门县县城迎宾大道39号	7786888	32	48	600	私营
	南城商务酒店	三	2009.09.15	2007.06.03	4430684	惠州市河南岸白泥路	2556222	100	161	450	有限责任
	景新酒店	三	2009.12.21	2005.06.08	4430698	惠州市龙门县城百乐路	7788888	32	64	500	私营
	华尔富商务酒店	三	2009.12.23	2009.05.02	4430702	惠州市江北5号小区期湖塘路3号	5331888	71	113	144	有限责任
	※望海楼酒店	三	2010.07.26	2003.12.05	4430722	惠州大亚湾澳头镇龙海街47号	5559222	80	127	600	私营
	※康之源商务酒店	三	2010.08.04	2008.12.28	4430725	惠州市惠城区下角丰山路33号	2688333	42	66	600	私营
	※新富豪酒店	三	2010.10.21	2009.05.01	4430730	惠州市惠阳淡水南门南路68号	3812333	71	85	100	私营
	※新丽晶大酒店	三	2010.12.01	1999.10.18	4440212	惠州市惠阳区淡水镇	3822822	117	135	738	自主管理
	※富壕园大酒店	三	2010.12.24	2009.10.15	4430744	惠州市惠城区江北乌石一路1号	285666	80	134	600	股份有限
	※金凯酒店	三	2010.12.22	2008.11.26	4430743	惠州市仲恺大道新海关对面	2637888	111	147	400	私营

续表

地区	饭店名称	星级	评定时间	开业时间	星牌编号	饭店地址	咨询电话	客房（间）	床位（张）	餐位（个）	所有制性质
汕尾市（四星级2家，三星级10家）	莲花山度假村	四	2007. 01. 15	2004. 12. 28	4440162	汕尾市海丰县莲花山森林公园	6728888	131	233	350	港澳台商
	东陆酒店	四	2008. 04. 24	1998. 11. 16	4440175	汕尾陆丰市东海镇洛川东路3号	8830988	246	466	1452	有限责任
	友谊宾馆	三	2000. 11. 23	1993. 08. 15	4430248	汕尾市政府办公楼西侧	3366333	104	210	450	国有
	美丽华大酒店	三	2000. 12. 22	1994. 10. 01	4430250	汕尾市汕尾大道中段	3363666	198	373	700	国有
	陆丰大酒店	三	2001. 01. 04	1995. 01. 23	4430253	汕尾陆丰市北提路11号	8835668	85	169	200	中外合资
	得胜宾馆	三	2004. 03. 24	2002. 04. 01	4430254	汕尾市红海湾遮浪	3451666	134	255	400	国有
	龙山宾馆	三	2005. 09. 01	1985. 05. 01	4430473	汕尾陆丰市龙山大道18号	8989888	90	171	860	股份合作
	蓝岛假日酒店	三	2006. 08. 02	2003. 01. 01	4430534	汕尾市通航路128号	3321999	96	178	100	港澳台商
	瑞龙庄园	三	2007. 01. 15	2004. 04. 23	4430576	汕尾陆河县上护樟河榜榜响	5581666	122	210	482	港澳台商
	富之城酒店	三	2008. 04. 24	2004. 10. 05	4430625	汕尾市海丰县城广富路439号	6692888	105	146	968	私营
	新洲宾馆	三	2008. 04. 24	2006. 01. 20	4430626	汕尾市汕尾大道中段西侧	3333666	99	185	120	有限责任
	泰林酒店	三	2009. 06. 10	2002. 01. 01	4430662	汕尾市汕尾大道中段东侧	3368071	125	226	1060	有限责任
东莞市（五星级22家，四星级24家，三星级34家，二星级14家，一星级2家）	银城酒店	五	1997. 09. 01	1995. 12. 01	4450033	东莞市莞太大道48号	22828888	333	405	800	中外合资
	樟木头三正半山酒店	五	2001. 03. 21	2000. 01. 02	4450005	东莞市樟木头石新大道523631	87799333	101	101	680	有限责任
	凤岗金凯悦大酒店	五	2001. 03. 21	1909. 07. 31	4450016	东莞市凤岗镇凤深大道6668号	87759888	293	399	1482	有限责任
	豪门大饭店	五	2002. 01. 04	2000. 08. 01	4450015	东莞市虎门镇港虎门大道	85117888	248	295	1190	中外合资
	龙泉国际大酒店	五	2002. 01. 04	2001. 01. 18	4450017	东莞市虎门镇连升路金洲段	85188688	643	1060	1800	私营
	嘉华大酒店	五	2002. 09. 27	2001. 07. 05	4450007	东莞市厚街镇家具大道1号	85928888	760	1030	5062	私营
	富盈酒店	五	2003. 09. 22	2002. 02. 28	4450010	东莞市厚街广深高速公路东莞出口	85888888	345	480	1000	私营
	御景湾酒店	五	2003. 09. 18	2002. 03. 18	4450011	东莞市东城区迎宾路8号	22698888	268	445	1200	中外合资
	长安国际酒店	五	2004. 08. 23	2002. 07. 01	4450036	东莞市长安镇锦绣路1号	85333333	400	440	11360	私营
	长安海悦花园大酒店	五	2004. 08. 23	1996. 12. 19	4450037	东莞市长安镇雷边二环路	85318888	353	400	200	中外合资
	长安莲花山庄	五	2004. 08. 23	1994. 02. 01	4450038	东莞市长安镇莲花山边	85538388	281	350	400	中外合资
	石龙金凯悦大酒店	五	2004. 08. 23	2002. 11. 23	4450039	东莞市石龙镇莞龙公路西湖路段	86188888	403	495	1360	有限责任
	喜来登大酒店	五	2005. 09. 19	2003. 08. 08	4450041	东莞市厚街镇莞太路	85988888	500	700	1014	私营
	新都会怡景酒店	五	2006. 04. 02	2003. 03. 11	4450043	东莞市塘夏镇环市东路6号	87883888	256	315	1000	外商投资

续表

地区	饭店名称	星级	评定时间	开业时间	星牌编号	饭店地址	咨询电话	客房（间）	床位（张）	餐位（个）	所有制性质
东莞市	太子酒店	五	2006. 11. 29	2002. 01. 01	4450046	东莞市黄江镇江北路	83363333	429	473	2040	有限责任
	塘厦三正半山酒店	五	2007. 05. 28	2005. 06. 29	4450054	东莞市塘厦镇迎宾大道	87299333	366	620	1080	有限责任
	汇华国际饭店	五	2007. 12. 10	2005. 01. 01	4450059	东莞市常平镇常平大道	83938888	635	706	1500	股份合作
	丰泰花园酒店	五	2008. 12. 23	2005. 10. 30	4450068	东莞市虎门镇田村	85708888	370	571	1200	有限责任
	帝豪花园酒店	五	2008. 12. 23	2006. 01. 26	4450069	东莞市大朗镇美景中路 769 号	83122222	469	604	2388	有限责任
	※华尔登国际酒店	**五**	**2010. 03. 15**	**2007. 12. 28**	**4450085**	**东莞市桥头镇桥头广场科兴路**	**81028888**	**400**	**541**	**1800**	**私营**
	※桥头三正半山酒店	**五**	**2010. 05. 19**	**1992. 07. 05**	**4450087**	**东莞市桥头镇碧莲路**	**83341868**	**212**	**340**	**1200**	**有限责任**
	※悦莱花园酒店	**五**	**2010. 12. 01**	**2007. 07. 08**	**4450089**	**东莞市寮步镇香市路 8 号**	**81118888**	**561**	**860**	**1628**	**私营**
	寮步金凯悦酒店	四	1997. 09. 01	1996. 06. 01	4440108	东莞市寮步镇教育路 1 号	83326328	216	308	955	中外合资
	文华大酒店	四	2000. 12. 22	1999. 03. 08	4440093	东莞市厚街镇太路新塘路段	85911111	113	130	900	有限责任
	珊瑚大酒店	四	2000. 12. 22	1998. 03. 29	4440094	东莞市厚街镇 107 国道	85826888	88	108	1200	私营
	东莞宾馆	四	2001. 09. 06	1984. 01. 22	4440095	东莞市城区东正路 11 号	22222222	178	283	1500	私营
	江龙大酒店	四	2001. 09. 06	2001. 01. 18	4440096	东莞市厚街镇 107 国道旁	85838888	186	220	1000	私营
	新都会酒店	四	2002. 01. 07	1998. 03. 31	4440097	东莞市樟木头镇维多利商业大道 38 号	87713333	301	400	1500	中外合资
	君爵酒店	四	2002. 03. 14	1994. 12. 01	4440098	东莞市万江区石美广深路	22288888	173	262	1000	港澳台商
	汇美大酒店	四	2002. 04. 12	2001. 12. 12	4440099	东莞市常平镇中元街 9 号	83918888	220	240	450	私营
	宏远酒店	四	2002. 04. 12	2000. 06. 01	4440100	东莞市南城区宏远路 1 号	22418888	215	333	2000	集体
	花园酒店	四	2003. 04. 10	2002. 02. 08	4440101	东莞市樟木头镇南城广场	87799888	148	180	900	私营
	东莞长安酒店	四	2003. 09. 22	1989. 12. 01	4440102	东莞市长安镇	85532388	148	258	800	集体
	新世纪酒店	四	2004. 03. 18	2002. 06. 29	4440105	东莞市常平镇常平大道 8 号	83338888	228	278	920	私营
	司马假日酒店	四	2004. 03. 18	1994. 07. 06	4440106	东莞市常平镇司马管理区 1 号	83391888	67	102	450	集体
	梵尔赛酒店	四	2004. 03. 18	2001. 06. 18	4440107	东莞市常平镇下墟梵尔赛路	83816888	168	200	320	私营
	丽池海悦酒店	四	2004. 03. 18	2002. 05. 20	4440012	东莞市厚街镇厚街大道东	85885888	301	420	210	外商投资
	汇源湾逸大酒店	四	2005. 04. 27	2003. 09. 28	4440129	东莞市虎门镇虎门大道	85244858	221	235	530	有限公司
	业丰大酒店	四	2005. 04. 27	2003. 09. 28	4440130	东莞市大朗镇莞樟路企朗大道 23 号	83113888	138	155	930	私营

续表

地区	饭店名称	星级	评定时间	开业时间	星牌编号	饭店地址	咨询电话	客房（间）	床位（张）	餐位（个）	所有制性质
东莞市	万盈酒店	四	2005.06.16	1998.07.01	4440132	东莞市麻涌镇麻涌大道	88828888	77	90	350	股份合作
	中汇文华大酒店	四	2005.06.16	2002.12.23	4440135	东莞市高埗镇振兴路	88788888	139	168	1600	私营
	华禧酒店	四	2006.05.10	2003.01.08	4440146	东莞市长安镇 S358 省道上沙路段	85383888	219	268	300	有限责任
	常平半岛酒店	四	2006.05.10	2003.12.28	4440147	东莞市常平镇北环路口	83988888	415	600	400	私营
	方中假日酒店	四	2006.05.10	2003.12.28	4440148	东莞市茶山镇茶山大道西 28 号	86866666	231	330	1600	私营
	嘉辉会酒店	四	2007.08.21	2005.07.01	4440164	东莞市凤岗镇官井头嘉辉路	87563388	43	55	504	私营
	美怡登酒店	四	2009.02.03	2005.07.05	4440186	东莞市常平镇中元路	83028888	260	289	500	私营
	石龙宾馆	三	1989.03.01	1985.05.01	4430270	东莞市石龙镇绿化中路 2 号	86613333	108	146	15	股份合作
	广彩城酒店	三	1994.06.01	1993.03.01	4430273	东莞市莞太大道篁村新基	22402088	118	262	1250	集体
	石碣豪华大酒店	三	1994.06.01	1993.11.01	4430274	东莞市石碣镇新城区	86633333	67	70	1324	中外合资
	金湖粤海酒店	三	1995.03.01	1993.01.01	4430275	东莞市塘度镇塘厦大道南 99 号	87869888	233	466	500	集体
	莲城酒店	三	1995.03.01	1994.01.01	4430276	东莞市长安镇莲峰路口	85536888	145	184	2500	集体
	乌沙大酒店	三	1995.12.01	1995.06.28	4430278	东莞市长安镇乌沙环东路	85548888	98	150	740	集体
	黄江假日酒店	三	1995.12.01	1993.01.01	4430279	东莞市黄江镇黄江大道 3 号	83362888	90	170	410	中外合资
	西湖大酒店	三	1999.01.01	1994.11.01	4430255	东莞市篁村西湖乐园	22822888	251	433	335	集体
	明苑大酒店	三	2000.11.28	1998.07.30	4430256	东莞市虎门镇金龙大道南	85122918	128	221	500	国有
	篁村篁胜渔村酒店	三	2000.12.22	1998.06.18	4430258	东莞市篁村区胜和体育路 11 号	22463888	78	122	1580	私营
	盛御酒店	三	2000.12.22	1999.12.18	4430259	东莞市石龙镇西湖大道 1 号	86111888	60	114	1100	私营
	恒丰酒店	三	2001.09.06	1996.10.01	4430261	东莞市桥头镇恒丰新村 2 号	83343333	127	165	730	集体
	宝石大酒店	三	2001.09.06	1992.12.31	4430262	东莞市企石镇镇振华路 1 号	86662188	136	158	100	集体
	金岛山庄	三	2001.09.06	1996.04.01	4430264	东莞市塘厦镇 128 工业区	87729016	69	112	1300	集体
	绿洲酒店	三	2001.09.28	2000.05.19	4430260	东莞市道滘镇振兴路 156 号	88832788	49	66	138	集体
	华通城大酒店	三	2001.12.18	2001.08.01	4430265	东莞市企石湖滨南路	86732288	434	497	1400	私营
	沙头酒店	三	2001.12.18	1991.01.01	4430266	东莞市长安镇沙头管理区	85418888	120	150	160	集体
	丰田酒店	三	2002.07.05	1992.12.06	4430267	东莞市凤岗镇雁田管理区怡安路	87772888	65	100	500	集体

续表

地区	饭店名称	星级	评定时间	开业时间	星牌编号	饭店地址	咨询电话	客房（间）	床位（张）	餐位（个）	所有制性质
东莞市	丽江酒店	三	2002. 12. 23	2001. 09. 30	4430268	东莞市高埗镇捷达工业区十三座	88872888	61	111	680	私营
	嘉福海港酒店	三	2003. 09. 22	2001. 05. 23	4430269	东莞市沙田镇新城中心区 17 号	88682888	60	80	56	私营
	中明酒店	三	2004. 06. 26	1997. 06. 12	4430280	东莞市中堂镇新兴路一号	88883688	69	121	1500	私营
	乐怡酒店	三	2004. 06. 26	1998. 02. 28	4430281	东莞市厚街镇康乐北路	85823888	100	158	50	私营
	万江胜篁胜酒店	三	2004. 06. 26	2002. 11. 13	4430282	东莞市万江 107 国道拨跤窝路段	22186888	82	171	1300	私营
	莱莉雅酒店	三	2005. 05. 10	1994. 08. 26	4430462	东莞市凤岗镇永盛商业大街	87507888	69	89	180	集体
	东逸酒店	三	2005. 08. 06	2002. 12. 18	4430474	东莞市长安镇莲峰路 103 号	85396388	72	84	60	私营
	鸿茂酒店	三	2006. 01. 18	2004. 06. 01	4430505	东莞市常平镇常横路	83508888	51	78	400	私营
	四季酒店	三	2006. 01. 18	2005. 01. 18	4430506	东莞市望牛墩镇中大道新电城 A8 座	88566666	115	160	100	私营
	宏信假日酒店	三	2006. 08. 01	2004. 12. 25	4430533	东莞市清溪镇浮岗香芒大道西路	87363888	128	150	80	中外合资
	美景湾酒店	三	2007. 03. 12	2004. 07. 28	4430589	东莞市横沥镇沿江路 1 号	83739888	198	223	386	集体
	富豪酒店	三	2008. 02. 01	1995. 07. 01	4430617	东莞市常平镇金美路 256 号	83998888	128	132	150	私营
	天鹅湖酒店	三	2008. 02. 01	1998. 08. 08	4430618	东莞市常平镇天鹅湖路 8 号	83338388	120	148	120	私营
	亚都酒店	三	2009. 07. 03	2002. 11. 23	4430665	东莞市长安镇长中路 115 号	85343888	106	127	165	私营
	金沙亚都酒店	三	2009. 07. 03	2005. 12. 06	4430666	东莞市长安镇靖海中路 36 号	85413888	84	108	110	股份有限
	中青旅山水设计师酒店	三	2009. 07. 13	2009. 08. 01	4430667	东莞市东城区东纵大道 189 号	2198888	126	151	210	国有
中山市（五星级 3 家，四星级 6 家，三星级 26 家，二星级 6 家，一星级 2 家）	国际酒店	五	2004. 08. 23	1986. 11. 01	4450034	中山市中山一路 142 号	88633388	350	550	1665	中外合资
	中山古镇国贸大酒店	五	2004. 08. 23	2002. 06. 09	4450035	中山市古镇镇中兴大道	22345678	278	482	2350	集体
	香格里拉大酒店	五	2007. 06. 29	2004. 01. 09	4450050	中山市起湾道（北）16 号	88386888	475	654	580	港澳台商
	富华酒店	四	1990. 02. 01	1986. 11. 01	4440111	中山市石岐富华道一号	88638888	360	700	1600	中外合资
	中山温泉宾馆	四	2000. 11. 23	1980. 12. 8	4440002	中山市三乡镇雍百村	86683888	311	530	1070	中外合资
	小榄旅游大酒店	四	2000. 11. 23	1994. 11. 18	4440110	中山市小榄镇文化路 102 号	22266888	92	148	490	集体
	真善美大酒店	四	2005. 06. 16	2003. 09. 01	4440134	中山市三角镇金三大道	85401888	141	192	820	港澳台商
	汇景酒店	四	2008. 05. 21	2006. 01. 01	4440177	中山市东升镇龙昌路	22222222	132	222	950	有限责任
	长命水海逸酒店	四	2008. 05. 21	2007. 01. 08	4440178	中山市五桂山长命水大街	88202222	123	193	920	集体

续表

地区	饭店名称	星级	评定时间	开业时间	星牌编号	饭店地址	咨询电话	客房（间）	床位（张）	餐位（个）	所有制性质
中山市	京华酒店	三	1990. 02. 01	1985. 11. 01	4430298	中山市石歧中山三路	8328688	85	160	1500	中外合资
	富洲酒店	三	1998. 03. 01	1984. 03. 01	4430299	中山市石歧富华道 131 号	88612888	259	480	800	集体
	御苑酒店	三	2000. 01. 01	1998. 12. 01	4430283	中山市南头镇南头大道中	23112888	174	330	800	有限责任
	招商局会所	三	2000. 01. 01	1994. 03. 01	4430284	中山市三乡镇雍陌村	86687888	90	170	524	中外合资
	金岛酒店	三	2000. 03. 01	1994. 09. 01	4430285	中山市东风镇同安会	22606888	51	100	800	集体
	小榄大酒店	三	2000. 11. 23	1994. 09. 28	4430286	中山市小榄海傍路沙口 1 号	22118388	125	260	1300	集体
	汇昌酒店	三	2000. 11. 23	2000. 06. 23	4430287	中山市坦洲镇南坦路 245 号	86213388	110	144	550	私营
	南中酒店	三	2001. 01. 01	2000. 10. 18	4430288	中山市南头镇永兴路 1 号	232116668	165	300	300	中外合资
	三乡金煌酒店	三	2001. 11. 26	2000. 10. 01	4430289	中山市三乡镇文昌路	86328888	74	127	600	私营
	银泉酒店	三	2001. 11. 26	1993. 08. 01	4430290	中山市古镇新兴大道 117 号	22357888	123	236	1000	私营
	东悦酒店	三	2002. 06. 01	2000. 10. 12	4430291	中山市沙溪镇沙溪南路 38 号	87322668	60	116	96	私营
	仙沐国翠湖度假村	三	2002. 11. 06	2001. 01. 01	4430292	中山市南区大台村	88892888	112	220	400	私营
	小榄花城酒店	三	2002. 12. 28	1990. 10. 24	4430293	中山小榄镇新市路 89 号	22258818	76	133	1250	集体
	乡泉别墅	三	2002. 12. 28	1985. 12. 01	4430294	中山市三乡镇	86684999	63	124	350	集体
	小榄镇菊城宾馆	三	2004. 01. 06	1986. 06. 01	4430296	中山市小榄镇红山路 46 号	22254988	155	300	1800	集体
	南朗雅居乐酒店	三	2004. 01. 08	2003. 01. 01	4430297	中山市南朗镇南岐北路 8 号	85211888	96	170	800	私营
	莲兴酒店	三	2004. 04. 15	2003. 01. 17	4430295	中山市石歧区莲塘东路 13 号	8712668	51	68	700	集体
	紫来轩酒店	三	2004. 12. 13	2003. 12. 24	4430440	中山市石岐区天门天乐街	88703333	41	55	150	私营
	乐天酒店	三	2005. 09. 12	2004. 07. 16	4430476	中山市三角镇南三公路旁	85542888	44	62	340	有限责任
	古镇龙泉酒店	三	2006. 07. 14	1996. 11. 26	4430544	中山市古镇玻江公路 18 号	22351888	192	311	150	私营
	为民酒店	三	2006. 09. 22	1999. 09. 26	4430556	中山市古镇新兴大道东 13 号	23388898	194	335	1000	私营
	好世界酒店	三	2006. 12. 04	1999. 08. 19	4430566	中山市神湾镇神湾大道	86608299	99	125	300	港澳台商
	金柏酒店（预备）	三	2005. 11. 17	2006. 02. 17		中山市西区升华路 16 号	88611333	180	300	100	有限责任
	金莎商务酒店	三	2007. 06. 13	2006. 02. 28	4430594	中山市城区康华路 43 号	88727888	90	136	1000	有限责任
	※大观园商务酒店	**三**	**2010. 02. 01**	**2008. 12. 22**	**4430706**	**中山市小榄镇民安南路 66 号**	**22553311**	**110**	**166**	**620**	**有限责任**

续表

地区	饭店名称	星级	评定时间	开业时间	星牌编号	饭店地址	咨询电话	客房（间）	床位（张）	餐位（个）	所有制性质
中山市	**※汇泉酒店**	**三**	**2010. 12. 09**	**2007. 06. 23**	**4430742**	**中山市东区起湾南道 3 号**	**88663388**	**276**	**398**	**180**	**有限责任**
江门市（五星级 4 家，四星级 3 家，三星级 20 家，二星级 3 家）	潭江半岛酒店	五	2000. 07. 01	1997. 12. 01	4450003	江门开平市中银路 2 号	2333333	254	434	2538	有限责任
	逸豪酒店	五	2006. 12. 19	2005. 01. 01	4450048	江门市迎宾大道中 118 号	3928888	644	1013	5000	有限责任
	鹤山碧桂园凤凰酒店	五	2008. 10. 07	2005. 07. 15	4450065	江门鹤山市沙坪镇鹤山大道 623 号	8866388	111	202	780	港澳台商
	丽宫国际酒店	五	2009. 07. 20	2006. 01. 08	4450081	江门市东华二路 28 号	8233388	330	504	1850	外商投资
	银晶国际酒店	四	2000. 04. 01	1990. 07. 01	4440081	江门市港口路 22 号	3183288	216	390	1500	有限责任
	开平三埠假日酒店	四	2000. 12. 22	1994. 12. 18	4440082	江门开平市长沙港口路 10 号	2286333	90	163	700	有限责任
	龙泉度假酒店	四	2006. 01. 25	2004. 12. 01	4440143	江门市新会区圭峰山龙潭区	6182222	117	210	880	有限责任
	冈州宾馆	三	1991. 11. 01	1981. 10. 01	4430316	江门新会市会城圭峰路 9 号	6178888	117	237	1000	国有
	北湖宾馆	三	1992. 01. 01	1982. 10. 01	4430317	江门鹤山市沙坪镇北湖路 1 号	8883488	85	196	700	国有
	富尔文华酒店	三	1997. 07. 01	1995. 05. 01	4430313	江门市迎宾三路天龙三街	3228888	76	144	500	集体
	新乔都大酒店	三	2000. 12. 22	1986. 01. 28	4430300	江门市紫茶路 18 号	3335233	79	150	1390	中外合资
	开平三埠海景酒店	三	2000. 12. 22	1998. 07. 08	4430301	江门开平市潭江西路 15 号	2388888	76	134	700	中外合资
	王府洲别墅度假村	三	2001. 05. 15	2000. 05. 01	4430302	江门台山市下川王府洲度假村	5756183	54	83	300	集体
	华安阁酒店	三	2001. 06. 04	1991. 01. 01	4430303	江门鹤山市雅瑶镇兴雅路 120 号	8288290	40	76	500	私营
	恩平市侨联大酒店	三	2003. 01. 23	2001. 08. 01	4430307	江门恩平市恩城镇南堤西路 33 号	7780088	108	224	1700	中外合资
	台山市富城大酒店	三	2003. 07. 28	1995. 01. 18	4430308	江门台山市台城侨光大道 1 号	5577166	62	84	600	中外合资
	海湾胜景酒店	三	2003. 07. 28	1999. 06. 15	4430309	江门台山市下川镇	5756888	52	100	200	私营
	台山市桂园酒店	三	2003. 07. 28	2002. 08. 18	4430310	江门台山市下川镇王府洲旅游区	5757638	155	210	250	私营
	台山市帝苑别墅度假邨	三	2003. 07. 28	2003. 05. 01	4430311	江门台山市下川镇王府洲旅游区	5757828	158	262	200	私营
	鹤山市叠翠山庄	三	2003. 08. 26	1994. 10. 28	4430312	江门鹤山市大雁山风景旅游区	8877088	56	106	200	国有
	海角城大酒店	三	2004. 04. 05	2001. 09. 01	4430314	江门台山市赤溪镇	5279382	176	352	680	私营
	新会区新金田大酒店	三	2004. 08. 03	2002. 08. 16	4430318	江门市新会区会城中心路 15 号	6622898	145	262	1300	中外合资
	江门荷塘园林大酒店	三	2005. 09. 14	2004. 03. 18	4430475	江门市荷塘镇瑞丰路 11 号	3737888	43	81	650	有限责任
	鹤山君威酒店	三	2006. 01. 19	2005. 01. 05	4430504	江门鹤山市桃园镇 325 国道	8212228	45	90	388	私营

续表

地区	饭店名称	星级	评定时间	开业时间	星牌编号	饭店地址	咨询电话	客房（间）	床位（张）	餐位（个）	所有制性质
江门市	台山市锦江大酒店	三	2006. 09. 18	2005. 05. 01	4430553	江门市台山下川王府洲旅游区	5751888	31	34	100	私营
	新会爱依华酒店	三	2007. 07. 20	2005. 04. 24	4430597	江门市新会区城镇冈州大道西 6 号	6703333	40	77	100	港澳台商
	※天富文化酒店	**三**	**2010. 02. 08**	**2004. 12. 31**	**4430707**	**江门台山市台城滨桥明路 70 号**	**5518888**	**50**	**80**	**540**	**私营**
阳江市（五星级 3 家，四星级 3 家，三星级 15 家，二星级 11 家）	阳江温泉度假村酒店	五	2006. 11. 29	2003. 09. 29	4450047	阳江市阳东县合山镇	6388888	463	751	900	有限责任
	碧桂园阳江凤凰酒店	五	2009. 07. 01	2007. 05. 01	4450073	阳江市阳东湖滨西路	6666666	342	625	1100	股份有限
	东湖国际大酒店	五	2009. 07. 20	2007. 01. 18	4450082	阳江阳春市东湖东路 213 号	7888888	209	346	1500	有限责任
	国际大酒店	四	1998. 04. 01	1996. 01. 01	4440087	阳江市东风三路	3333333	248	468	808	国有
	紫光大酒店	四	2004. 11. 04	2003. 09. 15	4440122	阳江市闸坡旅游大道南	3897888	79	139	340	私营
	悦华大酒店	四	2007. 08. 21	2005. 09. 01	4440165	阳江市阳春市东湖西路 40 号	7768888	104	172	1160	私营
	金鹏大酒店	三	1995. 12. 01	1994. 02. 01	4430356	阳江市城东大道 2 号	7738889	93	175	330	中外合资
	闸坡银波酒店	三	1998. 01. 01	1995. 08. 18	4430357	阳江市闸坡旅游大道南	3889888	147	305	330	国有
	粤海酒店	三	2001. 07. 27	1996. 02. 09	4430348	阳江市登峰东路 16 号	3322222	84	140	400	私营
	金海利大酒店	三	2001. 07. 27	1996. 06. 31	4430350	阳江市闸坡海滨路 21 号	3883388	72	152	70	国有
	海陵岛小港湾山庄	三	2003. 06. 28	2001. 08. 20	4430353	阳江市海陵岛闸坡镇	3896666	52	108	380	集体
	华坚宾馆	三	2003. 07. 01	2001. 09. 17	4430354	阳江市了光路 1 号	3266666	148	276	1000	集体
	闸坡浪琴湾酒店	三	2003. 08. 07	2002. 04. 01	4430351	阳江市闸坡镇旅游大道	3892222	50	100	380	私营
	海陆空火锅城大酒店	三	2004. 08. 11	1987. 09. 01	4430358	阳江市东风二路 7 号	3388388	119	242	1100	私营
	粤法酒店	三	2004. 10. 08	1996. 06. 01	4430419	阳江市闸坡镇	3895555	81	155	250	国有
	登宝酒店	三	2006. 08. 15	2001. 11. 19	4430535	阳江阳春市南新大道 2 号	7742833	35	82	1000	股份合作
	富华大酒店	三	2006. 09. 16	2006. 01. 26	4430551	阳江市石湾北路 143 号	8883333	103	192	250	私营
	莱茵堡酒店	三	2008. 02. 15	2006. 01. 26	4430620	阳江市建设路 239 号	3188888	78	128	600	有限责任
	新朗商务酒店	三	2008. 04. 25	2007. 10. 17	4430627	阳江阳春市东湖西路 47 号	8878888	88	170	400	有限责任
	天堡商务酒店	三	2008. 12. 25	2005. 09. 23	4430645	阳江市东风一路 42 号	3299888	150	285	95	有限责任
	名濠饭店	三	2009. 06. 30	2001. 10. 01	4430661	阳江市东风二路 1 号	3319999	54	87	1100	有限责任

续表

地区	饭店名称	星级	评定时间	开业时间	星牌编号	饭店地址	咨询电话	客房（间）	床位（张）	餐位（个）	所有制性质
湛江市（五星级2家，四星级6家，三星级22家，二星级9家）	皇冠假日酒店	五	2008. 10. 07	2002. 11. 08	4450061	湛江市乐山大道31号	3188888	416	598	600	港澳台商
	※恒逸国际酒店	**五**	**2010. 12. 01**	**2007. 05. 01**	**4450092**	**湛江市乐山大道60号**	**2299999**	**447**	**638**	**515**	**私营**
	银海酒店	四	1994. 04. 01	1992. 12. 01	4440084	湛江市人民大道中52号	3380688	134	253	708	中外合资
	海滨宾馆	四	2001. 12. 05	1981. 11. 01	4440008	湛江市海滨三路32号	2286888	365	686	1093	中外合资
	中国城酒店	四	2006. 09. 12	2000. 02. 02	4440154	湛江市乐山大道中48号	3199999	121	184	1000	私营
	金辉煌酒店	四	2006. 09. 12	2005. 10. 18	4440155	湛江市人民大道中15号	2368888	208	316	680	私营
	南海宾馆	四	2008. 05. 06	1986. 06. 01	4440176	湛江市坡头区合作路	3950388	181	299	1000	私营
	丽波度假村	四	2009. 08. 05	2001. 12. 18	4440198	湛江廉江市海军路塘山岭边	6618888	313	644	890	港澳台商
	环球大酒店	三	1992. 10. 01	1986. 06. 01	4430369	湛江市赤坎区椹川大道北6号	3339788	175	276	450	中外合资
	湛江迎宾馆	三	1994. 09. 01	1986. 04. 01	4430371	湛江市赤坎区跃进路3号	3315388	133	348	1000	国有
	新蒎都大酒店	三	1995. 08. 01	1993. 11. 01	4430372	湛江市霞山区人民大道73号	2318888	72	142	450	中外合资
	锦华大酒店	三	2000. 11. 23	1999. 01. 12	4430359	湛江市海翔路16号	3152188	126	252	800	国有
	新新格里拉酒店	三	2000. 11. 23	1999. 10. 18	4430360	湛江市霞山区解放西路	2238888	93	175	700	股份合作
	富丽华大酒店	三	2002. 10. 28	1997. 06. 07	4430362	湛江市椹川大道北160号	3611888	251	467	500	集体
	金海大酒店	三	2002. 10. 28	1996. 12. 18	4430363	湛江市赤坎海田路288号	3150188	126	220	1000	集体
	中国园酒店	三	2003. 11. 18	2002. 10. 28	4430365	湛江雷州市西湖大道198号	8880999	76	145	960	集体
	洪都大酒店	三	2003. 12. 26	2002. 01. 01	4430366	湛江雷州市西湖大道六横路	8880222	70	138	600	集体
	南油迎宾馆	三	2004. 06. 17	1981. 10. 01	4430367	湛江市坡头区南调路	3901911	92	152	220	国有
	美丽华大酒店	三	2004. 12. 08	1996. 02. 01	4430426	湛江市霞山解放西路36号	2662888	136	282	500	私营
	镇海大酒店	三	2005. 01. 21	2004. 11. 21	4430445	湛江市霞山区绿塘路93号	3567288	81	160	650	有限责任
	园府酒店	三	2005. 04. 25	1996. 09. 01	4430460	湛江市赤坎区寸金路29号	3183500	79	175	300	国有
	运通宾馆	三	2006. 04. 24	1994. 07. 22	4430514	湛江市赤坎湛川大道北99号	3198168	109	220	460	国有
	怡心大酒店	三	2006. 08. 16	2000. 06. 28	4430536	湛江廉江市新风路1号	66899996	152	298	1800	有限责任
	松源酒店	三	2006. 09. 08	2005. 10. 01	4430543	湛江市遂溪县	7773688	87	138	800	私营
	康龙度假村	三	2006. 09. 08	1996. 10. 01	4430548	湛江市东海岛涛声南路	2389666	70	108	140	国有
	银塔大酒店	三	2006. 09. 11	2004. 09. 01	4430546	湛江市遂溪县城新风路88号	7779888	76	129	800	私营

续表

地区	饭店名称	星级	评定时间	开业时间	星牌编号	饭店地址	咨询电话	客房（间）	床位（张）	餐位（个）	所有制性质
湛江市	北苑度假村	三	2006. 09. 11	1996. 06. 04	4430547	湛江市东海岛涛声北路	2389843	59	114	90	集体
	南海西部石油伊甸园度假村	三	2006. 09. 11	1995. 08. 01	4430549	湛江市南三镇林场东南海岸天然	3930888	112	251	170	国有
	中南酒店	三	2006. 10. 31	2005. 10. 10	4430563	湛江市人民大道中 29 号	3252888	160	261	650	有限责任
	聚雅酒店	三	2006. 12. 21	2004. 08. 01	4430570	湛江市徐闻县徐海路 76 号	4855720	59	125	3000	私营
茂名市（五星级 1 家，四星级 4 家，三星级 8 家，二星级 9 家）	国际大酒店	五	2008. 10. 07	2003. 11. 02	4450072	茂名市双山三路 99 号	2986888	265	489	568	私营
	花园酒店	四	2004. 08. 23	2002. 11. 01	4440119	茂名市光华南路 163 号	2996688	220	376	700	私营
	东园大酒店	四	2008. 06. 16	2006. 05. 16	4440180	茂名市官山四路 33 号	2737888	93	123	1800	私营
	高州大酒店	四	2009. 01. 15	2005. 01. 31	4440183	茂名高州市高凉东路 636 号	6383388	168	280	800	私营
	※华海酒店	**四**	**2010. 12. 22**	**2007. 05. 07**	**4440209**	**茂名市新福二路 9 号**	**3918888**	**188**	**315**	**1098**	**有限责任**
	飞龙宾馆	三	1998. 01. 01	1997. 01. 01	4430379	茂名化州市下部区乐国路	7391888	83	173	552	国有
	南国大酒店	三	2002. 01. 07	2001. 01. 21	4430376	茂名市光华北路 218 号	2929888	95	181	280	私营
	嘉燕大酒店	三	2004. 01. 13	2003. 08. 03	4430377	茂名市双山一路 89 号	2988888	92	170	400	私营
	西江温泉度假村	三	2004. 08. 23	2000. 01. 01	4430380	茂名信宜市北界镇	8516138	58	125	160	股份合作
	加州旅馆	三	2007. 10. 08	2006. 10. 01	4430601	茂名信宜市新兴路	8833333	91	165	210	私营
	金龙泉大酒店	三	2009. 09. 25	2003. 12. 28	4430688	茂名市电白县向阳大道 88 号	5119999	79	151	1416	私营
	※远光大厦	**三**	**2010. 02. 09**	**2003. 05. 30**	**4430708**	**茂名市光华南路 189 号**	**3338999**	**82**	**161**	**400**	**有限责任**
	※玉湖宾馆	**三**	**2010. 12. 27**	**1995. 08. 01**	**4430748**	**茂名高州市长坡镇**	**6730450**	**70**	**130**	**300**	**国有**
肇庆市	星湖明珠大酒店	四	1994. 09. 01	1992. 03. 01	4440085	肇庆市端洲四路 37 号	2211138	252	311	660	中外合资
	皇朝酒店	四	2000. 12. 05	1994. 12. 06	4440016	肇庆市端州五路 9 号	2238238	321	634	2040	中外合作
	德庆醉然居假日酒店	四	2009. 06. 10	2006. 10. 01	4440195	肇庆市德庆县德城镇青云路	7781111	121	268	660	集体
	华侨大厦	三	1990. 06. 01	1986. 08. 01	4430390	肇庆市天宁北路 90 号	2226366	145	269	1000	法人独资
	新松涛宾馆	三	1990. 06. 01	1978. 10. 01	4430391	肇庆市七星岩风景区内	2302288	176	352	800	有限责任
	端州大酒店	三	1996. 12. 01	1980. 10. 01	4430392	肇庆市天宁北路 27 号	2232281	248	530	1000	国营
	荔枝湾度假村	三	2000. 08. 01	1998. 10. 01	4430382	肇庆四会市四会大道南	3238888	120	246	500	中外合作
	四会贞山宾馆	三	2000. 12. 28	1997. 12. 03	4430383	肇庆四会市贞山旅游区	3308319	249	426	1300	私营

续表

地区	饭店名称	星级	评定时间	开业时间	星牌编号	饭店地址	咨询电话	客房（间）	床位（张）	餐位（个）	所有制性质
肇庆市（四星级3家，三星级20家，二星级10家，一星级4家）	德庆新时代大酒店	三	2001.04.20	2000.10.02	4430384	肇庆市德庆县康城大道	7788888	57	108	400	私营
	新长讯宾馆	三	2001.12.25	2000.09.26	4430385	肇庆市康乐北路38号	2818388	118	208	300	有限责任
	波海楼	三	2001.12.30	1985.02.01	4430386	肇庆市星湖西路	2224582	90	181	280	国有
	怀集腾业大酒店	三	2002.12.30	2002.01.26	4430387	肇庆市怀集县怀城镇	5519933	52	88	700	私营
	德庆新丽都大酒店	三	2003.08.18	2002.07.12	4430388	肇庆市德庆县德城镇	7799999	205	385	1308	私营
	德庆迎宾苑	三	2003.07.03	1999.05.01	4430389	广东省德庆县德城镇青云路	7781188	84	168	600	私营
	怀集县新世界大酒店	三	2004.09.01	2003.01.11	4430428	肇庆市怀集县解放北路	5518888	218	394	750	私营
	德庆县登云酒店	三	2005.01.20	1998.09.18	4430438	肇庆市德庆县康城大道东	7787777	58	113	400	私营
	湖滨大酒店	三	2006.01.23	1965.05.01	4430381	肇庆市无宁北路82号	2316688	132	300	1200	国有
	南粤苑度假中心	三	2006.03.28	1996.04.01	4430508	肇庆市星湖万松岗南粤苑	2283238	72	138	250	有限责任
	广宁华侨大酒店	三	2007.09.18	1993.08.15	4430600	肇庆市广宁县南街镇南东一路	8636688	113	189	800	港澳台商
	万豪裕龙大酒店	三	2008.12.25	1998.01.17	4430648	肇庆市西江南路23号	2819188	50	85	600	私营
	高尔夫渡假村会所酒店	三	2009.01.12	1998.04.01	4430651	肇庆市高要市回龙镇	8162168	57	126	180	外商投资
	德庆君悦大酒店	三	2009.09.15	2008.02.02	4430686	肇庆市321国道旁	7797777	128	248	600	私营
	※杏花宾馆	**三**	**2010.07.20**	**1985.03.01**	**4430728**	**肇庆市封开县江口镇**	**6688168**	**83**	**160**	**500**	**私营**
清远市	碧桂园假日半岛酒店	五	2007.05.28	2004.12.01	4450053	清远市清城区石角镇	3836688	199	367	724	港澳台商
	华冠大酒店	四	2002.01.10	2000.11.08	4440089	清远市新城6号区凤鸣路8号	3878888	120	205	450	国有
	嘉华大酒店	四	2003.07.08	1997.07.24	4440091	清远市新城二号区	3373038	121	238	711	外商投资
	连州大厦	四	2003.12.25	2002.11.18	4440092	清远连州市东门中路31号	6633333	138	263	350	私营
	英德海螺国际大酒店	四	2009.03.23	2005.01.18	4440192	清远英德市浈阳东路1号	2788188	288	446	1500	国有
	白云温泉山庄	三	2000.10.01	1999.08.01	4430393	佛岗县汤塘黄花湖度假区	4632998	104	172	106	集体
	红楼宾馆	三	2002.01.07	1996.02.01	4430394	清远连州市人民路238号	6664888	80	160	260	国有
	环城步步高酒店	三	2002.07.22	1996.07.28	4430396	清远市环城一路10号	3826666	66	115	350	私营
	湖滨步步高酒店	三	2002.08.14	1996.12.25	4430398	清远市曙光一路88号	3350088	86	182	700	股份合作
	天泉度假村（酒店）	三	2002.09.16	2001.08.13	4430399	清远市阳山县称架镇	7391933	68	134	450	私营

续表

地区	饭店名称	星级	评定时间	开业时间	星牌编号	饭店地址	咨询电话	客房（间）	床位（张）	餐位（个）	所有制性质
清远市（五星级1家，四星级4家，三星级24家，二星级8家）	龙城大酒店	三	2003.06.10	2002.05.28	4430403	清远市石角镇府前路218号	3207000	56	102	850	私营
	伟顺酒店	三	2003.11.27	2000.01.18	4430404	清远市新城东24号小区	3375555	68	130	180	中外合资
	英州大酒店	三	2003.12.23	1986.10.01	4430405	清远英德市百花路1号	2222388	57	111	420	私营
	翠苑宾馆	三	2004.01.07	2001.11.01	4430406	清远市滨江路	3868008	74	120	150	国有
	鸿都大酒店	三	2004.03.23	2003.02.01	4430407	清远连州市番禺路	6661188	50	102	400	私营
	雄风大酒店	三	2004.10.19	2003.06.08	4430421	清远阳山县城陵园路69号	7881818	65	136	400	私营
	星光大酒店	三	2004.12.17	1993.06.18	4430433	清远市佛冈县石角振兴南路	4285558	45	95	450	私营
	阳山宾馆	三	2005.06.21	1992.09.07	4430466	清远市阳山县电塔路2号	7883541	108	263	600	私营
	粮香大酒店	三	2006.01.16	1995.11.29	4430495	清远英德市英城建设路59号	2222098	55	111	1080	集体
	英德市小岛宾馆	三	2006.01.16	2004.11.01	4430496	清远英德市英洲大道长线街	2288168	68	115	230	股份有限
	英德市迎宾馆	三	2006.01.16	2005.11.01	4430497	清远英德市利民路3号	2222390	46	86	238	私营
	丁香花园酒店	三	2006.07.14	2001.10.12	4430529	清远市北江一路七星岗	3873333	190	314	700	港澳台商
	卓代花园酒店	三	2006.10.19	2004.10.26	4430561	清远市阳山县城阳山大道北	7888888	163	300	1000	私营
	侨丰宾馆	三	2006.10.19	2003.03.11	4430562	清远市先锋东路1号	3834038	72	144	56	有限责任
	国金商务酒店	三	2008.01.29	2007.05.01	4430612	清远市清城区北门街92号	3821888	66	124	200	有限责任
	东方大酒店	三	2008.01.29	1997.04.28	4430613	清远英德市建设路口	2233998	44	85	400	私营
	雄风宾馆	三	2008.07.10	2006.11.23	4430636	清远市阳山县城南大道76号	7892888	132	238	130	私营
	凯逸假日酒店	三	2009.08.21	2008.10.08	4430682	清远市阳山县北门路	7885500	177	375	500	私营
	※清新丽晶酒店	**三**	**2010.09.16**	**2007.01.01**	**4430729**	**清远市清新县清新大道21号**	**3136888**	**100**	**176**	**180**	**股份合作**
潮州市（四星级4家，三星级5家，二星级3家）	潮州迎宾馆	四	2000.12.22	1998.02.04	4440004	潮州市潮枫路中段	2399888	154	301	600	国有
	潮州宾馆	四	2006.01.25	1989.01.01	4440142	潮州市潮枫路1号	2333333	221	360	800	有限责任
	声乐大酒店	四	2006.09.12	1994.05.16	4440157	潮州市潮安县庵埠镇	6669338	168	216	1000	私营
	海逸大酒店	四	2009.10.12	1996.12.30	4440197	潮州市潮安县开发区东段	5812338	84	138	600	有限责任
	安南大酒店	三	2000.04.01	1995.01.01	4430409	潮州市潮安县城区	6619888	72	115	1000	集体
	金融信托大厦	三	2000.12.22	1995.02.01	4430410	潮州市潮枫路79号	2268889	93	169	210	国有

续表

地区	饭店名称	星级	评定时间	开业时间	星牌编号	饭店地址	咨询电话	客房（间）	床位（张）	餐位（个）	所有制性质
潮州市	汇侨大酒店	三	2000. 12. 22	1993. 05. 01	4430411	潮州市潮枫路中段	2268898	88	175	750	国有
	金龙宾馆	三	2001. 05. 31	1993. 08. 06	4430412	潮州市环城南路 35～37 号	2261881	76	137	500	私营
	饶平大酒店	三	2007. 12. 14	2006. 08. 01	4430607	潮州市饶平县饶平大道 168 号	7800000	68	120	230	有限责任
揭阳市（五星级 1 家，四星级 5 家，三星级 3 家，二星级 2 家）	榕江大酒店	五	2007. 12. 10	2005. 10. 22	4450058	揭阳市东山区	8222888	233	369	680	有限责任
	特美思大酒店	四	2000. 04. 01	1996. 01. 29	4440001	揭阳市东山区	8223888	205	403	500	外商投资
	阳美国际大酒店	四	2003. 10. 20	2002. 10. 01	4440113	揭阳市东山区阳美路	8829888	141	209	500	集体
	揭西特美思度假村	四	2003. 12. 05	2000. 11. 24	4440114	揭阳市揭西县河婆镇城东	5588688	109	194	600	国有
	揭东金叶酒店	四	2003. 12. 05	2002. 03. 13	4440115	揭阳市揭东县城西一路	3271888	197	359	650	国有
	惠来宾馆	四	2006. 03. 29	2004. 11. 01	4440145	揭阳市惠来县城南环一路	6625555	162	318	980	有限责任
	普宁金叶大厦	三	1996. 01. 01	1993. 06. 01	4430416	揭阳普宁市流沙河西路	2236889	176	356	450	国有
	※东湖大酒店	**三**	**2010. 08. 19**	**2008. 07. 04**	**4430726**	**揭阳市榕城区望江北路**	**8706666**	**198**	**351**	**1500**	**有限责任**
	※东海宾馆	**三**	**2010. 08. 19**	**2009. 08. 01**	**4430731**	**揭阳市揭东县**	**3905888**	**76**	**133**	**588**	**股份有限**
云浮市（四星级 4 家，三星级 7 家，二星级 7 家）	翔顺大酒店	四	2006. 01. 09	1994. 09. 08	4440139	云浮市新兴县六祖镇	2691618	141	260	160	私营
	凯旋酒店	四	2007. 08. 21	2005. 09. 28	4440166	云浮市云城区建设北路 11 号	8188888	166	276	1100	私营
	翔顺花园酒店	四	2007. 08. 21	2005. 01. 25	4440167	云浮市新兴县翔顺花园二区	2933333	83	159	900	股份合作
	好莱湾酒店	四	2009. 10. 26	2008. 01. 04	4440200	云浮罗定市兴华一路 2 号	3881188	119	209	1200	股份有限
	光明大酒店	三	2000. 11. 01	1999. 08. 01	4430417	云浮市云城区	8217888	90	169	300	集体
	华盛大酒店	三	2005. 03. 14	2003. 12. 27	4430456	云浮市郁南县中山路 22 号	7332788	100	178	500	有限责任
	新永光大酒店	三	2005. 09. 28	2004. 07. 01	4430479	云浮市郁南县中山路 2 号	7331088	68	125	500	私营
	新丽晶大酒店	三	2006. 01. 09	2004. 01. 09	4430488	云浮市河滨东路 232 号	8986328	55	102	900	私营
	卓成大酒店	三	2008. 06. 16	2006. 02. 23	4430631	云浮市兴云东路 241 号	8986888	76	108	1080	股份合作
	金鹏大酒店	三	2008. 06. 16	2005. 01. 01	4430632	云浮市兴云中路 5 号	8987666	89	161	315	有限责任
	华立龙山温泉度假村	三	2009. 10. 26	1997. 03. 31	4430691	云浮市新兴县六祖镇	2691111	76	168	130	有限责任

注：1. 截至 2010 年底，广东省共有星级饭店 1204 家，其中五星白金级 1 家，五星级 93 家，四星级 191 家，三星级 659 家，二星级 246 家，一星级 14 家。各市二星级、一星级饭店未列入本名录；

2. 表中“所有制性质”一栏中“港港台”即表示由“港澳台商投资”；

3. 表格中标注“※”符号及黑体字部分为 2010 年新评定的星级饭店，共 67 家，其中五星级 14 家，四星级 9 家，三星级 42 家，二星级 2 家。

2010 年度广东省旅游院校（系·专业）名录

院校名称	旅游专业	学历层次	学校地址	教师人数	在校生人数	网址
中山大学管理学院旅游酒店管理系	旅游管理 、酒店管理	本科	广州市新港西路 135 号	13	229	www. bssysu. com
广州市大学旅游学院	旅游与休闲管理、酒店管理	本科	广州大学城广州大学社科东楼	42	1023	ly. gzhu. edu. cn
华南理工大学经济与贸易学院	旅游与酒店管理专业	本科	广州市大学城华南理工大学南校区	20	551	www. scut. edu. cn
华南师范大学旅游管理系	国际旅游管理、国际酒店管理等	本科	广州市中山大道西 55 号	30	601	home. scnu. edu. cn
华南师范大学增城学院旅游管理系	国际旅游、国际酒店管理、旅游管理	本科	广州市萝岗区九龙镇	20	631	lygl. scnuzc. cn
暨南大学管理学院旅游管理系	酒店管理、旅行社经营管理、旅游英语	本科	广州市黄埔大道西 601 号	16	328	ms. jnu. edu. cn
广东商学院旅游学院	旅游业资讯、旅游研究等	本科	广州市海珠区赤沙路 21 号	28	115	ly. gdcc. edu. cn
广东外语外贸大学英文学院	国际会展与旅游系	本科	广州市白云区白云大道北 2 号	7	130	felc. gdufs. edu. cn
广东技术师范学院	旅游管理与服务教育专业	本科	广州市中山大道 293 号	10	212	www. gdin. edu. cn
广东工业大学管理学院	旅游管理	本科	广州大学城外环西路 100 号	8	300	www. gdut. edu. cn
中山大学南方学院	旅游管理	本科	广州市从化温泉镇	15	279	www. nfsysu. cn
仲恺农业工程学院	英语（旅游管理）	本科	广州市海珠区仲恺路 501 号			www. zhku. edu. cn
广东商学院华商学院	旅游管理专业（酒店管理方向）	本科、专科	广州增城市荔城街华商路 1 号	13	386	www. gdhsc. edu. cn
广东外语艺术职业学院	旅游英语、酒店管理	专科（高职）	广州市天河区瘦狗岭路 463 号	9	248	www. gtcfla. edu. cn
广东农工商职业技术学院	旅游管理、酒店管理	专科（高职）	广州市天河区粤垦路 198 号	15	1500	www. gdaib. edu. cn
广州番禺职业技术学院	旅游管理、酒店管理	专科（高职）	广州市番禺区沙湾青山湖	33	547	www. pyp. edu. cn
广州工程技术职业学院	旅游服务与酒店管理	专科（高职）	广州市环市东路 465 号	3	260	www. gzvtc. cn
广东机电职业技术学院	旅游管理	专科（高职）	广州市白云区沙太路麒麟岗	15	236	www. gdmec. cn
广东女子职业技术学院	旅游英语、旅游日语、旅游管理、酒店管理	专科（高职）	广州市番禺区市莲路南浦段 2 号	12	500	www. gdfs. edu. cn
广东白云学院	酒店管理	专科（高职）	广州市白云区江高镇学苑路 1 号	6	50	www. bvtc. edu. cn
广东工贸职业技术学院	旅游英语	专科（高职）	广州市天河区广州大道北 1098 号	4		www. gdgm. cn
广东培正学院	酒店管理	专科（高职）	广州市花都区赤坭培正大道中 1 号			www. peizheng. net. cn
广州铁路职业技术学院	涉外旅游	专科（高职）	广州市白云区石井街庆隆中路 100 号	6	300	www. gtxy. cn
广州涉外经济职业技术学院	涉外旅游、酒店管理	专科（高职）	广州市沙太中路大源金龙路 32 号	7	285	www. gziec. net

续表

院校名称	旅游专业	学历层次	学校地址	教师人数	在校生人数	网址
广州康大职业技术学院	旅游管理	专科(高职)	广州市萝岗区九龙镇	11	271	www. kdvtc－edu. cn
广州南洋理工职业学院	旅游管理	专科(高职)	广州从化市环市东路529号			www. nyjy. cn
广东岭南职业技术学院	涉外旅游管理、涉外酒店管理	专科(高职)	广州市天河区大观中路492号			www. lnc. edu. cn
广东理工职业学院	应用英语专业、酒店管理	专科(高职)	广州市下塘西路3号	5	270	www. gdpi. edu. cn
广州松田职业学院	旅游管理	专科(高职)	广州增城市朱村街	7	100	www. sontanedu. cn
广东外语外贸大学公开学院	国际旅游管理	专科	广州市白云大道北2号			www. gdufs. edu. cn
广东省旅游职业技术学校	旅游服务、酒店服务与管理旅游艺术等	中专	广州市白云区同和同泰路1111号	105	5612	www. gds－lyxx. com
广东女子职业技术师范学院	旅游管理	中专	广州市番禺区市莲路南浦段2号	12	750	
广州市旅游商贸职业学校	酒店服务与管理、导游服务与管理	中专	广州市海珠区泰沙路沙溪横街15号	47	3274	www. gzvstc. net
广州市旅游职业学校	旅游与管理、商务外语	中专	广州市前进路云桂大街5号	77	2951	www. gztschool. com
广东新里程旅游学校	旅游管理、酒店管理	中专	广州市白云区江高镇江东路2号			www. gdxlctravel. com
广州市轻工高级技工学院	旅游与酒店管理	中专	广州市钟落潭镇东凤南路38号	24	610	www. gzslits. com. cn
广州市实验技工学校	商务日语与旅游管理	中专	广州市海珠区同福东南村路79号	2	180	www. ssyschool. com
广东省电子职业技术学校	旅游与酒店管理	中专	广州市广州大道北同和同宝路10号			www. gddzxx. com
广州从化市技工学校	旅游与酒店管理、烹饪与酒店管理	中专	广州从化市街口镇海塱开发区	5	200	www. gzchts. com
广州番禺区岭东职业技术学校	旅游酒店管理与导游服务	中专	广州市番禺区大岗镇兴业路136号		90	www. ldzz. cn
广州外语外贸大学南国商学院	旅游管理	本科	广州市白云区良田中路181号	25	350	www. gwng. edu. cn
广州番禺职业技术学校	旅游管理系	专科(职高)	广州市番禺区沙湾青山湖	9	373	www. pyp. edu. cn/
广东省高级技工学校	饭店(酒店)服务与旅游	中专	广州市花都区雅瑶镇镇			www. gdsgj. com
广州潜水学校	旅行社管理、景点讲解、潜水导游	中专	广州市南洲路146号	5	48	www. qshxx. com. cn
暨南大学深圳旅游学院	旅游管理系	本科	深圳市华侨城	15	328	www. sztc. edu. cn
深圳大学师范学院旅游文化系	汉语言文学(文化导游)	本科	深圳市深圳大学校内	7	122	norc. szu. edu. cn
深圳职业技术学院旅游系	旅游管理、酒店管理	本科	深圳市南山区西丽湖	32	880	www. szpt. edu. cn
深圳广播电视大学	旅游、英语	专科	深圳市解放路4006号	12	150	www. szrtvu. com. cn
中山大学旅游学院	旅游规划与管理、旅游人力资源管理	本科	珠海市唐家湾中山大学珠海校区	32	1200	stm. sysu. edu. cn
吉林大学珠海学院旅游管理系	酒店管理、旅行社管理、高级导游	本科	珠海市金湾草堂	28	1600	www. jluzh. com

续表

院校名称	旅游专业	学历层次	学校地址	教师人数	在校生人数	网址
广东科学技术职业学院外国语学院	旅游英语、旅游管理	专科	珠海市金湾区珠海大道南侧	10	900	www. gdit. edu. cn
珠海市艺术职业学院	导游、旅游管理	专科	珠海市金湾区广安路 2 号	6	171	www. zhac. net
珠海市城市职业技术学院	国际旅游管理	专科	珠海市金湾区西湖城区金二路	8	387	www. zhcpt. net
珠海市第一中等职业学校	旅游服务与管理	中专	珠海市香洲区香华路 51 号	15	400	www. zhyz. net. cn
汕头职业技术学院	旅游管理	专科	汕头市濠江区东湖	8	238	stzy. stedu. net
广东省粤东高级技工学校	酒店服务与旅游	中专	汕头市金新路 85 号	14	250	www. gdydgj. com
汕头市金平职业技术学校	旅游管理	中专	汕头市瑞平路 13 号	5	125	stjpzx. stedu. net
汕头市鮀滨职业技术学校	旅游服务与管理(导游)	中专	汕头市金平区汕樟路 35 号	9	308	skvs. stedu. net
佛山科学技术学院	旅游管理	本科	佛山市江湾一路 18 号	13	375	www. fosu. edu. cn
华南师范大学南海校区	旅游管理	本科；专科	佛山市南海	13	443	www. nhxy. com
佛山职业技术学院	酒店管理、旅游管理 、旅游管理	专科	佛山市三水区乐平镇学院路 1 号	11	337	www. fspt. net
顺德职业技术学院	酒店及旅游管理系	专科(高职)	佛山市顺德区德胜东路	35	1121	www. sdpt. com. cn
佛山市高级技工学校	旅游与酒店管理	中技	禅城区市东下路 22 号	5	251	www. nhjx. com
佛山市华材职业技术学校	饭店服务与管理、旅游服务与管理	中职	佛山市禅城区丝织路 25 号	7	216	www. fshc. net
三水技工学校	饭店(酒店)服务与旅游	中技	佛山市三水区云东海观光大道	4	98	www. ssjx. com. cn
佛山市顺德区容桂职业技术学校	旅游服务与管理	中技	佛山市顺德区容桂街道小黄圃	11	450	rgzz. sdedu. net
李伟强职业技术学校	旅游服务与管理	中技	佛山市顺德区金沙大道健民街 4 号	4	130	www. lwqzx. sdedu. net
顺德中专、技工学校	旅游与酒店管理	中技	佛山市顺德区大良街道办红岗	10	450	www. sdzz. net
南海区九江职业技术学校	旅游管理	中技	佛山市南海区九江镇教育路	3	45	www. jzfx. net
广东省南方技师学院(佛山分校)	旅游与酒店管理	中技	佛山市南海区丹灶镇桂丹西路 98 号	5	152	www. nfjsxy. com. cn
佛山广播电视大学附属职业技术学校	旅游与酒店管理	中技	佛山禅城区人民路 99 号	4	103	www. fsrtvu. net
顺德区胡宝星职业技术学校	旅游服务与管理	职高	佛山市顺德区杏坛镇新涌	5	150	xtzz. sdedu. net
佛山市实验技工学校	饭店(酒店)服务与旅游	中技	佛山市三水区芦苞镇成公路 145 号	6	200	www. shiyanjx. com
韶关学院	旅游管理	本科、专科	韶关市大学路	11	461	www. sgu. edu. cn
广东松山职业技术学院	旅游英语	专科(高职)	韶关市曲江区南华	7	148	www. gdsspt. net
韶关广播电视大学	旅游	专科	韶关市新兴路 9 号	8	30	www. sgrtvu. net. cn

续表

院校名称	旅游专业	学历层次	学校地址	教师人数	在校生人数	网 址
韶关市北江中等职业学校	旅游导游	中专	韶关市韶南大道中30号	3	83	www. sgbjzz. com
韶关市中等职业技术学校	餐饮	中专	韶关市教育路	6	114	www. sgszz. com
韶关市高级技工学校	旅游管理	中专	韶关市韶瑶路168号	6	0	www. sggaoji. com
河源职业技术学院	旅游管理、酒店管理、涉外旅游	专科(高职)	河源市东环路	16	576	www. hycollege. net
河源市技工学校	旅游服务与管理	中专	河源市源城区东环路	5	80	www. hyjgxx. com
河源市工业学校	旅游管理	中专	河源市源城市	4	180	
和平县职业技术学校	旅游与酒店管理	中专	河源市和平县教育路育才新村1号	6	100	www. hyhpzx. cn
河源市职业技术学校	旅游管理、酒店管理	中专·大专	河源市河源大道朱门亭	5	116	heyuan. gdrtvu. edu. cn
龙川县技工学校	旅游与酒店管理	中专	河源市龙川县老隆镇果园新村72号	4	68	www. gdlcjx. cn
河源理工学校	旅游服务与管理	中专	河源市东环路大学城	8	300	www. hylgxx. net
嘉应学院地理与旅游学院	旅游管理	本科	梅州市梅松路嘉应学院	15	131	www. jyu. edu. cn
梅州市旅游职业技术学校	旅游服务与管理	专科	梅州市城北镇大浪口路	149	180	www. jyu. edu. cn
梅州市技工学校	旅行社服务与管理	中职	梅州市新中路6号	3	82	www. mzjx. net
梅州市农业学校	旅游服务与管理	中专	梅州市东郊	3	101	mznx. meizhou. net
梅州市职业技术学校	酒店管理、烹饪	中专	梅州市东山教育基地学子大道	10	236	www. mzsz. cn
梅州市高级技工学校	饭店(酒店)服务、旅游	中专	梅州市中环路	3	97	www. mzsjgxx. cn
梅州城西职业技术学校	旅游服务与管理	中专	梅州市环市西路	3	75	www. mzcxzz. com
梅州财贸学校	旅游服务与管理	中专	梅州市华南大道	3	86	www. mzcmxx. com
惠州学院	旅游管理(师)、旅游管理、地理科学	本科	惠州市演达大道46号	12	192	www. hzu. edu. cn
惠州旅游学校	旅游管理系	中专	惠州市惠城区马安镇新乐大道	13	1100	www. hzts. net
惠州商贸旅游高级职业技术学校	旅游管理系	中专	惠州市惠城区福长岭	23	841	www. hzcs. com. cn
惠洲商业学校	导游与旅游管理、五星酒店管理	中专	惠州市惠城区江北文华二路86号	24	389	www. hzcs. com. cn
惠州经济职业技术学院	旅游管理、商务英语	专科	惠州市惠城区马安镇圣马龙大道	6	262	www. hzcollege. com
汕尾职业技术学院	旅游管理	专科	汕尾市城区文德路	3	60	www. swvtc. cn
广东科技学院	旅游管理、酒店管理	专科	东莞市南城区西湖路99号	8	350	
东莞市高级技工学校	旅游管理(导游)、星级酒店管理	中技	东莞市东城区莞龙大道36号	18	360	www. dgjx. net

续表

院校名称	旅游专业	学历层次	学校地址	教师人数	在校生人数	网 址
东莞市石龙职业技术学校	旅游	中专	东莞市石龙镇竹丝洲 58 号	2	43	slzhiye. w56. west263. cn
东莞市职业技术学校	旅游与管理	中专	东莞市城区新风路 129 号	7	280	www. dgzxt. com
东莞市南华技工学校	旅游服务与管理	中专	东莞市虎门镇路东社区振兴路 3 号	4	105	www. nanhuaedu. com/
东莞市职业技术学院	旅游管理、酒店管理	大专	东莞市松山湖大学路 3 号	6	120	www. dgpt. edu. cn
电子科技大学中山学院	行政管理(会展经济与酒店管理)	本科	中山市石岐区学院路一号	7	270	www. zsc. edu. cn
中山职业技术学院	旅游管理	专科(高职)	中山市博爱七路 25 号	9	450	www. zspt. cn
中山市旅游学校	旅游、酒店服务与管理	中专	中山市三乡镇金涌大道 23 号	9	270	www. sxlg. com
中山中专	餐饮管理专业、旅游酒店管理专业等	中专	中山市五桂山石鼓镇	348	3800	www. zszz. net/
中山市建斌中等职业技术学校	旅游服务与管理	中专	中山市小榄镇文东南街 18 号	6	140	www. xljb. net
广东江门艺华旅游职业学院	旅游管理，酒店管理	专科(高职)	江门市五邑路 683 号	8	280	www. jmyhu. com
江门市技师学院	酒店服务与旅游	中技	江门市江北路 1 号	6	98	www. jmjx. com
台山市联合中等专业学校	旅行社服务与管理、酒店服务与管理等	中专	台山市沙岗湖科教文化开发区	4	87	www. tslhzz. com
江门职院附属中等职业技术学校	旅游管理、烹饪与酒店管理	中专	江门市环市二路 14 号	105	127	www. jmpt. edu. cn
鹤山市职业技术高级中学	旅游与酒店管理	中专	江门鹤山市沙坪镇人民东大林路 175 号	168	118	www. hszygz. com
江门市第一职业高级中学	酒店服务管理、旅游服务管理	中专	江门市胜利北路 40 号	1	100	www. dyzz. net
江门职业技术学院	旅游管理、旅游管理	专科(高职)	江门市潮连大道 6 号	6	227	www. jmpt. edu. cn
江门新英职业学校	旅游管理	中专	江门市江海区东宁路 26 号	3	123	www. jmxyzx. com
江门市广播电视大学	旅游服务管理	专科(高职)	江门市胜利路 116 号	1	14	www. jmtvu. net
江门市新会机电职业技术学校	旅游服务与管理	中职	江门市新会经济开发区东区 2 号	4	112	www. xhees. com
江门市杜阮旅游职业技术学校	旅游服务与管理、酒店管理	中专	江门市中心西侧 5 公里	10	446	drqz. l78. bizcn. com
阳江市第一职业技术学校旅游专业	旅游服务与管理、管理酒店服务与管理	中专	阳江市东风三路 9 号	3	90	www. yjyizhi. com
阳江职业技术学院	旅游管理	专科(高职)	阳江市江城区东山路	8	135	www. yjcollege. net
广东海洋大学	旅游管理、森林资源保护与游憩	本科	湛江市湖光岩东	11	365	www. gdou. edu. cn
湛江市霞山区职业高级中学	旅游服务与管理	职高	湛江市霞山区文明北一路 29 号	2	50	www. gdzjxz. com
湛江市商业技工学校	饭店(酒店)服务与旅游	中技	湛江市霞山人民大道南 4 号	5	100	www. zjsx. gd. cn
湛江市旅游职业技术学校	旅游服务与管理、酒店服务与管理	中专	湛江市霞山区绿塘路 63 号	5	80	www. zj8z. com

续表

院校名称	旅游专业	学历层次	学校地址	教师人数	在校生人数	网址
广东省旅游商务职业技术学校	旅游服务与管理	中专	湛江市赤坎椹川大道北 89 号	9	315	www. gdlysw. com
茂名职业技术学院	旅游管理	专科（高职）	茂名市文明北路 232 号大院	7	120	www. mmvtc. cn
茂名市第二职业技术学校	旅游与酒店专业	中专	茂名市官渡南路 31 号大院	14	323	www. mmez. cn
茂名信宜市职业技术学校	旅游与酒店管理	中专	信宜市竹山路 308 号	6	35	www. xyszjzx. com
肇庆职业学校	旅游服务与管理	中专	肇庆市端州区人民南路 42 号	14	280	www. zqzyxx. com
肇庆市高级技工学校（技师学院）	酒店服务与旅游	高、中技	肇庆市端州一路	4	150	www. zqgj. cn
肇庆市工程技术学校（肇庆农校）	旅游与酒店管理	中专	肇庆市鼎湖区坑口	5	90	www. zqnx. com
肇庆市贸易中等职业学校	中英文导游	中专	肇庆市江滨西路 30 号	20	639	www. zqmyxx. com
肇庆学院旅游学院	旅游管理	本科、专科	肇庆市端州区迎宾大道	29	856	www. zqu. edu. cn
肇庆旅游学校	旅游服务与管理	中专	肇庆市鼎湖山牌坊侧	22	650	www. 2233. net
肇庆科技职业学校	旅游服务与管理	中专	肇庆市高要城区祈福大道	3	100	www. zqkjxy. com
肇庆工商职业技术学院	旅游英语	大专	肇庆市七星岩旅游区	9	60	www. zqtbu. com
清远职业技术学院旅游与家政管理系	旅游与家政管理	专科（高职）	清远市清城区东城街	14	331	www. qypt. com. cn
清远市职业技术学校	旅游服务与管理	中专	清远市清新县滨江路 98 号	5	126	www. qyzz. com
清远市清城区职业技术学校	旅游服务与管理	中专	清远市清城区西门岗 15 号	4	160	www. qyqczx. com. cn
广东清远华南职业培训学院	饭店（酒店）服务与旅游	中技	清远市清远市清城区横荷街道办 5 号区	3	60	www. hzpxy. com
清新县职业技术学校	旅游服务与管理	中专	清远市清新县清河大道	8	401	www. qyzz. net
英德市职业技术学校	旅游服务与管理	中专	英德市贞阳中路 59 号	3	73	www. ydzx. com. cn
广东韩山师范学院	旅游管理	本科	潮州市桥东	32	715	www. hstc. edu. cn
潮州市职业技术学校	旅游管理	中职	潮州市中山路北庆德里 3 号	12	372	www. czzj. com
潮州市虹桥职业技术中学	旅游管理	中职	潮州市西湖虹桥头	6	110	www. czhqzz. com
潮汕职业技术学院	旅游管理	专科（高职）	揭阳普宁市大学路 1 号	3	60	www. chaoshan. cn
揭阳职业技术学院	旅游英语专业	大专	揭阳市榕城区仙桥镇紫峰山下	4	80	www. jyc. edu. cn
罗定职业技术学院	旅游英语、旅游管理	专科（高职）	云浮市罗定市西门岗 5 号	5	90	www. ldpoly. com
云浮市中等专业学校	旅游服务与管理饭店服务与管理	中专	云浮市宝马路 2 号	9	22	www. yfzzxx. com

注：截至 2010 年底，广东省共有高、中等旅游院系 136 所，其中高等院校 66 所，中等职业学校 70 所。在校学生 94635 人。

旅游企业展示

Tourism enterprise exhibition

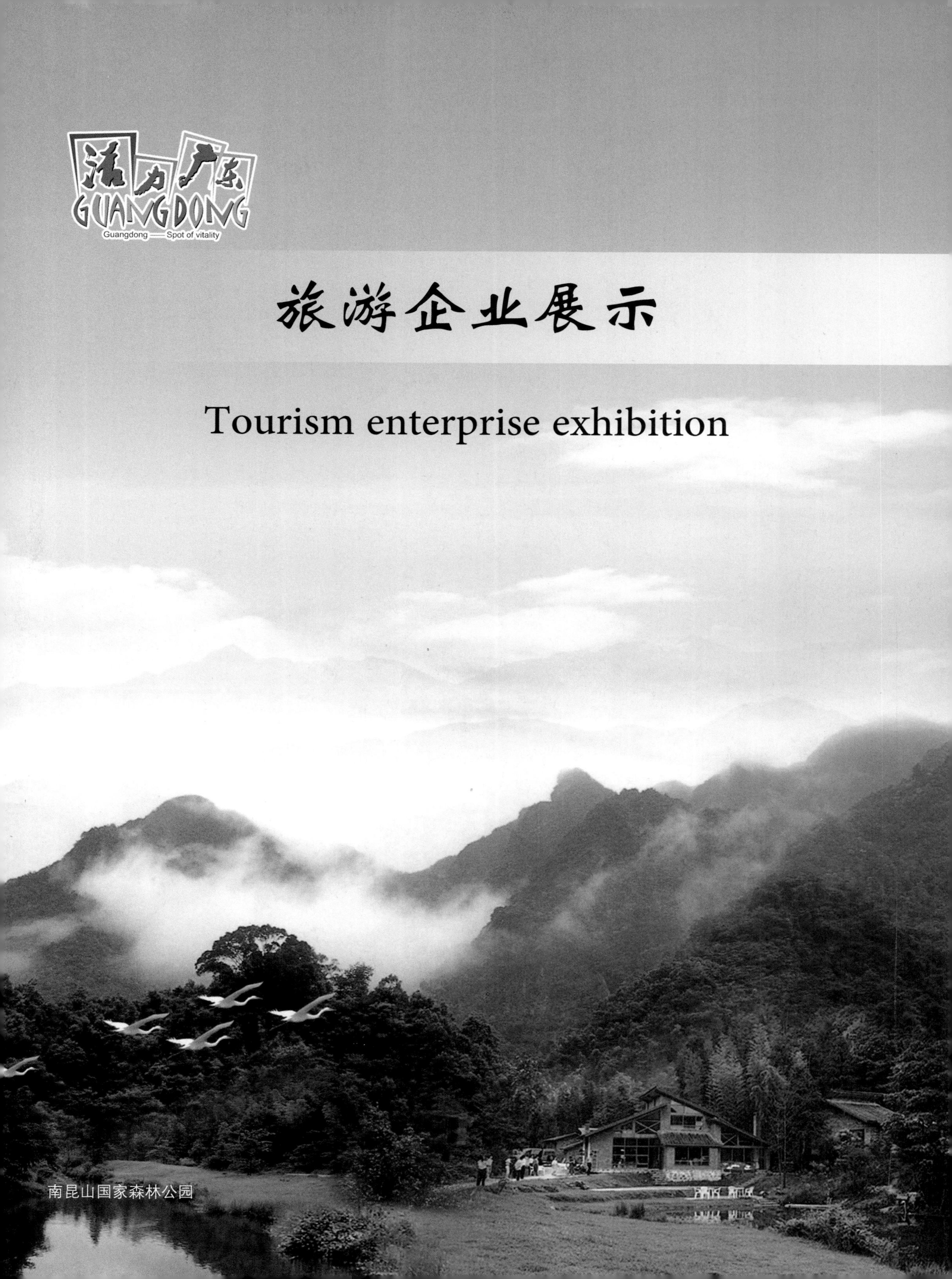

南昆山国家森林公园

南湖国旅荣誉十年，创新领航

广东南湖国际旅行社有限责任公司是一家集旅行社、航空服务公司、旅游风景区、度假村、酒店、车队等为一体化的大型综合旅游集团。是2009年国家首次公布的全国十强旅游集团之一，连续8年入评全国双百强旅行社，在全国旅行社中唯一被世界品牌实验室授予"2005中国品牌年度大奖"。

承接以往包机直飞海岛游的成功经验，2011年，公司再度升级包机出境海岛游行动，全年包机超过2000架次，成为名副其实"全国最大的旅游包机专家"。

公司除大力响应政府倡议，参与开展"5 · 19中国旅游日"系列活动外，还以承担社会责任为己任，2010和2011年，与汶川县旅游局共同探讨、策划推出系列汶川县专题旅游产品，组织游客到汶川旅游，带动当地经济产业快速恢复。

南湖国旅荣誉十年，创新领航，正以其巨大的影响力赢取社会与业界的认同与赞赏，继续扬帆远航!

□日本地震，临危不惧，火速救人，勇于承担。图为2011年3月，日本旅游团团友特意前来公司赠送锦旗。

□作为富有社会责任感的旅行社，2010和2011年，公司分别组织游客开展"大爱之旅"及"穗穗有爱"旅程，以旅游援建灾区。

□ 2011年5月，南湖国旅总裁布立凯以亚洲青年领袖身份在济州论坛上作了"包机直航"的精彩发言。

□ 2011年6月，我司陈志超副总经理(右三)与菲律宾国家旅游局、泰国政府旅游局、马尔代夫旅游促进局及各大国际知名酒店集团嘉宾共同启动包机仪式。

□ 2011年3月，广州市旅游局局长朱力等领导们为我司颁发"高铁旅游指定旅行社"锦旗。

□ "中国旅游日，幸福广东绿道行"南湖国旅出发仪式现场。

□ "潮游新起点"南湖国旅城，打造现代服务业的新标杆。

湛江
特呈岛
TECHENG DAO

特呈岛概况

特呈岛离湛江市区2.8海里，面积3.6平方公里，“特呈”是古越语，译为吉祥之岛。岛上村民，世代以捕鱼为生。现岛上居民4500人，以捕鱼与渔业养殖为主业，海洋资源异常丰富。2003年4月，胡锦涛总书记亲临特呈岛考察，指示要把特呈岛建设成为“文明生态旅游新海岛”。

特呈渔岛度假村

特呈渔岛度假村，由湛江市中鑫有限公司投资近5亿元开发建设，主要有别墅、温泉、特色食街、酒吧街、商业街、各类湛江本地特色烧烤、沙滩浴场、渔家乐、各类康体娱乐等项目，是集吃、住、玩、乐、休闲、度假于一体的大型综合性生态休闲度假村。即将开发的三期工程项目建设主题以景观展示、科普教育、休闲娱乐、民俗历史、特色科养、高科技研究为核心，以旅游观光的形式，展示湛江人民的人文传统、历史文化、丰富的海洋资源，唤起人们保护海洋资源、热爱本土文化的热忱。

岛上共有红树林33.8公顷，树种有白骨壤、桐花、红海榄、木榄、秋茄、海芒果等，整个红树林至今已有500多年的历史。2010年5月，特呈岛红树林被联合国开发计划署/全球环境基金选为滨海湿地保护与可持续发展利用示范项目基地，正式启动联合国特呈岛红树林湿地保护示范项目。

2011年5月19日，广东湛江特呈岛被国家海洋局评为首批国家级海洋公园。

中共中央政治局委员、广东省委书记汪洋(前排中)考察特呈岛

广东省副省长招玉芳(前排左三)到特呈岛调研考察

度假村温泉

度假村海岸

8分钟距离的世外桃源

——打造都市人的休闲空间

诗意的栖居

闲看庭前花开花落，
漫随天际云卷云舒

天然温泉· 心灵与自然完美结合
给您心灵一份宁静的时光
茅草别墅· 返璞归真的度假哲学
四合院· 重现雷州古城和睦人家
沙滩露营· 爱自由　原生态　奇乐趣

诗意的饮食

迎着海风
挑动更多味蕾的欢乐

渔家饭庄· 品尝天然海鲜　享受美味时光
露天茶座· 沿海地带的休憩空间
沙滩酒吧· 越夜越美丽

诗意的观光

感受港湾脉动　眺望海岛风光
在大海的胸怀里尽情畅游

港湾游· 漫步海上画廊
环岛游· 美丽只属于您
风景因您的视线角度而不断变幻

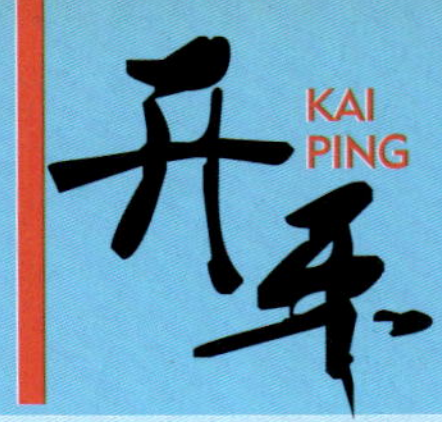

广东开平碉楼旅游发展有限公司是经开平市委、市政府批准组建的国有全资公司，于2010年2月注册成立。主要经营业务：旅游景区开发和管理；旅游纪念品开发经营；房地产开发经营；园林绿化工程；会议组织接待。

公司现有员工230人，下辖立园、自力村碉楼群、马降龙碉楼群、锦江里碉楼群、三门里碉楼群、赤坎影视城、南楼、开元塔等八大景区，以及开平市广旅国际旅行社有限公司、开平市潭江游娱乐服务有限公司、开平碉楼旅游产品有限公司三个子公司。

公司按照“政府搭台、企业唱戏、市场运作、互利共赢”的机制，依托世遗品牌，加大旅游资源整合力度，加强招商引资工作，把旅游产业打造为开平的支柱产业，为侨乡的经济社会发展作出应有的贡献。

国家AAAA级旅游景区新兴县六祖故里旅游度假区位于新兴县六祖镇，区内旅游文化底蕴深厚，“禅宗六祖文化”是中国佛教禅宗六祖惠能大师留给人们的宝贵文化遗产，拥有岭南名刹国恩寺、六祖手植千年古荔、藏佛坑等名胜古迹；“温泉文化”是上天赐给新兴的宝贵自然资源，拥有被喻为“神仙水”的硫氢化物温泉。

随着新兴县全力建设和打造“中国禅都”，度假区围绕“禅宗六祖文化”和“温泉文化”得天独厚的旅游资源，不断加大旅游项目开发与整合力度。广东省禅文化创意产业园、中国禅宗文化村、禅泉大酒店等重点项目的规划和建设，有效壮大了“禅宗六祖文化”产业规模与影响力。

近年来，度假区的旅游基础设施不断完善，旅游服务功能不断健全，旅游形象与品牌不断升温，着力发展成为既有浓郁的人文情怀，又有良好生态的自然山水，体验“禅意生活、温泉文化”的旅游圣地。

新兴温泉

藏佛坑・神仙谷

禅意生活 温泉文化

恩国寺

六祖手植千年荔枝树

“国恩禅寺”牌匾

禅宗六祖惠能(638年－713年)

镇寺之宝——舍利子

编后记

2010年，广东旅游系统贯彻落实《国务院关于加快发展旅游业的意见》和省委省政府《关于加快我省旅游业改革与发展建设旅游强省的决定》等文件精神，围绕加快转变旅游业发展方式，推动旅游业又好又快发展，把旅游业培育成广东国民经济战略性支柱产业和人民群众更加满意的现代服务业的要求，全力推进旅游业改革创新。本卷较全面系统地记录了这一发展变化情况。

广东旅游每年都有许多鲜活的亮点，需进一步总结和宣传，《广东旅游年鉴》较好地承载这一使命。在此，衷心感谢各级旅游部门、旅游同仁和年鉴撰稿人员以及世界图书出版广东有限公司为此付出的辛勤劳动。

本卷力求适应现代出版物的要求，除编辑纸质出版物外，还随书附送电子光盘，以充分发挥电子出版物信息容量大、查阅资料快捷等优点，方便读者使用。由于编辑水平有限、时间仓促、人力有限，倘有谬误之处，谨请业内外人士不吝赐教。

广东旅游年鉴编辑部
2011年12月

2011年广东旅游年鉴编辑工作会议于11月23日在中山召开。